Taschenbuch der Informatik

Dritte neubearbeitete Auflage
des Taschenbuches der Nachrichtenverarbeitung
In drei Bänden

Unter Mitwirkung zahlreicher Fachleute
herausgegeben von

K. Steinbuch   W. Weber

Redaktion T. Heinemann

Band I
Grundlagen
der technischen Informatik

Springer-Verlag Berlin Heidelberg New York 1974

Dr.-Ing. Karl Steinbuch
o. Professor an der Universität
Karlsruhe

Dr.-Ing. Wolfgang Weber
o. Professor an der Ruhr-Universität
Bochum

Dipl.-Ing. Traute Heinemann
Fachhochschule Rheinland-Pfalz, Abteilung Trier
Fachrichtung Elektrotechnik
Trier

Mit 429 Abbildungen

ISBN-13:978-3-642-65585-2   e-ISBN-13:978-3-642-65584-5
DOI: 10.1007/978-3-642-65584-5

Vorwort

Seit der letzten Auflage des von K. Steinbuch herausgegebenen Taschenbuchs der Nachrichtenverarbeitung im Jahre 1967 war eine Überarbeitung dieses Werkes wiederum dringend notwendig geworden, um die dynamische Entwicklung dieses Gebietes in einem „Zeitschnitt" einzufangen.

Autoren, Herausgeber und Verlage für solche Werke leiden wie diese selbst natürlich unter dem Zwang, ein in Bewegung befindliches Gebiet immer nur in gewissen Zeitabständen darstellen zu können, zumal bei der Drucklegung manche Beiträge schon wieder ergänzungsbedürftig sind, aus verlegerischen und organisatorischen Gründen jedoch die Festlegung eines rechtzeitigen Abgabetermines erforderlich ist, gerade bei einem derart umfangreichen Unternehmen mit dieser großen Anzahl von Einzelautoren.

Nach wie vor war das Ziel bei der Gestaltung dieses Nachfolgers des Taschenbuchs der Nachrichtenverarbeitung, ein Nachschlagewerk für die Grundlagen und die Technik der Nachrichtenverarbeitung zu schaffen, das dem Ingenieur, Systemanalytiker, Organisationsfachmann, Informatiker, Mathematiker und Physiker eine rasche Übersicht schafft, die wichtigsten Tatsachen unmittelbar darstellt und für spezielle Fragen Quellenhinweise gibt.

In dieser Hinsicht ist der Charakter des ursprünglichen Werkes gewahrt geblieben. Gänzlich neu ist jedoch die begriffliche Gliederung des Gesamtstoffes und die Aufnahme neuer Themenkomplexe und damit die Beteiligung zusätzlicher Autoren für Einzelbeiträge, wobei eine Reihe früherer Beiträge aus Gründen der Beschränkung auf einen vernünftigen Umfang fortgelassen oder gekürzt werden mußten.

Neu hinzugekommen sind insbesondere größere Abschnitte über die Programmierung und über die Anwendung von EDV-Systemen.

Die Herausgeber sind dabei von dem Wunsch ausgegangen, durch eine hierarchische Stoffeinteilung eine möglichst große Übersichtlichkeit für den Benutzer zu erreichen, wie sie bei dieser Stoffülle durch ein einfaches Nebeneinanderstellen des nur grob vorsortierten Stoffes nicht zu erreichen gewesen wäre. So ergibt sich eine erste Information über die inhaltliche Gliederung der drei Bände des Taschenbuchs der Informatik und jedes Einzelteils aus der auf Seite XV abgedruckten Übersicht.

Die in der zweiten Auflage des Taschenbuchs der Nachrichtenverarbeitung erschienenen Beiträge wurden, soweit sie vom Themenkomplex her hier wieder mit gleichen oder ähnlichen Titeln aufgenommen werden konnten, von den Verfassern fast generell wesentlich ergänzt oder neu geschrieben.

Ihnen und in gleicher Weise auch den neu hinzugetretenen Autoren sei hier herzlich gedankt für die für alle Beteiligten diffizile und Geduld erfordernde Gemeinschaftsarbeit, die dann gelohnt hat, wenn dieses Werk allen unseren Fachkollegen, Studenten, Ingenieuren und Wissenschaftlern eine nützliche Hilfe für ihre Arbeit ist.

An den Schluß unseres Vorwortes möchten wir den Dank an unsere Redakteurin und an Verlag und Druckerei stellen. Die redaktionelle Arbeit wurde von Frau Dipl.-Ing. T. Heinemann in mehrfachem Durchgang mit Sorgfalt und terminlicher Promptheit bewältigt. Dem Springer-Verlag sei für die saubere und einwandfreie Herstellung der Bücher besonders gedankt.

K. Steinbuch   W. Weber

Vorwort zu Band I

Der vorliegende Band I des „Taschenbuch der Informatik" führt in wesentliche der Informatik zugrunde liegende Basisdisziplinen ein. Dazu gehören zunächst die „Allgemeinen Grundlagen" des Kapitels 1 mit Überblick über Geschichte, Entwicklungstrends und Begriffsbildungen der Nachrichtenverarbeitung, mit Grundbegriffen der Theorie elektrischer Schaltvorgänge, der Regelungstechnik und von Zuverlässigkeitsfragen.

In einem zweiten Abschnitt werden die Eigenschaften elektronischer und magnetischer Bauelemente dargestellt.

Ihr Zusammenschalten in größeren Einheiten führt zu Funktionsgruppen wie digitalen Schaltkreisen und analogen Baugruppen, wie sie in der digitalen und analogen Rechentechnik benützt werden. In diesen Begriffszusammenhang lassen sich auch die „Wandler in der EDV-Technik" zwanglos eingliedern. Dem Kapitel 3 „Digitale Schaltungen, Baugruppen und Wandler" folgt ein abschließendes Kapitel 4 über „Digitale Speicher", das zunächst die Wirkungsweise des Arbeitsspeichers einer EDV-Anlage behandelt, in das aber auch Abschnitte über Laufzeitspeicher, assoziative Speicher, Festspeicher, Halbleiterspeicher, magnetomotorische Speicher und Holographie aufgenommen wurden.

Mit diesen Grundlagen ist das Fundament für die in Band II „Struktur und Programmierung von EDV-System" behandelten Zusammenhänge gelegt.

Karlsruhe und Bochum,
im Frühjahr 1974

K. Steinbuch   W. Weber

Mitarbeiterverzeichnis

Anacker, Wilhelm, Dr.-Ing., i. H. IBM, Thomas J. Watson Research Center, Yorktown Heights, N.Y., USA

Balda, Milan, Prof. Ing. CSc., Institut für automatische Steuerung, TU Prag

de Beauclair, Wilfried, Dr.-Ing., Posttechnisches Zentralamt, Darmstadt

Billing, Heinz, Prof. Dr. rer. nat., Max-Planck-Institut für Physik und Astrophysik, München

Deixler, Alfred, Dipl.-Math., i. H. Siemens AG, München

Görke, Winfried, Prof. Dr.-Ing., Institut für Informatik IV, Universität Karlsruhe

Kaufmann, Hans, Dr. phil. nat., Direktor, Siemens AG, D ZL, München

Kazmierczak, Helmut, Dr.-Ing., Dipl.-Phys., Direktor des Forschungsinstituts für Informationsverarbeitung und Mustererkennung, Karlsruhe

Kiemle, Horst, Dr., i. H. Siemens AG, D ZL, München

Kley, Adolf, Dr.-Ing., AEG-Telefunken, Forschungsinstitut, Ulm

Kroos, Friedrich Karl, Dipl.-Ing., i. H. Siemens AG, D ZL, München

Leilich, Hans-Otto, Prof. Dr.-Ing., Institut für Datenverarbeitungsanlagen, Technische Universität, Braunschweig

Louis, Helmut, Dr. sc. techn., i. H. IBM-Laboratorien, Böblingen

Metschl, Emil C., Dr. rer. nat., i. H. Siemens AG, München

Meyer-Brötz, Günter, Prof. Dr.-Ing., AEG-Telefunken, Forschungsinstitut, Ulm

Mohr, Curt, Dipl.-Ing., Fachnormenausschuß Informationsverarbeitung im Deutschen Normenausschuß, Berlin

Oehlmann, Hermann, Dipl.-Phys., Max-Planck-Institut für Physik und Astrophysik, München

Rausch, Friedrich, Ing., i. H. IBM Deutschland GmbH, EF, Böblingen

Schäfer, Otto, Prof. Dr. phil. nat., Institut für Regelungstechnik, TH Aachen, Aachen

Schmid, Detlef, Prof. Dr.-Ing., Institut für Informatik IV, Universität Karlsruhe

Schüßler, Wilhelm, Prof. Dr.-Ing., Institut für Nachrichtentechnik der Universität Erlangen-Nürnberg

Schweizerhof, Siegfried, Dr.-Ing., i. H. AEG-Telefunken AG, Backnang

Weitzsch, Fritz, Dr. rer. nat., i. H. Valvo GmbH, Hamburg

Inhaltsverzeichnis

1. Allgemeine Grundlagen

2. Bauelemente

3. Digitale Schaltungen, Baugruppen und Wandler

4. Digitale Speicher

Band I : Grundlagen der technischen Informatik

Band II : Struktur und Programmierung von EDV-Systemen

Band III : Anwendungen und spezielle Systeme

1. Allgemeine Grundlagen

1.1 Geschichtliche Entwicklung

W. de Beauclair

1.1.1 Erste Anfänge

Die Technik der Nachrichtenverarbeitung beginnt (und steht auch heute noch weitgehend) bei den Aufgaben des einfachsten Rechnens, beim Zusammenzählen und Abziehen. Sobald die Kapazität der naturgegebenen Rechenhilfsmittel, der Finger (lat. digitus), welche bis 5 (quinär) oder an beiden Händen (bi-quinär) bis 10 zu zählen erlauben, für das Zählen von größeren Mengen nicht mehr ausreicht, bedient sich der Mensch in früher Zeit anderer Zählelemente, z.B. Steinchen, Perlen, „Rechenpfennige" oder ähnlichem. Sie werden lose auf eine mit Leitlinien versehene Fläche aufgelegt und dort nach Maßgabe der Summanden ergänzt bzw. verschoben: man rechnet bis in das hohe Mittelalter in dieser Art *auf den Linien*. Nachdem die weltweite Ausdehnung des Handels das Rechnen von einer Kunst der Hoch- und Klosterschulen zu einer täglichen Arbeit des Kaufmanns werden ließ, förderten weitsichtige Männer wie *Adam Riese* (1492—1559) aus Staffelstein durch allgemeinverständliche Anleitungen zum *Rechenen auff den Linihen* (1518) und andere Bücher und durch Rechenschulen die breite Anwendung der arabischen Ziffern für das Rechnen; *Adam Riese* (eigentlich *Ries*) erwirbt damit sprichwörtlichen Ruhm [46].

Ein gewaltiger Fortschritt zu größerer Bequemlichkeit und Sicherheit des *instrumentellen* Rechnens mit Zählsteinchen wurde erreicht, als diese zu mehreren als Perlen auf Fäden oder Drähte verschieblich aufgereiht wurden. Hiermit entstand das erste wirkliche Rechengerät. Es ist seit etwa 1100 v.Chr. in Ostasien als *Suan-Pan* oder *Soroban* (japan.) [37], in Rußland als *Stschoty* bekannt und als römischer *Abakus* bis heute, wenn auch bei uns nur noch in den Kindergärten, in Gebrauch. Obschon das Rechnen mit einem derart einfachen Hilfsmittel kaum fortschrittlicher erscheint als das Abzählen an Fingern und Zehen (Zehnerübertragung von Hand!), kann ein daran geübter Rechner es doch mit jeder Büro-Rechenmaschine aufnehmen, wie Wettbewerbe noch kürzlich feststellten. Selbst komplizierte Rechenabläufe, wie die Matrix-Inversion, sollen in dieser Art durchzuführen sein. Es ist daher verständlich, wenn dieses einfache Gerät auch heute noch sicherlich das meist verwendete Rechenhilfsmittel ist.

Automaten aller Art, Zähler und Meßgeräte bis zu Taxameteruhren gab es schon im Altertum. Aus dem Jahre 82 v.Chr. stammt ein astronomisches Räderwerk, das 1901 vor Antikythera von Schwammtauchern aus einem Wrack geborgen und im National-Museum für Archäologie in Athen restauriert wurde. Es diente als Schiffs-ortungs-Hilfsmittel und zeigt die Planetenstellungen und dergleichen an vielen sorgfältig gravierten Skalen an, ähnelt also einer mittelalterlichen astronomischen Uhr, nur daß kein Uhrwerk, kein stetiger Abtrieb vorhanden ist. Obschon ein Räderwerk dieser Art noch nicht als Rechenmaschine bezeichnet werden kann, gibt es doch einen außergewöhnlichen Einblick in den hohen Stand wissenschaftlicher Kenntnis und handwerklicher Kunstfertigkeit dieser frühen Zeit.

Für das Rechnen mit Maschinen ist der Weg erst frei geworden, als das um 500 n.Chr. in Indien entstandene neue Zahlensystem der *arabischen* Ziffern mit dezimalen Stellenwert im Mittelalter nach der Rückeroberung der arabischen Herrschaft in Spanien um 1150 bekannt wurde (erstes Buch über die mathematischen Methoden der Araber ist der *Almagest von Gherardo da Cremona* (1114—1187); *Leonardo Pisano* machte mit dem 1202 veröffentlichten *Liber abaci* die indische Schreibweise und die Null bekannt) und sich bis gegen 1500 allgemein einführte [40]. Mit den bis dahin benutzten römischen Zahlzeichen ließ sich in keiner Weise leicht rechnen — weder von Hand, noch weniger maschinell. Die Stellenwertigkeit, die übrigens auch schon den Phöniziern bekannt war, ermöglicht erst das maschinelle Rechnen durch die stellengerechte Relativbewegung zwischen den Einstellgliedern und einem gemeinsamen Zählwerk. Bald wurde diese Möglichkeit erkannt, geplant, versucht und schließlich 1674 von *Leibniz* realisiert.

Mit den arabischen Ziffern und dem Prinzip der Stellenwertigkeit empfahl sich auch das auf der Grundzahl 10 basierende Dezimalsystem für Maße und Gewichte, welches endlich während der napoleonischen Herrschaft über Europa die bis dahin noch geltenden, meist auf dem alten Zwölfer/Sechziger-System beruhenden und überdies örtlich gebundenen Maßeinheiten verdrängte. Mit diesen Schritten entstand in Jahrhunderten das einzige heute über fast die gesamte zivilisierte Welt einheitliche Informationssystem für Zahlen, Maßgrößen und auch für mathematische Formelzeichen. Es hebt sich mit seinen international lesbaren Ziffern und Zeichen aus den hunderterlei verschiedenen Schriftzeichen heraus als Vorschuß und Hoffnung auf eine allgemeine, weltweit verständliche Schrift auch für alphabetische Informationen, auf die wir wohl noch lange zu warten haben werden.

Tabelle 1.1-1. Rationalisierungserfolg durch Rechenhilfsmittel

		1 Zeitbedarf je Rechenoperation (s)	2 Tagesleistung in Rechenoperationen	3 Kapitalaufwand für Hilfsmittel (DM)	4 Kosten je Rechenoperation (Dpfg.)	5 Steigerungsfaktor der Rechenleistung
Menschlicher Rechner	mit Papier und Bleistift	120	200		5,0	3
	mit Rechenschieber	40	600	etwa 20,—	1,7	
	mit Handrechenmaschine	30	800	500,—	1,3	1,3
	mit elektrischer Rechenmaschine	18	1400	4000,—	0,9	1,75
Elektronischer Rechenautomat	um 1946	0,01	$1 \cdot 10^6$	200000,—	0,3	714
	um 1964	0,00005	$5 \cdot 10^{11}$	1 Mio.	0,000002	500000
	um 1970	0,00000001	$2,5 \cdot 10^{14}$	2 Mio.		500

Unter Verwendung von Zahlen nach Prof. Dr. *A. Walther*.

Der neuzeitliche Wechsel zum binären Rechnen mit Ja-Nein-Systemen (mit Relaisschaltern, bistabilen elektronischen Schaltungen u. dgl.) ist sicherlich ein nur ganz geringer Fortschritt gegenüber diesem wesentlichen Schritt zum stellenwertigen Dezimalsystem, wenn auch hierdurch der technische Aufwand vom zehngliedrigen Rechen- und Zählelement (der Ziffernrolle) zum nur zweiwertigen Ein/Ausschalter verringert wird und die elektronischen Rechner mit ihren fast unvorstellbaren Leistungen erst ermöglicht wurden.

Dennoch baut auch die moderne binäre Rechentechnik auf den geistvollen und bahnbrechenden Zähl- und Rechenmaschinen des 17. Jahrhunderts auf, deren Geschichte daher im folgenden kurz umrissen werde [3, 6, 17].

Damals war allerdings weniger der Nutzen solcher Maschinen, sondern die Freude an der Verwirklichung eines konstruktiven Gedankens die Triebfeder zum Bau. Die Mechanik war mehr eine Dienerin der Raritätenkabinette (man denke an die vielen mechanischen Spielwerke der Barockzeit) als des Gewinnstrebens, und die Kunstfertigkeit der Mechaniker reichte noch nicht aus, wirklich exakt arbeitsfähige Rechenmaschinen herzustellen. Daher ist das erste brauchbare Rechenhilfsmittel nicht eine Maschine, sondern die Logarithmentafel.

1603—1611 stellte *Jost Bürgi* (*Byrgius*, 1552—1632), Kammeruhrmacher Kaiser Rudolfs II., eine erste Logarithmentafel auf. 1614 veröffentlichte *Lord Napier of Merchiston* (1550—1617) sein Buch über Logarithmen und eine Tafel (er brauchte zur Berechnung 30 Jahre, die IBM 704 rechnete die Logarithmen von 1 bis 10000 in 10 s aus, speicherte sie in 7 s auf Magnetband und druckte sie in wenigen Minuten aus). Er entwarf 1617 eine logarithmische Rechentafel, ein Nomogramm. Er erfand auch die Rechenstäbchen, welche das kleine 1×1 in zweckmäßiger Anordnung tragen und mit denen auch das numerische Multiplizieren erstmals zu vereinfachen war. 1624 erfand der Schwabe *Gunter* (1581—1626) die erste logarithmische Rechenskala, die zum Abgreifen der Längen mit dem Zirkel dient. Um 1650 gab *Patridge* dem Rechenschieber etwa die heutige Form. Er wird in der heutigen Zeit weiter ausgebaut zu einem äußerst nützlichen Gerät in der Hand des Ingenieurs; die Logarithmentafel dagegen verliert unaufhaltsam ihre noch vor kurzem beherrschende Rolle, da die Rechenmaschinen preiswert und zuverlässig wurden.

Während dieser Zeit arbeitet *Johannes Kepler* — 20 Jahre lang — an der Berechnung seiner *Rudolphinischen Tafeln*. Er erfährt von den neuen Logarithmen, unterrichtet sich darüber, versucht (1620/21), sie für seine Arbeit nutzbar zu machen und deren Vorteile seinem alten Tübinger Lehrer *Mästlin* und dessen Schülern begreiflich zu machen, vor allem seinem viel jüngeren Freund, Mitarbeiter und Kollegen *Wilhelm Schickard*, der die erste Landesvermessung in Württemberg durchführt.

Schickard wurde am 22.4.1592 in Herrenberg geboren; er ist Schwabe, wie *Kepler* selbst, der aus Leonberg stammt. Er wurde bereits in jungen Jahren Professor der biblischen Sprachen in Tübingen, erhält aber 1631 die mathematisch-astronomische Professur als Nachfolger *Mästlins*. Zwei Jahre nach den Gesprächen mit *Kepler* schreibt er diesem: *Dasselbe, was Du rechnerisch gemacht hast, habe ich in letzter Zeit auf mechanischem Weg versucht, und eine aus elf vollständigen und sechs verstümmelten Rädchen bestehende Maschine konstruiert, welche gegebene Zahlen augenblicklich automatisch zusammenrechnet: addiert, subtrahiert, multipliziert und dividiert. Du würdest hell auflachen, wenn Du zuschauen könntest, wie sie die Stellen links, wenn es über einen Zehner oder Hunderter weggeht, ganz von selbst erhöht bzw. beim Subtrahieren ihnen etwas wegnimmt.*

Schickards Rechenuhr ist nachweislich aus drei Einzelbaugruppen zusammengesetzt, welche noch keine mechanische Verbindung miteinander haben: dem oberen Anzeigewerk für die Teilprodukte, aus 6 einstellbaren Zahlentrommeln, ausgebildet nach Art der Napierschen Stäbchen, die durch 10 wahlweise zu öffnende Fenster das Produkt der eingestellten Zahl mit einem einstelligen Faktor abzulesen erlaubten; dem mittleren Teil aus 6 durch Zehnerübertragung miteinander verbundenen Addier- und Subtrahier-Ziffernscheiben; und den 6 unteren Merkscheiben zum Einstellen bzw. Notieren der einzelnen Stellen eines Quotienten.

Die von Johann *Pfister* in Tübingen verfertigte Maschine kannte zwar noch nicht den verschieblichen Zählwerkschlitten, wäre jedoch auch so ein durchaus brauchbares Instrument gewesen, welches, im Gegensatz zu *Pascals* späterem Addierwerk, alle vier Rechnungsarten zu bearbeiten erlaubte. Schickard starb am 23. Oktober 1635 an der Pest.

Die seit längerem bekannten, aber nicht erfaßten Briefstellen, die von *F. Hammer* in Weil der Stadt, dem Redaktor der großen *Kepler*-Ausgabe, der Vergessenheit entrissen wurden [30], bezeugen also, daß die bisherige Meinung zu revidieren ist, wonach *Pascal* als Urvater aller Rechenmaschinen anzusehen sei. *B. v. Freytag-Löringhoff* [23, 24] in Tübingen rekonstruierte 1957 aus den beiden deutlichen Skizzen in *Schickards* Briefwechsel mit *Kepler* bzw. seinem Notizbuch die Arbeitsweise des Gerätes. Im Tübinger Rathaus steht eines der vielen nach seinen Angaben nachgebauten Modelle.

Erst nach dieser Schickardschen Erfindung sind alle bisher bekannten weiteren historischen Daten zu nennen:

Johan Ciermans in s'Hertogenbosch schlägt 1640 vor, mit Hilfe von *eisernen Rädern* zu rechnen.

1641 gelingt es in Frankreich dem jungen *Blaise Pascal*, Sohn eines Steuerpächters, eine Addiermaschine mit 6 Rechenstellen zu bauen.

Sie hat allerdings, ebenso wie *Schickards* Vierspezies-Rechenmaschine, sicherlich niemals zuverlässig arbeiten können. Die einwandfreie Zykloidenverzahnung wurde um 1650 von *Desargues* gefunden und konnte noch viel später erst ausgeführt werden. Wer die Fehlerquelle bei rechnenden Getrieben kennt, weiß, daß mit einfachsten Triebstockverzahnungen auch nur langsamstes Durchdrehen der Schaltelemente kaum möglich wäre.

Gottfried Wilhelm Leibniz sah diese Maschine später in Paris, beschäftigte sich aber schon vorher (ab 1671) mit der Konstruktion einer verbesserten Rechenmaschine; er erfindet die Staffelwalze als Triebwerk und nutzt erstmals die dezimale Stellenverschiebung zwischen Einstell- und Ergebniswerk aus. Mit ihr waren also auch Multiplikationen und Divisionen durch stellengerechte vielfache Addition und Subtraktion möglich. 1672 führte er ein Modell in London vor; 1674 ließ er in Paris eine besser arbeitende Maschine erbauen. Die Versuche kosteten den großen Philosophen und Mathematiker 24000 Taler, führten jedoch nicht zu vollem Erfolg, obwohl er 20 Jahre lang sich intensiv damit befaßte und um 1694 endlich die Arbeit beendete.

Weitere Entwicklungen wurden von *Grillet* 1678 in Frankreich, 1709 von *G. Poleni(us)* in Padua und 1726 von *Antoni Braun* in Wien betrieben; das rechnende Sprossenrad, das noch heute bei kleineren Maschinen Verwendung findet, ist auf *Poleni* zurückzuführen. *Christian Ludwig Gersten*, Professor der Mathematik in Gießen, baute 1722 eine einfache Rechenmaschine nach Art der heutigen Zahnstangen-Addiatoren, die im Raritätenkabinett des Schlosses zu Darmstadt aufbewahrt wurde. In England beginnt die Entwicklung 1666 mit *S. Morland* (Stiftbedientes Addierwerk wie bei den noch heute gebauten Addiervorrichtungen und Nepersche Produktanzeige) und *Stanhope* (ähnlich *Grillet* und *Gersten*).

1.1.2 Mechanische Rechenmaschinen

Die bisher erwähnten Erfindungen konnten zwar, dem damaligen Stand der mechanischen Technik entsprechend, nicht zu befriedigender Arbeitsweise durchentwickelt werden, legten jedoch den Grund zu einer etwa 100 Jahre später möglichen Vielfalt von wirklich brauchbar werdenden Rechenmaschinen. Der erste dieser erfolgreichen Liebhaberkonstrukteure war der Schwabe *Philipp Matthäus Hahn*, geb. 1739 in Scharnhausen (bei Stuttgart), Pfarrer in Onstmettingen (Alb), Kornwestheim und Echterdingen bei Stuttgart. Neben Uhren und Waagen, durch die er den Grund zur heute noch blühenden Balinger Waagen-Industrie legte, entwickelte er in eigener Werkstatt zusammen mit seinen Brüdern als Mechanikern ab 1770 eine Staffelwalzenmaschine mit kreisförmiger Anordnung der Zählwerke um

die zentrale Antriebskurbel für die Staffelwalze. Die Entwicklung einer Rechenmaschine beschäftigte ihn vor allem auch deshalb, weil er zum Konstruieren seiner
meisterhaften astronomischen Uhren eine Rechenerleichterung dringend verlangte.
1774 war sie fertig, 1777 wurde sie Kaiser *Josef II.* vorgeführt; auch *Goethe* be-
sichtigte sie 1805. Seine Werkstatt und die seines Schwagers *Schuster* in Ansbach
lieferten noch bis 1820 laufend Rechenmaschinen dieser Art. Noch Pfarrer *Hahn*
arbeitete nach seinen eigenen Worten seine Erfindungen nicht aus Ruhm- oder
Gewinnstreben aus, sondern ihm war die technische Welt Erholung zur Erlangung
neuer Kräfte. In diesem Geist schlug er auch alle ehrenvollen Berufungen aus und
blieb Landpfarrer [47].

Ganz modern mutet uns dagegen die rationale Einstellung des hessen-darm-
städter Ingenieurhauptmanns *J. H. Müller* (1786) an: er errechnet und erprobt den
Zeitgewinn beim Maschinenrechnen gegenüber dem üblichen Rechnen mit Feder
und Papier und mit Zweit- und Gegenrechnung und kommt zu dem Schluß, daß es
unrationell sei, die mechanischen Mittel nicht voll auszunutzen [41]. Er läßt sich
eine sehr sorgfältig durchkonstruierte Maschine von etwa der Hahnschen Bauweise
anfertigen und kann sie 1784 den Göttinger Mathematikern vorführen. Er baut sie
mit 14 Stellen, setzt neben anderen Verbesserungen und Sicherungen das auch heute
noch bei Handmaschinen übliche *Glöckchen* ein, welches meldet, sobald bei der
Division eine Subtraktionsumdrehung der Handkurbel zuviel ausgeführt wurde,
und macht einige der Zahlenrollen austauschbar gegen solche mit nichtdezimaler
Einteilung, wie es für die vielen damaligen Maßsysteme noch sehr wichtig war. Er
erkennt auch die Vorteile der Leibnizschen *arithmetica dyadica* (1703), der binären
Schreibweise, für die seine Maschine ebenfalls eingerichtet werden könne. Er hebt
ferner die Fehlerfreiheit mechanisch mittels Differenzenverfahren ausgerechneter
und zugleich ausgedruckter Tabellenwerke gegenüber dem üblichen Handsatz und
-druck hervor — ein Vorteil, der erst heute im Zeichen der Rechenautomaten voll
ausnutzbar ist.

Die Zeit der ersten Industrialisierung zu Beginn des vorigen Jahrhunderts sieht
auch die erste fabrikmäßige Herstellung der Rechenmaschine. 1818—1824 nimmt
Chr. X. Thomas aus Colmar, der Gründer und Leiter zweier Versicherungsgesell-
schaften in Paris, die Herstellung einer Staffelwalzenmaschine nach der Leibnizschen
Konstruktion auf. Bis 1878 wurden etwa 1500 dieser Rechenmaschinen verkauft.
Später übernahm die von *A. Burkhardt* gegründete Rechenmaschinen-Industrie in
Glashütte (Sachsen) die Führung. Heute noch arbeiten die bekannten Marken
Archimedes, Bäuerle-Badenia, Rheinmetall u.a. nach diesem Prinzip.

Nachdem kaum die mechanische Vierspezies-Rechenmaschine endlich ihre in
zweihundert Jahren mühsam gefundene arbeitsfähige Konstruktionsform erreicht
hat, greift ein neuer Schritt der Rechentechnik weit hinaus in zukünftige Denk-
bereiche: der *Rechenautomat*, die sich programmsteuernde Anlage zur selbsttätigen
Errechnung von mathematischen Funktionen erscheint als Ziel des Strebens.

Charles Babbage, Professor der Mathematik an der Universität Cambridge,
beginnt 1823 — über hundert Jahre seiner Zeit voraus — mit dem Bau einer rein
mechanischen Rechenanlage, der *difference engine*, die zur Berechnung und zum
Druck von Funktionen nach dem System der konstanten 5. Differenzen dienen
sollte [3 a]. Obgleich er mit zwei Mustern dieser Maschine (nach Einsatz von 17000 £
Regierungsgeldern) keinen Erfolg hatte, plante er (1833) weiter eine *analytical
engine*, welche bereits alle auch heute in Rechenautomaten vorhandenen Baugruppen enthält: den Zahlenspeicher (store) (für 1000 50stellige Worte geplant, also
50000 Ziffernräder enthaltend!) für die Ausgangs-, Zwischen- und Endwerte der
Rechnung, das eigentliche Rechenwerk (*mill*) und die Steuerung (*control*). Er ging
ganz richtig davon aus, daß das manuelle Eingeben der Zahlen im Vergleich zu
der bereits relativ hoch angesetzten Rechengeschwindigkeit des Räderwerkes
(1 Addition 50stelliger Zahlen je Sekunde, 1 Multiplikation je Minute) zu viel Zeit
verbraucht, und daß die Sicherheit des Funktionierens steigt, wenn dies automatisch
gesteuert ohne Bedienungsfehler erfolgt. Die Operationsbefehle sollten der Reihe
nach durch einen eigenen Programmspeicher eingegeben werden; er dachte bereits

an gelochte Karten, wie sie *Joseph Maria Jacquard* aus Lyon (nach Vorarbeiten von *B. Bouchon* 1725, *Falcon* 1728 und *Vaucanson* 1760) seit 1801 (Ausstellung in Paris) bzw. 1808 (Beginn der Herstellung) zur Steuerung von Webmaschinen für gemusterte Stoffe verwendet hatte (1812 waren bereits 11000 in Betrieb). Steuerlochkarten dienten — zu zickzackgestapelten Bändern zusammengefügt — noch lange auch für Musikautomaten u.dgl.

Es ist verständlich, daß *Babbage* mit seinen Bemühungen Schiffbruch erleiden mußte, daß seine Maschinen nur als *seine Narrheit* bezeichnet wurden; sie wurden nicht arbeitsfähig, auch als sein Sohn und später um 1888—1910 *Léon Bollée*, der bedeutende französische Automobilkonstrukteur, es mit den inzwischen vervollkommneten technischen Mitteln zu erzwingen versuchten. Trotzdem bleibt seine Arbeit — immerhin druckte er eine Tafel der Vielfachen von π auf 20 Stellen — richtungweisend und beispielhaft für das Geschick des vorzeitigen Erfinders, dessen Erkenntnisse und Bemühungen nur als Samen für weiteren Fortschritt wertvoll sind, die erst nach langen Jahren, wenn die rechte Zeit gekommen ist, zu keimen, zu wachsen und zu fruchten vermögen. Übrigens wurde 1835 ein Differenzen-Rechner nach *Babbages* Plänen von *G. u. E. Scheutz* und ein zweiter von *M. Wiberg* in Schweden angefertigt, mit dem *Wibergs* Logarithmentafeln (Stockholm 1875) errechnet wurden. Er kam, gut arbeitend, an das Dudley-Observatorium in Albany, USA. Eine weitere Maschine ähnlicher Bauart baute *Donkin* in England.

Inzwischen lief die Entwicklung der mechanischen Rechentechnik weiter; andere Grundgetriebe zur Weiterdrehung des zehnteiligen Ziffernrades um eine einstellbare Anzahl von Zähnen wurden erfunden, die mechanische Ausführung profitierte von den besseren Herstellungsverfahren, und die Maschinen begannen, im täglichen Leben Fuß zu fassen: vor allem natürlich auch im kaufmännischen Büro als Addiermaschinen.

1841 baute *D. Roth* (Paris) eine Sprossenradmaschine (engl. Patent von 1843), die dann 1874 von *W. T. Odhner* (Petersburg) verbessert wurde (DRP 1873). Seine Konstruktion wurde von der damaligen Nähmaschinenfabrik Brunsviga (Grimme, Natalis & Co.) übernommen, und es werden heute noch Fabrikate unter diesen beiden Namen, sowie von den Firmen Thales, Walther u.a. nach diesem Prinzip hergestellt.

In den USA konstruierte *Parmalee* 1850 eine erste tastaturgesteuerte Addiermaschine, 1870 *Barbour* die wohl erste druckende Rechenmaschine, 1872 *Baldwin* eine Sprossenrad-Vierspezies-Rechenmaschine (1875 Fabrikationsbeginn) und *W. S. Burroughs* 1885 eine erfolgreiche Addiermaschine mit Volltastatur [19a].

Keine weitere Bedeutung erlangten einige Versuche, die Multiplikation nicht durch wiederholte Addition, sondern durch körperliche 1×1-Tabellen oder durch kinematisch multiplizierende — analoge — Getriebe zu lösen, z.B. von *Léon Bollée*, der 1888 eine reine Multipliziermaschine entwickelte und ab 1894 baute, oder von *Steiger* (Zürich) mit seiner immerhin in Serie gebauten „Millionaire"-Maschine. Auch die Multipliziermaschine „Moon-Hopkins" in den USA (1892) multiplizierte bereits mit einem Einmaleins-Körper; sie schrieb zusätzlich einen Faktor und das Produkt aus.

1905 erfand *Chr. Hamann* (Berlin) das Proportionalhebelprinzip der Mercedes-Euklid, der ersten *vollautomatischen* Vierspezies-Rechenmaschine, ebenso später das Schaltklinkenverfahren der Hamann-Maschinen. Er war damals wohl der vielseitigste und schöpferischste Konstrukteur auf seinem Gebiet. Von ihm wurden noch mehrere andere, auch druckende und elektromechanische [29a] Rechenmaschinen entwickelt, so z.B. auch eine druckende Doppelrechenmaschine zum Untertafeln nach Konstanten zweiter Differenzen. Hiermit wurde die logarith.-trigonometr. Tafel von *Bauschinger* und *Peters* (Leipzig 1910) angefertigt.

1908 baut die Firma Brunsviga eine handbetätigte Rechenmaschine mit Streifen-Druckwerk, das vom Einstellwerk aus gesteuert wird; 1927/28 wurde in den USA die ebenfalls schreibende „UNITED" entwickelt, die als erste Maschine beide Faktoren in zwei Tastaturen einzugeben erlaubte. 1929—1935 wurde von *Cordt* eine das Ergebnis druckende, elektrisch angetriebene Vierspezies-Rechenmaschine als

Zusammenbau einer ARCHIMEDES-Rechenmaschine und einer ASTRA-Buchungsmaschine mit Steuerschienen und bis zu 15 Speicherwerken entwickelt und als *Mauser-Cordt* vertrieben. 1931 wurde die vom Spanier *Campos* in Hamburg entwickelte Buchungsmaschine mit 1000 und mehr mechanischen Speicherwerken in Berlin ausgestellt; sie wurde von der Fa. Powers in England gebaut und war der Vorläufer der so erfolgreichen Vielzählwerks-Buchungsmaschine *LogAbax*.

1948 erschien von *C. Herzstark* in der *Curta* eine Miniatur-Handrechenmaschine in der Art der alten trommelförmigen Hahnschen Maschine, jedoch mit uhrwerkgleicher Präzision und mit einer zentralen Staffelwalze, die aus zwei ineinandergeschachtelten gegenläufigen Staffelwalzen zum Addieren auch der Komplementwerte (zum Subtrahieren) besteht.

Die einfache Tischrechenmaschine kann trotz ihrer Zuverlässigkeit und Anspruchslosigkeit nicht mehr länger neben den elektronischen Rechenmaschinen weiter bestehenbleiben, da diese immer kleiner und weniger aufwendig werden. — Die tastengesteuerte mechanische Buchungsmaschine mit Druckwerk für maschinell lesbare Schrifttypen erhält für das dezentrale Anfertigen der Datenträger für die zentrale elektronische Datenverarbeitung sogar steigende Bedeutung.

Durch die Kombination bewährter mechanischer Geräte zur Eingabe der Informationen über eine notwendigerweise handbediente Tastatur und mit durch wechselbare Nockenschienen gesteuertem Druckwerk mit erst mechanischen Rechenwerken, später auch elektronischen Speichern und Rechenschaltungen entstanden mannigfaltige Ausführungen von Fakturiermaschinen, bei denen beide Teile mit ihren spezifischen Vorteilen zweckmäßig zusammenarbeiten. Schon 1910—1920 entwickelte *Torres y Quevedo* (Madrid) eine Schreib-Rechenmaschinen-Kombination; 1955 brachte die Firma Siemag eine elektrische Verkopplung von Zwei- und Vierspezies-Rechenmaschinen (Bäuerle-Badenia) mit ihren Schreibmaschinen auf den Markt (*Multiquick*, 19000 bis 22000 DM), die das fehleranfällige Abschreiben der Ergebnisse erspart. In ähnlicher Weise werden später weitere Fabrikate zu *Fakturiermaschinen* durch elektrische Verbindung gekoppelt oder auch unmittelbar zu textschreibenden multiplizierenden Buchungsmaschinen (und oft auch mit einem Streifenlocher) zusammengebaut.

Die Einführung elektronischer Verfahren bringt 1957 einige wesentliche Neuerungen auch für normale, mechanische Buchungsmaschinen. Die alten Salden-Beträge der letzten Buchungszeile der Kontokarte werden automatisch übernommen: teils aus Lochungen (Anker-Lochkonto-Karte), teils mittels lichtelektrischem Lesen der aufgedruckten Zahlen (Zeiß-Ikon u.a.), dann vornehmlich aus Magnetspuren der Karte. Letztere entwickelten sich mit steigender Speicherkapazität der Magnetspuren (bis zu 800 Zeichen) und speziellen Kartenlese- und Sortiergeräten (Anker ADT 900, NCR 386 u.a.) zu leistungsfähigen kleinen datenverarbeitenden Anlagen (s. Abschnitt 1.1.4.5).

1.1.3 Beginn der Elektromechanik

1.1.3.1 Lochkartenmaschinen. Vom Ende des vorigen Jahrhunderts an entwickelte sich die elektrische Nachrichtentechnik, das Fernsprech-, Telegraphie- und Fernschreibwesen. Hierbei entstanden die elektromechanischen Hilfsgeräte, die Relais, magnetgetriebenen Schrittschaltwerke (1910) und Zähler; ferner Lochstreifen, erst von *Wheatstone* (1870) als Morsestreifen, dann als 5spuriger Fernschreibstreifen, wozu um 1900 bis 1910 die Firma Western Union einen Locher mit Volltastatur herausbrachte. Es konnte nicht ausbleiben, daß diese auch in der Rechentechnik eingesetzt wurden. Es vereinfacht doch den komplizierten Aufbau aus mechanischen Bauelementen beträchtlich, wenn zur Übertragung statt der starren Hebel, Gestänge und Wellen wenigstens teilweise leicht verlegbare Drahtleitungen zwischen elektromechanischen Schaltelementen dienen; im Extremfall erlaubt dies das Zusammenkoppeln von Einzelgeräten über Kabel oder sogar durch die Leitungen des öffentlichen Nachrichtennetzes. Am Ausgangspunkt solcher elektromechanischen Geräte stehen die Lochkartenmaschinen. Dr. *Hermann Hollerith,* Sohn pfälzi‗

scher Einwanderer in die USA, der bei der 10. Volkszählung 1880 bis 1882 mitwirkte, erfand seine erste Zählmaschine für die *Zählblättchen*; sie wurde 1889 in Baltimore zur Krankenhausstatistik erstmals eingesetzt und dann bei der 11. amerikanischen Volkszählung 1890 verwendet [19]. Hieraus entsteht die Reihe von Lochkartenmaschinen der International Business Machines Corp. (IBM).

In der Wiener „k. k. statistischen Zentralkommission" wurden von *Otto Schäffer* in Verbindung mit *Hollerith* eigene Zählmaschinen gebaut, die wesentlich leistungsfähiger waren als die vom US Census eingesetzten Originalkonstruktionen. Die damit ausgewertete österreichische Volkszählung 1890 hatte sensationellen Erfolg: mit 12 Zählmaschinen wurden in 667 Tagen fast 100 Millionen Zählblättchen aufbereitet, im Mittel 823 je Stunde. Der Maschinenbetrieb wurde daraufhin auch für andere Statistiken, ab 1895 für den laufenden statistischen Dienst eingesetzt. Rußland führte diese Zählmaschinen 1895, Frankreich 1896 für die statistischen Dienste ein. 1902 wurde mit automatischem Karteneinzug eine Leistung von 120 LK/h erreicht [74].

Daneben entwickelten *Gore* ab 1895, *Pierce* und *Powers* ab 1907 weitere lochkartenbearbeitende Statistik- und Buchhaltungsmaschinen. 1912 wird die Deutsche Hollerith Maschinen-Gesellschaft (Dehomag) in Berlin gegründet, die in Zukunft weitgehend unabhängig vom Stammhaus eigene Entwicklungen betreibt. 1914 entsteht auch in Berlin die deutsche Vertriebsgesellschaft der 1911 gegründeten Powers Accounting Machines Co., welche ab 1912 horizontale Sortier- und Tabelliermaschinen entwickelt. 1927 wird Powers von Remington Rand übernommen.

Neben mechanischen Geräten, die anfangs vielleicht den Vorteil größerer Zuverlässigkeit haben mochten, entstanden auch elektromechanische Lochkartenmaschinen neuerer Konzeption, so 1922 bis 1925 durch *Frederik R. Bull* in Norwegen und *Stuivenberg* in Holland. *Bull* vermacht 1926 seine Patente dem norwegischen Institut für Krebsforschung, *Stuivenberg* befruchtet die Konstruktionen der IBM. Die mechanische Bauweise kann schließlich die folgende Entwicklung zu immer umfangreicherer Zähl- und Druckstellenkapazität (erste Tabelliermaschine 1924) und größerer Wendigkeit nicht mehr mitmachen und bleibt den einfacheren Typen vorbehalten. Die elektrischen Geräte werden weiter ausgebaut mit Steckplatten-Schalttafeln zur Einsteuerung kurzer Arbeitsprogramme: 1930 bringt IBM/Berlin die erste saldierende Tabelliermaschine, 1936 die berühmte *D 11* mit Stecktafel auf den Markt. Sie erhalten schließlich auch Rechenwerke (1940) — vorerst mit Relais oder mechanischen Rechenmaschinen — und Relaisspeicher. In dieser Zeit beginnt auch die Verwendung von Lochkartenmaschinen für wissenschaftliche Berechnungen (*Comrie*, 1928). Das Astronomische Recheninstitut Berlin berechnet 1930 Sternkoordinaten, das Hydrographische Institut Hamburg Gezeitentabellen. 1931 beginnt die Compagnie des machines Bull in Paris mit 50 Mann den Bau von Lochkartenmaschinen nach den Bull-Patenten, 1952 beschäftigt sie 2500, 1957 über 5000 Menschen.

1.1.3.2 Relaisrechner. 1934 plant der bereits erwähnte *Chr. Hamann* (Berlin) elektromechanische Vierspezies-Tischrechenmaschinen auf neuer Grundlage, auch mit einem Kontaktschlitten von logarithmischer Arbeitsweise, und mit Lochbandsteuerung zum Auflösen von Gleichungen [29a]. *Weygandt* plant 1933 einen *Drehwählerautomaten* zum Lösen von Determinanten [53].

Einen großen Beitrag zur Fortentwicklung der Lochkartenmaschinen leistete auch der Wiener *Gustav Tauschek*, von dessen etwa 200 Patenten um 1930 die IBM einen großen Teil übernahm. Er nahm darin viele der späteren Gedanken und Bauformen in durchaus realisierbaren Konstruktionen vorweg, auch die magnetische Speicherung in umlaufender Trommel [44]. *Tauschek* erkannte die Forderungen für eine rationelle Buchung mittels Lochkarten; er kannte überdies als technisches Universalgenie auch die Ausführungsmöglichkeiten und war als drittes recht geschickt in der Auswertung seiner Erfindungen.

In Zusammenarbeit mit der Büromaschinenfabrik Rheinmetall in Sömmerda baute er ein komplettes System neuer Lochkartenmaschinen mit ebenfalls neuartigem Lochcode auf. 1930 standen als arbeitsfähige Modelle bereit: Hand- und

Motorlocher, Sortiermaschine (mit oszillierendem Trichter), *Lochkarten-Buchhaltungsmaschine* [51a] mit Zifferndruck und mit Textdruck über Adreßplatten, ferner mit Queraddition, Komplementschreibung negativer Werte, mit Summenlochung in die abgetastete Karte und sogar mit Multiplikationseinrichtung (die Lochzahl des einen Faktors steuerte direkt die Anzahl der Additionen). Auch ein Kartenmischer mit Trommel oder Förderband war vorgesehen.

Tauscheks Arbeit betraf ferner die Division, das Ziffernlesen (durch Vergleich mit transparenten Musterziffern auf Blendentrommel oder -film und mit zickzackförmiger Abtastung und Auswertung des Impulsbildes), Steuerung des Druckpapiers und kontogerechten Druck in ein *Rollbuch* durch Abtasten einer eingelochten Kontonummer. Seine Patente betrafen weiter programmgesteuerte Vierspezies-Maschinen, wobei die Lochkarte das Rechenprogramm trägt, Textschreibung mittels 12 Strichelementen, die in geeigneter Weise zum Buchstaben zusammenzusetzen sind und wobei die zu druckenden Strichelemente durch ebenso viele Löcher einer Lochspalte aufgerufen wurden. Er entwickelte Zahlenspeicher als Trommel, erst mit mechanischer Darstellung der Ziffern, dann mit einzelnen Stiften, die von innerhalb der Trommel magnetisiert und später von außen induktiv abgelesen werden konnten.

Die bei Rheinmetall gebauten Maschinen stehen im Technischen Museum in Wien, dessen Direktor Dr. *Nagler* [44] einer seiner damaligen Mitarbeiter war.

Etwa zur gleichen Zeit (1934) entstand die Rheinmetall-*Fakturiermaschine*, eine elektrisch angetriebene Schreibmaschine mit elektrisch angeschlossenem Rechenwerk zum Multiplizieren.

Ebenfalls bereits im Jahre 1934 (noch während seiner Studienzeit) begann der Berliner Bauingenieur *Konrad Zuse* die Vorarbeiten für eine programmgesteuerte Rechenmaschine, welche die stets wiederkehrenden gleichförmigen Berechnungen der Statik automatisieren sollte. Er plante als erster (neben und unabhängig von *Couffignal*, 1938, und *Valtat*, 1933–1936, beide in Paris) die Verwendung des dualen Zahlensystems und der halblogarithmischen Schreibweise mit abgespaltener Zehnerpotenz, heute *gleitendes Komma* genannt. Er begann 1935 mit dem Bau einer Versuchsanlage, die bereits folgerichtig dreiteilig aus Eingabewerk, Rechenwerk und Steuerung durch eingebaute Festprogramme aufgebaut war. Ein mechanischer Speicher wurde 1937 aufgebaut. Er bestand aus je zwei Lagen gekreuzter dünner Bleche, an deren Kreuzungspunkten je ein lose eingesetzter Stift in eine von zwei Schaltstellungen gebracht wurde, um den Binärwert 0 oder 1 zu speichern. Auch das Rechenwerk war zuerst aus rein mechanischen Schaltgliedern gebildet. Die Versuchsanlage Z 1 war 1937 fertiggestellt; sogleich wurde ein neues Versuchsgerät begonnen, das ein Relais-Rechenwerk erhalten sollte. Die mechanische Bauweise erlaubt zwar, wesentlich kleiner und kompakter zu bauen (*Zuse* nennt als Grundfläche für 1000 Speicherzellen in mechanischem Aufbau 1 bis $2\,\text{m}^2$, während in Relaisbauart *ein ganzer Saal voller Gestelle* nötig wäre), doch ist die Herstellung von vielen Stanzteilen für die Schaltelemente bei einem privat finanzierten Versuchsaufbau wegen der hohen Werkzeugkosten viel zu aufwendig. Relais sind dagegen in mancherlei Ausführungen fertig und preiswert zu kaufen und erlauben einen leichten und vorteilhaften Zusammenbau vielseitiger Schaltungen.

Im Jahre 1941 entstand das Gerät Z 3, welches, durch gelochten Normalfilm als Programmträger gesteuert, längere Rechenabläufe durchführen konnte. Es besaß 64 Zahlenspeicher, 2600 eingebaute Relais, einen Lochstreifenleser und ein Tastenfeld zur Eingabe der Ausgangszahlen (in der Reihenfolge, wie sie vom Rechner abgerufen werden!), sowie ein Lampenfeld zur Anzeige der Ergebnisse. Es hat *Zuse* 23000,— RM gekostet. Wesentlich für die sich über Jahre hinweg bewährende Zuverlässigkeit der Zuseschen Bauweise ist, daß die gesamte Schaltung von einer Schaltwalze aus in einem festen Takt arbeitet und kein Relaiskontakt unter Spannung schaltet. Die sonst kaum zu vermeidenden Schaltfehler infolge von Materialabbrand und -wanderung an den Kontakten sind hierdurch (wie auch die Funkenlöschung an jedem Relais) völlig vermieden. Neben den vier Grundrechnungsarten konnte die Z 3 noch einige andere häufige Rechenoperationen — Wurzelziehen u. dgl. — nach fest eingebauten, durch Tastendruck aufgerufenen Arbeitsabläufen bearbeiten; hierzu gehörte auch das selbsttätige Umrechnen der dezimal eingetasteten Zahlen in den binären Interncode, das Rückrechnen zur Ausgabe und die Feststellung und Fortrechnen der Zehnerpotenzen für die halblogarithmische Darstellung mit gleitendem Komma. Die Z 3 wurde 1941 von der Deutschen Versuchsanstalt für Luftfahrt (DVL) in Betrieb genommen.

Konrad Zuse ist somit unbestreitbar der erste, der programmgesteuerte Rechenautomaten von Grund auf entwickelte, konstruierte und auch für den praktischen Einsatz voll arbeitsfähig herstellte. Er erhielt in Anerkennung dieser Arbeit im Jahr 1956 die Würde eines Dr.-Ing. ehrenhalber seitens der Technischen Hochschule Berlin [34], ferner 1965 den Harry Goode Memorial Award und den Siemens Ring.

Neben dem rein mechanischen und elektromechanischen Arbeitsprinzip versuchte *Zuse* in Zusammenarbeit mit Dr. *Schreyer* (dessen diesbezügliche Dissertation geheim blieb) seit 1937 auch, Elektronenröhren zum Aufbau von Rechenschaltungen heranzuziehen. Die erfolgversprechenden Arbeiten mit einer Modellschaltung (1942) mußten leider später abgebrochen werden, zumal 1939/40 sein Plan eines Röhrenrechners, der mit 1 500 Röhren und 1 ms Rechentakt mehr geleistet hätte als der spätere ENIAC, von offizieller Seite als uninteressant abgetan wurde. Nicht nur konstruktiv, sondern auch formaltechnisch beschritt *K. Zuse* grundlegend neue Wege: er entwickelte für den Aufbau seiner komplizierten Schaltungen eine eigene Schaltungslogistik und konzipierte zur Programmierung einen *Plankalkül*, der die späteren Versuche zur Formulierung einer allgemeingültigen Programmierungssprache vorwegnimmt [54 bis 66] Während *Zuse* nur mit dem Einsatz seiner eigenen Arbeits- und Finanzkraft die Entwicklung und 1935 den Bau begann, standen ihm etwa ab 1944 einige industrielle Interessenten zur Seite, und offizielle Förderung, vor allem durch Bemühungen der DVL (Prof. *Teichmann*), setzte ein. Die Firma Henschel verwendete 2 Spezialrechner. Das Institut für Praktische Mathematik der Technischen Hochschule Darmstadt (Prof. *A. Walther*) unterstützte den Bau z. B. durch Anfertigung der Filmbandlocher und in anderer Weise. Es gelang trotz aller Schwierigkeiten, bis zum Jahr 1945 auch das wesentlich verbesserte Rechengerät Z 4 fertigzustellen, das als einziges der 9 gebauten Geräte das Kriegsende überstand und noch lange Jahre zuverlässig arbeiten konnte. Es bietet erstmals die Möglichkeit, mehrere repetierende Unterprogramme in Form von ringförmig geschlossenen Lochbändern beliebig von einem Hauptprogramm anrufen zu lassen und auch ein Lochband auszustanzen.

Zu erwähnen sind hier noch die nur theoretischen Arbeiten von *L. Couffignal* (Paris) über Programmsteuerung und duales Zahlenrechnen (1936 und 1938) und von *A. M. Turing* (London) über Rechenautomaten (1937), ferner ein Modell zur binären Multiplikation, das *W. Phillips* 1935 in London vorführte — er trat für binär verschlüsselte Oktalzahlen für wisenschaftliche Rechenprobleme und Tabellenwerke ein und beeinflußte maßgeblich die späteren Entwicklungen in England [44 a].

Während Krieg und Geldentwertung in den zwanziger Jahren dieses Jahrhunderts die Serienfertigung der Rechen- und Lochkartenmaschinen mächtig beflügelten, veranlaßte der zweite Weltkrieg die Entwicklung von immer leistungsfähigeren Rechenanlagen, um Flugbahnen von Geschossen u. dgl. schneller und genauer bestimmen zu können. Die Wissenschaft ergriff mit mehr oder weniger Geschick diese Gelegenheit, um ihre eigenen Belange voranzutreiben [5].

Das Institut für Praktische Mathematik der TH Darmstadt (IPM) (Prof. Dr. *A. Walther* mit *H.-J. Dreyer* und *W. de Beauclair*) baute 1943 bis 1944 zwei elektrische Programmsteuerungen (eine mit umlaufender Kontaktwalze, eine zweite mit Drehwähler und Stecktafel) zur Buchungsmaschine National 3000 zum Zwecke der selbsttätigen Errechnung von Zwischenwerten in weitmaschig vorliegenden Funktionstabellen. Ferner plante es die Verkopplung von Fernschreib- und Lochkartenmaschinen und deren Programmsteuerung mittels Lochstreifen zu einem Rechenautomaten, kam aber über die Vorarbeiten nicht hinaus.

In den Vereinigten Staaten dagegen wird von 1939 bis Mai 1944 die erste für umfangreiche wissenschaftliche Rechnungen brauchbare Großrechenanlage auf der Grundlage von zusammengeschalteten IBM-Lochkartenmaschinen bzw. deren Baugruppen (Zähler) in Betrieb genommen: der *Automatic Sequence Controlled Calculator*, ASCC oder Mark I genannt. Ihr Schöpfer ist Dr. *Howard H. Aiken* [13a] am Computation Lab. der Harvard Universität in Cambridge, USA, der um das Jahr 1937 mit deren Bau begonnen hatte. Sie besitzt zwar Lochstreifenleser, aber keine richtige zentrale Programmsteuerung, sondern steuert sich vor allem über die Stecktafeln der Einzelmaschinen und hat keine variablen Speicher außer den 72 mechanischen Addier-Zählwerken und 60 Fixwertspeichern. Sie enthält die Grundprogramme für die vier Spezies, dazu für Wurzelziehen, Interpolieren und Potenzieren. Ein Additionstakt dauert 0,3 s, eine Multiplikation etwa 6 s. Sie enthält 3500 Dekadenwählschalter, ist 16 m lang, wiegt 35 t und kostete etwa 400000 $. Dieses Modell I wird noch wenige Jahre hindurch weiterentwickelt zu den Anlagen Mark II (mit Relais) bis IV (elektronisch), die im wesentlichen für die Marine arbeiten.

1938 begann *Stibitz* bei Bell Labs. mit der Entwicklung von Relaisrechnern; der erste kleine mit 400 Relais wird 1940 für ballistische Rechnungen fertig und ist bis 1949 in Benutzung, weitere, darunter ein Interpolator, werden anschließend gebaut. Zwei größere Universalrechner werden 1947 und 1950 fertig; sie enthalten etwa 9000 Relais und 44 Speicherwerke [69]. Auch in England werden von Instituten und Forschungsstellen einige Relaisrechner entwickelt, so ARC ab 1948 von *Booth* am Birkbeck College in London.

Nach Beendigung des Krieges gelang es *K. Zuse*, den verlagerten Rechner Z 4 wieder zusammenzubauen; er wurde dem Institut für angewandte Mathematik der Eidgen. TH Zürich (Prof. *Stiefel*) übergeben. Der Rechner Z 4 arbeitete dort und anschließend in Weil am Rhein jahrelang zuverlässig und vermittelte wertvolle Erfahrungen für den Bau der ERMETH in Zürich. Seine Daten: 2200 Relais, 21 Schrittschalter, mechanische Speicher für 64 Zahlen ausgebaut, aber für 500 Zahlen vorgesehen; Multiplikationszeit 2,5 s, Divisionszeit 5 s; 2 Lochfilmleser, 1 Stanzer, Tastatur zur Eingabe, Lampenfeld oder Schreibmaschine zur Ausgabe. Zahlenbereich 23 binäre, d.h. etwa 7 Dezimalstellen, Dezimalpotenzbereich von -20 bis $+20$. Operationsbefehle für die vier Grundrechnungsarten, dazu für Quadratwurzel, Vergleich zweier Zahlen, Multiplikation mit festen Faktoren, z. B. π. Der Rechner führt auch die Aufgabe $1/0 = \infty$ u.dgl. korrekt aus. 1957 wurde noch ein Magnetkernspeicher angebaut, der mittels Relais angesteuert ist und derart die Vorteile beider Techniken bestens verbindet.

1953 lieferte die inzwischen in Neukirchen gegründete Firma Zuse KG. den fest programmierten Relaisrechner Z 5 an Leitz aus, der nach Weiterentwicklung zur Type Z 11 insbesondere für optische und geodätische Rechnungen in insgesamt etwa 25 Stück an optische Werke und an Institute und Ämter ausgeliefert wurde. Er erhielt 1957 zusätzlich eine Programmsteuerung mittels Fernschreib-Lochstreifen und wurde dadurch recht universell. Der Grundpreis dieses Rechners war mit etwa 80000,— DM — gemessen an sonstigen Anlagen — gering.

Neben diesen in kleiner Serie gefertigten Zuse-Relaisrechnern entstanden in den Jahren nach dem Krieg einige Eigenentwicklungen: so baute 1953 bis 1954 *Seifers* am Geodätischen Forschungsinstitut München einen Spezialrechner SM 1 für Aufgaben der Triangulationstechnik mit 583 Relais und VEB Opt. Werke Jena einen großen optischen Relaisrechner OPREMA, dessen beide gleiche Hälften ursprünglich zur Erhöhung der Sicherheit parallel rechnen sollten, was sich bald als unnötig erwies. In Japan wurden ebenfalls einige Relaisrechner entwickelt (s. Tab.1.1-3), darunter der vermutlich größte, noch 1958 wurde ein Relaisrechner einfachster Bauweise, CASIO, von knapp der Größe eines Schreibtisches vertrieben, der nur knapp 6000,— DM kosten sollte.

Damit ist jedoch die Entwicklung und der Bau von elektromechanischen (Relais-)Rechengeräten wohl im wesentlichen abgeschlossen. Selbstverständlich bleibt ein Relais noch weiterhin ein unübertroffen vorteilhaftes Schaltwerk, vor allem, wenn es mit vielteiligem Kontaktfedersatz zu bestücken ist. Auch könnten durch die Entstehung neuartiger Kontaktelemente, z.B. der in Schutzgas hermetisch eingeschmolzenen (z.B. Reed-Relais), neue Anwendungsbereiche erschlossen werden. Im ganzen ist aber die Relaistechnik und überhaupt die Elektromechanik häufig zu langsam; ein Arbeitstakt von bestenfalls 30 Spielen/s ist nur noch dort zulässig, wo in Verbindung mit manuellem Eintasten oder mechanischer Ausgabe doch keine höhere Geschwindigkeit erreichbar wäre.

1.1.3.3 Analogrechner. Der Rechenschieber als analoges Gerät für die logarithmische Rechnung, vor allem zur Multiplikation und Division, hat in mannigfaltigsten Formen und Größen seit 1624 immer wachsende Bedeutung erlangt. Er ist einfach zu bedienen, gibt jedoch die Ergebnisse nur mit begrenzter Genauigkeit, wie es eben im Wesen aller Analoggeräte liegt. — Ein Grundelement zum Integrieren entstand in den Reibgetrieben (*W. Thomson = Lord Kelvin* 1876) und den Nachbildungen des Steigungsdreiecks durch die *scharfe Rolle* oder *Schneidenrad*. Nach *Coriolis* (1836) hat besonders *Abdank-Abakanowicz* (1886) mehrere Bauformen von Integraphen entwickelt, die ab 1890 neben den Planimetern auf den Markt kamen. *Lord Kelvin* fand überdies das wichtige Prinzip der Zusammenschaltung mehrerer Integrationsmechanismen und der Rückkopplung der Ergebnisbewegung auf den Beginn als Kennzeichen der Differential- bzw. Integralgleichungen.

1912 bis 1914 baute *Udo Knorr* in München ein lange Jahre im Dienst der Reichsbahn stehendes Gerät zum Lösen von Differentialgleichungen zweiter Ordnung, insbesondere zum maschinellen Berechnen der Fahrzeiten von Eisenbahnzügen. Nach dessen Vorbild entwarf der Verfasser am Institut für Praktische Mathematik der TH Darmstadt (IPM) 1939 einige Modell-Integrieranlagen unter Verwendung der handelsüblichen Integraphen *Adler-Ott* mit Schneidenrad. Hieraus entstand bis 1948 die Integrieranlage IPM-Ott. Sie besteht aus 4 mechanischen Integratoren, 2 Multiplizier- und Addiergetrieben und hat Funktionseingabe mit lichtelektrischer Kurvenabtastung; die einzelnen Geräte sind wahlweise durch eine Stecktafel miteinander zu verkoppeln.

Neben anderen, aber in großem Maßstab, baute *V. Bush* in den USA ab 1931 große Integrieranlagen, erst rein mechanisch mit Reibradgetrieben, die mittels mechanischer Wellen und verbindenden Übersetzungsgetrieben zusammenzuschalten waren. Diese dienten als Vorbild für mehrere Nachbauten im Ausland, während die Reibrad-Integratoren einer zweiten deutschen Anlage der Firma Askania (*Sauer* und *Pösch*) elektrisch zu koppeln waren. Nach dieser im Krieg zerstörten Integrieranlage von Askania baute die Firma Schoppe & Faeser, Minden (*Bückner*), später einige große moderne Maschinen bester Genauigkeit (etwa $0{,}2\,^0/_{00}$), die nach England (Teddington) und an deutsche Firmen (Siemens) und Institute (Rhein.-Westfäl. Inst. f. Instrumentelle Mathematik, Bonn) geliefert wurden. Seit 1942 arbeitete indessen auch eine große elektromechanische Integrieranlage von *V. Bush* (mit 20000 Röhren) für die Berechnung von Geschoßbahnen am Massachusetts Institute of Technology.

Neben diesen zum Teil mechanisch arbeitenden Integrieranlagen entstanden ab 1939 in Deutschland (*H. Hoelzer* [32]) wie in den USA auch rein elektrisch arbeitende Integrierschaltungen, die bis heute zu der sehr verbreiteten Gruppe der elektrischen Analogrechner entwickelt wurden. Sie sind vor allem in den USA (1956: 80 Hersteller) in vielen größten wie auch kleinen (Tisch-)Ausführungen handelsüblich und ähnlich dem Rechenschieber zur Lösung von Ingenieuraufgaben mit begrenzten Genauigkeitsansprüchen (5% bis 0,1%) äußerst dienlich. Sie lassen sich durch Stecktafeln zur Verkopplung der Rechenbaugruppen recht zweckmäßig bedienen; das Aufstellen des Koppelplanes ist wesentlich einfacher als etwa das Aufstellen eines entsprechenden Programms für Digitalrechner, und es entspricht den Arbeitsgewohnheiten des Ingenieurs, durch Variation der Parameter während der meist schnell repetierenden Ergebnisanzeige die gesuchte optimale Lösung der Aufgabe einzustellen. In Deutschland gibt es nur wenige Hersteller elektronischer Analogrechner: Schoppe & Faeser/Minden, Siemens & Halske (Regelmodell) und Telefunken GmbH; für Netzmodelle: Montanforschung/Düsseldorf und AEG.

Während es sich bei diesen Integrieranlagen zur Lösung von Differentialgleichungen um universelle Analogrechner handelt, sind andere analog arbeitende Geräte in großer Vielfalt zur Bearbeitung von Spezialproblemen gebaut worden, so z.B. zur Fahrzeitberechnung, zur Lösung trigonometrischer und ähnlicher Aufgaben und von Polynomgleichungen; zur Errechnung der für die Schiffahrt wichtigen Gezeitentafeln [50] und der Kristallstruktur dienen Geräte zur Fourier-Synthese [14]. Dazu traten in der Kriegszeit viele Geräte für Flugbahn- und Schwingungsberechnungen u.dgl. [22]. Sie können hier nicht weiter besprochen werden, es sei auf Tab. 1.1-2 verwiesen.

Tabelle 1.1-2. Rechner in Deutschland. Stand 1945

Digital-Rechner

Zuse: elektromechanische programmgesteuerte Rechenautomaten Z1—Z4 (Z4 erhalten), Spezialrechner für Aufgaben des Flugzeugbaus, Versuchsmodell eines Röhrenrechners.

IPM Darmstadt (Prof. *Walther, H.-J. Dreyer, W. de Beauclair*): Buchungsmaschinen mit Festprogramm für Untertafelung nach konstanten Differenzen (zerstört), Lochstreifensteuerung von Hollerith-Maschinen-System: Plan für Universal-Rechenanlage (zerstört).

Weimershaus (Fa. DeTeWe): mechanisch und elektrisch interpolierende Rechenmaschinen für Sternortung; nach 1945 weiterentwickelt (Prof. *Ramsayer*).

Analog-Rechner

Universalgeräte zum Lösen von Differentialgleichungen.

Mechanisch:

Askania (Prof. *Sauer, Pösch*): universelle Integrieranlage mit Reibrollengetrieben (1944 zerstört).

IPM-Ott (Prof. *Walther, H.-J. Dreyer, W. de Beauclair*): universelle Integrieranlage mit Schneidrollen-Integratoren)

Engel: Reibrollen-Integrieranlage (geplant).

Elektrisch:

Hoelzer: elektrische Integrier- und Differenzierschaltungen: der Prototyp der elektronischen Analogrechner.

Spezialrechner

Schubert: mechan.-elektrisches Bahnmodell ELBAMO unter Verwendung von Ruder-Servomaschinen.

Fischel und *Temme:* mechanische Schwingsysteme, elektr. Abgriff und Verkopplung, waagrechte Schwingebene.

Häußermann: mechanisch-elektrische Nachbildung, Pendel mit neigbarer Ebene zur Änderung der Schwingungsfrequenz, elektrischer Abgriff.

Rauschelbach (Hydrograph. Institut): Gezeiten-Rechenmaschinen, mechanisch-analog, auch mit 64 elektrisch angeschlossenen Rechenmaschinen.

Nach 1945 beginnt die Entwicklung von Digital-Rechenautomaten in der Röhrentechnik:

DERA (Prof. *Walther, Dreyer* u.a.) am Institut für Praktische Mathematik der TH Darmstadt ab 1948 für etwa 50 Operationen/s, fertig 1957.

G1, G1a, G2 (Prof. *L. Biermann, H. Billing* u.a.) am Max-Planck-Institut für Physik in Göttingen ab 1950, G3 (1955 fertig).

PERM (Prof. *Piloty, Sauer* u.a.) an der TH München ab 1950 für etwa 200 Operationen/s, fertig 1956.

Zuse (Zuse KG, Bad Hersfeld) mit Z5 bei Leitz (1953). Relaisrechner Z11 (erste an Optische Werke Schneider, Kreuznach), insgesamt mehr als 24 ausgeliefert; Grundpreis etwa 80000,— DM. Elektronenrechner Z22 (nach Plänen auch von *Fromme* und *Pösch*), Grundpreis etwa 180000,— DM (1957).

D1 Technische Hochschule Dresden, fertig 1956, D2 (1957).

1.1.4 Elektronische Rechenautomaten

1.1.4.1 Übersicht. Mechanische und Relais-Rechenmaschinen erwiesen sich den gesteigerten Ansprüchen der Praxis in bezug auf Schnelligkeit, Speicherung von Zwischenwerten und selbsttätigem Ablauf von langen Rechenprogrammen gegenüber als zu langsam und schwerfällig. Die Hochfrequenztechnik öffnete den Weg, die Schaltvorgänge des digitalen Rechnens um ein Vielfaches schneller ablaufen zu lassen. Schon 1919 hatten *Eccles* und *Jordan* gezeigt, wie ein Paar Trioden zu einem bistabilen Schaltelement zu verbinden sind (Eccles-Jordan-Schaltung = Flipflop-

Schaltung). 1929 wurde von *A. W. Hull* und 1931 *Wynn-Williams* die Thyratron-Röhre als Zählwerkselement vorgeschlagen. Die Stammtafel auch der elektronischen Rechenautomaten beginnt jedoch ohne Zweifel bei *Zuse* mit seinen frühen Versuchen zu einem Röhrenrechner, aber auch mit seinen für Bau und Programmierung unerläßlichen logistischen Überlegungen. Während des Krieges sprießen mehrere andere Wurzeln: in den USA mit *Eckert* und *Mauchlys* ENIAC in Röhrentechnik und andere, die sich zum Teil auch an die Relaistechnik (so bei den Bell-Rechnern) und die Lochkartenmaschinen (bei *Aikens* ASCC = Mark I und dem SSEC) anlehnen (Tab. 1.1-3). In England inspiriert die Radar- und Impulstechnik und es entsteht der Laufzeitspeicher. Diese Entwicklungslinien befruchten sich in Kürze derart gegenseitig und verflechten sich bald so weit ineinander, daß es kaum möglich ist, ein klares Bild der Wirkungslinien aufzuzeichnen. Ebenso macht die unterschiedliche Dauer der Fertigung bis zur Arbeitsreife der einzelnen Maschinen und die unter Umständen sehr frühzeitige Veröffentlichung der Daten es unmöglich, eine genaue zeitliche Reihenfolge aufzustellen.

Tabelle 1.1-3. Rechenautomaten im Ausland. Stand 1951

Relaisrechner

in USA

Bell Telephone Labs.: (ab 1938) mehrere Spezialrechner in Betrieb, mit biquinär-Zifferncode und Relaisspeicher und Lochstreifen. Entwickler: *Stibitz* und *Williams*. Operationstakt 0,3 s.

IBM   Pluggable Sequence Relay Calculator aus IBM-Maschinen, parallel-dezimal, Relaisspeicher und Lochkarten; 36 Speicher, 6stellig. Operationstakt 25 ms.

ASCC   Automatic Sequence Controlled Computer = Mark I von *H. H. Aiken* mit IBM-Maschinenteilen (72 Addierzähler, 60 Fixspeicher), begonnen 1939, fertig 1944, parallel-dezimal, mit Lochstreifensteuerung.

SSCC   Selective Sequence Controlled Computer = Mark II „Relay Computer" von *H. H. Aiken* gebaut bei Harvard University 1946, eingesetzt in Dahlgren, vor allem für astronomische Berechnungen. Die Arbeitsstunde hieran wurde mit 30 $ berechnet. Programmierung durch Lochstreifen, ferner mit 36 Lochstreifen-Funktionstafeln als Speicher ausgerüstet.

in England

ab 1937 plante *Womersley* einen dezimalen Relaisrechner.

ARC   Automatic Relais Computer von *Booth* und *Britten* (ab 1947), ursprünglich 256 Speicherworte. Operationstakt 20 ms. Magnettrommelspeicher, dual rechnend; eine zweite, aber elektronische, an Universität London (Imperial College Computing Engine) im Bau.

in Holland

ARRA   Relaisrechner (von *Wijngaarden*), dual-parallel, 30 Binärstellen, nur 15 ms Taktzeit, mit Magnettrommelspeicher, in Amsterdam, eine zweite ähnliche in Delft; beide nach ARC-Vorbild.

in Schweden

BARK   Binär Automatic Relay Kalkylator von *Conny Palm*, in Stockholm; parallel-dual, 32stellig mit Gleitkomma; 5500 Relais, Programme auf Schalttafel, 840 Schritte. In Betrieb bis 1958.

in Japan (erst später beginnend)

ETL-I (März 1952) entwickelt und gebaut vom Electrotechnical Lab.
ETL-II (Nov. 1955), gebaut von der Fa. Fujitsu.

Elektronische Rechenanlagen

in USA

ENIAC Electronic Numerical Integrator and Computer an der Moore School, University of Pennsylvania, von *J. P. Eckert, Mauchly* und *Goldstine*, begonnen 1943, fertig 1946; parallel-dezimal, verwendet zuerst ohne zentrales Programm für die Außenballistik (galt mit 50% Rechenbereitschaft als sehr zuverlässig). Operationstakt 200 µs.

SSEC   Selective Sequence Electronic Calculator von IBM (*W. J. Eckert*); in Betrieb Dezember 1947. Mit 100 Röhrenzählwerken, 19stellig, nach der vor dem Krieg begonnenen Ent-

(Forts. Tab. 1.1-3)

        wicklung des elektronischen Rechenstanzers IBM mit Multiplikation. Hat 12 500 Röhren, 21 400 Relais; Zwischenspeicher in Röhrenschaltungen, Relais und Lochbändern; diese auch für Programmschritte.

Mark III (1949) von *H. H. Aiken* an der Harvard University in Entwicklung, mit Magnettrommel. Mark IV mit magnetischen Spulenketten (Laufzeitspeicher) und mit Selendioden-Logik begonnen, fertig 1952.

EDVAC Electronic Discret Variable Computer nach den Erfahrungen am ENIAC, aber mit Programmsteuerung geplant, erst 1952 fertig, mit Quecksilberspeicher für 512 Wörter.

BINAC von Eckert-Mauchly Computer Corp. $4 \cdot 10^6$ Impulse/s; zwei parallele, sich gegenseitig kontrollierende Rechner; als Versuch und daraus fortentwickelt:

UNIVAC Universal Automatic Computer (für Bureau of Census) von Eckert-Mauchly Corp. 1951 (1950 von Remington Rand übernommen).
UNIVAC FacTronic I mit Quecksilberkanal-Speicher, später: UNIVAC FacTronic II mit Magnetkernspeicher.

SWAC (Zephir) von Nat. Bureau of Standards, Los Angeles, 1950, mit elektrostatischem Speicher, erstmals mit Halbleitern.

SEAC von Nat. Bureau of Standards, Washington 1951, mit Quecksilberspeicher für 512 Wörter zu je 45 bit; 186 ns Zugriffszeit; enthielt 1 625 Röhren und 24 000 Germaniumdioden.

MIDSAC einer der ersten *real time* control-computer.

Ferner sind mehrere elektronische Rechenanlagen in Entwicklung bei

        Institute of Advanced Studies (IAS) = MANIAC von *John von Neumann* (ab 1952); ultraschnell mit elektrostatischem Speicher (Williams-Röhre) für 1 024 Wörter, Operationstakt 10 µs.

        Office of Naval Research von *Raytheon* = Raydac.

        Massachusetts Institute of Technology: „Whirlwind" mit 5 µs Operationstakt (von *Forrester*).

        IBM: 1950 Versuch einer *Tape Processing Machine* mit Magnetbändern, Card-programmed Calculator CPC und Electronic Data Processing Machine EDPM 701 (1953).

        Universität Illinois: ORDVAC

        und andere.

in England

EDSAC Electronic Delay Storage Automatic Calculator, von *M. V. Wilkes* 1949 in Cambridge; erster Rechner mit intern gespeichertem Programm; Dual-Serie, mit Ultraschall-Hg-Speicher für 512 Zahlen zu je 34 Stellen, mit 5 Fernschreib-Lochstreifen-Lesern, 3 000 Röhren; Operationstakt 70 µs.

ACE Automatic Computing Engine in Teddington, 1945–50; entwickelt von *Womersley* und *Turing* mit Prof. *Hartree*; 1 000 Röhren, Operationstakt 32 µs; erster Serien-Rechner mit Befehlsadresse, Lochkartenprogramm; mit Quecksilberspeicher. Nach *Phillips'* Vorschlägen intern binär, extern oktal arbeitend. 1 MHz Taktfrequenz.

SEC Simple Electronic Computer 1947 entworfen von *Booth*, Birkbeck College, London; mit erster Magnettrommel; 256 Wörter, 21 Binärstellen, 250 Röhren, Operationstakt 1,6 ms.

APEC All Purpose Electronic Computer; nach SEC entworfen; Trommelspeicher, 500 Röhren, 1 024 Wörter. 4 Ausführungen.

— in Planung in Teddington eine Anlage mit 52 µs Taktzeit, mit Ultraschallspeicher für 256 Zahlen mit je 32 Dualstellen.

MARK I in Manchester eine Anlage mit Katodenstrahlröhren-Speicher von *Williams* (1948) und erstem Indexregister („B-tube") von *Kilburn*, mit 1 900 Röhren, 1,8 ms Taktzeit, mit Magnettrommel-Hilfsspeicher, von Ferranti Ltd. 1951, ein zweites Exemplar FERUT nach Toronto geliefert.

Ferner in Entwicklung
in Frankreich

        Von Prof. *Couffignal* am Institute Blaise Pascal eine Entwicklung geplant; paralleldual, 50stellig, Gleitkomma.

in der Schweiz

        Prof. *Stiefel*, *Rutishauser* und *Speiser* planen die ERMETH (fertig 1956) mit besonders leichter Programmierung.

in Schweden

BESK Binär Elektronisk Sekvens Kalkylator (1953), parallel rechnend, mit Magnettrommelspeicher für 8192 Wörter zu je 40 Binärstellen, als Schnellspeicher erst Williams-

(Forts. Tab. 1.1-3)

> Röhre, dann Ferritspeicher mit 1024 Wörtern; Programmbefehle als Zeichen auf
> Basis 16; Lochstreifen-Eingabe mit 400 Zeichen/s, Stanzer mit 140 Zeichen/s[1].

in der UdSSR
> Mehrere Rechenanlagen sind nach dem Fünfjahresplan zu bauen; z.B. BESM mit
> 8000 Op./s, fertig 1953 [35].

Elektronische Rechenmaschinen zeichnen sich durch sehr wertvolle Eigenschaften aus: Sie arbeiten äußerst schnell, sehr zuverlässig und, sobald die Röhrentechnik der sog. „ersten Generation" durch die Transistorenbauweise der „zweiten Generation" ersetzt war, auch mit geringem Energieverbrauch. Sie sind durch eingespeicherte Programme gesteuert und können darin auch bedingte Befehle und logische Entscheidungen durchführen, d.h. ihr Arbeitsprogramm je nach dem Ausfall von Zwischenergebnissen abändern.

Sie verfügen über eine große Speicherkapazität, zum Teil mit überaus geringer Zugriffszeit, und erlauben den Anschluß vieler Ein-/Ausgabegeräte.

Im folgenden seien die wichtigsten Entwicklungsschritte einzeln dargestellt [1, 2, 4, 7, 8].

1.1.4.2 Röhrentechnik. An die Stelle der Schaltrelais und Schrittschaltwerke trat zuerst (in praxi um 1946) die Elektronenröhre. 1938 und 1939 entwickelten und untersuchten *M. Mathias* bzw. *W. Hündorf* spezielle dezimale Zählröhren [39a, 33a]; ähnliche Bauarten werden noch immer, wenn auch in geringerem Maße, in Zählschaltungen verwendet, doch werden in den Kriegsjahren die großen Rechenautomaten nur unter Verwendung von Röhren der Großserienproduktion aufgebaut.

Nach nur zweijähriger Bauzeit wird im Mai 1946 die erste vollelektronische Großrechenanlage ENIAC vom Ballistic Research Lab. Aberdeen Proving Ground in Dienst gestellt [53a]. Ihre Schöpfer sind der Physiker *J. W. Mauchly* und der Ingenieur *J. P. Eckert*. Sie wurde für militärisch-ballistische Aufgaben an der Moore School of Electrical Engineering der Universität von Pennsylvania in Philadelphia, USA, gebaut. Sie enthält 17468 Röhren und 1500 Relais, wiegt 30 t, verbraucht 174 kW und kostete etwa 400000,— $. Sie rechnet mit dezimalen Ringzählern und speichert in gleicher Weise nicht mehr als 20 zehnstellige Zahlen (*Babbage* wußte bereits, daß 1000 erforderlich sind!). Der ENIAC ist Wurzel einer Folge vieler Nachbauten und weiterer Entwicklungen der gleichen Konstrukteure, welche gemeinsam eine eigene Firma gründeten; über EDVAC entsteht schließlich der UNIVAC, mit welchem diese Entwicklung in den Rahmen der Remington Rand Corp. einfließt.

Bis zu seiner Außerdienststellung 1955 hat ENIAC insgesamt 80000 Arbeitsstunden gearbeitet. 1957 wurde er abgebaut und im Smithsonian Institute als Museumsstück aufgestellt, nachdem bereits einige Baugruppen als arbeitsfähige Demonstrationsmodelle nachgebildet wurden und unter anderem in der Militärakademie West Point die historische Entwicklung verdeutlichen.

1947 entwirft Dr. *Billing* am Institut für Instrumentenkunde der Max-Planck-Gesellschaft (MPI) in Göttingen, unabhängig von ähnlichen Versuchen in den USA und in England (*Booth*), den Magnettrommel-Speicher. Allerdings stammt der erste Vorschlag zu magnetischer Registrierung schon von *Oberlin Smith* am 13.9.1888 in *Electrical World*; danach hat *Poulsen* 1898 eine Walze mit Magnetdrahtwendel als Speicher gebaut (steht im Deutschen Museum) und *F. Pfleumer* 1928 ein Papierband als Träger für Stahlpulver vorgeschlagen (DRP 500900). Bis 1945 produzierte allein die IG Farben Magnetbänder; erst nach Freigabe der deutschen Patente begann die Produktion auch in anderen Ländern. Endlich hat um 1932 *G. Tauschek*, wie bereits erwähnt, die magnetische Speicherung von Informationen oder Zwischenergebnissen vorgeschlagen und durch Patent schützen lassen.

---

[1] BESK wurde in ähnlicher Art nachgebaut: als DASK in Kopenhagen, SMIL an der Universität Lund, SARA bei der Fa. Saab in Linköping, und schließlich mehrmals von der Fa. Atvidaberg-Facit Co.

Weitere Entwicklungsgedanken stammen von *G. Dirks* aus den Jahren um 1944; die Patente tragen das Prioritätsdatum vom 1.10.1948. Sie wurden erst um 1957 bekanntgemacht und betreffen elektronische Rechenmaschinen und verwandte Geräte. Insbesondere bezieht sich das Hauptpatent auf einen kleinen, tragbaren Rechner mit Magnetscheibe als Rechenspeicher. Ferner erfassen diese Dirksschen Patentanmeldungen Bürorechner und Dateneingabe und Steuerung durch magnetisierbare Flächen auf Karteikarten u.dgl.; Schaltungen zur Ausgabe von Ziffern und Buchstaben als Punkt- oder Strichraster zum Druck und zur Anzeige z.B. mittels Bildröhre oder Lichtblitz; Magnetbandsysteme und Schaltungen zum Ordnen von unsortiert eingespeicherten Informationen; selbsttätigen Zeilenwechsel bei Schreibmaschinen und andere Einrichtungen mit magnetischem Speicher. Das grundlegende Patent über Magnettrommel-Speicher vom Juli 1943 wurde im Januar 1966 endgültig erteilt.

Der erste Elektronenrechner mit intern gespeichertem Programm ist der EDSAC der Universität Cambridge, England, welcher von Prof. *Hartree* mit *Wilkes* und *Williams* im Jahr 1949 fertiggestellt wurde. Er rechnet rein dual in Serie, speichert in Ultraschallspeichern 512 Zahlen zu je 34 Stellen, liest und locht mit 5 Fernschreib-Lochstreifengeräten.

Der Gedanke der internen Programmspeicherung stammte (Juni 1945) zwar von *John von Neumann*, der schon 1946 mit *Herman Goldstine, Eckert* und *Mauchly* den Bau eines speicherprogrammierten Elektronenrechners plante; dieser EDVAC wurde aber erst 1952 bis 1953 betriebsbereit. Er hatte auch als erster Schnellzugriffs-Speicher für 1024 Wörter in Form von Ultraschall-Laufzeitspeichern in Quecksilberröhren vorgesehen, dazu Magnetbandspeicher.

Auch schon 1949 baute Dr. *Walter Sprick* den ersten praktisch genutzten Elektronenrechner in Deutschland, und zwar als kleines Zusatzgerät zum Multiplizieren zur Lochkartenanlage der Kieler Landesbrandkasse [13b]. Von Sprick inspiriert wurde *Heinz Nixdorf*, der ab 1953 in Paderborn erst elektronische Rechenwerke für die Buchungsmaschinenindustrie baute und in stetigem Aufbau schließlich zu einem der größten Hersteller von Kleincomputern wurde.

Im Jahr 1950 konzipieren die Physiker des MPI in Göttingen (Prof. *Biermann*) auf Grund der Erfahrungen mit dem Magnettrommel-Speicher von Dr. *Billing* einen großen Elektronenrechner G 2 (mit etwa 1000 Röhren) und bauen zur stufenweisen Einarbeitung zwischendurch zwei kleinere Rechner G 1 (fertig 1952) mit Lochstreifeneingabe, 470 Röhren, und G 1a (mit nur 250 Röhren). Bereits 1948 nimmt das IPM der TH Darmstadt (Prof. *Walther, Dreyer*) mit der Entwicklung des DERA die frühere Arbeit wieder auf; 1950 beginnen die TH München (Prof. *H. Piloty*) sowie später Dresden mit der Entwicklung von Magnettrommelrechnern (PERM und D 1). Sie überspringen somit die vorherigen Schritte der verschiedensten Speicherarten, z.B. Williams-Röhre und Ultraschall-Laufzeitspeicher; der DERA lehnt sich, begünstigt durch die freundschaftlichen Beziehungen des IPM zu *H. H. Aiken*, an dessen Mark III und IV an. Natürlich dienten diese Entwicklungen weniger dem Ziel, mit der industriellen Fertigung in Wettbewerb zu treten, als den Nachwuchs an diesen neuen Aufgaben zu schulen und die mathematischen Wissenschaften hieran weiterzubilden. Deshalb wurden auch zwischen diesen Instituten die Entwicklungsrichtlinien abgesprochen und aufgeteilt.

Die ersten elektronischen Rechenanlagen waren umfangreich, noch etwas unbeholfen gebaut und schwerfällig zu bedienen; *Aiken* sprach einmal davon, daß sie *launisch auf die Gemütsstimmung ihres Schöpfers reagierten.* Sie besaßen eine Unmenge von Röhren (z.B. ENIAC: 17468, IBM 702: 10000 Röhren). Da Elektronenröhren eine ausreichende Heizenergie benötigen, bedingt solche Röhrenanzahl einen sehr hohen Stromverbrauch (ENIAC 174 kW) und eine Wärmeentwicklung, die durch entsprechend große Kühl- und Klimatisierungsanlagen wieder entfernt werden muß. Die beschränkte Lebensdauer damaliger Röhren ließ erwarten, daß von dieser Vielzahl von Röhren immer einige verbraucht sein würden, so daß die Anlage niemals voll arbeitsbereit wäre. Tatsächlich leistete aber ENIAC rund 50% fehlerfreie Arbeitszeit bei entsprechend sorgfältiger Überwachung und sehr großzügigem Aus-

wechseln von Röhren. Andere, selbst spätere Röhrenrechner kamen indessen nicht
auf 50% Zuverlässigkeit, bis es endlich gelang, bei speziellen Röhren deren Lebensdauer merklich zu erhöhen und durch geschickte Schaltungen unter Einsatz von
Dioden ihre Anzahl zu verringern (bei normalgroßen Anlagen auf 1000 bis 3000 Röhren und 50000 Dioden). Bei täglicher Überprüfung (durch besondere Programme
und unter ungünstig abgewandelten Arbeitsbedingungen) waren keine überraschen-
den Ausfallzeiten zu befürchten. Burroughs meldete für ihre Rechner in Röhren-
bauweise 98,7% Arbeitsbereitschaft von 50 Rechnern bei durchschnittlich 60 Wo-
chenstunden Arbeitszeit, also eine sehr beachtliche Zuverlässigkeit! Unwirtschaftlich
bleibt, daß bei Röhrenrechnern im allgemeinen eine sehr genaue Temperaturkonstanz
gefordert und daher eine Klimaanlage notwendig wird, die unter Umständen ein
Mehrfaches an Strom verbraucht wie der Rechner selbst.

Abb. 1.1-1 zeigt für Ende 1955 die Häufigkeit von Röhrenzahl, Stromverbrauch
und Preis für die damaligen Röhrenrechner in USA. Die Mittelwerte von 79 untersuchten Rechnern aller Art und Größe liegen bei etwa 1500 Röhren, 15 kW und
150000,— $.

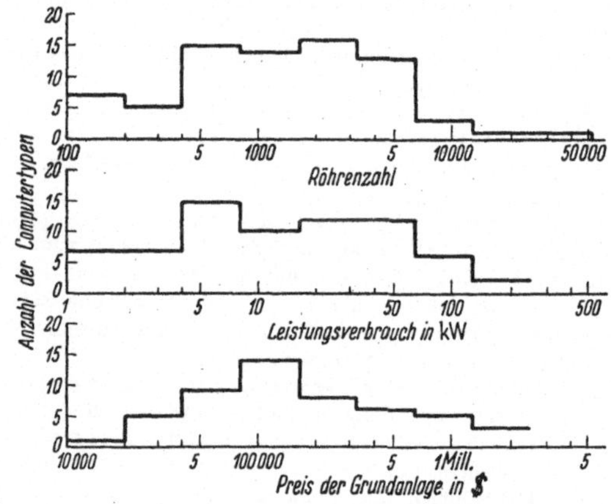

Abb. 1.1-1. Häufigkeitsverteilung von Röhrenzahl, Stromverbrauch und Preis bei 79 amerikanischen Rechenanlagen der Jahre 1951—1955

1.1.4.3 Erster Einsatz in der Privatwirtschaft. Etwa im Jahr 1950 beginnt in den
USA die Auslieferung von elektronischen Rechenautomaten an staatliche Institute
und bereits auch an die Wirtschaft; sie waren ihrem Aufbau nach besonders geeignet
für die Lösung wissenschaftlicher und militärtechnischer Aufgaben, wie ja überhaupt
die Entwicklung zuerst fast ganz von den militärischen Stellen getragen und genutzt
wurde. Der erste UNIVAC I aber (bestellt 1948) wird 1951 vom Bureau of Census für
die Aufarbeitung des Zahlenmaterials der Volkszählung 1950 eingesetzt; dies ist der
erste Einsatz für nichtmilitärische Datenverarbeitung in den USA. Für das betrieb-
liche Rechnungswesen und Verwaltungsaufgaben sind diese ersten Rechenautomaten
jedoch noch denkbar ungeeignet: Ihre Anschaffungs- und Unterhaltungskosten und
der Raumbedarf erlauben selbst für amerikanische Verhältnisse keinen rationellen
Einsatz. Nur wissenschaftliche Aufgaben sind bei großer Rechenleistung mit kleinen
Informationsmengen zufrieden; die Ein- und Ausgabeeinrichtungen genügen noch
nicht den großen Anforderungen des merkantilen Einsatzes. Auch die Speicherkapazität ist noch zu gering. Schließlich ließ sich die Zuverlässigkeit der Röhrenrechner
nur langsam so verbessern, wie es bei ihrer Verwendung für termingebundene Aufgaben der Wirtschaft erforderlich ist.

Trotzdem wird von den beiden Großfirmen der Lochkartenmaschinen IBM und
Remington Rand der Bau von Elektronenrechnern für die Wirtschaft aufgegriffen

— teils durch Erwerb der Entwicklungsfirmen Engineering Research Ass. (ERA) mit den Rechnern ERA 1101 (= binär Modell 13), 1102 und mit maßgeblichen Patenten über den Magnettrommelspeicher (nach denen auch der der IBM 650 gebaut wurde) und Eckert-Mauchly-Corp. 1951 liefert Remington Rand den UNIVAC I aus laufender Serie aus, von dem etwa insgesamt 40 Stück hergestellt werden. Remington Rand kann in dem UNIVAC sehr frühzeitig brauchbare Anlagen liefern; sein erster Einsatz für Buchungszwecke bei Versicherungsgesellschaften ist 1954 bei Metropolitan Life für 900000 Buchungen/Monat. Auch General Electric erhält 1954 einen UNIVAC I für die Lohnabrechnung. Es ergeben sich jedoch Schwierigkeiten durch die nicht genügende noch rechtzeitige Schulung der Käufer; diesen fehlt die Kenntnis, wie derart leistungsfähige Anlagen wirtschaftlich einzusetzen sein könnten. Der Rückschlag hier begünstigt auf der anderen Seite die IBM, welche zwar erst zögernd die Fertigung von anderen als ihren bewährten Lochkarten-Buchungsmaschinen aufgreift, aber dann mit der Schulung der Abnehmer so großzügig beginnt, daß ihre endlich lieferbaren Anlagen sofort und vollen Einsatz finden.

Etwa gleichzeitig beginnt auch, natürlich in kleinerem Maße, in Europa die Fertigung von nicht nur wissenschaftlich und im Versuchsbetrieb, sondern auch wirtschaftlich einsetzbaren Rechenanlagen.

Die französische Firma Bull bringt 1951 den ersten Elektronenrechner Gamma 2 als Zusatz zu ihren Lochkartenmaschinen auf den Markt. Er wird zum Modell Gamma 3 verbessert, enthält 4000 Röhren und leistet 5800 Rechenzyklen/s. Davon werden 1953 bis 1956 insgesamt 250 Stück verkauft, 1957 aber schon jeden zweiten Tag ein Stück hergestellt.

Einen gewissen Schritt weiter zum allgemein brauchbaren Elektronenrechner zeigt 1952 *John von Neumann* (mit *Goldstine* und *Burks*) mit der Konstruktion des IAS = MANIAC am Institute for Advanced Studies der Princeton University. MANIAC hat schnelles Parallel-Rechenwerk, Ein-Adreß-Code und Williams-Katodenstrahl-Speicherröhren. Er dient als Vorbild für viele, z.T. früher fertiggestellte Nachbauten (ORDVAC 1951, ILLIAC 1956, und ferner — vom Atomministerium in Auftrag gegeben — ARGONNE, ORACLE, AEC [in Los Alamos] sowie mehrere andere), so auch für den späteren Magnettrommelrechner Type 650 der IBM (ab 1951 in Entwicklung, 1954 aus der Serie ausgeliefert), welcher sicherlich der erfolgreichste und meistgekaufte aller Hersteller wurde (bis Juni 1959 insgesamt etwa 1800!), allerdings der einzige Magnettrommelrechner der IBM blieb, nachdem die Patente mit ERA zu UNIVAC übergegangen waren. Auch die Rand Corp. in Santa Monica hielt sich an dieses Vorbild; der 1955 fertiggestellte Rechner hat jedoch bereits Ferritkernspeicher. Der erste UNIVAC mit 1024-Wörter-Ferritkernspeicher wurde im November 1954 ausgeliefert, es war das Modell ERA-1103 A.

1953 wird der erste Elektronenrechner aus den USA nach Deutschland importiert: die Kaufhalle GmbH in Köln erwirbt den Remington Rand-Rechenstanzer 409. Im gleichen Jahr werden die Absatzchancen für elektronische Lochkarten-Rechenstanzer in Deutschland untersucht, und nach recht positiver Überlegung schätzt man einen Bedarf von einem Dutzend solcher Maschinen. Ein Jahr später sind bereits über 60 Anlagen in Auftrag gegeben.

Bei IBM entsteht 1953 die Type EDPM 701 als Beginn einer neuartigen Bauweise, welche statt der bisher bevorzugten Umlaufspeicher mit entweder Ultraschall in Quecksilberbahnen oder Magnetostriktion in Nickeldrähten erstmals neuartige elektrostatische Speicher verwendet: Katodenstrahlröhren nach *Williams* in Manchester (England) bzw. nach *Forrester* am Mass. Inst. of Technology beim *Whirlwind*. Hiermit lassen sich größere Rechengeschwindigkeiten erreichen.

Ein weiteres Konzept für den Rechenspeicher verwendet das Massachusetts Institute of Technology (MIT) bei der Entwicklung des Whirlwind I (fertig 1954), und zwar Magnetkerne, welche an sich schon sicherer sind und überdies die gespeicherte Information auch bei Ausfall der Stromversorgung über lange Zeit hindurch gespeichert halten, während akustische Umlauf- und Verzögerungsspeicher oder Elektronenstrahlröhren auch die kleinste Unterbrechung mit Verlust aller Speicherinformationen beantworten.

Die spätere IBM-Type 704 hat den damals größten Kernspeicher für 32000 10stellige Zahlen und kann bis zu 8 Magnetbandspeicher anschließen für insgesamt 24 Millionen Zeichen.

Das MPI in Göttingen setzt im Dezember 1954 seine erstgeplante Großanlage G 2 in Betrieb und beginnt die Planung einer schnellen Parallel-Rechenanlage G 3.

Diese ersten fünf Jahre des beginnenden privatwirtschaftlichen Einsatzes der Elektronenrechner zeigen über alles vorherige Erwarten hohe Auslieferungszahlen.

Der Magnettrommelrechner der Type IBM 650 wird auch schrittweise im Werk Sindelfingen aus europäischen Bauteilen zu montieren begonnen, 1957 der erste vom Band ausgeliefert. Im März 1956 erhält die Allianz, München, als erster deut-

Tabelle 1.1-4. Rechenanlagen in den USA (Stand 1959)
Die Angaben können nur die Größenordnung von Preis und Produktion zeigen

Type	Preis (Dollar)	Ausgelieferte Stückzahl	Bestellt	Lieferbar seit
Lochkartenrechner				
IBM 604	26000	4100		12 — 48
607	42000	375		10 — 53
608	119000	25		12 — 57
UNIVAC 60	75000	} 800		} 6 — 54
120	97500			
Kleinrechner und Fakturiermaschinen unter 50000 Dollar				
Burroughs E 101	25500	1000		1955
Clary ECM	15000	5		8 — 58
IBM 632	5600	700		6 — 58
Monroe Monrobot IX	9600	25	50	3 — 58
Royal McBee LPG-30	49500	315	20	1956
Mittlere Rechenanlagen zwischen 50000 und 500000 Dollar				
Bendix G-15	60000	240		1955
Burroughs 205	250000	116		1954
220	320000	16		1958
IBM 610	55000	210		6 — 58
RAMAC 305	190000	500		1957
650	200000	1200		11 — 54
UNIVAC File 0 (mit Stecktafel)	164000	60		1956
File I (Magnettrommel)	235000	55		1958
Großanlagen über 500000 Dollar				
Datamatic 1000	1750000	6		12 — 57
IBM 704	1900000	98		12 — 55
705	1900000	125		11 — 55
709	2600000	25		8 — 58
7090 (mit Transistoren)	2880000		4	11 — 59
Philco Transac S-2000	1500000	2	20	1958
RCA 501	1000000	5	30	5 — 59
UNIVAC I (scientific)	1280000	48		4 — 51
II	1520000	25		12 — 57
1101 — 1105 (eingestellt)	1500000	40		5 — 50

Es gibt 1957 etwa 82 Hersteller von digitalen Elektronenrechnern (1955 waren es erst etwa 28), 79 Hersteller von Analogrechnern, 17 Forschungs- und Entwicklungs-Institute.

Anfang 1960 sollen in den USA 2417 kleine, 654 mittelgroße und 541 große, zusammen 3612 elektronische Rechenanlagen in Betrieb gewesen sein.

scher Abnehmer einen IBM 650 und erreicht damit bei der Kfz-Versicherung eine Ersparnis auf $^1/_7$ der vorherigen Arbeitszeit.

Da die Röhrenrechner trotz aller Erfolge nicht zweckmäßig für kommerziellen Einsatz erschienen und die Halbleiter noch nicht in Großserie herzustellen und nicht einsetzbar waren, entstanden um 1956 einige „Zwischentypen" mit Magnetverstärkern („ferractoren"), z.B. die Trommelrechner UNIVAC *solid-state*-Computer oder UCT, die nur 18 Röhren enthielten, und das Modell UNIVAC III; in Japan wurden die ebenfalls mit bewickelten Magnetkernen aufgebauten *Parametron*-Schaltungen eingesetzt.

1.1.4.4 Transistortechnik und Beginn der deutschen Fertigung. Etwa seit dem Jahr 1950 tritt die Halbleiter-Entwicklung aus dem ersten Versuchsstadium heraus; 1951 sind die ersten Transistoren im Handel; ab 1955 werden sie in Großserie hergestellt, und im Jahr 1959 wurden bereits über 100 Millionen Stück eingebaut.

Halbleiter-Dioden werden erstmals 1951 im SEAC (Germaniumdioden) verwendet; hiermit ließ sich die Anzahl der Röhren beträchtlich herabsetzen. Der Transistor aber, der keinen Heizstrom und daher auch keine Kühlung braucht, bringt einen neuen Fortschritt in bezug auf hohe Lebensdauer (Germaniumdioden halten mit 98,5% Sicherheit etwa 25000 Betriebsstunden) und geringen Platz- und Leistungsbedarf. Der Stromverbrauch transistorisierter Rechner dürfte auf etwa ein Zehntel und weniger, der Raumbedarf auf ein Viertel von Röhrenrechnern anzusetzen sein.

1954 wird der erste nur mit Transistoren bestückte Rechner TRADIC als Versuchsmodell gebaut, er enthält 700 Spitzentransistoren und 1100 Dioden. Schaltzeit ist etwa 1 μs. IBM, USA, fertigt 1955 ein Modell der Type 608: Transistorrechner zur Lochkarten-Lese- und Stanzeinheit 583.

Zu diesem Zeitpunkt ist auch die deutsche Industrie wieder so weit aufgebaut, daß sie die Entwicklung und Fertigung von Rechenanlagen aufnehmen kann [48]. Die neue Technik stellt alle, auch die ältesten und erfahrensten Firmen, vor eine völlig neue Aufgabe, und die Startbedingungen sind überall ziemlich gleichartig. Daher entschließen sich die Großfirmen der Nachrichtentechnik: Siemens & Halske (1954), Standard Elektrik (1956) und Telefunken, nach Erlöschen des alliierten Verbots der Entwicklung elektronischer Geräte, den Bau von Elektronenrechnern in Transistorbauweise aufzunehmen. Es ist bereits zu erkennen, daß der Bedarf der deutschen Wirtschaft an leistungsfähigen Rechenanlagen sprunghaft ansteigt und daß die überhöhten Importpreise für ausländische Rechner eine eigene Fertigung ratsam erscheinen lassen. Jetzt bewährt sich die bisherige Forschungs- und Schulungsarbeit der wissenschaftlichen Hochschulen, welche auf Grund ihrer eigenen Entwicklungen ausgebildete und erfahrene Kräfte hierfür zur Verfügung stellen können.

Im Mai 1957 kommt der erste volltransistorisierte Groß-Elektronenrechner aus der Fertigung: Transac-S-1000 Scientific (und S-2000 Data Processing Computer) der Philco Corp. Philadelphia. Er hat nur 1,2 kW Stromverbrauch, braucht keine Kühlung, hat einen Magnetkernspeicher für 4096 Wörter von je 36 binären (etwa 12 dezimalen) Stellen, 12 μs Zugriffszeit und Arbeitsgeschwindigkeiten von: Addition-Subtraktion 5,5 μs, Multiplikation 130 μs, Division 200 μs. Das zweite Modell C-1100 hat einen Raumbedarf von nur $^1/_{10}$ m^3 und wird daher in Flugzeugen zur sofortigen Auswertung von Meßdaten mitgenommen. Das Lincoln Lab. vom MIT Lexington baute den TX-2 Transistor-Rechner, binär-parallel rechnend, mit nur 64 Befehlen, 64 Indexregistern, aber Random-Access-Speicher für 260000 Wörter zu 36 Bits und mit 0,6 μs Additionstakt.

Die deutschen Firmen Siemens & Halske (München) und Standard Elektrik (Informatikwerk Stuttgart) erhalten 1957 die ersten Aufträge auf Lieferung von volltransistorisierten Rechenanlagen seitens der deutschen Forschungsgemeinschaft für einige Hochschulen, ebenso *Zuse* für seinen neuen elektronischen Röhrenrechner Z 22. Bemerkenswerterweise baut bei uns die elektrotechnische Industrie die Elektronenrechner, während es in den USA fast ausschließlich die Büromaschinenindustrie (die die Anwendung und die Organisation des Rechnens kennt) ist.

Bei Bell, USA, wird im gleichen Jahr ein bisher kleinster Transistorrechner (*Leprechaun*) fertiggestellt, welcher durch Verwendung neuer Transistortypen mit einfachsten Schaltkreisen auskommt und dadurch kompakt und stromsparend wird. Er besitzt einen Ringkernspeicher für 1024 Wörter von allerdings nur 5 bis 6 Stellen, insgesamt 5000 Transistoren und 4000 sonstige elektronische Bauelemente und ist dennoch nicht größer als etwa ein Fernsehempfänger.

Im September 1957 zeigt neben anderen Herstellern auch IBM, USA, einen neuartigen kleinen Transistorrechner Type 610. Dieser hat Magnettrommel-Speicher für Rechnung mit Gleitkomma, mit Ein-/Ausgabe durch Schreibmaschine oder Lochstreifen. Aus den großen Elektronenrechnern wird damit ein relativ kleines, leicht zu bedienendes Hilfsgerät für technisch-wissenschaftliche Berechnungsaufgaben. Die 1960 in Deutschland angebotene IBM-Type 1620 hat als schreibtischgroßer Transistorrechner keinen Trommelspeicher, sondern 20000 Speicherwörter in einem großen Ferritkernspeicher. Ein eigentliches Rechenwerk ist nicht mehr vorhanden, Additionen werden durch Zuordner Tabellenschaltungen bewirkt (wie schon beim ER 56 von Standard Elektrik); Preis etwa 325000 DM.

1958 beginnen die deutschen Firmen, ihre Eigenentwicklungen betriebsbereit vorzuführen: Siemens die Type 2002 [43]; Standard den ER 56 [13c], Telefunken den TR 4. Letzterer hebt sich durch hohe Taktfrequenz von 4 MHz hervor, er braucht für eine Addition nur 5 µs.

Von den ausländischen Firmen werden um 1959 an Großrechenanlagen vorgestellt: von IBM ihre erste volltransistorisierte Type 7070, ferner die Typen 7080 und 7090 mit Additionstakt 14 µs, die aus dem Vorgänger 709 durch Austausch der Röhren gegen Transistoren entstand; von Bull der Großrechner Gamma 60 mit 11 µs Operationstakt.

Mittelgroße Rechenanlagen entstanden im Remington Rand UNIVAC UCT (*Calculating Tabulator*), der auch Magnetband- und Trommeleinheiten erhält, und im Ferritkernrechner X 1 der holländischen Firma Electrologica, der sich durch Preis und Leistungsfähigkeit dem europäischen Markt gut anpaßt. Stantec ZEBRA war (wie Zuse Z 22) noch mit Röhren, aber in sehr ausgefeilter Mikroprogrammtechnik aufgebaut. Die IBM Type 1401 war ein kleines Datenverarbeitungssystem mit Magnetkernspeicher, welches in modernster Bauweise die Leistungslücke zwischen Lochkarten- und Elektronenrechnern schloß.

In diesen Jahren ab 1957 tritt ganz allgemein die industrielle Herstellung von Rechenanlagen auf eine breitere Grundlage. In allen Ländern regt sich der Bedarf; Indien bestellt Rechner in Rußland, Israel entwickelt selbst (*Weizman*-Institut) und erhält aus Schweden, England wird in Europa zum besten Lieferanten, so für Italien; in Australien wird die Entwicklung aufgenommen; die Schweizer Wirtschaft bestellt in kurzer Zeit eine Reihe von mittelgroßen Rechnern.

Die Tab. 1.1-5 zeigt — ohne Anspruch auf Vollständigkeit — die Hersteller und Typen der außerhalb der USA gebauten digitalen Rechenanlagen.

Tabelle 1.1-5. Digitale Rechenautomaten außerhalb der USA — Hersteller und Typen — Stand 1961

1. *Belgien*. IRSIA in Brüssel (1955).
2. *China*. Ein Großrechner wurde mit russischer Hilfe entwickelt, eine zweite Anlage ist in Shanghai im Aufbau.
3. *Dänemark*. DASK (1957), ein Nachbau der schwedischen BESK; GIER (1961).
4. *Deutschland*. Elektronenrechner aus Serienfertigung:
   IBM 1401 mit etwa 730 Anlagen in der BRD sehr erfolgreich.
   IBM 305 wird ebenfalls in Sindelfingen gefertigt.
   Royal McBee LPG-30 wird bei Schoppe & Faeser in Lizenz hergestellt und in 28 Stück ausgeliefert (Kleinrechner in Röhrentechnik).
   Siemens 2002 Großrechenanlage, etwa 33 Anwender, dann ersetzt durch Mod. 3003.
   Standard Elektrik ER 56, 9 Stück hergestellt, dann storniert.
   Telefunken TR 4, etwa 12 ausgeliefert.
   VEB Optische Werke ZRA-1 in Röhrentechnik.

(Forts. Tab. 1.1-5)

Zuse   Z 22 Röhrenrechner, seit 1958 45 Stück hergestellt,
       Z 23 ab 1961 62 Stück hergestellt, z.T. noch in Betrieb,
       Z 31 Dezimalrechner, später ersetzt durch Z 25.
Weitere Entwicklungen:
Astra-Elektronik baut Multiplizierelektronik zur Buchungsmaschine.
VEB Elektronik, Karl-Marx-Stadt (Chemnitz), entwickelt ein transistorisiertes Datenverarbeitungssystem.
VEB Funkwerk baute mit der TH Dresden die erste elektronische Rechenanlage D 1 (1956 bis 1957) mit 760 Röhren, mit Magnettrommel, für 6 ms Additionstakt.
VEB Opt. Werke/Jena baute 1955 den Relaisrechner OPREMA für optische Berechnungen.

5. *England.*
EMI: Emidec 1100, Parallel-Transistorrechner, 0,026 ms Add. ab 100000 £.
      Emidec 2400, Magnetkern-Rechner, 0,1 ms Add.
Engl. Electric: Deuce II, mit Quecksilber- und Trommelspeicher, 0,064 ms Add., etwa 20 Anlagen hergestellt.
      KDP 10, moderner Transistorrechner mit Kernspeicher für 16 bis 260000 Zeichen und Magnetband in Entwicklung.
Ferranti: Pegasus, schneller, mittelgroßer Rechner mit Nickelspeicher (1955) 0,3 ms Add., ab 40000 £, etwa 40 Anlagen hergestellt.
      Mercury, Großrechner mit Ferritkernspeicher (1958) 0,18 ms Add., etwa 19 Anlagen hergestellt.
      Perseus, Datenverarbeitungsanlage für Versicherungen.
      Sirius, dezimaler Kleinrechner mit Transistoren, 20 Stück hergestellt.
      Argus, Spezialrechner für process-control (1959).
      Orion, mehrere Programme gleichzeitig rechnend, in Entwicklung.
      Atlas, für 1,5 µs Add. in Entwicklung.
      Ferner Spezialrechner für Werkzeugmaschinen-Steuerprogramme, Rechenbüros in London und Edinburg.
ICT [= Powers Samas + Brit. Tabulating (Hollerith)]:
      HEC 1200, 1201 und 1202 Lochkartenrechner mit Trommelspeicher, 2,5 ms Add., etwa 25000 £, die meistvorhandenen Rechner Englands.
      HEC 1301 und 1400, datenverarbeitende Rechner mit 1 MHz Taktfrequenz, 0,016 ms Add., auch mit Großtrommel, Schnelldrucker, Magnetband, etwa 100000 £.
      Pluto, datenverarbeitendes System mit Röhren.
      PCC, Kartenprogrammierter Magnettrommel-Rechenlocher.
Leo: Leo I und II, ältere Binärrechner mit Quecksilberspeicher, 0,34 ms Add., etwa 100000 £.
      Leo III, moderne Rechenanlage.
Metropolitan-Vickers:
      Metrovick 950, mittlerer Trommelrechner, binär, transistorisiert, 3 ms Add., 18500 £.
      Metrovick 1010, Großrechner mit Ferritkernspeicher und Großtrommel; 0,02 ms Add.
National-Elliott:
      402 E und F, kleine wissenschaftl. Rechner mit Röhren, 0,15 ms Add., 35000 £, etwa 24 in Dienst.
      405, mittelgroße Datenverarbeitungsanlage mit Röhren und Nickelspeicher, Magnetfilm, -trommel und -scheibenspeicher, seit 1957, 50 bis 200000 £, etwa 15 Anlagen hergestellt.
      802 und 803, kleine Transistor-Binärrechner mit großem Kernspeicher; 0,6 ms Add.; sie sind sogar in den USA und Rußland eingeführt. Preis der 803-Grundausrüstung: 381000, — DM.
Standard: Stantec ZEBRA, kleiner wissenschaftl. Röhrenrechner mit Mikroprogrammierung, binär; 0,3 ms Add., 25000 £, etwa 15 Rechner in Dienst.
(Ferner werden Analogrechner von etwa 23 Firmen, darunter EMI, Elliott, English Electric, Fairey Aviation, Metropolitan Vickers, Short Brothers, Solartron, Sounders Roe, Southern Instruments u.a. hergestellt.)

6. *Frankreich.*
Bull: Gamma 3 und 3b, elektron. Rechenstanzer (seit 1950).
      Gamma-AET (1956) mit Magnettrommel.
      Gamma 60 (1959) Großrechenanlage, 0,1 ms Add., mit Ferritkernspeicher; 1 bis 5 Mio NF.
SEA: CAB 500/600 (seit 1955); CAB 2200, 3000 und 5000 (1960).
      [Ferner Spezialrechner (Dorothée) und Analogrechner.]
Société nouvelle d'Electronique: Großanlage KL 901, mit 0,01 ms Add., mit Mikroprogramm.
CNET entwickelt mehrere Spezialanlagen zur Echtzeit-Prozeßsteuerung.

(Forts. Tab.1.1-5)

7. *Holland.* Electrologica: X 1, mittelgroßer Transistorrechner mit Mikroprogrammierung, parallel, mit Ferritkernspeicher, 0,06 ms Add.
   Philips: PASCAL schneller Transistorrechner.
8. *Israel.* Weizac am Weizman-Institut gebaut (1955).
9. *Italien.* Olivetti: ELEA 6001 und 9003 mit Mikroprogramm und Simultanarbeit.
   Univers. Pisa: Eigenentwicklung C.E.P.
10. *Japan.*
    Röhrenrechner: FUJIC von Fuji Photo Film (1952 bis März 1956), (optischer Spezialrechner mit Quecksilberspeicher),
    TAC von Toshiba (März 59), beide binär.
    Transistorrechner: ETL-III (Juli 56), binär, 0,8 ms für Mult.
    ETL-IV (Nov. 57), wie alle nachfolgenden dezimal,
    NEAC-2201 (Aug. 58) von Nippon Electric,
    H-1 (Okt. 58) von Hokushin,
    ETL-V (Juni 59) von Hitachi gebaut,
    K-1 (Okt. 60) der Keio Univ.,
    KDC-1 (Okt. 60) der Univ. Kioto und Hitachi.
    Parametronrechner: MUSASINO-1 (März 57), Nippon Telegr. & Teleph. Public Corp., wie alle nachfolgenden (außer OPC) binärrechnend, 20 ms Multiplikationszeit,
    HIPAC-1 (Aug. 57) Hitachi,
    PC-1 (März 58) Univ. Tokio, mit nur 3 ms Multiplikationszeit,
    NEAC-1101 (April 58) und NEAC-1102 (Nov. 58), bei der Univ. Tohoku, auch SENAC genannt (2,4 ms),
    OPC-1 (März 59) von Oki (dezimal rechnend, 20 ms),
    HIPAC-101 (April 59) von Hitachi (4 500 Parametrons, 10 kHz),
    PC-2 (Aug. 60) von Univ. Tokio und Fujitsu (0,3 ms).
    Ferner:
    CASIO Relaisrechner einfachster Art.
    OKI Schnelldrucker mit Endlos-Typenband, Streifenleser und -locher.
11. *Jugoslawien.* Elektronenrechner (100 kHz) mit Ferritkernspeicher im Bau; Analogrechner, Reaktor-Simulator u.a. in Betrieb.
12. *Österreich.* Relaisrechner URR 1 und LRR 1 sowie Transistorrechner (*Mailüfterl*) an der TH Wien, ferner statistische Spezialrechner.
13. *Polen.* Digitalrechner SKRZAT 1 (200 kHz) mit Analog-Ein-/Ausgabe speziell für Prozeß-Steuerung.
14. *Schweden.*
    Facit: EDB 2 (aus BESK entwickelt) mit Karussell-Bandspeicher, 0,045 ms Add. (1960).
    Addo: Wegematic 1000 (Fortentwicklung der Alwac III E).
    SAAB D 2, sehr schneller parallel-binärer Transistorrechner.
15. *Schweiz.* ERMETH der ETH Zürich, Mathemat. Institut.
    Ferner Spezial- und Analogrechner von *Güttinger*.
16. *Tschechoslowakei.*
    SAPO, Parallel-Relaisrechner mit dreifachem Rechenwerk, Magnettrommel, 3 Op./s.
    Elektronenrechner (0,16 ms Add.) wird entworfen.
    ARITMA Lochkartenmaschinen mit Rechnern.
    (Ferner TESLA Analogrechner AP 3 und AP 4.)
17. *UdSSR.*
    Erster Elektronenrechner 1951 in Kiew: MESM.
    BESM II, M 2 und M 3, URAL, STRELA I—III: ältere Entwicklungen, z.T. in Serie gebaut, ferner CEM-1.
    Neuere Entwicklungen:
    Allzweckmaschinen WOLGA und EREVAN (im Bau) sowie
    ARAGAZ in Röhrentechnik,
    RAZDAN mit Transistoren.
    Spezialrechner POGODA für die Wettervorhersage, SESM-1 für algebr. Gleichungen, CRYSTALL für Kristallstrukturuntersuchung, LUTSCH für optische Berechnungen, GRANIT für statische Berechnungen.
    SETUN (in Moskau) arbeitet mit ternären Elementen, hat Magnettrommel und magnetische Schaltelemente.

1.1.4.5 Kleinrechner. Neben dem Zug zu immer größeren und leistungsfähigeren Elektronenrechnern zeigt sich selbstverständlich auch, vor allem befürwortet von der privaten Wirtschaft, das Verlangen nach kleineren Anlagen. Die mechanische

Tischrechenmaschine ist für viele Berechnungsarbeiten des Ingenieurbüros doch zu langsam und zu schwerfällig, ein Rechenzentrum mit einer Großanlage aber meistens weder erschwinglich noch rationell auszunutzen (1 Stunde Rechenzeit mit der IBM 704 kostet in USA 300 bis 400 $ ohne das Programmieren!). Obwohl sich in diesen Jahren mehr und mehr firmeneigene und auch freie Rechenbüros einrichten, welche Lohnaufträge mit Elektronenrechnern ausführen, ist doch der Wunsch nach einem wirtschaftlichen Rechengerät mit Programmsteuerung, die aber einfach und leicht erlernbar sein muß, und mit für technische und buchhalterische Aufgaben ausreichendem Speicher immer dringlicher. Die Halbleiter-Schaltelemente mit ihren geringen Abmessungen und Klimatisierungsansprüchen erlauben, brauchbare Kleinrechner zu konstruieren.

Zuerst entstanden einige Versuchsgeräte, z.B. die bereits erwähnten Transistor-Rechner *Leprechaun* von Bell Labs. und IBM Type 610. 1958 brachte IBM einen noch kleineren Magnettrommelrechner als einfachen Zusatz zu einer Lochkartenanlage auf den Markt: die Fakturiermaschine 632. Ferner entstanden der LGP-30, der von Schoppe & Faeser/Minden in Lizenz hergestellt wurde; die etwas größere Kleinanlage Bendix G 15, der Recomp II mit Magnetscheibenspeicher für 4096 Wörter, mit ähnlichem Speicher für nur 14 Register der MONROBOT IX, zu etwa 10000 $; 1959 auch der Firma Ferranti SIRIUS; der Burroughs E 101, welcher (wie die meisten der genannten) nur die Größe eines Schreibtischs hat, aber (wie Clary ECS) nur mit auswechselbaren Stecktafeln zu programmieren ist (Preis etwa 32000 $), und andere, die z.T. auch oben erwähnt wurden. Meistens sind sie mit Eingabe über Schreibmaschinentastatur oder Lochstreifen ausgerüstet, mit einer kleinen Magnettrommel als Speicher und mit Lochstreifenstanzer oder elektrisch angesteuerter Schreibmaschine als Ausgabe (MONROBOT XI, LGP 21 und RPC 4000, FRIDEN 6010, u.a.). Noch kleiner war die Type CP-266 von Autonetics, die einschließlich Netzgerät nur etwa die Größe eines Kühlschrankes hat. Die neuere Entwicklung kann nicht mehr detailliert angeführt werden, da zu viele Modelle entstehen. Etwa ab 1968 wird durch die konsequente Anwendung von monolithischen integrierten Bausteinen ganz generell eine drastische Verkleinerung erreicht, der z.T. auch eine bemerkenswerte Verbilligung der Preise entspricht. Als Beispiele seien genannt: PDP-8, VARIAN 620.

Auch in Japan wurde die Konstruktion von Kleinrechnern besonders gepflegt, wobei, wie bei Großrechnern, die dort entwickelte Parametron-Schaltung bevorzugt wird. Die drei Firmen Nippon Telephone and Telegraph Corp., Nippon Electric Co. und Hitachi Ltd. haben damit beachtlich preiswerte Rechner entwickelt: NTT baute einen Binär-Parallel-Rechner mit Kernspeicher, Trommel- und Bandspeicher, für 40stellige Zahlen mit Additionstakt von 2,5 ms, mit 5000 Parametrons. NEC baute zwei kleinere Parametron-Rechner; Hitachi Ltd. Tokyo einen Magnettrommel-Binär-Rechner HIPAC 101 mit 32-Bit-Zahlen, 8 ms Additionstakt. Insgesamt sind in Japan bis 1961 etwa 15 Rechnertypen entwickelt worden; anschließend wurden einige weitere (und auch sehr große Anlagen) entwickelt und gebaut (z.B. allein von NEAC die Typen 1102, 2202, 2203, 2230 und Spezialanlagen).

Diese kleinen Rechenanlagen verwischen in gewissem Sinne den Übergang von den programmgesteuerten eigentlichen Rechenautomaten zu den nicht oder nur durch Steuerschiene und dergleichen programmierbaren Buchungsmaschinen. Auch diese erhalten elektronische Zusätze zum Multiplizieren (Eichner *Notamat*, Exakta, Friden *Computyper C*, Kienzle u.a.), eine Speichertrommel (Dataquick von Siemag, Burroughs) oder Kernspeicher (*Burroughs E* 2000 mit 13 bis 26000 Kernspeicherstellen, Ruf PRAETOR mit Elektronik von *Nixdorf* mit 4000, Wanderer *Logatronic* mit 56 bis 154), sind aber natürlich für längere Rechenprogramme nur dadurch einzurichten, daß auch diese intern gespeichert werden. Um nicht eigens zur Eingabe des Programmes anders nicht erforderliche Geräte bereitstellen zu müssen, wird es bei den aus Buchungsmaschinen erwachsenen Kleinrechnern z.T. durch die bereits erwähnten Magnetkontokarten eingespeichert, die zur Programm-Eingabe bis zu 806 Zeichen in ihren Magnetspuren fassen (*Anker* ADT 900, 1965, und *Siemag* DATA 5000).

　　Besonders in Deutschland gewann in den Jahren ab 1968 diese „mittlere Datentechnik" größere Verbreitung und erzielte sogar bemerkenswerte Exportvolumina in die USA (*Nixdorf*). Sie wird gegen die echten Computer abgegrenzt dadurch, daß noch eine Tastatur zur direkten Dateneingabe vorhanden ist.

　　1.1.4.6 Elektronische Tischrechenmaschinen. Die erste vollelektronische tragbare Vierspezies-Rechenmaschine ANITA wurde von *Bell Punch* Co. entwickelt und von *Sumlock* 1961 auf den Markt gebracht. Sie war mit Volltastatur, dezimalen Kaltkatoden-Ringzählern und Ergebnisanzeige durch Ziffern-(NIXIE)-Röhren ausgerüstet. Anschließend kamen weitere transistorisierte Tischrechenmaschinen in den Handel, die schrittweise mit Zehnertastatur, mehreren Speicherwerken (IME 84), Bildröhren zur Anzeige aller Speicherinhalte (FRIDEN), mit Kommaautomatik, weiteren speziellen Funktionen und (1965) sogar mit — naturgemäß doch wieder mechanischem — Druckwerk (*Wanderer* CONTI und *Philips*) versehen waren. Eine digitale (WYLE Scientific/USA) und eine logarithmisch arbeitende (LOCI/USA) Tischrechenmaschine werden auch mit einer Programmsteuerung für einfache Formelrechnung ausgestattet, die mit einer statisch abgetasteten Lochkarte (80 Schritte) oder mit Durchlauf von Lochkarten-Leporello-Band (unbeschränkte Schrittzahl) arbeiten oder einmal von Hand gesteuerte Ablauffolgen speichern (*Monroe* EPIC-2000/USA (1965), *Diehl-Combitron* (1966) u. a.). Diese Tendenz geht zielstrebig weiter zur Programmspeicherung mit Magnetkarten (OLIVETTI Programma 101) zu nichtmechanischen Druckwerken (1970) mit Thermodiodenraster (CANOLA Pocketronic), mit elektrostatischer Farbtröpfchen-Ablenkung.

1.1.5 Datenverarbeitungs-Anlagen

　　Die Grenze zwischen für wissenschaftlich-technische Berechnungen geeigneten Elektronenrechnern und datenverarbeitenden Anlagen für kaufmännische oder verwaltungstechnische Zwecke war nur anfangs recht deutlich. Erstere hatten zugunsten schnellen Rechnens oft ein rein dual arbeitendes Rechenwerk und nahmen das jeweilige Umrechnen in dezimale Ein-/Ausgabezahlen in Kauf. Letztere brauchten ein weniger leistungsfähiges Rechenwerk, dafür sehr viele und schnelle Speicher und Ein-/Ausgabegeräte. Als Beispiel sei genannt die Serie der *Electronic Data Processing Machines* (EDPM) der IBM mit der Typenreihe 700 aus den Jahren ab 1953; hier können bis zu 100 Lochkarten-Leser und -Stanzer, Magnetbandgeräte und Schnelldrucker angeschlossen sein. Die Typen 701 und 704 arbeiteten für wissenschaftliche Zwecke dual, Type 705 alphanumerisch. Ähnlich war der Unterschied zwischen den UNIVAC-Typen Scientific und File. 1957 brachte IBM die

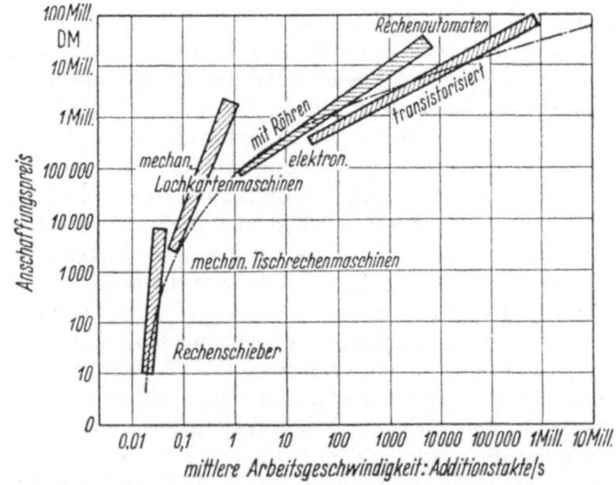

Abb. 1.1-2. Die Preise steigen langsamer als die Leistung der Elektronenrechner.

Type 709, eine kombiniert brauchbare Anlage für beide Zwecke; sie besaß Anschlußmöglichkeit für etwa 80 Ein-/Ausgabegeräte und leistete 42000 Additionen/s bzw.
5000 Multiplikationen/s im Mittel. Ihr Preis lag bei 5 Mill. $ (21 Mill. DM) für eine
normale Anlagengröße. Sie wurde 1959 als Type 7090 in Transistortechnik (mit
etwa 50000 Transistoren) umgebaut und erhielt fünffache Rechengeschwindigkeit
(Additionstakt 4,8 µs) und größeren Kernspeicher. Trotz der fünffachen Rechengeschwindigkeit war diese neue Ausgabe nur um ein Drittel teurer als die alte 709,
eine Bestätigung der in Abb. 1.1-2 dargestellten Preis/Kosten-Funktion. Diesen
Anstieg von Rechenleistung und -geschwindigkeit zeigt Tab. 1.1-6 an charakteristischen Anlagen; er ist mit Erreichen des Nanosekunden-Bereiches noch auffälliger:
1970 bringt IBM die Serie /370 mit monolithischen Moduln im Rechenwerk und als
Pufferspeicher (8 bis 16000 Bytes) mit einer Schaltzeit von 6 bis 8 ns und einem
Operationstakt von 80 bis 120 ns auf den Markt; die Modelle 155 und 165 dieser
Serie sind 4- bis 6mal schneller als die vergleichbaren der Serie /360 von 1965 und
nicht teurer.

Tabelle 1.1-6. Anstieg der Leistungsfähigkeiten
von dem alten ENIAC zu den Computern NORC, 1108, /370

	ENIAC	NORC	1108	/370
Inbetriebnahme	1946	1955	1965	1970
Hersteller	Univ. Pennsylvania	IBM	RR-UNIVAC	IBM
Eingabe:				
Lochkarten K/h	7500	—	54000	—
Magnetband Zch/s	—	64000	96000	bis 3 Mio (Platte)
Ausgabe:				
Lochkarten, K/h	133	—	18000	—
Magnetband, Zch/s	—	64000	96000	806000
Drucken, Z/s	—	5	90	2500
Rechnen (ohne Zugriffszeit):				
Additionen/s	5000	67000	1,35 Mio	10 Mio
Multiplikationen/s	350	32000	425000	2 Mio
Divisionen/s	40	4400	100000	?
Speichern (Wörter):				
in Röhren	120	2000	—	—
in Ferritkernen	—	—	131072	2 Mio Bytes
in Magnettrommel	—	—	3,7 Mio/Trommel	800 Mio Bytes in 1 Platteneinheit

Die Zahl der in der Bundesrepublik aufgestellten Rechenanlagen ist in raschem
Anwachsen. Vornehmlich sind es universelle Rechner der Mittelklasse (Tab. 1.1-7),
während Großanlagen wegen der gegenüber den USA ungünstigeren Rentabilität
seltener sind als dort (1970 beim Fernmeldetechn. Zentralamt der DBP ein UNIVAC
1108 MP) und Kleinrechner erst in den letzten Jahren breite Anwendung finden.
Da jedoch einige Hochschulinstitute den akademischen Nachwuchs an digitalen (wie
analogen) Rechenanlagen schulen und ihn an deren vorteilhaften Einsatz in Technik
und Wirtschaft gewöhnen, dürfte für Anlagen der „mittleren Datentechnik" im
kommerziellen Bereich und für time sharing-Computer bei Industrie u. Wirtschaft
eine größere Nachfrage erwachsen.

Bei datenverarbeitenden Anlagen [51] kommt es oft weniger auf komplizierte
Rechenprogramme an, als auf schnelle Ein- und Ausgabe sowie schnelle Umordnung
der Daten, die zum Teil unmittelbar von Meßgeräten oder über Fernmeldeeinrich-

Tabelle 1.1-7. Übersicht über den ersten Einsatz von Elektronenrechnern in Deutschland
(Stand 1960/61)

Bull: Gamma 3 LVA Rheinprovinz.
Ferranti: Pegasus TH Stuttgart.
IBM

705	Farbwerke Hoechst (1957).
650	Erste Lieferung (Februar 1955) ohne Magnetband: Allianz, München. — TH Darmstadt und Hannover, Universität Hamburg. — Bayer Leverkusen (2 Stück). — Volkswagenwerk Wolfsburg. — Opel. — AEG Berlin. — Deutsche Edelstahlwerke Krefeld. — Dortmund-Hörder Hüttenunion, und andere, insgesamt über 40 installiert.
7070	Neckermann, Frankfurt/M. — (Deutsche Bundesbahn ab 1.7.1961.)

I.C.T. 1202: Sunlicht Mannheim.
National Elliott

402 F	Leitz (seit 1957).
405	Im Rechenzentrum der National Registrierkassen Augsburg in Frankfurt/M.
803	Rechenzentrum Augsburg der National Registrierkassen.

Remington Rand

UCT	Dresdner Bank, Hamburg (28.10.58) (erste. Installation einer UCT überhaupt!). — GEG Konsumgenossenschaft, Hamburg (2 Stück). — Kronprinz AG, Solingen (12.11.59). — Opal Strumpfwerke GmbH, Reinfeld. — Hamburger Gaswerke GmbH, Hamburg. — 2. Anlage an Dresdner Bank, Hamburg und andere, insgesamt etwa 17.
UNIVAC	FacTronic seit 19.10.56 im Rechenzentrum des Battele-Instituts, Frankfurt/M.

Royal McBee

LGP-30	(Schoppe & Faeser/Minden.): Universität Bonn. — Mathematischer Beratungsdienst Dr. Schuff, Rechenzentrum Rhein-Ruhr, Dortmund. — Stahlbau Seibert, Saarbrücken, und andere, insgesamt 5.

Siemens 2002

TH Aachen (10.6.59 als erste aufgestellt) und Berlin. — Universitäten Tübingen, Mainz und Freiburg. — Hahn-Meitner-Institut, Berlin. — Astronom. Recheninstitut, Heidelberg. — Bölkow-Entwicklungen-KG, München, und andere; 8 installiert, etwa 22 bestellt.

Standard Elektrik Lorenz

ER 56	TH Stuttgart (Recheninstitut). — TH Karlsruhe. — Universitäten Köln und Bonn, Inst. f. angewandte Mathematik.
ZEBRA:	NAAFI/Krefeld (Brit. Army-Club Zentrale).

N.V. Electrologica, den Haag, Holland

X 1	Hoesch Westfalenhütte. — Bergbau AG. — Mathem. Beratungsdienst Dr. Schuff, Rechenzentrum Rhein-Ruhr, Dortmund, und andere.

Zuse

Z 22	TH Aachen, Berlin, Braunschweig, Karlsruhe, Stuttgart. — Universitäten Freiburg, Münster, Mainz, Saarbrücken, Kiel und Würzburg. Kernreaktor Ges. Karlsruhe. Deutsche Versuchsanst. f. Luftfahrt. Siemens/Erlangen und /Mühlheim. Bergakademie Clausthal. — Agfa/München, Schneider/Kreuznach und Zeiß. Telefunken/ Konstanz, Bayer Leverkusen und andere, insgesamt etwa 30 ausgeliefert.

Spezialanlagen

Großversandhaus Quelle, Nürnberg.
Reservierungssystem für die Autofähren Großenbrode-Gedser der Deutschen Bundesbahn.
Magnetbandprogrammierter Kleinrechner der TU Berlin.

Insgesamt sind 1959 über 100 Elektronenrechner in Deutschland eingesetzt; 1957 waren es erst etwa 20.

tungen eingegeben werden. Stetige Meßwertanzeigen werden dazu aus dem Analogen in das Digitale, Ziffernmäßige übersetzt; vielfach setzt man aber heute schon in der Praxis den Ziffernwert anzeigender Meßinstrumente ohne Zeiger und Skala ein. Die Eingabewerte mehrerer Instrumente werden in schneller Folge der Reihe nach abgerufen, übersetzt, verarbeitet und schließlich als Zahlentafel ausgedruckt, als

Tabelle 1.1-8. Elektronische Datenverarbeitungsanlagen in der Bundesrepublik — Stand 1.7.66 (nach *J. F. Diebold*)

Fabrikat/Type	31.12.64		1.7.66	
	inst.	best.	inst.	best.
BULL-GE				
Gamma 10	6	72	138	94
115	—	—	—	15
30	23	12	36	7
Serie GE 300	—	—	9	—
400	—	11	10	17
Burroughs				
B 200/300	4	5	15	4
E 2000	—	20	—	—
CAE	3	—	5	6
Control Data				
160, 1700, 8092	3	—	5	12
160 A, 8090	1	—	6	—
3100, 3400	2	2	8	3
1604 A, 3800, 6400	1	1	3	—
Digital Equipment				
PDP-5, -7, -8	1	1	15	9
PDP-6	—	1	2	—
Elektrologica				
EL X 1	15	1	15	—
X 2	—	—	—	1
X 8	—	5	2	5
Elliott				
Arch 1000	2	1	3	—
Arch 9000	—	1	—	1
Eurocomp				
LGP-21	13	3	30	3
-30	28	—	32	1
RPC-4000	6	1	10	—
Facit EDB-3	1	—	1	—
Ferranti, GRA				
Argus 100, 400, 500	1	—	2	3
Friden 6010	43	4	56	9
Honeywell				
H 120, 200	1	8	26	32
H 1200, 2200	—	—	—	3
IBM				
305, 650, 705	29	—	11	—
1401	685	95	860	25
1450	45	14	45	—
1440, 1460, 1620, 1710	197	143	321	22
1130	—	—	3	90
1800	—	—	—	8
7010, 7040, 7070, 7090	30	—	32	—
360/20	—	175	85	1050
/30	—	225	65	490
/40	—	45	25	115
/44	—	—	—	5
/50	—	18	3	40

Fabrikat/Type	31.12.64		1.7.66	
	inst.	best.	inst.	best.
360/65—67	—	4	—	4
/75	—	—	—	2
ICT				
558	4	—	4	—
1202	1	—	1	—
1300, 1301, 1500	4	3	6	—
1901	—	2	—	1
1902	—	—	1	5
1903	—	—	2	—
1904	—	—	1	—
1907	—	—	—	1
1909	—	—	—	3
Pegasus	1	—	1	—
Monroe Sweda				
Monrobot XI	—	—	3	2
NCR				
315	10	3	15	10
315 RMC	—	—	1	1
503	1	1	2	—
803	11	—	11	—
Raytheon BP 250	—	—	10	2
Regnecentralen/Gier	2	—	3	—
Remington/UNIVAC				
UCT	56	—	46	—
U III	8	—	9	1
U 1004/05	127	37	185	52
1040/50	1	8	29	24
418	—	—	2	—
490—494	1	1	1	3
1107	2	1	3	—
1108	—	—	—	1
SEL ER 56	9	—	9	—
Siemens				
2002	39	4	36	1
3003	8	20	25	2
303	—	—	9	52
4004/15	—	—	9	19
/25	—	—	4	15
/35	—	—	—	20
/45	—	—	—	20
/55	—	—	—	3
STC (1TT)	3	—	2	—
Telefunken				
TR 4	7	5	17	4
TR 10	4	11	7	1
Zuse				
Z 22	46	—	48	—
23	81	5	91	3
25	29	15	77	12
26	—	—	—	3
31	4	1	6	—
Summe	1752	1093	2556	2340

Kurvenbild gezeichnet oder als Steuerbefehl zur Regelung weitergeleitet: letzteres leitet über zu den *Prozeßrechnern*, die als *REAL TIME*-Anlagen mit Zeitgeber (Digitale Uhr) ausgerüstet sein müssen, um auch zeitdefinierte Abläufe programmgesteuert regeln zu können.

1.1.5.1 Speichertechnik. Für die Zwecke der Datenverarbeitung sind, wie mehrfach erwähnt, Datenspeicher großer Kapazität und trotzdem schnellen Zugriffs ausschlaggebend. Die ersten Typen von Schnellspeichern waren hierfür ungeeignet, erst die *Magnettrommel* brachte einigermaßen ausreichendes Speichervolumen. Während normalerweise die Trommel als Internspeicher um 10000 Wörter (= Zahlen) speichern konnte und eine Zugriffszeit von durchschnittlich 10 ms hatte, gab es auch besonders große (z. B. HD-*File-Drum* des Lab. for Electronics Metrovick, 1958 für 60000 Wörter) als Externspeicher.

Für noch größere Datenmengen entstand um 1955 der *Magnetbandspeicher* für Bänder von $^1/_4$ bis 1 Zoll Breite, aber auch versuchsweise mit viel breiteren Bändern (*Tapedrum*, 100 Mill. Bits). Obwohl das Prinzip der magnetischen Impulsspeicherung bereits lange bekannt ist und für die Schallaufzeichnung bewährte Geräte vorhanden waren, war es doch eine nicht leichte Aufgabe, den bei der Datenspeicherung erforderlichen schnellen Start/Stop für das Lesen einzelner Zahlen oder Zahlenblocks zu ermöglichen. Um die Zugriffszeit beim wahlfreien Suchen bestimmter Adressen (*random access*) zu verringern, unterteilte man auch das Band in viele kurze Schleifen, z. B. mit Kassetten für endlose Schleifen (*Potter* 1964) und pneumatischem Antrieb (Bell Telephone Manufacturing Co., Antwerpen); als 50 parallellaufende Schleifen und Reibrollenantrieb (Datafile); als Karussel-Speicher mit 64 kleinen Magnetbandspulen für zusammen 5 Mill. Ziffern (Facit, 1958).

Die Entwicklung *Magnacard* von Magnavox, Los Angeles, benutzte kleine Magnetbandabschnitte 1″×3″ für je 600 Zeichen, die pneumatisch transportiert, gelesen und sortiert werden können. Hier berührt sich die hohe Speicherkapazität mit den Vorteilen des leichten Sortierens und Ordnens der Lochkarte, deren Format bei der *Monroe-Card* (1962) auch beibehalten wurde.

1956 bringt IBM den *Magnetplattenspeicher* RAM mit 50 horizontal umlaufenden, beiderseits zu beschreibenden Magnetplatten und mit bis zu drei unabhängig voneinander zu bewegenden Abgriffsarmen mit Magnetköpfen, für insgesamt 5 bis 10 Mill. Zeichen. Diese Konstruktion wird weitergeführt zu Speichern mit auswechselbaren Magnetplatten (IBM 1311, Anelex 81 PM-4, 1965), insbesondere in Stapeln von 10 Platten, und mit einem bzw. mehreren (bis zu 9) Laufwerken (IBM 2314) in einem Gerät. Durch hohe Platten-Drehzahl, dünnste magnetisierbare Schichten und minimalen Luftspalten im Kopf und zwischen Kopf und Platte werden Kapazität (Bitdichte) und Übertragungsrate laufend gesteigert bis auf 100 Mio Bytes je Plattenstapel, einer Übertragungsrate von 806000 Bytes/s und 30 ms mittlere Zugriffszeit beim IBM 3330 der Serie /370 von 1970. Eine Entwicklungsreihe mit flexiblen Scheiben, bei denen sich der Luftspalt selbsttätig einstellt (Entwicklung begonnen vom Lab. f. Electronics, 1959), erzielte keinen Erfolg.

Weitere Verbreitung fanden die *Magnetkartenspeicher* „CRAM" 353, die bis 1960 von NCR entwickelt und 1962 auf den Markt gebracht wurden; bei diesen sind 256 Folienblätter mit einer Ferritschicht der Größe 80×350 cm für 32550 Zeichen Speicherkapazität in einer leicht auswechselbaren Kassette nach dualem Code auszuwählen und legen sich um eine rotierende Trommel, somit eine Magnettrommel mit auswechselbarer Speicherschicht bildend. Ab 1964 werden mehrere ähnliche Streifenspeicher (RCA-3488 „RACE", IBM 2321) angeboten, z.T. mit vielen in Bereitschaft stehenden Magazinen und entsprechend größerer Kapazität bis 5,4 Milliarden Speicherstellen. Das Konstruktionsprinzip wird um 1970 auch auf optisch lesbare Datenträger mit digitalem Code bzw. Mikrobildern ausgebaut.

1965 wird aber auch die Fertigung der Ferritkernmatrizen derart rationalisiert (z.B. durch Sintern der Ferritmasse um das fertige Drahtgewebe, was das Auffädeln der Kerne erspart), daß auch große Kapazitäten von einigen Millionen Zeichen (IBM 360-60: 6,4 Mio. Bytes) realisierbar werden. Die schnelleren *Dünn-*

schichtspeicher (im UNIVAC 1107 (1962) 128 Wörter mit 667 ns Zykluszeit und andere, z.B. auch der *Stäbchenspeicher* zur NCR 315), die sich nur vollautomatisch herstellen lassen, waren dagegen bislang nur mit relativ kleinen Kapazitäten herstellbar, obschon die Ausbeute der Produktion mit wachsender Matrixgröße nicht geringer wird. Sie werden als „scratch pad memory" oder schneller Puffer dem Kernspeicher vorgeschaltet und erreichen Zykluszeiten von 100 ns.

1.1.5.2 Eingabetechnik. Datenverarbeitende Maschinen müssen das erforderliche große Zahlenmaterial zuerst eingespeichert erhalten. Dies erfolgte anfangs ausschließlich über manuell erstellte Lochkarten oder Lochstreifen. Beide sind mittels einer Vielzahl von Geräten verschiedenster Leistungsfähigkeit zu stanzen, auch als Nebenprodukt beim Maschinen-Schreiben. Magnetband läßt sich zwar direkt von der Tastatur beschreiben (RR UNITYPER, 1952, MDS Data Recorder, 1965, und anschließend mehrere andere Geräte, auch mit Magnetbandkassetten), muß aber auf die Bitdichte der Computer-Bänder umgesetzt werden. Um zeitraubende und fehleranfällige Handarbeit zu vermeiden, ist es besonders wichtig, eingehende Informationen unmittelbar vom Originalbeleg ablesen zu können. Seit längerem versuchte man es mit Hilfe einer zusätzlichen binär verschlüsselten Codierung (mit Magnetpunktraster oder lichtelektrisch lesbarem Loch- bzw. Punktraster) [Siemag-Schrift 1964 und viele ähnliche wieder 1969 in den USA (z.B. „Dual Image"-Schrift]. Besser ist das Lesen der (unter Umständen mit magnetischer Farbe gedruckten) Schreibmaschinen- oder Drucktypen, die zugunsten schnellen und sicheren Lesens zweckmäßigerweise von spezieller Form sein können. Sobald sich dieses Lesen auf eine bestimmte Schriftart bezieht, sind Schwierigkeiten nur noch im exakten Einhalten der Vordrucknorm zu suchen. Auf dem Markt sind Sortierleser für Schecks u.dgl. mit einer Informationszeile und Lesemaschinen für ganze Druckseiten und Kassenstreifen, ferner für Briefanschriften und Postleitzahlen. Das Lesen beliebiger Maschinenschrifttypen und besonders von Handschrift-Ziffern (wobei strenge Schreibregeln einzuhalten sind) verlangt jedoch wesentlich höheren Aufwand. Im Grund ist jedoch jede Art von Zeichenlesen gegenüber der konventionellen Lochkarten- oder Lochstreifen-Codierung nur dann sinnvoll, wenn dadurch jedes zweite Eintasten erspart würde, wenn also wirklich jede Maschinenschrift lesbar ist (s. Band III Abschnitt 13.1), oder wenn die 1965 von der ISO empfohlenen lichtelektrisch zu lesenden Zifferntypen OCR-A nach DIN 66008, die bisher als einzige genormt sind, allgemein angewendet werden.

1.1.5.3 Ergebnis-Ausgabe. Neben dem „fliegenden" Druck mit rotierender Typentrommel (um 1954 von *Shepard* entwickelt), mit umlaufender Typenkette (IBM 1403) und mit oszillierender Typenstange (IBM 1443) trat aus den vielen Versuchen zu nichtmechanischen Druckwerken (magnetische u.a.) zuerst der xerographische Druck (Rank-Xeronic und *Stromberg-Carlson*) mit Darstellung der gesamten Druckseite auf dem Bildschirm einer Charactron-Elektronenröhre in die Praxis; dann wurden für elektronische Tischrechenmaschinen mehrere direkt ansteuerbare elektronische Druckwerke entwickelt, z.B. mit elektrostatisch abgelenktem Farbstrahl oder Thermodiodenmatrix. Für den Fall, daß das Ausgeben nur zur Archivierung der Ergebnisse dient, liegt es nahe, das Bild der Seite direkt auf Mikrofilm aufzunehmen, was schon 1953 beim russischen Rechner BESM zu einer Leistung von 200 Zch/s führte; hiermit erreicht man (1965) höchste Ausgabe-Leistungen von rd. 4 Seiten/s (*Benson-Lehner*, IBM 2280, Philco, *Stromberg-Carlson*). Diese Computer-Output-Microfilm „COM"-Geräte finden neuerdings steigende Beachtung, da die Papierflut aus Schnelldruckern nicht mehr zu bewältigen ist.

1964 wurde eine Sprachausgabe (IBM 7772) mittels digitaler Synthese von gespeicherten Koeffizienten entwickelt, die für Ergebnis-Ansage für Reservierungs- und Auskunftsanlagen u.dgl. vorteilhaft sein kann. Ausgabe in Kurvenform auf Elektronenstrahl-Sichtgeräten oder mit Zeichengeräten ist dagegen für technisch-wissenschaftliche Anwendungen nützlich, insbesondere wenn der Bildschirm auch zur Eingabe mittels Lichtgriffel dienen kann. Für manche Anwendungen, z.B. die der Dokumentation, ist es nützlich, die üblichen Schnelldrucker auch mit Groß/ Kleinbuchstaben und vielen Sonderzeichen ausrüsten zu können (IBM, 1965).

1.1.6 Erste und wichtigste Anwendung datenverarbeitender Anlagen

Die moderne Versuchs- und Bürotechnik verlangte die Entwicklung von datenverarbeitenden Maschinen für die verschiedenartigsten Aufgaben; je länger je mehr verlangt man dabei eine sofortige Verarbeitung der Daten im Real-Time-Betrieb und zusätzlich noch mit geringerer Priorität im Hintergrund ablaufende „Batch"- oder Stapel-Verarbeitung.

1. Schnelles Auswerten von extrem vielen Meßergebnissen, vor allem auch bei unzugänglichen Instrumenten, z.B.:

a) an fliegenden, führerlosen Geräten (z.B. bei Raketen). Für die Auswertung von Meßergebnissen ist im allgemeinen kein variables Programm nötig; es wären auch für die jeweilige Aufgabe fest programmierte Rechner brauchbar. Aus dieser Überlegung heraus entwickelte die Technische Universität Berlin ab 1955 einen magnetbandgesteuerten Kleinrechner, dessen Programmschritte und Taktimpulse in einem einspurigen Magnetband gespeichert sind, dessen Lese- oder Ablaufgeschwindigkeit direkt die Rechengeschwindigkeit bedingt. Ein Ferritkernspeicher für 64 Zahlen von je 25 Stellen ist eingebaut. Rechentakt ist etwa 0,5 ms [27].

b) bei Versuchsanlagen mit radioaktivem Material, oder bei sehr schnell ablaufenden Experimenten, wie bei Überschall-Windkanälen u.dgl., wobei die Meßwerte, falls sie nicht ebenso schnell auswertbar sind, erst gespeichert werden.

c) Die weltweite Auswertung von Wettermeldungen des internationalen Netzes von rund 400 Wetterstationen der Nordhalbkugel für die langfristige Wettervoraussage nach numerischen Verfahren verlangt überaus große Anlagen, die erst jetzt denkbar sind. Ähnlich liegt die Aufgabe der Errechnung von Flutwellen nach Wasserstand, Regenmenge und Fließgeschwindigkeit usw.

d) zur direkten Regelung von Arbeitsabläufen, zuerst von Walzwerken und in der Petrochemie, auf optimales Ergebnis hin. Neben der unter Umständen schnellen Erfassung und Umsetzung der analogen Meßwerte gehört hierzu ein leistungsfähiges Rechenwerk, welches den weiteren Verlauf des Vorgangs (nach gegebenen Formeln) berechnet und danach den Prozeß nach der optimalen Lösung hin weiterführt. Hierfür wurden einige Spezialrechner gebaut, z.B. als erster von Ramo-Wooldridge (RW 300) (1957) für eine Polymerisationsanlage, ferner von Daystrom, CPC (Libratrol 500), General Electric, Elliott (802) und von mehreren anderen Firmen, auch in England, Japan usw. Im Januar 1958 sind in den USA 80 Process-Control-Rechner in Betrieb. Vielleicht überrundet die Anzahl dieser *Prozeßrechner* die der kommerziell und wissenschaftlich eingesetzten. Über die reine Produktionsüberwachung und gegebenenfalls Regelung hinaus kann stufenweise auch die Auftrags- und Auslieferungs-Arbeit mitsamt der Rechnungsführung und schließlich die Betriebsführung mit Berücksichtigung der Marktsituation u.dgl. zu einem Gesamtsystem integriert werden.

2. Finanz- und mengenmäßige Buchung von Geschäftsvorgängen bei sehr großer Zahl von Konten, z.B.:

a) für Auskunft und Platzreservierung bei Bahn-, Flug- und Schiffahrtsgesellschaften, wobei von vielen weit verstreuten Agenturen her die Zentrale angefragt wird, oder bei Eisenbahngesellschaften für tägliches Auslisten des Standortes, Ziel und Ladung usw. aller Güterwagen.

Für die Flugbuchung, d.h. das Reservieren von Passagierplätzen zu bestimmten Kursen, sind bereits frühzeitig mehr oder weniger automatische Anlagen gebaut worden. Eine der ersten speziellen Anlagen hierfür war sicherlich die 1946 von Teleregister Corp. für die American Airlines gebaute. 1952 baute die gleiche Firma den *Magnetic Reservisor* mit zwei Magnettrommeln und für 120 Agentur-Abfragestellen für den Flughafen La Guardia in New York. Ein *Airline Reservation System* wurde 1957 unter Verwendung einer UNIVAC errichtet für die Eastern Airlines in New York; es kann täglich 60000 Platzreservierungen vornehmen. Das System hat Speicherkapazität für 1 Million Sitzplätze. Vermittels Druckknopf-Schaltergeräten erfolgt automatischer Anruf des in der Zentrale befindlichen Systems von allen

Agentensitzen rund um New York. Es erfolgt sofort Auskunft über freie Plätze, Flugzeit, Wetterbedingungen u.a. Durch Bedienen eines weiteren Druckknopfes belegt der Agent einen Platz, und das System erledigt alle übrigen damit verbundenen Details. Einfügung von weiteren Systemen, die in Verbindung mit der Zentrale arbeiten, in anderen Städten ist geplant, dazu ein zusätzliches automatisches Telephonsystem zwischen Zentrale und Agenten; die Kapazität ist für 35000 Gespräche täglich und zur Abfertigung von täglich 15000 Passagieren bemessen. Schließlich ist Zufügung eines Fernschreibnetzes mit Spezialdruckern und eines automatischen Buchungssystems beabsichtigt.

1958 zeigte die Firma Ferranti Ltd. auf der Computer-Ausstellung in London ihre Platzbuchungsanlage für die Trans-Canada-Airlines. Die American Airlines erhielt etwa 1961/62 ein zentrales Reservierungssystem aus zwei verbundenen und mit zusätzlichen Speichern für 600 Mill. Ziffern ausgerüsteten IBM 9090 unter dem Namen SABRE, durch welches 1100 Arbeitsplätze in 61 Ortsniederlassungen der Gesellschaft in Amerika mit der Elektronik-Zentrale in New York verbunden wurden. Diese hat eine Leistungsfähigkeit von über 7500 Anfragen je Stunde; die Speicher für die Platzbelegung (60 Mill. Zeichen Kapazität) enthalten auch Namen und Adressen der Passagiere auf Magnetband.

In Deutschland lieferte ab 1958 Standard Elektrik Lorenz AG, Informatikwerk, derartige Verfügbarkeitsauskunfts- und Reservierungssysteme für die Flugbuchung, als erstes für die SAS [45]; ferner für Autoplätze auf der Fähre Großenbrode-Gedser der Deutschen Bundesbahn (Inbetriebnahme 1.6.1958) [36, 38]; die letztere Anlage kann mit der elektromechanischen Buchungsanlage der Dänischen Staatsbahnen zusammenarbeiten. 1959 wurde die Anlage der SAS, die bisher auf die Agenturen in Kopenhagen beschränkt war, erweitert auf Fernanschlußplätze des europäischen Kontinents, wobei vielfach die bestehenden Fernschreibverbindungen genutzt werden konnten. 1961 wurde für die SAS eine Anlage für die Fluggewichtserfassung und Ladungsverteilung (*weight and balance*), bestehend aus dem SEL-Rechner ZEBRA mit mehreren Eingabeplätzen, ausgeliefert. Als neueres Beispiel sei das Reservierungssystem für die Strecke Tokio-Osaka genannt, das mit 852 Terminals 150000 Plätze je Tag bearbeitet.

Für Aufgaben der *Verkehrsplanung* ist seit 1957 ein UNIVAC Computer eingesetzt bei der Baltimore Transit Comp. (800 Fahrzeuge auf 40 Linien von 70000 Meilen werktags, 56000 samstags und 36000 sonntags) für die Tabellierung und Aufstellung von Fahrplänen in rascher Angleichung an schwankende Verkehrsbedürfnisse, wodurch bedeutende Einsparungen durch richtigen Fahrzeugeinsatz ermöglicht wurden.

In England wurde 1960 eine Einrichtung erprobt, welche den fahrplanmäßigen Verkehr der Omnibusse überwacht, indem an den wichtigsten Stationen lichtelektrische Abtastgeräte eingebaut sind, welche die mit reflektierenden *Katzenaugen* codierte Nummer jedes vorfahrenden Wagens erkennen und an die Zentrale fernmelden. 1965 wurde ein entsprechendes System in Hamburg untersucht.

b) zur Bearbeitung von Bestellung und Auslieferung in großen Verwaltungen (Zeughäusern usw.) [28] oder Versandwarenhäusern, Lagerbestandsbuchführung auch mit automatischem Erfassen und Umrechnen des Bestandes (z.B. bei Erdöl-Lagertanks).

Als Beispiel eines der ersten Systeme für derartige *Lagerbuchführungen* sei das von RCA gebaute BIZMAC-System genannt. Dieses bearbeitete beim Ordnance Tank- and Automotive Command in Detroit täglich 84000 Lochkarten für Artikel-Zu-/Abgang, zusätzlich etwa 15000 Ziffern an Änderungen usw. Das Zeughaus verwaltete 250000 Artikel; 90 Magnetbandspulen, je 800 m lang, sind belegt, 30 bis 40 davon werden täglich umgeschrieben. 9000 Druckseiten werden täglich ausgeschrieben, dazu monatliche und vierteljährliche Auslistungen.

Für die Lagerbestandsbuchführung haben sich in den USA einige Firmen ganz speziell eingesetzt; so z.B. die Electronics Corp. mit den Anlagen Magnefile, welche festprogrammierte Magnettrommelrechner enthalten, Type B für Versandhäuser, Type C für Lagerbuchhaltung, ähnlich die Type TIM II für Lagerbuchhaltung vom

Labor for Electronics und mehrere andere. Hier muß sich also die Organisation der Buchhaltung nach der der Rechenanlage richten. Umgekehrt wurde vom Informatikwerk Stuttgart der Standard Elektrik Lorenz AG 1957 ein spezielles System für das Großversandhaus Quelle, Nürnberg, so ausgeführt, daß die dort erprobten Arbeitsabläufe beibehalten werden konnten. Diese erste deutsche volltransistorisierte Anlage mit Magnettrommel-Speichern bearbeitet noch 1965 weitgehend automatisch folgende Geschäftsvorgänge: Speichern der Lagerbestände für damals 15000 Artikel, Zuordnen der Preise, Multiplizieren von Bestellmengen mit Einzelpreis, Ausstellen der Rechnungs- und Versandpapiere mit Errechnung des Porto- und Verpackungszuschlags, Steuern der Lagerauffüllung und anderes. Sie ermöglichte, während der vorweihnachtlichen Spitzenbelastung mit 400 statt mit vorher notwendigen (und kaum zu gewinnenden) 1200 administrativen Arbeitskräften auszukommen. Dieses Informatiksystem bei Quelle wurde im Laufe des Jahres 1959 von anfänglich 50 auf bis zu 200 *Warenscheindruckerplätze* zur manuellen Eingabe der einzelnen Bestelldaten und die Speicherkapazität für ein Sortiment von etwa 30000 Artikeln erweitert. Neu ist ferner die Auskunft über die Verfügbarkeit jedes Artikels mit 5 Ausgabekriterien: der Artikel kann 1. obschon vorhanden, nicht auszuliefern sein, oder, bei Lagerbestand Null, 2. er ist nicht mehr im Katalog aufgeführt 3. er wird erst demnächst wieder lieferbar, 4. er wird nach Eintreffen ohne weiteres nachgeliefert, oder es wird 5. gleichwertiger Ersatz beigepackt. Zur Adressierung der Versandpapiere dient seit 1960 ein Remington Rand UCT-System.

c) für die Finanz- und Lohnbuchhaltung, Bankkontoführung im Scheckverkehr oder Verbuchung von Ratenzahlungen und Warengutscheinen (z.B. Benzinschecks).

Als wohl erste Anwendung eines Elektronenrechners für die Lohnbuchhaltung wurde 1954 von General Electric eine UNIVAC I eingesetzt; für die Versicherungsgesellschaft Metropolitan Life wurde eine gleiche Anlage in Betrieb genommen (Bestellung August 1953, Lieferung und Installation April bis Juni 1954); sie bewältigt 900000 Buchungen im Monat. Das US Bureau of Census (Statistisches Bundesamt) ergänzte seine 1951 erhaltene UNIVAC im Jahre 1955 durch eine zweite. Sie arbeiten volle 168 Stunden je Woche mit 80% nutzbarer Betriebszeit und wurden erst 1958 durch zwei moderne Typen 1105 ersetzt.

Im Juni 1956 beginnt die ERMA-Anlage der Stanford Research den Betrieb zur Automatisierung des Bankscheck-Verbuchens, wozu die ersten Magnetschrift-Lesemaschinen entwickelt werden.

1958 beginnt IBM Sindelfingen die deutsche Fertigung der *Simultan-Abrechnungsanlage* 305 RAMAC mit dem bereits erwähnten Magnetplattenspeicher RAM (= *random access memory*) für 5 und 10 Mill. Zeichen, der auch an die Type 650 anschließbar gemacht wird. Dieses in sich geschlossene Buchungssystem wertet die durch Lochkarten eingegebenen Buchungsunterlagen nicht paketweise, sondern sofort und in einem Arbeitsgang nach allen Auswirkungen auf Bestände, Werte und Dispositionsmaßnahmen hin aus. Es rechnet, schreibt und druckt formulargerecht, gibt Auskunft, speichert und stanzt Summen in Lochkarten. Die Kontokarte mit magnetischer Saldenspur (z.B. National-*Postronic* u.a.) und die Bull-Tabelliermaschine mit automatischem Einziehen von Einzelkontokarten mit Nummernlochung am unteren Rand, sind bereits seit längerem auf dem Markt (siehe auch S. 7). Die Firmen Bull (*Formularsortiermaschine*), Burroughs (*visible record computer*), IBM (*Sortierleser* Type 635 und 1220), National Data Processing, Pitney-Bowes und andere Firmen der USA entwickelten Sortier- und Abrechnungsanlagen für mit magnetisch oder visuell lesbaren Ziffern bedruckte Belege als Eingang und mit Salden-Speicherung in Magnetspuren der Kontokarte. In Deutschland entwickelte Telefunken einen Sortierleser für Originalbelege und, ebenso wie SEL, eine Verpackungsanlage für Kontoauszüge und Beilagen im automatisierten Postscheckdienst der Deutschen Bundespost, deren Versuche richtungsweisend für die Konzeptionen von EDV-Verfahren in den Girodiensten anderer Postverwaltungen wurden. Der Austausch maschinell lesbarer Belege und auch die beleglose Buchführung über Magnetbänder ist z.Z. in vollem Einsatz; der Aufbau von überbezirklichen

Buchungssystemen mit Anschluß von Terminals bei Geschäften und Zusammenarbeit aller Banken und Girostellen wird geplant.

3. Überwachung und Buchung von Produktionszeiten und -mengen im Fabrikbetrieb [16], mit Abnahme der Produktionsdaten an den Produktionsmaschinen durch angebaute Zähler oder Meßwertgeber und der Nummern für Arbeiter und Werkstück usw. durch Tastaturen oder mittels geprägter oder gelochter Karten (Stromberg und IBM *APR-System*, 1964 Zuse S 400) und mit Errechnung von Werten, Löhnen, statistischen Summen usw.

4. Übersetzungsaufgaben und Dokumentation (*information retrieval*) verlangen hohe Speicherkapazität für Wörter (Stämme sowie Endungen für Deklination und Konjugation) und grammatikalische Regeln, bzw. für Such-Stichworte. Hierfür wurden ab 1954 (Internat. Telemeter Corp.) spezielle optische Großspeicher entwickelt und mehrere Systeme zur Informationsspeicherung auf Mikrofilm (IBM *Walnut* u.a.). Das Übersetzungs-Problem ist übrigens beispielhaft für eine mit großen Erwartungen begonnene Aufgabe der Datenverarbeitung, die sich je länger je mehr als äußerst schwierig erweist und immer erst Teilerfolge vorweisen kann.

Eine ähnliche Aufgabe für alphanumerische Digitalrechner mit größter Speicherkapazität ist das automatische Erstellen von Kurzreferaten durch statistische Auswahl derjenigen Sätze des (etwa zur Übersetzung mit vollem Text eingegebenen) Aufsatzes, die die nichttrivialen Worte am häufigsten enthalten, sowie das Bestimmen der zugehörigen Klassifikationsnummer der Dezimalklassifikation oder eines anderen Ordnungssystems. Beides ist in den Vereinigten Staaten von Amerika sehr aktuell, um insbesondere den Stand russischer Technik in breiterem Maße zugänglich zu machen.

5. Verfolgen des Flugweges von Flugzeugen, z.B. über großen Flugplätzen zur Kontrolle auf gefährliche Annäherung mit Warnung der Piloten und Angabe der Ausweichrichtung (in den USA sind täglich mehr als 200000 Flugzeuge unterwegs; durchschnittlich vier Zusammenstöße können an einem Tage im letzten Augenblick vermieden werden).

Für die Flugsicherung bzw. -überwachung wurde 1959 auf dem Flugplatz Indianapolis eine IBM 650 eingesetzt. Ein spezielles Flugsicherungs- und -überwachungssystem wurde ferner von Aeronautic-Systems Inc. als FLIDEN = *Flight Data Entry* gebaut. 1960 wurde in New York die IDEAS-Anlage von Aircraft-Armaments Inc. aufgebaut; sie zeigt den errechneten Weg aller eingegebenen Flugkurse zwischen Start und Ziel auf Bildschirmen. Sobald Kreuzungen ersichtlich sind, kann die Kollisionsgefahr nach Zeit, Ort und Flughöhe errechnet und Kursänderung vorgeschlagen werden. Die Anlage kann 200 bis 250 Flüge stündlich kontrollieren. Auf diesem Gebiet fehlt allerdings weniger die Gerätetechnik als die Organisation (nur etwa 20% aller Flüge in den USA werden vorher nach Flugzeiten und -kursen angemeldet). Auf die übrigens großen Systeme zur militärischen Luftraum-Überwachung in den USA (SAGE) und zur Ortung und Steuerung der Raumflugkörper sei hier nur hingewiesen.

1.1.7 Digitale Integrieranlagen

Zu den Maschinen der digitalen Rechentechnik gehören auch die Anlagen, die speziell zur Lösung von Differentialgleichungen nach dem Inkremental- oder Differenzenverfahren dienen. Differentialgleichungen beschreiben allgemein Bewegungsvorgänge, wenn auch vielfältigster Art. Sie können, wie vorne erwähnt, daher auch durch andere physikalisch reproduzierte Bewegungsvorgänge analog nachgebildet werden, wobei man an diesen Modellnachbildungen die interessierenden Daten abgreifen und kurvenmäßig aufzeichnen oder an diskreten Argumentwerten ermitteln und durch Ablesen von Instrumenten oder Ausdrucken der Funktionswerte festhalten kann. Auf diese Weise arbeiten mechanische, rein elektrische universelle Analogrechner oder kombiniert elektromechanische Spezialrechner.

Man kann die physikalischen Bewegungsgrößen aber auch als gequantelte Impulsmengen, d.h. binäre Zahlen darstellen und ihre physikalische Verknüpfung

(Addition, Integration, ...) durch entsprechende Operationen an den Ziffern nachbilden, wobei dies in relativ kleinen, diskreten Schritten erfolgt. Die Zusammenschaltung der Rechenelemente gleicht der im Analogrechner (d.h. alle Operationen erfolgen gleichzeitig), die Operationen selbst sind ähnlich denen eines Digitalrechners.

Eine digitale Integrieranlage steht also etwa zwischen Analog- und Digitalrechner. Sie kann ähnlich genau, d.h. wie ein Digitalrechner in vielen Ziffernstellen rechnen, braucht dazu jedoch nicht nur ein Rechenwerk wie dieser, sondern ebenso viele wie ein Analogrechner und erlaubt wie dieser leichtes Variieren sämtlicher Parameter [49, 52, 72].

1949 bis 1953 entwickelte Dr. *Bückner* (Schoppe & Faeser, Minden) den *Integromat* [21], der am Institut für Schiffbau in Hamburg eingesetzt wurde. Er hatte 18 Integratoren, 3 mehrfache Addierschaltungen und 8 Multiplikatoren.

1950 erschien der *Magnetic Drum Digital Differential Analizer* MADDIDA von Northrop Aircraft Inc. Er wurde später (etwa 1957) von Litton Industries auf mindestens 20 digitale Integratoren erweitert. Wichtigstes Element war hier die Magnetspeicherscheibe, auf der jeder Integrator bestimmte Plätze mit seinen Impulsen belegt. Das Gerät war nur etwa so groß wie eine Schreibmaschine, ebenso das anzuschließende Registriergerät.

1957 zeigte Lintronic Ltd. einen kombinierten Digital-Analog-Rechner DLS-63; er rechnete in analoger Weise mit 5stelligen Zahlen.

Hiernach zeigt sich, daß die Entwicklung solcher speziellen Anlagen in die der universell brauchbaren Digitalrechner einmündet; auch wohl deshalb, weil deren zunehmend variable und vereinfachte Programmierfähigkeit ihre Anwendung auch für derartige Sonderfälle ermöglicht.

Anstatt mehrere Impulsintegratoren zu einem die Gleichung widerspiegelnden Netzwerk zusammenzuschalten, ist es mit programmgesteuerten (binären) Rechenanlagen auch möglich, einen Zähler nacheinander die Funktionen aller notwendigen Integratorstufen ausführen, die Teilergebnisse speichern und schrittweise in hoher Repetierfrequenz die ganze Differentialgleichung durchlaufen zu lassen.

Derart arbeitete 1953 der Bendix-D-12 *Digital Differential Analyzer*. Er konnte mit 1 Integrator bis zu 60 Integrationsschritte in je 167 µs simulieren, brauchte also für einen Programmzyklus max. 0,01 s. Als Zwischen- und Programmspeicher diente eine Trommel, Eingabe erfolgte über Lochstreifen, Ausgabe in Schreibmaschine oder Kurvenschreiber [26]. Packard-Bell entwickelte 1958 eine digitale Integrieranlage TRICE mit 3 MHz Schrittfrequenz [42].

Literatur

A. Bücher über Rechengeräte mit Angaben über die geschichtliche Entwicklung

[1] *Booth, A. D., Booth, K. H. V.*: Automatic digital calculators, 2.Aufl., London: Butterworth 1956 (272 Lit.-Zitate). — [1a] *Boucher, H.*: Organisation et fonctionnement des machines arithmétiques. Paris: Masson 1960. — [2] *Hartree, D. R.*: Calculating instruments and machines, Urbana: Univ. Illinois Press 1949 (122 Lit.-Zitate). — [3] *Meyer zur Capellen, W.*: Mathematische Instrumente, 3.Aufl. Leipzig: Akad. Verlagsanst. 1949 (346 Lit.-Zitate). — [3a] *Morrison, Ph. und E.*: Charles Babbage and his calculating engines. New York: Dover 1961. — [4] Remington Rand UNIVAC, Staff of —: Large Scale Digital Computers, an Annotated Bibliography. Remington Rand, Div. of Sperry Rand Corp., 315 4th Ave., New York 1957. — [5] *Walther, A., Dreyer, H.-J.*: Mathemat. Maschinen und Instrumente, Naturforschung und Medizin in Deutschland 1939—1946, Band 3: Angew. Math. Weinheim: Verlag Chemie 1953 (190 Lit.Zitate). — [6] *Willers, Fr. A.*: Mathematische Maschinen und Instrumente, Berlin: AkademieVerlag 1951 (871 Lit.-Zitate). — [6a] *Willers, Fr. A.*: Zahlzeichen und Rechnen im Wandel der Zeit. Berlin: Volk und Wissen Verlag 1949. — [6b] *de Beauclair, W.*: Rechnen mit Maschinen, eine Bildgeschichte der Rechentechnik. Vieweg: Braunschweig 1968.

B. Literaturübersichten

[7] Titellisten der Literaturstelle der Kommission Rechenanlagen der Deutschen Forschungsgemeinschaft, Institut für Praktische Mathematik der Techn. Hochschule Darmstadt (bis 1966). — [8] *Hoffmann, W.*: Elektronische Rechenmaschinen und Informationsverarbeitung, Blätter d. D. Ges. f. Versicherungsmathematik II. Würzburg: Triltsch März 1956, H.4 und Ergänzender

Literaturbericht über das Gebiet der Rechenautomaten, ebenda Bd. III (April 1958) H. 4. — [8a] *Hoffmann, W.:* Digitale Informationswandler. Braunschweig: Vieweg 1962.

C. Zeitschriften in deutscher Sprache
[9] adl-Nachrichten, Kiel. — [10] Computer-Praxis, München. — [11] Computer-Zeitung, Stuttgart. — [11a] Elektronische Datenverarbeitung, Fachberichte über programmgesteuerte Maschinen und ihre Anwendung, Braunschweig: Vieweg. — [11b] Elektronische Rechenanlagen, Z. f. Technik und Anwendung d. Nachrichtenverarbeitung, München, Wien: Oldenbourg. — [11c] Mathematik-Technik-Wirtschaft (MTW), Z. f. moderne Rechentechnik und Automation, Stiasny-Verlag, Graz. — [11d] Numerische Mathematik, Berlin, Göttingen, Heidelberg: Springer. — [13] Online, Zeitschrift für Datenverarbeitung, Köln: Müller.

D. Schrifttum über Einzelfragen (soweit nicht in A und B bereits enthalten)
[13a] *Aiken, H. H.:* Proposed automatic calculating machine (Memorandum vom 4.11.37). IEEE Spectrum, Aug. 1964, S. 62—69. — [13b] *Athen, H.:* Automatische Großrechenanlagen. ETZ Ausg. A 72 (1951), Nr. 17, S. 518—522. — [13c] *Basten, R., Dreyer, H.-J.:* Der elektronische Rechenautomat ER 56. Elektron. Rechenanl. 1 (1959) 60—67. — [14] *Beauclair, W. de:* Verfahren und Geräte zur mehrdimensionalen Fouriersynthese. Berlin: Akademie-Verlag 1949. — [15] *Beauclair, W. de:* Rationalisierung des technischen Rechnens — Voraussetzung für die automatische Fertigung. Ind. Anz. 78 (1967 517—524. — [16] *Beauclair, W. de:* Meßwertregistrierung, Produktionsüberwachung, Rechentechnik. Ind. Anz. 80 (1958) Nr. 30/31, S. 91—95, Nr. 34, S. 3—6. — [17] *Beauclair, W. de:* Von der mechanischen Rechenmaschine zum Relaisrechner. Elektronische Rechner. Datenverarbeitende Maschinen. Anwendungsgebiete elektronischer Rechenanlagen. VDI-Nachr. 1958, Nr. 6, 7, 13 und 15. — [18] *Beauclair, W. de:* Was heißt Programmieren? VDI-Nachr. 1959, Nr. 13. — [19] *Beauclair, W. de:* Hermann Hollerith. VDI-Nachr. 1960, Nr. 5. — [19a] *Chase, G. C.:* History of mechanical computing apparatus. ACM Proc. Pittsburgh Meeting 1952. — [20] *Eckert* jr., *J. P.:* (RR), Checking circuits and diagnostic routines. Instrum. Automation Aug. 1957, S. 1491. — [21] *Eggers, K.:* Bericht über die Integrieranlage „Integromat". Inst. f. Schiffbau Univ. Hamburg, Febr. 1955. — [22] *Erismann, Th.:* Eine neue Anlage zur Berechnung von Geschoßflugbahnen. Neue Zürcher Ztg., Beilage Technik, Nr. 2531, 12.9.56. — [23] *Freytag-Löringhoff, B. v.:* Eine Tübinger Rechenmaschine aus dem Jahr 1623. Heimatkundl. Blätter f. d. Kreis Tübingen 11 (Juli 1957) Nr. 3, S. 25—28. — [24] *Freytag-Löringhoff, B. v.:* Über die erste Rechenmaschine. Phys. Bl. 14 (1958) 361—365. — [25] *Grabbe, E. M., Ramo, S., Wooldridge, D. E.:* Handbook of automation, computation and control. New York: Wiley 1958. — [26] *Goldman, R. N.:* DDA — Electronic digital differential analyser. Electrical Engineering, Juli 1958, S. 592. — [27] *Güntsch, F.-R., Lukas, H.:* Magnetbandrechner der Techn. Universität Berlin. Elektron. Datenverarb. (1959) H. 2, S. 13—16. — [28] *Häßler, G.:* Automatisierung von Verwaltungsvorgängen. Elektrotechn. Z.-A. 79 (1958) 851—860. — [29] *Halsbury:* Ten years of computer development (in Großbritannien). Computer J. 1 (Jan. 1959) 153—159. — [28a] *Hamann, Ch.:* Über elektrische Rechenmaschinen. Neu-Babelsberg, vor 1932. — [30] *Hammer, F.:* Nicht Pascal, sondern Schickard erfand die Rechenmaschine. Büromarkt (1958) Nr. 20, S. 1023—1025. — [30a] *Heath, F. G.:* Pioneers of binary coding. J. Instr. Electr. Engng., London 7 (1961) 81, S. 539—541. — [31] *Herrmann, H.:* Beiträge zur Programmierungstechnik für elektronische Analogie-Rechenmaschinen. Abhandlungen der Braunschweig. Wiss. Ges. Bd. X, 1958, Braunschweig: Vieweg. — [32] *Hoelzer, H.:* Anwendung elektrischer Netzwerke zur Lösung von Differentialgleichungen. Diss. TH Darmstadt 1946. — [33] *Hoff-.mann, W., Schappert, H.:* Elektronische Rechenanlagen. VDI-Z. 99 (1957) Nr. 21, S. 1025—1035. — [33a] *Hündorf, W.:* DRP 900281. — [34] *Kroneberg, D.:* Konrad Zuse. Elektron. Rechenanl. 1 (1959) H. 1, S. 5—6. — [35] *Lebedev, S. A.:* The high speed electronic computer of the academy of sciences of the USSR. London: Pergamon Press 1960. — [36] *Leitenberger, W.:* Elektronische Buchungsanlage für Autoplätze auf Fährschiffen. Signal und Draht 50 (Juni 1958) H. 6. — [37] *Li, S. T.:* Origin and development of the chinese abacus. J. Ass. Comput. Mach. 6 (Jan. 1959) 108—110. — [38] *Lösch, J.:* Reservierung von Platzkarten bei der Deutschen Bundesbahn. SEL-Nachr. 1958, H. 3. — [39] *Macdonald, N.:* Survey of commcercial computers (25 analoge und digitale Rechner). Computer and Automation 7 (Nov. 1958) 8—13. — [39a] *Mathias, M.:* DRP 708797. — [40] *Menninger, K.:* Zahlwort und Ziffer, eine Kulturgeschichte der Zahl. Neubeab. Aufl., Göttingen: Vandenhoeck & Ruprecht 1958. — [41] *Müller, J. H.:* Beschreibung seiner neuerfundenen Rechenmaschine. Varrentrapp Sohn und Wenner. Frankfurt und Mainz, 1786. (Maschine steht im Landesmuseum Darmstadt). — [42] *N. N.:* Extremely high speed digital computer. Instruments & Automation 31 (Juli 1958) 1238. — [43] *N. N.:* Siemens-Digitalrechner 2002. Entwicklungsber. Siemens & Halske 22 (1959) Sonderheft. — [44] *Nagler, J. W.:* Erfindungen und Ideen aus Österreich. Techn. Rundschau Bern, Sondernummer Österreich S. 73, 1959. — [44a] *Phillips, E. W.:* Binary Calculation. J. Inst. of Actuaries LXVII, Part III No. 319, 1936. — [45] *Piloty, R., Zschekel, H.:* Elektron. Auskunftssystem über die Verfügbarkeit von Passagierplätzen im Luftverkehr. Elektron. Rechenanl. 1 (1959) H. 1, S. 6—16. — [46] *v. Pla-*

ten, J.: Rechenmeister Adam Riese. Büromarkt (1958) H. 26, S. 1316. — [47] *v. Platen, J.:* Ph. M. Hahn. Büromarkt (1958) 66—67. — [48] *Prause, K.:* Elektronische Rechenanlagen 1957. VDI-Z. 100 (1958) Nr. 16, S. 701—708. — [49] *Rowley, G. C.:* Digital Difference Analysers. Brit. Comm. & Electronics 5 (Dez. 1958) 934—938. — [50] *Sager, G.:* Jubiläum im Gezeitenrechenmaschinenbau. Z. angew. Math. Mech. 39 (1959) H. 3/4, S. 110—117. — [51] *Steinbuch, K.:* Informatik: Automatische Informationsverarbeitung. SEL-Nachr. (1957) H. 4. — [51a] *Tauschek, G.:* Die Lochkarten-Buchhaltungsmaschinen meines Systems. Wien: Privatdruck, Nov. 1930. — [52] *Tootill, G. C.:* The incremental digital computer (Digital Differential Analyser I, II). Process Control and Automation 5 (1958) H. 9, S. 350—354 und H. 10, S. 402—406. — [53] *Weygandt, A.:* Die elektromechanische Determinantenmaschine. Z. Instrumentenkde. 53 (1933) 114—121 und Diss. TH Hannover 1938. — [53a] *Wilkes, M. V.:* The ENIAC. Electron. Engng. 19 (1947) April, S. 105. — [54] *Zuse, K.:* Eine neues Rechengerät für technische und wissenschaftliche Rechnungen. Der Wirtschaft Spiegel 1 (1948) H. 1, S. 55—58. — [55] *Zuse, K.:* Über den allgemeinen Plankalkül als Mittel zur Formulierung schematisch-kombinativer Aufgaben. Arch. Math. 1 (1948/49) H. 6, S. 441—449. — [56] *Zuse, K.:* Die mathematischen Voraussetzungen für die Entwicklung logistisch-kombinativer Rechenmaschinen. Z. angew. Math. Mech. 29 (1949) H. 1/2, S. 36—37. — [57] *Zuse, K.:* Programmgesteuerte Rechenmaschinen in Deutschland. Z. angew. Math. Mech. 30 (1950) H. 8/9, S. 292—293. — [58] *Zuse, K.:* Deutsche programmgesteuerte Rechenanlagen für wissenschaftliche Berechnungen. Vermess. techn. Rdsch. 12 (1950) H. 12, S. 249—253. — [59] *Zuse, K.:* Über programmgesteuerte Rechengeräte für industrielle Verwendung. *Probleme der Entwicklung programmgesteuerter Rechengeräte und Integrieranlagen.* Herausgegeben von H. Cremer, Aachen, Math. Inst. 1953. — [60] *Zuse, K.:* Große oder kleine programmgesteuerte Rechengeräte? Unternehmensforsch. (Operations Res.) 1 (1956/57) H. 3, S. 117—122. — [61] *Zuse, K.:* Gedanken zur Automation und zum Problem der technischen Keimzelle. Unternehmensforsch. (Operations Res.) 1 (1956/57) H. 4, S. 160—165. — [62] *Zuse, K.:* Die Feldrechenmaschine. MTW-Mitt. (Wien) 5 (1958) H. 4, S. 213—220. — [63] *Zuse, K.:* Die programmgesteuerte elektronische Rechenmaschine Z 22 und die programmgesteuerte Relais-Rechenmaschine Z 11. In: Geodätische Streckenmessung, Reihe A: Höhere Geodäsie, Heft 22, Teil III, S. 55—62. Herausgeber: M. Kneißl, Deutsche Geodätische Komm. Bay. Akad. Wiss. München: Beck 1958. — [64] *Zuse, K.:* Über den Plankalkül. Elektron. Rechenanlagen 1 (1959) 58—71. — [65] *Zuse, K.:* Entwicklungslinien einer Rechengeräte-Entwicklung von der Mechanik zur Elektronik. In: Digitale Informationswandler. Herausgeber: Walter Hoffmann, Braunschweig: Vieweg 1959/60. — [66] *Zuse, K.:* Elektromechanische und elektronische Rechenmaschinen. VDI-Berichte 37 (1959) 37—40. — [67] *Zuse, K.:* Rechnender Raum. Braunschweig: Vieweg 1969. — [68] *Wilkes, M. V.:* Computers then and now. J. ACM 15 (1968) 1, S. 1—7. — [69] *Doherty, W. H.:* The Bell System and the people who built it. Bell Labs Rec. 46 (1968) 2—3. — [70] *Nievergelt, J.:* Computers and computing-past, present, future. IEEE Spectrum 5 (1968) 1, S. 57—61. — [71] *Pantages, A.:* Computing early years. Datamation 13 (1967) 10, S. 60—65. — [72] *Vogel, W.:* Ziffernintegrier-Rechenanlagen. Elektronik (1970) 6, S. 209—211. — [73] *Rosen, S.:* Electronic computers, a historical survey. Computing Surveys, 1, No. 1, März 69 (mit 83 Literaturangaben). — [74] *Rauchberg, H.:* Erfahrungen mit der elektr. Zählmaschine. Allg. statist. Archiv. Bd. 2 S. 78 u. Bd. 4 (1896) S. 131.

1.1.8 Entwicklungsprognosen

D. Schmid

1.1.8.1 Schaltkreise. Die bisherige Entwicklung der Halbleiterschaltkreise ist vor allem durch die Reduzierung der Abmessungen, die Erhöhung der Zahl der Schaltelemente auf einem Halbleiterplättchen sowie die Abnahme der Verzögerungszeiten der Verknüpfungsglieder charakterisiert. Kennzeichnend ist außerdem der Versuch, die thermischen Probleme der fortschreitenden Miniaturisierung und Integration durch die Verminderung der Leistung je Schaltglied zu bewältigen. Während als Stand der Technik (1970) Verknüpfungsglieder mit 5 ns Verzögerungszeit und 40 mW Verlustleistung gelten können, werden bereits Schaltkreisfamilien mit 1 ns Verzögerungszeit bei 80 mW Verlustleistung je Verknüpfungsglied angeboten [22]. In nächster Zeit ist trotz der technologischen Schwierigkeiten infolge der dann erforderlichen Emitterbreiten von etwa 1 μm und Basisdicken von ungefähr 25 μm eine

Abnahme der Verzögerungszeit auf weniger als 0,5 ns auch bei kommerziell angebotenen Schaltkreisen zu erwarten. Die bisher zu verzeichnende Reduktion der Verzögerungszeiten geht vor allem auf die Verkleinerung der Schaltelemente zurück, denn die Grenzfrequenz eines Transistors ist ungefähr seinen linearen Abmessungen umgekehrt proportional. Die Reduzierung der Abmessungen bei bisher kaum verringerter Leistung hat zwangsläufig einen starken Anstieg der Strom- und Leistungsdichte zur Folge, der vermutlich eine Miniaturisierung auf der gegenwärtigen technologischen Basis begrenzt, da die erzeugte Wärme eventuell nicht mehr ausreichend abtransportiert werden kann [13, 15]. Hinzu kommen infolge der verminderten Abmessungen noch weitere nachteilige Effekte, wie das Absinken des Emitterwirkungsgrades, die Erhöhung des Wärmewiderstandes, das Ansteigen der elektrischen Feldstärken usw. Schätzungen in [13] ergeben, daß bei 0,1 W pro Verknüpfungsglied und einer Grenze der Kühlung bei 100 W/cm^2 durchschnittlich etwa 1000 Verknüpfungsglieder pro cm^2 nicht überschritten werden dürfen, wenn man einen Betrieb bei einer Raumtemperatur von 300 K vorsieht. An gleicher Stelle wird auf verschiedenen Wegen daraus abgeleitet, daß dann die Grenze der Verzögerungszeit eines Verknüpfungsgliedes bei $2 \cdot 10^{-11}$ s liegt.

Eine Betrachtung der physikalischen Grenzen in [13] ergibt ferner unter gewissen einschränkenden Voraussetzungen, daß die Leistung je Verknüpfungsglied bei 300 K größer als $2 \cdot 10^{-6}$ W sein muß. Die genannten Einschränkungen betreffen die mindestens erforderliche Spannung, die größer als $kT/e = 25$ mV sein muß, um die Nichtlinearitäten der Schaltelemente für die Darstellung der Schaltfunktionen ausnutzen zu können. Vorausgesetzt wird außerdem, daß die angeschlossenen Leitungen etwa den Wellenwiderstand des freien Raumes (377 Ω) besitzen. Wie *Johnson* dagegen in [2] zeigt, ergeben sich bei Wellenwiderständen von ungefähr 100 Ω die kürzesten Schaltzeiten. Legt man diesen Wert zugrunde, so ergibt sich eine Minimalleistung von etwa $6 \cdot 10^{-6}$ W je Verknüpfungsglied. Zum gleichen Ergebnis kommt auch *Kaufmann* in [33]. Innerhalb einer bestimmten Technologie ist erfahrungsgemäß das Produkt aus Leistung und Verzögerungszeit je Verknüpfungsglied recht konstant. Es liegt für die integrierte Technik ungefähr bei 0,5 bis $1,5 \cdot 10^{-10}$ Ws, so daß die Leistungswerte gegenwärtig etwa noch 3 Zehnerpotenzen über den theoretischen Minimalwerten liegen.

Diese Grenzen sind jedoch durchweg technologisch bedingt. Sie gelten für eine Schaltkreistechnik mit Transistoren und teilweise auch allgemein für eine Technik, die auf der Ausnutzung elektromagnetischer Effekte beruht. Eine erfolgversprechende Möglichkeit, diese Grenzen zu verändern, ist vor allem die Verminderung der Umgebungstemperatur, da etwa eine quadratische Abhängigkeit der Leistung von der Temperatur besteht. Bei zu tiefern Temperaturen treten allerdings wieder andere Einflüsse wie z. B. die Verschlechterung der Nichtlinearität und des Wärmetransports in den Vordergrund, so daß für einen erwägenswerten Tieftemperaturbetrieb von Halbleiterschaltungen 10 K bis 50 K am günstigsten zu sein scheinen.

Abb. 1.1-3 zeigt am Beispiel der Additionszeiten für Festpunktzahlen die technologischen Fortschritte in den vergangenen Jahren.

1.1.8.2 Speichertechnik. Die Speichertechnik unterschied sich bisher durch die bevorzugt verwendete *Magnettechnologie* wesentlich von der normalen Schaltkreistechnik. Erst in jüngster Zeit gelingt es vor allem der Halbleitertechnik, erfolgreich in bestimmte Bereiche einzudringen. Da sich dieser Wandel der Technologie vorerst auf die Speicher geringerer Größe beschränkt, ist es zweckmäßig, bei der Betrachtung der Entwicklungstendenzen zwischen den kleineren Schnellspeichern und den langsameren Großspeichern zu unterscheiden. Als Großspeicher sollen dabei Einheiten mit einer Speicherfähigkeit von mehr als 10^7 bit gelten. Sie benutzen bisher größtenteils mechanisch bewegte magnetische Speichermedien, während bei den schnelleren kleineren Arbeitsspeichern die mechanische Bewegung entfällt. Abb. 1.1-4 zeigt die bisherige Entwicklung der Zugriffszeit und der Speicherkapazität.

Typisch für den stetigen Fortschritt dieses Gebiets ist vor allem der Verlauf der Zugriffszeit der Kernspeicher. Sie verkürzte sich bisher regelmäßig in einem Zeitraum von 6 bis 7 Jahren um eine Zehnerpotenz, während gleichzeitig die Speicher-

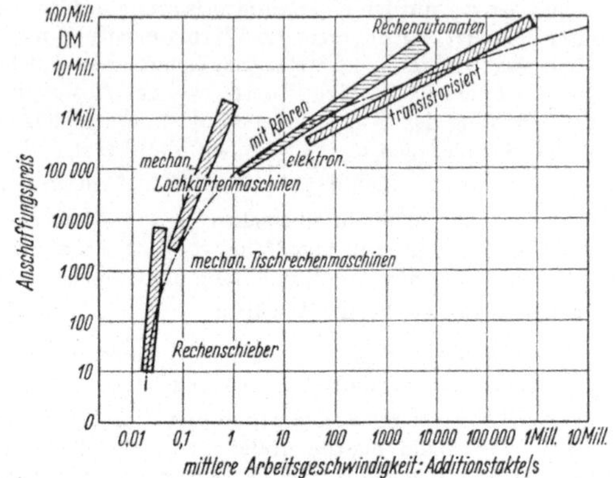

Abb. 1.1-3. Entwicklung der Additionszeiten für Festpunktzahlen.

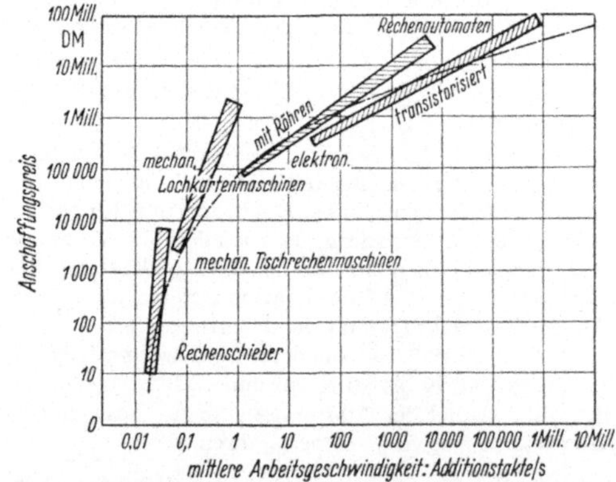

Abb. 1.1-4. Entwicklung der Zugriffszeit und Speicherkapazität (durchgehende Linie: Zugriffszeit, gestrichelte Linie: Speicherkapazität).

kapazität etwa um den Faktor 5 zunahm. Die Reduzierung der Zugriffszeit ist hauptsächlich auf die Verkleinerung des Außendurchmessers der Ringkerne zurückzuführen, der im Laufe der Zeit von etwa 3 mm auf 0,2 bis 0,3 mm abnahm. Die Möglichkeiten der heutigen Produktionsmethoden sind damit allerdings fast ausgeschöpft, weil die Grenzen der Manipulierbarkeit erreicht werden, da durch jeden Kern je nach verwendetem Ansteuerverfahren zwei bis drei Drähte zu ziehen sind. Es zeichnet sich deshalb ein Ersatz der Kernspeicher durch Halbleiterspeicher auf dem Gebiet der Arbeitsspeicher und der schnellen Pufferspeicher ab, da Halbleiterspeicher außer der erhöhten Operationsgeschwindigkeit, der besseren Zuverlässigkeit und der Reduktion von Größe und Gewicht auch potentiell Verbilligungen in denjenigen Bereichen bieten, in denen heute die höchsten Kosten entstehen, also in der Montage, im Schaltungsaufbau und im Test [8, 28].

Auf Grund der gegenwärtigen Entwicklung ist auch nicht mehr damit zu rechnen, daß Magnetfilmspeicher in nennenswertem Maße an die Stelle der Kernspeicher treten werden, obwohl sie in bezug auf Zuverlässigkeit, Geschwindigkeit und Leistungsverbrauch Verbesserungen von mehr als 3:1 bringen können und *Stein* in [10] als zukünftig realisierbare Werte 0,5 Mbit bei etwa 100 ns Zykluszeit bzw. 50000 bit etwa 60 ns Zykluszeit schätzt [23].

Heute ist jedoch der Kernspeicher als Arbeitsspeicher noch dominierend, und es ist sehr wahrscheinlich, daß er diese Position auf Grund seiner eingeführten Fertigung noch einige Zeit halten wird [35].

Für die Herstellung der *Halbleiterspeicher* wird heute die MOS-Technologie bevorzugt, da sie gegenüber der bipolaren Technologie eine geringere Zahl von Diffusionsschritten und Masken erfordert. Weil bei ihr nur etwa die Hälfte bis ein Viertel der Fläche bipolarer Speicherelemente beansprucht wird, verursacht sie nur etwa ein Viertel der Herstellungskosten der bipolaren Technik. Nachteilig ist bei den bisherigen MOS-Schaltungen die relativ hohe Zykluszeit von 300 bis 500 ns. Da sie zum größten Teil bei der Selektion der Speicherzelle und der Verstärkung des Lesesignals entsteht, werden mitunter MOS-Speicherelemente mit bipolaren Ansteuerschaltungen und Leseverstärkern kombiniert. Die Zykluszeiten sinken dadurch auf etwa 100 ns, wobei z.Z. die Begrenzungen mehr durch die relativ hohe Spannung, welche die bipolaren Elemente schalten müssen, als durch die Verzögerungen der restlichen MOS-Schaltungen entstehen [27]. Weitere Fortschritte sind vor allem durch die dynamischen MOS-Schaltungen zu erwarten, die durch eine geringere Zahl von Transistoren je Speicherelement weitere Verbilligungen bringen. Sie stellen bis jetzt jedoch noch technologische Probleme, da sie parasitäre Kapazitäten ausnutzen, die in der Regel kleiner als 1 pF sind. Sie benötigen außerdem regelmäßige Auffrischungszyklen (refresh cycles) im Abstand von etwa 1 ms, um die Speicherung aufrecht zu erhalten [27, 32].

Der Verlauf der Zykluszeit der Halbleiterspeicher in Abb. 1.1-4 gibt nur ein unvollkommenes Bild der bisherigen technologischen Verbesserungen, da die Zykluszeit stark von der Speichergröße und den weiteren Bedingungen des Systems abhängt. Trotz dieser Einflüsse ist jedoch bei prinzipieller Betrachtung nicht einzusehen, warum nicht mit Halbleiterspeichern kleinerer Größe, also etwa bis 200000 bit, ebenfalls Zeiten von wenigen Nanosekunden wie in der Schaltkreistechnik erreichbar sein sollen. Speicher größerer Kapazität werden dagegen wegen der Verzögerungen durch die Verbindungsleitungen, der Kühlprobleme usw. noch einige Zeit bei Zykluszeiten von etwa 100 ns bleiben [27].

Die Entscheidung, ob in Zukunft MOS- oder Bipolartechnologie vorherrscht, ist nicht eindeutig zu fällen, da beide spezifische Einsatzbereiche haben. Zweifellos wird die zukünftige Entwicklung in der Bipolartechnik zu geringerem Energie- und Platzverbrauch und in der Feldeffekttechnik zu höherer Geschwindigkeit und wirklicher Kompatibilität mit bipolaren Schaltungen gehen. Dabei wird sich die Tendenz zu einer Fusion verstärken, die auf einem Chip die spezifischen Vorteile beider Technologien ausnutzt.

Die Entwicklung der Großspeicher verlief seither nicht mit den bemerkenswerten Steigerungsraten der Schnellspeicher. Eine maßgebende Rolle spielt hierbei die bisher notwendige mechanische Bewegung des Informationsträgers, die wesentlich die Zugriffszeit beeinflußt. Ein großer Teil der Bemühungen konzentriert sich deshalb auf die Entwicklung von Großspeichern ohne bewegtes Speichermedium. An zukunftsträchtigen Entwicklungen sind hier vielleicht die optischen Speicher, die „bubble"-Speicher, die Ovonic-Speicher sowie supraleitende Speicher auf der Basis des Josephson-Effektes zu nennen.

Unter den zahlreichen *optischen Speicherentwicklungen* scheinen die magneto optischen und die holographischen die aussichtsreichsten zu sein. In der magneto-optischen Variante wird mit einem Laserstrahl die Magnetisierung einer Mangan-Wismut-Legierung punktweise verändert, indem mit Hilfe des Laserstrahls die Temperatur über die Curietemperatur der Legierung gebracht wird. Der erhitzte Bereich verliert daraufhin seine Magnetisierung und kann nach der Abkühlung durch eine Magnetisierungsquelle neu beschrieben werden. Gelesen wird mit Hilfe des magnetooptischen Faraday-Effektes, der, abhängig vom Magnetisierungszustand, eine Drehung der Polarisationsebene des Laserlichts verursacht. Die Schreibgeschwindigkeit wird mit 10^6 bit/s, die Lesegeschwindigkeit mit 10^8 bit/s und die Packungsdichte mit $4 \cdot 10^6$ bit/cm^2 angegeben [12].

Ein kommerziell erhältliches System weist gegenüber normalen Plattenspeichern eine verdreifachte Speicherdichte bei einer um ein bis zwei Zehnerpotenzen kürzeren Zugriffszeit auf. Ein weiteres Gerät besitzt bei einer Zugriffszeit von etwa 5 s eine Speicherkapazität von fast 10^{11} Bytes. Es nutzt allerdings einen thermoplastischen Effekt zur Speicherung aus und ist deshalb nur als Festspeicher einzusetzen [25].

Die *holographischen Speicher* verwenden dagegen photographische Schichten als Speichermedium. Sie sind damit ebenfalls bevorzugt als Festspeicher geeignet, da der Speicherinhalt nicht kurzzeitig änderbar ist. Ihr spezieller Vorteil ist die Unempfindlichkeit gegen Verschmutzung, die dadurch entsteht, daß die Speicherung eines Bits nicht in einem definierten kleinen Bereich des Speichermediums, sondern als Interferenzbild über die ganze Platte verteilt erfolgt. Die erreichbare Speicherdichte liegt hier bei 10^7 bit/cm^2. Labormodelle weisen Lesegeschwindigkeiten von $1,6 \cdot 10^7$ bit/s und Zugriffszeiten von 8,5 ms auf. Verbesserungen auf 10^8 bit/s und 1,3 ms werden für wahrscheinlich gehalten [33].

In den sog. *bubble-Speichern* werden als Speichermedium bestimmte Magnetmaterialien eingesetzt, die eine ausgeprägte uniaxiale Anisotropie und eine niedrige Koerzitivkraft bei der Verschiebung der Blochwände aufweisen. Durch geeignete magnetische Felder kann die Magnetisierung in den Weißschen Bezirken zur Informationsspeicherung in zwei antiparallelen Richtungen orientiert werden. Diese Bezirke werden als *bubbles* bezeichnet. Sie können durch pulsierende oder rotierende Felder verschoben werden, wobei eine Führung der Verschiebung durch unterlegte hochpermeable Magnetmaterialien erfolgen kann. Da die beweglichen magnetischen Bereiche als Informationsträger dienen, kommt ein sequentielles Speicherverhalten wie bei Trommel- oder Plattenspeichern zustande [24]. Systeme dieser Art werden schon kommerziell angeboten. Sie weisen eine Speicherkapazität von 128 Kbit in Einheiten von 8 Kbit und eine Verschiebegeschwindigkeit von 200000 bit/s auf, die noch auf über 10^6 bit/s steigerbar sein dürfte. Da keine mechanisch bewegten Teile vorhanden sind, eignen sie sich besonders für einen Betrieb unter schwierigen Umweltbedingungen [29].

Ovonic-Speicher basieren auf dem Schalterverhalten bestimmter amorpher Halbleiterschichten. Die Anordnungen haben einen sandwichartigen Aufbau, bei dem eine wenige µm dicke Halbleiterschicht zwischen zwei Metallelektroden innerhalb eines Durchlaß- und Sperrzustandes hin- und hergeschaltet werden kann. Der jeweils eingestellte Zustand ist stabil und dient zur Informationsspeicherung. Die erforderlichen Spannungen für den Schaltvorgang sind relativ hoch. Auch sind die Zeiten für das Schreiben verhältnismäßig lang, verglichen mit der bisher erreichten Lesezykluszeit von 50 ns und der Zugriffszeit von 24 ns. Der Speicher würde sich deshalb besonders als Festspeicher oder als „read-mostly"-Speicher eignen. Größere Anordnungen sind allerdings noch nicht bekannt geworden, so daß hier keine Aussagen über technische Werte zu machen sind [18, 24].

Supraleitende Anordnungen auf der Basis des Josephson-Effektes sind sowohl für den Aufbau von Speichern als auch von Verknüpfungsschaltungen geeignet. Grundelement sind zwei Supraleiter, getrennt durch eine dünne Isolationsschicht, zwischen denen bei kleinem magnetischem Feld durch Tunneleffekte ein bestimmter Strom fließt. Bei einer Änderung des magnetischen Feldes wird dieser Strom so

beeinflußt, daß ein Spannungssprung von einigen Millivolt entsteht. Der ursprüngliche Zustand und der geänderte Zustand werden jeweils einer Binärgröße zugeordnet. Ein Speicherelement entsteht durch die parallele Anordnung zweier Grundele-
mente in der Art eines Stromschalters, zwischen dessen beiden Stromwegen ein eingeprägter Strom durch ein magnetisches Steuerfeld hin- und hergeschaltet wird.
Dabei benötigt die Umschaltung weniger als 0,1 ns. Hierin liegt die wichtigste Verbesserung gegenüber früheren Cryotronsystemen, bei denen der Zustandswechsel
wesentlich langsamer erfolgte. Labormuster mit einer Kapazität von etwa 30 Mbit
haben bei 3,6 K einen Leistungsverbrauch von 110 mW sowie Schreib- und Lesezei-
ten unter 50 ns [6, 20].

1.1.8.3 Neue Technologien. Im Hinblick auf höhere Verarbeitungsgeschwindigkeit und Parallelverarbeitung scheinen optische Systeme die besten Zukunftsaussichten zu bieten. Die naheliegenden elektrisch-optischen Mischformen erwiesen sich
dabei jedoch als problematisch, da entweder die Wandlung der Energieform zu
langsam erfolgt oder die verfügbaren Laserdioden mit Schaltzeiten unter 10 ns
Tieftemperaturen benötigen. Die Arbeiten konzentrieren sich deshalb hauptsächlich
auf Systeme in ausschließlich optischer Technik. Mit Injektionslasern wurden in
diesem Zusammenhang bereits Verknüpfungsglieder erprobt, deren Operationsgeschwindigkeit mit 10 ps um zwei Zehnerpotenzen unter den gegenwärtigen elektrischen Anordnungen liegt. Schwierigkeiten macht bis jetzt vorwiegend noch die
größere Leistung je Verknüpfungsglied und die Kopplung des bei −200 °C arbeitenden Systems mit der Außenwelt. Brauchbare laserähnliche Anordnungen als Koppelelemente fehlen bis jetzt noch. Rein optische Schaltnetze liegen deshalb noch in
recht weiter Zukunft,.falls sie auf dem derzeitigen technologischen Stand basieren.

Günstiger scheint sich das Gebiet der optischen Speicher zu entwickeln, obwohl
bei den bevorzugt untersuchten holographischen Speichern die Ablenkung des
Laserstrahls und der Aufbau der Detektormatrix noch Schwierigkeiten machen.
Neuere Forschungen in der Holographie sind zu einem großen Teil darauf gerichtet,
Materialien für reversible Änderungen der gespeicherten Bitmuster zu finden.
Hauptsächlich werden dabei photochromatische, ferroelektrische und thermoplasti-
sche Effekte untersucht. Gegenwärtig sind die optischen Systeme weder kompakter
noch billiger als elektrische Anordnungen. Da außerdem der Leistungsverbrauch
noch um einige Größenordnungen höher ist, werden optische Verbindungen und
optische Verknüpfungsglieder die Verdrahtung bzw. die elektrischen Schaltkreise
in den nächsten Jahren vermutlich nicht ersetzen. Für optische Speicher scheinen
dagegen die Chancen, einen Teil des Marktes zu erobern, etwas günstiger zu sein
[1, 14, 21, 25].

1.1.8.4 Ein-Ausgabe. Bis heute dominieren auf diesem Gebiet Lochkarten,
Lochstreifen und Zeilenschnelldrucker und es ist aus Gründen der Tradition und
infolge der Umstellungsschwierigkeiten keine schnelle und tiefgreifende Änderung
zu erwarten. Jedoch zwingt die Menge des produzierten, bedruckten oder gelochten
Papiers zur Suche nach zweckmäßigeren Lösungen. Sie werden wahrscheinlich dadurch charakterisiert sein, daß die Speicherung nicht mehr extern, z.B. auf Papier,
sondern intern in einer Speicherhierarchie großer Kapazität erfolgt. Eine Ausgabe
wird dann in der Regel nur noch immateriell über Sichtgeräte stattfinden, die eine
dreidimensionale und farbige Anzeige gestatten. Besonders für Dokumentations-
zwecke wird vermutlich die Ein-Ausgabe über Mikrofilme bevorzugt. Bereits heute
sind Geräte erhältlich, die 16000 Seiten DIN A 4 auf einer kleinen Filmrolle unterbringen können. Für die Eingabe werden sicherlich verstärkt Klarschriftleser, aber
vielleicht auch menschliche Sprache in Frage kommen, falls sich die bisherigen Schwierigkeiten einer allgemeineren Spracherkennung in absehbarer Zeit lösen lassen
[19, 26, 34].

1.1.8.5 Programmierung. Verschiedene Tendenzen lassen auf diesem Gebiet erwarten, daß in Zukunft vom Hersteller für eine Anlage weder ein bestimmter Satz
von Befehlen noch eine feste Datenstruktur vorgegeben werden. Vermutlich sind
die meisten Steuereinheiten eines zukünftigen Systems auswechselbar, so daß seine
Organisation an spezielle Aufgaben angepaßt werden kann. In der allgemeinen Da-

tenverarbeitung könnte eine Konsequenz dieser Entwicklung sein, daß sich für manche der weniger spezialisierten Zwecke die Befehle und die interne Datendarstellung vereinheitlichen. Das hätte zur Folge, daß solche Programme auf den Anlagen verschiedener Hersteller problemlos gerechnet und beliebig ausgetauscht werden könnten. Allerdings ist eine Entwicklung zu einer einzigen universellen Programmiersprache nach den bisherigen Erfahrungen unwahrscheinlich, denn eine solche Sprache, wollte sie allen Bedürfnissen gerecht werden, würde zu kompliziert und damit zu unhandlich. Hinzu kommt, daß in der Praxis die Umstellung von Programmiersprachen außerordentlich kostspielig ist und deshalb sicher auch in Zukunft die Vielfalt der Programmiersprachen nicht abnehmen wird.

Die Systemprogramme sind in ihrem gegenwärtigen Stand zu umfangreich, zu komplex und zu langsam. Es ist zu erwarten, daß hier Erleichterungen von der Seite der verarbeitenden Schaltungen und der Rechnerorganisation kommen, indem durch Schaltwerke in Large-scale-integration Aufgaben übernommen werden, die jetzt noch Programmen zufallen. Viele Tendenzen in der bisherigen Schaltungsintegration sprechen für eine solche Entwicklung. Sie wird in ihrem Erfolg jedoch sehr stark davon abhängen, ob es gelingt, bessere Einsicht in die Wechselbeziehungen zwischen software, Rechnerstruktur und hardware zu erhalten. Bis jetzt sind die Fortschritte in diesem Bereich allerdings noch gering.

Wahrscheinlich werden auch im Zuge einer bequemeren Programmierbarkeit bestimmte Programmteile vom Rechner selbst speziell generiert werden. Ihre Benutzung wird sich dann eventuell nur auf die Ausführung des betreffenden Programms beschränken. Vielleicht bringt diese Entwicklung auf lange Sicht einmal einen Ersatz der gewohnten Programmiersprachen durch verbale Anweisungen, wie sie etwa in der Umgangssprache üblich sind [4, 5, 7, 9, 11, 16].

1.1.8.6 Rechnerorganisation. Die Fortschritte der Large-scale-integration, insbesondere bei der Herstellung der Halbleiterspeicher, führen im wesentlichen zu zwei neuen Forderungen an den Systementwurf:

1. Die konventionellen, heterogenen Schaltwerke müssen weitestgehend durch einheitliche Steuerschaltungen mit Lesespeichern (*read-only memories*) ersetzt werden.

2. Der Entwurf muß auf ein Minimum von Verbindungsleitungen zwischen den integrierten Schaltwerken abzielen, auch wenn in diesem Falle die Zahl der Schaltkreise nicht minimal sein sollte.

Die Erfüllung der ersten Forderung hat zur Folge, daß diejenigen Teile des Systems reduziert werden, welche die unregelmäßigste Struktur aufweisen. Vergleiche zwischen konventionellen Verknüpfungsschaltungen und funktionsgleichen Mikroprogrammsteuerungen aus Halbleiterspeichern ergeben, daß durchschnittlich 3,2 bit des Speichers auf einen Eingang der Verknüpfungsschaltung entfallen. Jedoch werden Entwurf, Verdrahtung, Test und Fehlerkorrekturen bzw. Änderungen so viel einfacher, daß die zukünftige Entwicklung sicher eindeutig in Richtung der Steuerschaltungen mit Lesespeichern gehen wird. Diese Systeme sind außerdem auf Grund ihrer Struktur besser für das in Zukunft wohl dominierende „Multi-processor-Konzept" geeignet [20, 30, 31].

Hinzu kommt, daß mit Halbleiterspeichern ein hoher Grad an Modularität des Speichers zu erreichen ist. Er gestattet ohne wesentliche Erhöhung der Kosten entweder eine Verteilung des Speichers auf kleine Blöcke oder eine „Page"-Organisation eines Speichers großer Kapazität, der aus einigen hundert gleichartigen Speichermoduln bestehen kann. Die damit verbundenen Vorteile liegen vor allem in der einfachen Wartung und Ersatzteilhaltung sowie in der kurzen Zugriffszeit bei großem Speicherplatz. Systeme dieser Art könnten in den nächsten Jahren Speicherkapazitäten im Megabitbereich bei Zugriffszeiten von 100 bis 200 ns erreichen.

Eine weitere Wirkung der schnellen Halbleiterspeicher auf die Systemorganisation wird der verstärkte Einsatz schneller Pufferspeicher zwischen Verarbeitungseinheit und Kernspeicher sein. Bereits existierende Systeme dieser Art zeigen, daß solche Kombinationen fast mit der Geschwindigkeit des Pufferspeichers arbeiten können, wenn der Datenaustausch zwischen Puffer- und Hintergrundspeicher so geregelt wird, daß die Mehrzahl der Anforderungen den Pufferspeicher betreffen.

Die Gesetzmäßigkeiten dieses Datenaustausches sind allerdings heute noch Gegenstand umfangreicher Untersuchungen [27].

Da Speicher und Verknüpfungsglieder zur gleichen Technologie tendieren, kommen auch immer wieder ältere Vorschläge auf, im Speicher Verarbeitungsprozesse auszuführen. Der bekannteste Vorschlag dieser Art ist der Assoziativspeicher, dessen Adressierung sich bekanntlich an der gespeicherten Information und nicht an der Lage der Zellen im Speicher orientiert. Zweifellos sind mit ihm viele interessante Funktionen auf einfache Weise zu realisieren, es bleibt aber der Nachteil, daß die Kosten mindestens das Doppelte eines konventionellen positionsadressierten Speichers gleicher Technologie betragen. Da sich aber nach bisherigen Erfahrungen nicht ohne weiteres ein allgemeiner Käuferkreis findet, der diesen Preis für eine solche Extrafunktion bezahlt, bleibt sein Einsatz wohl auch in Zukunft auf Spezialfälle beschränkt [17, 24].

Allgemein betrachtet, wird schließlich noch die erhöhte Modularität zukünftiger Systeme — nicht nur im Speicherbereich — zu einer erhöhten Zuverlässigkeit und Verfügbarkeit führen, indem stets mitlaufende Programme zur Fehlerdiagnose bei Ausfall eines Teils automatisch auf die restlichen der mehrfach vorhandenen Module umschalten.

Literatur

[1] *Loebner, E. E.:* Opto — electronic devices and networks. Proc. IRE 43 (1955) 1897—1906. — [2] *Johnson, O. E.:* Physical limitations in frequency and power parameters of transistors. RCA Rev. 26 (1965) 163—167. — [3] *Levy, S. Y., Linhardt, R., Miller, R. J., Sidnam, R. D.:* System utilization of large-scale integration. IEEE Trans. on EC, Vol. EC-16, No. 5, 1967. — [4] *Opler, A.:* Fourth generation software. Datamation, Jan. 1967, 22—24. — [5] The next generation from 50 viewpoints. Datamation, Jan. 1967, 31—34. — [6] *Matisoo, J.:* The tunneling Cryotron — a superconductive logic element based on electron tunnelling. Proc. IEEE 55 (1967) 172—180. — [7] *Hobbs, L. C.:* Elemente der 4.Computer-Generation; Z. f. Datenverarbeitg. 6 (1968) Nr. 1. — [8] *Hodges, D. A.:* Large-capacity semiconductor memory. Proc. IEEE 56 (1968) 1148. — [9] *Walter, C. J., Bohl-Walter, A., Bohl, M. J.:* Fourth generation computer systems. Proc. Spring Joint Comp. Conf. 1968, 423—434. — [10] *Stein, K. U.:* Grenzen der Geschwindigkeit und Kapazität bei Magnetfilmspeichern. Elektron. Rechenanlg. 11 (1969) 65—73. — [11] *Wirth, N.:* Die Computerwissenschaften und die heutige Verwendung der Computer. Universitas 24 (1969) 371—384. — [12] *Kral, W. A.:* Laserstrahlen speichern Bits. Elektronik-Ztg. vom 18.4.1969. — [13] *Keyes, R. W.:* Physical problems and limits in computer logic. IEEE Spectrum 6 (1969) No. 5, S. 36—45. — [14] *Stewart, R. D.:* Optoelectronic memories: Light to read out by. Electronics 42 (1969) No. 5. — [15] *Freiser, M. J., Marcus, P. M.:* A survey of some physical limitations on computer elements. IEEE Trans. on Magnetics 5 (1969) 82. — [16] *Alt, F. L., Rubinoff, M.:* Advances in computers. New York, London: Academic Press 1969. — [17] *Brooks, F. P.:* Mass memory in computer systems. IEEE Trans. on Magnetics MAG-5 (1969) 635. — [18] *Engel, A., Holzinger, O.:* Schalt- und Verstärkerelemente aus Glas. Frequenz 23 (1969) 294—301. — [19] *Kessler, J. N.:* Wanted: Easy-on-the-eye displays. Electronic Design 17 (1969) No. 26, S. 56—63. — [20] Computer Elements Technical Committee Workshop. Litchfield Park, Arizona, January 7—9, 1970. — [21] *Suran, J. J.:* A perspective on integrated electronics. IEEE Spectrum 7 (1970) 67—79. — [22] *Dailey, J. R., Kuntzleman, H. C.:* The impact of technology and organization on future computer systems. Comp. Design 9 (1970) No. 2, S. 49—54. — [23] Honeywell Mini-Wire to challenge core memories. Comp. Design 9 (1970) Febr. No 2. — [24] *Feth, G. C.:* System design and hardware technology. IEEE Comp. Group News 3 (1970) No. 2, S. 24—28. — [25] *Weizman, C.:* Optical technologies for future computer system design. Comp. Design 9 (1970) No. 4, S. 169—175. — [26] Computer Design 9 (1970) No. 4, S. 124, 195 und No. 5, S. 43, 59, 94. — [27] *Bremer, J. W.:* A survey of mainframe semiconductor memories. Comp. Design 9, No. 5, May 1970. — [28] *Hochman, H. T., Hogan, D. L.:* Technological advances in large-scale integration. IEEE Spectrum 7, No. 5, May 1970. — [29] Faster, simpler magnetic memory. Comp. Design 9, No. 5, S. 26 u. 96, May 1970. — [30] *Fleisher, H., Weinberger, A., Winkler, V. D.:* The writeable personalized chip. Comp. Design 9, No. 6, S. 59—66, June 1970. — [31] *Waldecker, D. E.:* Comparison of a microprogrammed and a non-microprogrammed computer. Comp. Design 9, No. 6, S. 73—78, June 1970. — [32] *Hoff, jr., M. E.:* MOS memory and its application. Comp. Design 9, No. 6, S. 83—87, June 1970. — [33] *Kaufmann, H.:* Die Zukunft der Computer-Technologie. Elektron. Rechenanlg. 12 (1970) 138—145. — [34] *Lowenstein, M. J.:* Terminals: The big future in computer market. Electronic Design 18, No. 15, July 1970. — [35] *de Atley, E.:* The big memory battle: Semis take on cores. Electronic Design 18, No. 15, July 1970.

1.2 Normen und Begriffe der Nachrichtenverarbeitung

C. Mohr

1.2.1 Normen

Die „Deutschen Normen" werden vom Deutschen Normenausschuß e. V. (DNA), der seinen Sitz in Berlin hat, unter dem Zeichen DIN veröffentlicht. Die fachliche Arbeit wird von ehrenamtlichen Mitarbeitern in zahlreichen Fachnormenausschüssen geleistet, darunter dem Fachnormenausschuß Informationsverarbeitung (FNI). Die elektrotechnische Normung obliegt der Deutschen Elektrotechnischen Kommission Fachnormenausschuß Elektrotechnik im DNA gemeinsam mit Vorschriftenausschuß des VDE. Gerade auf dem Gebiet der Informationsverarbeitung ist es unerläßlich, die Normen international abzustimmen. Das geschieht in der ISO (International Organization for Standardization) und in der IEC (International Electrotechnical Commission). Hier bestehen u. a. die Technischen Komitees ISO/ TC 97 „Computers and Information Processing" und IEC/TC 66 „Electronic Measuring Equipment".

In zahlreichen deutschen Verbänden werden ebenfalls Gemeinschaftsarbeiten durchgeführt. Die Ergebnisse stellen im allgemeinen Vorstufen der Normung in Form von Richtlinien oder Arbeitsanleitungen dar. Genannt seien hier die Nachrichtentechnische Gesellschaft (NTG) im VDE (Verband Deutscher Elektrotechniker) und der Verein Deutscher Ingenieure (VDI). Auch international sind Gesellschaften in ähnlichem Sinne tätig, z. B. die IFIP (International Federation for Information Processing) und die ECMA (European Computer Manufacturers Association).

Die rund 50 Normen und Normentwürfe der Informationsverarbeitung behandeln Begriffe und Sinnbilder (z. B. DIN 44 300 [1]), Codierung und Programmierung (z. B. DIN 66003, 7-Bit-Code, DIN 66029, Kennsätze und Dateianordnung auf Magnetbändern), maschinelle Zeichenerkennung (z. B. DIN 66007 [17], DIN 66008 [18]), Datenträger (Magnetbänder, -platten, Lochstreifen, Lochkarten), Datenübertragung und numerisch gesteuerte Arbeitsmaschinen [2]. Die meisten dieser Arbeiten beruhen auf internationalen Empfehlungen der ISO [3].

Für die Begriffe auf dem benachbarten Gebiet der Regelungs- und Steuerungstechnik liegt die Norm DIN 19226 [4] des Fachnormenausschusses Messen, Steuern, Regeln (FMSR) vor. Begriffe der Modulationstechnik sind in der von der NTG erarbeiteten Vornorm DIN 45021 niedergelegt. Die Formelzeichen der elektrischen Nachrichtentechnik sind in DIN 1344 genormt. Auf das umfangreiche elektrotechnische Normenwerk des FNE und Vorschriftenwerk des VDE kann hier nur mit einigen wenigen Hinweisen eingegangen werden [5]. In der Norm DIN 40700 über Schaltzeichen enthält Blatt 14 die der digitalen Informationsverarbeitung (s. Abb. 1.2-3), Blatt 18 die der Analogrechentechnik. In der Reihe DIN 41740 bis 41882 sind die Normen über Halbleiterbauelemente zu finden. Die VDE-Vorschriften für Fernmeldeanlagen sind in der Gruppe 8 niedergelegt, z. B. VDE 0800/5.70 Bestimmungen für Errichtung und Betrieb von Fernmeldeanlagen einschließlich Informationsverarbeitungsanlagen.

An Richtlinien für numerisch gesteuerte Werkzeugmaschinen arbeitet der VDI in seiner Fachgruppe Betriebstechnik (z. B. VDI 3254, 3255, 3421). Die Fachgruppen Meßtechnik und Regelungstechnik haben gemeinsam mit dem VDE Arbeiten an Richtlinien für Prozeßrechner aufgenommen[1].

Ein wichtiges Normenwerk auf dem Gebiet der Informationsverarbeitung besitzen die USA (ANSI, American National Standards Institute; EIA, Electronic Industries Association, und andere Verbände). Bei der Erwähnung ausländischer

---

[1] Alle DIN-Normen und VDI-Richtlinien sind beim Beuth-Vertrieb GmbH, 1 Berlin 30, Burggrafenstraße 4 — 7, erhätlich. Die VDE-Vorschriften werden vom VDE-Verlag, 1 Berlin 12, Bismarckstraße 33, ausgeliefert.

Normungsarbeiten[2] sind auch Frankreich (AFNOR, Association Française de Normalisation) und Großbritannien (BSI, British Standards Institution) hervorzuheben. Um die Vereinheitlichung in diesem Felde auf europäischer Ebene bemüht sich tatkräftig die bereits erwähnte ECMA.

1.2.2 Begriffe

Dieser Abschnitt enthält Fachausdrücke und Definitionen aus der Informationsverarbeitung. Da das Vokabular dieser Fachsprache so umfangreich ist, daß es ein eigenes Lexikon füllt, konnte hier nur eine kleine Auswahl gegeben werden. Die Auswahl berücksichtigt vornehmlich digitale Rechenanlagen. Die Definitionen wurden so weit als möglich Quellen entnommen, die auf Gemeinschaftsarbeiten beruhen, insbesondere DIN-Normen[3].

Die Begriffe sind alphabetisch geordnet, jedoch sind Unterbegriffe zumeist ihrem Oberbegriff zugeordnet. Die englischsprachigen Fachausdrücke sind, soweit Entsprechungen vorhanden, in Klammern hinzugesetzt. Untergeordnete Begriffe (siehe z.B. bei **Ausgabe**) und solche Begriffe, die an anderer Stelle der Liste erklärt werden, sind durch *Kursivdruck* gekennzeichnet. Weitere Begriffserklärungen können mit Hilfe des Stichwortverzeichnisses in den anderen Abschnitten dieses Taschenbuches gefunden werden.

Abrufbetrieb siehe unter *Betriebsarten.*

Adresse (address). [1] Ein bestimmtes *Wort* zur Kennzeichnung eines Speicherplatzes, eines zusammenhängenden Speicherbereiches oder einer *Funktionseinheit.*

Anmerkung [1]: Der Zusammenhang muß nicht durch den technischen Aufbau der dem *Speicher* entsprechenden *Baueinheit(en)* gegeben sein, sondern kann durch irgendwelche, auch wechselnde Vorschriften definiert sein.

Maschinenadresse (machine address). [1] Eine *Adresse* zur Kennzeichnung einer *Speicherzelle.*

Akkumulator (accumulator). [1] In einem *Rechenwerk* ein *Speicherelement,* das für Rechenoperationen benutzt wird, wobei es ursprünglich einen Operanden und nach durchgeführter Operation das Ergebnis enthält.

Anmerkung [1]: Insbesondere dient ein Akkumulator zum Bilden von Zwischensummen.

ALGOL (ALGOL). [6] ALGOL (aus **algorithmic language**) ist eine Formelsprache zur Darstellung von Rechenvorschriften (Algorithmen) und dient vorwiegend der Abfassung von *Programmen* zur Lösung numerisch-mathematischer, naturwissenschaftlicher und technischer Probleme auf *digitalen Rechenanlagen.*

Alphabet (alphabet). [1] Ein (in vereinbarter Reihenfolge) geordneter *Zeichenvorrat.*

Anmerkung [1]: Die Begriffsbestimmung enthält als Sonderfall das gewöhnliche, aus Buchstaben bestehende Alphabet.

Analogrechner (analog computer). [7] Eine *Rechenanlage* mit hauptsächlich analoger Darstellung. Analoge Darstellung heißt die Darstellung des Wertes einer Variablen oder einer Zahl durch eine physikalische Größe (wie Winkelstellung oder Spannung), deren Wert direkt proportional zur Variablen oder einer geeigneten Funktion der Variablen gemacht wird.

Anforderungsbetrieb siehe unter *Betriebsarten.*

Antivalenz (non-equivalence). Nach [1] eine *boolesche Verknüpfung,* siehe Abb. 1.2-1.

Anweisung (statement). [1] Eine in einer beliebigen Sprache abgefaßte Arbeitsvorschrift, die im gegebenen Zusammenahng wie auch im Sinne der benutzten Sprache abgeschlossen ist. Eine Anweisung heißt „bedingte Anweisung", wenn sie eine Vorschrift zur Prüfung einer Bedingung enthält.

---

[2] Ausländische Normen beschafft auf Wunsch die Auslandsabteilung des DNA, 1 Berlin 30, Burggrafenstr. 4—7.

[3] Mit freundlicher Genehmigung des Deutschen Normenausschusses (DNA).

Anmerkungen [1]: Anweisungen können nach Art der Arbeitsvorschriften klassifiziert werden. Wichtige Klassen sind: Arithmetische Anweisung, *boolesche* Anweisung, Verzweigungsanweisung, Sprunganweisung, Transportanweisung. Eine Anweisung kann Teile enthalten, die wiederum Anweisungen oder *Vereinbarungen* sind. Siehe aber *Befehl*.

Benennung der Verknüpfung	Definition durch Funktionswert $y = f(a, b)$				Schreibweise nach DIN 66 000	Schreibweise mit den Zeichen $\wedge \vee \,^-$	Bemerkungen
	für $a =$　O　L　O　L 　　$b =$　O　O　L　L						
UND-Verknüpfung, Konjunktion *AND operation*	O	O	O	L	$a \wedge b$	$a \wedge b$	
ODER-Verknüpfung, Disjunktion *OR operation*	O	L	L	L	$a \vee b$	$a \vee b$	Auch als „inklusives Oder" bekannt
NAND-Verknüpfung *NAND operation*	L	L	L	O	$a \overline{\wedge} b$	$\overline{a \wedge b}$	Auch als „Sheffer-Funktion" bekannt
NOR-Verknüpfung *NOR operation*	L	O	O	O	$a \overline{\vee} b$	$\overline{a \vee b}$	Auch als „Peirce-Funktion" bekannt
Inhibition *exclusion*	O　O	O　L	L　O	O　O	—	$\bar{a} \wedge b$ $a \wedge \bar{b}$	
Implikation *inclusion*	L　L	O　L	L　O	L　L	$a \supset b$ $b \supset a$	$\bar{a} \vee b$ $a \vee \bar{b}$	
Äquivalenz *equivalence*	L	O	O	L	$a \equiv b$	$(a \wedge b) \vee (\bar{a} \wedge \bar{b})$	
Antivalenz *non-equivalence*	O	L	L	O	$a \nmid\mid b$	$(a \wedge \bar{b}) \vee (\bar{a} \wedge b)$	Auch als „exklusives Oder" bekannt

Abb.1.2-1. Zweistellige boolesche Verknüpfungen (Auszug aus DIN 44300, Ausgabe März 1972; wiedergegeben mit Genehmigung des Deutschen Normenausschusses).

APT (APT) [8]. Eine der universellen *Programmiersprachen* zur numerischen Steuerung von Werkzeugmaschinen. Abkürzung von „Automatically Programmed Tool".

Äquivalenz (equivalence). Nach [1] eine *boolesche Verknüpfung*, siehe Abb.1.2-1.

Assemblierer (assembler) [1]. Ein *Übersetzer*, der in einer *maschinenorientierten Programmiersprache* abgefaßte Quellanweisungen in Zielanweisungen der zugehörigen Maschinensprache umwandelt („assembliert").

Ausgabe (output). [7] Der Vorgang der Übertragung von *Daten* aus einem internen *Speicher* zu einem externen Speicher oder Peripheriegerät.

Ausgabeeinheit (output unit). [1] Eine *Funktionseinheit* innerhalb eines *digitalen Rechensystems*, mit der das System *Daten*, z.B. Rechenergebnisse, nach außen hin abgibt.

Ausgabegerät (output device). [1] In einer *Ausgabeeinheit* eine *Baueinheit*, durch die *Daten* aus einer *Rechenanlage* ausgegeben werden können.

Ausgabewerk [1]. Eine *Funktionseinheit* innerhalb eines *digitalen Rechensystems*, die das Übertragen von *Daten* von der *Zentraleinheit* in *Ausgabeeinheiten* oder *periphere Speicher* steuert und dabei die Daten gegebenenfalls modifiziert.

Baueinheit (physical unit). [1] Ein nach Aufbau oder Zusammensetzung abgrenzbares materielles Gebilde.

Anmerkungen [1]: Ein *System* von Baueinheiten kann in einem gegebenen Zusammenhang wieder als eine Baueinheit aufgefaßt werden. Der Baueinheit können eine oder mehrere *Funktionseinheiten* entsprechen. Empfohlen wird, bei Benennung bestimmter Baueinheiten in Zusammensetzung vorzugsweise zu gebrauchen (in absteigender Rangfolge): -anlage, -gerät, -teil.

Bedienungsfeld (operator control panel). [1] In einer *Rechenanlage* eine *Baueinheit*, die es dem Bedienungspersonal erlaubt, den Betrieb zu überwachen und zu beeinflussen.

Anmerkungen [1]: Beispiele für solche Eingriffe sind Ureingabe von Programmen, Überwachung von Alarmeinrichtungen, Ein-, Aus- und Umschalten der Rechenanlage oder ihrer Teile. Für das technische Personal gibt es gelegentlich ein eigenes „Wartungsfeld".

Befehl (instruction). [1] Eine *Anweisung*, die sich in der benutzten Sprache nicht mehr in Teile zerlegen läßt, die selbst Anweisungen sind.

Befehlsregister (instruction register). [1] In einem *Leitwerk* ein *Speicherelement*, aus dem der gerade auszuführende *Befehl* gewonnen wird.

Anmerkung [1]: Die verschiedenen Teile eines *Befehlswortes* (z.B. Operationsteil, Operandenteil) werden oft auch getrennt gespeichert.

Befehlswort (instruction word). [1] Ein Wort, das von einer *digitalen Rechenanlage* als ein *Befehl* interpretiert wird.

Anmerkung [1]: Ein Befehlswort kann mehr als ein *Maschinenwort* umfassen, oder es können mehrere Befehlswörter in einem Maschinenwort enthalten sein.

Benutzerstation (user terminal). [1] Eine *Funktionseinheit* innerhalb eines *Rechensystems*, mit deren Hilfe einem Benutzer direkter Informationsaustausch mit dem Rechensystem möglich ist.

Anmerkung [1]: Benutzerstationen werden oft über größere Entfernungen (Platzbuchunsganlagen, Bankbetrieb) mit dem zugehörigen Rechensystem verbunden. In diesen Fällen kann die Benutzerstation eine *Datenstation* sein.

Betriebsarten (operation modes):

Abrufbetrieb. [1] Ein Betrieb eines *Rechensystems*, bei dem eine *Zentraleinheit* nach einer festgelegten Vorschrift von *Benutzerstationen Daten* abruft.

Anforderungsbetrieb. [1] Ein Betrieb eines *Rechensystems*, bei dem eine *Zentraleinheit* von einer *Benutzerstation* zur Übernahme angebotener *Daten* veranlaßt wird.

Dialogbetrieb (conversational mode). [1] Ein Betrieb eines *Rechensystems*, bei dem zur Abwicklung einer Aufgabe Wechsel zwischen dem Stellen von Teilaufgaben und den Antworten darauf stattfinden können.

Mehrprogrammbetrieb (multiprogramming mode). [1] Ein Betrieb eines *Rechensystems*, bei dem das *Betriebssystem* für den *Multiplexbetrieb* der *Zentraleinheit*(en) sorgt.

Multiplexbetrieb. [1] Eine *Funktionseinheit* bearbeitet mehrere Aufgaben, abwechselnd in Zeitabschnitten verzahnt.

Anmerkungen [1]: Die Bearbeitung begonnener Aufgaben wird zugunsten anderer, auch neu zu beginnender, Aufgaben unterbrochen. Die Zeitabschnitte können von unterschiedlicher Länge sein.

Parallelbetrieb (parallel mode). [1] Mehrere *Funktionseinheiten* eines *Rechensystems* arbeiten gleichzeitig an mehreren (unabhängigen) Aufgaben oder an Teilaufgaben derselben Aufgabe.

Anmerkung [1]: Die einzelne Funktionseinheit arbeitet dabei entweder im *Multiplexbetrieb* oder im *seriellen Betrieb*.

Realzeitbetrieb (real time processing). [1] Ein Betrieb eines *Rechensystems*, bei dem *Programme* zur Verarbeitung anfallender *Daten* betriebsbereit sind derart, daß die Verarbeitungsergebnisse innerhalb einer vorgegebenen Zeitspanne verfügbar sind. Die Daten können je nach Anwendungsfall nach einer zeitlich zufälligen Verteilung oder zu vorbestimmten Zeitpunkten anfallen.

serieller Betrieb (serial mode). [1] Eine *Funktionseinheit* bearbeitet mehrere Aufgaben, eine nach der anderen.

Stapelbetrieb (batch processing). [1] Ein Betrieb eines *Rechensystems*, bei dem eine Aufgabe aus einer Menge von Aufgaben vollständig gestellt sein muß, bevor mit ihrer Abwicklung begonnen werden kann.

Betriebssystem (operating system). [1] Die *Programme* eines *digitalen Rechensystems*, die zusammen mit den Eigenschaften der *Rechenanlage* die Grundlage der möglichen *Betriebsarten* des digitalen Rechensystems bilden und insbesondere die Abwicklung von Programmen steuern und überwachen.

binär (binary). [1] Genau zweier Werte fähig; die Eigenschaft bezeichnend, eines von zwei *Binärzeichen* als Wert anzunehmen.

Anmerkungen [1]: Der Ausdruck „logisch" an Stelle von „binär" ist als mißverständlich zu vermeiden. „binär" ist nicht gleichbedeutend mit „dual", siehe
Dualziffer.

Binärsignal siehe unter *Signal.*

Binärzeichen siehe unter *Zeichen.*

bistabiles Kippglied (-schaltung) siehe *Flipflop.*

Bit (bit).

1. [1] Kurzform für *Binärzeichen*; auch für *Dualziffer*, wenn es auf den Unterschied nicht ankommt (das Bit, die Bits).

2. [1] Sondereinheit für die Anzahl der Binärentscheidungen (Kurzzeichen bit).

Anmerkung [1]: Alle logarithmisch definierten Größen der Informationstheorie,
wie *Entscheidungsgehalt, Informationsgehalt, Redundanz* usw., erhält man in bit,
wenn der Logarithmus zur Basis Zwei genommen wird (1 bit, 2 bit, ...).

Prüfbit (parity bit). [9] Ein einer Folge von *Binärzeichen* zugeordnetes *Bit*, das
zum Erkennen von (Übertragungs-)Fehlern dient. Es ist je nach Vorschrift so hin-
zugefügt, daß die Modulo-2-Summe aller in der Zeichenfolge betrachteten Bits
(einschließlich des Prüfbits) entweder „0" oder „1" ist.

boolesch (Boolean). [1] *Binär*, überdies darauf hinweisend, daß über den binären
Schaltvariablen Schaltfunktionen der Booleschen Algebra ausgeführt werden.

Anmerkungen [1]: In diesem Zusammenhang heißt es also „boolesche Schaltvariable" und „boolesche *Verknüpfungen*", siehe Abb. 1.2-1. Der Ausdruck „logisch"
an Stelle von „boolesch" ist als mißverständlich zu vermeiden.

CMC 7. [17] CMC 7 (aus caractère magnétique code à 7 bâtonnets) ist der Name
einer Schrift für die maschinelle magnetische Zeichenerkennung.

COBOL (COBOL). [19] Eine *Programmiersprache*, die hauptsächlich für betriebs-
wirtschaftliche Anwendungen gedacht ist. Abkürzung von „Common Business
Oriented Language".

Code (code). [1] Eine Vorschrift für die eindeutige Zuordnung („Codierung")
der *Zeichen* eines Zeichenvorrats zu denjenigen eines anderen Zeichenvorrats (Bildmenge).

Anmerkungen [1]: Die Zuordnung braucht nicht umkehrbar eindeutig zu sein. —
Auch wenn mit Code oftmals nur der als Bildmenge auftretende Zeichenvorrat
bezeichnet wird, ist die Auffassung „Ergebnis einer Zuordnung Zeichenvorrat A zu
Zeichenvorrat B nach Vorschrift" unterlegt. Die Zeichen der Bildmenge können
selbst *Wörter* aus Elementen eines anderen Zeichenvorrats sein.

Schreibweise [11]: der Code, Genitiv: des Code, Plural: die Codes. Die Schreibweise Kode, Kodierung wird *nicht* empfohlen.

Binärcode (binary code). [1] Ein *Code*, bei dem jedes *Zeichen* der Bildmenge ein
Wort aus *Binärzeichen* ist („Binärwort"). Sofern jedes Wort aus *n* Binärzeichen besteht, heißt es auch „n-Bit-Zeichen".

Binärcode für Dezimalziffern (binary coded decimal (BCD) code). [1] Eine Vorschrift für die Zuordnung von Dezimalziffern zu *Binärwörtern*.

Computer siehe *Rechenanlage.*

Dateldienste. [10] Aus dem Begriff „Data Telecommunication Service" abgeleiteter Sammelbegriff für alle Dienste zur Übermittlung von *Daten* auf Fernmelde-
leitungen.

Daten (data). [1] *Zeichen* oder kontinuierliche Funktionen, die zum Zweck der
Verarbeitung *Information* auf Grund bekannter oder unterstellter Abmachungen
darstellen.

Anmerkung: Vgl. *Nachricht.*

analoge Daten (analog data). [1] *Daten*, die nur aus kontinuierlichen Funktionen
bestehen.

digitale Daten (digital data, discrete data). [1] *Daten*, die nur aus *Zeichen* bestehen.

Datenfluß (data flow). [1] Die Folge zusammengehöriger Vorgänge an *Daten*
und *Datenträgern*. — Ein „Datenflußplan" (data flowchart) ist die Darstellung des

Datenflusses, die im wesentlichen aus Sinnbildern mit zugehörigem Text und orientierten Verbindungslinien besteht.

Anmerkung 1 [1]: Sinnbilder für Datenflußpläne siehe Abb.1.2-2.

Anmerkung 2: Unterscheide *Programmablauf(plan)*.

Datennetz (data network). [9] Die Gesamtheit der Einrichtungen, mit denen *Datenverbindungen* zwischen Datenendeinrichtungen hergestellt werden.

Anmerkung [9]: Die Datenverbindungen können über Vermittlungsstellen geführt sein, in denen die Datensignale entweder direkt oder über Zwischenspeicher weitergeleitet werden.

Datenstation (terminal station). [9] Einrichtung, die aus Datenendeinrichtung und aus *Datenübertragungseinrichtung* besteht.

Anmerkung 1 [9]: In Sonderfällen besteht die Datenstation aus einer Datenendeinrichtung und einer Anschalteinheit.

Anmerkung 2: Vgl. *Benutzerstation*.

Datenträger (data medium). [1] Ein Mittel, auf dem *Daten* aufbewahrt werden können.

Anmerkung [1]: Beispiele sind Lochkarten, Magnetbänder, Papier für Druckausgabe.

Datenübertragungseinrichtung, DÜ-Einrichtung (data communication equipment). [9] Eine Einrichtung, die aus folgenden Einheiten bestehen kann: Signalumsetzer, Anschalteinheit und gegebenenfalls Fehlerschutzeinheit, Synchronisiereinheit. Jede dieser Einheiten kann bestehen aus: Sendeteil, Empfangsteil und Schaltteil.

Datenverarbeitungsanlage siehe *Rechenanlage*.

Datenverarbeitungssystem siehe *Rechensystem*.

Datenverbindung (data connection). [9] Die Gesamtheit von *Datenübertragungseinrichtungen* und Übertragungsleitung, die in einer bestimmten Betriebsart die Übertragung von Datensignalen ermöglicht.

Anmerkung [9]: Betriebsarten an der *Schnittstelle* sind: Sende- oder Empfangsbetrieb, Wechselbetrieb, Gegenbetrieb.

Datexdienst. [10] Aus dem Begriff „**Data Ex**change Service" abgeleitete Bezeichnung für Dienst zur Übermittlung von *Daten* in einem besonderen öffentlichen (Wähl-)Netz.

DDC siehe unter *Rechnerregelung*.

Dialogbetrieb siehe unter *Betriebsarten*.

digital (digital), siehe dazu *Daten, Rechenanlage, -system, Signal*.

Disjunktion siehe *ODER-Verknüpfung*.

Dualziffer (binary digit). [1] Ein *Zeichen* aus einem Zeichenvorrat von 2 Zeichen, denen als Zahlenwerte die ganzen Zahlen 0 und 1 umkehrbar eindeutig zugeordnet sind.

EA-Werk. [1] Eine *Funktionseinheit*, welche die Funktionen von *Eingabewerk* und *Ausgabewerk* in sich vereinigt. — Ein *Prozessor*, der als EA-Werk dient, kann „EA-Prozessor" genannt werden.

Eingabe (input). [7] Der Vorgang, *Daten* aus einem externen *Speicher* oder Peripheriegerät zu einem internen Speicher zu übertragen.

Eingabeeinheit (input unit). [1] Eine *Funktionseinheit* innerhalb eines *digitalen Rechensystems*, mit der das System *Daten* von außen her aufnimmt.

Eingabegerät (input device). [1] In einer *Eingabeeinheit* eine *Baueinheit*, durch die *Daten* in eine *Rechenanlage* eingegeben werden können.

Eingabewerk. [1] Eine *Funktionseinheit* innerhalb eines *digitalen Rechensystems*, die das Übertragen von *Daten* von *Eingabeeinheiten* oder *peripheren Speichern* in die *Zentraleinheit* steuert und dabei die Daten gegebenenfalls modifiziert.

Emulator (emulator). [1] Eine *Funktionseinheit*, realisiert durch *Programmbausteine* und *Baueinheiten*, die Eigenschaften einer *Rechenanlage* A auf einer Rechenanlage B derart nachbildet, daß *Programme* für A auf B laufen („emuliert" werden) können, wobei die *Daten* für A von B akzeptiert werden und die gleichen Ergebnisse wie auf A erzielt werden.

Anmerkung [1]: Bei Aufwärtskompatibilität braucht ein Emulator nicht notwendig zu *interpretieren*.

Entropie und **Entscheidungsgehalt** siehe unter *Informationsgehalt*.

exklusives Oder, ausschließendes Oder (exclusive or) siehe *Antivalenz*.

Flipflop (flipflop). [1] Ein *Speicherglied* mit zwei stabilen Zuständen, das aus jedem der beiden Zustände durch eine geeignete Ansteuerung in den anderen Zustand übergeht (bistabiles Kippglied).

Sprechweise [11]: das Flipflop, Genitiv: des Flipflop, Plural: die Flipflops.

Flußdiagramm siehe *Datenflußplan* und *Programmablaufplan*.

FORTRAN (FORTRAN). [12] FORTRAN (aus **for**mula **tran**slation) ist eine *Programmiersprache*, die der mathematischen Formelsprache ähnelt und die vorwiegend dem Abfassen von *Programmen* zur Lösung numerischer Probleme auf *digitalen Rechenanlagen* dient.

Funktionseinheit (functional unit). [1] Ein nach Aufgabe oder Wirkung abgrenzbares Gebilde.

Anmerkungen [1]: Ein *System* von Funktionseinheiten kann in einem gegebenen Zusammenhang wieder als eine Funktionseinheit aufgefaßt werden. Der Funktionseinheit können eine oder mehrere *Baueinheiten* und/oder *Programmbausteine* entsprechen. Empfohlen wird, bei Benennung bestimmter Funktionseinheiten in Zusammensetzungen vorzugsweise zu gebrauchen (in absteigender Rangfolge): -system, -werk, -glied, -element.

Gatter siehe *Verknüpfungsglied*.

Generator (generator). [1] Ein *Programm*, das in einer bestimmten *Programmiersprache* abgefaßte Programme oder Folgen von *Anweisungen* oder andere *Daten* erzeugt („generiert").

Glied. [4] Regelungen und Steuerungen lassen sich längs des Wirkungsweges in Glieder aufteilen. Bei der gerätetechnischen Betrachtung spricht man von „Baugliedern", bei der wirkungsmäßigen Betrachtung von „Übertragungsgliedern".

Speicherglied. [1] Ein Bestandteil eines *Schaltwerks*, der *Schaltvariable* aufnimmt, aufbewahrt und abgibt.

Anmerkung [1]: Die Abgabe kann je nach dem technischen Aufbau ständig oder zu bestimmten Zeitpunkten oder auf Anforderung hin erfolgen.

Verknüpfungsglied (switching element, gate). [1] Ein Bestandteil eines *Schaltwerks*, der eine Verknüpfung (siehe unter *Schaltfunktion*) von *Schaltvariablen* bewirkt. Spezielle Verknüpfungsglieder sind: „NICHT-Glied" (NOT element), „UND-Glied" (AND element), „ODER-Glied" (OR element), „NAND-Glied" (NAND element), „NOR-Glied" (NOR element).

Anmerkung 1 [1]: Der Ausdruck „Gatter" ist als mißverständlich zu vermeiden.

Anmerkung 2: Schaltzeichen für Verknüpfungsglieder siehe Abb. 1.2-3.

Implikation (inclusion). Nach [1] eine *boolesche Verknüpfung*, siehe Abb. 1.2-1.

Indexregister (index register). [1] Ein *Speicherelement*, das vorwiegend zum Modifizieren von *Adressen*, zum Durchführen von Zähloperationen an Adressen und zum Einleiten einer Verzweigung dient.

Information (information) wird nach [1] im Sinne der Umgangssprache als Kenntnis über Sachverhalte und Vorgänge benutzt.

Informationsgehalt (information content). [13] Der Informationsgehalt I_i eines Ereignisses x_i (z. B. das Auftreten eines *Zeichens* x_i) ist der Logarithmus des Kehrwertes der Wahrscheinlichkeit $p(x_i)$ für sein Eintreten, also $I_i = \log 1/p(x_i)$.

mittlerer Informationsgehalt, Entropie (average information content, entropy). [13] Der mittlere Informationsgehalt H — auch Entropie genannt — einer Menge von n Ereignissen $x_1 \cdots x_n$ mit den Wahrscheinlichkeiten $p(x_i)$ ist der Erwartungswert (Mittelwert) des *Informationsgehaltes* der einzelnen Ereignisse

$$H = \sum_{i=1}^{n} p(x_i)\, I_i = \sum_{i=1}^{n} p(x_i) \log \frac{1}{p(x_i)}\,.$$

Entscheidungsgehalt (decision content). [13] Der Entscheidungsgehalt H_0 einer Menge von n einander ausschließenden Ereignissen (z.B. eines Zeichenvorrats von n *Zeichen*) ist gegeben durch $H_0 = \log n$.

Redundanz (redundancy). [13] Die Differenz von *Entscheidungsgehalt* und *Entropie*, $R = H_0 - H$. Die auf den Entscheidungsgehalt bezogene Redundanz heißt „relative Redundanz" (relative redundancy), $r = R/H_0 = (H_0 - H)/H_0$.

Inhibition (exclusion). Nach [1] eine *boolesche Verknüpfung*, siehe Abb. 1.2-1.

inklusives Oder (inclusive or) siehe *ODER-Verknüpfung*.

Interpretierer (interpreter). [1] Ein *Programm*, das es ermöglicht, auf einer bestimmten *digitalen Rechenanlage Anweisungen*, die in einer von der *Maschinensprache* dieser Anlage verschiedenen Sprache abgefaßt sind, ausführen („interpretieren") zu lassen.

Kompilierer (compiler). [1] Ein *Übersetzer*, der in einer *problemorientierten Programmiersprache* abgefaßte Quellanweisungen in Zielanweisungen einer *maschinenorientierten Programmiersprache* umwandelt („kompiliert").

Konjunktion siehe *UND-Verknüpfung*.

Leitwerk (control unit). [1] Eine *Funktionseinheit* innerhalb eines *digitalen Rechensystems*, die a) die Reihenfolge steuert, in der die *Befehle* eines *Programms* ausgeführt werden, b) diese Befehle entschlüsselt und dabei gegebenenfalls modifiziert und c) die für ihre Ausführung erforderlichen *digitalen Signale* abgibt.

Anmerkung [1]: Die Befehle können in einem gesonderten Befehlsrechenwerk oder Adressenrechenwerk oder auch im allgemeinen *Rechenwerk* modifiziert werden.

Maschinenadresse siehe unter *Adresse*.

Maschinensprache siehe unter *Programmiersprache*.

Maschinenwort siehe unter *Speicher, wortorganisierter*.

Mehrprogrammbetrieb siehe unter *Betriebsarten*.

Mehrprozessorsystem und **Mehrrechnersystem** siehe unter *Rechensystem*.

Multiplexbetrieb siehe unter Betriebsarten.

Multiplexer (multiplexer). [1] Eine *Funktionseinheit*, die *Nachrichten* von Nachrichtenkanälen ein er Anzahl an Nachrichtenkanäle an der er Anzahl übergibt.

Anmerkung [1]: Zum Beispiel kann von vielen Nachrichtenkanälen mit geringem Informationsfluß an einen mit hohem Informationsfluß zeitlich geschachtelt übergeben werden.

Nachricht (message). [1] *Zeichen* oder kontinuierliche Funktionen, die zum Zweck der Weitergabe *Information* auf Grund bekannter oder unterstellter Abmachungen darstellen.

Anmerkung 1: Vgl. *Daten*.

Anmerkung 2 [13]: Die Informationstheorie faßt die Nachricht auf als eine Folge von nicht determinierten Ereignissen (im Sinne der Wahrscheinlichkeitsrechnung).

NAND-Verknüpfung (NAND operation). Nach [1] eine *boolesche Verknüpfung*, siehe Abb. 1.2-1.

Anmerkung: Siehe auch *Verknüpfungsglied*.

Negation (negation). Nach [1] eine *boolesche Verknüpfung*, definiert durch den Wert $y = \begin{vmatrix} L & O \end{vmatrix}$ der Funktion $Y = f(a)$ für $a = \begin{vmatrix} O & L \end{vmatrix}$.

Mathematisches Zeichen [14]: $\neg$ oder $\overline{}$

Anmerkung: Siehe auch *Verknüpfungsglied*.

NOR-Verknüpfung (NOR operation). Nach [1] eine *boolesche Verknüpfung*, siehe Abb. 1.2-1.

Anmerkung: Siehe auch *Verknüpfungsglied*.

NRZ-Schreibverfahren siehe *Wechselschrift*.

OCR-A [18]. OCR-A (aus optical character recognition font **A**) ist die englische Abkürzung für: Schrift A für die maschinelle optische Zeichenerkennung.

ODER-Verknüpfung, Disjunktion (OR operation). Nach [1] eine *boolesche Verknüpfung*, siehe Abb. 1.2-1.

Anmerkung: Siehe auch *Verknüpfungsglied*.

Parallelbetrieb siehe unter *Betriebsarten*.

periphere Einheit (peripheral unit). [1] Eine *Funktionseinheit* innerhalb eines *digitalen Rechensystems*, die nicht zur *Zentraleinheit* gehört.

Programm (program). [1] Eine zur Lösung einer Aufgabe vollständige *Anweisung* zusammen mit allen erforderlichen *Vereinbarungen*.

Programmablauf (program flow). [1] Die zeitlichen Beziehungen zwischen den Teilvorgängen, aus denen sich die folgerichtige Ausführung eines *Programms* zusammensetzt. — Ein „Programmablaufplan" (program flowchart) ist die Darstellung der Gesamtheit aller beim Programmablauf möglichen Wege.

Anmerkung 1 [1]: Sinnbilder für Programmablaufpläne siehe Abb. 1.2-2.

Anmerkung 2: Unterscheide *Datenfluß(plan)*.

Programmbaustein (program unit). [1] Ein nach Aufbau oder Zusammensetzung abgrenzbares programmtechnisches Gebilde.

Anmerkung [1]: Ein *System* von Programmbausteinen kann in einem gegebenen Zusammenhang wieder als ein Programmbaustein aufgefaßt werden. Dem Programmbaustein können eine oder mehrere *Funktionseinheiten* entsprechen.

Maschinenprogramm (machine program). [1] Ein in *Maschinensprache* abgefaßtes *Programm*.

Unterprogramm (subroutine) siehe unter *Prozedur*.

Programmiersprache (programming language). [1] Eine zum Abfassen von *Programmen* geschaffene Sprache.

maschinenorientierte Programmiersprache (computer oriented language). [1] Eine *Programmiersprache*, deren *Anweisungen* die gleiche oder eine ähnliche Struktur wie die *Befehle* einer bestimmten *digitalen Rechenanlage* haben.

Maschinensprache (machine language, computer language). [1] Eine *maschinenorientierte Programmiersprache*, die zum Abfassen von Arbeitsvorschriften nur *Befehle* zuläßt, und zwar solche, die *Befehlswörter* einer bestimmten *digitalen Rechenanlage* sind.

problemorientierte Programmiersprache (problem oriented language). [1] Eine *Programmiersprache*, die dazu dient, *Programme* aus einem bestimmten Anwendungsbereich unabhängig von einer bestimmten *digitalen Rechenanlage* abzufassen und die diesem Anwendungsbereich besonders angemessen ist.

Anmerkungen [1]: Solche Sprachen sind z.B. *ALGOL, COBOL, FORTRAN, EXAPT.* — Benennungen wie anwendungsorientiert, benutzungsorientiert, verfahrensorientiert im Sinne von problemorientiert sind aus Gründen der Einheitlichkeit zu vermeiden.

Programmiersystem (programming system). [1] Eine oder mehrere *Programmiersprachen* und alle *Programme*, die dazu dienen, in diesen Programmiersprachen abgefaßte Programme für eine bestimmte *digitale Rechenanlage* ausführbar zu machen.

Prozedur (procedure). [1] Ein *Programmbaustein*, der aus einer zur Lösung einer Aufgabe vollständigen *Anweisung* besteht, aber nicht notwendig alle *Vereinbarungen* über Namen für Argumente und Ergebnisse enthält. Die Argumente und Ergebnisse, über deren Namen in der Prozedur nichts vereinbart worden ist, heißen „Prozedur-Parameter".

Anmerkungen [1]: Eine Prozedur kann innerhalb des Gültigkeitsbereiches der Prozedurvereinbarung an beliebiger Stelle und beliebig oft durch Prozeduranweisungen aufgerufen werden. — In einigen, insbesondere *maschinenorientierten Programmiersprachen* werden Prozeduren auch „Unterprogramme" genannt.

Prozeß (process). [15] Umformung und/oder Transport von Materie, Energie und/oder *Information*.

Anmerkung [15]: Prozesse können deterministisch oder stochastisch ablaufen.

technischer Prozeß (technical process). [15] Ein *Prozeß*, dessen Zustandsgrößen mit technischen Mitteln gemessen, gesteuert und/oder geregelt werden können.

Prozeßerkennung (process identification). [15] Ermittlung der Struktur eines *Prozesses* und der Wirkungszusammenhänge zwischen seinen Zustandsgrößen.

Prozeßkopplung. [15] Verbindung eines *Prozesses* mit einem *Prozeßrechensystem* durch Übertragung oder Übergabe von Prozeßdaten zwischen dem Prozeß und dem Prozeßrechensystem.

Prozeßmodell (process model). [15] Die Beschreibung oder Nachbildung eines *Prozesses* auf Grund des Ergebnisses einer *Prozeßerkennung*.

Prozeßoptimierung (process optimization). [15] Führung eines *Prozesses* in der Weise, daß ein durch eine vorgegebene Zielfunktion definiertes Optimum des Prozesses erreicht wird, gegebenenfalls unter Berücksichtigung von Nebenbedingungen.

Prozeßrechensystem siehe unter *Rechensystem*.

Prozessor (processor). [1] Eine *Funktionseinheit* innerhalb eines *digitalen Rechensystems*, die *Rechenwerk* und *Leitwerk* umfaßt.

Anmerkung [1]: Ein Prozessor kann also mehr als Rechenwerk und Leitwerk enthalten. In diesem Fall ist es notwendig, die anderen Bestandteile zu nennen.

Puffer (buffer). [1] Ein *Speicher*, der *Daten* vorübergehend aufnimmt, die von einer *Funktionseinheit* zu einer anderen übertragen werden.

Realzeitbetrieb siehe unter *Betriebsarten*.

Rechenanlage, Datenverarbeitungsanlage (computer). [1] Die Gesamtheit der *Baueinheiten*, aus denen ein *Rechensystem* aufgebaut ist.

digitale Rechenanlage, digitale Datenverarbeitungsanlage (digital computer). [1] Die Gesamtheit der *Baueinheiten*, aus denen ein *digitales Rechensystem* aufgebaut ist.

Prozeßrechenanlage, Prozeßrechner (process computer). [15] Die Gesamtheit der *Baueinheiten*, aus denen ein direkt prozeßgekoppeltes *Prozeßrechensystem* aufgebaut ist.

Rechensystem, Datenverarbeitungssystem (data processing system). [1] Eine *Funktionseinheit* zur Verarbeitung von *Daten*, nämlich zur Durchführung mathematischer, umformender, übertragender und speichernder Operationen.

digitales Rechensystem, digitales Datenverarbeitungssystem (digital data processing system). [1] Ein *Rechensystem*, das, als *Funktionseinheit* betrachtet, ein *Schaltwerk* ist.

Anmerkung [1]: Ein digitales Rechensystem kann also nur *digitale Daten* verarbeiten.

Mehrprozessorsystem (multiprocessor). [1] Ein *digitales Rechensystem*, bei dem ein *Zentralspeicher* ganz oder teilweise von zwei oder mehr *Prozessoren* gemeinsam benutzt wird, deren jeder über mindestens ein *Rechenwerk* und mindestens ein *Leitwerk* allein verfügt.

Mehrrechnersystem (multicomputer system). [1] Ein *digitales Rechensystem*, bei dem eine gemeinsame *Funktionseinheit* zwei oder mehr *Zentraleinheiten* steuert, deren jede über mindestens einen *Prozessor* allein verfügt.

Anmerkung [1]: Die steuernde Funktionseinheit kann ein *Programm* sein.

Prozeßrechensystem (process computing system). [15] Eine *Funktionseinheit* zur prozeßgekoppelten Verarbeitung von Prozeßdaten, nämlich zur Durchführung *boolescher*, arithmetischer, vergleichender, umformender, übertragender und speichernder Operationen.

Teilnehmer-Rechensystem. [1] Ein *digitales Rechensystem* mit mehreren angeschlossenen *Benutzerstationen*, von denen aus Aufgaben unabhängig voneinander abgewickelt werden können.

Rechenwerk (arithmetic unit). [1] Eine *Funktionseinheit* innerhalb eines *digitalen Rechensystems*, die Rechenoperationen ausführt.

Anmerkung [1]: Zu den Rechenoperationen gehören auch Vergleichen, Umformen, Verschieben, Runden usw.

Rechner siehe *Zentraleinheit*.

Rechnerregelung (computer control). [15] Anwendung eines *Prozeßrechensystems* zur Regelung [4].

DDC (direct digital control). [15] Digitale *Rechnerregelung,* bei der das *Prozeßrechensystem* unmittelbar auf die Stellglieder [4] einwirkt.

Redundanz siehe unter *Informationsgehalt.*

Richtungstaktschrift (phase encoding). [16] Ein *binäres Schreibverfahren,* bei dem jedes Spurelement in zwei Teile geteilt ist, die in einander entgegengesetztem Sinne magnetisch gesättigt sind, wobei jede Richtung des Flußwechsels („Bitflußwechsel") einem der beiden *Binärzeichen* fest zugeordnet ist. Dabei treten bei aufeinanderfolgenden gleichen Binärzeichen zusätzliche Flußwechsel („Phasenflußwechsel") an den Grenzen der Spurelemente auf.

Schaltfunktion (switching function). [1] Eine Funktion, bei der jede Argument-Variable und die Funktion selbst nur endlich viele Werte annehmen können. Wird eine Schaltfunktion mit Hilfe eines Operationssymbols dargestellt, spricht man von „Verknüpfung".

Schaltvariable (switching variable). [1] Eine Variable, die nur endlich viele Werte annehmen kann.

Anmerkung [1]: Die Menge dieser Werte bildet einen *Zeichen*vorrat. Am häufigsten sind *binäre* Schaltvariablen.

Schaltnetz (combinational circuit). [1] Ein *Schaltwerk,* dessen Wert am Ausgang zu irgendeinem Zeitpunkt nur vom Wert am Eingang zu diesem Zeitpunkt abhängt.

Anmerkungen [1]: Bei einem Schaltnetz können innere Zustände von außen nicht unterschieden werden. Ein Schaltnetz enthält keine *Speicherglieder.* Die für die prinzipielle Funktion unwesentlichen Übergangs- nnd Verzögerungszeiten bleiben hier außer Betracht. — Der Ausdruck „Schaltkreis" an Stelle von „Schaltnetz" ist als mißverständlich zu vermeiden.

Schaltwerk (sequential circuit). [1] Eine *Funktionseinheit* zum Verarbeiten von *Schaltvariablen,* wobei der Wert am Ausgang zu einem bestimmten Zeitpunkt abhängt von den Werten am Eingang zu diesem und endlich vielen vorangegangenen Zeitpunkten.

Anmerkung [1]: Ein Schaltwerk kann somit eine endliche Anzahl von inneren Zuständen annehmen und ist, abstrakt gesehen, ein endlicher Automat. Man kann also auch sagen: Der Zustand am Ausgang zu einem bestimmten Zeitpunkt hängt ab vom inneren Zustand und dem Wert am Eingang.

Schnittstelle (interface). [9] Sie ist definiert durch die Gesamtheit der Festlegungen über a) physikalische Eigenschaften der Verbindungsleitungen zwischen zwei Einrichtungen und die auf diesen Leitungen (Schnittstellenleitungen) ausgetauschten *Signale,* b) die Bedeutung der ausgetauschten Signale.

Schreibverfahren (bei Magnetbändern) (recording mode). [16] Die Art und Weise, wie die Information durch Magnetisierungszustände oder -wechsel dargestellt wird. — Ein „binäres Schreibverfahren" ist ein Schreibverfahren, bei dem die Information in *binärer* Form dargestellt wird.

Anmerkung: Häufig angewendete binäre Schreibverfahren sind die *Richtungstaktschrift* und die *Wechselschrift.*

Schritt (signal element). In der Datenübertragung [9] ein *Signal* definierter Dauer, dem eindeutig ein Wertebereich des *Signalparameters* unter endlich vielen vereinbarten Wertebereichen dieses Signalparameters — bei *binärer* Übertragung unter zwei Wertebereichen des Signalparameters — zugeordnet ist.

serieller Betrieb siehe unter *Betriebsarten.*

Sichtgerät (display device). [1] Ein *Ausgabegerät* in der Funktion, dem Benutzer *Daten* vorübergehend für das Auge erkennbar zu machen.

Anmerkung [1]: Beispiele sind Bildschirmgeräte und Ziffernanzeiger.

Signal (signal). [1] Die physikalische Darstellung von *Nachrichten* oder *Daten.*

Anmerkung [1]: Bei abstrakten Betrachtungen kann die Bezugnahme auf eine bestimmte physikalische Größe entfallen, falls die physikalische Verwirklichung nicht interessiert oder noch nicht festgelegt ist. In diesem Fällen kann auch die mathematische Größe, die der abstrakten Betrachtung zugrunde liegt, Signal genannt werden.

analoges Signal (analog signal). [1] Ein *Signal*, dessen *Signalparameter* eine *Nachricht* oder *Daten* darstellt, die nur aus kontinuierlichen Funktionen besteht bzw. bestehen.

Binärsignal, Zweipunktsignal (binary signal). [1] Ein *Signal*, dessen *Signalparameter* eine *Nachricht* oder *Daten* darstellt, die nur aus *Binärzeichen* besteht bzw. bestehen.

digitales Dignal (digital signal, discrete signal). [1] Ein *Signal*, dessen *Signalparameter* eine *Nachricht* oder *Daten* darstellt, die nur aus *Zeichen* besteht bzw. bestehen.

Anmerkung [1]: Dabei entspricht gewissen Wertebereichen des Signalparameters jeweils ein Zeichen.

Signalparameter. [1] Diejenige Kenngröße des *Signals*, deren Wert oder Werteverlauf die *Nachricht* oder die *Daten* darstellt.

Anmerkung [1]: Ist das Signal zum Beispiel eine amplitudenmodulierte Wechselspannung, dann ist die Amplitude der Signalparameter.

Speicher (storage). [1] Eine *Funktionseinheit* innerhalb eines *digitalen Rechensystems*, die *digitale Daten* aufnimmt, aufbewahrt und abgibt.

Anmerkung [1]: Speicher dieser Art können Digitalspeicher genannt werden, wenn sie von Analogspeichern unterschieden werden sollen.

Assoziativspeicher (associative storage). [1] Ein *Speicher*, dessen *Speicherelemente* durch Angabe ihres Inhalts oder eines Teils davon aufrufbar sind.

Ergänzungsspeicher (auxiliary storage). [1] Jeder Teil des *Zentralspeichers*, der nicht *Hauptspeicher* ist.

Festspeicher (read-only storage). [1] Ein *Speicher*, dessen Inhalt betriebsmäßig nur gelesen werden kann.

Anmerkung [1]: Zum Ändern seines Inhalts sind besondere Maßnahmen, wie Auswechseln des *Datenträgers* oder Verdrahtungsänderungen, notwendig.

Hauptspeicher (main storage). [1] Der Teil des *Zentralspeichers*, dessen einzelne *Speicherzellen* durch *Maschinenadressen* aufgerufen werden können.

Anmerkung [1]: Der Ausdruck „Arbeitsspeicher" ist hierfür als mißverständlich zu vermeiden.

peripherer Speicher (peripheral storage). [1] Jeder *Speicher*, der nicht *Zentralspeicher* ist.

wortorganisierter Speicher (word organized storage). [1] Ein *Speicher*, dessen *Speicherelemente* nur in Gruppen zugänglich sind, deren Länge und Einteilung durch den technischen Aufbau bestimmt sind. Die in einer solchen Gruppe gespeicherten *Zeichen* bilden ein „Maschinenwort" (machine word).

Zentralspeicher. [1] Ein *Speicher*, zu dem *Rechenwerke*, *Leitwerke* und gegebenenfalls *Eingabewerke* und *Ausgabewerke* unmittelbar Zugang haben.

Speicherelement. [1] Ein in einem gegebenen Zusammenhang nicht weiter zerlegbarer Teil eines *Speichers*.

Speicherglied siehe unter *Glied*.

Speicherstelle. [1] Ein Teil eines *Speichers* zur Aufnahme eines *Zeichens*.

Speicherzelle (storage location) [1]. Bei einem *wortorganisierten Speicher* eine Gruppe von *Speicherelementen*, die ein Maschinenwort aufnimmt.

Stapelbetrieb siehe unter *Betriebsarten*.

Steuerwerk siehe *Leitwerk*.

Symbol (symbol). [1] Ein *Zeichen* oder *Wort*, dem eine Bedeutung beigemessen wird.

System (system). [4, 15] Eine abgegrenzte Anordnung von aufeinander einwirkenden Gebilden. Solche Gebilde können sowohl Gegenstände als auch Denkmethoden und deren Ergebnisse (z. B. Organisationsformen, mathematische Methoden, *Pro-*

grammiersprachen) sein. Diese Anordnung wird durch eine Hüllfläche von ihrer Umgebung abgegrenzt oder abgegrenzt gedacht.

Anmerkung 1 [4, 15]: Durch zweckmäßiges Zusammenfügen und Unterteilen von solchen Systemen können größere und kleinere Systeme entstehen.

Anmerkung 2 [15]: Der Begriff System ist auch gebräuchlich als eine Aussage über den gleichen Bauplan, durch den eine Gruppe von Bauteilen oder Geräten miteinander verwandt ist, z.B. Bausteinsystem, Gerätesystem.

Teilnehmer-Rechensystem siehe unter *Rechensystem*.

ternär. [11] Zahlensystem mit der Basis 3. Die 3 bedeutungsvollen Zustände können z.B. durch $+1$, 0, -1 gekennzeichnet werden.

Übersetzer (translator). [1] Ein *Program*, das in einer *Programmiersprache* A („Quellsprache") abgefaßte *Anweisungen* ohne Veränderung der Arbeitsvorschriften in Anweisungen einer Programmiersprache B („Zielsprache") umwandelt („übersetzt"). Die in der Quellsprache abgefaßte Anweisung wird „Quellanweisung" oder „Quellprogramm", die in der Zielsprache entstandene Anweisung wird „Zielanweisung" bzw. „Zielprogramm" genannt.

UND-Verknüpfung, Konjunktion (AND cperation). Nach [1] eine *boolesche Verknüpfung*, siehe Abb. 1.2-1.

Anmerkung: Siehe auch *Verknüpfungsglied*.

Unterprogramm siehe unter *Prozedur*.

Vereinbarung (declaration). [1] Eine Absprache über in *Anweisungen* auftretende Sprachelemente.

Anmerkungen [1]: Vereinbarungen können Teile von Anweisungen (implizite Vereinbarungen) sein oder Anweisungen enthalten. Beispiele für Vereinbarungen sind: Namensvereinbarung, Dimensionsvereinbarung, Formatvereinbarung, Prozedurvereinbarung.

Verknüpfung siehe unter *Schaltfunktion*.

Verknüpfungsglied siehe unter *Glied*.

Wechselschrift [non return to zero (mark), NRZ(M)]. [16] Ein *binäres Schreibverfahren*, bei dem nur das *Binärzeichen* 1 („Eins-Bit") durch einen einmaligen Wechsel zwischen zwei Magnetisierungszuständen, üblicherweise den beiden Sättigungszuständen, innerhalb eines Spurelements dargestellt wird.

Weitschweifigkeit siehe *Redundanz*.

Wort (word). [1] Eine Folge von *Zeichen*, die in einem bestimmten Zusammenhang als eine Einheit betrachtet wird.

Anmerkung 1 [1]: Im Grenzfall kann ein Wort aus einem einzigen Zeichen bestehen.

Anmerkung 2 [11]: Pluralbildung nach DUDEN: Soll eine Zusammengehörigkeit ausgedrückt werden, dann heißt es „Worte", z.B. 3 zusammenhängende Worte. Liegt kein Zusammenhang vor, dann heißt es „Wörter", z.B. „Ein Verzeichnis mit 100000 Wörtern" oder „Wörterbuch".

Zeichen (character). [1] Ein Element aus einer zur Darstellung von *Information* vereinbarten endlichen Menge von verschiedenen Elementen. Die Menge wird „Zeichenvorrat" (character set) genannt.

Anmerkungen [1]: Beispiele für Zeichen sind die abstrakten Inhalte von Buchstaben des gewöhnlichen Alphabets, Ziffern, Interpunktionszeichen, Steuerzeichen (z.B. für Wagenrücklauf) und andere Ideogramme. Zeichen werden üblicherweise durch Schrift (Schriftzeichen) wiedergegeben oder technisch verwirklicht durch Lochkombinationen, Impulsfolgen und dergleichen. „Zeichen" ist nicht gleichbedeutend mit *Symbol*.

Binärzeichen (binary element, binary digit). [1] Jedes der *Zeichen* aus einem Zeichenvorrat von zwei Zeichen.

Anmerkung [1]: Als Binärzeichen können beliebige Zeichen benutzt werden, z.B. O und L; wenn keine Verwechslung mit Ziffern zu befürchten ist, auch 0 und 1. Auch *Ja* und *Nein*, *Wahr* und *Falsch*, *12 V* und *2 V* sind Paare von Binärzeichen.

Zelle (cell) siehe *Speicherelement*.

Zentraleinheit, Rechner (central processing unit). [1] Eine *Funktionseinheit* innerhalb eines *digitalen Rechensystems*, die *Prozessoren, Eingabewerke, Ausgabewerke* und *Zentralspeicher* umfaßt.

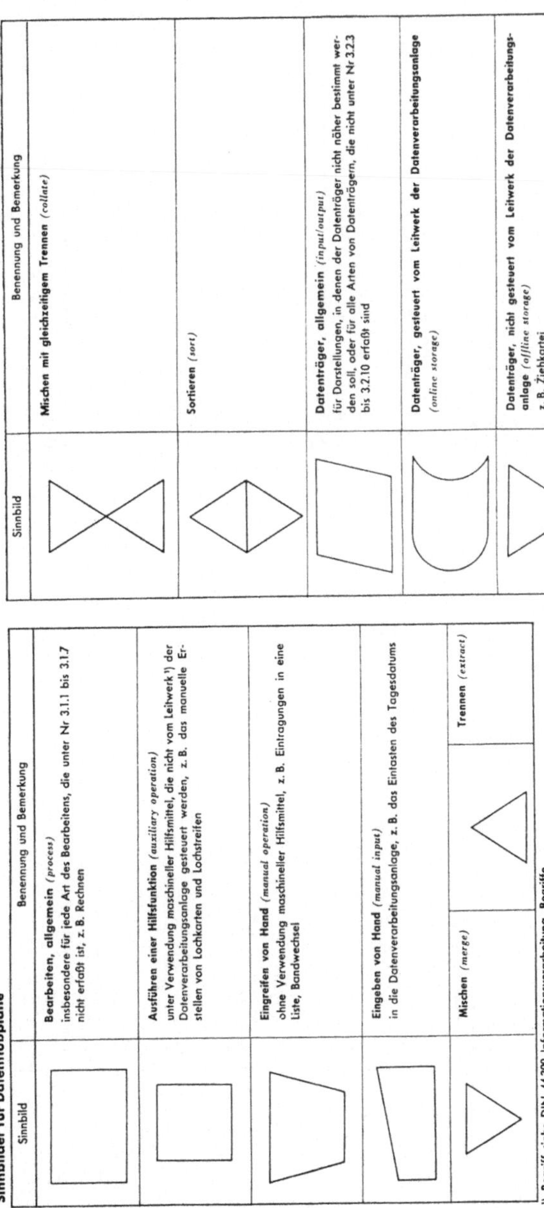

Abb. 1.2-2. Sinnbilder für Datenfluß- und Programmablaufpläne (Auszug aus DIN 66001, Ausgabe Oktober 1969; wiedergegeben mit Genehmigung des Deutschen Normenausschusses).

Anmerkung [1]: Eine Zentraleinheit kann also mehr als Prozessoren, Eingabewerke, Ausgabewerke und Zentralspeicher enthalten. In diesem Fall ist es notwendig, die anderen Bestandteile zu nennen.

Zentralspeicher siehe unter *Speicher*.

(Forts. Abb. 1.2-2.)

Sinnbild	Benennung und Bemerkung
	**Lochkarte** (*punched card*)
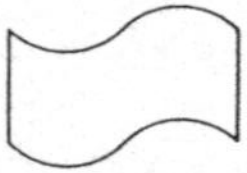	**Lochstreifen** (*punched tape*)
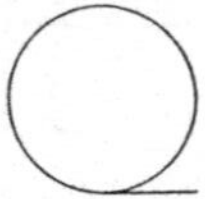	**Magnetband** (*magnetic tape*)
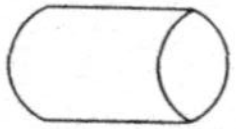	**Trommelspeicher** (*magnetic drum*)
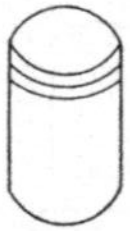	**Plattenspeicher** (*magnetic disk*)
	**Matrixspeicher** (*core storage*) Dieses Sinnbild kann für Kernspeicher und andere Speicher mit gleichartigem Zugriffsverhalten benutzt werden.

Sinnbild	Benennung und Bemerkung
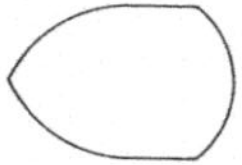	**Anzeige** (*display*) in optischer oder akustischer Form, z. B. Ziffernanzeige, Kurvenschreiber, Summer
	**Flußlinie** (*flow line*) Die Linie kann beliebig geführt sein. Die Pfeilspitze darf nicht weggelassen werden.
	**Transport der Datenträger** Die Linie kann beliebig geführt sein. Dieses Sinnbild ist anzuwenden, wenn der Transport der Datenträger besonders kenntlich gemacht werden soll.
	**Datenübertragung** (*communication link*)
	Übergangsstelle (*connector*) Der Übergang kann von mehreren Stellen aus, aber nur zu einer Stelle hin erfolgen. Zusammengehörige Übergangsstellen müssen die gleiche Bezeichnung tragen.
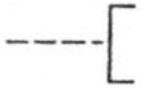	**Bemerkung** (*comment, annotation*) Dieses Sinnbild kann an jedes Sinnbild dieser Norm angefügt werden.

Sinnbilder für Programmablaufpläne

Sinnbild	Benennung und Bemerkung
	**Operation, allgemein** (*process*) insbesondere für Operationen, die nicht unter Nr 4.1.1 bis 4.1.4 besonders aufgeführt sind

Zugriffszeit (access time). [1] Bei einer *Funktionseinheit* die Zeitspanne zwischen dem Zeitpunkt, zu dem von einem *Leitwerk* die Übertragung bestimmter *Daten* nach oder von der Funktionseinheit gefordert wird, und dem Zeitpunkt, zu dem die Übertragung beendet ist.

(Forts. Abb. 1.2-2.)

Sinnbild	Benennung und Bemerkung
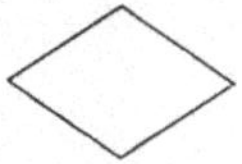	**Verzweigung** [1] *(decision)* Ein Sonderfall der Verzweigung ist der programmierte Schalter.
	**Unterprogramm** *(predefined process)* Es können mehrere Eingänge und Ausgänge vorhanden sein.
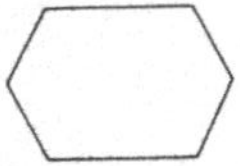	**Programmodifikation** *(preparation)* z. B. das Stellen von programmierten Schaltern oder das Ändern von Indexregistern
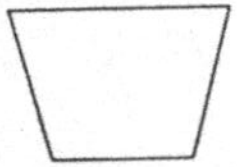	**Operation von Hand** *(manual operation)* z. B. Formularwechsel, Bandwechsel, Eingriff des Bedieners bei einer Prozeßsteuerung
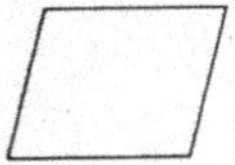	**Eingabe, Ausgabe** *(input/output)* Ob es sich um maschinelle oder manuelle Eingabe oder Ausgabe handelt, soll aus der Beschriftung des Sinnbildes hervorgehen.
	**Ablauflinie** *(flow line)* Vorzugsrichtungen sind: a) von oben nach unten, b) von links nach rechts. Zur Verdeutlichung des Ablaufs kann auf das jeweils nächstfolgende Sinnbild eine Pfeilspitze gerichtet sein, insbesondere bei Abweichungen von den Vorzugsrichtungen.

Sinnbild	Benennung und Bemerkung
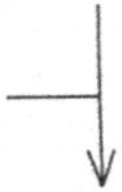	**Zusammenführung** [1] *(junction)* Es ist hier zweckmäßig, den Ausgang durch eine Pfeilspitze zu kennzeichnen. Zwei sich kreuzende Ablauflinien bedeuten keine Zusammenführung.
	Übergangsstelle *(connector)* Der Übergang kann von mehreren Stellen aus, aber nur zu einer Stelle hin erfolgen. Zusammengehörige Übergangsstellen müssen die gleiche Bezeichnung tragen.
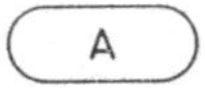	**Grenzstelle** *(terminal, interrupt)* Für A kann z. B. Beginn, Ende, Zwischenhalt eingeschrieben werden.
	**Synchronisation bei Parallelbetrieb** [1] *(parallel mode)*
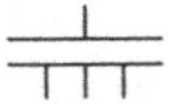	**Aufspaltung** [1] Ein ankommender Zweig [1], mehrere abgehende Zweige
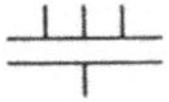	**Sammlung** [1] Mehrere ankommende Zweige [1], ein abgehender Zweig
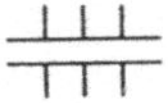	**Synchronisationsschnitt** [1] Ebenso viele ankommende wie abgehende unabhängige Wege [1]
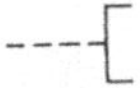	**Bemerkung** *(comment, annotation)* Dieses Sinnbild kann an jedes Sinnbild dieser Norm angefügt werden.

Anmerkung [1]: Es wird empfohlen, bei Angabe einer Zugriffszeit die Menge der übertragenen Daten mit anzugeben.

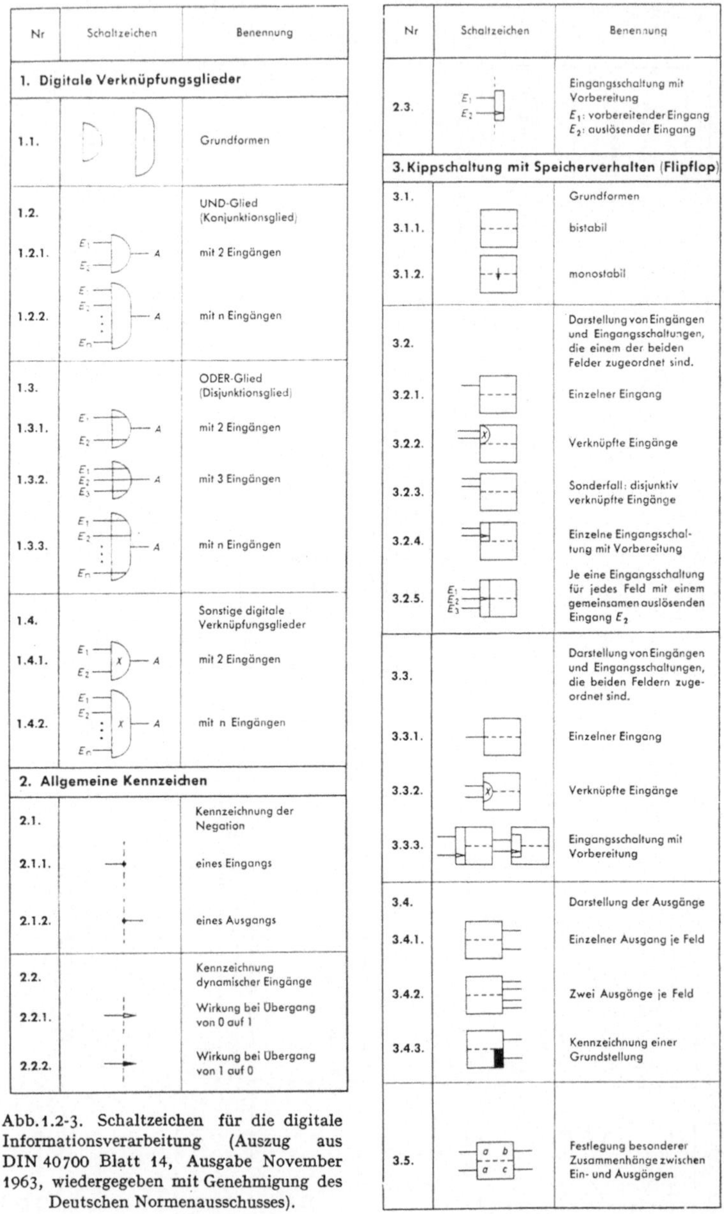

Nr	Schaltzeichen	Benennung
1. Digitale Verknüpfungsglieder		
1.1.		Grundformen
1.2.		UND-Glied (Konjunktionsglied)
1.2.1.	E_1 E_2 — A	mit 2 Eingängen
1.2.2.	E_1 E_2 ⋮ E_n — A	mit n Eingängen
1.3.		ODER-Glied (Disjunktionsglied)
1.3.1.	E_1 E_2 — A	mit 2 Eingängen
1.3.2.	E_1 E_2 E_3 — A	mit 3 Eingängen
1.3.3.	E_1 E_2 ⋮ E_n — A	mit n Eingängen
1.4.		Sonstige digitale Verknüpfungsglieder
1.4.1.	E_1 E_2 — X — A	mit 2 Eingängen
1.4.2.	E_1 E_2 ⋮ E_n — X — A	mit n Eingängen
2. Allgemeine Kennzeichen		
2.1.		Kennzeichnung der Negation
2.1.1.		eines Eingangs
2.1.2.		eines Ausgangs
2.2.		Kennzeichnung dynamischer Eingänge
2.2.1.		Wirkung bei Übergang von 0 auf 1
2.2.2.		Wirkung bei Übergang von 1 auf 0

Nr	Schaltzeichen	Benennung
2.3.	E_1 E_2	Eingangsschaltung mit Vorbereitung; E_1: vorbereitender Eingang; E_2: auslösender Eingang
3. Kippschaltung mit Speicherverhalten (Flipflop)		
3.1.		Grundformen
3.1.1.		bistabil
3.1.2.		monostabil
3.2.		Darstellung von Eingängen und Eingangsschaltungen, die einem der beiden Felder zugeordnet sind.
3.2.1.		Einzelner Eingang
3.2.2.	X	Verknüpfte Eingänge
3.2.3.		Sonderfall: disjunktiv verknüpfte Eingänge
3.2.4.		Einzelne Eingangsschaltung mit Vorbereitung
3.2.5.	E_1 E_2 E_3	Je eine Eingangsschaltung für jedes Feld mit einem gemeinsamen auslösenden Eingang E_2
3.3.		Darstellung von Eingängen und Eingangsschaltungen, die beiden Feldern zugeordnet sind.
3.3.1.		Einzelner Eingang
3.3.2.	X	Verknüpfte Eingänge
3.3.3.		Eingangsschaltung mit Vorbereitung
3.4.		Darstellung der Ausgänge
3.4.1.		Einzelner Ausgang je Feld
3.4.2.		Zwei Ausgänge je Feld
3.4.3.		Kennzeichnung einer Grundstellung
3.5.	a b a c	Festlegung besonderer Zusammenhänge zwischen Ein- und Ausgängen

Abb. 1.2-3. Schaltzeichen für die digitale Informationsverarbeitung (Auszug aus DIN 40700 Blatt 14, Ausgabe November 1963, wiedergegeben mit Genehmigung des Deutschen Normenausschusses).

Nr	Schaltzeichen	Benennung
4. Verzögerungsglieder		
4.1.		allgemein
4.2.		Verzögert den Übergang von 0 auf 1
4.3.		Verzögert den Übergang von 1 auf 0
4.4.		Verzögert sowohl den Übergang von 0 auf 1, als auch den von 1 auf 0, jedoch um ungleiche Zeiten
4.5.		Verzögert die Übergänge von 0 auf 1 und von 1 auf 0 um gleiche Zeiten
5. Beispiele für Verknüpfungsglieder		
5.1.		Negationsglied
5.2.		ODER-Glied mit Negation eines Eingangs
5.3.		UND-Glied mit Negation eines Eingangs und mit zwei komplementären Ausgängen
5.4.		UND-Glied mit einem dynamischen Eingang
6. Beispiele für Kippschaltungen		
6.1.		Bistabile Kippschaltung mit einem Eingang an einem Feld und einem dynamischen Eingang, der beiden Feldern zugeordnet ist.
6.2.		Bistabile Kippschaltung mit Kennzeichnung des Zusammenhangs; 1 an beiden Eingängen bewirkt 0 an beiden Ausgängen.
6.3.		Bistabile Kippschaltung mit Grundstellung. Auf beide Felder wirkende Eingangsschaltung mit Vorbereitung (E_3, E_4), auf die Einzelfelder wirkende Eingänge, die bei E_1, E_2 disjunktiv, bei E_5, E_6 konjunktiv verknüpft sind.
6.4.		Monostabile Kippschaltung mit dynamischem Eingang.
6.5.		Monostabile Kippschaltung mit Eingangsschaltung mit Vorbereitung. Je Feld 2 Ausgänge mit gleichem digitalem Zustand.

Zykluszeit (cycle time). [1] Bei einer *Funktionseinheit* die Zeitspanne zwischen dem Beginn zweier aufeinanderfolgender gleichartiger, zyklisch wiederkehrender Vorgänge.

Literatur

[1] DIN 44300: Informationsverarbeitung, Begriffe. Norm März 1972. — [2] Deutscher Normenausschuß: DIN-Taschenbuch 25, Informationsverarbeitung. Berlin: Beuth-Vertrieb GmbH 1972. — [3] *Mohr, C.:* Jahresbericht 1971 des Fachnormenausschusses Informationsverarbeitung. Elektron. Rechenanl. 14 (1972) 81—84. — [4] DIN 19226: Regelungs- und Steuerungstechnik, Begriffe und Benennungen. Norm Mai 1968. — [5] Deutscher Normenausschuß: DIN-Normblatt-Verzeichnis 1973. Berlin: Beuth-Vertrieb GmbH 1973. — [6] DIN 66026: Informationsverarbeitung, Programmiersprache ALGOL. Entwurf Juni 1970. — [7] IFIP Fachwörterbuch der Informationsverarbeitung. Erste deutschsprachige Ausgabe. Amsterdam North-Holland Publishing Co. 1968. — [8] *Kamp, A. W.:* NC-Maschinen, Fachwörter und Definitionen. Düsseldorf: VDI-Verlag 1970. — [9] DIN 44302: Datenübertragung, Begriffe. Norm Oktober 1968 und Entwurf Blatt 11, Februar 1970. — [10] NTG 1202: Begriffe der Telegrafentechnik und der Telegrafie-Endeinrichtungen für Datenübertragung. Empfehlung 1971. — [11] *Steinbuch, K., Wagner, S. W.:* Taschenbuch der Nachrichtenverarbeitung. 1. Aufl. Berlin, Göttingen, Heidelberg: Springer 1962, 40—57. — [12] DIN 66027: Informationsverarbeitung, Programmiersprache FORTRAN. Entwurf Oktober 1970. — [13] DIN 44301 (NTG 0102): Informationstheorie, Begriffe. Vornorm Juni 1967. — [14] DIN 66000: Mathematische Zeichen der Schaltalgebra. Norm April 1965. — [15] DIN 66201: Prozeßrechensysteme, Begriffe. Norm August 1971. — [16] DIN 66010: Magnetbandtechnik für Informationsverarbeitung, Begriffe. Norm April 1973. — [17] DIN 66007: Schrift CMC 7 für die maschinelle magnetische Zeichenerkennung, Zeichen und Nennmaße. Norm November 1967. — [18] DIN 66008 Blatt 1: Schrift A für die maschinelle optische Zeichenerkennung, Zeichen und Nennmaße. Norm April 1969. — [19] DIN 66028: Informationsverarbeitung, Programmiersprache COBOL. Entwurf Februar 1972.

1.3 Theorie elektrischer Schaltvorgänge

W. Schüßler

Die Untersuchungen dieses Abschnittes gehen aus von einem elektrischen Netzwerk, das neben Spannungs- und Stromquellen die passiven Bauelemente Widerstand, Induktivität, Kapazität und Übertrager enthalten kann sowie als gesteuerte Quellen Transistoren und Röhren. Zunächst sei angenommen, daß die Quellen konstante Spannungen bzw. Ströme liefern. Wenn diese Form der Erregung lange genug bestanden hat, so liegt im Netzwerk ein Gleichgewichtszustand in dem Sinne vor, daß alle in den einzelnen Zweigen auftretenden Ströme und Spannungen gleichförmig sind. Ähnlich läßt sich ein Gleichgewichtszustand definieren, wenn die Quellen periodische Zeitfunktionen liefern.

Ein Übergangsvorgang oder Schaltvorgang liegt nun dann vor, wenn wenigstens eine der Quellen ihre Zeitfunktion abweichend vom bisherigen Verlauf ändert. Der Einfachheit wegen sei eine sprungartige Änderung angenommen. Dabei kann es sich z.B. um eine Vergrößerung der Gleichspannung einer Quelle oder der Amplitude oder Frequenz der sinusförmigen Spannung einer Quelle handeln. Auch impulsförmige Veränderungen in dem Sinne, daß eine Quelle nur sehr kurzzeitig ihre Werte ändert, können Ursache eines Schaltvorganges sein. Die Spannungen und Ströme im Netzwerk werden sich unter dem Einfluß einer solchen Änderung von einem Gleichgewichtszustand zu einem anderen verändern, oder, bei impulsförmiger Anregung, nach zeitweiliger Abweichung zum ursprünglichen Zustand zurückkehren, wenn bestimmte Bedingungen erfüllt sind.

Ein derartiger Schaltvorgang wird immer eine gewisse Zeit erfordern, wenn in dem Netzwerk speichernde Elemente, d.h. Induktivitäten oder Kapazitäten vorhanden sind. Die in diesen Elementen gespeicherte Energie kann sich bei einer Änderung der Werte der Quellen um endliche Beträge nicht sprungartig ändern. Zum Beispiel enthält ein Kondensator der Kapazität C, an dem eine Spannung u_c liegt, die Energie

$$W_c = \frac{1}{2}\, C u_c^2.$$

Da weiterhin sich die Kondensatorspannung als Integral über den in den Kondensator fließenden Strom i_c ergibt, kann eine sprunghafte Änderung des Stromes nur eine allmähliche Änderung der Spannung und damit der Energie zur Folge haben. Entsprechende Überlegungen gelten für Spannung und Strom, die bei einer Induktivität auftreten.

Die eben angenommene sprunghafte Änderung einer Quellspannung bzw. eines Quellstromes ist streng nicht möglich. Praktisch läßt sich aber immer erreichen, daß die Änderungen der Quellgrößen sehr schnell erfolgen, verglichen mit den Einschwingvorgängen der behandelten Systeme.

Die Untersuchungen der bisher sehr allgemein beschriebenen Schaltvorgänge ist für die Nachrichtenverarbeitung aus mehreren Gründen von großer Bedeutung.

1. Da eine Information durch eine Änderung eines bestehenden Zustandes in Form einer Orts- oder Zeitfunktion ausgedrückt werden kann, setzt eine elektrische Darstellung voraus, daß eine Spannung oder ein Strom nicht vorhersehbare Änderungen erfahren. In diesen Änderungen steckt dann die Information. Eine elektrische Darstellung von Nachrichten, die für die Verarbeitung auf elektrischem Wege ja vorausgesetzt werden muß, führt also stets zu Schaltvorgängen.

2. Schaltvorgänge werden bei der Übertragung in elektrischen Netzwerken im allgemeinen verformt. In vielen Fällen handelt es sich um unerwünschte Beeinflussungen. Es gilt dann, durch geeignete Änderungen des Netzwerkes diesen Verzerrungen entgegen zu wirken bzw. sie möglichst klein zu halten.

3. Häufig werden Netzwerke gesucht, die einen vorgegebenen Schaltvorgang in eine ganz andere Form überführen, die für einen bestimmten Zweck geeignet erscheint.

1.3.1 Schaltvorgänge in linearen zeitlich konstanten Netzwerken

Ein lineares Netzwerk mit zeitlich konstanten Elementen wird durch ein System von linearen Differentialgleichungen mit konstanten Koeffizienten beschrieben. Es kann außer den Elementen Widerstand, Induktivität und Kapazität Übertrager, Gyratoren und gesteuerte lineare Quellen enthalten. Die Theorie der Lösung dieser Differentialgleichungen und damit die Berechnung des Einschwingvorganges ist am weitesten entwickelt und wird im folgenden etwas eingehender beschrieben.

1.3.1.1 Die Laplace-Transformation. Ein geeignetes Mittel zur Lösung der hier auftretenden Differentialgleichungen ist die Laplace-Transformation. Mit ihrer Hilfe wird die im Zeitbereich (Originalbereich) angegebene Ausgangsgleichung in eine Beziehung im Frequenzbereich (Bildbereich) überführt. Dazu wird jede der auftretenden Zeitfunktionen dieser Transformation unterworfen. Bei den hier interessierenden Schaltvorgängen ist die wesentliche Bedingung, daß diese Zeitvorgänge nur für $t \geq 0$ von Null verschieden sein dürfen, stets erfüllt, wenn man sich auf die Betrachtung der Änderung eines Gleichgewichtszustandes beschränkt.

Die Definition und die wichtigsten Sätze der Laplace-Transformation sind im folgenden aufgeführt. Wegen ihrer Ableitung wird z. B. auf [1] verwiesen.

Definition der Laplace-Transformation:

$$\mathfrak{L}\{f(t)\} = F(s) = \int_0^\infty f(t)\, e^{-st}\, dt, \quad \mathfrak{L}^{-1}\{F(s)\} = f(t) = \frac{1}{2\pi j} \int_{c-j\infty}^{c+j\infty} F(s)\, e^{+st}\, ds.$$

Hier ist $s = \sigma + j\omega$ eine komplexe Variable mit der Dimension einer Frequenz. Die obigen Beziehungen gelten unter Bedingungen, die von den bei Schaltvorgängen auftretenden Funktionen im allgemeinen erfüllt sind.

Wichtige Sätze der Laplace-Transformation:

Linearität:
$$\mathfrak{L}\{a_1 f_1(t) + a_2 f_2(t)\} = a_1 F_1(s) + a_2 F_2(s);$$

Ähnlichkeit:
$$\mathfrak{L}\{f(\alpha t)\} = \frac{1}{\alpha}\, F\left(\frac{s}{\alpha}\right), \quad \alpha \text{ beliebig komplex};$$

Verschiebung:
$$\mathfrak{L}\{f(t-\tau)\} = F(s)\, e^{-s\tau}, \quad \tau \geq 0;$$

Modulation:
$$\mathfrak{L}\{e^{s_0 t} f(t)\} = F(s - s_0), \quad s_0 \text{ beliebig komplex};$$

Faltung:
$$\mathfrak{L}^{-1}\{F_1(s)\, F_2(s)\} = f_1(t) * f_2(t) = \int_0^t f_1(t-\tau)\, f_2(\tau)\, d\tau$$
$$= \int_0^t f_1(\tau)\, f_2(t-\tau)\, d\tau;$$

Differentiation im t-Bereich:
$$\mathfrak{L}\left\{\frac{df}{dt}\right\} = sF(s) - f(+0),$$
$$\mathfrak{L}\left\{\frac{d^n f}{dt^n}\right\} = s^n F(s) - s^{n-1} f(+0) - s^{n-2} f'(+0) \cdots - f^{(n-1)}(+0),$$

wenn die höchste vorkommende Ableitung an jeder Stelle $t > 0$ existiert. Weiter ist hier $f^{(\nu)}(+0)$ der Grenzwert, den $f^{(\nu)}(t)$ von rechts her erreicht;

Differentiation im s-Bereich:
$$\mathfrak{L}^{-1}\left\{\frac{dF}{ds}\right\} = -t \cdot f(t),$$
$$\mathfrak{L}^{-1}\left\{\frac{d^n F}{ds^n}\right\} = (-t)^n f(t);$$

Integration:
$$\mathfrak{L}\left\{\int\limits_0^t f(\tau)\,\mathrm{d}\tau\right\} = \frac{1}{s}\,F(s)\,;$$

Grenzwertsätze: $\lim\limits_{t\to 0} f(t) = \lim\limits_{s\to\infty} sF(s)$, wenn der Grenzwert existiert,

$\qquad\qquad\quad \lim\limits_{t\to\infty} f(t) = \lim\limits_{s\to 0} sF(s)$, wenn der Grenzwert existiert.

Als Beispiel sei hier nur die Laplace-Transformation der Funktion $f(t) = e^{s_q t}$ angegeben, auf die sich bei der Berechnung von Einschwingvorgängen in den in diesem Abschnitt behandelten Systemen praktisch alle interessierenden Funktionen mit Hilfe der oben zusammengestellten Sätze zurückführen lassen.

Es ist

$$\mathfrak{L}\{e^{s_q t}\} = \frac{1}{s - s_q}\,, \quad s_q \text{ beliebig komplex}.$$

Eine Tabelle mit einer Vielzahl von Korrespondenzen findet sich in [2].

1.3.1.2 Beispiel für die Berechnung eines Einschwingvorganges. Das Verfahren zur Berechnung eines Einschwingvorganges wird an einem einfachen Beispiel vorgeführt (Abb. 1.3-1). Im Augenblick $t = 0$ wird eine Spannung $u_q(t)$ auf die Reihenschaltung von L, C und R geschaltet. Es interessiert der Strom $i(t)$.

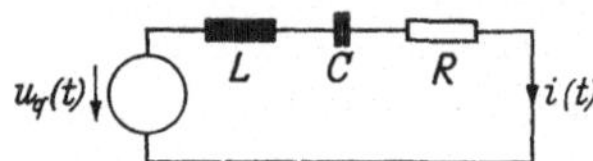

Abb. 1.3-1. Beispiel zur Erläuterung des Rechenverfahrens.

Für $t \geq 0$ gilt:

$$u_q(t) = L\,\frac{\mathrm{d}i}{\mathrm{d}t} + \frac{1}{C}\int\limits_0^t i\,\mathrm{d}\tau + R\,i(t). \tag{1.3-1}$$

Wenn man die ganze Gleichung der Laplace-Transformation unterwirft und die angegebenen Regeln für die Differentiation und Integration anwendet, so erhält man mit $\mathfrak{L}\{u_q(t)\} = U_q(s)$ und $\mathfrak{L}\{i(t)\} = I(s)$:

$$U_q(s) = I(s)\left(sL + \frac{1}{sC} + R\right) - i(+0)\cdot L. \tag{1.3-2}$$

Man kann nun zeigen, daß bei allen zu Beginn der Betrachtung energiefreien Netzwerken etwa vorkommende Terme mit Anfangswerten [hier $i(+0)$] aus physikalischen Gründen verschwinden müssen. Das bedeutet aber nicht, daß alle Anfangswerte selbst stets verschwinden wie in diesem Beispiel, sondern nur, daß ihre Einflüsse sich gegenseitig herausheben. Hier erhält man für die Laplace-Transformierte des gesuchten Stromes

$$I(s) = \frac{1}{sL + \dfrac{1}{sC} + R}\,U_q(s) = \frac{\dfrac{s}{L}}{(s - s_{\infty 1})\,(s - s_{\infty 2})}\,U_q(s) = H(s)\,U_q(s) \tag{1.3-3}$$

mit

$$s_{\infty 1/2} = -\frac{R}{2L} \pm \sqrt{\left(\frac{R}{2L}\right)^2 - \frac{1}{LC}}\,.$$

Wählt man speziell $u_q(t) = U e^{s_q t}$, wobei U eine im allgemeinen komplexe Amplitude und s_q beliebig komplex ist, so erhält man

$$I(s) = \frac{\dfrac{s}{L}}{(s - s_{\infty 1})(s - s_{\infty 2})} \, \frac{U}{s - s_q}. \tag{1.3-4}$$

Der Fall der Erregung mit einem Sprung ist mit $s_q = 0$ als Sonderfall enthalten. Ebenso läßt sich die Erregung mit einer sinusförmigen Funktion entsprechend

$$\sin \omega_q t = \frac{1}{2j}\, e^{j\omega_q t} - \frac{1}{2j}\, e^{-j\omega_q t}$$

auf eine Überlagerung zweier Anteile der obigen Form zurückführen.

Eine Partialbruchzerlegung von $I(s)$ liefert drei Anteile des Einschwingvorganges. Setzt man voraus, daß $s_q \neq s_{\infty 1/2}$ ist, so gilt

$$I(s) = H(s_q)\, \frac{U}{s - s_q} + B_1 \frac{1}{s - s_{\infty 1}} + B_2 \frac{1}{s - s_{\infty 2}} \tag{1.3-5}$$

mit

$$H(s_q) = \frac{s_q/L}{(s_q - s_{\infty 1})(s_q - s_{\infty 2})},$$

$$B_1 = \frac{\dfrac{s_{\infty 1}}{L}}{(s_{\infty 1} - s_{\infty 2})} \, \frac{U}{s_{\infty 1} - s_q}; \quad B_2 = \frac{\dfrac{s_{\infty 2}}{L}}{(s_{\infty 2} - s_{\infty 1})} \, \frac{U}{s_{\infty 2} - s_q}.$$

Ist $s_{\infty 1} = s_{\infty 2}^*$ und s_q sowie U reell, so ist $B_1 = B_2^*$.

Der erste Anteil ist von derselben Form wie die erregende Funktion. Der zugehörige Strom (Erregeranteil) ist

$$i_e(t) = H(s_q)\, U e^{s_q t}. \tag{1.3-6}$$

$H(s_q)$ bezeichnet die Fähigkeit des Systems, eine exponentielle Eingangsgröße der komplexen Frequenz s_q zu übertragen. Allgemein ist $H(s)$ eine kennzeichnende Größe des Systems, die angibt, wie eine Eingangsgröße der Form e^{st} übertragen wird. Diese Übertragungsfunktion läßt sich direkt berechnen, wenn man sich, wie es in der komplexen Wechselstromrechnung geschieht, auf den „eingeschwungenen Zustand" beschränkt. Die dann auftretende Lösungsfunktion wurde hier als Erregeranteil der Gesamtlösung bezeichnet. Die Berechnung von $H(s)$ erfolgt durch Netzwerkanalyse, wobei der Widerstand einer Induktivität mit sL, der einer Kapazität mit $1/sC$ angesetzt wird.

Als eine das Netzwerk kennzeichnende Größe enthält aber $H(s)$ auch die bei bekannter Eingangsfunktion für die Bestimmung des Einschwinganteils der Form

$$\mathfrak{L}^{-1}\left\{\frac{B_1}{s - s_{\infty 1}} + \frac{B_2}{s - s_{\infty 2}}\right\} = B_1 e^{s_{\infty 1} t} + B_2 e^{s_{\infty 2} t} \tag{1.3-7}$$

nötigen Werte. Führt man zunächst für $H(s)$ eine Partialbruchzerlegung aus, so erhält man

$$H(s) = \frac{\dfrac{s}{L}}{(s - s_{\infty 1})(s - s_{\infty 2})} = \frac{D_1}{s - s_{\infty 1}} + \frac{D_2}{s - s_{\infty 2}}$$

mit

$$D_1 = \dfrac{\dfrac{s_{\infty 1}}{L}}{s_{\infty 1} - s_{\infty 2}}; \quad D_2 = \dfrac{\dfrac{s_{\infty 2}}{L}}{s_{\infty 2} - s_{\infty 1}}.$$

Das Netzwerk ist zu 2 Eigenschwingungen mit den Frequenzen $s_{\infty 1}$ und $s_{\infty 2}$ fähig, deren Stärke einerseits durch das Netzwerk selbst (entsprechend D_1 und D_2), andererseits durch die Werte der Laplace-Transformierten der Eingangsfunktion bei diesen Eigenwerten bestimmt ist. Offenbar gilt:

$$B_1 = D_1 U_q(s_{\infty 1}); \quad B_2 = D_2 U_q(s_{\infty 2}). \tag{1.3-8}$$

Die durch eine Rechnung für einen stationären Fall bestimmbare Übertragungsfunktion $H(s)$ genügt zur Berechnung des gesamten Einschwingvorganges. Dieses hier nur am Beispiel erläuterte Verfahren gilt allgemein. Abb. 1.3-2 veranschaulicht noch einmal den Gang der Berechnung des Einschwingvorganges eines linearen passiven Netzwerkes mit konstanten Elementen, das vor dem Zeitpunkt $t = 0$ energiefrei ist. Das Netzwerk wird durch die Übertragungsfunktion $H(s)$ beschrieben, die entweder wie in (1.3-3) definiert wird als Quotient der Laplace-Transformierten von Ausgangs- zu Eingangsfunktion oder als Quotient der komplexen Amplituden des Erregeranteils der Ausgangsfunktion $f_{2e}(t)$ und der Eingangsfunktion, wenn am Eingang eine Erregung der Form e^{st} vorliegt. Die Berechnung der komplexen Amplitude des Erregeranteils am Ausgang erfolgt dann mit Hilfe der Wechselstromrechnung.

Auf der imaginären Achse ($s = j\omega$) ist $H(s)$ gleich dem meßbaren Frequenzgang, mit dem die Übertragungseigenschaften für eine sinusförmige Erregung nach Betrag ($|H(j\omega)|$) und Phase ($\varphi = \sphericalangle H(j\omega)$) bzw. Gruppenlaufzeit ($\tau_g = -d\varphi/d\omega$) beschrieben werden.

Ist $H(s)$ bekannt, so wird aus $f_1(t)$ zunächst die Laplace-Transformierte $F_1(s)$ errechnet. Die Multiplikation mit $H(s)$ liefert wie in (1.3-3) die Laplace-Transformierte $F_2(s)$ der Ausgangsfunktion, aus der man $f_2(t)$ durch inverse Laplace-Transformation errechnet.

Mit Hilfe des Faltungssatzes der Laplace-Transformation kann man die gesuchte Zeitfunktion des Stromes auch im Zeitbereich angeben. Aus (1.3-3) erhält man

$$i(t) = h_0(t) * u_q(t) = \int_0^t h_0(t - \tau)\, u_q(\tau)\, d\tau. \tag{1.3-9}$$

Hier wird vorausgesetzt, daß $H(s)$ die für eine Laplace-Transformierte notwendigen und hinreichenden Bedingungen erfüllt. Bei den hier gegebenen rationalen Übertragungsfunktionen muß der Zähler von niedrigerem Grade sein als der Nenner, eine Bedingung, die im behandelten Beispiel erfüllt ist. Es gilt also

$$h_0(t) = \mathfrak{L}^{-1}\{H(s)\}.$$

Da die Laplace-Transformation eine umkehrbare eindeutige Beziehung schafft zwischen Zeitfunktion und Bildfunktion, ist das Netzwerk durch $h_0(t)$ ebenso vollständig gekennzeichnet wie durch die Übertragungsfunktion $H(s)$.

1.3.1.3 Weitere Beispiele für die Einschwingvorgänge von Netzwerken

1. Kompensierter Spannungsteiler. Der Eingangswiderstand der Anfangsstufe eines Vorverstärkers, der z. B. bei Oszillographen benutzt wird, hat wegen der unvermeidlichen Gitter-Katoden-Kapazität der Röhre eine kapazitive Komponente.

Ist zur Ausmessung höherer Spannungen ein Spannungsteiler erforderlich, so treten Verzerrungen des darzustellenden Kurvenverlaufs auf. Um sie zu vermeiden, überbrückt man den Vorwiderstand R_1 des Spannungsteilers durch eine Kapazität C_1 (Abb. 1.3-3). Zunächst wird der Übertragungsfaktor errechnet. Es ergibt sich nach den Regeln der Wechselstromrechnung:

$$H(s) = \frac{U_2(s)}{U_1(s)} = \frac{\dfrac{R_2 \dfrac{1}{sC_2}}{R_2 + \dfrac{1}{sC_2}}}{\dfrac{R_1 \dfrac{1}{sC_1}}{R_1 + \dfrac{1}{sC_1}} + \dfrac{R_2 \dfrac{1}{sC_2}}{R_2 + \dfrac{1}{sC_2}}}.$$

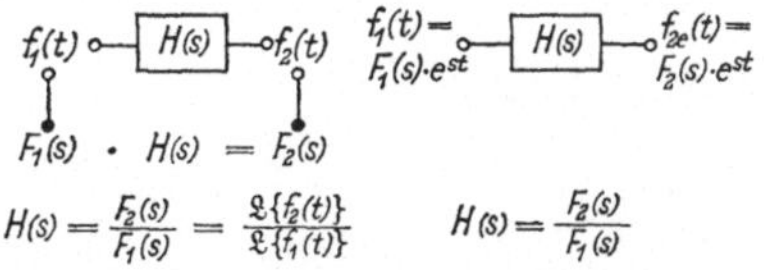

$$f_1(t) \circ\!\!-\!\!\boxed{H(s)}\!\!-\!\!\circ f_2(t) \qquad f_1(t) = F_1(s)\cdot e^{st} \circ\!\!-\!\!\boxed{H(s)}\!\!-\!\!\circ f_{2e}(t) = F_2(s)\cdot e^{st}$$

$$F_1(s) \cdot H(s) = F_2(s)$$

$$H(s) = \frac{F_2(s)}{F_1(s)} = \frac{\mathfrak{L}\{f_2(t)\}}{\mathfrak{L}\{f_1(t)\}} \qquad H(s) = \frac{F_2(s)}{F_1(s)}$$

Abb. 1.3-2. Zur Veranschaulichung der Berechnung von Einschwingvorgängen.

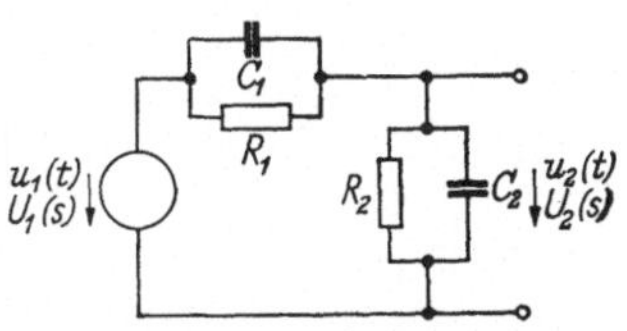

Abb. 1.3-3. Kompensierter Spannungsteiler.

Eine einfache Umformung führt auf

$$H(s) = \frac{C_1}{C_1 + C_2} \cdot \frac{s + \dfrac{1}{R_1 C_1}}{s + \dfrac{R_1 + R_2}{R_1 R_2 (C_1 + C_2)}}.$$

$u_1(t)$ sei nun eine Sprungfunktion der Höhe U_0.

$$u_1(t) = U_0 \delta_{-1}(t).$$

Hier ist $\delta_{-1}(t)$ definiert durch

$$\delta_{-1}(t) = \begin{matrix} 1 & t \geq 0, \\ 0 & t < 0. \end{matrix} \qquad\qquad (1.3\text{-}10)$$

Für die Laplace-Transformierte der Ausgangsspannung erhält man

$$U_2(s) = \frac{C_1}{C_1 + C_2} \frac{s + \dfrac{1}{R_1 C_1}}{s + \dfrac{R_1 + R_2}{R_1 R_2 (C_1 + C_2)}} \frac{U_0}{s}. \qquad\qquad (1.3\text{-}11)$$

Die beiden Grenzwertsätze der Laplace-Transformation gestatten zunächst die Berechnung der Werte von $u_2(t)$ bei $t = +0$ und $t = \infty$. Es ergibt sich

$$u_2(+0) = \lim_{s \to \infty} s U_2(s) = U_0 \frac{C_1}{C_1 + C_2},$$

$$u_2(\infty) = \lim_{s \to 0} s U_2(s) = U_0 \frac{R_2}{R_1 + R_2}.$$

Wie zu erwarten, bestimmen die Widerstände die Spannungsteilung im eingeschwungenen Zustand. Dagegen wird die Spannungsteilung im ersten Augenblick ausschließlich durch das Verhältnis der Kapazitäten bestimmt. Zwischen beiden Punkten findet ein Übergangsvorgang statt, den man nach Partialbruchzerlegung von (1.3-11) leicht angeben kann. Es ist

$$U_2(s) = \frac{R_2}{R_1 + R_2} \cdot \frac{U_0}{s} + \left[\frac{C_1}{C_1 + C_2} - \frac{R_2}{R_1 + R_2}\right] \frac{U_0}{s + \dfrac{R_1 + R_2}{R_1 R_2(C_1 + C_2)}} . \quad (1.3\text{-}12)$$

Die inverse Laplace-Transformation führt auf

$$u_2(t) = B_0 \, \delta_{-1}(t) + B_1 \cdot e^{-t/T}$$

mit

$$B_0 = \frac{R_2}{R_1 + R_2} \, U_0,$$

$$B_1 = \left[\frac{C_1}{C_1 + C_2} - \frac{R_2}{R_1 + R_2}\right] U_0,$$

$$T = \frac{R_1 R_2(C_1 + C_2)}{R_1 + R_2} . \quad (1.3\text{-}13)$$

Für $U_0 = 1$ sowie $R_1 = R_2$, d.h. $B_0 = 0,5$, ist in Abb.1.3-4 das Einschwingverhalten für verschiedene Werte von C_1 angegeben. Als Parameter wurde das Verhältnis der Zeitkonstanten $\alpha = R_1 C_1 / R_2 C_2$ gewählt, das in dem Fall $R_1 = R_2$ gleich dem Verhältnis der beiden Kapazitäten ist. Man erkennt, daß für $\alpha = 1$ der Spannungs-

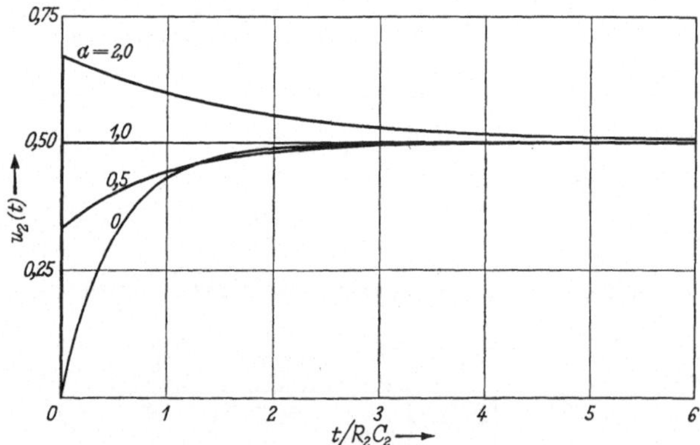

Abb.1.3-4. Einschwingvorgänge am kompensierten Spannungsteiler. Parameter $\alpha = R_1 C_1 / R_2 C_2$.

sprung ideal übertragen wird. In diesem Fall wird der Übertragungsfaktor nur durch das Verhältnis der Widerstände bestimmt ($H(s) = R_2/(R_1 + R_2)$), ist also eine Konstante. Da die Laplace-Transformation der Ausgangsspannung sich stets als Produkt von Übertragungsfunktion und Laplace-Transformierter der Eingangsspannung ergibt, wird in diesem Fall jede Eingangsfunktion ohne Verzerrung übertragen.

2. RC-Abzweigschaltung. Es wird eine Abzweigschaltung nach Abb. 1.3-5 untersucht, die aus Widerständen im Längszweig und Kondensatoren im Querzweig besteht. Anordnungen dieser Form lassen sich häufig als Idealisierungen von Wider-

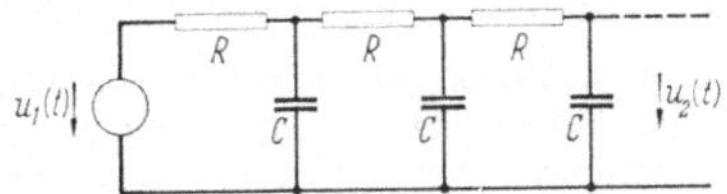

Abb. 1.3-5. Abzweigschaltung aus RC-Gliedern.

standsnetzwerken zur Übertragung von Spannungssprüngen auffassen, die an einzelnen Punkten kapazitiv belastet sind. Hier wird vereinfachend angenommen, daß alle Widerstände und alle Kondensatoren identisch sind. Als ein Glied der Schaltung wird die Kombination von einem Längswiderstand und einem Querkondensator bezeichnet. Für die Übertragungsfunktion der Abzweigschaltung erhält man bei einer Gliederzahl $n = 1 \cdots 4$:

$$n = 1 \quad H(s) = \frac{1}{1 + sT} \quad \text{mit} \quad T = RC,$$

$$n = 2 \quad H(s) = \frac{1}{1 + \binom{3}{1} sT + s^2 T^2} = \frac{1}{1 + 3sT + s^2 T^2},$$

$$n = 3 \quad H(s) = \frac{1}{1 + \binom{4}{2} sT + \binom{5}{1} s^2 T^2 + s^3 T^3} = \frac{1}{1 + 6sT + 5s^2 T^2 + s^3 T^3},$$

$$n = 4 \quad H(s) = \frac{1}{1 + \binom{5}{3} sT + \binom{6}{2} s^2 T^2 + \binom{7}{1} s^3 T^3 + s^4 T^4}. \tag{1.3-14}$$

Das Bildungsgesetz der Koeffizienten des Nenners ist ohne weiteres zu erkennen. Die Ableitung dieser Formeln läßt sich aus einer allgemeinen Untersuchung über Abzweigschaltungen in [3] leicht entwickeln. Daraus lassen sich auch die Beziehun-

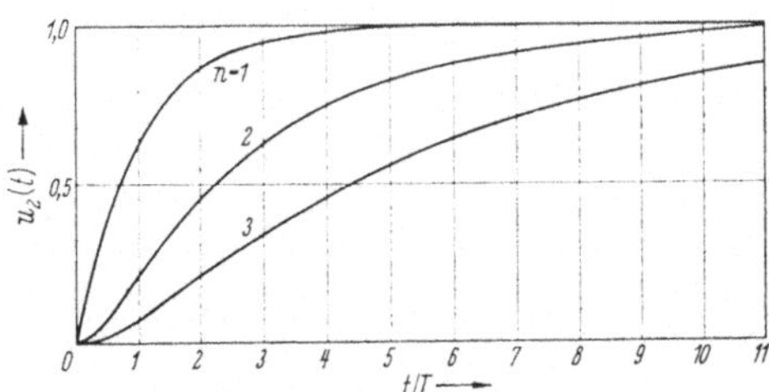

Abb. 1.3-6. Sprungantwort einer Abzweigschaltung
aus RC-Gliedern für verschiedene Gliederzahl n.

gen für eine Kette von ungleichen RC-Gliedern herleiten. Die Ausgangsfunktion einer Kette mit n Gliedern bei Erregung durch einen Sprung der Höhe $U_0 = 1$ zeigt Abb. 1.3-6 für $n = 1, 2$ und 3. Entsprechend dem höher werdenden Gradunterschied von Zähler und Nenner schmiegt sich die Ausgangsfunktion mit wachsendem n in der Umgebung des Nullpunktes stärker der Nullinie an. Durch eine Entwicklung der Laplace-Transformierten der Ausgangsfunktion nach Gliedern der Form $(1/s)^{\nu}$ und anschließende Überführung in den Zeitbereich kann man zeigen, daß die Potenzreihenentwicklung der Ausgangsfunktion mit einem Glied $(t/T)^{n}$ beginnt. Hier ist n wieder die Zahl der Glieder der Kette.

3. Stromkreis mit Gegeninduktivität. Als Beispiel für ein Netzwerk mit Übertrager wird die in Abb. 1.3-7 angegebene Schaltung untersucht, aus der sich durch Spezialisierung eine Reihe von technisch wichtigen Schaltungen ableiten lassen. Es sind

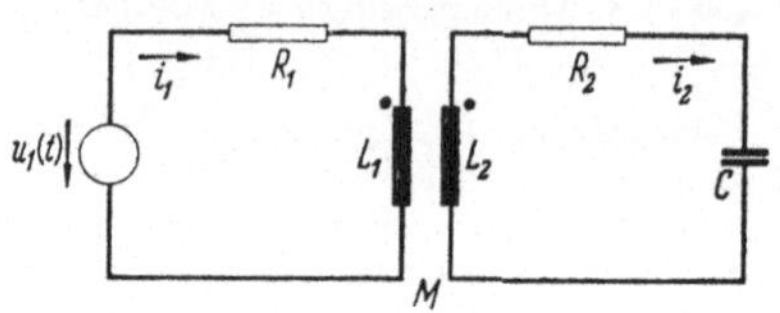

Abb. 1.3-7. Netzwerk mit Gegeninduktivität.

2 Stromkreise vorhanden, die magnetisch gekoppelt sind. Ein im Primärkreis fließender Strom $i_1(t)$ ruft den Strom $i_2(t)$ im Sekundärkreis hervor. Umgekehrt beeinflußt $i_2(t)$ auch rückwärts den Verlauf von $i_1(t)$. Für den mit beiden Wicklungen verketteten Fluß ist die gemeinsame Durchflutung durch $i_1(t)$ und $i_2(t)$ maßgebend. R_1 und R_2 können als die Wicklungswiderstände, C als die konzentriert angenommene Wicklungskapazität aufgefaßt werden. Die hier behandelten Schaltvorgänge sind z.B. wichtig bei der Untersuchung von Relais mit Verzögerungswicklung, Spulen im Funkenlöschkreis, Steuerwicklungen von Magnetverstärkern und Impulstransformatoren.

Für die Schaltung nach Abb. 1.3-7 lauten die Maschengleichungen für die komplexen Amplituden:

$$U_1(s) = I_1(s)\,(R_1 + sL_1) - I_2 sM,$$

$$0 = -I_1(s)\,sM + I_2\left(sL_2 + R_2 + \frac{1}{sC}\right). \qquad (1.3\text{-}15)$$

Die Berechnung der Ströme führt auf

$$I_1 = \frac{s^2 L_2 + sR_2 + \dfrac{1}{C}}{s^3(L_1 L_2 - M^2) + s^2(R_1 L_2 + R_2 L_1) + s\left(R_1 R_2 + \dfrac{L_1}{C}\right) + \dfrac{R_1}{C}}\, U_1(s),$$

$$\qquad\qquad\qquad\qquad\qquad\qquad\qquad\qquad\qquad\qquad (1.3\text{-}16)$$

$$I_2 = \frac{s^2 M}{s^3(L_1 L_2 - M^2) + s^2(R_1 L_2 + R_2 L_1) + s\left(R_1 R_2 + \dfrac{L_1}{C}\right) + \dfrac{R_1}{C}}\, U_1(s).$$

Zur Vereinfachung wird zunächst angenommen, daß die beiden gekoppelten Spulen gleich groß sind und die Kapazität als überbrückt angesehen werden kann. Es sei

$$L_1 = L_2 = L,\ R_1 = R_2 = R,\ \frac{1}{C} = 0.$$

Man erhält nach Kürzen mit L^2, wenn man noch $R/L = 1/T$ setzt:

$$I_1 = \frac{1}{L}\,\frac{s + \dfrac{1}{T}}{s^2\left(1 - \left(\dfrac{M}{L}\right)^2\right) + 2\,\dfrac{s}{T} + \left(\dfrac{1}{T}\right)^2}\,U_1(s),$$

$$I_2 = \frac{1}{L}\,\frac{s\,\dfrac{M}{L}}{s^2\left(1 - \left(\dfrac{M}{L}\right)^2\right) + 2\,\dfrac{s}{T} + \left(\dfrac{1}{T}\right)^2}\,U_1(s). \tag{1.3-17}$$

Abb. 1.3-8 zeigt den Verlauf der Ströme $i_1(t)$ und $i_2(t)$, wenn für die Spannung eine Sprungfunktion $u_1(t) = U_0\,\delta_{-1}(t)$ angenommen wird, bei verschiedenen Werten des Parameters M/L. Bei $M/L = 1$ liegt feste Kopplung vor. In diesem Fall springen beide Ströme, während der für den im Kern auftretenden Fluß maßgebende Strom $i_1 - i_2$ nicht springen kann. Ist $M/L = 0$, so tritt kein Strom $i_2(t)$ auf, während $i_1(t)$ den im ersten Bild von Abb. 1.3-8 mit i_{10} bezeichneten Verlauf hat.

Hat die Kapazität C einen endlichen Wert, so können gedämpfte Schwingungen ausgelöst werden, die vom Sekundärkreis auf den Primärkreis zurückwirken. Abb. 1.3-9 zeigt in den Teilbildern a und b zunächst die Ströme $i_1(t)$ und $i_2(t)$ bei festgehaltenem R und C für zwei verschiedene Kopplungen. Im Bild c wurde ein wesentlich verringertes C sowie ein verkleinertes R angenommen. Hier wird die

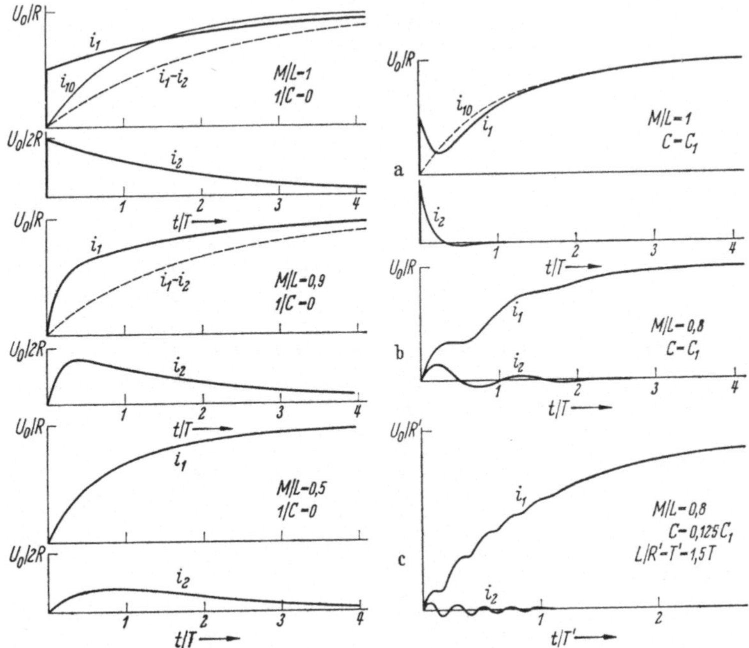

Abb. 1.3-8. Schaltvorgänge in dem Netzwerk nach Abb. 1.3-7 für $C \to \infty$.

Abb. 1.3-9. Schaltvorgänge in dem Netzwerk nach Abb. 1.3-7 für endliche Werte von C.

Frequenz der Eigenschwingung größer. Gleichzeitig wird die Schwingung wegen der Verkleinerung der Dämpfung deutlicher.

4. Abtast- und Haltekreis. Als Beispiel für ein Netzwerk, bei dem im Schaltaugenblick eine gewisse Anfangsenergie vorhanden ist und bei dem daher Anfangswerte zu berücksichtigen sind, wird ein Abtast- und Haltekreis nach Abb. 1.3-10

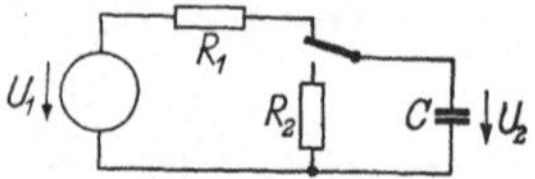

Abb. 1.3-10. Prinzipschaltung eines Abtast- und Haltekreises.

betrachtet. Anordnungen dieser Art werden häufig in Pulsmodulationsschaltungen verwendet. Eine Eingangsspannung $u_1(t)$ wird über einen Widerstand R_1 (Innenwiderstand der Quelle) an einen Kondensator C gelegt. Nach einer gewissen Zeit schaltet der Kontakt auf einen Widerstand R_2 um, der als Belastungswiderstand des Abtast- und Haltekreises durch die nachfolgende Schaltung aufgefaßt werden kann. Wenn die Zeitkonstante $T_1 = R_1 C$ sehr klein ist, wird die Spannung an C der Spannung $u_1(t)$ relativ schnell folgen können, während bei großem Wert für $T_2 = R_2 C$ die Spannung u_2 den Wert im Umschaltaugenblick in guter Annäherung beibehalten wird. Im Idealfall würde man mit $T_1 = 0$ und $T_2 \to \infty$ bei genügend kurzer Anschaltung von $u_1(t)$ an den Kondensator einen treppenförmigen Verlauf der Ausgangsspannung $u_2(t)$ bekommen. Dabei ist an den Unstetigkeitsstellen $u_2 = u_1$ (jeweils Grenzwerte von rechts).

Das Verhalten des Kreises in den beiden Schaltzuständen wird durch die folgenden beiden Differentialgleichungen beschrieben:

Zustand 1:
$$(u_2 - u_1)\frac{1}{R_1} + C\,\frac{du_2}{dt} = 0,$$

$$(1.3\text{-}18)$$

Zustand 2:
$$u_2\,\frac{1}{R_2} + C\,\frac{du_2}{dt} = 0.$$

Es ist nun zu beachten, daß die Umschaltung in den Zustand 1 in einem Augenblick t_1 erfolgt, in dem am Kondensator eine Spannung $u_2(t_1)$ vorhanden ist. Im Zeitpunkt t_2 wird in den Zustand 2 umgeschaltet. Die Kondensatorspannung ist jetzt $u_2(t_2)$. Für die Anwendung der Regeln der Laplace-Transformation können beide Schaltaugenblicke in den Punkt $t = 0$ verlegt werden, wobei die Spannungen $u_2(t_1)$ bzw. $u_2(t_2)$ bei der Anwendung des Differentiationssatzes als Anfangswerte $u_2(+0)$ berücksichtigt werden müssen. Man erhält

Zustand 1:
$$U_2(s) = \frac{\dfrac{U_1(s)}{T_1} + u_2(t_1)}{s + \dfrac{1}{T_1}},$$

$$(1.3\text{-}19)$$

Zustand 2:
$$U_2(s) = u_2(t_2)\,\frac{1}{s + \dfrac{1}{T_2}}.$$

Hier sind T_1 und T_2 wie oben definiert. In Abb. 1.3-11 ist der Verlauf von $u_2(t)$ für eine Eingangsspannung $u_1(t)$ gezeichnet, von der angenommen wird, daß sie

während der allein interessierenden Anschaltung an den Kondensator konstante
Werte hat. In praktischen Fällen ist das dadurch erfüllt, daß dieses Zeitintervall
außerordentlich kurz ist. Für das Verhältnis der beiden Zeitkonstanten wurde

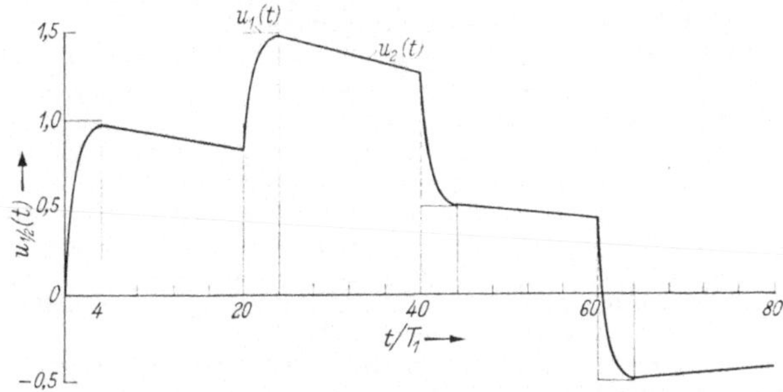

Abb. 1.3-11. Ausgangsspannung $u_2(t)$ eines Abtast- und Haltekreises, wenn die Eingangsspannung den gezeichneten Verlauf hat.

$T_2/T_1 = 100$ gewählt, um die Vorgänge deutlich darstellen zu können. In realen
Abtast- und Haltekreisen wird das Verhältnis wesentlich größer gewählt, so daß
der gewünschte treppenförmige Verlauf der Spannung $u_2(t)$ mit guter Näherung
erreicht wird.

1.3.1.4 Berechnung des Einschwingvorganges aus der Übertragungsfunktion. Bei
allen Netzwerken, die aus den konzentrierten Elementen Widerstand, Induktivität,
Kondensator sowie Übertragern und linear angenommenen verstärkenden Elementen bestehen, kann man wie in den im letzten Abschnitt diskutierten Beispielen eine
rationale Übertragungsfunktion als Quotient der Laplace-Transformierten von
Ausgangs- und Eingangsfunktion angeben. Es gilt also immer

$$H(s) = \frac{\sum\limits_{\mu=0}^{m} b_\mu s^\mu}{\sum\limits_{\nu=0}^{n} c_\nu s^\nu} = K \frac{\prod\limits_{\mu=1}^{m} (s - s_{0\mu})}{\prod\limits_{\nu=1}^{n} (s - s_{\infty\nu})}. \tag{1.3-20}$$

Hier sind die Koeffizienten b_μ und c_ν notwendig reell. Daraus folgt

$$H(s^*) = H^*(s). \tag{1.3-21}$$

Die Pole $s_{\infty\nu}$ und die Nullstellen $s_{0\mu}$ müssen daher stets auf der reellen Achse oder
in konjugiert komplexen Paaren in der s-Ebene liegen. K ist eine reelle Konstante.
Die Pole $s_{\infty\nu}$ können ebenso wie die Nullstellen $s_{0\mu}$ mehrfach auftreten.

Ein Einschwingvorgang enthält immer einen Anteil, der sich aus den Eigenschwingungen des Netzwerkes ergibt. Man erhält sie wie im Beispiel des Abschnittes
1.3.1.2 aus einer Partialbruchzerlegung der Funktion $H(s)$. Dabei treten Terme
der Form

$$\frac{B_\nu}{s - s_{\infty\nu}} \quad \text{bzw. bei mehrfachen Polen} \quad \frac{B_{\nu\varkappa}}{(s - s_{\infty\nu})^\varkappa} \quad \text{auf.}$$

Die Rücktransformation in den Zeitbereich liefert Anteile der Form $B_\nu e^{s_{\infty\nu}t}$
bzw. $\dfrac{B_{\nu\varkappa}\, t^{\varkappa-1}}{(\varkappa - 1)!}\, e^{s_{\infty\nu}t}$. Aus der Betrachtung dieser Einschwinganteile folgen die
Stabilitätsbedingungen eines Systems.

Bei einem *stabilen System* klingt der Einschwinganteil nach Null ab. Dazu ist notwendig und hinreichend, daß die Realteile aller Pole negativ sind und der Grad m des Zählers höchstens gleich dem Grad n des Nenners ist.

Ein *bedingt stabiles System* ist dadurch gekennzeichnet, daß der Einschwinganteil sinusförmige Schwingungen konstanter Amplitude enthält. In diesem Fall liegen unter Umständen mehrere Pole $s_{\infty\nu}$, die aber einfach sein müssen, auf der imaginären Achse. Weiter darf m den Wert n höchstens um 1 übersteigen. Bei einem bedingt stabilen System wächst die Ausgangsfunktion über alle Grenzen, wenn mit einer sinusförmigen Schwingung erregt wird, deren Frequenz gleich einer der auf der imaginären Achse liegenden Eigenfrequenzen des Systems ist.

Bei einem *instabilen System* wächst der Einschwinganteil stets unbegrenzt an. Hierzu muß mindestens ein Pol im Inneren der rechten Halbebene oder ein mehrfacher Pol auf der imaginären Achse liegen oder der Grad m des Zählers den Grad n des Nenners wenigstens um 2 übersteigen. Die Untersuchungen der Stabilitätseigenschaften von Systemen werden z.B. in [4 bis 7] beschrieben.

Die Berechnung eines Einschwingvorganges bei bekannter Übertragungsfunktion $H(s)$ und bekannter Eingangsfunktion wurde schematisch schon an Hand von Abb. 1.3-2 erläutert. Sie erfordert unter den gemachten Voraussetzungen im wesentlichen zwei Rechenschritte. Davon ist die Bestimmung der Laplace-Transformierten der Eingangsfunktion $f_1(t)$ dann sehr einfach, wenn $f_1(t)$ als Linearkombination von Funktionen der Form $t^{\varkappa} e^{s_q t}$ geschrieben werden kann. In diesem Fall erhält man für $F_1(s)$ einen rationalen Ausdruck.

Bei bereichsweise verschieden definierten, z.B. auch bei zeitlich begrenzten Funktionen ist häufig eine Darstellung durch eine Überlagerung von zeitlich gegeneinander verschobenen Funktionen der oben genannten Form möglich. Dann läßt sich die Laplace-Transformierte mit Hilfe des Verschiebungssatzes unmittelbar angeben. Dieser Fall tritt z.B. auf, wenn die praktisch gegebene Eingangsfunktion eines Systems nicht mehr durch die Sprungfunktion $\delta_{-1}(t)$ entsprechend (1.3-10) genügend genau angenähert werden kann, sondern eine Anstiegszeit endlicher Größe berücksichtigt werden muß. Man arbeitet dann z.B. mit der in Abb. 1.3-12 dargestellten Rampenfunktion

$$f_\mathrm{R}(t) = \delta_{-2}(t) - \delta_{-2}(t - T) = r(t) * \delta_{-1}(t).\qquad (1.3\text{-}22)$$

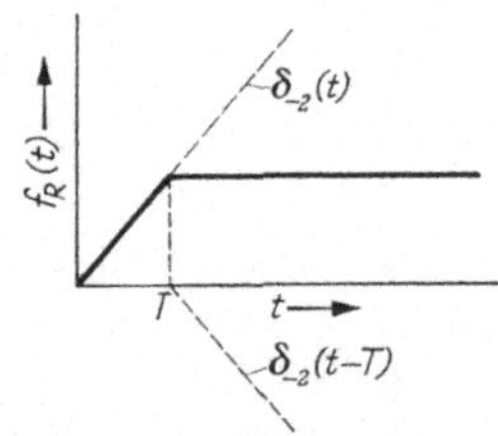

Abb. 1.3-12. Rampenfunktion $\delta_{-2}(t)$.

Diese Funktion ist hier entweder als Differenz zweier gegeneinander um T verschobener Funktionen

$$\delta_{-2}(t) = \begin{cases} t & t \geq 0 \\ 0 & t < 0 \end{cases}\qquad (1.3\text{-}23)$$

oder als Faltung einer Rechteckfunktion

$$r(t) = \begin{cases} 1 & 0 \leq t \leq T \\ 0 & \text{sonst} \end{cases}\qquad (1.3\text{-}24)$$

mit der Sprungfunktion dargestellt. Für die Laplace-Transformierte ergibt sich

$$\mathfrak{L}\{f_R(t)\} = \frac{1}{s^2}\,[1 - e^{-sT}] = \frac{1}{s}\,[1 - e^{-sT}]\,\frac{1}{s}\,. \qquad (1.3\text{-}25)$$

Wird ein System mit der Übertragungsfunktion $H(s)$ durch die Rampenfunktion erregt, so folgt für die Laplace-Transformierte der Ausgangsfunktion

$$F_2(s) = \frac{1}{s^2}\,H(s) - \frac{1}{s^2}\,H(s)\,e^{-sT} \qquad (1.3\text{-}26)$$

oder

$$F_2(s) = \frac{1}{s}\,[1 - e^{-sT}]\,\frac{1}{s}\,H(s)$$

und für die Ausgangszeitfunktion $f_2(t)$

$$f_2(t) = h_{-2}(t) - h_{-2}(t - T)$$

oder $\qquad\qquad\qquad\qquad\qquad\qquad\qquad\qquad\qquad\qquad\qquad (1.3\text{-}27)$

$$f_2(t) = r(t) * h_{-1}(t)\,.$$

Hier sind $h_{-2}(t)$ die Reaktion des Systems auf eine Erregung mit $\delta_{-2}(t)$ und $h_{-1}(t)$ die Sprungantwort.

Die Rücktransformation der Funktion $F_2(s)$ in den Zeitbereich erfordert im allgemeinen einen wesentlich größeren Rechenaufwand. Man verwendet dazu meist nicht das bei der Definition der Laplace-Transformation angegebene Umkehrintegral, sondern führt eine Partialbruchzerlegung von $F_2(s)$ durch. Das ist zumindest dann möglich, wenn $F_2(s)$ rational ist. Aber auch im Fall einer Erregung mit einer Funktion $f_1(t)$, die aus zeitlich gegeneinander verschobenen Elementarfunktionen besteht, kann man mit der Partialbruchzerlegung arbeiten, wenn jede der Teilfunktionen $f_{1\nu}(t)$ zu einer rationalen Teilfunktion $F_{1\nu}(s)$ führt.

Nicht rationale Laplace-Transformierte $F_2(s)$ treten z.B. bei der Untersuchung von Schaltvorgängen in Kabeln auf. Hier wird das Zeitverhalten primär durch partielle Differentialgleichungen beschrieben. Beispiele finden sich in [8 und 9].

Die folgenden Beispiele zeigen das Einschwingverhalten von Systemen, deren Übertragungsfunktionen gegeben sind. Die Realisierung durch passive oder aktive Netzwerke ist in vielfacher Weise möglich. Sie ist Gegenstand der Netzwerksynthese und wird hier nicht behandelt.

Zunächst wird der Einschwingvorgang eines sogenannten Cauer-Filters gezeigt, wie es vor allem in Trägerfrequenzsystemen der Fernsprechübertragung vielfach verwendet wird. Gewählt wurde ein Tiefpaß 6. Grades mit der von *Saal* eingeführten Bezeichnung C 06 25 60 c 10. Das Filter hat im Sperrbereich $1 \leq \Omega \leq \infty$ eine Mindestdämpfung von 40 dB und im Durchlaßbereich $0 \leq \Omega \leq 0{,}8375$ einen Reflexionsfaktor von höchstens 25% entsprechend einer Dämpfung von maximal 0,3 dB. Die Pole und Nullstellen des Filters wurden dem Katalog [11] entnommen und, wie oben angegeben, auf die Sperrgrenze $f_s = 1$ umnormiert.

Abb.1.3-13 zeigt die Sprungantwort dieses Systems in Abhängigkeit von der normierten Zeit $t \cdot f_s$. Bemerkenswert ist das hohe Überschwingen von mehr als 12%, das die Verwendung in Datenübertragungsanlagen praktisch ausschließt (vgl. Abschnitt 1.3.1.6).

Die meisten Nachrichtenübertragungskanäle sind Bandpässe. Das Einschwingverhalten von bandpaßförmigen Systemen ist daher von großer Bedeutung. *Küpfmüller* hat an idealisierten Kanälen gezeigt, daß man ihr Einschwingverhalten zumindest bei schmalen symmetrischen Bandpässen auf das von Tiefpässen zurückführen kann [12]. Schaltet man am Eingang dieser Bandpässe eine sinusförmige Funktion, deren Frequenz gleich der Mittenfrequenz des Bandpasses ist, so hat der

entstehende Einschwingvorgang eine Einhüllende, die gleich der Sprungantwort eines
äquivalenten Tiefpasses ist. Für realisierbare Systeme, deren Übertragungsfunktion
rational ist, wurde das Problem in [7, 13 und 14] behandelt. Hier soll nur der Einschwingvorgang eines Bandpasses gezeigt werden, der aus einem Cauer-Filter

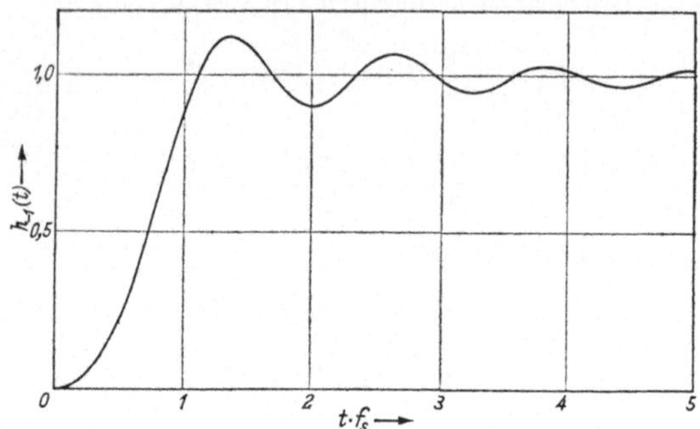

Abb. 1.3-13. Sprungantwort des Cauer-Filters C 062560 c.

C 04 25 35 c [11] durch sogenannte multiplikative Transformation [15] entwickelt
wurde. Ist $H_{\mathrm{TP}}(s)$ die Übertragungsfunktion des Tiefpasses, so gewinnt man bei
dieser Transformation die des Bandpasses mit

$$H_{\mathrm{BP}}(s) = s^{\varkappa} H_{\mathrm{TP}}(s - \mathrm{j}\omega_0)\, H_{\mathrm{TP}}(s + \mathrm{j}\omega_0). \qquad (1.3\text{-}28)$$

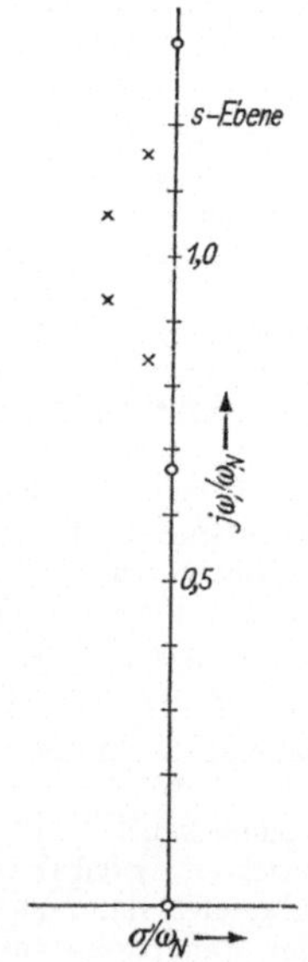

Abb. 1.3-14. Pole und Nullstellen des im Beispiel behandelten Bandpasses ($\omega_N \mathrel{\widehat{=}} \omega_0$).

Hier ist ω_0 die Mittenfrequenz des Bandpasses. Der Grad $\varkappa$ der zusätzlichen Nullstellen im Nullpunkt wird zweckmäßig gewählt. Im hier behandelten Beispiel erfolgte die Transformation so, daß die Bandmitte bei $\Omega = 1$ lag. Die Sperrgrenze des Tiefpasses lag bei $\Omega_\mathrm{s} = 0{,}298$, die Bandbreite des Bandpasses (Abstand der beiden Sperrgrenzen) entsprechend bei 0,596. Die Lage der Pole und Nullstellen wird durch Abb. 1.3-14 veranschaulicht. In Abb. 1.3-15 ist der Einschwingvorgang (a)

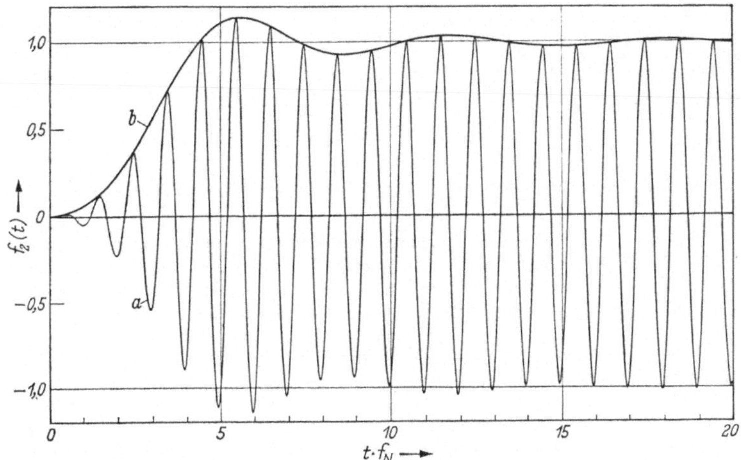

Abb. 1.3-15. a Einschwingverhalten des Bandpasses bei Einschalten von $\sin 2\pi f_0 t$, b Sprungantwort des zugehörigen Tiefpasses ($f_N \widehat{=} f_0$).

gezeigt, wenn am Eingang des Systems eine sinusförmige Funktion geschaltet wird, deren Frequenz in der Bandmitte liegt. Diese Frequenz wurde zugleich als normierend für die Darstellung des Zeitvorganges gewählt. Die Sprungantwort des Tiefpasses $H_{\mathrm{TP}}(s)$ wurde unabhängig berechnet und in dasselbe Diagramm eingezeichnet (b). Man erkennt, daß zumindest in diesem Beispiel keine merkbaren Unterschiede bestehen zu der Einhüllenden des Einschwingvorganges beim Bandpaß.

Von großem Interesse z. B. für die Datenübertragung im Frequenzvielfach ist der Fall, daß eine Reihe von Kanalfiltern einseitig parallel geschaltet sind und so mit einer geschalteten Sinusschwingung erregt werden. Für eines der Filter wird im allgemeinen die Erregung im Durchlaßbereich erfolgen und etwa zu einer Reaktion wie der in Abb. 1.3-15 gezeigten führen. Die übrigen Filter sollen entsprechend dem Wunsch nach einer möglichst großen Nebensprechdämpfung eine vergleichsweise sehr geringe Reaktion zeigen. Dazu ist nun nicht nur erforderlich, daß ein Filter in den Durchlaßbereichen der Nachbarkanäle eine ausreichende Sperrdämpfung hat. Die Erfüllung dieser Bedingung würde nur sicherstellen, daß der früher diskutierte Erregeranteil ausreichend klein ist. Ein sehr störendes Nebensprechen kommt aber durch den Einschwinganteil zustande. Zur Erläuterung wurde der Einschwingvorgang des eben behandelten Bandpasses gerechnet, wenn auf seinen Eingang eine sinusförmige Spannung der Frequenz $f_1 = 1{,}3243 \cdot f_0$ gegeben wird. Dies ist gerade die Frequenz eines Dämpfungspoles dieses Filters [Nullstelle von $H_{\mathrm{BP}}(s)$]. Der Erregeranteil verschwindet also identisch. Abb. 1.3-16 zeigt, daß trotzdem ein erheblicher Einschwinganteil zustande kommt, dessen Höchstwert mehr als 20% der Amplitude des Erregeranteiles in Abb. 1.3-15 beträgt. Diesem sogenannten dynamischen Nebensprechen läßt sich nur durch Formung der Eingangsfunktion vor dem Zusammenschalten der Filter entgegenwirken.

Im Falle einer sinusförmigen Erregung, wie sie in diesen Beispielen angenommen wurde, kann der Erregeranteil bei bekannter Übertragungsfunktion unmittelbar angegeben werden. Interessiert bei einer beliebigen periodischen Erregung der ein-

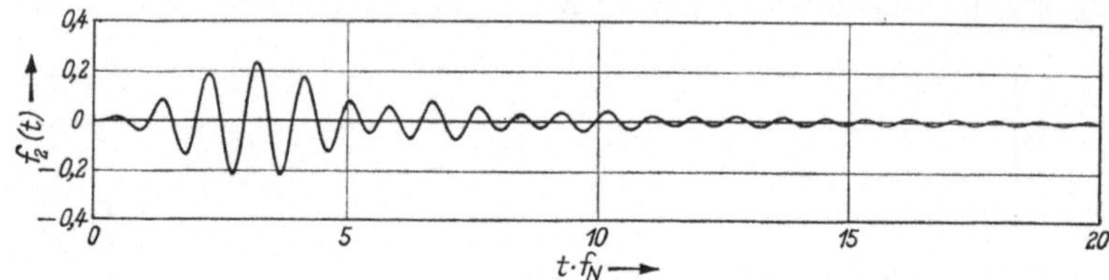

Abb. 1.3-16.
Einschwingverhalten des Bandpasses bei Einschalten von $\sin 2\pi f_1 t$ mit $f_1 = 1{,}3243 f_0 (f_N \mathrel{\widehat{=}} f_0)$.

geschwungene Zustand, so ist zunächst eine Überlagerung der einzelnen Erregeranteile möglich, die man nach einer Fourier-Zerlegung der Eingangsfunktion getrennt berechnen kann. In der Literatur werden auch andere Methoden angegeben, bei denen allerdings der numerische Aufwand ebenfalls nicht gering ist (z.B. [16, 17]).

Häufig werden die Eigenschaften des betrachteten Systems nicht durch eine in der ganzen s-Ebene definierte Übertragungsfunktion $H(s)$, sondern nur für $s = \mathrm{j}\omega$ beschrieben. Dieser Fall liegt z.B. vor, wenn idealisierte Annahmen über den Verlauf des Betrages und der Phase in Abhängigkeit von ω gemacht werden oder wenn der Frequenzgang $H(\mathrm{j}\omega)$ meßtechnisch ermittelt worden ist. In diesen Fällen werden die Schaltvorgänge mit Hilfe der Fourier-Transformation errechnet. Dabei erhält man die Ausgangsfunktion des Systems aus

$$f_2(t) = \frac{1}{2\pi} \int\limits_{-\infty}^{+\infty} H(\mathrm{j}\omega)\, F_1(\mathrm{j}\omega)\, \mathrm{e}^{\mathrm{j}\omega t}\, \mathrm{d}\omega. \tag{1.3-29}$$

Hier ist $F_1(\mathrm{j}\omega)$ die Fourier-Transformierte der Eingangszeitfunktion, die man gemäß

$$F(\mathrm{j}\omega) = \int\limits_{0}^{\infty} f(t)\, \mathrm{e}^{-\mathrm{j}\omega t}\, \mathrm{d}\omega \tag{1.3-30}$$

gewinnt. Bei realen Übertragungssystemen ist $H(\mathrm{j}\omega)$ eine analytische Funktion. Es besteht daher eine enge Bindung zwischen ihrem Realteil und Imaginärteil. Bei den erwähnten idealisierten Annahmen über die Übertragungsfunktion wird diese Bindung in der Regel nicht beachtet. Die bei diesen Systemen als Antwort auf Schaltvorgänge am Eingang erhaltenen Ausgangsfunktionen existieren dann für alle, auch für negative Werte der Zeitvariablen t. Das Ergebnis ist also sicher irreal, wenn man nicht eine unendlich große Laufzeit im System annehmen will. Trotzdem kommt man bei dieser Betrachtung zu sehr wichtigen Zusammenhängen z.B. zwischen Einschwingzeit und Bandbreite und Schwankungen der Übertragungsfunktion und Überschwingen. Auch der Einfluß charakteristischer Phasengänge läßt sich sehr gut ermitteln. Eine ausführliche Behandlung findet sich z.B. in [12, 17 und 18].

Wurde $H(\mathrm{j}\omega)$ meßtechnisch bestimmt, so ist es möglich, entweder nur mit dem Realteil oder dem Imaginärteil zu arbeiten (z.B. [19]). Man erhält beispielsweise die Sprungantwort eines Systems als

$$h_{-1}(t) = H(0) + \frac{2}{\pi} \int\limits_{0}^{\infty} \frac{Q(\omega)}{\omega} \cos \omega\, t\, \mathrm{d}\omega \tag{1.3-31}$$

und für die Impulsantwort

$$h_0(t) = \frac{1}{2\pi} \int\limits_{-\infty}^{+\infty} H(j\omega)\, e^{j\omega t}\, d\omega = \frac{2}{\pi} \int\limits_0^{\infty} P(\omega) \cos \omega t\, d\omega . \qquad (1.3\text{-}32)$$

Hier sind $P(\omega)$ und $Q(\omega)$ Real- bzw. Imaginärteil der Übertragungsfunktion $H(j\omega)$. Die näherungsweise Auswertung derartiger Integrale ist numerisch mit einer digitalen Rechenmaschine möglich. Die dafür entwickelten Verfahren lassen sich aber auch noch, eventuell unter Verwendung tabellierter Hilfsfunktionen, von Hand anwenden (z. B. [4, 19, 20]).

Abb.1.3-17 erläutert eine dieser Methoden. Der Realteil des Frequenzganges wird in eine Anzahl von Trapezen zerlegt, welche den gegebenen Verlauf über einen möglichst großen Bereich der ω-Achse gut annähern. Jedes Trapez wird durch die

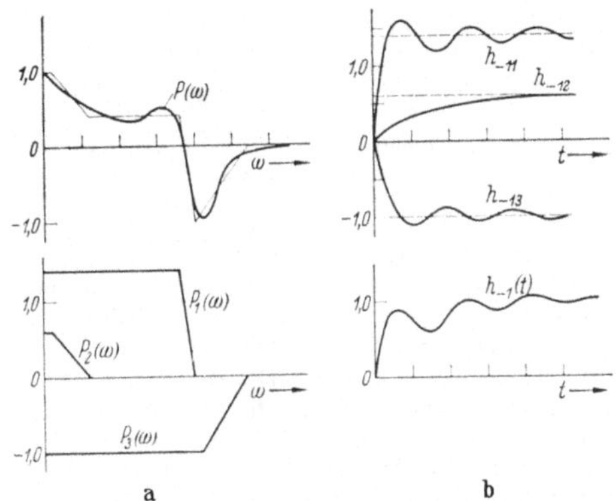

a   b

Abb.1.3-17. Die Zerlegung des Realteils eines Frequenzganges in Trapeze (a). Die zu den Teilfrequenzgängen gehörigen Übergangsfunktionen und die Endlösung (b).

Höhe (mit Vorzeichen), die Basislänge und die Neigung der schrägen Kante beschrieben. Die beiden letzten Kennwerte bestimmen den Verlauf der zu dem betreffenden Teilfrequenzgang gehörenden Zeitfunktion, so gehört zu $P_1(\omega)$ der Beitrag $h_{-11}(t)$ in Abb.1.3-17b, zu $P_2(\omega)$ der Beitrag $h_{-12}(t)$ usw. Die Zeitfunktionen sind in geeigneter Weise tabelliert für eine hinlängliche Anzahl von Parameterwerten, so daß die Anpassung an eine bestimmte Aufgabe keine Schwierigkeiten macht. Durch Addition der einzelnen Beiträge h_{-11}, h_{-12}, ... erhält man schließlich die Übergangsfunktion $h_{-1}(t)$.

Ein sehr wertvolles Hilfsmittel zur Berechnung von Schaltvorgängen, nicht nur in linearen Systemen, ist der elektronische Analogrechner. Seine Anwendung wird im Band II, Abschnitt 6.2.2 *Programmierung von Analog- und Hybridsystemen* dieses Buches dargestellt. Dort finden sich weitere Literaturangaben.

1.3.1.5 Bemerkungen zur numerischen Berechnung von Schaltvorgängen in linearen Systemen. Die numerische Berechnung eines Einschwingvorganges mit Hilfe des durch Abb.1.3-2 geschilderten Verfahrens kann auch bei rationalen Übertragungsfunktionen der Ordnung $n \geq 3$ praktisch nur mit Hilfe digitaler Rechenmaschinen erfolgen. Das gilt sowohl für die Berechnung der Polstellen der Übertragungsfunktion $s_{\infty\nu}$ als auch für die Berechnung der Koeffizienten der Partialbruchzerlegung und schließlich auch für die Tabellierung des Zeitvorganges. Eine eingehende Untersuchung über die Verfahren zur Berechnung der Residuen auf einer

Digitalmaschine findet sich in [21]. Bei Systemen sehr hoher Ordnung ($n \geq 20$) bzw. Systemen, die Pole mit einer Vielfachheit $\varkappa \geq 4$ oder sehr eng benachbarte Pole haben, treten aber auch bei Verwendung von Digitalrechnern große Schwierigkeiten auf. Da die einzelnen Summanden des Einschwingvorganges außerordentlich groß werden können, aber verschiedenes Vorzeichen haben, ergibt sich der Gesamtvorgang als Differenz von Zahlen gleicher Größenordnung [21]. In diesen Fällen versagt die Berechnung über die Laplace-Transformation ebenso wie dann, wenn die Eingangsfunktion nicht als analytischer Ausdruck, sondern z.B. punktweise gegeben ist. Man kann dann z.B. nach einem Verfahren arbeiten, das in [22] beschrieben ist. Es beruht auf der Darstellung der Übertragungsfunktion $H(s)$ als Produkt von elementaren Teilübertragungsfunktionen bzw. die gedankliche Zerlegung des Gesamtsystems in Teilsysteme, die rückwirkungsfrei in Kette zu schalten sind (Abb. 1.3-18). Die Eingangsfunktion eines Teilsystems ist als Wertefolge gege-

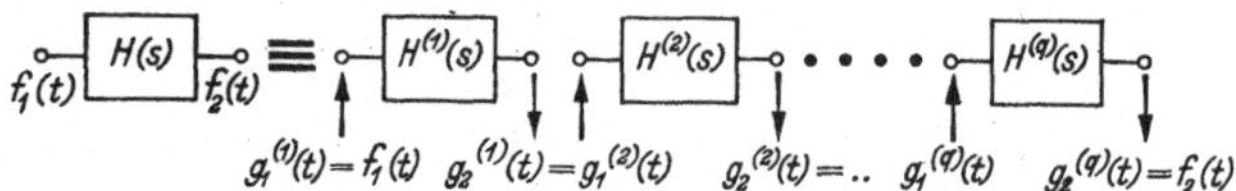

Abb. 1.3-18. Zur numerischen Berechnung von Einschwingvorgängen mit Hilfe einer Kaskade von Teilsystemen.

ben, die Berechnung der zugehörigen Ausgangsfunktion erfolgt durch numerische Lösung einer Differenzengleichung. Diese wieder punktweise erhaltene Ausgangsfunktion ist zugleich Eingangsfunktion für das nächste Teilübertragungssystem. Der Vorteil des Verfahrens liegt darin, daß immer nur eine Differenzengleichung mit jeweils geänderten Koeffizienten zu lösen ist. Die erreichbare Genauigkeit wird durch das gewählte Zeitintervall bestimmt. Nachteilig ist, daß die Zeitfunktion nicht für einen beliebigen Zeitpunkt, sondern immer nur für eine ganze Wertefolge berechnet werden kann. Varianten des Verfahrens, bei denen andere Methoden zur Bestimmung einer geeigneten, das kontinuierliche Teilsystem approximierenden Differenzengleichung vorgeschlagen wurden, finden sich in [23 bis 25 und 45].

Als Ausgangspunkt für die numerische Berechnung von Einschwingvorgängen hat ferner die hier nicht näher behandelte Beschreibung eines Systems mit Hilfe von Zustandsvariablen an Bedeutung gewonnen. Dabei kann man entweder von einem gegebenen Netzwerk ausgehen (z.B. [26, 27]) oder von einer gegebenen Übertragungsfunktion [28]. Die Methode ist vor allem deshalb von Interesse, weil sie auf zeitvariable und nichtlineare Netzwerke erweitert werden kann. Eine zusammenfassende Darstellung mit einer großen Zahl von Literaturhinweisen findet sich in [29].

In den letzten Jahren sind die Methoden zur Berechnung des Einschwingverhaltens mit Hilfe der Fouriertransformation wesentlich weiter entwickelt worden. Für die numerische Behandlung erwies sich die sogenannte schnelle Faltung als besonders geeignet, die ihrerseits auf der mit Hilfe der schnellen Fouriertransformation durchgeführten diskreten Fouriertransformation beruht (z.B. [30, 31, 46]). Die Methode ist exakt, wenn die Impulsantwort $h_0(t)$ des betrachteten Systems mit genügender Genauigkeit als zeitlich begrenzt angenommen werden kann. Für die Durchführung der nötigen Rechenoperationen wurden bereits Spezialrechner entwickelt, die bei bestimmten Aufgabenstellungen auch zur Simulation von Systemen im Echtzeitbereich arbeiten können [32].

1.3.1.6 Zur Synthese von Systemen mit vorgeschriebenem Zeitverhalten. In der Einleitung des Abschnittes 1.3 wurde als Aufgabe der Theorie der Schaltvorgänge die Synthese von Netzwerken genannt, die einen vorgegebenen Zeitvorgang in eine bestimmte Form überführen. Diese Aufgabe ist als gelöst zu betrachten, wenn eine rationale Übertragungsfunktion gefunden worden ist, deren Einschwingverhalten den gestellten Bedingungen genügt. In den letzten Jahren haben sich eine ganze

Reihe von Arbeiten mit diesem Problem beschäftigt (z.B. [33 bis 36]). Zur Veranschaulichung möglicher Aufgabenstellungen seien drei Beispiele angegeben.

Für den Aufbau optimaler Suchfilter zur Signalerkennung im Rauschen sind Netzwerke von Interesse, deren Impulsantwort ein Rechteck im Sinne des minimalen Fehlerquadrates approximiert. Diese Aufgabe wurde in [36] mit numerischen Verfahren für Systeme verschiedenen Grades gelöst. Als Beispiel zeigt Abb. 1.3-19 die mit einem System 10. Grades erreichte Impulsantwort.

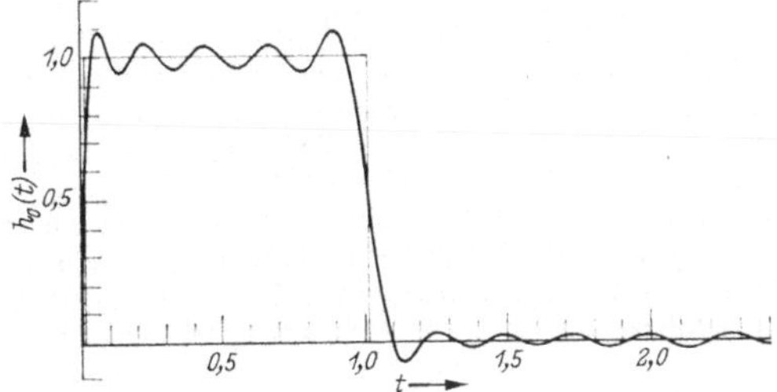

Abb. 1.3-19. Approximation eines Rechteckimpulses durch die Impulsantwort eines Netzwerkes.

Bei Datenübertragungsaufgaben werden Filter verwendet, die neben der Forderung nach einer gewissen Mindestdämpfung im Sperrintervall $\Omega > 1$ des Frequenzbereiches auch Vorschriften bezüglich des Überschwingens z.B. der Sprungantwort genügen. Zur Erzielung einer möglichst hohen Übertragungsrate soll die Sprungantwort dabei möglichst steil verlaufen, während für den Frequenzgang im Durchlaßbereich $0 \leq \Omega \leq 1$ keine Vorschriften gemacht werden. Filter dieser Art sind in den letzten Jahren entwickelt worden. Eine zusammenfassende Darstellung mit umfangreichem Literaturverzeichnis findet sich in [37]. Daten solcher Filter wurden in Katalogen zusammengestellt (z.B. [38, 39]). Als Beispiel sei ein Filter 6. Grades mit 2 Dämpfungspolen gewählt. Die Katalogbezeichnung ist 64.10.10.S. Es hat wie das in Abschnitt 1.3.1.4 betrachtete Cauer-Filter eine Mindestsperrdämpfung im Bereich $\Omega \geq 1$ von 40 dB. Sein Überschwingen beträgt 1%. Eine Realisierung ist mit gleichem Aufwand wie beim Cauer-Filter möglich.

Abbildung 1.3-20 zeigt die Sprungantwort dieses Filters. Wie der Vergleich mit Abb. 1.3-13 zeigt, verläuft sie weniger steil als die des Cauer-Filters, hat aber das vorgeschriebene Überschwingen von 1%. Die vergrößerte Darstellung des Einschwingvorganges zeigt die kennzeichnende Eigenschaft dieser Filter, bei denen die Sprungantwort die Toleranzschranken mehrere Male tangiert. Es gibt genau $n - 1$

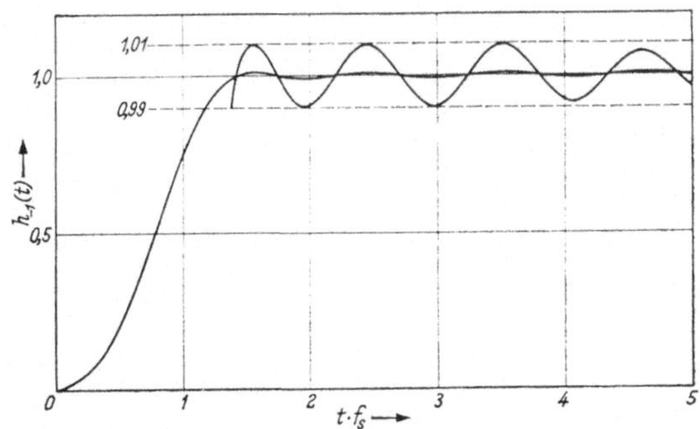

Abb. 1.3-20. Sprungantwort des Impulsformers 64.10.10.S.

Berührungspunkte, wenn n der Grad des Nennerpolynoms der Übertragungsfunktion ist (hier $n = 6$).

Kann in Datenübertragungssystemen die Synchronisation des Empfängers und damit die Abtastung der empfangenen Funktion in den richtigen Augenblicken sichergestellt werden, so verwendet man zweckmäßig Netzwerke, die z. B. auf die Erregung mit einer Rechteckfunktion mit einer „idealen Impulsfunktion" reagieren [40]. Für eine solche Funktion $h_r(t)$ gilt:

$$h_r(t_0 + vT) = 0, \quad v \neq 0. \tag{1.3-33}$$

Es ergibt sich jetzt die Aufgabe, Systeme zu finden, die nicht nur eine gewisse Mindestdämpfung im Sperrintervall $\Omega > 1$ haben, sondern auch der Forderung (1.3-33) möglichst gut entsprechen. Dabei soll zur Erzielung einer maximalen Übertragungsrate T minimal sein.

Die Aufgabe ist u. a. in [41] behandelt worden. Abb. 1.3-21 zeigt als Beispiel die für ein System 19. Grades mit einer Mindestsperrdämpfung von 40 dB erzielte Rechteckantwort. Die Summe der Beträge dieser Funktion in den Abtastaugenblicken ist ein Maß für die Genauigkeit, mit der (1.3-33) erfüllt wurde. Hier ergab sich mit $T \cdot f_s = 1/1{,}795$

$$\sum_{v \neq 0} |h_r(t_0 + vT)| = 0{,}05\,|h_r(t_0)|.$$

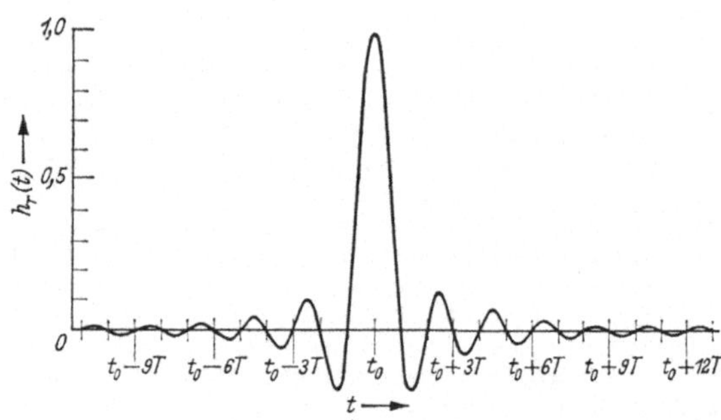

Abb. 1.3-21.
Approximation einer idealen Impulsfunktion durch die Rechteckantwort eines Systems.

1.3.2 Schaltvorgänge in nichtlinearen Netzwerken

Die im Abschnitt 1.3.1 behandelten linearen Systeme sind vor allem dadurch gekennzeichnet, daß in ihnen das Überlagerungsgesetz gilt. Die Vorgänge in derartigen Netzwerken lassen sich dann durch lineare Beziehungen beschreiben. Die Annahme eines linearen Verhaltens der einzelnen Schaltelemente trifft in Wirklichkeit, wenn überhaupt, dann nur für einen kleinen Bereich von Spannung und Strom zu. Auch die weitere für die rechnerische Behandlung wesentliche Annahme der zeitlichen Konstanz aller Bauelemente ist bei realen Systemen nur näherungsweise erfüllt. Schon aus diesen Gründen ist die Untersuchung des Verhaltens nichtlinearer und zeitlich variabler Netzwerke wichtig. Darüber hinaus werden aber sehr oft bestimmte Nichtlinearitäten oder eine zeitliche Veränderlichkeit der Bauelemente für ein gewünschtes Verhalten des Systems ausgenutzt.

Die theoretische Behandlung nichtlinearer Systeme wird weitgehend von der Art der das System beschreibenden Differentialgleichung bestimmt. Eine für alle Aufgaben anwendbare Untersuchungsmethode wie bei linearen Systemen gibt es nicht. Auf eine eingehende Behandlung wird hier verzichtet und auf die umfangreiche Literatur verwiesen, z. B. [42 bis 44]. Für die numerische Behandlung ist der elektronische Analogrechner wieder hervorragend geeignet. Beispiele für seine Anwendung sowie Literaturangaben finden sich im Band II, Abschnitt 6.2.2.

Im Rahmen dieses Abschnittes wird als Beispiel nur der Schaltvorgang in einem Kreis nach Abb. 1.3-22 behandelt. Die Spule enthalte einen ferromagnetischen Kern. Daher ist der mit den Windungen verkettete Fluß Φ durch die Magnetisierungskennlinie mit dem in den Windungen fließenden Strom i verknüpft. Bedeutet B die Induktion im Kern, q den wirksamen Kernquerschnitt und w die Windungszahl, so folgt aus der Beziehung

$$u_L = w \cdot q \cdot dB/dt = L(i) \cdot di/dt \qquad (1.3\text{-}34)$$

der allgemeine Ausdruck für die (differentielle) Induktivität einer Spule

$$L(i) = w \cdot q \cdot dB/di. \qquad (1.3\text{-}35)$$

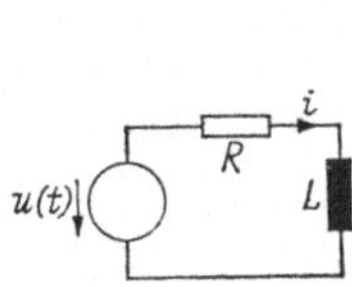

Abb. 1.3-22. Reihenkreis mit Induktivität und Widerstand.

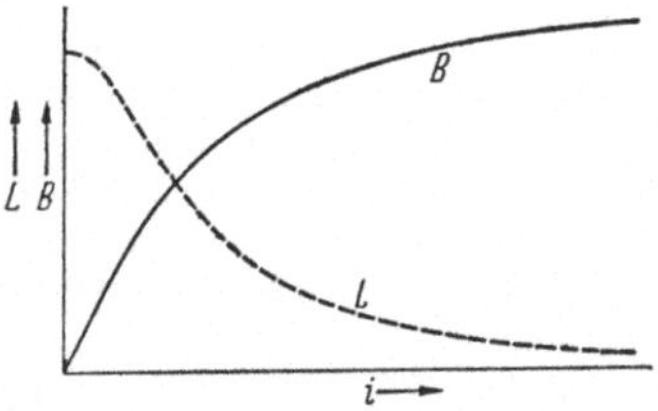

Abb. 1.3-23. Abhängigkeit der Induktion B und der Induktivität L vom Magnetisierungsstrom i einer Spule mit ferromagnetischem Kern.

In Abb. 1.3-23 ist für irgendeinen Werkstoff B als Funktion von i aufgetragen. Es handelt sich etwa um die Neukurve (ohne Berücksichtigung des ersten, flacheren Anstiegs) oder um einen Teil des aufsteigenden Astes der Hystereseschleife. Wegen der anschließenden Differentiation ist es unwichtig, daß der Bezugspunkt nicht mit dem Nullpunkt des gezeichneten Koordinatensystems zusammenfällt. Gestrichelt ist die durch graphische Ableitung ermittelte Kurve $L(i)$ eingezeichnet. Bei Werkstoffen mit einer annähernd rechteckigen Hystereseschleife ist oft deren Annäherung durch einen Zug von geraden Linien zulässig; dann kann für bestimmte Bereiche des Stromes, die natürlich für steigenden und fallenden Strom verschiedene Lage haben, jeweils mit einer konstanten Induktivität gerechnet werden.

Der Verlauf des Stromes in der Schaltung nach Abb. 1.3-22 ist leicht durch Kombination der Kennlinie der Spule und des Widerstandes zu bestimmen. Nach Abb. 1.3-24 werden dazu über der senkrechten Stromachse $L(i)$ und der Spannungsabfall iR aufgetragen. Nach zweckmäßiger Unterteilung in eine Anzahl von Intervallen Δi wird zunächst in der Mitte des ersten Intervalles — an der Stelle $\Delta i_1/2$ —

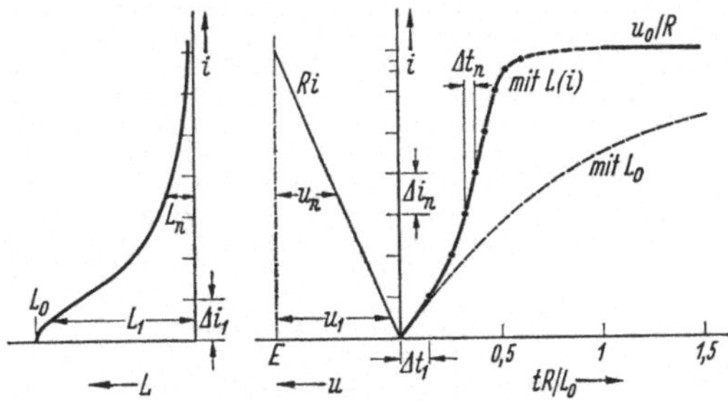

Abb. 1.3-24. Graphisches Verfahren zur Berechnung des Einschaltstromes in einem LR-Kreis mit stromabhängiger Induktivität.

der Wert der Induktivität L_1 und der Wert des Spannungsabfalles an der Induktivität ermittelt. Nimmt man an, daß die angelegte Spannung von der Form $u(t) = U_0 \delta_{-1}(t)$ ist, so ergibt sich $u_1 = U_0 - i \cdot R$. Dann gilt näherungsweise

$$u_1 \approx L_1 \Delta i_1 / \Delta t_1 \quad \text{oder} \quad \Delta t_1 \approx L_1 \frac{\Delta i_1}{u_1}.$$

Damit ist das Zeitintervall Δt_1, in welchem i von 0 auf den Wert Δi_1 ansteigt, ermittelt. Entsprechend geht man in den folgenden Abschnitten Δi_n vor. Dem Ergebnis ist als gestrichelte Kurve der Verlauf gegenübergestellt, der sich ergeben würde, wenn L den Festwert L_0 für jeden Strom hätte.

Die bei der Bestimmung der Kennlinie $L(i)$ und beim Aufsummieren der Zeitabschnitte entstehenden Fehler fallen bei praktischen Aufgaben nicht sehr ins Gewicht, weil auch der Verlauf der Funktion $B(i)$ zwischen beliebigen Stromwerten nicht genau bestimmt werden kann. Das an diesem Beispiel gezeigte Verfahren der stückweisen Linearisierung der Kennlinie des nichtlinearen Elementes wird häufig angewendet. Eine andere Möglichkeit ist die Approximation einer im allgemeinen meßtechnisch ermittelten Kennlinie durch einen analytischen Ausdruck, mit dem dann unter Umständen eine geschlossene Lösung der Differentialgleichung möglich wird.

Literatur

[1] *Doetsch, G.:* Einführung in Theorie und Anwendung der Laplace-Transformation. Basel, Stuttgart: Birkhäuser 1958. — [2] *Doetsch, G.:* Anleitung zum praktischen Gebrauch der Laplace-Transformation und der Z-Transformation, 3. Aufl., München, Wien: Oldenbourg 1967. — [3] *Rint, C.:* Handbuch für Hochfrequenz- und Elektrotechniker, Band 3, Berlin-Borsigwalde, S. 261. — [4] *Kaufmann, H.:* Dynamische Vorgänge in linearen Systemen der Nachrichten- und Regelungstechnik. München: Oldenbourg 1959. — [5] *Schwarz, R. J., Friedland, B.:* Linear Systems. New York, London: McGraw-Hill 1965. — [6] *Unbehauen, R.:* Systemtheorie, Eine Einführung für Ingenieure. München, Wien: Oldenbourg 1969. — [7] *Peters, J.:* Einschwingvorgänge, Gegenkopplung, Stabilität. Berlin, Göttingen, Heidelberg: Springer 1954. — [8] *Kaden, H.:* Impulse und Schaltvorgänge in der Nachrichtentechnik. München, Wien: Oldenbourg 1957. — [9] *Fetzer, V.:* Einschwingvorgänge in der Nachrichtentechnik. München: Porta Verlag 1958. — [10] *Saal, R.:* Der Entwurf von Filtern mit Hilfe des Katalogs normierter Tiefpässe. Telefunken AG 1966. — [11] *Christian, E., Eisenmann, E.:* Filter design tables and graphs. New York, London, Sydney: Wiley 1966. — [12] *Küpfmüller, K.:* Die Systemtheorie der elektrischen Nachrichtenübertragung., 3 Aufl. Stuttgart: Hirzel 1968. — [13] *Antreich, K.:* Berechnung trägerfrequ enter Einschwingvorgänge aus der Wirkungsfunktion linearer Netzwerke bzw. linearer Übertragungssysteme. AEÜ 18 (1964) 686—691. — [14] *Stehle, W.:* Ein Beitrag zur Berechnung trägerfrequenter Einschwingvorgänge. AEÜ 23 (1969) 94—100. — [15] *Stehle, W.:* Zur Tiefpaß-Bandpaß-Transformation von Impulsformern. AEÜ 20 (1966) 275—280. — [16] *Blackman, R. B.:* Steady state response to periodic excitation. IEEE Trans. on Circuit Theory CT-8, S. 371. — [17] *Papoulis, A.:* The Fourier integral and its applications. New York, London: McGraw-Hill 1962. — [18] *Wunsch, G.:* Moderne Systemtheorie. Eine Einführung in die Grundlagen. Leipzig: Geest & Portig 1962. — [19] *Solodownikow, W. W.:* Grundlagen der selbsttätigen Regelung, Bd. 1: Allgemeine Grundlagen. München: Oldenbourg 1959. — [20] *Leonhard, A.:* Die selbsttätige Regelung, 3. Aufl. Berlin, Göttingen, Heidelberg Springer 1962. — [21] *Meyer, P. A.:* Zur numerischen Berechnung von Einschwingvorgängen mit Hilfe der Residuenrechnung NTZ 19 (1966) 139—142. — [22] *Kuntz, W., Schüssler, W.:* Zur numerischen Berechnung der Ausgangsfunktion von Netzwerken mit Hilfe der Z-Transformation. NTZ 19 (1966) 169—172.   [23] *Entenmann, W., Welzenbach, M.:* Über einige numerische Verfahren zur Berechnung des Zeitverhaltens von Netzwerken. NTZ 20 (1967) 479—483. — [24] *Pottle, C.:* Rapid computer time response calculation for systems with arbitrary input signals. NTZ 21 (1968) 705—710. — [25] *Gorille, I.:* Zur Anwendung der z-Formen nach *Boxer* und *Thaler* bei der Berechnung von Zeitantworten linearer Systeme. NTZ 21 (1968) 749—752. — [26] *Kuh, E .S., Rohrer, R. A.:* The state-variable approach to network analysis. Proc. IEEE 53 (1965) 672—686. — [27] *Pottle, C.:* Comprehensive active network analysis by digital computer—a state-space approach. Proc. 3rd Allerton Conf. on Circuit and System Theory (1965) 659—668. — [28] *Liou, M. L.:* A novel method of evaluating transient response. Proc. IEEE 54 (1966) 20—23. — [29] *Kuo, F. F.:* Network analysis by digital computer. Proc. IEEE 54 (1966) 820—829. — [30] *Stockham, Th. G.:* High speed convolution and correlation with applications to digital filtering. Chapter 7 in B. Gold,

Ch. M. Rader: Digital processing of signals. New York, London: McGraw-Hill 1969. — [31] *Cooley, J. W., Tukey, J. W.:* An Algorithm for the machine computation of complex Fourier series. Math. Comput. 19 (1965) 297—301. — [32] *Bergland, G. D.:* Fast Fourier transform hardware implementations. An overview. IEEE Trans. on Audio 17 (1969) 104—108. — [33] *Kautz, W.H.:* Transient synthesis in the time domain. IRE Trans. on Circuit Theory CT-1, S. 29—39. — [34] *Bahli, F.:* A general method for time domain network synthesis. IRE Trans. on Circuit Theory CT-1, S. 21—28. — [35] *Unbehauen, R., Hohnecker, W., Lampert, E.:* Über die Synthese von elektrischen Vierpolen mit vorgeschriebener Impulsantwort. AEÜ 19 (1965) 339—349. — [36] *Meyer, P. A.:* Über Filter mit angenähert rechteckförmiger Impulsantwort. NTZ 18 (1965) 249—255. — [37] *Schüssler, W.:* Zum Entwurf impulsformender Netzwerke. Nachrichtentechnischer Fachbericht 37. VDE-Verlag 1969, 297—311. — [38] *Jess, J.:* Katalog normierter Tiefpaßübertragungsfunktionen mit Tschebyscheffverhalten der Impulsantwort und der Dämpfung. Forschungsbericht Nr. 1329 des Landes Nordrhein-Westfalen. Köln, Opladen: Westdeutscher Verlag 1964. — [39] *Petersen, J.:* Katalog normierter Übertragungsfunktionen und Schaltungen minimalphasiger und allpaßhaltiger Tiefpaßimpulsformer für Sprung-Erregung. Ausgewählte Arbeiten über Nachrichtensysteme Nr. 4. Hrsg.: W. Schüßler, 1966. — [40] *Kettel, E.:* Übertragungssysteme mit idealer Impulsfunktion. AEÜ 15 (1958) 207—214. — [41] *Achilles, D.:* Zur Impulsformung für die Datenübertragung. AEÜ 24 (1970) 186—193. — [42] *Phillippow, E.:* Nichtlineare Elektrotechnik, Leipzig: Geest & Portig 1963. — [43] *Minorsky, N.:* Nonlinear oszillations, Princeton, N. J.: Van Nostrand 1962. — [44] *Cunningham, W. J.:* Introduction to nonlinear analysis, New York: McGraw-Hill 1958. — [45] *Gorille, I.:* Digital simulation of Linear Lumped-parameter Continuous Systems. NTZ 25 (1972) 448—451, 532—534. — [46] *Achilles, D.:* Die   diskrete Fourier-Transformation und ihre Anwendungen. Kapitel 4 in H. W. Schüssler: Digitale Systeme zur Signalverarbeitung. Berlin, Heidelberg, New York: Springer 1973.

1.4 Regelungstechnik

O. Schäfer

1.4.1 Steuerung und Regelung, Grundbegriffe [1]

Jede technische Anlage, die nicht einfach als Energiewandler wirkt, hat die Aufgabe, bestimmte Dinge zu produzieren: Stoffe, Werkstücke, Informationsmaterial, oder auch Förderleistungen für Personen und Güter. Das gewünschte „Produkt" kommt zustande, wenn — fehlerfreie Konstruktion vorausgesetzt — alle notwendigen Energie- und Stoffströme einschließlich der Umweltbedingungen so eingestellt bzw. gegeben sind wie die kausalen Zusammenhänge innerhalb der Anlage es vorschreiben.

Dieses Vorgehen, das mit dem sehr allgemeinen Begriff „Steuerung" (auf ein bestimmtes Ziel hin) umschrieben wird, ist darauf gegründet, daß im gesamten Betriebsbereich der Anlage ein eindeutiger, reproduzierbarer Zusammenhang zwischen den Eingangsgrößen eines Systems und der oder den Ausgangsgrößen besteht. Erstere sind beispielsweise die Werte von Energie- oder Stoffströmen, letztere Qualitätsgrößen, die meßbar sein müssen, z.B. elektrische Spannung, Temperatur, Geschwindigkeit.

Das Problem der Steuerung ist trivial, wenn eine Ausgangsgröße nur von einer willkürlich einstellbaren Eingangsgröße abhängt. Im allgemeinen ist aber die Ausgangsgröße, die im folgenden durchweg mit X bezeichnet wird, eine Funktion mehrerer Eingangsgrößen, von denen nur eine manipuliert werden kann, während der Rest weder konstant noch mit vernünftigem Aufwand beherrschbar ist. Abb. 1.4-1 a

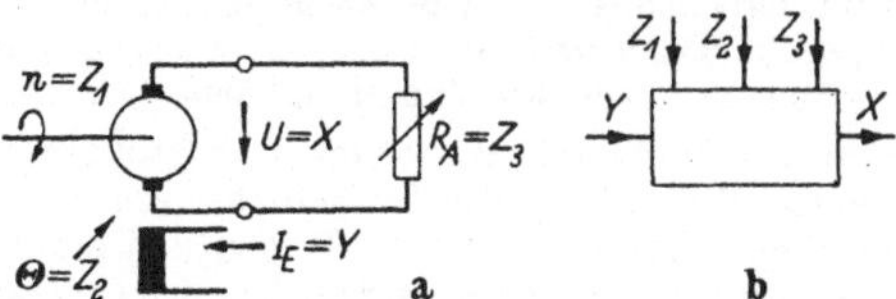

Abb. 1.4-1. Steuerung der Klemmenspannung eines Generators. a) Schaltbild; b) Blockschema.

zeigt an einem einfachen Beispiel die Zusammenhänge. Die Klemmenspannung U eines fremderregten Gleichstromgenerators hängt von der Drehzahl n, dem Lastwiderstand R_A, der Temperatur Θ und dem Erregerstrom I_e ab. Für konstante Temperatur ist die Funktion $U = f(n, R_A, I_e)$ in Abb. 1.4-2a für zwei Festwerte der Drehzahl und einige Werte von R_A aufgetragen. Die gestrichelte Linie grenzt den Bereich der Variablen n, U und I_e ab, der aus technologischen Gründen nicht überschritten werden soll oder darf. Diese „Beschränkungen" sind für das weitere von großer Bedeutung.

Offensichtlich kann, sofern die Abhängigkeit von allen Einflußgrößen in Gestalt von Zustandsdiagrammen oder Prozeßgleichungen bekannt ist, die Ausgangsgröße der Anlage (hier U) innerhalb des erlaubten Bereiches allein mit I_e auf jeden beliebigen Wert gesteuert werden. I_e ist dann die *Stellgröße*, wofür der Buchstabe Y genormt ist. Im konkreten Fall sind n und R_A nicht bekannt, oft mit starken Schwankungen behaftet. Derartige Einflußgrößen werden als *Störgrößen* (Z) bezeichnet.

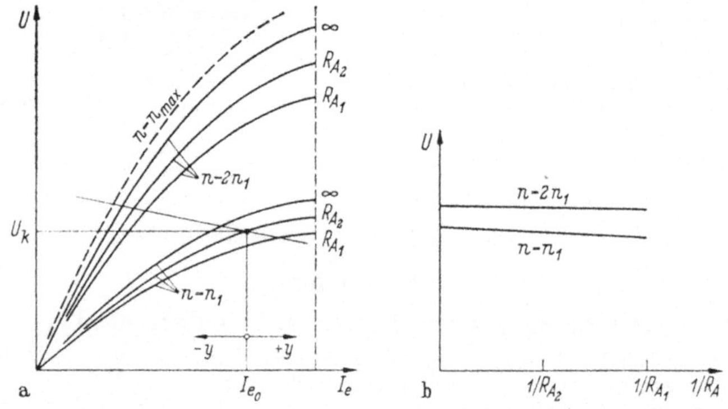

Abb. 1.4-2. a) Stellkennlinien des Generators nach Abb. 1.4-1 mit Kennlinie des Reglers nach Abb. 1.4-3; b) Kennlinie des Regelkreises für zwei verschiedene Drehzahlen.

Abstrahiert man von den speziellen Eigenschaften einer Anlage, so läßt sich der funktionelle Zusammenhang zwischen den genannten Systemvariablen durch das Schema Abb. 1.4-1b ausdrücken.

Neben den von außen wirkenden Störgrößen können noch innere Einflüsse einer exakten Steuerung entgegenstehen. In dem Beispiel von Abb. 1.4-1a bringt z. B. die magnetische Hysterese eine Unsicherheit in die Stellfunktion $U = f(I_E)$; die einzelne Kennlinie wird mehrdeutig. Entsprechend wirkt bei technischen Anlagen der verschiedensten Art Reibung, Alterung einzelner Teile, Korrosion. Das sind *Änderungen der Parameter* des Systems, denen man erfahrungsgemäß durch geeignete Wahl der Werkstoffe und hinreichende Wartung begegnen, die man aber nie ganz ausschalten kann.

Die Parameteränderungen zusammen mit den nicht vorhersehbaren Störeinflüssen sind Gründe dafür, daß die reine Steuerung ohne gelegentliche oder dauernde Überwachung oft unzulänglich ist. Die Überwachung beginnt naturgemäß mit dem Vergleich zwischen der tatsächlichen Ausgangsgröße X und dem gewünschten Wert X_k. Ist eine Abweichung zwischen dem *Istwert* und dem *Sollwert* vorhanden, so läßt das auf Störeinflüsse oder auf die zuletzt erwähnten Änderungen in der Anlage selbst schließen. Der Benutzer der Anlage oder der Betriebsingenieur wird dann entsprechende Gegenmaßnahmen ergreifen mit dem Erfolg, daß die Anlage wieder eine Zeitlang einwandfrei arbeitet, bis abermals dieselbe oder eine andere Fehlerquelle auftritt.

Es ist eine keineswegs selbstverständliche Erkenntnis, daß man eine gesteuerte Anlage von äußeren und inneren Störeinflüssen mehr oder weniger dadurch unabhängig machen kann, daß man die steuernde Größe Y von der Differenz $(X - X_k)$ abhängig macht. Das ist der Übergang von der *Steuerung* zur *Regelung*.

Abbildung 1.4-3a enthält im wesentlichen die Schaltelemente von Abb. 1.4-1a. Die Grunderregung für den normalen Wert der Klemmenspannung X wird durch die Feldwicklung F_1 bereitgestellt. An einem Spannungsteiler wird der Sollwert X_k vorgegeben; tritt eine Differenz $x = X - X_k$ auf, so gibt je nach ihrem Vorzeichen der Magnetverstärker MV eine positive oder negative Zusatzerregung (y) in die Feldwicklung F_2, so daß die Abweichung ganz oder teilweise abgebaut wird. Das Blockschaltbild 1.4-3b zeigt wieder die formale Verknüpfung der verschiedenen Veränderlichen. Mit den kleinen Buchstaben $z_1, \ldots$ sind die Abweichungen vom Normalzu-

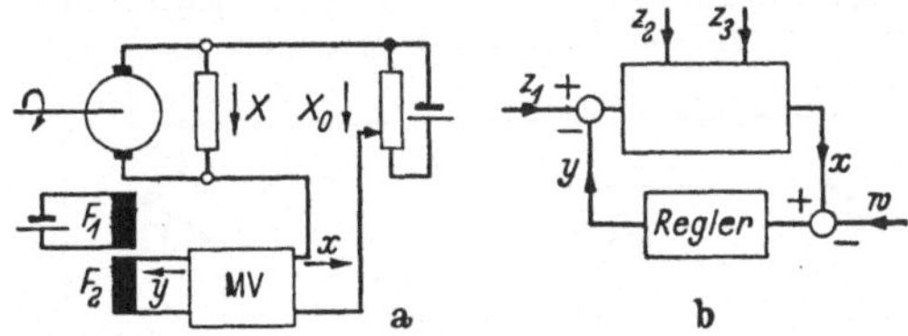

Abb. 1.4-3. Regelung der Klemmenspannung eines Generators a) Schaltbild; b) Blockschema.

stand der Einflußgrößen bezeichnet; sie werden im folgenden kurz *Störgrößen* genannt. Entsprechend bedeutet y die *Stellgröße*, x die *Regelgröße*. Ist X_k, der Sollwert, selbst eine Funktion der Zeit, so wird die Abweichung $w = X_k(t) - X_{k_0}$ (X_{k_0} Bezugswert) als *Führungsgröße* bezeichnet.

Das Verhalten dieses Regelkreises bei Laständerungen ist ebenfalls aus dem Zustandsdiagramm Abb. 1.4-2a abzulesen. In das Kennlinienfeld des Generators ist die Kennlinie des Reglers eingetragen, welche durch den Punkt (U_k, I_{e_0}) gelegt ist und die Änderung der Klemmenspannung als Folge der Stellgröße y darstellt. Ihre Schnittpunkte mit den Generatorkennlinien lassen erkennen, daß die Abweichungen der Klemmenspannung vom Sollwert U_k in dem ganzen Bereich von n und R_A sehr viel geringer sind als bei fester Erregung I_{e_0}. Durch Umzeichnen ergibt sich Abb. 1.4-2b, wo die Klemmenspannung des *geregelten* Generators in Abhängigkeit von $1/R_A$ dargestellt ist. In ganz ähnlicher Weise können die Belastungskennlinien geregelter Stromversorgungsgeräte konstruiert werden, allerdings ohne den durch den Überlastungsschutz bedingten Zweig.

Die Pfeile in dem Blockschaltbild beschreiben den Signalfluß innerhalb des *Regelkreises*, d.h. in jedem einzelnen Block die Richtung von der Ursache zur Wirkung. In diesem Sinne kann die Aufgabe eines Systems mit selbsttätiger Regelung so formuliert werden: Beliebige Störgrößen z sollen sich möglichst wenig auf die Regelgröße x auswirken; hingegen soll die Regelgröße x möglichst genau und schnell der Führungsgröße w folgen.

Weil demnach alle inneren und äußeren Änderungen, welche das ordnungsgemäße Verhalten des Systems stören, nur mit Hilfe einer einzigen Größe, eben der Stellgröße, bekämpft werden, weil nicht die Ursachen des planwidrigen Verhaltens beseitigt, sondern nur aus den Folgen Gegenmaßnahmen abgeleitet werden, ist die Regelung nach Abb. 1.4-3 grundsätzlich mit Mängeln behaftet. Da ähnliche Probleme bei der Auslegung von Übertragungssystemen der Nachrichtentechnik auftreten, wird für die mathematische Behandlung von Regelsystemen weitgehend der in jenem Gebiet aufgebaute Formelapparat benutzt.

Bei den Anlagen der Verfahrenstechnik wird die Gesamtheit aller Teile, welche für den ungestörten Betrieb notwendig ist, als *Regelstrecke* bezeichnet. Diejenige

Systemgröße (bei komplizierteren Systemen meistens mehrere), welche für die Qualität des Produktes einen ganz bestimmten Wert einhalten muß, wird gemessen und laufend mit dem Sollwert verglichen. Der Regler bildet nach Abb. 1.4-3 aus der Regelabweichung die Stellgröße. In diesem Fall spricht man von *Festwert-Regelung*. Die primäre Aufgabe des Reglers besteht darin, Störgrößen soweit wie möglich zu unterdrücken. Verhältnismäßig selten — etwa beim Anfahren der Anlage, bei der Umstellung auf einen anderen Arbeitspunkt oder ein anderes Produkt — wird der Sollwert selbst zeitlich geändert. Dann führt der Regler automatisch die zu regelnde Veränderliche auf den neuen Sollwert hin.

Der Struktur nach ähnlich, in der Anwendung und Aufgabe verschieden sind die Regelkreise, die als *Nachlaufregler* oder *Folgesysteme* bezeichnet werden. Sie dienen überwiegend dazu, zu einer Bewegung (Drehung oder Verschiebung), die von einem Kommandogerät geringer Leistung vorgeschrieben wird, eine im Idealfall völlig gleichartige Bewegung eines Gerätes zu veranlassen, welche mit wesentlich größerer Leistung oder an einem weit entfernten Ort ausgeführt wird. Abb. 1.4-4 stellt ein

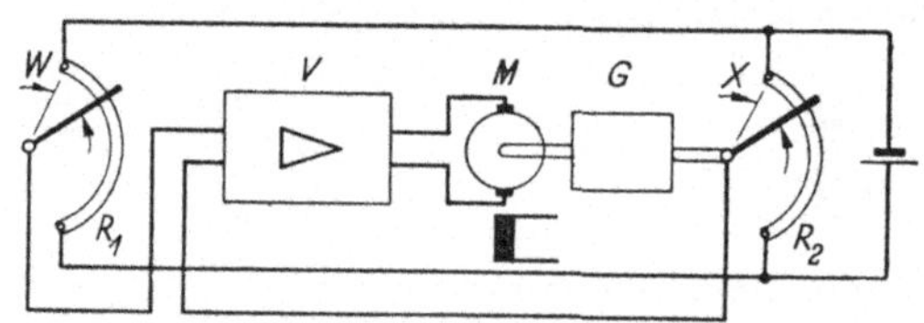

Abb. 1.4-4. Elektromechanisches Folgesystem.

einfaches Folgesystem dar. R_1 und R_2 sind zwei gleichartige Spannungsteiler, die an einer gemeinsamen Spannungsquelle liegen. Stimmt die Stellung (Drehwinkel W) der Führungswelle nicht mit derjenigen (X) der Folgewelle überein, so wirkt auf den Eingang des Verstärkers V eine der Differenz $W - X$ proportionale Spannung. Der dieser entsprechende Ausgangsstrom des Verstärkers ruft ein Drehmoment des Motors M hervor; er dreht über das Getriebe G die Folgewelle so lange, bis wieder $X = W$ ist. Während der Geber nur ein ganz geringes Drehmoment erfordert, kann die Folgewelle bei entsprechender Auslegung der Teile V, M und G ein um Größenordnungen höheres Drehmoment abgeben, welches die Funktion des Gerätes weitgehend von Lastschwankungen unabhängig macht. Auch andere Störgrößen werden in ihrem Einfluß auf den Lagefehler ($W - X$) stark vermindert. Bei den Folgesystemen ist eine Aufgliederung in Regelstrecke und Regler sinnlos. Das zu Abb. 1.4-4 gehörige Blockschaltbild ist in Abb. 1.4-5 gezeichnet. Abgesehen von den für das Prinzip unwesentlichen Wandlern R_1 und R_2 liegt wieder der ein Regelsystem kennzeichnende geschlossene Kreis mit Vorzeichenumkehr (Gegenkopplung) vor.

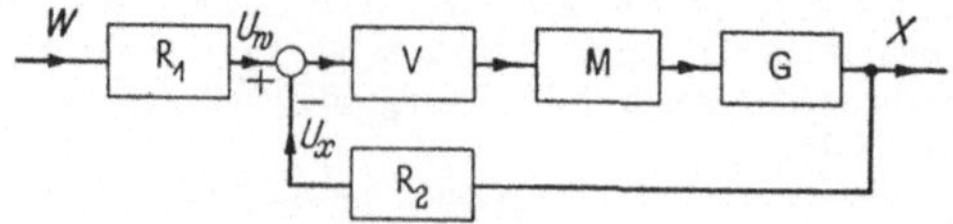

Abb. 1.4-5. Blockschaltbild des Folgesystems von Abb. 1.4-4.

Wenn eine auf den Eingang einer Regelstrecke wirkende Einflußgröße (Z_1 in Abb. 1.4-1 bzw. z_1 in Abb. 1.4-3) sich sprunghaft ändert, so strebt im allgemeinen[1] die Regelgröße x allmählich einem neuen Beharrungszustand zu (Abb. 1.4-6a).

---

[1] bei Regelstrecken „mit Ausgleich".

Die Zeitfunktion $x(t)$ unter diesen Bedingungen heißt *Übergangsfunktion der Regelstrecke*. In Verbindung mit einem zweckmäßig ausgelegten Regler (vgl. Abschnitt 1.4.3) ergibt sich dann ein Verlauf etwa nach der stark ausgezogenen Kurve; sie ist

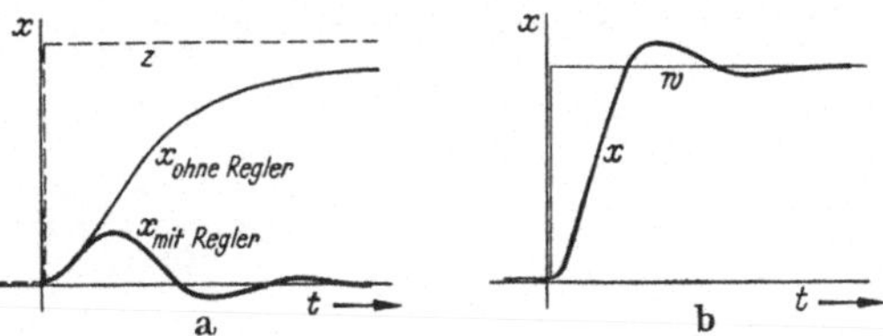

Abb. 1.4-6. Ausgleichsvorgänge in einem Regelkreis. a) Stör-Übergangsfunktion; b) Führungs-Übergangsfunktion.

die *Stör-Übergangsfunktion des Regelkreises*. Der Verlauf der beiden Kurven hängt bei jeder Regelstrecke von dem Ort ab, an dem die betreffende Störgröße einwirkt, ist also für z_1, z_2, ... verschieden. Bei entsprechendem Aufwand kann die Regelabweichung mit der Zeit ganz zum Verschwinden gebracht werden. Maßgebend für die Güte der Regelung ist die *Zeit*, die erforderlich ist, bis die Regelabweichung vernachlässigbar klein wird, und der *Größtwert* der vorübergehenden Abweichung. Abb. 1.4-6b zeigt unter denselben Voraussetzungen die Reaktion des Regelkreises auf eine plötzliche Änderung des Sollwertes; diese Kurve heißt die *Führungs-Übergangsfunktion* des Regelkreises. Zu ihrer Beurteilung dienen ähnliche Gesichtspunkte: Ein Folgesystem ist um so besser, in je kürzerer Zeit die Regelgröße x die Führungsgröße w (mit einer kleinen Überschwingung oder gerade aperiodisch) erreicht [2, 3, 4].

1.4.2 Das Zeitverhalten von Regelstrecken; Kennwerte

Die in Abb. 1.4-6 angedeuteten Mängel eines Regelvorganges — eine bestimmte Zeit ist notwendig, bis das Ziel der Regelung erreicht ist — beruhen auf Verzögerungen im Signalfluß innerhalb der Regelstrecke. Die wichtigste Form ist die Speicherverzögerung, die gleichermaßen in mechanischen, hydraulischen, pneumatischen und elektrischen Systemen auftritt. In einer Reihenschaltung einer Induktivität L und eines ohmschen Widerstandes R — z. B. Feldwicklung eines Generators — hängt der Strom i von der gesamten Klemmenspannung u nach der Bezeichnung ab:

$$Li' + Ri = u.$$

Bedeutet J das Trägheitsmoment eines Motors, B den mechanischen (Brems-) Widerstand, ω die Winkelgeschwindigkeit der Welle und m_d das Drehmoment, so gilt:

$$J\omega' + B\omega = m_d.$$

Entsprechende Formeln, die auch die Grundlage für die Programmierung solcher Systeme auf dem Analogrechner liefern, bestimmen das Verhalten von *Verzögerungsgliedern 1. Ordnung*, die zu den häufigsten Bausteinen realer Systeme gehören. Sie heißen so, weil die Differentialgleichung von 1. Ordnung ist. Wird nach Abb. 1.4-7 die abhängige Veränderliche mit x_2, die unabhängige mit x_1 bezeichnet, so ergibt sich nach Division mit dem Beiwert von x_2:

$$T_1 x_2' + x_2 = K_1 x_1. \tag{1.4-1}$$

T_1 ist die für das System charakteristische Zeitkonstante, K_1 der Übertragungsfaktor.

Häufig treten Verzögerungsglieder — auch kurz PT-Glieder genannt — als Kettenschaltung („Steuerkette") nach Abb. 1.4-7 auf. Wenn das einzelne Glied tatsächlich durch die gerichtete Verknüpfung zwischen *einer* Eingangs- und *einer* Ausgangsgröße beschrieben wird — Gegensatz zu passiven Vierpolen! — dann übt das nachgeschaltete System auf das vorangehende *keine Rückwirkung* aus. Mit

$$T_2 x_3' + x_3 = K_2 x_2 \tag{1.4-2}$$

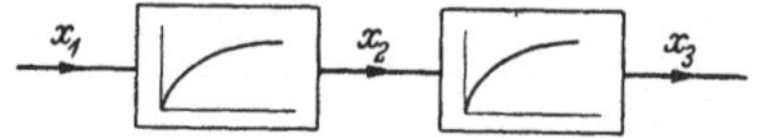

Abb. 1.4-7. Steuerkette aus zwei Gliedern mit Verzögerung 1. Ordnung.

folgt

$$T_1 T_2 x_3'' + (T_1 + T_2)\, x_3' + x_3 = K_1 K_2 x_1. \tag{1.4-3}$$

Allgemein wird eine Kette von n Verzögerungsgliedern mit der Eingangsgröße y und der Ausgangsgröße x durch eine Differentialgleichung n-ter Ordnung der folgenden Art beschrieben:

$$A_n x^{(n)} + A_{n-1} x^{(n-1)} + \cdots + A_2 x'' + A_1 x' + A_0 x = y. \tag{1.4-4}$$

Ist $y(t)$ eine Sprungfunktion, so ergibt die Lösung der Differentialgleichung (1.4-4) eine Übergangsfunktion mit ganz bestimmten Kennzeichen. Sie ist stets aperiodisch und beginnt für $n \geq 2$ mit horizontaler Tangente, denn am Nullpunkt verschwinden $(n-1)$ Ableitungen; sie hat einen Wendepunkt. Abb. 1.4-10 zeigt solche Übergangsfunktionen für Ketten, die 1 bis 4 gleiche, rückwirkungsfrei verbundene Verzögerungsglieder enthalten.

Das Kennzeichen idealer steuerbarer Antriebe (Ausgangsgröße: Weg oder Drehwinkel) ist, daß deren *zeitliche Änderung* der Eingangsgröße proportional ist. Regelstrecken dieser Art werden also durch die Formeln

$$A_1 x' = y \quad \text{oder} \quad x(t) = K_\mathrm{I} \int_0^t y\, dt \tag{1.4-5}$$

beschrieben. Sie heißen *Strecken ohne Ausgleich* oder integral wirkend. Kommen weitere Verzögerungen hinzu, so ergibt sich eine Beziehung wie Gl. (1.4-4) mit $A_0 = 0$, die natürlich auch als Integro-Differentialgleichung geschrieben werden kann.

Bei Meßumformern (federgehemmtes Meßwerk mit Masse bzw. Trägheitsmoment und Dämpfer), Kreiselgeräten und Flugzeugen besteht zwischen der Eingangsgröße x_e und der Ausgangsgröße x_a die Differentialgleichung 2. Ordnung

$$x_a'' + 2D\omega_0\, x_a' + \omega_0^2 x_a = K x_e. \tag{1.4-6}$$

ω_0 ist die Kreisfrequenz, mit der das System in Abwesenheit der Dämpfungswiderstände schwingen würde, D der Dämpfungsgrad. Wenn irgend möglich wird die Dämpfung so bemessen (D nahe bei oder gleich 1), daß ein nahezu aperiodischer Einschwingvorgang zustande kommt. Dann hat die Einstellzeit ihren kleinsten Wert. In diesem Fall hat die Übergangsfunktion etwa das Aussehen der Lösung von Gl. (1.4-3); vgl. auch Abb. 1.4-10, Kurve $n = 2$. Die Differentialgleichung (1.4-6) tritt auch als Verknüpfung auf zwischen der Führungsgröße w und der Regelgröße x des Folgesystems Abb. 1.4-8a, welches im wesentlichen das Verhalten der Anordnung nach Abb. 1.4-5 beschreibt.

Aus den Beziehungen

$$x' = Cu, \quad Tu' + u = V(w - x)$$

folgt

$$x'' + \frac{1}{T}\,x' + \frac{CV}{T}\,x = \frac{CV}{T}\,w$$

mit

$$\omega_0^2 = CV/T, \quad D = 1/2\,\sqrt{CVT}.$$

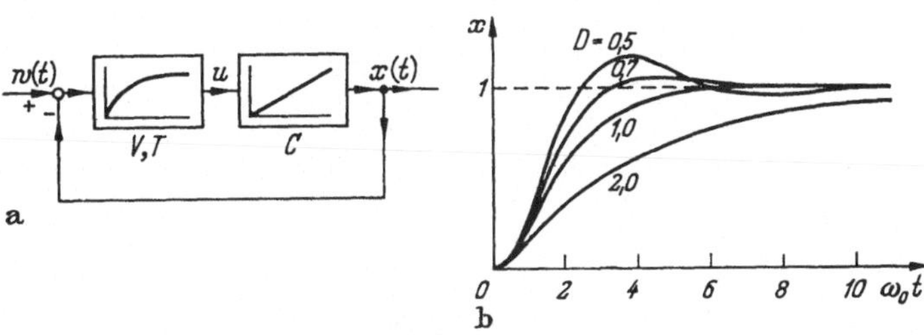

Abb. 1.4-8. Einfaches Folgesystem. a) Blockschaltbild; b) Führungs-Übergangsfunktionen bei verschiedenem Dämpfungsgrad.

Abb. 1.4-8b zeigt einige Übergangsfunktionen über der bezogenen Zeit $\omega_0 t$. Liegen weitere Blöcke mit vergleichsweise kleinen Zeitkonstanten in der Kette, so ändert sich die Form des Einschwingvorganges des Systems bei optimaler Abstimmung ($D \approx 1$) nur wenig. Derartige Folgesysteme werden häufig im Rahmen zusammengesetzter Anlagen gebraucht, z.B. als Meßumformer (Transmitter), selbstabgleichende Kompensatoren, servogesteuerte Funktionsrechner, mechanische Leistungsverstärker, proportional wirkende Stellantriebe (Stellmotor mit Rückführung).

Bei dem Entwurf von Regelsystemen ist zwischen Anlagen der Verfahrenstechnik (Chemie, Zement-, Erdöl- und Hüttenindustrie) und jenen der Antriebs-, Förder- und Fertigungstechnik zu unterscheiden. Letztere sind im wesentlichen komplexe Folgesysteme, für deren dynamisches Verhalten bereits in der ersten Entwurfsphase strenge Spezifikationen zu berücksichtigen sind. Eine Übersicht über zweckmäßige Syntheseverfahren bringen die Abschnitte 1.4-5 und 1.4-7. Sie beruhen sämtlich darauf, daß die wesentlichen Anlagenteile durch relativ einfache gewöhnliche Differentialgleichungen beschrieben werden können und die Abhängigkeit der internen Parameter vom Arbeitspunkt bekannt ist.

Anlagen der Verfahrenstechnik mit Wärme- und Stoffübergängen sowie Reaktionen lassen wegen der doppelten Abhängigkeit der Variablen von Ort und Zeit keine Beschreibung durch gewöhnliche Differentialgleichungen zu. Oft bleibt nur der Ausweg, ein *Modell* zu konstruieren, das wesentliche stationäre und dynamische Eigenschaften befriedigend wiedergibt, und mit seiner Hilfe den (oder die) Regler auszusuchen und an Hand von Erfahrungswerten das Verhalten des geregelten Systems abzuschätzen. War das Modell gut, dann wird das Verhalten der Regler an der realen Anlage dem erwarteten nahe kommen. Die Modelldarstellung ist eine wesentliche Voraussetzung für den Einsatz von Prozeßrechnern. Relativ einfache Modelle können aus der Analyse gemessener Übergangsfunktionen ermittelt werden, die bei nicht schwingungsfähigen Strecken mit Ausgleich die Gestaltmerkmale von Abb. 1.4-9a haben. Wenn es mit einiger Sicherheit gelingt, eine Totzeit T_t — wie bei reiner Transportverzögerung — abzuspalten, können aus dem Rest der Übergangsfunktion zwei Zeitkonstanten T_1 und T_2 ermittelt werden. K_S ist der Übertragungsfaktor der Regelstrecke. In vielen Fällen genügt als Modell ein Ersatzsystem, das nach Abb. 1.4-9b die drei Kennwerte K_S, T_u (Verzugszeit) und T_S (Ersatzzeitkonstante) enthält [3], und schließlich sind Vorschläge gemacht worden, das Verhalten der Anlage durch eine Kette von Verzögerungsgliedern mit gleichen oder gruppenweise gleichen Zeitkonstanten zu approximieren [5, 6]. Die Kennwertermittlung oder *Identifikation* nach diesen oder anderen Verfahren findet ihre natürliche Grenze

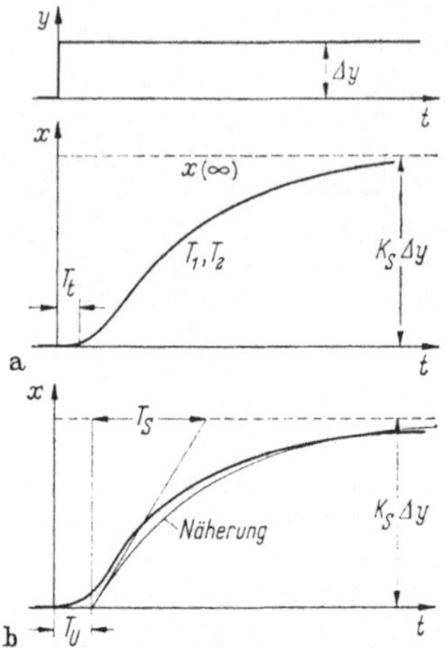

Abb. 1.4-9. Bestimmung von Kennwerten aus der gemessenen Übergangsfunktion einer Regelstrecke mit Ausgleich.

a) in der Streuung der Daten, die der Anlage unter Betriebsbedingungen entnommen werden können;

b) in der Änderung der Kennwerte durch Belastung, Umwelteinflüsse, Aussteuerung.

1.4.3 Stetig wirkende Regler

In der Verfahrenstechnik ist zu einer gegebenen Regelstrecke der zweckmäßigste Regler zu finden. Nur bei ganz primitiven Anlagen und den zur Versorgung dienenden Anlagenteilen ist ein Regler brauchbar, bei dem die Stellgröße y in jedem Augenblick der Regelabweichung $x_w = x - w$ proportional ist:

$$y(t) = K_R x_w(t). \tag{1.4-7}$$

Dieser Regler wird Proportional-(P-)Regler genannt. Bei technischen Geräten wird an Stelle des Übertragungsfaktors K_R oft der *Proportionalbereich* X_P angegeben. Das ist die Spanne der Regelabweichung (in Prozent des Bereiches, in dem der Sollwert eingestellt werden kann), die notwendig ist, um das Stellglied von der einen in die andere Endlage zu bewegen. Eine sprungförmige Störgröße vermag der P-*Regler* nicht auszuregeln. Stets bleibt eine restliche Abweichung bestehen, die nur bei Strecken mit Verzögerung höchstens 2. Ordnung unter etwa 10% derjenigen ohne Regler bleibt. Eine gewisse Verbesserung ist durch Aufschalten der 1. Ableitung von x_w möglich:

$$y(t) = K_R(x_w + T_v x'_w). \tag{1.4-8}$$

Der PD-*Regler* bietet auch Vorteile bei schnell schwankenden (zufallsbedingten) Störgrößen. T_v ist die *Vorhaltzeit*; sie wird zweckmäßig etwa gleich der größten Zeitkonstanten der Regelstrecke gemacht.

Der Nachteil einer bleibenden Abweichung wird vermieden durch Regler, in denen das Zeitintegral über die Regelabweichung gebildet wird. Der reine I-*Regler*:

$$y(t) = K_{\mathrm{I}} \int_0^t x_w \, \mathrm{d}t \qquad (1.4\text{-}9)$$

wird nur noch selten gebraucht. Wesentlich günstiger ist der PI-*Regler*, der durch die Gleichung

$$y(t) = K_{\mathrm{R}} \left(x_w + \frac{1}{T_{\mathrm{n}}} \int_0^t x_w \, \mathrm{d}t \right) \qquad (1.4\text{-}10)$$

beschrieben wird. Der Regelvorgang von Abb. 1.4-6 ist mit diesem Typ erzielt worden. Der PI-Regler bewährt sich auch an Strecken mit nahezu reiner Totzeit und solchen mit Verzögerung höherer Ordnung. Eine weitere, besonders bei Strecken mit niederer Ordnung zu Buch schlagende Verbesserung im dynamischen Verhalten des Kreises liefert der PID-*Regler* mit

$$y(t) = K_{\mathrm{R}} \left(x_w + \frac{1}{T_{\mathrm{n}}} \int_0^t x_{\mathrm{w}} \, \mathrm{d}t + T_{\mathrm{v}} x_w' \right). \qquad (1.4\text{-}11)$$

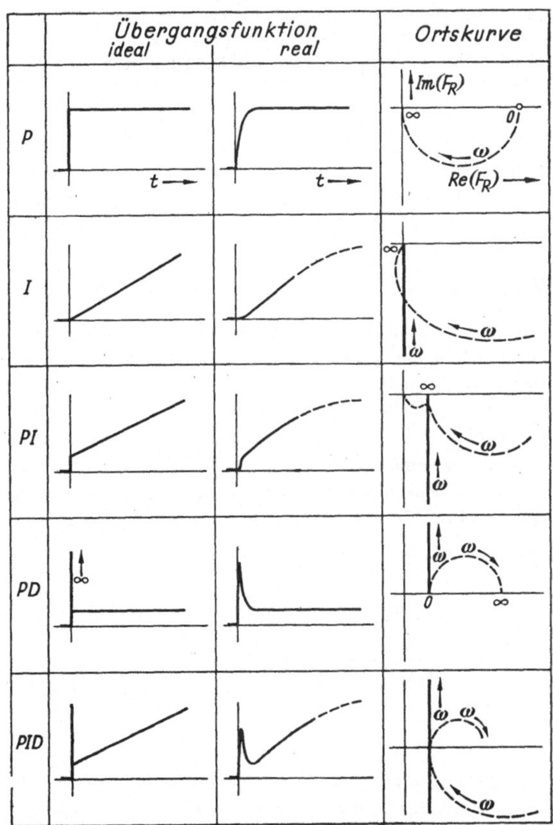

Abb. 1.4-10. Übergangsfunktion und Ortskurve gebräuchlicher Regler.

Da die exakte Differentiation einer physikalischen Größe nicht möglich ist, aber auch bei vielen elektrischen und allen elektronischen Reglern der Integralterm angenähert werden muß, sind die Gln. (1.4-8 bis 1.4-11) nur im Sinne einer Zielvorstellung zu werten. Abb. 1.4-10 zeigt in der ersten Spalte die Übergangsfunktionen nach den obigen Gleichungen, in der zweiten diejenigen, die bei nicht besonders hochgezüchteten technischen Geräten auftreten. Gelegentlich wäre aus Gründen der Dynamik ein Regler mit D-Anteil zweckmäßig; seine Anwendung verbietet sich aber, wenn das Eingangssignal x_w schnelle unregelmäßige Schwankungen aufweist, die aus der Anlage selbst oder dem Meßumformer für die Regelgröße herrühren und durch die Differentiation betont würden.

Die Regelung nach dem PID-Schema prägte die Technik fast ausschließlich bis in die letzten Jahre, in denen erst in Verbindung mit der Prozeßsteuerung über Digitalrechner Vorschläge für andersartige Algorithmen [7] diskutiert wurden. An Erweiterungen auf analoger Basis ist nur der PID_2-Regler [8] und ein PID-Regler mit Schwingungsverhalten [9] bekannt geworden.

1.4.4 Der Regelkreis; Stabilitätsprüfung und Analyse im Zeitbereich

Durch Kombination der Gleichung einer Regelstrecke mit der eines Reglers erhält man die Differentialgleichung des geschlossenen Kreises. Nach Abb. 1.4-3b läßt sich — nach Eliminieren von y — die Verknüpfung zwischen der Regelgröße x und der eingangsseitigen Störgröße $z_1 = z$ bzw. der Führungsgröße w stets in die Form bringen

$$B_n x^{(n)} + B_{n-1} x^{(n-1)} + \cdots + B_2 x'' + B_1 x' + B_0 x = f_1(w) + f_2(z). \qquad (1.4\text{-}12)$$

In f_1 und f_2 können neben $w(t)$ und $z(t)$ auch deren zeitliche Ableitungen auftreten. Soll das System nach einem endlichen Sprung von w bzw. z einen Beharrungszustand erreichen oder in Abwesenheit der äußeren Signale stabil sein, dann darf die Lösung der homogenen Gleichung

$$B_n x^{(n)} + B_{n-1} x^{(n-1)} + \cdots + B_2 x'' + B_1 x' + B_0 x = 0 \qquad (1.4\text{-}13)$$

nur Vorgänge enthalten, die mit wachsender Zeit abklingen. Die Beiwerte $B_0, \ldots, B_n$ sind Linearkombinationen der Koeffizienten der Strecke [Gl. (1.4-4)] und der Koeffizienten des Reglers [z.B. Gl. (1.4-11)]. Die erste Voraussetzung für Stabilität ist: Sämtliche B_i ($i = 0, \ldots, n$) müssen ungleich Null sein und gleiches Vorzeichen haben. Ist die Ordnungszahl $n \geq 3$, so müssen zwischen den B_i Beziehungen bestehen, welche sich nach dem Schema von *Hurwitz* errechnen lassen. Man trägt die B_i — soweit vorhanden — in eine quadratische Matrix ein, so daß die Hauptdiagonale mit B_{n-1} beginnt und mit B_1 schließt; es gibt auch eine äquivalente Form, bei der

$$\left| \begin{array}{ccc|ccc} B_{n-1} & B_{n-3} & & B_{n-5} & \cdots \\ B_n & B_{n-2} & & B_{n-4} & \cdots \\ 0 & B_{n-1} & & B_{n-3} & \cdots \\ 0 & \cdot & & \cdot & \cdots \\ \cdot & \cdot & & \cdot & \cdots \\ \cdot & \cdot & & \cdot & \cdots \end{array} \right| \qquad (1.4\text{-}14)$$

B_1 links oben, B_{n-1} rechts unten steht. Das System ist stabil, wenn die Determinante dieser Matrix und die angezeichneten Unterdeterminanten alle größer als Null sind. Ein verwandtes Verfahren der algebraischen Stabilitätsprüfung war von *Routh* [4] angegeben worden.

Die Lösung der Differentialgleichung 1.4-12 für beliebige Eingangssignale, die sich in mathematisch geschlossener Form darstellen lassen, wird am besten mit der *Laplace-Transformation* eingeleitet. Man erhält eine exakte Lösung des jeweiligen Einschwingvorganges (vgl. Abschnitt 1.3.1), der dann nach bestimmten Gütekriterien beurteilt wird. Sowohl die algebraischen Stabilitätskriterien als auch die Berechnung des Zeitverhaltens gegebener Systeme haben gegenüber früher stark an Bedeutung verloren. Es ist außer bei ganz einfachen Systemen unmöglich, aus den Ergebnissen Schlüsse zu ziehen, in welcher Richtung und um wieviel die „freien" Parameter (Kennwerte von Reglern und korrigierenden Netzwerken) geändert werden müssen, um ein zunächst unbefriedigendes Verhalten des Gesamtsystems zu verbessern. Das Interesse verlagert sich darum zu den Synthese-Verfahren, welche ein unmittelbares Experimentieren mit Bausteinen und Strukturen ermöglichen (Abschnitt 1.4.7).

1.4.5 Die Frequenzgang-Methode. Frequenz-Kennlinien und Bode-Diagramm

Sowohl zur Analyse (Berechnung von und Messungen an bestehenden Systemen) als auch für einfachere Syntheseaufgaben hat sich die Frequenzgangmethode bestens bewährt. Wird ein lineares System mit einer sinusförmigen Schwingung erregt, so ist *nach Abklingen des Einschwingvorganges* die Ausgangsgröße ebenfalls eine Sinuswelle der gleichen Frequenz. Die Eigenschaften des Systems drücken sich in dem Amplitudenverhältnis und der Phasendifferenz der beiden Signale aus, die zusammen als komplexe Funktion der Kreisfrequenz ω dargestellt werden.

Ist in der reellen Schreibweise die Eingangsgröße $y(t) = Y \cos \omega t$ und die Ausgangsgröße $x(t) = X \cos (\omega t + \beta)$, so ist der *Frequenzgang* mit $p = \mathrm{j}\omega$

$$F(p) = \frac{X}{Y}\, \mathrm{e}^{\mathrm{j}\beta}.$$

Für ein Verzögerungsglied 1. Ordnung nach Gl. (1.4-1) ist der Frequenzgang

$$F_1(p) = \frac{K_1}{1 + pT_1}. \tag{1.4-15}$$

Eine Kette von rückwirkungsfrei verbundenen PT-Gliedern wird durch das Produkt der Einzelfrequenzgänge beschrieben. Demnach ist der Frequenzgang einer so aufgebauten Regelstrecke (Ordnung m)

$$F_\mathrm{S}(p) = \frac{K_1 \cdots K_m}{(1 + pT_1)\,(1 + pT_2)\cdots(1 + pT_m)}. \tag{1.4-16}$$

Die Transformation der Gl. (1.4-4) liefert den allgemeingültigen Ausdruck für eine Strecke mit Ausgleich

$$F_\mathrm{S}(p) = \frac{1}{A_0 + A_1 p + A_2 p^2 + \cdots + A_n p^n}.$$

Ein Übertragungsglied mit integrierender Wirkung (elektrischer oder hydraulischer Motor) hat, sofern keine zusätzlichen Verzögerungen auftreten, gemäß Gl. (1.4-5) den Frequenzgang

$$F(p) = \frac{K_\mathrm{I}}{p}. \tag{1.4-17}$$

Der Frequenzgang eines Übertragungsgliedes mit reiner Totzeit T_t

$$F(p) = K_\mathrm{t}\mathrm{e}^{-pT_\mathrm{t}} \tag{1.4-18}$$

ist die einzige transzendente Frequenzfunktion, welche im Bereich der hier diskutierten Systeme auftritt; alle anderen sind gebrochene rationale Funktionen von $j\omega$.

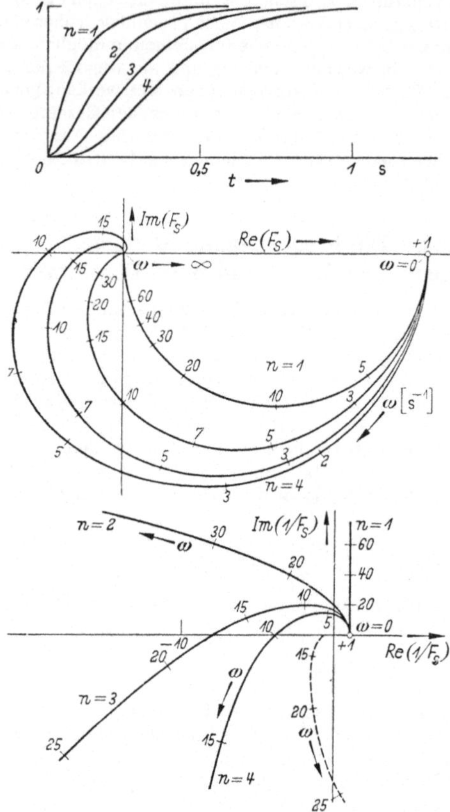

Abb. 1.4-11. Übergangsfunktion, Ortskurve und inverse Ortskurve von Systemen mit Verzögerung 1. bis 4. Ordnung.

Übersetzt man die Differentialgleichungen der idealen Regler, so gehen die Beziehungen (1.4-7) bis (1.4-11) über in die Frequenzgänge

$$F_R = K_R \qquad\qquad\qquad\qquad\qquad \text{P}$$

$$= K_R(1 + pT_v) \qquad\qquad\qquad \text{PD}$$

$$= K_I/p \qquad\qquad\qquad\qquad\qquad \text{I} \qquad\qquad (1.4\text{-}19)$$

$$= K_R(1 + 1/pT_n) \qquad\qquad\quad \text{PI}$$

$$= K_R(1 + 1/pT_n + pT_v) \qquad \text{PID}.$$

Durch Entwicklung von Gl. (1.4-18) ergibt sich eine Näherung für den Frequenzgang des Totzeitgliedes $(0 < \omega < 1/T_t)$:

$$F(p) \approx \frac{K_t}{1 + pT_t + \cdots}. \tag{1.4-20}$$

Andererseits folgt aus Gl. (1.4-16)

$$F_S(p) = \frac{K_S}{1 + p(T_1 + T_2 + \cdots)}. \tag{1.4-21}$$

Ein Vergleich der Gln. (1.4-20) und (1.4-21) lehrt:

1. Für die numerische Berechnung kann es zweckmäßig sein, ein Totzeitglied durch eine Kette von k Verzögerungsgliedern zu approximieren, von denen jedes die Zeitkonstante T_t/k hat.

2. Antriebsregelsysteme sind oft durch eine oder zwei große Zeitkonstanten zu beschreiben, neben denen eine Anzahl sehr kleiner — durch Meßumformer und Filter verursacht — auftritt.

Sind T_m bzw. T_{m-1} die großen Zeitkonstanten, und ist die Summe der kleinen („parasitären") Zeitkonstanten höchstens gleich der kleineren von jenen, so erweist sich folgende Näherung als sehr brauchbar:

$$F_S(p) = \frac{K_S e^{-pT_t}}{(1 + pT_m)(1 + pT_{m-1})}. \tag{1.4-22}$$

T_t ist dann, unabhängig von der Anzahl und dem gegenseitigen Größenverhältnis, die Summe der kleinen Zeitkonstanten. Diese Überlegung kann als Begründung für die Aussagen von Abschnitt 1.4.2 über Kennwerte dienen; sie spielt auch eine Rolle bei der Formulierung des „symmetrischen Optimums" [10].

Die graphische Darstellung des Frequenzganges ist die *Ortskurve*. In Abb. 1.4-11 und 12 sind für eine Anzahl repräsentativer Systeme Übergangsfunktion und Ortskurve gegenübergestellt. Häufig wird zur Beschreibung einer Strecke nicht der Frequenzgang F_S, sondern sein Kehrwert, die sog. inverse Ortskurve angegeben. In Abb. 1.4-11 beziehen sich die Zeitfunktionen auf ein Übertragungssystem mit Verzögerung 1. bis 4. Ordnung; die Teilglieder haben jeweils gleiche Zeitkonstanten und sind rückwirkungsfrei verbunden. Das mittlere Diagramm enthält die zugehörigen Frequenzgänge. Die Ortskurve durchläuft so viele Quadranten der komplexen Zahlenebene, wie die Anzahl der Verzögerungsglieder beträgt. Das untere Diagramm zeigt die inversen Ortskurven. Die inverse Ortskurve für $n = 4$ ist im Bereich $\omega > 10$ gestrichelt mit einer Verkleinerung des Betrages um den Faktor $1:5$ eingetragen. Die S-förmige Übergangsfunktion von Abb. 1.4-12 gilt für eine Regelstrecke mit Totzeit $(T_t = 0,1 \text{ s})$ und zwei Verzögerungsgliedern mit den Zeitkonstanten $T_1 = 0,2$ s und $T_2 = 0,5$ s. Im mittleren Teilbild ist stark ausgezogen die zugehörige Ortskurve dargestellt, zum Vergleich die Ortskurve desselben Systems mit $T_t = 0$. Die inverse Ortskurve ist wieder der Deutlichkeit halber in zwei verschiedenen Maßstäben gezeichnet. Bemerkenswert ist die Ähnlichkeit mit den Kurven $n = 4$ in Abb. 1.4-11. Zur Abrundung ist noch die Übergangsfunktion einer Strecke ohne Ausgleich und der Frequenzgang nach Gl. (1.4-5) eingetragen. Ein Vergleich der Zeitfunktionen mit den Frequenzfunktionen läßt erkennen, daß bei gleicher Genauigkeit in der Aufzeichnung — die wieder von dem Aufwand und den äußeren Umständen bei der Messung abhängt — die Ortskurve umfassendere Aussagen über die Eigenschaften des Systems liefert.

Abbildung 1.4-10 gibt einen Überblick über die Ortskurven von Reglern. Die ausgezogenen Kurven (bzw. der Punkt für den P-Regler) sind nach den Gln. (1.4-19) gezeichnet, die gestrichelten Kurven — aus Raumgründen nicht maßstäblich — veranschaulichen das Verhalten realer Geräte.

Auf der Ortskurvendarstellung beruht das *Stabilitätskriterium von Nyquist*. In Abb. 1.4-13 bedeuten die beiden Blöcke das Vorwärts- und Rückführglied eines Systems mit Gegenkopplung. Für einen Verfahrensregelkreis ist dann — je nach

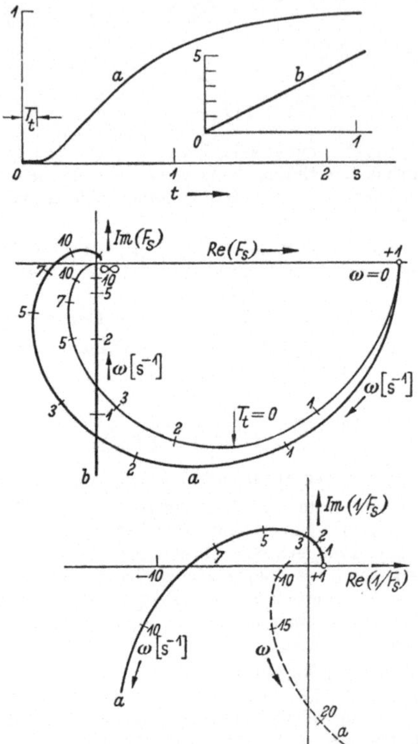

Abb. 1.4-12. Übergangsfunktion, Ortskurve und inverse Ortskurve einer Regelstrecke mit Totzeit und zwei Zeitkonstanten (a) sowie einer Strecke ohne Ausgleich (b).

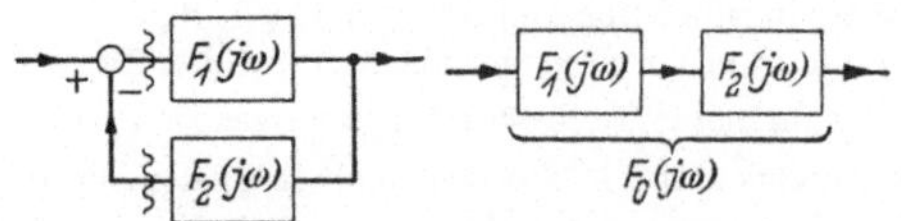

Abb. 1.4-13. Geschlossener und aufgeschnittener Regelkreis.

Signaleingang — F_1 der Frequenzgang der Strecke, F_2 der des Reglers, oder umgekehrt. Handelt es sich um ein Folgesystem, so ist die Analogie zu Abb. 1.4-5 evident. Wird der Kreis vor und nach dem Summenpunkt aufgeschnitten, so bilden die Blöcke eine Steuerkette. Deren Eingangs- und Ausgangsgröße sind durch den Frequenzgang $F_0 = F_1 F_2$ verknüpft. F_0, der Frequenzgang des aufgeschnittenen Regelkreises, ist eine dimensionslose komplexe Zahl. Abb. 1.4-14 gibt einige Beispiele. Die Ortskurve a kommt zustande, wenn F_1 zwei Verzögerungsglieder 1. Ordnung enthält, F_2 ein proportional übertragendes Glied ist. Die Orskurve b ergibt sich, wenn

F_0 durch zwei Verzögerungsglieder nach Gl.(1.4-15) und ein integrierendes Glied nach Gl.(1.4-17) gebildet wird. Hier wird bereits F_0 für eine bestimmte Frequenz ω_k negativ reell, aber noch ist der Betrag $|F_0|$ an dieser Stelle kleiner als 1. Wird schließlich in diesem Übertragungssystem die Verstärkung erhöht, etwa durch

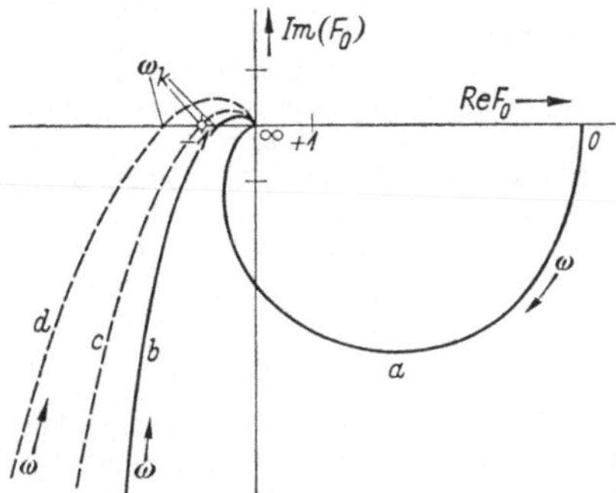

Abb.1.4-14. Ortskurven F_0; a) und b) stabile Systeme; c) Stabilitätsrand; d) instabiles System.

Steigerung von K_I in Gl.(1.4-17), so schneidet die Ortskurve die negativ reelle Achse im Punkt (−1) oder gar außerhalb dieses *kritischen Punktes*. Im Falle c wird durch die Phasenverschiebung von −180° innerhalb des offenen Kreises die für die *Gegenkopplung* erforderliche Vorzeichenumkehr (s. Abb.1.4-13) gerade ausgelöscht, so daß bei dem Schließen des Kreises eine mit der Frequenz ω_k laufende Schwingung bestehen bleibt. Bei dieser Bemessung befindet sich das System am *Stabilitätsrand*. In Fall d besteht bei der Frequenz ω_k an Stelle einer Gegenkopplung sogar eine *Mit*kopplung: Die Voraussetzung für eine anklingende Schwingung ist gegeben, sobald der Kreis geschlossen wird. In vereinfachter Ausdrucksweise lautet das Stabilitätskriterium:

Ein Regelsystem ist stabil, wenn die zugehörige Ortskurve F_0 die negativ reelle Achse nur zwischen −1 und 0 schneidet.

Diese Formulierung genügt für die Mehrzahl der in technischen Regelkreisen auftretenden Probleme. Nur bei Systemen mit zahlreichen Maschen, bei denen die Ortskurve F_0 einen wesentlich komplizierteren Aufbau haben kann, ist es zweckmäßig, die verschärften Stabilitätsbedingungen der Untersuchung zugrunde zu legen [4].

Liegt die Ortskurve F_0 im stabilen Bereich, so kann aus ihrem Verlauf in der Umgebung des kritischen Punktes eine rohe Abschätzung der Qualität der Führungsübergangsfunktion gewonnen werden. Dabei spielen zwei Bestimmungsstücke eine Rolle, die im nächsten Abschnitt behandelt werden. Auch die Nyquist-Ortskurve hat den Nachteil, daß der Einfluß der einzelnen Elemente des Regelkreises nicht festzustellen ist.

Das gerade zeichnet das *Frequenzkennlinien-Verfahren* [11] aus. Sehr viele Bausteine eines Regelkreises haben Frequenzgänge, die sich multiplikativ aus Funktionen nach Gl.(1.4-15, 19 (PD und PI), 17 und 18) zusammensetzen. Auch die Gleichung des PID-Reglers läßt sich unter der Voraussetzung $T_v \ll T_n$ näherungsweise in Produktform anschreiben:

$$F_R(j\omega) = K_R \frac{1 + j\omega T_n}{j\omega T_n} (1 + j\omega T_v).$$

Durch Logarithmieren dieser Funktionen und Trennung nach Betrag und Phasenwinkel wird die Synthese von Steuerketten ungemein erleichtert.

Abb. 1.4-15 zeigt das von *Bode* vorgeschlagene Verfahren für zwei Übertragungs-
glieder mit den Frequenzgängen F_1 und F_2. Über dem $\log \omega$ ist $\log |F|$ und der
Phasenwinkel β aufgetragen. Jeweils bei der *Eckfrequenz* $\omega_1 = 1/T_1$ bzw. $\omega_2 = 1/T_2$
liegt das Zentrum der symmetrischen Winkelkurve; dort ist ferner die Krümmung
der Betragskurve am größten. Etwa eine halbe Frequenzdekade oberhalb und unterhalb der Eckfrequenz ist eine Annäherung der wirklichen Betragskurve durch die
Asymptoten (Neigung bei gleichem Ordinaten- und Abszissenmaßstab 0, $-45°$ bzw.
$+45°$) zulässig. Der Fehler im Betrag ist maximal 30%. Wenn so die einzelnen
Faktoren, die den Frequenzgang einer Steuerkette bilden, aufgezeichnet sind, ergibt
sich der Gesamtfrequenzgang (wiederum aufgespalten in Betrag und Phase) einfach
durch Addition der Betrags- und Winkelkurven. Weil bei der logarithmischen Darstellung nur Produkte, dagegen nicht ohne weiteres Summen von Frequenzgängen
gebildet werden können, ist seine Anwendung auf jene Probleme beschränkt, in
denen die notwendigen Folgerungen aus dem Frequenzgang des *offenen* Regelkreises
gezogen werden können. Zur Erläuterung des Verfahrens sei die Berechnung des
Folgesystems nach Abb. 1.4-4 durchgeführt. Der Kreis wird am Eingang des Verstärkers V aufgeschnitten, so daß die Übertragungsglieder V, M, G und R_2 eine
offene Steuerkette bilden. Ihre Frequenzgänge seien:

$$V: \quad \frac{K_1}{(1 + j\omega T_1)(1 + j\omega T_2)} = K_1 F_1 F_2 \qquad \begin{aligned} T_1 &= 0{,}05 \text{ s} \\ T_2 &= 0{,}1 \text{ s} \end{aligned}$$

$$M: \quad \frac{K_3}{j\omega T} = F_3 \qquad\qquad T = 0{,}2 \text{ s}$$

$$G + R_2: \quad -K_4 \qquad\qquad = F_4.$$

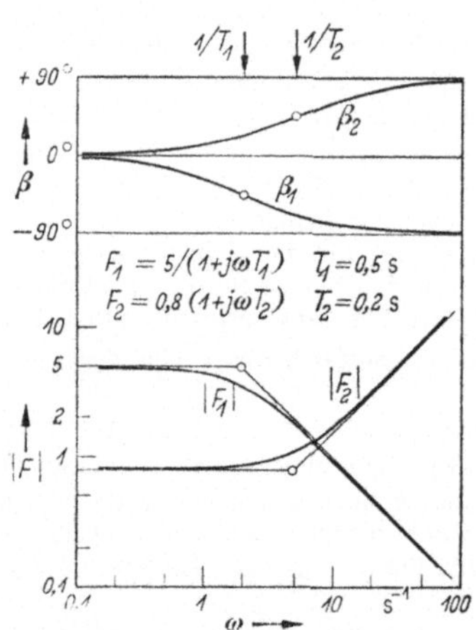

Abb. 1.4-15. Frequenzkennlinien.

Das Produkt der reellen Übertragungsfaktoren $K_1 K_3 K_4 = K$ — notwendigerweise
eine dimensionslose Zahl — wird zunächst gleich 1 gesetzt. Unter Benutzung der in
der vorangehenden Tabelle gegebenen Zeitkonstanten kann nun nach Abb. 1.4-16
$|F_1|$ und β_1 usw. aufgezeichnet werden. Dann liefert die Addition der Kurven im
unteren Teil des Diagramms $|F_0|$; $F_0 = F_1 F_2 F_3 F_4$ ist der Frequenzgang des auf-

geschnittenen Kreises. Die gestrichelte Kurve stellt $|F_0|$ für $K = 1$ dar. Entsprechend folgt aus der Addition der Winkelfunktionen β_1 bis β_3 und unter Berücksichtigung der Vorzeichenumkehr im Kreis ($\beta_4 = -180°$) der gesamte Phasenwinkel β_{F_0}.

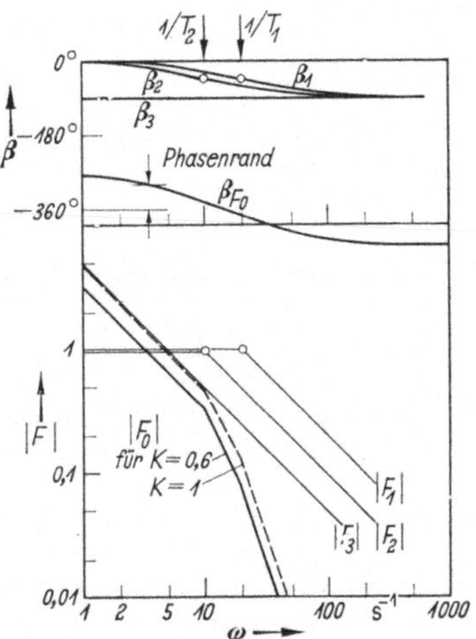

Abb. 1.4-16. Anwendung des *Bode*-Diagramms auf Synthese eines Folgesystems.

Es zeigt sich nun, daß bei der Frequenz, bei der $|F_0|$ gerade gleich 1 ist, der Winkel β_{F_0} nur um 35° gegen $-360°$ oder 0° verschieden ist. Dieser Restwinkel, der als *Phasenrand* bezeichnet wird, ist zu klein; ein Phasenrand gleich 0 oder ein β_{F_0} gleich 0 bei $|F_0| \geq 1$ würde Instabilität des Kreises bedeuten. Ein guter Wert für den Phasenrand ist für optimales Führungsverhalten eines Regelkreises, also auch eines Folgesystems, 60°. Um das zu bewirken, muß K von dem versuchsweise angenommenen Wert auf 0,6 herabgesetzt werden; das ergibt dann ein $|F_0|$ nach der ausgezogenen Kurve. Neben dem Phasenrand ist für Systeme von höherer als 2. Ordnung der *Verstärkungsrand* von Bedeutung. Das ist der Kehrwert von $|F_0|$ bei der Frequenz ω_d, bei der $\beta_{F_0} = -360° = 0°$ ist. In Abb. 1.4-16 liest man bei $\omega_d = 12\,\mathrm{s}^{-1}$ für $K = 0,6$ den Wert $|F_0| = 0,15$ ab, also ist der Verstärkungsgrand rund 7. Auch für dieses Bestimmungsstück gibt es Empfehlungen [2, 3], die einen etwa aperiodischen Einschwingvorgang garantieren.

1.4.6 Zusammengesetzte Regelkreise

Baut man Folgesysteme mit minimalem Aufwand, dann kommen im Vorwärtszweig fast ausschließlich Verzögerungsglieder vor; speziell in Richtung auf den Ausgang hin, wo die Signalübertragung auf hohem Leistungsniveau stattfindet, treten die großen Zeitkonstanten auf. Da eine mehrfache Differentiation unmöglich ist, müssen zwischen den Vergleicher und die Leistungsverstärker oder Motoren Netzwerke eingefügt werden, welche die unvermeidlichen Verzögerungen (oder Schwingungsterme) weitgehend eliminieren.

Die wichtigsten Grundschaltungen sind in Abb. 1.4-17 dargestellt. Abb. a ist die Parallelschaltung, die mit nur einem P- bzw. PT-Glied näherungsweise die Formel des PI-Reglers realisiert. Neben weiteren elementaren Kombinationen ist folgende erwähnenswert; mit

$$F_1 = -A, \quad F_2 = \frac{2A}{1 + pT}$$

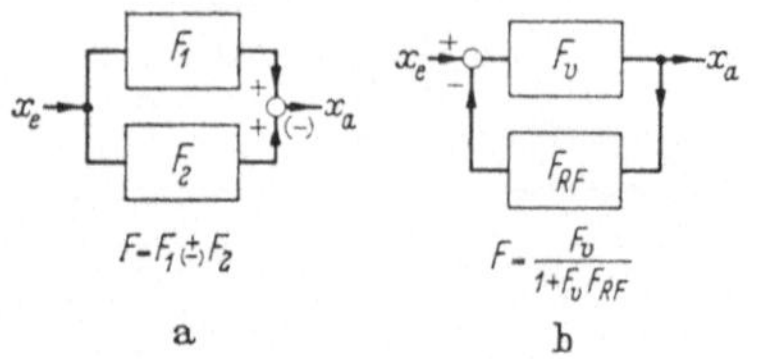

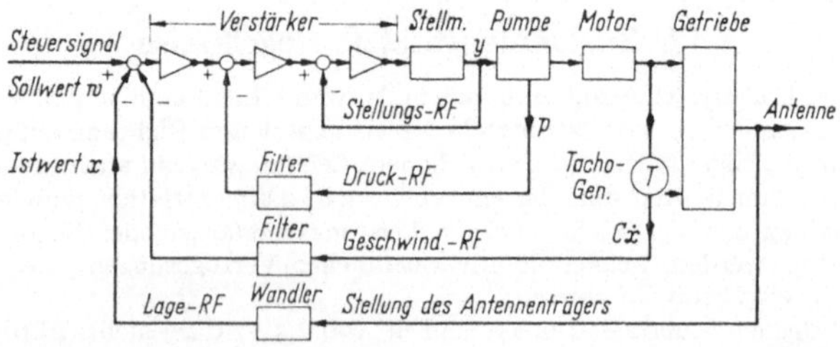

Abb. 1.4-17. Parallelschaltung (a) und Schleife mit Gegenkopplung (b).

und dem negativen Vorzeichen an dem unteren Zweig ergibt sich der Frequenzgang des Allpasses 1. Ordnung

$$F = A\,\frac{1 - pT}{1 + pT}.$$

Auf der Gegenkopplungsschaltung b beruhen die meisten technischen Regler, aber auch Korrekturglieder der verschiedensten Art. Der Frequenzgang ist

$$F = \frac{F_v}{1 + F_v F_{RF}} = \frac{1}{1/F_v + F_{RF}}.$$

F_v ist der Frequenzgang des Vorwärtsgliedes, das meist als proportional übertragender Verstärker, gelegentlich auch als Integrator angesetzt wird, F_{RF} der Frequenzgang der Rückführung, die dann stets aus passiven Elementen besteht.

Ist beispielsweise $F_v = A$ ($A \gg 1$), $F_{RF} = 1/(1 + pT)$, so ist

$$F = \frac{A}{1 + A}\,\frac{1 + pT}{1 + p\tau}$$

mit $\tau = T/(1 + A)$. Das Netzwerk wird als „nachgebendes Glied" bezeichnet und bewirkt eine angenäherte Differentiation. In Kette mit einem Verzögerungsglied, das selbst die Zeitkonstante T hat, resultiert ein System mit der sehr viel kleineren Zeitkonstanten τ („Zeitkonstantentausch").

Ist $|1/F_v| \ll |F_{RF}|$ in einem hinreichend großen Frequenzbereich, so entsteht praktisch der Kehrwert von F_{RF}. Das ergibt eine erhebliche Bereicherung der Schaltungstechnik — allerdings nur soweit die Voraussetzungen für die Stabilität der Schleife erfüllt sind. Überhaupt werden in steigendem Umfang auf der Grundlage integrierter Schaltungen aktive — mit Verstärkern ausgerüstete — Filter in anspruchsvolle Regelsysteme eingesetzt.

Regelkreise können oft in ihrem dynamischen Verhalten verbessert werden, wenn die normale Rückführung (der Regelgröße zum Vergleicher) durch interne Rückführungen ergänzt wird. Abb. 1.4-18 zeigt stark vereinfacht das Strukturbild

Abb. 1.4-18. Strukturbild (vereinfacht) der Lagesteuerung einer Antenne für Satellitenfunk; eine Koordinate.

der Führungssteuerung einer großen Richtantenne für die Satelliten-Funktechnik [12, 13]. Die Anforderungen an die Präzision der Steuerung sind so ungewöhnlich wie die technologischen Daten. Der Spiegel mit Gegengewicht wiegt 120 t, das Gesamtgewicht ist 280 t. Zum Antrieb um die Elevations- bzw. Azimutachse dienen Hydraulikmotoren mit Spezialgetrieben und einer Leistung von 15 bzw. 37 kW insgesamt. Bei der Satellitenverfolgung darf die Regelabweichung x je Achse nur einige 10^{-3} Winkelgrad betragen, und das bis zu einer Geschwindigkeit von einigen 0,1 °/s. Der äußere Regelkreis verarbeitet konventionell das vom Digitalrechner gelieferte Steuersignal w. Die hydraulischen Motoren werden von einer mechanisch steuerbaren Ölpumpe (Stellgröße y) gespeist. Der Stellmotor für die Pumpe hat eine starre Rückführung, die innere „Schleife" verkörpert somit ein proportional wirkendes Übertragungsglied mit kleiner Eigenverzögerung. Zur Verbesserung des dynamischen Verhaltens wird zusätzlich der Öldruck am Motor (p) gegengekoppelt. Zwischen Motor und Getriebe wird durch einen Tachogenerator die 1.Ableitung der Stellung gebildet und auf den Vergleicher geschaltet. Diese Maßnahmen bewirken, daß innerhalb des linearen Bereiches die Antwort auf einen Sprung der Führungsgröße trotz der enormen Massen nach 2 bis 3 s ihren Endwert erreicht.

Ähnlich sind Antriebsregelsysteme für Fördereinrichtungen (Aufzüge und Bahnen) aufgebaut [14]. Sie werden überwiegend mit stromrichtergespeisten Gleichstrommotoren ausgerüstet. Wichtige Bestandteile der inneren Schleifen sind nichtlineare Übertragungsglieder, welche bewirken, daß z.B. der Ankerstrom (Drehmoment) und die Ankerspannung (Drehzahl) die zulässigen Grenzwerte nicht überschreiten [15].

1.4.7 Synthese mit Hilfe der Übertragungsfunktion

Die bislang erwähnten Entwurfsprinzipien — einschließlich der Empfehlungen für die Anpassung von Reglern an verfahrenstechnische Strecken — gewährleisten ein gutes Verhalten unter durchschnittlichen Betriebsbedingungen. Für verschiedene Signalformen und -eingänge kann es kein einheitliches Optimum geben, dafür ist die Empfindlichkeit gegenüber Änderungen der Streckenparameter relativ gering. Bei strengeren Anforderungen muß sowohl die Signalform festgelegt als auch ein Gütekriterium definiert worden. Für Folgesysteme wird unter deterministischen Signalen für $w(t)$ im allgemeinen die Sprungfunktion gewählt. Gebräuchliche Gütekriterien sind Integrale über eine Funktion der Regeldifferenz $x_d(t) = w(t) - x(t)$, z.B.

$$\int_0^\infty x_d^2(t)\,\mathrm{d}t \overset{!}{=} \min, \qquad \int_0^\infty t\,|x_d|\,\mathrm{d}t \overset{!}{=} \min. \tag{1.4-23}$$

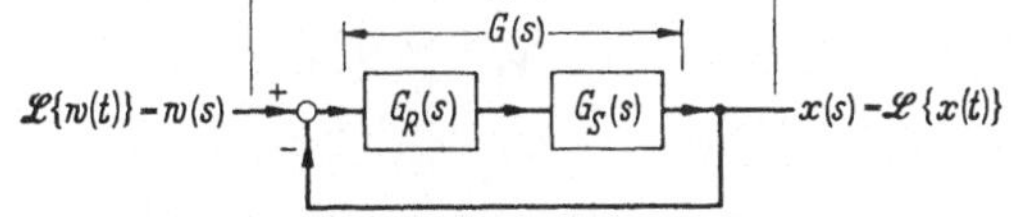

Abb. 1.4-19. Übertragungsfunktionen in einem Folgesystem.

Bei der Laplace-Transformation der Systemgleichungen gehen die Zeitvariablen $w(t)$ und $x(t)$ in die Bildfunktionen $w(s)$ und $x(s)$ über. Der Quotient $x(s)/w(s)$ ist die *Übertragungsfunktion* des Folgesystems. In Abb. 1.4-19 enthalte der Block G_S die gegebenen Anlagenteile, der Block G_R (Regler oder Korrekturglieder) die frei verfügbaren Parameter. Damit ist $G(s) = G_R(s) \cdot G_S(s)$ die Übertragungsfunktion des Vorwärtsgliedes. Bei der vorgesehenen Einheitsrückführung ist die Übertragungsfunktion des Systems

$$F_w(s) = \frac{G(s)}{1 + G(s)} \tag{1.4-24}$$

$G(s) + 1 = 0$ ist die Stammgleichung, deren Wurzeln die in der Führungsübergangs-funktion enthaltenen Teilvorgänge bestimmen. Als Beispiel sei angenommen:

$$G_S = \frac{K_S}{(1 + sT_1)(1 + sT_2)}, \quad G_R = K_R \frac{1 + sT'_n}{sT_n}. \tag{1.4-25}$$

Dann folgt

$$F_w(s) = \frac{K_S K_R(1 + sT_n)}{K_S K_R + s(1 + K_S K_R)\, T_n + s^2(T_1 + T_2)\, T_n + s^3 T_1 T_2 T_n}.$$

Durch eine einfache Substitution kann das Nennerpolynom in eine Normalform [2] gebracht werden, die in jedem Summanden von den Koeffizienten abhängige Zahlen-faktoren enthält. Wäre der Zähler reell, dann wäre der Einschwingvorgang nach dem zweiten Kriterium (1.4-23) optimal, wenn der Nenner das *Normpolynom* 3.Grades

$$s^3 + 1{,}75\, as^2 + 2{,}15\, a^2 s + a^3$$

ist. Es ist mithin Aufgabe des Entwurfs, die freien Parameter, hier K_R und T_n, so zu wählen, daß bei gegebenem K_S, T_1 und T_2 das Normpolynom möglichst gut reali-siert wird. Es leuchtet ein, daß es nicht möglich ist, das Normpolynom oder — wenn der Zähler ebenfalls berücksichtigt wird — eine *Normfunktion* zu erfüllen, wenn zu wenig freie Parameter vorhanden sind. Andererseits können auf der Grundlage der Normpolynome realisierbare Strukturen von Folgesystemen gefunden werden, welche das absolute Optimum liefern [16].

Das von *Evans* angegebene *Wurzelort-Verfahren* dient dazu, aus der Übertragungs-funktion des aufgeschnittenen Systems $G(s)$ die Wurzeln der Stammgleichung

$$G(s) + 1 = 0 \tag{1.4-26}$$

zu bestimmen. Da die Wurzeln zwar Anhaltspunkte für die Form der Führungs-Übergangsfunktion, nicht aber diese selbst darstellen, handelt es sich nicht um ein echtes Syntheseverfahren. An dem System nach Abb. 1.4-19 und Gl. (1.4-25) wird der Ansatz gezeigt. Durch Faktorisieren der Übertragungsfunktion $G(s)$ entsteht

$$G(s) = K \frac{s - s_{N_1}}{(s - s_{P_1})(s - s_{P_2})(s - s_{P_3})}$$

mit

$$K = K_S K_R / T_1 T_2, \quad s_{P_1} = -1/T_1, \quad s_{P_3} = 0,$$

$$s_{N_1} = -1/T_n, \quad s_{P_2} = -1/T_2.$$

Allgemein bedeutet s_N eine Nullstelle, s_P einen Pol der gebrochenen rationalen Funktion $G(s)$. Werden diese Singularitäten in die komplexe s-Ebene eingetragen, so lassen sich auf graphischem Wege [17] diejenigen Kurven ermitteln, auf denen die Wurzeln der Stammgleichung liegen. Für das vorliegende System ist nach Vor-gabe von T_1, T_2 und T_n in Abb. 1.4-20 der Verlauf der Wurzelortskurven mit K als Parameter dargestellt.

Nach Abb. a wird das System mit $K = 0{,}23$ instabil, ein brauchbarer Wert läge bei 0,006 bis 0,01. Wählt man (b) für T_n den Wert 3, so ist das System unbeschränkt stabil, ein gut gedämpfter Einschwingvorgang wird mit $K \sim 0{,}05$ erreicht, der Kreis reagiert also wesentlich schneller.

Das Verfahren, das in seiner ursprünglichen Form recht mühsam ist und zur erfolgreichen Durchführung auch eine gewisse Intuition erfordert, hat sich am besten bei Systemen bewährt, die Schwingungsterme enthalten (Flugzeuge). Die Nachteile

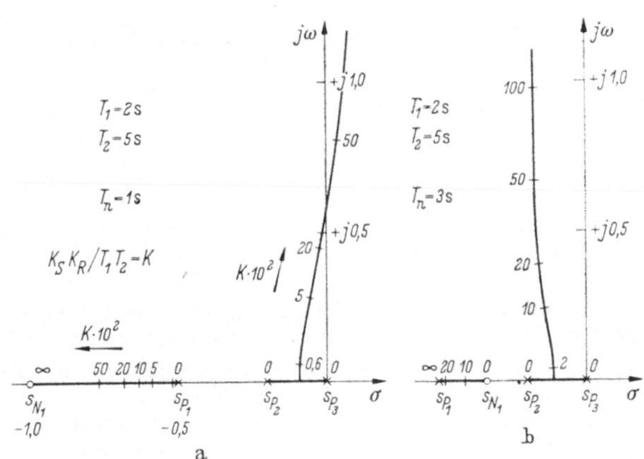

Abb. 1.4-20. Wurzelorte eines Systems mit 3 Polen und 1 Nullstelle.

treten weniger in Erscheinung, wenn die ganze Berechnung auf dem Digitalrechner durchgeführt wird [18]. Auch andere Syntheseverfahren [19], die letztlich auf der Übertragungsfunktion und ihren Transformationseigenschaften in Verbindung mit Integralkriterien beruhen, sind nur mit modernen Rechenhilfsmitteln auszuschöpfen.

1.4.8 Nichtlineare Systeme

1.4.8.1 Regelkreise mit Schaltern und Begrenzungen. Die Berechnung von Regelsystemen folgt so weit wie möglich der „Kleinsignal-Theorie". Statt des realen Systems mit den mehr oder weniger stark gekrümmten Kennlinien seiner Übertragungsglieder wird ein „linearisiertes Ersatzsystem" behandelt. Seine Koeffizienten und Parameter gelten nur für einen bestimmten Arbeitspunkt, müssen also für einen anderen neu bestimmt werden. Bei Anlagen mit großem Leistungsumsatz treten die maßgeblichen spontanen Nichtlinearitäten in den Endstufen und in den Stellgliedern auf, deren Kosten, Wartungsbedarf und Betriebssicherheit von entscheidender Bedeutung sind. Daher werden oft

a) an Stellen, wo durch Überschreiten bestimmter Werte Schäden auftreten könnten, Begrenzungen eingebaut (z. B. Ankerstrombegrenzung bei Gleichstrommotoren [20], Kurzschlußstrombegrenzung bei geregelten Netzanschlußgeräten [21].)

b) stetig wirkende Übertragungsglieder mit Leistungsverstärkung durch unstetig wirkende ersetzt: Relais, Schaltschütz, Leistungstransistor; Schaltkupplung.

Eine häufig gebrauchte Kombination ist ein Stellmotor, der über einen Dreipunktschalter gesteuert wird, so daß die Stellgeschwindigkeit entweder Null oder in beiden Drehrichtungen konstant ist. Eine Anwendung zeigt Abb. 1.4-21. Bei Trägerfrequenzverbindungen über Koaxialkabel bewirken Temperaturschwankungen des Bodens, bei solchen über Freileitungen alle möglichen Witterungseinflüsse eine (frequenzabhängige) Änderung der Dämpfung. Es hat sich als zweckmäßig erwiesen, jedem Leitungsabschnitt oder Verstärkerfeld steuerbare Dämpfungsglieder einzufügen, die in Abhängigkeit vom Übertragungsverhalten des betreffenden Leitungsabschnittes gegenüber Testschwingungen beeinflußt werden. Diese Testfrequenzen, sogenannte *Pilote*, liegen außerhalb der Nachrichtenkanäle an den Kanten des

Übertragungsbereiches. Das Prinzip ist für einen Piloten in Abb.1.4-21 erläutert. Das Stellglied S ist ein in Stufen schaltbares Netzwerk. Die Testschwingung, welche mit einem bestimmten Pegel auf den Anfang der Leitung gegeben wird, wird hinter

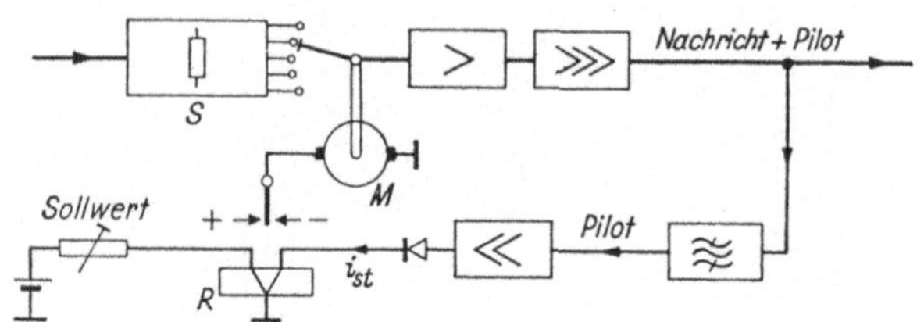

Abb.1.4-21. Dämpfungsregelung einer Leitung (vereinfacht).

dem ersten Leitungsabschnitt ausgefiltert und nach geeigneter Verstärkung gleichgerichtet. Der Ausgangsstrom i_{st}, der dem Istwert der Pilot-Amplitude proportional ist, wirkt auf ein Differentialrelais R, dessen zweite Wicklung gemäß dem Sollwert beaufschlagt wird; bei Pegelabweichungen von mehr als $\pm 0{,}1$ Np schaltet das Relais den Motor M in der einen oder anderen Richtung. Der Motor verstellt über ein Getriebe das Dämpfungsglied S mit einer konstanten, sehr geringen Stellgeschwindigkeit. Der Regler reicht zur Bekämpfung der normalerweise langsamen Störeinflüsse aus. In der Praxis arbeitet man mit zwei Pilotfrequenzen und zwei Stellgliedern je Leitungsabschnitt für die Neigungs- und Niveauregelung. Sind mehrere Leitungsabschnitte vorhanden, so ergeben sich interessante Probleme dadurch, daß jeder Regelvorgang in einem Verstärkerfeld die Vorgänge in allen nachfolgenden beeinflußt; daher beansprucht die Ausregelung einer Störung in den einzelnen Abschnitten eine verschieden lange Zeit [22].

Allgemein läßt sich ein mit geschaltetem Stellmotor ausgestattetes Folgesystem auf das Blockschema Abb.1.4-22 zurückführen. Die Kennlinie des realen Schalters (Relais usw.) ist durch die des Zweipunktschalters ersetzt. Die darauf folgenden

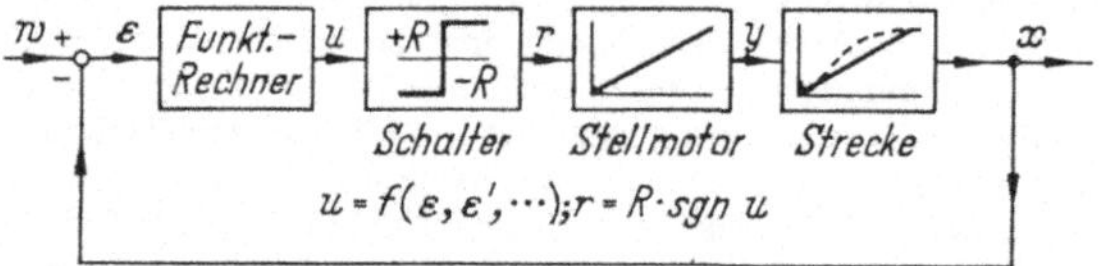

Abb.1.4-22. Strukturbild eines Folgesystems mit geschaltetem Stellmotor und Funktionsrechner für die Schaltzeitpunkte.

Blöcke enthalten alle linearen Elemente, z.B. Stellmotor und Regelstrecke. Ist die Eingangsgröße des Zweipunktschalters die Regeldifferenz $\varepsilon(t) = w(t) - x(t)$, so ist das System unter realen Verhältnissen mangelhaft oder instabil in dem Sinn, daß eine Dauerschwingung (Arbeitsbewegung) auftritt.

Ein besonders einfaches System ist gekennzeichnet durch zweifache Integration im linearen Block gemäß

$$y' = C_R r, \quad x' = C_S y.$$

Wird das Eingangssignal des Schalters in der Form

$$u = \varepsilon + B\,|\varepsilon'|\,\varepsilon' = \varepsilon + B(\varepsilon')^2\,sgn\,\varepsilon$$

gebildet, so ergibt sich das in Abb.1.4-23 gezeigte Führungsverhalten für verschieden große sprungförmige Änderungen von $w(t)$. Theoretisch ist dieses *geschwindigkeits-*

optimale Verhalten nicht auf das spezielle System mit zweifacher Integration beschränkt. Wenn die Differentialgleichung des linearen Teils von der n-ten Ordnung ist, müssen in die Schaltfunktion f die Abweichung ε und deren n Ableitungen ein-

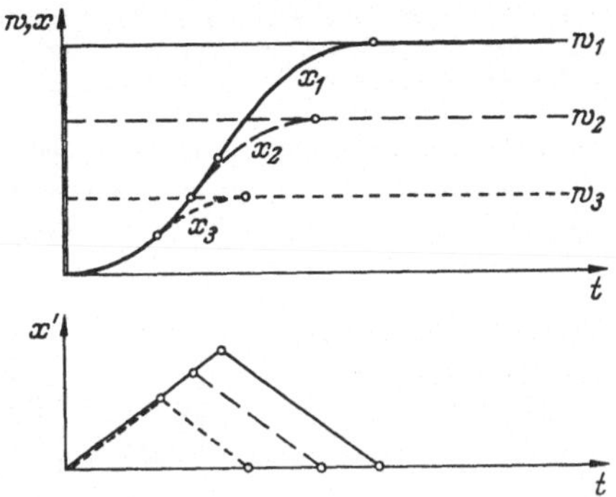

Abb. 1.4-23. Führungsverhalten des Folgesystems nach Abb. 1.4-22 (Strecke: unverzögertes I-Glied).

bezogen werden. Dann wird nach einem Sprung von w der Endzustand ($\varepsilon \to 0$) in der kürzestmöglichen Gesamtzeit und mit genau ($n - 1$) Umschaltungen erreicht. Allerdings wird die Schaltfunktion häufig so kompliziert, daß man sich — auch in Anbetracht der nicht idealen Kennlinie des Schalters — meistens mit einer Annäherung an das optimale Verhalten begnügt [23, 24, 25]. Werden die exakten Zeitpunkte für die Umschaltung nicht getroffen, bleibt eine Dauerschwingung bestehen.

Die besten Ergebnisse dieses Verfahrens sind zu verzeichnen bei sprungförmiger Führungs- oder Störgröße, aber auch bei stochastischen (regellosen) Eingangssignalen können sich noch Vorteile gegenüber linearen Systemen ergeben, welche den erhöhten Aufwand rechtfertigen [26].

Die Frage nach der Stabilität von Systemen, die neben linearen Elementen ein Schaltglied enthalten, genauer nach der Existenz einer Dauerschwingung (Grenzzyklus) kann oft mit einem modifizierten Frequenzgangverfahren beantwortet werden. Wird nämlich die Grundschwingung des verzerrten Ausgangssignals, das bei sinusförmiger Erregung des nicht-linearen Gliedes entsteht, zum Eingangssignal in Beziehung gesetzt, so ergibt sich ein — u. U. komplexer — Übertragungsfaktor, der von der Aussteuerung abhängt. Er heißt *Beschreibungsfunktion* und ist für die wichtigsten Kennlinien tabelliert [11, 27].

1.4.8.2 Parameterempfindlichkeit und Parametersteuerung. Das dynamische Verhalten durchschnittlicher Regelkreise wird kaum beeinträchtigt, wenn sich im Betriebsbereich ein Parameter (Übertragungsfaktor, Zeitkonstante) um maximal etwa 50% ändert. Bei dem Entwurf anspruchsvoller Systeme genügen solche Aussagen bei weitem nicht; oft muß unter verschiedenen möglichen Strukturen die mit der geringsten *Parameterempfindlichkeit* [28] ausgewählt werden. Ist Q ein Güteindex, z. B. eine der Funktionen Gl. (1.4-23), und a_i einer der Systemparameter, so ist

$$S_i = \frac{\partial Q}{\partial a_i}$$

die Empfindlichkeitszahl.

Speziell in der Fernmeldetechnik erweist es sich gelegentlich als notwendig, in einer Steuerkette oder einem System, das strukturbedingt eine Schleife enthält, den Verstärkungsfaktor durch die Amplitude oder einen Mittelwert des zu übertragenden Signals zu steuern. Wenn z. B. ein Sprachsignal über eine längere Leitung übertragen wird, muß ein gewisser Abstand von dem Störpegel eingehalten werden; sonst sinkt die Verständlichkeit stark ab. Für eine gute Verständlichkeit ist das natürliche Verhältnis zwischen den lautesten Stellen (betonte Silben, Vokale) und den leisesten (unbetonte Silben, Konsonanten) unnötig groß. Die leisen Teile können beträchtlich verstärkt, d. h. der *mittlere* Pegel des Signals kann gegenüber dem Störpegel angehoben werden. Eine so nivellierte Sprache verliert zwar an Natürlichkeit, dringt aber leichter durch. Eine bessere Lösung des Problems bringt die Anordnung nach Abb. 1.4-24.

V_1 und V_2 sind Verstärker am Anfang und am Ende des Leitungsabschnittes L. Vor dem Verstärker V_1 liegt ein Dämpfungsglied aus zwei konstanten Längswiderständen und zwei Dioden im Querzweig. Die Dämpfung ist bestimmt durch den diffe-

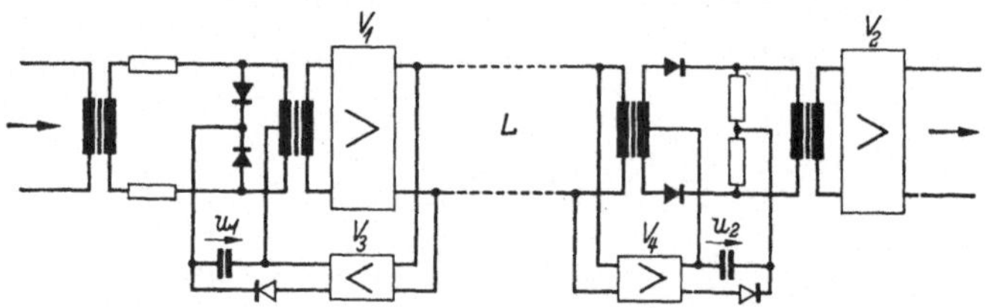

Abb. 1.4-24. Amplitudenabhängige Pegelregelung (Dynamikpresser und -dehner).

rentiellen Widerstand (Neigung der Strom-Spannungs-Kennlinie) der Diode an dem Arbeitspunkt, der durch die Spannung u_1 und die übrigen Widerstände im Kreis einer Diode festgelegt wird. u_1 wird durch Gleichrichtung und Siebung aus der Eingangsspannung der Fernleitung über den Verstärker V_3 gebildet und ist näherungsweise ihrem Mittelwert oder Effektivwert proportional. Wenn die größte Signalspannung, welche an den Dioden auftritt, klein ist gegen den Bereich, in dem u_1 geändert werden kann, wenn also nur nahezu geradlinige Teile der monoton gekrümmten Kennlinie übersteuert werden, sind die zusätzlichen Verzerrungen eines langsam veränderlichen Signals am Eingang von V_1 vernachlässigbar. Die Wirkung dieses Regelkreises besteht nun darin, daß bei langsam steigender oder fallender Amplitude der Wechselspannung vor dem Dämpfungsglied die Dämpfung gleichsinnig so geändert wird, daß am Eingang der Leitung L die Dynamik der Sprache beträchtlich verflacht erscheint. Die Anordnung wird als Kompander oder Presser bezeichnet. Wenn der Regler den Änderungen der Hüllkurve der Sprachschwingung einigermaßen folgen soll, muß die Regelgeschwindigkeit groß sein; die Einschwingzeitkonstante des Siebgliedes nach dem Verstärker V_3 — in der Abbildung nur angedeutet — beträgt einige ms. Dann sind recht drastische Verzerrungen in den Einschwingvorgängen der Sprachlaute unvermeidlich; sie fallen aber glücklicherweise dem Ohr des Empfängers nicht auf. Auf ähnliche Weise wird die Schwundregelung im Rundfunkempfänger bewirkt.

In dem zweiten Teil der Anordnung von Abb. 1.4-24, die man sinngemäß als Dehner bezeichnet, wird die ursprüngliche Dynamik der Sprache wieder hergestellt. Vor dem Verstärker V_2 befindet sich ein weiteres steuerbares Dämpfungsglied; hier ist die Anordnung der festen und der amplitudenabhängigen Widerstände (Dioden) so getroffen, daß die Dämpfung mit wachsender Steuerspannung u_2 abnimmt. Die Spannung u_2 wird durch Gleichrichtung und Siebung der Ausgangsspannung des Verstärkers V_4 gewonnen. Weil eine Anordnung wie in dem Dynamikpresser leicht zu Instabilität führt, wird hier die Signalspannung *vor* dem Stellglied, also unmittelbar am Ende der Leitung abgegriffen. Somit liegt eindeutig keine Regelung, sondern eine Steuerung vor [22]. Abb. 1.4-25 zeigt das Blockschaltbild einer Lautfernsprechanlage, die ein echtes Wechselsprechen gestattet. Jeder Teilnehmer hat ein Mikrofon und einen Lautsprecher, die so weit wie möglich akustisch entkoppelt sind. Dennoch würde Selbsterregung auftreten, wenn nicht jeweils der durch den Wortbeginn bevorrechtigte Kanal die Verstärkung des anderen so weit absenken würde, daß die Schleifenverstärkung unter dem kritischen Wert bleibt. Das Problem ist auch hier die Bemessung der Filter-Zeitkonstanten in den Steuerkanälen [29].

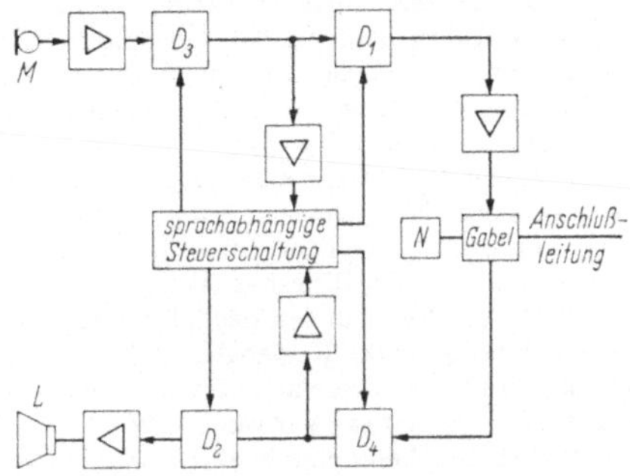

Abb. 1.4-25. Prinzipschaltung eines Lautfernsprechers, M Mikrofon, L Lautsprecher, N Nachbildung, D_1 bis D_4 steuerbare Dämpfungsglieder.

1.4.9 Selbsteinstellende Systeme

Bei verfahrenstechnischen Anlagen sind Änderungen eines oder mehrerer Parameter im Bereich 1:5, bei Flugzeugen im Bereich 1:50 keine Seltenheit. Solche Änderungen kann ein Regler nicht von sich aus unwirksam machen. Eine Möglichkeit, einem System das für einen (mittleren) Arbeitspunkt eigentümliche dynamische Verhalten auch bei starken Parameteränderungen zu bewahren, ist der Anbau eines übergeordneten Regelkreises, der ein *Selbsteinstellen* oder *Adaptieren* bewirkt. In Abb. 1.4-26 bedeutet der große Block das Hauptsystem, beispielsweise ein Flugzeug

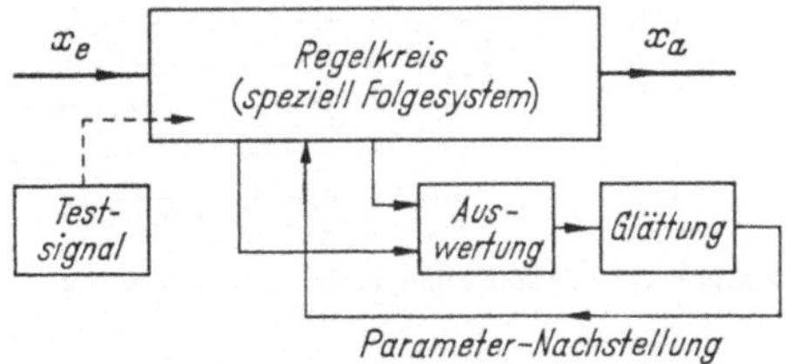

Abb. 1.4-26. Blockschaltbild eines Regelsystems mit überlagerter Adaptierung.

(Eingangsgröße x_e = Stellung des Steuerknüppels, Ausgangsgröße x_a = Neigungswinkel des Flugzeugs). Das erste Problem eines selbsteinstellenden Systems ist die Feststellung, um wieviel ein bestimmter Parameter von seinem Normalwert abgewichen ist (*Identifikation*). Handelt es sich um einen Übertragungsfaktor, so genügt oft ein sinusförmiges Testsignal, welches den zu prüfenden Teil der Strecke durchläuft; seine durch einen eigenen Meßfühler erfaßte Amplitude ist dann ein Maß für den Übertragungsfaktor (vgl. Abb. 1.4-21). Ein veränderlicher Zeitkennwert kann auch noch durch eine interne Messung mit einem Signal geeigneter Frequenz entdeckt werden, doch ist dann meistens eine Messung des Betrages und der Phase notwendig. Auch die Kompensation ist ungleich schwieriger, weil Korrektur-Netzwerke mit Zeitgliedern gesteuert werden müssen.

In Abb.1.4-26 bedeuten die Signalpfade zu dem mit *Auswertung* bezeichneten Block die Stellen, an denen die Information über die Strecke entnommen wird. Als Testsignale sind auch Impulse, Impulsfolgen und spezielle stochastische Vorgänge erprobt worden [20, 31]. Auch die in dem Hauptsystem vorhandenen Vorgänge können zur Identifikation dienen; dann geschieht die Auswertung in einem Korrelator [35]. Unabdingbar ist eine hinreichende Auswertezeit, weil sich das Verhalten des veränderlichen Parameters in dem Mittelwert eines Signalgemisches abbildet. Die notwendige Filterung (Glättung) bewirkt, daß ein adaptierendes System sehr viel träger als das Hauptsystem ist [32]. Der Eingriff in das Hauptsystem kann in einfachen Fällen über die Kennwert-Einstellung des oder der Regler erfolgen, oft aber sind steuerbare Netzwerke notwendig [19, 33].

Gemessen an dem großen Bedarf für eine adaptierende Regelung sind die mit analogen Mitteln erzielten Erfolge nicht sehr ermutigend. Es scheint, daß ein Teil der bisher bekannt gewordenen Vorschläge wesentlich besser im Rahmen der Prozeßsteuerung durch Digitalrechner realisierbar ist [7].

Der Speicherbedarf für die Rechnungen des adaptierenden Systems macht nur einen Bruchteil des Aufwandes für die Regler-Algorithmen aus.

Beträchtlich schneller und ohne den Nachteil von Stabilitätsproblemen wirkt die *Adaptiv-Steuerung*. Sie hat eine gewisse Verwandtschaft zu der Störgrößenaufschaltung [3] bei linearen Systemen. Wenn eine Einflußgröße nach Abb.1.4-27 auf einen (oder mehrere) Parameter der Strecke wirkt und unmittelbar oder mittelbar gemessen werden kann, lassen sich aus der Kenntnis der Zusammenhänge Eingriffe in die Kennwerte des Reglers errechnen derart, daß das dynamische Verhalten des Kreises etwa erhalten bleibt. Beispiele für solche Einflußgrößen sind Flughöhe und Geschwindigkeit eines Flugzeugs, welche auf Dämpfung und Frequenz der Eigenschwingungen wirken; ein veränderliches Trägheitsmoment bei Haspelantrieben; der Durchfluß bei chemischen Anlagen. Gerade bei Antrieben mit Gleichstrommotoren hat sich die Adaptivsteuerung bestens bewährt [34]; der Aufwand ist verhältnismäßig gering, analoge Bausteine reichen aus.

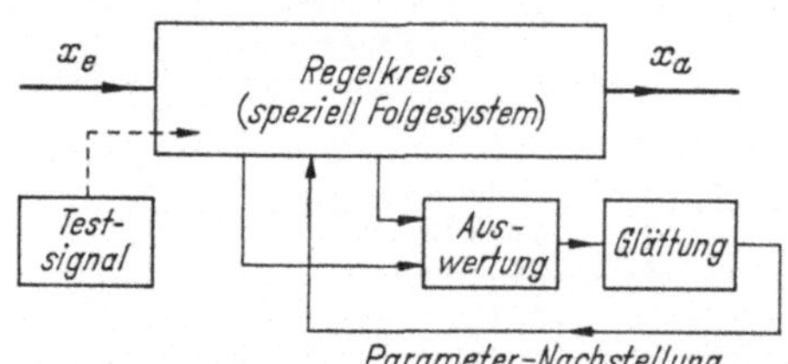

Abb.1.4-27. Blockschaltbild einer Adaptivsteuerung.

1.4.10 Stochastische Signale

Neben den deterministischen Stör- und Führungssignalen, deren Folge — wenigstens grundsätzlich — streng vorausberechnet werden kann, sind zufallsbedingte Signale von erheblicher Bedeutung für die Auslegung von Regelsystemen. Sie resultieren aus der Überlagerung sehr vieler, voneinander unabhängiger, meist impulsförmiger Elementarvorgänge, beispielsweise

　　a) Turbulenz in Rohrleitungen und bei Mischvorgängen;

　　b) Kräfte und Momente, die von Böen und Wellen auf Flugzeuge und Schiffe ausgeübt werden;

　　c) Kräfte, die bei Werkzeugmaschinen mit spanenden Prozessen erzeugt werden und qualitätsmindernde Erschütterungen verursachen;

　　d) Spannungsschwankungen eines Netzes unter dem Einfluß der Zu- und Abschaltung von Verbrauchern.

Zur mathematischen Beschreibung solcher Signale, die nur statistischer Natur sein kann, existieren zwei Verfahren. Im Zeitbereich ist das *Korrelationsverfahren* angesiedelt, die Verbindung mit dem Frequenzgang-Konzept stellt das *Leistungsspektrum* her [35]. Sie sind durch die Fourier-Transformation verknüpft. Für die Anwendung ist entscheidend, daß statistische Maßzahlen (Mittelwerte, Momente u. dgl.) nur für Vorgänge definiert sind, die über unendliche Zeit existieren und dabei ihre charakteristischen Daten nicht ändern, d.h. *stationär* sind. In Wirklichkeit ist für die Auswertung nur eine endliche Zeit, also ein endlicher Wertevorrat verfügbar, so daß alle Methoden nur Schätzwerte der gewünschten Kenndaten liefern. An dem Kompromiß zwischen der für die Aufnahme von Meßdaten verfügbaren Zeit und der für die weitere Verarbeitung erforderlichen Genauigkeit scheitern manche, im Konzept sehr geschickte Methoden.

Bei vielen technischen Prozessen sind zwei Voraussetzungen in ausreichendem Maß erfüllt:

a) die Vorgänge sind in den Zeitintervallen, die für die Auswertung in Betracht kommen, als stationär anzusehen;

b) die Verteilung der Amplituden entspricht mit guter Näherung der Gaußschen oder Normalverteilung.

Ist $z(t)$ der Vorgang, dann ist

$$\frac{1}{T} \int_0^T z^2(t)\, dt \underset{T \to \infty}{\to} Z_{\text{eff}}^2$$

eine Näherung für das Quadrat des Effektivwertes, das in übertragenem Sinn als „Leistung" des Signals bezeichnet wird. Entsprechend der Fourier-Zerlegung unperiodischer Signale ist

$$S_{zz}(\omega)$$

die spektrale Verteilung der Signalleistung über der Frequenz, oder kurz *Leistungsdichte*. Somit gilt

$$\int_0^\infty S_{zz}(\omega)\, d\omega = Z_{\text{eff}}^2 = \overline{z^2(t)}\,. \tag{1.4-27}$$

$S_{zz}(\omega)\,\Delta\omega$ ist demnach das Quadrat des Effektivwertes, das am Ausgang eines (hypothetischen) Bandpasses mit der Mittenfrequenz ω und dem Durchlaßbereich $\Delta\omega$ erscheint, wenn auf seinen Eingang das Signal $z(t)$ wirkt. Auf dieser Überlegung beruhen Filterverfahren zur Messung des Leistungsspektrums [36].

In der Praxis vorkommende Leistungsspektren lassen sich oft durch eine der folgenden Grundformen approximieren:

$$S(\omega) = \frac{S_0}{(1 + (\omega/\omega_e)^2)^n}, \quad S(\omega) = \frac{S_m \omega_0^2 \omega^2}{(\omega_0^2 + \omega^2)^2}\,. \tag{1.4-28}$$

Die erste Formel beschreibt einen stochastischen Vorgang, dessen Leistungsspektrum von dem Wert bei $\omega = 0$ monoton abfällt („Rauschen n-ter Ordnung"), die zweite ein Spektrum, das mit Null beginnt und ein Maximum bei einer bestimmten Frequenz hat. Als Beispiel zeigt Abb. 1.4-28 in doppelt-logarithmischer Darstellung das Spektrum von Windböen unter bestimmten atmosphärischen und örtlichen Bedingungen [37].

Wirkt ein durch eine Leistungsdichte S_{zz} beschreibbares Signal $z(t)$ auf ein lineares Übertragungssystem, dessen Frequenzgang $F(j\omega)$ ist, so hat die Ausgangsgröße $x(t)$ die Leistungsdichte S_{xx}:

$$S_{xx}(\omega) = |F(j\omega)|^2\, S_{zz}(\omega)\,. \tag{1.4-29}$$

Gemäß Gl. (1.4-27) läßt sich durch Integration über ω der Mittelwert der Quadrate, also das Quadrat des Effektivwertes berechnen.

Ist z.B. $z(t)$ eine stochastische Störgröße, so kann in Gl. (1.4-29) einmal $F_z(j\omega)$, zum anderen $F_z(j\omega)$ eingesetzt werden, wobei F_z den Störfrequenzgang des Kreises, F_S den Frequenzgang der betreffenden Regelstrecke allein bedeutet. Der Quotient der Effektivwerte X_{eff} mit bzw. ohne Regler ist dann ein plausibles Maß für die Wirkung des Reglers bezüglich der speziellen Störgröße.

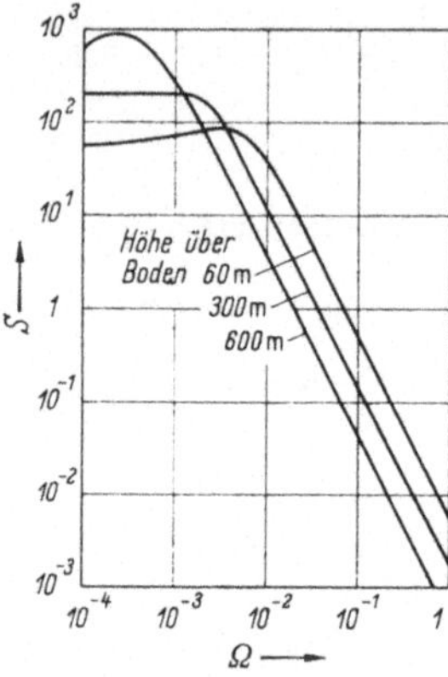

Abb. 1.4-28. Leistungsspektrum vertikaler Böen; Ordinate und Abszisse in relativen Einheiten.

Der Frequenzgang einer Regelstrecke ohne Schwingungsglieder sowie der Führungsfrequenzgang F_w [vgl. Gl. (1.4-24)] hat eine Betragskennlinie nach Art eines Tiefpasses, der Störfrequenzgang eines Regelkreises Bandpaß-Charakter. Es hängt also entscheidend von der Form des Störleistungsspektrums und der Erstreckung seines wesentlichen Teiles über der Frequenzachse ab, ob die für sprungförmige Eingangssignale angepaßten Regler und Korrekturnetzwerke auch hier brauchbar sind [38].

Die regellosen Schwankungen der Variablen, welche bei größeren Systemen im allgemeinen unvermeidlich sind, können unter günstigen Umständen dazu dienen, die Identifikation von Anlagenteilen (vgl. Abschnitt 1.4.8.2) durchzuführen. Das Verfahren ist allerdings sehr aufwendig und nur dann sinnvoll, wenn die Auswertung über Digitalrechner erfolgt [39].

Literatur

[1] DIN 19226, Regelungstechnik und Steuerungstechnik, Begriffe und Benennungen (Mai 1968). — [2] *Oppelt, W.*: Kleines Handbuch technischer Regelvorgänge, 4. Aufl. Weinheim: Verlag Chemie 1964. — [3] *Schäfer, O.*: Grundlagen der selbsttätigen Regelung, 6. Aufl. München: Technischer Verlag Resch 1970. — [4] *Gille, J. C., Pelegrin, M., Decaulne, P.*: Lehrgang der Regelungstechnik, Bd. 1—3. München: Oldenbourg 1960. — [5] *Strobel, H.*: Das Approximationsproblem der experimentellen Systemanalyse. msr 10 (1967) 460—464, 11 (1968) 29—34 u. 67—77. — [6] *Pleßmann, K. W.*: Korrekturverfahren zur Modellgewinnung aus gemessenen Übergangsfunktionen. rt 18 (1970) 266—269. — [7] *Schöne, A.*: Prozeßrechensysteme der Verfahrensindustrie. München: Hanser 1969. — [8] *Latzel, W.*: Berechnungsunterlagen für PID₁-Regler. BBC-Nachr. 42 (1960) 527—538. — [9] *Laux, W.*: Lineare PID-Regler mit Schwingungsverhalten. rt 15 (1967) 503—509. — [10] *Kessler, C.*: Das symmetrische Optimum. rt 6 (1958) 395—400 u. 432—436. — [11] *Fasol, K. H.*: Die Frequenzkennlinien, Wien: Springer 1968. — [12] The Telstar Experiment. Bell System Techn. J. 42 (1963) Nr. 4, Part 1. — [13] *Schönfeld, M.*: Die Erdfunkstelle Raisting für den Nachrichtenverkehr über Fernmeldesatelliten. Luftfahrttechnik-Raumfahrttechnik 11 (1965) 230—237. — [14] *Naffin, W., Schliephake, G.*: Lageregelung mit Gleichstrom-Antrieben. AEG-Mitt. 54 (1964) 678—681. — [15] *Latzel, W.*: Begrenzungsregelung. rt 12 (1964) 151—158 u. 210—215. — [16] *Pleßmann, K. W.*: An algebraic method for follow-up-systems' compensation. Berichtswerk des 4. IFAC-Kongresses 1969, Warschau, Techn.

Session 11. — [17] *Schwarz, H.:* Frequenzgang- und Wurzelortskurvenverfahren, Mannheim: Bibliogr. Inst. 1968. — [18] *Gabler, W.:* Verallgemeinerte Wurzelortskurven. Automatische digitale Berechnung und Aufzeichnung. Computing 2 (1968) 9—21. — [19] *Weber, W.:* Ein systematisches Verfahren zum Entwurf linearer und adaptiver Regelungssysteme. ETZ A 88 (1967) 138—144. — [20] *Kümmel, F.:* Einfluß der Stellgliedeigenschaften auf die Dynamik von Drehzahlregelkreisen mit unterlagerter Stromregelung. rt 13 (1965) 227—234. — [21] *Gelder, E., Hirschmann, W.:* Schaltungen mit Halbleiterelementen. Siemens AG. 1966. — [22] *von Schau, H.:* Pegelregelung im Nachrichtenverkehr. *Koch, E.:* Über die Reihenschaltung gleichartiger, selbsttätiger Regler. Interkama 1957, Teil D. München: Oldenbourg 1958. — [23] *Feldbaum, A. A.:* Rechengeräte in automatischen Systemen. München: Oldenbourg 1962. — [24] *Lerner, A. Ja.:* Schnelligkeitsoptimale Regelungen. München: Oldenbourg 1963. — [25] *Pavlik, E.:* Die Ermittlung optimaler Bedingungen für praktische Regelsysteme mit nicht vernachlässigbaren Stellgeschwindigkeitsbegrenzungen. rt 11 (1963) 481—487. — [26] *Willems, E.:* Untersuchung zeitoptimaler Regelungssysteme bei stochastischen Eingangssignalen. rt 18 (1970) 71—75. — [27] *Graham, D., D. McRuer:* Analysis of nonlinear control systems. New York, London: Wiley 1961. — [28] *Schmidt, G.:* Parameterempfindlichkeit von Regelkreisen. msr 7 (1964) 101—106. — [29] *Galyas, K.:* Lautfernsprecher. Elektr. Nachrichtenwesen 44 (1969) 36—39. — [30] *Mischkin, E., Braun, L.:* Adaptive control systems, New York: McGraw-Hill 1961. — [31] *Rake, H.:* Selbsteinstellende Systeme nach dem Gradientenverfahren. rt 15 (1967) 211—217. — [32] *Mesch, F.:* Selbsteinstellung auf vorgegebenes Verhalten. Ein Vergleich mehrerer Systeme. rt 12 (1964) 356—364. — [33] *Rumold, G., Speth, W.:* Selbstanpassender PI-Regler. Siemens-Z. 42 (1968) 765—768. — [34] *Ströle, D.:* Typische Adaptivsteuerungen bei geregelten elektrischen Antrieben. rt 15 (1967) 106—111. — [35] *Schlitt, H.:* Stochastische Vorgänge in linearen und nichtlinearen Regelkreisen, Braunschweig: Vieweg 1968. — [36] *Giloi, W.:* Simulation and Analyse stochastischer Vorgänge, München: Oldenbourg 1967. — [37] *Brüning, G.:* Statistische Probleme in der Flugmechanik. VDI-Berichte 69 (1963) 33—40. — [38] *Schäfer, O., Janzing, J.:* Lineare Regelkreise unter dem Einfluß von stochastischen Störgrößen. Forschungsbericht des Landes Nordrhein-Westfalen Nr. 1645 (1966). — [39] *Bendat, J. S., Piersol, A. G.:* Measurement and Analysis of Random Data, New York: Wiley 1966.

1.5 Digitale Systeme in Regelkreisen[1]

H. Kaufmann

Bezeichnungen

t	Zeit
$s = \sigma + j\omega$	komplexe Variable, deren imaginärer Teil die Frequenz ω ist

$$F(s) = \int_{0}^{\infty} f(t)\, e^{-st}\, dt \equiv L[f(t)]$$

	Laplace-Transformierte der zeitabhängigen Funktion $f(t)$
$1(t) =$	$\begin{cases} 0 \text{ für } t < 0 \\ 1 \text{ für } t > 0 \end{cases}$ Sprungfunktion
$G(s)$	Übertragungsfunktion des Netzwerks
$G(j\omega)$	Frequenzgang des Netzwerks
$e(t)$	Erregung (Eingangsgröße) eines Netzwerks
	Speziell: $e(t) = A \cdot 1(t)$ Sprung-Erregung
$r(t)$	Erregung eines Netzwerks (vorwiegend für Regelsysteme gebraucht), Führungsgröße
$c(t)$	*Antwort* eines Netzwerks, geregelte Größe, Ausgangsgröße

---

[1] Die Mehrzahl der Abbildungen und teilweise — in gekürzter Form — auch die Darstellung sind mit freundlicher Genehmigung des Verlags R. Oldenbourg, München, dem 8. Kapitel des Buchs des Verfassers, *Dynamische Vorgänge in linearen Systemen der Nachrichten- und Regelungstechnik*, München 1958, entnommen.

$h(t)$ Übergangsfunktion (dimensionslos!): erklärt durch die Antwort $c(t)$ eines Netzwerks auf die Sprung-Erregung $e(t) = A \cdot 1(t)$, also durch $c(t) = A \cdot h(t)$

$f^*(t)$ abgetastete (*gesternte*) Funktion zu $f(t)$

$F^*(s) = L[f^*(t)]$ Laplace-(L-)Transformierte der abgetasteten Funktion $f^*(t)$

$F_Z(z) = Z[f^*(t)]$ Z-Transformierte der abgetasteten Funktion $f^*(t)$

$z = e^{-sT_0}$

T_0 Abtastintervall

1.5.1 Einleitung

Regelsysteme dienen der Automatisierung. Ursprünglich dazu bestimmt, einen Energie- oder Materialfluß automatisch konstant zu halten, wurden sie später benutzt, um solche Flüsse entsprechend einer zeitlich veränderlichen Bezugsgröße zu steuern. Mit dem Wunsch, immer größere Fertigungssysteme zu automatisieren, wuchsen auch die Anforderungen an die Regel- und Steuerungssysteme. Mit der Einsicht, daß es sich bei der Automatisierung wesentlich um die Automatisierung der zu jedem Arbeitsprozeß parallellaufenden Informationsverarbeitung handelt, war es daher natürlich, für derartige größere Regelsysteme auch das flexibelste Mittel der Informationsverarbeitung, nämlich den Digitalrechner, heranzuziehen.

Es gibt dabei eine ganze Reihe von Gesichtspunkten, welche die Benutzung von Digitalrechnern zweckmäßig oder notwendig erscheinen lassen (vgl. z.B. [1]). So kann z.B. das System von sehr vielen Variablen abhängen, wie es in den Groß-prozessen der chemischen und der Petro-Industrie der Fall ist. Hier müssen im allgemeinsten Fall auch empirisch gewonnene Beziehungen und Daten berücksichtigt werden, deren Speicherung nur durch digitale Systeme in technisch befriedigender Weise erfolgen kann. Oder die unabhängig variablen Größen sollen eine Steuerung in einer Weise betätigen, bei der zwischen diesen Variablen komplizierte Zusammen-hänge bestehen, die jeweils sehr schnell berechnet werden müssen; dieser Fall ist besonders interessant bei der automatischen Steuerung von Flugzeugen hoher Geschwindigkeit. Schließlich haben wie z.B. bei der Werkzeugmaschinensteuerung Regelsysteme eine sehr große Bedeutung erlangt, bei denen die Eingangsdaten in numerischer (digitaler) Form als Lochstreifen- oder Magnetband-Aufzeichnungen in das System eingegeben werden. Zusammenfassend kann man die Vorzüge digitaler Systeme wie folgt kennzeichnen: hohe Zuverlässigkeit auch bei sehr komplexen Systemen, hohe Arbeitsgeschwindigkeit und hohe Flexibilität bei gewünschter Ver-änderung des Arbeitsablaufs.

So kompliziert nun auch ein solches Regelsystem mit Digitalrechnern als Systemelement sein mag, so kann man doch die wesentlichen Erweiterungen, die es in der mathematischen Behandlung gegenüber den konventionellen *analogen* Regelsystemen erfordert, an der einfachen Regelschleife studieren. Diese Erweite-rungen sind durch folgende Besonderheiten eines digitalen oder gemischt analog-digitalen Regelsystems gekennzeichnet.

1. Ein System mit Digitalrechnern ist notwendigerweise ein Abtastsystem [2]. Der Digitalrechner benötigt für die Ausführung seiner sich laufend wiederholenden Rechnungen eine gewisse Rechenzeit. Man muß also die zu verarbeitenden Größen in festen zeitlichen Abständen T_0 durch einen periodischen Schalter abtasten. Hierdurch entsteht aus der gegebenen zeitlich kontinuierlichen Funktion $c(t)$ die abgetastete Funktion $e^*(t)$ (Abb. 1.5-1a, b).

2. Die Größen $e^*(t)$ in den Abtastmomenten müssen durch einen Analog/Digital-Umsetzer in Ziffernwerte umgewandelt werden, die als Eingabe für den Digital-rechner dienen können.

3. Da der Digitalrechner seine Ergebnisse ebenfalls in ziffernmäßiger Form liefert, die Stellglieder des Regelkreises aber als steuernde Größen solche an ana-loger Form benötigen, so muß hinter dem Digitalrechner ein Digital/Analog-Um-

setzer eingeschaltet werden. Auch hier hat man es im Prinzip mit einer zeitlich diskreten Funktion zu tun. Um hieraus eine zeitlich kontinuierliche Funktion zu gewinnen, bedarf es daher weiterhin eines Glättungskreises, der eine kontinuierliche Funktion zu erzeugen hat, die in den Abtastmomenten mit den diskreten Werten übereinstimmen muß.

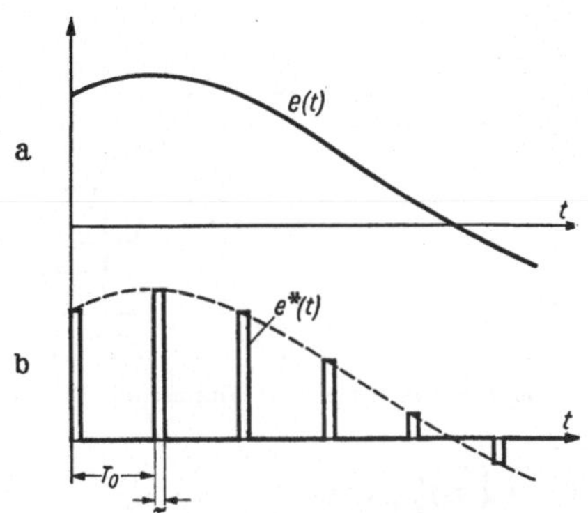

Abb. 1.5-1. Wirkung des Abtasters. a) kontinuierliche Funktion $e(t)$; b) abgetastete Funktion $e^*(t)$.

4. Soweit es sich um ein lineares Regelsystem handelt, für dessen Entwurf man die wirkungsvollen Methoden der Laplace-Transformation anwenden kann, muß man schließlich noch den Digitalrechner, oder genauer gesagt, das die Arbeit der Rechenanlage kennzeichnende Programm, durch die sogenannte Übertragungsfunktion des Programms [3] beschreiben.

Auf diese Weise ist das Strukturbild eines einfachen *analogen* Regelsystems (Abb. 1.5-2) und des entsprechenden Abtastsystems (Abb. 1.5-3) bei der Einfügung eines Digitalrechners in das Strukturbild nach Abb. 1.5-4 zu erweitern.

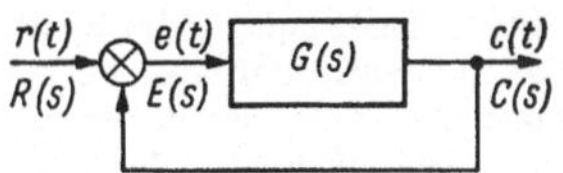

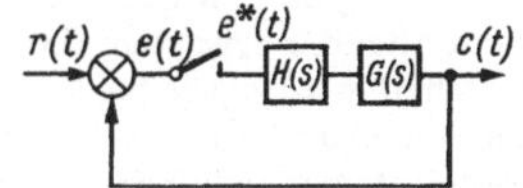

Abb. 1.5-2. Strukturbild eines einfachen   Abb. 1.5-3. Regelsystem mit Abtaster
analogen Regelsystems.   und Haltekreis $H(s)$.

Abb. 1.5-4. Steuerungssystem mit Digitalrechner. *DR* Digitalrechner, A/D Analog/DigitalUmsetzer, D/A Digital/Analog-Umsetzer, H Haltekreis, G Steuerstrecke.

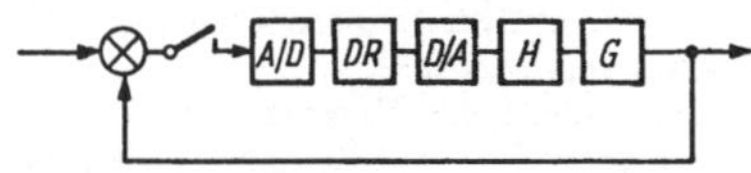

Eine wichtige Anwendung digitaler Systeme ergibt sich aus der Möglichkeit, eine größere Anzahl von Regelschleifen durch einen gemeinsamen Digitalrechner zu steuern (Abb. 1.5-5).

Eine gewisse Variation erfährt das Strukturbild nach Abb. 1.5-4 im Fall, daß die Eingangsdaten in numerischer Form eingegeben werden (Abb. 1.5-6). Die numerische Werkzeugmaschinen-Steuerung ist hierfür die bedeutsamste Anwendung. Man kann hierdurch Werkzeugautomaten bauen, in denen der Bearbeitungsablauf vollständig durch ein auf einen Lochstreifen oder ein Magnetband geschriebenes Programm bestimmt wird und daher auch in einfachster Weise geändert werden kann, ohne daß mechanische Teile, wie Kurvenscheiben, Übersetzungen oder dergleichen, an der Maschine selbst ausgewechselt werden müssen.

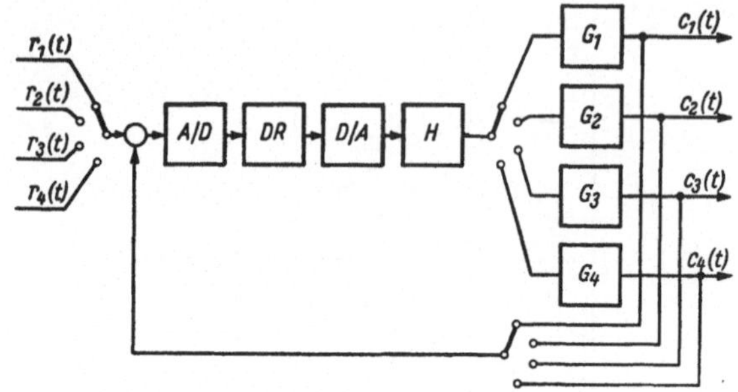

Abb. 1.5-5. Mehrfach-Regelsystem mit gemeinsamem Digitalrechner.

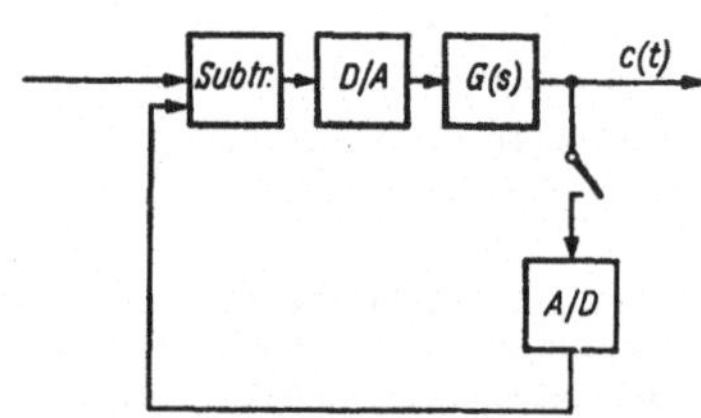

Abb. 1.5-6. Regelkreis für numerische Steuerung, *Subtr.* Subtrahierer, *D/A* Digital/Analog-Umsetzer, *G(s)* Steuerstrecke, *A/D* Analog/Digital-Umsetzer.

Die oben genannten Erweiterungen eines Regelsystems zu einem gemischt digital-analogen Regelsystem ziehen nun auch gewisse Erweiterungen für die theoretische Behandlung nach sich, die kurz, wie folgt, skizziert werden können.

Die Besonderheit eines Abtastsystems liegt darin, daß die Erregung nur für kurze Zeitmomente wirkt, zu den übrigen Zeiten aber das System sich selbst überlassen ist. Man kann offenbar erwarten, daß bei sehr hoher Tastfrequenz das System sich nahezu so verhalten wird wie bei kontinuierlicher Erregung, daß aber bei niedriger Tastfrequenz ein erheblicher Verlust an Information eintritt, der insbesondere die Stabilität des Systems ungünstig beeinflussen kann. Die Theorie hat daher Auskunft darüber zu geben, unter welchen Bedingungen ein Informationsverlust eintritt (Theorie der Abtastung).

Die Einsicht in diese Verhältnisse wird erleichtert, wenn man sich in gleicher Weise der Beschreibung im Frequenzbereich wie der ursprünglichen Zeitbeschreibung bedient und die Laplace-Transformation hierzu als verbindendes mathematisches Mittel verwendet.

Zusammen mit der Theorie der Glättung, die den zur Abtastung reziproken Vorgang beschreibt, können dann Verfahren zur Verfügung gestellt werden, mit denen allgemein das dynamische Verhalten eines Abtastsystems beschrieben werden kann, und zwar auch in jenen Fällen, in welchen ein gewisser Verlust an Information eintritt.

1.5.2 Theorie der Abtastung

Die Wirkung eines sich periodisch in Abständen T_0 für die Zeit $\tau \ll T_0$ schließenden Schalters, der eine zeitlich kontinuierliche Größe $e(t)$ in die abgetastete Größe $e^*(t)$ verwandelt (Abb. 1.5-1), soll im folgenden an der Laplace-Transformierten

$E^*(s)$ der abgetasteten Funktion $e^*(t)$

$$E^*(s) \equiv L\,[e^*(t)] = \int\limits_0^\infty e^*(t)\,e^{-st}\,dt \qquad (1.5\text{-}1)$$

untersucht werden. Da hierbei die Abtastdauer τ also so kurz angenommen werden kann, daß $e(t)$ innerhalb τ konstant ist, so erhält man statt des Integrals die Summe

$$E^*(s) = \tau \sum_0^\infty e(nT_0)\,e^{-snT_0}. \qquad (1.5\text{-}2)$$

Hieraus läßt sich sehr einfach unter Einführung der Tastfrequenz $\omega_0/2\pi = 1/T_0$ durch die Ersetzung von s durch $s + jm\omega_0$ herleiten, daß $E^*(s)$ periodisch bezüglich ω_0 ist und deshalb für die gesamte s-Ebene bekannt ist, wenn es in dem Streifen $-\omega_0/2 \le \omega \le \omega_0/2$ bekannt ist (Abb.1.5-7), d.h.

$$E^*(s + jm\omega_0) = E^*(s). \qquad (1.5\text{-}3)$$

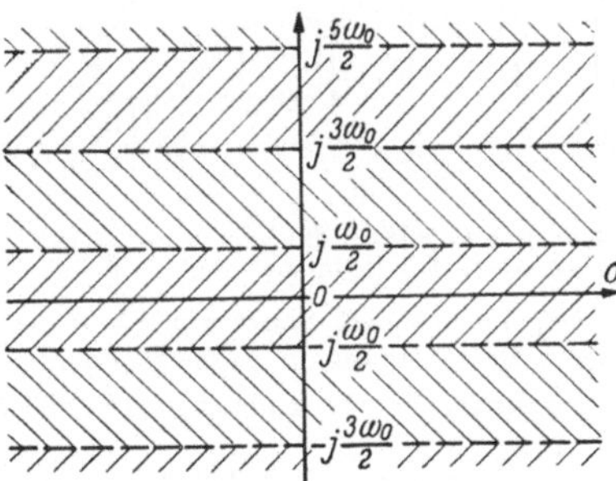

Abb.1.5-7. Die Periodizitätsstreifen für die L-Transformierte $E^*(s)$ einer mit der Abtastfrequenz ω_0 abgetasteten Funktion $e^*(t)$.

Diese Periodizität von $E^*(s)$ gilt ganz allgemein, und zwar unabhängig vom Verhältnis der Abtastfrequenz gegenüber den Frequenzen, die im Signal $e(t)$ enthalten sind. Es soll nun aber an einer zweiten Form für $E^*(s)$ gezeigt werden, daß $E^*(s)$ in speziellen, aber praktisch wichtigen Fällen nicht nur für sich periodisch ist, sondern daß sich diese Periodizität von $E^*(s)$ als einfache Wiederholung der L-Transformierten $E(s)$ der nichtabgetasteten Größe $e(t)$ darstellt.

Hierzu geht man davon aus, daß die Wirkung des periodischen Schalters als eine Modulation durch eine Impulsfolge $u(t)$ aufgefaßt werden kann (Abb.1.5-8). Dann läßt sich die abgetastete Größe $e^*(t)$ darstellen (Abb.1.5-9) durch

$$e^*(t) = e(t) \cdot u(t). \qquad (1.5\text{-}4)$$

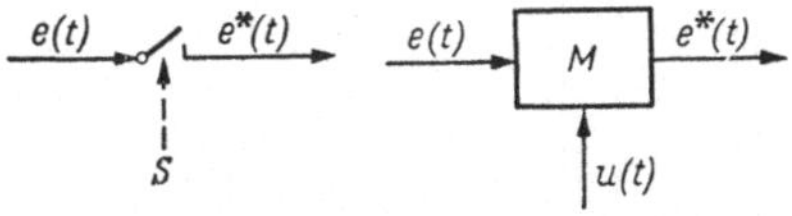

Abb.1.5-8. Zur Erläuterung des Abtastvorgangs. a) Wirkung eines periodischen Abtasters S; b) Ersatzmodulator für den Abtaster S.

Entwickelt man nun die Funktion $u(t)$, welche die Folge der Impulse der Dauer $\tau \ll T_0$ bedeutet, in die Fourier-Reihe

$$u(t) = \frac{\tau}{T_0} \sum_{-\infty}^\infty e^{jn\omega_0 t}, \qquad (1.5\text{-}5)$$

so erhält man aus Gl. (1.5-1)

$$E^*(s) = \frac{\tau}{T_0} \sum_{-\infty}^{\infty} E(s + jn\omega_0).$$

(1.5-6)

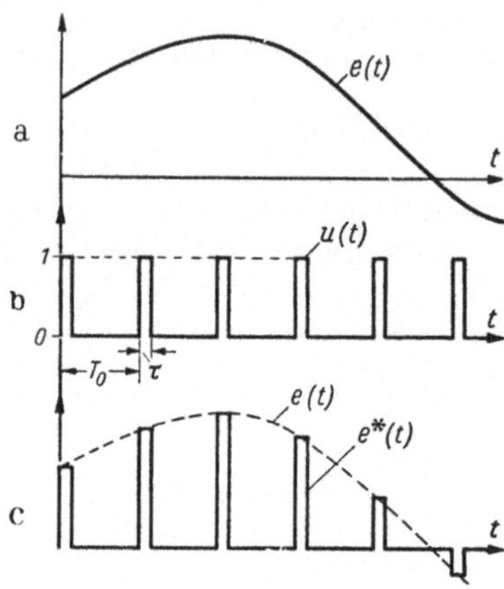

Abb. 1.5-9. Die periodische Abtastung als Modulation durch eine Impulstolge. a) kontinuierliche Funktion $e(t)$; b) modulierende Funkion $u(t)$; c) abgetastete Funktion $e^*(t) = e(t) \cdot u(t)$.

Benutzt man nun hier für s die Werte $j\omega$, so erkennt man folgendes: das Spektrum $E^*(j\omega)$ der abgetasteten Funktion $e^*(t)$ ist bis auf den Faktor τ/T_0 die Überlagerung von Spektren, die aus dem Spektrum $E(j\omega)$ der nichtabgetasteten Funktion $e(t)$ durch einfache Verschiebung um ganze Vielfache von ω_0 entstehen. Falls die höchste in $e(t)$ vorkommende Frequenz kleiner als $\omega_0/2$ ist (Abb. 1.5-10), sind die einzelnen

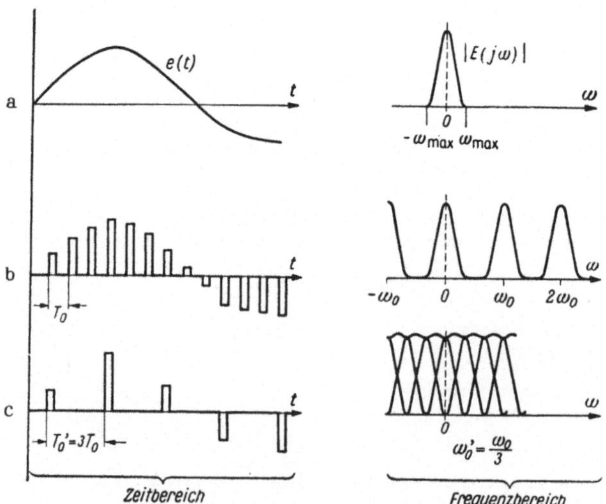

Abb. 1.5-10. Beschreibung des Abtastvorganges im Zeit- und Frequenzbereich bei zwei verschiedenen Abtastfrequenzen. a) kontinuierliche Zeitfunktion; b) abgetastete Zeitfunktion ($\omega_0 = 3\omega_{max}$); c) abgetastete Zeitfunktion ($\omega_0 = \omega_{max}$).

Spektren $E(j\omega + nj\omega_0)$ voneinander getrennt, und man kann daher die ursprüngliche Funktion durch Filterung mit einem Tiefpaß (0 bis $\omega_0/2$) aus der abgetasteten Funktion zurückgewinnen. Sind dagegen im Signal Frequenzen größer als $\omega_0/2$ enthalten, so überlappen sich die Seitenbänder, und man kann die ursprüngliche Information nicht mehr zurückgewinnen.

Ein wenig anders kann man diese Aussagen in folgender Weise ausdrücken:

Sind die in einem Signal $e(t)$ enthaltenen Frequenzen auf ein Band 0 bis B beschränkt, so genügt es, $e(t)$ in zeitlichen Abständen $T_0 = 1/2B$ abzutasten, um aus der abgetasteten Funktion $e^*(t)$ die ursprüngliche Größe $e(t)$ ohne *Informationsverlust* zurückgewinnen zu können.

Dieses sogenannte Abtasttheorem spielt eine wichtige Rolle in der Nachrichtentechnik — hier von *Shannon* [4] eingeführt —, wo man das primäre Signal am Ende eines Übertragungsweges möglichst getreu erhalten will. (Vgl. hierzu z.B. [5, 6].)

In der Regelungstechnik wird eine solche Forderung meist nicht gestellt, da man hier mit der Bandbreite eines Übertragungskanals gewöhnlich nicht allzu sparsam umzugehen braucht, und es weiterhin meist nicht die Aufgabe ist, ein Signal ohne Informationsverlust wieder zurückzugewinnen. Dies erleichtert zwar die technische Ausführung der Glättungseinrichtung, erschwert aber auch oft die theoretische Behandlung des gesamten Systems. Zur Überwindung solcher Schwierigkeiten ist die Z-Transformation (vgl. Abschnitt 1.5-5) entwickelt worden, welche eine theoretische Behandlung insbesondere der Stabilitätsfrage auch dann erlaubt, wenn die durch das Abtasttheorem festgestellte Bedingung für die Aufspaltung des Spektrums $E^*(j\omega)$ in voneinander getrennte Seiten-Spektren von $E(j\omega)$ nicht vollständig erfüllt ist.

1.5.3 Glättung

Sowohl in der Zeit-Darstellung wie in der Frequenz-Darstellung unterscheiden sich die ursprüngliche und die abgetastete Funktion beträchtlich voneinander. Sind hierbei die Seiten-Spektren der abgetasteten Funktion $e^*(t)$ vom Spektrum von $e(t)$ getrennt — wie es in einigen Anwendungen der Fall ist —, so liegt es nahe, die Rückgewinnung der Ursprungsgröße aus der Abtastgröße durch Einschaltung eines Tiefpasses (0 bis $\omega_0/2$) zu versuchen, und in der Tat kann hierfür zuweilen schon ein einfaches RC-Netzwerk genügen.

Nun bringt aber die Einfügung eines solchen Tiefpasses in ein Regelsystem erhebliche Schwierigkeiten mit sich, weil die Stabilität des Systems durch die zusätzlichen Laufzeiten des Tiefpasses — sie sind um so größer, je besser man sich dem idealen Tiefpaß annähert! — ungünstig beeinflußt wird. Aber noch wichtiger ist, daß man in Steuerungssystemen von den Erregungen $e(t)$ gewöhnlich von vornherein gar nicht weiß, ob die Frequenzzusammensetzung so ist, daß die bei der Abtastung entstehenden Seitenbänder vom Originalband getrennt sind. Da es bei Regelsystemen aber auch nicht die primäre Aufgabe ist, die Information getreu zurückzugewinnen, sondern eine möglichst gute Steuerung zu erzielen, so ist hier die wichtigste Aufgabe der Theorie, eine exakte Analyse für jeden Fall sicherzustellen, auch dann, wenn die an sich wünschenswerte Bedingung nach dem Abtasttheorem nicht erfüllt ist. Hierzu erweist es sich als nützlich, nicht von der spektralen, sondern von der Zeitdarstellung auszugehen und danach Glättungseinrichtungen in Form von getasteten Netzwerken zu entwerfen.

Wenn man von einer getasteten Erregung $e^*(t)$ durch ein Glättungs-Netzwerk die ursprüngliche Erregung $e(t)$ zurückgewinnen will, so bedeutet dies, daß man aus diskreten Größen $e^*(nT_0)$, die nacheinander in zeitlichen Abständen T_0 in das Glättungsgerät einlaufen, eine Größe $c(t)$ erzeugen soll, die mit der zeitlich kontinuierlichen Größe $e(t)$ möglichst gut übereinstimmt. Die Aufgabe des Gerätes besteht also darin, etwa von der Zeit $t = nT_0$ an, zu der die Werte zu dieser Zeit und zu den vorausgegangenen Abtastzeiten vorliegen, für den weiteren Zeitabschnitt von nT_0

bis $(n + 1)\, T_0$ eine passende Funktion $c(t)$ zu erzeugen. Man kann ein solches Gerät als Extrapolator oder Vorhersage-Einrichtung betrachten. Wenn man die ursprüngliche Funktion $e(t)$, d.h. also die zu approximierende Funktion gemäß

$$e(t) = e(nT_0) + e'(nT_0)\,(t - nT_0) + \frac{1}{2}\,e''(nT_0)\cdot(t - nT_0)^2 +$$

$$+ \frac{1}{3!}\,e'''(nT_0)\,(t - nT_0)^3 + \cdots \tag{1.5-7}$$

entwickelt, wobei die Ableitungen der verschiedenen Ordnungen aus den vorangegangenen diskreten Werten bestimmt werden müßten, so sieht man, daß die Güte der Extrapolation davon abhängt, in welchem Umfang man sich der vorangegangenen Werte bedient. Man unterscheidet hierbei Extrapolationen verschiedener Ordnung.

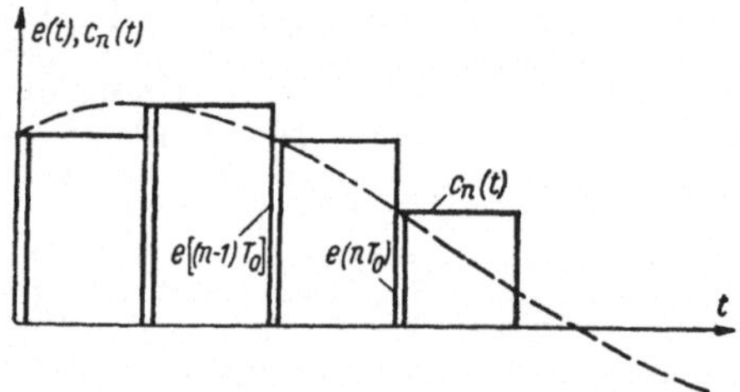

Abb. 1.5-11. Extrapolation nullter Ordnung (Wirkung des Haltekreises).

Extrapolation nullter Ordnung. Die einfachste Form eines Extrapolators ist der sogenannte Haltekreis (Extrapolator nullter Ordnung). Durch ihn wird eine während eines Abtastintervalls konstante Größe von der Höhe des Abtastimpulses erzeugt, d.h., ein kurzer Impuls der Dauer τ und der Höhe $e(nT_0)$ erzeugt einen Impuls der Höhe $e(nT_0)$ und der Dauer T_0 (Abb. 1.5-11), es ist also abschnittsweise für $nT_0 \leq t \leq (n + 1)\, T_0$

$$c_n(t) = e(nT_0). \tag{1.5-8}$$

Die Übertragungsfunktion dieses Kreises ist leicht anzugeben. Die Laplace-Transformierte der Erregung ist unmittelbar durch Gl. (1.5-2) gegeben, also

$$E^*(s) = \tau \sum_{n=0}^{\infty} e(nT_0)\, e^{-snT_0}.$$

Ähnlich erhält man für die Antwort des Kreises

$$C(s) = \sum_{n=0}^{\infty} \int_{nT_0}^{(n+1)T_0} e(nT_0)\, e^{-st}\, dt = \frac{1 - e^{-sT_0}}{s}\cdot \sum_{n=0}^{\infty} e(nT_0)\, e^{-snT_0}. \tag{1.5-9}$$

Daher ist die Übertragungsfunktion des Haltekreises

$$H_0(s) \equiv \frac{C(s)}{E^*(s)} = \frac{1}{\tau}\,\frac{1 - e^{-sT_0}}{s} = \frac{T_0}{\tau}\cdot\frac{1 - e^{-sT_0}}{sT_0}. \tag{1.5-10}$$

Hieraus ergibt sich für den Frequenzgang des Haltekreises

$$H_0(j\omega) = \frac{T_0}{\tau}\cdot\frac{\sin \omega T_0/2}{\omega T_0/2}\cdot e^{-j\omega T_0/2}. \tag{1.5-10a}$$

Der Amplitudengang des Haltekreises wird also durch eine $(\sin x)/x$-Funktion bestimmt, mit der ersten Nullstelle bei $\omega = 2\pi/T_0$. Der Amplitudengang des *idealen Tiefpasses* ist dagegen konstant bis zur Frequenz $\omega_0/2 = \pi/T_0$, während er für Frequenzen $\omega > \omega_0/2$ Null ist, d.h. das Filter undurchlässig ist. Der Phasengang des Haltekreises ist streng linear; die zusätzlich erzeugte Laufzeit ist $T_0/2$.

Für die technische Realisierung des Haltekreises gibt es zwei Möglichkeiten. Sollen die abgetasteten Werte unmittelbar, d.h. in *analoger* Form benutzt werden, so werden Anordnungen verwendet, wie sie in Band II Abschnitt 8.1 beschrieben sind. Wenn jedoch der Haltekreis auf ein digital arbeitendes System-Element folgt, so wird hierfür das digitale Register in Verbindung mit dem sehr einfachen Digital/Analog-Umsetzer verwendet (Abb. 1.5-12).

Extrapolation erster Ordnung. Während bei der Extrapolation nullter Ordnung einfach der Wert $e(nT_0)$ während des Intervalls von nT_0 bis $(n+1)\,T_0$ festgehalten wird, berücksichtigt man bei der Extrapolation erster Ordnung noch die Tendenz

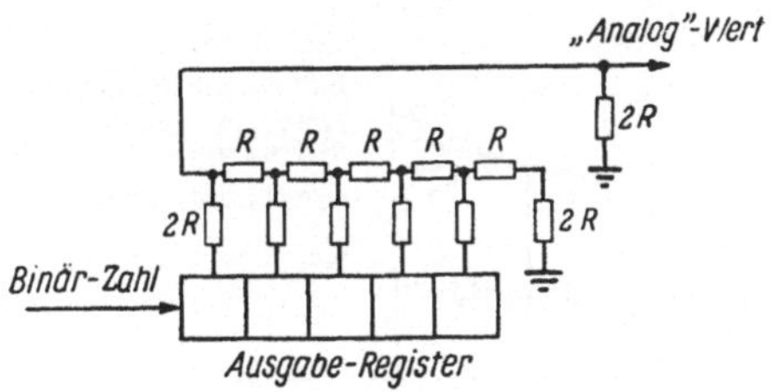

Abb. 1.5-12. Digitales Register in Verbindung mit Digital/Analog-Umsetzer.

des Verlaufs der zu erzeugenden Kurve, wie sie sich aus den Werten für die Zeit nT_0 und den vorangehenden Abtastaugenblick $(n-1)\,T_0$ ergibt (Abb. 1.5-13); es soll also abschnittsweise $nT_0 \leq t \leq (n+1)\,T_0$ sein:

$$c_n(t) = e(nT_0) + \frac{e(nT_0) - e[(n-1)\,T_0]}{T_0}\,(t - nT_0). \qquad (1.5\text{-}11)$$

Die L-Transformierte dieser Antwort läßt sich aus

$$C(s) = \sum_{n=0}^{\infty} \int_{nT_0}^{(n+1)T_0} c_n(t)\,\mathrm{e}^{-sT}\,\mathrm{d}t$$

nach einfacher Zwischenrechnung zu

$$C(s) = T_0(1 + sT_0)\left(\frac{1 - \mathrm{e}^{-sT_0}}{sT_0}\right)^2 \cdot \sum_{n=0}^{\infty} e(nT_0)\,\mathrm{e}^{-snT_0} \qquad (1.5\text{-}12)$$

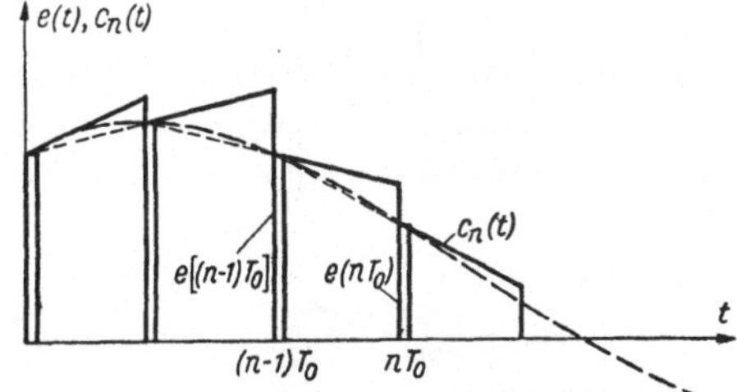

Abb. 1.5-13. Extrapolation erster Ordnung.

gewinnen, woraus sich mit der L-Transformierten der Erregung nach Gl. (1.5-2) folgende Übertragungsfunktion des Extrapolators erster Ordnung ergibt:

$$H_1(s) = \frac{T_0}{\tau}(1 + sT_0)\left(\frac{1 - e^{-sT_0}}{sT_0}\right)^2. \tag{1.5-13}$$

Hieraus folgt für den Frequenzgang dieses Extrapolators:

$$H_1(j\omega) = \frac{T_0}{\tau} \cdot \sqrt{1 + \omega^2 T_0^2}\left(\frac{\sin \omega T_0/2}{\omega T_0/2}\right)^2 \cdot e^{-j(\omega T_0 - \arctan \omega T_0)}. \tag{1.5-13a}$$

Ein solcher Extrapolator 1. Ordnung bedeutet gegenüber dem einfachen Haltekreis nicht unbedingt eine Verbesserung, da seine Amplitudendichte bei einigen Frequenzen im gewünschten Tiefpaßbereich übermäßig erhöht wird, stärkere Seitenbänder auftreten und insbesondere der Phasenverlauf größere Laufzeiten bedingt, die die Stabilität des Systems verschlechtern.

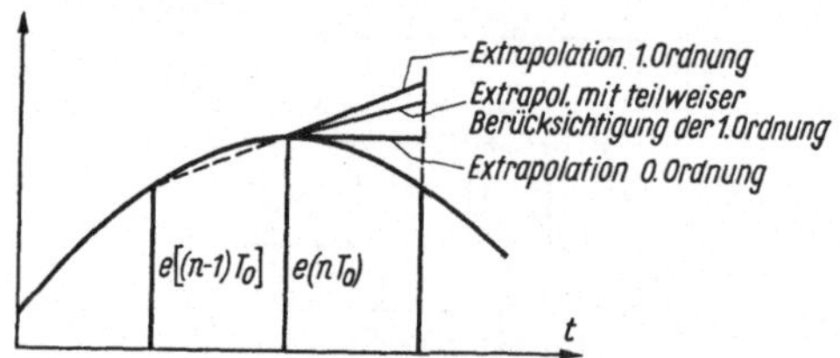

Abb. 1.5-14. Extrapolation mit teilweiser Berücksichtigung der linearen Fortsetzung.

Man hat daher Extrapolatoren 1. Ordnung vorgeschlagen, die zu der konstanten Fortsetzung, die der Haltekreis nullter Ordnung liefert, nur einen festen Bruchteil der linearen Fortsetzung hinzufügen (Abb. 1.5-14). Mit einem Bruchteil $k = 0,3$ gelangt man dabei zu einem Extrapolator, der etwa einem Filter maximaler Flachheit entspricht [7].

1.5.4 Ketten und Schleifen von Netzwerken mit Schaltern

Die Wirkung von periodisch arbeitenden Schaltern in Netzwerkketten und Schleifen soll zuerst für ein einziges Netzwerk untersucht werden.

Wird vor das Netzwerk mit der Übertragungsfunktion $G(s)$ ein Abtaster eingefügt (Abb. 1.5-15), d.h., wird das Netzwerk mit $e^*(t)$ erregt, so ist die Antwort aus

$$C(s) = E^*(s) \cdot G(s) \tag{1.5-14}$$

berechenbar. Die Antwort $c(t)$ ist dann eine wesentlich kontinuierliche Funktion der Zeit.

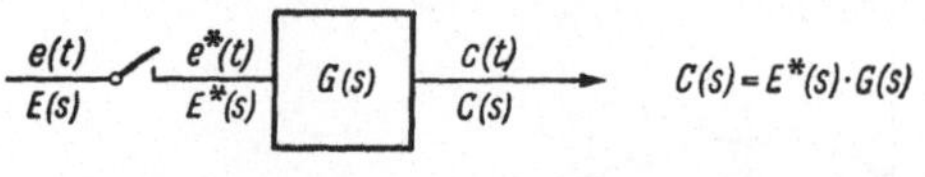

Abb. 1.5-15. Erregung und Antwort eines Netzwerkes mit Abtaster vor dem Netzwerk.

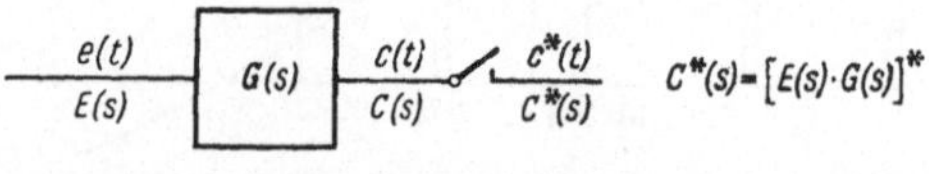

Abb. 1.5-16. Erregung und Antwort eines Netzwerks mit Abtaster hinter dem Netzwerk.

Betrachtet man nun den zweiten Fall, daß der Schalter erst hinter das Netzwerk eingefügt wird (Abb. 1.5-16), so wird die Größe $c(t)$ in die Größe $c^*(t)$ übergeführt, wobei nun $c^*(t)$ eine diskontinuierliche Funktion der Zeit ist. Sie ist aus

$$C^*(s) = [E(s)\, G(s)]^* \tag{1.5-15}$$

zu berechnen. Dabei ist wiederum $C^*(s)$ genau wie $E^*(s)$ entweder aus $c(t)$ entsprechend Gl. (1.5-2) gemäß

$$C^*(s) = \tau \sum_0^\infty c(nT_0)\, e^{-snT_0}, \tag{1.5-16}$$

oder aus $C(s)$ entsprechend Gl. (1.5-6) gemäß

$$C^*(s) = \frac{\tau}{T_0} \sum_{-\infty}^\infty C(s + jn\omega_0) \tag{1.5-16a}$$

zu bestimmen.

Werden schließlich sowohl vor als auch hinter das Netzwerk synchron arbeitende Schalter eingefügt (Abb. 1.5-17), dann wird das Netzwerk durch eine getastete Größe, nämlich $e^*(t)$ erregt, und auch die Antwort $c^*(t)$ stellt eine getastete Funktion dar; diese Antwort $c^*(t)$ läßt sich aus

$$C^*(s) = [E^*(s)\, G(s)]^* \tag{1.5-17}$$

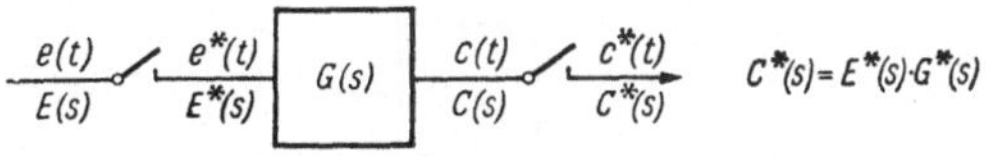

Abb. 1.5-17. Erregung und Antwort eines Netzwerks mit Abtaster vor und hinter dem Netzwerk.

berechnen. Auch für diese Funktion gilt die der Gl. (1.5-6) entsprechende Beziehung

$$C^*(s) = \frac{\tau}{T_0} \sum_{-\infty}^\infty E^*(s + jn\omega_0) \cdot G(s + jn\omega_0),$$

oder, wenn man Gl. (1.5-3)

$$E^*(s + jn\omega_0) = E^*(s)$$

berücksichtigt:

$$C^*(s) = \frac{\tau}{T_0}\, E^*(s) \cdot \sum_{-\infty}^\infty G(s + jn\omega_0). \tag{1.5-18}$$

Wenn man definiert

$$G^*(s) = \frac{\tau}{T_0} \sum_{-\infty}^\infty G(s + jn\omega_0), \tag{1.5-19}$$

so erhält man statt Gl. (1.5-17)

$$C^*(s) = E^*(s)\, G^*(s). \tag{1.5-20}$$

Primär hat man die *Sternung* einer Funktion von s als mathematische Operation zu betrachten, die durch Gl. (1.5-19) festgelegt ist. Physikalisch bedeutet Sternung Abtastung. Wenn daher von der Sternung einer Übertragungsfunktion $G(s)$ gesprochen wird, so kann man dies einfach als Ausführung einer mathematischen Operation ansehen.

Man folgert aus Gl. (1.5-17) und Gl. (1.5-20):

$$[F_1^*(s) \cdot F_2(s)]^* = F_1^*(s) \cdot F_2^*(s). \tag{1.5-21}$$

Es sei jetzt eine Kette aus zwei Netzwerken $G_1(s)$ und $G_2(s)$ betrachtet. Die Antwort $C(s)$ auf die Erregung $E(s)$ ist dann

$$C(s) = E(s) \cdot G_1(s) \cdot G_2(s). \tag{1.5-22}$$

Diese Beziehung bleibt bei Einfügung eines Abtasters grundsätzlich erhalten. Man hat lediglich zu beachten, daß der Abtaster stets nur die ihn speisende Funktion *sternt*. Wird er z. B. nach $G_1(s)$ eingefügt, so erhält man statt Gl. (1.5-22) das Ergebnis (Abb. 1.5-18):

$$C(s) = [E(s) \cdot G_1(s)]^* \cdot G_2(s). \qquad (1.5\text{-}23)$$

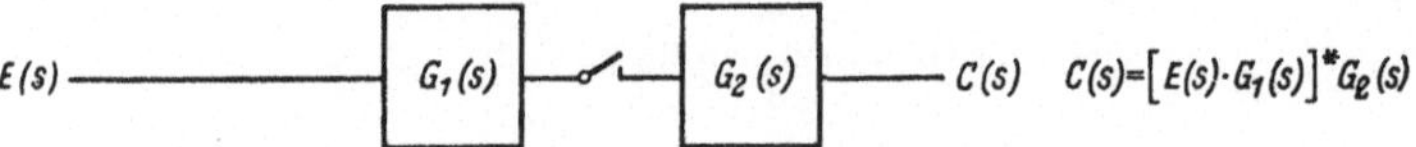

Abb. 1.5-18. Kette aus zwei Netzwerken mit einem Abtaster zwischen den Netzwerken.

Es sei ausdrücklich darauf hingewiesen, daß das gesternte Produkt allgemein nicht gleich dem Produkt der gesternten Faktoren ist, denn die Antwort an dem durch die kontinuierliche Erregung $E(s)$ erregten Netzwerk $G_1(s)$ ist eine andere als an dem Netzwerk, das etwa durch $E^*(s)$ erregt würde.

Für die in Abb. 1.5-19 gezeigte Kombination aus zwei Netzwerken mit zwei Schaltern ist schließlich

$$C(s) = [E^*(s) \cdot G_1(s)]^* \cdot G_2(s),$$

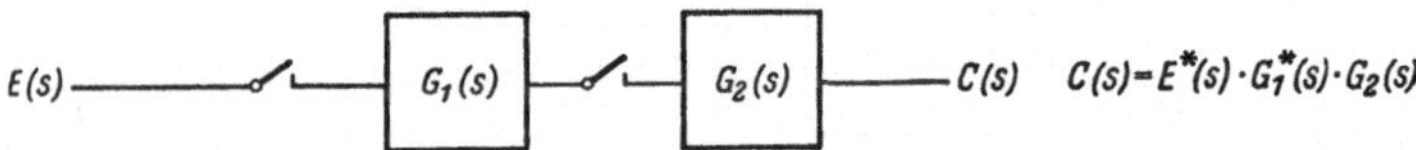

Abb. 1.5-19. Kette aus zwei Netzwerken mit je einem Abtaster vor jedem Netzwerk.

oder unter Berücksichtigung von Gl. (1.5-21):

$$C(s) = E^*(s) \cdot G_1^*(s) \cdot G_2(s). \qquad (1.5\text{-}24)$$

Es soll jetzt die Wirkung von Schaltern in geschlossenen Schleifen betrachtet werden.

Wird in ein System nach Abb. 1.5-2, für das

$$C(s) = \frac{G(s)}{1 + G(s)} R(s) \qquad (1.5\text{-}25)$$

ist, ein Abtaster gemäß Abb. 1.5-20 eingefügt, so bestehen folgende Beziehungen:

$$C(s) = E^*(s) \cdot G(s) \qquad (1.5\text{-}26)$$

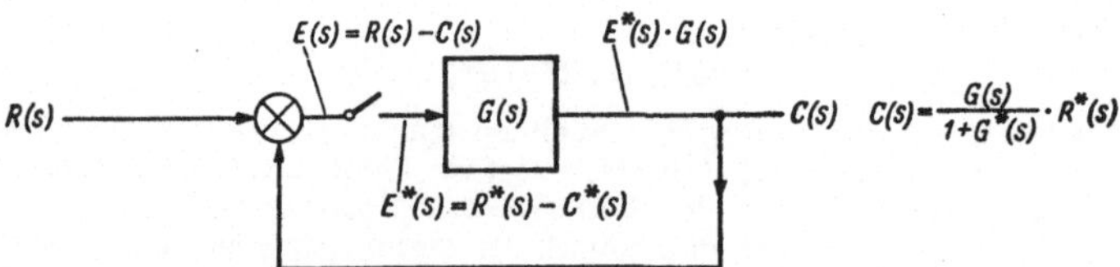

Abb. 1.5-20. Einfache Regelschleife mit einem Abtaster.

mit

$$E^*(s) = [R(s) - C(s)]^* = R^*(s) - C^*(s). \qquad (1.5\text{-}27)$$

Wegen Gl. (1.5-21) folgt aus Gl. (1.5-26)

$$C^*(s) = E^*(s) \cdot G^*(s), \qquad (1.5\text{-}28)$$

und man erhält aus Gl. (1.5-26, 27 und 28)

$$C(s) = \frac{G(s)}{1 + G^*(s)}\, R^*(s).$$ (1.5-29)

In der Übertragungsfunktion der Schleife erscheinen daher im Gegensatz zum kontinuierlich arbeitenden System nach Gl. (1.5-25) im Zähler und Nenner verschiedene Funktionen, nämlich $G(s)$ und $G^*(s)$.

In Abb. 1.5-21 ist der Fall gezeigt, daß zu zwei Netzwerken je ein Abtaster eingefügt ist, wie es von selbst geschieht, wenn etwa $G_1(s)$ einen Digitalrechner bedeutet. Dann erhält man entsprechend Gl. (1.5-29)

$$C(s) = \frac{G_1^*(s) \cdot G_2(s)}{1 + G_1^*(s) \cdot G_2^*(s)} \cdot R^*(s).$$ (1.5-30)

An den Gln. (1.5-29) bzw. (1.5-30) ist bemerkenswert, daß sie als Berechnungsgrundlage für die gesteuerte Größe $c(t)$ die Kenntnis auch der ungesternten Funktionen $G(s)$ bzw. $G_2(s)$ voraussetzen, d.h. der L-Transformierten von Größen, die

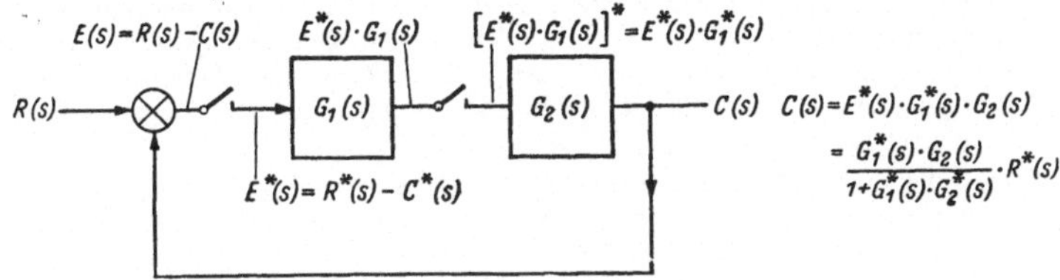

Abb. 1.5-21. Einfache Regelschleife mit zwei Abtastern.

für den gesamten Zeitbereich bekannt sein müssen, daß aber die Nenner der genannten Gleichungen nur gesternte Funktionen enthalten, d.h. L-Transformierte von Größen, die nur zu den Tastzeiten bekannt sind. Für die Berechnung z.B. der Übergangsfunktion benötigt man daher prinzipiell eine weitergehende Kenntnis über die Glieder der Schleife als für die Stabilitätsuntersuchung, bei der man nur die erwähnten Nenner zu betrachten hat. Meistens ist nun zwar von vornherein z.B. $G(s)$ bekannt, aber es ist dann nicht ganz einfach, die zugehörige Funktion $G^*(s)$ zu berechnen. Nur in Fällen, in denen das Abtasttheorem streng erfüllt ist — was voraussetzt, daß eine exakte Frequenzbandbegrenzung vorgesehen ist —, kann man sich für $G^*(s)$ mit der aus Gl. (1.5-19) folgenden Näherung

$$G^*(s) \approx \frac{\tau}{T_0}\, G(s)$$ (1.5-31)

begnügen und dann die üblichen Methoden der Stabilitätsuntersuchung anwenden. Im allgemeinen muß man aber $G^*(s)$ als eine transzendente Funktion von s betrachten, und daher lassen sich die algebraischen Kriterien (*Routh, Hurwitz*) nicht unmittelbar und auch die graphischen Kriterien (*Nyquist*) nur näherungsweise anwenden.

Um die wichtige Stabilitätskontrolle exakt in allen Fällen durchführen zu können, hat man die Z-Transformation eingeführt, über die der folgende Abschnitt Auskunft gibt. Hier beschränkt man sich völlig auf Größen, die nur für die Abtastmomente bekannt sind.

1.5.5 Die Z-Transformation

Für die mathematische Behandlung von Abtastsystemen gibt es einen besonders geeigneten Kalkül, ähnlich wie dies die Laplace-Transformation für kontinuierlich arbeitende lineare Systeme ist, nämlich die sogenannte Z-Transformation. Diese

Z-Transformation ist mit der L-Transformation eng verknüpft: der Übergang von den L-Transformierten zu den Z-Transformierten wird nämlich vollzogen, indem man in den gesternten L-Transformierten statt der Variablen s die Variable z gemäß

$$z = e^{-sT_0} \tag{1.5-32}$$

einführt[1].

Man gewinnt dann aus einer beliebigen Funktion $f^*(t)$ die Z-Transformierte $F_Z(z)$, indem man zuerst die Laplace-Transformierte $F^*(s)$ nach Gl. (1.5-2) bildet

$$L[f^*(t)] \equiv F^*(s) = \tau \sum_0^\infty f(nT_0)\, e^{-nsT_0} \tag{1.5-2}$$

und dann (1.5-32) einführt[1]

$$Z[f^*(t)] \equiv F_Z(z) = \tau \sum_0^\infty f(nT_0)\, z^{+n}. \tag{1.5-33}$$

Für die praktische Anwendung der Z-Transformation kann man die Auswertung der Definitionsgleichung (1.5-33) in folgender Weise umgehen. Rechnet man für eine Reihe von einfachen Zeitfunktionen nach Gl. (1.5-31) die Z-Transformierten aus und stellt sie in einer Tabelle (Tab. 1.5-1) mit den zugehörigen L-Transformierten zusammen, so kann man zu einer gegebenen L-Transformierten $F(s)$ nach Partialbruchzerlegung und mit Hilfe der Tab. 1.5-1 unmittelbar die Z-Tranformierte $F_Z(z)$ hinschreiben.

Wichtig ist nun, daß die grundlegende Beziehung zwischen Erregung und Antwort für ein durch $G(s)$ beschriebenes Netzwerk auch für die Z-Transformierten erhalten bleibt. Ist nämlich durch $C(s)$ die Antwort auf die Erregung des Netzwerks $G(s)$ durch $E^*(s)$ beschrieben, also

$$C(s) = G(s) \cdot E^*(s),$$

so ist nach Gl. (1.5-21)

$$C^*(s) = G^*(s) \cdot E^*(s),$$

und daher

$$C_Z(z) = G_Z(z) \cdot E_Z(z), \tag{1.5-34}$$

d. h. die Z-Transformierte der Antwort ist gleich dem Produkt aus den Z-Transformierten der Erregung $e(t)$ und der Gleichgewichtsfunktion $g(t)$.

Ist die Z-Transformierte $C_Z(z)$ der Antwort bestimmt, so lassen sich die Momentanwerte der Antwort $c(t)$ für die Zeiten $t = kT_0$ äußerst einfach gewinnen.

Ist nämlich $C_Z(z)$ durch

$$C_Z(z) = \tau \, \frac{\displaystyle\sum_0^m a_k z^k}{\displaystyle\sum_0^n d_k z^k} \tag{1.5-35}$$

gegeben und wird $C_Z(z)$ in eine Potenzreihe nach z

$$C_Z(z) = \tau \sum_{k=0}^\infty c_k z^k \tag{1.5-36}$$

---

[1] Es sei ausdrücklich darauf hingewiesen, daß in der Literatur die Definition von z hinsichtlich des Vorzeichens des Exponenten schwankt. Meist wird das positive Vorzeichen vorgezogen. In diesem Fall werden alle Entwicklungen nach negativen Potenzen von z vorgenommen, ebenso werden die gebrochenen rationalen Funktionen, wie sie als Kennzeichnung der Netzwerkeigenschaften auftreten, in Potenzen von z^{-1} aufgeschrieben. Um dies zu vermeiden, wurde hier der ältere Gebrauch der Definition Gl. (1.5-32) beibehalten. Dies ist besonders bei Verwendung von Tab. 1.5-1 zu beachten.

Tabelle 1.5-1. Laplace- und Z-Transformierte

L-Transformierte: $F(s) = L[f(t)] = \int\limits_0^\infty f(t)\, e^{-st}\, dt$

$$F^*(s) = L\left[f(t) \cdot \sum_{k=0}^\infty u_0(t - kT_0)\right] = \tau \sum_{k=0}^\infty f(kT_0)\, e^{-skT_0}$$

Z-Tranformierte: $F_Z(z) = F^*\left(\dfrac{1}{T_0} \ln \dfrac{1}{z}\right) = \tau \sum_{k=0}^\infty f(kT_0)\, z^k$

$$z = e^{-sT_0}$$

Zeitfunktion $f(t)$	L-Transformierte $F(s)$	Z-Transformierte $F_Z(z)$
$1'(t - kT_0)$	e^{-ksT_0}	z^k
$u_0(t - kT_0)$	$\tau \cdot e^{-ksT_0}$	$\tau \cdot z^k$
$u(t) = \sum\limits_{k=0}^\infty u_0(t - kT_0)$	$\tau \dfrac{1}{1 - e^{-sT_0}}$	$\tau \dfrac{1}{1 - z}$
$1(t)$	$\dfrac{1}{s}$	$\tau \dfrac{1}{1 - z}$
t	$\dfrac{1}{s^2}$	$\tau T_0 \dfrac{z}{(1 - z)^2}$
$\dfrac{1}{2} t^2$	$\dfrac{1}{s^3}$	$\tau \dfrac{1}{2} T_0^2 \dfrac{z(1 + z)}{(1 - z)^3}$
e^{-at}	$\dfrac{1}{s + a}$	$\tau \dfrac{1}{1 - ze^{-aT_0}}$
$e^{-at} f(t)$	$F(s + a)$	$F_Z(ze^{-aT_0})$
$f(t - T_0)$	$e^{-sT_0} F(s)$	$z F_Z(z)$
$f(t - a)$	$e^{-sa} F(s)$	$z^{a/T_0} F_Z(z)$

verwandelt, wobei die c_k durch Koeffizientenvergleich aus den a_k, d_k sukzessive gemäß

$$c_k = \frac{1}{d_0}\left[a_k - \sum_{r=1}^\infty c_{k-r} d_r\right] \tag{1.5-37}$$

berechnet werden, so stellen nach Gl. (1.5-33) die c_k unmittelbar die Werte von $c(t)$ für $t = kT_0$ dar, also

$$c_k = c(t - kT_0). \tag{1.5-38}$$

Für eine geschlossene Schleife erhält man an Stelle des Ausdrucks

$$C(s) = \frac{G(s)}{1 + G^*(s)} R^*(s), \tag{1.5-29}$$

durch Umsetzung der Gln. (1.5-27) und (1.5-28) in Ausdrücke mit Z-Transformierten die Beziehung

$$C_Z(z) = \frac{G_Z(z)}{1 + G_Z(z)} \cdot R_Z(z). \tag{1.5-39}$$

Hiermit hat man formal genau denselben Ausdruck für Z-Transformierte wie man ihn im Fall kontinuierlicher Funktionen für die L-Transformierten erhält.

Dabei ist die Übertragungsfunktion $C_Z(z)/R_Z(z)$ der ganzen Regelschleife nunmehr wiederum eine gebrochene rationale Funktion in z, so, wie im kontinuierlichen System die Übertragungsfunktion eine gebrochene rationale Funktion in s ist. Für die Stabilitätsuntersuchung können daher außer den graphischen Kriterien auch wieder die algebraischen Kriterien angewendet werden (vgl. hierzu die Schlußbemerkung von Abschnitt 1.5-4).

Für die Stabilität eines kontinuierlich arbeitenden Systems ist bekanntlich notwendig, daß die Übertragungsfunktion keine Pole auf der rechten Halbebene einschließlich der imaginären Achse der s-Ebene hat. Da in einem Abtastsystem die gesternten L-Transformierten periodisch mit $j\omega_0$ sind, so ist für die Stabilität eines solchen Systems erforderlich, daß die Übertragungsfunktion keine Pole in dem Streifen $\pm j\omega_0/2$ der rechten Halbebene hat (Abb. 1.5-22a). Da nun dieser Streifen durch die Transformation nach Gl. (1.5-32) auf das Innere des Einheitskreises (Abb. 1.5-22b) abgebildet wird, so heißt die Stabilitätsbedingung: die Übertragungsfunktion $C_Z(z)/R_Z(z)$ darf keine Pole im Innern des Einheitskreises der z-Ebene haben.

Die algebraischen Kriterien (*Routh, Hurwitz*) beantworten nun folgende Frage: Welche Bedingungen müssen die Koeffizienten p_k, q_k einer gebrochenen rationalen Funktion $F(\lambda)$ der komplexen Variablen λ erfüllen, damit diese Funktion $F(\lambda)$ keine Pole auf der rechten Halbebene (einschließlich imaginärer Achse) der λ-Ebene haben. Auf diese Frage kann man nun die oben formulierte Stabilitätsbedingung zurückführen, wenn man Funktionen von z in solche von λ durch die Transformation

$$z = \frac{1 + \lambda}{1 - \lambda}$$

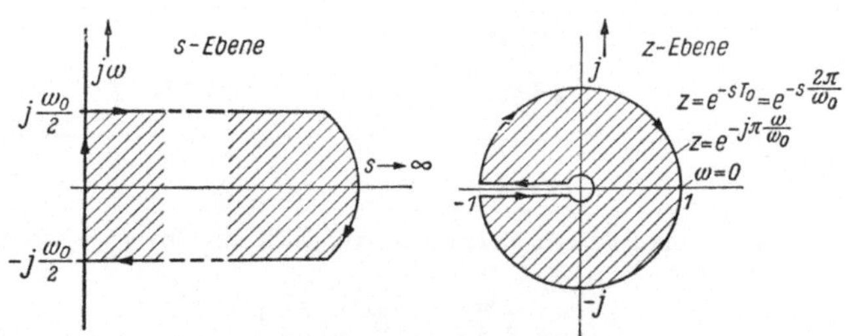

Abb. 1.5-22. Bereiche in der s- und z-Ebene, die bei einem stabilen System keine Pole enthalten dürfen.

überführt, durch die das Innere des Einheitskreises der z-Ebene in die rechte Halbebene der λ-Ebene übergeführt wird (Abb. 1.5-23). Dies Verfahren ist zwar grundsätzlich einfach, praktisch ist es aber deswegen nicht recht wirkungsvoll, weil in der transformierten charakteristischen Gleichung die Koeffizienten aus den Koeffizienten der ursprünglichen Gleichung zusammengesetzt sind.

Bei dem meistangewendeten der graphischen Verfahren zur Stabilitätsuntersuchung, dem Nyquist-Kriterium, das sich besonders anbietet, wenn die Übertragungsfunktion der offenen Schleife mit ihren Polen und Nullstellen bekannt ist, geht man von Gl. (1.5-39) aus. Die Forderung, daß die Übertragungsfunktion

$$\frac{C_Z(z)}{R_Z(z)} = \frac{G_Z(z)}{1 + G_Z(z)}$$

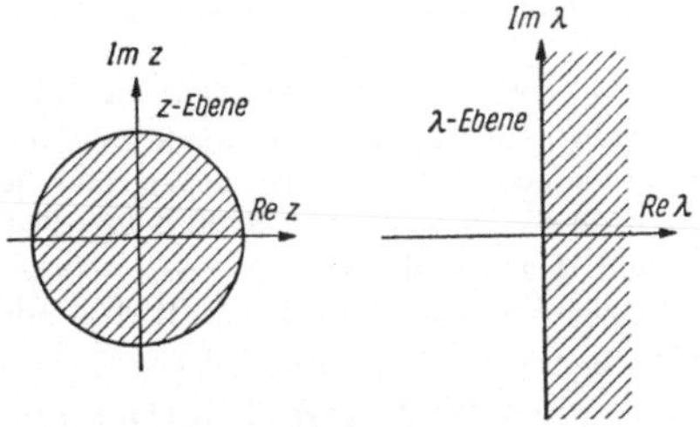

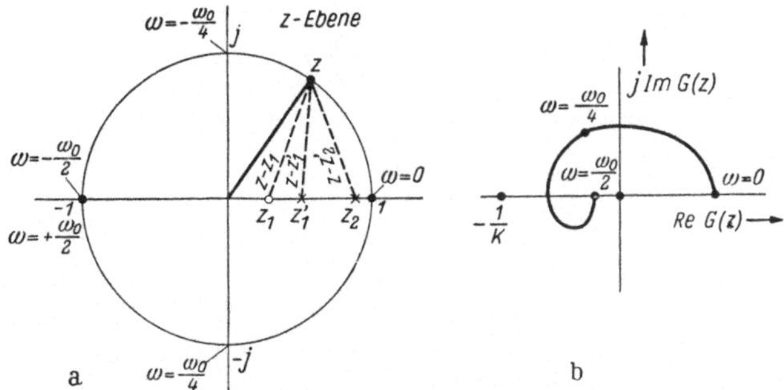

Abb. 1.5-23. Abbildung des Innern des Einheitskreises der z-Ebene in die rechte Halbebene der λ-Ebene durch die Transformation $z = (1 + \lambda)/(1 - \lambda)$.

im Inneren des Einheitskreises keine Pole haben darf damit das System stabil ist, wird erfüllt, wenn der Ausdruck $1 + G_Z(z)$ im Inneren des Einheitskreises keine Nullstellen hat.

Ist $G_Z(z)$ in Produktdarstellung durch seine Pole und Nullstellen gegeben,

$$G_Z(z) = K \frac{(z - z_1)\,(z - z_2)\,(\ldots)}{(z - z_1')\,(z - z_2')\,(z - z_3')}\,, \tag{1.5-40}$$

so erhält man das Nyquist-Diagramm in der G_Z-Ebene, indem man in der z-Ebene den Einheitskreis einmal umfährt (Abb. 1.5-24) und aus den Zeigern von den Polen und Nullstellen zum Aufpunkt des Kreises nach Gl. (1.5-40) jeweils das zugehörige G_Z berechnet. Man kontrolliert dann in üblicher Weise, ob der Punkt -1 in der G_Z-Ebene umschlossen wird oder nicht[1].

Abb. 1.5-24. Zur Stabilitätsuntersuchung mit Hilfe der Z-Transformierten. a) zur Konstruktion von $G_Z(z) = K \dfrac{(z - z_1)\,(z - z_2)\,(\cdots}{(z - z_1')\,(z - z_2')\,(\cdots}$ für $|z| = 1$; b) Nyquist-Diagramm für $G_Z(z)$.

---

[1] Vgl. hierzu insbesondere [8] *Truxal*, Kap. 9.

1.5.6 Der Digitalrechner als Glied eines Regelkreises

Wenn ein Digitalrechner in einen Regelkreis eingefügt wird, so muß er dem natürlichen Zeitablauf der Vorgänge in diesem Kreis angepaßt sein: Der Rechner muß mindestens so schnell arbeiten, daß er seine immer zu wiederholende Rechnung innerhalb einer Abtastperiode ausführen kann.

Die Arbeitsweise eines Digitalrechners in einem Regelsystem stellt sich also folgendermaßen dar.

Der Digitalrechner erhält periodisch mit Zeitabständen T_0 Eingangsdaten e^* und liefert mit derselben Periode Ausgangsdaten o^* wieder aus. Diese beiden periodischen Vorgänge sind zeitlich gegeneinander verschoben, und zwar um die Rechenzeit t_R, die der Digitalrechner benötigt, um einen neuen Resultatwert aus dem letzten Eingangswert und den gespeicherten früheren Eingangswerten und den schon berechneten Ausgangswerten zu produzieren. Hierbei muß die Rechenzeit t_R stets kleiner als die Abtastperiode T_0 sein, denn der Digitalrechner muß bei Beginn jeder neuen Abtastperiode wieder für die folgende Rechnung frei sein.

Zur Berechnung des Resultatwertes $o^*(t)$ für die Zeit t stehen daher folgende Daten zur Verfügung:

a) alle schon in der Vergangenheit berechneten Ausgangsdaten, also die Werte $o^*(t - kT_0)$ mit $k = 1, 2, 3, \ldots$;

b) alle Eingangsdaten, die dem Digitalrechner jeweils um die Rechenzeit t_R früher zugeführt werden, also die Werte $e^*(t - t_R - kT_0)$ mit $k = 0, 1, 2, \ldots$

Soweit es sich nun um lineare Probleme handelt — womit die Regelungstechnik in sehr ausgedehntem Maße operiert —, kann man zwischen den genannten Daten am Eingang und Ausgang des Digitalrechners eine Beziehung der Form

$$o^*(t) + \sum_{k=1}^{m} b_k o^*(t - kT_0) = \sum_{k=0}^{m} a_k e^*(t - t_R - kT_0) \qquad (1.5\text{-}41)$$

ansetzen. In L-Transformierten geschrieben, liefert Gl. (1.5-41)

$$O^*(s) \left[1 + \sum_{k=1}^{m} b_k e^{-kT_0 s} \right] = E^*(s) \sum_{k=0}^{m} a_k e^{-t_R s - kT_0 s}, \qquad (1.5\text{-}42)$$

und hieraus ergibt sich eine Übertragungsfunktion des Digitalrechners

$$P^*(s) \equiv \frac{O^*(s)}{E^*(s)} = e^{-t_R s} \frac{\displaystyle\sum_{k=0}^{m} a_k e^{-kT_0 s}}{1 + \displaystyle\sum_{k=1}^{m} b_k e^{-kT_0 s}}; \qquad (1.5\text{-}43)$$

oder für die entsprechenden Z-Transformierten

$$P_Z(z) = z^{t_R/T_0} \frac{\displaystyle\sum_{k=0}^{m} a_k z^k}{1 + \displaystyle\sum_{k=1}^{m} b_k z^k}. \qquad (1.5\text{-}44)$$

Die Größen $P^*(s)$ bzw. $P_Z(z)$ enthalten durch ihre Koeffizienten a_k, b_k die Anweisung, in welcher Weise die Ausgangsgröße $o^*(t)$ bzw. $O^*(s)$ zu berechnen ist; da solche Anweisungen bei einem Digitalrechner die Grundlage seines Programms sind, werden $P^*(s)$ und $P_Z(z)$ Übertragungsfunktionen des Programms genannt.

Bei einem linearen Digitalrechner ist also die Übertragungsfunktion des Programms aus zwei Faktoren zusammengesetzt.

Der erste Faktor gibt die Rechenzeit als reine Laufzeit wieder; er hängt von der internen Geschwindigkeit der Einzeloperation und der Anzahl der Programmschritte ab.

Für t_R/T_0 sind praktisch nur die Werte 0 und 1 von Bedeutung: im ersten Fall wird die Rechnung in vernachlässigbar kurzer Zeit ausgeführt, wie z.B. bei sehr kleinen digitalen Netzwerken; müssen dagegen größere Rechner verwendet werden, deren Benutzung das ganze System überhaupt erst zum Abtastsystem machen, so ist es zur Vermeidung einer unnötigen Stabilitätsverschlechterung stets zweckmäßig, die Abtastperiode T_0 nicht größer als die Rechenzeit t_R zu wählen, d.h. $t_R/T_0 = 1$ zu machen.

Durch den zweiten Faktor in Gl. (1.5-44) wird eine Bandbreite des Digitalrechners bestimmt, die außer von der Abtastperiode T_0 noch von der Art des Programms abhängt.

Aus der Art der Herleitung von Gl. (1.5-44) erkennt man folgendes: wenn die Übertragungsfunktion eines Programms in der Form

$$P_Z(z) = \frac{\sum\limits_{k=0}^{m} a_k z^k}{\sum\limits_{k=0}^{n} b_k z^k} \tag{1.5-44a}$$

vorgegeben wird, so ist bei beliebigen Koeffizienten a_k zur Realisierbarkeit notwendig, daß der Koeffizient b_0 von Null verschieden ist; denn er ist dem Ausgangswert zur Zeit t zugeordnet, und dieser darf jedenfalls nicht früher als der letzte zur Berechnung herangezogene Eingangswert a_0 kommen.

Noch einige Bemerkungen zur Aufstellung der Übertragungsfunktion des Programms. Soweit die Rechenoperationen durch Beziehungen der Form nach Gl. (1.5-41) gegeben sind, ist die Übertragungsfunktion $P_Z(z)$ gemäß Gl. (1.5-44) unmittelbar hinzuschreiben. Enthalten aber die Rechenoperationen Differential- oder Integral-Operatoren, so muß man von den differentiellen Operatoren zu Näherungen durch Differenzen-Operatoren übergehen. So erhält man für den Differentiationsoperator

$$o(t) \equiv \frac{\mathrm{d}}{\mathrm{d}t} \cdot e(t) = \lim_{T_0 \to 0} \frac{e(t) - e(t - T_0)}{T_0} \tag{1.5-45}$$

durch Vernachlässigung des Grenzübergangs, den ein Abtastsystem nicht ausführen kann, in nullter Näherung

$$o^*(t) = \frac{e^*(t) - e^*(t - T_0)}{T_0}, \tag{1.5-46}$$

also

$$O^*(s) = E^*(s) \frac{1 - e^{-sT_0}}{T_0}, \tag{1.5-47}$$

$$P_0^*(s) = \frac{1 - e^{-sT_0}}{T_0}, \tag{1.5-48}$$

$$P_Z(z) = \frac{1 - z}{T_0}, \tag{1.5-49}$$

während die exakte Übertragungsfunktion wegen $O(s) = sE(s)$

$$P(s) = s \tag{1.5-50}$$

ist. Die nächstbessere Näherung hierfür ist

$$P_1^*(s) = \frac{2}{T_0} \frac{1 - e^{-sT_0}}{1 + e^{-sT_0}}, \tag{1.5-51}$$

$$P_{1Z}(z) = \frac{2}{T_0} \frac{1 - z}{1 + z}. \tag{1.5-52}$$

Für den Integrations-Operator ist in derselben Näherung

$$P_1^*(s) = \frac{T_0}{2}\,\frac{1 + e^{-sT_0}}{1 - e^{-sT_0}}\,, \tag{1.5-53}$$

$$P_{1Z}(z) = \frac{T_0}{2}\,\frac{1 + z}{1 - z}\,. \tag{1.5-54}$$

Mit dem Programm und der hierdurch bestimmten Übertragungsfunktion $P^*(s)$ bzw. $P_Z(z)$ des Digitalrechners läßt sich nun sofort auch die Übertragungsfunktion einer ganzen Regelschleife hinschreiben, wie sie etwa durch das Blockbild nach Abb. 1.5-21 gegeben ist. In der hierfür gültigen Gl. (1.5-30) ist dann $G_1^*(s)$ durch $P^*(s)$ zu ersetzen, und für $G_2(s)$ ist die Kombination aus Haltekreis $H(s)$ und Arbeitsnetzwerk $G(s)$ (z. B. Servomotor) zu benutzen. Man erhält daher

$$C(s) = \frac{P^*(s)\,H(s)\,G(s)}{1 + P^*(s)\,[H(s)\,G(s)]^*}\,R^*(s)\,, \tag{1.5-55}$$

$$C_Z(z) = \frac{P_Z(z)\,[HG(z)]_Z}{1 + P_Z(z)\,[HG(z)]_Z}\,R_Z(z)\,. \tag{1.5-56}$$

An Hand dieser Beziehungen läßt sich nun sowohl die Stabilität des Systems unter Einschluß des Digitalrechners mit den im Abschnitt 1.5-5 beschriebenen Verfahren untersuchen, wie auch die Übergangsfunktion $h(t)$ berechnen, die die Zeitabhängigkeit der Antwort auf die Sprungerregung darstellt.

Zu dieser Berechnung der Übergangsfunktion sei zuerst bemerkt, daß für die Sprungerregung $r(t) = A \cdot 1(t)$ die abgetastete Größe $r^*(t)$ eine Folge von Impulsen $A \cdot u_0(t - kT_0)$ darstellt; es ist also

$$R^*(s) = A\tau \sum_{k=0}^{\infty} e^{-ksT_0}\,,$$

und für die Übergangsfunktion $h(t)$ erhält man aus Gl. (1.5-55) wegen $L^{-1}F(s)\,e^{-as} = f(t + a)$:

$$h(t) \equiv \frac{c(t)}{A} = \tau \sum_{k=0}^{\infty} \left\{ L^{-1}\left[\frac{P^*(s)\,H(s)\,G(s)}{1 + P^*(s)\,[H(s)\,G(s)]^*}\right]\right\}_{t+kT_0}\,. \tag{1.5-57}$$

Geht man von der Z-Transformation $C_Z(z)$ nach Gl. (1.5-56) aus, so erhält man mit dem aus Tab. 1.5-1 folgenden Ausdruck für die Sprungerregung:

$$C_Z(z) = A\tau\,\frac{P_Z(z)\,[HG(z)]_Z}{1 + P_Z(z)\,[HG(z)]_Z}\cdot\frac{1}{1 - z}\,. \tag{1.5-58}$$

Hieraus lassen sich dann die Werte $h(kT_0)$ der Übergangsfunktion nach dem durch die Gl. (1.5-35 bis 38) beschriebenen Verfahren sofort bestimmen.

In den bisherigen Darlegungen stand die Frage der Analyse des Regelsystems im Vordergrund, d. h. die Untersuchung der Stabilität und des dynamischen Verhaltens eines gegebenen Systems. Es wurde gezeigt, daß mit Hilfe der Übertragungsfunktion des Programms auch ein Digitalrechner durch die üblichen Methoden der Analyse erfaßt werden kann. Es soll nun noch kurz angedeutet werden, wie die Übertragungsfunktion des Programms für die Synthese eines Regelsystems verwendet wird, d. h. für die Aufgabe, ein System bei vorgegebenem dynamischen Verhalten zu entwerfen. Die Synthese läuft im konventionellen *analogen* Regelsystem stets auf den Entwurf irgendwelcher Korrektur-Netzwerke hinaus. Im digitalen Fall ist der Rechner als Korrektur-Netzwerk zu betrachten, und die Aufgabe der Synthese läuft darauf hinaus, das Programm des Rechners aufzustellen.

Ist die Antwort $c(t)$ einer Regelschleife nach Abb. 1.5-3 auf eine Erregung $r(t)$ vorgegeben, so bedeutet dies nach Gl. (1.5-36) und Gl. (1.5-38), daß die Koeffizienten c_k der Entwicklung

$$C_Z(z) = \tau \sum_{k=0}^{\infty} c_k z^k, \tag{1.5-36}$$

durch

$$c_k = c(t - k T_0) \tag{1.5-38}$$

gegeben sind, d.h. die Z-Transformierte läßt sich unmittelbar aus dem vorgeschriebenen Zeitverlauf der Antwort hinschreiben. Ist nun der Haltekreis und der Servo-Motor festgelegt, so läßt sich aus Gl. (1.5-46) die Übertragungsfunktion des Programms zu

$$P_Z(z) = \frac{C_Z(z)/R_Z(z)}{1 - C_Z(z)/R_Z(z)} \cdot \frac{1}{[HG(z)]_Z} \tag{1.5-59}$$

bestimmen.

Allgemein ist nun zwar $C_Z(z)$ gemäß Gl. (1.5-36) eine unendliche Reihe, und daher würde sich auch für $P_Z(z)$ ein Quotient aus solchen Reihen ergeben. Praktisch wird aber von einem Regelsystem gefordert, daß die Regelabweichung entweder für Sprungerregung, für Geschwindigkeitssprung (konstanter Anstieg der Erregung) oder für Beschleunigungssprung im *eingeschwungenen Zustand*, also für große Zeiten verschwindet. Dies bedeutet, daß von einem gewissen $k \geq N$, also $t \geq N T_0$ die Koeffizienten c_k konstant, bzw. proportional k, bzw. wie k^2 steigen. Hierfür nimmt Gl. (1.5-36) die in der Tab. 1.5-2 angegebene Form an.

Man sieht hieraus, daß $P_Z(z)$ als Quotient aus Polynomen darstellbar ist — für $[HG(z)]_Z$ ist dies offensichtlich —. Aus dieser Form ist dann entsprechend Gl. (1.5-41) ohne weiteres die Vorschrift zu entnehmen, nach der der Ausgangswert $o(n T_0)$ aus den vorangehenden Eingangswerten und den schon berechneten Ausgangswerten zu berechnen ist. Es sei betont, daß die hier nicht diskutierten Bedingungen der Realisierbarkeit und der Stabilität für den Entwurf entscheidende Bedeutung haben. Hierzu muß aber auf die Spezialliteratur verwiesen werden, z.B. das Buch von *Ragazzini* und *Franklin* [7].

Tabelle 1.5-2. Form der Z-Transformierten der Antwort $c(t)$ für verschwindende Fehlerabweichung $\lim\limits_{t \to \infty} [r(t) - c(t)] = 0$ bei Erregung mit a) Sprung, b) Geschwindigkeitssprung, c) Beschleunigungssprung

	$C_Z(z)$
a	$\tau \left[\sum\limits_{k=0}^{N-1} c_k z^k + c_N \cdot \dfrac{z^N}{1 - z} \right]$
b	$\tau \left[\sum\limits_{k=0}^{N-1} c_k z^k + c_N \cdot \dfrac{z^N}{1 - z} \left(1 + \dfrac{1}{N} \cdot \dfrac{z}{1 - z} \right) \right]$
c	$\tau \left[\sum\limits_{k=0}^{N-1} c_k z^k + c_N \cdot \dfrac{z^N}{1 - z} \left(1 + \dfrac{1}{N^2} \cdot \dfrac{z}{1 - z} \cdot \dfrac{1 + z}{1 - z} \right) \right]$

Literatur

[1] *Kaufmann, H.*: Regelungssysteme mit Digitalrechnern in „Regler und Regelungsverfahren der Nachrichtentechnik", herausgegeben von *G. Hässler* u. *E. Hölzler*, München: Oldenbourg 1958. — [2] *Linvill, W. K., Salzer, J. M.*: Analysis of control systems involving a digital

computer. Proc. IRE 41 (1953) 901—906. — [3] *Salzer, J. M.:* Frequency analysis of digital computers operating in real time. Proc. IRE 42 (1954) 457—466. — [4] *Shannon, C. E., Weaver, W.:* The mathematical theory of communication. Urbana Ill.: University of Illinois Press 1949. — [5] *Mayer, H. F.:* Principles of pulse code modulation. Advances in Electr. Bd. 3, 1951. — [6] *Hölzler, E., Holzwarth, H.:* Theorie und Technik der Pulsmodulation. Berlin, Göttingen, Heidelberg: Springer 1957. — [7] *Ragazzini, J. R., Franklin, G. F.:* Sampled-data control systems. New York: McGraw-Hill 1958. — [8] *Truxal, J. G.:* Automatic feedback control system synthesis. New York: McGraw-Hill 1955. — [9] *Tou, J. T.:* Digital and sampled-data control systems. New York: McGraw-Hill 1959.

1.6 Zuverlässigkeit von Bauelementen, Schaltungen und Systemen

A. Deixler und **E. C. Metschl**

1.6.1 Technische Zuverlässigkeit — Allgemeines und Begriffe

1.6.1.1 Allgemeines. In Nachrichtenverarbeitungsanlagen wirken viele elektronische Schaltelemente zusammen; dazu kommen, z.B. als Kopplungs- und Entkopplungselemente oder als Glieder von Zeitkreisen, nichtelektronische Bauelemente wie Kondensatoren und Widerstände. Der Ausfall auch nur eines einzigen von diesen Teilen kann schwerwiegende Folgen haben. Von den verwendeten Bauelementen wird deshalb eine sehr hohe Zuverlässigkeit verlangt.

Eine wichtige Voraussetzung für ein störungsfreies Arbeiten einer aus vielen Grundschaltungen und letzten Endes aus einer großen Anzahl von Bauelementen aufgebauten elektronischen Anlage ist die Sicherstellung eines zuverlässigen Zusammenwirkens der Bauelemente in den Schaltungen. Der *Bauelementehersteller* hat sowohl durch geeignete Fertigungs- und Prüfverfahren für einen hohen Zuverlässigkeitsgrad seiner Erzeugnisse zu sorgen, als auch mit einer entsprechenden Konstruktion zu verhindern, daß die Zuverlässigkeit der Bauelemente durch die unvermeidbaren Vorgänge beim Herstellen der Schaltungen und beim Aufbau der Systeme beeinträchtigt werden kann. Der *Gerätehersteller* hat nicht nur durch geeignete Schaltungsmaßnahmen (z.B. Redundanz) und den Aufbau des Gerätes (z.B. Abschirmung gegen unzulässige Strahlungsbeanspruchungen) der Leistungsfähigkeit der Bauelemente unter Berücksichtigung der Einsatzbedingungen Rechnung zu tragen, sondern er muß auch mit größter Sorgfalt darauf achten, daß die Verbindungen zwischen den Bauelementen in den einzelnen Schaltungen, zwischen den Schaltungen in den Schaltungsgruppen und zwischen den Schaltungsgruppen in einem System einwandfrei und dauerhaft sind.

Technische Zuverlässigkeit wird — insbesondere in der Nachrichtentechnik — im Zusammenhang mit den Bauelementen oder von diesen ausgehend behandelt, weil die Zuverlässigkeit der Bauelemente die der Geräte wesentlich bestimmt und hier die Prüfverfahren am weitesten entwickelt sind. Der Anwender gebrauchsfertiger Geräte oder Einrichtungen muß aber beachten, daß der Gesamtzuverlässigkeitsgrad eines Komplexes keineswegs nur von einem *listenmäßigen* Zuverlässigkeitsgrad einer Vielzahl von Komponenten abhängt, sondern das Ergebnis einer ganzen Reihe von konzeptionellen, konstruktiven, technologischen und organisatorischen Maßnahmen ist.

Im Schrifttum ist eine gezielte Bearbeitung des Zuverlässigkeitsgebietes seit etwa 1950 festzustellen, und zwar zunächst von den USA ausgehend [1 bis 15].

Inzwischen liegen auch eine Anzahl bemerkenswerter deutscher Beiträge vor: Die Tagungshefte der in zweijährigem Abstand stattfindenden Zuverlässigkeitstagungen sind besonders zu erwähnen. Diese wurden 1961, 1963 und 1965 vom Ausschuß „Zuverlässigkeit" der Nachrichtentechnischen Gesellschaft (NTG) und seit 1967 von dem genannten Gremium und dem Ausschuß „Zuverlässigkeit und Qualitätskontrolle" des Vereins Deutscher Ingenieure (VDI) sowie der Arbeitsgruppe „Zuverlässigkeit" der „Deutschen Gesellschaft für Qualität" (DGQ), gemeinsam veranstaltet [16, 17].

Die Unterrichtung über die technischen Fachbereiche hinweg hatte eine Schriftenreihe zum Ziel, in der von 1964 bis 1967 zehn Einzelhefte erschienen sind [18]. Seit 1968 sind auch mehrere deutschsprachige Fachbücher verlegt worden, die das Thema Zuverlässigkeit in theoretischer [19] und anwendungstechnischer Hinsicht [20, 21, 22] behandeln.

Bevor darauf näher eingegangen werden kann, welche Möglichkeiten zum Erzielen eines hohen Zuverlässigkeitsgrades von Bauelementen der Elektronik und elektronischen Anlagen bestehen, sollen die Fragen beantwortet werden, wie der Begriff Zuverlässigkeit in der Technik definiert ist und welche quantitativen Bewertungsmöglichkeiten es für die technische Zuverlässigkeit gibt.

1.6.1.2 Der Begriff Zuverlässigkeit. In der Technik versteht man unter Zuverlässigkeit die Fähigkeit eines Erzeugnisses, denjenigen durch den Verwendungszweck bedingten Anforderungen zu genügen, die an das Verhalten seiner Eigenschaften während einer gegebenen Zeitdauer gestellt sind [23, 24].

Die Zuordnung des Zuverlässigkeitsbegriffes zum Begriff Qualität kommt in den Definitionen zum Ausdruck: Qualität eines Erzeugnisses ist diejenige Beschaffenheit, die es für seinen Verwendungszweck geeignet macht [25].

Unter dem Oberbegriff Qualität faßt also die Zuverlässigkeit den Teilkomplex der Anforderungen an das zeitliche Verhalten zusammen, dem je nach Verwendungszweck unterschiedliche Bedeutung außer den anderen Teilkomplexen wie Güte, Formgebung, Gebrauchstauglichkeit zukommt [26]. Die Bezeichnung „Qualitätserzeugnis" setzt für Bauelemente der Elektronik vor allem in der Nachrichtentechnik, der Meß-, der Steuerungs- und der Regelungstechnik sowie der Raumfahrttechnik die Zuverlässigkeit unabdingbar voraus.

1.6.1.3 Zuverlässigkeitsangaben. Da an die Zuverlässigkeit technischer Erzeugnisse je nach Verwendungszweck unterschiedliche Anforderungen gestellt werden, gibt es keine Möglichkeit eines absoluten Bewertens der Zuverlässigkeit: Quantitative Aussagen über diese Fähigkeit eines Erzeugnisses gelten stets nur für konkrete Bezugsgrößen-Situationen. Solche Bezugsgrößen sind die Ausfallkriterien, die betriebsbedingte und die umgebungsbedingte Beanspruchung, die Meßbedingungen, die Wartung und die Betriebszeit. Die besondere Problematik von Zahlenangaben über die Zuverlässigkeit ist darauf zurückzuführen, daß eine direkte „Messung" dieser Größe nicht möglich ist. Nur mit Hilfe einer zerstörenden, oder, anders ausgedrückt, einer verbrauchenden Prüfung gelangt man zu Resultaten: Zum Beispiel liegt die Aussage über die exakte Lebensdauer eines Kondensators erst dann vor, wenn dieser ausgefallen ist und damit für eine weitere Verwendung ausscheidet.

Quantitative Zuverlässigkeitsaussagen sind deshalb nur möglich mit Hilfe statistischer Schlüsse, z.B. von einer Stichprobe, die der Zuverlässigkeitsprüfung unterworfen wird, auf die zur Anwendung vorgesehene Menge, der diese Stichprobe zufällig entnommen wurde. Auch der Schluß von einer beobachteten (verbrauchten) Betriebszeit auf die fernere Zeitdauer ist statistischer Natur, ebenso die Übertragung der Aussagen aus der Anwendungserfahrung auf das Verhalten gleichartiger Erzeugnisse, die unter gleichen Bedingungen betrieben werden sollen. Zuverlässigkeitssausagen haben also immer Wahrscheinlichkeitscharakter und bedingen eine mathematisch-statistische Auswertung der zugrunde liegenden Beobachtungsdaten.

Mit Rücksicht auf die Aussagekraft und die Eindeutigkeit müssen Zuverlässigkeitsangaben enthalten:

a) Festlegung von Ausfallkriterien.

b) Angaben über den zugrunde liegenden Beobachtungsumfang und den statistischen Charakter des Datenmaterials (z.B. *Schätzwerte, Vertrauensgrenzen* oder *extrapolierte Werte*).

c) Angaben über die Zeitdauer, für die die Daten Geltung haben.

d) Angaben über die umgebungsbedingten und die betriebsbedingten Beanspruchungen.

e) Angaben über Wartungs- und Meßbedingungen.

f) Zahlenwerte geeigneter Zuverlässigkeitskenngrößen, wie sie unter Beachtung von a) bis e) angegeben werden können.

1.6.1.4 Änderung und Ausfall. Laut Definition erfordert die Bewertung der Zuverlässigkeit von Bauelementen die Beobachtung des zeitlichen Verhaltens ihrer Eigenschaften. Dieses Verhalten ist immer ein Änderungsverhalten. Änderung ist der Übergang von einem Zustand in einem bestimmten Zeitpunkt in einen anderen Zustand zu einem späteren Zeitpunkt. Je nachdem diese Zustände qualitativ oder quantitativ zu beschreiben sind, ist auch die Änderung selbst ein qualitativer oder quantitativer Term. Qualitative Zustandsangaben sind z.B. die Aussagen „fehlerfrei" und „fehlerhaft". Eine quantitative Zustandsangabe wäre die Angabe des zu einem bestimmten Zeitpunkt gemessenen Wertes.

Bauelemente, die bereits bei Beanspruchungsbeginn unzulässige Abweichungen ihrer Eigenschaften aufweisen, sich also im fehlerhaften Zustand befinden, sind aus der Zuverlässigkeitsbetrachtung ausgeschlossen.

Der bei Beanspruchungsbeginn vorhandene Zustand „fehlerfrei" eines Bauelementes kann bei Betrachtung desselben Bauelements nach einer bestimmten Betriebszeit durch Änderung in den Zustand „fehlerhaft" übergegangen sein. Dieses Ereignis wird Ausfall genannt, und die dazu festgelegten Kriterien nennt man *Ausfallkriterien*.

Die Feststellung „Ausfall" oder „Nichtausfall" ist qualitativer Art, und die verursachende Änderung wird als „unzulässige Änderung" qualifiziert. Falls es sich dabei um ein Phänomen wie zum Beispiel den Bruch einer leitenden Zuführung eines Bauelements handelt, so ist das Ausfallkriterium „Leiterbruch" selbstverständlich und eo ipso qualitativer Natur. Zu dieser Phänomengattung gehören die Aufallereignisse „Kurzschluß" und „Unterbrechung" bei Bauelementen. Ausfälle dieser Art verursachen in jedem Falle den Ausfall des nichtredundanten Bereichs einer Schaltung, in dem die Bauelemente eingesetzt sind. Da solche Ausfälle meistens unvorhersehbar und zufällig während der Betriebszeit auftreten, werden sie *Katastrophenausfälle* (engl. catastrophic failures) genannt und, weil damit jede funktionsgemäße Weiterverwendung des Bauelements auscheidet, auch *Totalausfälle*.

Die Erfassung des katastrophischen Ausfallverhaltens eines Bauelementetyps führt direkt zu Zuverlässigkeitskenngrößen mit Attributivcharakter, wie z.B. der *Ausfallwahrscheinlichkeit* oder der *Ausfallrate*, die wiederum unter bestimmten Voraussetzungen direkt zur Zuverlässigkeitsbewertung der übergeordneten Einheiten führen, in denen die Bauelemente eingesetzt werden. So wird beispielsweise die Ausfallrate eines Gerätes als Summe der Ausfallraten der Bauelemente berechnet. Diese Rechnung ist aber nur sinnvoll und begründet, wenn die Ausfälle unabhängig voneinander, d.h. ohne gegenseitige Beeinflussung, auftreten und wenn die Ausfallraten der Bauelemente sich mit der Betriebszeit nicht verändern.

Anders liegen die Verhältnisse bei den quantitativen Änderungen. So wird zum Beispiel die Funktion eines Gerätes, in dem eine Anzahl von Bauelementen in Reihe geschaltet ist, durch das Zusammenwirken der Bauelementeeigenschaften bestimmt. Hierbei läßt sich nicht ohne weiteres ein Grenzwert für die Eigenschaft des einzelnen Bauelements festlegen, dessen Überschreitung ohne Rücksicht auf das Verhalten der anderen Elemente unbedingt zum Ausfall des Gerätes führen muß. Für den Ausfall des Gerätes ist das summarische Änderungsverhalten der eingesetzten Bauelemente von Bedeutung. Die Erfassung und Bewertung des Änderungsverhaltens der Bauelemente führt zu Zuverlässigkeitskenngrößen mit Variablencharakter, wie z.B. Mittelwert und Standardabweichung der Änderungen physikalischer Bauelementeparameter in Abhängigkeit von der Betriebszeit. Diese Bauelementekenngrößen ergeben, z.B. mittels einer Fehlerfortpflanzungsrechnung, Aussagen über die Zuverlässigkeit des Gerätes oder Systems, in dem die Bauelemente eingesetzt werden.

Für die Bauelementeprüfung ist es allgemein üblich, Grenzwerte der physikalischen Eigenschaften eines Bauelementes festzulegen, deren Überschreitung als Ausfall gezählt wird. Solche Ausfallkriterien ermöglichen es, an Stelle der mühsameren Beschreibung des Änderungsverhaltens eine zusammenfassende Kenngröße mit Attributivcharakter, wie z.B. die später noch eingehender behandelte Ausfallrate, zu setzen, für die lediglich die Qualifikationen „ausgefallen" und „nicht ausgefallen" abzuzählen sind.

Dieses Verfahren ist aber nur geeignet für eine grobe vergleichende Wertung der Zuverlässigkeit der geprüften Bauelemente. Es kann zu krassen Fehlurteilen führen, wenn in einer Zuverlässigkeitsanalyse von Schaltungen solche Daten ohne kritische Prüfung als Zahlenwerte verwendet werden. Der Vorteil der Einfachheit der Zuverlässigkeitsangabe für die Bauelemente wird mit dem Verlust an wesentlicher Information für die Schaltungsanalyse bezahlt [27].

Um zu verdeutlichen, welch unterschiedliches Änderungsverhalten bei der Darstellung durch vereinfachende Zuverlässigkeitsangaben in ein und derselben Aussage verborgen sein kann, wurden in den Abb. 1.6-1a und 1b Abläufe konstruiert, die bei gegebenem „Ausfallkriterium" zu verschiedenen Betrachtungszeitpunkten t_i gleiche „Ausfallanteile" liefern.

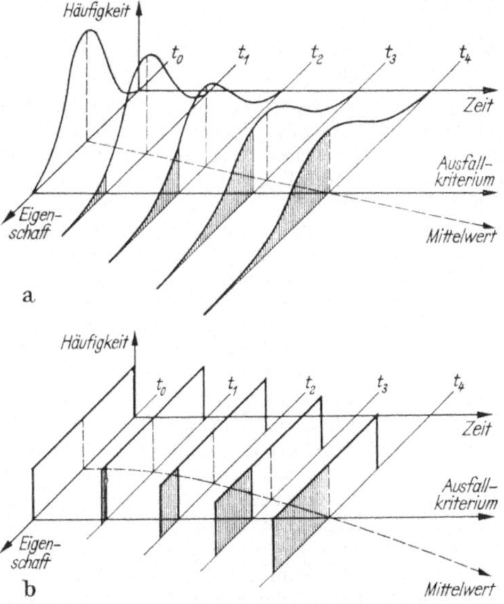

Abb. 1.6-1. Änderungsverhalten von Eigenschaftsverteilungen. a) Angenommene Normalverteilung mit linearer Mittelwertsänderung und zunehmender Standardabweichung; b) Angenommene Gleichverteilung mit konstanter Standardabweichung, deren Mittelwertsänderung so konstruiert ist, daß die Überschreitungsanteile zum Ausfallkriterium gleich denen in Bildteil (a-) sind.

Abbildung. 1.6-1a beruht auf der Annahme, daß die betrachtete Bauelementeeigenschaft zu Beanspruchungsbeginn t_0 eine Normalverteilung aufweist und daß dieser Verteilungstyp mit zunehmender Betriebszeit t erhalten bleibt. Dabei driftet der Mittelwert längs einer Geraden zum Ausfallkriterium hin, und die Streuung der Verteilung nimmt zu. Bei den in der Zeichnung angenommenen Verhältnissen ergeben sich für die äquidistanten Beobachtungszeitpunkte t_1, t_2, t_3 und t_4 die zugehörigen „Ausfallanteile" mit 3,59%, 15,27%, 33,41% und 50%. Zu diesen Ausfallanteilen ist in Abb. 1.6-1 b unter Annahme einer Aufrechterhaltung der bei t_0 vorausgesetzten Gleichverteilung bei konstanter Streuung die Mittelwertsdrift so konstruiert, daß sich zu den Beobachtungszeitpunkten die gleichen „Ausfallanteile" wie in Abb. 1.6-1 a ergeben.

Dies zeigt, daß zu angegebenen „Ausfallanteilen" bei angenommenem „Ausfallkriterium" die unterschiedlichsten Driftabläufe als Ursache konstruierbar sind. Umgekehrt können mannigfache Abläufe zu der gleichen „Zuverlässigkeitsaussage" führen. Dabei ist noch zu beachten, daß die Tatsache, daß solche Angaben nur auf Stichproben beruhen, erfordert, in Abhängigkeit vom Stichprobenumfang mehr oder weniger große „Vertrauensbereiche" statistisch zu berechnen, in denen Ausfallanteilsunterschiede zufallsbedingt auftreten können. Dadurch werden zusätzlich an sich unterschiedliche, aber wegen des statistischen Beobachtungsfehlers nicht unterscheidbare Aussagen zusammengefaßt. Die Mannigfaltigkeit der einer Aussage zugrunde liegenden Ablaufmöglichkeiten wird weiter erhöht.

Trägt man aber dem Änderungsverhalten Rechnung, indem z. B. bei einer einfachen Schaltungsanalyse an Hand des Fehlerfortpflanzungsgesetzes die Verteilungsparameter Mittelwert und Standardabweichung eingesetzt werden, so ist der Einfluß des in Abb. 1.6-1 a gezeigten Ablaufes auf die Rechnung ein ganz anderer als der des Ablaufes in Abb. 1.6-1 b.

Im Hinblick auf eine Verwendung solcher „Ausfalldaten" für Zuverlässigkeitsanalysen von Schaltungen ist zu beachten:

a) *Bedeutet die Verletzung der für die Dauerbeanspruchungsprüfung der Bauelemente festgelegten Ausfallkriterien in jedem Falle einen Ausfall der Schaltung?*

Abgesehen von dem früher behandelten Ereignis eines Katastrophenausfalles wird diese Bedingung für eine Reihenschaltung nur dann erfüllt sein, wenn die Änderung der Eigenschaft der Schaltung überwiegend von der Änderung der Eigenschaft eines einzigen Bauelementes abhängt und dieses Bauelement in der Schaltung nur einmal vertreten ist. Dann führen die Ausfallkriterien der Schaltung zur Festlegung von Grenzen der Bauelementeeigenschaft, deren Überschreitung die Weiterverwendung des Bauelements eindeutig ausschließt. Hängt aber die Änderung der Schaltungseigenschaft von den Änderungen der Eigenschaften mehrerer eingesetzter Bauelemente ab, dann können solche Änderungskriterien der Bauelementeeigenschaften nur dann eindeutige Ausfallkriterien im Sinne der Schaltung sein, wenn diese Grenzen im Gegensatz zur Abbildung extrem gezogen sind und praktisch nur zur Erfassung von sogenannten „Ausreißern" dienen, die sich so schnell und stark ändern, daß sie einen Änderungszustand erreichen, der praktisch jede weitere Verwendungsmöglichkeit ausschließt (Totalausfall). Bei dieser Kriterienwahl des Totalausfalls bleiben die Änderungen unberücksichtigt, die zusammen mit den Änderungen anderer Bauelemente zum Ausfall der Schaltung führen.

Wird das vielgestaltige Änderungsverhalten von Bauelementen durch einfache Ausfallzählung bewertet, so besteht die Gefahr, daß die Ausfallhäufigkeit der Geräte im Fall der Wahl enger Ausfallkriterien der Elemente überschätzt, im Fall der Wahl weiter Ausfallkriterien aber unterschätzt wird.

b) *Verschiebt eine Veränderung der Ausfallkriterien (Erweiterung oder Verengung) die Zuverlässigkeitsbewertung der betrachteten Bauelemente im Vergleich miteinander?* Die in der Abb. 1.6-1 gezeigten Verläufe ergeben nur für eine einzige dort bewußt gewählte Grenze die gleichen Ausfallhäufigkeiten. Eine Verschiebung dieser Grenze würde die Bewertungsrelation verändern.

c) *Ist bei der Darstellung des Änderungsverhaltens durch Ausfallzählung mit einer konstanten Ausfallrate zu rechnen?*

Änderungsabläufe, wie sie in Abb. 1.6-1 gezeigt sind, ergeben nur unter ganz speziellen Bedingungen der Verteilungsform und des Mittelwerts- und Streuungsverlaufs zwischen äquidistanten Beobachtungszeitpunkten einen konstanten Ausfallanteil, bezogen auf den jeweiligen Bestand an noch nicht ausgefallenen Elementen (die so definierte konstante Ausfallrate wird in den folgenden Abschnitten behandelt). Zum Beispiel müßte im Fall einer Gleichverteilung mit konstanter Streuung gemäß Abb.1.6-1b der Mittelwert $\mu(t)$ nach einer Exponentialfunktion

$$\mu(t) = \mu(0)\, e^{-\lambda t}$$

zur einseitigen unteren Ausfallgrenze hinwandern, wenn die Zählung der Änderungsausfälle eine konstante Ausfallrate ergeben soll.

Die ausführliche Behandlung der Begriffe „Ausfall" und „Änderung" soll deutlich machen, daß es notwendig ist, für die Angabe der Zuverlässigkeit von Bauelementen außer den gebräuchlichen Zuverlässigkeitskenngrößen mit Attributivcharakter auch Zuverlässigkeitskenngrößen mit Variablencharakter einzuführen und zu benutzen. Die Überlegung der gestellten Fragen wird im konkreten Fall der Zuverlässigkeitsanalyse einer Schaltung oder eines Systems darüber entscheiden müssen, ob mit den „klassischen" Methoden der Ausfallraten- oder Überlebenswahrscheinlichkeitsbewertung vorgegangen werden darf oder mit Einsatz von Rechenanlagen statistische Analysen mit Variablenkenngrößen angestellt werden müssen.

1.6.2 Zuverlässigkeitskenngrößen mit Attributivcharakter — Lebensdauerverteilungen

In diesem Abschnitt werden die gebräuchlichsten Kenngrößen behandelt, die auf der „Zählung" von Ereignissen mit den Attributen „ausgefallen" oder „nicht ausgefallen" (überlebend) beruhen.

Vorab ist davon auszugehen, daß Ergebnisse von Dauererprobungen oder Betriebsabläufen vorliegen. Solche „Beobachtungswerte" liefern nur für die beobachteten Teilmengen exakte Aussagen mit retrospektivem Charakter. Die Ausdehnung dieser Aussagen über den zeitlichen und mengenmäßigen Umfang hinweg verlangt unter anderem den Einsatz der Wahrscheinlichkeitstheorie. Bezüglich der Definition des Begriffs „Wahrscheinlichkeit" sei auf die Feststellung hingewiesen, die *H. Störmer* in seinem Buch „Die mathematische Theorie der Zuverlässigkeit" [19] S. 11 trifft: „Leider sind alle Definitionen dieser Art logisch unbefriedigend, weil sie bei der Erklärung der Wahrscheinlichkeit bereits den Wahrscheinlichkeitsbegriff voraussetzen ... Glücklicherweise können wir den mathematischen Begriff der Wahrscheinlichkeit widerspruchsfrei definieren und auf einem einfachen Axiomensystem die ganze Wahrscheinlichkeitstheorie fest fundieren. Schwierigkeiten macht lediglich die Interpretation der Wahrscheinlichkeit bei den praktischen Anwendungen. Trotzdem leuchten jedem vernünftigen Menschen Wahrscheinlichkeitsaussagen wie: „Die Wahrscheinlichkeit, mit einem Würfel eine Eins zu werden, ist ein Sechstel" ... unmittelbar ein".

Bei den in den folgenden Abschnitten definierten Wahrscheinlichkeitsgrößen ist zu berücksichtigen, daß tatsächlich „relative Häufigkeiten" beobachtet werden, die als Schätzwerte für die Wahrscheinlichkeiten aufzufassen sind. Die Möglichkeiten zur Bestimmung der Werte von Wahrscheinlichkeitsgrößen aus vorliegenden Schätzgrößen werden in allen Lehrbüchern über mathematische Statistik und in zahlreichen technisch-statistischen Veröffentlichungen unter den Begriffen „Vertrauensbereich" und „Prüfverteilungen" behandelt (z.B. [28]).

1.6.2.1 Überlebenswahrscheinlichkeit, Ausfallwahrscheinlichkeit. Eine zur Bewertung der Zuverlässigkeit von Bauelementen der Elektronik häufig verwendete Größe ist die Überlebenswahrscheinlichkeit $R[t_i; t_0]$. Man versteht darunter die Wahrscheinlichkeit, daß ein Bauelement eines Bestandes $B(t_0)$ die Zeit vom Beginn t_0 einer Beanspruchung im Sinne der Definition des Zuverlässigkeitsbegriffes bis zum Zeitpunkt t_i überlebt.

Mit dem Bestand $B(t_i)$ an Bauelementen, die den Zeitpunkt t_i erleben, ergibt sich für das Intervall $\langle t_i, t_0 \rangle$

$$B(t_i)/B(t_0) = R[t_i; t_0]. \tag{1.6-1}$$

Den Quotienten $B(t_i)/B(t_0)$ nennt man auch den *relativen Bestand*. Für die Gegen-
wahrscheinlichkeit (komplementäre Wahrscheinlichkeit) zur Überlebenswahrscheinlichkeit, die sogenannte *Ausfallwahrscheinlichkeit* $F[t_i; t_0]$, gilt

$$1 - B(t_i)/B(t_0) = F[t_i; t_0]. \qquad (1.6\text{-}2)$$

Überlebenswahrscheinlichkeit und Ausfallwahrscheinlichkeit sind also Verhältnis-
zahlen. Hat man z.B. bei einem Dauerversuch mit 1000 Bauelementen eines bestimmten Typs festgestellt, daß nach einer bestimmten Zeit t noch 900 Stück einwandfrei arbeiten, so ist ein Schätzwert für die die Überlebenswahrscheinlichkeit
aller unter den gleichen Fertigungsbedingungen hergestellten Bauelemente dieses
Typs unterden gleichen Betriebsbedingungen 900/1000 oder 90% und für die Ausfallwahrscheinlichkeit 10%.

Weitere Größen zur Bewertung der Zuverlässigkeit sind die Ausfallhäufigkeit
und die Ausfalldichte.

Unter *Ausfallhäufigkeit* $a[\Delta t_i; t_0]$ versteht man den Quotienten aus der Differenz
der Bestände $B(t_i)$ und $B(t_{i+1})$ zu zwei aufeinanderfolgenden Zeitpunkten t_i und t_{i+1},
denen das Zeitintervall $\Delta t_i = t_{i+1} - t_i$ entspricht, zum Anfangsbestand $B(t_0)$, d.h.

$$a[\Delta t_i; t_0] = (B(t_i) - B(t_{i+1}))/B(t_0), \qquad (1.6\text{-}3)$$

und unter *Ausfalldichte* $d[\Delta t_i; t_0]$ den Quotienten aus der Ausfallhäufigkeit und dem
Zeitintervall Δt_i, also

$$d[\Delta t_i; t_0] = (B(t_i) - B(t_{i+1}))/B(t_0)\,\Delta t_i. \qquad (1.6\text{-}4)$$

Die *Lebensdauerverteilung* $R(t)$, von der im folgenden noch oft die Rede sein wird,
beschreibt entweder in formal-mathematischer oder in graphischer Form den Zusammenhang zwischen der Zeit und dem relativen Bestand, beziehungsweise der
Überlebenswahrscheinlichkeit.

1.6.2.2 Ausfallrate. Eine andere sehr gebräuchliche Zuverlässigkeitsbewertungs-
größe ist die Ausfallrate. Zu ihrer Erklärung sollen als Hilfsbegriffe die temporäre
Ausfallhäufigkeit $a[\Delta t_i; t_i]$ und die Ausfallquote $q[\Delta t_i; t_i]$ definiert werden.

Unter der *temporären Ausfallhäufigkeit* versteht man den Quotienten aus der
Differenz der Bestände $B(t_i)$ und $B(t_{i+1})$ zu den Zeiten t_i und t_{i+1} und dem Bestand
$B(t_i)$, also

$$a[\Delta t_i; t_i] = (B(t_i) - B(t_{i+1}))/B(t_i). \qquad (1.6\text{-}5)$$

Die *Ausfallquote* ist der Quotient aus der temporären Ausfallhäufigkeit und dem
Zeitintervall

$$q[\Delta t_i; t_i] = (B(t_i) - B(t_{i+1}))/B(t_i)\,\Delta t_i \qquad (1.6\text{-}6)$$

und mit Gl. (1.6-1)

$$q[\Delta t_i; t_i] = \frac{R[t_i; t_0] - R[t_{i+1}; t_0]}{\Delta t_i R[t_i; t_0]}.$$

Läßt man das Zeitintervall Δt_i gegen Null gehen, so ergibt sich mit Gl. (1.6-1) als
Grenzwert der Ausfallquote $q[\Delta t_i; t_i]$ die Ausfallrate

$$Z(t_i) = \lim_{\Delta t_i \to 0} \left(-\frac{1}{\Delta t_i} \frac{R[t_{i+1}; t_0] - R[t_i; t_0]}{R[t_i; t_0]} \right) = -\left(\frac{1}{R(t)} \frac{dR(t)}{dt} \right)_{t=t_i}. \qquad (1.6\text{-}7)$$

Die Ausfallrate ist somit der negative Wert der Ableitung des natürlichen Logarithmus der mathematischen Funktion für die Lebensdauerverteilung $R(t)$ zum Zeitpunkt t_i, vorausgesetzt, daß diese Funktion differenzierbar ist. Ermittelt man bei
dem zur Veranschaulichung der praktischen Bedeutung der Überlebenswahrschein-

lichkeit angeführten Dauerversuch in kurzen Zeitabständen die Werte $B(t_i)/B(t_0)$ und trägt man diese über den zugehörigen Zeiten t_i auf, so erhält man eine Treppenkurve, aus der sich die Ausfallquoten mit Gl. (1.6-6) berechnen lassen. Diese Kurve ist um so genauer durch eine stetig verlaufende Kurve ersetzbar, je kleiner die gewählten Zeitintervalle sind. Aus später noch erklärten Gründen kann es wichtig sein, für diese experimentell ermittelte *Lebensdauerverteilung* oder Teile davon einen analytischen Ausdruck zu finden, der den beobachteten Zusammenhang wenigstens näherungsweise wiedergibt.

1.6.2.3 Der p-Faktor. Bei der Untersuchung des Lebensdauerverhaltens einer *Grundgesamtheit* (eines Kollektivs) von Bauelementen, nimmt man oft an, daß die Ausfallrate innerhalb einer bestimmten Zeitspanne praktisch konstant bleibt. Setzt man in Gl. (1.6-7) $Z(t_i) = \mathrm{const} = p$, so erhält man die Differentialgleichung

$$\mathrm{d}R(t)/\mathrm{d}t + pR(t) = 0,$$

deren Lösung

$$R(t) = R(t_0)\,\mathrm{e}^{-pt}$$

lautet. Da $R(t_0) = 1$, ergibt sich

$$R(t) = \mathrm{e}^{-pt}. \tag{1.6-8}$$

Die Lebensdauerverteilung ist also in diesem Zeitintervall eine Exponentialfunktion, und für die hier konstante Ausfallrate $Z(t_i) = p$ hat sich der Ausdruck p-Faktor eingeführt. Beim Arbeiten mit diesem Begriff darf man aber nicht übersehen, daß seine Gültigkeit meistens auf ein Zeitintervall beschränkt sein wird und daß eine Extrapolation über dieses Intervall hinaus zu großen Irrtümern führen kann. In der für das Lebensdauerverhalten einer Grundgesamtheit von Bauelementen charakteristischen Verteilungskurve (Abb. 1.6-2a) zeichnen sich häufig außer einem Bereich, in dem die Überlebenswahrscheinlichkeiten $R[t_i; t_0]$ als Zahlenwerte der Funktion $R(t)$ exponentiell abnehmen, noch zwei weitere Bereiche ab,

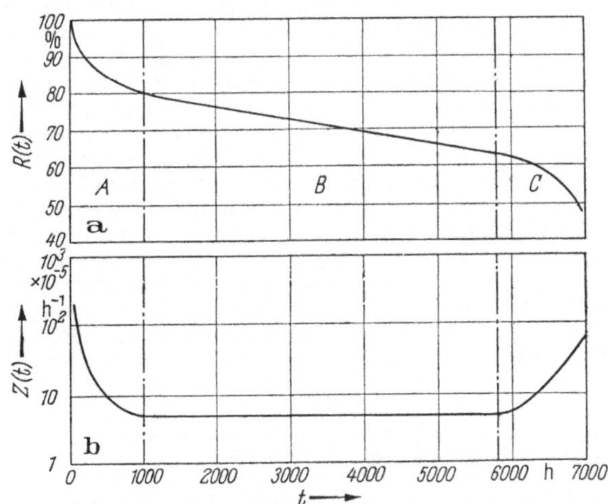

Abb. 1.6-2. Lebensdauerverteilung und zeitlicher Verlauf der Ausfallrate a) Lebensdauerverteilung (Bereich A Weibullverteilung mit $\alpha < 1$; Bereich B Exponentialverteilung; Bereich C Weibullverteilung mit $\alpha > 1$); b) Zeitlicher Verlauf der Ausfallrate bei der Lebensdauerverteilung nach a.

in denen dies durchaus nicht zutrifft. Es handelt sich dabei um den Bereich der Frühausfälle (A), der in den Bereich konstanter Ausfallrate (B) übergeht und um den Bereich der Abnutzungsausfälle (C), auch Verschleißbereich genannt, der sich an diesen anschließt und in dem die Abnutzung oder andere physikalische Vorgänge ein Ansteigen der Ausfallraten bewirken (Abb. 1.6-2b)[1]. Man darf, wie nochmals betont werden soll, nicht vergessen, daß im Bereich systematischer Ausfälle, die durch die bestimmende Wirkung eines Ausfallmechanismus zustande kommen, wie dies in den Bereichen der Früh- und Abnutzungsausfälle der Fall ist, der p-Faktor seine Bedeutung als elementare Zuverlässigkeitskenngröße verliert.

Mit der Definition der Ausfallrate nach Gl. (1.6-7) und (1.6-8) wird zwar ihr Charakter beschrieben, es fehlt aber noch die für den praktischen Gebrauch wichtige Ableitung der Einheit. Wie jede Größe ist auch die Ausfallrate in ihrer Quantität durch das Produkt aus Zahlenwert und Einheit bestimmt. Unter Beachtung der Regel, daß bei der Bildung der Dimensionsprodukte von Größen aus ihren Definitionsgleichungen alle in diesen auftretenden Zahlenfaktoren und speziellen mathematischen Operationssymbole, wie z. B. Differentialzeichen, außer Betracht bleiben, ergibt sich aus Gl. (1.6-7) die Dimension der Ausfallrate zu Z^{-1}, mit Z als *Dimension der Zeit*. Vielfach gibt man den p-Faktor als die Anzahl n der Ausfälle[2] an, die je 1000 Stück Bauelemente nach 1000 Stunden Betriebszeit zu erwarten ist, also in Promille je 1000 Stunden. Man findet aber auch Angaben, die sich auf Prozent je 10000 Stunden beziehen und andere. Zur Vermeidung von Mißverständnissen, die auf Grund dieser unterschiedlichen Bezugszahlen möglich sind, empfiehlt es sich, mit auf die Stunde als Zeiteinheit bezogenen Zehnerpotenzen zu arbeiten [30, 31], den p-Faktor also beispielsweise nicht in $^o/_{oo}/1000$ h anzugeben, sondern in 10^{-6}/h. *Solange die Ausfallrate konstant ist*, d.h. im Gültigkeitsbereich des p-Faktors, kann man dafür auch n Ausfälle in 10^6 Bauelementestunden sagen und die Zahl 10^6 auf 10^x Bauelemente und 10^y Stunden ($x + y = 6$, z. B. 10^2 Bauelemente und 10^4 Stunden oder 10^3 Bauelemente und 10^3 Stunden) verteilen.

1.6.2.4 Lebensdauerverteilungen. Im vorigen wurde mit den Größen, die sich in der Praxis zur Kennzeichnung der Zuverlässigkeit einbürgerten, bekanntgemacht, und deren Zusammenhang mit der experimentell feststellbaren und als Ausgangspunkt für die Zuverlässigkeitsbewertung dienenden Lebensdauerverteilung (s. 1.6.2.1) klargestellt. Da sich im mathematischen Sinn stetige Lebensdauerbeobachtungen praktisch nicht durchführen lassen, sondern nur Beobachtungen in Zeitabständen möglich sind, kann das Experiment keine stetigen Kurven ergeben. Man muß aus der Lage einzelner Versuchspunkte auf den Lebensdauerverlauf schließen. Weil die Versuchspunkte mehr oder minder streuen, wird einer durch sie gelegten stetigen Kurve immer eine bestimmte Unsicherheit anhaften. Für die so festgestellten Lebensdauerverteilungen läßt sich nun sehr oft eine mathematische Annäherung finden [32]. Wegen der komplexen Natur der Zuverlässigkeit wird es niemals möglich sein, die Lebensdauerverteilung einer bestimmten Gesamtheit von aus der Fertigung kommenden Bauelementen der Elektronik von Beanspruchungsbeginn bis zum Verschleißausfall mit einem geschlossenen mathematischen Ausdruck zu erfassen. Bei der für elektronische Bauelemente oft angenommenen Lebensdauerverteilung (Abb. 1.6-2a) gibt es, wie schon erwähnt, einen Bereich, der sich durch eine

---

[1] Über das Zustandekommen dieser *Badewannenkurve* kann man nichts Bestimmtes aussagen. Möglicherweise kommen in jedem der drei unterscheidbaren Bereiche andere Ausfallursachen zur Auswirkung. Es wäre aber auch denkbar, daß sich die Verteilungen der Früh- und der Spätausfälle so überlagern, daß eine Periode konstanter Ausfallrate zustande kommt. Es könnte ferner sein, daß zu einer während der ganzen Lebensdauer vorhandenen konstanten Ausfallrate anfangs — und nach einer bestimmten Zeit — Anteile auf Grund der gleichzeitigen Wirksamkeit anderer Mechanismen hinzukommen [29].

[2] Voraussetzung für diese grundlegende Auslegung ist, daß $p \ll 1$ ist; denn nur dann ist die Ausfallwahrscheinlichkeit $F = 1 - R = 1 - e^{-pt} \approx pt$.

Exponentialfunktion beschreiben läßt. Diese *Exponentialverteilung*

$$R(t) = e^{-Z(t)t}, \tag{1.6-9}$$

deren Ausfallrate nach Gl. (1.6-7) und (1.6-8)

$$Z(t) = p = \text{const} \tag{1.6-10}$$

ist, entspricht der einfachsten Ausfallcharakteristik. Die Ausfallrate ist in ihrem Gültigkeitsbereich konstant, d.h., es fällt vom jeweiligen Bestand in gleichen Zeitabständen stets der gleiche Anteil aus. Bereiche der Lebensdauerverteilung, wie z.B. die Bereiche A und C bei der in Abb. 1.6-2a gezeigten Kurve, lassen sich unter Umständen durch die *Weibull-Verteilung*

$$R(t) = e^{-(t/\vartheta)^{\alpha}} \tag{1.6-11}$$

erfassen. Ihre Ausfallrate $Z(t)$ ist nach Gl. (1.6-7)

$$Z(t) = \alpha t^{\alpha-1}/\vartheta^{\alpha}. \tag{1.6-12}$$

Dabei bedeutet α den *Formparameter* und ϑ als *Maßstabparameter* die charakteristische Zeit, zu der bei Verwendung einer (t/ϑ)-Skale alle Weibull-Funktionen durch den Punkt $R = 1/e \approx 0{,}37$ gehen.

Abb. 1.6-3a, b, f zeigt die Weibull-Verteilungen bei drei verschiedenen Werten des Formparameters α, Abb. 1.6-4a, b, c, d, h die Abhängigkeit des Produktes $Z\vartheta$ von der Zeit bei normiertem Zeitmaßstab. Bei $\alpha = 1$ entspricht die Weibull-Verteilung einer einfachen Exponentialverteilung. Die Verteilungen mit Parametern $\alpha < 1$ liefern Kurven mit zeitlich abnehmender Ausfallrate, die mit Parametern $\alpha > 1$ Kurven mit zeitlich zunehmender Ausfallrate. Es liegt also im Bereich des Möglichen, mit Weibull-Funktionen bei jeweils geeignet gewähltem Wert α sowohl den Bereich der Frühausfälle als auch den der Verschleißausfälle in der Lebensdauerverteilung von Bauelementen der Elektronik zu erfassen (Abb. 1.6-2a).

Wie schon bei der Definition des p-Faktors gesagt ist, sind in dem Bereich, in dem die Lebensdauerverteilungskurve exponentiell abfällt, die Ausfälle zufallsbedingt, d.h. ohne die bestimmende Wirkung eines Ausfallmechanismus aufge-

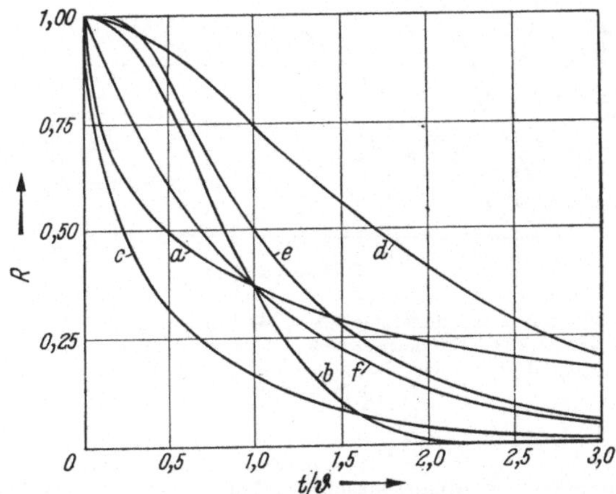

Abb. 1.6-3. Lebensdauerverteilungen bei normiertem Zeitmaßstab t/ϑ. a Weibull-Verteilung: $\alpha = 0{,}5$; b Weibull-Verteilung: $\alpha = 2{,}0$; c Gammaverteilung: $\eta = 0{,}5$; d Gammaverteilung: $\eta = 2{,}0$; e logarithmische Normalverteilung: $\omega/\zeta = 2$ und $\zeta = \vartheta$; f Exponentialverteilung: $\alpha = \eta = 1$.

treten, oder, anders ausgedrückt, man kann mit der Exponentialfunktion nur solche Bereiche einer experimentell bestimmten Lebensdauerverteilung mathematisch beschreiben, in denen die Bauelemente rein zufällig ausfallen. Bei komplizierteren Ausfallcharakteristiken kann man oft mit Weibull-Funktionen zurechtkommen. Es können aber auch Ausfallursachen vorliegen, die von keiner dieser beiden Verteilungen berücksichtigt werden. Dies ist z.B. dann der Fall, wenn einem Ausfall ein oder mehrere unter Umständen gar nicht merkbare, das eine oder andere Bauelement aber schwächende Vorgänge vorausgehen. Solchen kumulativ zu Ausfällen führenden Vorgängen trägt die *Gammaverteilung*

$$R(t) = 1 - \frac{1}{\vartheta \cdot \Gamma(\eta)} \int\limits_0^t \left(\frac{x}{\vartheta}\right)^{\eta-1} e^{-x/\vartheta}\, dx \qquad (1.6\text{-}13)$$

Rechnung. Hierbei bedeutet η den *Formparameter*, ϑ den *Maßstabparameter* und

$$\Gamma(\eta) = \int\limits_0^\infty x^{\eta-1}\, e^{-x}\, dx$$

die *Gammafunktion*. Setzt man $\eta = 1$, dann ist $\Gamma(\eta) = 1$ und

$$R(t) = 1 - \frac{1}{\vartheta} \int\limits_0^t e^{-x/\vartheta}\, dx = e^{-pt} \text{ mit } p = 1/\vartheta,$$

d.h., man erhält die einfache Exponentialverteilung. Diese ist also sowohl in der Weibull- als auch in der Gammaverteilung als Grenzfall enthalten, und man kann alle drei Verteilungsarten als Verteilungen des exponentiellen Typs bezeichnen. In Abb.1.6-3 sind zu den Weibull-Verteilungen zwei Gammaverteilungen eingezeichnet; die zugehörigen Ausfallratenkurven zeigt Abb.1.6-4.

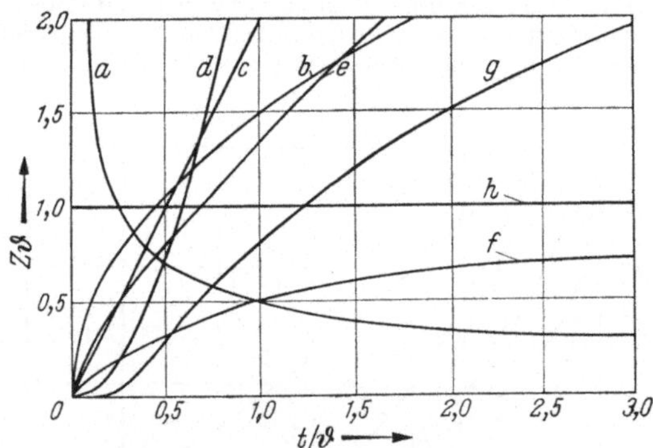

Abb.1.6-4. $Z\vartheta$ bei normiertem Zeitmaßstab t/ϑ. a Weibull-Verteilung: $\alpha = 0{,}5$; b Weibull-Verteilung: $\alpha = 1{,}5$; c Weibull-Verteilung: $\alpha = 2{,}0$; d Weibull-Verteilung: $\alpha = 3{,}0$; e Gammaverteilung: $\eta = 0{,}5$; f Gammaverteilung: $\eta = 2{,}0$, g logarithmische Normalverteilung: $\omega/\zeta = 2$; h Exponentialverteilung.

Während die bisher genannten Verteilungen alle auf ein bestimmtes Geschehen, wie z.B. Frühausfälle und Abnutzungsfälle, schließen lassen, ist dies bei den auf der Fehlertheorie von *Gauß* beruhenden *Normalverteilungen*, einer weiteren Verteilungsart, nicht der Fall. Für Lebensdauerabläufe hat die auf die Logarithmen der Beobachtungswerte bezogene sogenannte *logarithmische Normalverteilung* eine größere Bedeutung als die auf die Beobachtungswerte selbst bezogene *numerische*

Normalverteilung. Bei der logarithmischen Normalverteilung ist

$$R(t) = 1 - \int\limits_0^t \frac{1}{\ln \omega \sqrt{2\pi}}\; e^{-\frac{1}{2}\left(\frac{\ln x - \ln \zeta}{\ln \omega}\right)^2} \frac{1}{x}\, dx. \qquad (1.6\text{-}14)$$

Dabei treten an die Stelle der Lebensdauern t_i der numerischen Normalverteilung die Logarithmen der Lebensdauern und an die Stelle der Verteilungsgrößen

$$\mu = \sum_{i=1}^{n} t_i/n \quad \text{und} \quad \sigma^2 = \sum_{i=1}^{n} (t_i - \mu)^2/n \quad \text{mit} \quad n \to \infty$$

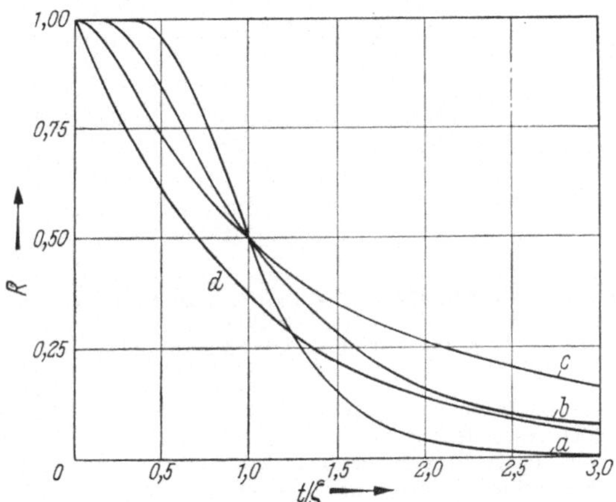

Abb. 1.6-5. Lebensdauerverteilungen bei normiertem Zeitmaßstab t/ζ. a Logarithmische Normalverteilung: $\omega/\zeta = 1,5$; b logarithmische Normalverteilung: $\omega/\zeta = 2,0$; c logarithmische Normalverteilung: $\omega/\zeta = 3,0$; d Exponentialverteilung; $\zeta = 1/p$ gesetzt.

(μ arithmetischer Mittelwert und σ Standardabweichung der numerischen Normalverteilung) die logarithmischen Größen

$$\ln \zeta = \sum_{i=1}^{n} \ln t_i/n \quad \text{und} \quad (\ln \omega)^2 = \sum_{i=1}^{n} (\ln t_i - \ln \zeta)^2/n \quad \text{mit} \quad n \to \infty.$$

Abb. 1.6-5 zeigt den Verlauf der Überlebenswahrscheinlichkeit R bei drei verschiedenen Werten des Verteilungsparameters ω/ζ der logarithmischen Normalverteilung und dem normierten Zeitmaßstab t/ζ, Abb. 1.6-6 die zugehörigen Produkte $Z\vartheta$.

Wie die Kurven in Abb. 1.6-3 bis 1.6-6 zeigen, kann es bei zu kurzen experimentellen Beobachtungen leicht vorkommen, daß man eine Beobachtung durch eine nicht zutreffende Lebensdauerverteilung wiedergibt. Man muß deshalb eine Vergleichsmöglichkeit für eine größere Zeitspanne schaffen. Nomographische Hilfsmittel, die die Arbeit wesentlich erleichtern, sind Netzpapiere mit speziellen Koordinatenteilungen, auf denen sich die nacheinander eingetragenen Meßpunkte durch eine (oder mehrere) Gerade miteinander verbinden lassen, wenn die festgestellte Lebensdauerverteilung der Funktion entspricht, auf die die Koordinatenteilung abgestimmt ist. In einem Netz, dessen Ordinate eine lg-lg- und dessen Abszisse eine lg-Teilung hat, dem sogenannten *Weibull-Stangeschen Lebensdauernetz*, erhält man Gerade mit unterschiedlichen Neigungen, wenn die beobachtete Verteilung durch eine Weibull-Verteilung beschrieben werden kann. Denn aus Gl. (1.6-11) folgt

$1/R(t) = e^{(t/\vartheta)^\alpha}$, daraus $\lg(1/R(t)) = (t/\vartheta)^\alpha \lg e$ und schließlich $\lg\lg(1/R(t)) = \alpha(\lg t - \lg\vartheta) + \lg\lg e = \alpha \lg t - \alpha \lg\vartheta + \lg\lg e = \alpha \lg t - b$, d.h., man erhält bei der genannten Teilung der Achsen eine Gerade. Wenn eine einfache Exponentialverteilung vorliegt, ist wegen $\alpha = 1$ bei entsprechender Netzteilung der Neigungswinkel der Geraden 45°.

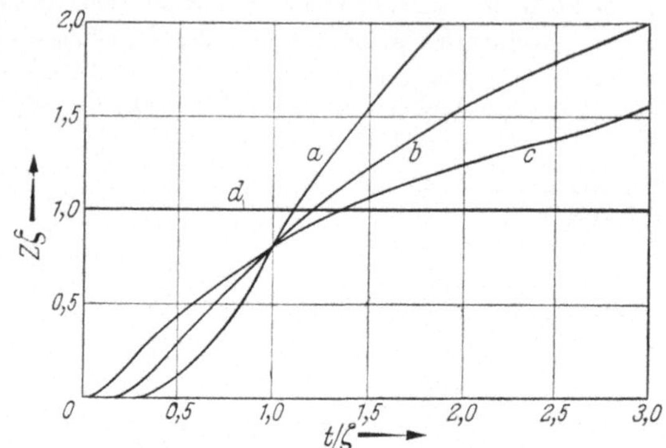

Abb.1.6-6. $Z\zeta$ bei normiertem Zeitmaßstab t/ζ. a Logarithmische Normalverteilung: $\omega/\zeta = 1{,}5$; b logarithmische Normalverteilung: $\omega/\zeta = 2{,}0$; c logarithmische Normalverteilung: $\omega/\zeta = 3{,}0$; d Exponentialverteilung: $\zeta = 1/p$ gesetzt.

Es wäre nicht zu verstehen, wenn man nur deshalb an die bei technischen Erzeugnissen experimentell festgestellten Lebensdauerabläufe mit dem mathematischen Aufwand der beschriebenen Verteilungen herangehen wollte, um eine große Anzahl von Beobachtungen in einer zwar sehr interessanten, aber praktisch bedeutungslosen Form zusammenzufassen. Tatsächlich ist dies auch nicht der Zweck dieser Maßnahmen. Sie sollen vielmehr Erkenntnisse über die mit den beobachteten Lebensdauerabläufen verbundenen Ausfallursachen vermitteln, auf Grund deren dann dem Ausfallmechanismus nachgegangen werden kann und Wege gefunden werden können, die Ausfälle zu senken und die Zuverlässigkeit zu erhöhen. So angewendet wird die vergleichende Analyse der Lebensdauerverteilungen durchaus praktischen Nutzen haben.

1.6.3 Zuverlässigkeitskenngrößen mit Variablencharakter

Gemäß den Ausführungen in 1.6.1.4 ist es zweckmäßig, das Änderungsverhalten meßbarer Bauelementeeigenschaften (Parameter) durch die Angabe der numerischen Werte statistischer Kenngrößen der Parameterverteilungen oder daraus abgeleiteter Verteilungen (z.B. Änderungsquotienten) zu belegen. Dieses Verfahren liefert zum einen die Ausgangswerte für statistische Zuverlässigkeitsanalysen von Geräten und Systemen und bietet zum anderen die Möglichkeit für die Anwender, zu jeweils spezifisch festgestellten Grenzwerten (Ausfallkriterien) die Überschreitungswahrscheinlichkeiten zu berechnen.

1.6.3.1 Erwartungswert, Momente, Mittelwert und Standardabweichung. Bauelemente, die unter „denselben" Bedingungen hergestellt und betrieben werden, weisen auf Grund unbeherrschbarer, d.h. „zufälliger" Einflüsse Unterschiede ihrer Eigenschaften auf. Die Eigenschaften, z.B. die „Ohmwerte" eines Widerstandstyps oder die Stromverstärkungsfaktoren und Sperrströme eines Transistortyps, sind „Zufallsvariable". Etwa in der Weise, die in Abb.1.6-1a oder 1b skizziert ist, sind den Zufallsvariablen Verteilungen zugeordnet, die eine Aussage darüber ermöglichen, mit welcher Wahrscheinlichkeit Abweichungen entweder von einem vorgegebenen

(Soll-)Wert oder vom statistischen Mittelwert einen bestimmten Grenzwert überschreiten können. Je nach Art der Verteilung sind statistische Kenngrößen anzugeben, die diese Verteilungen parametrisch festlegen.

Im Fall der sogenannten Normalverteilung oder Gaußverteilung, die z.B. in Abb. 1.6-1a angenommen wird, genügen zwei Kenngrößen, nämlich der Mittelwert und die Standardabweichung zur vollständigen Beschreibung. Die Änderung dieser Kenngrößen mit der Zeit beschreibt daher das Änderungsverhalten des Bauelementetyps, d.h. seine Zuverlässigkeit unter gegebenen Betriebsbedingungen.

Die statistischen Kenngrößen der Meßwertverteilungen mit ihren Ausprägungen zu verschiedenen Betriebszeitpunkten sind also elementare Zuverlässigkeitskenngrößen.

Bezeichnet man die zu betrachtende Bauelementeeigenschaft mit dem Symbol X einer Zufallsvariablen, mit $f(x)$ die Wahrscheinlichkeitsdichten, mit $g(x)$ eine weitere Funktion, so ist bei kontinuierlichem Wertevorrat im Definitionsintervall $\langle a, b \rangle$ (theoretischer Grenzfall $a = -\infty$ und $b = +\infty$) der Erwartungswert der Funktion g der Eigenschaft X

$$E[g(X)] = \int_a^b g(x)\, f(x)\, \mathrm{d}x. \qquad (1.6\text{-}15)$$

Falls nur L diskrete Werte vorkommen, ist

$$E[g(X)] = \sum_{l=1}^{L} g(x_l)\, p(x_l), \qquad (1.6\text{-}16)$$

wobei $p(x_l)$ die Wahrscheinlichkeit angibt, ein Bauelement mit dem Wert x_l der Eigenschaft X zu erfassen.

Als statistische Kenngrößen der Verteilungen betrachtet man speziell die Erwartungswerte der Potenzen von X, die *Verteilungsmomente*

$$M_k = E(X^k) = \int_a^b x^k f(x)\, \mathrm{d}x, \qquad (1.6\text{-}17)$$

oder

$$M_k = E(X^k) = \sum_{l=1}^{L} x_l^k p(x_l). \qquad (1.6\text{-}18)$$

Besondere Bedeutung kommt dem ersten Moment von X, dem *Mittelwert* als statistischer Kenngröße für die Lage einer Verteilung zu

$$\mu = M_1 = \int_a^b x f(x)\, \mathrm{d}x, \quad \text{bzw.} \quad = \sum_{l=1}^{L} x_l p(x_l). \qquad (1.6\text{-}19)$$

Die *Varianz* der Verteilung als statistische Kenngröße für die Streuung einer Verteilung bezeichnet man mit σ^2.

$$\sigma^2 = M_2 - M_1^2 = \int_a^b (x - \mu)^2 f(x)\, \mathrm{d}x, \quad \text{bzw.} \quad = \sum_{l=1}^{L} (x_l - \mu)^2 p(x_l). \qquad (1.6\text{-}20)$$

σ heißt die *Standardabweichung* der Verteilung.

Wie bereits am Anfang dieses Abschnittes erwähnt, ist mit den Kenngrößen μ und σ eine Normalverteilung voll bestimmt. Ist eine Bauelementeeigenschaft normalverteilt, so ist die Wahrscheinlichkeit, ein Bauelement mit dem Eigenschaftswert $x \geqq G$ zu erfassen.

$$W(x \geq G) = \frac{1}{\sigma\sqrt{2\pi}} \int_G^\infty e^{-\frac{(x-\mu)^2}{2\sigma^2}}\, \mathrm{d}x. \qquad (1.6\text{-}21)$$

Zuverlässigkeitsangaben für Bauelemente können für festgelegte Betriebsbedingungen den zeitlichen Verlauf des Mittelwertes $\mu(t)$ und der Standardabweichung $\sigma(t)$ der betrachteten Eigenschaft enthalten. Schwerlich werden für $\mu(t)$ und $\sigma(t)$ geschlossene Ausdrücke zu erhalten sein. Im allgemeinen ist mit Funktionstabellen, die zu diskreten Meßzeitpunkten die μ- und σ-Werte angeben, zu rechnen.

1.6.3.2 Änderungsquotienten. Da bei der Herstellung von Geräten die Anfangsabweichungen der Bauelemente von den Sollwerten häufig schaltungstechnisch ausgeglichen werden, ist es zweckmäßig, für die Beurteilung des Änderungsverhaltens die Anfangsabweichungen auszuschalten. Dazu können die folgenden Größen gebildet werden:

Absoluter Änderungsquotient:

$$\Delta_{ij} = \frac{x_{ij}}{x_{i0}} ; \tag{1.6-22}$$

dabei bedeutet x_{ij} den Meßwert des $i$ten Bauelements zum $j$ten Meßzeitpunkt bezüglich der Bauelementeeigenschaft X.

Relativer Änderungsquotient:

$$d_{ij} = \frac{x_{ij} - x_{i0}}{x_{i0}} = \Delta_{ij} - 1 . \tag{1.6-23}$$

Für diese Größen können sinngemäß Kenngrößen, wie die Verteilungsmomente und insbesondere Mittelwert und Standardabweichung berechnet werden. Δ_j bzw. d_j sind selbst wieder Zufallsvariable.

1.6.3.3 Korrelationskoefizient. Für die Beantwortung der Frage, ob die in einer begrenzten Dauererprobung gewonnenen Informationen über das Änderungsverhalten einer Bauelementeeigenschaft extrapoliert werden können, ist es wichtig, ein Maß für die Stabilität des Änderungstrends einzuführen. Dafür bietet sich die Berechnung des Korrelationskoeffizienten zwischen den Verteilungen an aufeinanderfolgenden Meßzeitpunkten an.

Der Korrelationskoefizient ϱ_j für die Meßwertverteilungen zu den Zeitpunkten t_j und t_{j-1} ist

$$\varrho_j = \frac{E[(X_j - \mu_j)\,(X_{j-1} - \mu_{j-1})]}{\sigma_j\,\sigma_{j-1}} . \tag{1.6-24}$$

Der Grenzfall $\varrho_j = 0$ bedeutet, daß die Ordnung der Bauelemente nach Größe des Meßwerts zum Zeitpunkt t_{j-1} für die Ordnung zum Zeitpunkt t_j völlig unbedeutend ist. Der andere Grenzfall $\varrho_j = 1$ besagt, daß die Ordnung zwischen den Meßzeitpunkten voll erhalten bleibt.

1.6.4 Zuverlässigkeitsnachweis

1.6.4.1 Attribut-Prüfung. Unter attributiver Prüfung wird die empirische Bestimmung von Kenngrößen mit Attributiv-Charakter verstanden, d.h., sie beruht im Fall des Zuverlässigkeitsnachweises auf der Zählung von ausgefallenen und nicht ausgefallenen Bauelementen.

A. Stichprobe

Um festzustellen, ob ein technisches Erzeugnis die von ihm erwarteten Eigenschaften hat, prüft man es auf diese Eigenschaften. Dies ist sehr einfach, wenn eine Aussage über ein gegenwärtiges Verhalten zur Kennzeichnung der Eigenschaft genügt, was z.B. bei der Prüfung eines Motors auf seine Leistungsaufnahme der Fall ist. Die Zuverlässigkeit ist aber eine Aussage über die Zukunft, und wenn z.B. geprüft werden soll, ob die 100000 Bauelemente einer Fertigungsserie so zuverlässig sind, daß von 1000 Stück in 1000 Stunden (etwa 42 Tage) nur ein Bauelement ausfällt, so kann die Prüfung kaum darin bestehen, daß man alle 100000 Bauelemente unter den der Zuverlässigkeitsforderung zugrunde liegenden äußeren Bedingungen in Betrieb nimmt und abwartet, wie viele Bauelemente nach 1000 Stunden noch einwandfrei funktionieren. Man kann praktisch nur einen kleinen Anteil, eine sogenannte *Stichprobe*, der Grundgesamtheit von 100000 Stück beobachten und das Ausfallverhalten der Bauelemente dieser Stichprobe feststellen. Bei dieser Beobachtung müssen dann die Betriebsumstände nachgeahmt werden, unter denen die Bauelemente zum Einsatz kommen, so z.B. extrem hohe oder tiefe Temperaturen, hohe Feuchtegrade, Unter- oder Überdrücke, Erschütterungen, Beschleunigungen und chemisch aggressive Atmosphären.

Man kann ein solches Beobachtungsergebnis aber nicht ohne weiteres von der Stichprobe auf die Grundgesamtheit aller Bauelemente, aus der die Stichprobe entnommen wurde, übertragen. Die gleichen Herstellungsbedingungen für alle Bauelemente vorausgesetzt, besteht lediglich eine bestimmte Wahrscheinlichkeit dafür, daß z.B. die für die Bauelemente der Stichprobe festgestellte Ausfallhäufigkeit auch bei Betrachtung aller Bauelemente der Grundgesamtheit nicht überschritten wird. Die Problematik soll zunächst an zwei einfachen Beispielen aufgezeigt werden.

Wirft man beim Würfelspiel den Würfel auf den Tisch, so kann die Augenzahl 1, 2, 3, 4, 5 oder 6 erwartet werden. Das *Ereignis* ist hierbei das Erscheinen einer *bestimmten* Augenzahl. Weil jede der Zahlen 1 bis 6 erscheinen kann, ist die Anzahl der möglichen Fälle 6 und weil jede Zahl nur einmal vorhanden ist, die Anzahl der günstigen Fälle 1, die Wahrscheinlichkeit, mit der in einem Wurf z.B. die Augenzahl 3 erwartet werden kann, also $1/6$.

Beim Würfeln kann man sechs unterschiedliche Ereignisse erwarten; bei der Attribut-Prüfung eines Bauelements werden dagegen nur zwei Ereignisse erwartet, nämlich, daß das Bauelement eine bestimmte Zeit überlebt oder daß es sie nicht überlebt. Denkt man sich die überlebenden Bauelemente durch weiße und die nicht überlebenden durch rote Kugeln dargestellt und die einer Gesamtheit von Bauelementen entsprechenden n_1 weißen und n_2 roten Kugeln in einer Urne durcheinandergemischt, so ist die Wahrscheinlichkeit dafür, daß man mit einem Griff eine weiße Kugel aus der Urne holt $n_1/(n_1 + n_2)$, da die Anzahl der günstigen Fälle n_1 und die aller möglichen Fälle $n_1 + n_2$ ist. Unter Anwendung der Regeln der Kombinatorik lassen sich auch die Wahrscheinlichkeiten dafür berechnen, daß a willkürlich herausgegriffene Kugeln alle weiß oder daß von a willkürlich herausgegriffene Kugeln a_1 Kugeln weiß und a_2 Kugeln rot sind.

Voraussetzung für diese Abbildung der Ereignisse auf ihre Wahrscheinlichkeiten ist die Gleichwertigkeit aller Ereignisse. Weder der Würfel noch die Kugeln dürfen Unregelmäßigkeiten haben, durch die ein bestimmtes Ereignis begünstigt wird, oder, auf die Bauelemente übertragen, die Beobachtungsbedingungen müssen bei allen betrachteten Bauelementen die gleichen sein, d.h. sie müssen nach den gleichen Ausfallkriterien und unter den gleichen Einsatzbedingungen beurteilt werden.

Bei den angeführten Beispielen ist außer der Anzahl der überhaupt möglichen Fälle auch die der jeweils günstigen Fälle entweder klar gegeben oder genau berechenbar. Bei der Beurteilung der Überlebenswahrscheinlichkeit von Bauelementen weiß man in Wirklichkeit aber nicht, wie groß die Anzahl der eine bestimmte Zeit überlebenden und der in dieser Zeit ausfallenden Bauelemente ist. Man kennt also wohl die Anzahl der möglichen, nicht aber die der günstigen Fälle. Um diese festzustellen, müßte man die Bauelemente über die der Überlebenswahrscheinlichkeitsbetrachtung zugrunde liegende Zeit betreiben. Während sich aber beim Auszählen der Kugeln an diesen selbst nichts ändert, sind Lebensdauerprüfungen wenigstens teilweise verbrauchende Prüfungen. Man kann deshalb nur die Lebensdauer eines kleinen Teils, einer sogenannten Stichprobe, der Grundgesamtheit von Bauelementen, d.h. der Menge aller Bauelemente, die der statistischen Betrachtung zugrunde liegen, prüfen, und mit statistischen Methoden auf die Überlebenswahrscheinlichkeit der Gesamtheit schließen. Aus der Beobachtung von i Ausfällen in einer Stichprobe von n Stück, wird dabei die Aussage abgeleitet, daß der tatsächliche Ausfallprozent-

^{S}atz in der Gesamtheit über einem bestimmten kleinsten und unter einem bestimmten größten Wert liegt. Man nennt diese Prozentsätze die *Vertrauensgrenzen,* das Gebiet zwischen ihnen den *statistischen Vertrauensbereich.* Die Lage der Vertrauensgrenzen ist von der Wahrscheinlichkeit abhängig, mit der das Urteil gefällt werden soll, und man nennt diese Wahrscheinlichkeit als Wahrscheinlichkeit dafür, daß eine statistische Aussage zutrifft, auch die *Aussagewahrscheinlichkeit.* Es gibt Zahlentafeln, in denen die Vertrauensgrenzen für unterschiedliche Aussagewahrscheinlichkeiten (z.B. 90%, 95%, 99%) in Abhängigkeit vom Stichprobenumfang und den in den Stichproben beobachteten Ausfällen zusammengestellt sind. Sehr oft werden die von *A. Hald* [33, 34] auf der Grundlage von Arbeiten von *J. Neyman* sowie von *C. J. Clopper* und *E. S. Pearson* [35, 36] ausgearbeiteten Tafeln benutzt. Die entsprechend den gemachten Voraussetzungen sehr weiten Vertrauensbereiche dieser Tafeln engte *H. C. Hamaker* durch Anwenden eines Durchschnittsverfahrens mit Rücksicht auf die Praxis ein [37].

Oft steht man vor der Frage, wie groß die Stückzahl n einer Stichprobe sein und während welcher Zeit t die Lebensdauer bei dieser Stichprobe überprüft werden muß, um mit einer Wahrscheinlichkeit W mindestens einen Ausfall beobachten zu können, d.h., zu bemerken, daß die Grundgesamtheit die Ausfallrate Z hat. Die mathematische Grundlage für die Beantwortung dieser Frage bietet für den Fall konstanter Ausfallrate (Exponentialverteilung) das Poisson-Gesetz.

Danach gilt für die Wahrscheinlichkeit W_i für *genau i* Ausfälle in einer Stichprobe von n Stück

$$W_i = \frac{(ntZ)^i}{i!}\, e^{-ntZ}.\tag{1.6-25}$$

Nach dem Additionssatz der Wahrscheinlichkeitsrechnung ist die Wahrscheinlichkeit dafür, daß m oder *weniger* Ausfälle auftreten, gleich der Summe der einzelnen Wahrscheinlichkeiten W_0 bis W_m. Die Wahrscheinlichkeit W dafür, daß in der Stichprobe *mehr als m* Ausfälle beobachtbar sind, ist dann

$$W = 1 - \sum_{i=0}^{m} W_i = 1 - \sum_{i=0}^{m} \frac{(ntZ)^i}{i!}\, e^{-ntZ}.\tag{1.6-26}$$

In dieser eine Summe von Poisson-Wahrscheinlichkeiten (addierte Poisson-Verteilung) beschreibenden Gleichung interessiert das Produkt ntZ, das von W und m abhängig ist. In Tab.1.6-1 sind die aus Gl.(1.6-25) sich ergebenden Werte dieses Produktes für eine Reihe unterschiedlicher W- und m-Werte angegeben.

Wenn z.B. geprüft werden soll, ob die Ausfallrate Z einer Grundgesamtheit mit $W = 0,95$ kleiner ist als 10^{-6}/h und die Beobachtung auf *einen* Ausfall ($m = 1$) abgestellt werden soll, dann muß gemäß Tab.1.6-1 $ntZ = 4,7$ sein. Daraus ergibt sich $nt = 4,7 \cdot 10^6$ Bauelementestunden. Beim Vorliegen einer einfachen Exponentialverteilung kann man, wie schon erklärt wurde, die Zahl $4,7 \cdot 10^6$ beliebig auf die Bauelementeanzahl und die Prüfzeit verteilen. Man hätte also z.B. der Grundgesamtheit eine Stichprobe von 4700 Bauelementen zu entnehmen und müßte diese dann 1000 Stunden prüfen. Für die kleinere Wahrscheinlichkeit von 0,8 ergeben sich aus $ntZ = 3$ die Bauelementestunden zu $nt = 3 \cdot 10^6$, d.h., die Stichprobe braucht bei einer Prüfzeit von 1000 Stunden nur 3000 Bauelemente zu enthalten.

Die Vorgabe $m = 0$ besagt, daß kein Ausfall zu beobachten ist. Für eine Wahrscheinlichkeit von $W = 0,8$ und $m = 0$ ergibt sich aus der Tabelle $ntZ = 1,6$. Daraus folgt $nt = 1,6 \cdot 10^6$ Bauelementestunden. Wenn man also 1600 Bauelemente 1000 Stunden lang prüft und dabei *kein* Ausfall zu beobachten ist, so ist die obere Vertrauensgrenze für die Ausfallrate der Grundgesamtheit mit einer Wahrscheinlichkeit von 0,8 gleich 10^{-6}/h [38, 39].

Tabelle 1.6-1. Glieder ntZ der addierten Poisson-Verteilung
W Wahrscheinlichkeit für mehr als m fehlerhafte Erzeugnisse in einer Stichprobe von n Stück

W \ m	0	1	2	3	4	5	6	7	8	9	10	11	12	13	14	15	20	25	30	35	40	45	50
0,99	4,6	6,6	8,5	10,1	11,7	13,2	14,5	16,0	17,5	19,0	20,0	22,0	23,0	24,0	26,0	27,0	33,0	39,0	45,0	52,0	57,0	63,0	69,0
0,98	3,9	5,8	7,5	9,1	10,6	12,1	13,5	14,8	16,0	18,0	19,0	20,0	22,0	23,0	24,0	25,0	32,0	38,0	44,0	50,0	55,0	61,0	67,0
0,97	3,5	5,4	7,0	8,6	10,0	11,4	12,8	14,1	15,5	17,0	18,0	18,7	21,0	22,0	23,0	24,0	30,2	36,8	42,1	48,0	54,0	59,8	65,0
0,96	3,2	5,0	6,6	8,1	9,5	10,9	12,2	13,6	14,9	16,5	17,5	18,5	20,0	21,2	22,8	23,5	29,4	35,8	41,4	47,0	53,0	59,0	64,0
0,95	3,0	4,7	6,3	7,8	9,2	10,5	11,8	13,1	14,4	15,5	17,0	18,0	19,5	20,8	22,0	23,0	29,0	35,0	41,0	46,5	52,0	58,0	63,0
0,94	2,8	4,5	6,0	7,5	8,9	10,2	11,5	12,8	14,1	15,0	16,5	17,8	19,0	20,5	21,8	22,5	28,6	34,5	40,0	45,5	51,5	57,0	62,5
0,93	2,7	4,3	5,8	7,2	8,6	9,9	11,2	12,5	13,8	14,9	16,0	17,5	18,8	20,0	21,0	22,2	28,0	34,0	39,5	45,0	51,0	56,5	62,0
0,92	2,5	4,1	5,6	7,0	8,4	9,7	11,0	12,2	13,5	14,7	15,7	17,0	18,5	19,7	20,5	21,7	27,7	33,6	39,0	44,7	50,5	56,0	61,4
0,91	2,4	4,0	5,4	6,9	8,1	9,5	10,7	12,0	13,2	14,4	15,3	16,8	18,0	19,4	20,3	21,4	27,4	33,0	38,7	44,3	50,0	55,3	61,0
0,90	2,3	3,8	5,3	6,7	8,0	9,3	10,5	11,8	13,0	14,2	15,0	16,5	17,7	19,0	20,0	21,0	27,0	32,5	38,3	44,0	49,0	55,0	60,2
0,80	1,6	3,0	4,3	5,5	6,7	7,9	9,1	10,2	11,4	12,5	13,7	14,8	16,0	17,0	18,0	19,2	24,9	30,3	36,0	41,0	46,5	51,8	57,0
0,70	1,2	2,4	3,6	4,8	5,9	7,0	8,1	9,2	10,3	11,4	12,5	13,6	14,7	15,6	17,0	18,0	23,2	28,5	33,8	39,0	44,0	49,2	54,5
0,60	0,92	2,0	3,1	4,2	5,3	6,3	7,3	8,4	9,4	10,5	11,5	12,5	13,6	14,6	15,8	16,8	21,9	27,0	32,0	37,3	42,4	48,0	52,5
0,50	0,7	1,7	2,7	3,7	4,7	5,7	6,6	7,7	8,7	9,7	10,7	11,7	12,7	13,7	14,7	15,8	20,8	25,5	30,8	35,5	40,8	45,5	50,5
0,40	0,51	1,4	2,3	3,2	4,1	5,1	6,0	7,0	8,0	8,9	9,9	10,8	11,6	12,8	13,7	14,7	19,5	24,5	29,2	34,2	39,0	44,0	49,0
0,30	0,34	1,1	1,9	2,8	3,6	4,5	5,4	6,3	7,2	8,1	9,1	10,0	10,9	11,8	12,8	13,7	18,5	23,0	28,0	32,8	37,5	42,5	47,0
0,20	0,22	0,8	1,5	2,3	3,1	3,9	4,7	5,6	6,4	7,3	8,2	9,0	9,9	10,8	11,7	12,6	17,0	21,5	26,2	31,0	35,5	40,2	45,0
0,10	0,11	0,5	1,1	1,7	2,4	3,2	3,9	4,7	5,4	6,2	7,0	7,8	8,6	9,5	10,3	11,1	15,4	20,0	24,0	28,5	33,0	37,2	42,0
0,05	0,05	0,35	0,8	1,4	2,0	2,6	3,3	4,0	4,7	5,4	6,2	7,0	7,7	8,5	9,3	10,0	14,1	18,2	22,5	27,0	31,0	35,0	40,0

B. Lebensdauerprüfung bei verkürzter Prüfzeit[1]

　1. *Erhöhung der Ablaufgeschwindigkeit* („Beschleunigung") *des Ausfallmechanismus,* „*Beschleunigungskurve*". Die direkte Prüfung der Zuverlässigkeit von Bauelementen der Elektronik durch Lebensdauerversuche an einer Stichprobe unter Einsatzbedingungen ist nicht nur wegen der Notwendigkeit von Prüfständen zur Simulation der Einsatzbedingungen sehr aufwendig, sondern auch sehr zeitraubend. Angenommen z.B., eine während des Betriebes unzugängliche elektronische Einrichtung, etwa ein Satellitengerät, enthält 2000 Bauelemente und soll während einer Betriebszeit von 10000 Stunden eine Überlebenswahrscheinlichkeit von $R_g = 99\%$ haben. Nach Gl.(1.6-8) entspricht dem ein p-Faktor von 10^{-6}/h des Gerätes. Unter der Voraussetzung, daß alle Bauelemente gleich zuverlässig sind, ergibt sich bei Vernachlässigung des Einflusses der Verbindungen zwischen den Bauelementen nach dem Multiplikationssatz $R_g = R^{2000}$. Daraus folgt für die nötige mittlere Überlebenswahrscheinlichkeit R der Bauelemente für diese 10000 Stunden $R = 99{,}9995\%$, d.h. von 200000 Bauelementen darf im Mittel in 10000 Stunden nur ein einziges ausfallen, oder der p-Faktor der Bauelemente müßte annähernd $10^{-6}/$ $2000 = 5 \cdot 10^{-10}$/h sein. Um diese Ausfallrate durch eine Stichprobenbeobachtung mit einer Wahrscheinlichkeit von beispielsweise 0,9 gewährleisten und dafür in der Stichprobe mindestens einen Ausfall beobachten zu können, müßte man $nt = 7{,}6 \cdot 10^9$ Bauelementestunden aufwenden; denn nach Tab.1.6-1 ist unter diesen Umständen $ntZ = 3{,}8$, d.h. $nt = 3{,}8/Z = 7{,}6 \cdot 10^9$. Man müßte also Hunderttausende von Bauelementen 10000 Stunden lang unter Betriebsbedingungen überprüfen. Bedenkt man, daß 2000 Bauelemente für einen Satelliten noch eine sehr bescheidene Annahme sind und daß, wie schon erwähnt, in großen elektronischen Datenverarbeitungsanlagen einige zehntausend bis zu einigen hunderttausend Bauelemente zusammenwirken, so wird verständlich, daß einer direkten Feststellung der erforderlichen hohen Zuverlässigkeit von Bauelementen wegen der dazu nötigen sehr langen Prüfzeiten und großen Stückzahlen von Prüflingen Grenzen gesetzt sind. Es liegt daher nahe, daß man sich Gedanken über Möglichkeiten zu einer Verkürzung der Prüfzeit machte.

Bei den bisher bekanntgewordenen Verfahren der Lebensdauerprüfung mit verkürzter Prüfzeit handelt es sich im Prinzip um Überbeanspruchungsprüfungen, bei denen man mit besonderen experimentellen Maßnahmen sogenannte Beschleunigungskurven aufnimmt und durch Extrapolation von den bei der Überbeanspruchung festgestellten Lebensdauerverhältnissen auf die Lebensdauerverhältnisse bei normaler Beanspruchung zu schließen versucht. Man erhöht dabei die Geschwindigkeit des Übergangs vom Anfangszustand eines Bauelementes zum Ausfallzustand, d.h. den *Ausfallmechanismus*, durch gesteuerte Maßnahmen. Dazu werden hauptsächlich zwei Verfahren entwickelt.

Nach dem einen Verfahren setzt man die Bauelemente der Stichprobe aus einer Grundgesamtheit von Bauelementen einer bereits über der Normalbeanspruchung liegenden Anfangsbeanspruchung s_1 aus und prüft zu bestimmten Zeiten die Auswirkung dieser Beanspruchung durch Zählen der ausgefallenen Exemplare n. Diese Prüfung kann mit den jeweils überlebenden Bauelementen bei gleichbleibender Beanspruchung (fixed stress) so lange fortgesetzt werden, bis das letzte Bauelement der Stichprobe ausgefallen ist. Man erhält dann die Ausfallverteilungskurve $n = f(t)$ für die vorliegende Belastung s_1. Praktisch genügt es schon, nur so lange zu testen,

---

[1] Für solche Prüfungen ist die Bezeichnung *Zeitraffende Prüfungen* in Gebrauch gekommen· Bei einer Zeitraffung im üblichen Sinn wird aber auf das betrachtete Objekt kein Einfluß ausgeübt. Man braucht dabei nur an die Wachstumsaufnahmen von biologischen Objekten zu denken. Im vorliegenden Fall ist aber gerade der Einfluß auf das Objekt von ausschlaggebender Bedeutung, und es wird nicht die Zeit gerafft, sondern ein Vorgang „*beschleunigt*". Der Begriff Zeitraffung kennzeichnet diese Prüfart nicht treffend. Streng genommen gilt dies auch für den Begriff *Beschleunigung*; er wird jedoch im angelsächsischen Schrifttum allgemein angewendet (accelerated testing, accel eration curve).

bis der Zeitpunkt des Ausfalls von 50% der Stichprobe festgestellt ist. Die Belastungszeit von Beginn der Beanspruchung bis zum Erreichen des 50-%-Wertes, der sogenannten zentralen Lebensdauer, und die Höhe der Belastung bestimmen in einem entsprechenden Koordinatennetz als Abszisse und Ordinate einen Punkt der Beschleunigungskurve $t_{50\%} = \bar{t} = f(s)$. Weitere Punkte erhält man durch Wiederholung der beschriebenen Prüfung mit Stichproben des gleichen Umfanges aus derselben Grundgesamtheit bei höheren (gleichartigen) Belastungen (s_2, s_3, usw.). Abb.1.6-7 erklärt das Zustandekommen einer Beschleunigungskurve nach diesem Verfahren, wobei das Vorliegen einer Normalverteilung der Ausfälle angenommen ist.

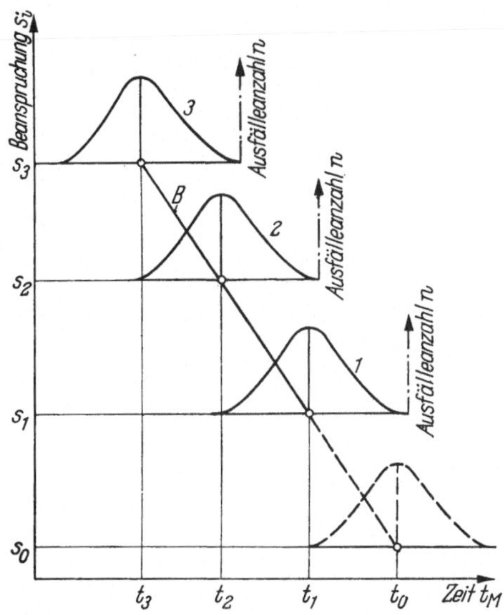

Abb.1.6-7. Lebensdauerprüfung bei verkürzter Prüfzeit. Ausfallverteilungen *1, 2, 3* bei festen Beanspruchungen s_1, s_2, s_3 (Achse *Ausfälleanzahl n* mit Kurven *1, 2, 3* senkrecht auf der Bildebene stehend zu denken; dreidimensionale Darstellung!) *B* Beschleunigungskurve (braucht keine Gerade zu sein; s. Unterabschnitt B.2).

Beim anderen Verfahren wird nicht die Beanspruchungshöhe konstant gehalten, sondern die Beanspruchungszeit. Man setzt die Bauelemente einer Stichprobe zunächst eine fest vorgegebene Zeit Δt lang einer Anfangsbelastung aus und zählt nach dieser Zeit die Ausfälle. Die Überlebenden der Stichprobe beansprucht man dann etwas höher und zählt wieder nach der Zeit Δt (fixed time) die Ausfälle. Wenn man dieses Verfahren der stufenweisen Steigerung der Belastung (stepstress) so lange fortsetzt, bis das letzte Bauelement der Stichprobe ausgefallen ist, dann erhält man die Ausfallverteilungskurve $n = f(s)$ für die vorgegebene Beanspruchungszeit Δt. Auch bei diesem Verfahren genügt eine Beschränkung der Prüfzeit bis zum 50%-igen Ausfall der Stichprobe. Der dabei festgestellte zentrale Belastungswert und die Testzeit ergeben einen Punkt der Beschleunigungskurve $s_{50\%} = \bar{s} = f(\Delta t)$. Um weitere Punkte zu erhalten, muß man die Prüfung mit Testzeiten von jeweils anderer Dauer wiederholen. Abb.1.6-8a erklärt die Aufnahme einer Ausfallverteilungskurve $n = f(s)$ für eine vorgegebene Beanspruchungszeit Δt_3, Abb.1.6-8b die Entstehung einer Beschleunigungskurve nach dem zweiten Verfahren. Dabei ist ebenfalls eine Normalverteilung der Ausfälle angenommen [40 bis 45].

Die beschriebenen Verfahren der „Beschleunigung" des Ausfallmechanismus ermöglichen Rückschlüsse auf die Lebensdauer von Bauelementen, wenn sich aus dem experimentell bestimmten Verlauf der Beschleunigungskurve mit ausreichender

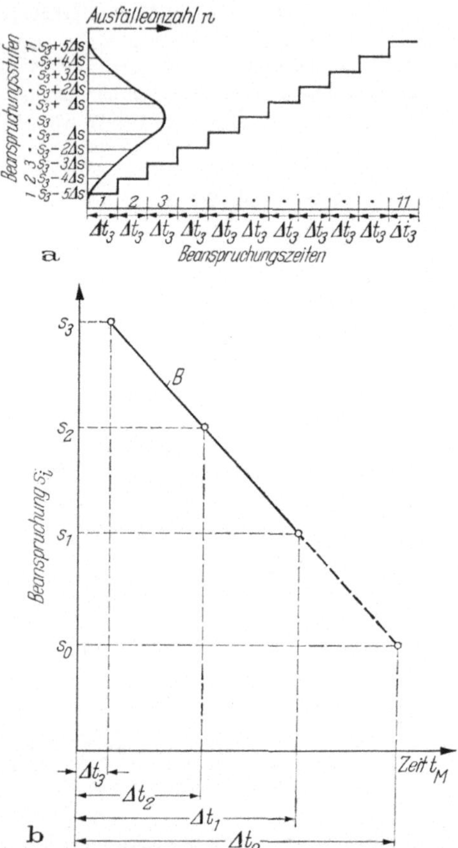

Abb. 1.6-8. Lebensdauerprüfung bei verkürzter Prüfzeit. a) Aufnahme einer Ausfallverteilung durch stufenweise Steigerung der Belastung. Δt_3 gleichbleibende Belastungszeitspannen, Δs Belastungssteigerungsstufen; b) Beschleunigungskurve B (braucht keine Gerade zu sein; s. Unterabschnitt B.2.) Ausfälle 50% bei den Belastungen s_1, s_2, s_3 und den entsprechenden Belastungszeiten Δt_1, Δt_2, Δt_3.

Sicherheit der Weiterverlauf bis zur Höhe der Normalbeanspruchung s_0 erkennen läßt. Dies ist am ehesten dann der Fall, wenn die Beschleunigungskurve eine Gerade ist. Führt die Verlängerung dieser Geraden, z. B. zu der Feststellung, daß von der Stichprobe bei Normalbeanspruchung in 10000 Stunden 50% ausgefallen sind, so läßt dies beim Vorliegen einer Exponentialverteilung auf einen p-Faktor von etwa $7 \cdot 10^{-5}$ schließen.

Bei der Prüfzeitverkürzung durch Beschleunigung des Ausfallmechanismus durch Überbeanspruchung wird vorausgesetzt, daß sich durch die Überbeanspruchung der Ausfallmechanismus nicht ändert. Mit dieser Feststellung soll auf die Problematik dieses Verfahrens aufmerksam gemacht werden: Es kann durchaus sein, daß durch die Überbeanspruchung z. B. Ausfallmechanismen zur Wirkung kommen, die bei normaler Beanspruchung überhaupt nicht in Erscheinung treten. Es können ferner mehrere Ausfallmechanismen vorliegen, deren Wirkung sich durch die Überbeanspruchung durchaus nicht gleichmäßig zu steigern braucht, so daß die effektive Wirkung bei einer Überbeanspruchung eine ganz andere ist als bei einer normalen Beanspruchung. Man muß sich darüber im klaren sein, daß Fälle, in denen zwischen Normalbetrieb und Überbeanspruchung ein Zusammenhang besteht, der Extrapolationen ermöglicht, sehr selten sind. Hat man aber wirklich bei einer Objektart eine brauchbare Relation gefunden, so läßt sich diese wegen der Unüberschaubarkeit der einzelnen Ausfallmechanismen, d.h. der zum Ausfall führenden chemischen und physikalischen Vorgänge, durchaus nicht immer auf eine andere Objektart übertragen, und es kann sein, daß eine Übertragung von einem zum anderen Typ derselben Objektart unmöglich ist. Es gibt *kein allgemein anwendbares* verkürztes Zuverlässigkeitsprüfverfahren, und man muß sich bei der Vornahme von Extrapolationen vor physikalisch nicht begründbaren Spekulationen hüten. Die Physik und Chemie sind in Bauelementen unterschiedlicher Art nicht gleichartig. Dies aber wäre die erste Voraussetzung für ein allen gemeinsames verkürztes Zuverlässigkeitsprüfverfahren.

2. *Arrhenius-Regel.* Bei einer Reihe von Bauelementen führt man eine Beschleunigung des Ausfallmechanismus dadurch herbei, daß man diese Bauelemente höheren Temperaturen aussetzt, als in den Geräten oder Anlagen wirklich auftreten. Diese Maßnahme ist darauf zurückzuführen, daß sehr viele physikalische und chemische Vorgänge, die Ausfälle verursachen können, durch eine Erhöhung der Temperatur beschleunigt werden und daß sich der Ablauf solcher Vorgänge sehr oft durch die sogenannte Arrhenius-Gleichung beschreiben läßt.

Zwischen der Geschwindigkeit dK/dt einer chemischen Reaktion und der absoluten Temperatur T besteht nach Arrhenius der Zusammenhang

$$dK/dt = Ce^{-W/R_0 T}. \tag{1.6-27}$$

Dabei bedeuten R_0 die universelle Gaskonstante ($8{,}317 \ \mathrm{J\,^\circ K^{-1} mol^{-1}}$), W die Aktivierungsenergie und C die Anzahl der gaskinetischen Stöße zwischen den Molekülen, die unter der Voraussetzung, daß die Aktivierungsenergie vorhanden ist, zur Umsetzung führen. Bei der Anwendung dieser Gleichung auf Halbleiter-Bauelemente-Ausfälle geht man von der Vorstellung aus, daß diesen Ausfällen Reaktionen zugrunde liegen, die bei konstanter Temperatur T im Anfangszustand (t_0) bis zu einem Betrag K_0 und im Ausfallzustand (t_1) bis zu einem Betrag K_1 abgelaufen sind. Durch Integration von Gl. (1.6-26) erhält man $K_1 - K_0 = Ce^{-W/R_0 T}(t_1 - t_0)$. Bezeichnet man die zum Fortschreiten der Reaktion um den Betrag $K_1 - K_0 = \Delta K$ nötige Zeit mit t so ergibt sich diese zu $t = (\Delta K/C)\,e^{W/R_0 T}$ oder logarithmisch ausgedrückt

$$\lg t = \lg \frac{\Delta K}{C} + 0{,}434 \, \frac{W}{R_0 T_0}. \tag{1.6-28}$$

Trägt man in einem Netz, dessen eine Achse logarithmisch und dessen andere linear geteilt ist, auf der logarithmisch geteilten Achse die t-Werte und auf der anderen die $1/T$-Werte auf, so ergibt sich eine Gerade. Durch Verlängerung dieser Geraden lassen sich die Ausfallzeiten bei niedriger thermischer Belastung extrapolieren [46].

Im vorigen Unterabschnitt B.1 wurde schon darauf hingewiesen, daß eine Extrapolation dann verhältnismäßig einfach ist, wenn die experimentell ermittelte Beschleunigungskurve eine Gerade ist. Durch Transformation der Koordinaten in der oben angegebenen Weise kann man bei Transistoren und anderen Bauelementen, deren Ausfallmechanismen sich thermisch beschleunigen lassen, als Beschleunigungskurven Gerade erhalten, wenn die zu den Ausfällen führenden Vorgänge alle den thermischen Gesetzen gehorchen.

1.6.4.2 Variablenprüfung. Für den Nachweis der in Abschnitt 1.6.3 beschriebenen Zuverlässigkeitskenngrößen für das Änderungsverhalten von (meßbaren) Bauelementeeigenschaften ist die Variablenprüfung oder messende Prüfung einzusetzen.

Die Problematik des Schlusses von einer Stichprobe auf die zu beurteilende Gesamtheit, die in Abschnitt 1.6.4.1.A behandelt wurde, bleibt hier sinngemäß erhalten. Dort wird z. B. durch Zählung der während einer bestimmten Prüfdauer in einer Stichprobe vom Umfang n nicht ausgefallenen Elemente ein Schätzwert mit Vertrauensbereich für die Überlebenswahrscheinlichkeit der zugehörigen Gesamtheit gewonnen. Durch Messung der Eigenschaftswerte einer Bauelementestichprobe werden z. B. die Stichprobenmittelwerte oder ihre Änderungen während der Prüfdauer und damit Schätzwerte mit Vertrauensbereichen für die entsprechenden Mittelwerte der zugehörigen Grundgesamtheit bestimmt.

Hier sollen nur die gebräuchlichsten Schätzfunktionen für Mittelwert, Standardabweichung und Korrelationskoeffizienten angeführt werden. Schätzfunktionen für die höheren Momentefunktionen und die Ermittlung von Vertrauensbereichen der Variablenkenngrößen werden in der statistischen Fachliteratur behandelt (z. B. [28]).

Die Schätzfunktion für den Mittelwert μ [Gl. (1.6-19)] ist bei einem Stichprobenumfang n

$$\bar{x} = \frac{1}{n} \sum_{i=1}^{n} x_i.\tag{1.6-29}$$

Dementsprechend bestimmt sich der Stichprobenmittelwert der Änderungsquotienten Δ_j und d_j [Gln. (1.6-21 und 1.6-22)] zu

$$\bar{\Delta}_j = \frac{1}{n} \sum_{i=1}^{n} \Delta_{ij} \quad \text{und} \quad \bar{d}_j = \frac{1}{n} \sum_{i=1}^{n} d_{ij}.\tag{1.6-30}$$

Die Schätzfunktion für die Standardabweichung σ [Gl. (1.6-20)] ist

$$s = \sqrt{\frac{1}{n-1} \sum_{i=1}^{n} (x_i - \bar{x})^2}.\tag{1.6-31}$$

Sinngemäß werden die Standardabweichungen von Δ_j und d_j mit s_{Δ_j} und s_{d_j} berechnet.

Die Schätzfunktion für den Korrelationskoeffizienten ϱ_j [Gl. (1.6-23)], der sogenannte empirische Korrelationskoeffizient, lautet

$$r_j = \frac{\sum\limits_{i=1}^{n} (x_{i,j} - \bar{x}_j)(x_{i,j-1} - \bar{x}_{j-1})}{(n-1)\, s_j\, s_{j-1}}.\tag{1.6-32}$$

1.6.4.3 Maßnahmen zur Sicherung der Bauelementezuverlässigkeit. Voraussetzung für die Erzielung von Bauelementen mit hohen Zuverlässigkeitsgraden ist ein enges und gezieltes Zusammenwirken der Planung, Entwicklung und Fertigung sowie der Prüfung und Erprobung; denn die Qualität, d.h. die Beschaffenheit eines Bauelementes, die es den durch den Verwendungszweck bedingten Anforderungen genügen läßt, wird von allen diesen Stellen beeinflußt; Qualität und Zuverlässigkeit sind einem Bauelement in dem Maß eigen, in dem sie durch ein entsprechendes Zusammenarbeiten dieser Stellen ermöglicht werden.

Die Anwendung geeigneter Technologien sowie ein sorgfältiges Prüfen der für die Herstellung von Bauelementen verwendeten Grundstoffe und Einzelteile sind selbstverständliche Voraussetzungen bei der Bauelementefertigung. Die nötigen Prüfverfahren, die nicht selten von Fall zu Fall neu entwickelt werden müssen, sind kostspielig.

Zum Erreichen der erforderlichen Zuverlässigkeitsgrade sind diese Maßnahmen aber ebenso nötig wie die laufende Prüfung der Qualitätsmerkmale in allen Stufen der Fertigung und die Auswertung der Ergebnisse zur Qualitätsregelung. Weil bei Bauelementen der Elektronik meistens mehrere Merkmale von Wichtigkeit sind und deshalb laufend geprüft werden müssen und weil das Eingreifen in die Fertigung fast in allen Stufen ohne große Verzögerung vor sich gehen muß, ist die Qualitätskontrolle bei ihrer Herstellung nicht ganz einfach.

Die Qualitätskontrolle beruht auf einer Stichprobenprüfung und schließt deshalb ein bestimmtes Risiko ein. Die sogenannte Endprüfung ist eine 100%ige Messung, d.h. eine Prüfung, bei der jedes einzelne Stück des Fertigungsausstoßes hinsichtlich der Einhaltung von für den Einsatz wichtigen Merkmalswerten durchgemessen wird.

Bei den meist sehr großen Stückzahlen, die bei der Bauelementefertigung zur Endmessung anfallen, sind Fehler der Prüfeinrichtung und Irrtümer der Prüfer nicht ganz auszuschließen. Des weiteren erfordert eine solche Prüfung einen hohen personellen und materiellen Aufwand und steigert damit die Fertigungskosten erheblich. Man ist deshalb bestrebt, die Endprüfung weitestgehend zu automatisieren. Hier ist die Entwicklung bereits sehr weit fortgeschritten und eine erstaunliche Perfektion der Automation erreicht.

An dieser Stelle sei auch noch das Prinzip des „screening" erwähnt, das für extrem hohe Zuverlässigkeitsanforderungen, wie sie z.B. von seiten der Satellitentechnik gestellt werden, nötig und wirtschaftlich auch vertretbar ist: Während eines längeren Probebetriebes (burn-in), bei dem eine größere Anzahl von jedem benötigten Bauelement normalen oder auch überhöhten Beanspruchungen unterworfen wird, beobachtet man das zeitliche Verhalten aller wesentlichen Parameter. Für den Einsatz wählt man dann die Prüflinge aus, deren Änderungsverhalten bauartbedingt optimal war. Man tut dies unter der auf Erfahrung beruhenden Annahme, daß sich diese Elemente auch im weiteren Betrieb am besten bewähren werden. Eine Analyse der im Probebetrieb ausgefallenen Prüflinge bietet zusätzlich die Möglichkeit, systematische Ausfallmechanismen zu erkennen und suspekte Lose von der Weiterverwendung auszuschließen.

Es sei nochmals betont, daß die heute gestellten Zuverlässigkeitsforderungen nur durch eine umfassende Qualitätsfürsorge erfüllt werden können und daß dieses Problem niemals allein durch Sortier- und Meßarbeit am Endprodukt gelöst werden kann. Man muß sich fortlaufend ein Urteil über den Qualitätsstand in den verschiedenen Herstellungsstufen verschaffen. Das Bestreben der Hersteller geht in steigendem Maß dahin, ihr für das Herstellen von Bauelementen eingesetztes Personal mit dem ganzen Zuverlässigkeitskomplex vertraut zu machen und ihm Einblicke in die tieferen Zusammenhänge zu geben. Es ist notwendig, beim Mitarbeiterstab Interesse für die technische Statistik und die Hilfen, die diese für die Verwirklichung eines Zuverlässigkeitskonzeptes bietet, zu wecken.

Literatur

[1] *Mendenhall, W.:* A bibliography on life testing and related topics. Biometrika 45 (1958) 521—543 (604 Literaturstellen). — [2] Nat. Symp. Rel. & Qual. Control. Bd. 1 (1954), 2 (1956), 3 (1957), 4 (1958), 5 (1959), 6 (1960), 7 (1961), 8 (1962), 9 (1963), 10 (1964), 11 (1965). New York: IRE. — [3] Proc. Annual Symp. on Rel. Bd. 12 (1966), 13 (1967), 14 (1968), 15 (1969), 16 (1970), 17 (1971). New York: IEEE. — [4] Cumulative Index: First fifteen Annual Symp. on Rel. Proc. Annual Symp. on Rel. 1970, S. 483—538. New York: IEEE. — [5] *Gryna, Fr. M., McAfee, N. J., Ryerson, Cl. M., Ziverling, St.:* Reliability training text. New York: IRE 1960. — [6] *Chorafas, D. N.:* Statistical processes and reliability engineering, Princeton, N.Y.: Van Nostrand 1960. — [7] *Bazovsky, I.:* Reliability theory and practice, Englewood Cliffs, N.J.: Prentice Hall 1961. — [8] *Calabro, S. R.:* Reliability. Principles and practices, New York: McGraw-Hill 1962. — [9] *Sandler, G. H.:* System reliability engineering, Englewood Cliffs, N.J.: Prentice Hall 1963. — [10] *Landers, R. R.:* Reliability and product assurance, Englewood Cliffs, N.J.: Prentice Hall 1963. — [11] *Myers, H., Wong, K. L., Gordy, M. H.:* Reliability engineering for electronic systems, New York, London, Sidney: Wiley 1964. — [12] *Alven, W. H. von:* Relibility engineer, Englewood Cliffs, N.J.: Prentice Hall 1964. — [13] *Barlow, R. E., Proschan, F.:* Mathematical theory of reliability, New York, London, Sidney: Wiley 1965. — [14] *Ireson, W. G.:* Reliability Handbook, New York: McGraw-Hill 1966. — [15] *Shooman, M. L.:* Probabilistic reliability.

An engineering approach, New York: McGraw-Hill 1968. — [16] Zuverlässigkeit von Bauelementen; NTG-Tagung 1961, Nürnberg: Nachrichtentechn. Fachber. 24 (1961). Zuverlässigkeit: Aspekte, Grundlagen, Maßnahmen und Erfahrungen. Tagungsheft NTG-Tagung 1963, Nürnberg. Zuverlässigkeit: Geräte, Anlagen und Systeme. Tagungsheft NTG-Tagung 1965, Nürnberg. — [17] Tagungshefte der Tagungen: Technische Zuverlässigkeit 1967, 1969, 1971, 1973 Nürnberg. — [18] Technische Zuverlässigkeit in Einzeldarstellungen, Heft 1—10, München: Oldenbourg 1964—1967. — [19] *Störmer, H.:* Mathematische Theorie der Zuverlässigkeit, München: Oldenbourg 1970. — [20] *Hofmann, W.:* Zuverlässigkeit von Meß-, Steuer-, Regel- und Sicherheitssystemen, München: Thiemig 1968. — [21] *Görke, W.:* Zuverlässigkeitsprobleme elektronischer Schaltungen, Mannheim: Bibliogr. Inst. 1969. — [22] *Dombrowski, E.:* Einführung in die Zuverlässigkeit elektronischer Geräte und Systeme, Berlin: AEG-Telefunken 1970. — [23] Vornorm DIN 40041: Zuverlässigkeit elektrischer Bauelemente. Begriffsbestimmungen 1967. — [24] Vornorm DIN 40042: Zuverlässigkeit elektrischer Geräte, Anlagen und Systeme. Begriffsbestimmungen 1970. — [25] ASQ-Begriffsbestimmungen. Qualitätskontrolle 13 (1968) 29—37. — [26] *Deixler, A.:* Zuverlässgkeit. Qual- u. Zuv. 16 (1971), Heft 3, S. 65—67. — [27] *Deixler, A.:* Zählende und messende Methoden für Zuverlässigkeitsangaben. Techn. Zuv. in Einzeldarst. Nr 9, 1967, S. 11—26. — [28] *Sachs, L.:* Statistische Auswertungsmethoden. Berlin, Heidelberg, New York: Springer 1968. — [29] *Rossow, E.:* Werkstoff und Zuverlässigkeit. Techn. Zuv. in Einzeldarst. Nr. 4, S. 33—61. — [30] *Etzrodt, A.:* Technische Zuverlässigkeit — ein Überblick. Techn. Zuv. in Einzeldarst. Nr. 1, S. 11—32. — [31] *Göllnitz, H.:* Die Zuverlässigkeit von Bauelementen und Möglichkeiten ihrer quantitativen Bestimmung. Wiss. Z. Hochsch. Elektrotechn. Ilmenau 9 (1963) 189—198. — [32] *Rusch, E.:* Theorie und Praxis von Lebensdauerverteilungen. Techn. Zuv. in Einzeldarst. Nr. 2, S. 81—100 und Nr. 3, S. 63—94 (42 Literaturstellen). — [33] *Hald, A.:* Statistical theory with engineering applications, New York, London: Wiley 1952. — [34] *Hald, A.:* Statistical tables and formulas, New York, London: Wiley 1952. — [35] *Neyman, J.:* On the two different aspects of the representative method: The method of statistical sampling and the method of purposive selection. J. Royal Statist. Soc. 47 (1934) 558—605. — [36] *Clopper, C. J., Pearson, E. S.:* The use of confidence or fiducial limits illustrated in the case of binomial. Biometrika 26 (1934) 404—413. — [37] *Hamaker, H. C.:* Average confidence. Limits for binomial probabilities. Rev. Internat. Statist. Inst. 21 (1953) 17—27. — [38] *Molina, E. C.:* Poisson's exponential binomial limit, New York: Van Nostrand 1942. — [39] *Schaafsma, A. H., Willemze, F. G.:* Moderne Qualitätskontrolle. Philips Techn. Bibliothek. 4. Aufl., 1954. — [40] *Howard, B. T., Dodson, G. A.:* Accelerated aging of semiconductors. Bell Lab. Record 40 (1962) 8—11. — [41] *Dodson, G. A., Howard, B. T.:* High stress aging to failure devices. Nat. Symp. Rel. Qual. Control 7 (1961) 262—272. — [42] *Koschel, H., Jäger, A.:* Zeitraffende Zuverlässigkeitsprüfungen an Transistoren. NTZ 17 (1964) 237—244. — [43] *Go, H. T.:* Accelerated life testing. Nat. Symp. Rel. Qual. Control 10 (1964) 449—457. — [44] *Endicott, H. S., Walsh, T. M.:* Accelerated testing of component parts. Ann. Symp. Rel. 12 (1966) 570—583. — [45] *Guzski, D. P., Fox, A.:* Reliability technology in accelerated testing. Ann. Symp. Rel. 14 (1968) 91—102. — [46] *Groocock, J. M.:* Zeitraffende Lebensdauerprüfung und Überbeanspruchungsprüfung an Transistoren. Elektr. Nachrichtenw. 39 (1964) 537—549.

1.6.5 Zuverlässigkeit von Schaltungen und Systemen

W. Görke

1.6.5.1 Überlebenswahrscheinlichkeit und mittlerer Ausfallabstand bei mehreren funktionsbeteiligten Bauelementen. Die meisten Schaltungen in Geräten oder Anlagen der Nachrichtenverarbeitung haben das Kennzeichen, daß alle ihre Komponenten (Moduln, Bausteine, Bauelemente) funktionelle Teilaufgaben zu lösen haben, auf die für die beabsichtigte Gesamtfunktion nicht verzichtet werden kann. Mit anderen Worten besitzen solche Schaltungen keine überflüssigen Bauelemente, deren Wegfall eine erfolgreiche Gesamtfunktion nicht beeinträchtigt. Man spricht auch (im Gegensatz zu den in Abschnitt 1.6.5.3 erläuterten redundanten Konfigurationen) von *nichtredundanten Schaltungen* oder Anlagen. Alle beteiligten Funktionselemente arbeiten im Hinblick auf die Gesamtzuverlässigkeit in Serie. Ausfall eines einzigen beliebigen Funktionsblocks oder Bauelements hat eine Fehlfunktion des Gesamtsystems zur Folge.

Entsprechend dieser Annahme läßt sich das Zuverlässigkeitsverhalten solcher Schaltungen oder Geräte mit Hilfe der Wahrscheinlichkeitsrechnung bestimmen. Sind beispielsweise die Ausfallwahrscheinlichkeiten der einzelnen Bauelemente oder Bausteine p_i $(i = 1, \ldots, n)$ einer Schaltung mit n Bauelementen bekannt, berechnet sich die Überlebenswahrscheinlichkeit der Schaltung mit $q_i = 1 - p_i$ zu

$$R = \prod_{i=1}^{n} q_i, \qquad (1.6.5\text{-}1)$$

wenn außerdem angenommen werden darf, daß die Bausteine unabhängig voneinander sind. Ist eine solche Unabhängigkeit nicht gegeben, ist mit entsprechenden bedingten Wahrscheinlichkeiten das Ergebnis zu berechnen, daß alle Bausteine funktionsfähig sind [1, 2], so daß man auch dann eine Beziehung für die Überlebenswahrscheinlichkeit erhält.

Die multiplikative Beziehung (1.6.5-1), die sich insbesondere für den Sonderfall identischer Bausteine zu $R = q^n$ vereinfacht, läßt einige wichtige Kennzeichen komplexer elektronischer Schaltungen erkennen. So ist die Gesamtzuverlässigkeit stets niedriger als die Zuverlässigkeit jeder der verwendeten Komponenten, da beide als Wahrscheinlichkeiten auf den Bereich zwischen 0 und 1 beschränkt sind. In Analogie zu einer Kette, deren Tragfähigkeit durch das schwächste Glied bestimmt wird, kann die Schaltungszuverlässigkeit nicht größer werden als die des ausfallanfälligsten Bausteins. Auch sehr viele Bauelemente bewirken eine starke Reduktion der Schaltungszuverlässigkeit. Um bei heute üblichen Bausteinzahlen ($n = 1000$ oder $n = 10000$) noch zufriedenstellende Gesamtzuverlässigkeiten zu erreichen, müssen die Ausfallwahrscheinlichkeiten der Bausteine selbst sehr klein sein. Wird z.B. $R = 0{,}98$ gefordert und ist $n = 1000$, folgt bei gleichen unabhängigen Bausteinen für jeden von ihnen $q = \sqrt[1000]{R} = 0{,}98^{0,001} = 0{,}99998$ oder $p = 2{,}02 \cdot 10^{-5}$. Damit also von 100 gleichartigen derartigen Schaltungen im Mittel nur 2 ausfallen, muß man für die Bauelemente die ungleich schärfere Bedingung einhalten, daß von 100000 im gleichen Zeitraum ebenfalls nur durchschnittlich 2 ausfallen. Liegen umgekehrt nur Bausteine mit $q = 0{,}98$ vor, von denen man nur $n = 100$ benötigt, sinkt R bereits auf den kaum noch brauchbaren Wert von $R = 0{,}98^{100} = 0{,}132$. Aus diesen Beispielen wird deutlich, welche Bedeutung einer möglichst niedrigen Ausfallwahrscheinlichkeit der Bauelemente zukommt.

Für die Zuverlässigkeitsberechnung bleibt dabei unerheblich, ob man die gesamte technische Anlage aus Einzeleinheiten (Moduln, Funktionsblöcken, Geräten) zusammengesetzt betrachtet, für diese die Überlebenswahrscheinlichkeit nach Gl. (1.6.5-1) berechnet und darauf noch einmal die Gleichung für die Gesamtanlage anwendet, oder ob man sofort von den Bauelementen als kleinsten Einheiten ausgeht. Dies ist eine Auswirkung der Nichtredundanz: mit dem Bauelement fällt die zugehörige Funktionseinheit und schließlich die gesamte Anlage aus.

Zeitverhalten der Systemzuverlässigkeit. Zur Beschreibung der Zuverlässigkeit reicht eine einfache Angabe der Überlebenswahrscheinlichkeit in der Regel nicht aus, sondern man ist am Zeitverlauf dieser Größe oder einer zeitabhängigen Zuverlässigkeitsfunktion interessiert. Sie läßt sich mit Hilfe der Wahrscheinlichkeitsverteilungsfunktion der entsprechenden Zufallsvariablen, hier der Betriebszeit eines Bauelements bis zum Ausfall, leicht berechnen[1]. In den meisten praktischen Fällen elektronischer Schaltungen stellt die *Exponentialverteilung* eine ausreichende Annäherung an das Verhalten der Bauelemente dar. Sie hat zur Folge, daß die zeitabhängigen

---

[1] Diese Verteilungsfunktion ist der zeitabhängigen Ausfallwahrscheinlichkeit der Schaltung oder Anlage gleich. Für deren Komplement zu 1, die Überlebenswahrscheinlichkeit, sollte man deswegen den Begriff „Verteilung" vermeiden, obwohl er kürzlich sogar in eine NTG-Begriffsempfehlung Eingang gefunden hat [5].

Ausfallwahrscheinlichkeit $p_i(t)$ durch

$$p_i(t) = 1 - e^{-\lambda_i t} \tag{1.6.5-2}$$

beschrieben wird, wobei λ_i die jedes Bauelement charakterisierende, konstante *Ausfallrate* darstellt, die im Mittel die in der Zeiteinheit zu erwartende Anzahl von Ausfällen angibt. In der auf ihre Messung bezogenen Literatur findet sich dafür mitunter auch die Bezeichnung *p-Faktor* [3]. Bildet man das Komplement von $p_i(t)$ nach Gl. (1.6.5-2) und setzt es in Gl. (1.6.5-1) ein, erhält man

$$R = \prod_{i=1}^{n} e^{-\lambda_i t} = e^{-\sum_{i=1}^{n} \lambda_i t} = e^{-\lambda_{ges} t} \tag{1.6.5-3}$$

mit

$$\lambda_{ges} = \sum_{i=1}^{n} \lambda_i.$$

Besitzen die Bauelemente einer nichtredundanten Schaltung ein Ausfallverhalten, das durch die Exponentialverteilung beschrieben wird, so gilt diese auch für die Verteilungsfunktion der Gesamtschaltung, wobei die Ausfallrate λ_{ges} durch die Summe aller Einzelausfallraten λ_i gegeben ist, sofern man gegenseitige Unabhängigkeit aller Elemente voraussetzen kann. Sind außerdem alle Elemente gleich, entsteht eine einfache Proportionalität zur Anzahl der beteiligten Elemente, die trotz ihrer Zeitunabhängigkeit mit Hilfe der Exponentialbeziehung das Schaltungszeitverhalten beschreibt. Eine Annahme anderer Verteilungsfunktionen führt zu weniger einfachen Angaben über die Schaltungszuverlässigkeit, die aber besonders in der Anfangsphase der Inbetriebnahme komplexer Schaltungen oder bei Vorliegen von Abnutzungsmechanismen ihre Bedeutung haben können [2, 4].

Mittlerer Ausfallabstand. Eine andere wichtige Zuverlässigkeitskenngröße ist der mittlere Ausfallabstand oder die mittlere Zeit zwischen Ausfällen oder bis zum ersten Ausfall. Sie ist der *Erwartungswert der Lebensdauer*, der sich bei der Exponentialverteilung einfach als Kehrwert der Ausfallrate ergibt.

$$t_m = \int_0^{\infty} R \, dt = \frac{1}{\lambda_{ges}}. \tag{1.6.5-4}$$

Ist die Ausfallrate eines Bauelements oder der ganzen Schaltung bekannt, läßt sich sehr leicht der mittlere Ausfallabstand angeben. Normalerweise ist das die Zeit bis zum ersten Ausfall, wenn zu Beginn des Betrachtungszeitraums alle Schaltungsteile funktionsfähig waren. Da bei konstanten Ausfallraten keine Alterungseinflüsse zur Auswirkung kommen, ist nach jeder Reparatur oder Auswechseln von Bauelementen die Schaltung wieder im Anfangszustand, so daß die mittleren Zeiten zwischen Ausfällen oder bis zum ersten Ausfall gleichwertig sind. Das ist bei anderen Wahrscheinlichkeitsverteilungen nicht gegeben. Man sieht auch hier, daß ein Zusammenhang der verschiedenen Kenngrößen besteht, nimmt man wieder eine Schaltung aus vielen gleichartigen Elementen an. Auch der mittlere Ausfallabstand ist für die Gesamtschaltung kleiner als für das Einzelelement, er reduzert sich auf den n. Teil. Da man aber auch bei komplexen Schaltungen an großen Ausfallabständen interessiert ist, entsteht die Frage nach Möglichkeiten einer Zuverlässigkeitserhöhung, die auch an der Vergrößerung des mittleren Ausfallabstandes ablesbar sein sollte.

1.6.5.2 Schaltungsmaßnahmen zur Zuverlässigkeitserhöhung. Aus den Betrachtungen des vorigen Abschnitts folgt, daß vor allem zwei Wege einer Erhöhung der Zuverlässigkeit existieren. Der erste geht von der Grundlage der nichtredundanten Schaltung der Anlage aus, er hat eine Senkung der Ausfallwahrscheinlichkeit der Einzelelemente zum Ziel. Der andere ersetzt die Überlebenswahrscheinlichkeit der

Gl. (1.6.5-1) durch eine andere Funktion, indem zusätzliche Funktionselemente eingeführt werden (s. Abschnitt 1.6.5.3).

Unter der Voraussetzung der Exponentialverteilung besteht eine Senkung der Ausfallwahrscheinlichkeit in der Erniedrigung der Ausfallrate λ der Bauelemente. Auch hierfür gibt es im wesentlichen zwei Möglichkeiten: die anscheinend triviale einer Verwendung besserer, also zuverlässigerer Bauelemente und die Beeinflussung der Ausfallrate durch die Dimensionierung der Schaltung (Unterlastung).

Zuverlässigere Bauelemente. Für die Zuverlässigkeit als Qualitätsmerkmal von Bauelementen gelten weitgehend die gleichen Anforderungen und Bedingungen, die an das Einhalten anderer Spezifikation wie Spannungsfestigkeit, Nennleistung, Temperaturbereiche usw. während des Herstellungsprozeß gestellt werden müssen. Besonders bei der Massenfertigung großer Stückzahlen gibt deshalb die *statistische Qualitätskontrolle* Hinweise, auf welche Weise und unter welchen Kosten sich spezifizierte Zuverlässigkeitsangaben einhalten lassen. Es ist leicht einzusehen, daß niedrigere Ausfallraten nur durch das Zusammenwirken von Planung, Entwicklung und Fertigung mit Prüfung und späterem Betrieb der Produkte erreichbar sind. Gerade der Erfahrungsaustausch der erreichten Betriebskenngrößen mit der Qualitätsüberwachung des Herstellers ist dabei ein kostenträchtiger und häufig vorurteilsbeladener Faktor von weitreichender Bedeutung. Eine Senkung der Ausfallrate eines Produkts ist nämlich im Grunde nur durch eine ständige Verbesserung des Herstellungsprozesses möglich. Eine detaillierte *Ausfallanalyse,* zu der neben den Angaben des Wartungsfachmanns über die Umstände des Ausfalls in der Anlage auch eine genauere Laboruntersuchung über die physikalische Ausfallursache gehört, bietet dazu die erforderlichen Hinweise.

Eine Garantie bestimmter Ausfallraten ist demnach im entsprechend kontrollierten Herstellungsprozeß begründet. Mit Rücksicht auf die späteren Reparaturbzw. Ausfallkosten wird auch der Anwender nicht ohne eine *Eingangskontrolle* auskommen. Bei extrem hohen Anforderungen an die Zuverlässigkeit, wie sie etwa in der Raumfahrt gegeben ist, wo praktisch Reparaturen nach Missionsbeginn nicht mehr infrage kommen, kritische Ausfälle aber zu einem Mißerfolg der Mission führen können und deshalb außerordentlich kostspielig sind, wird diese Eingangskontrolle mit der Einbrennzeit der Bauelemente verbunden (*screening*). Hierbei wird beabsichtigt, eventuell durch Herstellerkontrollen unentdeckte Toleranzüberschreitungen von Parametern zu eliminieren, die sich in Frühausfällen der betroffenen Elemente äußern werden. Gleichzeitig läßt sich eine Driftmessung durchführen, so daß eine Einhaltung der spezifizierten Parameter während der Betriebsdauer begünstigt erscheint. In [6, 7] wird auf Grund praktischer Erfahrungen mit integrierten Bausteinen angeführt, daß ein Einbrenntest unter erschwerten Betriebsbedingungen von 150 bzw. 240 h die Frühausfälle so eliminierte, daß dadurch eine Senkung der Ausfallrate um mehr als eine Größenordnung möglich wurde. Die verhältnismäßig hohen Testkosten werden dabei durch eine Senkung der im Einzelfall wesentlich höheren Reparaturkosten teilweise kompensiert.

Neben scharfen Prüfbedingungen normal hergestellter Bauelemente sind spezielle Herstellungsprogramme mit dem Ziel extrem *niedriger Ausfallraten* vorgesehen worden, z.B. das Projekt „Minuteman" für militärische Anwendungen [8]. Selbstverständlich sind hierbei so hohe Herstellungskosten zu erwarten, daß dieser Weg für normale Anwendungen nicht infrage kommt. Dennoch zeigte sich, daß für manche konventionellen Bauelemente durch diese Maßnahmen Faktoren von 0,5 bis 0,1 für die Ausfallrate gegenüber normal hergestellten erreichbar sind. Erstaunlicherweise zeigten andere Bauelemente, daß gegenüber normalen Raumfahrtgüteklassen nur wenig zu gewinnen war.

Wesentliche Verbesserungen der Zuverlässigkeit lassen sich durch die Verwendung *verbesserter Verfahren* oder überhaupt überlegenere Techniken erreichen. Allein im Bereich der Halbleitertechnik sind mit dem Übergang von diskreten Germaniumzu Siliziumschaltelementen, von hybriden zu monolithisch integrierten Schaltkreisen der bipolaren oder Metalloxidtechnik jeweils um Größenordnungen kleinere Ausfallraten erreicht worden. Neben der Kosten- und Gewichtsreduktion sowie dem geringeren Leistungsverbrauch kann die höhere Zuverlässigkeit gerade als Hauptanreiz des Übergangs zu neueren Techniken gelten. Zahlenmäßig wird das an der Ausfallrate $\lambda = 10^{-6}\,\mathrm{h}^{-1}$ deutlich, mit der man bei 1000 derartigen Komponenten 1000 Betriebsstunden im Mittel ausfallfrei erreicht. Galt sie zunächst für Transistoren als Richtwert, wird sie auf Grund der Ausfallstatistiken 1969 von Schaltkreisen mit 10 bis 100 integrierten Einzelelementen um durchschnittlich den Faktor 0,1 unterschritten [6, 7]. Mit dem Übergang zur Großintegration (large scale integration, LSI) darf erwartet werden, daß zukünftig auch Schaltungen mit 1000 und mehr Einzelelementen durch diese Ausfallrate gekennzeichnet sein werden [16]. Der auffällige Rückgang der auf die einzelne Schaltfunktion bezogenen Ausfallrate bei diesen Mikroschaltungen ist vor allem auf die verbesserte Verdrahtungstechnik durch Aufdampfen von Metallschichten zurückzuführen, da z.B. bei der Hybridtechnik die Anschlüsse der Mikroelemente die Ursache für die meisten beobachteten Ausfälle darstellte [9].

Unterlastung der Bauelemente. Im Zeitalter der integrierten Bausteine kommt der zweiten Möglichkeit einer Beeinflussung der Bauelementeausfallraten, nämlich durch *Variation der Belastung*, eine geringere Bedeutung zu. Es handelt sich dabei um die Dimensionierung mit Sicherheitsspannen, also eine Unterlastung. Normalerweise ist es in der Elektrotechnik üblich, die spezifizierten Nennwerte einer möglichen Spannungs- oder Temperaturbelastung oder anderer Bauelementeparameter auch zur Auslegung der Schaltung zu verwenden, ganz im Gegensatz etwa zu mechanischen Konstruktionen, wo man die Tragfähigkeit im Rahmen der möglichen Grenzen bezüglich Gewicht, Volumen oder Kosten größer auslegt als auf Grund der erwarteten Beanspruchung bereits ausreichend wäre. Die gleiche Methode einer Unterlastung (derating) ist aber auch bei elektronischen Schaltungen mit diskreten Bauelementen möglich [8]. Abb.1.6.5-1 zeigt das Verhalten der Ausfallrate bestimmter Kohlemassewiderstände in Abhängigkeit von der Umgebungstemperatur und dem Verhältnis der Betriebs- zur Nennbelastung. Man erkennt, daß sich die Ausfallrate um mehr als eine Größenordnung senken läßt, wenn man zu niedrigeren Umgebungstemperaturen bzw. geringerer Belastung übergeht. Gerade bei Widerständen hängt aber die Temperatur häufig von der Belastung ab, die zudem noch nicht einmal konstant zu sein braucht. Deshalb sind auch die Eigenschaften der Umgebung des betrachteten Bauelements durch entsprechende Einflußfaktoren zu berücksichtigen, so daß sich ein recht umfangreiches Zuverlässigkeitsdimensionie-

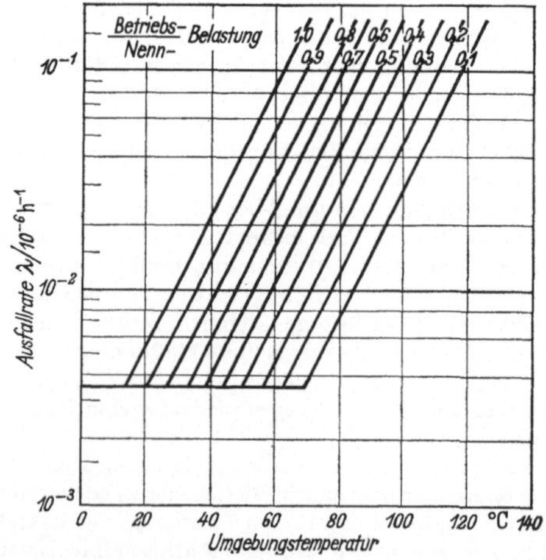

Abb.1.6.5-1. Ausfallrate in Abhängigkeit von Umgebungstemperatur und Belastung (Massewiderstände MIL-R-11).

rungsverfahren ergibt, das vom Entwicklungsingenieur zu beachten ist [8,10]. Selbstverständlich unterstreichen Zuverlässigkeitsüberlegungen die Bedeutung all der übrigen Entwicklungsgesichtspunkte, die beim Übergang von der Laborversuchsschaltung zum verkaufsfähigen Endprodukt schon immer eine Rolle spielten. Besonders eine Beschränkung auf die unumgänglich notwendige Mindestmenge möglichst zuverlässiger Einzelkomponenten wird bereits durch Gl. (1.6.5-1) dringend nahegelegt.

1.6.5.3 Zuverlässigkeitserhöhung durch Verwendung nützlicher Redundanz. Besitzt eine Schaltung oder Anlage die Eigenschaft, daß sie auch bei Ausfall einzelner Bauelemente oder Komponenten ihre Funktion noch ausreichend erfüllt, enthält sie *Redundanz.* Dieser Begriff beschreibt in der Informationstheorie eine weitschweifige oder tautologische Darstellung der Information, die zur Vermeidung von Fehlern nutzbar gemacht werden kann (z.B. „Betrag in Worten" auf einer Zahlungsanweisung neben der nichtredundanten Zahlendarstellung). Auch in der Biologie wird häufig Redundanz verwendet, beispielsweise bei der Verdopplung einzelner Organe.

Für technische Schaltungen oder Anlagen bedeutet das Vorhandensein von nützlicher Redundanz[1], daß mehr als ein *Funktionsweg* vorhanden sein muß, um die gewünschte Gesamtfunktion zu erfüllen. Zu einem Funktionsweg zählen dabei sämtliche Schaltungskomponenten, die mindestens zur Erfüllung der Gesamtfunktion notwendig sind. Aus ihrer Gesamtmenge läßt sich ein *Zuverlässigkeitsdiagramm* der redundanten Schaltung aufstellen, das funktionsmäßig die einzelnen Möglichkeiten erfüllter Gesamtfunktion erkennen läßt, also alle möglichen Funktionswege zusammenfaßt. Ein solches Zuverlässigkeitsdiagramm kann natürlich von den herkömmlichen Schaltungsblockdiagrammen abweichen, insbesondere wenn Teilfunktionen mehrfach auf verschiedene Arten ausgenutzt werden oder die Auswirkungen der Ausfälle zu berücksichtigen sind (Signalkurzschluß).

Eine gleichwertige Interpretation geht von den *Schaltungszuständen* aus. Jede Komponente kann sich in einem von 2 (oder mehr) Zuständen befinden: funktionsfähig und ausgefallen (eventuell auf verschiedene Arten ausgefallen). Auch für die Gesamtschaltung ergeben sich damit 2^n (oder 3^n usw.) Systemzustände, wenn n derartige Komponenten in ihr enthalten sind, die sich in 2 Klassen

Schaltung funktionsfähig — Schaltung ausgefallen

einteilen lassen. Man erkennt, daß eine nichtredundante Schaltung nur einen Funktionsweg entsprechend einem funktionsfähigen Zustand besitzt, redundante dagegen mehrere.

Die *wichtigsten Redundanzverfahren* sind mit ihren Zuverlässigkeitsdiagrammen in Abb.1.6.5-2 zusammengestellt [11]. Man kann auf Grund der Betriebsbedingung der Funktionsblöcke B zwischen *funktionsbeteiligter* und *nichtfunktionsbeteiligter Redundanz* unterscheiden. Dabei ist die Reserveredundanz nach Abb.1.6.5-2c ein Beispiel für nichtfunktionsbeteiligte Redundanz, erst im Bedarfsfall wird die Ersatzeinheit eingeschaltet. Die übrigen Verfahren nach Abb.1.6.5-2 enthalten funktionsbeteiligte Redundanz, für die mitunter auch die weniger eindeutigen Begriffe aktive oder heiße Reserve gebräuchlich sind [12]. Entsprechend wird die nichtfunktionsbeteiligte Redundanz auch als kalte oder passive Reserve (stand-by redundancy) bezeichnet.

Es liegt auf der Hand, daß redundante Anlagen gegenüber nichtredundanten einen um die redundanten Komponenten erhöhten Aufwand erforderlich machen, der erhöhte Kosten zur Folge hat. Deshalb kommt einer Berechnung des Zuverlässigkeitsgewinns besondere Bedeutung zu. Sie erfolgt nach den Regeln der Wahrscheinlichkeitsrechnung entsprechend derjenigen nichtredundanter Systeme, so daß auch die Nebenbedingungen wie gegenseitige Unabhängigkeit der Komponenten zu beachten sind.

---

[1] Nutzlose Redundanz, also Schaltungskomponenten, die nichts zur Gesamtfunktion beitragen, widerspricht den Gesichtspunkten des vorigen Abschnitts, sie braucht also hier nicht betrachtet zu werden.

Parallelredundanz. Am einfachsten lassen sich Schaltungen mit funktionsbeteiligter Redundanz erfassen. Nimmt man zunächst an, daß ein Ausfall eines Funktionsblocks B im Zuverlässigkeitsdiagramm von Abb. 1.6.5-2 a sich so auswirkt, als sei

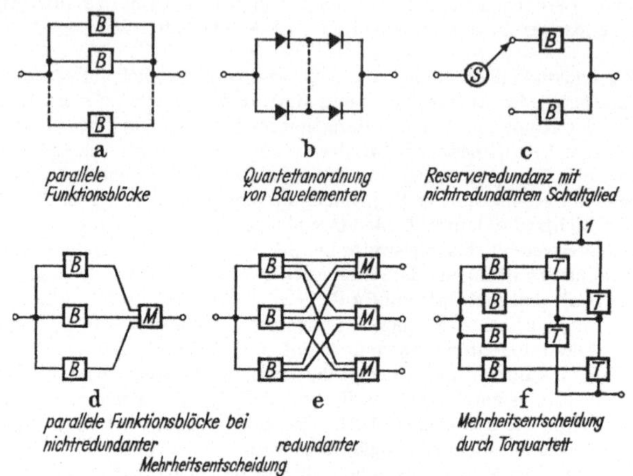

Abb. 1.6.5-2. Die wichtigsten Redundanzverfahren.

der Block nicht mehr vorhanden, und ist andererseits jeder der parallelen voneinander unabhängigen Blöcke in der Lage, die Gesamtfunktion ausreichend zu erfüllen, ist der Gesamtausfall nur bei Ausfall sämtlicher Blöcke möglich. Mit der Ausfallwahrscheinlichkeit p_j ($j = 1, \ldots, m$) der m parallelen Funktionsblöcke erhält man für die Schaltung

$$R = 1 - \prod_{j=1}^{m} p_j, \tag{1.6.5-5}$$

was sich bei gleichen Funktionsblöcken mit $p = 1 - q$ zu

$$R = 1 - (1 - q)^m \tag{1.6.5-6}$$

reduziert. Hat man beispielsweise 2 parallele Funktionseinheiten mit der Überlebenswahrscheinlichkeit $q = 0{,}9$, erhält man mit $m = 2$ nach Gl. (1.6.5-6) $R = 1 - 0{,}1^2 = 0{,}99$, die Überlebenswahrscheinlichkeit der Schaltung wird also beträchtlich erhöht.

Ganz entsprechend gewinnt man mit der Annahme einer Exponentialverteilung für die Bauelemente $q_i = \mathrm{e}^{-\lambda_i t}$ die zeitabhängige Zuverlässigkeitsfunktion

$$R = 1 - \prod_{j=1}^{m} (1 - \mathrm{e}^{-\lambda_i t}), \tag{1.6.5-7}$$

die auch bei gleichen Bauelementen, also

$$R = 1 - (1 - \mathrm{e}^{-\lambda t})^m, \tag{1.6.5-8}$$

nicht mehr den Charakter einer Exponentialfunktion besitzt. Deshalb folgt auch der mittlere Ausfallabstand nicht mehr unmittelbar aus den Ausfallraten. Man gewinnt ihn durch Integration der Zuverlässigkeitsfunktion

$$t_m = \int_0^\infty R \, \mathrm{d}t = \frac{1}{\lambda} \sum_{i=1}^{m} \frac{1}{i} \tag{1.6.5-9}$$

bei m gleichen Komponenten der Ausfallrate λ. Aus diesem Ausdruck wird deutlich, daß 2 parallele Funktionseinheiten den mittleren Ausfallabstand nicht verdoppeln, sondern nur um das 1,5fache gegenüber dem der Einheit vergrößern. Das ist vor allem darauf zurückzuführen, daß mehr vorhandene Einheiten auch die Wahrscheinlichkeit irgendeines Blockausfalls erhöhen. Dennoch zeigt eine Analyse aller Ausfallzustände, daß eine reine Parallelredundanz eine sehr günstige Überlebenswahrscheinlichkeit der Schaltung ergeben muß, zählen doch alle Systemzustände bis auf einen einzigen, nämlich den Zustand „alle Einheiten ausgefallen", zur Klasse „System funktionsfähig". Man sieht, daß dieser Fall das duale Gegenstück zur nichtredundanten Schaltung nach Abschnitt 1.6.5.1 darstellt, die deshalb auch als *Serienkonfiguration* aus n Komponenten bezeichnet wird. Normalerweise wird man bei dem Problem, die Zuverlässigkeit einer Schaltung zu erhöhen, von einer funktionellen Serienanordnung ausgehen müssen. Eine Gegenüberstellung der Möglichkeiten, funktionsbeteiligte Parallelredundanz einzuführen, gibt einige Hinweise über die *Funktionsebene*, in der das zweckmäßig geschehen sollte. Abb. 1.6.5-3 zeigt die wichtigsten Ansätze, nämlich a) eine Vervielfachung des Systems als ganzes, b) eine Vervielfachung einzelner Moduln oder Funktionseinheiten, c) eine Vervielfachung jeder Grundkomponente oder jedes Bausteins. Dabei seien alle Ausfälle von Komponenten unabhängig voneinander, ein beliebiger Ausfall soll die übrigen Komponenten in ihrer Funktion nicht stören. Unter der Voraussetzung gleicher Überlebenswahrscheinlichkeiten für die Komponenten erhält man für die redundante Schaltung in den 3 Fällen:

a) $$R = 1 - (1 - q^{n})^{m}, \qquad (1.6.5\text{-}10)$$

b) $$R = [1 - (1 - q^{k})^{m}]^{n/k}, \qquad (1.6.5\text{-}11)$$

c) $$R = [1 - (1 - q)^{m}]^{n}. \qquad (1.6.5\text{-}12)$$

wobei für den Vergleich unter b) angenommen ist, daß sich das Gesamtsystem aus n Komponenten in n/k Funktionseinheiten zu je k Komponenten aufteilen läßt. Ein

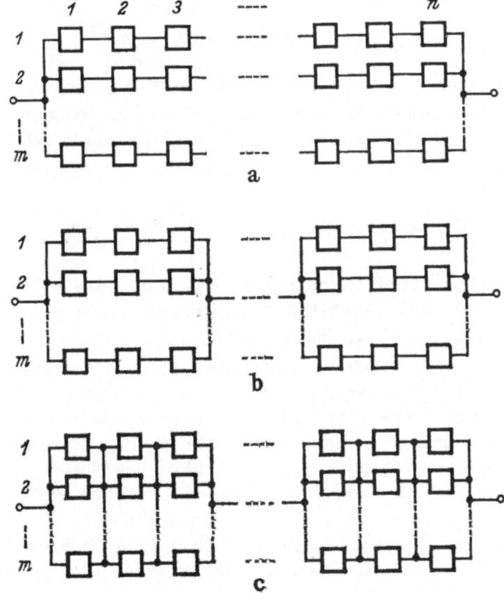

Abb. 1.6.5-3. Funktionsbeteiligte Parallelredundanz. a) auf der Systemebene; b) auf der Funktionseinheitenebene ($k = 3$); c) auf der Komponentenebene.

Zahlenvergleich für $m = 2$, $n = 6$ und $k = 3$ demonstriert z.B. mit $q = 0,9$, daß sich bereits durch die Verdopplung der ganzen Schaltung die Überlebenswahrscheinlichkeit von $R' = 0,9^6 = 0,532$ auf $R = 0,781$ verbessern läßt [Gl.(1.6.5-10)]. Verdopplung der aus 3 Komponenten bestehenden Funktionsblöcke ergibt nach Gl.(1.6.5-11) $R = (1 - 0,271^2)^2 = 0,9266^2 = 0,858$. Den besten Wert aber liefert Gl.(1.6.5-12) mit $R = 0,99^6 = 0,942$. Dieses Ergebnis wird durch eine Interpretation der 3 Zuverlässigkeitsdiagramme bestätigt. Die Variante c) besitzt die größte Anzahl verschiedener Funktionswege; in jedem Parallelglied darf ein beliebiger Ausfall auftreten und die Gesamtschaltung bleibt noch immer funktionsfähig.

Ausfälle mit Rückwirkung auf andere Komponenten. In vielen praktischen Fällen ist leider die Voraussetzung der Rückwirkungsfreiheit der Komponenten untereinander nicht erfüllt. Das läßt sich z.B. mit Hilfe einer Diode deutlich machen, die häufig durch Leerlauf, mitunter aber auch durch Kurzschluß ausfällt. Während der Leerlaufausfall durch eine parallele, redundante Diode kompensiert werden kann, wirkt sich der Kurzschlußausfall als Totalausfall auch der redundanten Anordnung aus, da die Wirkung der parallelen Dioden durch den Kurzschluß aufgehoben wird. Solche Kurzschlüsse sind auch für andere Bauelemente typisch, so daß bei der Einführung redundanter Funktionseinheiten sichergestellt werden muß, daß deren Unabhängigkeit voneinander nicht durch einen Signalkurzschluß am gemeinsamen Ausgang hinfällig wird.

Abb.1.6.5-2b zeigt eine Redundanzform, die für beide Ausfallarten die Zuverlässigkeit verbessert, die *Quartettanordnung von Bauelementen.* Ihre Berechnung geht davon aus, daß die Bauelemente insgesamt 3 Zustände annehmen können, die sich gegenseitig ausschließen, nämlich funktionsfähig oder durch Leerlauf oder Kurzschluß ausgefallen. Entsprechend setzt sich die Ausfallwahrscheinlichkeit aus 2 Anteilen zusammen: $p = p_L + p_K = 1 - q$. Für die beiden Schaltungsvarianten *mit* und *ohne* Querverbindung erhält man nach [4] bei gegenseitiger Unabhängigkeit der Komponenten

$$R_{\text{mit}} = (1 - p_L^2)^2 - (2p_K - p_K^2)^2 \qquad (1.6.5\text{-}13)$$

und

$$R_{\text{ohne}} = (1 - p_K^2)^2 - (2p_L - p_L^2)^2. \qquad (1.6.5\text{-}14)$$

Überwiegt eine Ausfallart (z.B. Leerlauf) wird man die eine Variante (mit Querverbindung) vorziehen, um die höhere Zuverlässigkeit zu erreichen. Neigt das Bauelement gleichwahrscheinlich zu Kurzschluß und Leerlauf, gilt $p_L = p_K = p/2$. In diesem Fall ergeben beide Varianten den gleichen Zuverlässigkeitswert

$$R = R_{\text{mit}} = R_{\text{ohne}} = 1 - \frac{3}{2}\,p^2 + \frac{1}{2}\,p^3,$$

der stets besser als die Überlebenswahrscheinlichkeit q eines Bauelementes allein ist. Für $p_K = 0$, $p_L = p$ geht Gl.(1.6.5-13) in Gl.(1.6.5-12) bei $m = n = 2$ über, ebenso Gl.(1.6.5-14) in Gl.(1.6.5-10), wie das nach den speziellen Zuverlässigkeitsdiagrammen zu erwarten ist. Im übrigen unterstreichen die Gleichungen die Dualität der beiden Ausfallarten: für Kurzschlußausfälle ist die physikalische Parallelschaltung der Komponenten eine Serienanordnung im Zuverlässigkeitsdiagramm, die physikalische Serienschaltung dagegen hat ein Zuverlässigkeitsdiagramm wie Abb.1.6.5-2a.

Mehrheitsredundanz. Eine andere Form funktionsbeteiligter Redundanz geht davon aus, daß von mehreren parallelen Funktionsblöcken eine bestimmte Zahl $k(1 < k < m)$ vorhanden sein muß, um die geforderte Schaltungsfunktion zu erfüllen. Sie wird im Gegensatz zur reinen Parallelredundanz auch als *Teilredundanz* bezeichnet. Ist $k = (m + 1)/2$ (bei ungeradem m) oder $m/2 + 1$ (bei geradem m) und hat man außerdem eine Einrichtung, die die Ausgänge aller Schaltungen vergleichen und auswerten kann, spricht man von *Mehrheitsredundanz*, die für $m = 3$, also $k = 2$, in Abb.1.6.5-2d und e dargestellt ist. Bei dieser Mehrheitsredundanz können $m - k$

Einheiten ausfallen, ohne die Gesamtfunktion zu beeinträchtigen. Da die zusätzlich notwendige Mehrheitsentscheidung die Ausgänge der Funktionseinheiten entkoppelt, ist dieses Redundanzverfahren auch bei mehreren verschiedenen Ausfallarten in der Regel verwendbar. Dabei ergibt sich der zusätzliche Vorteil, daß man die Mehrheitsentscheidungseinheit standardisieren und an beliebigen Stellen im Gesamtsystem einfügen kann, wenn nur die möglichen Eingangssignale gleichartig sind. Nachteilig ist der vergrößerte Aufwand gegenüber der reinen Parallelredundanz, die $m - 1$ Ausfälle toleriert, u.a. auch durch die zusätzlich notwendigen Mehrheitsentscheidungen, so daß dieses Verfahren erst bei größeren Funktionsblöcken wirtschaftlich wird.

Die Überlebenswahrscheinlichkeit einer solchen Mehrheitsanordnung aus m parallelen Funktionseinheiten B ergibt mit der Ausfallwahrscheinlichkeit $p = 1 - q$ für jede Einheit B sowie $p_M = 1 - q_M$ für das Mehrheitsorgan

$$R = q_M \sum_{i=0}^{m-k} \binom{m}{i} q^{m-i} p^i, \qquad (1.6.5\text{-}15)$$

$$\text{wobei } k = \begin{cases} \dfrac{m+1}{2} & \text{falls } m \text{ ungerade ist.} \\[2ex] \dfrac{m}{2} + 1 & \text{falls } m \text{ gerade ist.} \end{cases}$$

Offenbar ist das Verhältnis tolerierbarer Ausfälle zur Anzahl m der vorhandenen Funktionseinheiten bei ungeradem m günstiger, so daß damit auch eine größere Zuverlässigkeit zu erwarten ist. Praktisch wichtig ist der einfachste Fall einer solchen Mehrheitsredundanz bei $m = 3$, $k = 2$. Hier wird Gl. (1.6.5-15) zu

$$R = q_M \sum_{i=0}^{1} \binom{3}{i} q^{3-i} p^i = q_M(3q^2 - 2q^3) \qquad (1.6.5\text{-}16)$$

bei nichtredundanter Mehrheitslogik nach Abb. 1.6.5-2d. (Ist auch das Mehrheitsorgan redundant vorhanden, wäre nach Abb. 1.6.5-2e statt q_M der Ausdruck $q'_M = 3q_M^2 - 2q_M^3$ zu verwenden.) Im Normalfall besitzen die Funktionseinheiten B eine wesentlich kleinere Überlebenswahrscheinlichkeit als das Mehrheitsorgan, so daß man bei ihm auf Redundanz verzichten kann.

Bei exponentieller Ausfallverteilung, also $q = \mathrm{e}^{-\lambda t}$, erhält man aus Gl. (1.6.5-16)

$$R = \mathrm{e}^{-\lambda_M t} \cdot (3\mathrm{e}^{-2\lambda t} - 2\mathrm{e}^{-3\lambda t}),$$

so daß sich für den mittleren Ausfallabstand

$$t_m = \frac{3}{2\lambda} - \frac{2}{3\lambda} = \frac{5}{6\lambda}$$

ergibt, wenn man die Mehrheitsentscheidung als ideal annimmt ($\lambda_M = 0$). Dieser Ausfallabstand ist kleiner als der des nichtredundanten Funktionsblocks $1/\lambda$ allein, so daß überraschenderweise die redundante Anordnung über einen kleineren mittleren Ausfallabstand verfügt als eine die gleiche Funktion erfüllende nichtredundante Schaltung. Dies ist kein Widerspruch, sondern weist nur darauf hin, daß bei Verwendung redundanter Schaltungsanordnungen sorgfältig die erwartete Verwendung zu analysieren und mit zu berücksichtigen ist. Abb. 1.6.5-4 vergleicht den Zeitverlauf der Zuverlässigkeitsfunktion bei idealer Mehrheitsentscheidung $R = 3\mathrm{e}^{-2\lambda t} - 2\mathrm{e}^{-3\lambda t}$ mit dem nichtredundanten Funktionsblock $q = \mathrm{e}^{-\lambda t}$ mit gleicher Ausfallrate λ. Für kurze Betriebszeiten ist die redundante Anordnung wesentlich zuverlässiger, für längere dagegen ist sie der nichtredundanten unterlegen. Bei Betriebszeiten, die der Größenordnung des mittleren Ausfallabstands entsprechen, empfiehlt sich in diesem Fall eine entsprechende Wartung mit Reparatur oder Ersatz der ausgefallenen Ein-

heiten, die hier ständig unter Betriebsbelastung stehen, so daß ihre Ausfallwahrscheinlichkeit natürlich 3fach höher ist als bei Nichtredundanz.

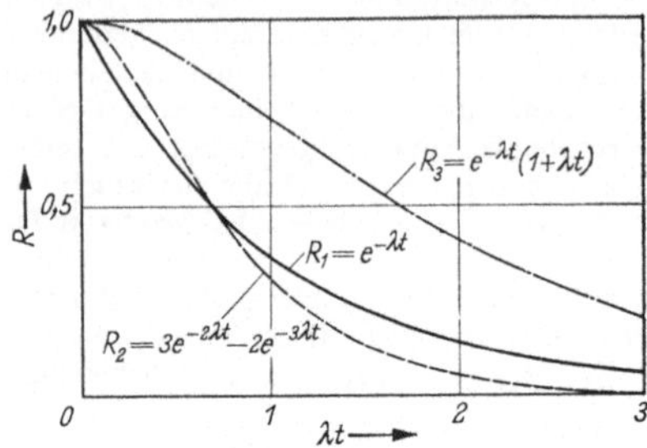

Abb. 1.6.5-4. Überlebenswahrscheinlichkeiten eines Funktionsblocks R_1, einer (2- aus -3)-
Mehrheitsredundanz R_2 und der Reserveredundanz R_3 bei $m = 2$.

Reserveredundanz. Eine wirksame Verbesserung dieses Effekts einer Verminderung des mittleren Ausfallabstands ist möglich, wenn man zu *nichtfunktionsbeteiligter
Redundanz* nach Abb. 1.6.5-2c übergeht. Bei diesem auch als Reserveredundanz bezeichneten Verfahren wird die Ersatzeinheit, die voll die Gesamtfunktion übernehmen kann, erst bei Bedarf eingeschaltet, wobei man unterstellt, daß eine nicht in
Betrieb befindliche Funktionseinheit schwerlich ausfallen kann, also eine Ausfallrate
$\lambda = 0$ besitzen muß. Dies ist zwar eine umstrittene Idealisierung, da man feststellt,
daß bei der langfristigen Lagerung ganzer Anlagen auch ohne Betriebsbelastungen
eine signifikante Zahl von Ausfällen zu verzeichnen ist [13]. In jedem Fall ist die
Ausfallrate aber während der betriebsfreien Phasen beträchtlich reduziert.

Stehen m unabhängige, gleiche Funktionseinheiten zur Verfügung, von denen
jeweils eine in Betrieb ist, und wird bei deren Ausfall auf die nächste Einheit umgeschaltet, deren Ausfallrate sich dadurch von $\lambda = 0$ auf λ verändert, erhält man für
die Überlebenswahrscheinlichkeit der Schaltung

$$R = e^{-\lambda t} + e^{-(\lambda + \lambda_\mathrm{s})t} \sum_{i=1}^{m-1} \frac{(\lambda t)^i}{i!}. \tag{1.6.5-17}$$

Dabei ist für das Schaltglied die Ausfallrate λ_s angenommen, die wie bei der Mehrheitsredundanz in der Regel kleiner sein wird als die der Funktionseinheiten λ. Ein
Ausfall des Schaltglieds soll die gerade in Betrieb befindliche Funktionseinheit nicht
beeinflussen, sondern erst bei deren Ausfall zu einem Gesamtausfall führen. Durch
Integration von Gl. (1.6.5-17) erhält man den mittleren Ausfallabstand

$$t_\mathrm{m} = \frac{1}{\lambda} + \sum_{i=1}^{m-1} \frac{\lambda^i}{(\lambda + \lambda_\mathrm{s})^{i+1}}. \tag{1.6.5-18}$$

Die typischen Eigenschaften der Reserveredundanz sind aus den beiden letzten Gleichungen für den Sonderfall zweier Funktionseinheiten bei idealem Schaltglied zu
entnehmen, also bei $m = 2$, $\lambda_\mathrm{s} = 0$. Man erhält $R = e^{-\lambda t}(1 + \lambda t)$ und $t_\mathrm{m} = 2/\lambda$.
Diesen Wert des Ausfallabstands darf man bei unabhängigen Einheiten erwarten,
wenn die Zuverlässigkeitsbetrachtung für die Reserveeinheit erst nach Ausfall der
Haupteinheit überhaupt beginnt, was gleichbedeutend mit der Ruheausfallrate
$\lambda = 0$ ist. Dies ist ein Kennzeichen der nichtfunktionsbeteiligten Redundanz, die
deshalb in bezug auf die auf die Ausnutzung der Lebensdauern der Funktionseinheiten sämtlichen Verfahren mit funktionsbeteiligter Redundanz überlegen sein muß.
Der Zeitverlauf der Zuverlässigkeitsfunktion ist als R_3 für $m = 2$ in Abb. 1.6.5-4

mit eingetragen. Nachteilig ist dabei der durch das notwendige Schaltglied entstehende Zusatzaufwand.

Der Vollständigkeit halber sei noch die Überlebenswahrscheinlichkeit für den Fall angegeben, daß für die Reserveeinheit während ihrer Bereitschaftsphase die Ausfallrate λ' charakteristisch sei, nach Übernahme der Systemfunktion aber $\lambda = \lambda_2 \neq \lambda_1$ der Haupteinheit. Dieser Fall liegt insbesondere dann vor, wenn bei Ausfall der Haupteinheit der Betrieb von einem anders gearteten Gerät mit anderer Ausfallrate übernommen wird. Man erhält dann bei insgesamt 2 Geräten

$$R = \mathrm{e}^{-\lambda_1 t} + \frac{\lambda_1}{\lambda_1 + \lambda' - \lambda_2}\,\mathrm{e}^{-\lambda_\mathrm{s} t}\,[\mathrm{e}^{-\lambda_2 t} - \mathrm{e}^{-(\lambda_1 + \lambda')t}] \qquad (1.6.5\text{-}19)$$

mit dem mittleren Ausfallabstand bei idealem Schaltglied ($\lambda_\mathrm{s} = 0$)

$$t_\mathrm{m} = \frac{1}{\lambda_1} + \frac{\lambda_1}{(\lambda_1 + \lambda')\,\lambda_2} \qquad (1.6.5\text{-}20)$$

Gl. (1.6.5-19) enthält wiederum Exponentialausdrücke, die sich bei $\lambda' = 0$ und $\lambda_1 = \lambda_2 = \lambda$ auf Gl. (1.6.5-17) zurückführen lassen.

1.6.5.4 Verfügbarkeit und Zuverlässigkeit redundanter Schaltungen mit Reparatur. Bisher ist als Zuverlässigkeitskenngröße der betrachteten Schaltungen oder Anlagen die Überlebenswahrscheinlichkeit berechnet worden. Entsprechend ist der mittlere Ausfallabstand als diejenige Zeitspanne zu verstehen, nach der im Mittel, also bei Betrachtung einer großen Zahl gleicher Fälle, der Gesamtausfall der Schaltung zu erwarten ist, wobei in redundanten Schaltungen einige Funktionseinheiten schon vorher ausgefallen sein müssen. Da vor allem bei funktionsbeteiligter Redundanz eine recht beträchtliche Wahrscheinlichkeit für den Zustand vorhanden ist, daß Teileinheiten ausgefallen sind, die Schaltung aber noch funktioniert, entsteht die Frage, ob nicht durch *vorbeugende Reparatur* solcher Einheiten die Zuverlässigkeit insgesamt verbessert werden kann. Dies ist natürlich nur in solchen Anwendungsfällen möglich, in denen nicht die Betriebsbedingungen Reparaturen ausschließen, wie bei unzugänglichen Anlagen in der Raumfahrt oder Unterseekabeln, wo über das redundante Konzept hinaus in bezug auf die Zuverlässigkeit nichts weiter zu erreichen ist.

Am einfachsten lassen sich Reparatureinflüsse bei nichtredundanten Schaltungen veranschaulichen. Hier sind keinerlei Vorbeugungsmaßnahmen möglich, da ja Ausfall einer Schaltungskomponente Gesamtausfall bedeutet. Mit diesem Gesamtausfall ist die Zuverlässigkeitsbetrachtung zu Ende, da die erforderliche Gesamtfunktion nicht mehr erfüllt wird. Sind Reparaturen möglich, z.B. indem ein Wartungstechniker die ausgefallene Anlage überprüft, die ausgefallene Komponente ermittelt und durch eine neue ersetzt, geht die Anlage nach einer bestimmten Reparaturzeitspanne wieder in den funktionsfähigen Zustand über. Damit kann eine neue Betriebsphase beginnen, für die die gleiche Zuverlässigkeitsfunktion wie vor der Reparatur zu erwarten ist, sofern Alterungseinflüsse ausgeschaltet werden können.

Die *Verfügbarkeitsfunktion* $A(t)$ beschreibt das Verhalten einer Anlage auch über derartige Reparaturintervalle hinweg. Unter Verfügbarkeit versteht man die Wahrscheinlichkeit, daß eine Anlage zu einer gegebenen Zeit funktionsfähig ist, ohne Rücksicht darauf, ob etwa früher Betriebsunterbrechungen wegen Ausfall und Reparatur vorgelegen haben. Bei fehlender Reparatur werden beide Funktionen offenbar gleich, also $A = R$. Bei Reparatur muß $A \geq R$ sein, da für die Verfügbarkeit ja kein kontinuierlicher Betrieb gefordert wird wie für die Zuverlässigkeit. Solange keine Alterungseinflüsse zur Auswirkung kommen, ist R mit oder ohne Reparatur die gleiche Funktion. Bei sehr langen Betriebszeiten mit Reparatur gegenüber dem mittleren Ausfallabstand der Komponenten kann man nur noch von Verfügbarkeit sprechen, kontinuierliche Operation wird dafür sehr unwahrscheinlich, so daß R gegen Null strebt.

Zur analytischen Beschreibung muß man auch für die Reparaturintervalle eine Wahrscheinlichkeitsverteilung angeben, für die vielfach ebenfalls die Exponentialverteilung angenommen wird [1, 2]. Das bedeutet, daß man neben der Ausfallrate λ für die Funktionseinheiten auch eine *Reparaturrate* μ angeben kann, was mindestens eine Annäherung an die wirklichen Verhältnisse darstellt, wenn die Fehlersuche mit zur Reparatur zählt und beliebige Elemente einer komplexen Anlage ausfallen können.

Liegt eine redundante Schaltung vor, wird der Unterschied zwischen Zuverlässigkeit und Verfügbarkeit besonders deutlich. Zum Beispiel wird man bei einer funktionsbeteiligten Parallelredundanz bereits nach dem Ausfall eines Funktionsblocks mit dessen Reparatur beginnen, wobei allerdings dieser Fall zunächst festgestellt werden muß. Da die Schaltung funktionsfähig bleibt, solange der andere Funktionsblock überlebt, ist die Wahrscheinlichkeit beträchtlich, daß die Reparatur vor dessen Ausfall beendet ist, insgesamt also auch die Zuverlässigkeit verbessert wird.

Die Berechnung der Funktionen erfolgt am besten mit Hilfe der verschiedenen Systemzustände und dem Modell einer homogenen Markoffkette, mit dem sich die verschiedenen Zustandsübergänge erfassen lassen [1, 2, 4]. Dabei betrachtet man bei der Berechnung der Zuverlässigkeit den Systemausfallzustand als absorbierend, so daß er nicht mehr verlassen werden kann, während für die Berechnung der Verfügbarkeit angenommen wird, daß auch bei Systemausfall weiter repariert wird. Man erhält für die einfache Parallelredundanz aus gleichen Funktionsblöcken mit der Ausfallrate λ bei nach jedem Ausfall sofort beginnender Reparatur mit der Reparaturrate μ die Zuverlässigkeitsfunktion

$$R = \frac{3\lambda + \mu + w}{2w}\, \mathrm{e}^{-\frac{1}{2}(3\lambda+\mu-w)t} - \frac{3\lambda + \mu - w}{2w}\, \mathrm{e}^{-\frac{1}{2}(3\lambda+\mu+w)t}, \qquad (1.6.5\text{-}21)$$

wobei die Hilfsgröße $w = \sqrt{\lambda^2 + 6\mu\lambda + \mu^2}$ bedeutet. Dagegen erhält man für die gleiche Schaltung die Verfügbarkeit

$$A = \frac{2\lambda^2}{(\lambda + \mu)^2}\, \mathrm{e}^{-(\lambda+\mu)t} - \frac{\lambda^2}{(\lambda + \mu)^2}\, \mathrm{e}^{-2(\lambda+\mu)t} + \frac{2\lambda\mu + \mu^2}{(\lambda + \mu)^2}, \qquad (1.6.5\text{-}22)$$

wenn man bei Ausfall beider Einheiten auch beide gleichzeitig repariert. Für $\mu = \lambda$ und $\mu = 10\lambda$ sind diese beiden Funktionen in Abb.1.6.5-5 dargestellt. Die Zuverlässigkeit R ist gegenüber dem reparaturfreien Fall $\mu = 0$, bei dem sich beide Funktionen zu $A = R = 2\mathrm{e}^{-\lambda t} - \mathrm{e}^{-2\lambda t}$ reduzieren, beträchtlich verbessert, besonders bei größerer Reparaturrate. Die Verfügbarkeit ist durch den konstanten Term charakterisiert, auf den sich das Systemverhalten nach sehr langer Zeit einstellt. Dagegen klingt die Zuverlässigkeitsfunktion stets auf Null ab, denn auch bei redundanten Schaltungen kann nicht ausgeschlossen werden, daß irgendwann einmal mehr

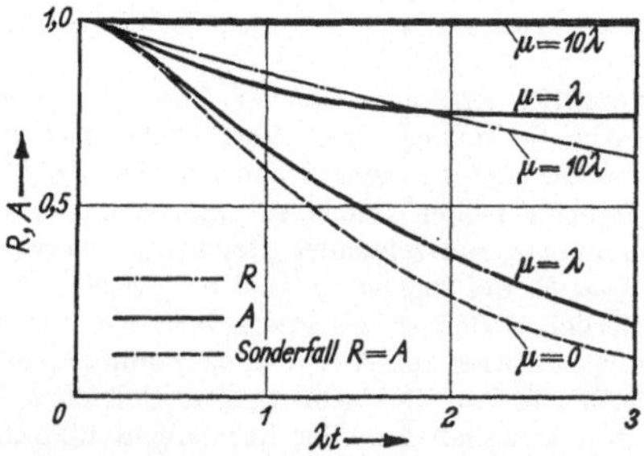

Abb.1.6.5-5. Zuverlässigkeit R und Verfügbarkeit A bei funktionsbeteiligter Parallelredundanz. —·—·—·— R, ——— A, — — — Sonderfall $\mu = 0$: $R = A$.

Ausfälle als mögliche Reparaturen erfolgen, so daß ein Gesamtausfall entsteht. Immerhin läßt sich durch Reparaturen die mittlere Zeit bis zum Gesamtausfall beeinflussen, für die man durch Integration von Gl. (1.6.5-21)

$$t_{\mathrm{m}} = \frac{3\lambda + \mu}{2\lambda^2} \qquad (1.6.5\text{-}23)$$

erhält. Gegenüber dem reparaturfreien Fall mit $t_{\mathrm{m}} = 3/2\lambda$ ergibt sich durch $\mu = \lambda$ eine Verbesserung auf $t_{\mathrm{m}} = 2/\lambda$, bei $\mu = 10\lambda$ erhält man sogar $t_{\mathrm{m}} = 6,5/\lambda$.

Im allgemeinen Fall werden die Berechnungen der Zuverlässigkeit und Verfügbarkeit komplexer, insbesondere wenn andere Wahrscheinlichkeitsverteilungen für die Reparaturen zugrunde gelegt werden müssen. Ist man auch an der Anzahl der Reparatureingriffe interessiert, um etwa die Nachfrage nach Ersatzeinheiten überschauen zu können, oder an der Wahrscheinlichkeit, mit der besonders lange Anlagenausfälle zu erwarten sind oder an ähnlichen Fragen, liefert die Erneuerungstheorie weitere Auskünfte [14]. Wesentlich ist dabei auch die Frage einer Erkennung der Teilausfälle in redundanten Schaltungen vor einem Gesamtausfall, die durch eine Ausfallanzeige erfolgen kann [15].

Vielfach ist für komplexe Systeme neben der Verfügbarkeit eine Aussage über den zu erwartenden *mittleren Ausfallabstand* erforderlich. Dabei ist man meist mit der Angabe der Größen im eingeschwungenen Zustand, also für $t \to \infty$, zufrieden, da nach mehreren Reparaturzyklen auch die Betriebsumstände dieser Annahme entsprechen und sich die Berechnungsmethode beträchtlich vereinfacht.

Mit der mittleren Betriebszeit $u = 1/\lambda$ für eine Baueinheit sowie ihrer mittleren Reparaturzeit $d = 1/\mu$ ergibt sich die Verfügbarkeit für lange Betriebszeiten auch zu

$$a = \frac{u}{u + d} = \frac{\mu}{\lambda + \mu} \, . \qquad (1.6.5\text{-}24)$$

Ist ein System redundant, läßt sich die entsprechende Systemverfügbarkeit A als Wahrscheinlichkeit interpretieren, daß das System in einem seiner funktionsfähigen Zustände ist. Infolgedessen berechnet man A wie die Zuverlässigkeit R, jedoch unter Verwendung der Verfügbarkeiten a der einzelnen Baueinheiten an Stelle der Überlebenswahrscheinlichkeiten q. Aus Gl. (1.6.5-6) erhält man für m parallele unabhängige Funktionsblöcke

$$A = 1 - (1 - a)^m = 1 - \left(\frac{\lambda}{\lambda + \mu}\right)^m . \qquad (1.6.5\text{-}25)$$

Mit Hilfe einer Betrachtung der möglichen Systemübergänge zum Ausfallzustand [17] erhält man für die mittlere ausfallfreie Systembetriebszeit nach hinreichend vielen Reparaturzyklen

$$U = \frac{1 - (1 - a)^m}{m\lambda a(1 - a)^{m-1}} = \frac{(\lambda + \mu)^m - \lambda^m}{m \cdot \lambda^m \cdot \mu} \, . \qquad (1.6.5\text{-}26)$$

Bemerkenswert ist dabei, daß der Sonderfall $m = 2$ nicht zu dem Wert für t_{m} nach Gl. (1.6.5-23) führt. Hier kann nämlich nicht mehr vorausgesetzt werden, daß zu Beginn beide Funktionseinheiten betriebsbereit sind. Einige praktische Regeln für die Berechnung des Ausfallabstands allgemeiner komplexer Systemkonfigurationen werden in [18] ausführlicher behandelt.

Literatur

[1] *Störmer, H.*: Mathematische Theorie der Zuverlässigkeit. München: Oldenbourg 1970. — [2] *Shooman, M. L.*: Probabilistic reliability: An engineering approach. New York: McGraw-Hill 1968. — [3] Vornorm DIN 40041: Zuverlässigkeit elektrischer Bauelemente, Begriffe. — [4] *Görke, W.*: Zuverlässigkeitsprobleme elektronischer Schaltungen. Mannheim: Bibliogr. Inst. 1969. — [5] NTG 3002: Zuverlässigkeit von Geräten, Anlagen und Systemen, Begriffe, Emp-

fehlung. 1970. NTZ 23 (1970) 45—56. — [6] *Brauer, J. B.:* Microcircuit testing—matching the value with the cost. In Mikroeleketronik 3, Hrsg. L. Steipe, München: Oldenbourg 1969, S. 321—385. Microelectronics 2, 1969, Nr. 6, S. 17; Nr. 7, S. 23. — [7] *Hamiter, L.:* Quality standards for LSI. In Mikroelektronik 3, Hrsg.: L. Steipe, München: Oldenbourg 1969, S. 387—401. Microelectronics 2, 1969, Nr. 1, S. 14—17. — [8] US Dep. of Defense: Reliability stress and failure rate data for electrnic equipment. MIL-MDBK-217A Dec. 1965. — [9] *Platz, R. F.:* Solid logic circuit technology computer circuits—billion hour reliability data. Microelectr. Reliab. 8 (1969) 55—59. — [10] *Ireson, W. G.* (Hrsg.): Reliability Handbook. New York: McGraw-Hill 1966. — [11] *Teoste, R.:* Digital circuit redundancy. IEEE Trans. Rel. R-13 (1964) 42—61. — [12] *Gnedenko, B. W., Beljajew, J. K·, Solowjew, A. D.:* Mathematische Methoden der Zuverlässigkeitstheorie, Berlin: Akademie-Verlag 1968. — [13] *Cherkasky, S. M.:* Long-term storage and system reliability. Proc. Annual Symp. Reliab. 1970, S. 120—127. — [14] *Cox, D. R.:* Erneuerungstheorie. München: Oldenbourg 1966. — [15] *Repton, C. S.:* Fault indicators and the unavailability of redundant circuits. Microelectr. Reliab. 8 (1969) 215—234. — [16] *Lauffenburger, H. A., Myers, T. R.:* LSI Reliability assessment and prediction. Proc. Annual Symp. Reliab. 1970, S. 364—380. — [17] *Applebaum, S. P.:* Steady-state reliability of systems of mutually independent subsystem. IEEE Trans. R-14 (1965) 23—29. — [18] *Isphording, U.:* Methoden zur Berechnung von Zuverlässigkeitskenngrößen redundanter komplexer Systeme. AEÜ 22 (1968) 337—342.

2. Bauelemente

2.1 Miniaturisierung von Bauelementen

E. C. Metschl

In den letzten Jahrzehnten wurden die an die Elektronik gestellten Anforderungen immer größer und die zu ihrer Erfüllung geeigneten Einrichtungen immer komplizierter und komplexer. Sehr bald schon wurden der zunehmende Raumbedarf und das steigende Gewicht problematisch: Insbesondere für bewegte, aber auch für stationäre Anlagen, wurde das bei Verwendung von Einzelbauelementen der herkömmlichen Art unvermeidbare Anwachsen des Volumens und des Gewichts un tragbar. Man sah sich zu einer Verkleinerung der Schaltungen für die elektrischen Anlagen gezwungen, und die Entwicklung schritt von der Zusammenfassung noch einzeln hergestellter (diskreter) Miniaturbauelemente in Blöcken [1 bis 3] zu den integrierten Schaltungen fort, in denen eine Anzahl von Schaltungselementen auf oder in einem gemeinsamen Körper, dem Substrat, untrennbar mit diesem vereinigt untergebracht und zu Schaltungen verbunden sind. Die heute gebräuchlichen Ausführungsformen solcher Schaltungen sind die monolithische Halbleiterschaltung und die Schichtschaltungen, bei denen man zwischen Dickschicht- und Dünnschichtschaltungen unterscheidet.

Die Zwangsläufigkeit dieser Entwicklung mag ein Zahlenbeispiel verdeutlichen: Im Jahr 1942 bestand die Elektronik eines der damals größten Langstreckenflugzeuge aus etwa 2000 Bauelementen mit einem Gesamtgewicht von etwa 30 kg und einem Raumbedarf von ungefähr 0,04 m^3. Die Elektronik eines neuzeitlichen Großflugzeuges enthält dagegen etwa 150000 Bauelemente, die bei Verwendung der Bauelemente und der Schaltungstechniken vom Jahr 1942 überschlägig einen Raum von 3 m^3 beanspruchen und 2500 kg wiegen würden.

Die genannten Zahlen beziehen sich auf Einrichtungen der Luftfahrt und des Raumflugs. Hier werden an die Miniaturisierung die härtesten Anforderungen gestellt, weil dabei Gewichts- und Raumeinsparungen die Wirtschaftlichkeit und die Leistungsfähigkeit an erster Stelle mitbestimmen. Die Mikroelektronik blieb aber nicht auf diese Einsatzgebiete beschränkt, sondern dehnte sich auch auf erdgebundene Einrichtungen aus. Überzeugende Beispiele dafür sind die heutigen elektronischen Rechenanlagen. Ihre Arbeitsgeschwindigkeit ist durch die Zeit begrenzt, die die elektrischen Signale zum Durchlaufen des Weges von der Eingabe bis zur Ausgabe brauchen. Weil die Signalgeschwindigkeit praktisch gleich der Lichtgeschwindigkeit ist, sich also nicht mehr steigern läßt, bleibt zum Verringern der Signallaufzeit nur die Möglichkeit einer Verkleinerung der Schaltungen — letzten Endes der Bauelemente und der Abstände zwischen diesen. Die Schaltungsintegration bietet sich hierfür geradezu an: An der großartigen Entwicklung der elektronischen Rechner ist die nicht minder großartige Entwicklung auf dem Gebiet der Schaltungsintegration maßgebend beteiligt.

Ein weiterer Vorteil integrierter Schaltungen ist ihre im Vergleich mit Schaltungen aus diskreten Bauelementen höhere Zuverlässigkeit. Beim heutigen Stand der Technik haben sich die Verbindungen zwischen den einzelnen Bauelementen eines Gerätes wegen ihrer Vielzahl als eine der häufigsten Fehlerquellen herausgestellt. Bei Lötverbindungen kann man mit einer Ausfallrate von 10^{-8}/h rechnen. Ein Gerät, das 10000 Bauelemente mit einer durchschnittlichen Ausfallrate von 10^{-8}/h enthält, hätte — eine Exponentialverteilung vorausgesetzt — einen Gesamt-p-Faktor von $10^4 \cdot 10^{-8}$/h $= 10^{-4}$/h, entsprechend einer auf 1000 Stunden bezogenen Überlebenswahrscheinlichkeit von 90,5%, wenn die Verbindungen eine Überlebenswahrscheinlichkeit von 100% hätten, also ideal wären. Nimmt man für jedes Bauelement nur eine Lötverbindung an, so ergibt sich bei einem p-Faktor der Lötverbindungen von 10^{-8}/h ein Gesamt-p-Faktor von $2 \cdot 10^4 \cdot 10^{-8}$/h $= 2 \cdot 10^{-4}$/h und damit eine Überlebenswahrscheinlichkeit des Gerätes von nur 81,9%. Dieses Zahlenbeispiel mag die Wichtigkeit der Aufgabe vor Augen bringen, die Anzahl der Lötverbindungen so weitgehend wie irgend möglich zu verringern, und die Bedeutung der integrierten Schaltungen, bei denen fast alle Verbindungen durch in einem Arbeitsgang aufgedampfte Leiterbahnen hergestellt werden, nochmals unterstreichen.

2.1.1 Monolithische Halbleiterschaltungen

2.1.1.1 Planartechnik. Im Streben nach immer höheren Grenzfrequenzen schritt die Entwicklung in der Halbleitertechnik vom ursprünglichen Zieh- und Legierungsverfahren zum Diffusionsverfahren fort, das in der Planartechnik seinen höchsten Stand erreichte.

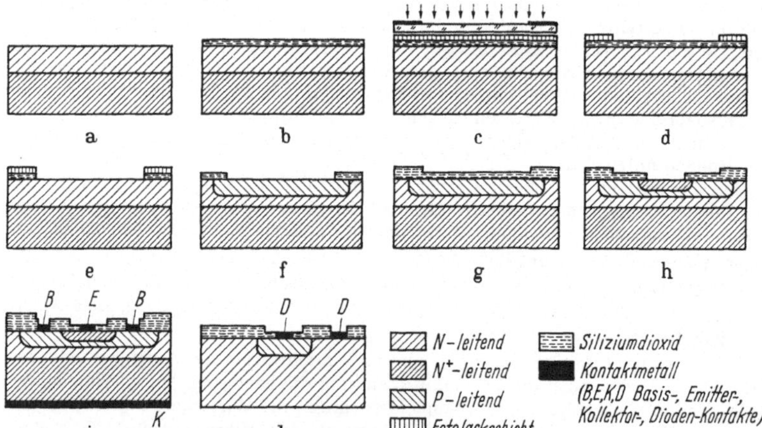

Abb. 2.1-1. Fertigungsschritte eines NPN-Planartransistors und Grundaufbau einer Planardiode (Querschnitte aus Gründen der Anschaulichkeit verzerrt dargestellt). a) N⁺-leitendes Silizium-Substrat (unten) und epitaktisch aufgebrachte N-leitende Schicht; b) Siliziumdioxidschicht auf epitaktischer Schicht aufgebracht; c) Photolackschicht auf Siliziumdioxidschicht aufgebracht; darüber Maske zum Belichten mit ultraviolettem Licht; d) in der belichteten Photolackschicht durch einen Entwicklungsprozeß Fenster freigelegt; e) In der Siliziumdioxidschicht Fenster zur Eindiffusion von Dotierungsstoffen freigeätzt; f) Photolackschicht entfernt und durch das Fenster in der Siliziumdioxid-Diffusionsmaske P-Basiszone eindiffundiert; g) Fenster in der Diffusionsmaske wieder geschlossen; h) In der Siliziumdioxidschicht Fenster für N⁺-Emitterzone freigeätzt und diese eindiffundiert; i) Durch in der vorher wieder geschlossenen Siliziumdioxidschicht freigeätzte Löcher Basis- und Emitterzone mit aufgedampftem Metall kontaktiert; k) Grundaufbau einer Planardiode.

Die Abb. 2.1-1a bis k erläutern zunächst die Fertigung eines epitaktischen NPN-Planar-Transistors. Als Substrat dient eine einkristalline gut N-leitende (N+-leitende) Siliziumscheibe mit einer Dicke von einigen zehntel Millimetern und einem Durchmesser von beispielsweise 25 mm. Auf diese Scheibe läßt man eine dünne N-leitende Siliziumschicht mit gegenüber dem Substrat höherem spezifischem Widerstand epitaktisch, d. h. mit der gleichen Kristallorientierung, aufwachsen (Abb. 2.1-1a) und auf diese Epitaxieschicht eine etwa 1 µm dicke Siliziumdioxidschicht (Abb. 2.1-1b). Zur Herstellung der epitaktischen Schicht werden gasförmige Siliziumverbindungen (Halogenide, wie z. B. Siliziumtetrachlorid — $SiCl_4$ — oder Trichlorsilan — $SiHCl_3$) an der heißen Substratoberfläche zersetzt. Die bei dieser pyrolytischen Reaktion frei werdenden Siliziumatome lagern sich auf dem Substrat ab, und es baut sich allmählich unter Fortsetzung des Kristallgitters eine Siliziumschicht auf. Weil die Abscheidung wesentlich unterhalb der Schmelztemperatur des Substrats vor sich geht, können aus dem vordotierten Substrat keine Dotierungsstoffe ausdiffundieren. Um der epitaktischen Schicht die gewünschte Dotierung zu geben, mengt man dem Halogenid eine gasförmige Verbindung des Dotierungsstoffes, z. B. ein Chlorid, bei. Die Siliziumdioxidschicht entsteht durch mehrstündige Oxydation der epitaktischen Siliziumschicht bei etwa 1100 °C in einer Sauerstoffatmosphäre. Sie wirkt gegen Dotierungsstoffe maskierend. Man überzieht sie mit einem lichtempfindlichen Lack und läßt unter Verwendung einer entsprechenden Maske auf bestimmte Stellen dieser Lackschicht ultraviolettes Licht einwirken (Abb. 2.1-1c). In einem anschließenden Entwicklungsprozeß wird der Lack an den belichteten Stellen herausgelöst (Abb. 2.1-1d), und durch die so in der Lackschicht entstandenen Fenster werden in einem Ätzprozeß, bei dem der stehengebliebene Lack als Schutzmaske für die darunter liegende Oxidschicht dient, in der Oxidschicht Fenster freigelegt (Abb. 2.1-1e). Nach dem Abwaschen des Photolackes liegt über der Epitaxieschicht eine Diffusionsmaske aus Siliziumoxid, durch deren Öffnungen (Fenster) man die P-leitenden Basiszonen einduffindiert (Abb. 2.1-1f). Dann schließt man die Fenster in der Oxidschicht wieder (Abb. 2.1-1g) und schafft in der wiedergeschlossenen Oxidschicht in einem zweiten photolithographischen Prozeß Fenster für die Eindiffusion der N-leitenden Emitterzone (Abb. 2.1-1h). Nach der Fertigstellung des Emitters wird die Oxidschicht erneut geschlossen. Durch freigeätzte Kontaktlöcher werden schließlich die Basis- und die Emitterzone mit einem aufgedampften Metall kontaktiert (Abb. 2.1-1i), während man den N+-leitenden Kollektorteil meistens metallisch mit dem Gehäuseboden verbindet. Ähnlich, nur in weniger Schritten, lassen sich Dioden erstellen (Abb. 2.1-1k).

Die Planartechnik führte sehr bald zu der Überlegung, in einem gemeinsamen Trägerkristall nicht nur in großer Anzahl Transistoren oder Dioden allein herzustellen und diese durch Zerlegen der Scheibe als diskrete Bauelemente zu gewinnen, sondern gleichzeitig aktive und passive Bauelemente im Substrat zu erzeugen, diese durch Aufdampfen von Metallbahnen (Leiterbahnen) unlösbar zu Funktionseinheiten zu verbinden und aus der Siliziumscheibe statt einzelner Transistoren und Dioden ganze Schaltungen herauszuarbeiten. Die Verwirklichung dieses Gedankens setzte außer dem Vorhandensein integrierbarer passiver Bauelemente die Lösung von zwei Problemen voraus: Bei den Schaltungen müssen die einzelnen Bauelemente im allgemeinen voneinander isoliert sein, und für viele Anwendungen kann man nur Transistoren mit verschwindend kleiner Restspannung, entsprechend einem verschwindend kleinen Kollektorbahnwiderstand, brauchen.

2.1.1.2 Isolierung. Weil der als Substrat dienende Halbleiterkristall immer eine, wenn auch kleine Leitfähigkeit hat, sind bei der Anordnung von mehreren Bauelementen im gleichen Substrat Maßnahmen zur gegenseitigen elektrischen Isolierung dieser Bauelemente erforderlich. Zu diesem Zweck wurden verschiedene Verfahren entwickelt [4 bis 13].

Isolierung mit vorgespannten PN-Übergängen. Das Prinzip dieses Isolierungsverfahrens besteht bei integrierten NPN-Transistoren in der Schaffung von N-leitenden Zonen, die völlig von P-leitendem Material umgeben sind. Wenn man diese

PN-Übergänge in Sperrichtung elektrisch vorspannt, sind die N-leitenden Bereiche praktisch voneinander isoliert. Von den zur Bildung solcher „Inseln" entwickelten Verfahren ist die Isolation mit epitaktisch aufgewachsenen Schichten das vorteilhafteste. Abb.2.1-2a bis e zeigt den Fertigungsablauf für einen integrierten Transi-

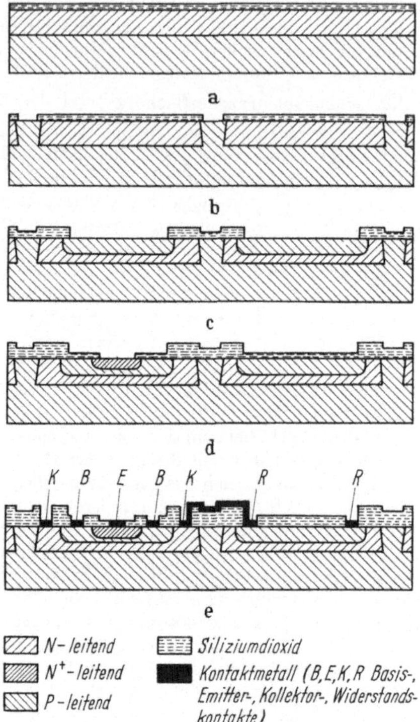

Abb.2.1-2. Isolation von NPN-Transistor und Widerstand in einer integrierten Schaltung mit Hilfe einer epitaktisch aufgewachsenen Schicht (Querschnitte aus Gründen der Anschaulichkeit verzerrt dargestellt). a) P-leitendes Silizium-Substrat (unten) mit epitaktisch aufgebrachter N-leitender Schicht; darauf Siliziumdioxidschicht; b) In der Siliziumdioxidschicht Fenster freigeätzt und durch diese P-leitende Kanäle eindiffundiert: Bildung von N-leitenden Wannen; c) In der wieder geschlossenen Siliziumdioxidschicht innerhalb der Wannen Fenster freigeätzt und durch diese die P-Basiszone und die Widerstandsbahn eindiffundiert; d) In der vorher wieder geschlossenen Siliziumdioxidschicht Fenster für N+-Emitterzone freigeätzt und diese eindiffundiert; e) Durch in der nochmals geschlossenen Siliziumdioxidschicht freigeätzte Löcher Basis- und Emitterzone sowie Widerstandsschicht mit aufgedampftem Metall kontaktiert und gleichzeitig Transistor und Widerstand metallisch miteinander verbunden.

stor und einen integrierten Widerstand unter Anwendung epitaktisch aufgewachsener Schichten. Als Ausgangsmaterial dient eine P-leitende Siliziumscheibe mit einer Dicke von etwa 0,2 mm. Auf dieses Substrat läßt man in einem Epitaxie-Reaktor bei hoher Temperatur durch Reaktion einer gasförmigen Siliziumverbindung mit Wasserstoff und einem Dotiergas eine einige Mikron dicke, einkristalline N-leitende Siliziumschicht und darauf eine Siliziumdioxidschicht aufwachsen (Abb.2.1-2a). Auf photolithographischem Weg werden in der Oxidschicht Fenster freigeätzt, durch die man bis über die Grenzen der epitaktischen Schicht ein P-dotierendes

Element (Bor) einduffindiert (Abb.2.1-2b). In einer der auf diese Weise gebildeten N-leitenden, ringsum von P-dotiertem Material umgebenen Inseln erzeugt man in einem weiteren Diffusionsschritt die P-leitende Basiszone und in eine Nachbarbox gleichzeitig die Widerstandsbahn (Abb.2.1-2c). Nach der Eindiffusion des Emitters (Abb.2.1-2d) werden der Transistor und der Widerstand durch Metallaufdampfung kontaktiert und miteinander verbunden (Abb.2.1-2e).

Indem man das höchste in der Schaltung vorkommende negative Potential an das P-leitende Substrat legt, erreicht man, daß alle PN-Übergänge zwischen den Inseln und den sie umgebenden P-leitenden Bereichen in Sperrichtung gepolt sind: Die Bauelemente sind im Betrieb voneinander isoliert.

Isolierung mit dielektrischen Zwischenschichten. Die Isolierung mit vorgespannten PN-Übergängen hat den Nachteil, daß die isolierten Bauelemente gegenüber dem Substrat eine ziemlich hohe (parasitäre) Kapazität aufweisen. Diese Sperrschichtkapazität wirkt sich vor allem im Bereich hoher Frequenzen sehr störend aus. Verhältnismäßig schwierig und aufwendig, jeder Isolation mit vorgespannten PN-Übergängen aber weit überlegen, ist die Isolation mit dielektrischen Zwischenschichten.

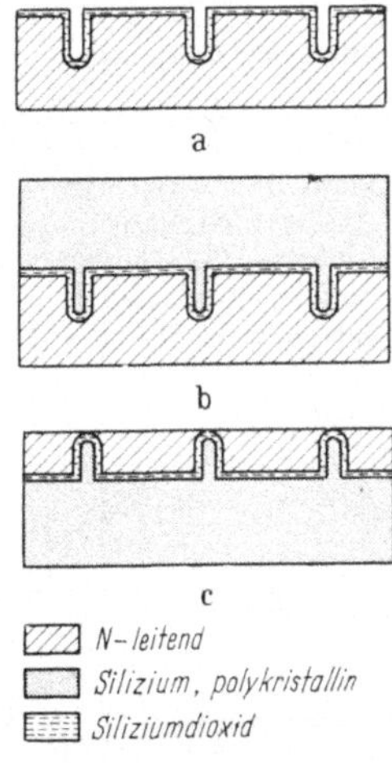

Abb.2.1-3. Isolation von integrierten Bauelementen durch dünne Oxidschichten (Querschnitte aus Gründen der Anschaulichkeit verzerrt dargestellt). a) In N-leitende Siliziumscheibe Gräben eingeätzt und Oberfläche mit (isolierender) Siliziumdioxidschicht überzogen; b) Auf Siliziumdioxidschicht Schicht aus polykristallinem Silizium abgeschieden; c) N-leitendes Silizium bis zu den Grabenböden entfernt: Bildung von N-leitenden Inseln für die Einduffusion der Bauelemente.

Hierbei wird von einer Scheibe aus einkristallinem, N-leitendem Silizium ausgegangen. In diese Scheibe werden zunächst Gräben mit einer Tiefe von etwa 25 µm eingeätzt. Nach dieser Grabenätzung entfernt man das dabei zur Maskierung verwendete Siliziumdioxid und überzieht dann die ganze Oberfläche — auch in den Gräben — mit einer neuen Siliziumdioxidschicht (Abb.2.1-3a). Anschließend wird auf der Seite mit den Gräben eine 100 bis 150 µm dicke Schicht von polykristallinem Silizium abgeschieden (Abb.2.1-3b) und schließlich das einkristalline, N-leitende Silizium auf der anderen Seite der Scheibe bis zu den Grabenböden entfernt (Abb.2.1-3c). Auf diese Weise sind N-leitende Siliziuminseln entstanden, die vollständig von isolierenden Oxidschichten umgeben sind und in die man aktive und passive Bauelemente eindiffundieren kann. Die parasitären Kapazitäten der durch dieses Isolationsverfahren voneinander isolierten Bauelemente sind sehr viel kleiner als bei der durch vorgespannte PN-Übergänge gebildeten Isolation.

Isolierung nach dem Beam-Lead-Verfahren. Eine noch weitergehende Verringerung der parasitären Kapazitäten integrierter Bauelemente ermöglicht die „Beam-Lead"-Technik. Die im Substrat erzeugten Bauelemente werden dabei zunächst durch verhältnismäßig dicke Metallbahnen miteinander verbunden. Dann ätzt man das Silizium zwischen den einzelnen Bauelementen weg, und erhält so eine Struktur, wie sie Abb.2.1-4 zeigt: Die Bauelemente werden nur noch durch die Verbindungsleitungen zusammengehalten und getragen, und die breiten Luftzwischenräume sichern eine ausgezeichnete Isolation.

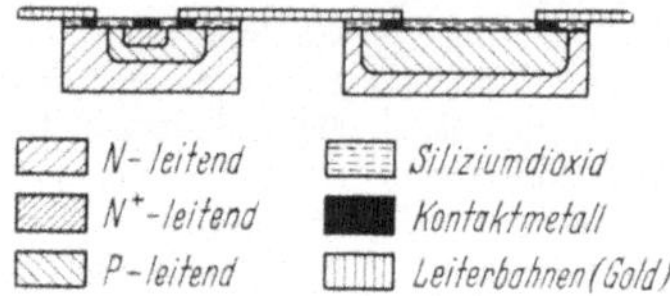

Abb.2.1-4. Isolation von integrierten Bauelementen nach dem Beam-Lead-Verfahren: Transistor und Widerstand (Querschnitte aus Gründen der Anschaulichkeit verzerrt dargestellt).

2.1.1.3 Bauelemente in monolithischer Bauweise

Widerstände. Widerstände werden in integrierten Halbleiterschaltungen als langgestreckte N- oder P-leitende Streifen in P- oder N-leitenden Zonen verwirklicht (Abb.2.1-5a bis e). Die Länge und die Breite sowie der Dotierungsgrad der eindiffundierten Streifen bestimmen den Widerstandswert. Solche Widerstände haben einen positiven, vom Dotierungsgrad abhängenden Temperaturkoeffizienten (Richtwert 0,2%/K). Der weitaus am häufigsten angewendete integrierte Widerstandstyp ist der in eine N-Epitaxieschicht eingebettete P-Widerstand. Man erreicht damit Flächenwiderstandswerte von 130 bis 250 Ω. N⁺-Widerstände in P- und in N-Schichten

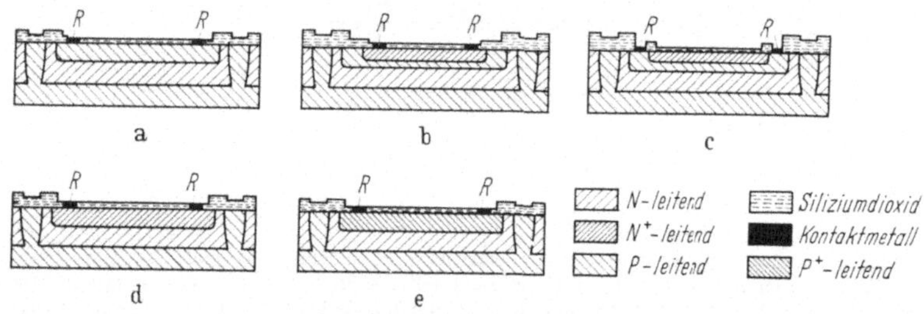

Abb.2.1-5. Grundaufbau von integrierten Widerständen (Querschnitte aus Gründen der Anschaulichkeit verzerrt dargestellt). a) P-Widerstand in N-Wanne. Flächenwiderstandsbereich: 130 bis 250 Ω; b) N⁺-Widerstand in P-Schicht. Flächenwiderstandsbereich: 2 bis 6 Ω; c) P-Widerstand in N-Wanne, verdeckt. Flächenwiderstandsbereich: 2 kΩ bis 10 kΩ; d) N⁺-Widerstand in N-Wanne. Flächenwiderstandsbereich: 2 bis 6 Ω; e) P⁺-Widerstand in N-Wanne. Flächenwiderstandsbereich: 6 bis 16 Ω.

ermöglichen Flächenwiderstände von 2 bis 6 Ω und P⁺-Widerstände in N-Schichten solche von 6 bis 16 Ω. Wenn die Toleranzen unkritisch sind, kommen auch sogenannte überdeckte P- oder N-Widerstände („Pinch"-Widerstände, Einschnürungs-Widerstände) — N- oder P-leitende Schläuche *im* Silizium, also nicht an seiner Oberfläche — in Betracht. Damit lassen sich Flächenwiderstände bis zu etwa 10 kΩ realisieren. Für den Absolutwert eines integrierten Widerstandes gilt $R = R_\square l/h$, wobei $R_\square$ den Flächenwiderstand, l und h Länge und Breite der Widerstandsbahn bedeuten [14 bis 17].

Kondensatoren. Für die Herstellung integrierter Kondensatoren gibt es zwei Möglichkeiten: Man kann sich die Tatsache zunutze machen, daß jeder PN-Übergang wie ein Kondensator wirkt (Abb.2.1-6a). Für die Kapazität eines solchen (gepolten) Sperrschichtkondensators gilt $C = A \sqrt{e\varepsilon_0\varepsilon N/2\,(U + U_t)}$. Dabei bedeuten A die Fläche des PN-Überganges, e die Elementarladung, ε_0 die absolute Dielektrizitätskonstante, $\varepsilon = 12$ die relative Dielektrizitätskonstante von Silizium, N die Trägerdichte für das höherohmige Material, U die angelegte Sperrspannung und $U_t = 0{,}7$ V das Kontaktpotential. Wegen der geringen Dicke der als Dielektrikum wirkenden Sperrschicht erzielt man auf kleinen Flächen verhältnismäßig hohe Kapazitätswerte (100 bis 1500 pF/mm^2 bei der Spannung Null, je nach Dotierung der höherohmigen Seite). Die andere Möglichkeit besteht in der Verwen-

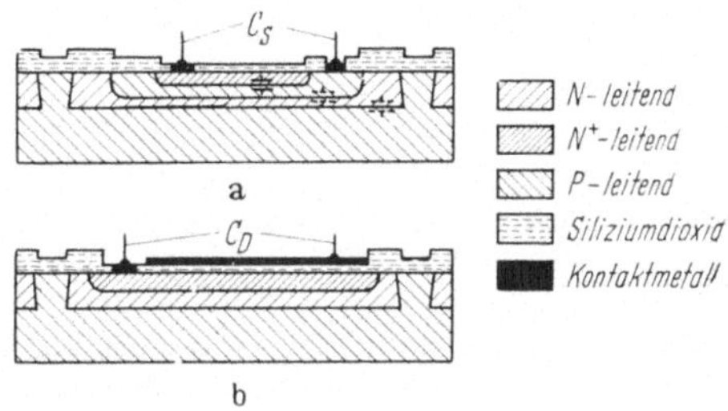

Abb.2.1-6. Grundaufbau von integrierten Kondensatoren (Querschnitte aus Gründen der Anschaulichkeit verzerrt dargestellt). a) Sperrschichtkondensator C_S (gepolte Kapazität). Im Bild ist die Kapazität der Emitter-Basis-Sperrschicht (N$^+$-P-Übergang) veranschaulicht. Kapazitätswerte 800 bis 1200 pF/mm^2; Sperrspannung $U_S = 5$ bis 7 V. Verfügbar sind außerdem die Kapazitäten der Basis-Kollektor-Sperrschicht (PN-Übergang; Kapazitätswert etwa 200 pF/mm^2; $U_S = 20$ bis 80 V) und der Kollektor-Substrat-Sperrschicht (N-P-Übergang; Kapazitätswerte 100 bis 200 pF/mm^2; $U_S = 20$ bis 100 V). Mit N$^+$-P$^+$-Übergängen erreicht man Kapazitätswerte von etwa 2000 pF/mm^2 und Sperrspannungen von etwa 4 V; b) MOS (*Metal-Oxid-Semiconductor*)-Kondensator C_D (ungepolte Kapazität). Kapazitätswerte von 200 bis 1000 pF/mm^2;
$$U_S = 2 \text{ bis } 50 \text{ V}.$$

dung des Systems Metallschicht-Siliziumdioxid-Halbleiter (MOS). Man läßt dabei auf eine durch entsprechendes Dotieren gut leitend gemachte Zone im Substrat einen Siliziumdioxidfilm aufwachsen und dampft auf dieses Dielektrikum eine Metallschicht auf (Abb.2.1-6b). Bei einer Dicke der Siliziumdioxidschicht von 0,1 μm erreicht man eine Kapazität von 300 pF/mm^2. Im Gegensatz zur Sperrschichtkapazität ist diese MOS-Kapazität spannungs- und richtungsunabhängig. Eine Sperrschichtkapazität von 200 pF oder eine MOS-Kapazität von 600 pF nehmen in einer monolithischen Halbleiterschaltung eine Fläche von etwa 1 mm^2 ein. Dies ist bei der heutigen Ausnutzung der Integrationsfläche verhältnismäßig viel. Man ist deshalb insbesondere dann, wenn man durch die Integration billige Schaltungen erreichen will, um Schaltungskonzepte bemüht, bei denen nur wenige oder überhaupt keine Kondensatoren benötigt werden [14, 15].

NPN-Transistoren: Eingebettete (vergrabene) Kollektorschicht (buried layer). Im Unterschied zum epitaktischen Planareinzeltransistor muß beim integrierten Transistor wegen der erforderlichen Isolationsmaßnahme der Kollektoranschluß auf der gleichen Seite des Kristalls herausgeführt werden wie die Basis und der Emitter. Dieser Aufbau bewirkt eine Vergrößerung des Kollektorbahnwiderstandes. Ein Vergleich der Abb.2.1-7a und b zeigt, daß das Bahngebiet für den Kollektorstrom zwischen dem Kollektoranschluß und der wirksamen Kollektor-Basis-Sperrschicht unter

der Emitterzone beim integrierten Transistor zwangsläufig viel länger ist als beim
Einzeltransistor, bei dem der Strom der Kollektorzone, die aus mehreren Gründen
nur schwach dotiert sein darf und damit einen hohen spezifischen Widerstand hat,
über das stark dotierte und deshalb sehr gut leitende Substrat zugeführt wird.

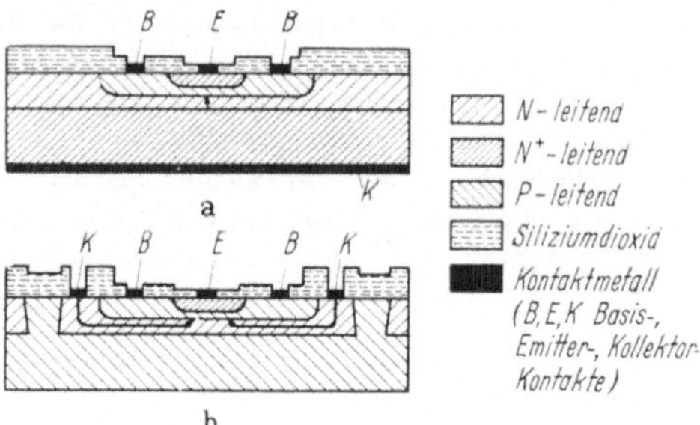

Abb.2.1-7. Kollektorstrombahnen bei einem diskreten epitaktischen NPN-Planartransistor (a)
und bei einem integrierten NPN-Transistor (Querschnitte aus Gründen der Anschaulichkeit
verzerrt dargestellt).

Der Gedanke liegt nahe, auch beim integrierten Transistor den Weg für den Kollektorstrom vom Kollektoranschluß bis zur wirksamen Kollektor-Basis-Sperrschicht
aus einem schwach- und einem starkdotierten Teil zusammenzusetzen. Er findet in
der sogenannten eingebetteten oder vergrabenen Schicht (buried layer) seine Verwirklichung. Die Abb.2.1-8a bis f veranschaulichen die Prozeßfolge bei der Herstellung eines (isolierten) integrierten NPN-Transistors mit eingebetter Schicht. Als
Ausgangsmaterial dient eine etwa 2 mm dicke Scheibe aus einkristallinem, P-leitendem Silizium. In dieses Substrat läßt man eine N-leitende Zone hoher Ladungsträgerkonzentration (N⁺) eindiffundieren (Abb.2.1-8a) und nach diesem vorbereitenden

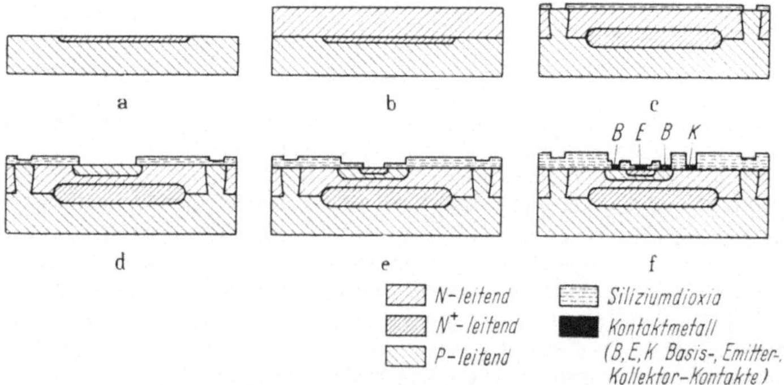

Abb.2.1-8. Fertigungsschritte eines integrierten NPN-Transistors mit vergrabener Schicht
(buried layer) (Querschnitte aus Gründen der Anschaulichkeit verzerrt dargestellt). a) P-leitendes
Siliziumsubstrat mit eindiffundierter N⁺-leitender Schicht; b) N-leitende Schicht epitaktisch
aufgebracht; c) In aufgebrachter Siliziumdioxidschicht Fenster freigeätzt und durch diese P-
leitende Kanäle zur Wannenbildung eindiffundiert (eindiffundierte N⁺-Schicht diffundiert noch
etwas in die epitaktische N-Schicht aus); d) In der vorher wieder geschlossenen Siliziumdioxidschicht Fenster für P-Basiszone freigeätzt und diese eindiffundiert; e) In der erneut geschlossenen
Siliziumdioxidschicht Fenster für N⁺-Emitterzone freigeätzt und diese eindiffundiert; f) Durch
in der nochmals geschlossenen Siliziumdioxidschicht freigeätzte Löcher Basis-, Emitter- und
Kollektorzone mit aufgedampftem Metall kontaktiert.

Schritt epitaktisch eine etwa 20 μm dicke Schicht aus N-leitendem Silizium aufwachsen (Abb.2.1-8b). Nach Durchdiffusion der zur Inselbildung nötigen P-leitenden Zonen (Abb.2.1-8c) werden in weiteren Diffusionsprozessen die Basis- und die Emitterzone erzeugt (Abb.2-1.8d und e). Durch die vergrabene, N⁺-leitende Schicht wird der hochohmige Weg des Kollektorstromes vom Kollektoranschluß zur Kollektor-Basis-Sperrschicht sehr stark verkürzt (Abb.2.1-8f). Eine weitere Verkleinerung des Kollektorbahnwiderstandes erreicht man durch eine N⁺-Diffusion vom Kollektoranschluß zur vergrabenen Schicht. Durch die genannten Maßnahmen ergeben sich integrierte Transistoren mit Restspannungen von gleicher Kleinheit wie bei einzeln gefertigten epitaktischen Transistoren [5, 7, 8, 10, 14, 15].

PNP-Transistoren: Parasitärer und lateraler Transistor. Für manche Anwendungen erweist sich die gleichzeitige Verwendung von NPN- und PNP-Transistoren als zweckmäßig. Die Herstellung von integrierten Schaltungen mit solchen komplementären Transistorpaaren erfordert zusätzliche Arbeitsgänge, die man aus wirtschaftlichen Gründen vermeiden möchte. Beschränkt durch die speziellen Eigenschaften des PNP-Transistors bieten sich hierzu zwei Möglichkeiten:

Nach der Isolation des integrierten NPN-Transistors mit einem vorgespannten PN-Übergang weist dieser Transistor im Unterschied zum herkömmlichen diskreten NPN-Planar-Transistor, der zwei PN-Übergänge hat, drei PN-Übergänge auf. Wenn die Basis-Kollektor-Diode des NPN-Transistors in Flußrichtung gepolt wird, wird ein parasitärer PNP-Transistor, bestehend aus Basis, Kollektor und Substrat wirksam (Abb.2.1-9a). Diesen parasitären Substrat-PNP-Transistor kann man in Schaltungen ausnutzen, in denen entweder nur ein PNP-Transistor benötigt wird oder mehrere PNP-Transistoren mit gemeinsamem Kollektor auftreten. Die Eigenschaften des Substrattransistors lassen sich durch einen N⁺-Ring um den Emitter noch verbessern.

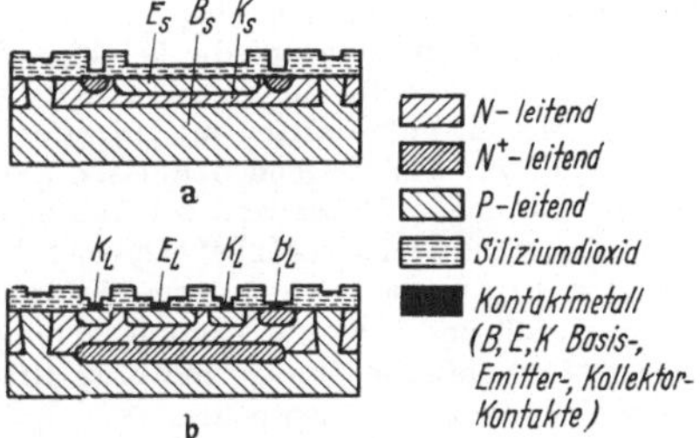

Abb.2.1-9. Integration von PNP-Transistoren (Querschnitte aus Gründen der Anschaulichkeit verzerrt dargestellt). a) Substrat-PNP-Transistor (parasitärer Transistor); b) Lateraler PNP-Transistor.

Eine andere Möglichkeit, ohne zusätzliche Prozeßschritte zu einem integrierten PNP-Transistor zu kommen, besteht in der gleichzeitigen Diffusion von zwei eng aneinanderliegenden P-Zonen in einer isolierten N-leitenden Insel. Diese Diffusion läßt sich mit der Diffusion zum Herstellen der Basen der NPN-Transistoren ausführen (Abb.2.1-9b).

Sowohl der parasitäre (Vertikal-) als auch der laterale (Oberflächen-) PNP-Transistor sind nur beschränkt anwendbare Behelfe, denn es lassen sich auf diese Weise nicht die guten Eigenschaften eines diskreten PNP-Transistors erreichen [14, 15, 16].

Feldeffekttransistoren: MOS-Technik. Als Transistor wurde zuerst der Injektionstransistor bekannt, der sich vom Spitzentransistor des Erfindungsjahres 1948 über den Legierungstransistor und den Diffusions-Legierungs-Transistor — beides Transistoren mit flächenhaften PN-Übergängen — zum reinen Diffusionstransistor (Planartransistor) fortentwickelte. Inzwischen ist ein als Feldeffekttransistor bezeichnetes Bauelement erschienen, das vor allem für den Aufbau von integrierten Schaltungen mehr und mehr Bedeutung gewonnen hat. Das Prinzip dieses unipolaren Transistors — im Gegensatz zum Injektionstransistor, bei dem am Stromtransport Ladungsträger beiderlei Vorzeichens (Elektronen *und* Löcher) beteiligt sind und den man deshalb auch als bipolaren Transistor bezeichnet, übernehmen beim Feldeffekttransistor nur Ladungsträger einer Art (Elektronen *oder* Löcher) diese Aufgabe — war bereits lange Zeit vor der Erfindung des Injektionstransistors bekannt [19, 20]. Eine technische Realisierung wurde aber erst auf der Grundlage der bei der Entwicklung der Injektionstransistoren gemachten technologischen Fortschritte und der dabei gewonnenen Materialkenntnisse möglich, so daß es technisch brauchbare Feldeffekttransistoren erst seit etwa 1960 gibt. Analog zum Wort „Injektion" bezeichnet das Wort „Feldeffekt" den für die Funktion des damit näher gekennzeichneten Transistors maßgeblichen Vorgang: Beim Feldeffekttransistor wird die Anzahl der in einer halbleitenden Zone zur Verfügung stehenden Majoritätsladungsträger und damit der Widerstand dieser Zone durch ein elektrisches Feld gesteuert, das durch eine über eine Steuerelektrode angelegte Spannung entsteht.

Unterschiedlich im Aufbau der gesteuerten halbleitenden Zone gibt es zwei Grundformen von Feldeffekttransistoren: Sperrschicht-Feldeffekttransistoren, auch PN-FET oder JGFET (Junction Gate FET) genannt, und Isolierschicht-Feldeffekttransistoren, auch MIS-FET (Metal-Isolator-Semiconductor-FET) oder IG-FET (Insulated-Gate-FET) genannt [21, 22, 23]. Je nachdem, ob die gesteuerte Zone, der „Kanal", N- oder P-leitend ist, unterscheidet man außerdem zwischen N- oder P-Kanaltypen.

Für integrierte Schaltungen hat unter den zwei genannten FET-Grundtypen der MIS-FET zunehmend an Bedeutung gewonnen, speziell der MOS-FET, dessen Isolierschicht aus Siliziumdioxid besteht. Diese Schicht darf zum Erzielen einer möglichst hohen Steuerwirkung schon bei kleinen Steuerspannungen nur etwa 0,1 µm dick sein. Hinsichtlich der Integration bieten die MOS-Feldeffekttransistoren gegenüber den Injektionstransistoren zwei wesentliche Vorteile: Sie lassen sich viel einfacher herstellen als Injektionstransistoren, denn es ist nur ein Diffusionsschritt nötig, und sie lassen sich in integrierte Schaltungen ohne Isolierungsmaßnahmen einfügen, d.h., man kann auf die bei Injektionstransistoren nötigen Isolierboxen verzichten und deshalb auf einem Trägerplättchen wesentlich mehr MOS-Feldeffekttransistoren unterbringen als Injektionstransistoren. Diese Vorteile sind die Hauptgründe für den steigenden Einsatz von MOS-Feldeffekttransistoren in integrierten Schaltungen. Dabei werden Schaltungen angestrebt und bevorzugt, in denen die Transistorfunktionen ausschließlich von MOS-Feldeffekttransistoren übernommen werden, weil in solchen Schaltungen die genannten Vorteile des MOS-Feldeffekttransistors voll und ganz zur Geltung kommen: Die von unipolaren Schaltungen benötigte Systemfläche beträgt nur etwa 10% der Systemfläche, die gleichwertige bipolare Schaltungen beanspruchen.

Ein für viele Anwendungen wichtiger weiterer Vorteil der MOS-Feldeffekttransistoren besteht darin, daß sie im Gegensatz zu den Injektionstransistoren einen sehr hohen Eingangswiderstand (Widerstand zwischen Source und Gate) haben. Er liegt zwischen 10^{12} und $10^{14}\,\Omega$, ist also mindestens ebenso groß wie bei Elektronenröhren und ermöglicht eine fast leistungslose Steuerung.

Nachteilig wirkte sich bislang die ziemlich hohe Schwellenspannung („Threshold voltage") der MOS-Feldeffekttransistoren — 3 bis 5 V bei den Standardtypen — aus. So folgt z.B. aus dem Umstand, daß die Betriebsspannung bei Transistorschaltern (Invertern) zum Erzielen einer ausreichenden Störsicherheit und einer möglichst großen Schaltgeschwindigkeit etwa viermal so groß sein muß wie die Schwellenspannung, daß die unipolare Schaltungstechnik höhere Betriebsspannungen erfordert als die bipolare. Eine Behebung dieses Nachteils bedingt eine Verkleinerung der Schwellenspannung des MOS-Feldeffekttransistors. Dies ist durch technologische Maßnahmen bereits sehr weitgehend gelungen [23, 24]. Man kann heute Isolierschicht-Feldeffekttransistoren — z.B. MNOS-Feldeffekttransistoren, aus den MOS-Feldeffekttransistoren durch Passivieren der Oxidschichten mit Siliziumnitrid entstehend — mit Schwellenspannungen von 1,5 bis 2,5 V und entsprechend niedrigen Betriebsspannungen herstellen. Damit ergibt sich auch die Möglichkeit einer Kombination von MOS-Schaltungen und bipolaren Schaltungen, wie sie in der Digitaltechnik zum Erreichen höherer Schaltgeschwindigkeiten, als sie mit ausschließlichen MOS-Systemen erzielbar sind, von Bedeutung sein kann.

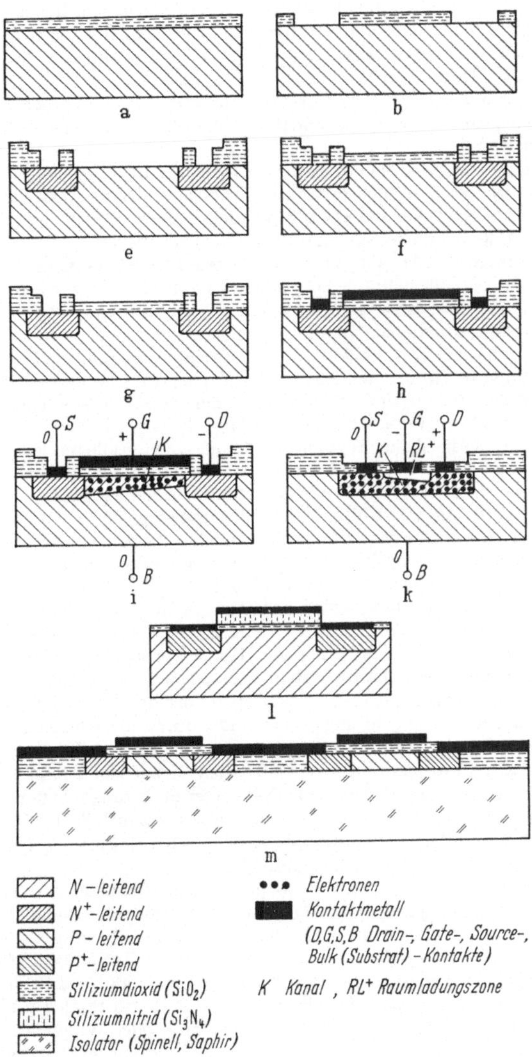

Abb. 2.1-10. Fertigungsschritte eines N-Kanal-MOS-Feldeffekttransistors (a bis h) und schematische Querschnitte durch einen N-Kanal-MOS-Feldeffekttransistor mit vollausgebildetem Kanal (i), einen N-Kanal-JG-Feldeffekttransistor (k), einen MNOS-VT-Feldeffekttransistor (l) und einen in ESFI-MOS-Technik hergestellten Komplementärkanal-MOS-Inverter (Querschnitte aus Gründen der Anschaulichkeit verzerrt dargestellt).

Die Abb. 2.1-10a bis h erläutern die Fertigung eines N-Kanal-MOS-Feldeffekttransistors. Als Substrat dient eine P-leitende Siliziumscheibe. Diese wird mit einer etwa 0,5 μm dicken Siliziumdioxidschicht bedeckt (Abb. 2.1-10a), in der man Löcher für die N-Diffusion der Source- und der Drainzone freilegt (Abb. 2.1-10b). Nach der Diffusion (Abb. 2.1-10c) wird eine etwa 1,5 μm dicke Siliziumdioxidschicht aufgebracht (Abb. 2.1-10d), in die man Löcher für das Gate und für die Source- und Drainanschlüsse ätzt (Abb. 2.1-10e). In diesen Löchern wächst im nächsten Fertigungsschritt das Oxid in der am Gate gewünschten Dicke auf (Abb. 2.1-10f). Es wird an Source und Drain wieder entfernt (Abb. 2.1-10g). Dann werden die Aluminiumkontakte aufgedampft (Abb. 2.1-10h).

Die Abb. 2.1-10i und k zeigen schematische Querschnitte durch einen N-Kanal-MOS-Feldeffekttransistor mit vollausgebildetem Kanal bzw. durch einen N-Kanal-JG-Feldeffekttransistor.

Abb. 2.1-10l zeigt einen schematischen Querschnitt durch einen MNOS-VT (Metal Nitride Oxide Semiconductor-Variable Threshold)-Transistor. Das Gateoxid ist hier zweischichtig: Auf die etwa 2 nm dicke untere Schicht aus Siliziumdixoid ist eine etwa 50 nm dicke Siliziumnitridschicht aufgebracht. An der Grenze Oxid-Nitrid treten in großer Anzahl Haftstellen („Traps") auf, die man mit großen negativen oder positiven Gatespannungen umladen kann. Dadurch verschiebt sich der Wert der Einsatzspannung nach „Hoch" und „Tief", und man hat zwei unterschiedliche elektrische Zustände, die man für Speicheranwendungen ausnutzen kann.

Das Frequenzverhalten von Feldeffekttransistoren wird hauptsächlich durch parasitäre Kapazitäten bestimmt. Je kleiner diese Kapazitäten sind, um so schneller kann ein solcher Transistor schalten. Sehr weit kommt man in dieser Hinsicht mit der ESFI (Epitaxial Silicon Films on Isolators)-MOS-Technik, bei der alle aktiven Elemente als etwa 0,8 μm dicke Siliziuminseln auf einem isolierenden Substrat (Spinell; Saphir) angeordnet sind. Abb. 2.1-10m zeigt einen schematischen Querschnitt durch einen in dieser Technik hergestellten Komplementärkanal-MOS-Inverter. Optimal wird ein ESFI-MOS-Feldeffekttransistor durch Anwenden der Ionenimplantation: Man diffundiert die Drain- und die Sourcezone nach der Herstellung des Gate in bestimmtem Abstand von diesem und dotiert die noch fehlenden Bereiche mit Dopanten aus einer Ionenquelle (Abschnitt 2.1.1.7).

Dioden. Dioden werden in integrierten Schaltungen im allgemeinen aus NPN-Transistoren gebildet. Es gibt dazu die in den Abb. 2.1-11a bis f gezeigten Möglichkeiten. Sie unterscheiden sich in der Fluß -und Durchbruchspannung sowie in der Kapazität und damit auch im Schaltverhalten. Bei den Schaltungen a, b und c ist die Durchbruchspannung durch die Durchbruchspannung der Emitter-Basis-Diode des NPN-Transistors, bei den Schaltungen d, e und f durch die Dotierung und die Dicke der N-Epitaxieschicht bestimmt. Sie liegt zwischen 5 und 7 V bzw. zwischen 20 und 80 V. Typische Flußspannungswerte für einen Strom von 10 mA sind 0,85 bis 1 V. Sie streuen bei mehreren Dioden innerhalb einer Schaltung nur um maximal ± 5 mV. Der Temperaturkoeffizient der Flußspannung ist -2 mV/K, der der Durchbruchspannung im angegebenen Spannungsbereich $+2$ bis $+4$ mV/K. Die größte Schaltgeschwindigkeit hat die Schaltung a [14, 15].

Filter. Die herkömmlichen Filter mit schmalen Durchlaßbereichen sind *LC*-Kombinationen, also Schwingkreise. Seit langem kennt man zwar auch die Möglichkeit, mit passiven *RC*-Netzwerken in Brückenschaltungen (T-, π- oder X-Schaltung) frequenzselektive Durchlaßkurven zu erzielen; die Selektivität solcher *RC*-Filter ist jedoch bei weitem nicht so groß wie die der resonanzfähigen *LC*-Filter. Der Integration dieser Filter steht die Tatsache entgegen, daß sich Spulen auch nicht annähernd so verkleinern lassen wie etwa Kondensatoren oder Widerstände; jede Induktivität braucht einen bestimmten *Raum*, und dieser ist in integrierten Schaltungen nicht vorhanden. Der zunehmenden Bedeutung der Schaltungsintegration Rechnung tragend mußte man deshalb versuchen, Filter auf der Grundlage mikroelektronischer Mittel zu gewinnen. Dies gelang mit den aktiven *RC*- und *C*-Filtern (Analogfilter) sowie den Schalterfiltern (Digitalfilter).

Bei den spulenlosen Analogfiltern wird der Resonanzeffekt durch die Verwendung eines linearen, geeignet rückgekoppelten Spannungsverstärkers verwirklicht. Durch Gegen- oder Mitkopplung eines solchen Verstärkers über RC-Netzwerke läßt sich eine Reihe von Hochpaß-, Tiefpaß- und Bandpaßschaltungen mit für viele Zwecke

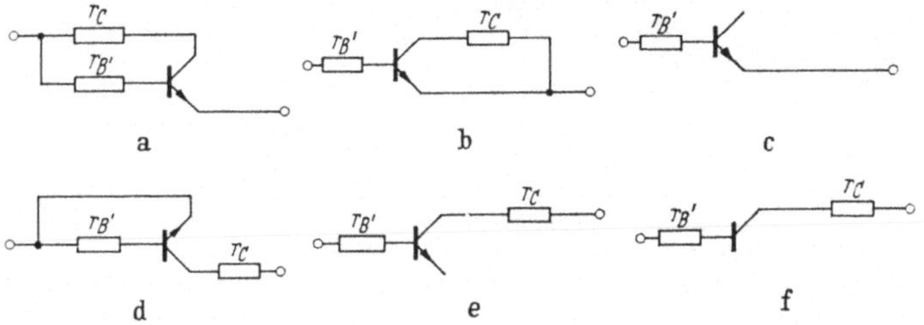

a   b   c
d   e   f

Abb. 2.1-11. Anwendungsmöglichkeiten von integrierten Transistoren als integrierte Dioden. a) Durchlaßspannung $U_F = U_T \ln(1 + I_F/a_{11}) + I_F(1 - \alpha_N)\, r_{B'}$; Sperrspannung $U_S = 5$ bis 7 V; b) $U_F = U_T \ln(1 + \alpha_I I_F/a_{11}(\alpha_N + \alpha_I - 2\alpha_N\alpha_I)) + I_F r_B$; $U_S = 5$ bis 7 V; c) $U_F = U_T \ln(1 + I_F/a_{11}(1 - \alpha_N\alpha_I)) + I_F r_B$; $U_S = 5$ bis 7 V (Kollektor mit eindiffundiert, aber offen); d) $U_F = U_T \ln(1 + \alpha_I I_F/a_{11}\alpha_N) + I_F(r_C + r_B(1 - \alpha_I))$; $U_S = 20$ bis 80 V; e) $U_F = U_T \ln(1 + \alpha_I\alpha_F/a_{11}\alpha_N(1 - \alpha_N\alpha_I)) + I_F(r_{B'} + r_C)$; $U_S = 20$ bis 80 V (Emitter mit eindiffundiert, aber offen); f) $U_F = U_T \ln(1 + I_F/a_{22}) + I_F(r_{B'} + r_C)$; $U_S = 20$ bis 80 V (Emitter nicht mit eindiffundiert). Erster Term jeder Gleichung für U_F gemäß den Ebers-Moll-Gleichungen [18], zweiter Term Spannungsabfälle an den Bahnwiderständen r. I_F Durchlaßstrom; U_T Temperaturspannung (bei Zimmertemperatur etwa 26 mV); $a_{11} = I_{E0}(1 - \alpha_N\alpha_J)$ Vierpolparameter; I_{E0} Sättigungsstrom der Emitterdiode bei $I_C = 0$; α_N Stromverstärkung bei Emitter als Emitter und Kollektor als Kollektor (normal α); α_I Stromverstärkung bei Kollektor als Emitter und Emitter als Kollektor (inverted α).

ausreichender Flankensteilheit herstellen. Außer mit Spannungsverstärkern kann man aktive RC-Filter mit sogenannten Negativ-Impedanz-Konvertern (NIK) gewinnen. Die wesentliche Eigenschaft eines solchen (durch einen rückgekoppelten Operationsverstärker realisierbaren) NIK-Vierpols ist, daß eine am einen Tor angeschlossenen Impedanz Z am anderen Tor invertiert ($-kZ$; k Konversionsfaktor) erscheint. Bei den aktiven C-Filtern ist die Induktivität des LC-Filters durch kapazitiv belastete Gyratoren ersetzt. Als nicht übertragungssymmetrischer Vierpol ermöglicht der Gyrator die Nachbildung einer Induktivität durch eine Kapazität. Gyratoren lassen sich ebenso wie Verstärker mit Widerständen und Transistoren aufbauen und sind deshalb leicht integrierbar.

Schalterfilter enthalten Widerstände, Kondensatoren und Schalter, im Hinblick darauf, daß die Schaltfunktionen von Transistoren übernommen werden können, also durchweg integrierbare Bauelemente. Während man mit den genannten Analogfiltern die Funktion der LC-Filter nachbildet, trifft dies bei den Schalterfiltern — die wichtigsten Kategorien dieser Filter sind Schalterfilter mit Resonanztransfer, rückgekoppelte Laufzeitketten und N-Pfad-Filter — nicht mehr zu. Bezüglich ihrer recht komplizierten Wirkungsweise sei hier auf das Fachschrifttum verwiesen [26 bis 34].

2.1.1.4 Masken für Halbleiterschaltungen. Die wichtigsten Werkzeuge der Planartechnik sind einzelne Masken, die die für die aufeinanderfolgenden phototechnischen Prozesse nötigen Strukturen in rasterförmiger Anordnung enthalten. Die großen Fortschritte der Schaltungsintegration in den letzten Jahren wären nicht möglich gewesen, wenn sich die Maskiertechnik nicht gleichzeitig hoch entwickelt hätte. Welche Anforderungen hier gestellt werden, mag der Hinweis beleuchten, daß die Konturen verschiedener Masken auf der ganzen Fläche der Substratscheibe bis auf 0,5 µm, d.h. bis an die Lichtwellenlänge heran, zur Deckung gebracht werden müssen. Dies gilt sowohl für die Herstellung von Einzelbauelementen (Dioden und Transistoren) als auch für die Erzeugung integrierter Halbleiterschaltungen, mit dem einzigen Unterschied, daß die Strukturen bei Einzelbauelementen noch verhältnismäßig einfache, bei ganzen Schaltungen aber sehr komplizierte Gebilde sind. Für die Herstellung einer bestimmten Halbleiterschaltung sind bis zu sieben unterschiedliche Masken erforderlich.

Die Herstellung der Masken für monolithische Halbleiterschaltungen ist ein dreiteiliger Prozeß: Konstruktionszeichnung der Topographie (Lay-out), Herstellung der Maskenvorlagen und Herstellung der Arbeitsmasken.

Konstruktion der Topographie bedeutet „Umschreiben" eines in der herkömmlichen Form vorliegenden Schaltbildes in eine optimal integrierbare Form. Beschränkung auf minimalen Flächenbedarf, Einhaltung der technologisch nötigen Sicherheitsabstände, Unterdrückung von parasitären Effekten, richtige Verlegung der Leiterbahnen und optimale Anordnung der energieverbrauchenden Bauelemente sind bei diesem Prozeß Aufgaben, von deren Erfüllung die Qualität der zu erstellenden monolithischen Halbleiterschaltung und die Wirtschaftlichkeit der Fertigung abhängen. Bei Schaltungen mit wenigen Bauelementen kann diese Konstruktionsarbeit von Menschen allein ausgeführt werden. Je komplexer aber eine Schaltung ist, desto größer ist die Anzahl ihrer Bauelemente und der Umstände, die man für eine optimal integrierbare Darstellung zusätzlich berücksichtigen muß (beispielsweise Reihenfolge der Anschlüsse, minimale Anzahl von Überkreuzungen und minimale Leiterbahnlängen). Für die „Entflechtung" solcher Schaltungen setzt man heute in zunehmendem Maß das Arbeitsmittel der Datenverarbeitung (CAD, Computer Aided Design) ein.

Die fertige (als Zeichnung vorliegende oder in einer Datenverarbeitungsanlage gespeicherte) Topographie enthält die Begrenzungen aller durch Diffusionsprozesse herzustellenden P- und N-leitenden Bereiche sowie die Begrenzungen der Aluminiumleiterbahnen.

Abb.2.1-12a zeigt das Schaltbild eines TTL-Master-Slave-Flipflop in der herkömmlichen Form, Abb.2.1-12b die entflochtene Schaltung und Abb.2.1-12c die endgültige Konstruktionszeichnung der Topographie (Strukturen der einzelnen Ebenen ineinander gezeichnet). Die Abb.2.1-13a und b veranschaulichen die Entflechtung einer komplizierten Schaltung mit Hilfe eines Rechnerprogramms.

Für die *Herstellung der* photographierbaren *Maskenvorlagen* der einzelnen Ebenen sind heute drei Verfahren üblich, von denen zwei mit einem zusätzlichen Verkleinerungsschritt verbunden sind und eines ohne einen solchen arbeitet. Bei

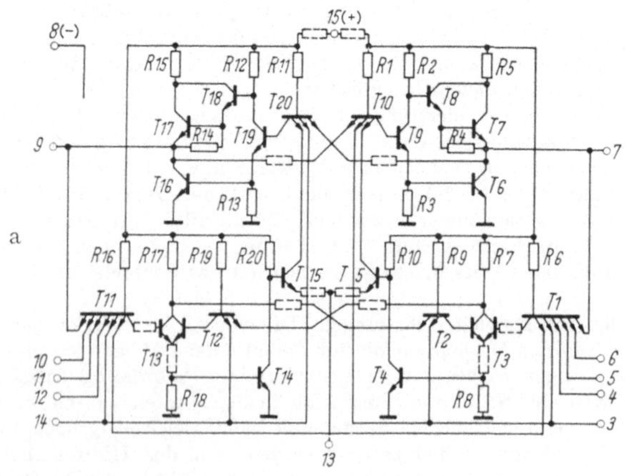

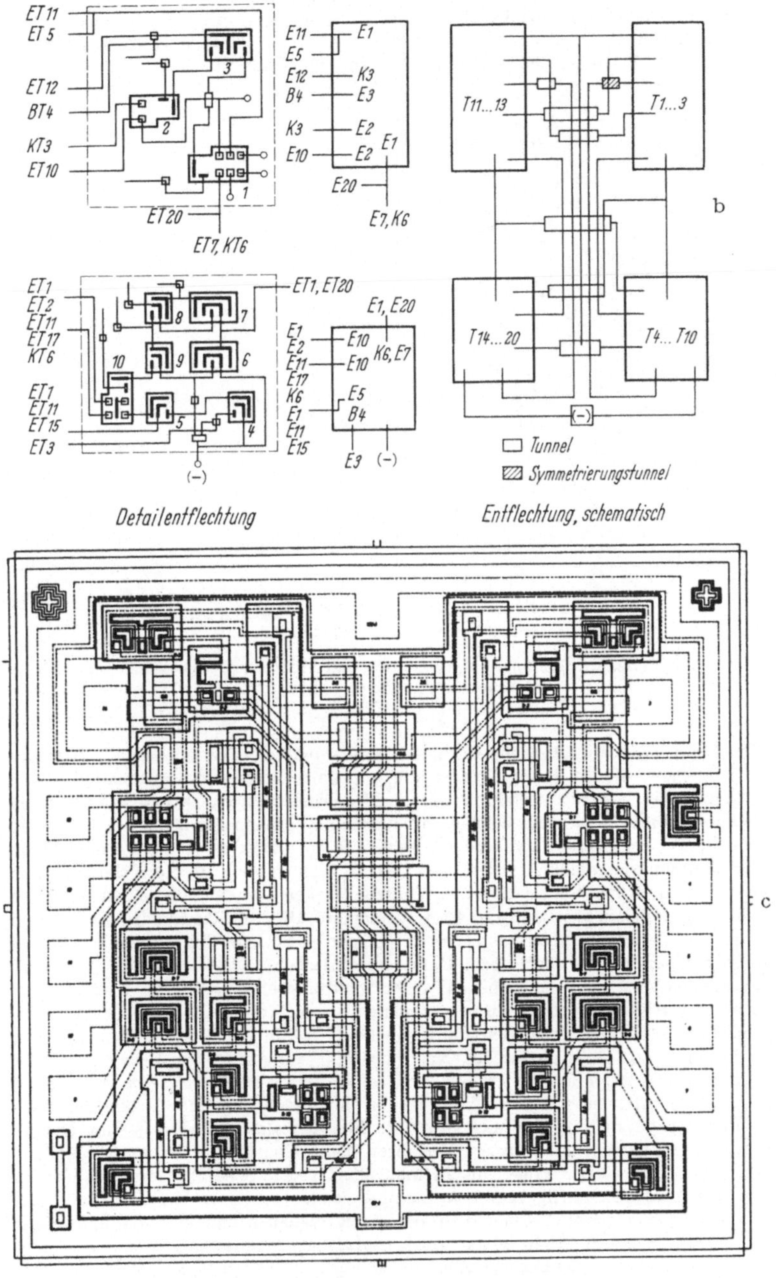

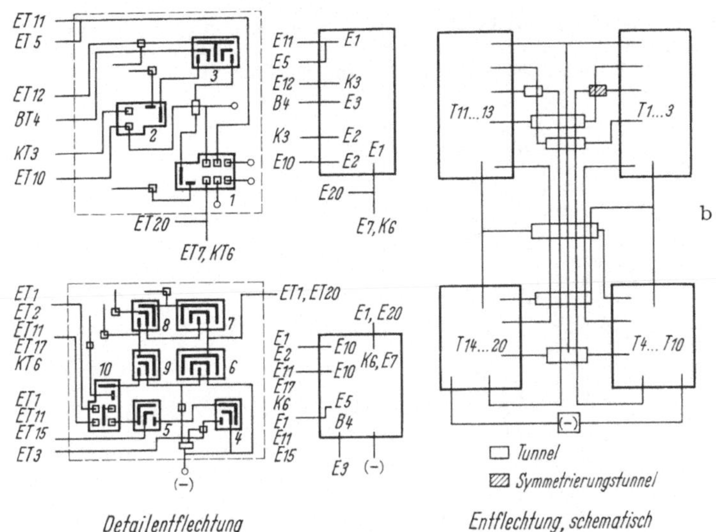

Abb. 2.1-12. Herstellung der Topographie eines integrierten TTL-Master-Slave-Flipflop. a) Schaltbild; b) Entflechtung; c) Topographie.

dem einen Verfahren mit Verkleinerung schneidet man die Schaltungsstrukturen mit Hilfe eines (meistens automatisch gesteuerten) Koordinatographen in bezüglich der Originalgröße 500facher Vergrößerung aus einer Kunststoffolie mit

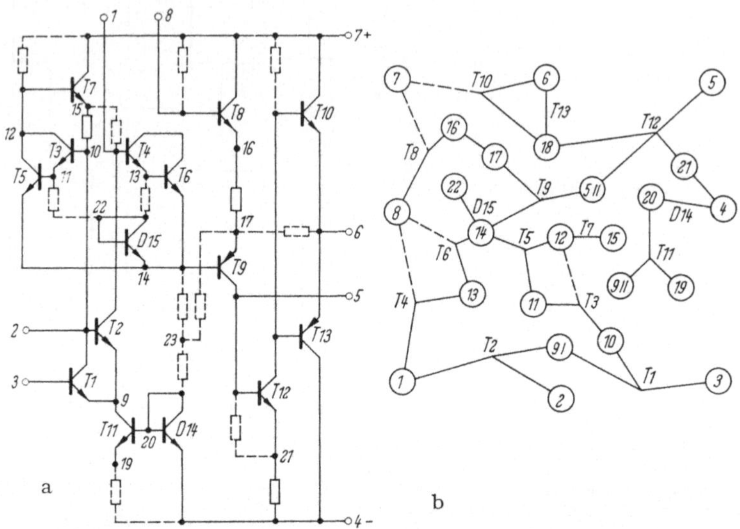

Abb. 2.1-13. Entflechtung einer Schaltung mit Hilfe eines Rechenprogramms.
a) Schaltbild; b) Planer Graph zu a).

abziehbarer lichtdurchlässiger Deckfolie heraus und zieht dann die Schnittmaske ab. Die mit dieser Strippingtechnik erreichbare Positionierungsgenauigkeit ist $\pm 50\,\mu$m. Bei anderen Verfahren mit Verkleinerung verwendet man statt des Zeichengerätes mit Messer ein solches mit Lichtkopf, das die Strukturen im Maßstab 100:1 auf Photoplatten abphotographiert. Die mit diesem Verfahren erreichbare Positionierungsgenauigkeit ist besser als $\pm 15\,\mu$m. Sowohl die Schnittmasken als auch die auf Photoplatten erzeugten Masken werden in einem weiteren Schritt optisch auf den Maßstab 10:1 verkleinert. Weil die Masken die Strukturen einer Halbleiterschaltung rasterförmig angeordnet viele hundertmal enthalten müssen, ist eine Step- und Repeat-Kamera erforderlich.: Die Vorlagen der beispielsweise sechs verschiedenen „Ebenen" einer Schaltung im Maßstab 10:1 werden mit sechs Objektiven auf sechs auf einem gemeinsamen Kreuztisch höchster Präzision angeordnete Photoplatten gleichzeitig nochmals zehnfach verkleinert und damit in der Endgröße (1:1) abgebildet. Nach der Belichtung fährt der Kreuztisch automatisch einen Rasterabstand weiter, und es wird erneut belichtet. Dieser Vorgang wird wiederholt, bis auf den Photoplatten eine Fläche von der Größe der Substratoberfläche rasterförmig belichtet ist. Für Kreisflächen von 50 nm Durchmesser erreicht man nach diesem Verfahren heute eine Positionierungsgenauigkeit von $\pm 0{,}25\,\mu$m. In der Praxis macht man alle für eine Schaltung nötigen Masken (bis zu sieben) gleichzeitig. Man benutzt zu diesem Zweck einen Kreuztisch mit entsprechend vielen parallel arbeitenden optischen Systemen und spart dadurch nicht nur Arbeit, sondern erhält einen Maskensatz, der deckungsgleich ist. Bei dem ohne zusätzliche Verkleinerung arbeitenden Verfahren werden die Strukturen mit Hilfe eines Patterngenerators bereits im Maßstab 10:1 auf einer Photoplatte vollautomatisch zusammengesetzt (Positionierungsgenauigkeit $\pm 1\,\mu$m) und anschlie-

ßend in der beschriebenen Weise mit einer Step- und -Repeat-Kamera im Original-
maß vervielfältigt.

Die Photomasken sind sehr empfindlich und keinesfalls als Arbeitsmasken verwendbar. Deshalb stellt man von diesen „Muttermasken" mit Hilfe photolitho-
graphischer Verfahren standfeste „Tochtermasken" her und davon dann die Arbeitsmasken [35, 36, 37].

2.1.1.5 Montageverfahren. Bevor man die in großer Anzahl (100 bis über 1000)
auf einer Substratscheibe gleichzeitig hergestellten monolithischen Halbleiterschaltungen nach Ritzen mit Hilfe eines Diamanten einzeln aus der Scheibe herausbricht,
überprüft man die elektrische Funktion der einzelnen Systeme auf automatisch
arbeitenden Meßplätzen mit rechnergesteuerten Meßgeräten (Abb. 2.1-14). 30 bis
50 Meßgrößen je System können dabei in Zeiten von nur einigen hundert Millisekunden erfaßt werden. Nach Kennzeichnung der nichteinwandfreien Systeme wird die
Scheibe in die Einzelsysteme zerlegt.

Abb. 2.1-14. Einrichtung zur Funktionsprüfung von integrierten Schaltungen. Meßzeiten für
etwa 50 Meßgrößen einige hundert Millisekunden. Taktzeiten kürzer als eine Sekunde.

Beim Einbau der für einwandfrei befundenen Systeme in Gehäuse steht man vor
der Aufgabe, die Systemanschlüsse mit den Gehäusestiften zu verbinden. Diese
Verbindungen stellt man heute meistens mit feinen Gold- oder Aluminiumdrähten
(Dicken ab 7 bzw. 12 μm) unter Zuhilfenahme von Mikroskopen und Mikromani-
pulatoren nacheinander von Hand her. Man wendet dabei Thermokompressions-
oder Ultraschallverfahren an. Ein neueres Montageverfahren sieht an den äußeren
Anschlußstellen der Systeme metallische Warzen vor. Der so beschaffene Wafer
(Trägerplättchen mit System) wird mit der Systemseite nach unten auf einen Träger
aufgesetzt, auf dem die Warzen mit den Gehäuseanschlüssen kontaktieren. Alle
diese Kontakte werden dann gleichzeitig durch Thermokompression oder Ultra-
schallschweißung verfestigt (Flip-Chip-Montage).

Ebenso wie Einzelbauelemente werden auch monolithische Halbleiterschaltungen
in Kunststoffgehäusen untergebracht. Hierbei wird das System mit einer Spezial-

siliconmasse umspritzt. Abb. 2.1-15 zeigt Gehäusegrundtypen für integrierte Schaltungen.

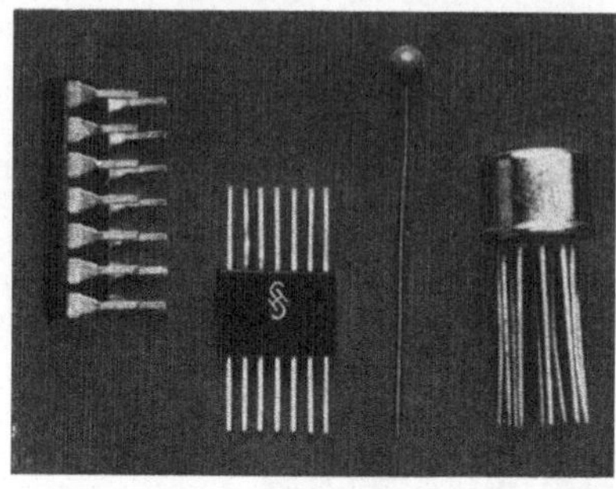

Abb. 2.1-15. Typische Gehäuseformen für integrierte Halbleiterschaltungen. Links: Dual-in-line-Gehäuse (Plastik), Mitte: Flatpack-Gehäuse (Glas oder Keramik), Rechts: Metallgehäuse (TO 5) (Stecknadelkopf zum Größenvergleich).

2.1.1.6 Bauelementedichte, Integrationsgrad: SSI, MSI, LSI. Die Bauelementedichte, d. h. die Anzahl der je Quadratmillimeter Substratfläche integrierten Bauelemente, beträgt heute für bipolare Schaltungen bis zu 200/mm^2 und für MOS-Schaltungen bis zu 1000/mm^2.

Eine zweite, den Stand der Integrationstechnik kennzeichnende Größe ist der Integrationsgrad, d. h. die Anzahl der je Schaltungschip integrierten Bauelemente. Hierzu ist festzustellen, daß die Entwicklung von monolithischen Halbleiterschaltungen sehr schnell von den Anfangsprodukten mit etwa zehn Bauelementen je System im Jahr 1961 zu Schaltungen mit unvergleichbar höherem Integrationsgrad fortschritt. Es werden bereits Chips mit 40000 bis 50000 MOS-Bauelementen und Chips mit 20000 bis 30000 bipolaren Bauelementen hergestellt.

Heute erscheinen bereits Integrationsgrade von etwa 200/mm^2 bei bipolaren und von etwa 2000/mm^2 bei MOS-Schaltungen auch fertigungstechnisch beherrschbar und Systemgrößen von 20 mm^2 als durchaus möglich.

Es hat sich allmählich eingebürgert, hinsichtlich der Integrationsgrade zwischen einer „Small Scale Integration (SSI)", einer „Medium Scale Integration (MSI)" und einer „Large Scale Integration (LSI)" zu unterscheiden.

Der Integrationsgrad der SSI-Technik erstreckt sich über einen Bereich von etwa 10 bis 100 Bauelementen je Schaltung, entsprechend 1 bis 5 Verknüpfungsgliedern. Zu diesen Schaltungen gehören u. a. die Grundschaltglieder der vielen heute bekannten digitalen Schaltgliederfamilien und die meisten Analogschaltungen für Rundfunk- und Fernsehanwendungen.

Schaltungs- und Kostenüberlegungen führten zur Entwicklung von monolithischen Halbleiterschaltungen höherer Integrationsgrade. Je höher z. B. die Ansprüche an die Leistungsfähigkeit von elektronischen Rechnern wurden, desto größer wurde im allgemeinen auch die Anzahl der benötigten integrierten Schaltungen. Zum Erzielen kurzer Arbeitszeiten waren die Verbindungen zwischen den einzelnen Schaltungen so kurz wie nur möglich zu halten. Es lag nahe, die SSI-Schaltungen durch komplexe monolithische Bausteine zu ergänzen, d. h., aus einer im Vergleich mit der SSI-Technik größeren Anzahl von Bauelementen und Schaltungen schon im Planarprozeß komplexe monolithische Schaltungen zu bilden. Bei dieser kurz MSI genannten Art der Schaltungsintegration beträgt der Integrationsgrad etwa 50 bis 500 Bauelemente je Schaltung, entsprechend 10 bis 50 Verknüpfungsgliedern. In MSI-Technik werden z. B. Binär- und Dekadenzähler sowie Schieberegister und auch schon „kundenspezifische Schaltungen" hergestellt. Der Hauptanteil an hergestellten monolithischen Halbleiterschaltungen liegt heute bei Bausteinen mit 20 bis 200 Bauelementen. Im Bereich dieser Standardbausteine liegt z. Z. auch das Optimum der Kosten.

Auch die MSI-Technik konnte den immer höher geschraubten Anforderungen von seiten des Geräteherstellers nicht lange standhalten, und man sah sich deshalb gezwungen, nach Möglichkeiten zu einer weiteren Steigerung des Integrationsgrades zu suchen. Das Ergebnis dieser Bemühungen sind die LSI-Schaltungen mit einigen zehntausend Bauelementen je Schaltung, entsprechend mehreren tausend Verknüpfungsgliedern (beispielsweise Anordnungen von bipolaren Verknüpfungsgliedern nach Kundenspezifikation und MOS-Speicher). Bei der LSI-Technik werden ebenso wie bei der SSI- und der MSI-Technik mit das einfache Grundschaltglied vielfach enthaltenden Standardmasken die für die Herstellung der Bauelemente nötigen Diffusionen vorgenommen. Mit einer weiteren Standardmaske werden die für jedes einzelne Grundschaltglied erforderlichen internen Leiterbahnen aufgebracht. Mit dem ersten Leiterbahnnetz werden auch die für die anschließende Prüfung der Funktion aller Grundschaltglieder benötigten Kontaktflächen erzeugt. Die durch die Prüfung erlangte Information über die Lage der guten Systeme wird einem elektronischen Rechner eingegeben. Dieser bestimmt nach einem vorgegebenen Logikplan die optimalen Verbindungswege zwischen den funktionstüchtigen Grundschaltgliedern und steuert gleichzeitig die Maskenherstellung für die (für jede Scheibe andere) Verbindung der Grundschaltglieder in einer oder mehreren gegen das erste Leiterbahnnetz und gegeneinander isolierten Ebenen.

Dieses LSI-Verfahren mit wählbaren Leiterbahnverbindungen („discretionary wiring approach") erfordert zweifellos erhebliche Investitionen und wurde deshalb bisher nur bei extremen Anforderungen im militärischen Bereich und in der Raumfahrt angewendet. Wesentlich wirtschaftlicher wäre es, wenn man zum Verbinden der Grundeinheiten einheitliche Leiterbahnmasken verwenden könnte. Ein solches LSI-Verfahren mit vorgegebenen Leiterbahnverbindungen („fixed wiring", „100%-yield approach") setzt aber für volle Wirksamkeit eine 100%ige Ausbeute an Grundschaltgliedern voraus. Eine solche Ausbeute ist beim heutigen Stand der Technik nicht zu erreichen, so daß man sich bei den fertigen hochintegrierten Halbleiterschaltungen mit einem bestimmten Ausschuß abfinden muß. Trotzdem wird dieses Verfahren praktisch angewendet. Es bietet immerhin den Vorteil, der besseren Ausnutzbarkeit des Trägerkristalls, weil die zum Prüfen der einzelnen Grundschaltungen nötigen Kontaktstücke entfallen und deshalb auf dem Trägerkristall etwa dreimal soviel Grundschaltglieder unterzubringen sind wie beim LSI-Verfahren mit wählbaren Leiterbahnverbindungen.

Während es sich bei den SSI- und zum Teil auch noch bei den MSI-Schaltungen meistens um Standardschaltungen handelt, die der Halbleiterhersteller nach seinen eigenen Vorstellungen fertigen kann, sind LSI-Schaltungen fast immer Spezialschaltungen und als solche das Ergebnis einer engen Zusammenarbeit von Hersteller und Anwender: Auf Grund der Kenntnis der Funktionen, die die gewünschte Schaltung in der Anlage erfüllen soll, für die sie bestimmt ist, weiß nur der Anwender, inwieweit z. B. die mit zunehmendem Integrationsgrad wachsenden parasitären Erscheinungen sich schädlich auswirken können und ob mit Kosten verbundene Maßnahmen zur Unterdrückung solcher Erscheinungen nötig sind, während die technologischen Möglichkeiten ausschließlich der Hersteller kennt. Man wird fast immer einen Kompromiß zwischen Rentabilität und Großintegration schließen müssen, und kann nur gemeinsam zu einer sowohl in technischer als auch in wirtschaftlicher Hinsicht befriedigenden Lösung kommen [38 bis 47].

2.1.1.7 Ionenimplantation; Mikrostrukturen mit Elektronenstrahlen. Diffusions- und Maskentechnik sind durch die ständig steigenden Anforderungen an die Leistungsfähigkeit und die Zuverlässigkeit von diskreten Bauelementen und integrierten Schaltungen an den Grenzen ihrer grundsätzlichen Fähigkeiten angelangt. Es stehen aber bereits neuartige Technologien zur Verfügung, die die Beschränkungen der bisherigen Fertigungsverfahren beseitigen, nämlich die Ionenimplantation und die Herstellung der Mikrostrukturen mit Elektronenstrahlen.

Bei der *Ionenimplantation* werden die Stoffe, mit denen man einen Halbleiterkristall dotieren will, elementar oder in Form von Molekülen in eine Ionenquelle gegeben. Die hier gebildeten Dopantenionen zieht man mit Hilfe eines Extraktionssystems aus der Ionenquelle heraus, beschleunigt sie auf eine Energie zwischen 10 und 30 keV und fokussiert sie auf den Spalt eines Massenseparators. Dieser „reinigt" das Ionenbündel, damit nur gleichartige Ionen auf den Halbleiterkristall gelangen. Die aus dem Separator austretenden Ionen werden auf Energien bis etwa 300 keV beschleunigt und durch ein elektrisches Linsensystem auf den zu dotierenden Kristall fokussiert. Ein $X - Y$-System von Kondensatorplatten sorgt für eine gleichmäßige Dotierung. Der ganze Vorgang läuft in einem Vakuum von etwa 10^{-11} bar ab. Weil die implantierten Ionen nicht immer an die Stellen des Kristallgitters gelangen, an denen sie ihre Donator- unnd Akzeptorfunktionen erfüllen können, und weil durch den Ionenbeschuß die Kristallstruktur oft gestört wird, muß der Halbleiterkristall nach der Ionenimplantation getempert werden. Dabei gelangen so gut wie alle Dopantenionen an die richtigen Gitterplätze und heilen auch die entstandenen Gitterschäden zum größten Teil aus.

Die Hauptvorteile der Ionenimplantation gegenüber dem Diffusionsverfahren, bei dem die Dopanten von der Oberfläche des auf etwa 1100 °C erhitzten Halbleiters, auf den sie aufgedampft wurden, ins Innere wandern, sind die niedrige Prozeßtemperatur (Zimmertemperatur), die leichte Einstellbarkeit und die gute Reproduzierbarkeit der Dopantendosis (Möglichkeit einer genauen Ionenstrommessung und einer einfachen Steuerung der Ionenenergie über die beschleunigende Spannung), die leichte Realisierbarkeit auch komplizierter Dotierungskonzepte, die große Flexibilität des Prozeßablaufes und das Fehlen einer seitlichen Dotierung (bei der Diffusion unvermeidbar). Außerdem erübrigt sich das Aufbringen von maskierenden Oxidschichten auf das Substrat: Jedes ionenabsorbierende Material (z.B. Fotolack- oder Metallschichten) ist als Maske verwendbar.

Nach dem heutigen Kenntnisstand erlaubt die Ionenimplantation eine viel kleinere Dimensionierung der Bauelemente und damit auch eine wesentliche Steigerung des Integrationsgrades von monolithischen Halbleiterschaltungen. Wegen der Gleichmäßigkeit der Dotierung innerhalb eines Kristallplättchens und von Plättchen zu Plättchen ist die Streuung der Bauelementeparameter sehr viel geringer als bei der Diffusion [47 a, 47 b].

In der MOS-Technik wird die Ionenimplantation vor allem zum Herstellen von MOS-Feldeffekttransistoren mit niedriger Einsatzspannung (z.B. Absenkung der Einsatzspannung von P-Kanal-MOS-Feldeffekttransistoren durch gezielte Implantation von Borionen in den Kanalbereich), zum Herstellen von hohen Widerständen und zum Herstellen der Wannen bei Komplementärkanal-MOS-Schaltungen in Massivsilizium angewendet. Ein weiterer großer Vorteil ist die „Selbstjustierung" des Gate: Drain und Source werden in einem bestimmten Abstand vom Gate eindiffundiert und die noch fehlenden Bereiche implantiert. Dadurch wird eine Überlappung des Gate verhindert und werden parasitäre Kapazitäten auf ein Minimum reduziert.

Einen weiteren großen Fortschritt insbesondere für die Herstellung von integrierten Schaltungen bedeutet die Anwendung von *Elektronenstrahlen* statt der UV-Strahlen der klassischen Fotolithografie *zum Erzeugen der Mikrostrukturen* (*„microdefinition"*). Im Vergleich mit den bisherigen Verfahren hat das Elektronenstrahlverfahren den Vorteil, daß man damit viel dünnere Linien „schreiben" kann (1 μm statt 5 μm) und daß auch die erreichbare Lagegenauigkeit erheblich größer ist. [48 bis 54] sind Übersichtsdarstellungen zu Abschnitt 2.1.1.

2.1.2 Schichtschaltungen

Die Integration auf Halbleiterbasis hat bisher zweifellos die meisten integrierten Schaltungen geliefert. Diese Tatsache verleitet oft zu der Prognose, daß die Zukunft der Mikroelektronik von den monolithischen Halbleiterschaltungen bestimmt würde und daß die als zweites Verfahren zum Herstellen von integrierten Schaltungen bekannte Schichttechnik nur geringe Aussichten hätte. In Wirklichkeit aber hat sich die Schichttechnik neben der Halbleitertechnik nicht nur gehalten, sondern in letzter Zeit an Bedeutung gewonnen. Man kann sagen, daß beide Techniken nebeneinander bestehen müssen und daß vieles für eine recht gute Zukunft auch der Schichtschaltungen spricht.

Die Schichtschaltungen gehören entsprechend der Art der dabei integrierten Bauelemente — Widerstände und Kondensatoren — in den Bereich der passiven Bauelemente. Die einzelnen Bauelemente und die Leiterbahnen werden auf einen Träger aus isolierendem Material aufgetragen. Man bedient sich dabei der Siebdruck-, der Aufdampf- oder der Aufstäubtechnik und fertigt Dickschicht- und Dünnschichtschaltungen.

2.1.2.1 Dickschichtschaltungen. Zum Herstellen von Dickschichtschaltungen wendet man die Siebdrucktechnik an. Als Träger dient z.B. ein (thermisch gut leitendes) Aluminiumoxydplättchen. Auf dieses Substrat druckt man durch eine Maske die Leiterbahnen der Schaltung auf. Die Maske für die Druckmasse ist ein Film mit einer der vorgesehenen Leitungsführung der Schaltung entsprechenden Fensterstruktur, der von einem Stahl- oder Nylonsieb mit etwa 100 Maschen je Quadratzentimeter getragen wird. Die Fensterstruktur gewinnt man durch entsprechendes Belichten des primär lichtempfindlichen Filmes und Ablösen der nicht belichteten Stellen. Durch das Sieb unter den Filmöffnungen wird mit Hilfe eines Abstreichers (Rakel) die Druckmasse auf das darunterliegende Substrat abgesetzt. Als Druckmasse verwendet man ein Gold-Platin-Gemisch, das einen organischen Binder und eine Glasfritte enthält. Die aufgedruckten Leiterbahnen werden eingebrannt. Dabei verdampft der organische Binder, und gleichzeitig schmilzt die Glasfritte und bildet die mechanische Verankerung der Gold-Platin-Verbindung auf dem Substrat. Anschließend druckt man nach dem gleichen Verfahren zwischen die Enden der dafür vorgesehenen Leiterbahnen die Widerstände auf. Die Druckmasse für die Widerstände besteht aus einer Palladium-Silber-Verbindung, deren elektrischer Widerstand in weiten Grenzen variierbar ist (Flächenwiderstand $1\,\Omega$ bis $50\,\text{k}\Omega$). Im Prinzip lassen sich außer Widerständen auch Kondensatoren aufdrucken, indem man als Dielektrikum eine Glasfritte aufbringt; man erreicht so etwa $100\,\text{nF/cm}^2$. Meistens werden aber Einzelkondensatoren eingelötet, z.B. beidseitig versilberte Keramikscheiben mit spezifischen Kapazitäten zwischen $100\,\text{pF/cm}^2$ und $0{,}1\,\mu\text{F/cm}^2$. Wenn in der Schaltung auch aktive Bauelement benötigt werden, müssen dafür diskrete Ausführungen gewählt werden. Es handelt sich dabei um spezielle Bauformen, weil die Leiterbahnen auf dem Substrat nur etwa 0,2 mm breit sind und sich deshalb Halbleiterbauelemente in normalen Gehäusen nicht kontaktieren lassen.

Mit Hilfe des Siebdruckverfahrens kann man Schichten mit Dicken von $100\,\mu\text{m}$ und darüber und bis herunter zu $10\,\mu\text{m}$ aufbringen [55, 56, 57].

2.1.2.2 Dünnschichtschaltungen. Die Dünnschichttechnik erhielt ihre Impulse aus der Kondensatorentwicklung, wo die Technik der Herstellung von dünnen Metallaufdampfschichten intensiv vorangetrieben wurde. Sie arbeitet mit Schichtdicken von etwa $1\,\mu\text{m}$ und darunter. Zum Herstellen von Dünnschichtschaltungen wendet man die Aufdampf- und die Aufstäubtechnik an [58 bis 71].

Chromnickel-Siliziumoxid-Aufdampftechnik. Beim Herstellen von Dünnschichtschaltungen in Aufdampftechnik wird auf die sorgfältig gereinigte Oberfläche eines Glas- oder Keramikplättchens in einem Vakuum von etwa 10^{-7} bar durch Masken ohne Zwischenbelüftung, also im gleichen Vakuum, nacheinander eine Folge von Schichten aufgedampft. Abb.2.1-16 zeigt eine Aufdampfanlage für Dünnschichtschaltungen. Die Abb.2.1-17a bis f erläutern den Aufbau einer aufgedampften Dünnschichtschaltung am Beispiel eines RC-Netzwerkes. Die erste auf das Substrat — hier alkalifreies Borsilikatglas — aufgedampfte Schicht ist eine Haftschicht aus Chromnickel für die dann aufgedampften etwa 200 nm dicken Leiterbahnen aus Gold (Abb.2.1-17a). Die nächste Schicht besteht aus Chromnickel und ist nur etwa 10 nm dick. Sie dient als Widerstandsschicht (Abb.2.1-17b). Anschließend werden noch die drei für die Kondensatoren nötigen Schichten aufgebracht, nämlich eine Aluminiumschicht für die Basiselektrode (Abb.2.1-17c), dann eine Siliziumoxidschicht als Dielektrikum (Abb.2.1-17d) und noch einmal eine Aluminiumschicht als zweite Elektrode (Abb.2.1-17e). Von jeder Schicht mißt man während des Aufdampfens den Widerstand (oder die Dicke), um beim Erreichen des gewünschten Flächenwiderstandes (oder der gewünschten Dicke) die Bedampfung beenden zu können. Zur Verringerung des Widerstandes der an sich sehr dünnen und daher ver-

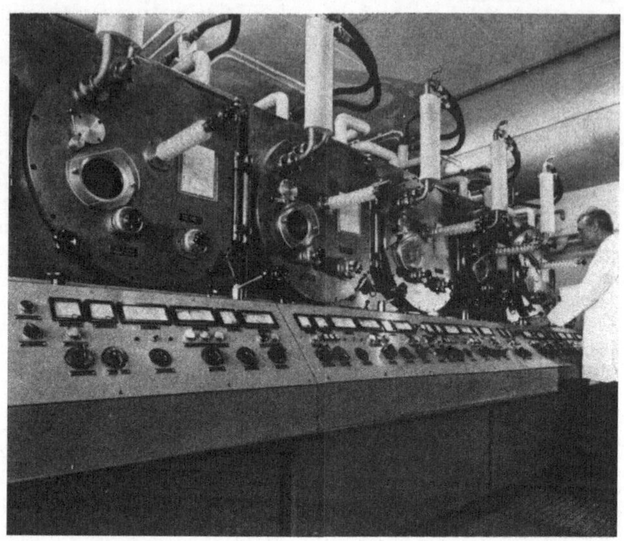

Abb. 2.1-16. Aufdampfanlage für die Herstellung von Dünnschichtschaltungen.

hältnismäßig hochohmigen Leiterbahnen aus Gold werden diese tauchverzinnt (Abb. 2.1-17f), und man erreicht so einen Flächenwiderstand von etwa 10 mΩ. Die Widerstandsschichten haben im allgemeinen einen Flächenwiderstand von 200 Ω, und man kann damit Widerstände von 10 Ω bis 500 kΩ herstellen. Der Temperaturkoeffizient dieser Widerstände beträgt maximal $\pm 5 \cdot 10^{-5}$/K. Die Dielektrikumsschicht für die Kondensatoren macht man 0,4 bis 2 μm dick. Damit ergibt sich eine Kapazität von 20 bis 100 pF/mm^2. Mit einem 1 μm dicken Dielektrikum z. B. erfaßt man einen Kapazitätsbereich von etwa 10 pF bis 5 nF. Der Temperaturkoeffizient solcher Kondensatoren wird mit zunehmender Frequenz kleiner. Bei 1 kHz liegt er zwischen 3 und $4 \cdot 10^{-4}$/K, bei 1 MHz nur noch bei 10^{-4}/K.

Zum Abgleichen der in Aufdampftechnik hergestellten Widerstände wendet man die Mikrogravierung an. Dabei werden in die Widerstandsbahnen mit einer spannungsführenden Nadel oder mit einem Laserstrahl schmale isolierende Streifen eingebrannt. Die Kondensatoren gleicht man mit Teslaentladung ab. Dabei wird ein Teil der Kondensatorbelegung entfernt. Die genannten Abgleichverfahren gewährleisten die Einhaltung von Toleranzen von $\pm 0,1\%$ gegenüber ± 10 bis $\pm 20\%$ ohne Abgleich.

Ebenso wie bei den Dickschichtschaltungen kann man auch bei den Dünnschichtschaltungen zur Zeit nur passive Bauelemente integrieren. Die aktiven Bauelemente müssen als separat gefertigte Kristallsysteme eingesetzt werden.

Tantal-Photoätztechnik. In letzter Zeit haben Tantalschichten für Dünnschichtschaltungen große Bedeutung gewonnen, insbesondere weil das Metall Tantal sehr beständig ist und eine hohe Rekristallisationstemperatur hat und wegen der guten dielektrischen Eigenschaften seiner Oxyde.

Bei der Tantal-Dünnschichttechnik wird zunächst auf einen plattenförmigen Glas- oder Keramikträger durch Kathodenzerstäubung in einem Vakuum von etwa

10^{-5} bar eine dünne Tantalschicht aufgebracht. Diese in einer Anlage mit gitter-
förmiger Kathode (Abb.2.1-18) ganzflächig auf den Träger aufgestäubte Schicht
dient als Widerstandsmaterial, insbesondere für hohe Widerstände (Dicke 30 nm;

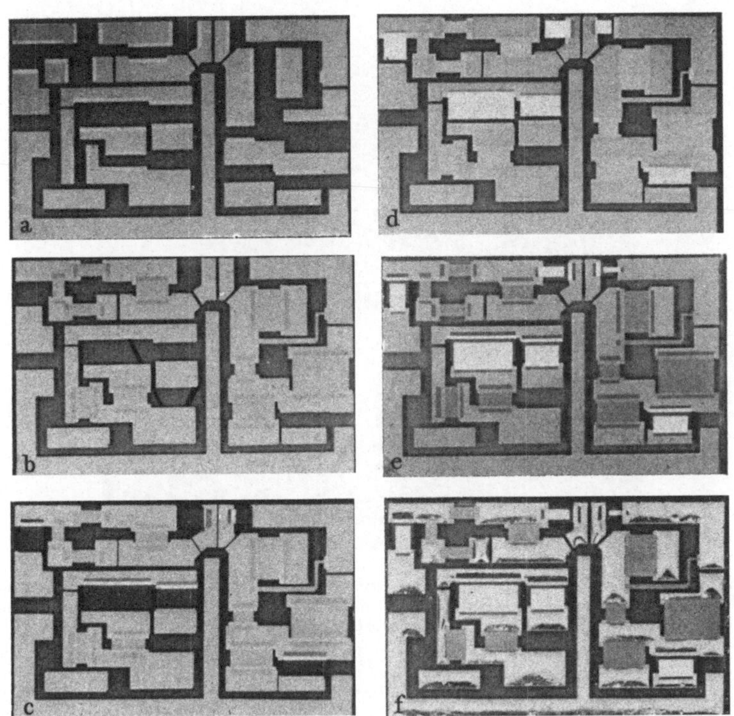

Abb.2.1-17. Fertigungsschritte eines RC-Netzwerkes in Dünnschichttechnik. a) Haftschicht
(CrNi) und Leiterbahnen (Au) aufgedampft; b) Widerstände (CrNi) aufgedampft; c) Erste Kon-
densatorelektrode (Al) aufgedampft; d) Dielektrikumsschicht (SiO) aufgedampft; e) Zweite
Kondensatorelektrode (Al) aufgedampft; f) Fertiges Netzwerk (Leiterbahnen verzinnt).

Flächenwiderstand $150\,\Omega$). Auf diese Schicht bringt man eine Chromnickelschicht
und darauf eine Goldschicht auf. Die Goldschicht dient als Leiterbahnmaterial, die
Chromnickelschicht als Haftschicht für die Goldschicht. Aus dieser Schichtung
werden die Widerstände durch Photoätzen herausgearbeitet, und zwar mit Hilfe
von Masken und für Gold, für Chromnickel sowie für Tantal selektiv wirksamen
Ätzflüssigkeiten.

Wenn an die Konstanz der Widerstände besonders hohe Anforderungen gestellt
werden, benutzt man als Widerstandsmaterial nicht Tantal, sondern Tantalnitrid.
Für die Herstellung solcher Schichten wendet man die Kathodenzerstäubung mit
Ringentladungsplasma an. Abb.2.1-19 zeigt das Schema einer solchen ein fremd-
erregtes Plasma verwendenden und im Vergleich mit der klassischen Kathodenzerstäubung mit viel niedrigerem Druck arbeitenden Anlage. In einer Argon-
atmosphäre innerhalb eines Rezipienten wird mit Hilfe einer im Megahertzbereich
betriebenen Feldspule HS eine elektrodenlose Ringentladung erzeugt. Das so gebildete Elektronengas ionisiert die Atome, und es entsteht ein den ganzen Raum er-
füllendes Plasma P, das bis herab zu Drücken von etwa 10^{-7} bar stabil brennt.

Dieses Plasma dient als Ionenquelle für die Zerstäubung des zu zerstäubenden Materials, z. B. Tantal, das zusammen mit einer wassergekühlten Kreisscheibe aus Kupfer, auf der es in Blechform aufsitzt, die Kathode K bildet. Zwischen der als

Abb. 2.1-18. Vakuumanlage (geöffnet) zum Aufstäuben von Tantal in der Tantal-Photoätztechnik. In der Mitte Tantal-Gitterkathode; links (sichtbar) und rechts davon die bestäubten Substratplatten.

geschlitzter Metallzylinder ausgebildeten Anode A und der Kathode K liegt eine Gleichspannung von 500 V. Das zu bestäubende Substrat S befindet sich im Raum oberhalb der Anode. Tantalnitridschichten entstehen dadurch, daß man dem Argon als reaktives Gas Stickstoff zusetzt. Weil die Kathode verhältnismäßig groß ist — ihre Fläche ist fast so groß wie der Rezipientenquerschnitt —, liefert eine solche Anlage sehr gleichmäßige Schichten: Die Dickenunterschiede sind bei Substraten von 100 mm × 100 mm nicht größer als ±2%. Wegen der Stabilität der Zerstäubungsparameter ist auch die Reproduzierbarkeit der Schichten von Substrat zu Substrat sehr gut. Auf Glassubstraten läßt sich z. B. ein gewünschter Flächenwiderstand auf ±1% reproduzieren. Tantalnitrid wird besonders für kleine Widerstände (Schichtdicke 100 nm; Flächenwiderstand 25 Ω) verwendet.

Die gewünschten Widerstandswerte erreicht man (sowohl bei Verwendung von Tantal als auch bei Verwendung von Tantalnitrid) durch entsprechendes Auslegen der Länge und der Breite der Widerstandsbahn. Auf einem Quadratzentimeter Fläche kann man maximal 1 MΩ unterbringen. Für den Abgleich der Widerstände gibt es zwei Verfahren: Thermoabgleich und Formierabgleich. Beim Thermoabgleich wird das Tantal in einem Durchlaufofen bei etwa 400 °C an der Oberfläche oxydiert; dadurch erhöht sich der Widerstand. Beim Formierabgleich wird der Querschnitt des Widerstandes auf elektrolytischem Wege verringert.

Grundsätzlich ermöglicht die Tantal-Dünnschichttechnik auch die Integration von Kondensatoren. Bei Tantal-Grundschichten kann die Basiselektrode eines Kondensators durch selektives Ätzen erzeugt werden. Als Dielektrikum eignet sich auf der Tantal-Basiselektrode durch anodische Oxydation gebildetes Tantalpentoxid. Die Deckelektrode kann mit den Leiterbahnen aus Gold aufgebracht werden.

Bei Tantalnitrid-Grundschichten ist die Integration von Kondensatoren u. a. wegen des verhältnismäßig hohen Widerstandes einer Tantalnitrid-Basiselektrode problematisch. Man kann diese Schwierigkeit dadurch umgehen, daß man auf das Sub-

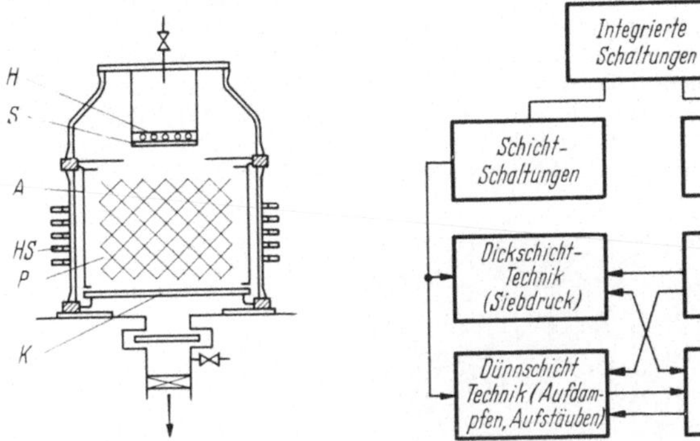

Abb. 2.1-19. Kathodenzerstäubungsanlage mit Ringentladungsplasma. *HS* Hochfrequenzspule, *K* Kathode, *A* Anode, *H* Heizung, *S* Substrat, *P* Plasma.

Abb. 2.1-20. Techniken der Bauelementeintegration und angewendete Kombinationen.

strat vor dem Aufstäuben der Tantalnitridschicht eine Aluminiumschicht aufbringt, davon ein Stück entsprechend der Basiselektrode freiätzt, dieses mit Tantal bestäubt, dann das Tantalpentoxid-Dielektrikum bildet und schließlich die Gegenelektrode aus Gold aufbringt. Dieses Verfahren ist allerdings technologisch ziemlich aufwendig.

Während die Entwicklung hochstabiler Tantalnitridwiderstände abgeschlossen ist und solche Widerstände einwandfrei gefertigt werden können, genügen integrierte Kondensatoren mit Tantalpentoxid als Dielektrikum noch nicht allen Anforderungen. Nach neuesten Erkenntnissen ist nur die sogenannte β-Tantal-Modifikation eine geeignete Basis für das Tantalpentoxid. β-Tantal-Schichten kann man jetzt durch Kathodenzerstäubung mit Ringentladungsplasma reproduzierbar herstellen, und die vorliegenden Ergebnisse von Untersuchungen am daraus gebildeten Tantalpentoxid-Dielektrikum lassen auf eine bevorstehende völlige Lösung des Problems der Integration von Kondensatoren in Tantal-Dünnschichtschaltungen schließen. Fest steht u. a., daß Tantalpentoxid-Dünnschichtkondensatoren eine besonders hohe Kapazität haben. Sie beträgt bei einer Dielektrikumsdicke von 330 nm etwa 0,6 nF/mm^2.

2.1.2.3 Hybridschaltungen. Die beiden Grundverfahren der Integration—Halbleitertechnik und Schichttechnik — werden heute oft kombiniert (Abb. 2.1-20). Dazu geben vor allem die Tatsachen Veranlassung, daß die Werte der nach dem Planarverfahren herstellbaren Widerstände und Kondensatoren in einem Maß temperaturabhängig sind, wie es sich für viele Anwendungen verbietet, daß es ferner heute noch nicht möglich ist, Dünnschicht-Transistoren und -Dioden herzustellen und daß auch die Fertigung von Tantalpentoxid-Dünnschichtkondensatoren noch problematisch ist. Man umgeht diese Schwierigkeiten durch „Hybridisieren", d. h., man baut die integrierte Schaltung aus Halbleiterchips und Schichtschaltungen zusammen, benutzt Aufdampfverfahren zum Aufbringen von hochwertigen passiven Bauelementen auf monolithische Halbleiterschaltungen und setzt in Tantal-Dünnschichtschaltungen außer den aktiven Bauelementen auch die Kondensatoren in vorgefertigter Form ein.

Für die Hybridisierung von Schichtschaltungen spricht auch, daß monolithische Halbleiterschaltungen für jede Konfiguration langwierige und kostspielige Entwicklungsarbeiten erfordern und deshalb nur für Anwendungen wirtschaftlich sind, die eine Fertigung in sehr großen Stückzahlen erlauben. Außerdem gibt es Anwendungen, für die die Verwirklichung der Schaltung in monolithischer Technik auf Grund der gestellten Anforderungen (z.B. Leistung und Frequenz) aus physikalischen Gründen unmöglich ist. Auch hier besteht die einzige Möglichkeit zu einer weitestgehenden Miniaturisierung in der Anwendung von hybriden Schichtschaltungen. Viele Hersteller liefern daher bereits Halbleiter in Sonderbauformen zum Einbau in Schichtschaltungen. So steht z.B. eine Reihe von Spezialhalbleitern in Miniaturplastikgehäusen zur Verfügung. Abb.2.1-21 zeigt einen Größenvergleich von solchen Bauelementen mit einem herkömmlichen TO-18-Gehäuse.

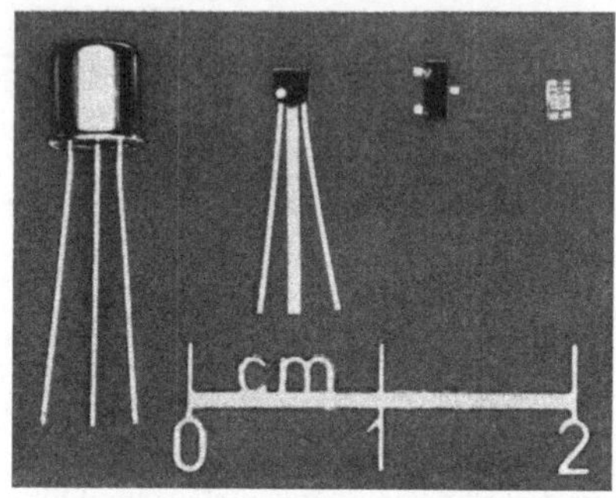

Abb.2.1-21. Miniaturgehäuse für Schichtschaltungen. TO-18-Gehäuse (links) zum Größenvergleich.

Für die Zukunft zeichnet sich auch die Möglichkeit des Einsatzes ungekapselter, oberflächenpassivierter Einzelchips in Beam-Lead- oder Flip-Chip-Technik ab.

Für eine Hybridisierung von Schichtschaltungen besonders gut geeignet sind die sogenannten Multichipbausteine, die mehrere Halbleiterchips — z.B. Dioden, Transistoren und Thyristoren — in einem Gehäuse vereinen. Die elektrischen Verbindungen zwischen den einzelnen Chips können innerhalb des Gehäuses hergestellt werden; dadurch verringert sich die Anzahl der nötigen Anschlüsse und vereinfacht sich die äußere Leitungsführung. Als Gehäuse für solche Multichips erwies sich die sogenannte Flatpackausführung mit einer Bauhöhe von nur 2 mm am geeignetsten. Abb.2.1-22 zeigt das Aufbauprinzip von Flatpacks für Multichipbausteine: Ein Bodenteil und ein Rähmchen werden unter Zwischenlage von im photolithographischen Ätzverfahren hergestellten Leiterbändern vakuumdicht verbunden. Gleichzeitig werden dabei die Leiterbänder fest mit dem Boden vereinigt. Die Leiterbänder sind so geformt, daß eine optimale Anordnung und Verbindung der Chips innerhalb des rechteckigen Rähmchens möglich ist. Bodenteil und Rähmchen bestehen aus Aluminiumoxidkeramik, wobei die zu verbindenden Oberflächen mit einer Lötglas-

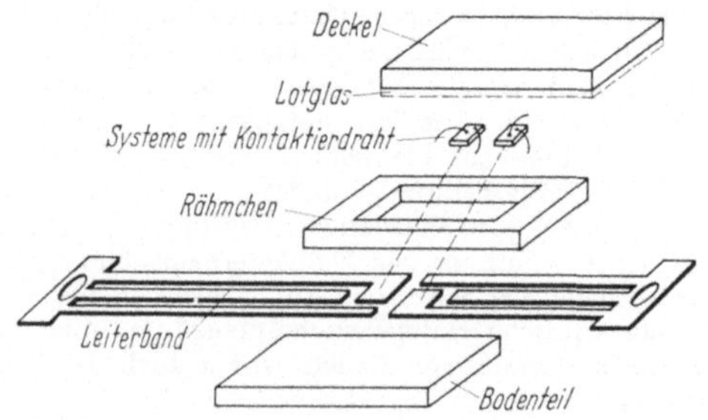

Abb.2.1-22. Aufbau von Flatpacks für Multichip-Bausteine.

schicht versehen sind, oder aus Sinterglas. Die fest mit dem Boden verbundenen Leiterbahnen werden noch vergoldet. Dann legiert man die Halbleiterchips auf und kontaktiert sie.

Nach der Montage der Halbleiterchips wird das Gehäuse mit einem Deckel aus Keramik oder Glas hermetisch verschlossen. Weil die Gehäuse elektrisch nichtleitend sind, ist die Fläche unter einem Flatpack für die Schichtschaltung voll nutzbar. Abb.2.1-23 zeigt einen auf einer Dünnschichtschaltung aufgebauten Multichip-baustein in Flatpackgehäuse.

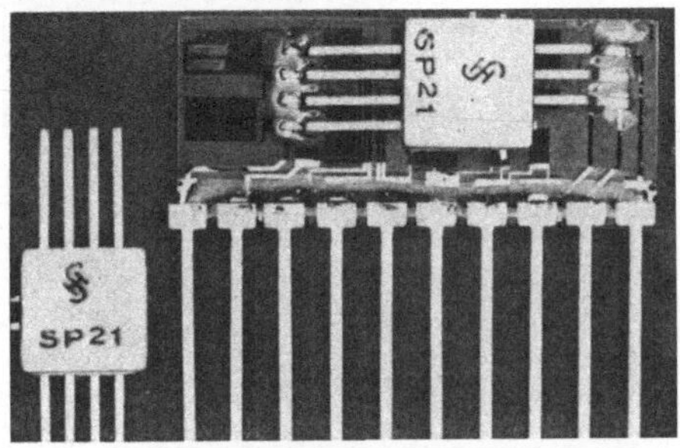

Abb. 2.1-23. Multichip-Baustein in Flatpackgehäuse (links) und eingebaut in eine Hybrid-Dünn-schichtschaltung.

Sowohl aus wirtschaftlichen als auch aus physikalischen Gründen werden Hybrid-schaltungen in absehbarer Zeit für die Schaltungsminiaturisierung nicht an Bedeu-tung verlieren. Die Bauelementehersteller tragen dieser Zukunft durch entspre-chende Entwicklungen Rechnung. Man darf darüber aber nicht vergessen, daß die Entwicklung weder auf dem Gebiet der monolithischen Halbleiterschaltungen noch bei den Schichtschaltungen schon abgeschlossen ist und daß noch nicht absehbare Fortschritte zu ganz anderen Entscheidungen führen können.

Literatur

[1] *Assmann, E.:* Elektronische Baugruppen in Simiblock-Technik. Siemens-Z. 38 (1964) 302—304. — [2] *Assmann, E.:* Miniaturisierung elektronischer Schaltungen mit Einzelbau-elementen. Bull. Schweiz. Elektrotechn. Ver. 55 (1964) 796—801. — [3] *Donati, B.:* Probleme und Möglichkeiten der Mikroelektronik. Valvo-Ber. 10 (1964) 162—171. — [4] *Christiansen, D.:* A challange: To integrate and isolate. Electronics N.Y. 40 (1967) Nr. 6, S. 91—92. — [5] *Murr-mann, H.:* Technologie integrierter Halbleiterschaltungen aus Silizium. Meßtechn. 6 (1969) 143—149. — [6] *Engbert, W.:* Integrierte Schaltung — Weg und Ziel. Telefunken Röhren- u. Halbleitermitt. Nr. 6 510125. — [7] *Ehlbeck, H. W.:* Entwicklungstendenzen der Halbleiter-Mikroschaltkreise. Telefunken Röhren- u. Halbleitertmitt. Nr. 6 503115. — [8] *Metschl, E. C.:* Physik und Technologie der Halbleiterbauelemente, Berlin, München: Siemens 1974. — [9] *Gelder, E., Hirschmann, W.:* Schaltungen mit Halbleiterbauelementen, Bd. 3, Berlin, München: Siemens 1967. — [10] *Reiß, K.:* Integrierte Digitalbausteine, Berlin, München: Siemens 1970. — [11] *Lepselter, M. P.:* Beam lead technology. Bell Syst. Techn. J. 45 (1966) 233—253. — [12] *Eleftherion, M. P.:* Assembling beam-lead sealed junction integrated-circuit packages. Western Electr. Engr. 11 (1967) 16—26. — [13] *Iwersen, J. E., Wuorinen, J. H., Murphy, B. T., Ste-phan, D. J.:* Beam-lead sealed junction semiconductor memory with minimal cell complexity. IEEE J. Sol. Stat. Circuits 2 (1967) 196—201. — [14] *Offner, M.:* Bauelemente und Schaltungen in monolithischer, integrierter Halbleitertechnik. Scientia Electrica 15 (1969) 17—34. — [15] *Ullrich, H.:* Technologie integrierter Halbleiterschaltungen. VDI-Bildungswerk BW 1666. — [16] *Bladowski, R.:* Integrierte Analogschaltungen. Stuttgart: Franckh 1970. — [17] *Wüste-hube, J.:* Integrierte Halbleiterschaltungen, Hamburg: Valvo 1966. — [18] *Ebers, J. J., Moll, J. L.:* Large signal behavior of junction transistors. Proc. IRE 42 (1954) 1761—1772. — [19] *Lilien-feld, J. E.:* Device for controlling electric current. US Pat. Nr. 1 900018 v. 7. März 1933. — [20] *Heil, O.:* Improvements in or relating to electrical amplifiers and other control arrange-

ments and devices. Brit. Pat. Nr. 439457 v. 6. Dez. 1935. — [21] *Metschl, E. C.*: PN-FET, MIS-(MOS-)FET — was ist das? Siemens Bauteile-Inform. 7 (1969) 2—4. — [22] *Wüstehube, J.*: Feldeffekt-Transistoren. Hamburg: Valvo 1968. — [23] *Crawford, R. H.*: MOS-FET in circuit design. New York: McGraw-Hill 1968. — [24] *Zerbst, M.*: Neue Ergebnisse an MIS-Transistoren. Festkörperprobleme, Bd. 9, Braunschweig: Vieweg 1969, S. 300—315. — [25] *Salminger, P.*: Einsatz verschiedener MOS-Techniken für logische Verknüpfungen. Tagungsbroschüre VDE-Fachtagung Elektronik 1970, Frankfurt a. M.: VDE-Verlag, S. 6—21. — [26] *Poschenrieder, W.*: Spulenlose integrierbare Filter. Entwicklungsber. Siemens-Halske-Werke 31 (1968), Sonderheft, S. 1—2. — [27] *Heinlein, W.*: Grundlagen der Technik spulenloser, integrierbarer Filter. Entwicklungsber. Siemens-Halske-Werke 31 (1968) Sonderheft, S. 3—6. — [28] *Gaiser, R.*: Filter mit Spannungsverstärkern und Negativ-Impedanz-Konvertern. Entwicklungsber. Siemens-Halske-Werke 31 (1968) Sonderheft, S. 11—15. — [29] *Jaumann, A.*: Aktive RC-Brückenfilter. Entwicklungsber. Siemens-Halske-Werke 31 (1968) Sonderheft, S. 17—21. — [30] *Holmes, W. H.*: Gyratoren und Filter mit Gyratoren. Entwicklungsber. Siemens-Halske-Werke 31 (1968) Sonderheft, S. 23—30. — [31] *Langer, E., Möhrmann, K. H.*: Schalterfilter. Entwicklungsber. Siemens-Halske-Werke 31 (1968) Sonderheft, S. 31—36. — [32] *Darré, A.*: Digitale Filter und Z-Transformation. Entwicklungsber. Siemens-Halske-Werke 31 (1968) Sonderheft, S. 27—41. — [33] *Postl, W.*: Filter mit optischem Speicher. Entwicklungsber. Siemens-Halske-Werke 31 (1968) Sonderheft, S. 43—46. — [34] *Langer, E.*: Spulenlose Hochfrequenzfilter. Grundlagen. Schaltungsentwurf und Anwendungen, Berlin, München: Siemens 1969. — [35] *Ullrich, H.*: Moderne Verfahren zur Herstellung von Masken für Halbleiterschaltungen. Festkörperproblem Bd. 8, Braunschweig: Vieweg 1969, S. 373—391. — [36] *Murrmann, H.*: Entwicklung der Maskentechnologie für Halbleiterbauelemente. NTZ 21 (1968) 616—618. — [37] *Tobey, A. C.*: Chrome photomask production by direct exposure of photoresist. Solid State Techn. 11 (1968) 48—49. — [38] *Jakits, D.*: Probleme bei hochintegrierten Halbleiterschaltungen. ETZ A 89 (1968) 569—575. — [39] *Heimerer, H., Weil, G.*: MSI und LSI. Die Technik der integrierten Großschaltkreise. ETZ B 21 (1969) 93—96. — [40] *Gutgesell, H.*: Integrierte Halbleiter-Großschaltungen. Elektronik 17 (1968) 3—4. — [41] *Bertele, H., Düll, P.*: Integrierte Schaltungen in der industriellen Elektronik. Elektrotechn. Masch. Bau 85 (1966) 461—466. — [42] *Walker, R. M.*: Micromatrix — der erste Schritt zur LSI. Wasserburg/Inn: SGS Deutschland. — [43] *Murrmann, H.*: Stand und Entwicklung integrierter Schaltungen. In: Der Mensch und die Technik 12 (1970) 175. Ausgabe. („Elektronik, Elemente und Strukturen"). Techn. Wiss. Bl. Süd d. Ztg. München. — [44] *Petritz, R. L.*: Currents status of large scale integration technology. Fall joint Comp. Conf. AFIPS Proc. 31 (1967) 65—85. — [45] *Lathrop, J. W.*: Discretionary wiring approach to large scale integration. WESCON/66 Techn. Pap. Teil 2, August 1966. — [46] *Khambala, A. J.*: Introduction to large-scale-integration, New York: Wiley 1969. — [47] *Herskowitz, G. J.*: Computer-aided integrated circuit design. Proc. 5th Annual Integrated Circuits Seminar, New York: McGraw-Hill 1968. — [47a] *Krimmel, E. F.*: Ionenimplantation — eine neue Technologie weist in die Zukunft. Funksch. 44 (1972) 215—216. [47b] Implantation und Analyse mit Hilfe von Ionenbündeln. Elektronik Anz. 2 (1973) 36—37. — [48] *Stern, L.*: Fundamentals of integrad circuits. New York: Hayden 1968. — [49] *Warner, R. M.*: Circuits intégrés. Études et réalisation. Paris: Dunod 1968 (180 Schrifttumsangaben). — [50] *Lewicki, A.*: Einführung in die Mikroelektronik. München, Wien: Oldenbourg 1966 (588 S., davon 66 S. Schrifttumsangaben). — [51] *Hibbard, G. R.*: Integrated circuits. New York: McGraw-Hill 1970. — [52] Integrated silicon device technology. 9 Bde. (1. Resistance, 2. Capacitance, 3. Photoenergying, 4. Diffusion, 5. Physicalelectrical properties of silicon. 6. Unipolare transistors, 7. Oxidation, 8. Diodes, 9. Epitaxy). Springfield, VA: US Dept. of Commerce. — [53] *Madland, G. R., Dicken, H. K., Richardson, R. D., Pritchard, R. L., Bower, F. H., Kret, D. B.*: Integrated circuit engineering. — Basic technology. Boston Tech., Cambridge, Mass. 1966. — [54] *Burger, R. M., Donavan, R. P.*: Fundamentals of silicon integrated device technology. Bd. 1: Oxidation, diffusion and epitaxy; Bd. 2: Bipolar and unipolar transistors, Englewood Cliffs, N. J.: Prentice-Hall 1967, 1968. — [55] *Neudeck, G. W., Luginbuhl, H. W.*: Laboratory experiments in the fabrication of thick-film and thin-film integrated circuits. IEEE E-13 (1970) 192—195. — [56] *Kupferschmidt, H., Schmid, E.*: Schichtelektronik in der Unterhaltungsindustrie. Siemens-Bauteile-Inform. 8 (1970) 78. — [57] Thick-film technology, Proc. Conf. on, Imp. Coll. London, IERE Conf. Proc. Nr. 11. London: IERE 1968. — [58] *Schauer, A.*: Tantalschichten für Dünnfilmschaltungen. Siemens-Bauteile-Inform. 9 (1971) 9—12. — [59] *Edmond, M.*: Siliziumoxid- und Chromnickelschichten für Dünnfilmschaltungen. Siemens-Bauteile-Inform. 9 (1971) 13—15. — [60] *Munt, H.*: Technologie und Fertigung von Dünnfilmschaltungen. Siemens-Bauteile-Inform. 9 (1971) 16—18. — [61] *Priolo, L. A., Resch, W. B.*: Thin-film technology enters a new era. Engineering (1967) 44—50. — [62] *Holland, L.*: Thin-film microelectronics, New York: Wiley 1965. — [63] *Sidall, G.*: Thin-film electronics in the USA. The Brit. Elec. Allied Ind. Res. Assoc. Leatherhead 1963. — [64] *Hass, G., Thun, R. E.*: Physics of thin-films. Advances in research and development. New York: Academic Press 1964. — [65] *Holland, L., Sidall, G., Pensak, L., Shepard, A., Steckelmacher, W., Gaffee, D. I.*: Thin-film microelectronics, London: Chapman & Hall 1965. — [66]

Application of thin-films in electronic engineering. Proc. Conf. on, Imp. Coll. London, IERE Conf. Proc. Nr. 7, London: IERE 1966. — [67] *Berg, R. W., Hall, P. M., Harris, M. J.:* Thin-film technology, Princeton: Van Nostrand 1968. — [68] *Chopra, K. L.:* Thin-film phenomena, New York: McGraw-Hill 1969. — [69] *Tickle, A. C.:* Thin-film transistors. A new approach to microelectronics, London: Wiley 1969. — [70] *Vratny, F.:* Thin-film dielectrics. Electrochem. Soc. New York 1969. — [71] *Delfs, H., Hoppe, K. H., Schneider, R.:* Der Stand der Technologien integrierter RC-Schichtschaltungen. Entwicklungsber. Siemens-Halske-Werke 31 (1968) Sonderheft, S. 47—54.

2.2 Diskrete Halbleiterbauelemente

F. Weitzsch

2.2.1 Allgemeines

Zu den Halbleitern ([1 bis 14]) zählen jene Stoffe, deren elektrische Leitfähigkeit zwischen der Leitfähigkeit von Metallen und der von Isolatoren liegt (spezifische Leitfähigkeiten von etwa 10^3 $(\Omega\text{cm})^{-1}$ bis 10^{-8} $(\Omega\text{cm})^{-1}$ bei Zimmertemperatur). Einige dieser Stoffe nehmen in der Elektrotechnik eine Vorzugsstellung ein, insbesondere solche, bei denen sich durch den Einbau bestimmter Störstellenarten die elektrische Leitfähigkeit lokal in vorbestimmter Weise variieren läßt. Dies erlaubt die Herstellung von elektronischen Bauelementen für Gleichrichtung, Verstärkung, Schwingungserzeugung, Schalterfunktionen und vieles mehr.

Als Grundmaterial werden heute überwiegend Silizium- und (in nicht so großem Ausmaß) Germaniumeinkristalle verwendet. Daneben gibt es für Sonderformen und besondere Arten von Halbleiterbauelementen noch eine Reihe anderer geeigneter Stoffe, wobei auch polykristallines Material technische Bedeutung hat.

Die lokale Änderung der Leitfähigkeit durch den Einbau von Störstellen nennt man Dotierung. Bei den Einkristallen befinden sich die Störstellenatome nach der Dotierung in sehr geringen Konzentrationen an Stellen, an denen sonst jeweils ein Gitterbaustein vorhanden war. Unter den Störstellenatomen unterscheidet man solche, die in der Lage sind, relativ leicht ein Elektron an das Leitungsenergieband des Kristalls abzugeben, die *Donatoren*, und andere, die ein Elektron benötigen, um ihre Bindung im Kristallgitter zu vervollständigen. Letztere nennt man *Akzeptoren*. Die Donatoren (z. B. fünfwertige Antimonatome im Gitter der vierwertigen Siliziumatome) erhöhen die Dichte der quasifreien Elektronen des schwach eigenleitenden Kristalls. Die Akzeptoren (z. B. dreiwertige Boratome im Silizium) nehmen vor allem Valenzelektronen benachbarter Kristallgitteratome auf. Die sonst beim eigenleitenden Kristall in geringer Zahl durch thermische Bewegung entstehenden leeren Valenzplätze werden durch den Einbau von Akzeptoren vermehrt.

Bei allen Halbleiterbauelementen ist eine Folge unterschiedlich dotierter Zonen wichtig. Eine überwiegend mit Donatoren versehene Zone ist elektronenleitend, man nennt sie N-Zone (negativ). Eine überwiegend mit Akzeptoren versehene Zone ermöglicht einen Strom von freien Valenzplätzen, von *Defektelektronen* oder „Löchern" (holes), die sich wie positive bewegliche Ladungsträger verhalten. Solche Zone nennt man P-Zone (positiv). Man spricht auch sinngemäß beim Einbau von Störstellen von N- bzw. P-Dotierung des Materials. Für den Leitfähigkeitstyp kommt es nur darauf an, daß eine der beiden Dotierungsarten überwiegt. Sind beide Dotierungsdichten gleich groß, spricht man von einer Kompensationszone, vielfach auch von I-Zone (intrinsic, eigenleitend), während im strengeren Sinne nur bei Fehlen jeglicher Störstellen der Begriff *Eigenleitung* zutrifft.

In den Halbleiterzonen selbst und insbesondere an den Übergängen (oder in den Übergangsschichten) zwischen unterschiedlich dotierten Zonen, sowie an den Übergängen zu den am Kristall (für die Verwendung als Bauelement) angebrachten metallischen Elektroden, gibt es eine Vielzahl physikalischer Erscheinungen, die in unterschiedlichem Ausmaß jeweils Bedeutung haben können:

Feldströme der quasifreien Ladungsträger,

Diffusion von Ladungsträgern infolge eines Dichte- oder Temperaturgefälles,

Raumladungsgebiete, hervorgerufen durch Überschuß oder Verarmung der Ladungsträger im Vergleich zur Anzahl der festen Störstellenionen im Kristall,

Spontane Änderungen der Beweglichkeiten der Ladungsträger, Abhängigkeit der Beweglichkeiten von der elektrischen Feldstärke,

Paarerzeugung von Ladungsträgern (Generation) durch Temperatur, Strahlung (Licht) oder Stoßionisation,

Rekombination von Ladungsträgern im Innern und an der Oberfläche des Kristalls, sowie an Fremdatomen und Fehlstellen,

Feldemission im Sinne der Ablösung von Valenzelektronen bei hohen elektrischen Feldern,

Tunneleffekt,

thermo-elektrische Effekte,

elektro-mechanische Effekte,

akusto-elektrische Effekte,

Erzeugung von Strahlung (Licht),

Änderungen der Eigenschaften durch magnetische Felder.

Viele dieser Erscheinungen werden gezielt ausgenutzt oder für neuartige Bauelemente in Erwägung gezogen. Die folgende Darstellung ist auf solche Halbleiterbauelemente beschränkt, die für die Nachrichtenverarbeitung von besonderem Interesse sind und dort in größerem Umfang auch eingesetzt werden. Eine weitere Einschränkung bezieht sich auf die „Integration" von Bauelementen, bei der mehrere oder sogar sehr viele Einzelbauelemente in einem gemeinsamen Gehäuse vereinigt sind [15]. Die Fortschritte bei der Herstellung von Halbleiterbauelementen ermöglichen es sogar, Schaltungen mit 1000 und mehr Einzelbauelementen in einem einzigen kleinen Kristall mit Flächen von der Größenordnung mm^2 einzubauen, und zwar mit den gleichen Herstellungsverfahren, mit denen sonst einzelne Bauelemente gefertigt werden. Man nennt diese Komplexe „monolithische integrierte Halbleiterschaltungen" (auch kurz „Integrierte Schaltungen"). Diese werden im Zusammenhang mit den Fragen der Miniaturisierung und der Schaltungstechnik in den Abschnitten 2.1 und 3.1 behandelt. Um die einzelnen Halbleiterbauelemente von den integrierten Schaltungen zu unterscheiden, bezeichnet man erstere meist mit „diskrete Halbleiterbauelemente".

Für die Herstellung unterschiedlicher Dotierungen (N-Zonen, P-Zonen, I-Zonen) werden Legierungsverfahren, Diffusionsverfahren, Epitaxie und Ionen-Implantation [16, 17] eingesetzt.

Das wichtigste Verfahren ist die sogenannte „Planartechnik" in Verbindung mit der Epitaxie. Epitaxie heißt *einkristallines* Aufwachsen von Schichten aus der Gasphase (griechisch: nebeneinander Aufstellen in einer Schlachtordnung). Abb. 2.2-1 zeigt schematisch die Herstellungsschritte. Auf einem einkristallinen, stark N-dotierten Siliziumscheibchen (N^+-Substrat) wird epitaktisch eine dünne Schicht mit wesentlich schwächer N-dotiertem Silizium aufgebracht. Das Substrat bildet eine Elektrode, die epitaktische Schicht eine N-Zone. (Zwischen Substrat und N-Zone gibt es keine wesentlichen störenden Eigenschaften.) Die epitaktische Schicht ist im allgemeinen nur etwa 10 bis 50 μm dick, sie erhält anschließend eine schützende SiO_2-Schicht, damit keine unerwünschten Störstellen eindringen können (und Oberflächeneffekte möglichst unwirksam werden). Sodann wird eine Lücke freigeätzt und mittels Diffusion von Akzeptoren (z. B. Bor) eine P-Zone erzeugt. Die P-Dotierung muß höher sein als die N-Dotierung der epitaktischen Schicht (deshalb mit P^+ bezeichnet). Schließlich wird die Lücke mit einer Metallelektrode geschlossen (Aluminium), so daß ein Bauelement mit einer Zonenfolge P−N entsteht. In ähnlicher Weise können andere Zonen in weiteren Schritten eindiffundiert werden, wie als Beispiel in Abb. 2.2-2 gezeigt ist. Nach der P-Diffusion wird hierzu erst eine neue SiO_2-Schutzschicht aufgebracht, sodann eine Lücke für eine N-Diffussion mit hoher N-Dotierung freigeätzt. Nach dieser Diffusion und Aufbringen der Elektroden ent-

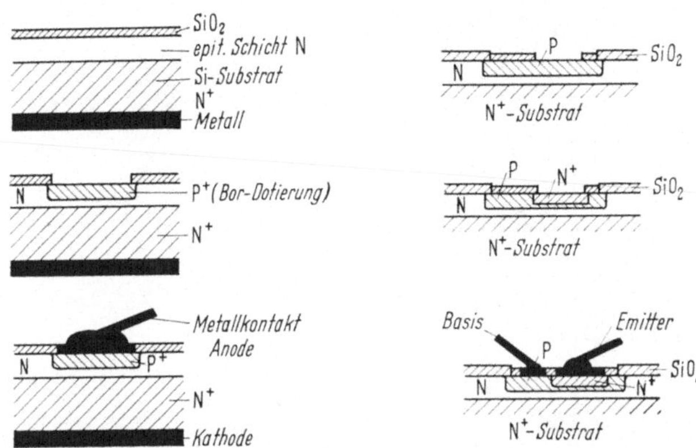

Abb. 2.2-1. Herstellungsschritte bei epitaktischen Planarstrukturen (Silizium) am Beispiel eines PN-Übergangs. a) epitaktische Schicht auf einem Substrat. Niedrige N-Dotierung der Schicht, hohe N-Dotierung (N⁺) des Substrats. Die epitaktische Schicht wird mit einer SiO_2-Schutzschicht bedeckt; b) Frei geätzte Lücke und Diffusion von Akzeptoren, wobei eine die N-Zone überdeckende P-Zone entsteht; c) Auffüllen der Lücke mit einer Metall-Elektrode.

Abb. 2.2-2. Zusätzliche Diffusion für die Herstellung einer NPN-Struktur. a) Nach der P-Diffusion erneute Bedeckung mit SiO_2 und Freiätzen einer Lücke; b) N⁺-Diffusion durch die freigeätzte Lücke; c) Weiteres Freiätzen einer Lücke für den Basisanschluß und Aufbringen von Elektroden für die Zugänge zur P-Zone und N⁺-Zone.

steht ein Bauelement mit der Zonenfolge N−P−N. Für andere Bauelemente kann man auch von einem P-dotierten Substrat ausgehen.

Für das Freilegen kleiner Flächenstücke verwendet man ein Photoätzverfahren (Photolithographie). Dieses besteht darin, daß ein photoempfindlicher Lack aufgetragen wird, der mit bestimmten Ätzmitteln an jenen Stellen nicht weggeätzt werden kann, die vorher mit Ultraviolett belichtet wurden. Die Photolithographie erfordert das Herstellen von Masken, die nacheinander bei den einzelnen Schritten die vorgegebenen Flächenstrukturen mit hoher Genauigkeit für die Ätzvorgänge und Diffusionen freigeben [18, 19].

Während die Tiefe der einzelnen Schichten durch die Dotierungskonzentration, die Dauer und die Temperaturbedingungen des Diffusionsvorgangs festgelegt sind, ist die Gestalt der Zonen, auf den Kristall zu gesehen, in weiten Grenzen frei wählbar. Dies ist der Vorteil der „Planartechnik", der dann die oben erwähnten und in den Abschnitten 2.1 und 3.1 beschriebenen monolithischen integrierten Schaltungen ermöglicht.

Bezüglich der anderen oben erwähnten Verfahren vgl. z. B. [2, 3, 5, 6, 8].

Grundbestandteil fast aller Halbleiterbauelemente ist der im folgenden beschriebene PN-Übergang.

2.2.2 PN-Übergang

Als PN-Übergang bezeichnet man das Übergangsgebiet zwischen einer P-Zone und einer N-Zone. An diesem Übergang bildet sich eine elektrische Doppelschicht.

Das Zustandekommen der Raumladungen läßt sich an Hand der Abb. 2.2-3 erläutern. Im oberen Teil sind linear (aber nicht maßstabsgetreu) die Dichten über einer senkrecht zum Übergang stehenden Achse x aufgetragen. N_A^- ist die Akzeptorendichte

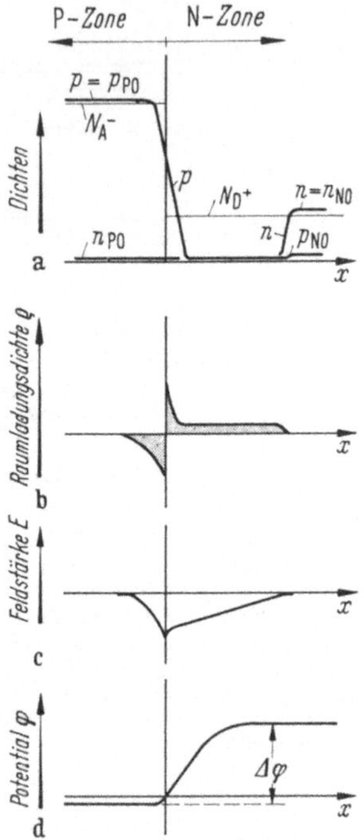

Abb. 2.2-3. Entstehung einer elektrischen Doppelschicht an einem (unsymmetrischen) PN-Übergang (Skizze). a) Dichten der ionisierten Störstellen N_A^- und N_D^+ und der Elektronen n sowie Defektelektronen p; b) Resultierende Raumladungsdichte ϱ; c) Feldstärke E; d) elektrisches Potential φ, vom Übergang an gezählt. $\Delta\varphi$ ist das Diffusionspotential.

(ionisierte Akzeptoren), N_D^+ die Dichte der ionisierten Donatoren. In einiger Entfernung vom Übergang sind die Dichte N_A^- und die Defektelektronendichte p ungefähr gleich groß, und zwar aus Gründen elektrischer Neutralität der Ladungen. In der N-Zone halten sich N_D^+ und die Elektronendichte n das Gleichgewicht. Es gibt allerdings in der P-Zone auch Elektronen und in der N-Zone Defektelektronen, weil — ähnlich wie beim Massenwirkungsgesetz — das Produkt aus den Dichten np eine Konstante ist, und zwar gleich dem Quadrat der nur vom Kristallmaterial und von der Temperatur abhängigen Eigenleitungsdichte n_i. Bei genügend hoher Dotierung sind aber die jeweils in der Minderheit vorhandenen Ladungsträger nur wenige im Vergleich zu der Anzahl der in der Majorität vorhandenen Ladungsträger. Man spricht daher auch von Minoritätsladungsträger- und Majoritätsladungsträgerdichten.

Da die Dichten der beweglichen Ladungsträger sich nicht in gleicher Weise so rasch wie die fest liegenden Störstellenionendichten von Ort zu Ort ändern können, bilden die Differenzen zwischen N_A^- und p einerseits und N_D^+ und n andererseits Raumladungsdichten ϱ. Dies trifft auch noch dann zu, wenn die Störstellendichten sich nicht so abrupt, wie in der Skizze gezeigt, längs der Koordinate x ändern. Mit den Raumladungen ist eine relativ hohe elektrische Feldstärke verbunden (10^3 bis 10^4 Vcm^{-1} als Beispiel), die die Defektelektronen und die Elektronen aus der Übergangsschicht heraustreibt, was die Raumladungen und das Feld erneut vergrößert. In entgegengesetzter Richtung wirkt aber die Diffusion der beweglichen Ladungsträger, die die Dichtegradienten zu vermindern sucht. Im dynamischen Gleichgewicht gibt es eine von den beidseitigen Dotierungen abhängige Feldstärke und daher auch, ohne daß der Kristall von einem Strom durchflossen wird, eine elektrische Spannung, ein sogenanntes Diffusionspotential (etwa $+200$ bis $+300$ mV) zwischen N-Zone und P-Zone. Dieses Diffusionspotential entspricht streng dem Kontaktpotential an den Verbindungsstellen verschiedener Metalle, so daß in einem geschlossenen Kreis, in dem sich der PN-Übergang zusammen mit verschiedenen Metallzuleitungen befindet, bei konstanter Temperatur kein Strom fließt. Die Summe aller Kontaktpotentiale verschwindet.

Wird zwischen P- und N-Zone eine positive äußere Spannung angelegt, dann vermindert sich die Feldstärke in der Doppelschicht, wodurch die Diffusion erleichtert wird. Als Folge entstehen außerhalb der Doppelschicht Dichtegradienten. Eine theoretische Analyse zeigt, daß die Majoritätsladungsträger dann (wegen der hohen Dichte) überwiegend einen Feldstrom führen, der sich auf der jeweils anderen Seite des Übergangs als überwiegender Diffusionsstrom fortsetzt, wo dann diese Ladungsträger Minoritätsladungsträger sind. Flußrichtung des positiv gezählten Stromes ist für beide Ladungsträgerarten von der P-Zone zur N-Zone. Beim Anlegen einer negativen äußeren Spannung zwischen P- und N-Zone wird die Feldstärke in der Doppelschicht erhöht und die Diffusion so behindert, daß praktisch kein Strom fließt. Für den idealen PN-Übergang erhält man eine exponentiell verlaufende Kennlinie, wie sie auch für alle Halbleiterdioden bei nicht zu großen Spannungen und Strömen gilt, gemäß Gl. (2.1-1) und Abb. 2.2-4 im nächsten Abschnitt. Darin ist U_D die zwischen P-Zone und N-Zone gezählte Spannung. Die beiden Dotierungen müssen nicht einander gleich sein; im Gegenteil wird aus technologischen und elektrischen Gründen mit Vorteil stets eine der Dotierungen sehr viel höher gewählt als die andere. Erwähnt sei, daß eine exponentiell verlaufende Kennlinie nicht nur mit PN-Übergängen erzielbar ist, sondern auch mit Metall-Halbleiter-Übergängen.

2.2.3 Halbleiterdioden

Grundbestandteil fast aller Halbleiterdioden ist ein PN-Übergang. Meist ist die P-Zone sehr viel höher dotiert als die N-Zone, so daß die P-Zone fast wie eine gut leitende Metallschicht betrachtet werden kann, während sich die Bildung der Raumladungen und die Diffusionsvorgänge vor allem in der N-Zone vollziehen. Die fol-

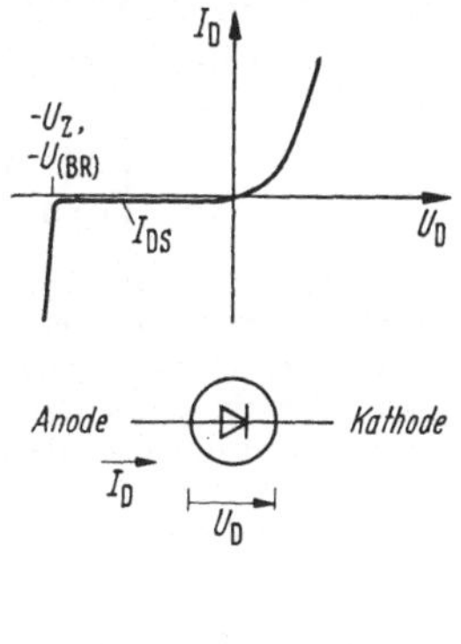

Abb. 2.2-4. Statische Kennlinie einer Halbleiterdiode (schematisch) und Schaltzeichen mit Zählpfeilen. $U_{(BR)}$ ist die Durchbruchsspannung (Lawinendurchbruch). Bei den Z-Dioden, bei denen dies Gebiet ausgenutzt wird, schreibt man U_Z. Beide Größen werden als positive Zahlenwerte angegeben. Das Dreieck im Schaltzeichen kann auch ausgefüllt werden; der Kreis kann fortgelassen werden.

gende Darstellung soll sich auf solche Dioden beschränken. (Über Sonderformen vgl. Abschnitt 2.2.6.)

Statische Kennlinie. Abb.2.2-4 zeigt schematisch die Kennlinie einer Halbleiterdiode, darunter das Schaltzeichen. Der der P-Zone zugewandte Anschluß ist die Anode, der andere die Kathode. Im ersten Quadranten befindet sich die Diode im Durchlaßzustand, im dritten Quadranten im Sperrzustand. Um die Minuszeichen für bestimmte Strom- und Spannungswerte im Sperrzustand zu vermeiden, verwendet man häufig einen Index R (reverse) und schreibt U_R und I_R mit positiven Zahlenwerten an. Im Durchlaßzustand wird dann der Index F (forward) verwendet.

Bei kleinen Strömen und Spannungen folgt die Kennlinie der Gleichung für einen idealen PN-Übergang

$$I_D = -I_{DS}[\exp(U_D/U_T) - 1] \tag{2.2-1}$$

mit

U_T Temperaturspannung,

$U_T = kT/q,$

k　　Boltzmann-Konstante,

T　　absolute Temperatur,

q　　Elementarladung.

Bei Zimmertemperatur ist $U_T = 26\,\text{mV}$.

I_{DS} (< 0) ist der Sperrstrom, für den idealen PN-Übergang $I_{DS} = I_D\,(U_D \to -\infty)$.

Bei hohen Strömen und Spannungen gibt es Abweichungen. Bei hohen Durchlaßströmen macht sich u.a. der Bahnwiderstand der N-Zone bemerkbar, woraus eine Linearisierung der Kennlinie folgt. Bei hohen Spannungen im Sperrzustand setzt mit wachsender Feldstärke eine Stoßionisation ein, die sich in einer Lawinenbildung zusätzlicher Ladungsträger und einer Strommultiplikation äußert. Bei nicht zu hohen Sperrströmen ist dieser als (Lawinen-)Durchbruch bezeichnete Effekt stabil und reversibel. Der steile Anstieg des Sperrstromes bei einer Spannung $U_{(BR)}$ läßt sich bei vielen Dioden für Stabilisierungszwecke, zum Herstellen einer Referenzspannung und zum „Versetzen" eines Gleichspannungspegels ausnutzen. Die Größe der Durchbruchsspannung läßt sich von der Dotierung her und über die Abmessungen der N-Zone bei der Herstellung in gewissen Grenzen vorherbestimmen.

Der Sperrstrom $-I_{DS}$ hängt stark vom Grundmaterial ab; es gilt bei Zimmertemperatur etwa

$$-I_{DS} = \begin{cases} 100\,\text{nA bei Silizium,} \\ 100\,\mu\text{A bei Germanium.} \end{cases}$$

Die Sperrströme bei Silizium sind stets drei bis vier Größenordnungen niedriger als bei Germanium. Die Sperrströme sind stark temperaturabhängig, es gilt

$$-I_{DS}(\vartheta) = -I_{DS}(\vartheta_0)\exp[c_c(\vartheta - \vartheta_0)] \tag{2.2-2}$$

mit etwa

$$c_c = \begin{cases} 0{,}15\ \text{K}^{-1} \text{ bei Silizium,} \\ 0{,}10\ \text{K}^{-1} \text{ bei Germanium.} \end{cases}$$

Bei vielen Anwendungen sind die Sperrströme bei den meist vorkommenden Gerätetemperaturen nicht von Bedeutung, insbesondere bei Siliziumdioden. Bei konstantem Durchlaßstrom wird aber über den Sperrstrom auch die Durchlaßspannung von der Temperatur abhängig, und zwar ergibt sich aus Gl.(2.2-1) und (2.2-2) eine bei üblichen Arbeitsströmen im Durchlaßzustand lineare Abhängigkeit von der Temperatur

$$U_D(\vartheta) = U_D(\vartheta_0) - c_D(\vartheta - \vartheta_0) \tag{2.2-3}$$

mit

$$c_{\mathrm{D}} \doteq c_{\mathrm{c}} U_{\mathrm{T}} \approx 2\,\mathrm{mV\,K^{-1}}$$

für Silizium und Germanium.

Der sehr kleine Absolutwert des Sperrstromes läßt die exponentielle Kennlinie oberhalb einer gewissen Schwellenspannung U_{D0} im Durchlaßzustand sehr steil ansteigen. Aus diesem Grunde kommt man häufig mit der einfachen idealisierten Ersatzschaltung nach Abb. 2.2-5 aus. Ermittelt man den Wert U_{D0} aus einer Tangente an die Durchlaßkurve bei einem sinnvoll gewählten Durchlaßstrom I_{DX}, dann ergibt sich mit $I_{\mathrm{DX}} \gg -I_{\mathrm{DS}}$

$$U_{\mathrm{D0}} = 2{,}3\,U_{\mathrm{T}}\,\lg\!\left(\frac{I_{\mathrm{DX}}}{-I_{\mathrm{DS}}}\right) - U_{\mathrm{T}} \qquad\qquad (2.2\text{-}4)$$

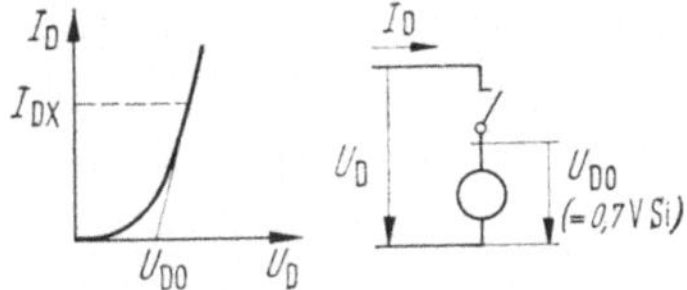

Abb. 2.2-5. Ersatz der Diodenkennlinie (unterhalb der Durchbruchsspannung) durch einen Schalter in Verbindung mit einer Schwellenspannung U_{D0} (0,7 V bei Silizium).

und z. B. für $I_{\mathrm{DX}} = 10\,\mathrm{mA}$, $-I_{\mathrm{DS}} = 10^{-9}\,\mathrm{A}$ (Si) ein Wert $U_{\mathrm{D0}} = 0{,}6\,\mathrm{V}$. Für die Schaltungstechnik wählt man meist bei Zimmertemperatur für die Schaltungsdimensionierung

$$U_{\mathrm{D0}} = \begin{cases} 0{,}7\,\mathrm{V} \text{ für Silizium,} \\ 0{,}3\,\mathrm{V} \text{ für Germanium.} \end{cases}$$

Dynamisches Verhalten. Jeder PN-Übergang hat eine innere Trägheit, die vor allem durch träge Änderungen des Dichtegradienten der Minoritätsladungsträger in der N-Zone bestimmt ist. Im Durchlaßzustand werden — abweichend vom stromlosen Zustand — Minoritäts- und Majoritätsladungsträger annähernd in gleicher Menge in der N-Zone gespeichert. Die Zone bleibt dann zwar elektrisch neutral, aber das Zuführen und Abführen der Ladungen erfolgt mit getrennten Strömen, die Defektelektronen mit dem Minoritätsstrom, der in der N-Zone ein Diffusionsstrom ist, die Elektronen mit dem Majoritätsstrom, in der N-Zone überwiegend ein Feldstrom.

Bei kleinen Änderungen der Durchlaßspannung wirkt dieses System wie eine Kapazität, man nennt sie *Diffusionskapazität* C_{d}. Sie ist dem Durchlaßstrom proportional

$$C_{\mathrm{d}} \sim I_{\mathrm{F}}. \qquad\qquad (2.2\text{-}5)$$

Wird jedoch, wie beim Schalterbetrieb, eine vorher leitende Diode gesperrt, derart, daß der Strom unterbrochen wird, dann können die überlagerten Ladungen nur durch Rekombination verschwinden. Die Spannung an der Diode nimmt dann etwa exponentiell ab.

Im Sperrzustand überwiegt die von der elektrischen Doppelschicht des PN-Übergangs gebildete Kapazität. Man nennt sie *Sperrschichtkapazität* C_{s}. Da die Raumladungen nicht wie bei einem gewöhnlichen Kondensator durch ein Dielektrikum getrennt, sondern räumlich verteilt sind, ergibt sich eine Spannungsabhängigkeit der Kapazität für kleine Signale

$$C_{\mathrm{s}} = C_{\mathrm{s}}(U_{\mathrm{R}}), \qquad\qquad (2.2\text{-}6)$$

die vom Dotierungsprofil abhängt und von daher auch beeinflußt werden kann. In jedem Fall aber nimmt die Sperrschichtkapazität mit wachsender Sperrspannung U_R ab.

Abb. 2.2-6 zeigt einen Schaltvorgang an einer Diode. Beim Einschalten der Diode vom Sperr- in den Durchlaßzustand muß zuerst die Sperrschichtkapazität entladen werden. Wegen ihrer Spannungsabhängigkeit ergibt sich ein komplizierter

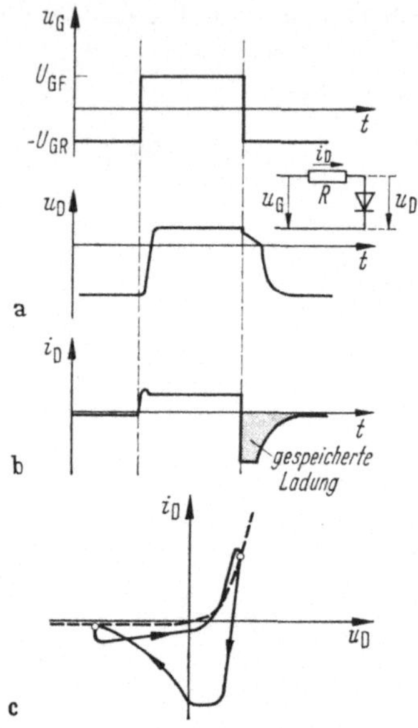

Abb. 2.2-6. Schaltvorgang bei einer Halbleiterdiode. a) Steuer- und Diodenspannung (u_G, u_D) als Funktion der Zeit mit Steuerschaltung; b) Diodenstrom i_D als Funktion der Zeit; c) Verlauf im Oszillogramm (Skizze).

Vorgang, der aber meist sehr kurz ist. Anschließend erfolgt der Aufbau der Dichtegradienten in der N-Zone, also ein Aufladen der Diffusionskapazität. Beim Ausschalten halten die gespeicherten Ladungen die Diode noch im Durchlaßzustand. (Lediglich am Bahnwiderstand gibt es einen Spannungssprung.) Dies bedeutet einen Rückstrom $I_R \approx U_{GR}/R$, der (in grober Darstellung) aus einem aus der N-Zone zum PN-Übergang hin fließenden Minoritätsdiffusionsstrom einerseits und einem zum Kathodenanschluß fließenden Majoritätsfeldstrom andererseits besteht. Die Diodenspannung nimmt dabei ungefähr linear ab. Sobald diese das Vorzeichen wechselt, sind drei Vorgänge gleichzeitig beteiligt: Ein weiteres Abfließen der Ladung über den Rückstrom, ein Abbau der Ladungen durch Rekombination und ein Aufladen der Sperrschichtkapazität. Das Abklingen des Rückstromes ist deshalb nicht mit einer einheitlichen Zeitkonstante darstellbar. In den Kenndaten wird häufig jene Zeit angegeben, bei der der Rückstrom nach dem Abschalten einen bestimmten Wert unterschreitet, oder es wird das Zeitintegral über den Rückstrom angegeben, das dann meist als *gespeicherte Ladung* bezeichnet wird. Diese Ladung ist ungefähr dem Durchlaßstrom proportional, der vorher durch die Diode floß.

Bei sehr hohen Durchlaßströmen kann ein besonderer Effekt eintreten [20], bedingt durch die Beteiligung der Majoritätsträger in der N-Zone im Zusammenhang mit dem dort erzeugten elektrischen Feld. Dabei entsteht eine Gegenspannung, die ein induktives Verhalten hervorruft. Bei hohen Durchlaßströmen kann also ein eingeprägter Durchlaßstrom beim Einschalten eine kurze Spannungsspitze an der Diode erscheinen lassen.

Es gibt eine große Anzahl unterschiedlicher Typen von Halbleiterdioden, bedingt durch die zahlreichen Anwendungsmöglichkeiten.

Kleinsignal- oder Signaldioden werden für die Demodulation, für die additive Mischung, für Dämpfungszwecke und für die Frequenzvervielfachung verwendet. Meist können diese Dioden auch als elektrische Schalter verwendet werden.

Spezielle Schalterdioden haben besonders kleine gespeicherte Ladungen. Schalterdioden sind Grundbestandteile einer Vielzahl von Verknüpfungsschaltungen.

Die steile Durchlaßkennlinie wird auch für die Begrenzung, zur Stabilisierung von Spannungen und (vor allem in integrierten Schaltungen) zum Versatz eines Gleichspannungspegels ausgenutzt.

Dioden mit definierter Durchbruchsspannung, steilem Anstieg der Durchbruchskennlinie und niedrigem Temperaturkoeffizienten der Durchbruchsspannung werden für die Stabilisierung, als Referenzelemente und ebenfalls zum Versatz von Gleichspannungspegeln eingesetzt. Diese Dioden heißen Z-Dioden (Hinweis auf die Z-förmige Kennlinie), früher „Zener-Dioden", weil man fälschlich meinte, daß der Stromanstieg bei diesen Dioden auf dem Zener-Effekt beruht [21]. (Es gibt allerdings auch Dioden mit niedriger Spannung, die überwiegend einen Zener-Anstieg haben.)

Die spannungsabhängige Kapazität einer Diode wird für parametrische Verstärker, zur Frequenzvervielfachung und zum elektronischen Verstimmen von Schwingkreisen ausgenutzt. Dioden dieser Art heißen u. a. Varaktoren, Kapazitätsdioden, Abstimmdioden, Varicaps.

PN-Übergänge sind licht- bzw. strahlungsempfindlich. Daher gibt es Photodioden und sogar Dioden als Kernstrahlungsdetektoren.

Weitere Diodenformen (Peltier-Elemente, Starkstromgleichrichter, Mikrowellenbauelemente, P^+NN^+-Dioden für Abschwächer, GaAs-Leuchtdioden) sollen hier nicht berücksichtigt werden. Auf die Tunneldiode wird in Abschnitt 2.2.6 eingegangen.

Bei Halbleiterdioden gibt es sehr viele Bauformen. Neben der im Abschnitt 2.2.1 bereits skizzierten epitaktischen Planardiode ist die Spitzendiode sehr gebräuchlich, bei der sich der PN-Übergang in der Umgebung einer auf dem Kristall aufsitzenden Metallspitze durch Formierung ausbildet (auch „Punkt-Kontakt-Diode"). Unter „Flächendiode" versteht man meist legierte Dioden, bei denen (z. B. bei Germanium) ein Indiumkügelchen einlegiert wird, wobei eine flächenhafte Diffusionsfront im Kristall ausgebildet wird. Nach der Rekristallisation entsteht dabei eine P-Zone.

Eine vollständige Klassifizierung aller Dioden ist heute sehr schwierig und auch nicht sehr sinnvoll, weil die meisten Halbleiterdioden sehr vielseitig verwendbar sind.

Typische Schalterdioden, die für die Nachrichtenverarbeitung wichtig sind, haben Umschaltzeiten von der Größenordnung 10^{-9} s und gespeicherte Ladungen von 50 pC bei $I_F = 10$ mA. Dabei werden hinsichtlich zulässiger Ströme, Spannungen und Leistungen durch eine große Typenauswahl alle Anwendungsbereiche überdeckt. Die nach DIN 41 871, 41 880 und 41 883 genormten Gehäuse sind (außer bei ausgesprochenen Leistungstypen) sehr klein. Die meisten Dioden sind etwa 7 mm lang. Verwendet werden im wesentlichen Hartglas und Kunststoff.

2.2.4 Bipolare Transistoren

Der Transistor ist ein Halbleiter-Verstärkerelement mit (im allgemeinen) zwei Zonenübergängen und drei Anschlüssen [22 bis 24]. Aus historischen Gründen wird der heute übliche Transistor auch *Flächentransistor* genannt, da er flächenhafte Zonenübergänge hat. (Es gab in der Anfangszeit des Transistors Punkt-Kontakt-Transistoren.) Der gewöhnliche Transistor hat zwei gegensinnige PN-Übergänge, also eine Zonenfolge NPN oder PNP (vgl. hierzu Abb. 2.2-2). Da bei diesen Transistoren beide Ladungsträgerarten an dem Verstärkungsmechanismus beteiligt sind, bezeichnet man sie als *bipolare Transistoren* zur Unterscheidung von den im nächsten Abschnitt beschriebenen Feldeffekt-Transistoren, bei denen der gesteuerte Strom nur aus Ladungsträgern einer Sorte besteht. (Die Gruppe der letzteren nennt man auch *unipolare* Transistoren.)

Transistorprinzip und Grundeigenschaften. Bei einer Zonenfolge NPN (als Beispiel) nach dem Schema von Abb. 2.2-7 hätte man es mit zwei Halbleiterdioden zu tun, die mit ihren Anoden verbunden sind, wenn beide PN-Übergänge genügend weit

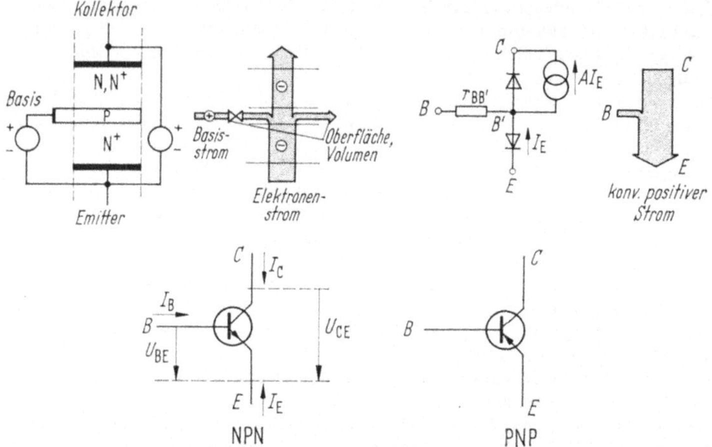

Abb. 2.2-7. Erläuterung des Transistorprinzips an Hand einer Zonenfolge NPN und Schaltzeichen für den bipolaren Transistor (die Kreise können auch fortgelassen werden) mit Festlegung der Zählpfeile. Beim PNP-Transistor wird der Pfeil in umgekehrter Richtung gezeichnet, die Zählpfeile (Bezugsrichtungen) werden aber nicht geändert.

voneinander entfernt wären. Tatsächlich haben beide Dioden aber eine sehr dünne gemeinsame P-Zone. Wird zwischen den mit *Basis* und *Emitter* bezeichneten Anschlüssen eine positive Spannung angelegt, dann ist der *Emitter*-Übergang im Durchlaßzustand. Dies hat einen Diffusionsstrom aus dem Übergang in die P-Zone zur Folge. Man spricht auch davon, daß der Emitter Minoritätsladungsträger, hier also Elektronen, in die mittlere Zone, die *Basiszone* injiziert (oder emittiert).

Für das Aufrechterhalten eines Diffusionsstromes ist ein Dichtegradient zur anderen N-Zone, *Kollektorzone* genannt, erforderlich. Das ist erreichbar, wenn zwischen Kollektoranschluß C (collector) und Basisanschluß, also am Kollektorübergang, eine positive Spannung angelegt wird, die diesen in den Sperrzustand bringt, und wenn die Basiszone sehr dünn ist. Wesentlich ist nun, daß ein PN-Übergang nur dann gesperrt ist, wenn von den Elektroden her kein Dichtegefälle vorhanden ist. Im vorliegenden Fall fließt jedoch der vom Emitter her erzwungene Diffusionsstrom fast vollständig über den „gesperrten" Kollektorübergang; in der Kollektor-N-Zone setzt sich der Diffusionsstrom als Majoritätsfeldstrom fort. Der Kollektorübergang wirkt dann als Stromquelle mit sehr großem differentiellen Quellenwiderstand.

Der über den Kollektorübergang fließende Strom ist ein wenig kleiner als der über den Emitterübergang fließende Strom, weil ein Teil der Minoritätsladungsträger durch Rekombination in der P-Zone (Volumenrekombination) und an der Oberfläche des Kristalls (Oberflächenrekombination) verloren geht. In Abb. 2.2-7 ist dies angedeutet. Voraussetzung dabei ist, daß die äußeren Zonen wesentlich höher dotiert sind als die mittlere Zone, weil sonst noch ein Minoritätsstrom in der Emitterzone fließen würde, der dann ebenfalls dem Kollektorstrom verlorengeht. Das Verhältnis von Kollektorstrom zu Emitterstrom $I_C/(-I_E)$ (Minuszeichen wegen der Zählpfeilfestlegung) nennt man Kollektor-Emitter-Gleichstromverhältnis; es gibt verschiedene Formelzeichen:

$$\frac{I_C}{-I_E} = A = h_{21\mathrm{B}} = h_{\mathrm{FB}} \qquad (2.2\text{-}7)$$

(vgl. DIN 70485). Das Verhältnis A ist nur sehr wenig kleiner als 1. Für das Verhältnis von Kollektor- zu Basisstrom ergibt sich ein großer Zahlenwert (Kollektor-Basis-Gleichstromverhältnis)

$$\frac{I_C}{I_B} = \frac{A}{1-A} = B = h_{21\mathrm{E}} = h_{\mathrm{FE}}, \qquad (2.2\text{-}8)$$

je nach Transistortyp zwischen etwa $B = 30$ und $B = 1000$.

Die Darstellung in Abb.2.2-7 gilt für einen NPN-Transistor. Bei PNP-Transistoren (die durch einen umgekehrten Pfeil im Schaltzeichen erkennbar sind) müssen für die gleiche Arbeitsweise die angelegten Gleichspannungen das umgekehrte Vorzeichen haben, und die Ströme fließen in entgegengesetzter Richtung. Die Zählpfeilfestlegung (Bezugsrichtungen) bleibt aber für beide Versionen die gleiche. Damit ergeben sich die in Abb.2.2-8 gezeigten Verhältnisse.

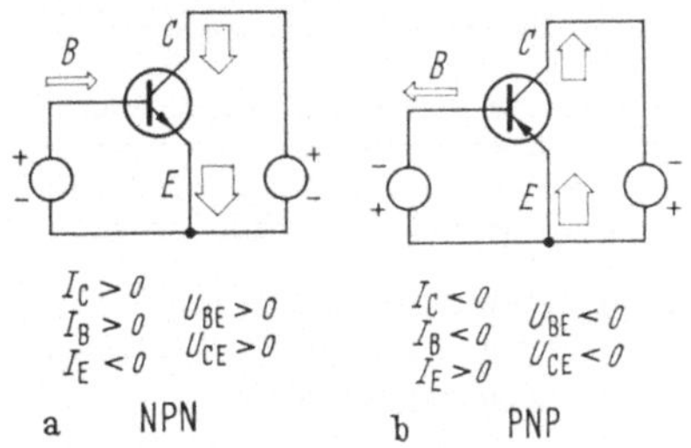

Abb.2.2-8. Stromflußschema für den Transistor bei normalem Betrieb. a) NPN-Transistor; b) PNP-Transistor.

Wie schon aus Abb.2.2-7 zu erkennen ist, ist ein Transistor im Prinzip bezüglich Emitter und Kollektor symmetrisch. Da es überdies bezüglich Durchlaß- und Sperrzustand der beiden Übergänge vier Kombinationen gibt, erhält man auch vier Betriebsbereiche, die wie folgt genannt sind:

	Emitterübergang	Kollektorübergang
Sperrbereich	Sperrzustand	Sperrzustand
Aktiver Bereich, normal	Durchlaßzustand	Sperrzustand
Aktiver Bereich, invers	Sperrzustand	Durchlaßzustand
Sättigungsbereich oder Übersteuerungsbereich	Durchlaßzustand	Durchlaßzustand

Abb.2.2-9 zeigt die zugehörigen Ersatzschaltbilder (NPN-Transistor). Sie sind stark vereinfacht, aber für die Schaltungstechnik fast immer ausreichend. Da — ähnlich wie bei den Halbleiterdioden — die Sperrströme sehr klein sind, kann man sie, insbesondere bei Silizium-Transistoren, vernachlässigen. Im Sperrzustand fließen bei Silizium-Transistoren Ströme von der Größenordnung 10^{-9} A, daher hat es

keinen Sinn, eine Ersatzschaltung anzugeben. Auch die Bahnwiderstände spielen selten eine Rolle, da ihr Einfluß von äußeren Widerständen der Schaltung fast immer überdeckt wird.

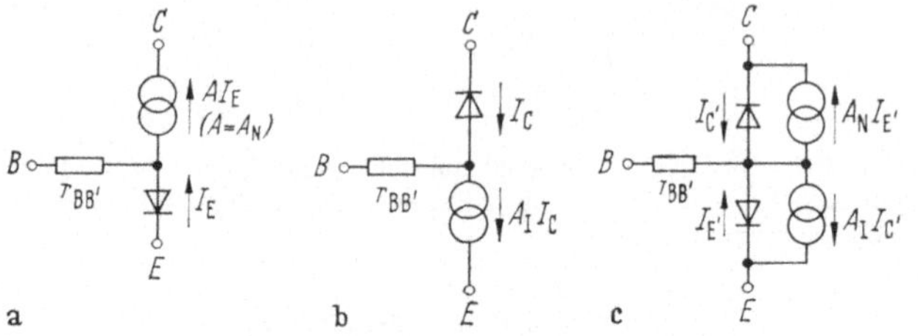

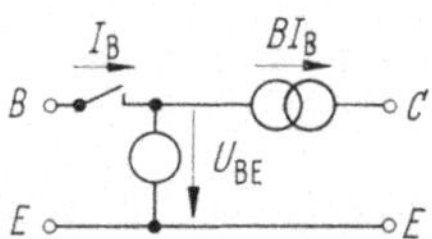

Abb. 2.2-9. Vereinfachte Gleichstromersatzschaltungen für a) Aktiver Bereich, normal; b) Aktiver Bereich, invers; c) Sättigungs- oder Übersteuerungsbereich.

Die Eigenschaften im aktiven Bereich sind gewöhnlich bei *normalem* Betrieb (Emitter injizierend) verschieden von denen bei *inversem* Betrieb (Kollektor injizierend). Um ein hohes Gleichstromverhältnis in einer Richtung zu erzielen, muß man die Oberflächenrekombination reduzieren, was eine größere Kollektorfläche gegenüber der Emitterfläche erfordert. Dann aber wird das Gleichstromverhältnis A_I bei inversem Betrieb schlechter als das bei normalem Betrieb $A_\mathrm{N} = A$. Für besondere Anwendungen gibt es *Zweirichtungstransistoren* mit annähernd symmetrischen Eigenschaften.

Bei vielen Anwendungen kann man wie bei den Halbleiterdioden die Übergänge in der Ersatzschaltung durch eine Serienschaltung einer konstanten Spannungsquelle (Schwellenspannung) und eines Schalters ersetzen. Abb. 2.2-10 zeigt ein einfaches Beispiel für den aktiven Bereich (normal) und Sperrbereich. Auch hier setzt man meist

$$U_\mathrm{BE} = \begin{cases} +0,7 \text{ V für Silizium-NPN-Transistoren,} \\ +0,3 \text{ V für Germanium-NPN-Transistoren.} \end{cases} \qquad (2.2\text{-}9)$$

Bei PNP-Transistoren sind die Spannungen negativ.

Abb. 2.2-10. Stark vereinfachte, aber für die Schaltungstechnik meist ausreichende Ersatzschaltung für den aktiven Bereich (normal) und den Sperrbereich bei einem NPN-Transistor.

Im aktiven Bereich sind die Verhältnisse von Stromänderungen im Idealfall gleich den Verhältnissen der entsprechenden Gleichströme. Zur Unterscheidung und für die in der Praxis auftretenden Unterschiede verwendet man jedoch andere Formelzeichen. Für das wichtige Verhältnis von Kollektorwechselstrom zu Basiswechselstrom gilt als „Stromverstärkung(s-faktor) in der Emitterschaltung"

$$\frac{i_\mathrm{c}}{i_\mathrm{b}} = \beta = h_{21\mathrm{e}} = h_\mathrm{fe} \quad \text{mit} \quad \beta \approx B. \qquad (2.2\text{-}10)$$

Der Wechselstromwiderstand des Emitterübergangs ist jedoch wegen der stark nichtlinearen Kennlinie einer Halbleiterdiode (NPN-Transistor) stark vom Gleichstromwiderstand verschieden

$$r_\mathrm{e} = \frac{u_\mathrm{be}}{-i_\mathrm{e}} = \frac{\mathrm{d}U_\mathrm{BE}}{-\mathrm{d}I_\mathrm{E}} = \frac{U_\mathrm{T}}{-I_\mathrm{E}} \approx \frac{U_\mathrm{T}}{I_\mathrm{C}}. \qquad (2.2\text{-}11)$$

Bei großen Emitterströmen wird r_e sehr klein und dann häufig überdeckt von einem Widerstand $r_{bb'}$, den man sich als verteilten Widerstand im Kristall zwischen Basiszone (b') und Basisanschluß (b) denken kann.

Für eine Übersicht und für den meist vorkommenden Fall, daß der Quellenwiderstand der Wechselspannungsquelle groß gegenüber dem Widerstand zwischen Emitter und Basis ist, ergeben sich die vier gebräuchlichsten, in Abb. 2.2-11 dargestellten Verstärkungsschaltungen.

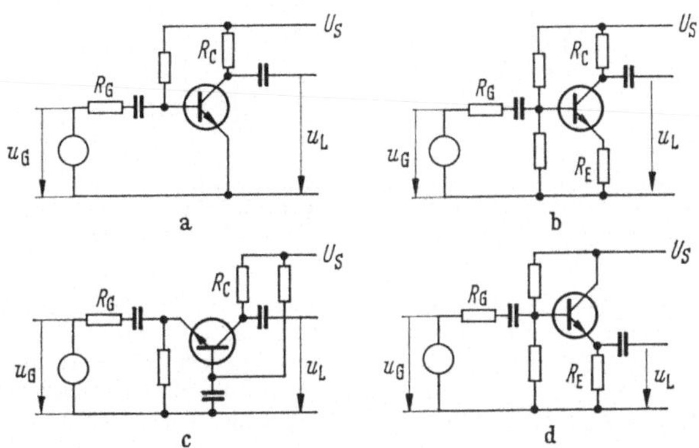

Abb. 2.2-11. Einige einfache Verstärkerschaltungen. a) Emitterschaltung; b) Emitterschaltung mit starker Gegenkopplung; c) Basisschaltung; d) Kollektorschaltung (Impedanzwandler, Emitterfolger), U_S ist die (positive) Versorgungsspannung.

Abb. 2.2-11 a ist eine Emitterschaltung, weil Ausgang und Eingang den Emitteranschluß gemeinsam haben. Es ergibt sich eine Spannungsverstärkung

$$V_u = \frac{u_L}{u_G} = -\beta \frac{R_C}{R_G} \quad \text{(Phasenumkehr)}. \tag{2.2-12}$$

Sehr häufig verwendet man eine starke Gegenkopplung, bei der die Verstärkung unabhängig vom Quellenwiderstand wird ($R_E \gg R_G/\beta$) und auch unabhängig von dem Wert β, der meist beträchtlichen Exemplarstreuungen unterliegt. Dann ist nach Abb. 2.2-11 b

$$V_u = -\frac{R_C}{R_E}. \tag{2.2-13}$$

Der Eingangswiderstand ist hier sehr groß ($r_1 = \beta R_E$). Diese stark gegengekoppelte Schaltung hat Ähnlichkeit mit der Basisschaltung (Schaltung mit gemeinsamem Basisanschluß für Ausgang und Eingang) nach Abb. 2.2-11 c mit einer Verstärkung

$$V_u = \frac{R_C}{R_G} \quad \text{(keine Phasenumkehr)}. \tag{2.2-14}$$

Der Eingangswiderstand des Transistors ist sehr klein.

Die Schaltung in Abb. 2.2-11 d ist eine Kollektorschaltung mit einer Spannungsverstärkung 1, hohem Eingangswiderstand und sehr kleinem Ausgangswiderstand. Man bezeichnet diese Schaltung als Impedanzwandler oder „Emitterfolger" (keine Phasenumkehr).

Bei allen Schaltungen ist auch eine Leistungsverstärkung erzielbar.

Abb. 2.2-12 zeigt den Transistor in der Verwendung als gesteuerter Schalter. Für eine sehr große Stromverstärkung β wird nur ein sehr kleiner Steuerstrom und damit eine kleine Steuerleistung zum Schalten eines stärkeren Stromes benötigt.

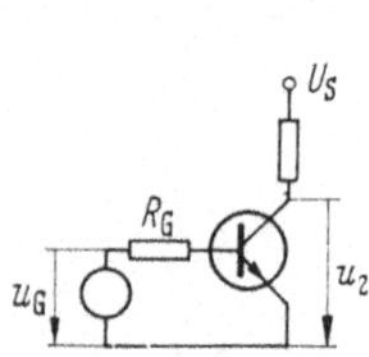

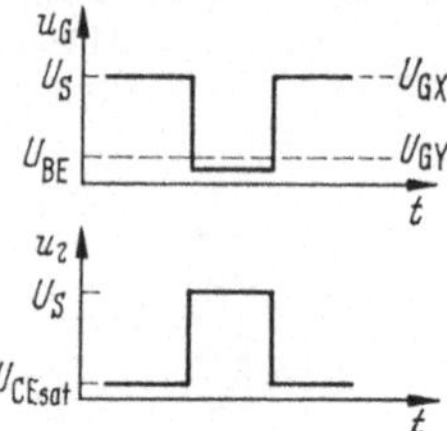

Abb. 2.2-12. Schaltung eines gesteuerten Schalters, der zugleich einen Inverter darstellt. Da die Schwellenspannung bei Si für den Basis-Emitter-Übergang etwa 0,7 V beträgt, genügt eine Spannung von ungefähr $U_{GY} < 0,5$ V für das Sperren des Transistors.

Da die Schaltung invertiert, ist sie wesentlicher Bestandteil für viele Verknüpfungsschaltungen, in denen die logische Negation vorkommt (NAND, NOR, NICHT usf.), oder aber auch zur Regenerierung von Spannungspegeln. Bei Si-Transistoren ist fast immer die Sättigungsspannung U_{CEsat} kleiner als die Schwellenspannung $U_{BE(0)}$, so daß $u_G = U_{GY}$ für das Sperren des Transistors nicht negativ sein muß.

Statische Kennlinien. Unter der Vielzahl möglicher Kennliniendarstellungen interessieren vor allem die in Abb. 2.2-13 und 2.2-14 wiedergegebenen. Die Kennlinie $-I_E = f(U_{BE})$ (NPN-Transistor) ist nahezu die gleiche wie die von Halbleiterdioden. Sie ist im aktiven Bereich des Transistors nur geringfügig von der Kollektor-Emitter-Spannung abhängig. Die Temperaturabhängigkeit ist wie bei Halbleiterdioden im Arbeitsbereich linear

$$U_{BE}(\vartheta) = U_{BE}(\vartheta_0) - c_E(\vartheta - \vartheta_0) \qquad (2.2\text{-}15)$$

mit

$$c_E = 2 \text{ mV K}^{-1}.$$

Die Darstellung Abb. 2.2-14 nennt man Ausgangskennlinienfeld $I_C = f(U_{CE})$ (NPN-Transistor) mit I_B als Parameter. Die gestrichelte Kurve gilt etwa für $U_{CB} = 0$

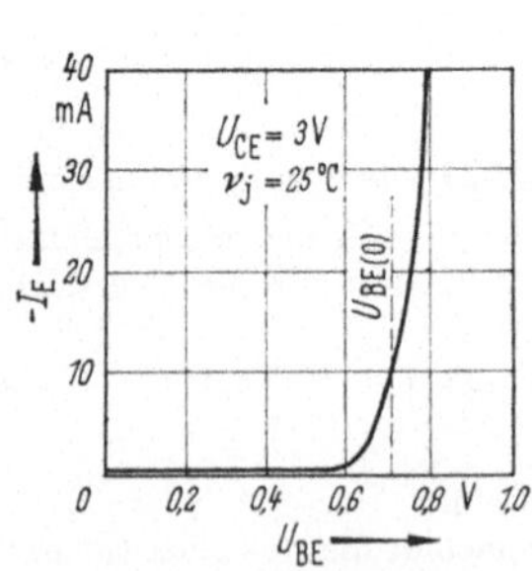

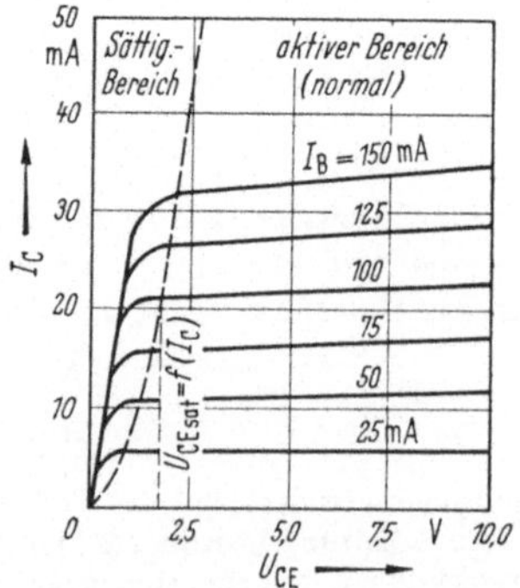

Abb. 2.2-13. Statische Kennlinie $-I_E = f(U_{BE})$ eines NPN-Transistors (Si-Planar-Epitaxie).

Abb. 2.2-14. Ausgangskennlinienfeld eines NPN-Transistors $I_C = f(U_{CE})$ mit I_B als Parameter (Si-Planar-Epitaxie).

und entspricht also der Kennlinie $I_C = f(U_{BE})$. Wird der Kollektorstrom über einen äußeren Widerstand begrenzt und ein hoher Basisstrom eingeprägt, gelangt man in den links von der gestrichelten Linie befindlichen Sättigungs- oder Übersteuerungsbereich. Bei Schaltertransistoren sind die erreichbaren Spannungen U_{CEsat} bei genügend hohen Basisströmen sehr klein (0,1 bis 0,3 V).

Bei hohen Spannungen setzt der Lawinendurchbruch ein, und zwar um so früher, je größer der Basisstrom ist. Abb. 2.2-17 zeigt eine Skizze. Das ganze Gebiet der steilen Kennlinien nennt man Durchbruchsgebiet; es ist nicht für alle Transistoren betriebsmäßig erlaubt. Die Größe der Durchbruchsspannungen kann über die Wahl der Dotierungsprofile in gewissen Grenzen vorherbestimmt werden. Über Details des Durchbruchs vgl. [25]. Bei hohen Strömen im Durchbruchsgebiet setzt ein *zweiter Durchbruch* [26, 27] ein, bei dem die Spannung U_{CE} plötzlich sehr klein wird. Der nicht immer reversible 2. Durchbruch führt häufig zu einer Zerstörung des Transistors.

Aus den Abständen der Kennlinien in Abb. 2.2-14 mit dem Parameter I_B im aktiven Bereich der annähernd waagerechten Kennlinien läßt sich das Gleichstromverhältnis I_C/I_B ablesen. In manchen Schaltungen muß man die Temperaturabhängigkeit dieses Verhältnisses berücksichtigen. Bei Silizium-NPN-Transistoren ist etwa

$$\frac{dB}{B^2\,d\vartheta} = c_B \approx 10^{-4}\ \mathrm{K}^{-1}. \qquad (2.2\text{-}16)$$

(Mit dem gleichen Koeffizienten ändert sich auch etwa die Wechselstromverstärkung β). Die Temperaturabhängigkeit betrifft vor allem die Gleichstromschaltungen. Mit $I_B = I_C/B$ erhält man eine einfache Formel

$$dI_B = -\frac{I_C}{B^2}\,dB = -I_C c_B\,d\vartheta \qquad (2.2\text{-}17)$$

für die Schaltungsdimensionierung zur Berücksichtigung von Änderungen des Basisstromes bei einem meist durch Gleichstromgegenkopplung konstant gehaltenen Kollektorstrom.

Verhalten bei Schaltvorgängen. Wie in Abschnitt 2.2.3 gezeigt wurde, haben bei PN-Übergängen eine Diffusionskapazität C_d und eine Sperrschichtkapazität C_s Einfluß. Daraus ergibt sich für die Emitterschaltung im aktiven Bereich die Ersatzschaltung nach Abb. 2.2-15. Bemerkenswert ist, daß der differentielle Leitwert des Emitter-Übergangs

$$g_e = \frac{U_T}{-I_E}$$

und die Diffusionskapazität C_{ed}

$$C_{ed} \sim \frac{1}{-I_E}$$

die gleiche Stromabhängigkeit haben, so daß die Admittanz in der Form geschrieben werden kann

$$y_e = \frac{U_T}{-I_E}\left(1 + \mathrm{j}\,\frac{\omega}{\omega_1}\right), \qquad (2.2\text{-}18)$$

worin $f_1 = \omega_1/2\pi$ die sogenannte Einsfrequenz ist, bei der der Betrag der komplexen Stromverstärkung β auf den Wert 1 abgesunken ist. Über Feinheiten einer Hochfrequenzersatzschaltung vgl. [28, 5, 8, 14].

Eine genaue Berechnung der Schaltzeiten bei Transistoren ist sehr schwierig ([29 bis 33]). Aus diesem Grunde werden häufig obere Grenzen von Anstiegs- und

Abfallzeiten angegeben, die bei sinnvoll gewählten Schaltungsbedingungen nicht überschritten werden. Für Abschätzungen kann man die Ersatzschaltung Abb. 2.2-15 verwenden. Abb. 2.2-16 zeigt dazu die Skizze eines Schaltvorgangs. Der Stromanstieg

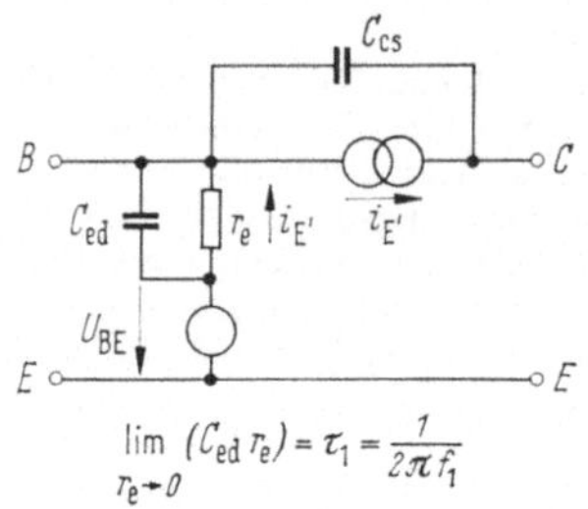

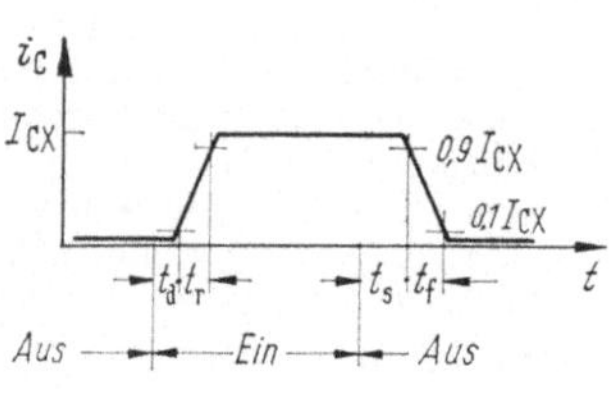

Abb. 2.2-15. Ersatzschaltung des Transistors für den aktiven Bereich mit Kapazitäten (NPN-Transistor).

Abb. 2.2-16. Skizze zur Erläuterung und Definition der Schaltzeiten bei Transistoren. I_{CX} ist der durch einen äußeren Widerstand R_{L} begrenzte Kollektorstrom.

setzt nach einer vergleichsweise kurzen Verzögerungszeit t_{d} (delay time) ein, die für das Umladen der Sperrschichtkapazität des Emitterübergangs benötigt wird. Damit der Kollektorstrom nach dem Einschalten nur geringfügig von den Transistoreigenschaften abhängt, wird der Transistor meist übersteuert, d.h. der Basisstrom für den Ein-Zustand wird meist sehr viel größer gewählt als auf Grund der Verstärkung für den gegebenen und durch einen Widerstand begrenzten Kollektorstrom erforderlich ist. Dann wird die nach Abb. 2.2-16 definierte Anstiegszeit t_{r} (rise time)

$$t_{\mathrm{r}} \approx 0{,}8\, \frac{I_{\mathrm{CX}}}{I_{\mathrm{BX}}} \left(\frac{1}{\omega_1} + C_{\mathrm{cs}} R_{\mathrm{L}} \right). \tag{2.2-19}$$

(R_{L} Lastwiderstand, C_{cs} Kollektor-Sperrschichtkapazität).

Nach dem Abschalten muß zuerst die durch den zu großen Basisstrom gespeicherte Ladung wieder abgebaut werden. In dieser Zeitspanne, der Speicherzeit t_{s} (storage time), bleibt der Kollektorstrom noch konstant. Die Speicherzeit wächst mit dem Logarithmus des Übersteuerungsgrades und nimmt ab, wenn beim Ausschalten eine negative Spannung an der Basis angelegt wird. Da der Transistor während der Zeitspannung t_{s} noch leitend ist, wird also die Speicherladung mit einem Rückstrom $I_{\mathrm{BY}} = U_{\mathrm{GY}}/R_{\mathrm{G}}$ abgebaut. Anschließend erfolgt der Abfall des Kollektorstromes. Auch hier bleibt der Emitterübergang im allgemeinen noch bis zu sehr kleinen Kollektorströmen leitend. Maßgebend für die Abfallzeit t_{f} (fall time) ist der Rückstrom I_{BY} des Transistors. Für $-I_{\mathrm{BY}} \gg I_{\mathrm{BX}}$ gilt näherungsweise

$$t_{\mathrm{f}} = 0{,}8\, \frac{I_{\mathrm{CX}}}{-I_{\mathrm{BY}}} \left(\frac{1}{\omega_1} + C_{\mathrm{cs}} R_{\mathrm{L}} \right). \tag{2.2-20}$$

Die Ströme I_{BX} und $-I_{\mathrm{BY}}$ können während t_{r} und t_{f} momentan durch einen Kondensator parallel zu einem Teil des Widerstandes R_{G} vergrößert werden. Dieser setzt jedoch eine Grenze für die Wiederholfrequenz von Schaltvorgängen und stellt überdies eine kapazitive Belastung für einen eventuell vorhergehenden Transistor dar.

Die Verhältnisse bei kapazitiver und induktiver Last können sehr kompliziert sein. Vom Bauelement her ist insbesondere das Schalten von induktiven Lasten von großer Bedeutung, da hierbei hohe induktive Abschaltspannungen am Transistor auftreten können. Ein Beispiel zeigt Abb.2.2.-17. Das Ausschalten einer induktiven Last bedeutet bei einem eingeprägten Strom theoretisch einen Spannungssprung,

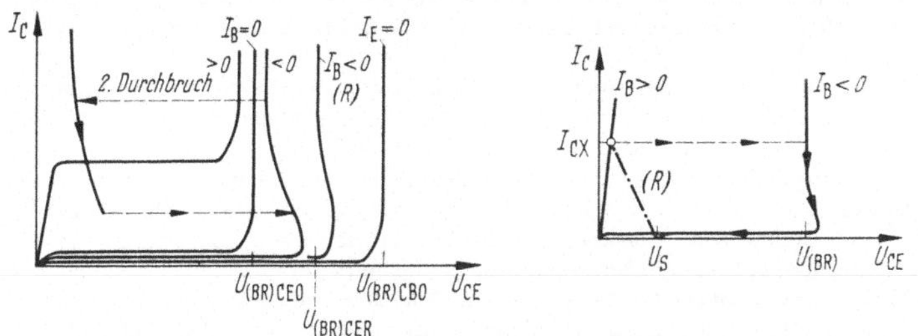

Abb. 2.2-17. Zur Erläuterung des Lawinendurchbruchs und zweiten Durchbruchs; Abschalten mit induktiver Last. I_{CX} ist der bei einem Widerstand R und einer Versorgungsspannung U_S erreichte Kollektorstrom im eingeschalteten Zustand.

wenn die Stromänderung in 0. Ordnung stetig, in 1. Ordnung unstetig ist. Dies liegt hier annähernd beim Ausschalten des Transistors vor, so daß (im rechten Teil der Abbildung) die gestrichelte Kurve beliebig rasch durchlaufen wird. Sobald eine der Durchbruchskennlinien erreicht wird, die zum Ausschaltzustand hinsichtlich des Basisstromes gehört, wirkt der Transistor wie eine Spannungsquelle mit der Spannung $U_{(BR)}$. Der Strom nimmt anschließend etwa linear ab. Die Schaltzeit ist für $U_S \ll U_{(BR)CE}$

$$t_f \approx 0{,}8 \, \frac{L I_{CX}}{U_{(BR)CE}} \, . \tag{2.2-21}$$

Die vom Transistor aufgenommene Energie ist für $U_S \ll U_{(BR)CE}$

$$E \approx \frac{1}{2} L I_{CX}^2 \, . \tag{2.2-22}$$

Die Hersteller von bestimmten Transistoren, die speziell für den Betrieb mit induktiver Last geeignet sind, geben in der Regel einen oberen Grenzwert für diese zulässige Energie an. Die Beschränkung bezieht sich auf die Gefahr des 2. Durchbruchs.

Transistorarten. Eine Einteilung der auf dem Markt befindlichen Transistoren läßt sich wegen der Fülle der Anwendungsmöglichkeiten nicht einheitlich darstellen. Die Gesichtspunkte der Klassifizierung betreffen in der Hauptsache a) das Herstellungsverfahren, b) das Hauptanwendungsgebiet, c) den Leistungsbereich, d) die Unterscheidung zwischen Unterhaltungselektronik und industrieller Elektronik.

Die Grenzen sind teilweise fließend; so können viele für die Unterhaltungselektronik vorgesehene Typen auch im industriellen Bereich verwendet werden und umgekehrt.

Hinsichtlich der *Herstellungsverfahren* werden stets das Material, die Zonenfolge und ein Stichwort der Herstellungsart angegeben.

Für die ersten beiden Kennzeichen kommen heute fast ausschließlich

Silizium und Germanium,

NPN-Typ und PNP-Typ

in Frage, wobei es alle Kombinationen gibt.

Bei den Herstellungsverfahren dominiert das eingangs skizzierte Planarverfahren mit und ohne epitaktische Schicht.

Ferner gibt es die Gruppe der diffundierten Transistoren, bei denen das Eindringen der Störstellen durch Diffusion erfolgt, ohne daß das Grundmaterial schmilzt und legierte Transistoren, bei denen das die Störstellen enthaltende Material in den Kristall einlegiert wird, wobei natürlich auch eine Diffusion stattfindet. Beim Abkühlen verbleiben dann dotierte Zonen, der Kristall bildet sich annähernd als Einkristall zurück.

Bei der Herstellung wird auch zwischen Einseiten- und Zweiseitentechnik unterschieden. Legierte Transistoren sind meist in Zweiseitentechnik hergestellt, so daß die dotierten Zonen von beiden Seiten her (im Prozeß nacheinander) in das Kristallplättchen eingebaut werden, wobei die Basiszone in der Mitte unberührt bleibt. In der Einseitentechnik sitzt das Kristallplättchen stets auf dem Kollektoranschluß, Basis- und Emitterzone werden in mehreren Schritten von der anderen Seite her durch eines der drei genannten Verfahren hergestellt.

Für besondere *Anwendungen* gibt es eine Vielzahl von Sonderformen: Transistor-Tetroden, Thyristoren, Photo-Transistoren, Lawinen-Transistoren. Die Feldeffekt-Transistoren, als nicht bipolare Elemente, und einige Vierschichtbauelemente werden in den Abschnitten 2.2.5 und 2.2.6 behandelt.

Die für die Nachrichtenverarbeitung besonders interessierenden Schalter-Transistoren und Treiber-Transistoren für magnetische Kernspeicher gibt es mit einer Vielzahl von Datenbündeln, die die Anwendungsbereiche voll überdecken.

Die erreichbaren Schaltzeiten [34, 35] (Anstiegs- und Abfallzeiten) liegen bei bipolaren Transistoren im ns-Bereich. Hinsichtlich dieser Schaltzeiten gibt es bei Germanium leichte Vorteile gegenüber Silizium, jedoch haben Siliziumtransistoren den Vorteil des größeren zulässigen Temperaturbereiches, der sehr kleinen Sperrströme und der gegenüber der Kollektor-Sättigungsspannung hinreichend hohen Basis-Emitter-Spannung (Schwellenspannung).

Die nach DIN 41870 bis 41890 genormten Gehäuse sind außer bei Leistungstypen auch hier sehr klein, bis herab zu Miniaturtypen mit $2 \times 2 \times 2$ mm^3. Verwendet werden Metall- und Kunststoffgehäuse.

2.2.5 Feldeffekt-Transistoren

Der Feldeffekttransistor wurde in praktisch brauchbarer Form bereits 1952 von *Shockley* [36] angegeben. Zunächst trat er neben dem bipolaren Transistor in den Hintergrund, wurde dann aber im Zuge der Weiterentwicklung der Halbleitertechnik erneut aktuell und zu einem wichtigen Halbleiterbauelement. Das Grundprinzip des Feldeffekt-Transistors [37 bis 41] besteht darin, daß in einem Halbleiterkristall eine zwischen zwei Elektroden befindliche, relativ gut leitende Kanalzone in ihrem Querschnitt geändert wird. Dies ist — wie noch ausgeführt werden wird — auf verschiedene Weise mit einem quer zum Kanal gerichteten, von außen her veränderbaren elektrischen Feld möglich. Man kann so den Widerstand zwischen den Elektroden steuern. Ferner gibt es einen Zustand, bei dem der Kanal an einem Ende stark „eingeschnürt" ist, und bei dem ein Gleichgewicht zwischen Einschnürungsquerschnitt und Stromdichte eintritt. Dabei wird der zwischen den Elektroden fließende Strom von der zwischen diesen Elektroden angelegten Spannung nahezu unabhängig, aber durch das elektrische Querfeld steuerbar. Feldeffekt-Transistoren sind also in einem bestimmten Arbeitsbereich steuerbare Stromquellen wie die bipolaren Transistoren.

Der Anschluß, mit dem die Elektrode für den Stromeintritt in den Kanal verbunden ist, nennt man *source* (*Quelle*), den anderen Anschluß *drain* (*Senke*). Der dritte Anschluß, über den der Kanalquerschnitt gesteuert wird, heißt *gate* (*Tor*).

In der internationalen Normung wurden für nicht englischsprechende Länder für source und drain die Bezeichnungen des bipolaren Transistors erlaubt. In DIN 41858 wurde jedoch nach Ablauf einer Prüfungszeit nunmehr empfohlen (mit den Kurzzeichen für die Indizes)

Source (S), Drain (D), Gate (G).

Es gibt zwei Hauptarten von Feldeffekttransistoren: Isolierschicht-Feldeffekt-transistoren oder kurz IG-FET (isolated-gate FET) und Sperrschicht-Feldeffekt-transistoren oder kurz PN-FET (junction-FET).

Prinzip des Isolierschicht-Feldeffekttransistors. Abb.2.2-18 zeigt einen Schnitt durch einen IG-FET in moderner Bauweise der Halbleiter-Planartechnik. In ein Silizium-Einkristallplättchen mit z.B. niedriger P-Dotierung als Substrat sind zwei

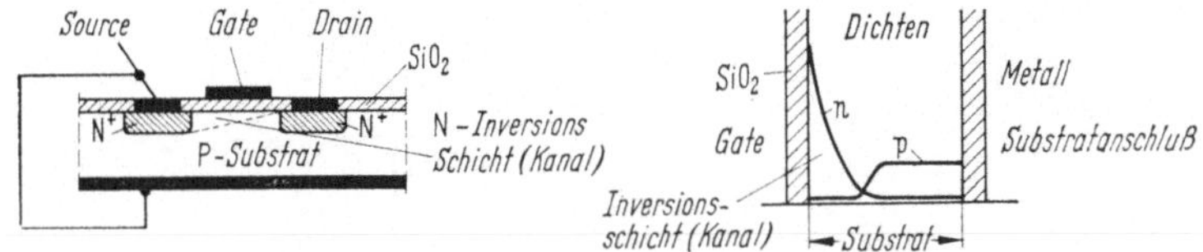

Abb.2.2-18. Schnittskizze eines N-Kanal-Isolierschicht-Feldeffekt-Transistors in Planartechnik und Zustandekommen der Inversionsschicht.

hochdotierte N-Zonen (N⁺) als Elektroden für Source und Drain eindiffundiert. Über der schützenden SiO_2-Schicht liegt eine Metallschicht als Gateelektrode. Legt man lediglich eine Spannung $U_{DS} > 0$ an, dann sind beide PN-Übergänge gesperrt, wenn das Substrat mit Source verbunden ist. Legt man eine Spannung $U_{GS} > 0$ am Gate an, dann werden zwischen Source und Drain dicht unter der Oberfläche die Elektronendichte erhöht und die Defektelektronendichte erniedrigt. Bei einer bestimmten Spannung $U_{GS} = U_P$ tritt eine Inversion ein, so daß man die Schicht unter der Oberfläche als N-leitend betrachten kann. Man spricht deshalb (im vorliegenden Fall) von einem N-Kanal-Feldeffekttransistor. Die Zonenübergänge an Source und Drain sind nun kein Hindernis mehr, die Elektronen können von Source nach Drain fließen.

Die unter der Oberfläche liegende Inversionsschicht enthält zugleich eine Raumladung wie bei einem Kondensator. Dielektrikum ist die Oxidschicht. Die Raumladungszone des Kanals erstreckt sich aber wegen des Spannungsanstiegs von Source nach Drain hin nicht gleichmäßig tief in den Kristall hinein, wie gestrichelt angedeutet ist. Mit wachsender Spannung U_{DS} wird ein Punkt erreicht, bei dem der Kanal dicht an der Drainzone abgeschnürt wird. Wenngleich die dann auftretenden Vorgänge einer Analyse nicht leicht zugänglich sind, so ist doch qualitativ zu sehen, daß eine Art NPN-Transistor mit beliebig kleiner Basiszone entsteht, bei dem die Elektronen in die Drainzone diffundieren können. Der Strom bleibt dann bei wachsender Spannung U_{DS} konstant.

Das Wort „Kanal" ist nur eine Andeutung für die leitende Zone. Sind z.B. die beiden N⁺-Zonen als Streifen ausgebildet, dann hat der „Kanal" die Form eines nicht gleichmäßig dicken Bandes, an dessen Längskanten sich die Elektroden befinden. Durch Vertauschen der Dotierungen erhält man einen P-Kanal-Transistor, wobei alle Spannungen und Ströme für den gleichen Arbeitsbereich die Vorzeichen wechseln. (Die Festlegung der Bezugsrichtungen bleibt für alle Transistoren die gleiche, d.h. auch die gleiche wie bei den bipolaren Transistoren.)

Da die Gateelektrode als Metallschicht über einem Oxid ausgebildet ist, nennt man diesen Transistor auch

MOS-Transistor oder MOS-FET (metal-oxide-semiconductor).
(Es gibt weitere Arten, vgl. z.B. DIN 41858.) Der MOS-FET kann auch mit Vorteil Bestandteil integrierter Schaltungen sein (vgl. Abschnitt 2.1 und 3.1).

Abb.2.2-19 zeigt die Schaltzeichen, Anschlußbezeichnungen und Bezugsrichtungen für IG-FETs. Ob es sich um einen N-Kanal- oder P-Kanal-Transistor handelt, ist an dem Substratpfeil zu erkennen. Da ein IG-FET fast immer symmetrisch aufgebaut ist, entscheidet erst die Anschlußbezeichnung, welcher der Anschlüsse vorzugsweise als Source bzw. Drain zu verwenden ist. Dies gilt allerdings nur, wenn der Substratanschluß verfügbar ist. (Über die Unterschiede zwischen Anreicherung und Verarmung siehe weiter unten.) Abb. 2.2-20 zeigt die den Kennlinien von bipolaren Transistoren ähnlichen Kennlinien, dargestellt für einen N-Kanal-Transistor (der bezüglich der Stromrichtungen und Spannungen dem bipolaren NPN-Transistor entspricht).

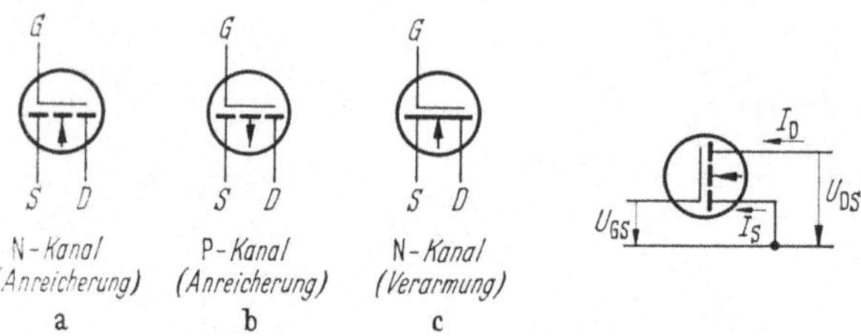

Abb. 2.2-19.
Schaltzeichen mit Anschlußbezeichnungen für a) N-Kanal-IG-FET, Anreicherungstyp; b) P-Kanal-IG-FET, Anreicherungstyp; c) N-Kanal-IG-FET, Verarmungstyp. Bei manchen Transistoren ist auch das Substrat von außen zugänglich. (Die Kreise können fortgelassen werden.)

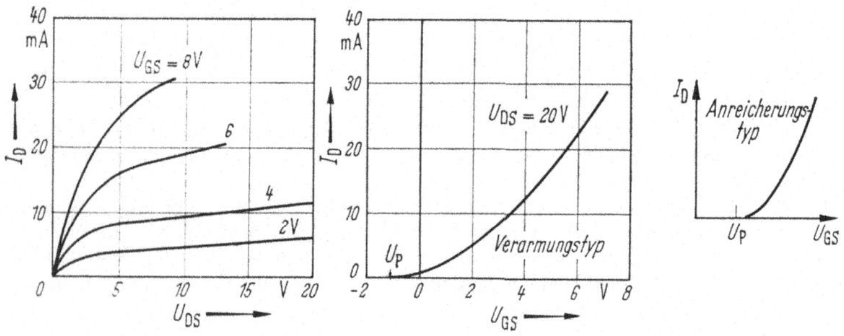

Abb. 2.2-20. Statische Kennlinien eines N-Kanal-IG-FET vom Verarmungstyp. Rechts ist die Eingangskennlinie für einen Anreicherungstyp skizziert.

Die Kennlinie $I_D = f(U_{GS})$ setzt oberhalb einer Schwellenspannung U_P mit einem quadratischen Verlauf ein. Von besonderer Bedeutung ist, daß statisch kein Gatestrom fließen kann; man erhält einen Eingangswiderstand von der Größenordnung 10^{14} bis 10^{15} Ω. Allerdings hat jeder IG-FET eine Eingangskapazität, die von der Oxiddicke und der Fläche des „Kanalbandes" abhängt.

Die Kennlinien $I_D = f(U_{DS})$ mit U_{GS} als Parameter zeigen meist nicht die starke Sättigung wie bei bipolaren Transistoren, auch sind meist die Spannungen (Sättigungsspannungen) an den Stellen, an denen die Kennlinien etwa einen linearen Verlauf einnehmen, größer als bei bipolaren Transistoren.

Von großer Bedeutung ist die Schwellenspannung U_P. Ihr Wert ist bei der Herstellung beeinflußbar. So kann man z.B. durch Diffusion einer dünnen schwach leitenden N-Zone unter der Oxidschicht erreichen, daß bereits bei der Spannung $U_{GS} = 0$ ein Drainstrom fließt, wie die Kennlinie $I_D = f(U_{GS})$ in Abb. 2.2-20, Mitte, zeigt ($U_P < 0$). Im Anschluß an die Physik der Halbleiterrandschichten [9] bezeichnet man solche Transistoren als *Verarmungs-FET*, im Gegensatz zu dem zuerst beschriebenen Typ, den man *Anreicherungs-FET* nennt.

Da beim Verarmungs-FET eine negative Spannung U_{GS} nötig ist, um den schon vorhandenen Kanal zum Verschwinden zu bringen, nennt man diese Spannung „Abschnürspannung".

Der Wert der Abschnür- bzw. Schwellenspannung kann auch noch auf andere Weise durch Wahl und Behandlung des Dielektrikums am Gate beeinflußt werden. Leider gibt es aber umgekehrt unerwünschte Ladungen im Oxid oder an der Oberfläche, die nur sehr schwierig kontrollierbar sind. Eines der wichtigsten technologischen Probleme sind daher die Exemplarstreuungen und die zeitliche Konstanz der Schwellenspannung.

Verarmungs-FETs werden im Schaltzeichen durch eine ausgezogene Linie zwischen S und D gekennzeichnet, wie in Abb. 2.2-19c) gezeigt ist.

Prinzip des Sperrschicht-Feldeffekttransistors. Abb. 2.2-21 zeigt einen Schnitt durch einen PN-FET in moderner Bauweise am Beispiel eines N-Kanal-Typs. Als Substrat wird wieder ein Silizium-Kristall verwendet, der jedoch eine N-dotierte epitaktische Schicht trägt. Diese Schicht ist die — quasi fest eingebaute — Kanalzone. Source- und Drainelektrode sind wieder als N+-Zonen eindiffundiert. Das Gate ist jedoch jetzt eine P+-Zone, die (noch innerhalb des Kristalls, aber außerhalb des eigentlichen elektrischen Systems) mit dem Substrat verbunden ist. Das „N-Kanal-Band" ist also von P-Zonen flankiert. Die damit verbundenen PN-Übergänge sind gesperrt, wenn die Spannung zwischen Gate und Kanalzone negativ ist. Ein PN-Übergang hat nach Abb. 2.2-3 vor allem zur schwächer dotierten Seite hin eine Raumladungszone, die sich mit wachsender Sperrspannung ausdehnt. Dies ist in Abb. 2.2-21 skizziert, und es ist zu erkennen, daß der Kanal mit wachsender Span-

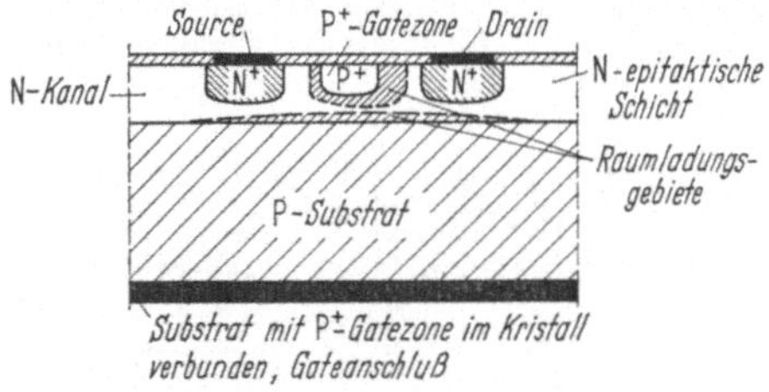

Abb. 2.2-21. Schnittskizze eines N-Kanal-Sperrschicht-Feldeffekttransistors in Planartechnik mit epitaktischer Schicht. Das gestrichelt und besonders gekennzeichnete Gebiet der Raumladungszonen der PN-Übergänge flankiert den N-Kanal.

nung schmäler wird. Auch hier ist die Dicke des Kanals nicht gleichmäßig, da die Spannung von Source nach Drain hin zunimmt. Solange der Kanal noch offen ist, erfolgt eine Widerstandsänderung bei Änderung von U_{GS}. Bei einer bestimmten Spannung U_{DS} verschwindet jedoch der Kanal am drainseitigen Ende, und es setzt ein Vorgang ein, der zu einem Gleichgewicht zwischen Stromdichte und Restkanalquerschnitt führt. Auch dieser Vorgang ist analytisch nur schwierig zu erfassen. Qualitativ kann man sich ähnlich wie beim IG-FET das Entstehen eines NPN-Transistors mit schmaler Basis vorstellen, der einen konstanten Diffusionsstrom führt, wenn die Spannung U_{DS} weiter erhöht wird.

In Abb. 2.2-22 sind die Schaltzeichen für den N- und P-Kanal-FET dargestellt. Der Pfeil am Gateanschluß deutet die Zonenfolge Gate, Kanal an.

Der PN-FET hat ganz ähnliche Kennlinien wie der IG-FET, wie Abb. 2.2-23 zeigt. Da für ein völliges Sperren des Kanals eine negative Gate-Source-Spannung erforderlich ist, hat man es stets mit einem „Verarmungstyp" zu tun, wenngleich diese Bezeichnung hier nicht mehr korrekt anwendbar ist.

PN-FETs haben ebenfalls einen hohen Eingangswiderstand. Es fließt lediglich der kleine Sperrstrom im nA-Bereich, der allerdings stark temperaturabhängig ist.

Ferner gibt es noch die spannungsabhängige Sperrschichtkapazität. Die Abschnür-spannung U_P ist bei der Herstellung leichter zu kontrollieren als bei den IG-FETs.

Wichtige Eigenschaften. Aus den vorangegangenen Beschreibungen geht hervor, daß Feldeffekt-Transistoren sehr große statische Eingangswiderstände haben, und zwar unabhängig davon, ob ein Drainstrom fließt oder nicht. Aus diesem Grunde sind die Eigenschaften von Feldeffekt-Transistoren denen der Elektronenröhren vergleichbar. Bei Anreicherungstypen kann erreicht werden, daß der Feldeffekt-Transistor als „echter" Inverter arbeitet, in dem Sinne, daß die zu den beiden Schalt-stellungen gehörenden Spannungswerte an Gate und Drain sich genau entsprechen, wie Abb. 2.2-24 a) zeigt. Der Drainwiderstand R_D kann noch mit Vorteil durch einen weiteren Transistor vom komplementären Typ ersetzt werden (Abb. 2.2-24 b)).

Hintereinandergeschaltete Inverter können im übrigen galvanisch gekoppelt werden.

Da sich ohne weiteres in ihren Eigenschaften äquivalente N-Kanal- und P-Kanal-Transistoren herstellen lassen, gibt es viele Kombinationsmöglichkeiten.

Auf die prinzipielle Symmetrie von Source und Drain wurde bereits hingewiesen, die sich bei bestimmten Typen ausnutzen läßt.

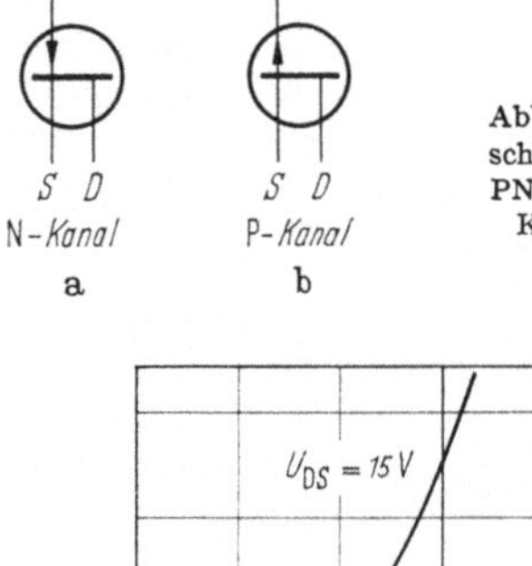

Abb. 2.2-22. Schaltzeichen mit An-schlußbezeichnungen für a) N-Kanal-PN-FET; b) P-Kanal-PN-FET. (Die Kreise können fortgelassen werden.)

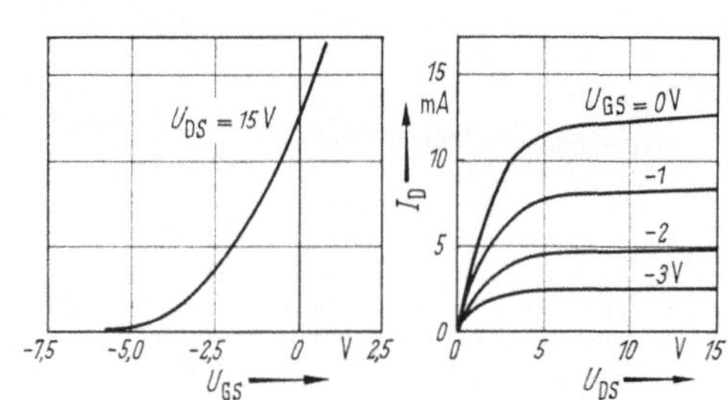

Abb. 2.2-23. Statische Kennlinien eines N-Kanal PN-FET.

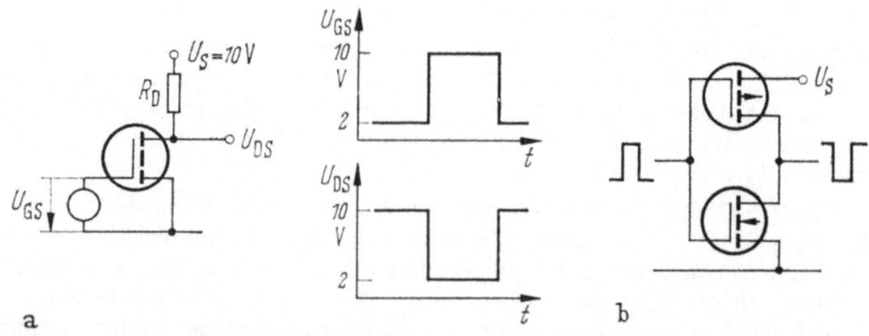

Abb. 2.2-24. Einfache Inverterschaltungen mit Anreicherungs-Feldeffekttransistoren. a) Tran-sistor mit Drain-Widerstand; b) Ersatz des Drain-Widerstandes durch einen zweiten Transistor (komplementär).

Die Temperaturabhängigkeit der elektrischen Eigenschaften spielt nur bei Verstärkern eine wesentliche Rolle. Bei den Schalteranwendungen der Nachrichtenverarbeitung sind keine besonderen Stabilisierungsmaßnahmen erforderlich.

Mit Feldeffekt-Transistoren sind Schaltzeiten im ns-Bereich erzielbar [42], insbesondere entfällt die bei bipolaren Transistoren störende Speicherladung in der Basiszone. Allerdings muß man mit niedrigen Quellenwiderständen dafür sorgen, daß die Gate-Source-Kapazität schnell umgeladen wird. Die Drain-Gate-Kapazität kann durch geschickte Zonenanordnung im Bereich von 10^{-14} F oder sogar noch kleiner gehalten werden.

Bemerkt sei ferner, daß Feldeffekt-Transistoren im allgemeinen weniger strahlungsempfindlich sind als bipolare Transistoren und auch niedrigere Rauschzahlen haben, sofern man sich von den Anpassungswiderständen für minimales Rauschen (die sehr groß sind) nicht zu weit entfernt.

Wie bereits erwähnt, bieten sich insbesondere MOS-Transistoren für integrierte Schaltungen an. In der gleichen Technik können auch einzelne Bauelementekombinationen hergestellt werden, z.B. Doppeltransistoren für Differenzverstärker, Kaskadenschaltungen oder Transistoren mit zwei hintereinander liegenden Gatezonen (MOS-Tetrode). Es gibt bereits eine Vielzahl von Schaltungen für logische Verknüpfungen, die man als „Mittelding" zwischen diskretem Bauelement und integrierter Schaltung betrachten kann.

Für die Gestalt der Zonen, auf den Kristall hin gesehen, gibt es vielfältige Möglichkeiten, z.B. Kamm-, Mäander-, ringförmige Strukturen usf. je nach dem vorgesehenen Anwendungsgebiet des jeweiligen Transistors. Durch Wahl dieser Strukturen können die Eigenschaften wesentlich mit vorbestimmt werden.

Während bei bipolaren Transistoren der sich mit der Basis-Emitter-Spannung ändernde Widerstand zwischen Kollektor-Emitter im Übersteuerungsbereich (dort leider auch mit „Sättigungsbereich" bezeichnet) selten ausgenutzt wird, bietet sich bei Feldeffekt-Transistoren der entsprechende Bereich für eine Widerstandssteuerung vorteilhaft an (in Abb. 2.2-20 und 2.2-23 das Gebiet für Drain-Source-Spannungen unterhalb des Sättigungsknies). Der besondere Vorteil liegt darin, daß der Widerstand praktisch leistungslos gesteuert werden kann, und zwar in einem recht großen Bereich (z.B. 200 Ω bis 10 MΩ).

Feldeffekt-Transistoren zeigen wie die bipolaren Transistoren den Effekt des Lawinendurchbruchs, der allerdings je nach Typ in verschiedener Weise in Erscheinung tritt. Bei Isolierschicht-Feldeffekt-Transistoren tritt an die Stelle einer Emitter-Basisdurchbruchsspannung die Durchschlagsspannung der Isolierschicht. Ferner muß man bei Isolierschicht-Feldeffekt-Transistoren beachten, daß der extrem hohe Eingangswiderstand ungewollte Aufladungen auf hohe Spannungen ermöglicht, so daß schon eine flüchtige Berührung von Kunststoffgeweben u.ä. mit dem Gate den Transistor zerstören kann. Die Hersteller geben Anweisungen für den gefahrlosen Einsatz solcher Bauelemente. Der Gateanschluß wird für die Lagerung meist durch einen Gummiring über Source- und Gateanschluß geschützt.

Die Vielfalt der auf dem Markt befindlichen Typen überdeckt heute praktisch alle die für Feldeffekt-Transistoren in Frage kommenden Anwendungen. Die Arbeitsbereiche für Strom und Spannung entsprechen im wesentlichen denen der bipolaren Transistoren. Dies gilt auch für die erreichbaren Schaltzeiten, wobei allerdings das Schaltungskonzept, innerhalb dessen der Transistor eingesetzt werden soll, zugunsten des bipolaren oder Feldeffekt-Transistors sprechen kann.

Für Feldeffekt-Transistoren werden im wesentlichen die gleichen Normgehäuse verwendet, wie für bipolare Transistoren.

2.2.6 Einige Sonderformen von Halbleiter-Bauelementen

Neben den besprochenen Halbleiterbauelementen mit einem oder zwei PN-Übergängen und den Feldeffekt-Transistoren werden noch — wie in Abschnitt 2.2.1 erwähnt — viele andere Eigenschaften der Halbleitermaterialien ausgenutzt. Ein

Teil davon hat zur Entwicklung von Wandlerbauelementen geführt, die mit im Abschnitt 2.6 behandelt sind.

Für die Nachrichtenverarbeitung sind noch von Interesse:
Vielschicht-Halbleiterbauelemente,
Metall-Halbleiterbauelemente,
Tunneldioden und
Glashalbleiter.

Vielschicht-Halbleiterbauelemente. Unter Vielschicht- oder Mehrschichthalbleitern versteht man Bauelemente mit mehr als zwei PN-Übergängen bzw. mehr als drei Halbleiterzonen oder Schichten [43, 44]. Hierzu gehören die Vierzonendiode und eine Reihe von Thyristorarten sowie eine spezielle Thyristorkombination, der „Triac" mit fünf in etwas komplizierter Weise zugeordneten Zonen [45]. In allen Fällen handelt es sich um bistabile Elemente mit mindestens einem Durchlaß- und einem Sperrzustand. Der Wechsel von einem Zustand zum anderen erfolgt entweder „selbsttätig" durch Überschreiten einer Spannung oder Unterschreiten eines Stromes oder über eine an einem Steueranschluß angelegte Spannung. Alle diese Bauelemente haben auf dem Gebiet der Nachrichtenverarbeitung bislang noch keine sehr große Bedeutung erlangt, insbesondere auf Grund der Fortschritte in der Mikroelektronik, d.h. der Technik der integrierten Schaltungen. Dort sind Schalt- und Speicherelemente wirtschaftlicher realisierbar, abgesehen von den nicht auf Halbleiterbasis aufgebauten Anordnungen. Thyristoren sind heute andererseits sehr wichtige und verbreitete Bauelemente für die Starkstromtechnik, wo sie als Schalter und speziell für die Phasenanschnittsteuerung in großem Maßstab eingesetzt werden. Es gibt allerdings auch Kleinleistungs-Thyristorarten, die im Gebiet nicht zu hoher Schaltfrequenzen mit Vorteil eingesetzt werden können.

Zu den bistabilen Bauelementen mit besonderer Anordnung der PN-Übergänge gehören noch die Doppelbasisdiode (Unijunctiontransistor oder Zweizonentransistor) und der Schalttransistor von *Salow* und *v. Münch* [46].

Schottky-Dioden. Metallhalbleiterkontakte sind „älter" als die PN-Übergänge. Heute haben die ersteren wieder eine gewisse Bedeutung in der Form der sog. „Schottky-Dioden" erlangt [47, 48]. Diese Dioden haben meist eine Zonenfolge Metall-N-N$^+$. Sie haben gegenüber gewöhnlichen Dioden den Vorteil einer kleineren Diffusionskapazität, da im Durchlaßzustand der Stromtransport überwiegend durch die leichter beweglichen Majoritätsladungsträger erfolgt. Es ergeben sich also kürzere Speicherzeiten. Schottky-Dioden werden vor allem für die Mischung im GHz-Bereich eingesetzt. Man kann solche Dioden mit kleinen Abmessungen in Planartechnik ähnlich wie PN-Dioden herstellen und überdies mit bipolaren Transistoren kombinieren, um die Schaltzeiten des Transistors zu verkürzen. Ferner kann man bei Feldeffekt-Transistoren auch an Stelle des sonst üblichen Gates eine Schottky-Diode verwenden. Mit so hergestellten Schottky-Feldeffekt-Transistoren können Frequenzen im GHz-Bereich verarbeitet werden.

Tunneldiode. Ein besonders einfaches bistabiles Halbleiterbauelement ist die Tunneldiode von *Esaki* [49, 50]. Abb. 2.2-25 zeigt eine Kennlinienskizze. Diese Kennlinie entsteht wie folgt.

Bei sehr hoch dotierten abrupten PN-Übergängen (Störstellendichten von 10^{19} cm^{-3} für Germanium im P- und N-Gebiet) liegen die Energieterme am PN-Übergang räumlich dicht benachbarter Leitungselektronen (auf der N-Seite) und Valenzelektronen (auf der P-Seite) in gleicher Höhe. In diesem Fall gibt es eine endliche Wahrscheinlichkeit für Elektronenübergänge vom Valenzband in das Leitungsband und umgekehrt, sofern eine genügend hohe Feldstärke bzw. eine genügend dünne PN-Doppelschicht vorliegt. Ähnliche Verhältnisse liegen nach *Gamow* bei der Durchdringung von Potentialwällen beim Zerfall radioaktiver Stoffe und beim kalten Austritt von Elektronen aus Metallen in starken elektrischen Feldern (Feldemission) vor. Der diesen Vorgängen zugrunde liegende Tunneleffekt hat zu dem Namen Tunneldiode geführt.

Der Tunneleffekt wirkt sich in einem niedrigen Widerstand der Diode aus. Dieses Gebiet niedrigen Widerstandes reicht bis zu einer bestimmten positiven Spannung, bei der die Feldstärke so weit reduziert ist, daß der Tunneleffekt nicht

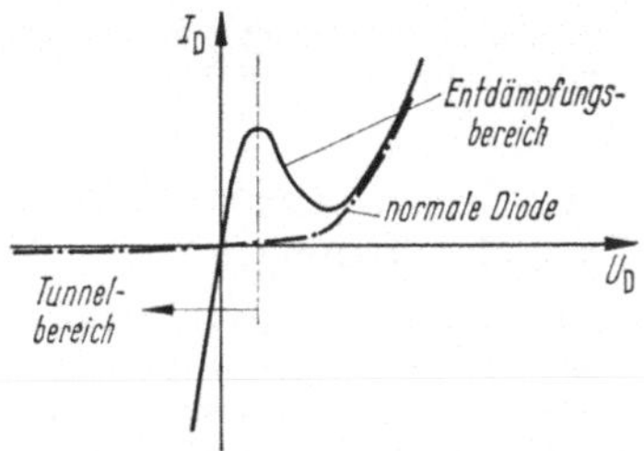

Abb. 2.2-25.
Kennlinienskizze einer Tunneldiode.

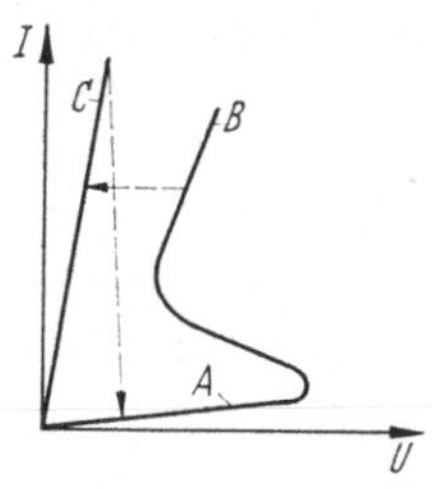

Abb. 2.2-26. Kennlinienskizze eines Glashalbleiters mit „memory effect".

mehr aufrecht erhalten werden kann. Der weitere Mechanismus entspricht dann dem einer normalen Diode. Eine Strommultiplikation wie beim Lawinendurchbruch findet nicht statt, da die Doppelschicht zu dünn ist.

Einige wesentliche Eigenschaften der Tunneldiode sind die folgenden. Die Diode läßt sich verhältnismäßig einfach und reproduzierbar herstellen. Sie ist wegen ihrer negativen Widerstandscharakteristik sowohl für die Schwingungserregung als auch als bistabiles Schaltelement verwendbar. Es lassen sich dabei Oszillatorfrequenzen bis in den GHz-Bereich und Schaltzeiten von Bruchteilen einer Nanosekunde erreichen [51]. Die Kennlinie ist im Tunnelbereich praktisch überhaupt nicht, im Entdämpfungsbereich sehr wenig temperaturabhängig. Die Grenztemperaturen können bei Ge etwa bis 200 °C, bei Si etwa bis 350 °C betragen. Auch die Strahlungsempfindlichkeit ist sehr gering. Mit Hilfe von Tunneldioden lassen sich weiterhin sehr rauscharme Verstärker bauen. Auch für schnelle Verknüpfungsschaltungen sind Tunneldioden geeignet. Prinzipielle Nachteile der Diode sind die niedrigen Ausgangsspannungen und Ausgangsleistungen, abgesehen davon, daß man es mit einem Zweipol zu tun hat.

Eine Abart der Tunneldiode ist die „Unitunneldiode" oder „backward-diode", bei der der Kennlinienast mit negativer Charakteristik in Abb. 2.2-25 zu einer Waagerechten entartet ist. Dieses Bauelement eignet sich für Stabilisierungszwecke.

Glashalbleiter. Entdeckungen, schon beginnend mit *Poole* im Jahre 1921, mit neuer Aktualität aufgenommene Bemühungen von *Ovshinsky* sowie kürzliche Untersuchungen von *R.* und *O. Holzinger* und *Kikuchi* haben *amorphe* Halbleiter, die sog. Halbleiter-Gläser, stark in den Vordergrund des Interesses gerückt [52, 53]. Es gibt mehrere Mischungstypen, z. B. Stoffkombinationen aus Te, As, Se, Ge, Si u. a. (Chalkogenide) einerseits und Übergangsmetalloxid-Mischungen, z. B. SiO_2, P_2O_5 u. a. mit Zusätzen Cu, Fe, Mn, V, W andererseits. Die erste Gruppe zeigt Kennlinien ähnlich wie beim reversiblen zweiten Durchbruch einer Diode, die zweite Gruppe ist besonders interessant, da diese Bauelemente auch ohne angelegte Spannung zwei innere Zustände haben können. Abb. 2.2-26 zeigt eine Kennlinienskizze. Es gibt drei Arbeitsbereiche. Im Bereich des unteren Kennlinienastes A ist der Glashalbleiter ein Isolator. Mit wachsendem Strom gelangt man in den Ast B mit teilweise (oder oft ganz) negativem differentiellen Widerstand, von dem aus man bei Absenken des Stromes reversibel wieder nach A gelangen kann. Bei Erhöhen des Stromes springt man auf den dritten Ast C.

Erhöht man hier den Strom weiter über einen kleinen äußeren Widerstand, wird wieder der Sperrzustand eingenommen (Kurve A). Andererseits *bleibt* die Kurve C erhalten, wenn der Strom abgesenkt wird. Dies bezeichnet man als „memory-effect", da das Bauelement auch bei der Spannung Null tatsächlich in zwei inneren Zuständen befindlich sein kann. Der Wechsel der Zustände erfolgt in verhältnismäßig kurzen Zeiten von der Größenordnung ns. Die beiden Widerstände im Sperr- und Durchlaßzustand sind bei den bisher verwendeten Proben von der Größenordnung $10^8\ \Omega$ und $1\ \Omega$.

Obwohl die Glashalbleiter noch nicht als technisch reif betrachtet werden können, ist doch eine große Bedeutung für die Zukunft nicht auszuschließen.

2.2.7 Bemerkungen zu Fragen der Grenzbelastungen, der Lebensdauer und der Exemplarstreuungen

Grenzwerte. Bei Halbleiterbauelementen werden im allgemeinen zwei Arten von Grenzwerten unterschieden. Die erste Art bezieht sich auf die Gewähr bestimmter *Arbeitseigenschaften*, die dem Dioden- oder Transistortyp zugedacht sind. So kann z.B. eine minimale Sperrspannung für die Emitterdiode festgelegt sein, bei der eine gegebene Kollektoremitterspannung mit Sicherheit noch unterhalb der Durchbruchspannung liegt.

Erwähnt sei auch die untere Grenze für die Eingangssignalamplituden, die durch das *Rauschen* gegeben ist. Halbleiterbauelemente liefern wie jedes andere Bauelement einen Rauschbeitrag. (Das umfangreiche Gebiet der Rauschprobleme soll hier allerdings nicht behandelt werden.)

Die zweite Art von Grenzwerten bezieht sich auf die Sicherheit gegenüber *irreversiblen Änderungen* im Innern oder an der Oberfläche der Kristalle. Dabei kann sowohl an sofortige Zerstörungen als auch an bestimmte Alterungserscheinungen gedacht sein. Leider weiß man immer noch zu wenig über diese oder ähnliche Effekte. Es ist jedoch sehr wahrscheinlich, daß die Vorgänge an der Oberfläche der Kristalle sowie Unregelmäßigkeiten in der Ausbildung der Sperrschichten und dadurch bedingte (mögliche) lokale Höherbelastungen die Hauptfaktoren für Alterung und Ausfälle sind.

Die Erfahrung hat gezeigt, daß — ähnlich wie bei manchen anderen elektronischen Bauelementen — in der Anfangszeit des Betriebes stärkere Änderungen der Eigenschaften möglich sind, während man später mit einer hohen Konstanz rechnen kann. Aus diesem Grunde wird von vielen Herstellern eine künstliche Alterung durchgeführt. Weiter zeigt sich, daß Halbleiterbauelemente, die nicht an der Grenze der zulässigen Verlustleistung arbeiten, eine höhere Lebensdauer haben als solche, die im Dauerbetrieb voll belastet sind.

Abgesehen von der Temperaturabhängigkeit der elektrischen Eigenschaften sind bei den Halbleiterbauelementen die maximal zulässigen Temperaturen von Bedeutung. Für die Sperrschichten (dort entsteht in der Regel die größte Verlustleistungsdichte) betragen diese etwa

bei Silizium   150 bis 200 °C,

bei Germanium   75 bis 100 °C.

Wegen des nicht sehr großen Unterschiedes zwischen diesen Temperaturen und den maximal vorkommenden Umgebungstemperaturen (Temperaturen im Gerät in der Nähe der betreffenden Bauelemente) muß man auch die Wärmewiderstände zwischen Sperrschicht und Umgebung berücksichtigen.

Die Hersteller von Halbleiterbauelementen geben in den Daten stets genaue Anweisungen, wie die maximal zulässige Verlustleistung berechnet werden kann. Häufig muß auch der Einfluß einer Zeitabhängigkeit der Verlustleistung untersucht werden.

Da die maximal zulässigen Temperaturen als absolute Grenzwerte stets mit einem Sicherheitsabstand festgelegt werden, diese also für bestimmte Wärmewiderstände nicht die tatsächlich sich einstellenden Temperaturen sind, verwendet man den Begriff der *Ersatztemperatur* als Rechenwert für die Berechnung maximal zulässiger Verlustleistungen (vgl. DIN 41 862).

Bei Halbleiterbauelementen sind alle Grenzwerte stets absolute Grenzwerte, die auch bei Schwankungen der Versorgungsspannungen, bei Toleranzen der Widerstände usw. nicht überschritten werden dürfen.

Lebensdauer. Die Lebensdauer von Halbleiterbauelementen ist im Mittel höher als die anderer Bauelemente in den Geräten der Nachrichtentechnik. Genauere Angaben werden durch die rasch fortschreitende Entwicklung erschwert. Wegen des Erscheinens immer neuer Typen sind die Beobachtungszeiten stets zu kurz für endgültige Feststellungen. Die zeitraffenden Methoden sind andererseits hier nicht allzu sicher, da die Ausfallgesetzmäßigkeiten dabei als bekannt vorausgesetzt werden; gerade diese aber können sich im Laufe der Entwicklung durch Verbesserungen der Herstellungsverfahren ändern.

Gegenwärtig bietet sich etwa folgendes Bild [54 bis 57]. Bei Germaniumbauelementen kann mit Totalausfällen von 10^{-7} bis 10^{-8} h^{-1} gerechnet werden. Bei Siliziumbauelementen in Planartechnik sind die Ausfälle so gering, daß mit tragbarem Aufwand überhaupt keine hinreichend genaue Lebensdauererwartung zu ermitteln ist.

Neben der Betrachtung der Totalausfälle ist die der Änderung der elektrischen Eigenschaften als Funktion der Zeit von Bedeutung. Im allgemeinen nehmen die Restströme allmählich zu und die Stromverstärkungen ab. Ferner nehmen die Durchbruchsspannungen manchmal ein wenig ab. Auch hier ist die Entwicklung so weit fortgeschritten, daß — insbesondere bei Silizium-Planar-Bauelementen — die Änderungen der Eigenschaften keine Begrenzung der Einsatzfähigkeit mehr darstellen. Inzwischen ist erwiesen, daß die Wahl des Gehäusetyps durchaus die Lebensdauer mitbestimmt. So wird man für extreme Zuverlässigkeitsforderungen ein Metallgehäuse wählen. Bei Kunststoffgehäusen treten die Einflüsse von Feuchtigkeit, Temperatur, Druck usw. unterschiedlich stark in Erscheinung [58]. Dennoch werden heute Kunststoffgehäuse auch für professionelle Typen verwendet.

Bei Geräten mit sehr vielen Bauelementen wird die Zuverlässigkeit der Anlage aus allen diesen Gründen weitaus stärker von der Zahl der Kontaktierungen (Lötstellen) bestimmt und von den Ausfällen anderer Bauelemente.

Es sei bemerkt, daß der Betrieb von Transistoren bei hohen Spannungen (z.B. mit induktiver Last) und bei hohen Strömen die Lebensdauererwartung stark beeinflussen kann, und zwar auch dann, wenn beim Impulsbetrieb die mittlere Verlustleistung niedrig ist.

Exemplarstreuungen und Korrelation. Die Exemplarstreuungen von Halbleiterbauelementen sind — auch heute noch — für die Schaltungstechnik von Bedeutung. Ihre Ursachen liegen in den technologischen Schwierigkeiten, gleichmäßige Abmessungen der wirksamen Zonen zu erzielen.

Zu den Streuverteilungen ist zu sagen, daß der Anwender bei den serienmäßig gefertigten Halbleiterbauelementen meist nicht mit einer *natürlichen*, etwa einer Gaußverteilung der Eigenschaften rechnen kann. Bei der Entwicklung eines Typs liegen stets konkrete Vorstellungen über die Schaltung zugrunde, in der das Bauelement arbeiten soll. Diese Vorstellungen schließen auch absolute Grenzen für die vertretbaren Exemplarstreuungen ein, die in der Fertigung vielfach durch Aussortierung eingehalten werden. Daher sind die Eigenschaften, z.B. bei Transistoren die Werte der Stromverstärkung, nicht *natürlich* über den Streubereich verteilt.

Auch mit Korrelationen bestimmter Eigenschaften kann der Anwender nicht rechnen. Soweit theoretische Korrelationen durch geometrisch-physikalische Beziehungen bestehen, werden sie meist durch andere Effekte verfälscht.

Licht- und Strahlungsempfindlichkeit. Die aktiven Zonen von Halbleiterbauelementen sind licht- und strahlungsempfindlich [59]. Bei jeder in den Kristall einfallenden Strahlung erfolgt eine zusätzliche Paargeneration von Ladungsträgern. Während bei Photodioden und Phototransistoren dieser Effekt gerade erwünscht ist und ausgenutzt wird, wird bei den gewöhnlichen Dioden und Transistoren der Lichteinfall durch Farbanstrich oder durch das Metall- bzw. Kunststoffgehäuse verhindert. Damit kann man jedoch die Empfindlichkeit gegenüber anderen Teilchen- und Quantenstrahlungen nicht nennenswert herabsetzen.

2.2.8 Einige physikalische Grundlagen

Die Technik der Halbleiterbauelemente schließt sich eng an die Halbleiterphysik an, die ihrerseits zur Festkörperphysik gehört. Die im Abschnitt 2.2.1 erwähnten Erscheinungen in Halbleitern sind von der Physik her fast vollständig geklärt. Für die grundlegenden Mechanismen geht man hierbei vom idealen Kristallgitter aus und beschreibt die Vorgänge wesentlich an Hand räumlicher Energiedarstellungen. Charakteristisch für den Halbleiter sind die durch eine „verbotene Zone" getrennten Energiebänder für Valenz- und Leitungselektronen. In dem sog. Bändermodell läßt sich dann auch die Wirkung von Störstellen, Versetzungsstellen u. a. m. zeigen.

Für die Halbleiterbauelemente selbst, insbesondere für räumliche konkrete Anordnungen von Halbleiterzonen, rechnet man bequemer mit Teilchendichten, Stromdichten und Raumladungen, um die meßbaren Eigenschaften eines Halbleiterbauelements zu erfassen. (Dabei werden allerdings nicht alle Effekte berücksichtigt, z. B. läßt sich damit nicht das Prinzip der Tunneldiode erklären.) Im folgenden werden die wichtigsten Gleichungen für die Berechnung der elektrischen Eigenschaften von Halbleiterbauelementen angegeben.

Bei den gebräuchlichen Halbleiterbauelementen sind schon bei Zimmertemperatur die Störstellen fast vollständig ionisiert, und es gelten für die in der Überzahl vorhandenen Ladungsträger, für die Majoritätsladungsträger, die Beziehungen

$$p_{P0} \approx N_A; \quad n_{N0} \approx N_D. \tag{2.2-23}$$

p Dichte der Defektelektronen, p_0 im Gleichgewicht; der Index P bedeutet P-Zone,

n Dichte der Elektronen, n_0 im Gleichgewicht; der Index N bedeutet N-Zone,

N_A Dichte der Akzeptoren,

N_D Dichte der Donatoren.

In jeder Zone ist im dynamischen Gleichgewicht (thermische Generation der Ladungsträgerpaare und Rekombination) das Produkt aus der Dichte der Majoritätsladungsträger und der der Minoritätsladungsträger (ähnlich wie beim Massenwirkungsgesetz)

$$p_{P0}n_{P0} = n_{N0}p_{N0} = n_i^2 = \text{const.} \tag{2.2-24}$$

n_i nennt man Inversionsdichte (intrisic density). Bei fehlenden Störstellen ist $p_0 = n_0 = n_i$, es liegt ein eigenleitender Kristall vor. Bei 25 °C ist $n_i = 2{,}4 \cdot 10^{13}\,\text{cm}^{-3}$ für Germanium und $n_i = 1{,}5 \cdot 10^{10}\,\text{cm}^{-3}$ für Silizium. n_i hängt von der Temperatur ab. Es ist

$$n_i^2 \,|_T = n_i^2 \,|_{T_0} \left(\frac{T}{T_0}\right)^3 \exp\left[-\frac{q\,\Delta U}{k}\left(\frac{1}{T} - \frac{1}{T_0}\right)\right], \tag{2.2-25a}$$

q Elementarladung,
k Boltzmann-Konstante,
ΔU Bandabstand (Ge: 0,67 V; Si: 1,1 V),
T Temperatur in K;
und näherungsweise für $T - T_0 \ll T_0$

$$n_i^2 \,|_T = n_i^2 \,|_{T_0} \exp\left[c_c(T - T_0)\right] \tag{2.2-25b}$$

mit dem Temperaturkoeffizienten

$$c_c = \frac{q\,\Delta U}{kT_0^2} \begin{cases} 0{,}09\ \text{K}^{-1} \ \text{für Ge und } T_0 = 300\ \text{K}, \\ 0{,}14\ \text{K}^{-1} \ \text{für Si} \ \text{und } T_0 = 300\ \text{K}. \end{cases}$$

Im Hinblick auf die nach außen hin in Erscheinung tretenden elektrischen Eigenschaften kann man die quasifreien Ladungsträger als Partikel im Sinne der Gastheorie betrachten, wobei für die Beschreibung ihrer Bewegungen je zwei Gleichungen für den Massentransport und Ladungstransport sowie die Poissonsche Gleichung ausreichen.

Massentransport; Kontinuitätsgleichungen

$$\frac{\partial p}{\partial t} + \frac{1}{q}\operatorname{div}\boldsymbol{j}_\mathrm{p} = -r\,(pn - p_0 n_0)\,, \qquad (2.2\text{-}26)$$

$$\frac{\partial n}{\partial t} + \frac{1}{q}\operatorname{div}\boldsymbol{j}_\mathrm{n} = -r\,(pn - p_0 n_0)\,, \qquad (2.2\text{-}27)$$

$\boldsymbol{j}_\mathrm{p}$ Stromdichte der Defektelektronen,

$\boldsymbol{j}_\mathrm{n}$ Stromdichte der Elektronen (der Vektor ist in der Richtung der Teilchenströmung gezählt).

Die rechten Seiten der Gleichungen berücksichtigen die Zu- oder Abnahme der Dichten bei Nichtgleichgewicht der thermischen Generation $g = r p_0 n_0$ und der Rekombination rpn. r ist der Rekombinationsfaktor, die Größen $1/(r n_{\mathrm{N0}}) = \tau_\mathrm{p}$ und $1/(r p_{\mathrm{P0}}) = \tau_\mathrm{n}$ nennt man Rekombinationszeiten. Die Größen $L_\mathrm{n} = \sqrt{D_\mathrm{n}\tau_\mathrm{n}}$ und $L_\mathrm{p} = \sqrt{D_\mathrm{p}\tau_\mathrm{p}}$ nennt man Diffusionslängen.

Ladungstransport; Feld- und Diffusionsstromgleichungen

$$\boldsymbol{j}_\mathrm{p} = \quad q\mu_\mathrm{p}p\boldsymbol{E} - qD_\mathrm{p}\operatorname{grad} p\,, \qquad (2.2\text{-}28)$$

$$\boldsymbol{j}_\mathrm{n} = -q\mu_\mathrm{n}n\boldsymbol{E} - qD_\mathrm{n}\operatorname{grad} n\,. \qquad (2.2\text{-}29)$$

Die Stromdichten $\boldsymbol{j}_\mathrm{p}$ für Defektelektronen und $\boldsymbol{j}_\mathrm{n}$ für Elektronen setzen sich aus zwei Anteilen zusammen, dem („ohmschen") Strom der Ladungsträger im elektrischen Felde $\boldsymbol{E}$ mit den Beweglichkeiten μ_p bzw. μ_n, und dem Diffusionsstrom, der durch ein Dichtegefälle verursacht wird. Die Diffusionskonstanten D_p bzw. D_n (auch Diffusionsbeiwerte) sind mit den Beweglichkeiten μ_p bzw. μ_n über

$$\frac{D_\mathrm{p}}{\mu_\mathrm{p}} = \frac{D_\mathrm{n}}{\mu_\mathrm{n}} = \frac{kT}{q} = U_\mathrm{T}\ (26\ \mathrm{mV}\ \text{für}\ T = 300\ \mathrm{K}) \qquad (2.2\text{-}30)$$

miteinander verbunden. U_T heißt Temperaturspannung.

Poissonsche Gleichung

$$\operatorname{div}\boldsymbol{E} = \frac{q}{\varepsilon_0 \varepsilon_r}\,[p - n - (p_0 - n_0)]\,, \qquad (2.2\text{-}31)$$

$\varepsilon_0 \varepsilon_r$ Produkt aus absoluter und relativer Dielektizitätskonstante (AVCS-System). Die Poissonsche Gleichung kann man zugleich als Neutralitätsbedingung betrachten, wenn die Divergenz des Feldes verschwindet.

Tabelle 2.2-1 enthält einige praktische Werte für die in den Gln. (2.2-23) bis (2.2-31) auftretenden Größen bei 300 K.

Aus den Gln. (2.2-23) bis (2.3-31) lassen sich bei bekannten Dotierungen und gegebenen Randbedingungen für Dichten, Ströme und Spannungen bei nicht zu komplizierter Gestalt des Bauelementes die elektrischen Eigenschaften mit genügender Genauigkeit berechnen.

Bemerkt sei, daß in vielen Fällen an die Stelle der Generations-Rekombinationsglieder in Gl. (2.2-26) und (2.2-27) auf Grund anderer Rekombinationsprozesse (vor

Tabelle 2.2-1. Kenngrößen von Ge- und Si-Halbleitern

	Germanium		Silizium	
n_i	$2{,}4 \cdot 10^{13}$		$1{,}5 \cdot 10^{10}$	$\mathrm{cm^{-3}}$
c_c	$0{,}09$		$0{,}14$	$\mathrm{K^{-1}}$
L_p, L_n	$5 \cdot 10^{-2}$	bis	$5 \cdot 10^{-4}$	cm
μ_p	$1{,}9 \cdot 10^3$		$0{,}48 \cdot 10^3$	$\mathrm{cm^2\ V^{-1}\ s^{-1}}$
μ_n	$3{,}9 \cdot 10^3$		$1{,}35 \cdot 10^3$	$\mathrm{cm^2\ V^{-1}\ s^{-1}}$
$U_T = \dfrac{kT}{q} = \dfrac{D_p}{\mu_p} = \dfrac{D_n}{\mu_n}$	$26 \cdot 10^{-3}$		$26 \cdot 10^{-3}$	V
ε_r	16		12	
$\dfrac{q}{\varepsilon_0 \varepsilon_r U_T}$	$4{,}4 \cdot 10^{-6}$		$5{,}8 \cdot 10^{-6}$	cm

allem Oberflächenrekombination) meist ein einfacherer, in den Dichtedifferenzen linearer Ausdruck tritt, der die Integration der Differentialgleichungen erleichtert

Literatur

[1] *Shockley, W.*: Electrons and holes in semiconductors. New York: Van Nostrand 1950. — [2] *Salow, H., Beneking, H., Krömer, H., Münch, W. v.*: Der Transistor. Berlin, Göttingen, Heidelberg: Springer 1962. — [3] *Dosse, J.*: Der Transistor, 4. Aufl. München: Oldenbourg 1962. — [4] *Moll, J. L.*: Physics of semiconductors, New York: McGraw-Hill 1964. — [5] *Paul, R.*: Transistoren. Berlin: VEB Verlag Technik 1964. — [6] *Seiler, K.*: Physik und Technik der Halbleiter, Stuttgart: Wissenschaftl. Verlagsges. 1964. — [7] *Folberth, O. G.*: Grundlagen der Halbleiterphysik. Berlin: Schiele und Schön 1965. — [8] *Hauri, E. R., Bachmann, A. E.*: Grundlagen und Anwendungen der Transistoren. 2. Aufl., Bern: Generaldirektion PTT, Abt. Forschung und Versuche 1965. — [9] *Spenke, E.*: Elektronische Halbleiter. 3. Aufl. Berlin, Heidelberg, New York: Springer 1965. — [10] *Strutt, M. J. O.*: Rauschen in Halbleitern und Halbleiterdioden. Scientia Electrica 12 (1966) 1—32. — [11] *Geist, D.*: Halbleiterphysik I, Eigenschaften homogener Halbleiter. Braunschweig: Vieweg 1969. — [12] *Tietze, U., Schenk, Ch.*: Halbleiter-Schaltungstechnik. Berlin, Heidelberg, New York: Springer 1969. — [13] *Madelung, O.*: Grundlagen der Halbleiterphysik. Berlin, Heidelberg, New York: Springer 1970. — [14] *Kleen, W., Heywang, W.*: Halbleiterphysik. Siemens-Z. 42 (1968) 79—95. — [15] *Pritchard, R. L.*: Integrierte Schaltungen, eine Übersicht. Arch. Elektrotechn. 51 (1967) 214—237. — [16] *Ruge, I., Müller, H.*: Die Ionenimplantation als Dotierungstechnologie. NTZ 21 (1968) 625—630. — [17] *N. N.*: Ionen-Implantation: Reif für Serienfertigung von Halbleiterbauelementen. NTZ 23 (1970) 8, Kurier K 135—136. — [18] *Hennings, K. E., Meyer, H.*: Projektionsmaskierung — ein neues Verfahren zur Herstellung von Halbleiterbauelementen. NTZ 21 (1968) 611—616. — [19] *Murrmann, H.*: Entwicklung der Maskentechnologie für Halbleiterbauelemente. NTZ 21 (1968) 616—618. — [20] *Guggenbühl, W., Wunderlin, W.*: Ein neues Großsignal-Modell für p-n-Dioden. AEÜ 20 (1966) 299—309. — [21] *Weinerth, H.*: Silicon diode breakdown in the transition range between avalanche effect and field emission. Solid-State Electronics 10 (1967) 1053—1062. — [22] Transistor issue. Proc. IRE 46 (Juni 1958). — [23] *Dreyer, H. J.*: Transistorschaltkreise. Eine Literaturübersicht. Nachrichtentechn. Fachber. 14 (1959) 21—24. — [24] *Rusche, G., Wagner, K., Weitzsch, F.*: Flächentransistoren. Berlin, Göttingen, Heidelberg: Springer 1961. — [25] *Kidd, M. C., Hasenberg, W., Webster, W. M.*: Delayed collcetor conduction, a new effekt in junction transistors. RCA-Review 16 (1955) 16—33. — *Schafft, H. A., French, J. C.*: A survey of second breakdown. National Bureau of Standards Report 9038. Washington 1965. — [27] *Weitzsch, F.*: Zur Theorie des zweiten Durchbruchs bei Transistoren. AEÜ 19 (1965) 27—42. — [28] *Cripps, L. G.*: Transistor high-frequency parameter f_1. Electronic and Radio Eng. 36 (1959) 341—346. — [29] *Kleinknecht, H. P.*: Der Transistor als ladungsgesteuertes Bauelement. NTZ 15 (1962) 394—402. — [30] *Le Can, C., Hart, K., Ruyter, C. de*: Schalteigenschaften von Dioden und Transistoren. Eindhoven: Philips Techn. Bibl. 1963. — [31] *Hamilton, D. J.*,

Lindholm, F. A., Narud, J. A.: Comparison of large signal models for junction transistors. Proc. IEEE 52 (1964) 239—247. — [32] *Lunze, K.:* Halbleiterbauelemente als elektronische Schalter. Wissensch. Z. der TU Dresden 13 (1964) 1, S. 181—194. — [33] *Gelder, E.:* Der Transistor als Schalter. 3. Aufl. Stuttgart: Franckh 1969. — [34] *Wiesner, R.:* Physikalisch-technische Grenzen schneller Transistoren. Elektroanz. (1962) Nr. 2, S. 21—25, Nr. 9, S. 21—24. — [35] *Johnson, E. O.:* Physical limitations on frequency and power parameters of transistors. RCA-Review 26 (1965) 163—177. — [36] *Shockley, W.:* A unipolar field-effect transistor. Proc. IRE 40 (1952) 1374. — [37] *Crawford, R. H.:* MOSFET in circuit design. New York: McGraw-Hill 1967. — [38] *Heime, K.:* Feldeffekt-Transistoren. Fernmelde-Ing. 22 (1968) Heft 1, S. 1—17 und 22 (1968) Heft 2, S. 1—19. — [39] *Wüstehube, J.:* Feldeffekt-Transistoren. Hamburg: Valvo April 1968. — [40] *Heime, K.:* Der Dünnschicht-Transistor. ETZ B 21 (1969) 101—103. — [41] *Beneking, H.:* Verschiedene Arten von Feldeffekttransistoren. NTZ 23 (1970) 485—490. — [42] *Paul, R.:* Schaltverhalten des MOS-Transistors. Nachrichtentechnik 16 (1966) 321—327. — [34] *Sylvan, T. P.:* Two-Terminal solid-state switches. Electronics 32 (1959) 62—63. — [44] *Greiller, R.:* Steuerbare Vierschicht-Halbleiter und ihre Verwendung als Binärspeicher. Elektron. Rechenanlagen 7 (1965) 293—303. — [45] *N. N.:* BTX 94 — Ein neuer Triac für industrielle Anwendungen. Valvo Techn. Inform. Nr. 135 (Nov. 1969). — [46] *v. Münch, W., Salow, H.:* Der Silizium-Schalttransistor. NTZ 14 (1961) 436—440. — [47] *Irvin, J. C., Vanderwal, N. C.:* An inside look at Schottky-barrier devices. Bell Labs. Rec. 47 (1969) 57—62. — [48] *Heime, K.:* Schottky-Dioden. Fernmelde-Ing. 24 (1970) Heft 7, S. 1—36. — [49] *Esaki, L.:* New phenomenon in narrow germanium p-n-junctions. Phys. Review 109 (1958) 603—604. — [50] *Hartmann, H. J. Michelitsch, M., Steinhäuser, W.:* Die Tunneldiode. Physikalische Grundlagen, Herstellung und Anwendung. AEÜ 15 (1961) 125—144. — [51] *Jungmeister, H. G.:* Eine bistabile Kippschaltung für den Gigahertz-Bereich. AEÜ 21 (1967) 447—458. — [52] *Holzinger, R., Holzinger, O.:* Feldabhängige Widerstandsänderung in Gläsern. Z. angew. Phys. 28 (1970) 196—201. — [53] *Haberland, D. R.:* Über das Schaltverhalten von halbleitendem Glas. NTZ 23 (1970) 449—455. — [54] *Engbert, W., Jentsch, Chr.:* Erfahrungen über die Betriebszuverlässigkeit von Dioden und Transistoren. NTZ 17 (1964) 135—137. — [55] *Liebscher, G.:* Lebensdaueruntersuchungen an Silizium-Planar-Transistoren. radio mentor 30 (1964) 385—388. — [56] *Dorochevsky, I.:* Die Zuverlässigkeit von Halbleiter-Bauelementen. radio mentor 30 (1964) 389—392. — [57] *Koschel, H.:* Änderungsverhalten von Transistoren und integrierten Schaltungen in Planartechnik. Siemens-Z. 41 (1967) 210—215. — [58] *Fischer, F.:* Feuchtefestigkeit der Plastikumhüllungen von Halbleiterbauelementen. Siemens-Bauteile-Inform. 8 (1970), Heft 2, S. 46—49. — [59] Hahn-Meitner-Institut für Kernforschung Berlin, Abt. Elektronik, Forschungsber. über Strahlenschäden 1963—1970 (B 28, 45, 60, 62, 63, 71 bis 75, 90, 92, 97).

2.3 Magnetische Bauelemente

S. Schweizerhof

2.3.1 Übersicht

2.3.1.1 Übersicht über die Funktionen. In der Nachrichtenverarbeitung erfüllen die magnetischen Bauelemente im wesentlichen folgende Funktionen:

1. Transformatorische Übertragung von Spannungs- und Stromimpulsen

2. Durchschaltung von Spannungs- und Stromimpulsen
   a) mittels Steuerung induktiver Vorwiderstände
   b) mittels Ummagnetisierung induktiv zwischengeschalteter bistabiler Magnetkerne

3. Speicherung binärer Informationen
   a) in Festwertspeichern
   b) in Arbeitsspeichern
   c) in Speichern mit bewegtem Speichermedium (s. Abschnitt 4.8)

4. Logische Verknüpfung binärer Funktionen, einschließlich Zählen und Verschieben von Informationen in Registern

Beispiele für die Funktionen 1, 2a) und 3a):

Kerne mit linearer, hysteresearmer Magnetisierungsschleife und kleinen Wirbelstromverlusten für

Vorübertrager an Verstärkereingängen,

Symmetrier- und Trennübertrager zur Ansteuerung von Speichermatrizen,

Schaltdrosseln, deren Induktivität durch sättigende Steuerströme um mehrere Größenordnungen verkleinert werden kann,

Festwertspeicher, bei denen die beiden Informationen in der Umschlingung oder Nichtumschlingung von Übertragerkernen durch die Abfrageleitung bestehen und daher sekundärseitig nichtzerstörend ausgelesen werden können [1].

Beispiele für die Funktionen 2b), 3 und 4:

Kerne mit rechteckförmiger Hystereseschleife und kleinen Wirbelstromverlusten:

Bistabile Speicherkerne in Speichermatrizen [2, 3]. Die Einspeicherung erfolgt häufig durch eine logische UND-Operation (Stromkoinzidenz) im Kern.

Multistabile Speicherringkerne. Durch aufeinanderfolgende, gleichgroße, passend dosierte Spannungsimpulse können innerhalb der voll ausgesteuerten Hystereseschleife mehrere äquidistante Zwischenremanenzpunkte erreicht und wieder ausgelesen werden. Bei Verwendung geeigneter Schaltungen kann dies zum Bau exakt arbeitender dekadischer Zähler für Spannungsimpulse ausgenützt werden [4]. Auf diese Funktionsweise wird nachfolgend nicht mehr eingegangen.

Ringkerne für Schaltzwecke und logische Operationen. Schaltkerne werden z.B. für Auswahlmatrizen zur Ansteuerung von Kernspeichermatrizen eingesetzt. Der Schaltvorgang wird hier durch Koinzidenz zweier Feldimpulse ausgelöst. — Im Unterschied zum Speicherkern, der durch den Leseverstärker nur hochohmig belastet wird, kann der Schaltkern sekundärseitig auch niederohmig oder induktiv oder auch mit weiteren Schaltkernen belastet sein, was sich auf den zeitlichen Ablauf des Ummagnetisierungsvorgangs wesentlich auswirkt.

Mit einem Schaltkern lassen sich durch geeignete Überlagerung der Eingangsimpulse (Eingangsvariable) auch die wichtigsten logischen Operationen durchführen. Andere Operationen erfordern zwei, einige Funktionen drei oder vier Ringkerne. — Aus Ringkernen zusammengeschaltete Schieberegister und Zähler ermöglichen serielle Einspeicherung und parallele Auslesung binärer Informationen. — Eine Vielheit gleichartiger logischer Verknüpfungen mehrerer binärer Variabler kann in Ringkernmatrizen erfolgen, z.B. für Verschlüsselungen oder Additionen. Magnetische Verschlüsselungsmatrizen bieten den Vorteil einer gleichzeitigen Resultatspeicherung. — Enthalten die magnetischen Logikschaltkreise keine anderen Bauelemente, insbesondere keine Halbleiterbauelemente, so spricht man von „Ganzmagnetlogik"; ihr wird ein besonders hoher Grad von Zuverlässigkeit und Unempfindlichkeit zugeschrieben.

Mehrlochkerne für logische Verknüpfungen und Speicherzwecke. Im Vergleich zu den einfachen Ringkernen bieten sie den Vorteil einer *direkten* magnetischen Verkopplung verschiedener, in sich geschlossener, bistabiler Flußpfade, so daß interne elektrische Kopplungsleitungen entbehrlich sind. Außerdem zeigen Mehrlochkerne bei günstiger Formgebung und Betriebsweise eine weitgehende Entkopplung zwischen Eingangs- und Ausgangswicklung, so daß sie für Ganzmagnetlogik besonders geeignet sind.

Die Mehrlochkerne haben meist eine zweidimensionale Flußstruktur. Der scheibenförmige „Transfluxor"-Kern mit meist einer großen und zwei kleinen kreisförmigen Öffnungen wird für Torschaltungen, Schieberegister und als Speicherelement mit zerstörungsfreier Auslesung benützt. — Mehrlochkerne mit leiterartiger Struktur (laddic cores), deren Flußpfade im Gegensatz zum Transfluxor alle gleichen Querschnitt haben, können für logische Verknüpfungen mehrerer Variabler und für Schieberegister verwendet werden. — Der „Biax"-Kern ist ein kubischer Mehrlochkern mit dreidimensionaler Flußstruktur. Er hat für Speicherung und Auslesung zwei zueinander senkrecht stehende Bohrungen, die dicht aneinander vorbeiführen, sich aber nicht durchdringen. Dieser Kern hat ein wesentlich besseres Signal-Stör-

Verhältnis als andere Mehrlochkerne. Insbesondere läßt er sich als Speicherelement mit zerstörungsfreier Auslesung verwenden.

Die Magnetlogik hat sich, im Gegensatz zur magnetischen Speichertechnik, nicht in dem Maße durchsetzen können, wie man anfänglich annahm. Nur in Fällen, wo eine hohe Zuverlässigkeit wichtiger ist als Schnelligkeit, logische Verzweigbarkeit und Preis, wie z.B. in der Eisenbahnsignaltechnik, kommt ihr noch eine beschränkte Bedeutung zu. Ein Grund für das abgesunkene Interesse liegt in der aufwendigen, schwer automatisierbaren Wickeltechnik, insbesondere in Fällen, wo Wicklungen mit mehr als einer Windung erforderlich sind, ein weiterer Grund in der aufwendigeren und individuelleren Entwicklungsarbeit, die Magnetlogikschaltungen im Vergleich zu Halbleiterschaltungen erfordern. Die Magnetlogikbauelemente werden daher in dieser Auflage nicht mehr ausführlich behandelt.

2.3.1.2 Übersicht über Werkstoffe, Bauformen und Technologien [5]. Da die Arbeitsströme und Signalspannungen der Informationstechnik meist Impulse mit sehr kurzen Anstiegs- und Abfallzeiten und mit hoher Folgefrequenz sind, müssen die Kerne der magnetischen Bauelemente sehr kleine Verluste bei hohen Frequenzen haben. Diese Forderung wird von den Ferritkernen direkt erfüllt, von den metallischen Werkstoffen jedoch nur in der Form sehr dünn gewalzter, zu Ringkernen gewickelter Bänder, oder sehr dünner, auf unmagnetischen Substraten niedergeschlagener Schichten.

Quer zum Fluß liegende Trennfugen vermindern die Permeabilität linearer Übertragerkerne und die Remanenzstabilität von Speicher- und Schaltkernen gegenüber störenden Teilfeldern. Da diese Schädigung um so stärker ist, je kleiner die Kerne sind, müssen diese im allgemeinen völlig geschlossen sein. Eine Ausnahme bilden die Speicherelemente aus sehr dünnen Metallschichten, deren Entmagnetisierungsfaktor auch bei völlig offenem magnetischen Kreis sehr klein ist.

Für alle oben aufgeführten Funktionen stehen sowohl metallische als auch Ferritkerne verschiedener Art zur Verfügung, jedoch nicht in allen Fällen zur freien Wahl.

Metallische Kerne. Bandringkerne bis zu Durchmessern von 2 mm herab aus sehr dünn gewalzten Bändern bis zu 3 μm Dicke herab stehen sowohl für lineare Impulsübertrager als auch für Schaltzwecke zur Verfügung. Die erforderliche Form der Hystereseschleife — lineare oder Rechteckschleife — bekommen die Bänder durch eine abschließende Temperung in einem magnetischen Quer- oder Längsfeld oder durch Erzeugung einer Rekristallisationstextur oder eines atomaren Ordnungszustandes bei jeweils geeigneten Legierungszusammensetzungen.

Trotz der beachtlichen Fortschritte auf diesem Gebiet ist der Einsatz der hochwertigen Eisen-Nickel-Bandringkerne für die Nachrichtenverarbeitung verhältnismäßig gering geblieben. Dies liegt zum Teil an den für die Rechnertechnik noch zu großen Abmessungen, zum Teil an dem im Vergleich zu Ferritkernen zu hohen Preis.

Für sehr schnelle Speicher verfügt man über sehr dünne Eisen-Nickel-Schichten, die unter der Wirkung eines Magnetfeldes auf einem unmagnetischen Träger aufgedampft oder elektrolytisch niedergeschlagen werden und dabei eine magnetische Vorzugsachse in Feldrichtung annehmen. Ihre uniaxiale Anisotropie ermöglicht unter gewissen Voraussetzungen eine Flußänderung oder -umkehr durch Drehung des Remanenzflusses in der Schichtfläche. Da diese Flußrotation wesentlich schneller erfolgen kann als die übliche Flußänderung durch „Blochwandverschiebungen", sind die Dünnschichtspeicherelemente entsprechend schneller als andere magnetische Speicherelemente. Zwei verschiedene Formen solcher Speicherelemente sind bisher von Bedeutung geworden:

1. Ebene Schichtflecken mit weniger als 1 mm^2 Fläche und etwa 0,05 μm Dicke in Matrixanordnung mit einem dicht aufliegenden Netz von Schreib- und Leseleitungen (2-D-Organisation). Ihre Schaltzeit ist extrem kurz (wenige Nanosekunden), läßt sich aber selbst mit einer hochgezüchteten Elektronik und Leitungsführung bisher nur sehr schlecht ausnutzen. Außerdem wird die effektive Zykluszeit solcher Dünnschichtspeicher noch dadurch erhöht, daß die Auslesung nicht völlig zerstörungsfrei erfolgen kann und daher ein Wiedereinschreiben der Information erfordert.

2. Zylindrische Eisen-Nickel-Schichten mit etwa 0,5 bis 2 μm Dicke als Ummantelung dünner, unmagnetischer Metalldrähte („Magnetdraht", „plated wire"). Sie werden elektrolytisch niedergeschlagen, während durch den Trägerdraht ein Strom fließt, so daß sie eine zirkulare magnetische Vorzugsrichtung annehmen. Ein Magnetdraht wird als Sitz vieler Speicherstellen benützt, die kontinuierlich zusammenhängen, sich jedoch bei geeigneter Dimensionierung der zugehörigen, orthogonal verlaufenden Schreib- und Abfrageleitungen nicht merklich stören. Die Remanenzflüsse aller Speicherstellen sind in Ruhestellung zirkular in sich geschlossen und werden beim Lesen und Einschreiben individuell in Achsrichtung gedreht. Diese lokalen Flußrotationen sind um etwa eine Größenordnung langsamer als die der dünnen ebenen Schichtelemente, jedoch wesentlich energiereicher als bei diesen und immer noch schneller als die Ummagnetisierung der schnellsten derzeitigen Ferritspeicherkerne.

Während sich der ebene Dünnschichtspeicher trotz der langjährigen internationalen Bemühungen aus technischen und wirtschaftlichen Gründen in der Praxis nicht durchsetzen konnte, werden Magnetdrahtspeicher bereits in größerem Maßstab eingesetzt und von mehreren großen Firmen angeboten [6, 7, 8, 9]. Dem Magnetdraht wird daher nachfolgend mehr Raum gewidmet als den Dünnschichtelementen, und aus dem sehr umfangreichen Schrifttum über die letzteren werden nur wenige Arbeiten zitiert. — Bezüglich der Vorläufer des oben beschriebenen Magnetdrahtes, wie z. B. des „Twistors", die heute keine oder nur noch eine beschränkte praktische Bedeutung haben, sei auf die 2. Auflage des Taschenbuches der Nachrichtenverarbeitung (1967), Abschnitt 4.5.8, und die dort angegebene Literatur verwiesen.

Ferritkerne. Für lineare Impulsübertrager stehen Mangan-Zink-Ferrite mit linearer, hysteresearmer Magnetisierungsschleife zur Verfügung. Im Vergleich zu den entsprechenden metallischen Bandringkernen haben die Ferritkerne wesentlich kleinere Werte für Impulspermeabilität und maximalen Induktionshub. Ein Teil dieses Unterschieds wird jedoch durch den ungünstigen Füllfaktor der Bandringkerne ausgeglichen.

Für Speicher- und Schaltzwecke sind Ferritringkerne mit Durchmessern bis zu 0,3 mm herab, sowie Transfluxorkerne verschiedener Formen im Handel erhältlich. Je nach Anwendungsfall stehen Werkstoffe verschiedener Zusammensetzungen und Eigenschaften zur Verfügung. Im wesentlichen unterscheidet man heute folgende Gruppen:

1. Mangan-Magnesium-Zink-Ferrite und Mangan-Kupfer-Ferrite mit kleinem Strombedarf aber nicht sehr günstiger Temperaturabhängigkeit. Sie werden nur noch bei geringen Ansprüchen an die Temperaturstabilität eingesetzt, vorwiegend für Schaltkerne mit kleinem Strombedarf.

2. Lithium- und Lithium-Nickel-Ferrite mit kleiner Temperaturabhängigkeit und kurzer Schaltzeit bei relativ hohem Strombedarf. Schnelle Arbeitsspeicher, insbesondere mit $(2^1/_2)$-D-Organisation, werden heute fast ausschließlich mit kleinen Kernen aus Ferriten dieser Gruppe bestückt.

3. Magnetfeldgetemperte Nickel-Zink-Kobalt- und Mangan-Zink-Kobalt-Ferrite mit geringer Temperaturabhängigkeit in einem weiten Temperaturbereich und mit etwas höherer Sättigungsinduktion. Sie werden für langsame Schaltkerne bei hohen Ansprüchen an die Temperaturstabilität eingesetzt.

Integrierte und teilintegrierte magnetische Speicher. Für Arbeits- und Massenspeicher sehr großer Kapazität strebt man schon lange nach Bauformen und Technologien, die eine integrierte, automatisierbare Herstellung sehr großer Einheiten hoher Bitdichte einschließlich der Matrixleitungen ermöglichen. Unter den bisher gemachten Vorschlägen sind vor allem hervorzuheben:

1. Ferritspeicherplatten mit einer Vielzahl von Speicherlöchern, die einzelne Speicherringkerne ersetzen und von einer aufmetallisierten Arbeitsleitung mäanderförmig durchdrungen werden. Eine Anzahl solcher Platten wird mit fluchtenden Löchern zu einem Speicherblock gestapelt und mit den übrigen erforderlichen Leitun-

gen durchfädelt, so daß sich ein Speicher mit 3-D- oder 2-D-Organisation ergibt [10, 11].

2. Monolytische Ferritspeicher (laminated ferrite sheet memory) haben einen wesentlich höheren Integrationsgrad als die obigen Lochplattenspeicher. Bei ihnen wird das orthogonale System der Aufruf- und Leseleitungen (2-D-Organisation) bereits bei der Herstellung der Speicherebene in das Ferrit eingesintert [12, 13]. Im Unterschied zum normalen Ringkern wird der die Leiterkreuzungen umschlingende Remanenzfluß nicht einfach ummagnetisiert, sondern in der allseitig umgebenden Ferritmasse um einen gewissen Winkel zum Leitersystem irreversibel gedreht.

Beide Formen von Ferritspeichern sind zu einem beschränkten industriellen Einsatz gekommen, haben sich jedoch aus physikalischen und technologischen Gründen nicht allgemein durchsetzen können. Dabei war auch der grundsätzliche Nachteil aller hoch integrierten Techniken im Spiel, daß die Ausschußrate mit der Anzahl der unlösbar zusammengefaßten Einzelelemente stark ansteigt und die angestrebte Wirtschaftlichkeit schließlich wieder aufhebt. Auf eine genauere Behandlung der beiden obigen Speicherformen wird daher hier verzichtet und auf die 2. Auflage des Taschenbuches der Nachrichtenverarbeitung (1967), Abschnitt 4.5.6 zurückverwiesen.

3. „Magnetblasen"-Anordnungen (magnetic bubble memory). Informationsträger sind dünne, einkristalline Schichten oder Platten aus Orthoferriten ($LFeO_3$ mit L = Tm, Y, Sm oder Tb) oder Mangan-Wismut mit kleiner Sättigungsmagnetisierung und extrem starker uniaxialer Anisotropie mit der leichten Achse in Richtung der Flächennormale. Unter der Wirkung eines senkrecht zur Schicht angelegten Magnetfeldes bestimmter Größe kann man inmitten der senkrecht zur Schichtebene gerichteten, homogenen Magnetisierung der Schicht kleine zylindrische Domänen mit entgegengesetzter Magnetisierung (Magnetblasen, magnetic bubbles) erzeugen, verschieben und wieder zerstören. Infolge des kleinen Blasendurchmessers (< 1 µm bis 100 µm) erscheinen Bitdichten von mehr als 10^4 bit/cm^2 möglich. Die leichte Verschiebbarkeit der Magnetblasen in der Schichtebene, z.B. mit Hilfe von Stromimpulsen in einem aufgedruckten Leitersystem, kann für Schieberegister und logische Operationen ausgenutzt werden. Soweit die Schichten transparent sind, kann das Auslesen nicht nur durch die induktive Wirkung der Blasenverschiebungen auf Leseleiter sondern auch magnetooptisch, d.h. mit Hilfe des Faradayeffektes erfolgen. Da es z.Z. noch zu früh ist, über die praktische Eignung dieses Verfahrens für die Speichertechnik Voraussagen zu machen, wird vorläufig auf eine genauere Besprechung verzichtet und auf die Literaturstellen [14 bis 18] verwiesen.

2.3.2 Funktionsweisen und Anforderungen

2.3.2.1 Lineare Übertrager. Damit die Querinduktivität des Übertragers trotz des im allgemeinen sehr kleinen Kernvolumens genügend groß ist (andernfalls zu große „Dachschräge" des Sekundärimpulses), muß die „Impulspermeabilität"

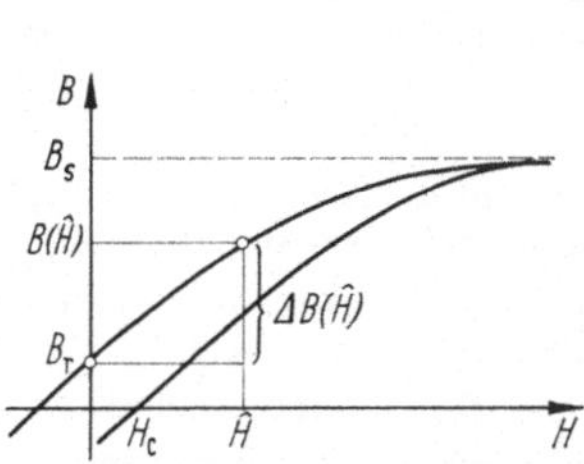

Abb. 2.3-1. Hystereseschleife von Impulsübertragerkernen (schematisch).

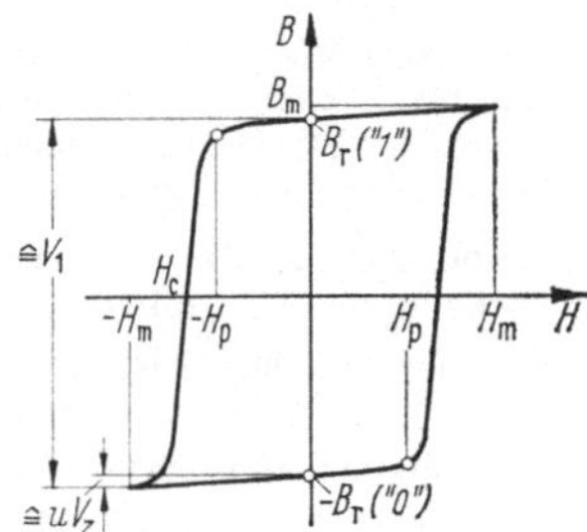

Abb. 2.3-2. Hystereseschleife von Speicherringkernen (schematisch).

(s. weiter unten) möglichst groß sein. An der oberen Frequenzgrenze des Übertragerbereichs muß der Betrag der komplexen Permeabilität noch ausreichend groß sein, um Streuinduktivität und Wicklungskapazität und damit die linearen Verzerrungen klein halten zu können. Dagegen darf der Verlustwinkel des Kerns seinen Grenzwert von etwa 45° bereits bei tieferen Frequenzen erreichen.

Die Übertragung unipolarer Impulse erfordert eine näherungsweise lineare Hystereseschleife mit kleiner Remanenzinduktion B_r und hoher Sättigungsinduktion B_s, damit der vom primären oder sekundären Spannungsimpuls $U(t)$ geforderte Flußhub $\Delta\Phi = \int U \, dt/n$ (n Windungszahl) vom Kern zur Verfügung gestellt und anschließend wieder selbsttätig abgebaut wird (Rückimpuls).

Die hierfür kennzeichnenden Gütemerkmale des Kerns sind (s. Abb.2.3-1):

Induktionshub $\qquad\qquad \Delta B(\hat{H}) = B(\hat{H}) - B_r,$

Impulspermeabilität $\qquad \mu_p = \dfrac{\Delta B(\hat{H})}{\hat{H}} = \dfrac{B(\hat{H}) - B_r}{\hat{H}}.$

Der maximale Induktionshub $(\Delta B)_{max} = (B_s - B_r)$ des Kerns bestimmt das maximal übertragbare Spannungs-Zeit-Integral pro Windung und cm^2 Kernquerschnitt. Jedoch kann er im allgemeinen nicht voll ausgenützt werden, da bei zu starker Aussteuerung der Magnetisierungsschleife die Impulspermeabilität so weit absinkt (s. Abb.2.3-18), daß eine unzulässige Dachschräge des Sekundärimpulses auftritt.

Folgen Primärimpulse gleicher Polarität so dicht aufeinander, daß der Induktionshub des Einzelimpulses unter der Wirkung der Zeitkonstante des Übertragerkreises nicht mehr ganz abgebaut wird, so verlagert sich der Arbeitsbereich des Übertragers zu höheren Induktionswerten mit kleineren Impulspermeabilitäten. Durch eine angepaßte Gleichstromvormagnetisierung oder durch besondere Schaltungsmaßnahmen (z.B. Einspeisung des Impulses über die basisgesteuerte Emitter-Kollektor-Strecke eines Transistors) kann man diese unerwünschte Verlagerung vermeiden.

Mit abnehmender Impulsdauer t_d sinkt μ_p infolge der frequenzabhängigen Kernverluste ab, und zwar um so stärker, je höher der Wert der statischen Anfangspermeabilität μ_i ist (für Ferritkerne s. Abb.2.3-19). Aus demselben Grund nimmt μ_p mit steigender Impulsfrequenz f_p ab, und zwar um so schneller, je größer der Induktionshub ΔB ist (für Ferritkerne s. Abb.2.3-20). Über Dimensionierung und Eigenschaften von Impulsübertragern mit Ferritkernen s. [19 und 20]. Über Impulsübertrager aus Bandringkernen und die Abhängigkeit ihrer Impulspermeabilität von der Impulsdauer s. [88a].

2.3.2.2 Speicher-, Schalt- und Logikelemente. Die Funktionsweise dieser Bauelemente beruht auf der näherungsweise rechteckförmigen Hystereseschleife ihrer Kerne, Abb.2.3-2. Den beiden Remanenzinduktionen $+B_r$ und $-B_r$ dieser Schleife werden die beiden Ziffern „1" und „0" einer binären Information zugeordnet, die zu ihrer Aufrechterhaltung keiner Leistungszufuhr bedarf und gegen Störungen aller Art (magnetische Störfelder, Temperaturschwankungen, mechanische Erschütterungen, Strahlungen) sehr stabil sind.

Ringkerne [21]. Bei der Speicheranwendung wird die Information „1" z.B. als Remanenzinduktion $+B_r$ durch einen Feldimpuls mit der Amplitude $H_m > H_c$ und mit definierter Zeitabhängigkeit (Abschnitt 2.3.4.2) eingeschrieben. Zu einer beliebigen späteren Zeit kann sie mittels eines gleichgroßen, entgegengesetzten Feldimpulses als Spannungsimpuls $\int V_1(t) \, dt \triangleq (B_r + B_m)$ in einer sekundären Lesewicklung unter Rückführung des Kerns in den Zustand „0" ausgelesen werden. Befindet sich der Kern vor dem Auslesen bereits im Zustand „0", so ist das Lesesignal V_z („zero") nur sehr klein im Verhältnis zum Signal V_1, entsprechend der kleinen, reversiblen Induktionsänderung $-B_r \rightarrow -B_m$. Das Verhältnis V_1/V_z repräsentiert das Auflösungsvermögen des Speicherelements.

Wird der Spannungsimpuls V_1 nicht nur hochohmig ausgelesen, sondern für Leistungszwecke benützt, wie z.B. zum Schalten eines Relais, zur Ansteuerung von Magnetkernspeichern, zur Verschiebung von Informationen in magnetischen Schieberegistern oder Logikschaltungen oder zur Ansteuerung von Transistoren, so spricht man von Schaltkernen. Es ist zu beachten, daß sich die Übertragung von Impulsen mittels Schaltkernen von der transformatorischen Übertragung mittels Linearkernen durch den Wegfall eines großen Rückimpulses unterscheidet, sowie durch die Notwendigkeit einer Rückmagnetisierung („Rückstellung") des Kerns vor der Übertragung eines weiteren Impulses gleicher Polarität. Im Unterschied zu Speicherkernen ist ferner zu beachten, daß der zeitliche Ablauf des Spannungsimpulses von Schaltkernen von der Größe und Art der sekundären Last abhängt und bei Belastung mit weiteren Schaltkernen von deren Informationsinhalt [22, 23].

An Speicherringkerne werden, abgesehen von dem elementaren Wunsch nach kleinem Volumen und geringen Kosten, folgende Forderungen gestellt:

1. Ausreichende Stabilität des Remanenzzustandes gegenüber wiederholten, abmagnetisierenden Teilfeldern H_p, wie sie insbesondere bei Stromkoinzidenzspeichern auftreten ($H_p \approx 0{,}5$ bis $0{,}6\,H_m$). Bei Überschreiten eines, für einen bestimmten Kernwerkstoff und eine bestimmte Schaltfeldstärke H_m maximal zulässigen „Störverhältnisses" $p_{max} = H_{pmax}/H_m$ beginnt die Signalspannung rV_1 der „gestörten 1" infolge Abbaues der Remanenzinduktion rapid abzusinken und die unerwünschte Signalspannung V_z der „gestörten 0" anzusteigen (s. Abb. 2.3-22). Diese gerade noch zulässige Störung liegt um so höher, je schärfer rechteckig die Hystereseschleife des Kerns ist. Es ist zu beachten, daß p_{max} mit wachsender Schaltfeldstärke H_m abnimmt, weil die Koerzitivfeldstärke H_c einem Grenzwert zustrebt, während das Auflösungsvermögen V_1/V_z für die ungestörte Information mit H_m dauernd wächst.

2. Möglichst kleine Ummagnetisierungs- oder Schaltzeit t_s im Interesse einer hohen Arbeitsgeschwindigkeit des Speichers. t_s nimmt mit wachsender Schaltfeldstärke H_m ab, jedoch ist diese Verkleinerung mit Rücksicht auf die im Matrixbetrieb störenden Teilfelder H_p, die kleiner als die Koerzitivfeldstärke H_c bleiben müssen, limitiert (s. Abschnitt 2.3.3.1).

3. Kleine Ummagnetisierungsverluste mit Rücksicht auf die Ansteuerelektronik und die Erwärmung der Speicherkerne. Da diese Verluste überwiegend auf die Hystereseschleife zurückzuführen und daher grundsätzlich unvermeidlich sind, können sie nur durch Kernverkleinerung herabgesetzt werden.

4. Kleine Betriebsströme mit Rücksicht auf die Ansteuerelektronik und die Erwärmung des Leitersystems. Da die hierfür maßgebliche Koerzitivfeldstärke des Werkstoffs mit Rücksicht auf die Schaltzeit nicht zu klein sein darf (Abschnitt 2.3.3.1), bleibt auch hier nur der Weg der Kernverkleinerung.

5. Kleine Induktivität beim Ummagnetisieren des Kerns mit Rücksicht auf die verfügbare Betriebsspannung und die Ansteuerelektronik, sowie die Laufzeit der Signale in schnellen großen Speichern. Diese Forderung steht im Widerspruch zum Wunsch nach großer Lesespannung und führt ebenfalls zu kleinen Abmessungen.

6. Kleine Temperaturabhängigkeit von Signalspannung und Schaltzeit, damit eine Thermostatisierung des Speichers oder eine temperaturabhängige Regelung der Betriebsströme entbehrlich ist, und damit darüber hinaus eine individuelle Erwärmung von Kernen durch häufig wiederholte Ummagnetisierung nicht zum Ausfall einzelner Speicherplätze führt. Bezüglich der Hystereseschleife des Kerns bedeutet diese Forderung kleine Temperaturabhängigkeit von Remanenzinduktion und Koerzitivfeldstärke.

7. Stabilität gegen harte Korpuskular- und Wellenstrahlung im Fall von Sonder-

anwendungen (z. B. Weltraumsonden). Nach den bisherigen Untersuchungen scheint sie bei den meisten bekannten magnetischen Speicherwerkstoffen befriedigend zu sein.

Die Anforderungen an Schalt- und Logikkerne sind im allgemeinen weniger scharf als die an Speicherkerne. Insbesondere treten nur kleine oder gar keine abmagnetisierenden Teilfelder auf, so daß an die Rechteckigkeit der Hystereseschleife geringere Anforderungen gestellt werden. Auch eine kurze Schaltzeit ist meist nicht erforderlich, in manchen Fällen sogar unerwünscht. Dafür legt man bei Schaltkernen erhöhten Wert auf kleine Betriebsströme und hohe Signalleistung. Diese Forderungen drücken sich in der Hystereseschleife durch kleine Koerzitivfeldstärke und hohe Remaner induktion aus.

Speicherelemente mit nichtzerstörender Auslesung. Bei den Speicherringkernen wird im allgemeinen die eingespeicherte Information „1" durch das Auslesen zerstört und muß daher anschließend neu eingeschrieben werden, falls der Speicherin-

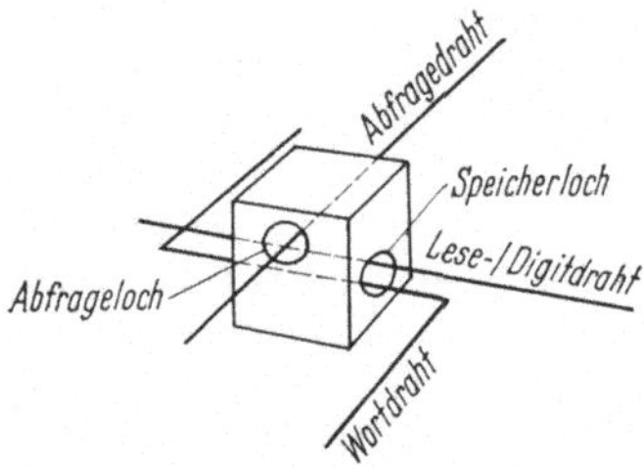

Abb. 2.3-3. Biaxspeicherkern.

halt unverändert bleiben soll. Da das Wiedereinschreiben Zeit erfordert, ist man für schnelle Speicher an Speicherelementen interessiert, deren Inhalt sich beliebig oft zerstörungsfrei auslesen läßt. Die damit mögliche Zeitersparnis fällt um so mehr ins Gewicht, als bei Rechnern im allgemeinen der Lesevorgang im Mittel viel häufiger vorkommt als das Neueinschreiben einer Information. Neben der Zeitersparnis bieten Speicherelemente mit zerstörungsfreier Auslesung außerdem die Möglichkeit einer Festwertspeicherung mit bequemer Umschreibung des Speicherinhalts.

Für eine magnetische Speicherung mit nichtzerstörender Auslesung (nondestructive read out, NDRO) bieten sich im wesentlichen vier Möglichkeiten mit unterschiedlichem Funktionsprinzip an: 1. Zerstörungsfreie Auslesung von einfachen Ringkernen mittels sehr kurzer und großer Feldimpulse, die trotz Überschreitens der Koerzitivfeldstärke nur elastische Induktionsänderungen verursachen und eine Unterscheidung der beiden Remanenzzustände ermöglichen [24, 25, 26]. Trotz der grundsätzlichen Einfachheit des Verfahrens hat es sich nicht durchsetzen können, da es bei hohen Auslesefrequenzen infolge von Relaxationserscheinungen zu Informationsabbau führt. Auf eine genauere Besprechung wird daher nachfolgend verzichtet. 2. „Biax"-Ferritkerne. 3. „Transfluxor"-Kerne, die auch noch andere Funktionen ermöglichen und weiter unten unter dem Stichwort „Mehrlochkerne" behandelt werden. 4. Dünne Metallschichten mit einachsiger magnetischer Anisotropie.

Die *Biaxkerne* [27 bis 31] sind quaderförmige Ferritkerne mit zwei orthogonalen, aneinander vorbeiführenden Bohrungen (Abb. 2.3-3), von denen eine als Speicherloch, die andere als Abfrageloch dient. Das zwischen beiden Löchern liegende Ferritmaterial ist beiden magnetischen Kreisen gemeinsam und ermöglicht eine rein elastische Verkopplung der beiden Flüsse. Der Umlaufsinn des um das Speicherloch eingeschriebenen Remanenzflusses wird mit Hilfe des Stromes durch das Abfrageloch abgetastet, wobei der Speicherfluß im Kopplungsbereich zwischen den Löchern eine elastische Winkelverdrehung erfährt und im Lese/Digit-Draht eine Lesespannung induziert. Der Richtungssinn dieser lokalen Flußverdrehung kehrt sich mit dem Umlaufsinn des Speicherflusses um, so daß das Lesesignal bipolar ist ($V_z = -V_1$). Da die Flußverdrehung nur von der damit verbundenen Spinpräzession gehemmt ist (s. Abschnitt 2.3.3.1), folgt sie dem Anstieg des Abfrageimpulses fast verzögerungsfrei, und die Information kann daher mit sehr hoher Folgefrequenz (bis etwa 25 MHz) ausgelesen werden. Ein weiterer Vorteil des Biaxelementes liegt in der orthogonalen, magnetisch kopplungsfreien und kapazitätsarmen Führung von Abfrage- und Leseleitung. — Trotz dieser günstigen Eigenschaften haben sich die Biaxkerne nicht in dem zu erwartenden Maße eingeführt.

Dünnschichtspeicherelemente. Dünnen Nickel-Eisenschichten geeigneter Zusammensetzung mit etwa 0,05 bis 2 μm Dicke kann man bei ihrer Herstellung eine einachsige magnetische Anisotropie einprägen. Dies geschieht dadurch, daß man während des Aufdampfens oder während des galvanischen Niederschlagens ein magnetisches Gleichfeld in der gewünschten Vorzugsrichtung anlegt. Die Magnetisierungsschleife wird dann für diese „leichte" Richtung rechteckförmig und für die dazu senkrechte „schwere" Richtung näherungsweise linear und hysteresefrei (reversibel). Unter diesen Umständen kann der in der leichten Richtung eingeschriebene Remanenzfluß durch einen in der schweren Richtung angelegten Abfrageimpuls verdreht werden. Da diese Verdrehung unter gewissen Einschränkungen elastisch ist, bleibt die eingeschriebene Information auch bei beliebig häufiger Abfragung unverändert. Der Richtungssinn der Flußverdrehung hängt vom Richtungssinn des eingeschriebenen Remanenzflusses ab, so daß in der parallel zur schweren Richtung an der Schichtoberfläche laufenden Leseleitung ein bipolares Signal induziert wird. In sehr dünnen, ebenen Schichten (Dicke <0,1 μm) erfolgt die Flußrotation in wenigen Nanosekunden, falls die auslösenden Feldimpulse genügend schnell ansteigen, in dickeren, meist zylindrisch geschlossenen Schichten (Dicke 0,5 bis 2 μm) in etwa 20 bis 40 ns (inkohärente Rotation). Über die physikalischen Ursachen für diese hohen Schaltgeschwindigkeiten siehe Abschnitt 2.3.3.1.

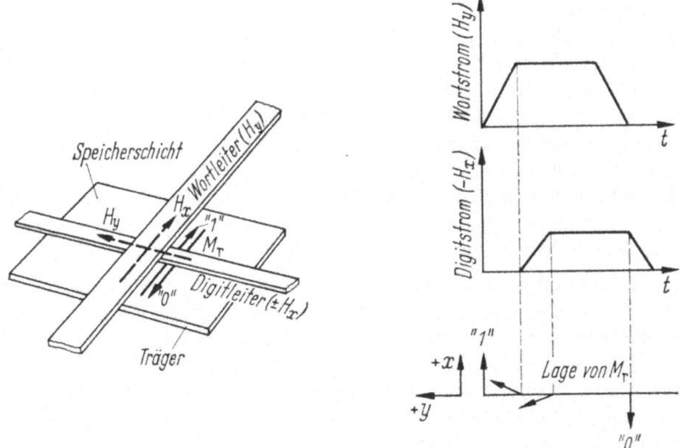

Abb. 2.3-4. Einachsig anisotrope planare Speicherschicht mit Leiteranordnung (schematisch), Einschreibung durch Flußrotation mittels Kreuzfeldkoinzidenz.

Auch das Einschreiben der Information kann durch Flußrotation erfolgen. Man bedient sich hierzu der sog. Kreuzfeldkoinzidenz, d.h. man läßt Feldimpulse geeigneter Größe in schwerer und leichter Richtung (y- bzw. x-Richtung) mit einer kleinen Zeitverschiebung koinzidieren, s. Abb. 2.3-4. Hierbei wird der Remanenzfluß M_r der betreffenden Speicherstelle zunächst durch einen Feldimpuls H_y in die schwere Richtung y gedreht (Wortimpuls bei 2-D-Organisation). Nach Erreichen dieser Lage wird ein schwacher Feldimpuls $H_x \ll H_y$ in Richtung der gewünschten Remanenzlage überlagert (Digitimpuls bei 2-D-Organisation) und nach Beendigung des H_y-Impulses noch kurzzeitig aufrecht erhalten. In dieser letzten Phase dreht sich M_r in die vom Vorzeichen des H_x-Impulses bestimmte Gleichgewichtslage. Die Zeitdauer des Schreibprozesses ist überwiegend von der Dauer der koinzidierenden Stromimpulse bestimmt. Der Ablauf des Schreib- und Lesevorgangs durch Flußrotation ist allerdings an gewisse Einschränkungen bezüglich der Größe der beiden Teilfelder H_x und H_y im Verhältnis zur „kritischen" Feldstärke $H_k{\cdot}\approx H_c$ geknüpft, die in Abschnitt 2.3.3.1 besprochen werden.

Bei dem in Abb. 2.3-4 schematisch dargestellten ebenen, sehr dünnen Speicherfleck schließt sich der Remanenzfluß im Luftraum oder teilweise über einen geeigneten weichmagnetischen Rückschluß („Keeper") in Schichtnähe. Das von der Berandung ausgehende entmagnetisierende Feld ist zwar infolge der kleinen Schichtdicke pauschal sehr klein. Trotzdem sind die am Schichtrand sitzenden magnetischen Pole die Ursache für die Bildung unerwünschter Ummagnetisierungskeime, die ihrerseits unter der Wirkung sich sehr häufig wiederholender Teil- und Streufelder zu einem Informationsabbau durch „Wandkriechen" (creeping) führen können. Auch die zerstörungsfreie Auslesung stößt auf Schwierigkeiten, die in der physikalischen Unvollkommenheit der Dünnschichtspeicherelemente liegen und nicht völlig überwunden werden konnten (s. Abschnitt 2.3.3.1). Schließlich liegt ein praktischer Nachteil dieser extrem dünnen Speicherelemente noch in der Kleinheit der Spannungs-Zeit-Integrals des Lesesignals. Sie bedeutet einen Zwang zu extrem hoher Arbeitsgeschwindigkeit mit entsprechenden Schwierigkeiten und hohem Aufwand für Elektronik und Leitungsführung.

Die oben genannten Nachteile mildern sich erheblich, wenn man auf etwa 10mal dickere, uniaxiale zylindrische Schichten mit geschlossenem Remanenzfluß übergeht. Man gelangt so zum „Magnetdraht" (plated wire), bei dem auf einen dünnen, unmagnetischen Trägerdraht eine 0,5 bis 1 µm dicke Nickel-Eisen-Schicht mit einer zirkularen magnetischen Anisotropie (leichte Richtung parallel zum Drahtumfang) galvanisch aufgebracht wird [7, 32 bis 35]. Die Flußrotation erfolgt hier zwar nicht mehr kohärent an allen Stellen der Schicht, so daß die Schaltzeit mit etwa 30 bis 40 ns um eine Größenordnung länger ist als bei den sehr dünnen Schichten. Jedoch ist dies mit geringeren Schwierigkeiten für Elektronik und Leitungsführung verknüpft und stellt gegenüber den schnellen Ferritringkernen immer noch einen erheblichen Fortschritt dar, zumal eine zerstörungsfreie Auslesung möglich ist [36]. Der magnetische Schluß des Speicherflusses in Ruhestellung bedingt auch eine größere Stabilität der Information gegen das Einkriechen von Blochwänden von den benachbarten Speicherplätzen her.

Abbildung 2.3-5 zeigt Aufbau und Wirkungsweise des Magnetdrahtspeichers schematisch [7]. Auf Teilstücken des Magnetdrahtes sitzen die Informationen als lokal eingeschriebene zirkulare Remanenzflüsse beider möglicher Umlaufrichtungen. Sie lassen sich ohne unzulässige Nachbarschaftsstörungen bis zu einer maximalen Dichte von etwa 1 bit/mm in Achsrichtung aneinanderreihen. Der Magnetdraht dient gleichzeitig als Digitleiter zur Erzeugung des zirkularen Schreibfeldes (Digitstrom I_d) und als Leseleiter zur Aufnahme der Lesespannung während der Abfragung durch den Strom (I_{wr}) in dem orthogonal vorbeilaufenden Wortleiter. Das axial gerichtete Feld des Abfragestromes führt zu einer schraubenförmigen Verwindung des Speicherflusses im Bereich des Wortleiters. Begrenzt man diese Flußdrehung auf einen maximal zulässigen Winkel, dann ist sie rein elastisch, also zerstörungsfrei. Beim Ein- oder Umschreiben wird in der oben beschriebenen Weise dem Wortstrom ein kleiner Digitstrom überlagert, so daß der Speicherfluß am Ende in die vom Digitimpuls vorgeschriebene Gleichgewichtslage fällt.

Im Matrixverband liegt eine Vielzahl paralleler, äquidistanter Magnetdrähte zwischen den Hin- und Rückleitungen einer Vielzahl äquidistanter, bandförmiger Wortleiter. Um die störenden magnetischen Streufelder zwischen benachbarten

Speicherstellen klein zu halten und die Feldwirkung der Wortleiter zu verstärken, werden die Wortleiter auf der den Magnetdrähten abgewandten Seite mit einer weichmagnetischen „Keeper"-Folie belegt (Permalloy- oder ferritgefüllte Kunststoff-

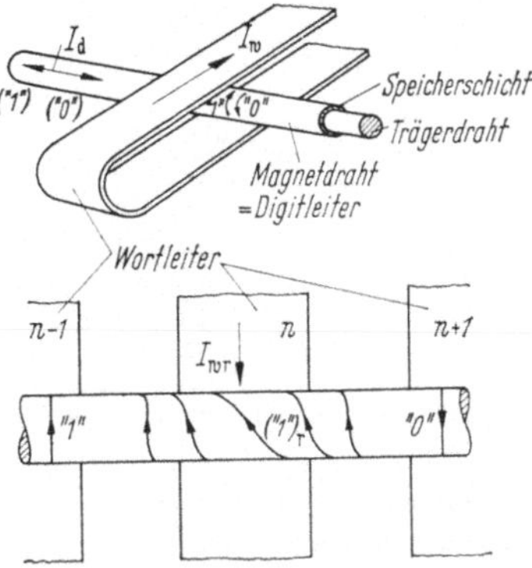

Abb. 2.3-5. **Magnetdrahtspeicherelement mit Wortleiter (schematisch), Funktionsweise.**

Folie) [37, 38]. — Statt die Magnetdrähte zwischen bandförmige Wortleiter einzuschließen werden sie auch mit drahtförmigen Wortleitern verwebt [39, 40]. Über Magnetdrahtspeichermatrizen s. Abschnitt 4.2.

Mehrlochkerne, Transfluxoren. Abgesehen von den oben besprochenen Biaxkernen sind Mehrlochkerne ebene Kerne mit achsparallelen Löchern. Die leiterförmigen Kernstrukturen (laddic cores) [41, 42], stellen Netzwerke aus remanent gesättigten Flußpfaden dar [43], die von Eingangs-, Ausgangs- und Funktionswicklungen umschlungen sind. Die jeweilige Remanenzstruktur hängt von den vorher wirksamen Strömen aller beteiligten Funktionswicklungen ab. In Abhängigkeit von dieser Remanenzstruktur kann ein Eingangsimpuls einen Flußumschlag bis zu dem von der Ausgangswicklung umschlungenen Pfad durchdrücken oder nicht. Auf diese Weise sind logische Verknüpfungen mehrerer Variabler, ohne besondere Kopplungswicklungen möglich. Das praktische Interesse der Nachrichtenverarbeitung an dieser reinen Magnetlogik hat jedoch in den letzten Jahren stark nachgelassen (s. Abschnitt 2.3.1.1), so daß hier auf eine genauere Behandlung verzichtet werden kann.

Dagegen haben die Transfluxoren eine gewisse praktische Bedeutung behalten [44], z.B. als Schaltelemente in Schieberegistern, als kontaktfreie Relais in Steuer- und Regelkreisen, als Speicherelemente mit zerstörungsfreier Auslesung und als Integrierverstärker für Spannungsimpulse mit proportionaler Anzeige und zeitlich beliebiger Abfragung.

Der Transfluxor [45 bis 49] ermöglicht es, mittels eines Steuer- oder „Einstell"-Stromes zwei Arbeitswicklungen magnetisch zu verkoppeln, zu entkoppeln oder in ihrer Kopplung stetig zu verändern. Die Arbeitswicklungen können z.B. Eingangs- und Ausgangswicklung für die Übertragung von Schaltimpulsen sein oder Abfrage- und Lesewicklung eines Speicherelementes, in das die Information mittels der Einstellwicklung eingeschrieben wird. Die einmal eingestellte Kopplung bleibt auch bei beliebig langer Übertragung oder beliebig häufiger Abfragung durch bipolare Impulse oder Wechselstrom erhalten. Eine Rückwirkung von den Arbeitswicklungen auf die Einstellwicklung kann sehr klein gehalten werden.

Der Transfluxor besteht in seiner Grundform aus einem scheibenförmigen Ferritkern mit zwei Löchern sehr unterschiedlichen Durchmessers. Die beiden Öffnungen sind so angeordnet (Abb. 2.3-6), daß sich drei Flußpfade *1*, *2* und *3* ergeben, deren engste Querschnitte und daher maximal aufnehmbare Flüsse sich wie 2:1:1 verhal-

ten. Die Steuer- oder Einstellwicklung St umschlingt den Flußpfad 1, die Arbeitswicklungen T (Treiberwicklung) und A (Ausgangswicklung) die Flußpfade 2 und 3.
Wird der Kern mittels der Steuerwicklung durch einen ausreichend großen „Blok-

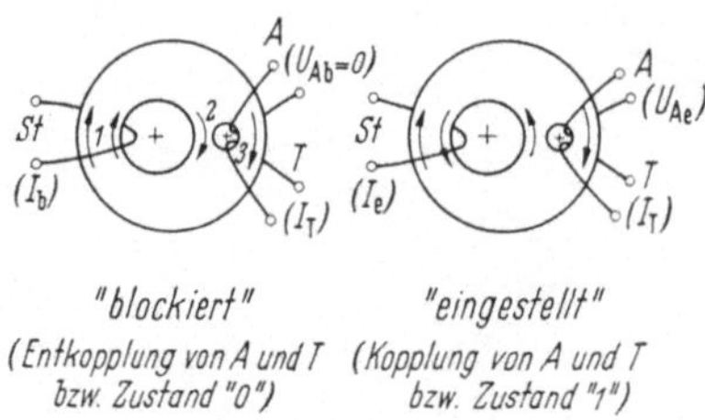

Abb. 2.3-6. Funktionsweise des Transfluxors, blockierter und eingestellter Zustand.

kier"-Impuls I_b voll durchmagnetisiert (linke Bildhälfte), dann sind die Wicklungen
T und A magnetisch entkoppelt (keine Übertragung, bzw. geöffneter Schalter, bzw.
Information „0"), da die Remanenzflüsse in den Pfaden 2 und 3 mit Bezug auf den
Umfang des kleinen Lochs entgegengesetzt gerichtet und nur durch einen sehr hohen
Treiberstrom I_T in gleiche Richtung gebracht werden können. Durch einen entgegengesetzt gerichteten, etwas schwächeren „Einstell"-Impuls I_e in der Steuerwicklung wird der Remanenzfluß im Pfad 2 (und nur dieser) invertiert. Es bildet
sich daher um das kleine Loch herum (rechte Bildhälfte) eine in sich fast völlig
geschlossene Flußstruktur, die sich schon mit kleinen Treiberdurchflutungen beliebig
oft ummagnetisieren läßt wie ein Ringkern (Übertragung, bzw. geschlossener Schalter, bzw. zerstörungsfrei auslesbare Information „1"). Vor einer erneuten Blockie-
rung der Übertragung muß die ursprüngliche Flußrichtung um das kleine Loch wieder hergestellt werden.

Der Transfluxor hat in seiner Grundform noch zwei Mängel: Der Einstellstrom
I_e muß auf einen kritischen Optimalwert eingestellt werden, bei dem die Ausgangsspannung U_A ein Maximum durchläuft (Möglichkeit einer unerwünschten „Überein-

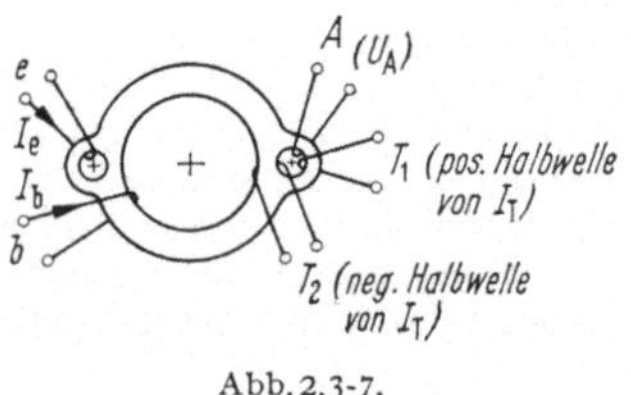

Abb. 2.3-7.

Dreilochtransfluxor mit Wicklungen.

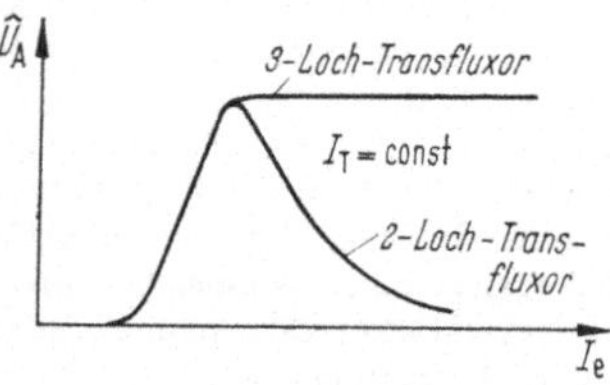

Abb. 2.3-8. Kennlinien von Zweiloch- und
Dreilochtransfluxoren (schematisch).

stellung"). Außerdem wird mit steigendem Treiberstrom I_T der blockierte Zustand
aufgehoben (Treiberrückwirkung), so daß die Ausgangsspannung U_{Ab} des blockierten
Zustands in unerwünschter Weise ansteigt. Diese Mängel können durch eine Änderung der Kernform (Dreilochtransfluxor) und eine Änderung der Wicklungsanordnung behoben werden (Abb. 2.3-7). Die Ausgangsspannung steigt dann mit zunehmendem Einstellstrom auf einen konstanten Endwert an (Abb. 2.3-8).

Die Qualität eines Transfluxors ist durch das Verhältnis der Scheitelwerte der
Ausgangsspannungen im eingestellten und blockiertem Zustand $D = U_{Ae}/U_{Ab}$
bestimmt (Sperrverhältnis, discrimination ratio). In Abhängigkeit von der Treiber-

durchflutung $I_T \cdot n_T$ durchläuft D ein Maximum, das beim Dreilochtransfluxor weniger kritisch ist als bei der Grundform. Ferner ist zu beachten, daß D bei sinusförmigem Eingangsstrom I_T mit steigender Frequenz abnimmt, ebenso wie bei Impulsbetrieb mit kürzer werdender Impulsanstiegszeit.

2.3.3 Physikalische Grundlagen, Magnetische Werkstoffe

2.3.3.1 Hystereseschleife, dynamische Magnetisierungsvorgänge [50, 51, 52].

Außer der Form der statischen Hystereseschleife ist der zeitliche Ablauf von Magnetisierungsänderungen unter der Wirkung von Feldimpulsen für die Nachrichtenverarbeitung von Wichtigkeit. Beide Verhaltungsweisen lassen sich durch Phänomene im atomaren und im mikroskopischen Bereich deuten und sind teilweise korreliert.

Ein weichmagnetischer Kern ist im entmagnetisierten, makroskopisch unmagnetischen Zustand in eine große Zahl gesättigter Bereiche unterschiedlicher Magnetisierungsrichtung aufgeteilt („Weißsche Bezirke", „Domänen" oder „Elementarbereiche"). Diese Domänenstruktur resultiert aus der Überlagerung verschiedener, miteinander konkurrierender Drehmomente, denen die magnetisch nichtkompensierten Elektronenspins der Atome unterhalb der Curietemperatur ausgesetzt sind, und aus der Minimisierung der freien magnetischen Energie des Kerns ohne äußeres Feld. Die wichtigsten dieser Drehmomente sind die für den Ferromagnetismus überhaupt verantwortlichen „Austauschkräfte", die die Spins benachbarter Atome parallel oder antiparallel zu stellen suchen (Spin-Spin-Kopplung) und Drehmomente seitens des Kristallgitters, die die Spins in bestimmte energetische Vorzugsrichtungen einzustellen suchen („Kristallanisotropie", Spin-Bahn-Kopplungen). Solche kristallographische Vorzugsrichtungen sind z.B. beim kubisch raumzentrierten Eisen die Würfelkanten (6 mögliche Orientierungen für die Magnetisierung), beim kubisch flächenzentrierten Nickel und bei den Spinellferriten mit einem ebenfalls kubisch flächenzentrierten Sauerstoffgrundgitter die Würfeldiagonalen (8 mögliche Orientierungen). Einkristallrahmen, deren Schenkel in Vorzugsrichtungen verlaufen, zeigen eine scharf rechteckförmige schmale Magnetisierungsschleife mit hoher Remanenz. Bei hexagonal kristallisierenden Werkstoffen kann die hexagonale Achse eine ausgeprägte Vorzugsrichtung sein (z.B. bei Bariumferrit), so daß sich eine uniaxiale Anisotropie ergibt (2 mögliche Gleichgewichtslagen für die Magnetisierung). — Es gibt jedoch auch uniaxiale Anisotropien, die nicht vom Kristallgitter herrühren, sondern bei geeigneten polykristallinen Werkstoffen durch einen besonderen Herstellungs- und Behandlungsprozeß eingeprägt werden können („Orientierungsüberstruktur"). Dies kann z.B. durch eine Temperung bestimmter Eisen-Nickel-Legierungen oder kobalthaltiger Ferrite in einem Magnetfeld geschehen oder durch Aufdampfung oder galvanisches Abscheiden dünner Eisen-Nickel-Schichten ebenfalls unter der Wirkung eines Magnetfeldes. Eine solche, nicht an Einkristalle gebundene und daher technologisch bequemer herstellbare uniaxiale Anisotropie ist für die Speicherung binärer Informationen vorteilhaft, weil sie mit einer rechteckförmigen Hystereseschleife in Vorzugsrichtung verknüpft ist.

Zu den oben genannten Richtmomenten, denen die Elektronenspins unterworfen sind, kommen noch zwei weitere hinzu, die für die Zwecke der Nachrichtenverarbeitung meist schädlich sind: Bei magnetostriktiven Werkstoffen kann eine Wechselwirkung zwischen den Spinmomenten und Verzerrungen des Kristallgitters eine uniaxiale Anisotropie verursachen, die im Fall homogener mechanischer Spannungen makroskopisch ist, im Fall innerer Spannungen aber in Stärke und Richtung statistisch verteilt und der Kristallanisotropie überlagert ist. Magnetische Inhomogenitäten wie Poren, unmagnetische Einschlüsse, Kristallitengrenzen oder magnetisch nicht geschlossene Domänenstrukturen wirken über die an ihnen sich ausbildenden Streufelder ebenfalls auf die Bereichsstruktur zurück und führen, ebenso wie die inneren Spannungen, zu einer Vermehrung und Verkleinerung der Elementarbereiche.

Ist die Bereichsstruktur eines polykristallinen Kerns überwiegend von der Kristallanisotropie bestimmt, so ergeben sich, je nach Kristallstruktur und Lage der Bereiche im Innern oder an der Oberfläche des Kerns, zwischen den Magnetisierungsrichtungen benachbarter Bereiche Winkel von 71°, 90°, 108° oder 180°. Zwischen den Bereichen bestehen Übergangszonen — „Blochwände" — von einigen hundert Atomlagen Dicke, in denen die Spinrichtungen stetig ineinander übergehen.

Hystereseschleife. Die Form der Hystereseschleife hängt von der Bereichsstruktur des Werkstoffes und den ihr zugrunde liegenden Richtkräften ab, die vom äußeren Feld überwunden werden müssen. Bei Anlegen und Steigern eines äußeren Feldes wachsen zunächst die zur Feldrichtung energetisch günstig liegenden Bereiche auf Kosten der anderen. Dies geschieht mittels einer Verschiebung der Blochwände über ein Potentialgebirge von statistisch verteilten Hindernissen (Gitterfehlstellen, Poren, Einschlüsse, Kristallitengrenzen, innere Spannungen) [53]. Bei kleinen Feldstärken sind die Wandverschiebungen im wesentlichen reversibel („Rayleigh-Bereich" mit kleinen Hystereseverlusten), bei größeren Feldstärken werden sie sprunghaft und irreversibel („Barkhausen-Sprünge"). Bei noch höheren Feldern verschwinden die Blochwände, und die Einmündung in die Sättigung erfolgt durch elastische Eindrehung der Spins gegen die inneren Richtmomente in die Richtung des äußeren Feldes.

Die für die Nachrichtenverarbeitung wichtigen Hystereseeigenschaften — Koerzitivfeldstärke H_c, Remanenzinduktion B_r und Form der Entmagnetisierungskurve (2.Quadrant der Schleife) — hängen in komplizierter Weise von der Bereichsstruktur und ihren Ursachen ab. Die verschiedenartigen Behinderungen der Wandverschiebungen tragen zur Größe der Koerzitivfeldstärke bei. Das Zustandekommen der Remanenzinduktion polykristalliner Stoffe kann man in Fällen, in denen die Kristallanisotropie gegenüber anderen Einflüssen dominiert, dadurch erklären, daß sich die Magnetisierung nach erfolgter Sättigung jeweils in diejenige Vorzugsrichtung eindreht, die der Richtung des vorher angelegten Feldes am nächsten liegt. Die vektorielle Summation der Magnetisierung über diese statistisch verteilten Vorzugsrichtungen ergibt bei kubisch kristallisierenden Werkstoffen für beliebige Beobachtungsrichtungen theoretische Remanenzwerte von 83% (raumzentriert) und 87% (flächenzentriert) der Sättigungsmagnetisierung [54]. Die Remanenzwerte der meisten polykristallinen, isotropen Werkstoffe liegen jedoch tiefer, nämlich bei etwa 50% der Sättigung, da die Kristallanisotropie noch von statistisch verteilten einachsigen Spannungs- und Formanisotropien überlagert wird. Die meisten magnetischen Werkstoffe sind daher weder für Speicherzwecke noch für Impulsübertrager geeignet. Gewisse, magnetisch isotrope Ferrite zeigen jedoch infolge dominierender Kristallanisotropie eine scharf rechteckförmige Hystereseschleife, sofern der Kern nicht zu weit in seine Sättigung ausgesteuert wird („spontane "Rechteckigkeit, hohe „scheinbare" Remanenz). Umgekehrt kommt man durch Verminderung der Kristall- und Spannungsanisotropie zu Ferriten mit sehr kleiner Remanenzinduktion (15% bis 25% der Sättigung) für Impulsübertrager [55].

Metallbänder mit einer einheitlichen Kornorientierung, z.B. mit einer „Würfel"-Textur als Folge eines kombinierten Walz- und Glühprozesses, verhalten sich magnetisch wie Einkristalle, deren magnetische Vorzugsrichtung in Bandrichtung liegt. Ihre Remanenzinduktion erreicht daher fast den Wert der Sättigungsinduktion. Eine rechteckförmige Hystereseschleife ergibt sich auch bei Nickel-Eisen-Schichten und bei Ferriten mit einer eingeprägten uniaxialen Anisotropie in Richtung des Meßfeldes, während in der dazu senkrechten Richtung eine näherungsweise lineare Hystereseschleife mit kleiner Remanenz beobachtet wird.

H_c, B_r und Rechteckigkeit der Hystereseschleife nehmen wegen ihres Zusammenhangs mit Bildung und Wachstum von Ummagnetisierungskeimen mit größer werdender Kristallanisotropie zu. Die Rechteckigkeit der Hystereseschleife wird wegen desselben Zusammenhangs durch ein gleichmäßiges, störungsfreies Gefüge begünstigt.

Ummagnetisierungsprozesse. Eine Magnetisierungsänderung kann sich je nach

Werkstoff, Feldrichtung und Feldstärkebereich durch zwei sehr unterschiedliche Elementarprozesse abspielen: Durch Verschiebung der Blochwände zugunsten der magnetischen günstiger gerichteten Domänen oder, unter bestimmten Voraussetzungen, durch eine Drehung der gesamten Magnetisierung in einzelnen Bereichen oder in der ganzen Probe.

Der Ummagnetisierungsprozeß von Kernen mit rechteckförmiger Hystereseschleife erfolgt meist durch Wandverschiebungen. Die Dauer oder „Schaltzeit" t_s, mit der die Dauer der sekundärseitigen Lesespannung V_1 übereinstimmt (siehe Abb. 2.3-12), ist durch die Geschwindigkeit v der Blochwände unter der Wirkung des Ummagnetisierungsfeldes H_m gegeben. v ist bei vernachlässigbaren Wirbelstromverlusten, d.h. bei Ferritkernen und sehr dünnen Metallbändern, dem Überschuß von H_m über die Koerzitivfeldstärke H_c des Werkstoffes proportional, so daß [56]

$$t_s = \frac{S_w}{H_m - H_c}.$$

Diese Proportionalität hängt mit dem Mechanismus der Spindrehung in den sich verschiebenden Blochwänden zusammen [57, 58]. Die Eindrehung des mit einem Impulsmoment behafteten Elektronenspins in die neue Richtung wird durch eine gedämpfte Präzessionsbewegung der Spinachse um diese Richtung gehemmt. Die Eigenfrequenz dieser Präzession und damit die Geschwindigkeit der Spineinstellung in die neue Richtung ist der wirksamen Feldstärke H_{eff} am Ort des Spins proportional [59]:

$$f_r = \gamma \cdot H_{eff}$$

H_{eff} beinhaltet außer dem äußeren Feld H_m noch lokale Anisotropie- und entmagnetisierende Felder, die sich z.T. auch in H_c ausdrücken. Das „gyromagnetische Verhältnis" γ des Spins, d.h. das Verhältnis seines magnetischen Momentes zum mechanischen Impulsmoment, liegt für die meisten magnetischen Werkstoffe bei 2,8 MHz/Oe.

Die Schaltzeit läßt sich durch Vergrößerung der Überschußfeldstärke $(H_m - H_c)$ grundsätzlich beliebig verkleinern. Praktische Grenzen sind jedoch, abgesehen von der unerwünschten hohen Ansteuerleistung, dadurch gesetzt, daß man über H_m meist nicht frei verfügen kann. Insbesondere ist bei Stromkoinzidenzspeichern wegen der Gefahr einer Abmagnetisierung nicht ausgewählter Speicherkerne durch die Felder H_p der Teilströme ($H_p \approx 0{,}5$ bis $0{,}6\,H_m$, s. Abschnitt 2.3.2.2) die Nebenbedingung $H_m \leq 1{,}4\,H_c$ zu respektieren, so daß in diesen Fällen die Schaltzeit durch die Koerzitivfeldstärke H_c des Kerns nach unten limitiert ist.

$$t_s \geq \frac{S_w}{0{,}4\,H_c}.$$

Aus diesem Grunde, und da sich die „Schaltkonstante" S_w der Werkstoffe nicht wesentlich verkleinern läßt, hat man Rechteckferrite mit höherer Koerzitivfeldstärke entwickelt und die damit verbundene erhöhte Ansteuerleistung durch Verkleinerung des Kerndurchmessers wieder zurückgeschraubt. Mit der Kernverkleinerung hat man zugleich eine Herabsetzung der Leitungsinduktivitäten und eine bessere Kühlung der Kerne erreicht.

In die Größe der Schaltkonstante S_w des Werkstoffes geht u. a. die Dämpfung der Spinpräzession in den sich verschiebenden Blochwänden ein, ferner der mittlere Laufweg der Blochwände, also die Dichte der Ummagnetisierungskeime im Remanenzpunkt, sowie die Kristallanisotropie und die Sättigungsmagnetisierung [56, 60, 61]. Die Schaltkoeffizienten von Ferriten und von dünnen Metallbändern (Dicke etwa 3 µm) mit rechteckiger Hystereseschleife liegen in der gleichen Größenordnung und überstreichen einen relativ kleinen Bereich von etwa 0,3 bis 1 Oe · µs. Mit einer Überschußfeldstärke von 1 Oe ergeben diese Werkstoffe daher Schaltzeiten von 0,3 bis 1 µs. Mit ansteigender Ummagnetisierungsfeldstärke H_m zeigen die Ferrite jedoch meist zwei aufeinander folgende sprunghafte Verkleinerungen des Schaltkonstanten auf Werte von 0,1 Oe · µs und darunter [62]. Diese Erscheinung wird damit erklärt, daß unter der Wirkung stärkerer, genügend rasch ansteigender Feldimpulse die Ummagnetisierung durch Wandverschiebung übergeht in eine solche durch eine schneller ablaufende Rotation des gesamten Remanenzflusses, wobei in einer ersten Stufe die Flußdrehung zunächst inkohärent erfolgt, d.h. mit Phasenverschiebungen zwischen einzelnen Teilbereichen des Kerns. Die Geschwindigkeit der Rotation wird durch die Eigenfrequenz und die Dämpfung der Präzessionsbewegung bestimmt, die die Gesamtheit der Spins um die neue Feldrichtung ausführt [63]. Sie nimmt, wie die Geschwindigkeit der Wandverschiebung, mit der Eigenfrequenz der Präzession und daher mit dem Schaltfeld zu und hat für eine kritische Präzessionsdämpfung ein Minimum [63, 64]. Für das Problem, wie die kohärente Flußrotation in Ringkernen ablaufen kann, ohne von starken entmagnetisierenden Feldern gehemmt zu werden, wurde in [65] ein Modell vorgeschlagen.

Bei sehr dünnen metallischen Schichten (Dicke etwa $<0,1$ µm) mit einachsiger Anisotropie tritt unter bestimmten Voraussetzungen eine sehr reine Flußrotation auf, die noch wesentlich schneller abläuft als die oben besprochene Flußdrehung bei Ferritkernen [62, 66 bis 70]. Solche Schichten bilden, falls ihre Flächenausdehnung im Verhältnis zur Dicke nicht zu klein ist, nach Sättigung in Vorzugsrichtung einen einzigen magnetischen Elementarbereich, da die spontane Bildung von kleineren Bereichen mit Zwischenwänden energetisch ungünstig ist [71]. Die hohe Geschwindigkeit der Flußrotation beruht darauf, daß die Präzessionsbewegung des sich um 180° drehenden Spins unter der Wirkung eines sehr starken entmagnetisierenden Feldes H_e abläuft, das vom Spin schon bei einer geringen Neigung zur Schichtfläche erzeugt wird und die Eigenfrequenz der Präzession $f_r = \gamma \cdot H_e$ weit über denjenigen Wert erhöht, der dem angelegten Schaltfeld H_m allein zukommen würde [72]. Da die Präzession zudem aperiodisch gedämpft ist, ergibt sich eine Ummagnetisierungszeit von nur wenigen Nanosekunden. Bei dickeren Schichten (0,5 bis 1,0 µm) erfolgt die Flußrotation wesentlich langsamer, nämlich in etwa 20 bis 50 ns. Dies ist als Folge einer Inkohärenz zu deuten, die durch Ungleichmäßigkeiten und durch Inhomogenität des Schaltfeldes in der Schicht zustande kommt.

Die Flußumkehr dünner Speicherschichten durch Rotation wird nach Abschnitt 2.3.2.2 durch Koinzidenz zweier gekreuzter Felder H_x (in Richtung der Vorzugsachse) und H_y (in der dazu senkrechten, „schweren" Richtung) bewirkt. Voraussetzung ist jedoch, daß

$$H_x^{3/2} + H_y^{3/2} > H_k^{3/2} \quad \text{mit} \quad H_k \approx H_c.$$

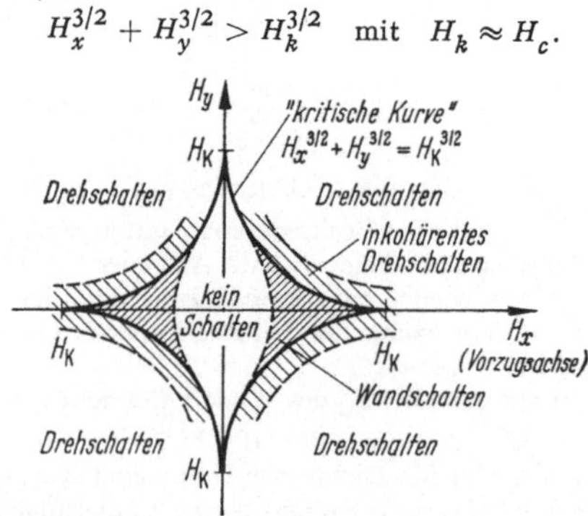

Abb. 2.3-9. Theoretische kritische Kurve und reale Schaltbereiche einachsig anisotroper Speicherschichten.

Liegt die Spitze des Feldvektors $(\boldsymbol{H}_x + \boldsymbol{H}_y)$ *innerhalb* der astroidenförmigen „kritischen" Kurve, Abb.2.3-9 [66, 67], so finden nur reversible Drehungen um die beiden Gleichgewichtslagen statt. Durch Anlegen des Feldimpulses H_y allein erfolgt eine elastatische Drehung der Magnetisierung aus ihren beiden möglichen Gleichgewichtslagen heraus, wodurch diese zerstörungsfrei unterschieden werden können. In der Praxis liegen allerdings zwischen dem Innen- und dem Außenraum der kritischen Kurve Feldzonen mit langsamem Wandschalten und inkohärentem Drehschalten, insbesondere in der Nähe der leichten Achse [73, 74]. Die Ursache hierfür liegt in einer Unvollkommenheit der magnetischen Anisotropie im Sinne einer mehr oder weniger starken mikroskopischen Welligkeit um die mittlere Vorzugsrichtung. Diese Anisotropiewinkelstreuung (anisotropy ripple) ist durch Gitter-, Gefüge- und Oberflächenstörungen der Schicht verursacht. Im Speicherbetrieb muß man daher mit dem Summenfeldvektor genügend weit außerhalb der kritischen Kurve bleiben. Trotzdem kann es noch zu einer Zerstörung der Eindomänenstruktur und damit der eingespeicherten Information durch Bildung und Verschiebung von Blochwänden kommen, weil häufig nur die Teilfelder H_y und $\pm H_x$ wirksam sind. Erstere können bei Annäherung an H_k zu einer Domänenaufspaltung (als Folge der Anisotropiedispersion) und damit zu Informationszerstörungen führen. Die H_x-Teilfelder können an den Grenzen der Speicherelemente zur schrittweisen Einwanderung von Blochwänden führen (Wandkriechen, creeping), weil dort Ummagnetisierungskeime und Blochwände nicht völlig vermeidbar und zudem dem H_y-Streufeld des benachbarten Speicherelements ausgesetzt sind [75]. In langjährigen umfangreichen Forschungs- und Entwicklungsarbeiten hat man die störenden physikalischen Unvollkommenheiten der dünnen magnetischen Speicherschichten durchleuchtet. Da das umfangreiche Schrifttum (etwa 2000 Titel) in diesem Rahmen auch nicht annähernd angeführt werden kann, sei auf das zusammenfassende Buch [76] und die Bibliographien [77, 78] verwiesen. Alle Bemühungen, den absolut unzulässigen Informationsabbau in ebenen dünnen Schichten zu unterbinden, z.B. durch Übereinanderlagern mehrerer verschiedener Schichten, durch besondere geometrische Strukturen („Mosaik"-Schichten, „Stufen"-Schichten) oder durch Eindämmung der Streufelder mit weichmagnetischen Keeperfolien, haben nicht zu technisch und wirtschaftlich voll befriedigenden Lösungen geführt. Erfolgreicher war der Übergang zu zylindrischen, auf Drähten niedergeschlagenen Schichten („Magnetdrähte"), s. Abschnitt 2.3.2.2), bei denen der Speicherfluß in Ruhestellung völlig geschlossen und daher gegen Störfelder stabiler ist und eine größere Schichtdicke zuläßt.

2.3.3.2 Werkstoffe und Technologien

Metalle. Unter der großen Zahl magnetischer Metalle sind für die Nachrichtenverarbeitung fast nur die kubisch flächenzentrierten Nickel-Eisen-Legierungen mit etwa 50% bis 80% Ni von praktischer Bedeutung. Durch Zusammensetzung, Zusätze und technologische Maßnahmen sind sie in ihren Eigenschaften stark wandelbar und stellen neben den bekannten höchstpermeablen Übertragerkernen sowohl Werkstoffe mit rechteckiger Hystereseschleife für Schaltkerne als auch Werkstoffe mit linearer Magnetisierungsschleife für Impulsübertrager. Diese Mannigfaltigkeit ergibt sich aus folgenden Ursachen [79 bis 84]:

1. Starke Variation von Kristallanisotropie und Magnetostriktion, einschließlich Nulldurchgängen, mit dem Nickelgehalt.

2. Herstellbarkeit einer uniaxialen Anisotropie durch Magnetfeldtemperung unterhalb des Curiepunktes oder durch galvanische Abscheidung oder Aufdampfung unter der Wirkung eines Magnetfeldes.

3. Herstellbarkeit einer geordneten Atomverteilung (Ni_3Fe) durch Wärmebehandlung oberhalb des Curiepunktes.

4. Herstellbarkeit günstiger kristallographischer Texturen durch eine kombinierte Walz- und Glühbehandlung (Rekristallisationstexturen).

So kann man aus Nickel-Eisen-Legierungen mit 60% bis 65% Ni oder mit 75% bis 80% Ni und kleinen Molybdänzusätzen Bandringkerne mit unterschiedlicher uniaxialer Anisotropie herstellen. Durch Tempern in einem in Bandrichtung liegenden Magnetfeld erhält man Schaltkerne mit rechteckförmiger Hystereseschleife, durch Tempern in einem magnetischen Querfeld Bandringkerne mit linearer Magnetisierungsschleife für Impulsübertrager [85]. Bei den hochnickelhaltigen Legierungen kann man aber auch eine spontane, isotrope Rechteckschleife durch Ausbildung eines atomaren Ordnungszustandes mit erhöhter (negativer) Kristallanisotropie erzielen, indem man oberhalb des Curiepunktes ohne Magnetfeld glüht.

Nickel-Eisen-Legierungen mit etwa 50% Ni erhalten durch starkes Kaltwalzen (>95%) und Rekristallisationsglühung bei hoher Temperatur eine Würfeltextur, bei der das Band einen Quasieinkristall mit einer Würfelfläche in der Bandebene und einer Würfelkante in der Bandrichtung darstellt. Da die Würfelkante magnetische Vorzugsrichtung ist, haben Ringkerne aus solchen Bändern eine rechteckförmige Hystereseschleife.

Für Schaltkerne und Impulsübertrager werden die Bänder bis zu einer Dicke von 3 μm herab gewalzt, so daß die Wirbelstromverluste gegenüber den Spinrelaxationsverlusten bereits vernachlässigbar sind [86, 87], und zu Ringkernen bis zu einem Durchmesser von 2 mm herab gewickelt [88, 89].

Für schnelle Speicherelemente scheidet man 0,1 bis 1,0 μm dicke Nickel-Eisen-Schichten mit etwa 79 bis 81% Ni unter der Wirkung eines in Schichtfläche liegenden Magnetfeldes auf einem geeigneten unmagnetischen Substrat ab, wobei sich eine uniaxiale Anisotropie in Feldrichtung ausbildet. Bei den sehr dünnen, ebenen Speicherschichten geschieht dies meist durch Vakuumaufdampfung [68, 70, 90], ist jedoch auch elektrolytisch möglich [91 bis 95]. Die technisch jetzt vorwiegend interessierenden zylindrischen Speicherschichten werden auf einem gleichstromdurchflossenen Trägerdraht galvanisch niedergeschlagen, wobei sich die magnetische Vorzugsachse parallel zum Drahtumfang einstellt [96]. Die Herstellung eines solchen „Magnetdrahtes" beinhaltet viele technologische Feinheiten, die für die praktische Brauchbarkeit entscheidend sind [94, 7, 8, 35, 97, 98]. So muß z.B. die Legierung sehr genau auf derjenigen Zusammensetzung konstant gehalten werden, bei der die Empfindlichkeit der magnetischen Eigenschaften gegen mechanische Verspannungen des Drahtes im Matrixverband besonders klein ist [99, 100]. Ferner spielen die Parameter der galvanischen Abscheidung und die Oberflächenbeschaffenheit des Trägerdrahtes für die Speichereigenschaften der Schicht (H_k und Anisotropiedispersion) eine große Rolle [101, 102, 103].

Ferrite [104, 51, 5]. Die Entdeckung von Ferriten mit rechteckförmiger Hystereseschleife [105] und ihre Weiterentwicklung hat die Speichertechnik stark beschleunigt. Entscheidend war hierbei vor allem der im Vergleich zu den Metallen um viele Größenordnungen höhere spezifische Widerstand der Ferrite, der eine Verzögerung des Ummagnetisierungsvorgangs durch Wirbelströme völlig ausschließt. Trotz langjähriger intensiver Bemühungen um zahlreiche neue Speicherkonzeptionen hat der Ferritkernspeicher seine überragende praktische Bedeutung bis heute behalten [106, 107].

Unter dem Sammelbegriff „Ferrite" versteht man heute eine mannigfaltige Gruppe von oxidkeramischen magnetischen Werkstoffen verschiedener kristallographischer Strukturen (Spinelle, Granate, hexagonale Strukturen), die chemische Verbindungen des Eisenoxids Fe_2O_3 mit einem oder mehreren Oxiden meist zweiwertiger Metalle sind. Die in der Nachrichtenverarbeitung eingesetzten Ferrite mit linearer oder rechteckförmiger Hystereseschleife gehören zu der für die gesamte Nachrichtentechnik wichtigen Gruppe der Spinellferrite mit der chemischen Grundformel

$$MeO \cdot Fe_2O_3.$$

Hierbei bedeutet Me eines oder eine Kombination von mehreren der zweiwertigen Metalle Mg, Mn, Fe^{2+}, Co, Ni, Cu, Zn oder aber die Kombination eines einwertigen und eines dreiwertigen Metalls, z.B. ($Li^{1+}_{0,5} \cdot Fe^{3+}_{0,5}$). Die Zusammensetzung technisch wichtiger Ferrite weicht häufig von der Stöchiometrie der Grundformel ab, d.h. vom Molverhältnis Me^{2+}/Fe^{3+}.

Der Kristallaufbau der Spinellferrite ist durch ein kubisch flächenzentriertes Sauerstoffgitter gekennzeichnet, dessen oktaeder- und tetraederförmige Zwischenräume teilweise mit Metallionen besetzt sind (16 von 32 Oktaederplätzen und 8 von 64 Tetraederplätzen in der Elementarzelle $8 \times MeO \cdot Fe_2O_3$). Bei den praktisch wichtigsten Spinellferriten sitzen die zweiwertigen Metallionen alle oder zum größten Teil auf Oktaederplätzen, während die Fe^{3+}-Ionen auf die noch verfügbaren Oktaeder- und Tetraederplätze verteilt sind (s. Abb.2.3-10). Die Sättigungsinduktion der Ferrite ist wesentlich kleiner als sich aus der Spinsumme der beteiligten Metallionen

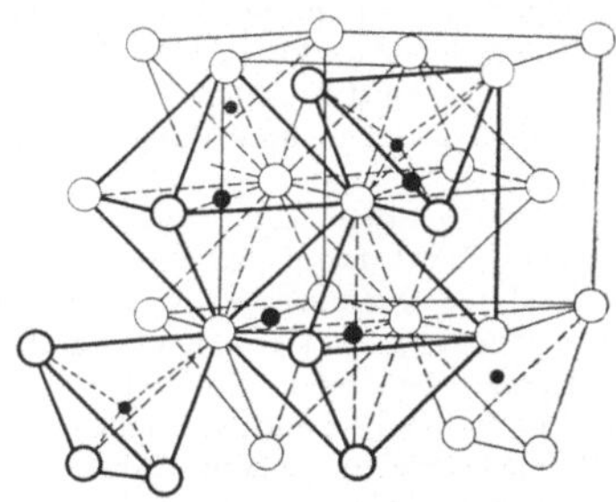

Abb. 2.3-10. Ausschnitt der Elementarzelle des Spinells mit den Unterstrukturen Oktaeder und Tetraeder. ○ Sauerstoffionen, ● Metallionen auf Oktaederplätzen, • Metallionen auf Tetraederplätzen.

(unter Berücksichtigung der Verdünnung durch die unmagnetischen Sauerstoffionen) berechnen würde. Der Grund liegt darin, daß im gesättigten Zustand nicht die Gesamtheit aller freien Spins parallel gerichtet ist wie bei den Metallen, sondern daß die auf Tetraeder- und Oktaederplätzen sitzenden Metallionen eine antiparallele Spinlage einnehmen, so daß nur die Differenz ihrer magnetischen Momente nach außen wirksam ist („Ferrimagnetismus" [108]).

Die Ferrite werden durch eine als Sinterung bezeichnete Festkörperreaktion der zum Kern zusammengepreßten Metalloxide bei $1100-1500\,°C$ hergestellt. Der Herstellungsprozeß entspricht daher weitgehend der üblichen keramischen Technik. Von besonderer Wichtigkeit sind hierbei die Parameter der Sinterung: Temperatur, Dauer, Abkühlgeschwindigkeit und Atmosphäre, letztere insbesondere bei Gehalt an Mn- und Fe^{2+}-Ionen, deren Wertigkeit vom angebotenen Sauerstoffpartialdruck und von der Temperatur abhängt.

Für *Impulsübertrager* haben sich hochpermeable Mangan-Zink-Ferro-Ferrite

$$[Mn_{1-x-y} \cdot Zn_x \cdot Fe_y]\, O \cdot Fe_2O_3$$

(mit z.B. $x = 0,40$ bis $0,50$, $y = 0,12$ bis $0,03$) wegen ihrer verhältnismäßig niedrigen Remanenzinduktion (15 bis 25% der Sättigungsinduktion) als besonders günstig erwiesen [109, 110, 111]. Die Sättigungsinduktion liegt mit 3,5 bis 4 kG zwar wesentlich unter der der Eisen-Nickel-Ringkerne aus sehr dünnen Bändern, jedoch sind Ferritkerne preislich vorteilhafter. — Ähnlich den im Querfeld getemperten Eisen-Nickel-Bandringkernen für Impulsübertrager kann man auch anisotrope Ferrite mit einer linearen Magnetisierungsschleife herstellen, indem man kobalthaltige $MnZnFe^{2+}$- oder $NiZnFe^{2+}$-Ferritkerne in einem magnetischen Querfeld tempert [112]. Jedoch haben sich diese Werkstoffe nicht in die Praxis eingeführt.

Für *Speicher- und Schaltkerne* lassen sich im wesentlichen drei Gruppen von Ferriten unterscheiden:

1. Mangan-Magnesium-Ferrite

$$[(Mn_{1-x} \cdot Mg_x)\, O]_y \cdot [Fe_2O_3]_{1-y}$$

mit z. B. $x = 0{,}60$ und $y = 0{,}58$. Sie waren die ersten und lange Zeit wichtigsten Ferrite für Speicherzwecke [113]. Da sie aber wegen ihrer starken Temperaturabhängigkeit u. U. eine Thermostatierung des Speichers oder eine temperaturabhängige Regelung der Betriebsströme erfordern, haben sie ihre Bedeutung für Speicherzwecke verloren. Durch Zusatz von ZnO, z. B. auf Kosten von MgO, läßt sich die Koerzitivkraft und damit der Schaltstrom vermindern. Solche Ferrite eignen sich dann für Schaltkerne. — Mangan-Kupfer-Ferrite zeigen ähnliche Eigenschaften wie Mangan-Magnesium-Ferrite [114, 115].

2. Lithium- und Lithium-Nickel-Ferrite [116, 117]

$$[(Li^{1+}_{0,5} \cdot Fe^{3+}_{0,5})_{1-x} \cdot Ni_x] \, O \cdot Fe_2O_3$$

werden heute überwiegend für Speicherkerne eingesetzt. Infolge ihrer hohen Curietemperatur ist die Temperaturabhängigkeit ihrer Hystereseschleife so klein, daß besondere Maßnahmen im Speicherbetrieb entbehrlich sind. Zugleich ermöglicht ihre größere Koerzitivfeldstärke eine Verkleinerung der Schaltzeit bei Koinzidenzansteuerung (s. Abschnitt 2.3.3.1).

3. Nickel-Zink-Ferro- und Mangan-Zink-Ferro-Ferrite mit kleinen Kobalt-Zusätzen.
Im Unterschied zu den obigen Ferriten mit isotroper, spontaner Rechteckschleife erhalten diese Werkstoffe ihre Speicherfähigkeit erst durch eine Magnetfeldtemperung der Kerne („induzierte" Rechteckschleife in Richtung der eingeprägten Vorzugsachse) [118, 112, 119]. Schaltzeit und Schaltstrom solcher Kerne sind größer als bei den Kernen der ersten beiden Ferritgruppen. Jedoch bieten sie eine kleinere Temperaturabhängigkeit und eine höhere Sättigungsinduktion (d. h. größere Signale) als die MnMg-Ferrite und werden daher vor allem für Schalt- und Logikoperationen mit höheren Ansprüchen verwendet. — Bei Nickel-Zink-Kobalt-Ferriten mit Eisenunterschuß kann man durch Kadmiumzusätze auch eine spontane Rechteckigkeit der Hystereseschleife erzielen, die für Schaltkerne noch ausreichend ist [120]. Gegenüber den NiZnFeCo-Ferriten haben sie den Vorzug, daß eine Magnetfeldtemperung entbehrlich ist.

2.3.4 Begriffsbestimmungen, Prüfbedingungen und Kenndaten

2.3.4.1 Lineare Übertragerkerne. Begriffsbestimmungen und zugehörige Kurzzeichen sind aus Abschnitt 2.3.2.1 zu entnehmen. Die Kenndaten für die Werkstoffe umfassen die Impulspermeabilität μ_p für kleine Induktionshübe ΔB, und den maximalen Induktionshub $(\Delta B)_{max}$, für den μ_p auf einen bestimmten Bruchteil (z. B. 70%) abfällt. Wegen der Abhängigkeit der Kenndaten von der Impulsdauer t_d und der Impulsfolgefrequenz f_p müssen die der Prüfung zugrunde liegenden Werte für t_d und f_p angegeben werden. Darüber hinaus sind für den Anwender Kurven für die Abhängigkeiten $\mu_p(\Delta B)$, $\mu_p(t_d)_{\Delta B}$, $\mu_p(f_p)_{\Delta B}$ wünschenswert.

Für Impulsübertrager ergibt sich das größte, sekundär entnehmbare Spannungs-Zeit-Integral pro Windung durch Multiplikation von $(\Delta B)_{max}$ mit dem Kernquerschnitt.

Eine Normung für die Kerne von Impulsübertragern ist erst in Vorbereitung.

2.3.4.2 Ringkerne für Stromkoinzidenzspeicher. Prüfung und Bewertung von Speicherkernen für Stromkoinzidenzspeicher erfordern die Festlegung zahlreicher Begriffe und Kurzzeichen für Stromimpulse und Ausgangssignale, sowie die Festlegung von Prüfbedingungen und Kenndaten. Hierfür kann auf die übereinstimmenden deutschen und internationalen Normen verwiesen werden:

DIN 41284 — Speicherkerne für Stromkoinzidenzspeicher,
IEC-Publikation 281 — Magnetic cores for application in coincident current matrix stores having a nominal selection ratio of 2:1.
Nachfolgend werden daher an Hand der Abb. 2.3-11 bis 2.3-13 und unter Bezug auf Abschnitt 2.3.2.2 nur die wichtigsten dieser Definitionen und Festlegungen behandelt und durch einige praktische Hinweise ergänzt.

Die Prüfung erfolgt mit gleichgroßen, ummagnetisierenden Schreib- und Leseimpulsen $I_w(t)$ und $I_r(t)$ (write pulse, read pulse) von definierter Form (linearer Anstieg, begrenzte Überschwingamplitude, begrenzte „Dachschräge"). Impulsampli

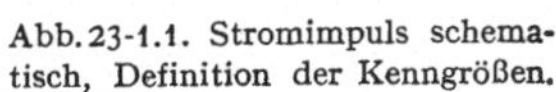

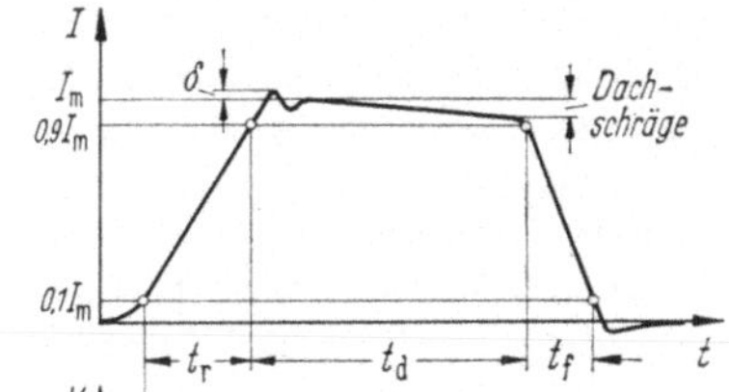

Abb. 23-1.1. Stromimpuls schematisch, Definition der Kenngrößen.

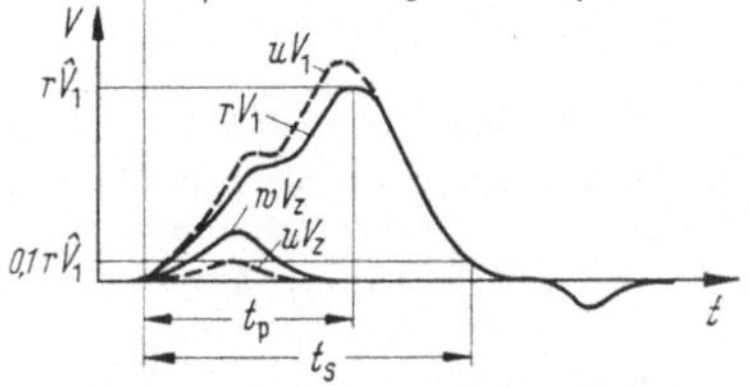

Abb. 2.3-12. Lesesignale eines Speicherringkerns bei Stromkoinzidenzbetrieb (schematisch), Definition der Kenngrößen.

tude $I_w = I_r = I_m$ (pulse amplitude), Impulsdauer t_d (pulse duration) und Anstiegszeit t_r (rise time) richten sich nach Werkstoff und Durchmesser des Speicherkerns und werden in den Herstellerkatalogen angegeben. Die Störbarkeit der eingeschriebenen Informationen wird durch die Auswirkung mehrfach wiederholter Teilschreibimpulse I_{pw} (partial write pulse) und Teilleseimpulse I_{pr} (partial read pulse) auf die ungestörten Ausgangssignale geprüft. Hierbei werden die Teilstromimpulse etwas größer als die Hälfte der Schreib- und Leseimpulse festgesetzt, um die unvermeidlichen Toleranzen der koinzidierenden Teilströme im Speicher zu berücksichtigen. Ihre als Störverhältnis bezeichnete relative Größe $p = I_p/I_m$ (disturb ratio) ist nicht genormt, sondern wird in den Herstellungskatalogen je nach Werkstoffsorte zwischen etwa 55% und 61% des Vollstroms I_m angegeben. Auch die Anzahl n der Störungen ist nicht genormt und wird in den Katalogen unterschiedlich angegeben (z. B. $n = 8$, 20 oder 32).

Außer den ungestörten Ausgangssignalen uV_1 der Informationen „1" (undisturbed voltage ONE) und uV_z der Information „0" (undisturbed voltage ZERO) werden die durch Teilleseimpulse verkleinerte Signalspannung rV_1 (read disturbed voltage ONE) und die durch Teilschreibimpulse vergrößerte Signalspannung wV_z

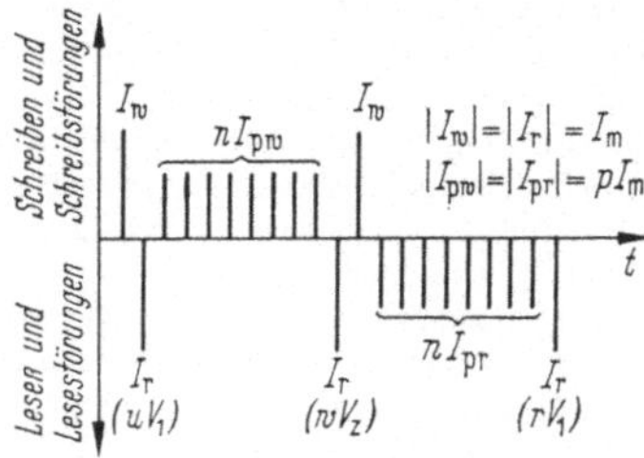

Abb. 2.3-13. Impulsprogramm für die Prüfung von Speicherringkernen für Stromkoinzidenzspeicher.

(write disturbed voltage ZERO) bewertet. rV_1 und der „Störabstand" rV_1/wV_z steigen mit I_m bis zu einem Höchstwert linear an (s. Abschnitt 2.3.5.2). Aus dem zeitlichen Ablauf der Signalspannungen wird die Zeitdauer oder Schaltzeit t_s (switching time) und die Spitzenzeit t_p (peak time) bis zur Erreichung des Spitzenwertes entnommen. In den Herstellerkatalogen werden die Kleinstwerte von rV_1 und die Größtwerte von wV_z für festgelegte Prüfstromimpulse bei den Temperaturen $\vartheta = 25°$ und 60 °C garantiert, sowie Richtwerte oder Größtwerte für t_p und t_s angegeben. Zusätzlich wird die Abhängigkeit der Signalspannungen und Signaldauern von I_m und ϑ, sowie gelegentlich auch von t_r und t_d graphisch dargestellt (siehe Abschnitt 2.3.5.1). Die letztgenannten Abhängigkeiten zeigen, daß beim Speicherbetrieb t_r und t_d im Verhältnis zur Schaltzeit t_s des Kerns nicht zu klein gewählt werden dürfen ($t_r/t_s \geq 1/4$, $t_d/t_s \geq 3$), weil anderenfalls der Störabstand des Kerns stark absinkt.

2.3.4.3 Ringkerne für 2-D- und $(2^1/_2)$-D-Speicher. Bei 2-D- oder wortorganisierten Speichern verhalten sich die koinzidierenden Schreibströme wie $\pm 1:2$, so daß das maximal auftretende Störverhältnis H_p/H_m nur etwa $1/3$ ist (im Vergleich zu $1/2$ beim Stromkoinzidenzspeicher). Die Anforderungen an die Rechteckigkeit der Hystereseschleife sind daher hier geringer. Seitens des Lesevorgangs besteht selbst für hohe Abfrageströme (sehr kurze Schaltzeiten) keine besondere Anforderung an die Rechteckigkeit der Schleife, da jeweils nur ein Wort ausgelesen wird. In den Herstellerkatalogen werden jedoch für den Einsatz der Kerne in wortorganisierten Speichern keine gesonderten Prüfbedingungen und Garantiewerte angegeben. Eine Norm für die Speicherkerne wortorganisierter Speicher ist in Vorbereitung.

Beim Speicher mit $(2^1/_2)$-D-Organisation sind die Anforderungen an die Kerne vergleichbar mit denen beim Stromkoinzidenzspeicher, so daß auch hierfür keine besonderen Prüfbedingungen und Qualitäten angegeben werden.

2.3.4.4 Schaltringkerne. Begriffsbestimmungen, Symbole, Prüfverfahren und Darstellung der Kenndaten stimmen mit denen der Speicherkerne überein. Jedoch werden für Schaltzwecke Werkstoffe mit höherer Remanenz, kleinerer Koerzitivfeldstärke und meist weniger ausgeprägter Rechteckschleife verwendet (Prüfung z. B. mit $p = 0{,}40$).

2.3.4.5 Transfluxoren. Begriffsbestimmungen und Kurzzeichen s. Abschnitt 2.3.2.2; sie sind nicht genormt. Die Prüfbedingungen für Transfluxoren umfassen außer dem Wicklungsschema Festlegungen für die Blockierdurchflutung $I_b \cdot n_b$, die Einstelldurchflutung $I_e \cdot n_e$, den Scheitelwert für die Treiberdurchflutung $I_T \cdot n_r$ und die Treiberfrequenz f_t. Garantiert werden folgende Kenndaten: Mindestspitzenwert der Ausgangsspannung U_A je Windung, Mindestsperrverhältnis $D = U_{Ae}/U_{Ab}$, sowie die „Anstiegsdurchflutung" $I_{es} \cdot n_e$, für die die Ausgangsspannung einen bestimmten Schwellwert s überschreitet. Diese Daten werden ergänzt durch Kurven für die Abhängigkeit der Ausgangsspannung von der Einstell- und der Treiberdurchflutung, sowie von der Temperatur.

2.3.4.6 Dünnschichtspeicherelemente in 2-D-Organisation. Prüfverfahren und Gütekriterien für diese Speicherelemente unterscheiden sich von denen der Speicherringkerne infolge ihrer anderen Funktionsweise und ihrer anderen Magnetkreistopologie (s. Abschnitt 2.3.2.2). Die Speicherelemente sind nicht mehr völlig vereinzelt prüfbar: Die ebenen Dünnschichtelemente können nur im gesamten Matrixverband geprüft werden, die Magnetdrahtspeicherelemente nur im Verband eines Magnetdrahtes, d.h. einem Komplex von z. B. 100 bis 200 magnetisch zusammenhängenden Elementen. Informationsschädigende Störungen können daher nicht nur durch die beiden Ansteuerströme in dem zu prüfenden Element verursacht sein, sondern zusätzlich auch durch seitlich einwirkende Streufelder und -flüsse bei Umschreibung oder Auslesung der benachbarten Speicherelemente. Die Prüfung der

Dünnschichtspeicherelemente muß daher die Störwirkung der Nachbarelemente einschließen. Dies geschieht z.B. durch wiederholtes Einschreiben der entgegengesetzten Information in den Nachbarelementen im Anschluß an das Einschreiben der Information in das zu prüfende Element selbst.

Als Beispiel diene die laufende Prüfung und Beurteilung eines Magnetdrahtes während seiner Herstellung [121, 122]. Abb.2.3-14 zeigt schematisch den Meßkopf mit dem vom Digitstrom I_d durchflossenen Magnetdraht und einem parallelgeschal-

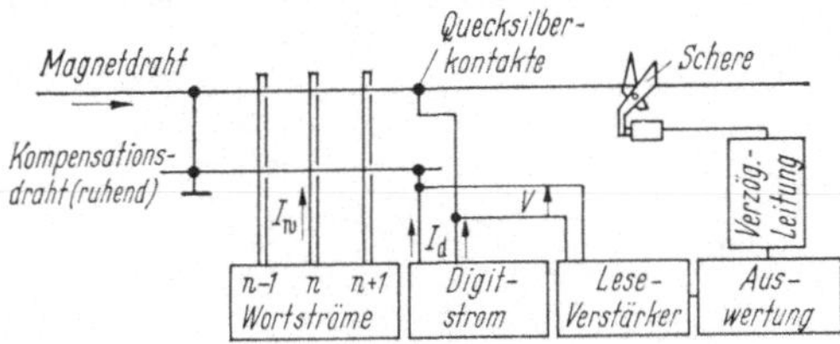

Abb.2.3-14. Anordnung für die laufende Prüfung eines Magnetdrahtes am Ende der Beschichtungsstrecke.

teten Blinddraht (dummy wire) zur Kompensation von Störspannungen. Beide werden an der Stelle des zu prüfenden Elementes n und der beiden Nachbarelemente $(n - 1)$ und $(n + 1)$ von insgesamt drei Wortleitern gekreuzt, deren Abmessungen und Abstände mit denen in der späteren Matrix übereinstimmen oder noch etwas kritischer sind. Bleibt nach Ablauf des Prüfprogramms das Lesesignal unter dem vorgeschriebenen Mindestwert, so kupiert eine Schere am Ende der Beschichtungsstrecke den Magnetdraht, sobald die schlechte Stelle dort erscheint. Bei dicht aufeinanderfolgenden Fehlstellen wird das Ansprechen der Schere durch elektrische Maßnahmen auf einstellbare Intervalle verzögert.

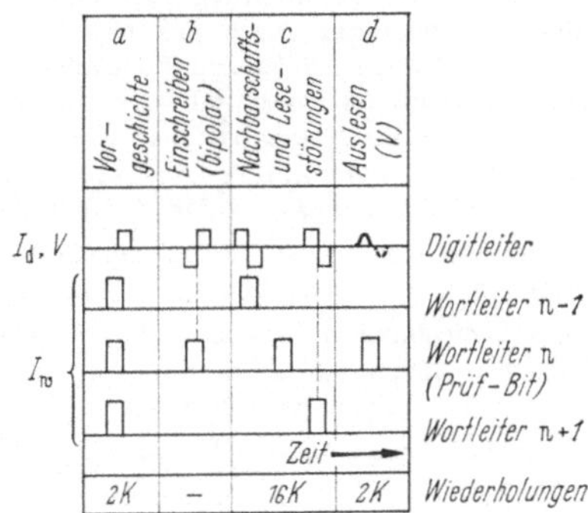

Abb.2.3-15. Impulsprogramm für die laufende Prüfung eines Magnetdrahtes (Teilprogramm für die Prüfung der „1").

Abb.2.3-15 zeigt das Prüfprogramm für die Information „1" mit den Digitimpulsen I_d und den Wortimpulsen I_w der an der Prüfung beteiligten Elemente. Wie beim späteren Speicherbetrieb erfolgt das Einschreiben mit einem bipolaren Digitimpuls, da sich die so eingeschriebene Information als stabiler gegen Nachbarschaftsstörungen erweist. Das Störprogramm (Abschnitt c) beinhaltet außer häufig wiederholten Schreib- und Lesestörungen im zu prüfenden Element n auch noch zahlreiche Schreibvorgänge in den Nachbarelementen, die die Information im Element

n abzubauen trachten. Diesem Teilprogramm folgt anschließend noch das analoge Teilprogramm für die Prüfung der Information „0" mit entgegengesetzt polarisierten Digitimpulsen. Das gesamte Prüfprogramm wird mit einer solchen Folgefrequenz wiederholt, daß der Magnetdraht auf die Länge einer Speicherstelle mehrmals geprüft wird.

Abbildung 2.3-16 zeigt den charakteristischen Verlauf des Lesesignals V eines so geprüften Magnetdrahtes in Abhängigkeit vom Digistrom mit dem Wortstrom als Parameter. Die Meßkurven hängen außer von der Speicherschicht auch vom

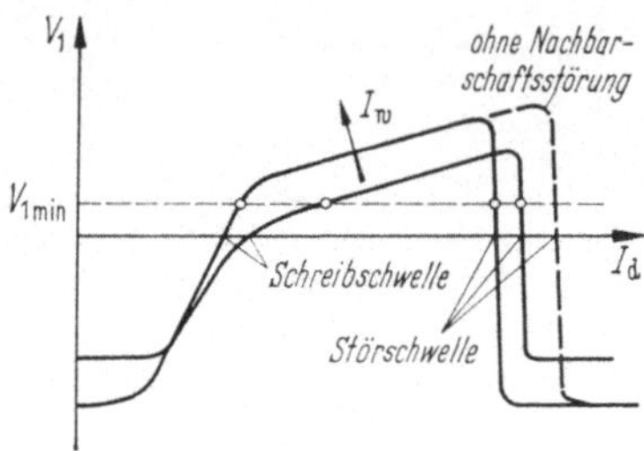

Abb. 2.3-16. Lesesignal eines Magnetdrahtes als Funktion der Ansteuerströme (schematisch).

Durchmesser des Magnetdrahtes und von den Abmessungen und Abständen der Wortleiter ab. Bei zwei Werten des Digitstromes durchläuft das Lesesignal den Wert „0". Unterhalb der „Schreibschwelle", die man mit Rücksicht auf die Ansteuerelektronik so niedrig als möglich wünscht, reicht der Digitstrom, in Kombination mit dem Wortstrom, noch nicht zum Drehschalten des Speicherflusses aus. Lage und Steilheit der Schreibschwelle hängen von der Anisotropiekonstanten und der Anisotropiedispersion der Schicht ab. Die obere „Störschwelle", die möglichst hoch liegen soll, ist vorwiegend auf Keimbildung und Wandverschiebungen infolge Überschreitens der Koerzitivfeldstärke durch das Digitfeld des Störprogramms zurückzuführen, zusätzlich aber auch auf Informationsabbau durch Wandkriechen unter der Wirkung der gegenläufigen Einschreibungen in den Nachbarelementen (s. Abschnitt 2.3.3.1). Die Stärke dieser Nachbarschaftsstörung hängt vom Abstand der benachbarten Elemente des Magnetdrahtes (Abstand benachbarter Wortleiter) ab. Das zwischen den beiden Nulldurchgängen der $V(I_d)$-Kurven liegende Plateau, definiert durch Überschreitung der garantierten Mindestlesespannung, ergibt den für I_d zur Verfügung stehenden Arbeitsbereich. Im praktischen Matrixbetrieb wird dieser Bereich noch durch mechanische, magnetische und elektrische Toleranzen, sowie durch Toleranzen im zeitlichen Ablauf des Impulsprogramms eingeengt. Die $V(I_d)$-Kurven lassen auch eine Winkelabweichung der magnetischen Vorzugsrichtung von der Sollrichtung (skew) als eine zum Koordinatensystem unsymmetrische

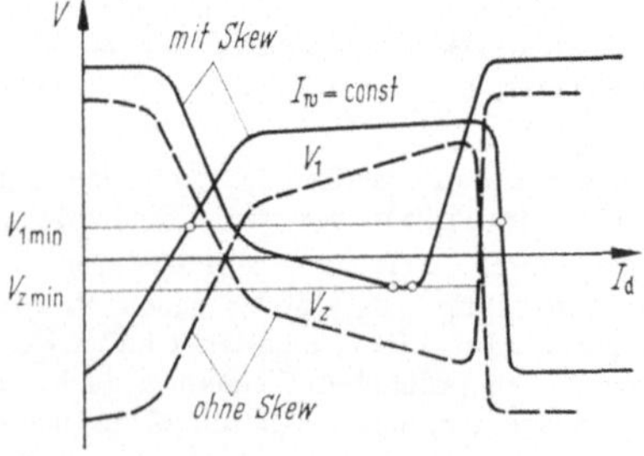

Abb. 2.3-17. Lesesignal in Abhängigkeit vom Digitstrom eines mit einem „skew" behafteten Magnetdrahtes (schematisch).

Verschiebung der Kurve für die beiden Signale „1" und „0" erkennen (Abb. 2.3-17). Diese Empfindlichkeit der Meßkurven $V(I_d)$ gegen einen Skew kann auch zur Beurteilung einer unerwünschten Magnetostriktion der Schicht herangezogen werden. Hierzu unterwirft man den Magnetdraht einer elastischen Torsion und beobachtet die damit korrelierten Kurvenänderungen. Solche Effekte, die zu unsymmetrischen Veränderungen der beiden Lesesignale führen, müssen im Hinblick auf unvermeidliche Verspannungen des Magnetdrahtes im Verband der Speichermatrix mit Hilfe der Legierungszusammensetzung minimisiert werden. — Durch einen von *H. S. Belson* [123] angegebenen und von *R. Girard* und Mitarbeitern [124] abgewandelten Test kann man die Qualität des Magnetdrahtes einfacher und schneller (oszillographisch) erfassen, wenn auch etwas indirekter als mit dem obigen Verfahren.

2.3.5 Kenndaten handelsüblicher magnetischer Bauelemente

Die nachfolgenden Kenndaten für magnetische Werkstoffe und Bauelemente sind auf charakteristische Beispiele für die verschiedenen Einsatzgebiete und für den gegenwärtigen Stand der Technik beschränkt. Eine Normung von Typen mit bestimmten Eigenschaftswerten besteht nicht. Weitergehende Informationen können aus Herstellerkatalogen entnommen werden.

2.3.5.1 Kerne für lineare Übertrager

1. Ferritkerne [19, 20]. Abb. 2.3-18 zeigt für drei Ferritsorten mit unterschiedlicher Anfangspermeabilität μ_i die Impulspermeabilität μ_p in Abhängigkeit vom Induktionshub ΔB. Man erkennt, daß μ_p für kleine Werte von ΔB nur wenig von μ_i abweicht.

Abbildung 2.3-19 und 2.3-20 zeigen die Abhängigkeit der Impulspermeabilität von Impulsdauer t_d und Impulsfolgefrequenz f_p; sie nimmt mit Anfangspermeabilität und Induktionshub zu.

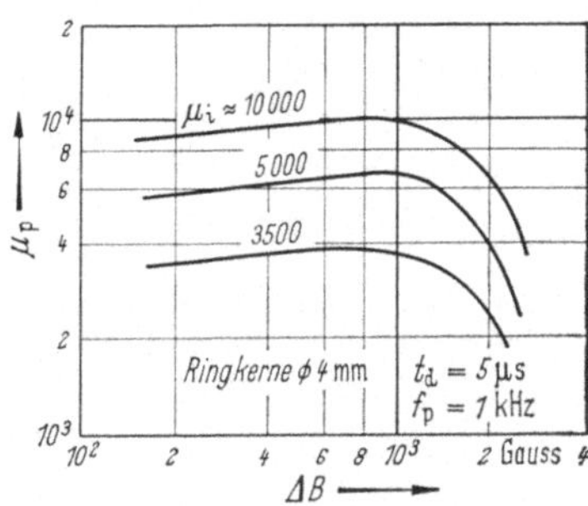

Abb. 2.3-18. Impulspermeabilität von MnZn-Ferrit-Ringkernen in Abhängigkeit vom Induktionshub.

2. Bandringkerne. Abb. 2.3-21 zeigt die Impulspermeabilität zweier in einem magnetischen Querfeld getemperter Eisen-Nickel-Bandringkerne sehr kleiner Banddicke mit unterschiedlicher Zusammensetzung und Anfangspermeabilität in Abhängigkeit vom Induktionshub und für bestimmte Impulsdauern t_d, [88a, 89]. Über die Auslegung und die Eigenschaften eines Übertragers für Kurzzeitimpulse mit einem „Zwergkern" aus solchen Bändern (siehe [85]).

2.3.5.2 Speicherringkerne. Tabelle 2.3-1 gibt charakteristische Beispiele für die Kenndaten kleiner Speicherkerne auf Lithiumferrit-Basis mit einem Arbeitstemperaturbereich von etwa 0 °C bis 70 °C.

In Speichern mit $(2^1/_2)$-D-Organisation ermöglichen sie Zykluszeiten bis zu etwa 500 ns herab. Abb.2.3-22 und 2.3-23 zeigen am Beispiel des 0,5-mm-Kerns aus Tab.2.3-1 die Abhängigkeiten der Kenndaten solcher Kerne vom Arbeitsstrom I_m bei 25 °C und von der Temperatur ϑ beim Nennstrom.

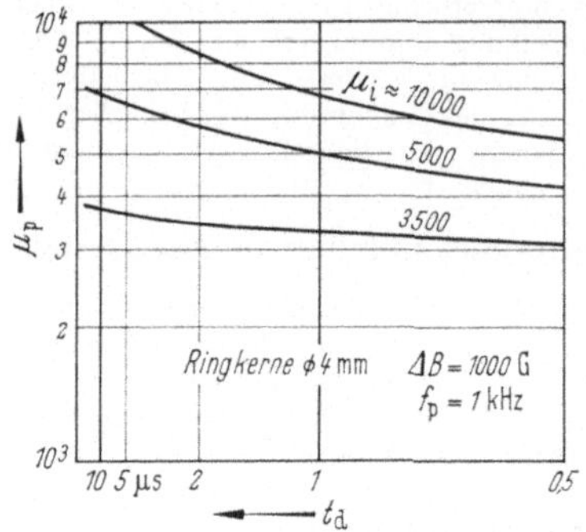

Abb.2.3-19. Impulspermeabilität von MnZn-Ferrit-Ringkernen in Abhängigkeit von der Impulsdauer.

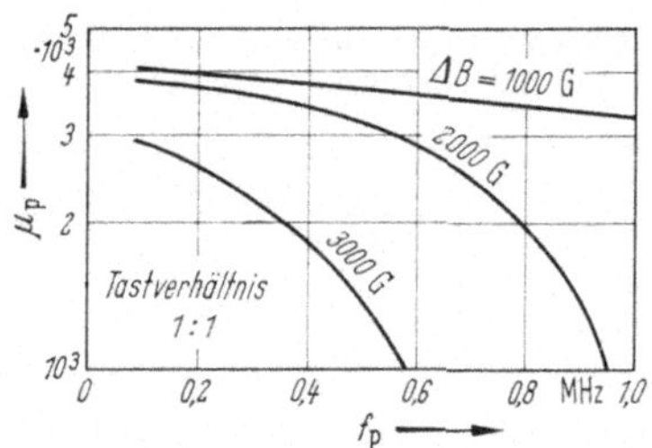

Abb.2.3-20. Impulspermeabilität eines hochpermeablen MnZn-Ferrit-Ringkerns in Abhängigkeit von der Impulsfrequenz für verschiedene Induktionshübe.

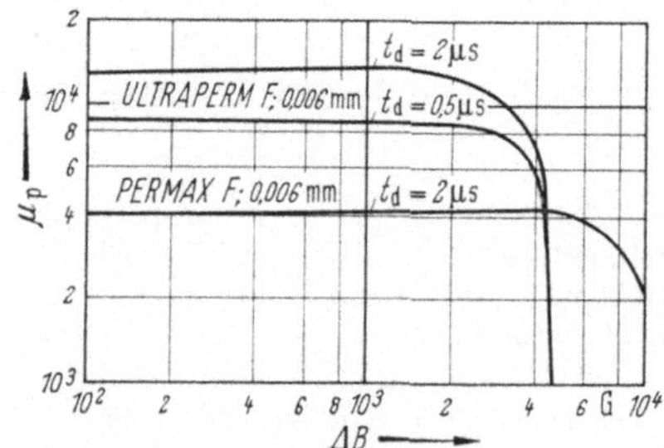

Abb.2.3-21. Impulspermeabilität von Bandringkernen aus Eisen-Nickel-Legierungen für Impulsübertrager in Abhängigkeit vom Induktionshub für verschiedene Impulsdauern [85, 88a].

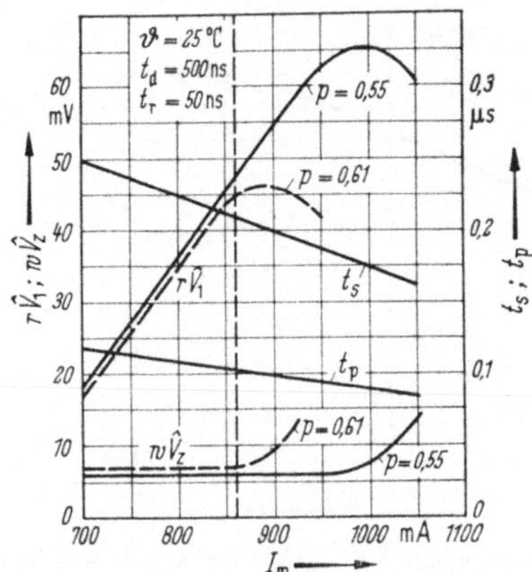

Abb. 2.3-22. Kenndaten des 0,5-mm-Speicherkerns aus Tab. 2.3-1 in Abhängigkeit vom Arbeitsstrom.

Tabelle 2.3-1. Kenndaten schnell schaltender, temperaturstabiler Speicherringkerne mit 0,3 mm und 0,5 mm Durchmesser

	0,30 mm	0,51 mm
Außendurchmesser	0,30 mm	0,51 mm
Innendurchmesser	0,20 mm	0,33 mm
Höhe	0,08 mm	0,11 mm
Werkstoffdaten		
H_c (für $H_m \approx 1,4\,H_c$)	8,0 A/cm	4,8 A/cm
B_{rm} (für $H_m \approx 1,4\,H_c$)	1500 G	1600 G
S_w	0,39 Oe · µs	0,45 Oe · µs
Curie-Temperatur	620 °C	600 °C
Betriebswerte ($\vartheta = 25\,°C$)		
$I_w = I_r = I_m$	860 mA	860 mA
t_d	300 ns	500 ns
t_r	25 ns	50 ns
rV_1	30 mV	47 mV
mV_z	6 mV	7 mV
t_p	50 ns	100 ns
t_s	100 ns	200 ns
Prüfbedingungen für Garantiewerte		
ϑ	25 °C	25 °C und 60 °C
$I_w = I_r = I_m$	860 mA	820 mA
$I_{pw} = I_{pr} = I_p$	475 mA	480 mA
p	0,55	0,58
t_d	300 ns	500 ns
t_r	25 ns	50 ns
Garantiewerte	Richtwerte	
rV_1	30 mV	$\geq$33 mV
wV_z	6 mV	$\leq$9 mV
t_p	50 ns	
t_s	100 ns	$\leq$180 ns

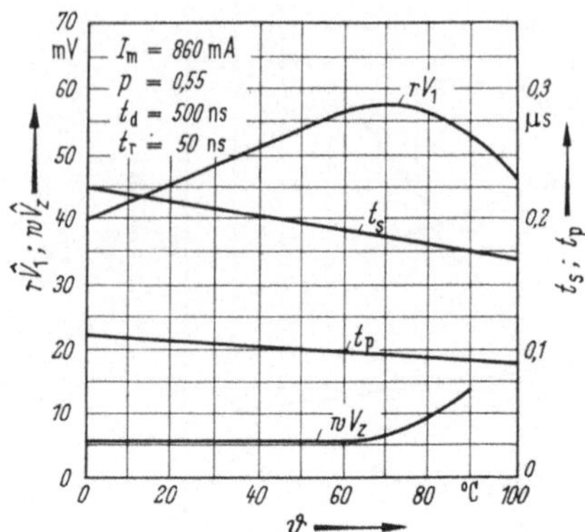

Abb. 2.3-23. Kenndaten des 0,5-mm-Speicherkerns aus Tab. 2.3-1 in Abhängigkeit von der Temperatur.

2.3.5.3 Schaltkerne

1. Ferrit-Schaltkerne. Tab. 2.3-2 charakterisiert Schaltkerne mit 4 mm Durchmesser aus zwei verschiedenen Ferritsorten.

Typ A repräsentiert einen Kern aus MnMgZn-Ferrit mit kleinem Strombedarf bei verhältnismäßig großer Temperaturabhängigkeit, Typ B einen magnetfeld-

Tabelle 2.3-2. Kenndaten von Schaltkernen aus Ferriten
unterschiedlicher Temperaturabhängigkeit
(Außendurchmesser 4,0 mm, Innendurchmesser 2,7 mm, Höhe 1,5 mm)

	A	B
Werkstoffdaten		
H_c (für $H_m \approx 2\,H_c$)	0,13 A/cm	0,32 A/cm
B_{sm} (für $H_m \approx 2\,H_c$)	2400 G	3000 G
B_{rm} (für $H_m \approx 2\,H_c$)	2300 G	2800 G
S_w	1,0 Oe · µs	1,1 Oe · µs
Curie-Temperatur	160 °C	370 °C
Prüfbedingungen		
ϑ	25 °C	25 °C
I_m ($H_m \approx 1{,}6\,H_c$)	220 mA	540 mA
I_p ($p = 0{,}4$)	88 mA	270 mA
t_d	20 µs	10 µs
t_r	0,5 µs	0,5 µs
Garantiewerte		
uV_1	$\geq$65 mV	$\geq$280 mV
wV_z	$\leq$30 mV	$\leq$70 mV
t_s	10 µs	3,5 µs
Temperaturabhängigkeit		
$\Delta V_1/V_1\,\Delta\vartheta$	1,9 %/°C	0,39 %/°C
$\Delta t_s/t_s\,\Delta\vartheta$	−1,2 %/°C	−0,35 %/°C

getemperten Ferritkern mit höherem Strombedarf aber kleiner Temperaturabhängigkeit, größerer Signalspannung und kürzerer Schaltzeit. Die Daten der Tabelle sind leicht auf andere Kernabmessungen umrechenbar.

2. Metallische Schaltkerne. Tab.2.3-3 gibt als Beispiel die Kenndaten eines sogenannten Zwergkerns von 2 mm Durchmesser aus einem Nickel-Eisenband von 6 µm Dicke mit rechteckförmiger Hystereseschleife.

Gegenüber Ferritschaltkernen zeichnen sich solche Kerne durch einen kleineren Schaltstrom und eine hohe thermische Stabilität aus.

Tabelle 2.3-3. Kenndaten eines Schaltkerns mit 0,006 mm Banddicke und etwa 2 mm Durchmesser (Werkstoff „Ultraperm Z", s. [89])

Werkstoffdaten		
H_c	0,03 A/cm	
B_s	8000 G	
B_r	7370 G	
S_w	0,5 Oe · µs	
Curie-Temperatur	410°C	
Meßbedingungen		
ϑ	25°C	
I_w	74 mA	$(t_d = 30\ \mu s)$
$I_{pw}\ (p = 0,50)$	37 mA	$(t_d = 40\ \mu s)$
I_r	500 mA	$(t_d =\ \ 8\ \mu s)$
t_r (alle Ströme)	0,5 µs	
Meßwerte		
uV_1	160 mV	
mV_z	20 mV	
t_{sw}	13 µs	
t_{sr}	1 µs	

Tabelle 2.3-4. Kenndaten eines Dreiloch-Transfluxors mit großem Sperrverhältnis

Form und Abmessungen	Form wie in Abb. 2.3-7	
	Außendurchmesser	8,3 mm
	Durchmesser große Öffnung	5,0 mm
	Durchmesser kleine Öffnung	1,2 mm
	Dicke	2,0 mm
Wickelschema	wie in Abb. 2.3-7	
Prüfbedingungen		
ϑ	25°C	
$I_b \cdot n_b$	2 A	
$I_e \cdot n_e$	1 A	
$\hat{I}_T \cdot n_T\ (f_T = 30\ \text{kHz})$	0,6 A	
Garantiewerte		
$\hat{U}_{Ae}/n_A$	$\geq$280 mV	
$D = \hat{U}_{Ae}/\hat{U}_{Ab}$	$\geq$140	
$I_e\ (60\ \text{mV}) \cdot n_e$	0,6 A $\pm$ 15%	

2.3.5.4 Transfluxorkerne. Tab. 2.3-4, sowie Abb. 2.3-24 und Abb. 2.3-25 charakterisieren einen Ferrit-Dreiloch-Transfluxor mit großem Sperrverhältnis.

2.3.5.5 Magnetdraht für 2-D-Speicher. Nachfolgende Kenndaten eines Magnetdrahtes, in Verbindung mit der Geometrie des Wortleitersystems, sind charakteristisch für den gegenwärtigen Stand der Magnetdrahtspeichertechnik [122, 125, 126]. Meßschaltung und Prüfprogramm sind aus Abschnitt 2.3.4.6, Abb. 2.3-14 und 2.3-15 zu entnehmen. Abb. 2.3-26 zeigt den genaueren Stromzeitverlauf der sich beim Einschreiben überlagernden Wortstrom- und Digitstromimpulse. Abb. 2.3-27 gibt

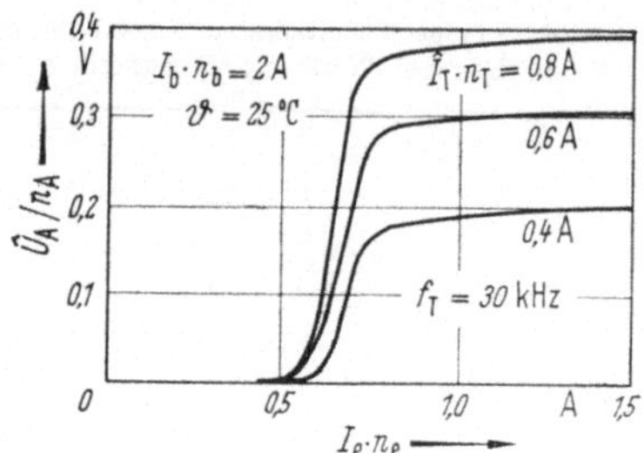

Abb. 2.3-24. Ausgangsspannung des Dreilochtransfluxors aus Tab. 2.3-4 in Abhängigkeit von der Einstelldurchflutung für verschiedene Treiberdurchflutungen.

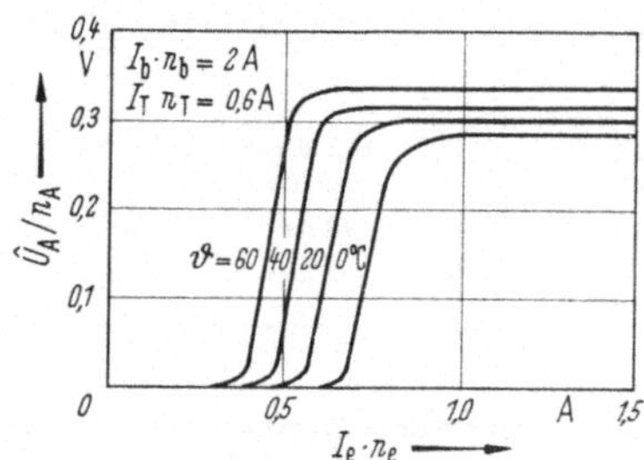

Abb. 2.3-25. Ausgangsspannung des Dreilochtransfluxors aus Tab. 2.3-4 in Abhängigkeit von der Einstelldurchflutung für verschiedene Temperaturen.

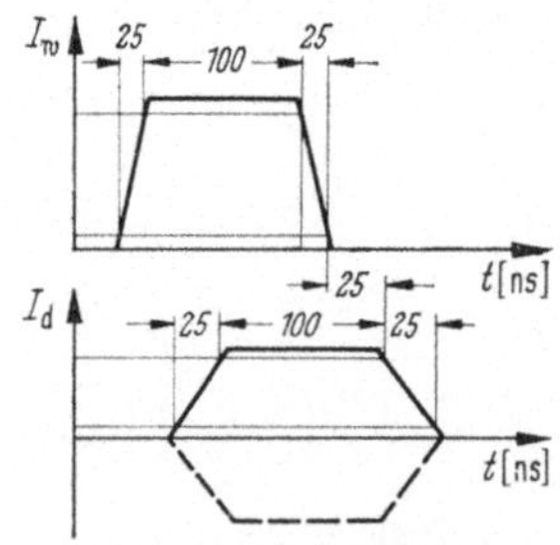

Abb. 2.3-26. Strom-Zeit-Verlauf der Schreibimpulse für die Prüfung eines Magnetdrahtes.

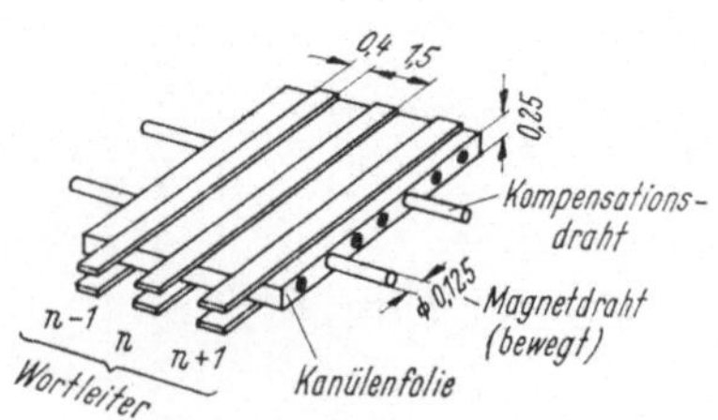

Abb. 2.3-27. Leiteranordnung für die laufende Impulsprüfung eines Magnetdrahtes.

den Meßaufbau mit den Leiterabmessungen und -abständen schematisch an. Für die Arbeitsströme

$$I_d = \pm 40 \text{ mA}, \quad I_w = 900 \text{ mA}$$

wird für das bipolare Lesesignal garantiert

$$V \geq 5 \text{ mV}$$

mit einer Schaltzeit

$$t_s \approx 35 \text{ ns}.$$

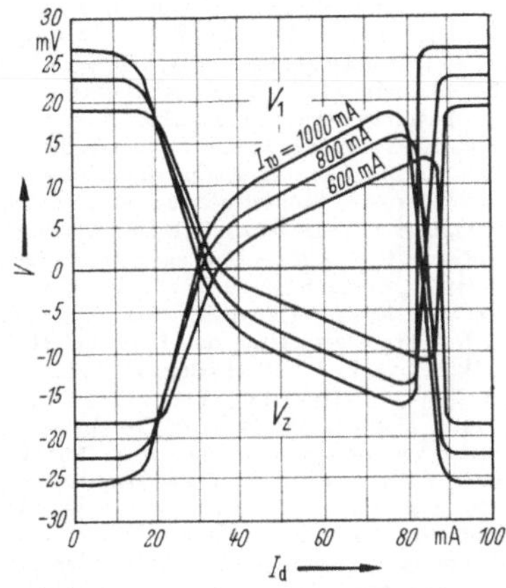

Abb. 2.3-28. Impulsdiagramme $V(I_d)$ eines Magnetdrahtes für verschiedene Wortströme I_w.

Abb. 2.3-28 zeigt das Ausgangssignal in Abhängigkeit von Digitstrom für Wortströme zwischen 600 mA und 1000 mA. Der Verlauf bietet auch unter Berücksichtigung von Herstellungsstreuungen einen genügend breiten Spielraum für die Stromtoleranzen im Matrixbetrieb.

Über Alterungseffekte in Magnetdrähten siehe [127, 128]. Über komplette Magnetdrahtspeicher siehe Abschnitt 4.2, sowie [129, 130].

Literatur

[1] *Schaefer, E.:* Neue Möglichkeiten der Festwertspeicherung. Elektroanzeiger 15 (1962), Nr. 2, S. 65—72. — [2] *Forrester, J. W.:* Digital information storage in three dimensions using magnetic cores. J. Appl. Phys. 22 (1951) 44—48. — [3] *Papian, W. N.:* A coincident-current magnetic memory cell for the storage of digital information. Proc. IRE 40 (1952) 475—478. — [4] *Hilberg, W.:* Flußzähler aus Rechteckferrit-Ringkernen. NTZ 15 (1962) 88—94. — [5] *Heck, C.:* Magnetische Werkstoffe und ihre technische Anwendung, Heidelberg: Hüthig 1967. — [6] *Fedde, G. A.:* Plated wire memories: Univacs bet to replace toroidal ferrite cores. Electronics 40 (1967) H. 10, S. 101—109. — [7] *Fedde, G. A., Chong, C. F.:* Plated wire memory present and future. IEEE Trans. Magnetics Mag-4 (1968) 313—318. — [8] *Brown, D. W., Burkhardt, J. L.:* The computer memory market: An example of the application of technological forecasting in business planning. Computer and Automation, January 1969, 17—26. — [9] *Terry, E. C.:* Plated wire memory men challenge MOS head-on, Electronic News No. 764, May 1970. — [10] *Rajchman, J. A.:* Ferrite apertured plate for random access memory. Proc. IRE 45 (1957) 325—334. — [11] *Schweizerhof, S.:* Topologische und technologische Fragen bei Lochplattenspeichern. Nachrichtentechn. Fachber. 21 (1960) 87—92. — [12] *Shahbender, R., Wentworth, C., Li, K., Hotchkiss, S., Rajchman, J. A.:* Laminated ferrite memory. AFIPS Conf. Proc. 24 (1963) 77—90. — [13] *Robbi, A. D., Tuska, J. W.:* Integrated MOS transistor laminated ferrite memory. IEEE Trans. Mag. Mag-3 (1967) 329—330. — [14] *Bobeck, A. H.:* Properties of cylindrical magnetic domains in orthoferrites. IEEE Trans. Mag. Mag-4 (1968) 450. —[15] *Bobeck, A. H., Fischer, R. F.,*

Perneski, A. J., Remeika, J. P., Uitert, L. G. van: Application of orthoferrites to domain wall devices. IEEE Trans. Mag. Mag-5 (1969) 544—553. — [16] *Perneski, A. J.:* Propagation of cylindrical magnetic domains in orthoferrites. IEEE Trans. Mag. Mag-5 (1969) 554—557. — [17] *Gianola, U. F., Smith, D. H., Thiele, A. A., Uitert, L. G. van:* Material requirements for circular magnetic domain devices. IEEE Trans. Mag. Mag-5 (1969) 558—561. — [18] *Bonyhard, P. I., Danylchuk, I., Kish, D. E., Smith, J. L.:* Applications of bubble devices in digital systems. INTERMAG Conf. 1970, Digests S. 1—3. — [19] *Schmitt, R., Roos, A. J.:* Impulsübertrager mit Ferritkernen. Teil 1: Dimensionierung des Übertragers. Siemens-Bauteile-Inform. 8 (1970) 79—83. — [20] *Schmitt, R.:* Impulsübertrager mit Ferritkernen. Teil 2: Anstiegszeit, Folgefrequenz, Kernerwärmung und Rückschlagspannung. Siemens-Bauteile-Inform. 8 (1970) 114—117. — [21] *Metzdorf, W., Rabl, H.:* Die wesentlichen Eigenschaften von Ferritringkernen mit rechteckiger Hystereseschleife und ihre Wechselbeziehungen. Elektron. Rechenanl. Heft 4 (1963) 168—173 u. Heft 5 (1963) 216—220. — [22] *Chen, T. C., Papoulis, A.:* Terminal properties of magnetic cores. Proc. IRE 46 (1958) 839—849. — [23] *Hilberg, W.:* Toroide aus Rechteckferrit als Schaltelemente. AEÜ 15 (1961) 145—152. — [24] *Newhouse, U. L.:* The utilization of domain wall viscosity in data handling devices. Proc. IRE, Nov. 1957, 1484—1492. — [25] *Shevel, W. L., Gutwin, O. A.:* Partial switching, nondestructive-readout storage systems. Internat. Solid-State Circuits Conf. 1960, Digest of technical papers, S. 62—63. — [26] *Gutwin, O. A., Foglia, H. R., Kiseda, J. R.:* High-speed nondestructive-read memory. Proc. INTERMAG. Conf. 1963, 641—644. — [27] *Wanlass, C. L., Wanlass, S. D.:* Biax high speed magnetic computer element. IRE Wescon Conv. Rec. 1959. — [28] A new magnetic device for memory and logic. Computers and Automation 8 (1959), Nr. 11, S. 9—10. — [29] *Wemper, D.:* Biaxspeicherelement für zerstörungsfreies Lesen. Elektron. Rdsch. 4 (1963) 181—182. — [30] DBP 1268673, Anmeldg. 8.1.1963. — [31] *Nistler, P. J.:* Phenomenological model for the BIAX. IEEE Trans. Mag. Mag-1 (1965) 292—295. — [32] *Long, T. R.:* Electrodeposited memory elements for a nondestructive memory. J. Appl. Phys. 31 (1960) 123—124. — [33] *Maeda, H., Matsushita, A.:* Woven thin film memories. Proc. INTERMAG Conf. 1963, 9—4. — [34] *Danylchuk, I., Perneski, A. J., Sagal, M. W.:* Plated wire magnetic film memories. Proc. INTERMAG Conf. 1964, 5-4-1 bis 5-4-6. — [35] *Mathias, J. S., Fedde, G. A.:* Plated wire technology: A critical review. IEEE Trans. Mag. Mag-5 (1969) 728—751. — [36] *Nelson, H.:* Plated wire main frame memory. Digest of the INTERMAG Conf. 1970, 7.4. — [37] *Agajanian, A. H., Ravi, C. G.:* Flexible ferrite keepers and their application in thin film memories. IEEE Trans. Mag. Mag-3 (1967) 500—502.— [38] *Furuouya, T.:* Plated wire memory with flexible ferrite keeper. IEEE Trans. Magnetics Mag-4 (1968) 375—378. — [39] *Maeda, H., Matsushita, A.:* Woven thin film wire memories. IEEE Trans. Mag. Mag-1 (1965) 13—17. — [40] *Sakai, M.:* Improved woven wire memory array with dummy crosspoints. INTERMAG Conf. 1970, Digest S. 29.5. — [41] *Gianola, U. V., Crowley, T. H.:* The laddic, a magnetic device for performing logic. Bell Syst. Tech. J. 38 (1959) 45—72. — [42] *Rechten, A.:* Das Laddic und seine Verwendung in Überwachungsschaltungen. Frequenz 21 (1967) 186—192. — [43] *Hölken, U.:* Das magnetische Netzwerk mit je zwei möglichen Zuständen seiner Zweige. NTF 21 (1960) 65—68. — [44] *Schmitt, R.:* Anwendungen von Transfluxoren. Siemens-Bauteile-Inform. 4 (1966) 148—152. — [45] *Rajchman, J. A., Lo, A. W.:* The transfluxor-a magnetic gate with stored variable setting. RCA-Rev. 16 (1955) 303—311. — [46] *Rajchman, J. A., Lo, A. W.:* The Transfluxor. Proc. IRE 44 (1956) 321—332. — [47] *Rabl, H.:* Ferrit-Transfluxoren. Aufbau, Wirkungsweise, Konstruktionsbedingungen und Werkstoffe. Siemens-Z. 34 (1960) 385—390. — [48] *Rabl, H.:* Ferrit-Transfluxoren. Kennlinien, Anwendungsbeispiele. Siemens-Z. 34 (1960) 397—401. — [49] *Schmitt, R.:* Wirkungsweise von Transfluxoren. Siemens-Bauteile-Inform. 4 (1966) 120—124. — [50] *Bozorth, R. M.:* Ferromagnetism. New York: Van Nostrand 1951. — [51] *Smit, J., Wijn, H. P. J.:* Ferrite. N. V. Philips' Gloeilampenfabrieken. Eindhoven, deutsche Ausgabe 1962. — [52] *Kneller, F.:* Ferromagnetismus. Berlin, Göttingen, Heidelberg: Springer 1962. — [53] *Néel, L.:* Quelques propriétés des parois des domaines élémentaires ferromagnétiques. Cahiers de Phys. Nr. 25 (1944) 1—20 und C. R. 254 (1962) 2891. — [54] *Gans, R.:* Über das magnetische Verhalten isotroper Ferromagnetika. Ann. Phys. 15 (1932) 28—44. — [55] *Kornetzki, M.:* Die spontane Isopermschleife der MnZn-Ferrite. Z. angew. Phys. 14 (1962) 424. — [56] *Menjuk, N., Goodenough, J. B.:* Magnetic materials for digital computer components. I. A theorie of flux reversal in polycrystalline ferromagnetics. J. appl. Phys. 26 (1955) 8—19. — [57] *Galt, J. K., Andrus, J., Hopper, H. G.:* Motion of domain walls in ferrite crystals. Rev. mod. Phys. 25 (1953) 93—97. — [58] *Galt, J. K.:* Motion of individual domain walls in a nickel-iron-ferrite. Bell Syst. Tech. J. 33 (1954) 1023—1054. — [59] *Bloembergen, N.:* Magnetic resonance in ferrites. Proc. IRE 44 (1956) 1259—1268 (Übersichtsartikel, dort weitere Literatur). — [60] *Goodenough, J. B.:* Theory of domain creation and coercive force in polycrystalline ferromagnetics. Phys. Rev. 95 (1954) 917—932. — [61] *Hilberg, W.:* Ein Beitrag zur Theorie der Ummagnetisierung bei Ferriten. Teil I: Frequenz 18 (1964) 84—96 und Teil II: Frequenz 18 (1964) 186—202. — [62] *Lee Shevel jr., W.:* Millimircosecond switching of ferrite computer elements. J. Appl. Phys. Supplement 30 (1959) 47—48. — [63] *Kichuchi, R.:* On the minimum of magnetization reversal time. J. appl. Phys. 27 (1956) 1352—1358. — [64]

Gyorgy, E. M.: Rotational model of flux reversal in square loop soft ferromagnetics. J. appl. Phys. 29 (1958) 283 u. 1709—1712. — [65] *Shevel, W. L.:* Observations of rotational switching in ferrites. IBM J. Res. and Devel. 3 (1959) 93—95. — [66] *Smith, D. O.:* Static and dynamic behaviour of thin Permalloy-films. J. appl. Phys. 19 (1958) 264—273. — [67] *Proebster, W. E., Methfessel, S., Kinberg, C. O.:* Thin magnetic films. Int. Conf. on Information Processing (ICIP) Paris: UNESCO 1959. — [68] *Blois, jr., M. S.:* Preparation of thin magnetic films and their properties. J. Appl. Phys. 26 (1955) 975—980. — [69] *Dietrich, W., Proebster, W. E.:* Millimicrosecond magnetization reversal in thin magnetic films. J. Appl. Phys. 31 (1960) 281—282. — [70] *Smith, D. O.:* Anisotropy in nickel-iron-films. J. Appl. Phys. 32 (1961) 70—80. — [71] *Kittel, C.:* Physical theory of ferromagnetic domains. Rev. Mod. Phys. 21 (1949) 541—583. — [72] *Feldtkeller, E.:* Eine anschauliche Darstellung der kohärenten Magnetisierungsdrehung in dünnen ferromagnetischen Schichten. Z. angew. Phys. 12 (1960) 249—253. — [73] *Humphrey, F. B., Gyorgy, E. M.:* Flux reversal in soft ferromagnetics. J. Appl. Phys. 30 (1959) 935—939. — [74] *Olson, C. D., Pohm, A. V.:* Flux reversal in NiFe-films. J. Appl. Phys. 29 (1958) 274. — [75] *Middelhoek, S., Wild, S.:* Review of wall creeping in thin magnetic films. IBM J. Res. and Dev. 11 (1967) 93—105. — [76] *Prutton, M.:* Thin Ferromagnetic Films. London: Butterworths 1964. — [77] *Chang, H., Feth, G. C.:* Bibliography of thin magnetic films. IEEE Trans. Com. Electr. 83 (1964) 75, 706—726. — [78] *Chang, H., Lin, Y. S.:* Bibliography of thin magnetic films (1963—1967). IEEE Trans. Mag. Mag-3 (1967) 653—700. — [79] *Bozorth, R. M.:* Ferromagnetism. New York: Van Nostrand 1951. — [80] *Pawlek, F.:* Magnetische Werkstoffe. Berlin, Göttingen, Heidelberg: Springer 1952. — [81] *Pfeiffer, R.:* Probleme der technischen Nickel-Eisen-Legierungen. In: 40 Jahre Vacuumschmelze A.G., Hanau 1923—1963, S. 119. — [82] *Mager, A.:* Grundlagen des ferromagnetischen Verhaltens von Nickel und Nickel-Eisen-Legierungen. Nickel-Berichte 24 (1966), Heft 4, S. 65—78. — [83] *Fahlenbrach, H.:* Der Einfluß von Anisotropien und Atomordnungen auf die Gleichfeld-Hystereseschleifen von Eisen-Nickel-Legierungen mit Nickelgehalten zwischen 50% und 60%. Techn. Mitt. Krupp 25 (1967) 1—10. — [84] *Assmus, F.:* Technische weichmagnetische Werkstoffe auf der Basis Nickel-Eisen. Arch. f. techn. Messen, Lieferg. 393/394 (1968) 227—232. — [85] *Pfeifer, F., Deller, R.:* Neue Werkstoffe für Impulsübertrager. ETZ-A 89 (1968) 601—604. — [86] *Boll, R.:* Wirbelstrom- und Spinrelaxationsverluste in dünnen Metallbändern bei Frequenzen bis zu etwa 1 MHz. Z. angew. Phys. 12 (1960) 212—223. — [87] *Deller, R.:* Hochfrequenz- und Impulseigenschaften dünner weichmagnetischer Bänder. Z. angew. Phys. 14 (1962) 253—256. — [88] *Boll, R., Deller, R.:* Vom Halbzeug zum Bauelement. Siemens-Z. 37 (1963) 509—514. — [88a] *Boll, R., Bretthauer, K.:* Magnetische Bauelemente mit Bandringkernen aus weichmagnetischen Legierungen. Siemens-Z. 44 (1970) 142—150. — [89] Handbuch Weichmagnetische Werkstoffe. Hanau: Vacuumschmelze GmbH 1967. — [90] *Holland, L.:* Vaccuum deposition of thin films. New York: Wiley 1956. — [91] *Wolf, I. W., Katz, H. W., Brain, A. E.:* The fabrication and properties of memory elements using electrodeposited thin magnetic films of 82-18 nickel iron. Proc. 1959 Electronic Components Conf., Philadelphia 6.—8.8.1959, S. 15—20. — [92] *Politicky, A.:* Magnetische Eigenschaften elektrolytisch dargestellter Permalloyschichten mit uniaxialer Anisotropie. Z. angew. Phys. 13 (1961) 465. — [93] *Long, T. R.:* Current status of electroplated soft magnetic films for random access memories. Electrochem. Technol. 4 (1966) 568. — [94] *Girard, R.:* The electrodeposition of thin magnetic permalloy films. J. Appl. Phys. 38 (1967) 1423—1430. — [95] *Bogenschütz, A. F.:* Nickel/Eisen/Antimon- und Nickel/Eisen/Selen-Dünnschichten für Magnetspeicher — Galvanische Abscheidung. Metalloberfläche 23 (1969) 97—100. — [96] *Maier, D. A.:* A five-megacycle DRO thin-film ROD memory. Proc. INTERMAG Conf. 1963, S. 9-4. — [97] *Rössler, B.:* Magnetschichtdrahtspeicher. Entwicklungsber. der Siemens- und Halske-Werke 32 (1969), Sonderheft „Schnelle Speicher", S. 25—29. — [98] *Ransom, L. D., Sallo, J. S.:* Preparation and evaluation of NDRO plated wire. Firmenveröffentlichung der Lockheed Electronics Co., Los Angeles, CA, 5.6.1969. — [99] *Long, T. R.:* Magnetic elastic sensitivity and composition of permalloy films. J. Appl. Phys. 37 (1966) 1470—1471. — [100] *Doyle, W. D.:* Thickness dependence of the composition in electroplated Ni-Fe cylindrical films. J. Appl. Phys. 38 (1967) 1441—1442. — [101] *Sagal, M. W.:* Preparation and properties of electrodeposited cylindrical magnetic films. J. Electrochem. Soc. 112 (1965) 174—176. — [102] *Phillips, R. J. D., Richards, H. D., Stapleton, D. C.:* The influence of substrate topography on switching time of plated wire memory elements. IEEE Trans. Mag. Mag-4 (1968) 345—350. — [103] *Richards, H. D., Humpage, J., Hendy, J. C.:* Topography control of plated wire memory elements. IEEE Trans. Mag. Mag-4 (1968) 351—355. — [104] *Snoek, J. L.:* New developments in ferromagnetic materials. New York, London, Amsterdam, Brüssel: Elsevier 1949. — [105] *Brown, D. R., Albers-Schönberg, E.:* Ferrites speed digital computers. Electronics 26 (1953) 146. — [106] *Bollesen, V. P.:* Core memories today and tomorrow. Digest of the INTERMAG Conf. 1970, S. 7.1. — [107] *Weber, G. H.:* Progress in ferrite core technology. Digest of the INTERMAG Conf. 1970, S. 7.2. — [108] *Néel, L.:* Propriétés magnétiques des ferrites. Ferrimagnétisme et antiferromagnétisme. Ann. Phys. Paris 3 (1948) 137—198. — [109] *Kornetzki, M., Moser, E., Röss, E.:* Mangan-Zink-Ferrite mit spontaner Isopermschleife. Naturwissenschaften 47 (1960) 274. — [110] *Kornetzki, M., Moser, E., Röss, E.:*

Mangan-Zink-Ferrite mit verschiedenartigen Magnetisierungsschleifen. Z. angew. Phys. 13 (1961) 31—36. — [111] *Kornetzki, M.:* Die spontane Isopermschleife der Mangan-Zink-Ferrite. Z. angew. Phys. 14 (1962) 424—427. — [112] *Kornetzki, M., Brackmann, J., Frey, J.:* Ferritkerne mit Perminvarschleife. Siemens-Z. 29 (1955) 434—440. — [113] *Eckert, O.:* Entwicklungsstand auf dem Gebiet der Ferrite mit rechteckförmiger Hystereseschleife. Stemag-Nachr. H. 22 (1958) 626—633. — [114] *Wijn, H. P. J., Gorter, E. W., Esveldt, C. J., Geldermans, P.:* Bedingungen für eine rechteckförmige Hystereseschleife bei Ferriten. Phil. Tech. Rdsch. 16 (1954) 124—134. — [115] *Weisz, R. S., Brown, D. L.:* Square loop properties of copper-manganese ferrites. J. Appl. Phys. 31 (1960) 269—270. — [116] *Wemper, D.:* Speicherkerne mit kleinem Temperaturkoeffizienten. Elektron. Rdsch. 6 (1963) 293—294. — [117] *Schwabe, E. A., Campbell, D. A.:* Influence of grain size on square-loop properties of lithium ferrites. J. Appl. Phys. 34 (1963) 1251—1253. — [118] *Eckert, O.:* Ferrites with constricted loops and thermomagnetic treatment. Proc. Inst. Electr. Eng. (Engl.) Suppl. B 7 to 104 B (1957) 428—432. — [119] *Rabl, H.:* Ferrite mit rechteckförmiger Hystereseschleife für ein weites Betriebstemperaturgebiet. Siemens-Z. 36 (1962) 60—67. — [120] DAS 1696456. — [121] *Lukianow, R.:* Testing continuously plated magnetic wire. IEEE Trans. Mag. (Digest) Mag-4 (1968) 390—391. — [122] *Metzdorf, W.:* Die Eigenschaften von Magnetschichtdraht-Speicherzellen und ihre gegenseitigen Wechselbeziehungen. Entwicklungsber. der Siemens- und Halske-Werke 32 (1969), Sonderheft „Schnelle Speicher", S. 49—56. — [123] *Belson, H. S.:* Measurement of skew, dispersion and creep in plated wires. Proc. INTERMAG Conf. 1963, S. 12-4-1 bis 12-4-5. — [124] *Girard, R., Grunberg, G., Lorang, B., Nicolas, G.:* Plated wire specifications: their relation to plating parameters and influence on store performance. IEEE Trans. Mag. Mag-5 (1969) 501—505. — [125] Lockheed Electronics Comp., Data Products Div.: Preliminary Data Sheet, Plated wire NDRO memory Element 40 J S 21, 1969. — [126] Philips, Electronic Components and Material Div.: Product Note 14 (1970): Series 1000 Standard Plated Wire Memory Stacks and an Evaluation Plated Wire Memory Plane. — [127] *McCallister, J. P., Strobel, S. J.:* Quantitative prediction of aging effects in plated wire. IEEE Trans. Mag. Mag-5 (1969) 495—500. — [128] *Bernhard, E. F.:* Dependence of plated wire memory lifetime on operating conditions. IEEE Trans. Mag. Mag-5 (1969) 516. — [129] *McCallister, J. P., Chong, C. F.:* A 500 ns main computer utilizing plated wire elements. Fall Joint Computer Conf. 1966, AFIPS Proc. 30 (1966) 305—314. — [130] *Waaben, S.:* High speed plated wire memory system. IEEE Trans. EC 16 (1967) 335—343.

3. Digitale Schaltungen, Baugruppen und Wandler

3.1 Digitale Schaltkreise

F. K. Kroos

Formelzeichen

$a, b, c, \ldots, n$	unabhängige binäre Variable (Schaltvariable)
y	Ergebnisvariable, auch für die zugehörige Ausgangsklemme benutzt
e_1, e_2, e_3	Eingänge 1, 2, 3 bzw. die ihnen zugeordneten Variablen
u_1, u_2, u_3	den Eingängen 1, 2, 3 zugeordnete Spannungswerte
a_1, a_2	Ausgangsklemmen bei gegenphasigen Ausgängen
u_e, i_e	Eingangsspannung, Eingangsstrom
u_a, i_a	Ausgangsspannung, Ausgangsstrom
$u_e(0), u_e(1)$	Eingangsspannung im Zustand „0", „1"
U_P, U_N	Positive, negative Betriebsspannung
U_O	Bezugsspannung beim CML-Schaltkreis
u_D	Durchlaßspannung einer Diode
u_B, u_C, u_E	Spannung an Basis, Kollektor, Emitter; bezogen auf Masse
u_{BE}, u_{CE}	Spannung zwischen den Transistorelektroden
i_B, i_C, i_E	Strom durch Basis, Kollektor, Emitter
u_{CEs}	Kollektor-Emitter-Spannung bei Sättigung
U_{ST}	Störsicherheit (zulässige Störspannung)
i_{st}	Störstrom
R_C, R_E	Kollektor-, Emitterwiderstand
R_u, R_o	Arbeitswiderstand bei UND-, bei ODER-Schaltung
N	Lastzahl (fan out)
T	Takt (impuls), Takteingang
Z	Wellenwiderstand einer Verbindungsleitung
Δu	Signalhub $u_a(1) - u_a(0)$ bzw. $u_e(1) - u_e(0)$
$e_1 e_2$	UND-Verknüpfung (Konjunktion) $\Big\}$ von e_1 und e_2
$e_1 + e_2$	ODER-Verknüpfung (Disjunktion)

Digitale Schaltkreise sind elektronische Schaltungen, die Schaltfunktionen digitaler Variabler realisieren. Digitale Variable sind dadurch gekennzeichnet, daß sie nur bestimmte Werte annehmen können. Die praktische Anwendung beschränkt sich fast ausnahmslos auf *binäre* Variable, d.h. auf solche, bei denen nur *zwei* Zustände möglich sind. Diese beiden Zustände werden mit „0" und „1" bezeichnet, wobei jedem dieser beiden Zustände ein bestimmter Spannungs- oder auch Stromwert zugeordnet ist, der von der jeweiligen Schaltkreistechnik abhängig ist. Wegen der nichtidealen Eigenschaften und unvermeidlichen Toleranzen technischer Bauelemente handelt es sich aber nicht um einen diskreten Wert, sondern um einen mehr oder weniger ausgedehnten Bereich. Dabei soll der jeweils positivere Bereich der „1", der jeweils negativere Bereich der „0" zugeordnet werden. Diese Art der Zuordnung zwischen den logischen und den technischen Zuständen wird als positive Logik bezeichnet und soll in diesem Abschnitt ausschließlich verwendet werden.

Ein Schaltkreis erfüllt im allgemeinen zwei Funktionen: *logische Verknüpfung* der Eingangssignale und *Verstärkung bzw. Regeneration* des Verknüpfungsergebnisses. In manchen Fällen sind beide Funktionen nicht voneinander zu trennen. Dagegen können reine Dioden-Schaltungen nur logische Verknüpfungen durchführen und stellen somit unvollständige Schaltkreise dar; spätestens nach zwei oder drei Verknüpfungsstufen muß eine verstärkende Stufe zur Regeneration der Signalpegel nachgeschaltet werden. Trotzdem sollen die Dioden-Schaltungen hier behandelt werden, da sie in besonders übersichtlicher Weise den Zusammenhang zwischen den logischen Funktionen und der technischen Realisierung zeigen. Außerdem bilden Dioden-Schaltungen häufig den Eingangsteil anderer, vollständiger Schaltkreise.

3.1.1 Dioden-Schaltungen

[1 bis 6]

Die Undurchführbarkeit der Negation mit Schaltungen, die nur aus Dioden und Widerständen bestehen, beschränkt die mit Dioden-Schaltungen auszuführenden Booleschen Verknüpfungen auf die UND-Verknüpfung (Konjunktion) und die ODER-Verknüpfung (Disjunktion) und daraus gebildete Kombinationen. Alle anderen Verknüpfungen (NOR, NAND, Inhibition, Implikation, Äquivalenz, Antivalenz) erfordern entweder, daß die Variablen in normaler und negierter Form zur Verfügung stehen, oder nachgeschaltete, negierende Schaltungen.

Einstufige Diodenschaltungen bestehen aus je einer Diode für jede Eingangsvariable und einem gemeinsamen Widerstand, an dem das Ausgangssignal abgenommen wird. Sie können die UND-Funktion oder die ODER-Funktion realisieren.

Ein *UND-Glied* mit drei Eingängen e_1, e_2 und e_3, an denen die Eingangssignalspannungen u_1, u_2 und u_3 anliegen, zeigt Abb. 3.1-1. Für den Widerstand R_u gilt,

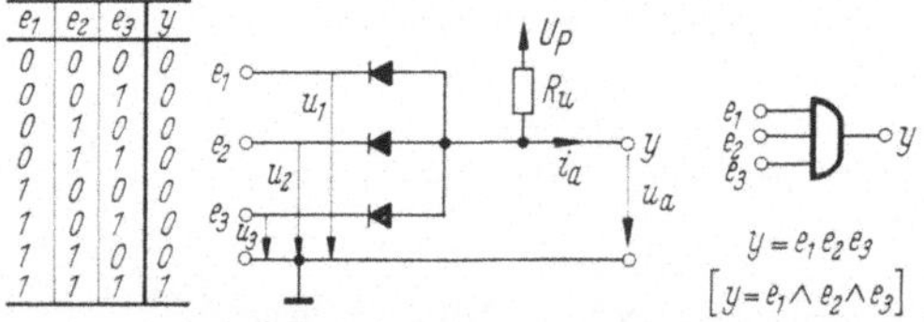

e_1	e_2	e_3	y
0	0	0	0
0	0	1	0
0	1	0	0
0	1	1	0
1	0	0	0
1	0	1	0
1	1	0	0
1	1	1	1

$$y = e_1 e_2 e_3$$

$$[y = e_1 \wedge e_2 \wedge e_3]$$

Abb. 3.1-1. Wertetabelle, Schaltbild und Schaltzeichen nach DIN 40700 Bl. 14 für ein Dioden-UND-Glied. „0" $\approx$ 0 Volt; „1" $\approx U_P$.

daß er groß gegenüber dem Durchlaßwiderstand einer Diode sein muß. Desgleichen sollte die Betriebsspannung U_P groß gegenüber der Durchlaßspannung einer Diode sein.

Unter Voraussetzung einer positiven Betriebsspannung U_P ist die Ausgangsspannung u_a gleich der kleinsten der Eingangsspannungen u_1 bis u_3 zuzüglich einer Diodendurchlaßspannung. Nimmt man für den Zustand „0" Spannungen um null Volt, für den Zustand „1" Spannungen in der Größe von U_P, so erkennt man, daß u_a solange in der Nähe von null Volt bleibt, solange mindestens an einem der Eingänge eine „0" anliegt. Nur wenn alle Eingänge auf „1" liegen, wird auch die Ausgangsspannung u_a den Wert U_P annehmen, also eine „1" zeigen. Dies Verhalten entspricht einer UND-Verknüpfung.

Zu beachten ist, daß die Ausgangsspannung im Zustand „1" um so mehr von dem Wert U_P abweicht, je höher die Belastung des Ausgangs durch die daran angeschlossenen Schaltungen und je höher der Widerstandswert von R_u ist, da der Laststrom i_a von der Betriebsspannung U_P über den Widerstand R_u fließt. Dieser Laststrom, der im ersten Augenblick nach dem Schalten des Ausgangs von „0" auf „1" auch für die kapazitive Belastung des Ausgangs geliefert werden muß, ist bei der Dimensionierung des Schaltkreises zu berücksichtigen. Bei den heute allgemein verwendeten Siliziumdioden, deren Durchlaßwiderstände in der Größenordnung von 10 bis 100 Ω und deren Durchlaßspannungen meistens unter 1 Volt liegen, hat man aber eine große Freizügigkeit in der Dimensionierung.

Es ist aber möglich, durch eine höhere Betriebsspannung U_P, aber unveränderter Spannung für das Einssignal am Eingang den Einfluß des Laststroms zu kompensieren. Gleichzeitig wird dadurch der Signalwechsel am Ausgang von „0" auf „1" beschleunigt.

Beide Methoden, Verkleinerung von R_u oder Anschluß an eine positivere Spannung, erhöhen natürlich die Verlustleistung der Schaltung, was neben der aufwendigeren Stromversorgung entweder eine geringe Packungsdichte, zusätzliche Maßnahmen für die Kühlung oder Bauelemente für einen höheren Temperaturbereich erfordert.

Das *ODER-Glied*, dessen Schaltzeichen, Wertetabelle und Schaltbild in Abb. 3.1-2 dargestellt ist, unterscheidet sich von dem oben beschriebenen UND-Glied durch den umgekehrten Anschluß der Dioden und des Widerstands. Für die Dimensionie-

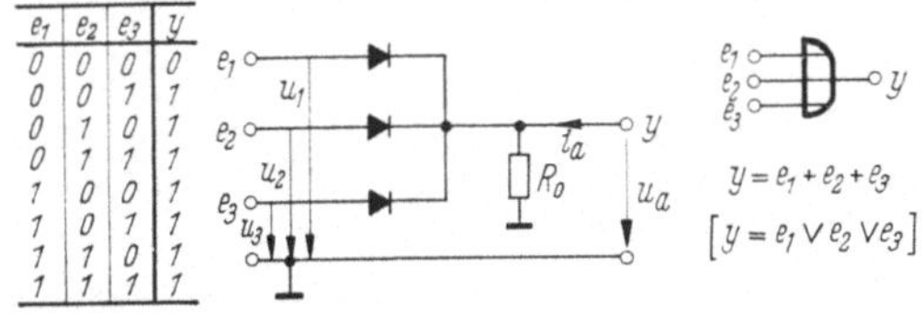

Abb. 3.1-2.

Wertetabelle, Schaltbild und Schaltzeichen für ein ODER-Glied mit drei Eingängen.

rung gilt ebenfalls, daß der Widerstand R_o groß gegenüber dem Durchlaßwiderstand der Dioden sein muß und der Spannungshub am Ausgang, der jetzt nicht durch die Betriebsspannung sondern durch den Einszustand der Eingangssignale bestimmt ist, groß gegenüber der Dioden-Durchlaßspannung.

Wenn an einem der Eingänge eine „1" anliegt, erscheint auch am Ausgang eine „1", deren Spannungswert u_a aber um eine Diodendurchlaßspannung kleiner als die Eingangsspannung ist. Nur wenn alle Eingänge auf „0" (z. B. null Volt) liegen, erscheint auch am Ausgang eine „0". Ein Ansteigen dieser Spannung infolge einer Belastung durch angeschlossene Schaltungen muß bei der Dimensionierung berücksichtigt werden, indem der Widerstandswert von R_o entsprechend verkleinert wird.

Der Einfluß des Laststroms i_a kann aber auch durch Anschluß des Widerstands R_o an eine negative Spannung anstatt an Masse kompensiert werden. Dies kann besonders dann von Vorteil sein, wenn der Ausgang größere kapazitive Lasten (z. B. durch große Leitungslängen und Eingangskapazitäten vieler angeschlossener Schaltkreise) zu treiben hat und man auf kurze Schaltzeiten beim Übergang von „1" auf „0" Wert legt.

Zweistufige Diodenschaltungen bestehen im allgemeinen aus einer Reihenschaltung von UND- und ODER-Schaltungen. Dabei gibt es die zwei Möglichkeiten:

UND-Schaltungen vor ODER-Schaltung, kurz UND-ODER-Schaltung genannt, und ODER-Schaltungen vor UND-Schaltung, eine Anordnung, die als ODER-UND-Schaltung bezeichnet wird.

Eine *UND-ODER-Schaltung* entsteht, wenn die Ausgänge mehrerer UND-Schaltungen mit den Eingängen einer ODER-Schaltung verbunden werden (Abb. 3.1-3). Der Ausgang realisiert dann die Funktion

$$y = e_{11} e_{12} \cdots e_{1n} + e_{21} e_{22} \cdots e_{2n} + \cdots + e_{m1} e_{m2} \cdots e_{mn}.$$

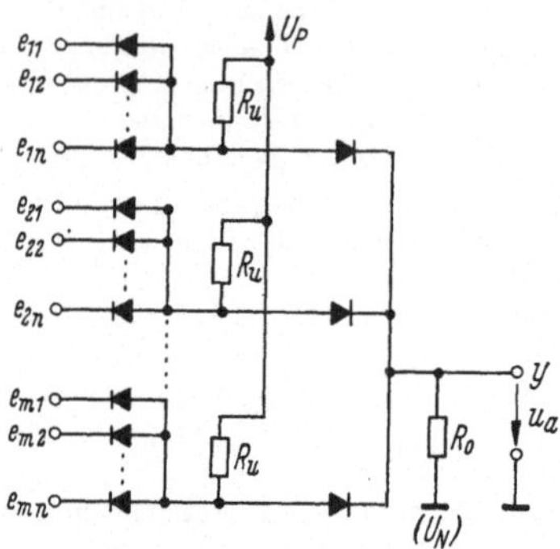

Abb. 3.1-3. Schaltbild eines UND-ODER-Schaltkreises. R_u Arbeitswiderstand der UND-Schaltung, R_0 Arbeitswiderstand der ODER-Schaltung.

Führt man jeder von $m = 2^n$ UND-Schaltungen mit jeweils n Eingängen die gleichen Eingangsvariablen a bis n, und zwar in normaler und negierter Form so zu, daß alle möglichen Kombinationen auftreten, so erhält man:

$$y = ab \cdots n + \bar{a}b \cdots n + a\bar{b} \cdots n + \bar{a}\bar{b} \cdots n + \cdots + \bar{a}\bar{b} \cdots \bar{n}. \qquad (3.1\text{-}1)$$

Dies entspricht der disjunktiven Normalform einer Schaltfunktion. Mit dieser Schaltung kann durch Weglassen einzelner Terme und/oder einzelner Variabler jede beliebige Schaltfunktion realisiert werden, vorausgesetzt, daß die Zahl der Eingänge ausreichend ist und die Eingangsvariablen in normaler und negierter Form vorliegen.

Ein Beispiel stellt die Funktion

$$y_\mathrm{B} = \bar{a}\bar{b}c + \bar{a}b\bar{c} + ab\bar{c} + abc \qquad (3.1\text{-}2)$$

dar, die sich noch durch Zusammenfassung der letzten beiden Terme vereinfachen läßt zu

$$y_\mathrm{B} = \bar{a}\bar{b}c + \bar{a}b\bar{c} + ab \qquad (3.1\text{-}3)$$

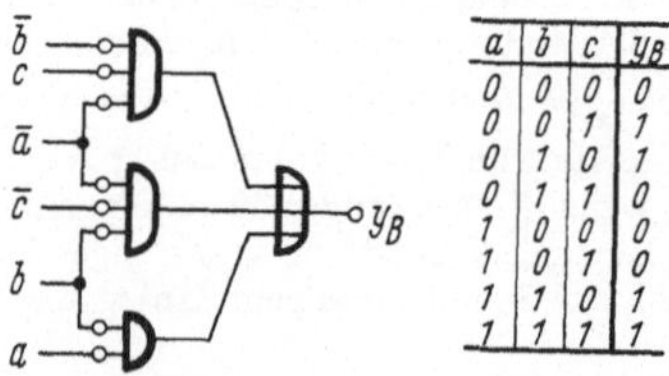

a	b	c	y_B
0	0	0	0
0	0	1	1
0	1	0	1
0	1	1	0
1	0	0	0
1	0	1	0
1	1	0	1
1	1	1	1

Abb. 3.1-4. Schaltsymbol und Wertetabelle der Funktion $y_\mathrm{B} = \bar{a}\bar{b}c + \bar{a}b\bar{c} + ab$.

und deren Realisierung mit einer UND-ODER-Schaltung in Abb. 3.1-4 gezeigt ist.
Prinzipiell wäre auch eine Zusammenfassung der beiden ersten Terme zu $\bar{a}(\bar{b}c + b\bar{c})$
möglich; jedoch ist dann in dieser Form die gesamte Funktion y_B nicht mehr mit
einer zweistufigen Schaltung realisierbar.

Eine *ODER-UND-Schaltung* besteht aus mehreren ODER-Schaltungen, deren
Ausgänge mit den Eingängen einer UND-Schaltung verbunden sind. Liegen an allen
Eingängen unabhängige Variable, so realisiert diese Schaltung die Funktion

$$y = (e_{11} + e_{12} + \cdots + e_{1n}) \cdot (e_{21} + e_{22} + \cdots + e_{2n}) \cdots \cdots (e_{m1} + e_{m2} + \cdots + e_{mn}).$$

Durch Beschränkung auf n Variable in normaler oder negierter Form ergibt sich die
konjunktive Normalform einer Schaltfunktion, mit der ebenfalls jede beliebige
Schaltfunktion realisiert werden kann. Ein Beispiel zeigt Abb. 3.1-5, in dem die gleiche Funktion wie in Gl. (3.1-2) realisiert wird, jetzt aber in konjunktiver Normalform
geschrieben:

$$y_B = (a + b + c) \cdot (a + \bar{b} + \bar{c}) \cdot (\bar{a} + b). \tag{3.1-4}$$

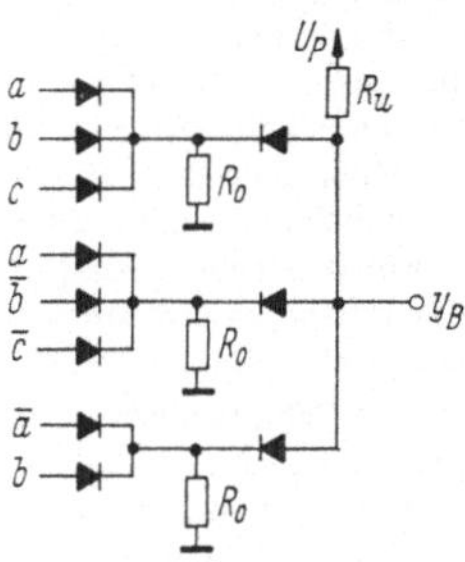

Abb. 3.1-5. Darstellung der Funktion $y_B = (a + b + c) \cdot (a + \bar{b} + \bar{c}) \cdot (\bar{a} + b)$.
Wertetabelle s. Abb. 3.1-4.

Diodenschaltungen mit mehr als zwei Stufen sind in Sonderfällen möglich, jedoch
wird die Dimensionierung wegen der von Stufe zu Stufe ansteigenden Größe der
Arbeitswiderstände immer schwieriger, besonders bei stark belasteten Netzwerken.
Durch Einfügen von Transistoren in Kollektorschaltung (Emitterfolgern) kann dies
Problem in gewissen Grenzen gelöst werden, da der Emitterfolger als Impedanzwandler wirkt. Die Notwendigkeit, nach einigen Verknüpfungsstufen pegelregenerierende
(spannungsverstärkende) Transistorstufen zwischenzuschalten, kann dadurch zwar
hinausgeschoben, aber nicht aufgehoben werden.

3.1.2 Transistor-Schaltkreise

[1 bis 8]

Schaltkreissysteme. In den meisten heutigen Geräten der Nachrichtenverarbeitung werden die Schaltnetze und Schaltwerke mit wenigen Typen von standardi-
sierten Schaltkreisen aufgebaut. Die einander angepaßten Schaltkreistypen, auch als
Module oder (Standard)-Bausteine bezeichnet, bilden zusammen mit den zugehörigen Anwendungsregeln ein sog. Schaltkreissystem (Schaltkreisfamilie, Schaltkreistechnik).

Die Vorteile der Benutzung solcher Schaltkreissysteme sind: Vielseitige Anwend-
barkeit einer Schaltkreisfamilie; kürzere Zeiten bei der Geräteentwicklung durch vor-
gefertigte und erprobte Bausteine ohne die Notwendigkeit, jedesmal eine Toleranz-
rechnung durchführen zu müssen; geringe Typenzahl, aber hohe Fertigungsstück-

zahlen; Übersichtlichkeit der Schaltpläne, daher leichte Erlernbarkeit; vereinfachte Lagerhaltung.

Eigenschaften der Bausteine eines Schaltkreissystems. Innerhalb bestimmter Grenzen, die möglichst unabhängig von der jeweiligen Belastung sind, sollen die Ausgangssignalpegel gleich den Eingangssignalpegeln sein, d.h. es muß eine interne Signalregeneration stattfinden.

Für jeden Schaltkreistyp ist eine bestimmte Belastbarkeit auch unter ungünstigen Toleranzen aller Bauelemente und unter ungünstigen Betriebsbedingungen zu garantieren. Dazu wird eine *Lastzahl* (*fan out*) angegeben, die festlegt, wieviel Eingänge des gleichen Typs oder für das betreffende Schaltkreissystem definierte Einheits-Eingangslasten an einem bestimmten Ausgang angeschlossen werden dürfen. Damit eine ausreichende logische Verzweigung möglich ist, sollte die Lastzahl ≥ 3 sein; praktisch bedeutet das, daß der Ausgangswiderstand, zumindest in einem Signalzustand, klein gegenüber dem Eingangswiderstand ist, die Schaltung also ein verstärkendes Element enthält.

Um genügend flexibel zu sein, muß ein Schaltkreissystem Verknüpfungsglieder mit unterschiedlicher Zahl von Eingängen (*fan in*) enthalten oder die Möglichkeit bieten, durch Vorsatzschaltungen, die an sog. Erweiterungseingängen angeschlossen werden können, die Zahl der Eingänge zu vergrößern.

Schließlich strebt man an, daß alle Glieder des Systems die gleiche Störsicherheit haben, da ohne besondere Schutzmaßnahmen der Schaltkreis mit der kleinsten Störsicherheit für die Sicherheit des gesamten Geräts maßgebend ist. Als *Störsicherheit* (*noise immunity*) ist diejenige Spannung definiert, die (infolge der stets nichtlinearen Eingangs-Ausgangs-Kennlinie) der normalen Eingangsspannung überlagert werden kann, ohne daß das Ausgangssignal seinen zulässigen Bereich verläßt.

Die wichtigsten Bestandteile eines Schaltkreissystems sind Verknüpfungsglieder (auch als Gatter bezeichnet, englisch gate) und bistabile Kippstufen (Flipflops) als speichernde Elemente. Ferner werden Zeitstufen (z.B. monostabile Kippstufen, Taktpulsgeneratoren) und Anpassungsschaltungen (z.B. Eingangssignalformer, Ausgangsverstärker [13]) benötigt, auf die hier aber nicht eingegangen werden kann. Einzelheiten über diese Schaltungen sowie über die meist nur qualitativ behandelte Dimensionierung der hier beschriebenen Schaltkreise finden sich in [2 bis 12].

Alle im folgenden beschriebenen Schaltkreise sind für den Einsatz in Schaltkreissystemen geeignet. Um die Schaltungen besser vergleichen zu können, werden einheitlich NPN-Transistoren verwendet, wie es auch bei den später behandelten integrierten Schaltkreisen ausschließlich der Fall ist. Wegen seiner großen praktischen Bedeutung wird das DTL-NAND-Glied besonders ausführlich beschrieben. Viele der dabei gemachten Bemerkungen gelten sinngemäß aber auch für die übrigen Schaltkreise.

Einteilung der Schaltkreise mit Transistoren. Wie schon im vorigen Abschnitt erwähnt, nimmt bei reinen Diodenschaltkreisen in jeder Stufe die Signalspannung und auch der verfügbare Strom ab, so daß nach zwei, in Sonderfällen auch erst nach drei Stufen eine verstärkende Schaltung erforderlich wird. Als verstärkende Elemente werden überwiegend Transistoren verwendet, die überdies den Vorteil bieten, auch die Negation von Signalen durchführen zu können. Schaltungen, bei denen die Verknüpfung in Dioden- oder auch in Widerstandsnetzwerken ausgeführt wird und der Transistor nur als verstärkendes Element benutzt wird, sind im Abschnitt 3.1.2.1 *Schaltkreise mit passiven Verknüpfungselementen* zu finden.

Durch seine nichtlineare Kennlinie ist der Transistor aber auch in der Lage, selbst eine Diskriminierung zwischen Null- und Einssignal durchzuführen, so daß er gleichzeitig als Verknüpfungs- und Verstärkerelement eingesetzt werden kann. Beispiele hierfür im Abschnitt 3.1.2.2 *Schaltkreise mit aktiven Verknüpfungselementen.*

Schließlich besteht auch unter bestimmten Voraussetzungen die Möglichkeit, in Schaltkreisen, bei denen die Verknüpfung am Eingang mit passiven Bauelementen durchgeführt wird, am Ausgang noch eine zusätzliche Verknüpfung mittels der Verstärkertransistoren vorzunehmen (s. Abschnitt 3.1.2.3 *Ausgangslogik*).

Bei der Wahl der logischen Verknüpfung stehen durch das Vorhandensein von negierenden Elementen prinzipiell alle Möglichkeiten offen. Es ist jedoch zu berücksichtigen, daß jede einstufige Transistorschaltung, die spannungsverstärkend (d. h. pegelregenerierend) wirkt, eine Negation zwischen Eingangs- und Ausgangssignal zur Folge hat. Eine nichtnegierende Verstärkung ist daher nur durch Hintereinanderschaltung zweier negierender Verstärkerstufen möglich. Um Aufwand und Signallaufzeit klein zu halten, wird man jedoch Schaltungen bevorzugen, die nur einen Verstärkertransistor enthalten. Dies ist der Grund dafür, daß die meisten praktisch verwendeten Schaltkreissysteme auf *NAND*- oder *NOR*-Gliedern (UND bzw. ODER mit nachgeschalteter Negation) beruhen. Daneben besteht der Vorteil, daß man mit jeder dieser beiden Verknüpfungen allein alle logischen Funktionen realisieren kann. Die dazu erforderliche Umwandlung der meist in konjunktiver oder disjunktiver Form geschriebenen Schaltfunktionen bzw. der mit UND-, ODER- und NICHT-symbolen ausgeführten logischen Pläne in ein NOR- oder NAND-System bereitet keine großen Schwierigkeiten [14, 15, 16].

3.1.2.1 Schaltkreise mit passiven Verknüpfungselementen. Bei diesen Schaltkreisen werden die Eingangssignale in einem Dioden- oder Widerstandsnetzwerk verknüpft und dann einem nachgeschalteten Transistorverstärker zugeführt· Letzterer besteht im allgemeinen aus einem Transistor in Emitterschaltung und ist so dimensioniert, daß er in dem einen Signalzustand völlig gesperrt und im anderen in die Sättigung gesteuert wird.

Der **DTL-Schaltkreis (Dioden-Transistor-Logikschaltkreis)** ist der am häufigsten verwendete Schaltkreis mit passiven Verknüpfungselementen. Abb. 3.1-6 zeigt ein Beispiel mit einem einstufigen Dioden-UND-Glied im Eingang und einem NPN-

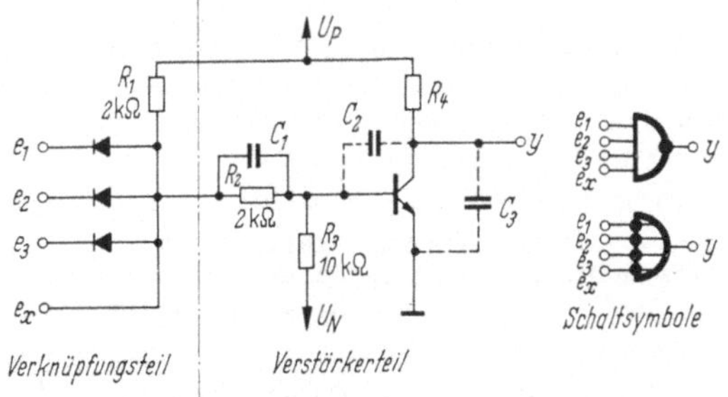

Abb. 3.1-6. DTL-NAND-Glied mit drei Eingängen e_1, e_2 und e_3 und einem Erweiterungseingang e_x zum Anschluß weiterer Dioden. $y = \overline{e_1 e_2 e_3} = \overline{e_1} + \overline{e_2} + \overline{e_3}$.

Transistor als negierenden Verstärker, die zusammen eine NAND-Verknüpfung durchführen. Die Widerstände R_2 und R_3 sorgen für eine ausreichende Sperrung des Transistors auch für den Fall, daß das Nullsignal am Eingang des Verstärkerteils ein oder zwei Diodendurchlaßspannungen über dem Massepotential liegt.

Die Dimensionierung des DTL-NAND-Glieds und anderer Transistorschaltungen wird meist unter der Annahme ungünstigster Bedingungen durchgeführt (worst case design). Dabei werden für alle Bauelemente die jeweils ungünstigsten Werte, die sich durch Berücksichtigung von Herstelltoleranzen, Alterungsvorgängen und Temperaturgang ergeben, und gleichzeitig die ungünstigsten Bedingungen für Betriebsspannung und Belastung eingesetzt. Es ist aber auch möglich, die Schaltkreise auf statistischer Basis zu dimensionieren, vorausgesetzt, daß die statistische Verteilung der Toleranzen bekannt ist. Die Berechnungen sind dann allerdings recht umfangreich und praktisch nur unter Einsatz von elektronischen Rechenanlagen durchzuführen. Dies gilt erst recht, wenn man auch noch das dynamische Verhalten einbeziehen will; allgemeine Schaltungs-Analyseprogramme können dabei recht nützlich sein [9].

Für die *statische Berechnung des DTL-NAND-Glieds von Hand* auf Grund des „worst case design" führt man zweckmäßigerweise verschiedene Vereinfachungen für die Halbleiter-Kennwerte ein:

a) Die Durchlaßspannung der Dioden wird als konstant betrachtet und der Maximalwert u_{D+} aus dem Datenblatt entnommen, wobei der Diodenstrom zunächst geschätzt wird und später eventuell korrigiert werden muß. Für den Minimalwert kann man bei Siliziumdioden 0,3 bis 0,5 V annehmen.

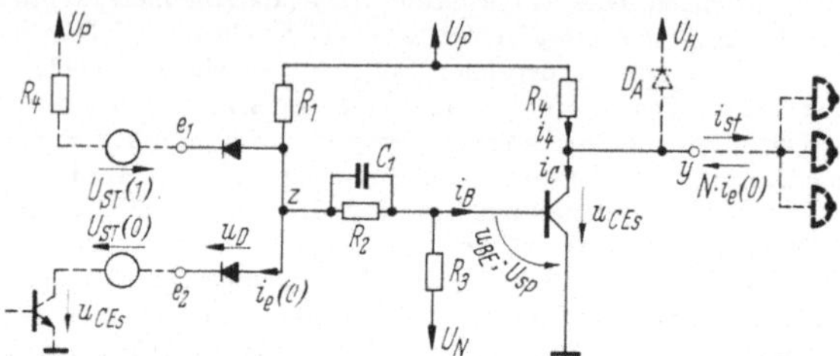

Abb. 3.1-7. Zur Berechnung des DTL-NAND-Glieds; der Eingang e_1 wird von einem Einssignal, der Eingang e_2 von einem Nullsignal führenden DTL-Ausgang angesteuert.

b) Für Siliziumdioden kann der Sperrstrom vernachlässigt werden.

c) Die Basis-Emitter-Spannung des leitenden Transistors wird ebenfalls als konstant angenommen und der aus dem Datenblatt entnommene Maximalwert u_{BE+} eingesetzt.

d) Die Kollektor-Emitter-Spannung u_{CEs} des in Sättigung gesteuerten Transistors ist klein gegen die Betriebsspannung und kann daher als konstant betrachtet werden. Für den Minimalwert u_{CEs-} kann man 0 bis 0,1 V annehmen. Der Maximalwert u_{CEs+} wird für den (zunächst geschätzten) maximal auftretenden Kollektorstrom i_{C+} unter gleichzeitiger Festlegung der minimalen Stromverstärkung B_- aus dem Datenblatt des vorgesehenen Transistortyps entnommen.

e) Für die Basis-Emitter-Spannung, bei der der Transistor noch sicher gesperrt ist, wird ein konstanter Wert U_{sp} angenommen, wobei man bei Siliziumtransistoren mit $U_{sp} = 0$ V rechnen kann.

Unter den obigen Annahmen ergeben sich aus Abb. 3.1-7 die folgenden Gleichungen, die auch den Einfluß des Temperaturgangs enthalten, wenn dieser bei der Festlegung der oberen bzw. unteren Grenzwerte der Bauelemente (durch die Indizes $+$ und $-$ gekennzeichnet) bereits berücksichtigt wurde. Dabei ist N die Lastzahl (fan out) und $U_{ST}(0)$ die zulässige statische Störspannung am Eingang (auch als Störsicherheit bezeichnet) beim Eingangssignal „0"; sie wird im wesentlichen durch den Spannungsteiler R_2/R_3 bestimmt, Gl. (3.1-8).

$$i_{C+} = N \cdot i_{e+}(0) + \frac{U_{P+} - u_{CEs-}}{R_{4-}} \qquad (3.1\text{-}5)$$

$$i_{B-} = \frac{U_{P-} - u_{BE+}}{R_{1+} + R_{2+}} - \frac{|U_{N+}| + u_{BE+}}{R_{3-}} \qquad (3.1\text{-}6)$$

$$i_{C+} \leq B_- \cdot i_{B-} \qquad (3.1\text{-}7)$$

$$\frac{u_{CEs+} + U_{ST}(0) + u_{D+}}{1 + R_{2-}/R_{3+}} - \frac{|U_{N-}|}{1 + R_{3+}/R_{2-}} = U_{sp} \qquad (3.1\text{-}8)$$

$$i_{e+}(0) = \frac{U_{P+} - u_{CEs-} - u_{D-}}{R_{1-}} - \frac{|U_{N-}| + u_{CEs-} + u_{D-}}{R_{2+} + R_{3+}}. \qquad (3.1\text{-}9)$$

Für die statische Funktion des NAND-Glieds ist der Kollektorwiderstand R_4 nicht erforderlich. Praktisch kann man jedoch R_4 nicht zu groß wählen, weil sonst die am Ausgang liegenden Verdrahtungskapazitäten und die Eingangskapazitäten der angeschlossenen Schaltkreise beim Übergang von „0" auf „1" zu langsam umgeladen werden, so daß das Einssignal erst nach einer längeren Zeit zur Verfügung steht. R_4 wird deshalb auf Grund von Zeitbedingungen vorgegeben. Da die Zahl der Bestimmungsgleichungen kleiner als die Zahl der darin auftretenden Größen ist, muß man weitere Vorgaben machen: neben u_{CEs}, u_{BE}, u_D, B, U_{sp} und den Betriebsspannungen U_P und U_N z. B. einen der drei Widerstandswerte R_1 bis R_3 und eine der beiden Größen N oder $U_{ST}(0)$. Dann kann man Gl. (3.1-5) bis (3.1-9) dazu benutzen, die beiden übrigen Widerstände so zu bestimmen, daß die jeweils nicht vorgegebene Größe N bzw. $U_{ST}(0)$ ein Maximum erreicht.

Die Störsicherheit $U_{ST}(1)$ im Zustand „1" am Eingang ist vom Spannungsteiler R_1/R_2 abhängig; sie hat bei der hier angegebenen Struktur des DTL-Glieds wenig Einfluß auf die Dimensionierung. Sie ergibt sich aus der Bedingung, daß die Spannung im Punkt z der Abb. 3.1-7 durch die Störung gerade noch nicht beeinflußt wird:

$$U_{ST}(1) = \frac{U_{P-} - u_{EB+}}{1 + R_{2+}/R_{1-}} + u_{D-}. \tag{3.1-10}$$

Das *dynamische Verhalten des DTL-NAND-Glieds* wird durch den Kondensator C_1 in Abb. 3.1-6 verbessert, der eine schnellere Umladung des Basisraumes ermöglicht und deshalb fast immer vorgesehen wird. Für Anwendungsfälle, wo eine hohe Geschwindigkeit nicht erforderlich ist, lassen sich durch einen Gegenkopplungskondensator C_2 die Schaltflanken langsamer (und gleichzeitig auch weniger abhängig von der Grenzfrequenz des Transistors und der Belastung) machen, so daß der Schaltkreis auf kurze Störimpulse nicht reagiert. Bei schnellen Schaltkreissystemen kann es erforderlich sein, die Ausgangsimpedanz im Zustand „1" kleiner als den Kollektorwiderstand R_4 zu machen, um Störungen auf der Ausgangsleitung zu reduzieren. Für hohe Frequenzen läßt sich das durch den Kondensator C_3 erreichen. Eine andere Möglichkeit ist das in Abb. 3.1-7 dargestellte *Abfangen der Ausgangsspannung* (*clamping*) im Zustand „1" durch eine Diode D_A, die an eine positive Hilfsspannung $U_H < U_P - u_D$ angeschlossen wird. Solange der Störstrom i_{st} nicht größer als der Strom i_4 wird, bleibt die Ausgangsspannung $u_a(1)$ konstant:

$$u_a(1) = U_H + u_D, \qquad i_4 = \frac{U_P - (U_H + u_D)}{R_4} \geq i_{st}. \tag{3.1-11}$$

Außerdem beschleunigt die Abfangdiode bei kapazitiver Belastung den Signalwechsel von „0" nach „1", da der Verlauf der Ausgangsspannung auf den ersten (steilen) Teil der gegen U_P laufenden Exponentialfunktion begrenzt wird.

Das *DTL-NOR-Glied* ist die zum NAND-Glied duale Ausführung und enthält im Eingang ein Dioden-ODER-Glied (s. Abb. 3.1-8). Beide Schaltungen sehen sehr ähnlich aus, unterscheiden sich jedoch wesentlich in ihrer Wirkung als belastende Elemente. Abgesehen von dem bei Siliziumdioden vernachlässigbaren Sperrstrom, fließt beim NAND-Glied ein Eingangsstrom nur im Zustand „0", der von dem in Sättigung gesteuerten Transistor des treibenden Schaltkreises aufgenommen wird (*current sinking*), so daß dessen Ausgangsspannung praktisch unabhängig von der Belastung ist. Dasselbe gilt auch, wenn ein NOR-Glied andere NAND-Glieder treibt. Werden jedoch NOR-Glieder als belastende Schaltungen verwendet, so muß die ansteuernde Schaltung Strom im Zustand „1" liefern. Dieser Strom verursacht einen mit wachsender Belastung immer größer werdenden Spannungsabfall am Kollektorwiderstand R_4. Um eine hohe Belastbarkeit zu erzielen, muß R_4 klein werden, wodurch aber die Verlustleistung des gesamten Schaltkreises sehr groß wird.

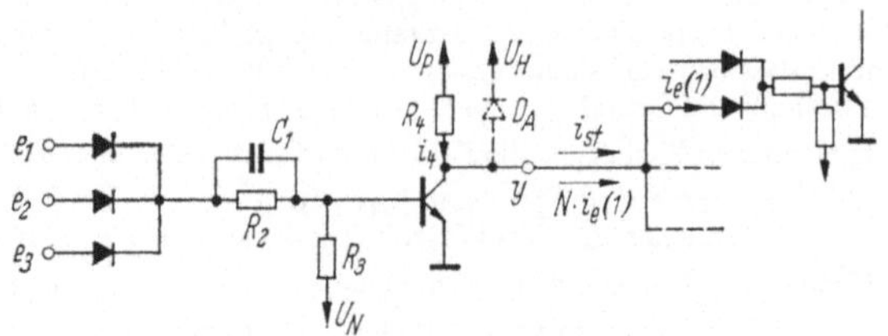

Abb. 3.1-8. DTL-NOR-Glied, belastet mit dem Eingang eines weiteren NOR-Glieds.
$$y = \overline{e_1 + e_2 + e_3} = \overline{e_1}\,\overline{e_2}\,\overline{e_3}.$$

Das Absinken der Ausgangsspannung unter einen vorgegebenen Wert läßt sich durch die an eine Hilfsspannung U_H angeschlossene Abfangdiode D_A vermeiden. Das Problem der größeren Verlustleistung bei steigender Belastung wird aber dadurch nicht gelöst, denn das Abfangen der Ausgangsspannung setzt voraus, daß der Kollektorwiderstand R_4 so klein ist, daß durch ihn und die Diode D_A mindestens der für den maximal vorgesehenen fan out N_{max} erforderliche Strom i_4 zuzüglich des Störstroms i_{st} fließen kann:

$$i_4 = \frac{U_P - (U_H + u_D)}{R_4} \geq N_{max} \cdot i_e(1) + i_{st},$$

wobei $i_e(1)$ der Eingangsstrom eines belastenden Gatters im Zustand „1" ist, vgl. Gl. (3.1-11). Die Verlustleistung P_4 am Kollektorwiderstand R_4 ist dann von dem tatsächlich vorhandenen fan out unabhängig und proportional zu N_{max}; für sie gilt unter den Näherungen $u_{CEs} \ll U_P$ und $i_{st} \ll N_{max} \cdot i_e(1)$:

$$P_4(0) = \frac{U_P^2}{R_4} \geq \frac{N_{max} \cdot i_e(1) \cdot U_P}{1 - \dfrac{U_H + u_D}{U_P}},$$

$$P_4(1) \geq N_{max} \cdot i_e(1) \cdot (U_P - U_H - u_D).$$

Insbesondere beim Aufbau großer Anlagen ist es zu überlegen, ob man nicht auf die NOR-Schaltung gemäß Abb. 3.1-8 (und alle andere Schaltkreistypen, die ihren Eingangsstrom nicht aus dem in Sättigung gesteuerten Transistor sondern aus dem Kollektorwiderstand ziehen) ganz verzichtet. Die Anwendungsregeln für solch ein System werden dann wesentlich einfacher, weil die Ausgangsspannungen in beiden Zuständen in gegebenen Grenzen praktisch unabhängig von der Belastung (fan out) sind und die gesamte Verlustleistung erheblich niedriger bleibt.

Mit einer etwas aufwendigeren Schaltung, wie sie in Abb. 3.1-9 dargestellt ist, läßt sich aber das Problem des Eingangsstroms beim NOR-Glied umgehen. Diese Schaltung besitzt die gleiche Eingangsimpedanz wie das NAND-Glied; sie kann daher ohne besondere Maßnahmen mit diesem gemischt eingesetzt werden.

Spannungsverschiebung mittels Dioden. Der zur Spannungsverschiebung dienende Widerstand R_2 des DTL-Glieds läßt sich auch durch zwei oder drei in Reihe geschaltete Dioden ersetzen, wobei über deren niedrigen Durchlaßwiderstand eine kräftigere Ansteuerung der Basis und somit ein schnelleres Umschalten des

Transistors erfolgt, so daß der Beschleunigungskondensator C_1 im allgemeinen entfallen kann. Ein entsprechendes Beispiel zeigt Abb. 3.1-10; diese Schaltung ermöglicht
ohne Mehraufwand eine zusätzliche ODER-Verknüpfung [17]; sie läßt sich auch aus
Abb. 3.1-9 ableiten, indem man einem Widerstand R_1 mehrere UND-Dioden zuordnet.

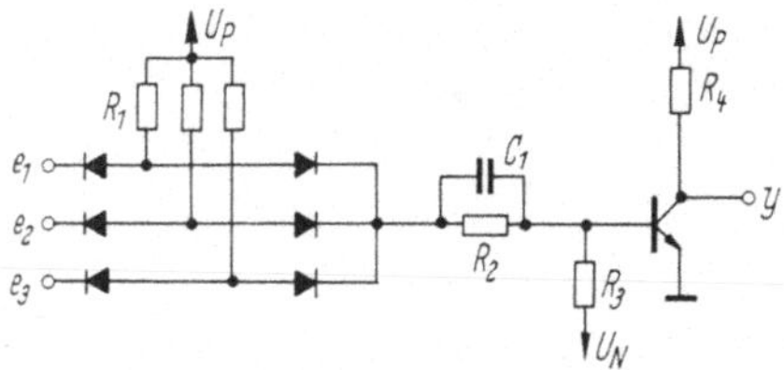

Abb. 3.1-9. DTL-NOR-Glied mit geändertem Verknüpfungsteil: Eingangsimpedanz wie beim
NAND-Glied.

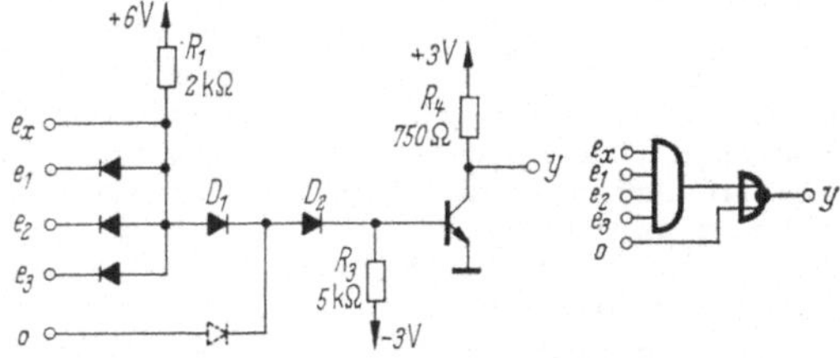

Abb. 3.1-10. Erweiterbares DTL-NAND-Glied mit Dioden D_1, D_2 zur Spannungsverschiebung.
Am ODER-Eingang o sind weitere passive Dioden-UND-Glieder anschließbar; damit ergibt
sich eine UND-NOR-Verknüpfung (UND-ODER-NICHT).

Mehrstufige DTL-Schaltkreise ergeben sich, wenn man das einstufige
Diodenverknüpfungsnetzwerk durch die in Abschnitt 3.1.1 beschriebenen mehr-
stufigen Anordnungen ersetzt.

Nichtbenutzte, offene Eingänge von Verknüpfungsgliedern verhalten sich je nach
Schaltungsausführung so, als ob an ihnen eine „1" (Abb. 3.1-6, 3.1-9 und 3.1-10)
oder eine „0" (Abb. 3.1-8) anliegt.

Vorteilhaft sind Schaltkreise, bei denen ein offener (nicht angeschlossener) Eingang sich wie ein nicht vorhandener Eingang auswirkt. Das bedeutet, daß bei UND-
und NAND-Gliedern ein offener Eingang sich wie ein auf „1" liegender, bei ODER-
und NOR-Gliedern wie ein auf „0" liegender Eingang verhalten muß. Da die Schaltung nach Abb. 3.1-9 diese Bedingung nicht erfüllt, müssen bei ihr nicht benutzte
Eingänge stets auf „0" gelegt werden.

Der Widerstands-Transistor-Logikschaltkreis (RTL, resistor transistor logic)
besteht aus einem Widerstandsnetzwerk zum Aufsummieren der Eingangsströme
und einem nachgeschalteten Transistor, der bei einer bestimmten Summenspannung
anspricht (Abb. 3.1-11).

Wenn alle Eingänge Nullsignal führen (z. B. 0 bis 1 V), ist der Transistor gesperrt,
am Ausgang liegt eine Eins (z. B. 10 V im unbelasteten Zustand). Wenn einer oder
mehrere Eingänge auf Eins (7 bis 9 V) liegen, wird der Transistor leitend, sofern R_3
wesentlich größer als einer der Eingangswiderstände R_e, z. B. $R_3 = 3R_e$ ist. Die
Schaltung wirkt als NOR-Glied.

Macht man jedoch $R_3 \approx 3/4 \cdot R_e$ ($3R_e$ parallel R_e), so wird, wenn sich nur ein
Eingang auf „1" befindet, dessen Strom nach U_N abgeleitet. Erst wenn noch ein

weiterer Eingang auf „1" geht, fließt ausreichend Basisstrom, um den Transistor leitend zu machen. Die Schaltung nach Abb. 3.1-11 mit zwei Eingängen stellt dann ein NAND-Glied dar.

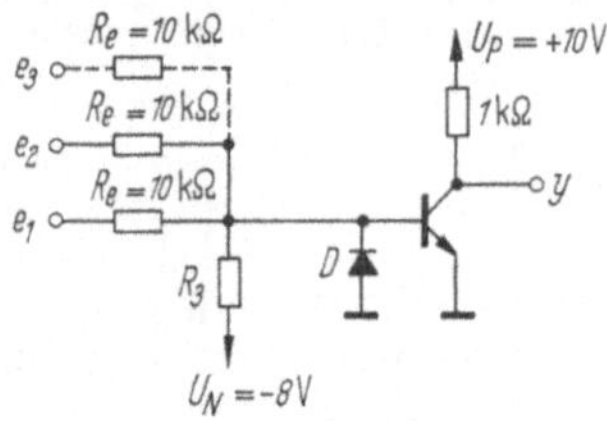

Abb. 3.1-11. RTL-Glied. Für $R_3 \approx 3R_e$ wird $y = \overline{e_1 + e_2}$ (NOR), für $R_3 \approx 3/4 \cdot R_e$ wird $y = \overline{e_1 e_2}$ (NAND). Durch eine Diode D kann der Signalhub an der Basis begrenzt werden.

Bei Verwendung des dritten Eingangs e_3 erhält man unter der Voraussetzung $R_3 \approx 3/4 R_e$ kein NAND-Glied mit drei Eingängen, sondern ein sogenanntes *Schwellwertglied* (threshold gate), das in diesem speziellen Fall auch Mehrheitsglied (majority gate) bezeichnet wird. Der Transistor wird nämlich immer dann leitend, wenn die Mehrheit der Eingänge, d. h. mindestens zwei der drei Eingänge, auf „1" liegen [18].

Das RTL-Glied erfordert zwar wenig Bauelemente, hat aber den Nachteil, daß es wegen der fehlenden Eingangssignal-Diskriminierung in den Widerständen empfindlich gegen Toleranzen der Widerstände und Eingangsspannungen und daher auch empfindlich gegen Störungen der Eingangssignale ist. Diese Schwierigkeiten treten besonders in der Anwendung als NAND-Glied oder als Schwellwertglied auf und werden um so größer, je höher die Zahl der Eingänge ist. Ferner besteht die gleiche Abhängigkeit der Ausgangsspannung wie beim DTL-NOR-Glied nach Abb. 3.1-8; mit einer Abfangdiode kann aber eine belastungsunabhängige Ausgangsspannung $u_a(1)$ erzeugt werden.

3.1.2.2 Schaltkreise mit aktiven Verknüpfungselementen. In diesen Schaltkreisen werden zur Ausführung der Verknüpfungen parallel oder in Serie geschaltete Transistoren verwendet, die als Emitterverstärker geschaltet sind und dadurch gleichzeitig als (Spannungs-)Verstärker wirken. Infolge der hohen Anzahl von Verstärkern, die ein schnelles Umladen der Schalt- und Verdrahtungskapazitäten ermöglichen, ergeben sich im allgemeinen höhere Geschwindigkeiten als in Netzwerken, die überwiegend passive Verknüpfungselemente enthalten.

Die RCTL-Technik (RCTL, resistor capacitor transistor logic; für die Verknüpfung ist das RC-Glied aber unwichtig) ist eine Ausführungsform dieser Schaltkreistechnik. Als Grundbaustein dient die normale Transistorverstärkerstufe (Abb. 3.1-12a) wie sie auch in den DTL-Gliedern verwendet wird, die selbst aber, abgesehen von der Negation, noch keine Verknüpfung durchführt. Erst durch die Verschaltung mehrerer solcher Stufen unter Hinzufügung eines gemeinsamen Kollektorwiderstands R_C ergeben sich Verknüpfungen; und zwar NOR bei der Parallelschaltung und NAND bei der Reihenschaltung.

Es ist aber auch eine kombinierte Parallel- und Reihenschaltung möglich (Abb. 3.1-12b), wodurch sich komplizierte logische Verknüpfungen mit relativ geringem Aufwand lösen lassen. Allerdings sind solche Netzwerke wegen der in jeder Stufe stattfindenden Negation nicht sehr übersichtlich; ferner besteht bei zu großer inverser Stromverstärkung der Transistoren die Gefahr unerwünschter Rückströme i_r (z. B. Transistoren mit den Eingängen a, b, d, f leitend gesteuert, Transistor mit Eingang d invers leitend: durch i_r entsteht am Ausgang y fehlerhaft ein Nullsignal).

Bei der Dimensionierung ist zu beachten, daß bei der Reihenschaltung die „oberen" Transistoren weniger Basisstrom erhalten, da ihre Emitterspannung infolge der

Sättigungsspannungen u_{CEs} (0,1 bis 0,4 V) der „unter" ihnen liegenden Transistoren angehoben wird. Umgekehrt bedeutet das, daß bei einheitlicher Dimensionierung die „unteren" Transistoren weit übersteuert werden und dadurch größere Verzöge-

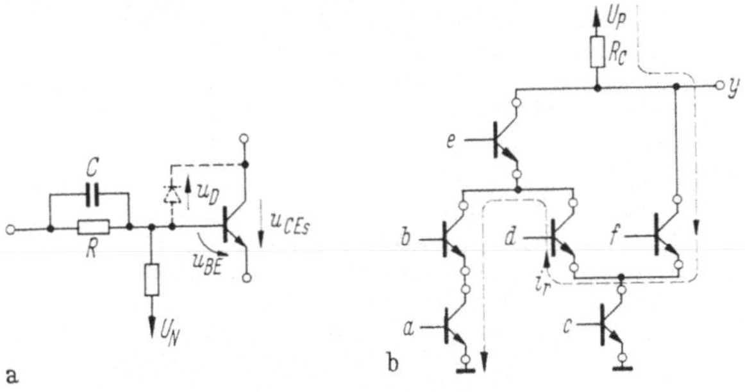

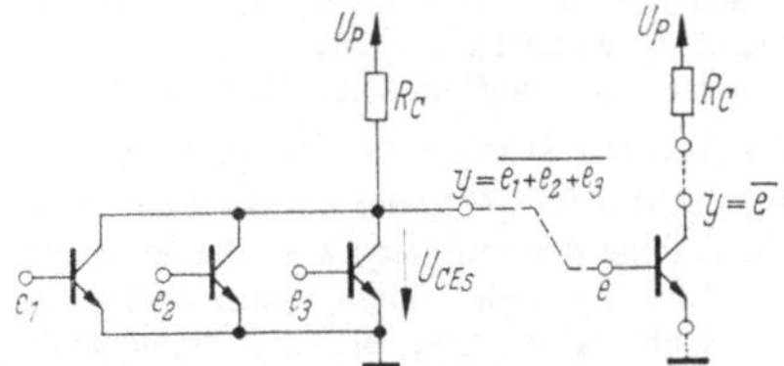

Abb. 3.1-12. RCTL-Technik. a) Grundbaustein; der Kondensator C dient zur beschleunigten Umladung der Basis. b) Netzwerk aus RCTL-Grundbausteinen mit gemeinsamen Kollektorwiderstand R_C; zur Vereinfachung sind nur die Transistoren der RCTL-Bausteine dargestellt.

$$(i_r \text{ s. Text}). \qquad \overline{y} = (ab + cd)\, e + cf.$$

rungszeiten auftreten. Man begrenzt deshalb die Zahl der in Reihe geschalteten Transistoren auf etwa 3 und führt zur *Sättigungsverhütung* die in Abb. 3.1-12a gestrichelt gezeichnete Diode ein, die bei zu starker Sättigung einen Teil des Basisstroms zum Kollektor ableitet, vorausgesetzt, daß $u_D < u_{BE} - u_{CEs}$ ist.

Da bei den RCTL-Schaltkreisen der Eingangsstrom aus dem Kollektorwiderstand gezogen wird, ist die Ausgangsspannung von der Belastung abhängig, was durch die beim DTL-NOR-Glied beschriebene Abfangdiode verhindert werden kann.

DCTL-Schaltkreise (DCTL, direct coupled transistor logic) unterscheiden sich von den RCTL-Schaltkreisen nur durch das Fehlen des Verschiebenetzwerkes im Basiskreis (Abb 3.1-13). Sie zeichnen sich deshalb durch besonders wenig Bauele-

Abb. 3.1-13. Ein DCTL-NOR-Glied mit 3 Eingängen steuert einen DCTL-Grundbaustein (Inverter) an. Ähnlich wie bei der RCTL-Technik läßt sich durch Reihenschaltung von solchen Grundbausteinen auch ein NAND-Glied realisieren. Zum Ausgleich unterschiedlicher Transistoreigenschaften werden manchmal (kleine) Vorwiderstände im Basiskreis vorgesehen.

mente aus und infolge des kleinen Signalhubs ist ihre Geschwindigkeit sehr hoch. Diese Schaltkreistechnik funktioniert aber nur dann einwandfrei, wenn beim Ausgangssignal „0" die Sättigungsspannung u_{CEs} (bzw. die Summe der Sättigungsspannungen bei in Reihe geschalteten Transistoren) kleiner als die Emitter-Basis-Schwellenspannung ist, bei der der Transistor leitend zu werden beginnt (etwa 0,5 V bei Silizium-Transistoren). Ferner muß die Streuung dieser Schwellenspannungen stark eingeschränkt werden, um eine ungleichmäßige Aufteilung des Ausgangsstroms (current hogging) auf mehrere parallelgeschaltete Eingänge zu vermeiden. Solche extremen Anforderungen an die Transistoren machen die Technik für eine Serienfertigung wenig geeignet. Wegen des erwähnten sehr kleinen Bereichs für die Ausgangsspannung im Zustand „0" ist auch die Störsicherheit sehr klein [3].

Transistoren mit mehreren Signaleingängen an verschiedenen Elektroden. In Sonderfällen ist es vorteilhaft, gleichzeitig Emitter und Basis eines Transistor als unabhängige logische Eingänge zu benutzen. Als Beispiel hierfür ist in Abb. 3.1-14 ein Äquivalenzschaltkreis dargestellt. Es ist jedoch zu beachten, daß diese Schaltung einen sehr kleinen Eingangswiderstand zeigt, da es zwischen Emittereingang e_a bzw. e_b und Ausgang y keine Stromverstärkung gibt. Da außerdem die Ausgangspegel gegenüber den Eingangspegeln verschoben sind, kann eine solche Schaltung in einem modularen Bausteinsystem nicht ohne weiteres eingesetzt werden.

Ungesättigte Transistorschaltungen oder Stromübernahme-Schaltungen (auch als CML, current mode logic bezeichnet). Durch Umschalten eingeprägter Emitterströme läßt sich vermeiden, daß die zugehörigen Transistoren bis in die Sättigung gesteuert werden, so daß sich besonders hohe Arbeitsgeschwindigkeiten ergeben.

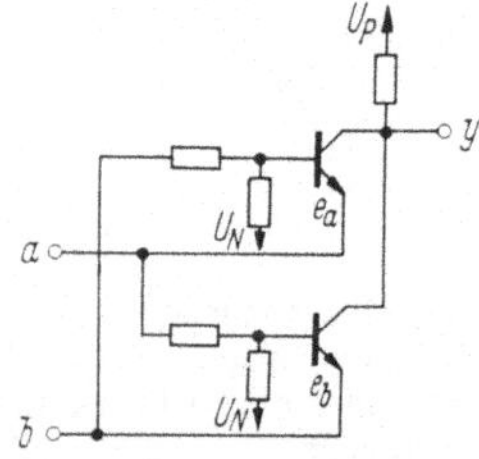

Abb. 3.1-14. Äquivalenz-Glied aus zwei Transistoren, die gleichzeitig am Emitter und an der Basis angesteuert werden. $y = ab + \bar{a}\bar{b} = a \equiv b$.

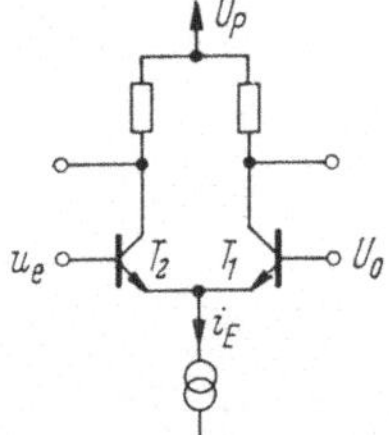

Abb. 3.1-15. Differenzstufe mit Stromquelle im Emitterkreis.
$$u_e(1) = U_O + \Delta u/2,$$
$$u_e(0) = U_O - \Delta u/2.$$

Das Herz des CML-Schaltkreises ist die *Differenzstufe* (*Stromschalter, current switch*), so genannt, weil die Differenz der beiden Basisspannungen maßgebend dafür ist, welcher der beiden Transistoren leitend ist (Abb. 3.1-15). Bei der Anwendung als Logikschaltkreis wird eine der Basen auf ein festes Bezugspotential U_O gelegt, während die an der Basis des anderen Transistors angelegten Eingangsspannungen u_e um den Betrag $\Delta u/2$ positiver (Signal „1") oder um $\Delta u/2$ negativer (Signal „0") als das Bezugspotential sind. Infolge der unmittelbaren Ansteuerung der Basen kann der Signalhub Δu am Eingang sehr klein sein; eine Spannungsdifferenz $\Delta u/2 = 120\,\text{mV} + \Delta u_{BE}$ reicht schon aus, um den einen Transistor leitend zu machen und den anderen völlig zu sperren, wobei Δu_{BE} die Streubreite der BasisEmitter-Spannungen der Transistoren ist.

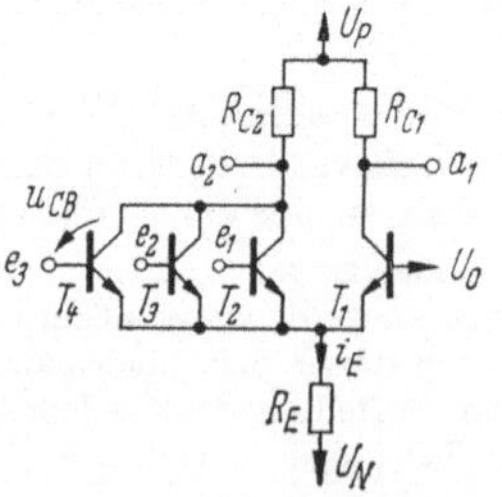

Abb. 3.1/16. Ausführung eines ODER/NOR-Glieds in CML-Technik. $a_1 = e_1 + e_2 + e_3$,
$$a_2 = \bar{a}_1 = \overline{e_1 + e_2 + e_3}.$$

Schaltet man weitere Transistoren parallel zu T_2, so erhält man zusätzliche Eingänge (Abb. 3.1-16). Wenn an allen diesen Eingängen das Signal „0" anliegt, so sind die Transistoren T_2 bis T_4 gesperrt und der Strom fließt über den rechten Zweig (T_1, R_{C1}). Liegt dagegen an mindestens einem Eingang das Signal „1", so fließt der Strom durch den linken Zweig der Differenzstufe, die aus den Transistoren T_2 bis T_4 und dem gemeinsamen Kollektorwiderstand R_{C2} gebildet wird. Demgemäß erhält man am Ausgang a_1 die ODER-Verknüpfung, während der andere Ausgang a_2 jeweils das negierte Signal, also die NOR-Verknüpfung liefert.

Mit den Näherungen $R_E \gg R_{C1}$, R_{C2} (eingeprägter Emitterstrom) und $i_E = i_C$, d.h. $i_B = 0$, erhält man für die Ausgangssignale:

$$u_a(1) = U_P, \quad u_a(0) = U_P - i_E R_C.$$

Wenn der Signalhub Δu sehr klein ist ($<0{,}5$ V bei Siliziumtransistoren) können Eingangs- und Ausgangssignale auf gleiches Niveau gebracht werden; in diesem Fall wird

$$u_e(1) = U_0 + \frac{\Delta u}{2} = u_a(1) = U_P,$$

$$u_e(0) = U_0 - \frac{\Delta u}{2} = u_a(0) = U_P - i_E R_C,$$

$$\Delta u = i_E R_C = 2(U_P - U_0).$$

Bei Signal „1" am Eingang gilt dann für die Kollektor-Basisspannung u_{CB} des zugehörigen Transistors

$$u_{CB} = u_C - u_B = u_a(0) - u_e(1) = -\Delta u,$$

so daß die Gefahr der Sättigung besteht, insbesondere bei größeren Toleranzen der Bauelemente oder bei Störungen auf den Eingangsleitungen. Die Sättigung wird aber sicher vermieden, wenn

$$u_C = u_a(0) \geq u_B = u_e(1)$$

ist, d.h.

$$U_P - U_0 \geq 3/2\,\Delta u = 3/2\,i_E R_C$$

gewählt wird. Dann haben aber die Ausgangssignale ein positiveres Niveau als die Eingangssignale. Diese Potentialdifferenz kann bei kleinen Ausgangssignalhüben ($\Delta u < 1$ V) durch Emitterfolger, bei größeren Hüben durch Zenerdioden oder durch abwechselnde Anordnung von mit NPN- und PNP-Transistoren aufgebauten Schaltungen ausgeglichen werden [19].

Da für Signalwechsel von „0" nach „1" die Kollektorkapazitäten nur über die Kollektorwiderstände umgeladen werden, so müssen diese klein sein, wenn man besonders hohe Arbeitsgeschwindigkeiten erzielen will. In diesem Fall ist der hohe Stromverbrauch ($i_E \approx i_C = \Delta u / R_C$) von Nachteil, der besonders in dem zur Stromeinprägung dienenden Emitterwiderstand R_E eine große Verlustleistung erzeugt.

3.1.2.3 Ausgangslogik. In den Schaltungen mit passiven Verknüpfungselementen (DTL, RTL) wurde der Transistor nur als Verstärkerelement benutzt. Unter bestimmten Voraussetzungen ist es aber möglich, die Transistoren solcher Schaltkreise noch zur Ausführung zusätzlicher Verknüpfungen auszunutzen. Da es sich dabei um die Verknüpfung von Ausgangssignalen handelt, bezeichnet man diese Art der Verknüpfung auch als Ausgangslogik.

Ein Sonderfall der Ausgangslogik ist die unmittelbare Verbindung der Ausgänge mehrerer Schaltkreise. Je nach Schaltungstyp entsteht dabei eine UND- oder eine ODER-Verknüpfung der Ausgangssignale. Da die eigentliche Verknüpfung in der

Verdrahtung stattfindet, bezeichnet man diese Art der Verknüpfung als *„verdrahtetes ODER"* bzw. *„verdrahtetes UND"* (*wired or*, Phantom-ODER bzw. *wired and*, Phantom-UND).

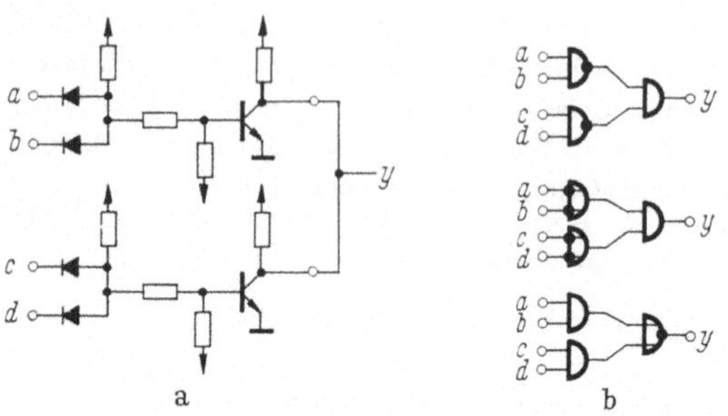

Abb. 3.1-17. Aus zwei DTL-Schaltkreisen gebildetes „Verdrahtetes UND" (wired and). a) Schaltbild; b) Ersatzschaltbilder für die Gesamtschaltung.

Als Beispiel sind in Abb. 3.1-17 zwei ausgangsseitig verbundene DTL-NAND-Glieder dargestellt. Wenn mindestens einer der Transistoren leitend ist (Signal „0"), stellt man auch an der gemeinsamen Ausgangsleitung ein Nullsignal fest. Nur wenn alle Transistoren gesperrt sind, kann an der Ausgangsleitung ein Einssignal entstehen. Beim DTL-Glied setzt sich also die „0" gegenüber der „1" am anderen Ausgang durch, so daß man eine UND-Verknüpfung der ursprünglichen Ausgangssignale erhält. Zusammen mit den Verknüpfungseigenschaften der DTL-Glieder erhält man dann

$$y = \overline{ab} \cdot \overline{cd} = (\overline{a} + \overline{b}) \cdot (\overline{c} + \overline{d}) = \overline{ab + cd}.$$

Die zusätzlich gewonnene UND-Verknüpfung kostet kein einziges Bauelement. Als Nachteil muß man jedoch in Kauf nehmen, daß jetzt die Teilsignale $\overline{ab}$ und $\overline{cd}$ einzeln nicht mehr zur Verfügung stehen. Im Fehlerfall kann man daher durch Messung an der Ausgangsleitung auch nicht feststellen, welcher der beteiligten Schaltkreise ausgefallen ist. Selbstverständlich ist auch ein „Verdrahtetes UND" von mehr als zwei Gliedern möglich. Bei der Ermittlung der zulässigen Ausgangsbelastung sind neben den angesteuerten Schaltkreisen auch die Ströme durch die Kollektorwiderstände (und die Kollektorkapazitäten) der Einssignal führenden ansteuernden NAND-Glieder zu berücksichtigen.

Bei Schaltkreistypen, bei denen sich das Einssignal gegenüber dem Nullsignal durchsetzt, erhält man bei Parallelschaltung der Ausgänge eine ODER-Verknüpfung (wired or). Voraussetzung ist aber auch hier, daß sich der eine Signalzustand *eindeutig* gegenüber dem anderen durchsetzt, also keine Zwischenzustände auftreten können.

Mit DTL- oder RTL-Gliedern ist noch eine andere Art Ausgangslogik möglich, falls der Emitter jedes einzelnen Verstärkertransistors zugänglich ist. Da stets positive Logik vorausgesetzt wurde, wirkt eine *Reihenschaltung von Ausgangstransistoren* wie eine ODER-Verknüpfung. Im vorliegenden Beispiel (Abb. 3.1-18) sind zwei DTL-NAND-Glieder in Reihe geschaltet; dies wirkt wie eine Vergrößerung der Zahl der Eingänge, bringt also keine neue logische Anordnung. Macht man dagegen dasselbe mit den in Abb. 3.1-8 oder 3.1-9 gezeigten NOR-Gliedern, so erhält man am Ausgang des „oberen" Gliedes eine neue effektive Verknüpfung.

$$y = \overline{a+b} + \overline{c+d} = \overline{(a + b) \cdot (c + d)} = \overline{a}\overline{b} + \overline{c}\overline{d}.$$

Voraussetzung für diese Art Ausgangslogik ist 1. die separate Zugänglichkeit jedes einzelnen Emitteranschlusses, 2. die schon bei der RCT-Technik erwähnte Dimensionierung des Basiskreises, der auch bei den auf höheren Emitterpotential liegenden

„oberen" Transistoren noch genügend Basisstrom liefern muß (bei RTL schwierig!)
und 3. das Zulassen einer höheren Ausgangsspannung im Zustand „0":

$$u_a(0) = n \cdot u_{CEs}.$$

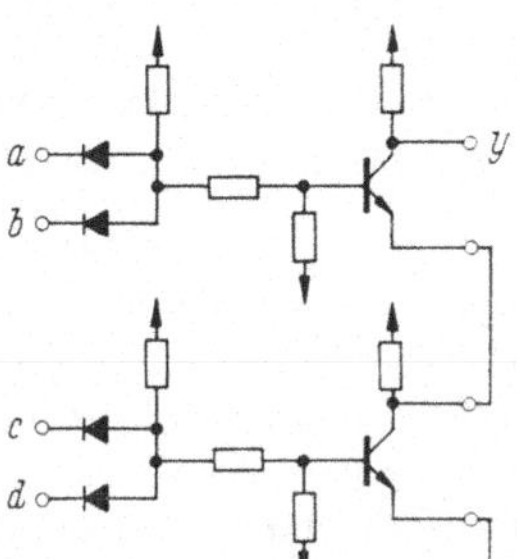

Abb. 3.1-18.
Ausgangslogik durch Reihenschaltung
von DTL-NAND-Gliedern.
$$y = \overline{ab} + \overline{cd} = \overline{abcd} = \overline{a} + \overline{b} + \overline{c} + \overline{d}.$$

Auch die CML-Technik bietet verschiedene interessante Möglichkeiten für eine
Durchführung der Ausgangslogik; Näheres siehe unter Abschnitt 3.1.4.2.

3.1.2.4 Bistabile Kippstufen [2 bis 7, 11, 21]. Die bisher beschriebenen Schaltkreise können nur boolesche *Verknüpfungen* durchführen; abgesehen von kurzen
Laufzeiten innerhalb des Schaltkreises ist das Ausgangssignal eindeutig durch die
jeweils anliegenden Eingangssignale bestimmt. Kippstufen sind dagegen in der Lage,
kurzzeitig angelegte Eingangssignale über beliebig lange Zeiten zu speichern; d.h.
ihr Ausgangssignal ist nicht nur von den gerade anliegenden Eingangssignalen abhängig, sondern zusätzlich noch von dem Zustand, in dem sich die Kippstufe vor
dem Anlegen der Eingangssignale befand. Durch ein weiteres Eingangssignal kann
das gespeicherte Signal bei Bedarf gelöscht werden.

Hier soll nur die *bistabile* Kippstufe (auch als Flipflop bezeichnet) behandelt
werden, d.h. eine Kippstufe, die zwei stabile Zustände besitzt. Sie stellt einen Spei-

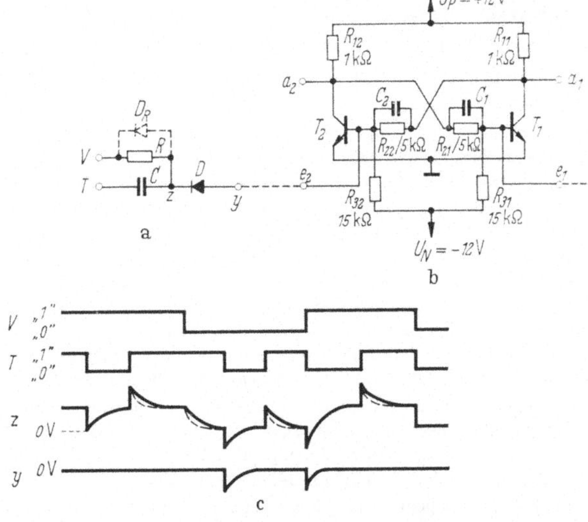

Abb. 3.1-19. Bistabile Kippstufe. a) Ansteuerschaltung (Impulsgatter); b) Grundschaltung;
c) Spannungsverlauf am Impulsgatter.

cher für 1 Bit dar; die Speicherwirkung wird durch eine interne Rückkopplung erreicht. Bistabile Kippstufen werden zum Aufbau von Registern, zur (Zwischen-) Speicherung von Informationen und in Zählern (Teilern) verwendet.

Eine Grundschaltung einer bistabilen Kippstufe zeigt Abb. 3.1-19b. Die Schaltung ist so dimensioniert, daß immer nur einer der beiden Transistoren leitend ist. Ist z.B. Transistor T_2 leitend (z.B. $u_{CEs} \leq 0,4$ V), so ist durch den Spannungsteiler R_{21}/R_{31}, genau wie beim DTL-NAND-Glied, die Basis des anderen Transistors T_1 sicher gesperrt. Dadurch liegt sein Kollektor, der Ausgang a_1, auf hohem Potential:

$$u_{a1}(1) = \frac{U_P + u_{BE}\,R_{11}/R_{22}}{1 + R_{11}/R_{22}} \approx U_P,$$

so daß T_2, wie vorausgesetzt, leitend ist. Das umgekehrte würde gelten, wenn man durch irgendeine Maßnahme erreicht, daß T_1 kurzzeitig leitend wird. Auch in diesem Fall stellt sich ein stabiler Zustand ein, in dem T_1 leitend und T_2 gesperrt ist, so daß der Ausgang a_2 das Einssignal und a_1 das Nullsignal zeigt. Bei der hier gezeigten symmetrischen Ausführung der Kippstufe sind beide Zustände gleichberechtigt.

Ein Übergang von einem zum anderen Zustand kann nur durch äußere Einwirkung erfolgen, und zwar entweder durch Leitendmachen des gerade gesperrten Transistors oder durch Sperren des gerade leitenden Transistors. Das dazu benötigte Ansteuersignal kann sowohl der Basis als auch dem Kollektor zugeführt werden. Vom Standpunkt der Ansteuerenergie ist es aber vorteilhaft, die Basis des leitenden Transistors anzusteuern. Dann wird das Ansteuersignal in dem angesteuerten Transistor verstärkt und der Eingangswiderstand des Transistors geht unmittelbar nach dem Sperren hoch, so daß dann der ansteuernde Schaltkreis nur noch schwach belastet wird. Letzteres ist besonders dann wichtig, wenn ein Schaltkreis mehrere parallelgeschaltete Kippstufen ansteuert.

Bei dem in Abb. 3.1-19b gezeigten Beispiel wird dann unter der Annahme, daß T_2 leitend ist, ein negativer Impuls auf dem Eingang e_2 benötigt. Dieser Impuls muß mindestens so lange anliegen, bis T_2 gesperrt ist, der am Kollektor von T_2 entstehende positive Spannungssprung (über R_{21} und C_1) auf die Basis von T_1 übertragen worden ist, T_1 leitend geworden und der am Kollektor von T_1 entstehende negative Spannungssprung sich (über R_{22} und C_2) an der Basis von T_2 so weit ausgewirkt hat, daß er zur Sperrung von T_2 ausreichend ist. Anders ausgedrückt bedeutet das, daß die Dauer des Eingangsimpulses mindestens so groß sein muß, wie die Laufzeit der beim Rückkopplungsvorgang in Reihe geschalteten beiden Inverterstufen. Spätestens beim Eintreffen eines Ansteuerimpulses an der Basis des anderen Transistors muß er aber beendet sein. Durch die Kondensatoren C_1 und C_2 wird der Rückkopplungsvorgang erheblich beschleunigt.

Ansteuerung der Kippstufe über Impulsgatter. Das Problem, einen Ansteuerimpuls zu erzeugen, dessen Gleichspannungsniveau negativer als das Nullsignal ist, wird durch die in Abb. 3.1-19a gezeigte Ansteuerungsschaltung, die als Impulsgatter bezeichnet wird, gelöst. Diese bietet noch den zusätzlichen Vorteil, daß sie zwei Eingänge mit unterschiedlichen Verhalten besitzt, das viele Schaltungsmöglichkeiten bietet. Ein negatives Signal am Punkt e_2 und damit eine Beeinflussung des Transistors ist nur möglich, wenn am Eingang V ein Nullsignal angelegt wird *und* nach Ablauf einer bestimmten Zeit am Auslöseeingang T ein Signalwechsel von „1" ($\approx U_P$) auf „0" (≈ 0 V) erfolgt (Abb. 3.1-19c). Man kann das Impulsgatter daher auch als ein dynamisches UND-Glied auffassen. Da das V-Signal schon eine bestimmte Zeit lang auf Null liegen muß, bevor der Signalwechsel an T erfolgt (ein gleichzeitiger Wechsel von „1" auf „0" sowohl am Eingang T wie auch an V erzeugt keine negative Spannung am Punkt e_2), wird der Eingang V als *Vorbereitungseingang* und die erforderliche Zeit als *Vorbereitungszeit* bezeichnet. Der Eingang T heißt *Auslöse- oder Triggereingang*, weil durch ihn der Kippvorgang ausgelöst wird. Ein Impuls auf den Auslöseeingang der anderen Seite darf erst nach der Erholzeit kommen, wobei unter der Erholzeit diejenige Zeit verstanden werden soll, die notwendig ist, um den Kondensator so weit zu entladen, daß das Potential am Punkt z in Abb. 3.1-19a nicht mehr <0 V ist.

Die maßgebende Zeitkonstante sowohl für die Vorbereitungszeit als auch für die Erholzeit wird aus R, C und den Innenwiderständen der an T und V liegenden Signalquellen (einschließlich deren Belastung) gebildet. Man kann aber die Vorbereitungszeit wesentlich verkürzen, wenn man wie in Abb. 3.1-19a angedeutet, zu R eine Diode D_R parallelschaltet, weil dann der Kondensator über den Durchlaßwiderstand der Diode entladen wird. Der Einfluß der Diode ist in Abb. 3.1-19c gestrichelt eingezeichnet. Die Vorbereitungszeit darf aber auf keinen Fall kleiner werden als die interne Schaltzeit der Kippstufe. Der Einsatz der Diode D_R setzt voraus, daß die ansteuernden Schaltungen einen kleinen Ausgangswiderstand besitzen oder nur einen Kippstufeneingang treiben. Andernfalls tritt eine starke Rückwirkung am Eingang V oder T auf (über C und D_R), wenn am jeweils anderen Eingang ein Signalwechsel erfolgt.

Wegen der kurzzeitigen Zwischenspeicherung des Vorbereitungssignals im Kondensator C des Impulsgatters ist es zulässig, das am Vorbereitungseingang liegende Signal gleichzeitig mit dem Anlegen des Auslösesignals zu ändern. Es wird dann das *ursprünglich* anliegende Vorbereitungssignal noch sicher in die Kippstufe übernommen. Diese Eigenschaft erlaubt die direkte Zusammenschaltung solcher Kippstufen zu Schieberegistern und Zählern.

Meistens werden die Auslöseeingänge benutzt, um den *Zeitpunkt* der Signalübernahme zu bestimmen, während die Vorbereitungseingänge (Steuereingänge) die in die Kippstufe zu übernehmende *Information* erhalten. Bei taktgesteuerten Einrichtungen wird daher der (zentral erzeugte) Takt an die Auslöseeingänge (deshalb auch als Takteingänge oder Impulseingänge bezeichnet) gelegt. Werden beiden Auslöseeingängen verschiedene Taktpulse zugeführt, so dient der eine Eingang zum „Setzen" der Kippstufe (der gesetzte Zustand ist z.B. durch $a_1 = 1$, $a_2 = 0$ gekennzeichnet; man sagt dafür auch, in diesem Zustand habe die Kippstufe eine „1" gespeichert) und der andere Auslöseeingang zum Rücksetzen oder Löschen der Kippstufe. In vielen Fällen wird der Takt an die miteinander verbundenen Auslöseeingänge gelegt und den Vorbereitungseingängen gegenphasige Signale (z.B. von den Ausgängen einer anderen Kippstufe) zugeführt. Mit dem nächsten Taktimpuls wird dann das an den Vorbereitungseingängen liegende Signal (z.B. der Zustand der anderen Kippstufe) in die eigene Kippstufe übernommen. Es muß aber auf jeden Fall verhindert werden, daß beide Vorbereitungseingänge gleichzeitig im wirksamen Zustand sind (bei der angenommenen Signaldefinition und Transistorart in der Schaltung nach Abb. 3.1-19 ist dies das Nullsignal), da sonst das Verhalten der Kippstufe undefiniert wird.

Ein Sonderfall ist der Anschluß der beiden Vorbereitungseingänge an die Ausgänge der eigenen Kippstufe (Verbindungen $a_1 - e_1$ und $a_2 - e_2$). Auf Grund des oben beschriebenen Wirkungsmechanismus des Impulsgatters ändert dann die Kippstufe bei jeder auslösenden Signalflanke an den beiden miteinander verbundenen Auslöseeingängen ihren Zustand; man nannte diesen Vorgang früher Tasten der Kippstufe. Die entsprechende Kippstufenschaltung wird als *Zählstufe, Binärteiler* oder *Untersetzer* bezeichnet, da die Impulsfrequenz am Ausgang nur noch halb so groß ist wie am Auslöseeingang.

Praktisch ausgeführte Impulsgatter (Abb. 3.1-20) besitzen im allgemeinen noch zusätzliche Bauelemente, um eine größere Störsicherheit zu erzielen (C_S, R_S), um Überschwingvorgänge bei Ansteuerung über lange Leitungen zu begrenzen (D_T) und um ein besser definiertes Zeitverhalten zu erreichen, wenn ein Ausgang mehrere Impulsgatter treibt (R_V, R_T).

Infolge der Entkopplung durch die Diode D ist es zulässig, an der Basis eines Kippstufentransistors mehrere Impulsgatter anzuschließen. Ebenso ist es bei geeigneter Dimensionierung möglich, ein Impulsgatter mit mehreren Vorbereitungsein-

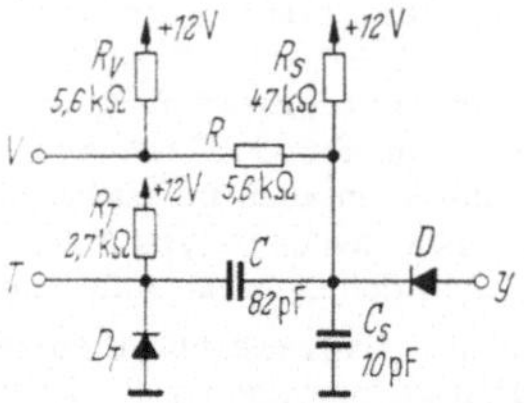

Abb. 3.1-20. Beispiel für die technische Ausführung eines Impulsgatters. Vorbereitungseingang: $u_e(1) = 10$ bis 12 V; $u_e(0) = 0$ bis 2 V. Auslöseeingang: Auslösen bei $\Delta u = 8$ bis 12 V, kein Auslösen gesichert bei $\Delta u \leq 2$ V.

gängen und sogar mit mehreren Auslöseeingängen (wegen Rückwirkungen auf die ansteuernden Stufen ist aber Vorsicht geboten) zu versehen. Schließlich kann man Impulsgatter mit ungleich großen Kondensatoren (mindestens im Verhältnis 1:5) verwenden, so daß bei gleichzeitiger beidseitiger Ansteuerung sich der über den größeren Kondensator gelieferte Impuls durchsetzt. Berücksichtigt man noch die Möglichkeit, vor beide Eingänge des Impulsgatters passive Verknüpfungsnetzwerke vorzuschalten, so ergibt sich eine sehr große Anzahl von Möglichkeiten, Kippstufen mit Impulsgattern aufzubauen und miteinander zu Registern und Zählern zu verschalten (s. z. B. [20]).

Im Gegensatz zu taktgesteuerten Systemen müssen in *asynchronen Steuerungen* die Ausgänge von Verknüpfungsgliedern und Kippstufen nicht nur die Vorbereitungseingänge sondern auch die Auslöseeingänge ansteuern können. Der Kondensator C des Impulsgatters muß dann so groß gewählt werden, daß auch bei langsamen Flanken der ansteuernden Signale (z. B. infolge hoher kapazitiver Last) noch ein genügend großer bzw. langer Impuls auf die Basis des zu sperrenden Kippstufentransistors kommt. Probleme beim Übergang von asynchronen zu synchronen Systemen sind in [22] beschrieben.

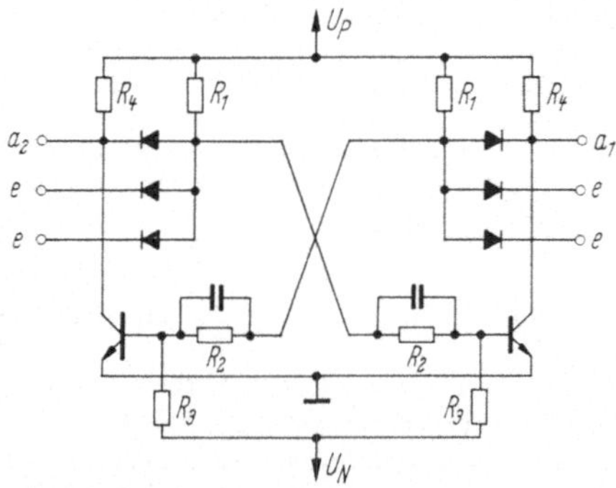

Abb. 3.1-21. Statische Kippstufe aus zwei gegenseitig rückgekoppelten DTL-NAND-Gliedern.

Statische Kippstufe. Die bisher beschriebene Kippstufe war aus zwei gegenseitig rückgekoppelten Invertern zusammengesetzt und wurde durch unmittelbare Beeinflussung der Basis angesteuert. Eine bistabile Kippstufe läßt sich aber auch aus zwei *gegenseitig rückgekoppelten Verknüpfungsgliedern* mit mindestens zwei Eingängen aufbauen (Abb. 3.1-21). Die jeweils freien Eingänge e werden als Ansteuereingänge benutzt, wobei ein Nullsignal zur Sperrung des zugehörigen Transistors führt. Diese Schaltungsanordnung wird besonders dann angewendet, wenn streng modular aufgebaute Baugruppen zur Verfügung stehen, wie es z. B. bei integrierten Schaltkreisen der Fall ist (s. auch Abschnitt 3.1.4.4).

In ihren prinzipiellen Eigenschaften unterscheidet sich die so aufgebaute Kippstufe nicht von der früher gezeigten. Es ist jedoch zu beachten, daß die Eingänge nur statisch wirken, weshalb diese Art Kippstufe auch als statische Kippstufe bezeichnet wird. Wegen des Fehlens eines speichernden Elements (Kondensators) in der Aussteuerung ist es — im Gegensatz zur Ansteuerung über den Vorbereitungseingang des Impulsgatters — nicht zulässig, das Eingangssignal zu ändern und gleichzeitig noch das alte Ausgangssignal auszuwerten, wie es in der Anwendung als Schieberegister erforderlich ist.

Im Zustand der Speicherung müssen alle Eingänge e auf Eins liegen. Falls auf jeder Seite an mindestens einem Eingang e ein Nullsignal angelegt wird, ergibt sich ein dritter stabiler, aber *irregulärer Zustand*, in dem beide Transistoren gesperrt sind ($a_1 = a_2 = 1$) und daher keine Information gespeichert ist. Der unmittelbare Übergang von diesem Zustand zu dem speichernden Zustand führt aber zu undefiniertem Verhalten, da es von zufälligen Unsymmetrien abhängt, ob eine „1" oder eine „0" gespeichert wird. Ist dagegen der zeitliche Abstand zwischen den Signalwechseln von „0" auf „1" an beiden Eingängen größer als die zum Umschalten der Kippstufe benötigte Zeit, so kann sich zwischendurch wieder ein stabiler Zustand mit gegenphasigen Ausgangssignalen einstellen und dieser dann gespeichert werden.

Bei dieser Schaltung steht am Ausgang der volle Signalhub zur Verfügung, da $u_a(1) = U_P$ ist, wobei die Bedingung R_1 bzw. $R_4 \ll R_2$ nicht mehr erforderlich ist. Die Dimensionierung kann nach den Regeln für das DTL-NAND-Glied (s. Abschnitt 3.1.2.1) vorgenommen werden.

Weitere Kippstufen-Schaltungen. Außer den hier beschriebenen Schaltungen gibt es noch viele andere Ausführungsformen der Kippstufe, z. B. mit zusätzlichen Transistoren zur Verstärkung des Ansteuersignals oder mit zusätzlichen Emitterfolgern zur Trennung von Ausgangslast und Rückkopplungskreis, wodurch sich eine bessere Störsicherheit und eine höhere Geschwindigkeit erzielen lassen [4, 6, 7]. Auch die unter Abschnitt 3.1.2.2 beschriebene Methode zur Sättigungsverhütung oder ein Abfangen der Ausgangsspannung (s. Abschnitt 3.1.2.1) ist möglich.

Störsicherheit von Kippstufen. Grundsätzlich gilt, daß Störungen bei Kippstufen viel gefährlicher sind als bei Verknüpfungsschaltungen, da eine kurzzeitige Störung zu einer Fehlauslösung der Kippstufe führen kann und somit ein falscher Zustand gespeichert wird.

Die statische Kippstufe ist in dieser Hinsicht günstig. Infolge der entkoppelnden Wirkung der Dioden kommen Störungen am Ausgang erst dann zur Wirkung, wenn sie größer als die Störsicherheit des DTL-Gliedes sind [s. Gl. (3.1-10)]. Bei der Schaltung nach Abb. 3.1-19 genügt jedoch schon eine kleine Störung ($\approx 0,5$ V) in negativer Richtung am Kollektor des gerade nichtleitenden Transistors, um den anderen Transistor zu sperren, da jede Spannungsänderung am Kollektor durch den Koppelkondensator C_1 bzw. C_2 in fast voller Größe auf die Basis des leitenden Transistors übertragen wird. Dies wird besonders dann gefährlich, wenn schnell schaltende Transistortypen verwendet werden.

Ferner können kurzzeitige Spannungseinbrüche auf der positiven Versorgungsleitung zu Fehlauslösungen führen. Auch hier ist — bei geeigneter Dimensionierung — die aus DTL-Gliedern aufgebaute statische Kippstufe überlegen.

Es ist aber ohne weiteres möglich, die bessere Störsicherheit der statischen Kippstufe mit den vielseitigen Möglichkeiten des Impulsgatters zu kombinieren, indem man die statische Kippstufe nach Abb. 3.1-21 mit Impulsgatter-Ansteuerungen (z. B. gemäß Abb. 3.1-20) versieht.

3.1.3 Tunneldioden-Schaltkreise

Schaltungen mit Tunneldioden haben nicht die praktische Bedeutung erlangt, die von ihnen auf Grund der umfangreichen Literatur zu Beginn der 60er Jahre zu erwarten war. Zwei prinzipielle Eigenschaften dürften zu diesem geringen Erfolg beigetragen haben:

1. Tunneldioden sind — ähnlich wie die zur gleichen Zeit vieldiskutierten Schaltkreise mit Magnetringkernen — Zweipole, d.h. Eingang und Ausgang des Zweipolelements sind nicht entkoppelt. Es müssen deshalb zusätzliche Bauelemente vorgesehen werden, um einen Signalfluß in die falsche Richtung verhindern. Dieser Nachteil wird zwar häufig durch Nachschalten einer Transistor-Verstärkerstufe umgangen; aber gerade dadurch geht die wichtigste Eigenschaft der Tunneldiode, die hohe Schaltgeschwindigkeit, größtenteils wieder verloren. Eine andere Möglichkeit ist die Anwendung von getakteten Systemen mit zwei oder drei zeitlich gegeneinander verschobenen Takten, wobei ansteuernde und angesteuerte Schaltkreise stets von unterschiedlichen Takten beeinflußt werden. Der Entwurf logischer Netzwerke mit solchen mehrphasig synchronisierten Schaltkreisen bereitet jedoch zusätzliche Schwierigkeiten.

2. Tunneldioden lassen sich — auch darin den Magnetringkernen gleich — nicht unmittelbar in monolithische Schaltkreise integrieren. Umfangreiche mit Tunneldioden aufgebaute Schaltungskomplexe sind daher nicht nur teurer, sondern haben auch größere Abmessungen, was zu größeren Laufzeiten auf den Verbindungsleitungen als bei monolithisch integrierten Transistor-Schaltkreisen führt. Das bedeutet, daß trotz der vom Prinzip her hohen *Schalt*geschwindigkeit der Tunneldioden die mit ihnen in großen Schaltwerken erzielbare *Arbeits*geschwindigkeit niedriger bleiben wird als mit den schnellsten (ungesättigten) integrierten Transistorschaltkreisen.

Der praktische Einsatz von Tunneldioden hat sich hauptsächlich auf sehr schnelle Zähler und Impulsgeneratoren, also auf Aufgaben der Meßtechnik, beschränkt. Insbesondere in der Erzeugung sehr steiler Signalflanken (unter 0,1 ns), sind Tunneldioden allen Transistorschaltungen eindeutig überlegen. Da wegen der oben erwähnten Nachteile Tunneldiodenschaltkreise aber für breite Anwendungen in Geräten der Datenverarbeitung nicht eingesetzt wurden, sollen sie hier nicht beschrieben werden. Es sei nur auf die wichtigste Literatur [1, 4, 23 bis 33] hingewiesen, wobei in [4 und 23] weitere sehr umfangreiche Literaturangaben zu finden sind.

3.1.4 Integrierte Schaltkreise mit bipolaren Transistoren

[34 bis 42]

Von den *integrierten Schaltkreisen* sollen hier nur Schaltkreise in monolithischer Technik behandelt werden, bei denen alle Bauelemente durch Anwendung bekannter Verfahren der Halbleitertechnik auf einem Halbleiterkristall (Monolith) gleichzeitig hergestellt werden. Daneben wird der Ausdruck „integrierte Schaltung" gelegentlich noch für andere Aufbautechniken verwendet, z.B. für sog. Hybridschaltungen aus passiven Bauelementen in Dick- oder Dünnfilmtechnik und diskreten Halbleitern. Derartige Anordnungen verhalten sich schaltungstechnisch ähnlich wie aus diskreten Bauelementen aufgebaute Schaltkreise. Monolithisch integrierte Schaltkreise dagegen zeigen in vielen Eigenschaften ein anderes Verhalten, als man es von Schaltkreisen mit diskreten Bauelementen gewohnt ist, weswegen sie gesondert behandelt werden.

Die Vorteile integrierter Schaltkreise wurden im Verlauf der Entwicklung, die 1960 in den USA begann, unterschiedlich beurteilt. Beim ersten praktischen Einsatz 1963 standen die sehr viel *kleineren Abmessungen* der integrierten Technik im Vordergrund (Einsatz in der Raumfahrt); die Kosten waren wegen der schlechten Ausbeute unverhältnismäßig hoch. Durch laufende Verbesserung der Herstellungsverfahren lagen ab 1966 die Herstellkosten unter denen für vergleichbare konventionelle Schaltungen mit diskreten Bauelementen. Von diesem Zeitpunkt an wurden integrierte Schaltkreise in größerem Maße in den Geräten der Datenverarbeitung eingesetzt. Dies wurde noch dadurch begünstigt, daß zu diesem Zeitpunkt die integrierten Schaltkreise *höhere Schaltgeschwindigkeiten* boten und — vor allem wegen der geringeren Zahl von Verbindungsstellen — auch eine *höhere Zuverlässigkeit* als konventionelle Schaltkreise versprachen. Heutzutage ergeben sich so *niedrige Kosten*, insbesondere wenn man von mehreren Herstellern lieferbare Standardtypen ohne extreme Anforderungen verwendet, daß praktisch alle Neuentwicklungen nur noch mit monolithisch integrierten Schaltkreisen ausgeführt werden.

Bauelemente in integrierten Schaltkreisen unterscheiden sich von diskreten Bauelementen nicht nur in ihren Eigenschaften sondern auch durch völlig andere Kostenrelationen. Bei der Dimensionierung integrierter Schaltkreise können daher die von früher her gewohnten Beurteilungskriterien nicht mehr angewandt werden. Insbesondere gilt, daß ein Transistor etwa die gleiche Kristallfläche wie ein Widerstand benötigt und damit ungefähr den gleichen Kostenanteil besitzt. Es ist daher durchaus sinnvoll, in integrierter Technik Widerstände, insbesondere wenn es sich um höhere Widerstandswerte handelt (größer als 3 bis 10 kΩ) durch Transistoren zu ersetzen. In der Tab. 3.1-1 sind die wichtigsten Eigenschaften der in heute gängigen, monolithisch integrierten, digitalen Schaltkreisen verwendeten Bauelemente zusammengestellt. Ausführlichere Angaben finden sich in [38].

Tabelle 3.1-1. Eigenschaften integrierter Bauelemente

Bauelement	Eigenschaft
Transistoren	nicht aufwendiger als ein Widerstand; nur NPN-Transistoren; innerhalb eines Schaltkreises gleiche Kenndaten, deshalb Spannungs- und Temperaturkompensation möglich (tracking); Transistoren mit mehreren Emittern erfordern kaum Mehraufwand; Basis-Emitterstrecke kann als 6-V-Zenerdiode benutzt werden.
Dioden	meist durch Verbindung zweier Transistoranschlüsse hergestellt.
Widerstände	10—20% Toleranz üblich, großer Temperaturgang; Widerstands*verhältnisse* mit 2—4% Toleranz üblich, Temperaturgang kompensiert sich; Widerstandswerte über 5 kΩ aufwendig.
Kondensatoren	Sperrschichtkapazitäten, daher spannungsabhängig und nur kleine Werte möglich.
Induktivitäten	nicht herstellbar.

Die Berechnung integrierter Schaltkreise soll hier nicht behandelt werden, da sie vom Anwender nur in den seltensten Fällen durchgeführt werden muß. Unter Berücksichtigung der in der obigen Tabelle angegebenen Eigenschaften können für eine überschlägige Berechnung die im Abschnitt 3.1.2.1 für das DTL-NAND-Glied beschriebenen Berechnungsmethoden verwendet werden.

Die wichtigsten Kenndaten integrierter Schaltkreisfamilien sind in Tab. 3.1-2 zusammengefaßt.

3.1.4.1 Schaltkreise mit gesättigten Transistoren für mittlere Geschwindigkeiten. Die zuerst entwickelten integrierten Schaltkreise sahen schaltungsmäßig (genauer gesagt: im Ersatzschaltbild mit diskreten Bauelementen) genau so aus wie die zu dieser Zeit verwendeten konventionellen DTL- und DCTL-Schaltkreise.

DTL-Schaltkreise in integrierter Technik beruhen auf der in Abb. 3.1-10 beschriebenen Schaltung, die keinen Beschleunigungskondensator erfordert.

Da integrierte Bauelemente die Eigenchaft haben, daß die Kenndaten gleichartiger Bauelemente im gleichen Baustein nur wenig voneinander streuen und auch den gleichen Temperaturgang haben, ergibt sich eine sehr gute Kompensation der Toleranzen zwischen den Durchlaßspannungen der Eingangsdioden D_e und der zur Spannungsverschiebung verwendeten Diode D_1. Es ist deshalb zulässig, den Widerstand R_3 anstatt an eine negative Spannung direkt an Masse zu legen (Abb. 3.1-22a). Dadurch spart man nicht nur die eine Stromversorgung ein, sondern gewinnt zusätz-

Tabelle 3.1-2. Typische Werte für die Kenndaten der wichtigsten integrierten Schaltkreisfamilien (Kenndaten für TTL nach [45], für ECL nach [54], für LSL nach [76])

Spalte		1	2	3	4	5	6	7	8
Schaltkreistechnik / Kennwert		modified-DTL	TTL	low-power-TTL	high-speed-TTL	Schottky-TTL	T^3L	LSL	ECL
Laufzeit*	ns	25	10	35	6,5	4	9	175	2,0
Verlustleistung	mW	8	10	1	23	20	27	16	40**
Störsicherheit	V	0,8	0,9	0,9	0,9	0,7	1,6	4,8	0,2
Lastzahl (fan out)		8	10	10	10	10	9	10	10
Signalhub	V	4,5	3,1	3,1	3,1	3,0	3,9	10,5	0,8
Eingangsstrom	mA	1	1,0	0,1	1,5	1,5	1,8	0,8	0,15

* bei einer mittleren Lastzahl (fan out $\approx$ 5).

** bei Leitungsabschluß mit 50 Ω gegen -2V ohne Berücksichtigung der Verlustleistung im Widerstand.

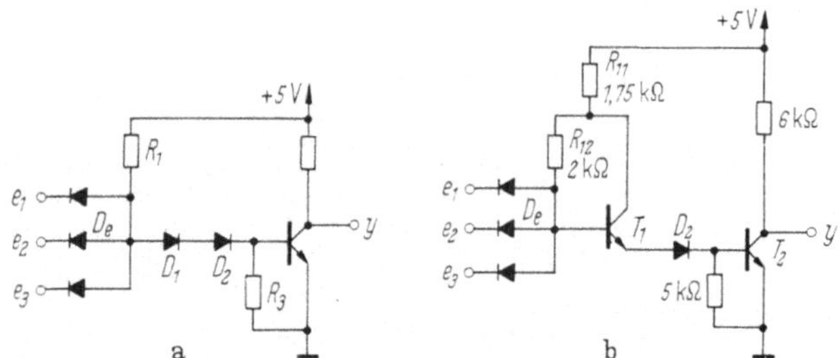

Abb. 3.1-22. DTL-NAND-Glieder in integrierter Technik. a) Ursprüngliche Ausführung; b) Modifizierter DTL-Schaltkreis.

lich noch einen Anschlußstift. Letzteres ist besonders wichtig, da bei dem heutigen Stand der Halbleitertechnik der Inhalt eines integrierten Logik-Bausteins oft nur durch die Anzahl der vorhandenen Anschlußstifte (gewöhnlich 14 oder 16, teilweise auch 24 oder mehr) begrenzt wird.

Da der Aufwand für einen Transistor kaum höher ist als für eine Diode, lag es nahe, die Schaltung nach Abb. 3.1-22a zu modifizieren, indem die Diode D_1 durch einen verstärkenden Transistor T_1 ersetzt wurde (*modified DTL*), Abb. 3.1-22b. Um die Verlustleistung klein zu halten, wurde dessen Kollektor an einen Abgriff des Widerstands R_1 gelegt. Für die Ansteuerung des Ausgangstransistors T_2 ist dann nur der Teilwiderstand R_{11} maßgebend, während der Eingangsstrom weiterhin durch den gesamten Widerstand $R_{11} + R_{12}$ bestimmt wird.

Gelegentlich werden auch DTL-Schaltkreise mit einem Gegentaktausgang (ähnlich wie bei der weiter unten beschriebenen TTL-Technik) als „modified DTL" bezeichnet.

DCTL-Schaltkreise (direct coupled transistor logic) eignen sich auf Grund der verwendeten Bauelemente gut für die Ausführung in integrierter Technik. Wegen der schon im Abschnitt 3.1.2.2 erwähnten geringen Störsicherheit im Zustand „0" hat diese Schaltkreistechnik aber keine große Bedeutung erlangt. Die integrierte Ausführung verwendet Basisvorwiderstände und trägt deshalb auch die nicht ganz eindeutige Bezeichnung *RTL* (*resistor transistor logic*) [36, 43].

Bei der TTL-Technik (Transistor-Transistor-Logik, auch als T^2L bezeichnet), sind die Eingangsdioden des DTL-Glieds durch Transistoren ersetzt und diese dann zu *einem* Transistor, aber mit mehreren Emitteranschlüssen zusammengefaßt (Abb. 3.1-23) [44].

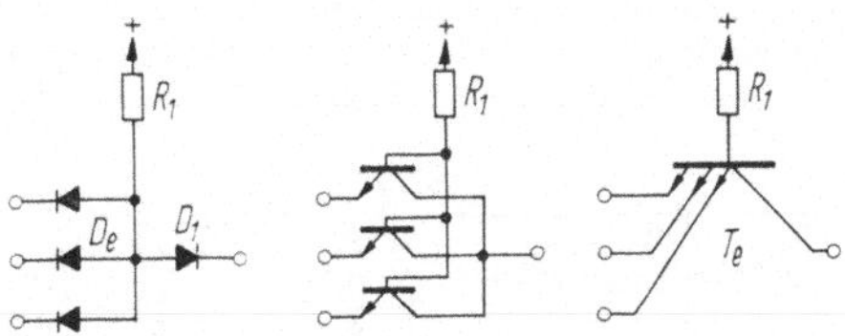

Verknüpfungsglied mit Dioden, mit Einzeltransistoren und mit Mehremittertransistor T_e.

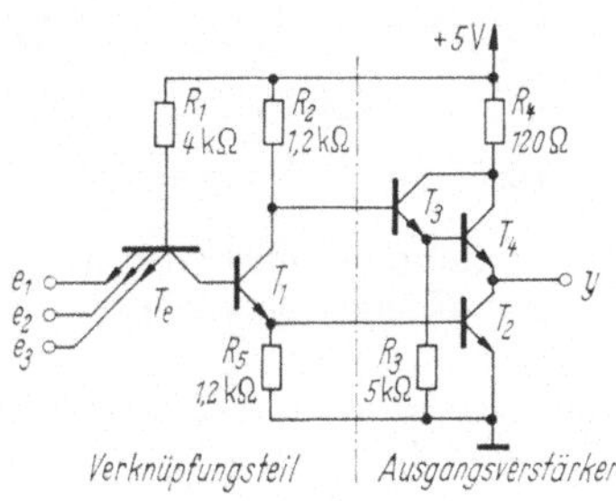

Abb. 3.1-24. TTL-NAND-Glied. R_4 ist ein Schutzwiderstand für den Kurzschlußfall.
$$y = \overline{e_1 e_2 e_3} = \bar{e_1} + \bar{e_2} + \bar{e_3}.$$

Die vollständige Schaltung des TTL-NAND-Glieds ist in Abb. 3.1-24 dargestellt. Wenn einer der Eingänge auf „0" liegt (0 bis 0,4 V), ist der Mehremittertransistor T_e leitend und die nachfolgenden Transistoren T_1 und T_2 sind gesperrt, wodurch der aus T_3 und T_4 gebildete Darlingtonverstärker leitend werden kann (Signal „1"). Liegen dagegen alle Eingänge auf „1" (2,4 bis 5,5 V), dann ist der NPN-Transistor T_e umgekehrt als üblich gepolt (der Emitter liegt auf einem höheren Potential als der Kollektor); der Transistor wird also invers betrieben. Über den Widerstand R_1 und die Basis-Kollektor-Strecke von T_e fließt dann ein Strom, der den Transistor T_1 und damit auch T_2 leitend macht. Damit in diesem Zustand der Eingangsstrom klein bleibt ($<100\,\mu$A), muß die inverse Stromverstärkung B_{inv} des Mehremittertransistors sehr klein sein ($B_{inv} < 0,1$).

Der Ausgangsverstärker wird durch die am Emitter und Kollektor des Transistors T_1 entstehenden gegenphasigen Signale angesteuert. Er zeichnet sich dadurch aus, daß sein Ausgangswiderstand in *beiden* Signalzuständen durch einen leitenden Transistor bestimmt wird (*totem pole*). Dadurch erreicht man, daß bei kapazitiver Last auch der Wechsel von „0" auf „1" am Ausgang sehr schnell erfolgt und die Schaltung im Zustand „1" relativ unempfindlich gegen eingekoppelte kapazitive Störspannungen ist. Beide Eigenschaften sind beim DTL-Glied mit seiner einfachen Verstärkerstufe nur durch sehr kleine Kollektorwiderstände zu erzielen, was zu einer untragbar hohen Verlustleistung führen würde. Bei der TTL-Technik bleibt dagegen die Verlustleistung stets klein, da — abgesehen vom Umschaltzeitpunkt — beide Transistoren nie gleichzeitig leitend werden. Wenn heute die TTL-Technik die am weitesten verbreitete Schaltkreisfamilie geworden ist, so liegt das nicht an dem Mehr-emittertransistor, von dem sich zwar ihr Namen ableitet, sondern an dem leistungs-fähigerem Ausgangsverstärker.

Das *TTL-UND-NOR-Glied* (AND-OR-INVERT) ist ein sehr häufig verwendeter Baustein der TTL-Schaltkreisfamilie, da es eine zweistufige Verknüpfung liefert, aber verglichen mit dem NAND-Glied nur wenig Mehraufwand und zusätzliche Verlust-leistung erfordert. Es entsteht, wenn mehrere Verknüpfungsteile (in Abb. 3.1-25 sind zwei dargestellt) auf einen gemeinsamen Ausgangsverstärker wirken [45, 46].

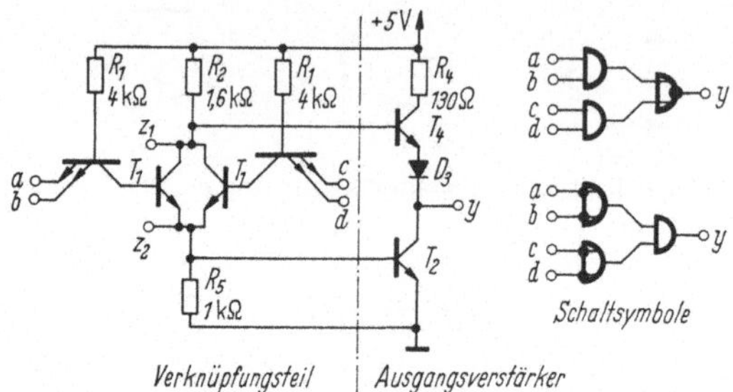

Abb. 3.1-25. UND-NOR-Glied (UND-ODER-NICHT-Glied) in TTL-Technik. $y = \overline{ab + cd} = (\overline{a} + \overline{b}) \cdot (\overline{c} + \overline{d})$. Für $c = \overline{a}$ und $d = \overline{b}$ erhält man $y = a \not\equiv b$; für $b = \overline{d}$, $c = \overline{a}$ wird $y = a \equiv d$.

Im Gegensatz zur Abb. 3.1-24 ist hier eine Ausführung des Ausgangsverstärkers dargestellt, bei der der Transistor T_3 und der Widerstand R_3 fehlen. Die Stromergie-bigkeit bei Signal „1" am Ausgang und die Verlustleistung sind in dieser Variante etwas geringer. Zusätzlich ist noch die Diode D_3 erforderlich, die durch ihren Span-nungsabfall für ein einwandfreies Sperren von T_4 sorgt, wenn T_1 und T_2 leitend sind.

Um die Zahl der UND-Schaltungen zu erhöhen, können bei technisch ausgeführ-ten Bausteinen an den Punkten z_1 und z_2 zusätzliche Erweiterungsschaltungen, hier meist als *Expander* bezeichnet, angeschlossen werden. Die kapazitive Belastung dieser Punkte, zu der die (Ausgangs-) Kapazität der Expander und die Verdrah-tungskapazität gehören, muß aber sehr klein gehalten werden; anderenfalls wird das UND-NOR-Glied wesentlich langsamer als ein NAND-Glied [47].

Mit dem UND-NOR-Glied lassen sich auch die Äquivalenz und die Antivalenz unmittelbar realisieren, wenn die Eingangssignale in normaler und negierter Form zur Verfügung stehen. Bei Beschränkung auf nur jeweils einen UND-Eingang redu-ziert sich das UND-NOR-Glied auf ein NOR-Glied. Durch eine zwischen Verknüp-fungsteil und Ausgangsverstärker eingeführte Negationsstufe erhält man aus dem NOR- ein ODER-Glied.

Ausgangslogik bei der TTL-Technik. Ein „*Verdrahtetes UND*" (*wired and*) ist beim normalen TTL-Schaltkreis nicht zulässig, da sein Ausgangswiderstand in bei-den Signalzuständen durch einen leitenden Transistor bestimmt wird (vgl. Ab-schnitt 3.1.2.3). Für diese Aufgabe gibt es jedoch spezielle TTL-Schaltkreise, bei denen die eine Hälfte der Ausgangsstufe (R_4, T_3 und T_4 in Abb. 3.1-24, bzw. R_4, D_3 und T_4 in Abb. 3.1-25) weggelassen worden ist. Man verzichtet in diesem Fall natür-lich auf die besonderen Vorteile des TTL-Ausgangsverstärkers und benötigt einen externen Kollektorwiderstand (0,4 bis 2 kΩ) gegen +5 V. Da jetzt die Lastkapazi-täten beim Wechsel von „0" nach „1" über diesen Widerstand umgeladen werden müssen, ist die Schaltung nicht schneller als ein DTL-Glied.

Diesen Nachteil vermeiden die TTL-Schaltkreise mit drei Ausgangszuständen (*tri-state logic*). Sie besitzen einen Gegentaktverstärker, der in beiden Signalzustän-den einen niedrigen Ausgangswiderstand hat, sich jedoch über einen besonderen

Steuereingang in einen dritten Zustand bringen läßt, in dem *beide* Ausgangstransistoren gesperrt sind. Sorgt man durch eine geeignete Steuerung dafür, daß alle ausgangsseitig verbundenen Schaltkreise bis auf jeweils einen in diesem dritten Zustand sind, so bestimmt dieser Schaltkreis mit seinem niedrigen Ausgangswiderstand den Zustand der Ausgangsleitung. Schaltkreise dieser Art lassen sich besonders vorteilhaft in Sammelleitungssystemen (bus-systems) anwenden [116, 117].

Der Einsatz von TTL-Schaltkreisen erfordert einige Vorsichtsmaßregeln [48, 69, 71]. Bei den üblichen TTL-Schaltkreisen (Spalte 2 in Tab. 3.1-2) können beim Übergang von „1" auf „0" Schaltzeiten <3 ns auftreten, was einer Flankensteilheit von etwa 1 V/ns entspricht. Das bedeutet, daß Verbindungsleitungen nicht immer als elektrisch kurz zu betrachten sind; an den Enden und an Anzapfstellen der Leitungen treten deshalb störende Reflexionen auf [42, 118]. Eine andere Störungsquelle sind Kopplungen, sowohl zwischen verschiedenen Verbindungsleitungen als auch auf den gemeinsamen Versorgungsleitungen innerhalb eines integrierten Bausteingehäuses. Wegen der kurzen Schaltzeiten und dadurch bedingten hohen Schaltströme, insbesondere bei starker kapazitiver Last, ist eine induktivitätsarme Zuführung des Massepotentials besonders wichtig. Da beim Umschalten eines TTL-Schaltkreises beide Ausgangstransistoren kurzzeitig leitend werden, können auch kurze Einbrüche auf der $+5$ V-Versorgungsleitung auftreten, was sich aber durch eine induktivitätsarme Zuschaltung von Kondensatoren zwischen Versorgungsleitungen und Masse verhindern läßt.

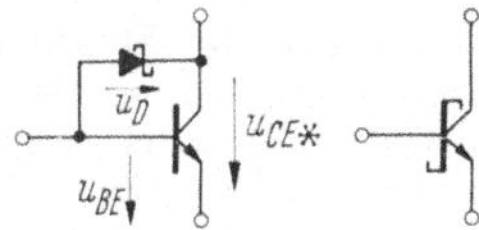

Abb. 3.1-26. Schaltungsausführung und Schaltsymbol eines Transistors mit Schottkydiode zur Sättigungsverhütung.

Bei den TTL-Schaltkreisen mit Schottkydioden wird durch einintegrierte Schottkydioden verhindert, daß die Transistoren in die Sättigung gesteuert werden und damit große Speicherzeiten, d.h. große Laufzeiten entstehen [49, 50, 119 bis 121]. Wie schon im Abschnitt 3.1.2.2 bei der RCTL-Technik erwähnt, läßt sich durch eine zwischen Basis und Kollektor geschaltete Diode erreichen, daß die Kollektor-Emitter-Spannung im leitenden Zustand des Transistors nicht kleiner als ein Wert u_{CE*} werden kann, der sich aus der Differenz der Basis-Emitter-Spannung u_{BE} und der Durchlaßspannung u_D der Diode ergibt (s. Abb. 3.1-26):

$$u_{CE*} = u_{BE} - u_D.$$

Für eine wirksame Sättigungsverhütung ist Voraussetzung, daß u_D merklich kleiner als u_{BE} ist; dies ist bei Schottkydioden mit $u_D \approx 0{,}3$ bis $0{,}5$ V in bezug auf integrierte Siliziumtransistoren mit $u_{BE} \approx 0{,}7$ bis $0{,}8$ V der Fall. Außerdem kommt hinzu, daß die Schottkydiode selbst fast keine Ladungen speichert, d.h. sehr schnell ist, so daß ihre Wirkung ohne Verzögerung eintritt. Als weiterer Vorteil ist noch anzuführen, daß Schottkydioden mit der herkömmlichen Technologie integrierter Schaltkreise hergestellt werden können. Aus allen diesen Gründen haben TTL-Schaltkreise mit Schottkydioden schnell praktische Bedeutung erlangt. Die Schaltungsstruktur entspricht der in Abb. 3.1-24 oder 3.1-25; es sind aber alle Transistoren, mit Ausnahme des als Emitterfolger geschalteten Transistors T_4, mit einer Schottkydiode zur Sättigungsverhütung versehen. Die Kenndaten sind in Tab. 3.1-2 in Spalte 5 aufgeführt. Die dort erkennbare Verkürzung der Laufzeit in bezug auf normale TTL-Schaltkreise beruht aber nicht ausschließlich auf der Wirkung der Schottkydioden, sondern teilweise auch auf einer verbesserten Technologie und auf kleineren Widerstandswerten.

Als sehr schnell schaltende Schaltkreise mit Flankensteilheiten um 1,5 ns ($\approx 0{,}5$ ns/V) sind TTL-Schaltkreise mit Schottkydioden besonders empfindlich gegen Störungen. Das wird zusätzlich dadurch verschärft, daß ihre statische Störsicherheit noch geringer als bei der normalen TTL-Technik ist [122]. Für den Einsatz solcher schnellen Schaltungen gilt daher das oben über Störungen beim Einsatz von TTL-Schaltkreisen Gesagte in ganz besonderem Maße.

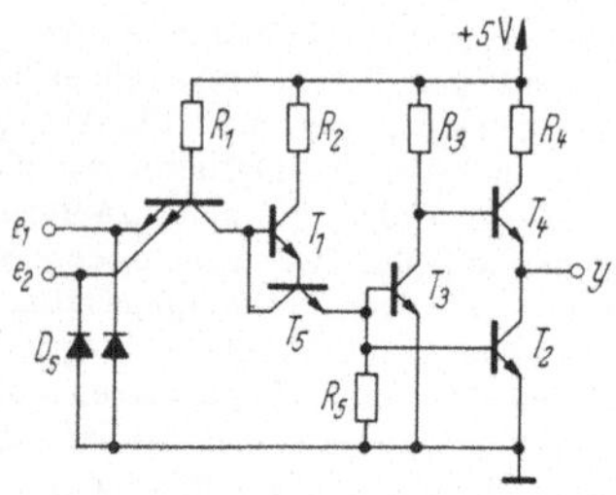

Abb. 3.1-27.   T³L-NAND-Glied.   Man beachte die gegenüber Abb. 3.1-24 unterschiedliche Schaltungsart von Transistor T_3.

TTL-Schaltkreise mit höherer Störsicherheit (T³L) [144]. Je größer die Abmessungen eines mit TTL-Schaltkreisen aufgebauten Gerätes werden, um so größer werden im allgemeinen die darin auftretenden Störungen. Aus dem Wunsch nach Schaltkreisen mit höherer Störsicherheit ist die sog. T^3L-*Technik* entstanden, bei der durch die zusätzliche Basis-Emitter-Strecke eines Transistors T_5 (daher der Name T^3L für T-TTL) die Umschaltschwelle am Eingang von 1,4 V auf etwa 2,1 V angehoben wird (Abb. 3.1-27). Gleichzeitig kann wegen der unabhängigen Ansteuerung des Transistors T_4 über eine zusätzliche Transistorstufe T_3 die in der Schaltung nach Abb. 3.1-25 benötigte Diode D_3 entfallen, wodurch die Ausgangsspannung im Zustand „1" um mindestens eine Diodendurchlaßspannung angehoben wird. Durch diese zwei Maßnahmen wird die Störsicherheit in beiden Signalzuständen um etwa 0,7 V besser als bei der TTL-Technik (s. Abb. 3.1-28). Die auch bei einigen TTL-Schaltkreisen vor-

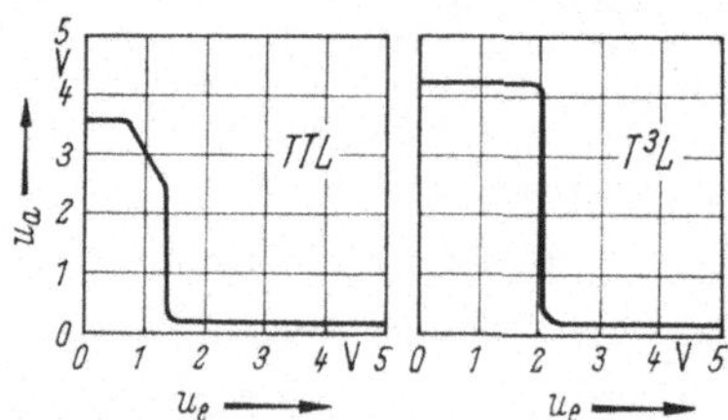

Abb. 3.1-28. Vergleich der Eingangs-Ausgangs-Kennlinien von TTL- und T³L-Schaltkreisen.

handenen Dioden D_s dienen zur Begrenzung des Überschwingens bei langen Ansteuerleitungen. Als Nachteil dieser Technik ergibt sich neben dem bei integrierten Schaltkreisen nicht so bedeutsamen Mehraufwand an Bauelementen eine höhere Verlustleistung, die durch die zusätzliche Transistor-Verstärkerstufe T_3 bedingt ist (s. Spalte 6 in Tab. 3.1-2).

Weitere TTL-Schaltkreisfamilien. Schaltkreise mit *höherer Geschwindigkeit* lassen sich ohne den Einsatz von Schottkdydioden erzielen, indem man alle Widerstandswerte kleiner als bei der normalen TTL-Technik macht. Man erhält dann Schaltungen mit höherer Verlustleistung; ein Beispiel dafür findet sich in Spalte 4 der Tab. 3.1-2. Daneben gibt es eine langsame TTL-Schaltkreisfamilie, die für eine besonders *niedrige Verlustleistung* ausgelegt ist, die wichtigsten Kenndaten sind in Spalte 3 der Tab. 3.1-2

angegeben. Schließlich werden sowohl bei den Schaltkreisen mit niedriger Verlustleistung als auch bei denen mit höherer Störsicherheit (T^3L) Ausführungen mit
Schottkydioden hergestellt [45, 144].

3.1.4.2 Schnelle Schaltkreise mit ungesättigten Transistoren
[51 bis 60, 119, 120, 123, 124]

Bedingungen für höchste Arbeitsgeschwindigkeiten sind u. a.:

1. Die räumlichen Abmessungen des Schaltwerks müssen klein sein, damit die
Signallaufzeiten auf den Verbindungsleitungen nicht wesentlich größer als die internen Laufzeiten in den Schaltkreisen werden.

2. Die Schalttransistoren dürfen nicht in Sättigung gesteuert werden, um die
Speicherzeiten klein zu halten und damit kurze Schaltzeiten zu erreichen.

3. Der Signalhub soll nicht zu groß sein, damit die Energie für die Umladung der
Verdrahtungskapazitäten klein bleibt und es möglich ist, die Verbindungsleitungen
mit ihrem Wellenwiderstand abzuschließen.

Die erste Bedingung wird von allen integrierten Schaltkreisen, insbesondere von
denen mit höherem Integrationsgrad (Abschnitt 3.1.4.5) erfüllt. Die in der zweiten
Bedingung geforderte Eigenschaft besitzen von den bisher beschriebenen Schaltkreisen nur die TTL-Schaltkreise mit Schottkydioden. Alle drei Bedingungen werden
dagegen nur von den *Stromübernahme-Schaltungen* (englisch: CML, *current mode
logic*) erfüllt.

Die Grundschaltung wurde im Abschnitt 3.1.2.2 beschrieben. Bei der Ausführung
in integrierter Technik erfolgt die Potentialverschiebung durch nach- oder vorge-
schaltete Emitterfolger; die entsprechenden Schaltungen werden als *ECL* (*emitter
coupled logic*, Abb. 3.1-29) und E^2CL (*EECL = Emitterfolger-ECL*, Abb. 3.1-30) bezeichnet.

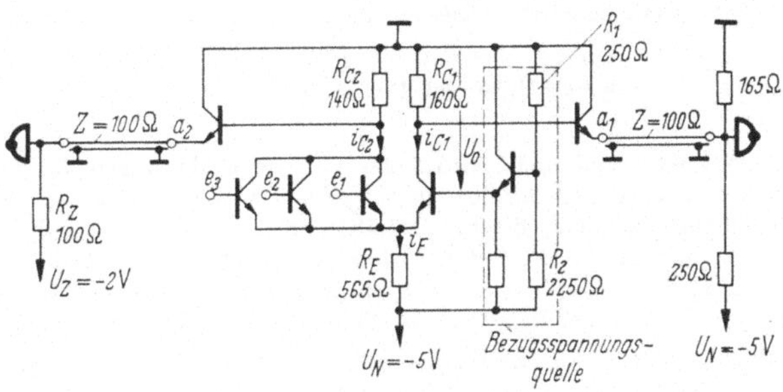

Abb. 3.1-29. Schaltbild eines ECL-ODER/NOR-Glieds, das am Ende mit ihrem Wellenwiderstand $R_Z = 100\ \Omega$ abgeschlossene Leitungen treibt, wobei R_Z entweder an eine Hilfsspannung
$U_Z < u_a\,(0)$ angeschlossen ist oder durch einen Spannungsteiler realisiert wird.
$u_e\,(1) = u_a\,(1) = -0{,}8\ V;\ u_e\,(0) = u_a\,(0) = -1{,}6\ V;\ U_0 = -1{,}2\ V.$

ECL- und E^2CL-Technik sind in besonderem Maße für die Ausführung in integrierter Technik geeignet. Da auf einem Schaltkreis die Basis-Emitterspannung für
alle Transistoren praktisch den gleichen Wert hat, ist die Umschaltschwelle sehr genau definiert, so daß man mit einem kleineren Signalhub auskommt als beim Aufbau
mit diskreten Bauelementen oder eine größere Störsicherheit erhält. Ferner werden
die entscheidenden Spannungen nur durch Widerstands*verhältnisse* bestimmt; dies
gilt sowohl für die intern erzeugte Bezugsspannung U_0 (Spannungsteiler R_1/R_2) als
auch für den Signalhub Δu. Dieser beträgt beim ECL-Glied unter der Näherung
$i_B = 0$ und $u_{eb} = \mathrm{const}$, da $u_e(1) = -u_{BE}$ ist:

$$\Delta u = i_{C2}R_{C2} - 0 = i_{E2}R_{C2} = \frac{R_{C2}}{R_E}\,(|\,U_N\,| - 2u_{BE}),$$

bzw., da $U_0 = -u_{BE} - \Delta u/2$ ist:

$$\Delta u = i_{C1} R_{C1} - 0 = i_{E1} R_{C1} = \frac{|U_N| - 2u_{BE}}{R_E/R_{C1} + 1/2}.$$

Aus beiden Gleichungen folgt ferner

$$R_{C2} = \frac{2R_E \cdot R_{C1}}{2R_E + R_{C1}}.$$

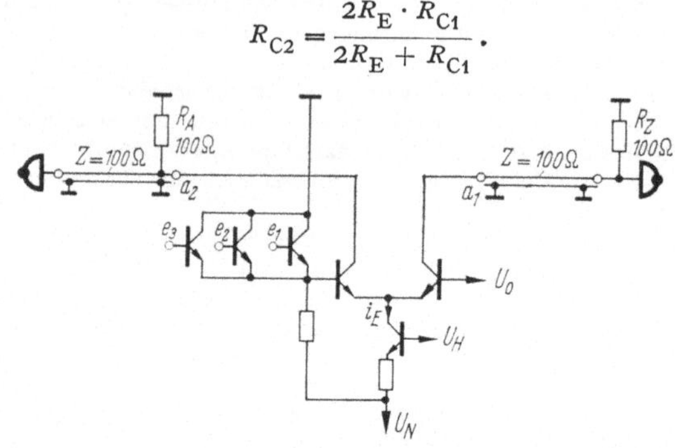

Abb. 3.1-30. Schaltbild eines E²CL-ODER/NOR-Glieds mit zwei angeschlossenen 100-Ω-Leitungen, wobei die Leitung auf der linken Seite mit einem Abschlußwiderstand R_A am Anfang der Leitung (aber keinem am Ende) und die Leitung auf der rechten Seite mit einem Abschlußwiderstand R_Z am Ende (bei weggelassenem Kollektorwiderstand) betrieben wird. $u_e(1) = u_a(1) = 0$ V; $u_e(0) = u_a(0) = -0{,}8$ V; $U_O = -1{,}2$ V; $U_H \leq -2{,}0$ V intern erzeugte Hilfsspannung, die für einen konstanten Emitterstrom $i_E = 8$ mA sorgt.

Dynamisches Verhalten und Einfluß der Verbindungsleitungen [41, 42, 61 bis 66, 125]. Der Ausgangs-Emitterfolger in der ECL-Technik dient nicht nur zur Potentialverschiebung, sondern liefert zusätzlich einen sehr kleinen dynamischen Ausgangswiderstand, so daß auch bei starker kapazitiver Belastung durch die Eingangskapazitäten der angeschlossenen Schaltkreise die Schaltgeschwindigkeit nur wenig abnimmt. Bei starker Belastung ist daher die ECL-Technik schneller als die E²CL-Technik, während es im Leerlauf umgekehrt ist, weil bei den E²CL-Schaltungen die Eingangskapazität kleiner ist und unabhängig von der Zahl der Eingänge die Differenzstufe aus nur einem Transistor auf jeder Seite besteht, so daß weniger Transistorkapazitäten umgeladen werden müssen.

Auf dem Markt befindliche CML-Schaltkreise, überwiegend in ECL-Technik, erreichen Anstiegs- und Abfallzeiten von 1 ns und Laufzeiten um und unter 2 ns. Da man bei Verbindungsleitungen in gedruckter Technik mit Laufzeiten um 6 ns/m rechnen muß, sind die meisten Verbindungsleitungen nicht mehr als elektrisch kurz zu betrachten; (die Grenze ist etwa dann erreicht, wenn die doppelte Leitungslaufzeit gleich der Flankensteilheit ist; bei 1 ns entspricht das etwa 8 cm). Wenn solche Leitungen am Ende offen sind, treten Reflexionen auf, die annähernd die gleiche Größe wie die Nutzsignale haben.

Gedruckte Verbindungsleitungen, die in engem Abstand über einer auf Masse liegenden Ebene laufen, haben gut definierte Wellenwiderstände Z in der Größenordnung 50 bis 100 Ω. Bei dem in der CML-Technik üblichen Signalhub $\Delta u = 0{,}8$ V sind zur einwandfreien Impulsübertragung daher Schaltströme $\Delta u/Z = 8$ bis 16 mA erforderlich. Diesem Schaltstrom muß beim ECL-Glied noch ein zusätzlicher Gleichstrom überlagert werden, damit auch im Zustand „0" am Ausgang ein ausreichender Strom durch den Emitterfolger fließt, um dessen Ausgangswiderstand bei Lastschwankungen und Störungen klein zu halten.

Um die Ausgangsimpulse möglichst unverzerrt (reflexionsfrei) zu übertragen, werden bei der CML-Technik im allgemeinen am Ende mit dem Wellenwiderstand R_Z abgeschlossene Leitungen verwendet (Abb. 3.1-29 und rechte Seite von 3.1-30).

Beim E^2CL-Glied besteht auch die Möglichkeit, den Abschlußwiderstand an den Anfang der Leitung zu legen (linke Seite von Abb. 3.1-30). Infolge der Parallelschaltung von Widerstand R_A und Leitungswellenwiderstand Z erreicht aber der Spannungshub im ersten Augenblick nur den halben Endwert. Am Ende der offenen Leitung wird dieser halbe Hub so reflektiert, daß sich dort der volle Signalhub einstellt. Die am Ende reflektierte Welle läuft dann zum Leitungsanfang zurück, so daß nach der doppelten Laufzeit auch am Leitungsanfang der volle Signalhub zur Verfügung steht. Ein am Leitungsanfang befindlicher Schaltkreis muß also zwei Leitungslaufzeiten warten, bis er ein eindeutiges Ansteuersignal erhält; während dieser Wartezeit befindet er sich gerade im Umschaltpunkt, wodurch unerwünschte Schwingungen entstehen können. Dieser Nachteil wird beim Abschluß der Leitung am Ende vermieden.

Erweiterungsmöglichkeiten des CML-Gliedes. Als Nachteil der CML-Technik wird im allgemeinen die höhere Verlustleistung angesehen. Diese wird bei gegebenen Betriebsspannungen durch den Emitterstrom der Differenzstufe und durch den vom Wellenwiderstand der anzusteuernden Leitungen abhängigen Ausgangsstrom bestimmt. Die Leistungsbilanz wird aber wesentlich günstiger, wenn man mit dem gleichen Emitterstrom mehr als eine logische Verknüpfung ausführt (Serienkopplung) oder mehrere Verknüpfungsschaltungen auf den gleichen Ausgangswiderstand arbeiten läßt (Kollektorkopplung und „Verdrahtetes ODER") [52, 55, 59, 120].

Beim Schaltungsprinzip der *Serienkopplung* (*series gating*) sind zwei (manchmal auch drei) Differenzstufen in Serie geschaltet, wodurch sich mehrere steuerbare Strompfade ergeben (Abb. 3.1-31). Diese sind dann wieder an den Kollektorwiderständen zusammengefaßt, wobei es nie möglich ist, daß mehr als ein Widerstand gleichzeitig stromdurchflossen ist. Da die für die Erzeugung des eingeprägten Emitterstroms zur Verfügung stehende Spannung jetzt merklich kleiner ist, wird der Emitterwiderstand meist durch eine mit Transistoren aufgebaute Regelschaltung ersetzt.

Bei der *Kollektorkopplung* (*collector dotting*) arbeiten mehrere Differenzstufen auf den gleichen Kollektorwiderstand (Abb. 3.1-32). Sofern alle Kombinationen der

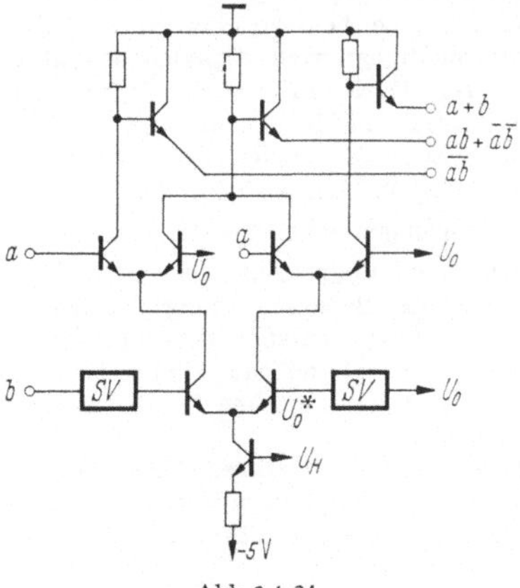

Abb. 3.1-31.

ODER/NAND/ÄQUIVALENZ-Glied in ECL-Technik mit Serienkopplung (series gating). $U_O = -1{,}2$ V; $U_H \leq -3{,}2$ V Hilfsspannung zur Erzeugung eines konstanten Emitterstroms; SV Netzwerk zur Spannungsverschiebung um 1,2 V in negativer Richtung ($U_O^* = -2{,}4$ V).

Eingangssignale zulässig sind, kann der mehrfache Emitterstrom i_E durch den Kollektorwiderstand R_C fließen; der Spannungsabfall an ihm wird aber durch den als Diode geschalteten Transistor D auf den normalen Wert von 0,8 V begrenzt.

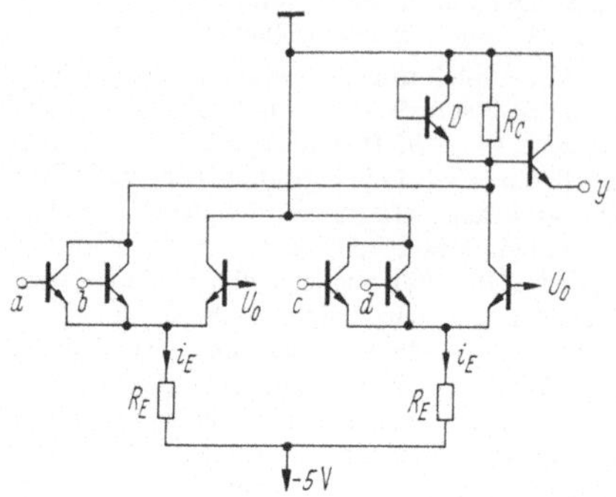

ECL-Schaltkreis mit Kollektorkopplung (collector dotting). $y = \overline{(a + b)} \cdot (c + d) = \overline{a}\overline{b}\,(c + d)$

Die Schaltungsprinzipien Serienkopplung, Kollektorkopplung und „Verdrahtetes ODER" (wired or, nur bei der ECL-Technik möglich) können auch gleichzeitig angewendet werden. Bei allen diesen Schaltungen sind zwar Verlustleistung und Laufzeit je Verknüpfungs*glied* etwas größer, aber bezogen auf eine Verknüpfungs*funktion* erheblich kleiner als bei den normalen CML-Schaltkreisen. Dasselbe gilt, wenn beim CML-Schaltkreis die eine Basis der Differenzstufe nicht an die Bezugsspannung U_0 gelegt wird, sondern ebenfalls angesteuert wird [56, 60]. Um eindeutige Ausgangssignale zu erhalten, müssen in diesem Fall die Eingangssignale auf einer Seite um den halben Signalhub verschoben werden. Es lassen sich dann in einer Stufe kompliziertere logische Verknüpfungen erzeugen als bei einseitiger Ansteuerung; bei gegenphasigen Störsignalen ist aber auch die Störsicherheit nur halb so groß.

Die Betriebsspannung von integrierten digitalen Schaltkreisen beträgt meist +5 V. Um Leistung zu sparen, werden in der CML-Technik manchmal auch niedrigere Spannungen verwendet. Bei den CML-Schaltungen wird jedoch nicht die negative Anschlußklemme auf Masse gelegt, sondern die positive, weil sich die Ausgangsspannungen, insbesondere $u_a(1)$, auf den positiven Anschluß abstützen.

Manche Schaltungsausführungen erzeugen die Bezugsspannung U_0 nicht im Schaltkreis selbst, sondern außerhalb, so daß eine weitere Betriebsspannung erforderlich ist. Die Schwankungen der Bezugsspannungen lassen sich aber dann kleiner halten, was gleichbedeutend mit einer entsprechend höheren Störsicherheit ist.

3.1.4.3 Störungen und störunempfindliche Schaltkreise. *Störungen* haben die verschiedensten Ursachen, wobei man zwischen Fremd- und Eigenstörungen unterscheiden muß.

Eigenstörungen entstehen durch Reflexionen, Nebensprechen zwischen benachbarten Verbindungsleitungen und Kopplungen über die gemeinsamen Versorgungsleitungen [42, 48, 62, 63, 66 bis 73, 125, 126, 128, 129]. Die Wirkung dieser Störungen ist — außer von der Dauer des Signalwechsels — von der Amplitude des Signalhubs bzw. den dabei auftretenden Stromänderungen meist unmittelbar abhängig. Die maximal zulässige Störspannung, die Störsicherheit, ist in erster Näherung ebenfalls dem Signalhub proportional. Durch geeignete Dimensionierung läßt sich daher für fast jede Schaltkreistechnik unabhängig von den absoluten Werten ein ausreichendes Störsicherheit-Nutzsignal-Verhältnis erzielen (bei TTL und ECL etwa 20 bis 25%).

Unter *Fremdstörungen* versteht man alle Störungen, die nicht durch die Logikschaltkreise und deren Verdrahtung verursacht werden [68, 73, 74, 125 bis 128]. Sie entstehen vorwiegend durch Elemente der Leistungselektronik und Starkstromtechnik und werden sowohl durch elektromagnetische Kopplung als auch über die Versorgungsleitungen übertragen. Durch Abschirmung des ganzen Geräts und Siebung aller Ein- und Ausgangsleitungen können diese Störungen meist unwirksam gemacht werden. Dies wird jedoch schwierig, wenn im gleichen Gerät mit niedrigem Energieniveau arbeitende Logikschaltkreise und Schaltungen der Leistungselektronik untergebracht und an vielen Stellen miteinander verbunden sind. Ähnliches gilt in der elektronischen Vermittlungstechnik, wo ankommende und abgehende Leitungen im Vergleich zu üblichen integrierten Logikschaltkreisen unzulässig hohe Störspannungen haben. Für derartige Anwendungen gibt es sog. *störunempfindliche Schaltkreise*, bei denen das Hauptziel der Entwicklung eine hohe Störsicherheit ist, während bei den bisher beschriebenen Schaltkreisen die Störsicherheit immer nur so weit getrieben wurde, daß die anderen Leistungsziele — Verlustleistung, Aufwand, Geschwindigkeit — nicht merklich beeinträchtigt wurden.

Die DTLZ-Technik (DTL mit Zenerdiode) ist die Grundlage der meisten störsicheren Schaltkreise (Abb.3.1-33a). Der Transistor T_1 kann erst leitend werden, wenn die Eingangsspannung größer als die Spannung u_Z der Zenerdiode wird, wobei

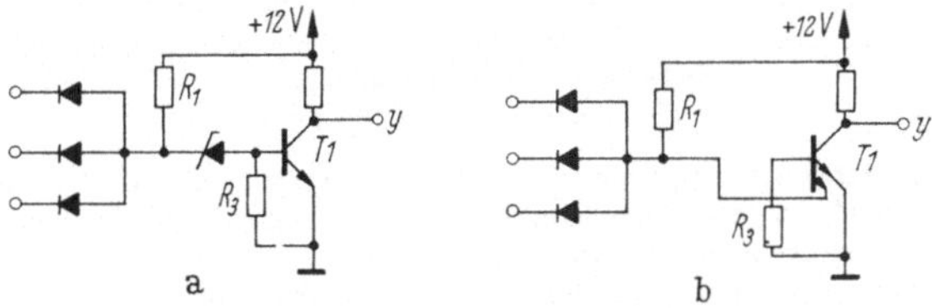

Abb.3.1-33. Prinzipschaltung des DTLZ-NAND-Glieds. a) Darstellung mit Zenerdiode, b) technische Ausführung mit Mehremittertransistor.

$u_Z \approx 0{,}5 \cdot U_P$ sein soll. Umgekehrt gilt, daß der Transistor gesperrt wird, wenn die Eingangsspannung unter u_Z liegt. Da die Ausgangssignale aber in der Nähe von 0 und 12 V liegen, ergibt sich in beiden Signalzuständen eine große Spannungsdifferenz zu dem Umschaltpunkt, d.h. eine große *statische Störsicherheit*.

In der praktischen Ausführung [75] wird die Zenerdiode durch einen zusätzlichen Emitter des Transistors T_1 realisiert, indem der Durchbruch der Basisemitterstrecke ausgenutzt wird, wobei sich Zenerspannungen von etwa 6 V ergeben (Abb.3.1-33b).

Durch einen Ausgangsverstärker, der in beiden Signalzuständen einen kleinen Ausgangswiderstand hat, läßt sich die Störsicherheit verbessern, da kapazitiv eingekoppelte Störspannungen unterdrückt werden. Dies gilt jedoch nur, solange die doppelte Signallaufzeit auf den Verbindungsleitungen kürzer als die Ansprechzeit der angeschlossenen Schaltkreise ist. Andernfalls wirkt während dieser Zeit nicht der Ausgangswiderstand sondern nur der Wellenwiderstand der Leitung auf die Störung dämpfend.

Da die Dauer der durch Nebensprechen und Reflexionen erzeugten Störimpulse von der Leitungslänge abhängt, ist es im Hinblick auf eine große zulässige Leitungslänge stets von Vorteil, wenn die angesteuerten Schaltkreise so langsam sind, daß sie auf kurze Störimpulse nicht reagieren, also eine hohe *dynamische Störsicherheit* besitzen. Es muß aber gesichert sein, daß die „Langsamkeit" der Schaltkreise auch im Leerlauf bzw. bei sehr schwacher Belastung erhalten bleibt und möglichst unabhängig von den Streuungen der Stromverstärkungen der Transistoren ist. Dies läßt sich am besten durch eine Gegenkopplung mittels eines sog. Millerkondensators erreichen, der entweder durch eine zusätzliche externe Beschaltung [127, 130, 131] oder nach Abb. 3.1-34 in Form eines besonders großen Kollektor-Basis-Übergangs am Transistor T_1 realisiert werden kann [76, 77, 130]. Da der Gegenkopplungskondensator unmittelbar am Ausgang angeschlossen ist, werden nicht nur die Ansprechzeiten des Schaltkreises, sondern auch seine Anstiegs- und Abfallzeiten vergrößert, so daß auch die Erzeugung von Eigenstörungen reduziert wird.

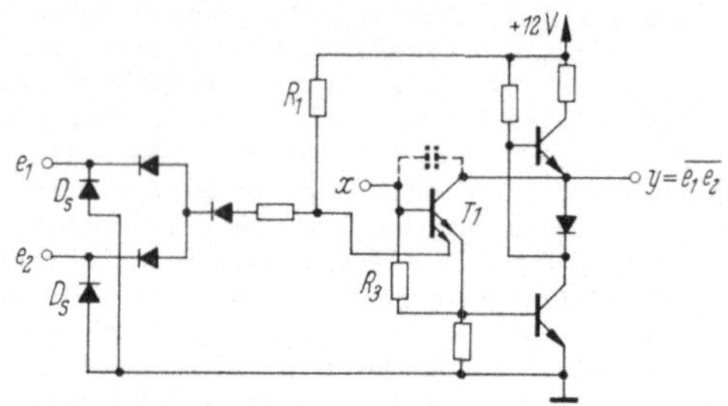

Abb. 3.1-34. Verbessertes DTLZ-NAND-Glied mit höherer dynamischer Störsicherheit durch einintegrierten Miller-Kondensator (Kenndaten in Spalte 7 (LSL) von Tab. 3.1-2 auf Seite 290). Die Substratdioden D_S begrenzen ein negatives Überschwingen der Eingangssignale. Durch Anschluß eines Kondensators an die Klemmen x und y kann die Gegenkopplungskapazität bei Bedarf noch vergrößert werden.

3.1.4.4 Aus Verknüpfungsgliedern zusammengesetzte bistabile Kippstufen [8, 56, 59, 78 bis 80, 132 bis 134]. Da Kondensatoren in der monolithisch integrierten Technik sehr aufwendige Bauelemente sind, werden sie heute beim Aufbau von Kippstufen nicht mehr verwendet. Bistabile Kippstufen und insbesondere ihre Ansteuerschaltungen werden deshalb aus mehreren Verknüpfungsgliedern zusammengesetzt. Sofern das Zusammenschalten der Verknüpfungsglieder nicht vom Anwender durchgeführt wird, sondern innerhalb des Monolithen erfolgt, können diejenigen Verknüpfungsschaltungen, die nur interne Ausgänge haben, wesentlich einfacher aufgebaut werden, z. B. ohne Ausgangsverstärker in der TTL-Technik. Die bei vielen Kippstufen erforderlichen Zwischenspeicher werden anstatt durch Kondensatoren durch Hilfskippstufen realisiert, die aus jeweils zwei Verknüpfungsgliedern bestehen.

Prinzipiell setzt sich jede integrierte Kippstufe aus einem *Grundflipflop* (*Basisflipflop*) und einer *Ansteuerschaltung* zusammen (Abb. 3.1-35). Das Grundflipflop

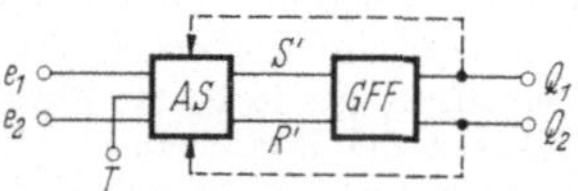

Abb. 3.1-35. Prinzipschaltung einer bistabilen Kippstufe. AS Ansteuerschaltung, GFF Grundflipflop.

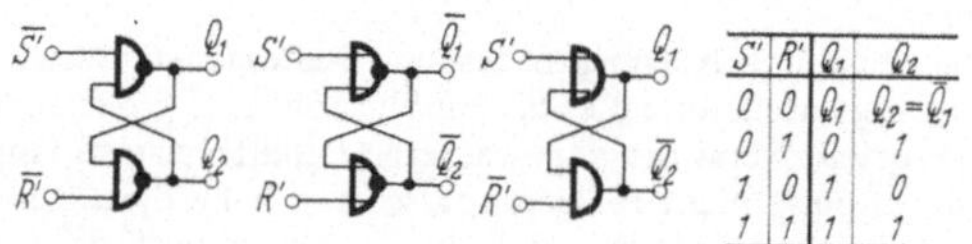

Abb. 3.1-36. Die drei Möglichkeiten für den Aufbau des Grundflipflops aus zwei Verknüpfungsgliedern. Die Wertetabelle gilt für alle drei Anordnungen; Q_1 bzw. $Q_2 = \overline{Q_1}$ in der ersten Zeile bedeutet, daß sich die Ausgangssignale Q_1 und Q_2 nicht ändern, also der gerade vorhandene Zustand gespeichert bleibt.

besteht aus zwei gegenseitig rückgekoppelten Verknüpfungsgliedern und kann zwei stabile Zustände speichern. Außer der schon im Abschnitt 3.1.2.4 beschriebenen statischen Kippstufe (Abb. 3.1-21) aus zwei NAND-Gliedern können auch zwei NOR-Glieder oder eine Kombination aus einem UND- und einem ODER-Glied verwendet werden (Abb. 3.1-36). In der Ansteuerschaltung werden die Eingangssignale e_1, e_2, ... untereinander, mit dem Takt T und unter Umständen mit den Ausgangssignalen Q_1 und Q_2 zu den Eingangssignalen R' und S' des Grundflipflops verknüpft.

Einteilung der Kippstufen nach der Art der Eingänge. Je nach der Art der Verknüpfung der Eingangssignale in der Ansteuerschaltung ergeben sich unterschiedliche Flipfloptypen, die nach den (durch Großbuchstaben gekennzeichneten) Namen ihrer Eingänge bezeichnet werden [135]. Ihre Wirkungsweise kann durch Zustandstabellen beschrieben werden. Auf der linken Seite dieser Tabellen stehen alle möglichen Kombinationen der Eingangsvariablen zur Zeit n, d.h. vor dem Eintreffen des Taktimpulses, während die rechte Seite den Zustand angibt, den der Ausgang Q_1 zur Zeit $n + 1$ nach dem Eintreffen des Taktimpulses annimmt. Dabei bedeutet ein X, daß der Ausgangszustand nach dem Ende des Taktimpulses undefiniert ist. Während der Dauer des Taktimpulses kann aber ein definierter, wenn auch irregulärer Zustand, nämlich beide Ausgänge gleichzeitig „0" oder „1", herrschen, bei dem in der Kippstufe keine Information gespeichert ist.

Von den Kippstufen mit einem Eingang (Tab. 3.1-3) hat die *D-Kippstufe* sehr große Verbreitung gefunden, weil zur Informationsübertragung nur ein Signal erforderlich ist, und daher weniger Leitungen und Anschlußstifte benötigt werden.

Tabelle 3.1-3. Zustandstabellen für Kippstufen mit einem Eingang.

Q^n der Ausgang ändert sich nicht; $\overline{Q^n}$ der Ausgang nimmt den entgegengesetzten Zustand wie vorher ein

D-Kippstufe (Delay-FF, Latch-FF)		T-Kippstufe (Toggle-FF, Trigger-FF)	
$e_1 = D^n$	Q_1^{n+1}	$e_1 = T^n$	Q_1^{n+1}
0	0	0	Q^n
1	1	1	$\overline{Q^n}$

Tabelle 3.1-4. Zustandstabellen für einige Kippstufenarten mit zwei Eingängen

RS-Kippstufe			JK-Kippstufe			DV-Kippstufe		
$e_1 = S^n$	$e_2 = R^n$	Q_1^{n+1}	$e_1 = J^n$	$e_2 = K^n$	Q_1^{n+1}	$e_1 = V^n$	$e_2 = D^n$	Q_1^{n+1}
0	0	Q^n	0	0	Q^n	0	0	Q^n
0	1	0	0	1	0	0	1	Q^n
1	0	1	1	0	1	1	0	0
1	1	X	1	1	$\overline{Q^n}$	1	1	1

Die wichtigsten Kippstufen mit zwei Eingängen sind in Tab. 3.1-4 aufgeführt. Die *RS-Kippstufe* (set reset flipflop) und die *JK-Kippstufe* sind symmetrisch aufgebaut; der eine Eingang dient zum Setzen, der andere zum Rücksetzen. Die beiden Kippstufenarten unterscheiden sich nur bei dem Fall, bei dem beide Eingänge auf „1" liegen: die JK-Kippstufe zeigt im Gegensatz zur RS-Kippstufe für $J = 1$, $K = 1$

keinen undefinierten Zustand X, sondern nimmt den jeweils anderen Ausgangszustand an. Die *DV-Kippstufe* wirkt für $V = 1$ wie eine D-Kippstufe; wenn $V = 0$ ist, bleibt der jeweilige Zustand gespeichert.

Bei allen taktgesteuerten Kippstufen gibt es oft neben den Eingängen, die vom Takt beeinflußt werden, noch sogenannte *statische Eingänge*, auch *Setzeingänge* oder *Direkteingänge* genannt, mit denen unabhängig von der Taktsteuerung ein bestimmter Zustand der Kippstufe erzwungen werden kann. Diese statischen Eingänge werden meist zur Erzeugung eines bestimmten Anfangszustands, z.B. nach dem Einschalten der Stromversorgung, benötigt und je nach ihrer Funktion als Einstelleingang E_S (preset, set) oder Rückstelleingang E_R (clear, reset) bezeichnet; ein Beispiel zeigt Abb.3.1-38.

Einteilung der Kippstufen nach der Wirkung des Taktes (Abb.3.1-37). Zusätzlich zu der beschriebenen Einteilung und Bezeichnung der Kippstufen nach der Funktion ihrer Steuereingänge muß die Wirkung des Taktes auf die Kippstufe berücksichtigt

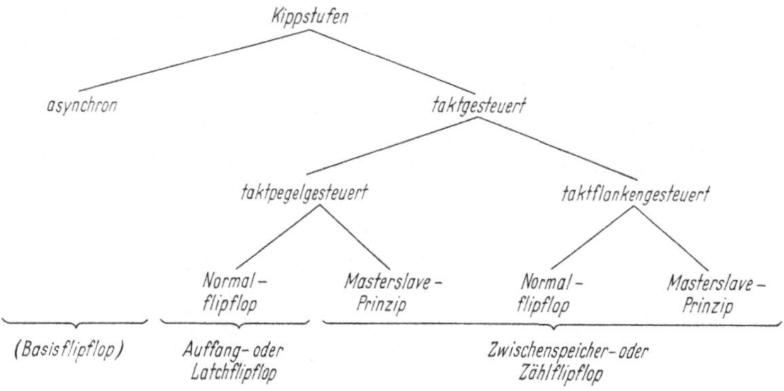

Abb.3.1-37. Einteilung der Kippstufen nach der Wirkung des Taktes.

werden. Neben der *asynchronen Kippstufe* (nicht zu verwechseln mit dem asynchronen Betrieb einer Kippstufe, z.B. in einem Zähler), die keinen Takt- oder Auslöseeingang T besitzt und damit in der Ausführung als RS-Kippstufe dem Grundflipflop entspricht, kann man vier unterschiedliche Arten von taktgesteuerten Kippstufen unterscheiden.

1a) Bei den *taktpegelgesteuerten Kippstufen* werden die Eingangssignale während der ganzen Dauer des Taktimpulses in die Kippstufe übernommen. (Je nach technischer Ausführung kann das Nullsignal oder das Einssignal der aktive Taktpegel sein.) Bei taktpegelgesteuerten Kippstufen ist es daher nicht möglich, die Ausgänge einer Kippstufe unmittelbar mit den Eingängen derselben oder einer anderen vom gleichen Takt gesteuerten Kippstufe zu verbinden. Einerseits muß nämlich der Taktimpuls mindestens so lang dauern wie die Umschaltzeit der Kippstufe, andererseits besteht dann aber die Gefahr, daß auch der neue Zustand in die angeschlossene Kippstufe noch übernommen wird. Binärteiler und Schieberegister können daher

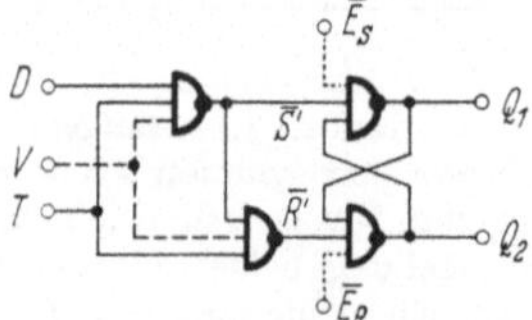

Abb.3.1-38. Taktpegelgesteuerte D-Kippstufe; durch gestrichelt gezeichnete Verbindungen zur DV-Kippstufe erweiterbar. Punktiert gezeichnet: zusätzliche statische Eingänge.

mit taktpegelgesteuerten Kippstufen nur dann aufgebaut werden, wenn pro Bit zwei solcher Kippstufen verwendet werden, die mit zeitlich getrennten Takten gesteuert werden, und bei denen beide Takte nie gleichzeitig aktiv sind, so daß stets nur eine Kippstufe zur Informationsübernahme bereit ist. Da J K-Kippstufen stets eine Rückführung des Ausgangssignals auf die Ansteuerschaltung erfordern, kann es auch keine taktpegelgesteuerten J K-Kippstufen geben.

Taktpegelgesteuerte Kippstufen bestehen aus mindestens vier Grund-Verknüpfungsgliedern; Beispiele zeigen Abb.3.1-38 und 3.1-41. Sie werden oft zum Auffangen von zeitlich unterschiedlich eintreffenden Signalen in taktsynchronisierten Systemen benutzt und daher auch als *Auffangflipflop (latchflipflop)* bezeichnet.

1 b) In der taktpegelgesteuerten *Master-Slave-Kippstufe* sind zwei taktpegelgesteuerte Kippstufen zusammengefaßt, wobei die eine direkt vom Takt und die andere vom negierten Taktpuls gesteuert wird. Von außen ist nur ein Takteingang zu sehen und es wird dafür gesorgt, daß stets eine der beiden Teilkippstufen gesperrt ist. Daher kann man mit solchen Master-Slave-Kippstufen Schieberegister und Binärteiler aufbauen und auch J K-Kippstufen realisieren. Ändert sich während der aktiven Taktdauer das Eingangssignal, so wird ebenso wie bei den taktpegelgesteuerten Kippstufen das neue Signal in die Kippstufe übernommen.

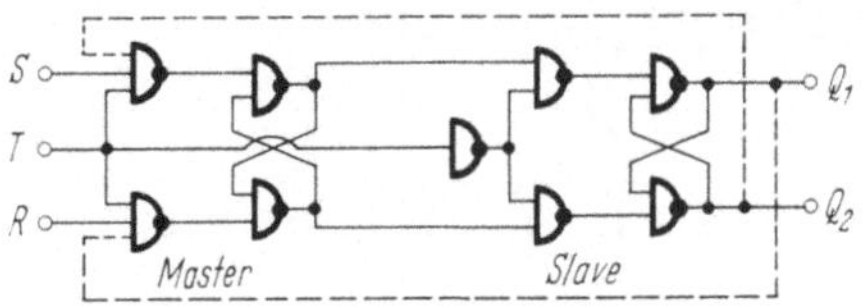

Abb.3.1-39. RS-Master-Slave-Kippstufe. Mit den gestrichelt eingezeichneten Rückführungen erhält man eine J K-Master-Slave-Kippstufe.

Master-Slave-Kippstufen erfordern mindestens acht Grundverknüpfungsglieder; ein Beispiel zeigt Abb.3.1-39. Der zunächst sehr groß erscheinende Aufwand kann in der praktischen Ausführung oft reduziert werden; in der TTL-Technik z.B. durch den Einsatz von UND-NOR-Gliedern [46] oder durch die Reduzierung eines Verknüpfungsglieds auf einen Transistor und einen Widerstand (Abb.3.1-40), in der ECL-Technik durch Einsatz der Serienkopplung (series gating) wie es in Abb.3.1-41 am Beispiel der taktpegelgesteuerten D-Kippstufe dargestellt worden ist.

2a) Im Gegensatz zu den bisher beschriebenen Kippstufen, die während der ganzen Taktdauer jede neue Eingangsinformation übernehmen, wird diese bei den *taktflankengesteuerten Kippstufen* nur dann übernommen, wenn sich das Signal am Takteingang in einer bestimmten Richtung ändert (aktive Taktflanke). Bei diesen Kippstufen werden die Laufzeiten der Verknüpfungsglieder ausgenutzt, um die Ein-

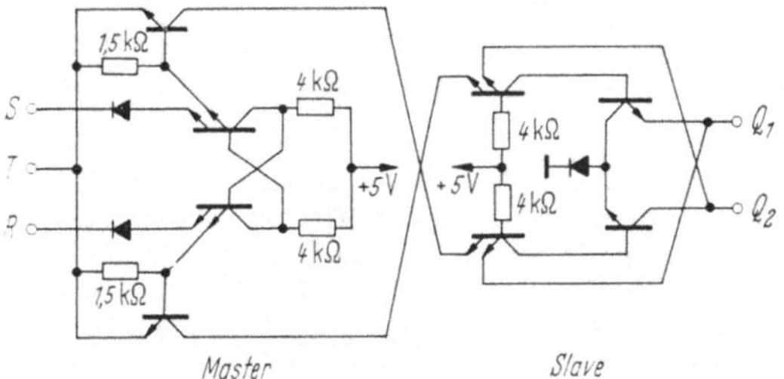

Abb.3.1-40. Technische Ausführung einer RS-Master-Slave-Kippstufe in TTL-Technik (aus einem 8-Bit-Schieberegister nach [45]). Die Verknüpfung mit dem negierten Takt erfolgt hier bereits im Master-Teil.

gänge zu sperren, nachdem die Eingangsinformation übernommen und zwischengespeichert ist, aber bevor sie sich auf die Ausgänge ausgewirkt hat. Taktflankengesteuerte Kippstufen können daher unmittelbar für Zähler und Register verwendet werden; sie sind nur während einer kurzen Zeit gegen Störungen empfindlich und — im Gegensatz zur taktpegelgesteuerten Master-Slave-Kippstufe — spielt der Zeitpunkt der zweiten (passiven) Taktflanke keine Rolle. Ein Schaltungsbeispiel ist in Abb. 3.1-42 dargestellt.

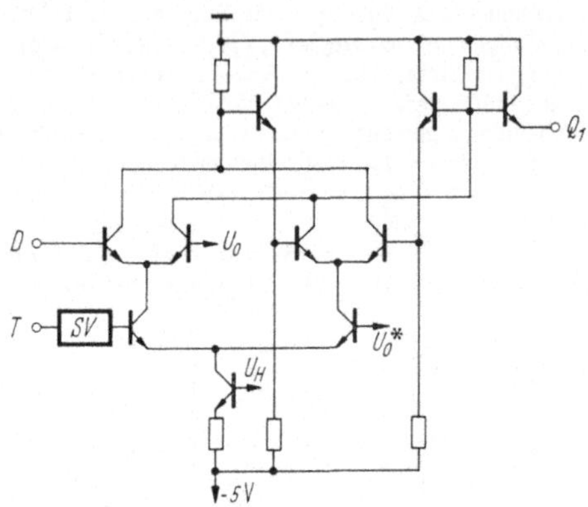

Abb. 3.1-41. Taktpegelgesteuerte D-Kippstufe in ECL-Technik unter Verwendung der Serienkopplung (series gating). Um den Ausgang Q_1 vom Rückkopplungszweig zu trennen, sind für beide Funktionen getrennte Emitterfolger vorgesehen. (U_O, U_O^*, U_H, SV s. Abb. 3.1-31).

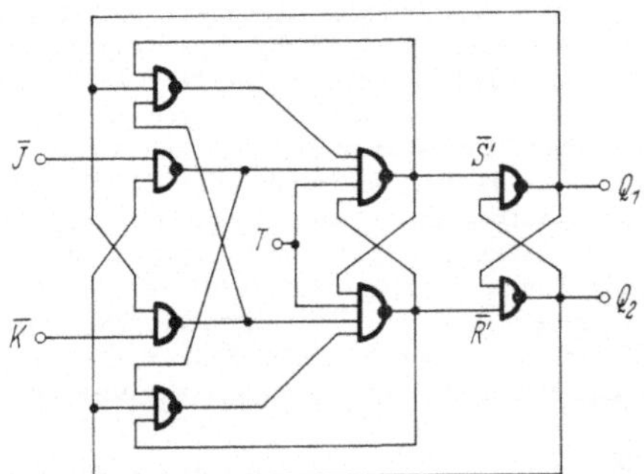

Abb. 3.1-42. Aus NAND-Gliedern aufgebaute taktflankengesteuerte JK-Kippstufe (nach [132]).

2b) Neuerdings gibt es auch *taktflankengesteuerte Master-Slave-Kippstufen*. Neben dem Vorteil der taktflankengesteuerten Kippstufen, nur kurzzeitig während der Taktvorderflanke gegen Störungen an den Eingängen empfindlich zu sein, wird bei diesen Kippstufen die Übernahme der Information vom Master in den Slave, d.h. der Zeitpunkt der Signaländerung an den Ausgangsklemmen, durch den Zeitpunkt der Taktrückflanke festgelegt. Diese einstellbare Trennung von Informationseingabe und -Ausgabe erlaubt, miteinander verbundene Kippstufen auch mit zeitlich verschobenen Taktsignalen, z. B. infolge unterschiedlicher Laufzeiten auf den Taktleitungen und in den Taktverstärkern, anzusteuern, ohne daß es dabei zu einer fehlerhaften Signalübernahme kommt. Voraussetzung ist nur, daß der Abstand zwischen Taktvorderflanke und Taktrückflanke (d.h. die Breite des Taktimpulses) größer als die zeitlichen Verschiebungen der Taktsignale gemacht wird.

Ein Beispiel für eine taktflankengesteuerte Master-Slave-Kippstufe stellt der Schaltkreis 74 111 in [45] dar.

Da alle taktflankengesteuerten Kippstufen mindestens einen Hilfsspeicher erfordern, werden sie, ebenso wie die taktpegelgesteuerten Master-Slave-Kippstufen, auch als Zwischenspeicher-Flipflops bezeichnet; alle diese Kippstufentypen können für Zähler und Schieberegister verwendet werden, so daß man sie zusammenfassend auch als *Zählflipflops* bezeichnet.

Zur *vollständigen Beschreibung einer Kippstufe* gehört sowohl die Angabe der (vom Takt beeinflußten) Eingänge (Tab. 3.1-3 und 3.1-4) als auch die Wirkungsweise des Taktes (Abb. 3.1-37). Für die in Abb. 3.1-39 und 3.1-40 dargestellte Kippstufe lautet die Bezeichnung dann: Taktpegelgesteuertes RS-Master-Slave-Flipflop. Selbst mit dieser Bezeichnungsweise sind aber noch nicht alle Eigenschaften festgelegt, insbesondere fehlt die Angabe, welche Taktflanke aktiv ist und wie die statischen Eingänge wirken.

3.1.4.5 Probleme der Großintegration [39, 84 bis 97, 136, 140]. Unter *Großschaltkreisen* bzw. *Großintegration* (englisch *LSI, large scale integration*) versteht man die Zusammenfassung vieler Schaltkreise auf einem einzigen Halbleiterkristall, wobei die untere Grenze oft etwas willkürlich bei rund 100 Verknüpfungsfunktionen gezogen wird. Eine Folge dieser Zusammenfassung ist, daß der größte Teil der Verbindungen zwischen den einzelnen Verknüpfungsschaltungen innerhalb des Bausteins liegt und nur ein kleiner Teil der internen Ein- und Ausgänge an die externen Anschlußstifte geführt ist. Ein für einen bestimmten Anwendungsfall entwickelter Großschaltkreis kann daher im allgemeinen nur an wenigen Stellen oder sogar nur an einer einzigen Stelle eines digitalen Systems eingesetzt werden, so daß man — abgesehen von Speicherbausteinen — eine große Typenvielfalt bei kleinen Stückzahlen für jeden einzelnen Typ erhält. Dadurch ergeben sich hohe anteilige Entwicklungskosten, so daß die Vorteile der Großintegration, nämlich niedrige Herstellkosten (bezogen auf die einzelne Verknüpfungsfunktion) und geringer Aufwand für Aufbausystem und Verdrahtung, oft wieder aufgehoben werden. Ein Hauptziel der LSI-Entwicklung muß daher sein, neben der Verbesserung der Herstelltechnologie die *geringe Flexibilität* der Großschaltkreise zu erhöhen. Zwei Methoden scheinen erfolgversprechend zu werden:

1. Bei der einen Technik geht man von einem Halbleiterplättchen (chip) aus, das eine größere Anzahl von Verknüpfungsschaltungen enthält (z. B. 48 TTL-UND-NOR-Glieder mit je 8 Eingängen), deren Anschlußpunkte aber noch nicht untereinander und mit den äußeren Anschlußklemmen des Großschaltkreises verbunden sind. Diese vorgefertigten Halbleiterplättchen sind für alle Anwendungen gleich. Nur die letzte Verdrahtungsebene und die Kontaktierung mit den Gehäuseklemmen ist für jeden speziellen Schaltungstyp unterschiedlich [81]. Ein Nachteil dieser sonst so vorteilhaft erscheinenden Methode ist, neben der bei solchen Lösungen unvermeidlichen Redundanz von Bauelementen, daß der Anwender an die Struktur und Auslegung der vom Hersteller gewählten Schaltung gebunden ist.

2. Während bei der obigen Lösung die Anpassung auf die jeweilige Aufgabe durch körperliche Änderung der Verdrahtung erfolgt, beeinflußt man bei den sog. programmierbaren Schaltkreisen die internen Funktionen durch Anlegen von festen Signalen an externe Steuerklemmen, so daß der gleiche Großschaltkreis für eine Vielzahl von Anwendungsfällen geeignet ist [82, 83, 143]. Ein primitives Beispiel für diese Methode ist die bei manchen Zählerbausteinen vorhandene Umschaltmöglichkeit zwischen binärer und dezimaler Zählweise, indem ein Eingang fest auf „0" oder „1" gelegt wird.

Neben dem Mangel an Flexibilität macht sich bei Großschaltkreisen oft die begrenzte *Anzahl der Anschlußklemmen* störend bemerkbar. Es müssen deshalb Schaltungskomplexe entwickelt werden, die ein günstiges Verhältnis zwischen den auf einem Großschaltkreis befindlichen Verknüpfungsfunktionen und seinen externen Anschlüssen (gate/pin ratio) zeigen. In Zukunft könnte das vielleicht den Einsatz von höherwertigen Logiksystemen wie Schwellwertlogik (threshold logic) [18, 98, 99] oder ternärer Logik begünstigen.

Eine weitere Grenze für die Großintegration ist durch die *zulässige Verlustleistung* gegeben. Dies gilt besondern für extrem schnelle Schaltkreise, deren Verlustleistung naturgemäß besonders hoch ist (15 bis 50 mW je Verknüpfungsfunktion), bei denen aber der Wunsch nach höherer Integration besonders stark ist, weil nur dadurch bei großen Anlagen die Leitungslaufzeiten hinreichend klein gehalten werden können (vgl. Abschnitt 3.1.4.2).

Aber auch wenn man auf höchste Arbeitsgeschwindigkeit verzichtet, wird mit den herkömmlichen DTL- und TTL-Schaltungen bei mehreren hundert Verknüpfungsfunktionen auf einem Großschaltkreis die Grenze der mit einfachen Mitteln abzuführenden Verlustleistung überschritten. Zur Lösung dieses Problems sind in letzter Zeit verschiedene Schaltungsvorschläge gemacht worden [137 bis 141, 145 bis 147]. Diese TTL-, ECL- oder DCTL-ähnlichen Schaltungen besitzen eine niedrige Betriebsspannung — unter oder um 2 V — und einen kleinen Signalhub. Die damit notwendigerweise verbundene Verringerung der Störsicherheit wird bewußt in Kauf genommen, weil diese Schaltungen im wesentlichen im Inneren eines Großschaltkreises eingesetzt werden sollen, wo es keine externen Störungen gibt und wo man die internen Störungen unter Kontrolle halten kann. Für den Verkehr mit Schaltungen außerhalb des Großschaltkreises sind meist besondere Varianten der internen Schaltung mit größeren Signalhub und höherer Störsicherheit vorgesehen.

Aus all den bisher beschriebenen Gründen ergeben sich, selbst wenn die Herstellung solcher Großschaltkreise mit zufriedenstellender *Ausbeute* (*yield*) technisch beherrscht wird, doch noch erhebliche Einschränkungen für einen wirtschaftlichen Einsatz auf breiter Basis. Am günstigsten sind für die Großintegration Schaltungskomplexe, die in großer Stückzahl gebraucht werden und eine regelmäßige Struktur haben. Beides gilt für alle Arten von Speicherbausteinen und in geringerem Maße auch für den Datenteil eines Rechners (z. B. Multiplexer, Addierer, Parityschaltungen) aber kaum für die unregelmäßig aufgebaute Steuerungslogik. Auch bei kleinen Geräten, die aber in großen Stückzahlen benötigt werden (z. B. Terminals für die Datenübertragung und Kleinstrechner) ist der Einsatz der Großintegration zweckmäßig; vor allem dann, wenn sich die gesamte Elektronik auf nur sehr wenigen Großschaltkreisen unterbringen läßt.

Als *mittleren Integrationsgrad* (englisch *MSI*, *medium scale integration*) bezeichnet man integrierte Schaltungen, die etwa 15 bis 50 Verknüpfungsfunktionen umfassen. Hier gibt es zwar auch schon die Probleme der zu geringen Anzahl der Anschlußstifte und zu großen Verlustleistung, jedoch lassen sich vor allem im unteren Bereich um 20 Verknüpfungsfunktionen je Baustein noch genügend allgemein verwendbare Anordnungen finden. Es gibt zwar eine große Typenvielfalt von MSI-Bausteinen aber auch noch genügend hohe Bedarfszahlen für jeden Typ, so daß sich z. Z. beim Einsatz von MSI-Bausteinen die niedrigsten Kosten je Verknüpfungseinheit ergeben, besonders dann, wenn man auch die Kosten für das Aufbausystem mit einbezieht [100, 143].

3.1.5 Integrierte Schaltkreise mit MOS-Transistoren

[35, 101 bis 106, 115]

Wenn bisher von Transistoren gesprochen wurde, waren damit stillschweigend stets bipolare Transistoren gemeint. Daneben gibt es aber die sog. Feldeffekt-Transistoren, von denen die MOS-Transistoren die größte praktische Bedeutung erlangt haben (s. Abschnitt 2.2.5).

Unterschiede zwischen MOS- und bipolaren Transistoren für den Schaltkreisentwickler: Ein MOS-Transistor in monolithisch integrierter Technik erfordert weniger Herstellschritte und benötigt weniger Kristallfläche, so daß sich bei gleicher Ausbeute wesentlich mehr Transistoren in einem integrierten Baustein unterbringen lassen. Der andere wichtige Unterschied liegt in der praktisch leistungslosen Steuerung, wodurch sich Schaltungen mit sehr kleinen Verlustleistungen aufbauen lassen. Andererseits ist aber auch der Ausgangswiderstand um zwei Größenordnungen höher, so daß Schaltkreise mit MOS-Transistoren wesentlich langsamer werden, sofern sie kapazitive Lasten treiben müssen. Man kann diese Schwierigkeit in gewissem Maße umgehen, indem man die Breite der Ausgangstransistoren um ein Mehrfaches größer macht, so daß ihr Ausgangswiderstand kleiner wird; der Vorteil der kleineren Abmessungen geht aber dabei für diese Ausgangstransistoren völlig verloren [107, 108].

Aus den beschriebenen Eigenschaften ergibt sich, daß integrierte MOS-Schaltungen dann von Vorteil sind, wenn entweder eine extrem niedrige Verlustleistung erforderlich ist oder folgende drei Bedingungen gleichzeitig erfüllt sind:

1. Hoher Integrationsgrad (Großintegration, LSI),
2. wenig externe Anschlüsse, insbesondere wenig Ausgänge,
3. keine **extremen** Geschwindigkeitsforderungen.

Halbleiterspeicher, Schieberegister mit mehreren hundert Bit ohne parallele Eingänge und Ausgänge und die Logikschaltungen für Kleinstrechner erfüllen die obigen Bedingungen am besten und sind erfolgreiche Einsatzgebiete [84, 109, 110]. Dagegen ist es beim Einsatz in komplexen Steuerungen meist nicht möglich, bei einem hochintegrierten Baustein mit nur wenigen Ausgängen je Baustein auszukommen.

Statische Technik. *Die Grundschaltungen* sind in der Schaltungsausführung mit P-MOS-Transistoren vom Anreicherungstyp in Abb. 3.1-43 dargestellt. Bei der Reihenschaltung von MOS-Transistoren ergibt sich ein NOR-Glied, bei der Parallelschaltung ein NAND-Glied. Die Transistoren T_1 unr T_2 wirken als Negatoren, während der als Diode geschaltete Transistor T_3, bei dem Gate- und Drain-Anschluß miteinander verbunden sind, als Arbeitswiderstand dient. Wie bei der im Prinzip

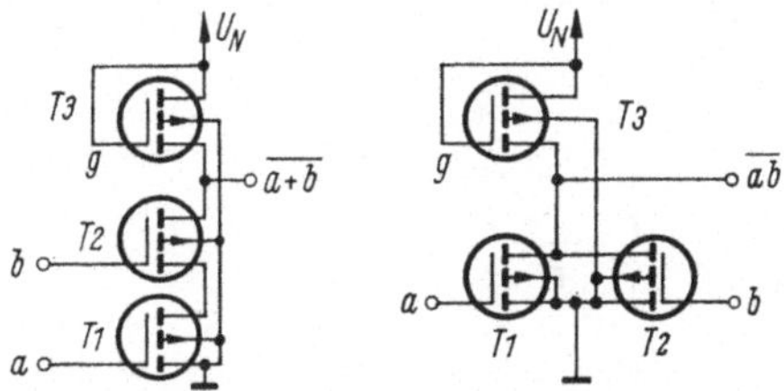

Abb. 3.1-43. NOR- und NAND-Glied mit P-Kanal-MOS-Transistoren in statischer Technik. Um einen kleineren Arbeitswiderstand und damit eine höhere Geschwindigkeit zu erzielen, wird der Gateanschluß g von T_3 im allgemeinen an eine negativere Spannung als U_N gelegt, z. B. an -24 V bei $U_N = -12$ V. $u(1) \approx 0$ V, $u(0) \approx U_N$.

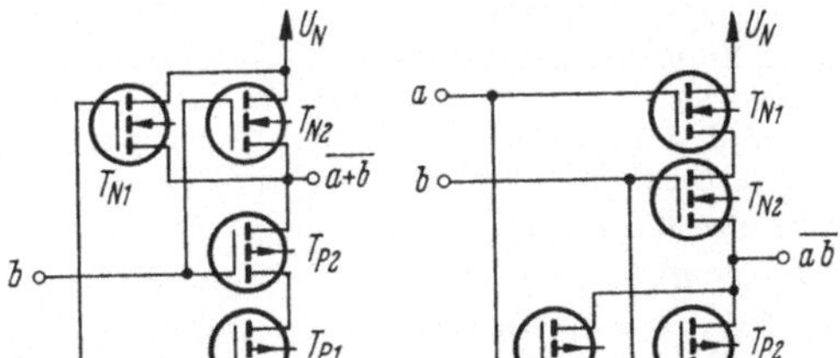

Abb. 3.1-44. NOR- und NAND-Glied in komplementärer MOS-Technik. Die Substratanschlüsse der P-Kanal-Transistoren T_{P1} und T_{P2} sind mit der positiven Betriebsspannung (Masse), die der N-Kanal-Transistoren T_{N1} und T_{N2} mit der negativen Betriebsspannung U_N verbunden.

gleichartig aufgebauten RCTL- und DCTL-Technik mit bipolaren Transistoren (s. Abschnitt 3.1.2.2) ist auch eine Kombination von Reihen- und Parallelschaltung möglich. Im Gegensatz zu diesen Techniken mit bipolaren Transistoren ist aber bei den MOS-Schaltkreisen ein sicherer Betrieb ohne zusätzliche Widerstände möglich.

Die Geschwindigkeit dieser einfachen Schaltungen wird in der Hauptsache durch den relativ hohen Widerstand des als Arbeitswiderstand dienenden Transistors T_3 bestimmt. Bei den sog. *komplementären MOS-Schaltkreisen* (auch als C-MOS bezeichnet) hat man dagegen in beiden Signalzuständen leitende Transistoren, wodurch sich eine wesentlich höhere Schaltgeschwindigkeit und eine geringere Verlustleistung erzielen läßt (Abb. 3.1-44). Für jeden Signaleingang wird aber jetzt je ein N-Kanal- und ein P-Kanal-Transistor benötigt; daher ist nicht nur die Zahl der Transistoren höher, sondern auch die Herstellung wird aufwendiger, da man Transistoren beider Leitfähigkeitstypen erzeugen muß. Da N-Kanal- und P-Kanal-Transistoren nie gleichzeitig leitend werden, ist besonders im Ruhezustand die Verlustleistung außerordentlich klein; sie beträgt bei Schaltfrequenzen bis zu 1 kHz weniger als 1 µW und steigt linear mit der Frequenz an, wobei sie auch noch bei 1 MHz unter 1 mW bleibt [111, 114, 142].

Die sog. **dynamische Schaltungstechnik** nutzt die Eigenschaft des MOS-Transistors aus, daß sein Eingangswiderstand sehr groß ist und ihm stets eine kleine Kapazität parallel liegt, so daß man in MOS-Transistoren Signale kurzzeitig

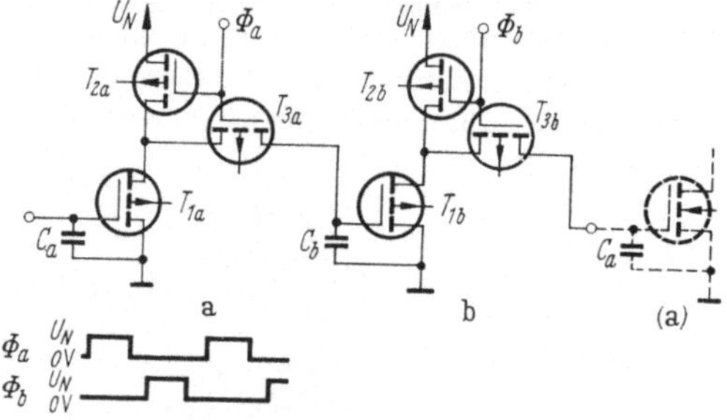

Abb. 3.1-45. **Ein** Bit eines Schieberegisters in dynamischer MOS-Technik mit Zweiphasentakt. Die Substratanschlüsse aller Transistoren liegen auf Masse. $u(1) \approx 0$ V, $u(0) \approx U_N$.

(zwischen-) speichern kann. Das Laden und Entladen der Speicherkapazität wird durch Takte gesteuert, wobei man Zweiphasen- und Vierphasensysteme unterscheidet. Diese Schaltungen besitzen nicht nur eine obere Grenzfrequenz, sondern auch eine untere Grenzfrequenz in der Größenordnung von einigen Kilohertz, bedingt durch die allmähliche Entladung der speichernden Kapazitäten.

Als Beispiel ist in Abb. 3.1-45 ein Schieberegister dargestellt, das mit einem *Zweiphasentakt* gesteuert wird. Für jedes Bit werden zwei gleichartig aufgebaute Inverterstufen a und b benötigt. Die MOS-Transistoren T_{1a} und T_{1b} arbeiten als Negatoren, T_{2a} und T_{2b} sind die zugehörigen Arbeitswiderstände, die aber jetzt nur während der Dauer der Takte Φ_a und Φ_b (Φ_a bzw. $\Phi_b \approx U_N$) eingeschaltet sind. T_{3a} und T_{3b} wirken während der Taktdauer als Koppeltransistoren; in den Taktpausen trennen sie die Inverterstufen. C_a und C_b stellen die gesamte wirksame Kapazität an den Basen von T_{1a} und T_{1b} dar. Während der Taktphase Φ_a wird das in der Kapazität C_a gespeicherte Eingangssignal (≈ 0 V oder $\approx U_N$) im Negatortransistor T_{1a} negiert und über T_{3a} auf die Kapazität C_b übertragen. Deren Ladungszustand bleibt während der Taktpause von Φ_a erhalten und steuert T_{1b} an. Während der Dauer des Taktes

Φ_b wird die Ausgangsspannung von T_{1b}, die dem negierten Zustand von C_b entspricht, über T_{3b} auf die Eingangskapazität C_a der nächsten Registerstufe übertragen.

Vierphasenschaltungen erfordern zwar einen höheren Aufwand in der Taktversorgung, besitzen aber eine wesentlich kleinere Verlustleistung, da nur Kapazitäten umgeladen, aber nie eine leitende Verbindung zwischen Betriebsspannung und Masse besteht; ferner können sie mit kleineren Abmessungen auskommen. Beide Eigenschaften lassen die Vierphasentechnik besonders für den Einsatz in Großschaltkreisen sehr interessant erscheinen [84, 112, 113].

Literatur

[1] *Speiser, A. P.:* Digitale Rechenanlagen, 2.Aufl. Berlin, Heidelberg, New York: 1965 Kap.III. — [2] *Pressman, A. I.:* Digitale Schaltungen mit Transistoren. Berlin: 1964. — [3] *Harris, V. N., Gray, P. E., Searle, C. I.:* Digital transistor circuits. New York: 1966. — [4] *Richards, R. K.:* Electronic digital components and circuits. Princeton, NJ: 1967. — [5] *Delhom, L. A.:* Design and application of transistor switching circuits. New York: 1968. — [6] *Speiser, A. P.:* Impulsschaltungen. Berlin: 1963. — [7] *Schmitt, E.:* Elektronische Schalter und Kippstufen mit Transistoren, 2.Auflage. München, Wien: 1970. — [8] *Wolf, G.:* Digitale Elektronik. München: 1971. — [9] *Lee, H. B.:* Circuit simulation present and future. 1969 Wescon Technical Paper, Part 4, Session 23/1. — [10] *Bongenaar, W., de Troye, N. C.:* Worst case considerations in designing logical circuits. IEEE Trans. Electronic Comp. EC-14 (1965) 590—599. — [11] *Hawkins, J. K.:* Circuit Design of Digital Computers. New York: 1968. — [12] *Atkins, J. B.:* Worst-case circuit design. IEEE Spectrum 2 (1965), Nr. 3, S. 152—161. — [13] *Kroos, F. K.:* Die Anpassungsschaltungen des Schaltkreissystems SIMATIC H. Siemens Z. 40 (1966) 168—172. — [14] Bd. II, 5.1.5 dieses Taschenb. — [15] *Maley, G. A., Earle, J.:* The logic design of transistor digital computers. Englewood Cliffs, NJ: 1963, Chap. 6. — [16] *Mano, M. M.:* Converting to NOR and NAND logic. Electro-Technology 75 (1965) Nr. 4, S. 34—37. — [17] *Davis, E. M.* et al.: Solid logic technology: versatile, high-performance micro-electronics. IBM J. Res. and Dev. 8 (1964) 102—114. — [18] *Lewis, P. M.:* An Electronic Design practical guide to threshold logic. Electronic Design 15 (1967) Nr. 22, S. 65—88. — [19] *Roehr, W. D.:* Techniques of current mode logic switching. Electronic Design 10 (1962) Nr. 19, S. 54—58. — [20] *Böhringer, M.:* Theorie und Technik von Schaltnetzwerken. Berlin: 1969, Kap. 5.2 und 5.3. — [21] *Philipp, E. O.:* Die Dimensionierung von bistabilen Multivibratoren mit Flächentransistoren. Elektron. Rdsch. 16 (1962) 151—155. — [22] *Catt, I.:* Time loss through gating of asynchronous logic signal pulses. IEEE Trans. Electronic Comp. EC-15 (1966) 108—111. — [23] *Chow, W. F.:* Principles of tunnel diode circuits. New York, London, Sidney: 1964. — [24] *Carroll, J. M.:* Tunnel-diode and semiconductor circuits. New York: 1963. — [25] *Sims, R. C., Beck, E. R., Kamm, V. C.:* A survey of tunnel-diode digital techniques. Proc. of the IRE 49 (1961) 136—146. — [26] *Aleksander, I., Scarr, R. W. A.:* Tunnel devices as switching elements. J. Britisch IRE Vol. 23 (1962) 177—192. — [27] *Gottlieb, E., Giorgis, J.:* Tunneldiodes, part IV, logic and switching circuits. Electronics 36 (1963) Nr. 27, S. 26—31. — [28] *Murphy, D, W.. Turnbull, J. R.:* Design of ACP tunnel-diode-coupled circuits. IBM J. Res. and Dev. 8 (1964) 506—514. — [29] *Kruy, J. F., Duben, F. T:* Integrated CONDITIONED OR and INHIBIT OR logic circuits. IEEE J. Solid State Circuits SC-1 (1966) 81—85. — [30] *Cooperman, M.:* Gigahertz tunnel diode logic. RCA Review 28 (1967) 424—459. — [31] *Walker, J. A.:* Tunnel-diode circuits pave the way. Electronic Design 15 (1967) Nr. 2, S. 74—78. — [32] *Jungmeister, H. G.:* Gigahertzlogik mit Tunneldioden. Bull. d. Schweiz. Elektrotechn. Vereins 60 (1969) 442—446. — [33] *Amodei, J. J.:* High-speed adders and comparators using transistors and tunnel diodes. IEEE Trans. Electronic Comp. EC-13 (1964) 563—575. — [34] *Spandorfer, L. M., Schwarz, J. B.:* Microelectronic logic circuits. Solid-State Design 5 (1964) Nr. 7, S. 50—56. — [35] *Steipe, L.* (Hrsg.): Mikroelektronik 2. München: Wien: 1967. — [36] *Lynn, D. K., Meyer, C. S., Hamilton, D. J.:* Analysis and design of integrated circuits. New York: 1967. — [37] *Bruckmoser, L.:* Wirkungsweise und Kennlinien von digitalen integrierten Schaltungen. Automatik 13 (1968) 227—234. — [38] *Offner, M.:* Bauelemente und Schaltungen in monolithischer integrierter Halbleitertechnik. Scientia Electrica 15 (1969) 17—34. — [39] *Brockelt, C.:* Probleme bei der Planung und Entwicklung integrierter Schaltkreise für Digitalrechenanlagen. IBM-Nachr. 19 (1969) 635—642. — [40] *Harthmuth, L., Duck, W., Jenik, F.:* Aufbau integrierter Halbleiterschaltungen. Regelungstechnik 16 (1968) 541—546 und 17 (1969) 12—18. — [41] *Vollmeyer, A.,* VDE (Hrsg.): Anwendungen integrierter Digital- und Analog-Schaltungen in der Nachrichten- und Steuerungstechnik. Berlin: 1969. — [42] *Reiß, K., Liedl, H., Spichall, W.:* Integrierte Digitalbausteine. Berlin, München: 1972. — [43] *Kleemann, J.:* Rund um eine integrierte Schaltung. Elektronik 19 (1969) Nr. 2, S. 35—38. — [44] *Ruegg, H. W.:* First design details transistor-transistor logic circuits., Electronics 36 (1963) Nr. 12, S. 54—57. — [45] Texas Instruments: Integrated circuits data book, first edition, Juli 1971.

— [46] *Walker, R. M., Derickson, R. B.:* Build flip-flops with AOI gates. Electronic Design 17 (1969) Nr. 23, S. 72—80. — [47] *Heniford, B.:* TTL AND-OR-INVERT gates show excessive rise times. EDN 14 (1969) Nr. 7, S. 67—69. — [48] *Fleischhammer, W.:* Gesichtspunkte beim Einsatz von TTL-Schaltkreisen in Datenverarbeitungsanlagen. Elektron. Rechenanlagen 11 (1969) 204—214. — [49] *Tarui, Y.* et al.: Transistor Schottky-barrier-diode integrated logic circuit. IEEE J. Solid-State Circuits SC-4 (1969) 3—12. — [50] *Cushman, R. H.:* Schottky diodes speed up digital IC's. EDN 14 (1969) Nr. 1, S. 37—40. — [51] *Bilous, O., Feinberg, I., Langdon, J. L.:* Design of monolithic circuit chips. IBM J. Res. and Dev. 10 (1966) 370—376. — [52] *Crews, W.:* Series gating increases current-mode logic power. Electron. Engineer 26 (1967) Nr. 11, S. 56—60. — [53] *Kroos, F. K., Seinecke, S.:* Integrierte Schaltkreise im Siemens-Datenverarbeitungssystem 300. Der Elektroniker 6 (1967) 86—91. — [54] Motorola Semiconductor Products Inc.: MECL integrated circuits data book, Ausgabe November 1972. — [55] *Frazier, R. M.:* LSI offers high logic speeds. Electronic Design 16 (1968) Nr. 24, S. C18—C23. — [56] *Straub, D., Wolf, W.:* Ein Mehrfunktionen-Baustein als Gatter und MN-Flipflop. Wissenschaftl. Ber. AEG-Telefunken 41 (1968) Nr. 1, S. 39—43. — [57] Anonym: A shoe drops. Electronics 42 (1969) Nr. 17, S. 48—49. — [58] *Curran, L.:* ECL, slumbering speedster, wakes up. Electronics 43 (1970) Nr. 6, S. 121—126. — [59] *Priel, U.:* Why use current-mode flip-flops? Electronic Design 18 (1970) Nr. 3, S. 64—69. — [60] *Rein, H. M., Straub, D.:* SECL, digitale integrierte Schaltungen mit besonders kleinen Schaltzeiten. Electronic Industrie 2 (1971) Nr. 3, S. 26—31. — [61] *Fassini, M.:* Theorie der Striplines und ihre Anwendung auf Probleme der Impulstechnik. Bull. d. Schweiz. Elektrotechn. Vereins 57 (1966) 518—528. — [62] *Connolly, J. B.:* Cross coupling in high speed digital systems. IEEE Trans. Electronic Comp. EC-15 (1966) 323—327. — [63] *Dove, C. J.:* Crosstalk in stripline interconnections. Conf. Comp. Technology, 18.—20. 7. 1967 in Manchester. London: 1967, S. 177—186. — [64] *Springfeld, W. K.:* Multilayer printed circuit board and connector design considerations in high performance computer packages. Proc. Technical Programme, S. 75—88, INTER-NEPCON 1968, Brighton. — [65] *Sideris, G.:* Microelectronic packaging. New York: 1968. — [66] *Jarvis, D. B.:* The effects of interconnections on high-speed logic circuits. IEEE Trans. Electronic Comp. EC-12 (1963) 476—487. — [67] *Yao, F.:* Interconnections and noise immunity of circuitry in digital computers. IEEE Trans. Electron. Comp. EC-14 (1965) 875—880. — [68] *Richardson, A.:* Elektrische Störungen in Digitalrechnern mit Mikroelektronik-Schaltkreisen. Elektr. Nachrichtenwes. 41 (1966) 501—511. — [69] *Gandhi, S. K., Thiel, F. L.:* Pulse noise immunity in saturated logic circuits. IEEE J. Solid-State Circuits SC-2 (1967) 81—86. — [70] *Piloty, R.:* Zur Ermittlung der Störsicherheit binärer Schaltnetze. NTZ 21 (1968) 737—743. — [71] *Piel, G.:* Problèmes d'emploi et de spécification de circuits logiques intégrés. L'onde électrique 48 (1968) 457—468. — [72] *Rössing, J. F., Walther, J. E.:* Calculation of cross-coupled noise in digital systems. IEEE Trans. Electronic Comp. EC-16 (1967) 14—17. — [73] *Skopal, T. E.:* Stop noise problems before they start. Electronic Design 17 (1969) Nr. 1, S. 90—94. — [74] *Steenburgh, L.:* The incremental method of computer shielding. Computer Design 7 (1969) Nr. 10, S. 64—69. — [75] AEG-Telefunken, Fachbereich Halbleiter: Integrierte Halbleiter-Schaltungen DTLZ-System, FP-Familie, 1967. — [76] *Gütter, F.:* Bausteine der langsamen störsicheren Logik-Serie FZ 100. Siemens Z. 43 (1969) 21—24. — [77] *Güntner, H., Weiler, H.:* Die langsame störsichere Logikserie FZ 100. Siemens Bauteile-Informationen 7 (1969) 184—186. — [78] *Lagemann, K.:* Das DV-Flipflop, ein neuartiges Schaltglied und seine Vorzüge gegenüber dem JK-Flipflop. Elektron. Rechenanl. 9 (1967) 9—16. — [79] *Lagemann, K.:* Die verschiedenen Flipfloparten und ihre Beschreibung durch Symbole und Wahrheitstabellen. Valvo Berichte 13 (1967) 149—188. — [80] *Fleischhammer, W.:* Eine Systematik der zusammengesetzten bistabilen Kippstufen. Elektron. Rechenanl. 10 (1968) 34—40. — [81] *Koeper, R.:* Custom metal shapes up big chips. EDN 14 (1969) Nr. 2, S. 33—41. — [82] *Forslund, D. C., Waxman, R.:* The universal logic block (ULB) and its application to logic design. Conference Record of 1966 Seventh Annual Symposium on Switching and Automata Theory. IEEE Publication 16C40, 236—250. — [83] *Fleischer, H., Weinberger, A., Winkler, V. D.:* The writeable personalized chip. Computer Design 9 (1970) Nr. 6, S. 59—66. — [84] *Petritz, R. L.:* Current status of large scale integration technology. IEEE J. Solid-State Circuits SC-2 (1967) 130—147. — [85] *Khambata, A. J.:* Introduction to large-scale integration. New York: 1969. — [86] Sechs Aufsätze verschiedener Verfasser: LSI and computer design. Electronic Design 16 (1968) Nr. 24, S. C3-C56. — [87] *Ehlbeck, H. W.:* Auf dem Weg zu integrierten Großschaltkreisen. Technika 17 (1968) 303—307. — [88] *Cserhalmi, N., Lowenschuss, O., Scheff, B.:* Efficient partitioning for the batch-fabricated fourth generation computer. Fall Joint Comp. Conf. 1968; AFIPS Conf. Proc. Vol. 33, Part 1. New York: 1968. S. 857—865. — [89] *Conway, M. E., Spandorfer, L. M.:* A computer system designer's view of large scale integration. Fall Joint Comp. Conf. 1968; AFIPS Conf. Proc. Vol. 33, Part 1. New York: 1968, S. 835—845. — [90] *Farina, D. E.:* Large-scale integration: A status report. Datamation 14 (1968) Nr. 2, S. 22—29. — [91] *Pariser, J. J., Maurer, H. E.:* Implementation of the NASA modular computer with LSI functional characters. Fall Joint Comp. Conf. 1969; AFIPS Conf. Proc. Vol. 35. Montvale, N.J.: 1969, S. 231—245. — [92] *Bertram, U., Hoffmann, H., Neuhaus,*

H. W.: Hochintegrierte bipolare digitale Schaltungen. Intern. Elektron. Rdsch. 23 (1969) 251—255 u. 300—304. — [93] *Weil, G., Heimeier, H.*: MSI und LSI — Die Technik der integrierten Großschaltkreise. ETZ-B 21 (1969) 93—96. — [94] *Leeds, M. B.*: LSI: No longer a mission impossible. Electron. Engineer 28 (1969) Nr. 2, S. 53—61. — [95] *Davies, C. A.*: Systems design and complex integrated circuits. Mikroelektronik 3 (Hrsg. L. Steipe). München, Wien: 1969, S. 610—617. — [96] *Langley, F. J.*: Small computer design using microprogramming and multifunction LSI arrays. Computer Design 9 (1970) Nr. 4, S. 151—157. — [97] *Rudenberg, H. G.*: Large-scale integration: promises versus accomplishments—the dilemma of our industry. Fall Joint Comp. Conf. 1969; AFIPS Conf. Proc. Vol. 35. Montvale, N.J.: 1969, S. 359—367. — [98] *Hurst, S. L.*: An introduction to threshold logic: a survey of present theory and practice. Radio and Electronic Eng. 37 (1969) 339—351. — [99] *Micheel, L. U.*: Nanosecond threshold logic gates for 16 × 16 bit, 80 ns LSI multiplier. Fall Joint Comp. Conf. 1969; AFIPS Conf. Proc. Vol. 35. Montvale, N.J.: 1969, S. 463—468. — [100] EEE surveys bipolar medium-scale integration (MSI). EEE 16 (1968) Nr. 4, S. 18—26. — [101] *Crawford, R. H.*: MOSFET in circuit design. New York: 1967. — [102] *Farina, D. E., Trotter, D.*: MOS integrated circuits save space and money. Electronics 38 (1965) Nr. 20, S. 84—95. — [103] *Frohman-Bentchkowsky, D., Vadasz, L.*: Computer-aided design and characterisation of digital MOS integrated circuits. IEEE J. of Solid-State Circuits SC-4 (1969) 57—64. — [104] Texas Instruments: MOS, die neue Technologie. TI-Report, Mai 1969, S. 26—42. — [105] *Charlyle, J. S., Leibbrand, R.*: Die MOS-Technik. Einführung und Übersicht. Elektronik 18 (1969) 3—6 u. 47—52. — [106] *Hillebrand, F.*: Digitale integrierte Schaltungen mit Feldeffekttransistoren. NTZ 23 (1970) 495—500. — [107] *Warner, jr., R. M.*: Comparing MOS and bipolar integrated circuits. IEEE Spectrum 4 (1967) Nr. 6, S. 50—58. — [108] *Evans, J. B.*: Integrated MOST circuits. Microelectronics and Reliability 7 (1968) 11—36. — [109] *Weinberger, A.*: Large scale integration of MOS complex logic. IEEE J. Solid-State Circuits SC-4 (1969) 182—190. — [110] *Faggin, F., Hoff, M. E.*: Standards parts and custom design merge in four-chip processor kit. Electronics 45 (1972) Nr. 9, S. 112—116. — [111] *Eaton, S. S.*: Complementary MOS logic and applications. Electronic Eng. 29 (1970) Nr. 5, S. 52—57. — [112] *Karp, J., de Atley, E.*: Use four-phase MOS IC logic. Electronic Design 15 (1967) Nr. 7, S. 60—68. — [113] *Boysel, L. L., Murphy, J. P.*: Four-phase LSI logic offers new approach to computer designer. Computer Design 9 (1970) Nr. 4, S. 141—146. — [114] *DiMassimo, D.*: Complementary symmetry MOS IC's. EEE 18 (1970) Nr. 10, S. 40—46. — [115] *Faggin, F., Klein, T.*: A faster generation of MOS devices with low thresholds is riding the crest of the new wave, silicon-gate IC's. Electronics 42 (1969) Nr. 20, S. 88—94. — [116] *Sheets, J.*: Three-state switching brings wired OR to TTL. Electronics 43 (1970) Nr. 19, S. 78—84. — [117] *Femling, D.*: Enhancement of modular design capability by use of tri-state logic. Computer Design 10 (1971) Nr. 6, S. 59—64. — [118] *Prinz, H., Zaengl, W., Völcker, O.*: Das Bergeron-Verfahren zur Lösung von Wanderwellenaufgaben. Bull. d. Schweiz. Elektrotechn. Vereins 53 (1962) 725—739. — [119] *Rein, H. M.*: Probleme schneller integrierter Schaltungen. Frequenz 26 (1972) Nr. 2, S. 30—39. — [120] *Miles, T. E.*: Schottky TTL vs ECL for high speed logic. Computer Design 11 (1972) Nr. 10, S. 79—86. — [121] *Noyce, R. N., Bohn, R. E., Chua, H. T.*: Schottky diodes makes IC scene. Electronics 42 (1969) Nr. 15, S. 74—80. — [122] *Kurz, B., Barron, M. B.*: Improved schottky clamped (T^2L) circuits. IEEE J. Solid-State Circuits SC-7 (1972) 175—179. — [123] *Sechler, R. F., Strube, A. R., Turnbull, J. R.*: ASLT circuit design. IBM J. Res. and Dev. 11 (1967) 74—85. — [124] *Vacca, A. A.*: The case for emitter-coupled logic. Electronics 44 (1971) Nr. 9, S. 48—52. — [125] *Feller, A., Kaupp, H. R., Digiacomo, J. J.*: Cross-talk and reflections in high-speed digital systems. Fall Joint Comp. Conf. 1965; AFIPS Conf. Proc., Vol. 27, Part 1. Washington DC: 1965, S. 511—525. — [126] *Kaiser, W.*: Die Störsicherheit bei Werkzeugmaschinen-Steuerungen mit integrierter Schaltkreistechnik. Steuerungstechnik 3 (1970) Nr. 1, S. 10—15. — [127] *Boaen, V.*: Designing logic circuits for high noise immunity. IEEE Spectrum 10 (1973) Nr. 1, S. 53—59. — [128] Anonym: Störungen in Anlagen mit integrierten Digital-Schaltungen. Valvo Technische Informationen für die Industrie (1970) Nr. 140. — [129] *De-Falco, J. A.*: Reflections and crosstalk in logic circuit interconnections. IEEE Spectrum 7 (1970) Nr. 7, S. 44—50. — [130] *Dethlefsen, H. J., Spichall, W.*: Hohe dynamische Störsicherheit mit Bausteinen der Logikserie FZ 100. Siemens-Bauteile-Informationen 9 (1971) Nr. 3, S. 76—78. — [131] *Erdmeier, O., Schwarz, S.*: Erhöhung der Störsicherheit von Logikschaltungen. Elektronik 19 (1970) 407—409. — [132] *Lagemann, K.*: Ein Vorschlag zur Darstellung asynchron betriebener JK-Flipflops. Elektron. Rechenanl. 10 (1968) 171—176. — [133] *Treadway, R.*: What truth tables don't tell you. Electronic Design 18 (1970) Nr. 23, S. 68—72. — [134] *Bergtold, F.*: Flipflop-Arbeitstabelle für beliebigen Betrieb. Automatik 15 (1970) 317—319. — [135] *Sparkes, J. J.*: Bistabile elements for sequential circuits. Electronic Eng. 38 (1966) 510—515. — [136] *Smith, M. G., Notz, W. A., Schischa, E.*: The questions of system implementation with large-scale integration. IEEE Trans. on Computers. C-18 (1969) 690—694. — [137] *Xylander, M. P.*: Low-power bipolar technique begets low-power LSI logic. Electronics 45 (1972) Nr. 16, S. 80—82. — [138] *Berger, H. H., Wiedmann, S. K.*: Merged-transistor logic (MTL)—A low-cost bipolar logic concept. IEEE J. Solid-State Circuits SC-7 (1972) 340—346. — [139] *Hart, C. M., Slob, A.*:

Integrated injection logic: A new approach to LSI. IEEE J. Solid-State Circuits SC-7 (1972) 346—351. — [140] *Rein, H. M., Clauss, H., Wörner, K.:* Integrierte Subnanosekunden-Schaltungen mit kleiner Verlustleistung und wenig Komponenten. NTZ 25 (1972) 465—470. — [141] *Stehlin, R. A., Niemann, G. W.:* Complementary transistor-transistor logic (CT²L)—An approach to high-speed micropower logic. IEEE J. Solid-State Circuits SC-7 (1972) 153—160. — [142] *Holle, E., Nöchel, J.:* Die COS/MOS-Technik. Elektronik 20 (1971) 111—116. — [143] *Podraza, G. V., Gregg, R. S., Slager, J. R.:* Efficient MSI partitioning for a digital computer. IEEE Trans. on Computers C-19 (1970) 1020—1028. — [144] *Fleischhammer, W., Koppe, G., Schneider, G.:* T³L circuits, a useful extension of the T²L circuit family. Electronics, erscheint demnächst. — [145] *Slob, A.:* Schnelle logische Schaltungen mit geringem Energieverbrauch. Philips Techn. Rundsch. 29 (1968) 355—359. — [146] Anonym: Milliwatt logic for nanosecond LSI. EDN (1969) Nr. 7, S. 20 u. 23. — [147] Anonym: Current switch scheme promises fast LSI logic. Electronics 44 (1971) Nr. 21, S. 29.

3.2 Funktionsgruppen von Gleichspannungs-Analogrechnern

A. Kley und **G. Meyer-Brötz**

3.2.1 Analogrechner

Eine Analogie liegt vor, wenn sich zwei verschiedene physikalische Systeme durch die gleichen mathematischen Beziehungen darstellen lassen. Die beiden Systeme sind dann untereinander oder auch dem entsprechenden mathematisch abstrakten Problem analog. Der Begriff enthält somit gleichzeitig etwas Gegensätzliches und etwas sich Entsprechendes. Das Gegensätzliche sind die Qualitäten der zueinander analogen Größen, die eine Gruppe kann mechanische Größen, die andere z.B. elektrische Größen umfassen. Das einander Entsprechende ist das Gesetz, das die Größen jeder Gruppe miteinander verbindet.

Ein Analogrechner liegt vor, wenn man zur Lösung eines mathematischen Problems ein analoges physikalisches System aufbaut und die Lösung durch ein physikalisches Experiment gewinnt, nämlich durch die Messung des Zustandes oder des zeitlichen Ablaufes der physikalischen Größen des aufgebauten Systems.

Von den vielen Möglichkeiten analoger Darstellungen sind manche nur für einen ganz engen Problemkreis anwendbar. Zu einem breiten Anwendungsbereich kommt man, wenn ein analoges System aus einzelnen Rechenelementen aufgebaut wird, wobei jedes Element eine bestimmte Rechenoperation auf die ihm zugeführten Rechengrößen anwendet, z.B. über sie summiert oder sie miteinander multipliziert usw.

Wenn mit solchen Rechenelementen ein vorgegebenes mathematisches Problem gelöst wird, tritt für jede in den Gleichungen angegebene Rechenoperation ein eigenes Rechenelement auf. Ist das Problem technisch-physikalischer Art, so tritt für jedes Funktionselement des ursprünglichen Systems ein oder eine Gruppe von Rechenelementen des Analogrechners auf, die dessen Funktion analog darstellen. Die Rechengrößen können dabei ebensogut durch kontinuierlich veränderliche wie durch quantisierte Größen dargestellt werden. Prinzipiell ist eine Analogmaschine deshalb auch mit digitalen Funktionsgruppen darstellbar. Die meist benutzte Bezeichnung nur derjenigen Rechensysteme als Analogsysteme, bei denen die Rechengrößen kontinuierlich veränderlich sind, ist aber so allgemein eingebürgert, daß wir sie auch hier in diesem Sinne benutzen. Man spricht sogar ohne Bezug auf Rechensysteme von einer analogen Darstellung dort, wo der Wert einer veränderlichen mathematischen oder physikalischen Größe durch den ihr proportionalen Wert einer anderen Größe repräsentiert wird. Man benutzt den Begriff analog also als Gegensatz von digital.

Als Träger für kontinuierlich veränderliche Rechengrößen benutzt man elektrische oder mechanische Größen und unterscheidet deshalb zwischen elektrischen und mechanischen Analogrechnern. Elektrische Analogrechner stellen die Rechenwerte durch die Größe von Gleich- oder Wechselspannung dar, Vektoren gelegentlich auch durch Betrag und Phase von Wechselspannungen [23]. Die Rechenelemente eines Wechselspannungsrechners sind motorgesteuerte Potentiometer, Kondensatoren, Drehtransformatoren und Tachometer. Infolge der mechanisch bewegten Elemente ist dieser Rechner relativ langsam. Er wird vorwiegend für feste Probleme, z.B. als Rechengerät in Steuer- und Regelkreisen, benutzt. Der Gleichspannungsrechner stellt die Rechenwerte durch Höhe und Vorzeichen von Gleichspannungen dar. Er arbeitet mit elektronischen Bauelementen. Die Lösungen eines Rechenproblems werden entweder durch schreibende Geräte aufgezeichnet, oder man rechnet repetierend so schnell, daß die Lösungen auf Oszillographenröhren dargestellt werden können. Der mechanische Analogrechner hat lange vor dem elektrischen existiert. Bei ihm stellt eine mechanische Verschiebung oder ein Drehwinkel die Rechengröße dar.

Für allgemeine Anwendungen hat heute der Gleichspannungs-Analogrechner wegen seiner hohen Rechengeschwindigkeit und seines flexiblen Aufbaus die bei weitem größte Bedeutung. Die folgende Darstellung beschränkt sich deshalb auch ausschließlich auf die Funktionsgruppen des Gleichspannungs-Analogrechners.

Ein Analogrechner befolgt in seinem Verhalten über die Zeit die Gesetze des von ihm dargestellten Systems. Ist auch dieses ein physikalisches System mit der Zeit als unabhängiger Variablen, so kann man für die Berechnung die Zeitskala dehnen oder raffen. Im allgemeinen wird man die Zeitskala mit Rücksicht auf die Bandbreite der Rechenelemente wählen. Ist die Maschinenzeit gleich der Zeit des berechneten Systems, so stellt der Rechner einen Echtzeitrechner oder Simulator dar. Als Echtzeitrechner kann er Teil einer Gesamtanlage sein, z.B. Regler in einer komplizierten Regelschleife. Als Simulator kann er einen Teil eines Gesamtsystems ersetzen. So läßt sich eine Turbine, ein Flugzeug oder ein Atomreaktor simulieren. Die Bedeutung der Simulatoren liegt in der Möglichkeit, damit Experimente anstellen zu können, wenn der Originalteil noch gar nicht existiert, die Versuche an ihm zu kompliziert, zu teuer oder zu gefährlich wären.

Eine zusammenfassende Darstellung der analogen Rechentechnik findet man in [1, 11, 19, 21, 30, 31].

3.2.2 Die Rechenelemente und ihre Symbole

Bei der Programmierung einer Analogrechenmaschine muß die Schaltanordnung von Rechenelementen gefunden werden, die dem gegebenen Problem entspricht [11]. Zur Darstellung der einzelnen Rechenoperationen benutzen wir für elektronische Analogrechner dabei die Symbole der Abb. 3.2-1. A ist ein einstellbarer Koeffizient, realisiert durch einen Spannungsteiler. Ein wesentliches Grundelement aller elektronischen Analogrechner ist der Operationsverstärker B. Er soll eine sehr hohe, negative Verstärkung haben. In der Rechenschaltung ist er stets gegengekoppelt und erzwingt dadurch eine Eingangsspannung $\varepsilon \to 0$. In C liegen vor seinem Eingang Längswiderstände, die in bezug auf einen Einheitswiderstand R_0 zu R_0/k_i gewählt sind. In der Schaltung ist der Verstärker stets gegengekoppelt und erzwingt dadurch ein Verschwinden der Summe der mit den k_i bewerteten Eingangsgrößen y_i. Ein mit ∞ bezeichneter Eingang bedeutet wie in B den Eingang des Verstärkers direkt. Erhält C eine interne Gegenkopplung durch den Einheitswiderstand, so ergibt sich der Summierer D. Der Ausgang y_0 ist gleich der negativen Summe aller $k_i y_i$. Eine kapazitive Gegenkopplung führt zum Integrierer E. Das Produkt der Kapazität mit dem Einheitswiderstand ist die für den Integrierer charakteristische Zeitkonstante τ_0. Er hat eine Vorrichtung, die zu Beginn der Rechnung den Integrationskondensator auf einen zugeführten Anfangswert lädt. Der Ausgang ist dann gleich dem Anfangswert minus dem Integral der Summe aller $k_i y_i$, wobei die Integration nach t/τ_0 erfolgt. Bei vielen Analogrechnern kann τ_0 in einem weiten Bereich von $\tau_0 = 1$ s bis $\tau_0 = 10^{-4}$ s durch Umschalten des Integrationskondensators verändert werden. Multiplizierer F gibt es in sehr verschiedenen Ausführungen, solche mit einem Produkt und andere, bei denen mehrere Multiplikanden mit einem

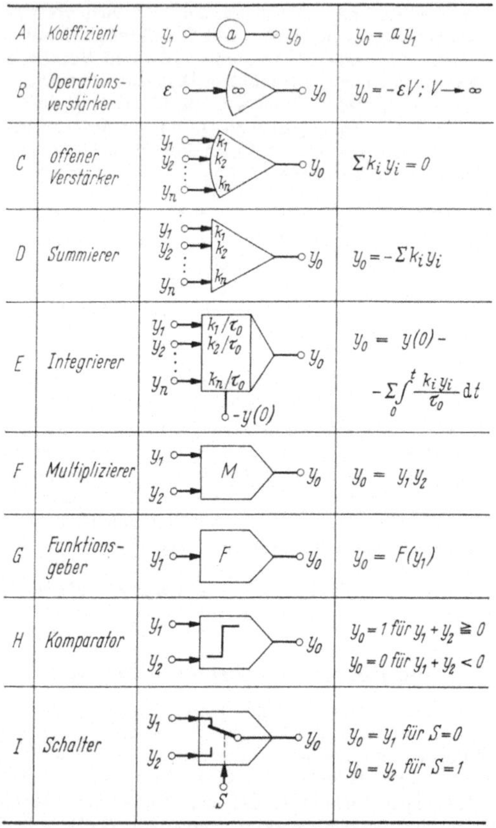

A	Koeffizient		$y_0 = a\,y_1$
B	Operationsverstärker		$y_0 = -\varepsilon V; \; V \longrightarrow \infty$
C	offener Verstärker		$\Sigma\, k_i\, y_i = 0$
D	Summierer		$y_0 = -\Sigma\, k_i\, y_i$
E	Integrierer		$y_0 = y(0) - \Sigma \int_0^t \dfrac{k_i\, y_i}{\tau_0}\, \mathrm{d}t$
F	Multiplizierer		$y_0 = y_1\, y_2$
G	Funktionsgeber		$y_0 = F(y_1)$
H	Komparator		$y_0 = 1$ für $y_1 + y_2 \geqq 0$ $y_0 = 0$ für $y_1 + y_2 < 0$
I	Schalter		$y_0 = y_1$ für $S = 0$ $y_0 = y_2$ für $S = 1$

Abb. 3.2-1. Symbole für die Funktionsgruppen eines Gleichspannungs-Analogrechners.

gemeinsamen Multiplikator versehen werden. Oft erfordert die Technik des Multiplizierers die Zuführung der Multiplikanden mit beiden Vorzeichen, um die Multiplikation in allen vier Quadranten vornehmen zu können. Dabei verdoppeln sich dann die Eingänge und werden mit den entsprechenden Vorzeichen versehen. Funktionsgeber G können auf frei wählbare Funktionen einstellbar sein, oder aber sie bilden feste, oft vorkommende Beziehungen. Es stehen fast ausschließlich Funktionen nur einer Variablen zur Verfügung. H ist ein Komparator, der eine digitale Größe (0 oder 1) in Abhängigkeit vom Vorzeichen der Summe der Eingangsgrößen abgibt. Er ist das Entscheidungselement des Analogrechners, welches z. B. den Übergang auf einen anderen Rechenablauf steuern kann. Der Schalter I ist das Element, mit dem Änderungen der Rechenschaltung oder des Betriebszustandes des Analogrechners vorgenommen werden. Seine Steuerung erfolgt durch einen Komparator oder von außen. Komparator und Schalter sind bei hybriden Rechenanlagen die

Verbindungsglieder zwischen dem analogen und digitalen Teil des Systems (siehe Abschnitt 6.2.1).

3.2.3 Der Operationsverstärker — Die Realisierung von Rechenoperationen mit dem gegengekoppelten Operationsverstärker

Unter einem Operationsverstärker verstehen wir einen Gleichspannungsverstärker mit hoher Verstärkung. Er ist in der Rechenschaltung immer gegengekoppelt, z.B. wie in Abb. 3.2-2 über einen komplexen Widerstand Z_0. Die Eingangsgrößen werden über Widerstände Z_i zugeführt. Der Eingangswiderstand des Verstärkers selbst ist Z_{n+1}, der Innenwiderstand des Verstärkerausgangs ist vernachlässigt.

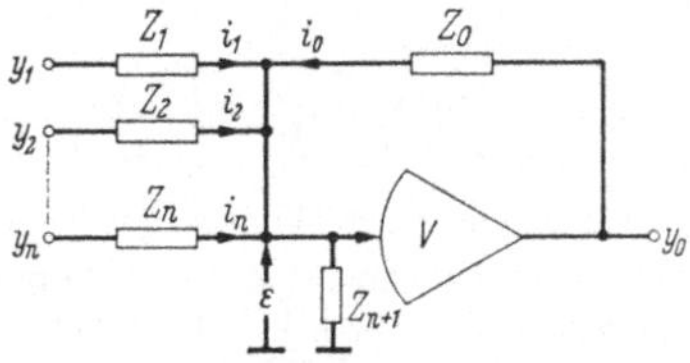

Abb. 3.2-2. Allgemeine Schaltung eines Operationsverstärkers für eine lineare Rechenoperation.

Die Eingangs- und Ausgangsgrößen des nach Abb. 3.2-2 gegengekoppelten Operationsverstärkers sind natürlich Spannungen. Man normiert diese Spannungen zweckmäßig auf die Maschineneinheitsspannung E, in Transistoranalogrechnern meist 10 V. y_i ist dann eine dimensionslose, auf E normierte, zeitabhängige Variable im Bereich -1 bis $+1$. $y_i(\omega)$ ist die auf E normierte, komplexe Amplitude eines periodischen Signals der Kreisfrequenz ω. Ist

$$V_\mathrm{s} = \frac{V}{\sum\limits_{i=0}^{n+1} \dfrac{Z_0}{Z_i}} \tag{3.2-1}$$

die Schleifenverstärkung in der Gegenkopplungsschleife, so wird die Ausgangsgröße in Abb. 3.2-2

$$y_0(\omega) = -\sum_{i=1}^{n} \frac{Z_0}{Z_i}\, y_i(\omega)\, \frac{1}{1 + \dfrac{1}{V_\mathrm{s}}}. \tag{3.2-2}$$

Die Rechenoperation soll nun allein von der Wahl der Z_i abhängen, die Schleifenverstärkung V_s soll darauf keinen Einfluß haben. Nach Gl. (3.2-2) erreicht man diesen idealen Grenzfall mit $V_\mathrm{s} \to \infty$ bzw. $V \to \infty$. Am Eingangspunkt des Operationsverstärkers, dem sog. Summenpunkt, geht $\varepsilon \to 0$ und die Summe aller Ströme

$$\sum_{i=0}^{n} \frac{y_i(\omega)\, E}{Z_i} = 0 \tag{3.2-3}$$

verschwindet, woraus die ideale Rechenoperation

$$y_0(\omega) = -\sum_{i=1}^{n} \frac{Z_0}{Z_i}\, y_i(\omega) \tag{3.2-4}$$

folgt.

Praktisch wichtige Fälle von linearen Rechenoperationen erhält man durch eine spezielle Wahl der komplexen Widerstände Z_i. Beim *Summierer* ist $Z_0 = R_0$, $Z_i = R_0/k_i$, und damit wird nach Gl. (3.2-4)

$$y_0 = - \sum_{i=1}^{n} k_i y_i, \tag{3.2-5}$$

die Ausgangsgröße y_0 eine mit k_i gewichtete Summe der Eingangsgrößen y_i. Bei Beschaltung nur eines Einganges mit $k_1 = 1$ wird $y_0 = -y_1$, man erhält eine *Vorzeichenumkehr*. Beim *Integrierer* ist $Z_0 = 1/j\omega C_0$, $Z_i = R_0/k_i$, die Integrationszeitkonstante $\tau_0 = R_0 C_0$, und man erhält nach Gl. (3.2-4)

$$y_0(\omega) = - \sum_{i=1}^{n} k_i \frac{y_i(\omega)}{j\omega\tau_0} \tag{3.2-6}$$

oder im Zeitbereich

$$y_0(t) = - \sum_{i=1}^{n} k_i \int_0^t y_i(t) \, d\left(\frac{t}{\tau_0}\right).$$

Statt der Widerstände Z_i können unter der Voraussetzung, daß das System stabil ist, beliebige Vierpole an den Eingang und in den Gegenkopplungsweg des Operationsverstärkers geschaltet werden, Abb. 3.2-3. Für den idealen Fall unendlich hoher Verstärkung sind die Vierpole ausreichend durch ihren Übertragungsleitwert

$$Y_{21} = \frac{i_i}{y_i E},$$

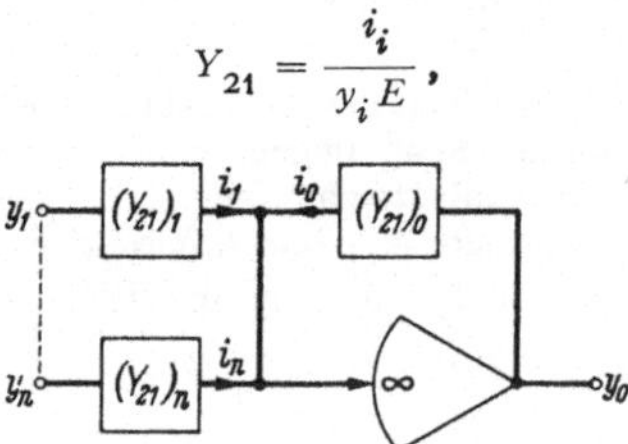

Abb. 3.2-3. Komplexe Übertragung.

d. h. durch das Verhältnis des Ausgangs-Kurzschlußstromes zur Eingangsspannung charakterisiert. Man erhält dann entsprechend Gl. (3.2-3)

$$\sum_{i=0}^{n} (Y_{21})_i y_i(\omega) E = 0$$

oder daraus die *komplexe Übertragung*

$$y_0(\omega) = - \sum_{i=1}^{n} \frac{(Y_{21})_i}{(Y_{21})_0} y_i(\omega). \tag{3.2-7}$$

Bisher haben wir einige Beispiele der Realisierung von linearen Rechenoperationen mit dem gegengekoppelten Operationsverstärker betrachtet. Die Ströme i_i zum Summenpunkt des Operationsverstärkers in Abb. 3.2-2 brauchen nun keineswegs linear von y_i abzuhängen, sondern wir können statt durch E/Z_i den Strom i_i durch eine beliebige auf y_i angewandte Operation $O_i(y_i)$ bilden. Wir erhalten dann statt Gl. (3.2-3)

$$\sum_{i=0}^{n} O_i(y_i) = 0. \tag{3.2-8}$$

Ist z.B. $O_i(y_i) = k_i y_i$ für $i = 1, 2, \ldots, n$, $O_0(y_0) = O(y_0)$ eine beliebige Operation und O^* deren *Umkehroperation*, also

$$O^*(O(y_0)) = y_0,$$

so wird

$$y_0 = O^*\left(-\sum_{i=1}^{n} k_i y_i\right). \tag{3.2-9}$$

Der Operationsverstärker hat also die Eigenschaft, die Umkehroperation der Operation in der Gegenkopplung zu bilden. Die Operationen müssen zu einem stabilen System führen.

Die Stabilisierung gegen Selbsterregung. Der ideale Operationsverstärker mit einer Schleifenverstärkung $V_s \to \infty$ ist nicht realisierbar. Praktisch muß man sich auf die Forderung beschränken, V_s sei bis zu einer durch das Spektrum der Rechenvorgänge gegebenen oberen Frequenzgrenze f_0 nach Maßgabe der verlangten Rechengenauigkeit ausreichend hoch. Oberhalb f_0 braucht nur die Stabilität des Systems gefordert zu werden. Bei Beschränkung auf lineare Systeme kann dies mittels des Nyquistkriteriums beurteilt werden. Da das System absolut stabil sein soll, erfordert dieses im ganzen Frequenzgebiet, wo $V_s \geq 1$ ist, einen Phasenfehler $\leq \pi$. Als Phasenfehler gilt die Abweichung von der Phase $-\pi$ des idealen Operationsverstärkers.

Bei einem Übertragungsmaß der Schleife $-V_s(0) \exp(a + jb)$ fordern wir im idealen Grenzfall $a = 0$ unterhalb f_0 und darüber $b = -\pi$. Für Netzwerke minimaler Phase ist damit nach Bode [3] der ganze übrige Verlauf bestimmt. Es wird

$$a = 0 \quad \text{für } 0 < f < f_0; \quad b = -2 \arcsin(f/f_0)$$

$$b = -\pi \quad \text{für } f_0 < f < \infty; \quad a = -2 \ln\left[\sqrt{(f/f_0)^2 - 1} + f/f_0\right]. \tag{3.2-10}$$

Für $f \gg f_0$ wird der durch den zugelassenen Winkel $-\pi$ begrenzte Betragsabfall der Schleifenverstärkung 40 dB/Dekade. Für beliebig hohe Frequenzen ist Gl. (3.2-10) nicht realisierbar. Bei einem nach Abb. 3.2-4 aus n hintereinandergeschalteten Einzelstufen aufgebauten Operationsverstärker hat die Gesamtverstärkung nach hohen Frequenzen hin einen Abfall von $n \cdot 20$ dB/Dekade. Die Asymptote der Verstärkung geht also nach

$$|V_\infty| = \frac{\prod\limits_{i=1}^{n} f_{i\infty}}{f^n}; \quad b_\infty = -\frac{n\pi}{2}. \tag{3.2-11}$$

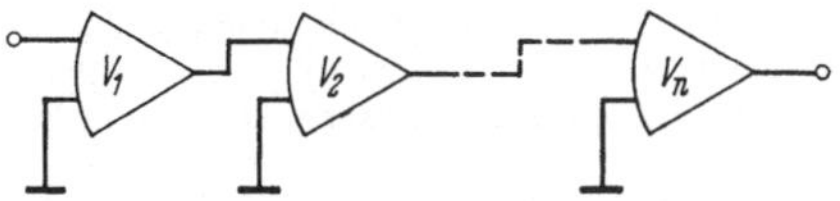

Abb. 3.2-4. Operationsverstärker mit n in Kaskade geschalteten Einzelstufen.

Darin ist $f_{i\infty}$ die Frequenz, bei der der Betrag der Verstärkung der Einzelstufen Eins wird. Diese Frequenz ist bei Röhrenverstärkern durch das S/C-Verhältnis bei Transistoren durch die $f_{\beta 1}$-Frequenz gegeben.

Bei hohen Frequenzen findet ein Übergang von Gl. (3.2-10) in (3.2-11) statt, und bei $n > 2$ wird der Phasenfehler größer als π. Um Stabilität zu gewährleisten, muß deshalb zwischen den Gültigkeitsbereichen beider Formeln $|V_s|$ flacher als mit 40 dB/Dekade verlaufen. Verlangt man bis zum Punkt $|V_s| = 0$ dB eine Phasensicherheit $\delta\pi$, so darf statt Gl. (3.2-10) der Amplitudenabfall nur $(1 - \delta)$ 40 dB/

Dekade sein. Wo b den Wert $-\pi$ erreicht, muß eine hinreichende Amplitudensicherheit γ dB vorhanden sein. So kommt man zur Wunschkurve Abb. 3.2-5. Da der Verlauf allein durch die Forderung nach Stabilität zustande kommt, wird für eine gewünschte Verstärkung die Bandbreite allein durch den Verlauf der Asymptote vorgegeben. Mit Rücksicht auf den Aufwand begnügt man sich mit einer groben Annäherung an Abb. 3.2-5.

Eine Erhöhung der Bandbreite des Operationsverstärkers ist möglich durch eine Vorwärtskopplung über einen Teil der Eingangsstufen [5, 37, 38], denen in dieser Schaltung die Eingangsspannung direkt zugeführt wird, Abb. 3.2-6. Die Asymptote

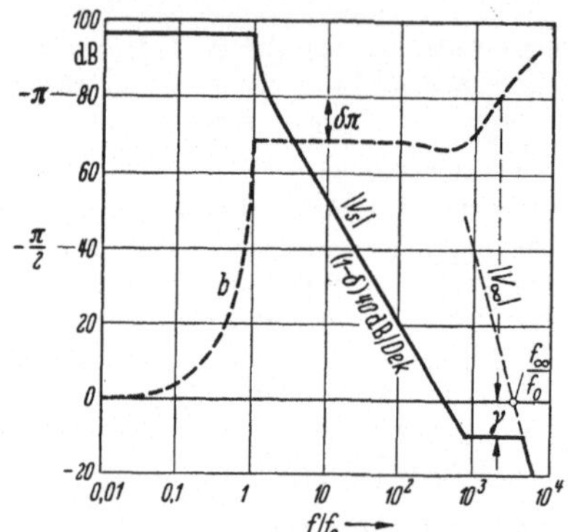

Abb. 3.2-5. Idealer Verlauf von Betrag und Phase der Schleifenverstärkung eines gegengekoppelten Operationsverstärkers.

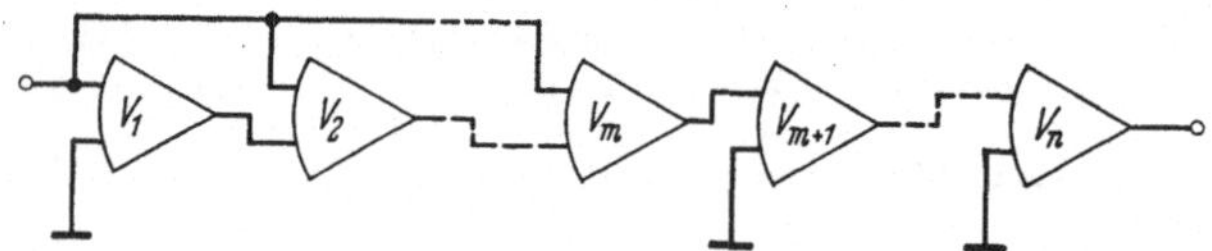

Abb. 3.2-6. n-stufiger Operationsverstärker mit Vorwärtskopplung über m Stufen.

fällt in diesem Fall entgegen Gl. (3.2-11) nur mit $(n-m)$ 20 dB/Dekade ab, die Grenzphase ist entsprechend $-(n-m)\,\pi/2$. Eine Vorwärtskopplung über die erste Verstärkerstufe $(m=1)$ wird praktisch immer angewendet, weil die erste Stufe völlig unter dem Gesichtspunkt eines kleinen Nullpunktfehlers dimensioniert und dabei schmalbandig wird [39]. Besonders ausgeprägt ist dies bei den Chopper-Verstärkern.

In die Schleifenverstärkung geht außer dem Verstärker selbst auch das gegenkoppelnde Netzwerk ein. Es ist durch die Rechenoperation weitgehend bestimmt [Abb. 3.2-2 und Gl. (3.2-1)] und kann nur in geringem Maße für die Stabilisierung der Schleife herangezogen werden. Zu berücksichtigen sind auch die kapazitiven Belastungen von Summenpunkt und Verstärkerausgang. Bezüglich der äußeren Schaltung hat man um so mehr Freiheit, je flacher die Verstärkung des Operationsverstärkers mit der Frequenz abfällt. Die Mittel zur Erzeugung eines gewünschten Verlaufes sind frequenzabhängige Außenwiderstände der einzelnen Verstärkerstufen und frequenzabhängige interne Gegenkopplung. Es hat sich als zweckmäßig erwiesen, die Verstärkung V des Operationsverstärkers allein mit etwa 20 dB/Dekade abnehmen zu lassen. Ist $V_0 = V(0)$ der Betrag der Verstärkung für Gleichspannungen und f_g die Frequenz, bei der die Verstärkung 0 dB wird, so ist für den Verstärker also anzustreben

$$V(\omega) = \frac{V_0}{1 + jV_0\dfrac{f}{f_g}}.\qquad\qquad (3.2\text{-}12)$$

Nullpunktsfehler und Drift des Operationsverstärkers. Ein Gleichspannungsverstärker hat grundsätzlich einen Nullpunktsfehler, d.h. Ein- und Ausgangsspannung verschwinden nicht gleichzeitig. Bezüglich dieses Fehlers ist er als idealer Verstärker mit einer vorgeschalteten fiktiven Driftspannungsquelle e und einem Driftstrom i wie in Abb. 3.2-7 A darstellbar. Die Wirkung der Drift überlagert sich den Rechenspannungen und verursacht dadurch Rechenfehler [35, 39]. Die Größe dieser Fehler bei verschiedenen Methoden der Driftkompensation kann für Summatoren und Integratoren aus der letzten Spalte von Abb. 3.2-7 entnommen werden.

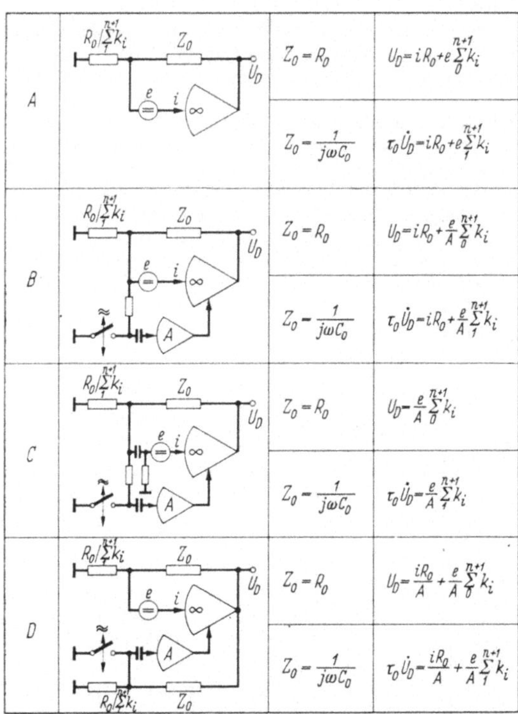

Abb. 3.2-7. Methoden zur Reduzierung des Nullpunktsfehlers von Operationsverstärkern
$(\tau_0 = R_0 C_0)$.

Ohne Kompensation läßt sich z. B. bei einem Transistorverstärker mit Differenzeingangsstufe über einen gewissen Arbeitstemperaturbereich e nicht unter etwa 1 mV und i nicht unter 10^{-8} A bei bipolaren Transistoren und 10^{-10} A bei Feldeffekttransistoren bringen [18]. Bei $\sum k_i = 10$ würde in Abb. 3.2-7 A dabei die auf $E = 10$ V bezogene relative Driftstörung des Summierers bzw. die Änderung des Integrierausgangs in τ_0 Sekunden mit $R_0 = 100$ kΩ in der Größenordnung von 0,1 % liegen. Selbst so kleine Fehler können in Anwendungen, die extreme Genauigkeiten verlangen, nicht toleriert werden. Bei hochwertigen Operationsverstärkern muß die Drift deshalb kompensiert werden, und zwar, da e und i unkontrollierbar schwanken, automatisch [50].

Das wirkungsvollste Kompensationsverfahren stellt die Chopperstabilisierung Abb. 3.2-7 B dar [13]. Ohne Kompensation muß wegen der Gegenkopplung am Summenpunkt die Spannung $\varepsilon \rightarrow -e$ auftreten. Man kann dort also die Drift durch einen driftfreien Verstärker der Verstärkung A messen und den verstärkten Fehler zur Kompensation benutzten. Der Hilfsverstärker besteht aus einem Zerhacker, Wechselspannungsverstärker und einem Phasengleichrichter. Die Korrekturspannung wird dem Gleichspannungsverstärker z. B. am zweiten Eingang einer als Differentialstufe ausgebildeten ersten Verstärkerstufe zugeführt. Dadurch wird die Drift auf den A-ten Teil reduziert. Wegen der relativ niedrigen Zerhackerfrequenz ist A ein sehr schmalbandiger Gleichspannungsverstärker. Die Gesamtverstärkung für Gleichspannung und sehr niedrige Frequenzen ist AV. Dieser extrem hohe Wert ist für Integrierer höchst vorteilhaft.

Durch einen vorgeschalteten Kondensator vor dem Hauptverstärker wie in Abb. 3.2-7 C kann der Einfluß des Eingangsstromes bei der Chopperstabilisierung ausgeschaltet werden. Für Gleichspannung geht der Verstärkungsweg dann nur über A.

Bei der Brückenanordnung Abb. 3.2-7 D werden durch die Chopperstabilisierung e und i reduziert, doch kostet dies doppelte Rechenwiderstände [17].

Die Driftfehler des Hauptverstärkers können durch den Hilfsverstärker beliebig weit reduziert werden. Bedingung ist nur, daß der Hilfsverstärker selbst driftfrei ist. Dazu darf der Zerhacker keine störende EMK oder Stromquelle haben, und die von seiner Ansteuerseite in den Verstärker eingestreute Störspannung muß sehr klein sein. Als Chopper kamen früher hauptsächlich mechanische Zerhacker mit 50 oder 400 Hz Antriebsfrequenz [36], heute vor allem FET-Chopper in Betracht [44]. Mit ihnen lassen sich die auf den Summenpunkt bezogenen Driftwerte auf $i = 10^{-12}$ A/K und $e = 0{,}2\,\mu$V/K reduzieren.

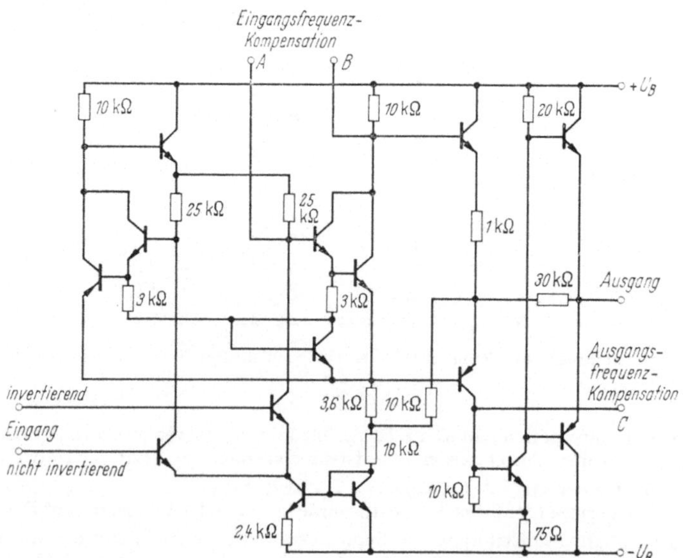

Abb. 3.2-8. Schaltung eines integrierten Operationsverstärkers (Texas Instruments).

Schaltungsbeispiele für Operationsverstärker. Operationsverstärker werden zunehmend in integrierter Schaltungstechnik aufgebaut. Durch die paarweise gleichen Komponenten, die mit einem monolithischen Aufbau erreicht werden, ergeben sich

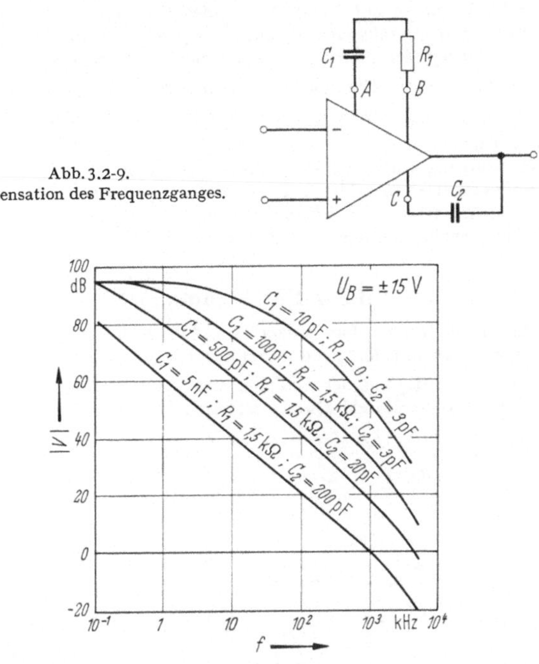

Abb. 3.2-9.
Kompensation des Frequenzganges.

Abb. 3.2-10. Frequenzgänge des integrierten Operationsverstärkers nach Abb. 3.2-8.

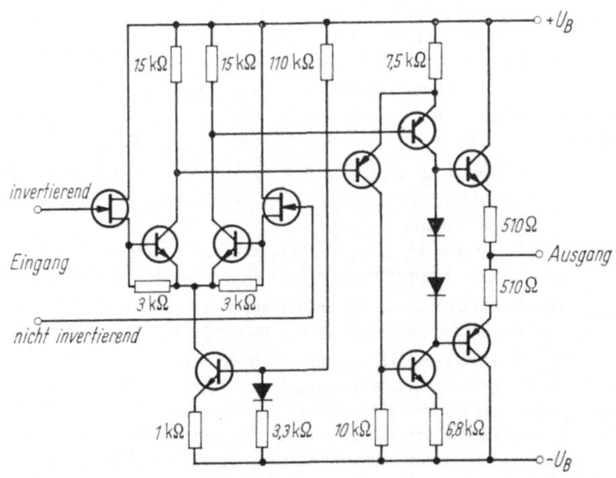

Abb. 3.2-11. Operationsverstärker mit FET-Eingangsstufe (Omni Ray).

vor allem kleine Driftwerte. Abb. 3.2-8 zeigt die Schaltung eines integrierten Operationsverstärkers, der im Flachgehäuse, TO-5-Gehäuse oder Dual-in-line-Ausführung geliefert wird. Die Gleichspannungsverstärkung ist 90 dB, der Temperaturkoeffizient der auf den Eingang bezogenen Driftspannung ist $10\,\mu\text{V/K}$, des Driftstromes $0,1$ nA/K. Schaltelemente zur Einstellung eines Frequenzganges, der eine stabile Gegenkopplung erlaubt, müssen von außen zugeschaltet werden, Abb. 3.2-9. Mit verschiedenen Werten der Kompensationselemente R_1, C_1 und C_2 lassen sich die in Abb. 3.2-10 dargestellten Frequenzgänge realisieren. Mit $C_1 = 5$ nF, $R_1 = 1,5$ kΩ, $C_2 = 200$ pF ergibt sich etwa ein Verstärkungsabfall von 20 dB-Dekade entsprechend Gl. (3.2-12).

Mit einer Eingangsstufe mit Feldeffekttransistoren lassen sich die Driftwerte weiter vermindern. Der in Abb. 3.2-11 gezeigte Operationsverstärker in hybrider Schaltungstechnik hat eine Driftspannung von $5\,\mu\text{V/K}$ und einen Driftstrom von $0,02$ nA/K. Die Gleichspannungsverstärkung ist 100 dB.

3.2.4 Der Summierer

Die Additionsschaltung entsteht nach Abb. 3.2-12 durch die Gegenkopplung des Operationsverstärkers mit R_0. Eine gegenüber Gl. (3.2-5) genauere Darstellung erfordert die Berücksichtigung der Schleifenverstärkung wie in Gl. (3.2-2) und der Frequenzfehler der Widerstände. Diese lassen sich durch eine Funktion $f(\omega)$ erfassen. Dann wird

$$y_0(\omega) = -\sum_{i=1}^{n} k_i\, y_i(\omega)\, \frac{f(\omega)}{1 + \dfrac{1}{V_s(\omega)}} + \Delta y_D. \qquad (3.2\text{-}13)$$

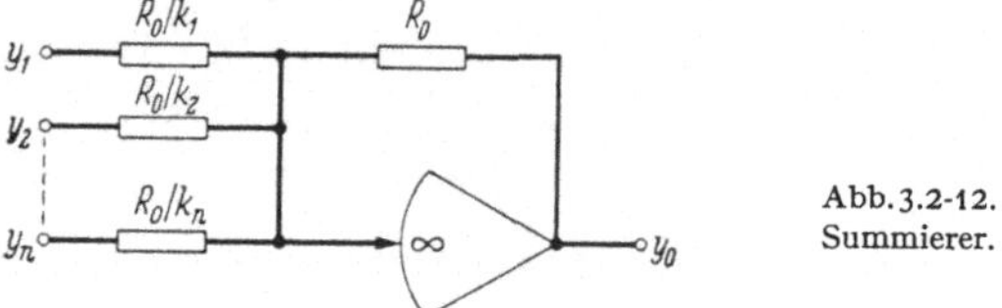

Abb. 3.2-12.
Summierer.

Abweichend vom idealen Verhalten Gl. (3.2-5) ergibt sich ein relativer Fehler durch die Faktoren bei y_i und ein additiver Fehler Δy_D durch die — hier wieder auf die Einheitsspannung E bezogene — Drift des Operationsverstärkers.

Die statischen Fehler des Summierers entstehen hauptsächlich durch die Toleranz der Rechenwiderstände, die bewirkt, daß $f(0) = 1 \pm \delta$ von Eins abweicht. Die besten Werte dieser Toleranz δ liegen bei 10^{-4}. Ein zweiter statischer Fehler $1/V_s(0)$ verschwindet wegen der hohen Gleichspannungsverstärkung des Operationsverstärkers praktisch immer gegen den ersten.

Die dynamischen Fehler des Summierers sind durch den gebrochenen Faktor in Gl. (3.2-13) gegeben. Der Frequenzgang $f(\omega)$ der Faktoren k_i hängt weniger vom Frequenzgang der Rechenwiderstände selbst ab, sondern mehr von einer meist vorhandenen kapazitiven Überbrückung des gegenkoppelnden Widerstandes R_0. Nach Gl. (3.2-1) ist die Schleifenverstärkung das Produkt aus der Verstärkung des Operationsverstärkers und dem Übertragungsmaß des gegenkoppelnden Netzwerkes zwischen Ausgang und Eingang des Verstärkers. Dieses Übertragungsmaß ist nicht reell, sondern auch von der kapazitiven Belastung des Verstärkereingangs abhängig, die bei der oft vorliegenden räumlichen Trennung von Verstärker und Rechenwiderständen wegen der Verbindungsleitungen sehr erheblich ist. Bei nicht sehr niedrigem Innenwiderstand des Verstärkers ist zudem eine kapazitive Belastung des Verstärkerausgangs zu berücksichtigen. Das gegenkoppelnde Netzwerk des Summierers hat deshalb ein Tiefpaßverhalten. Dadurch wird eine kapazitive Überbrückung von R_0 im allgemeinen zur Stabilisierung der Schleifenverstärkung notwendig.

Den wesentlichsten Einfluß auf den dynamischen Fehler des Summierers hat der Verstärkungsabfall des Operationsverstärkers nach hohen Frequenzen, Abb. 3.2-5 und Gl. (3.2-12). Die Abweichung des Faktors $1/(1 - 1/V_\mathrm{s}(\omega))$ in Gl. (3.2-13) vom Idealwert eins hat einen Betragsfehler

$$\Delta = -\frac{\cos b}{|V_\mathrm{s}|}$$

und einen Phasenfehler

$$\Delta\varphi = \frac{\sin b}{|V_\mathrm{s}|}$$

zur Folge. Diese Fehler der Größenordnung $1/|V_\mathrm{s}(\omega)|$ beschränken bei gegebenem Fehler die maximal erreichbare Rechenfrequenz. Da stets $|V_\mathrm{s}(\omega)| \leq |V(\omega)|$, ist die höchste Rechenfrequenz f_h, bei der man unter einer Fehlergrenze F bleiben kann, mit Gl. (3.2-12) $f_\mathrm{h} \leq f_\mathrm{g} \cdot F$. Die Rechenbandbreite eines Summierers der Fehlerklasse 10^{-4} liegt also wenigstens vier Größenordnungen unter f_g. Eine Erhöhung der Rechengeschwindigkeit geht prinzipiell auf Kosten der Genauigkeit [33].

3.2.5 Der Integrierer

Das Übertragungsmaß des Integrierers. Bei der Integrationsschaltung wird der Operationsverstärker mit einem Kondensator C_0 gegengekoppelt, Abb. 3.2-13. Das komplexe Übertragungsmaß des Integrierers in Gl. (3.2-6) setzt einen idealen Kondensator und unendliche Schleifenverstärkung voraus. Für die Fehlerbetrachtung müssen wir auf die Gl. (3.2-1) und (3.2-2) zurückgehen. Als Ersatzbild für den Integrationskondensator kann nach [6] die Abb. 3.2-14 dienen. Darin ist durch R_p ein Leckwiderstand berücksichtigt und durch eine Folge von RC-Gliedern die dielektrische Absorption.

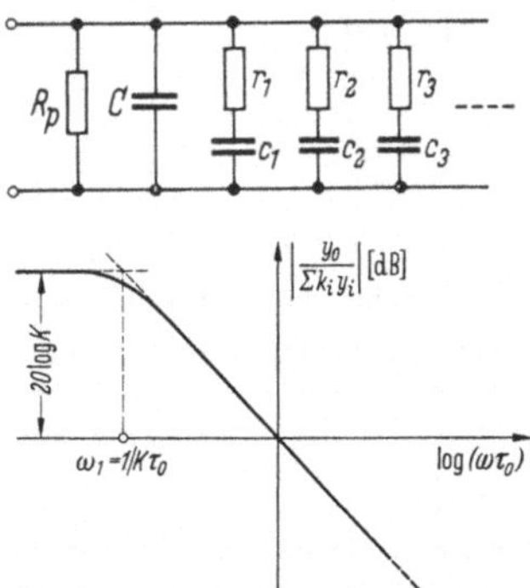

Abb. 3.2-13. Integrierer.

Abb. 3.2-14. Ersatzbild des Integrationskondensators.

Mit $a_k = C_k/C$, $r_k C_k = T_k$ führt dieses Ersatzbild zu einem frequenzabhängigen Kondensator C_0 mit einem Verlustwinkel $\tan \delta$.

$$C_0 = C\left(1 + \sum_k \frac{a_k}{1 + \omega^2 T_k^2}\right); \quad \tan \delta = \sum_k \frac{\omega a_k T_k}{1 + \omega^2 T_k^2}. \qquad (3.2\text{-}14)$$

Für einen 1-μF-Kondensator gibt [6] an:

$$a_1 = 1{,}40 \cdot 10^{-4} \qquad T_1 = 5000 \text{ s}$$

$$a_2 = 2{,}00 \cdot 10^{-4} \qquad T_2 = 50 \text{ s}$$

$$a_3 = 2{,}70 \cdot 10^{-4} \qquad T_3 = 5{,}4 \text{ s}$$

$$a_4 = 1{,}93 \cdot 10^{-4} \qquad T_4 = 0{,}58 \text{ s}$$

$$a_5 = 1{,}20 \cdot 10^{-4} \qquad T_5 = 0{,}04 \text{ s}$$

Wegen der teilweise großen T_k tritt zwischen C und den C_k ein langsamer Ladungs-austausch auf. Diese dielektrische Nachwirkung erzeugt Fehler in der Rechenphase, unvollständige Umladung in der Anfangswertschaltung und ein Nachschieben von Ladungen in der Halteschaltung. Entsprechend den a_k sind die Fehler einige 10^{-4}.

Der Scheinwiderstand des Integrationskondensators ist mit $\tau_\mathrm{p} = R_\mathrm{p} C_0$

$$Z_0 = \frac{1}{j\omega C_0} \frac{j\omega\tau_\mathrm{p}(1 + j \tan \delta)}{1 + j\omega\tau_\mathrm{p}} . \tag{3.2-15}$$

Die Schleifenverstärkung nimmt mit fallender Frequenz wegen des kapazitiven Widerstandes in der Gegenkopplung ab. Mit $\tau_0 = R_0 C_0$ und Berücksichtigung des Scheinwiderstandes wird sie

$$V_\mathrm{s}(\omega) = \frac{V(\omega)}{1 + \sum\limits_1^{n+1} \dfrac{k_i}{j\omega\tau_0^*}}; \quad \tau_0^* = \tau_0 \frac{1 + j\omega\tau_\mathrm{p}}{j\omega\tau_\mathrm{p}(1 + j \tan \delta)} . \tag{3.2-16}$$

Mit den daraus resultierenden Werten von Schleifenverstärkung und Scheinwiderstand wird das komplexe Übertragungsmaß eines Integrierers mit guter Näherung

$$y_0(\omega) = - \sum\limits_1^n \frac{k_i y_i(\omega)}{j\omega\tau_0} (1 + j \tan \delta) \left(\frac{j\omega K\tau_0}{1 + j\omega K\tau_0} \right) \left(1 - \frac{1}{V(\omega)} \right) + \Delta y_\mathrm{D} \tag{3.2-17}$$

mit

$$\frac{1}{K} = \frac{\tau_0}{\tau_\mathrm{p}} - \frac{\sum\limits_1^{n+1} k_j}{V(0)} .$$

Die statischen Fehler eines Integrierers sind die Fehler der Faktoren k_i/τ_0. Für die Widerstände gelten die bei der Summation gemachten Angaben. Bei den Kondensatoren ist der kleinste erzielbare Fehler in Verbindung mit einem Thermostaten 0,01%. Wegen der Frequenzabhängigkeit nach Gl. (3.2-14) ist eine solche Angabe aber problematisch, da im Bereich möglicher Rechenfrequenzen eine Kapazitäts-änderung bis zu 0,1% durch die dielektrische Absorption auftreten kann. In neuerer Zeit sind einige Vorschläge zur Kompensation des Fehlers durch dielektrische Absorption gemacht worden [10, 15]. Die drei Klammern in Gl. (3.2-17) stellen die dynamischen Fehler dar. Der erste ist ein Phasenfehler $\tan \delta$, etwa von der Größe 1 bis $1{,}5 \cdot 10^{-4}$. Die zweite Klammer hängt von der Ableitung des Kondensators und der Verstärkung ab. Durch diesen Faktor nimmt der Betrag des Übertragungsmaßes den Verlauf Abb. 3.2-15 an. Bei tiefen Frequenzen verhält sich der Integrierer wie ein RC-Glied mit der Zeitkonstanten $K\tau_0$. Ihr größter Wert ist gleich der Ableitungs-zeitkonstanten τ_p des Kondensators und wird erreicht, wenn die Verstärkung des

Operationsverstärkers

$$V(0) > \sum_{1}^{n+1} k_i \frac{\tau_p}{\tau_0}$$

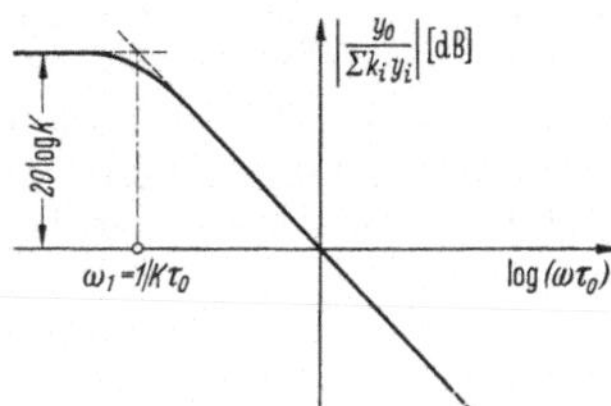

Abb. 3.2-15.
Betrag des Übertragungsmaßes
eines nichtidealen Integrierers.

ist. Ein Spannungssprung am Eingang des Integrierers führt nicht zu einem linearen zeitlichen Anstieg der Ausgangsspannung, sondern diese verläuft exponentiell mit $[1 - \exp(-Kt/\tau_0)]$. In der Halteschaltung entlädt sich der Integrierer mit der Zeitkonstanten $K\tau_0$. Gute Kondensatoren ergeben $\tau_p \approx 10^6$ s. Die untere Grenzfrequenz eines Integrierers ist dann $\omega_1 \approx 10^{-6}$ s^{-1}. Um den besten Wert bei $\tau_0 = 1$ s zu realisieren, muß $V_0 \approx 10^7$ sein. Dieser Wert kann mit Chopperstabilisierung leicht erreicht werden. Ein solcher Integrierer hat dann die Zeitkonstante 10^6 s, als Speicher ist er in der Lage, einen Rechenwert 10^3 s lang mit einem Fehler von 0,1 % zu halten. Die dritte Klammer in Gl. (3.2-17) beschreibt den Integriererfehler bei hohen Frequenzen. Mit Gl. (3.2-12) stellt dieser Faktor einen Tiefpaß mit der hohen Grenzfrequenz f_g dar. Das Verhalten bei hohen Frequenzen wird aber auch noch durch den hier vernachlässigten Innenwiderstand des Operationsverstärkers mit beeinflußt.

Der auf die Maschineneinheit E bezogene Nullpunktsfehler Δy_D ergibt sich aus Abb. 3.2-7.

Die Steuerung des Integrierers. In Abb. 3.2-13 war der ideale Integrierer gezeigt. Diese Anordnung muß ergänzt werden, weil der Integrierer in Analogrechnern in drei verschiedenen Schaltungen vorkommt, der Anfangswertschaltung, der Rechenschaltung und der Halteschaltung (s. Abschnitt 6.2.1). Der Umschaltung auf diese drei Zustände dienen in Abb. 3.2-16 die Relais A und H. Wir verwenden hier die Symbole

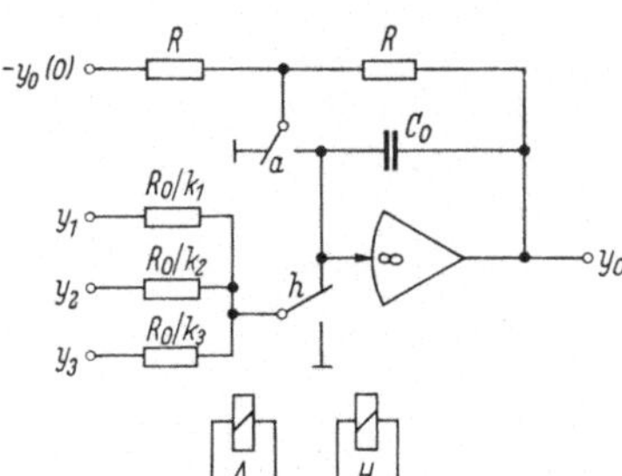

Abb. 3.2-16.   Integrierer mit Anfangswert- und Halteschaltung.

mechanisch geschalteter Relais nur der Anschaulichkeit halber. Tatsächlich werden die Relaiskontakte heute durch elektronische Schalter realisiert, weil die Umschaltzeiten und deren zeitliche Streuung für die Genauigkeit eines Analogrechners eine wesentliche Rolle spielen [25, 29, 47] (s. Abschnitt 6.2.1).

Sind A und H erregt, so ist durch die beiden Widerstände R, R der Operationsverstärker als Umkehrverstärker geschaltet und stellt sich mit der Zeitkonstanten RC_0 auf den Ausgangswert $y(0)$ ein. Dieser Wert wird mit negativem Vorzeichen an den obersten Eingang gelegt und stellt den Anfangswert dar, von dem aus die Integration beginnen soll. Sind A und H beide nicht erregt, so liegt die Rechenschaltung vor. Im allgemeinen sind dabei eine Reihe von Eingängen, z.B. mit den Faktoren $k_i = 1, 1, 1, 10, 10$, verfügbar. Die Geschwindigkeit des Rechenablaufes hängt von der Zeitkonstanten $\tau_0 = R_0 C_0$ der Integrierer ab. In der Halteschaltung ist das H-Relais allein erregt. Die Eingangsschaltung ist dann vom Operationsverstärker abgetrennt, und die Anordnung speichert den Ausgangswert, der im Augenblick der Umschaltung vorlag.

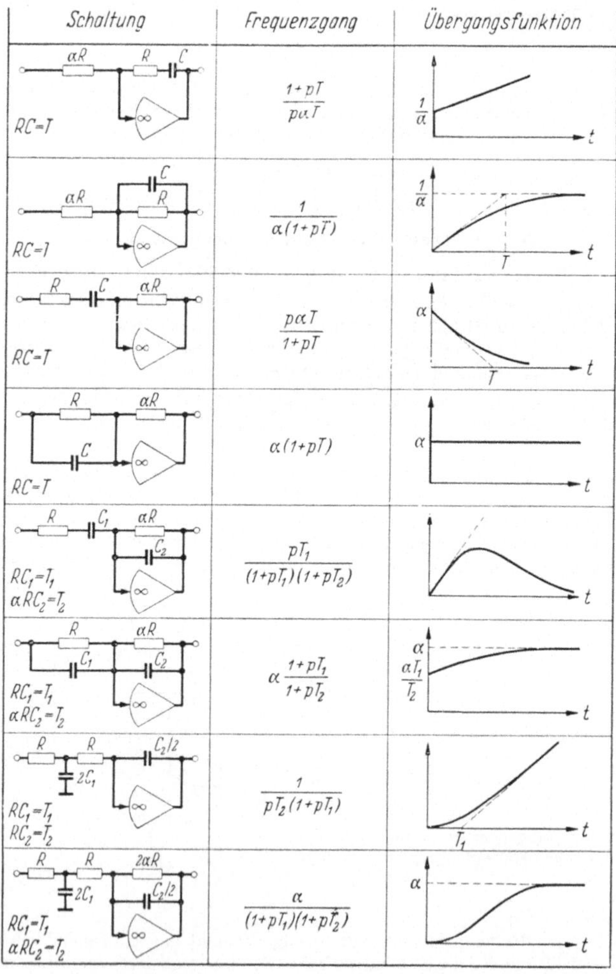

Abb. 3.2-17. Beispiele für Schaltungen mit komplexem Übertragungsmaß.

3.2.6 Beispiele für die Realisierung komplexer Übertragungsmaße

Das Prinzip wurde bereits durch Gl.(3.2-7) dargestellt. Die dafür benutzten Vierpole sind durchweg nur mit Widerständen und Kondensatoren aufgebaut. Induktivitäten lassen sich bei weitem nicht mit der Genauigkeit und der großen Zeitkonstanten von Kondensatoren realisieren. Die einfachsten Grenzfälle des komplexen Übertragungsmaßes sind die Integration und Differentiation. Eine Reihe von Beispielen zeigt die Abb.3.2-17. Weitere Beispiele bei [11, 16, 21, 46]. Alle diese Funktionen lassen sich auch mit den Grundelementen Integrierer und Summierer zusammenschalten.

3.2.7 Die Einstellung der Koeffizienten

Die Einstellung der durch die Rechenvorschriften gegebenen Koeffizienten geschieht immer am Eingang der Summierer und Integrierer. Bei speziellen, für ein einziges Problem bestimmten Rechenmaschinen können sie durch Wahl der Faktoren k_i in Abb.3.2-12 bzw. 3.2-13 berücksichtigt werden. Für umprogrammierbare Rechner sind die k_i fest gewählt, so daß man eine Reihe fester Faktoren zur Verfügung hat. Manchmal ist zum Beispiel $k_i = 1, 1, 1, 10, 10$. Diese runden Werte genügen natürlich nicht. Die genaue Einstellung eines Faktors kann dadurch geschehen, daß ein variabler Widerstand R_0/k_i vom Eingang auf den Summenpunkt des Verstärkers geschaltet wird, Abb.3.2-18. Diese Methode wird vor allem benutzt, wenn die Steuerung des Koeffizientengebers direkt durch die vorgegebene Zahl k_i erfolgt (digitaler Koeffizientengeber) [7, 48]. Eine andere Möglichkeit besteht darin, einem Eingang mit dem festen Faktor $k_i = 1$ oder $k_i = 10$ einen Spannungsteiler vorzuschalten, Abb.3.2-19, der es erlaubt, jeden Koeffizienten αk_i im Bereich $0 \leq \alpha \leq 1$ einzustellen.

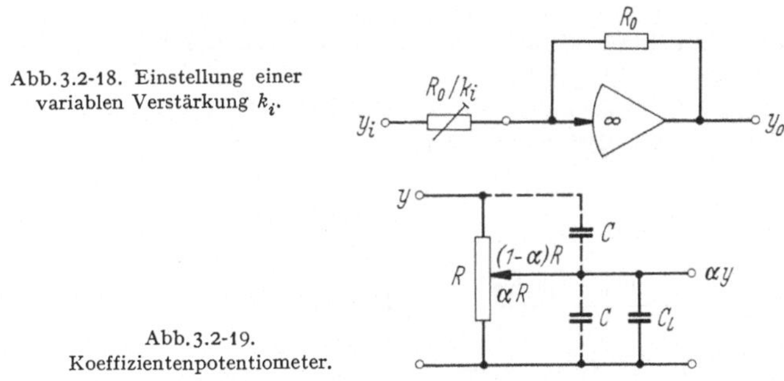

Abb.3.2-18. Einstellung einer variablen Verstärkung k_i.

Abb.3.2-19. Koeffizientenpotentiometer.

Durch die unvermeidliche Eigenkapazität C des Potentiometers und eine Lastkapazität C_L wird der eingestellte Koeffizient frequenzabhängig, und zwar ergibt sich bei der Rechenfrequenz f ein Phasenfehler

$$\Delta\varphi = 2\pi f RC(1 - \alpha)\,[1 - \alpha(2 + C_\mathrm{L}/C)].$$

Anderen Rechenoperationen als Summierern und Integrierern werden im allgemeinen keine Potentiometer vorgeschaltet. Beim Multiplizierer und Funktionsgeber würde die Aussteuerung und damit Genauigkeit unnötig vermindert, außerdem haben diese Geräte oft nichtlineare Eingangswiderstände. Notwendige Koeffizientenpotentiometer sind diesen Rechenoperationen deshalb immer nachgeschaltet.

3.2.8 Der Multiplizierer

Elektronische Multiplizierer für Gleichspannungen bereiten besondere Schwierigkeiten. Es ist nur ein einziger physikalischer Effekt bekannt, bei dem eine elektrische Ausgangsgröße gleich dem Produkt zweier elektrischer Eingangsgrößen ist, nämlich der Halleffekt [45]. Wegen der geforderten Genauigkeit verwendet man aber andere, teilweise recht komplizierte Verfahren. So benutzte man früher in genauen, aber langsamen Analogrechnern den Servo-Multiplizierer, die einfachste Realisierung des Prinzips gleicher, steuerbarer Spannungsteiler [56, 40], das auch heute noch in Form des time-division-Multiplizierers eingesetzt wird. Für extrem schnelle Analogrechner geringer Präzision wurden Elektronenstrahlröhren [14, 32] verwendet. Auch Doppelmodulationsmethoden (FM, AM) wurden für die Multiplikation vorgeschlagen [34, 49]. Neuerdings werden für bescheidene Genauigkeitsansprüche auch die Kennlinien von Halbleiterbauelementen herangezogen [9]. Das heute wichtigste Verfahren ist das Zwei-Parabel-Verfahren, realisiert mit Diodennetzwerken, das hohe Präzision und hohe Bandbreite in sich vereinigt und daher im folgenden beschrieben wird. Außerdem behandeln wir das time-division-Verfahren, das heute noch eingesetzt wird, wenn es auf höchste Genauigkeit ankommt. Es ist allerdings zu erwarten, daß auch dieses Verfahren in naher Zukunft vom Zwei-Parabel-Verfahren verdrängt wird.

Das Zwei-Parabel-Verfahren. Diese Methode beruht auf der Beziehung

$$y_0 = y_1 \cdot y_2 = \left(\frac{y_1 + y_2}{2}\right)^2 - \left(\frac{y_1 - y_2}{2}\right)^2. \tag{3.2-18}$$

Es gibt eine Reihe darauf basierender Multiplizierer, die sich nur durch die Art der Realisierung der Parabelcharakteristiken unterscheiden. Man kann quadratische Kennlinien mit speziellen Elektronenstrahlröhren herstellen [42] oder mit Hilfe von Sägezahnschwingungen [41]. Die erste Methode ist extrem schnell, aber ungenau, die zweite genau, aber wegen der erforderlichen Filterung langsam.

Parabelapproximierung durch Diodenschaltungen. Die Parabeln werden dabei durch ein nichtlineares Netzwerk aus Widerständen und vorgespannten Dioden gebildet [4, 26, 52]. Abb. 3.2-20 zeigt die Approximierung eines positiven Parabelastes durch ein Polygon mit n Strecken. Dafür werden n Dioden die Eingangsspannungen $-U_{1,2} = -Ey_{1,2}$ über Widerstände $2R$ und die Maschineneinheit E zur Vorspannung über Widerstände R_i zugeführt. Der dem Summenpunkt des Operationsverstärkers über die i-te Diode zufließende Strom ist

$$i_i = 0 \qquad\qquad \text{für} \quad \frac{U_1 + U_2}{2} \leq E\,\frac{R}{R_i}$$

$$i_i = -\frac{1}{R}\left(\frac{U_1 + U_2}{2} - E\,\frac{R}{R_i}\right) \quad \text{für} \quad \frac{U_1 + U_2}{2} \geq E\,\frac{R}{R_i}. \tag{3.2-19}$$

Für eine gleichmäßige Approximation der Parabel sind die Diodenvorspannungen so zu wählen, daß die Polygonecken gleichmäßige Abstände erhalten. Mit Rücksicht auf den Nullpunktsfehler beginnt das Polygon zweckmäßig mit einer horizontalen Tangente wie in Abb. 3.2-20. Die Abweichung des Polygons von der Parabel ergibt auf die Maschineneinheit bezogen den relativen Fehler Δ, der aus n kleinen Parabelbögen besteht und einen Maximalwert hat:

$$\Delta_{\max} = \frac{1}{4n^2}. \tag{3.2-20}$$

Der darin enthaltene mittlere Fehler fällt bei der Differenzbildung nach Gl. (3.2-18) heraus.

Bei vier Dioden ist der maximale Parabelfehler 1,6%, bei acht Dioden 0,4%, bei 16 Dioden 0,1% und bei 32 Dioden 0,025%.

Da man in einem Widerstands-Dioden-Netzwerk jeweils nur einen Ast einer Parabel approximieren kann, erhält man den vollständigen Multiplizierer durch vier Parabeläste wie in der Abb. 3.2-21. Bei der Dimensionierung der Widerstände ist Rücksicht auf die Sperrströme, Restspannungen und Innenwiderstände der Dioden zu nehmen. Wegen ihres geringen Sperrstromes werden heute ausschließlich Siliziumdioden verwendet. Für hohe Genauigkeitsansprüche sind Maßnahmen gegen den

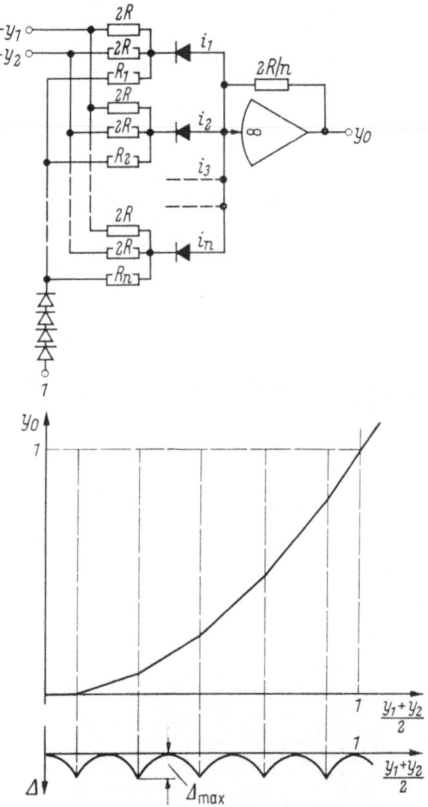

Abb. 3.2-20. Approximierung eines Parabelastes durch n vorgespannte Dioden.

Temperaturgang der Diodenrestspannung und unter Umständen gegen den TK der Widerstände zu ergreifen. Eine einfache Art der Reduzierung des Temperaturfehlers ist die in Abb. 3.2-20 dargestellte temperaturabhängige Vorspannung der Dioden durch mehrere in Serie geschaltete Halbleiterdioden in der Zuführung der Maschineneinheit [26, 53]. Ist ΔU_d die Änderung der Restspannung der Dioden mit der Temperatur, so bleibt mit dieser Kompensation der Parabelfehler unter $\Delta U_d/2E$. Die Abb. 3.2-22 zeigt den Parabelfehler eines nach Abb. 3.2-20 temperaturkompensierten Multiplizierers für $n = 10$ Dioden und $E = 10$ V, oben für die Eichtemperatur und unten bei 10 °C Temperaturabweichung. Soll der Temperaturfehler unter $\Delta U_d/2E$ liegen, so sind verfeinerte Kompensationsschaltungen [53] oder ein Thermostat erforderlich.

In Gl. (3.2-18) kann man ohne Änderung des Resultates statt $(y_1 + y_2)^2$ auch $|y_1 + y_2|^2$ einsetzen. Diese Abhängigkeit ist ebenfalls in Netzwerken aus Widerständen und vorgespannten Dioden realisierbar. Der Vorteil besteht darin, daß man dabei statt der vier Parabeläste nur zwei Netzwerke benötigt, d.h. man spart an Aufwand [12].

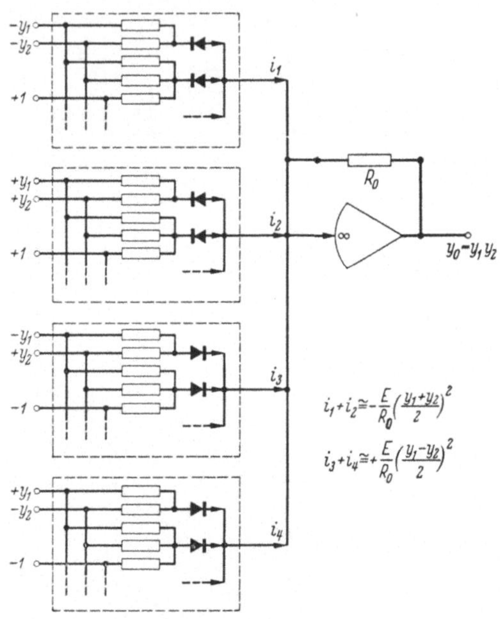

Abb. 3.2-21. Schaltung eines Multiplizierers nach dem Zwei-Parabel-Verfahren.

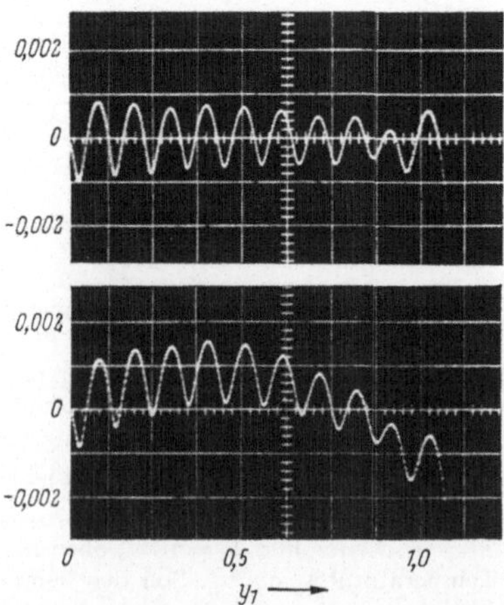

Abb. 3.2-22. Parabelfehler einer Approximierung mit $n = 10$ Dioden, oben für die Eichtemperatur, unten für 10°C Temperaturabweichung.

Von allen Multiplizierern kommt heute in Analogrechnern dem Parabelmultiplizierer mit der beschriebenen Parabelapproximierung die weitaus größte Bedeutung zu. Es sind für $E = 10$ V und 100 V Multiplizierer mit $n = 6$ bis 30 Dioden je Parabelast gebaut worden, deren Produktfehler bis zu $0{,}02\%$ der vollen Skala $2E$ herunter gehen. Die dynamischen Fehler dieser Multiplizierer sind praktisch allein durch den Operationsverstärker gegeben.

Eine weitere, in [20] vorgeschlagene Genauigkeitssteigerung beruht auf der Tatsache, daß sich eine Betragsbildung mit einer von Diodeneigenschaften unabhängigen und daher sehr hohen Präzision durchführen läßt (vgl. Abschnitt 3.2-9). Nach dieser Methode wird eine Parabel nach folgender Gleichung gebildet

$$x^2 = |x| - \frac{1}{4} + \frac{1}{4}\,(2\,|x| - 1)^2 \qquad (3.2\text{-}21)$$

die mit dem in Abb. 3.2-23 gezeigten Blockschaltbild realisiert werden kann. Der Fehler des Quadrierers Q, der als Diodennetzwerk realisiert wird, geht in das Ergebnis nur um den Faktor 4 geteilt ein. Zwei solcher Schaltungen mit $x = (y_1 + y_2)/2$ bzw. $x = (y_1 - y_2)/2$ bilden dann einen Multiplizierer.

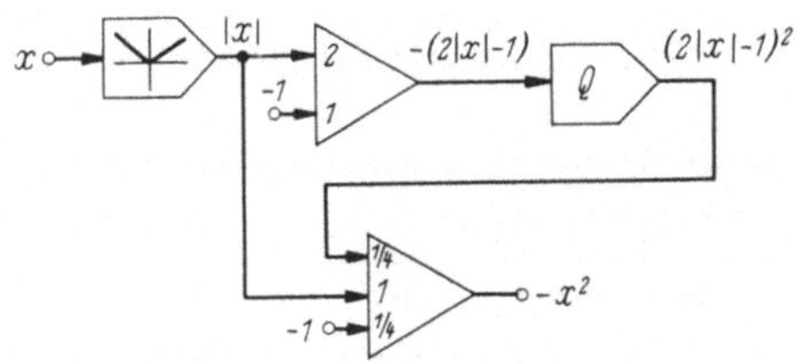

Abb. 3.2-23. Bildung einer Parabel nach Gl. (3.2-21).

Das time-division-Verfahren. Dieses Verfahren ist ein Spezialfall der Methode gleicher steuerbarer Spannungsteiler, deren Prinzip in Abb. 3.2-24 dargestellt ist. $A, B, C, \ldots$ sind dabei untereinander völlig gleiche Elemente mit einem steuerbaren, reellen Übertragungsmaß a, welches durch einen Regler einstellbar ist. Das erste Element hat als Eingang die normierte Maschineneinheit 1, also den Ausgang a. Der Regler erzwingt $a = y_1$, womit das Übertragungsmaß aller Elemente $a = y_1$ wird. Wenn am Eingang von B der Wert y_2 liegt, ergibt sein Ausgang das Produkt $y_1 y_2$. Die Genauigkeit hängt davon ab, wie genau die a_i der einzelnen Regler untereinander gleich sind. Die einfachste Realisierung des Prinzips ergibt sich durch die mechanische Steuerung von Potentiometern [40]. Die Realisierung mit elektronischen Mitteln läuft auf die Anwendung einer doppelten Modulation heraus.

Abb. 3.2-24. Multiplikation nach dem Prinzip gleicher, steuerbarer Spannungsteiler.

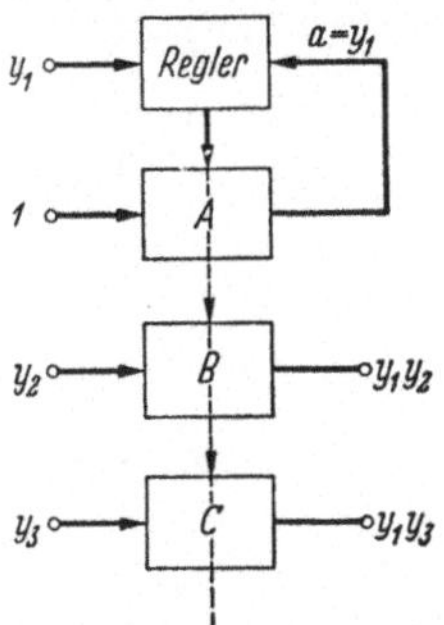

Der time-division-Multiplizierer benutzt Schalter als Spannungsteiler. Eine Größe y an einem periodisch gesteuerten Schalter ergibt am Ausgang y zu den Schließungszeiten und 0 zu den Öffnungszeiten. Wenn das Verhältnis von Schließungszeit zur Periodendauer a ist, wird im Mittel der Ausgang ay. Das System aus Schalter und einem die Mittelung bewirkenden Filter stellt also einen Teiler dar. Die Abb. 3.2-25 zeigt einen darauf basierenden Multiplizierer [24, 54]. Es sind Um-

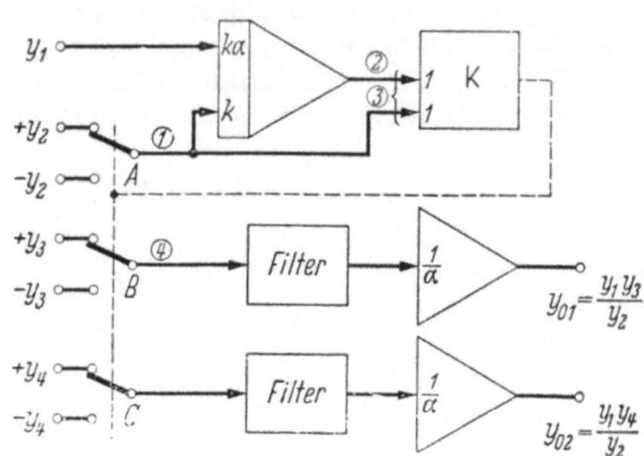

Abb. 3.2-25. Time-division-Multiplizierer.

schalter mit den Eingangswerten $\pm y_2$ bzw. $\pm y_i$ verwendet. Die Regelung des Schaltverhältnisses erfolgt über einen Integrierer und einen die Schalter betätigenden Komparator. Die Schalter schlagen um, wenn der Integrierausgang den Wert $\pm y_2$ erreicht. Positiver Komparatorausgang soll den Schaltarm nach oben bewegen. Das System Integrierer, Komparator, Schalter führt zu einer stabilen Schwingung, die am Eingang des Integrierers eine periodische Umschaltfunktion der Amplitude y_2 darstellt. Den genauen Verlauf des Vorganges zeigt Abb. 3.2-26. Bedingung für die Stabilität ist $y_2 > 0$. Allein dadurch, daß der Integriererausgang endlich bleibt, muß im Mittel sein Eingang verschwinden, d.h. das Schaltverhältnis stellt sich auf eine solche Teilung der Größe y_2 ein, daß

$$ay_2 + \alpha y_1 = 0 \quad \text{oder} \quad a = -\frac{\alpha y_1}{y_2}. \tag{3.2-22}$$

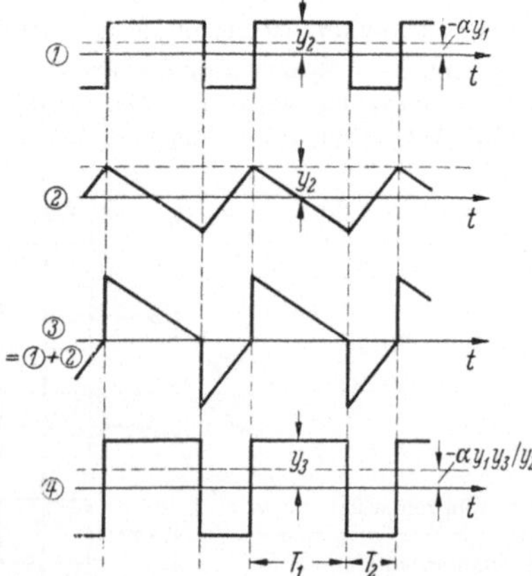

Abb. 3.2-26. Zeitablauf der Vorgänge in Abb. 3.2-25.

Damit ist die zu y_1 proportionale Teilung erreicht. Die Dauer T_1 der oberen und T_2 der unteren Schalterstellung ergibt sich aus

$$\int_0^{T_1} k(y_2 + \alpha y_1)\, dt = 2y_2; \qquad \int_0^{T_2} k(y_2 - \alpha y_1)\, dt = 2y_2$$

zu

$$T_1 = \frac{2}{k\left(1 + \alpha\,\dfrac{y_1}{y_2}\right)}; \quad T_2 = \frac{2}{k\left(1 - \alpha\,\dfrac{y_1}{y_2}\right)}; \quad f = \frac{1}{T_1 + T_2} = \frac{k}{4}\left(1 - \frac{\alpha^2 y_1^2}{y_2^2}\right).$$

$$(3.2\text{-}23)$$

Dabei ist allerdings vorausgesetzt, daß $y_{1,2}$ innerhalb der Integrationszeit konstant bleiben. Die Wahl von $\alpha < 1$ geschieht so, daß die Frequenz in nicht zu hohem Maße von y_1/y_2 abhängt. Da stets $|y_1/y_2| \leq 1$ sein muß, führt $\alpha = 0{,}7$ zu einer Frequenzänderung 1:2. Der Ausgang des Folgeschalters B ist ein Puls mit Amplitudenmodulation durch y_3 und einer Pulslängenmodulation mit y_1/y_2. Sein Mittelwert hinter Filter und der Nachverstärkung $-1/\alpha$ ist

$$y_{01} = -\frac{1}{\alpha}\, y_3\, \frac{T_1 - T_2}{T_1 + T_2} = \frac{y_1\, y_3}{y_2}. \qquad (3.2\text{-}24)$$

Das System erlaubt gleichzeitige Multiplikation und Division [24, 54]. Es ergibt nur Multiplikation, wenn am Schalter A die Maschineneinheit liegt ($y_2 = 1$), und eine Division, wenn am Schalter B die Maschineneinheit liegt ($y_3 = 1$). Für die Division muß immer $|y_1/y_2| \leq 1$ und $y_2 > 0$ sein. Diese Einschränkung gilt für alle Analogdivisionen.

Für die elektronische Realisierung der Schalter sind Transistoren wegen ihrer hervorragenden Schalteigenschaften besonders gut geeignet. Den einfachsten Umschalter zeigt Abb. 3.2-27a. Es ist jeweils ein Transistor stromlos, der andere lei-

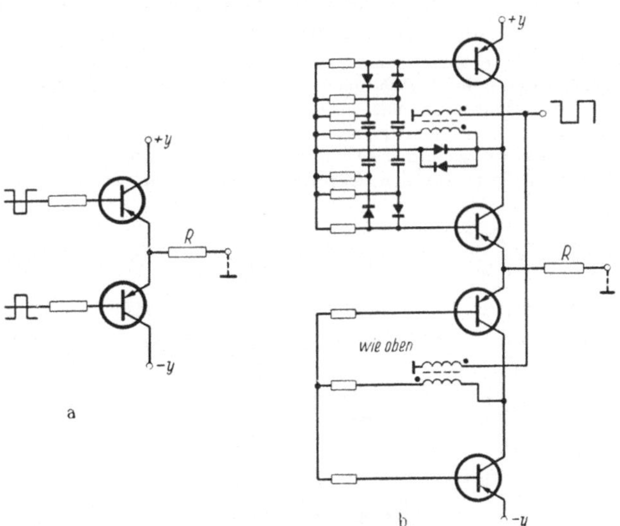

Abb. 3.2-27. Umschalter mit Transistoren.

tend. Besonders in der gezeichneten inversen Schaltung ist die Restspannung eines übersteuerten Transistors sehr klein, bei geringer Belastung durch R ist sie kleiner 0,5 mV. Der Nullpunktsfehler des Schalters ist bei einer Maschineneinheit 10 V deshalb auf $<10^{-4}$ zu bringen. Damit der Schalter Abb. 3.2-27 a unabhängig von der Polarität von y wird, muß die Sperrspannung der Transistoren $>|y|$ sein. Besser ist der Schalter Abb. 3.2-27 b [54]. Die Ansteuerung erfolgt über einen Transformator, und es sind Schaltmittel vorgesehen, um die bei $T_1 \neq T_2$ auftretende Gleichspannungskomponente wiederherzustellen. Jeder Schaltweg hat zwei Transistoren, von denen bei gegen $|y|$ kleinen Sperrspannungen und beliebiger Polarität von y wenigstens einer gesperrt ist. Wegen der Transformatorankopplung braucht die Rechengröße y auch nicht den Basisstrom der stromführenden Transistoren zu liefern, sondern ist nur durch R und die Umladung der nach Erde gehenden Streukapazitäten und des Basisraumes belastet. Weniger Schaltungsaufwand verspricht der Einsatz von Feldeffekt-Transistoren, die keinen Steuerstrom benötigen.

Die Anwendung der erwähnten Präzisionsschalter ergibt Nullpunktsfehler, die sicher nicht größer als $\Delta y = 10^{-4}$ sind. Der relative statische Fehler des Produktes hängt von den dynamischen Eigenschaften der Schalter ab. Wenn ein Folgeschalter das Schaltverhältnis um Δt verfälscht, wird bei einer Schaltfrequenz f der relative Fehler dadurch $\Delta t \cdot f/\alpha$, wenn α die maximale relative Aussteuerung der verfügbaren Impulslänge ist. Bei der Wahl der Schaltfrequenz f muß Rücksicht auf das Filter genommen werden, welches in Abb. 3.2-25 die Mittelung vornimmt. Wenn für den Multiplizierer eine Bandbreite vorgegeben ist, so ist der vom Filter herrührende dynamische Fehler an der Bandkante entscheidend. Dieser ist um so kleiner, je höher f ist. Die Wahl von f ist deshalb stets ein Kompromiß zwischen statischen und dynamischen Fehlern. Meist liegt f bei 10 kHz. [57] gibt eine genauere Betrachtung der Filter, und die erzielten Werte können als Beispiel für die überhaupt erreichbaren gelten. Der dort beschriebene Multiplizierer hat einen statischen Fehler von 0,01 % bei einer Schaltfrequenz von 10 kHz. Das Filter hat bei 10 kHz 75 dB Dämpfung. Dafür muß bei einer Ausgangsfrequenz des Multiplizierers von 3 Hz schon ein dynamischer Fehler gleich dem statischen in Kauf genommen werden. Der Bereich, in dem die volle Genauigkeit des Multiplizierers verfügbar ist, beträgt also nur 0,03 % der Schaltfrequenz. Für einen Multiplizierer mit dem Transistorschalter Abb 3.2-27 b gibt [24, 54] bei $f = 10^4$ Hz einen relativen Fehler von 10^{-4} an und den für elektronische Multiplizierer ungewöhnlich günstigen Nullpunktsfehler von $2 \cdot 10^{-5}$.

Umkehroperationen mit Multiplizierern. In Abschnitt 3.2-3 wurde bereits die Bildung von Umkehrfunktionen mit Operationsverstärkern besprochen [Gl. (3.3-9)]. An dieser Stelle soll die Bildung zweier wichtiger Operationen mit der Umkehrtechnik behandelt werden, nämlich die Division und die Wurzelbildung.

Die Schaltung für die Division zeigt Abb. 3.2-28. Aus der Bedingung $i_0 + i_1 = 0$ folgt

$$y_0 = -\frac{R_0}{R_1} \cdot \frac{y_1}{y_k}. \qquad (3.2\text{-}25)$$

Falls der Multiplizierer M das Produkt $y_k \cdot y_0$ ohne Vorzeichenumkehr abliefert, ist die Schaltung stabil für $y_k > 0$, denn nur dann ist der mit y_k gesteuerte Leitwert

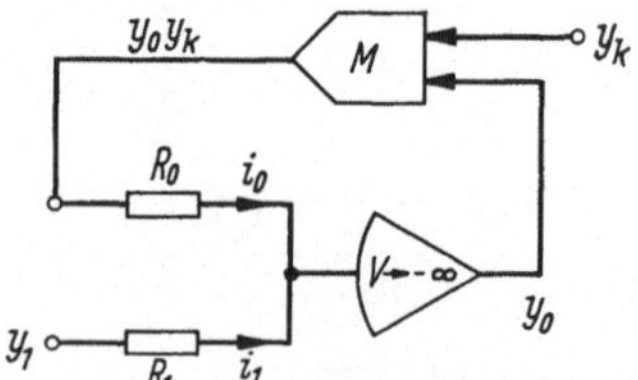

Abb. 3.2-28.
Division durch Umkehrung der Multiplikation.

i_0/y_0 positiv. Mit abnehmender Nennergröße y_k wird dieser Leitwert immer kleiner, der Verstärker also weniger stark gegengekoppelt. Die Fehler der Division steigen daher mit abnehmender Nennergröße y_k an [55].

Ist M ein Zwei-Parabel-Multiplizierer, so ist im allgemeinen kein zusätzlicher Verstärker für die Division erforderlich. Es wird dann lediglich das Diodennetzwerk in Abb. 3.2-21 in die Rückführung des im Multiplizierer vorhandenen Verstärkers gelegt und der Rückführwiderstand R_0 als Eingangswiderstand benutzt.

Die Schaltung zur Bildung der Quadratwurzel zeigt Abb. 3.2-29. Sie ist ein Spezialfall der Divisionsschaltung mit $y_k = y_0$, und es ist

$$y_0 = \frac{R_0}{R_1} \sqrt{-y_1}. \qquad (3.2\text{-}26)$$

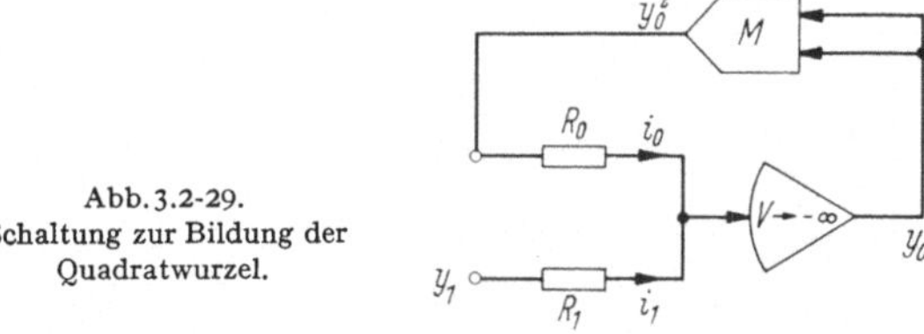

Abb. 3.2-29.
Schaltung zur Bildung der
Quadratwurzel.

Da i_0 nur positives Vorzeichen haben kann, muß wegen der Bedingung $i_0 + i_1 = 0$ der Radikand $y_1 < 0$ sein. Das bedeutet, daß die Schaltung natürlich nur reelle Wurzeln berechnen kann.

3.2.9 Der Funktionsgeber

Die in Rechenproblemen auftretenden Funktionen sind bei der Lösung in Analogrechnern entweder Funktionen der Zeit oder zeitabhängiger Variablen. Wenn sie analytisch gegeben sind, wird man versuchen, eine Differentialgleichung zu finden, deren Lösung die gesuchte Funktion ist. Die Lösungsschaltung dafür ist dann ein Teil der gesamten Rechenschaltung. Funktionen, die auf diese Weise nicht hinreichend gut oder gar nicht gebildet werden können, weil sie z. B. nicht analytisch gegeben sind, werden in Funktionsgeneratoren gebildet.

Approximierung beliebiger Funktionen. Die Methode, eine Funktion durch einen Polygonzug zu approximieren, ist schon bei der Parabelapproximation der Multiplizierer besprochen worden. Macht man den Anstieg jedes Polygonsegments und gegebenenfalls die Lage der Polygonecken variabel, so können damit beliebige Funktionen approximiert werden. Im Prinzip sind auch Approximationen höherer Ordnung möglich [8], z. B. durch Parabelbögen, jedoch wächst dabei der Aufwand meist ins Unerträgliche. Während man früher zur Funktionsbildung noch servogesteuerte Funktionspotentiometer benutzte [40], werden heute vorwiegend Diodennetzwerke eingesetzt.

Es sind eine Reihe verschiedener Schaltanordnungen bekannt [58]. Bei der Methode nach Abb. 3.2-30a wird die Lage der Knickpunkte des approximierenden Polygons durch die Vorspannung der Dioden mittels der Potentiometer $R_{1,i}$ eingestellt und der Steigungsanteil einer Diode durch $R_{2,i}$. Dabei sollten $R_{1,i}$ und $R_{2,i}$ klein gegen R sein, damit der Belastungsfehler von $R_{1,i}$ klein wird und der Diodenstrom möglichst nur durch R bestimmt ist. Steht $R_{2,i}$ in der Höhe α, so wird der Teil α des Diodenstromes zum Summenpunkt des Operationsverstärkers fließen. Je nach der Polung der Diode ist ihr Stromanteil positiv oder negativ, d. h. in der

y_0, y_1-Ebene liegt der Anteil einer Diode in der oberen oder unteren Halbebene. Das Vorzeichen der Vorspannung bestimmt, ob der Knickpunkt in der rechten oder linken Halbebene liegt und die Wahl des Eingangs $+y_1$ oder $-y_1$ für eine Diode

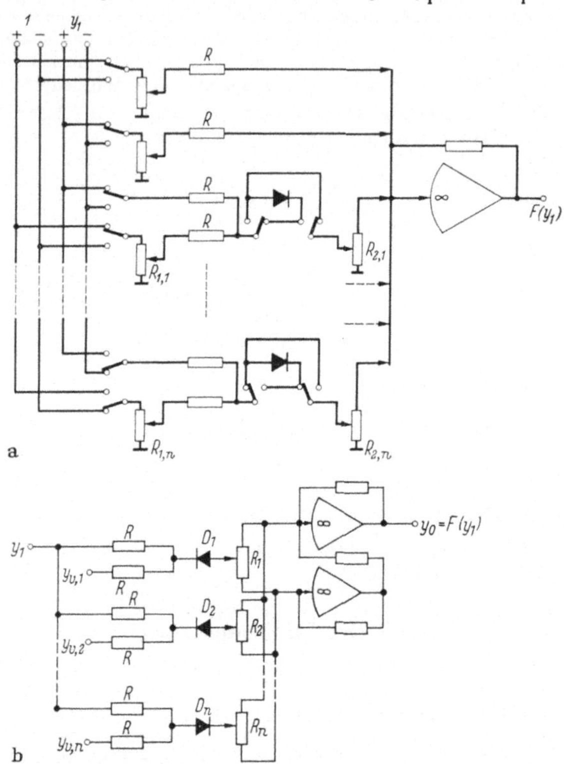

Abb. 3.2-30. Zwei Schaltungsbeispiele für die Approximierung einer Funktion durch ein Polygon.

entscheidet über das Vorzeichen des Anstiegs. Durch die beiden oberen Potentiometer kann eine Abszissenverschiebung und eine Tangente beliebiger Steigung zu den Diodenanteilen addiert werden.

Bei der Schaltung 3.2-30 b [26] sind die Vorspannungen $y_{v,i}$ der Dioden konstant, die Knickpunkte des approximierenden Polygons also unveränderlich und im allgemeinen gleichmäßig über den Bereich von y_1 verteilt. Da dieser von -1 bis $+1$ gehen kann, ist die Hälfte der Dioden wie D_1 gepolt und positiv vorgespannt, die andere Hälfte wie D_n gepolt und negativ vorgespannt. Durch die R_i erfolgt eine Verteilung der Diodenströme auf die beiden Summenverstärker, womit der Steigungsanteil jeder Diode nach Betrag und Vorzeichen einstellbar ist.

Die Zahl der Diodenstrecken solcher Funktionsgeber liegt zwischen 5 und 20, mit ihr steigt die Genauigkeit der Approximierung. Die Einstellung einer gegebenen Funktion ist nicht ganz einfach. Dies liegt vor allem daran, daß die Steigung der Funktion unter Umständen von vielen Steigungsanteilen der einzelnen Dioden abhängt. [43] sucht dies zu verbessern, indem der Anteil einer einzelnen Diode nur bis zum nächsten Knickpunkt linear ansteigt und darüber horizontal verläuft.

Bildung spezieller Funktionen. Mit einfachen Diodenschaltungen lassen sich eine Reihe nichtlinearer Beziehungen darstellen, die in vielen Rechenproblemen immer wieder gebraucht werden [22]. Eine dieser Funktionen stellt der Begrenzer dar, der im Idealfall lautet:

$$y_0 = ky_1 \qquad \text{für} \quad -\alpha_2 \le y_1 \le \alpha_1,$$
$$y_0 = -k\alpha_2 \qquad \text{für} \quad y_1 \le -\alpha_2, \qquad\qquad (3.2\text{-}27)$$
$$y_0 = k\alpha_1 \qquad \text{für} \quad y_1 \ge \alpha_1.$$

Bei der Realisierung nach Abb. 3.2-31 a wird die Eingangsgröße durch zwei auf α_1 und $-\alpha_2$ vorgespannte Dioden begrenzt. Die Begrenzung ist wegen des endlichen Innenwiderstandes von Dioden und Vorspannung nicht ideal. In der Schaltung b erfolgt über zwei Dioden eine Gegenkopplung, sobald der Ausgang die Diodenvorspannung übersteigt. Die Steilheit des Anstiegs ist dabei von der linearen Gegenkopplung über a abhängig und gleich $1/a$. $a = 0$ führt zur sgn-Funktion. Auch bei dieser Schaltung ist eine ideale Begrenzung durch den Innenwiderstand der Gegenkoppelschaltung verhindert. Die Diodenbrücke in Abb. 3.2-31 c ist von diesem Nachteil frei. Im Begrenzergebiet sind immer zwei Dioden gesperrt, so daß dort bei unendlichem Sperrwiderstand die Eingangsgröße keinen Einfluß mehr auf den Aus-

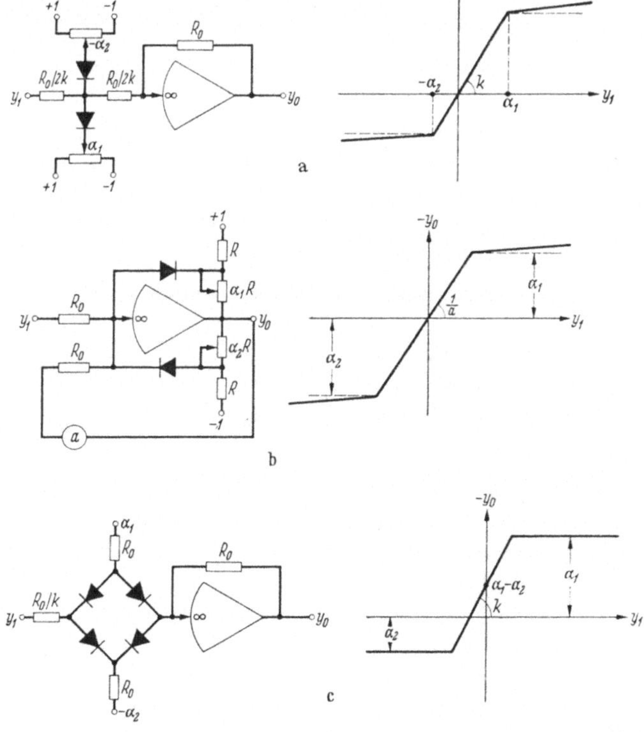

Abb. 3.2-31. Drei Schaltungen für Begrenzer.

gang hat. Dafür ist bei dieser Schaltung der lineare Anstieg der Charakteristik durch den Innenwiderstand der Diodenbrücke etwas verfälscht. Auch hier läßt sich durch $k = \infty$ und $\alpha_1 = \alpha_2$ die Funktion $-y_0 = \alpha \operatorname{sgn} y_1$ erreichen. Eine oft benutzte Anwendung der sng-Funktion ist die Darstellung der trockenen Reibung bei der Berechnung mechanischer Systeme. Eine Berücksichtigung der Haftreibung erfordert wesentlich kompliziertere Schaltungen [2].

In der Abb. 3.2-32 dient der Begrenzer zur Erzeugung einer rechteckigen Hystereseschleife. Er erhält dazu zusätzlich eine Rückkopplung, so daß die Funktion des Systems laute $y_0 = \alpha_1 \cdot \operatorname{sgn}(y_1 + \alpha_2 y_0)$. Die Umschlagpunkte liegen bei $y_1 = \pm\alpha_1\alpha_2$.

Eine sgn-Funktion ist auch in der Abb. 3.2-33 benutzt. Sie stellt die Verbindung von Komparator und Schalter aus Abb. 3.2-1 dar.

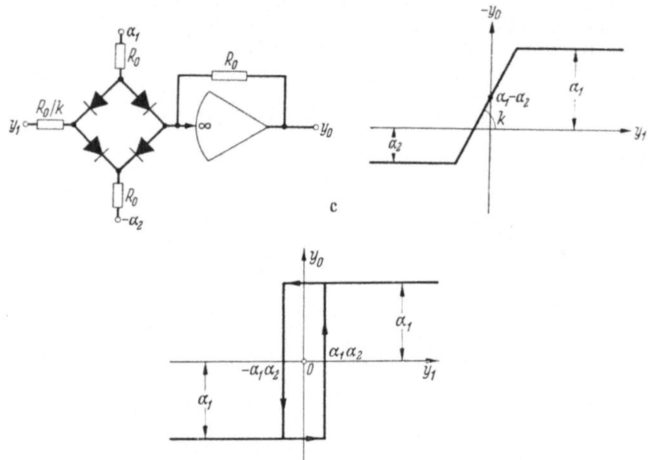

Abb. 3.2-32. Schaltung für eine rechteckige Hysteresekurve.

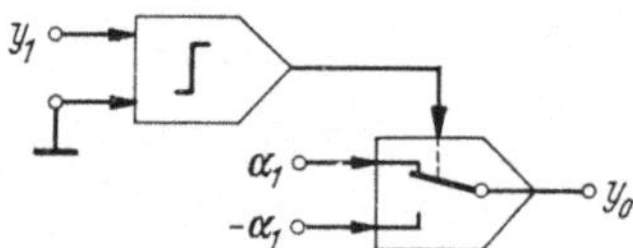

Abb. 3.2-33. Bildung der sgn-Funktion mit Schalter und Komparator.

Eine zweite oft genutzte Charakteristik ist die *tote Zone*, Abb. 3.2-34. Sie erfüllt im Idealfall die Beziehung

$$y_0 = 0 \qquad \text{für} \quad -\alpha_2 \leq y_1 \leq \alpha_1,$$

$$y_0 = y_1 - \alpha_1 \qquad \text{für} \quad y_1 \geq \alpha_1, \tag{3.2-28}$$

$$y_0 = y_1 + \alpha_2 \qquad \text{für} \quad y_1 \leq -\alpha_2.$$

Sie wird durch zwei vorgespannte Dioden erreicht, die für ein y_1 zwischen den beiden Vorspannungen völlig gesperrt sind. Die Hysteresekurve, Abb. 3.2-35, stellt eine Anwendung der toten Zone dar, die hier einem Integrierer vorgeschaltet ist. Für den ansteigenden und absteigenden Ast stellt sich y_0 immer so ein, daß eine Diode gerade noch geöffnet ist. Bei jeder rückläufigen Bewegung von y_1 werden die Dioden sofort gesperrt, und der Integrierer speichert den dort vorliegenden y_0-Wert so lange,

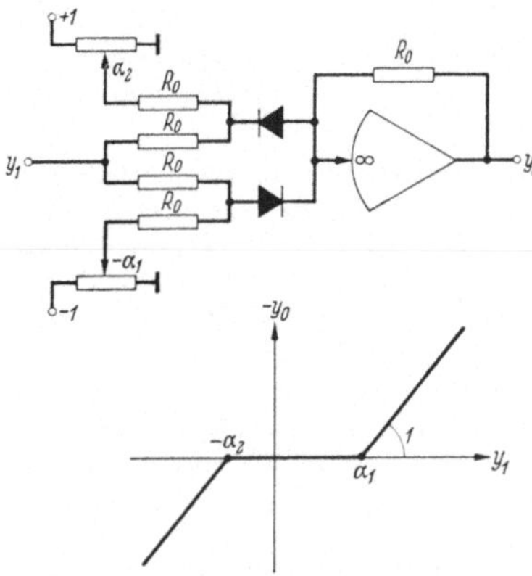

Abb. 3.2-34. Schaltungsbeispiel für eine tote Zone.

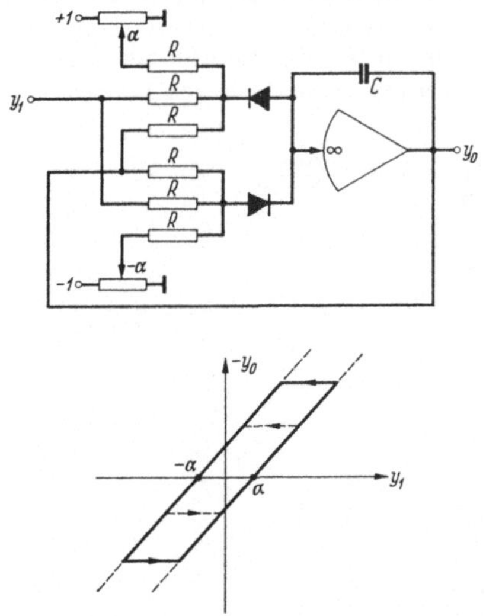

Abb. 3.2-35. Darstellung von Getriebelose (toter Gang).

bis y_1 den anderen Ast der Charakteristik erreicht. Die Kapazität C muß mit Rücksicht auf die Änderungsgeschwindigkeit von y_1 gewählt werden. Je größer C, um so länger kann ein Wert gespeichert werden, um so größer ist aber auch die dynamische Abweichung längs den auf- und absteigenden Ästen der Charakteristik.

Abb. 3.2-36 zeigt eine einfache Methode, den Betrag einer Rechengröße zu bilden, bei der einem Summenverstärker zwei gleichgepolte Dioden vorgeschaltet sind. Die Umpolung beider Dioden ändert das Vorzeichen des Ausgangs.

Alle oben dargestellten Schaltungen mit Dioden leiden darunter, daß die Innenwiderstände stromführender Dioden keineswegs vernachlässigbar sind und der Übergang zwischen gesperrten und stromführenden Dioden kontinuierlich ist. Deshalb

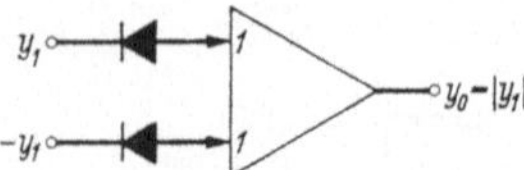

Abb. 3.2-36. Einfache Schaltung zur Bildung des Betrags.

sind die Ecken der Charakteristiken alle abgerundet. Dieser Mangel läßt sich grundsätzlich beheben, wenn die Dioden in den Gegenkoppelkreis von Operationsverstärkern geschaltet werden. In Abb. 3.2-37 ist dies für die Bildung des Betrages gezeigt. Wenn von den beiden Dioden immer nur eine stromführend sein kann, was man gegebenenfalls durch eine kleine Vorspannung erzwingen kann, so muß, da die Summe der Eingangswerte des Operationsverstärkers verschwindet, für $y_1 > 0$ die obere Diode Strom führen und auf den Eingang $-y_1$ rückführen. Für $y_1 < 0$ gilt gleiches für die untere Diode. Die so gebildete Charakteristik ist sehr exakt. Das Umschalten von S bewirkt den Wechsel des Vorzeichens von y_0. Nach Abb. 3.2-38 läßt sich das gleiche Verfahren zur Bildung einer idealen toten Zone und eines idealen Begrenzers anwenden.

Es gibt einige in Analogrechnern häufig auftretende Funktionen, für die es wünschenswert ist, feste Funktionsgeneratoren zu haben. Eine dieser Funktionen ist die Parabel $y_0 = y_1^2$, die in den Parabelmultiplizierern verfügbar ist, andere die Logarithmus- und Exponentialfunktion. Von besonderer Bedeutung sind die trigonometrischen Funktionen im Bereich $-\pi$ bis $+\pi$, also $y_0 = \sin(\pi y_1)$, $y_0 = \cos(\pi y_1)$, weil diese Funktionen bei der Umwandlung von Koordinatensystemen gebraucht

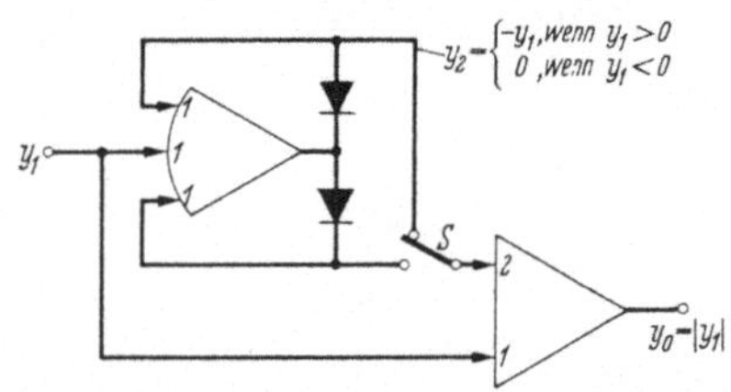

Abb. 3.2-37. Idealisierte Schaltung zur Bildung des Betrags.

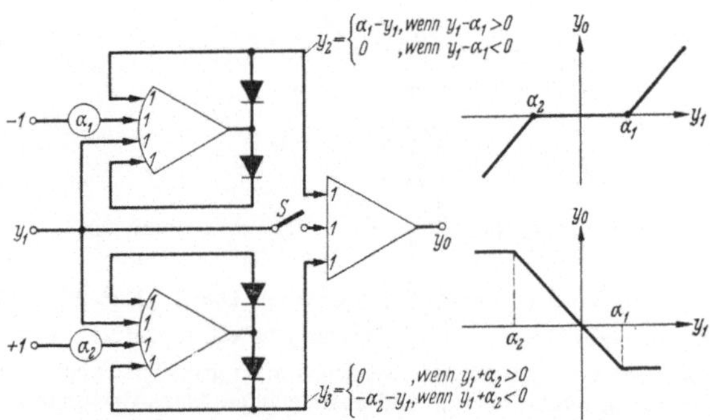

Abb. 3.2-38. Idealisierte Schaltung zur Bildung einer toten Zone (bei offenem Schalter) oder eines Begrenzers (bei geschlossenem Schalter).

werden. Man geht zunehmend dazu über, die bisherigen servogesteuerten Resolver [40] mit sin- und cos-Potentiometern durch elektronische Funktionsgeber und Multiplizierer zu ersetzen. Da sich die trigonometrischen Funktionen mit geringerem Aufwand für $-\pi/2$ bis $+\pi/2$ erzeugen lassen, kann man bilden

$$y_0 = \sin\left(\frac{\pi}{2} Z_{\sin}(y_1)\right) = \sin(\pi y_1)$$

$$y_0 = \sin\left(\frac{\pi}{2} Z_{\cos}(y_1)\right) = \cos(\pi y_1).$$

(3.2-29)

Die in Abb. 3.2-39 dargestellten Beziehungen $Z_{\sin}$, $Z_{\cos}$ sind darin Funktionen von y_1, die sich leicht mit einfachen Diodenschaltungen realisieren lassen. Abb. 3.2-40 zeigt die Gesamtschaltung zur Bildung der beiden trigonometrischen Funktionen entsprechend den Gln. (3.2-29) [27, 51]. Die Eingangsschaltungen erzeugen $Z_{\sin}$ und $Z_{\cos}$. Die Sinusfunktion wird durch eine Invertierung gebildet, also durch Rückführung der Operationsverstärker mit $(2/\pi) \arcsin(y_0)$.

Koordinatentransformation [27]. Eine häufig vorkommende Aufgabe ist die Transformation von kartesischen Koordinaten (x, y) in Polarkoordinaten (R, φ) (Abb. 3.2-41) und umgekehrt. Bei der Transformation von Polarkoordinaten in

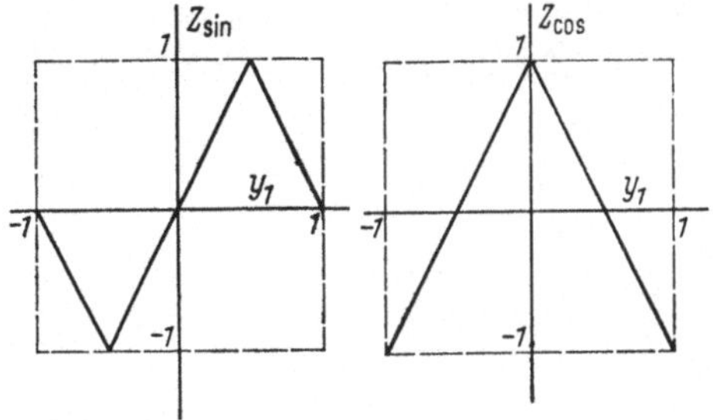

Abb. 3.2-39. Verlauf der Funktionen $Z_{\sin}$, $Z_{\cos}$ in Gl. (3.2-29).

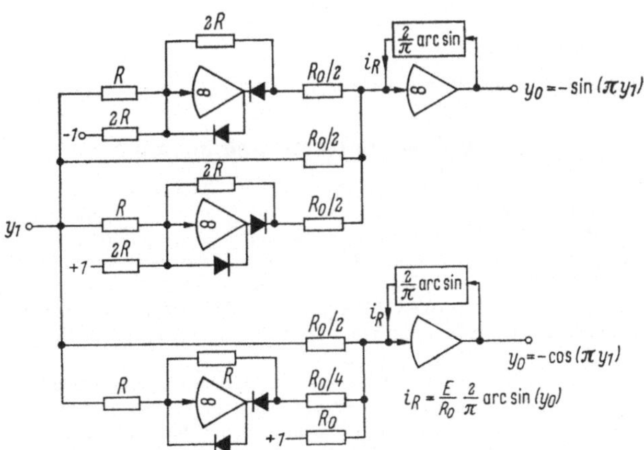

Abb. 3.2-40. Schaltung zur Erzeugung der Funktionen $\sin(\pi y_1)$ und $\cos(\pi y_1)$.

kartesische Koordinaten sind die Polarkoordinaten R und φ eines Punktes P gegeben. Die kartesischen Koordinaten sind aus den Beziehungen

$$x = R \cos \varphi$$
$$y = R \sin \varphi \tag{3.2-30}$$

zu berechnen. Abb. 3.2-42 zeigt die Rechenschaltung, wobei der normierte Winkel $\Theta = \varphi/\pi$ eingeführt ist. Die Schaltung benötigt zwei Multiplizierer und einen sin-cos-Funktionsgeber, der zweckmäßig wie in Abb. 3.2-40 aufgebaut ist. Bei der Transformation von kartesischen Koordinaten in Polarkoordinaten sind x und y gegeben. Die Polarkoordinaten errechnen sich nach Abb. 3.2-41 aus

$$R = x \cdot \cos \varphi + y \cdot \sin \varphi$$
$$0 = x \cdot \sin \varphi - y \cdot \cos \varphi. \tag{3.2-31}$$

Die entsprechende Rechenschaltung zeigt Abb. 3.2-43. Die zweite der Gln. (3.2-31) wird mit Hilfe eines offenen Verstärkers V_θ erzwungen.

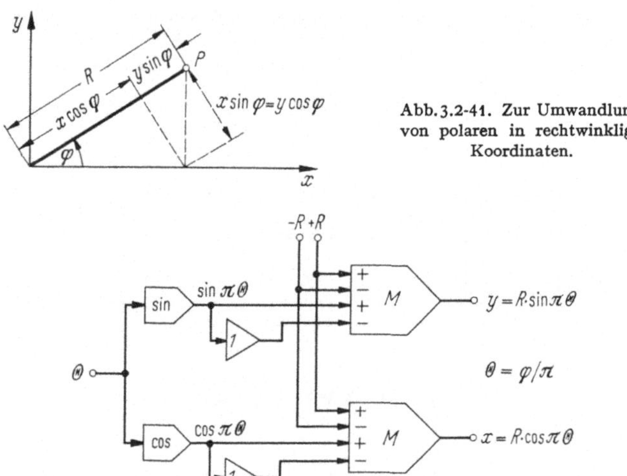

Abb. 3.2-41. Zur Umwandlung von polaren in rechtwinklige Koordinaten.

Abb. 3.2-42. Transformation von Polarkoordinaten in rechtwinklige Koordinaten.

3.2.10 Komparatoren und Schalter

Die häufig vorkommende Aufgabe, zwei analoge Größen miteinander zu vergleichen und aus dem Vergleich ein binäres Signal (0 oder 1) abzuleiten, wird von Komparatoren erledigt. Meist sind die Schaltungen so ausgeführt, daß der Komparator entscheidet, ob die Summe zweier Eingangsgrößen positiv oder negativ ist (Abb. 3.2-1). Mit Schaltern wird eine von zwei analogen Größen in Abhängigkeit von einem binären Signal ausgewählt (vgl. auch Abb. 3.2-33). Komparatoren und Schalter sind die Bindeglieder zwischen den analogen und digitalen Elementen eines hybriden Analogrechners (Abschnitt 6.2.1.6).

Komparatoren. Im Prinzip können die in Abschnitt 3.2.9 angegebenen sgn-Funktionsgeber, die mit Operationsverstärkern und Dioden realisiert sind, als Komparatoren benutzt werden. Im Gegensatz zu den bisher besprochenen Funktionsgruppen kommt es aber beim Komparator nicht darauf an, daß seine Ausgangsspannung einen exakten Wert hat, sondern lediglich, daß sie je nach Vorzeichen der

Summe der Eingangsgrößen in einen von zwei unterscheidbaren Bereichen fällt. Der Bandbreitenverlust, der beim Operationsverstärker wegen des geforderten hohen Gegenkopplungsgrades unvermeidbar ist (Abschnitt 3.2.3), braucht daher beim

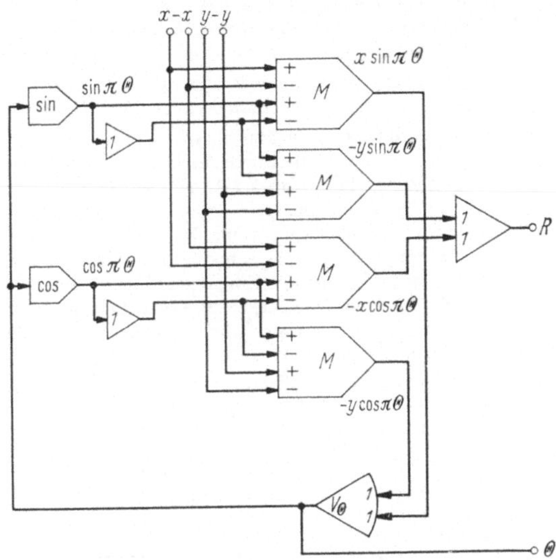

Abb. 3.2-43. Transformation von rechtwinkligen Koordinaten in Polarkoordinaten.

Komparator im Prinzip nicht in Kauf genommen zu werden. Ein Komparator besteht daher aus einem passiven Netzwerk zur Bildung der Summe $y_1 + y_2$ und einem nachgeschalteten Gleichspannungsverstärker, der auf hohe Geschwindigkeit und kleinen Nullpunktsfehler dimensioniert ist, Abb. 3.2-44 [31]. Der zulässige Nullpunktsfehler e ist durch die geforderte Vergleichsgenauigkeit bestimmt. Soll die Eingangsgröße z am Verstärkereingang in Abb. 3.2-44 mit Sicherheit ihr Vorzeichen

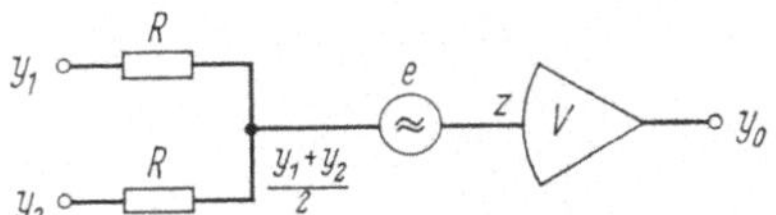

Abb. 3.2-44. Prinzip eines Komparators.

wechseln, wenn sich y_1 von $-y_2 - \Delta y$ auf $y_2 + \Delta y$ ändert, so muß $|e| < E \cdot \Delta y/2$ sein. Für $\Delta y = 10^{-4}$ und $E = 10$ V wird z.B. $e < 0{,}5$ mV, eine Forderung, die sich heute mit Transistor-Differentialverstärkern erfüllen läßt. Die erforderliche Verstärkung V ist bestimmt durch den Hub $2U_{max}$ der Ausgangsspannung $E \cdot y_0$, der durch die oben genannte Änderung der Eingangsgrößen erzeugt werden soll und beträgt $V \geq 2U_{max}/(\Delta y \cdot E)$. Für $U_{max} = 0{,}5$ V, $E = 10$ V, $\Delta y = 10^{-4}$ ergibt sich z.B. $V \geq 1000$, was einen mindestens zweistufigen Verstärker erfordert.

   Das Hauptproblem bei einem Komparatorverstärker ist die Tatsache, daß die Eingangsgröße z sehr hohe Werte ($z_{max} = 2$) annehmen kann, andererseits aber sehr kleine Werte ($z_{min} = \pm\Delta y$) unterschieden werden müssen. Der für das dynamische Verhalten ungünstigste Fall ist der, daß sich z sprungförmig von z_{max} auf $-\Delta y$ ändert. Die Ausgangsgröße y_0 soll dabei in möglichst kurzer Zeit, der Entscheidungszeit, aus einem Bereich (der z.B. die binäre 1 repräsentiert) in den anderen Bereich (der die binäre 0 repräsentiert) überwechseln. Ohne besondere Maßnahmen werden dabei im Zustand $z = z_{max}$ die einzelnen Verstärkerstufen stark übersteuert und beim Übergang auf $z = -\Delta y$ vergeht eine gewisse Totzeit, bis die Ausgangsgröße y_0 sich zu ändern beginnt. Bei Transistorverstärkern ist diese Totzeit zu einem großen Teil auf Ladungsspeichereffekte zurückzuführen.

Die Übersteuerung der Stufen kann durch nichtlineare Gegenkopplung über Dioden vermieden werden, etwa wie in Abb. 3.2-31 b dargestellt. Da dann der (mehrstufige) Verstärker stark gegenkoppelbar sein muß, muß er gegen Selbsterregung stabilisiert werden, wodurch grundsätzlich seine Bandbreite verringert wird. Die o.a. Totzeit verschwindet dann zwar, dafür schwingt aber die Verstärkerausgangsspannung bei sprungförmiger Änderung der Eingangsgröße langsamer ein. Besser ist es, eine Gegenkopplung über nur eine Verstärkerstufe einzuführen [28]. Bandbreitenverringernde Stabilisierungsmaßnahmen sind dann nicht erforderlich. Abb. 3.2-45 zeigt das Prinzip für einen zweistufigen Verstärker, wobei V_1 und V_2 Einzelstufen seien. In Abb. 3.2-46 ist eine praktische Schaltung dargestellt. Bei großen Eingangs-

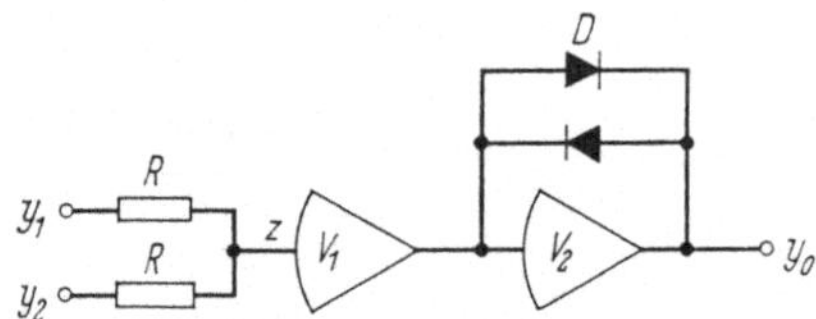

Abb. 3.2-45. Prinzip eines zweistufigen Komparators mit Dioden-Gegenkopplung über die zweite Stufe.

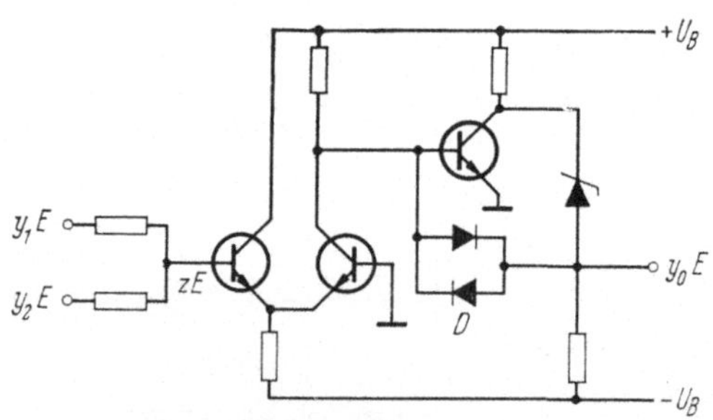

Abb. 3.2-46. Schaltung eines zweistufigen Komparator-Verstärkers mit Diodengegenkopplung über die zweite Stufe.

spannungen zE ist eine der Dioden D geöffnet, die zweite Stufe also stark gegengekoppelt. Sie stellt damit einen sehr niederohmigen Lastwiderstand für die erste Stufe dar, so daß diese spannungsmäßig ebenfalls nicht übersteuert wird. Für kleine Eingangsspannungen zE sind die Dioden D gesperrt, die zweite Stufe ist nicht gegengekoppelt und der Gesamtverstärker hat die geforderte hohe Verstärkung. Die Entscheidungszeit einer solchen Schaltung ist abhängig von der geforderten Auflösung Δy, von z_{max}, und wegen stets vorhandener Kapazitäten vom Wert der Widerstände R [28].

Schalter. Es kommen zunächst elektromechanische Relais in Frage, die den Vorteil haben, daß Steuerkreis und Schaltkreis galvanisch vollkommen entkoppelt sind, daß Restspannung, Durchlaßwiderstand und Sperrstrom extrem kleine Werte haben, und daß die Signalübertragung in beiden Richtungen erfolgen kann. Mit Relais lassen sich jedoch Schaltzeiten um 1 ms kaum unterbieten, so daß in modernen Analogrechnern vorwiegend elektronische Schalter, z. B. nach Abb. 3.2-27a, eingesetzt werden. Dabei wird der Widerstand R auf den Summenpunkt eines nachgeschalteten Operationsverstärkers geführt. In R kann der Durchlaßwiderstand der Transistoren eingeeicht werden. Da sich dieser mit dem Basisstrom ändert, kann man bei hohen Genauigkeitsforderungen den Basisstrom aus einer Stromquelle liefern. Schalter dieser Art können nur in einer Übertragungsrichtung betrieben werden. Die ausgezeichneten Schalteigenschaften des Feldeffekt-Transistors bieten die Aussicht, schnelle elektronische Schalter mit ähnlich guten statischen Eigenschaften wie Relais herzustellen.

Literatur

[1] *Ameling, W.*: Aufbau und Wirkungsweise elektronischer Analogrechner. Braunschweig: Vieweg 1963. — [2] *Brown, T. S., Nelson, K. F.*: The logical simulation of discontinuous nonlinearities. Simulation 6 (1966) 86—89. — [3] *Bode, H. W.*: Network analysis and feedback amplifier design. New York: Van Nostrand 1945. — [4] *Chance, B. F.*, u. a.: A quarter-square multiplier using a segmented parabolic characteristic. Rev. Sci. Instrum. 22 (1951) 683—688. — [5] *Deering, C. S.*: A wide-band direct coupled operational amplifier. Proc. Nat. Simulation Conf., Dallas, Texas: 1956, S. 31.1—31.5. — [6] *Dow, P. C.*: An analysis of certain errors in electronic differential analyzers. II. Capacitor dielectric absorption. IRE-Trans. EC-7 (1958) 17—22. — [7] *East, W. H.*: Coefficient multipliers. Simulation 8 (1967) 127. — [8] *Fogarty, L. E.*: Computer generation of arbitrary functions. Simulation 7 (1966) 80—89. — [9] *Free, M. G.*: An integrated linear transconductance analog multiplier. Simulation 13 (1969) 243—251. — [10] *Gilbert, E. O., Single, C. H.*: Elektronische Integrierschaltung. Offenlegungsschrift 1489293, Jan. 1970. — [11] *Giloi, W., Lauber, R.*: Analogrechnen. Berlin, Göttingen, Heidelberg: Springer 1963. — [12] *Giloi, W., Fritz, R.*: Computer aided design of quarter-square multipliers. Simulation 11 (1968) 125—131. — [13] *Goldberg, E. A.*: Stabilisation of wide-band direct current amplifiers for zero and gain. RCA-Rev. 11 (1950) 296—300. — [14] *Gundlach, F. W.*: A new electron-beam multiplier with an electrostatic hyperbolic field. Journess Int. du Calcul Analogique 1 (1955) 101—103. — [15] *Guyton, R. D., McKay, J. M.*: A passive network method of compensating an analog integrator for dielectric absorption errors. Simulation 10 (1968) 87—90. — [16] *Hansen, P. D.*: New approaches to the design of active filters. Simulation 6 (1966) 323—336 u. 388—398. — [17] *Hammer, H.*: A stabilised driftless integrator. IRE-Trans EC-3 (1954) 19—20. — — [18] *Harris, J. N., Orr, R. S.*: Input current compensation for transistor operational amplifiers. Simulation 6 (1966) 362—374. — [19] *Howe, R. M.*: Design fundamentals of analog computer components. New York: Van Nostrand 1961. — [20] *Howe, R. M.*: Some techniques for accuracy improvement in analog computation. Simulation 9 (1967) 173—179. — [21] *Johnson, C. L.*: Analog computer techniques. New York: McGraw-Hill 1956. — [22] *Kaiser, R.*: Bildung spezieller nichtlinearer Kennlinien für Analogrechner. Elektron. Rechenanl. 1 (1959) 134—140. — [23] *Kettel, E.*: Funktionsgruppen von Analogsystemen. in: Taschenbuch der Nachrichtenverarbeitung, 2. Aufl. Berlin, Heidelberg, New York: Springer 1967. — [24] *Kettel, E., Schneider, W.*: An accurate analog multiplier and divider. IRE-Trans. EC-10 (1961) 269—272. — [25] *Kley, A.*, u. a.: Elektronische Schalter für die Integrierersteuerung. Telefunken-Ztg. 39 (1966) 33—39. — [26] *Kley, A., Heim, E.*: Funktionsgeber und Multiplizierer mit Halbleiterdioden. Telefunken-Ztg. 38 (1965) 52—59. — [27] *Kley, A., Heim, E.*: Ein elektronischer Koordinatenwandler. Telefunken-Ztg. 38 (1965) 60—65. — [28] *Kley, A., Meyer-Brötz, G., Nieß, P.*: Schnelle und genaue Komparatoren mit Transistoren. Int. Elektron. Rundsch. 21 (1967) 1—5. — [29] *Korn, G. A.*: Performance of operational amplifiers with electronic mode switching. IRE-Trans. EC-12 (1963) 310—312. — [30] *Korn, G. A., Korn, Th. M.*: Elektronische Analogrechenmaschinen. Stuttgart: Berliner Union 1960. — [31] *Korn, G. A., Korn, Th. M.*: Electronic analog and hybrid computers. New York: McGraw-Hill 1964. — [32] *Macnee, A. B.*: An electronic differential analyzer. Proc. IRE 37 (1949) 1315—1324. — [33] *Marsocci, V. A.*: Dynamic errors in electronic analog computers. IEEE-Trans. EC-16 (1967) 2—8. — [34] *McCool, W. A.*: An FM-AM electronic analog multiplier. Proc. IRE 41 (1953) 1470—1477. — [35] *Meyer-Brötz, G.*: Über Operationsverstärker mit Transistoren für Gleichspannungs-Analogrechner. Elektron. Rechenanl. 1 (1959) 186—190. — [36] *Meyer-Brötz, G.*: Modulatoren zur Umsetzung sehr kleiner Gleichspannungen in Wechselspannungen. Telefunken-Ztg. 32 (1959) 189—194. — [37] *Meyer-Brötz, G.*: Bandbreitenvergleich von stark gegenkoppelbaren Operationsverstär-

kern. AEÜ 18 (1964) 51—59. — [38] *Meyer-Brötz, G., Kley, A.:* Zur Verbesserung der Bandbreite gegengekoppelter Verstärker durch Vorwärtskopplung. AEÜ 19 (1965) 546—550. — [39] *Meyer-Brötz, G., Heim, E.:* Ein breitbandiger Operationsverstärker mit Silizium-Transistoren. Telefunken-Ztg. 39 (1966) 16—32. — [40] *Meyer-Brötz, G.:* Operationsservos in Gleichspannungs-Analogrechnern. Telefunken-Ztg. 33 (1960) 198—203. — [41] *Meyers, R. A., Davis, H. B.:* Triangular wave analog multiplier. Electronics 29 (1956) 182—185. — [42] *Miller, I. A., Soltes, A. S., Scott, R.E.:* Wide-band function multiplier. Electronics 28 (1955) 160—163. — [43] *Miura, G. H.,* u.a.: A new diode function generator. IRE-Trans. EC-6 (1957) 95—100. — [44] *Naylor, J. R.:* A new high performance computer DC amplifier. Simulation 10 (1968) 241—247. — [45] *Oxenius, J.:* Die Verwendung von Hall-Generatoren in Analogmultiplikationen. NTZ 11 (1958) 263—268. — [46] *Peretz, R.:* Calculateur analogique electronique. Rev. Electricité 1 (1955) 173—190. — [47] *Popovic, D. D.:* Der Einfluß der Relaisschaltfehler im Analogrechner auf die Lösung von Differentialgleichungen. Elektron. Rechenanl. 5 (1963) 211—216. — [48] *Pracht, C. P.:* A new digital attenuator system for hybrid computers. Simulation 8 (1967) 227—235. — [49] *Price, R.:* An FM-AM-multiplier of high accuracy and wide range. MIT-Rep. Nr. 213 (4.10.1951). — [50] *Prinz, D. G.:* DC amplifiers with automatic zero adjustment and input current compensation. J. Sci. Instr. 24 (1947) 328—331. — [51] *Schmid, H.:* A new transistorized all electronic cosine/sine function generator. IRE Wescon Conc. Rec. p. 4 (1958) 89—108. — [52] *Schneider, W.:* Ein Multiplikator nach dem Zwei-Parabel-Verfahren. Telefunken-Ztg. 30 (1957) 141—145. — [53] *Schneider, W.:* Zur Fehlerabschätzung bei Diodenfunktionsgebern. Telefunken-Ztg. 38 (1965) 39—51. — [54] *Schneider, W.:* Ein transistorisierter Time-Division-Multiplikator hoher Genauigkeit. Telefunken-Ztg. 33 (1960) 189—197. — [55] *Schneider, W.:* Ein Beitrag zum Problem der elektronischen Division bei Analogrechnern hoher Genauigkeit. Diss. TU Berlin, Fak. für Elektrotechnik, Jan. 1965. — [56] *Speiser, A. P.:* Rechengeräte mit linearen Potentiometern. Z. angew. Math. Phys. 3 (1952) 449—460. — [57] *Sternberg, S.:* An accurate electronic multiplier. RCA-Rev. 16 (1955) 618—634. — [58] *Updike, O. L., McLeod, J. H.:* A comparison of diode switching methods for analog function generation. Proc. Nat. Sim. Conf. Dallas (1956) 35.1—35.5.

3.3 Wandler in der EDV-Technik

H. Kazmierczak

Wandler [6 bis 9] sind Anordnungen, mit denen eine Energieform analog in eine andere umgeformt werden kann. In diesem Abschnitt sind nur solche Wandler berücksichtigt, die elektrische in nicht-elektrische Energie oder umgekehrt umwandeln (Umsetzer: s. Abschnitt 8.1, Band III; spezielle Nachrichtenwandler: s. Abschnitte 13.1 und 13.2, Band III).

Wandler können entweder direkt eine Energieform in eine andere umformen oder indirekt, indem sie mit der umzuformenden Energie die Energieabgabe eines Generators steuern. Zwei einfache Beispiele hierfür sind das elektrodynamische und das elektrostatische Mikrophon. Auf Grund des Induktionsvorganges wird bei mechanischer Bewegung eines elektrischen Leiters in einem statischen Magnetfeld, welches senkrecht zur Ebene des Leiterkreises steht, eine Spannung induziert. Die mechanisch aufzuwendende Energie, beim Mikrophon die Schallenergie, wird direkt in elektrische Energie umgeformt. Beim elektrostatischen Mikrophon erzeugt der Schallwechseldruck eine Kapazitätsänderung eines Kondensators und steuert damit die über den Kondensator fließenden Verschiebungsströme. In den folgenden Abschnitten werden einige spezielle Energiewandler, die in der EDV-Technik Bedeutung haben, beschrieben. Sie sind nach der umzuformenden bzw. umgeformten Energie gegliedert:

Mechanisch-elektrische Wandler
Thermisch-elektrische Wandler
Magnetisch-elektrische Wandler

Elektromagnetisch-elektrische Wandler
Elektromagnetisch-elektromagnetische Wandler
Chemisch-elektrische Wandler
Korpuskular-elektrische Wandler.

3.3.1 Mechanisch-elektrische Wandler

Die Umwandlung elektrischer Energie in mechanische bzw. akustische Energie beruht hauptsächlich auf dem elektrodynamischen, elektromagnetischen, elektrostatischen, elektrostriktiven und magnetostriktiven Prinzip [7, 9]. Die Umwandlung in umgekehrter Richtung erfolgt nach dem induktiven, elektrostatischen, piezoelektrischen und reziproken magnetostriktiven Prinzip und nach dem Prinzip der mechanisch gesteuerten Änderung eines elektrischen Widerstandes eines Stoffes (Metall oder Halbleiter) bei Einwirkung von Zug bzw. Druck. Andere Wandlungsprinzipien für die mechanisch-elektrische Energieumsetzung beruhen z. B. auf den Effekten der Wirbelstromdämpfung, der Elektrokinetik, der Kontaktelektrizität, auf dem elektrothermischen Prinzip usw. [1].

3.3.1.1 Kleinstmotoren werden für Aufnahmeleistungen zwischen einigen Watt bis einigen 100 Watt ausgelegt. Die bestimmenden Größen eines Motors sind neben verfügbarer Stromart (Einphasenwechsel-, Dreh- oder Gleichstrom) das Drehzahlverhalten bei Belastungsschwankung und das Anlauf-Drehmoment. Die verschiedenen Ausführungen sind (s. [2]):

Kollektormotoren	*Universal (Hauptschluß)-Motoren*
	Nebenschluß-Motoren
	Permanenterregte Motoren
	Doppelschluß-Motoren
	Wendepol-Motoren
	Repulsionsmotoren
	Drehstrom-Nebenschlußmaschinen
Kurzschlußläufer	*Drehstrommotoren*
(Induktions)-Motoren	*Polumschaltbare Motoren*
	Widerstandsläufermotoren
	Einphasen-Wechselstrommotoren
	Spaltpolmotoren
	Synchronmotoren (Reluktanzmotoren, Hysteresemotoren, Synchronmotoren mit Magnetläufer, Synchronmotoren mit Betriebskondensator oder Kondensator-Widerstands-Netz).

3.3.1.2 Spezielle Motoren und Generatoren. Servomotoren und Generatoren sind Spezialausführungen der üblichen Motoren und Generatoren. Sie dienen einem speziellen Anwendungszweck wie der mechanisch elektrischen Meßwertwandlung, der Regelung und Steuerung, wobei der Wirkungsgrad der mechanisch-elektrischen Energieumsetzung nebensächlich ist (z. B. Stellgenerator, mechanisch-elektrischer Meßwertwandler, elektrische Welle, Stellmotor (Ferraris-motor), Schrittmotor usw.). Servomotoren zeichnen sich je nach Verwendungszweck aus durch a) kleines Rotor-Trägheitsmoment, b) großes Drehmoment auch bei kleinen Drehzahlen, c) hohe Überlastbarkeit, d) Steuerbarkeit durch z. B. Verstärker mit kleiner Ausgangsleistung und e) großen variablen Drehzahlbereich (z. B. 1 : 1000).

Schrittmotoren sind Synchronmotoren, deren Antriebswelle schrittweise umläuft. Sie sind mit einem mehrpoligen Permanentmagnet-Rotor und mit zwei Statorwicklungen ausgerüstet, die z. B. für den Betrieb an *einer* Stromquelle mit je zwei Wicklungen (vieradrig, daneben auch zwei- und dreiadrig, s. Abb. 3.3-1 b bis d) herausgeführt sind. Die Magnetfelder der zwei Statorwicklungen, die das Halte- und Drehmoment erzeugen, werden schrittweise durch Gleichstrom (Nieder- und Mittelvoltbetriebsspannungen) erregt. Das schrittweise Drehen der Welle entsteht durch Umschalten der Stromflußrichtungen bzw. Feldrichtungen der Statorwicklungen (s. Abb. 3.3-1 a). Die Anzahl der Schritte je Zeiteinheit ist durch die Pulsfrequenz

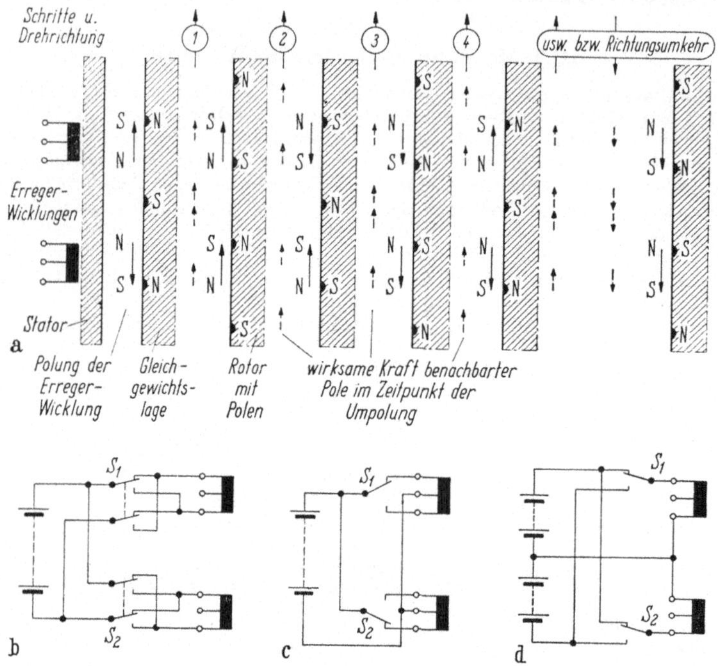

Abb. 3.3-1. a) Prinzip eines Schrittmotors und Fortschaltplan der Felderregung; b) Vieradrige und c) Dreiadrige Ausführung der zwei Stator (Erreger)-Wicklungen für den Schaltbetrieb an einer Batteriespannung; d) Zweiadrige Ausführung für zwei Batteriespannungen.

der angelegten Strompulse (z. B. 1000 Schritte/s), der Drehwinkel je Schritt durch die Konstruktion des Motors und der Ansteuerungsschaltung gegeben (z. B. 1,8°). Anwendungsbereiche ergeben sich z. B. bei drehzahlvariablen Antrieben mit Vorwahlzählern, bei analogen Nachlaufsteuerungen z. B. für einen Nullabgleich und bei digitalen Nachlaufsteuerungen für Synchronlauf z. B. für elektrische Wellen, Positionierung usw.

Weitere Sonderausführungen sind *Motoren mit nicht starr gelagertem Rotor*, *Motoren mit Flachläufer* und *Spezialmotoren* für höchste Umdrehungszahlen (1 bis 10 kHz, s. [2]).

3.3.1.3 Geber und Dehnungsmeßstreifen. Geber und Dehnungsmeßstreifen werden zur Messung von Drücken, Kräften, Beschleunigungen, Verschiebungen, Vibrationen, Drehmomenten und Drehschwingungen benutzt. Die Geber werden auf den Prüfkörper aufgesetzt, gegebenenfalls zusammen mit einem Trägheitskörper. Der Arbeitsbereich der Geber (Meßfrequenz) liegt unterhalb der Eigenfrequenz. Bei Schwingungsaufnehmern (Seismischen Gebern) liegt dagegen die Meßfrequenz oberhalb der Eigenfrequenz (s. [1, 2]).

3.3.1.4 Elektroakustische Wandler. Die Umsetzung von Schall in elektrische Energie oder umgekehrt erfolgt im allgemeinen über ein zwischengeschaltetes mechanisches Schwingungssystem, das entweder vom Schall oder elektrisch bzw. magnetisch zu erzwungenen Schwingungen erregt wird. Angestrebt wird für Hörschall eine gute Schallaufnahme oder Schallabstrahlung und ein möglichst geringer Frequenzgang in dem gewünschten Bereich (Hörbereich 16 bis 20000 Hz). Eine Klassifizierung der akustischen Wandler und technische Daten sind z.B. in [1] angegeben.

Für die Ultraschallerzeugung kommen hauptsächlich piezoelektrische und magnetostriktive Schallgeber in Frage, die in Resonanz betrieben werden. Bei piezoelektrischen Kristallen (Längs-, Dicken- oder Biegeschwinger) ist die maximal abgebbare Schallintensität begrenzt durch die elektrische Durchschlagfestigkeit des Materials, für Quarz (6000 kV/cm) bei Einbettung in Transformatorenöl z.B. 150 kV/cm. Die obere Frequenzgrenze ist durch die Dicke und Oberflächenbeschaffenheit gegeben. Ein 30-MHz-Quarzschallgeber hat z.B. eine Dicke von 0,11 mm. Die größte durch Oberwellenanregung erzeugbare Frequenz liegt bei 1000 MHz. Bei magnetostriktiven Schwingern ist die Grenze der maximal abgebbaren Schallintensität gegeben durch die Zerreißfestigkeit des Materials. Die größte zulässige relative Längenänderung beträgt etwa $5 \cdot 10^{-4}$. Die obere Grenzfrequenz ist festgelegt durch die kleinste herstellbare Schwingerlänge. Sie beträgt z.B. 0,2 cm für 1 MHz. Kenndaten sind z.B. in [1] angegeben.

Elektromechanische Wandler werden außer zur akustischen und mechanischen Meßwertwandlung noch in elektrisch-mechanischen Laufzeitketten, Filtern und als Relais eingesetzt (s. auch [1]).

3.3.2 Thermisch-elektrische Wandler

3.3.2.1 Elektrische Wärmeerzeugung. Neben der Stromwärme wird Verlustwärme durch induktive oder dielektrische Erwärmung erzeugt (s. auch [1]).

3.3.2.2 Thermoelektrische Generatoren und Thermoelemente [5, 7]. Die Umwandlung thermischer Energie in elektrische beruht bei Thermoelementen auf der Temperaturabhängigkeit von Kontaktpotentialen in einem Leiterkreis, bestehend aus verschiedenen Leitern oder Halbleitern. Werden zwei verschiedene Leiter oder zwei Halbleiter unterschiedlichen Leitungstyps (p- oder n-Leiter) miteinander in Kontakt gebracht, dann findet zwischen beiden Stoffen ein Austausch von Ladungsträgern (Elektronen und Defektelektronen) entsprechend ihren unterschiedlichen Ferminiveaus[1] statt. Im Gleichgewichtszustand, wenn die Ferminiveaus energetisch auf gleicher Höhe liegen, kann statisch eine Spannung zwischen beiden Stoffen, die Kontaktspannung, gemessen werden. Wird ein Leiterkreis aus verschiedenen Stoffen zusammengestellt, so ist die Summe der Kontaktspannungen, genommen über den gesamten Kreis, Null, vorausgesetzt, daß kein Leiter 2. Klasse (Elektrolyt) im Kreis enthalten ist. Werden dagegen in einem Kreis aus z.B. zwei verschiedenen Leitern oder Halbleitern die Kontaktstellen auf unterschiedliche Temperatur gebracht, so kann, wenn der Leiterkreis aufgetrennt wird, zwischen der Trennstelle die Thermospannung gemessen werden (Seebeck-Effekt).

Gleichzeitig mit dem Seebeck-Effekt treten beim Thermoelement der Peltier- und Thomson-Effekt auf. Wird ein elektrischer Strom I durch eine Kontaktstelle zweier Leiter geschickt, entsteht die dem Strom proportionale Peltier-Wärme. Das Vorzeichen der Peltier-Wärme, bzw. die Erzeugung der Wärmemenge pro Zeit ist so gerichtet, daß er beim Seebeck-Effekt benötigte Wärmeumsatz durch den Thermostrom I an den Kontaktstellen verbraucht wird. Die Thomson-Wärme entsteht zwischen den Kontaktstellen und ist dem fließenden Strom I und dem Temperaturgefälle grad T proportional. Bei der thermoelektrischen Wärmeumwandlung können Wirkungsgrade bis zu 13% erzielt werden.

3.3.2.3 Thermionische, pyromagnetische und magnetohydrodynamische Generatoren [5]. Die Wirkungsweise thermionischer Generatoren beruht auf der thermischen Elektronenemission aufgeheizter Metall- oder Oxyd-Katoden im Vakuum,

---

[1] Das Ferminiveau ist das Energieniveau in der Bändermodelldarstellung eines Stoffes, für das die Wahrscheinlichkeit, Elektronen in ihm zu finden, $^1/_2$ beträgt.

wobei der zugeführte Wärmestrom in einen Elektronenstrom umgewandelt wird. Der Aufbau der Generatoren ähnelt Vakuumdioden.

Bei pyromagnetischen Generatoren wird ein Stoff bis zu seiner Curietemperatur abwechselnd erwärmt und abgekühlt. Der dadurch erzeugte magnetische Wechselfluß induziert in einer Spule eine Spannung. Ähnlich arbeiten ferroelektrische Generatoren. Man erhofft hier Wirkungsgrade von 0,5% bis 1% (Magnetohydrodynamischer Generator s. [2]).

3.3.2.4 Peltierelemente. Bei umgekehrter Betriebsart eines Thermogenerators kann auf Grund des Peltier-Effektes elektrische Energie in Wärmeenergie umgewandelt werden. An den zwei Kontaktstellen zweier unterschiedlicher Leitermaterialien wird je nach Durchströmungsrichtung thermische Energie absorbiert bzw. erzeugt, d.h. eine Kontaktfläche kühlt sich gegenüber der Umgebungstemperatur ab, die andere erwärmt sich. Peltier-Elemente dienen hauptsächlich zur Kühlung und zur Erzeugung von örtlich lokalisierten Wärmemengen. Mit Bi_2T_3-Halbleiterelementen können Kühlleistungen von über 25 W z.B. für Rauminhalte von 10 bis 50 l erzielt werden, wobei z.B. die kälteste Stelle auf $-47\,°C$ gebracht werden kann.

3.3.2.5 Heißleiter (Thermistor) [2]. Heißleiter (Halbleitermaterialien wie z.B. $Mg-Ni$-Oxyde) haben einen verhältnismäßig hohen negativen Temperaturbeiwert (Widerstandsänderung in %/K). Übliche Werte sind -3 bis -6 %/K um $25\,°C$. Speziell entwickelte Heißleiter für sehr niedrige Temperaturen haben Werte z.B. zwischen -60 und -140%/K und Widerstandswerte um 100 MΩ bei einer Temperatur um $-225\,°C$. Heißleiter werden für Spitzentemperaturen bis zu max. 4 500 K hergestellt. Der Widerstand R ändert sich nach dem Gesetz

$$R = a \cdot \exp{(b/T)} \quad \text{mit} \quad \alpha = \frac{dR}{R\,dT} = -\frac{b}{T^2}. \tag{3.3-1}$$

Die Widerstände sind belastbar von einigen μW bis W, haben Zeitkonstanten (Abfall auf $1/e$) von einigen ms bis h und Streutoleranzen ihrer Widerstandswerte von 1 bis 10%. Die Abweichungen durch Alterung liegen etwa um 0,5%. Kurzzeitmessungen lassen sich aber mit einer Genauigkeit von $\pm0,002$ K durchführen. Die Streuungen der b-Werte in (3.3-1) liegen bei 5 bis 10%. Die Kenndaten verschiedener Heißleiter sind in [2] angegeben.

Nur die Kompensations- und Meß-Heißleiter werden elektrisch so schwach belastet, daß ihr Widerstand allein von der Umgebungstemperatur bestimmt wird (keine Eigenerwärmung). Die Ableitungskonstante gibt die elektrische Leistung im stationären Zustand in ruhender Luft an, die eine Übertemperatur von 1 K hervorruft.

3.3.2.6 Kaltleiter. Kaltleiter sind Halbleiter auf ferroelektrischer Basis wie Bariumtitanat $BaTiO_3$. Nach Erreichen eines Umschlagpunktes in der Temperatur zeigen diese Bauelemente eine starke Widerstandserhöhung. Übliche Umschlagtemperaturen liegen zwischen 35 und 180 °C, der Temperaturkoeffizient liegt zwischen $+7$ und $+60$%/K. Die Kaltwerte betragen im allgemeinen zwischen 20 bis 80 Ω, die Heißwerte zwischen 0,1 bis 1 MΩ.

3.3.3 Magnetisch-elektrische Wandler

3.3.3.1 Lese-, Schreibköpfe [1, 2]. Magnetbänder werden zur Aufzeichnung analoger elektrischer Signale, z.B. für die Zwecke der Ton-, Bildwiedergabe oder Meßwertverarbeitung benutzt. Für die Speicherung digitaler elektrischer Signale (binärer Informationen) dienen Magnettrommeln, Bänder, Platten und Karten (s. Abschnitt 4.8). Zur Aufzeichnung und Wiedergabe elektrischer Signale werden Ringmagnete aus Mu-Metall ($\mu_R \approx 18000$) oder Ferrit ($\mu_R \approx 500$ bis 2000) mit Spulen (Schreib- bzw. Lesekopf, s. Abb. 3.3-2) angewandt. Zum Lesen und Schreiben kann ein gemeinsamer Kopf dienen. Bei binären Informationen kann die Löschung aufgezeichneter Signale durch die Art des angewandten Schreibverfahrens erfolgen, so daß keine besonderen Löschköpfe oder Löschvorgänge erforderlich sind. Lese- und Schreibköpfe können dicht hintereinander gesetzt sein, um bei der Aufzeichnung ein Kontroll-Lesen zu ermöglichen. Beim Schreiben wird im Luftspalt der Breite b des Ringmagneten ein Magnetfeld erzeugt, welches sich bei Anwensenheit eines Trägers über seine magnetisierbare Schicht schließt, da die Permeabilität der Schicht größer als die des Füllmaterials des Spaltes gewählt wird. Auf dem fortlaufenden Träger bleibt die Remanenzinduktion B_r als aufgezeichnetes Signal nach Ausbleiben der Erregung durch den Spulenstrom i zurück, dessen Amplitude von der Größe der stattgefundenen Erregung abhängt. Die Kraftflußdichte auf dem Band B_{Band} ergibt sich mit der Windungszahl der Spule w, des wirksamen Luftspaltes s, der Länge des Ringmagneten l und der Permeabilität von Ring μ_R und Band μ_B bei schleifender Abtastung näherungsweise zu

$$B_{\text{Band}}(i) \approx \frac{wi}{\dfrac{s}{\mu_B} + \dfrac{l}{\mu_R}} \quad \text{mit} \quad B_r = f[B_{\text{Band}}(i)]. \tag{3.3-2}$$

Der ähnlich aufgebaute Lesekopf arbeitet nach dem Induktionsprinzip. In der Lesewicklung wird die Lesespannung u erzeugt, die außer vom Aufbau des Lesekopfes von der Bandgeschwindigkeit v_B und dem Gradienten der Flußdichte auf dem Band abhängt.

$$u = -w \frac{\mathrm{d}\Phi}{\mathrm{d}t} = \text{const} \cdot bsw \frac{\mathrm{d}B_{\text{Band}}}{\mathrm{d}x} v_B \quad (b = \text{Spaltbreite oder Spurbreite}). \tag{3.3-3}$$

Mit einer sinusförmigen Flußdichteverteilung auf dem Band (Bandkoordinate x, Wellenlänge auf dem Band λ_B) wird die induzierte Scheitelspannung $\hat{U}$ eine Funktion der Frequenz des aufgezeichneten Sinus-Signals im Gegensatz zum Hallelement, welches frequenzunabhängig abtastet (3.3-7).

$$\hat{U} = \text{const} \cdot bsw\hat{B}f \quad \text{mit} \quad B = \hat{B} \cos \frac{2\pi}{\lambda_B} x \quad \text{und} \quad v_B = \lambda_B f. \tag{3.3-4}$$

Die Aufzeichnung ist nur bis zu einer oberen Grenzfrequenz f_g (Grenzwellenlänge λ_g) möglich. Die Grenzfrequenz wird mit wachsender Bandgeschwindigkeit und kleiner

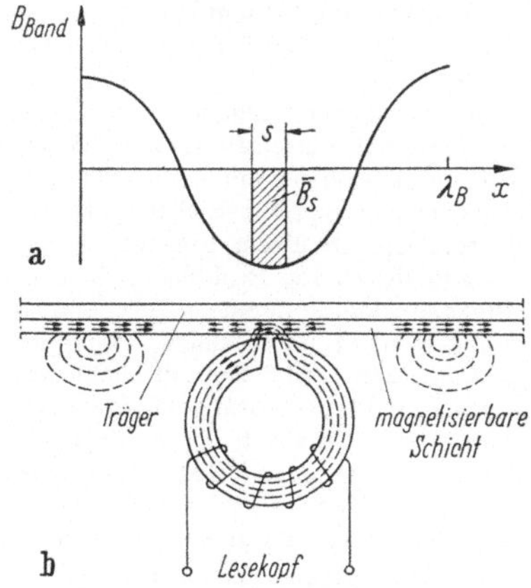

Abb. 3.3-2. Speicherung elektrischer Signale auf Magnetband. a) Induktionsverlauf auf dem Band; b) Lesevorgang.

werdendem Spalt des Kopfes größer. Wegen des endlichen Spaltes des Kopfes kann nur die mittlere Flußdichte $\bar{B}$ abgetastet werden [Abb. 3.3-2 und Gl. (3.3-5)].

$$\bar{B} = \frac{\hat{B}}{s} \int_{x-s/2}^{x+s/2} \cos \frac{2\pi}{\lambda_\mathrm{B}} x \, \mathrm{d}x = \frac{\sin \dfrac{\pi}{\lambda_\mathrm{B}} s}{\dfrac{\pi}{\lambda_\mathrm{B}} s} \, \hat{B} \cos \frac{2\pi}{\lambda} x. \qquad (3.3\text{-}5)$$

Da die mittlere Flußdichte im Frequenzwiedergabebereich nicht Null werden darf ($\bar{B} = 0$ für $s = \lambda_g$), muß $s < \lambda_g$ bleiben. Die mechanischen Luftspalte von Leseköpfen liegen bei 1,5 bis 14 µm. Der wirksame Luftspalt ist nach Abb. 3.3-2 größer als der mechanische Luftspalt. Dies wird durch vorheriges Austreten der Feldlinien an den Polenden verursacht. Damit der Feldlinienschluß hauptsächlich über das Band erfolgt, kann in dem Schlitz eine Metallfolie (Be, Cu oder Ag) angeordnet werden, die wegen der Wirbelstrombildung in der Folie als Material mit hohem magnetischen Widerstand wirkt und die Feldlinien aus dem Spalt herausdrängt.

Außer der Abnahme von $\hat{B}$ mit wachsender Frequenz wegen der endlichen Spaltbreite tritt noch eine weitere Amplitudenabnahme durch Selbstentmagnetisierung mit abnehmender Wellenlänge nach (3.3-6) auf. Die Konstante $\lambda_1 = 50$ bis 200 µm hängt von der Beschaffenheit der magnetisierbaren Schicht ab.

$$B = B_{\lambda = \infty} \exp\left(-\lambda_1/\lambda_\mathrm{B}\right). \qquad (3.3\text{-}6)$$

Selbstentmagnetisierung und Spalteneffekt beim Schreiben und die im Wiedergabekopf induzierte der Frequenz proportionale Spannung können zusammen mit elektrischen Entzerrern so aufeinander abgestimmt werden, daß in dem gewünschten Frequenzbereich eine getreue Signalwiedergabe möglich ist.

Für die Aufzeichnung von Fernsehsignalen mit der hohen Grenzfrequenz von etwa 5 MHz sind für 6 µm Luftspalt 60 m/s Bandgeschwindigkeit erforderlich (auch 0,6 µm und 6 m/s verwirklicht). Aufzeichnungszeit und Bandgeschwindigkeit sind hierfür untragbar. Daher wird das Band quer zur Laufrichtung beschriftet. Dazu rotieren 4 um 90° versetzte Schreibköpfe auf einer Trommel (s. [1]).

3.3.3.2 Leseköpfe für magnetische, maschinell lesbare Zeichen (MICR) [2]. Bei der automatischen Belegverarbeitung (s. Abschnitt Automatische Zeichenerkennung) werden Leseköpfe zur Abtastung von numerischen und alphanumerischen Schriftzeichen (z. B. der Zeichensätze E 13 B und CMC 7) angewandt, die innerhalb einer Lesezone auf einen Beleg gedruckt werden. Der Druckerschwärze sind Eisenoxyde beigemischt. Dadurch können die Schriftzeichen nach Abb. 3.3-3 durch einen Vormagnetisierungskopf oder Festmagneten magnetisiert werden. Die Druckzeichen werden mit einem Lesekopf abgetastet, dessen Breite über die ganze Lesezone reicht. Die Zeicheninformation wird im allgemeinen eindimensional in Richtung der Beleglänge ausgewertet. Die Zeichenausdehnung in y-Richtung wird nur integrierend ausgewertet. Das Zeichenabtastprinzip mit einem Einspur-Lesekopf ist in Abb. 3.3-3 dargestellt an Hand eines magnetisierbaren Rechteckzeichens der Breite b von unendlicher Länge. Nach Aufmagnetisierung in einem Gleichfeld wird das Zeichen mit konstanter Beleggeschwindigkeit dicht unter einem Lesekopf vorbeigeführt. Die nach (3.3-3) induzierte Spannung $u(t)$ ergibt einen glockenförmigen Impuls, dessen zeitliches Maximum etwa bei Eintritt der Rechteckkante unter den Lesespalt erscheint. Die Amplitude hängt ab von der Breite b, von der Kraftflußdichte, von der Beleggeschwindigkeit und vom Abstand des Beleges vom Lesekopf (größte Leseempfindlichkeit bei schleifender Abtastung). Die abriebfeste magnetisierbare Druckerschwärze für z. B. E 13 B-Zeichenabtastung erfordert Feldstärken zwischen 200 bis 300 A/cm [1] zum Erreichen der Sättigungsmagnetisierung. Die zurückbleibende Remanenzinduktion $B_{\mathrm{r,max}}$ liegt je nach Druckart zwischen 0,05 und 0,09 Tesla[1].

---

[1] 1 Tesla = 1 T = 1 Vs/m² = 10^4 Gauß.

Das induzierte Spannungssignal kann für jedes Zeichen näherungsweise nach dem Prinzip der Rechteck-Abtastung ermittelt werden. Dazu wird nach Abb. 3.3-4 ein Zeichen entsprechend seiner Magnetisierungssumme unter dem Abtastspalt in

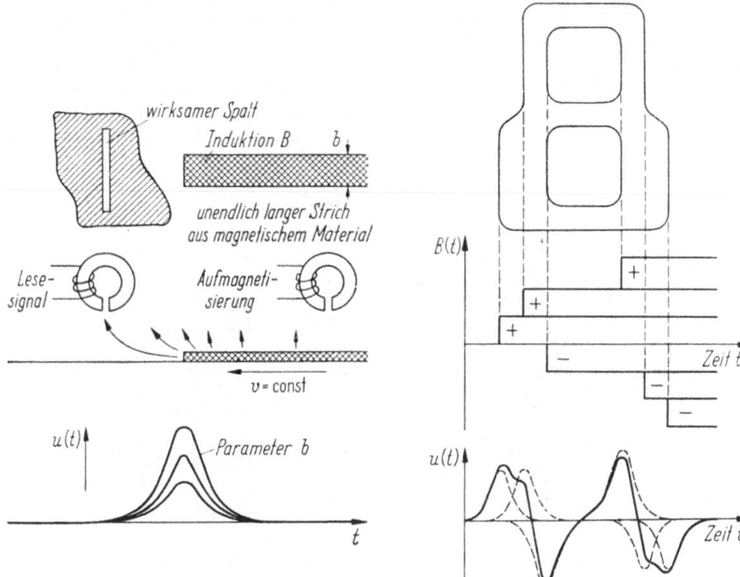

Abb. 3.3-3. Prinzip der Zeichenabtastung mit breitem Einspur-Lesekopf.

Abb. 3.3-4. Konstruktion des zeitlichen Verlaufs des Lesesignals z. B. der „8" der E 13 B-Schrift beim Einspur-Lesekopf.

eine bei eindimensionaler Abtastung gleichwirkenden Anzahl von Rechtecken unterschiedlicher Breite, gegenseitiger Verschiebung und Polarität aufgelöst. Jede Magnetisierungszunahme wird durch eine positive, jede Abnahme durch eine negative Polarität dargestellt. Die amplitudenmäßige Addition der durch die Rechteck-Startkanten erzeugten, zeitlich verschobenen Signale ergibt das von dem gesamten Zeichen induzierte Spannungssignal (in Abb. 3.3-4 die Ziffer 8 des E 13 B Satzes, s. auch Abb. 13.1-36 (Band III)). Ein Vertikalstrich eines CMC 7 Zeichens (s. Abb. 13.1-37 (Band III)) gibt, unabhängig davon, ob der Strich unterbrochen ist oder nicht, entsprechend der dargestellten Methode einen Doppelimpuls unterschiedlicher Polarität.

Außer der analogen eindimensionalen Abtastung von Zeichen mit breiten Einspur-Leseköpfen (mechanische Spaltbreite 70 μm für E 13 B, 30 bis 50 μm für CMC 7) ist noch eine digitale zweidimensionale Abtastung von E 13 B Zeichen mit einem Vielspurkopf (IBM, 30spurig) üblich. Das digital abgetastete Zeichen (Sättigungsmagnetisierung $B_{r,max}$ des Zeichens bzw. $B = 0$ des Papiers) wird zeilenmäßig in 10 lineare Schieberegister gespeichert (Abb. 3.3-5). Der Vielspurkopf überspannt die ganze Höhe der Lesezone. Auf die Zeichenhöhe entfallen nur etwa 7 bis 8 Spuren, die restlichen sind für unterschiedliche Zeichenregistrierung innerhalb der Lesezone vorgesehen. Um den Speicheraufwand (Schieberegister) niedrig zu halten, sind je 3 Lesewicklungen jeder 10. Spur serienmäßig (bzw. disjunktiv) zusammengefaßt. Damit nicht nur die Zeichenkanten sondern das ganze Zeichen zeilenmäßig durch die Abtastung erfaßt wird, muß die Vormagnetisierung mit einem sinusförmigem Wechselfluß von 15 kHz vorgenommen werden. Dadurch induziert jedes Zeichen längs einer Zeile zwischen den Kanten eine sinusförmige Wechselspannung, die nach Gleichrichtung, Diskriminierung und Taktung als binäre Magnetisierungsinformation für jedes Flächenelement in das Register eingeschoben werden (Lesesignal 10 μV, Ringmagnetdicke 0,43 mm, Isolatordicke 0,15 mm, Entfernung Vormagnetisierungskopf—Lesekopf 7,6 cm entsprechend 15 ms bei 5 m/s Beleggeschwindigkeit).

3.3.3.3 Hallelemente [2]. Ein Hallelement (Abb. 3.3-6 a) besteht aus einem flächenhaften Leiter, einer dünnen Platte eines geeigneten Materials der Dicke d, mit symmetrischen Anschlüssen an der Schmalseite transversal zur Strömungsrichtung (Steuerstrom i). Bei vorhandenem Magnetfeld (Steuerfeld B) senkrecht zur stromdurchflossenen Platte wird an den Anschlüssen die Leerlauf-Hallspannung erzeugt.

$$u = \frac{R_\mathrm{H}}{d}\, iB. \tag{3.3-7}$$

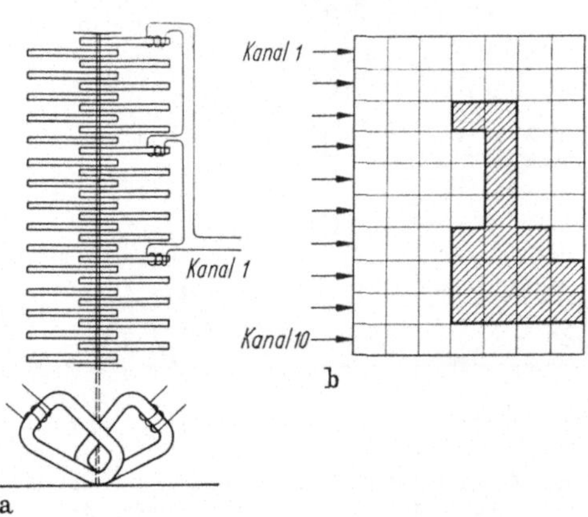

Abb. 3.3-5. a) Prinzip eines Vielspur-Lesekopfes (IBM 1210) für E 13 B-Zeichen und b) zugehöriger Zeichen-Reproduktionsspeicher (Flipflop-Schieberegister).

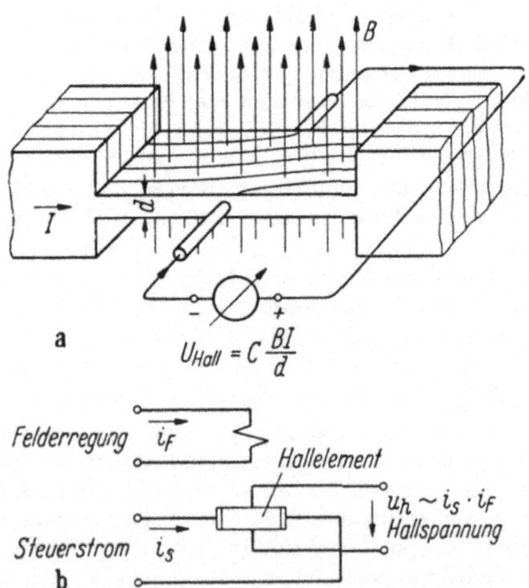

Abb. 3.3-6. a) Hallelement, schematisch; b) Schaltung als Multiplikator.

Große Hallkonstanten R_H haben Wismut, Indiumarsenid (InAs 100 cm³/As),
Indiumarsenidphosphid (InAsP 200 cm³/As) und Indiumantimonid (InSb 400 cm³/
As, stark temperaturabhängig). Erforderlich sind Materialien mit geringer Trägerdichte (Halbleiter), hoher Trägerbeweglichkeit (kleiner Innenwiderstand) und mit
temperaturunabhängigem R_H und ϱ_{elektr}.

Bei Erregung mit Wechselsignalen können die Hallelemente als Wechselrichter
oder Hallmodulatoren betrieben werden. In einer besonderen Bauform als Magnetogrammsonde kann der auf magnetischen Aufzeichnungsträgern gespeicherte Fluß
in elektrische Signale umgesetzt werden. An Stelle der Aufzeichnungsträger können
auch kleine Magnetflußquellen als Erreger für kontaktlos arbeitende Steuerungsanlagen dienen. Typische Daten von Magnetogrammsonden für Bandmagnetisierung in Längs- und Transversalrichtung sind z. B. Spaltbreiten von 15 bis 500 µm,
300 bis 40 µV Signalspannung bei einem Steuerstrom von 50 mA und einem Bandfluß von 0,5 nWb bzw. 60 pWb/mm und Spurbreiten um 1,5 mm. Mit einem Hallelement kann auch das Produkt zweier Meßgrößen gebildet werden (Abb. 3.3-6 b).

Hallgeneratoren mit Ferritkerneinbettung zeigen in ihrem Verhalten gegenüber
dem eingeprägten Magnetfeld keine Abweichungen bis 1 MHz. Kenndaten von
Hallelementen sind in [2] dargestellt. Der Innenwiderstand eines Hallelements ist
magnetfeldabhängig. Wegen der hallseitigen Spannungsabnahme über Kontakte
und der Leiterschleife wird bereits bei einem Magnet-Gleichfeld bzw. durch Induktion bei einem Wechselfeld eine Hallspannung gemessen (Ohmsche bzw. induktive
Restspannung). Die ohmsche Restspannung kann durch äußere Schaltmaßnahmen
leicht kompensiert werden. Die induktive Restspannung wird z. B. für $F \leq 0{,}04$ cm³,
$\hat{B} = 1{,}0$ T und $\omega = 2\pi \cdot 50$ Hz [vgl. Gl. (3.3-3)] größenordnungsmäßig 500 µV.

3.3.3.4 Magnetoresistive Bauelemente [2]. Eine zur Vermeidung von Induktion
bifiliar gewickelte Schneckenspule aus Wismutdraht zeigt z. B. quer in ein Magnetfeld gestellt eine verhältnismäßig große Widerstandszunahme mit zunehmender
Kraftflußdichte. Die Zunahme ist ab 10 T etwa linear. InSb und InAs zeigen besonders große Widerstandsänderungen.

Feldplatten aus InSb sind magnetisch steuerbare Halbleiterwiderstände, deren
Widerstandswert mit wachsendem Magnetfeld zunächst quadratisch (bis 0,3 T),
dann linear zunimmt, unabhängig von der Polarität der Feldrichtung. Eine Frequenzunabhängigkeit ist bis in den GHz-Bereich erfüllt. Die Widerstandsänderung
wird durch eine Verdrehung der Strombahnen um den Hallwinkel verursacht. Zur
Empfindlichkeitssteigerung hat der Halbleiter im Innern metallisch leitende Bereiche in Abständen von einigen µm bis 0,1 mm. Die Halbleiterschicht ist flächenhaft mäanderförmig auf einen Isolator in einer Dicke von etwa 20 µm aufgebracht.
Die Bauelementgröße liegt bei 0,5 bis 0,7 mm Dicke und 8×15 bis 3×3 bzw.
$1{,}6 \times 7$ mm² Fläche. Die Grundwiderstandswerte betragen $R_0 = 10$ bis $100\,\Omega$.

Weiter ist die Sprungtemperatur eines supraleitenden Stoffes neben Reinheitsgrad und äußerem Druck abhängig von der Größe eines äußeren Magnetfeldes.
Supraleitfähigkeit ist eine Eigenschaft einiger mehr oder weniger gut leitender
Stoffe, Metalle, Metallverbindungen und Legierungen, die in der Nähe des absoluten
Nullpunktes ($-273{,}2\,°C$) ihren elektrischen Widerstand verlieren. Der Übergang
vom normalleitenden in den supraleitenden Zustand wird durch die Sprungtemperatur $T_{ü}$ angegeben (supraleitende Elemente mit ihren Sprungtemperaturen
s. [1]). Die Abhängigkeit der Sprungtemperatur $T_{ü}$ von einem äußeren Magnetfeld
wird bei den cryogenischen Bauelementen für Schalt- und Speicherzwecke ausgenutzt.

3.3.4 Elektromagnetisch-elektrische Wandler

Elektromagnetische Strahlung kann mit unterschiedlichen Wirkungsgraden im
gesamten Wellenlängenbereich zwischen km- und pm-Wellen erzeugt, gesendet und
empfangen werden. Für die Nachrichtentechnik ist die elektromagnetische Strahlung

des Radio- und Mikrowellenbereichs, für die Nachrichtenverarbeitung besonders die Lichtstrahlung interessant.

Zur Lichterzeugung werden thermisch oder elektrisch angeregte Strahler (Lampen) als Sender und lichtempfindliche (lichtelektrische) Bauelemente als Empfänger benutzt. Lichtempfindliche Bauelemente sind entweder thermische Strahlungsdetektoren wie pneumatische Detektoren, Thermoelemente oder Bolometer, die Lichtstrahlung über den Umweg der Wärmeumwandlung in elektrische Energie überführen, oder photoelektronische Bauelemente, die Lichtstrahlung direkt ohne Wärmeerzeugung in elektrische Energie umwandeln. Thermische Detektoren kommen besonders für das Infrarotgebiet über $3\,\mu m$ zur Anwendung, wo photoelektronische Bauelemente ohne Kühlug nicht mehr einsetzbar sind (s. [2]). Ihr Hauptanwendungsgebiet liegt im sichtbaren und nahen Infrarot- und Ultraviolett-Gebiet. Die Grenzempfindlichkeit liegt bei thermischen Strahlungsdetektoren um 10^{-10} bis $10^{-11}\,W/mm^2$, bei photoelektronischen (Bleichalkogeniden) um $10^{-9}\,W/mm^2$ Empfängerfläc4her bei einer Bandbreite von 1 Hz. Die Grenzempfindlichkeit des menschlichen Auges beträgt bei maximaler Stäbchenempfindlichkeit bei einer Wellenlänge von $\lambda = 512\,nm$ nach 45 Minuten Adaptionszeit $4 \cdot 10^{-17}\,W \approx 90$ Lichtquanten/s entsprechend 10^{-9} lx bei einer Pupillenfläche von $44\,mm^2$ (effektive Strahlungsempfindlichkeit 5 Quanten/s).

3.3.4.1 Photometrische Maßeinheiten und optische Begriffe [10]. Wegen der erforderlichen Kommunikation (Informationsaustausch) zwischen Mensch und Maschine (s. auch Abschnitte 8.2 und 8.8, Band II und Abschnitte 13.1 und Kapitel 15, Band III) stellt der Spektralbereich des sichtbaren Lichtes einen Anwendungsschwerpunkt in nachrichtenverarbeitender Hinsicht dar. In Tab. 3.3-1 sind die wichtigsten photometrischen Maßeinheiten zusammengestellt. Nachstehend werden einige optische Grundlagen wiedergegeben.

Tabelle 3.3-1. Photometrische Einheiten

Begriff	Einheit (in Basiseinheit cd)	Abgeleitete und sonstige Einheiten (bei helladaptiertem Auge)	
Lichtmenge	$1\ cd \cdot rad^2 \cdot s$	$= 1\ lm \cdot s$	
Lichtstrom	$1\ cd \cdot rad^2$	$= 1\ lm$ (lumen)	
Lichtstärke	$1\ cd$ (Candela)		
Leuchtdichte	$1\ \dfrac{cd}{cm^2}$	$= 1\ sb$ (Stilb)	
	$10^{-4}\ \dfrac{cd}{cm^2} = 1\ \dfrac{cd}{m^2}$	$= 1\ nit$	$= 10^{-4} sb$
(flächenhafter Eigenstrahler)	$\dfrac{1}{\pi}\ \dfrac{cd}{cm^2}$	$= 1\ lb$ (Lambert)	$= \dfrac{1}{\pi}\ sb$
			$= 929\ ftlb$
		1 foot-lambert	$= 1{,}076 \cdot 10^{-3}\ lb$
(flächenhafter Fremdstrahler)	$\dfrac{10^{-4}}{\pi}\ \dfrac{cd}{cm^2}$	$= 1\ asb$ (Apostilb)	$= \dfrac{1}{\pi}\ lx$
Beleuchtungsstärke	$1\ \dfrac{cd}{cm^2} = 1\ \dfrac{cd \cdot rad^2}{m^2}$	$= 1\ lx$ (Lux)	$= 1\ \dfrac{lm}{m^2}$
			$= 0{,}0929\ ft\ cd$
		1 foot-candle	$= 10{,}76\,4\ lx$
	$1\ \dfrac{cd}{cm^2} = 10^4\ \dfrac{cd}{m^2}$	$= 1\ ph$ (Phot)	$= 1\ \dfrac{lm}{cm^2}$
			$= 10^4\ lx$
	$10^{-3}\ \dfrac{cd}{cm^2}$	$= 1\ mph$	$= 10\ lx$

Photometrische Größen (s. Abb.3.3-7). Die photometrische Basiseinheit ist die Lichtstärke 1 Candela (cd). Sie wird durch einen schwarzen Strahler bei der Temperatur des erstarrenden Platins (1 769 °C) bei einer Öffnung von 1/60 mm² in senkrechter Richtung ausgestrahlt.

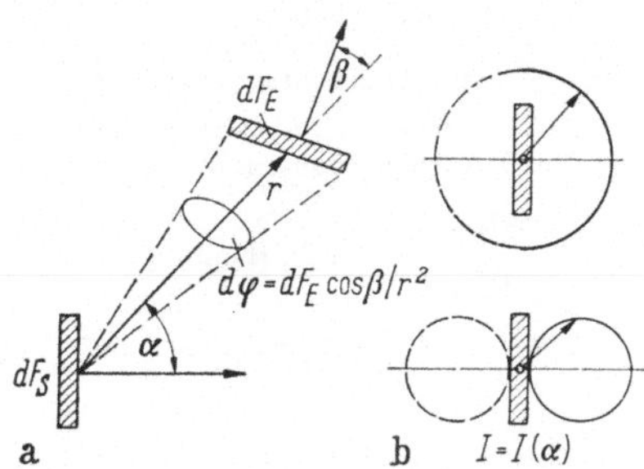

Abb.3.3-7. a) Geometrisch-optische Strahlungsverhältnisse zwischen einer Sende- und Empfängerfläche; b) Strahlungscharakteristiken $I_{fot} = $ const bzw. $I_{fot} = I_{max} \cos\alpha$.

Sender: Lichtstrom (Fluß, Leistung) $\Phi_{fot} = \int I_{fot}\, d\varphi$ (Raumwinkel φ)

Lichtstärke (Intensität) $I_{fot} = \dfrac{d\Phi_{fot}}{d\varphi}$

Leuchtdichte (Helligkeit) $B_{fot} = \dfrac{I_{fot}}{dF_S \cos\alpha} = \dfrac{r^2\, d\Phi_{fot}}{dF_S \cos\alpha\, dF_E \cos\beta}$

$$= \frac{r^2 E_{fot}}{dF_S \cos\alpha \cos\beta}$$

Empfänger: Beleuchtungsstärke $E_{fot} = \dfrac{d\Phi_{fot}}{dF_E} = \dfrac{I_{fot} \cdot \cos\beta}{r^2}$

allgemein: Lichtmenge (Lichtwert, Energie) $W_{fot} = \int \Phi_{fot}\, dt$

Der Lichtfluß Φ_{fot} ist die physiologisch wirksame Strahlungsleistung. Dieser steht mit der physikalischen Strahlungsleistung P über die spektrale Empfindlichkeit k_λ des (helladaptierten) menschlichen Auges durch

$$\Phi_{fot} = k_{max} \int_{\approx 380\,\mathrm{nm}}^{\approx 770\,\mathrm{nm}} k_\lambda P_\lambda\, d\lambda \text{ mit } P_\lambda = \frac{dP}{d\lambda} \text{ (spektrale Strahlungsleistung)} \qquad (3.3\text{-}8)$$

in Beziehung. Die spektrale Empfindlichkeit k_λ wird auf die maximale Lichtausbeute $k_{max} = 680\ \mathrm{lm/W}$ (photometrische Strahlungsäquivalent) bei $\lambda = 555\ \mathrm{nm}$ bezogen (k_λ s. Abb.3.3-23).

Selbststrahler (Abb.3.3-7)

punktförmige Lichtquelle: Sender mit richtungsunabhängiger Lichtstärke $I_{fot} = I_{fot}^* = $ const. Gilt auch für Fluoreszenz-Strahlung durchsichtiger Körper und flächenhafte Röntgenstrahler (Antikatode).

Emissonsvermögen: $\Phi_{fot} = 4\pi I^*_{fot}$ (Gesamtraum)

$\qquad\qquad\qquad\qquad\quad = 2\pi I^*_{fot}$ (Halbraum)

Leuchtdichte: $B_{fot} = \dfrac{I^*_{fot}}{dF_S \cos\alpha}$ (bei flächenhafter Ausdehnung)

flächenhafte Lichtquelle: Sender mit richtungsunabhängiger Leuchtdichte $B_{fot} = B^* = $ const (Lambertsches Gesetz) wie z.B. bei schwarzen Körpern, sonst nur näherungsweise erfüllt.

Emissionsvermögen: $\dfrac{d\Phi_{fot,2\pi}}{dF_S} = \pi B^*_{fot}$ (Halbraum)

Lichtstärke: $I_{fot} = B^*_{fot}\, dF_S \cos\alpha = \dfrac{1}{\pi}\, d\Phi_{fot,2\pi}\cos\alpha$

Empfänger (Abb. 3.3-8 b)

kreisförmige Empfängerfläche dF_E bei sendeseitigem Öffnungswinkel ψ_S

empfangener Lichtstrom

$d\Phi_S = \pi B^*_S \sin^2\psi_E\, dF_S$

kreisförmige Senderfläche F_S bei empfangsseitigem Öffnungswinkel ψ_E (Umkehr der Strahlungsrichtung)

empfangener Lichtstrom

$d\Phi_E = \pi B^*_S \sin^2\psi_E\, dF_E$

Beleuchtungsstärke

$E_{fot} = \pi B^*_S \sin^2\psi_E$

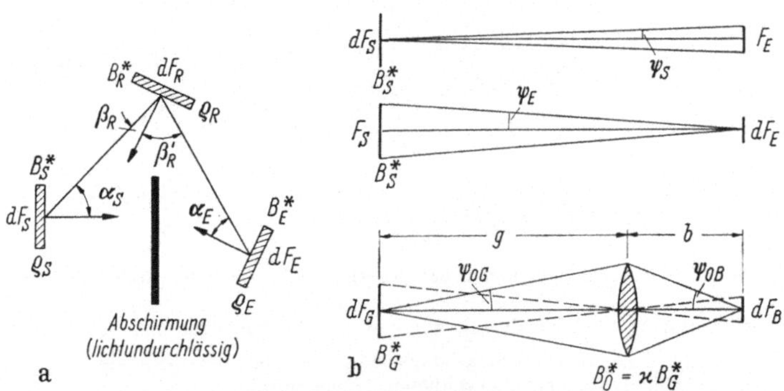

Abb. 3.3-8. a) Ungerichtete Lichtübertragung mit Reflektor;   b) Vergleich ungerichteter mit gerichteter Lichtübertragung.

Fremdstrahler (Abb. 3.3-8a). Reflektorfläche als Sender mit richtungsunabhängiger Leuchtdichte B^*_R. Im allgemeinen gilt das Lambertsche Gesetz nur für stark streuende Körper bzw. außerhalb des Reflexionswinkels bei gerichteter Beleuchtung. Der von einem Sender empfangene Lichtfluß $d\Phi_S$ wird wegen Absorption nur zu einem Bruchteil ϱ remittiert. Da Empfänger und Sender im allgemeinen eine wellenlängenabhängige Absorption und Emission aufweisen, müssen die photometrischen Berechnungen unter Umständen differentiell über schmale Wellenlängenbereiche $d\lambda$ mit anschließender Integration ausgeführt werden.

Remissionsfaktor $\varrho = \dfrac{d\Phi_{R,2\pi}}{d\Phi_S}$;   Remissionsgrad $\beta = \dfrac{\varrho}{\varrho_{MgO}}$

Leuchtdichte $B_R^* = \dfrac{\varrho}{\pi}\, E_R$ mit $E_R = \dfrac{\mathrm{d}\Phi_S}{\mathrm{d}F_R}$

Lichtstärke $I_R = \dfrac{\varrho}{\pi}\, \mathrm{d}\Phi_S \cos \beta_R'$

Ungerichtete Lichtübertragung mit Reflektor (Abb. 3.3-8 a). Die Energieübertragung von der Sendefläche $\mathrm{d}F_S$ zur Empfängerfläche $\mathrm{d}F_E$ erfolgt durch die Reflektorfläche $\mathrm{d}F_R$.

Beleuchtungsstärke der Empfängerfläche

$$E_E = \frac{\varrho}{\pi}\, \frac{I_S(\alpha_S)}{r_{SR}^2\, r_{RE}'^2}\, \mathrm{d}F_R \cos \beta_R \cos \beta_R' \cos \alpha_E$$

$$= \frac{\varrho}{\pi}\, \frac{B_S^*}{r_{SR}^2\, r_{RE}'^2}\, \mathrm{d}F_S\, \mathrm{d}F_R \cos \alpha_S \cos \beta_R \cos \beta_R' \cos \alpha_E$$

empfangener Lichtfluß $\mathrm{d}\Phi_E = E_E\, \mathrm{d}F_E$

Optische Begriffe und Größen (Abb. 3.3-8 b). Ein Gegenstand (Dingpunkt) in der Gegenstandsweite g (gerechnet von der entsprechenden Hauptebene) wird durch ein Objektiv der Brennweite f in die Bildweite b als Bild-(punkt) abgebildet. Als Bildvergrößerung wird das Verhältnis von linearer Bild- B zu linearer Gegenstandsabmessung G bezeichnet.

lineare Bildvergrößerung $v_B = \dfrac{B}{G} = \dfrac{b}{g} \approx \dfrac{\sin \psi_{OG}}{\sin \psi_{OB}}$ (Sinusbedingung bei Objektiven)

Linsenformel $\dfrac{1}{f} = \dfrac{1}{g} + \dfrac{1}{b}\,;\quad f = \dfrac{g+b}{v_B + 2 + \dfrac{1}{v_B}} = \dfrac{g}{1 + \dfrac{1}{v_B}} = \dfrac{b}{1 + v_B}$

wirksame Fläche eines Objektivs $F_0 = \pi D^2/4$ (Aperturblenden-Durchmesser D)

relative Öffnung D_0/f; Blendenzahl k

Aperturverhältnis, Lichtstärke $1:k \approx D_0/f$

Gerichtete Lichtübertragung (Abb. 3.3-8 b). Durch Linsen (Objektive) oder durch Hohlspiegel (bei erforderlichem großen Öffnungswinkel ψ oder für Wellenlängen $\lambda > 2{,}5\,\mu\mathrm{m}$) kann ein Lichtfluß von der Sende (Gegenstands)-Fläche $\mathrm{d}F_G$ gerichtet auf die z. B. zum Sender parallel stehende Empfänger (Bild)-Fläche $\mathrm{d}F_B$ übertragen werden. Dabei findet gegenüber ungerichteter Übertragung ein Gewinn an Beleuchtungsstärke bzw. übertragenem Lichtfluß statt, da die Leuchtdichte eines verlustfreien Objektives (keine Reflexion und Absorption $\varkappa = 1$) oder eines Hohlspiegels gleich der des Senders, d. h. $B_O^* = B_G^*$ ist. Die Durchlässigkeit $\varkappa$ gewöhnlicher Objektive liegt im allgemeinen um 0,75.

Numerische Apertur $\sin \psi_{OB} \approx \dfrac{1}{v_B}\, \sin \psi_{OG}$

$$\sin^2 \psi_{OG} = \frac{v_B^2}{4k^2\,(1 + v_B)^2 + v_B^2}$$

Anteil des durchgelassenen Lichtflusses bei einem Objektiv

$$\eta_0 = \frac{\varkappa\, \mathrm{d}\Phi_G}{\pi B_G^*\, \mathrm{d}F_G} = \varkappa \sin^2 \psi_{OG}$$

Gewinn an Beleuchtungsstärke
gegenüber ungerichteter Be- $$v_O = \frac{\sin^2 \psi_{OG}}{\sin^2 \psi_S} = \frac{\sin^2 \psi_{OB}}{\sin^2 \psi_E}$$
leuchtung mit Öffnungswinkel
ψ_S bzw. ψ_E

bildseitige Beleuchtungsstärke $E_B = \pi\varkappa \sin^2 \psi_{OB} B_G^*$ (Selbststrahler)

$$E_B = \varrho_G \varkappa \sin^2 \psi_{OB} E_G \quad \text{(Fremdstrahler)}$$

Verhältnis der Leuchtdichten $$\frac{B_B^*}{B_G^*} = \varrho_B \varkappa \sin^2 \psi_{OB} \approx \frac{\varrho_B \varkappa}{4k^2(1 + v_B)^2} = \frac{\varrho_B \varkappa f^2}{4k^2 b^2}$$
von Bild und Gegenstand

Verhältnis zweier Bild-Leucht- $\dfrac{B_{B,1}^*}{B_{B,2}^*} = \dfrac{\sin^2 \psi_{OB,1}}{\sin^2 \psi_{OB,2}} \approx \dfrac{v_{B,2}^2}{v_{B,1}^2}$ für $\psi_{OG,1} \approx \psi_{OG,2}$ wie
dichten bei unterschiedlichen
Abbildungsverhältnissen   z. B. bei elektronen-
optischen oder *Gummi*-
Linsen mit variablem f.

(Das Leuchtdichteverhältnis wird bei $b = f$ und $\varrho_G = 1$. zu Eins, wenn ein verlustfreies Objektiv die minimale Blendenzahl $k = 0{,}5$ hat).

Lichtleitung (Abb. 3.3-9). Eine gerichtete Lichtübertragung ist auch mit Hilfe von durchsichtigen optischen Medien, die als Lichtleiter ausgebildet sind, möglich. Eine Fiberoptik besteht aus einer großen Anzahl von dünnen Glasfasern mit Ober-

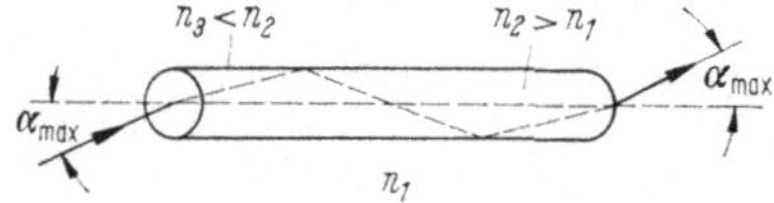

Abb. 3.3-9. Glasfaser einer Fiberoptik mit maximalem Eintrittswinkel.

flächenvergütung, die Licht vom Fasereingang durch Totalreflexion an der inneren Faseroberfläche zum Faserausgang übertragen, ohne daß Licht aus der Faseroberfläche austritt. Der Öffnungswinkel und die Lichtdurchlässigkeit sind in (3.3-9) angegeben. Eine Fiberoptik kann außer zur Lichtübertragung bei Sortierung der Fasern von Ein- und Ausgang auch zur Bildübertragung an Stelle eines Objektivs dienen.

$$n_1 \sin\alpha_{max} = \sqrt{n_2^2 - n_3^2} \quad \text{und} \quad T = (1 - R)^2 \quad \text{mit} \quad R = \left(\frac{n_2 - n_1}{n_2 + n_1}\right)^2. \tag{3.3-9}$$

Lichtpolarisation. Das mit konventionellen Lichtquellen erzeugte Licht ist unpolarisiert. Um linear polarisiertes Licht zu erhalten, bei dem der zur Lichtausbreitungsrichtung transversale elektrische Feldvektor in einer fest orientierten Ebene schwingt, kann man z. B. unpolarisiertes Licht unter dem Brewster-Winkel nach (3.3-10) an einem optisch dichteren Medium ($n_2 > n_1$) reflektieren lassen. Die reflektierte Energie $R_{\parallel}$ ist dann gleich Null. Ein gebräuchlicherer Polarisator ist der doppelbrechende Kalkspatkristall, der nach Abb. 3.3-10 nur für polarisiertes Licht

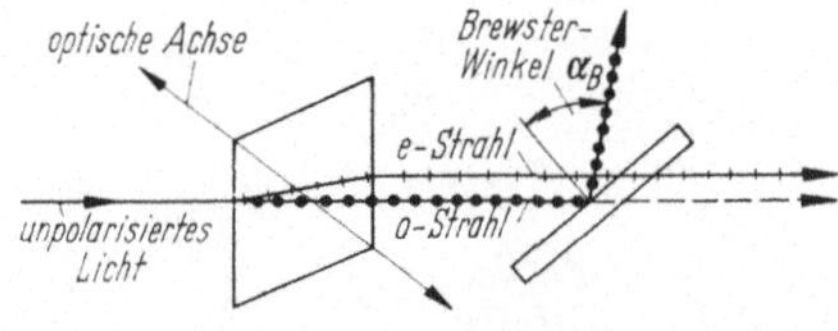

Abb. 3.3-10. Doppelbrechung und Polarisation bei einem nichtisotropen einachsigen Kristall.

mit einem elektrischen Feldvektor parallel oder senkrecht zur optischen Achse licht-
durchlässig ist. Wegen der Aufspaltung in einen ordentlichen und außerordentlichen
Strahl mit unterschiedlichen Brechungsindizes n_o und n_e und im allgemeinen unterschiedlichen Austrittswinkeln lassen sich beide Polarisationskomponenten voneinander trennen. Bei einem Lichteinfallwinkel von 0° zur optischen Achse tritt nur der
ordentliche Strahl auf. Bei 90° Einfallswinkel ist das Licht wegen des gleichen Aus-
fallswinkels, aber unterschiedlichem Brechungsindex wegen der Phasenverschiebung
elliptisch polarisiert. Auch mit dichroitischen Kristallkunststoff-Folien kann polarisiertes Licht erzeugt werden. Als Analysator für polarisiertes Licht wird bei Drehung um 180° ein Durchlaßverhältnis bis 1:100 erreicht.

$$R_{\parallel} = \frac{\tan^2(\alpha - \beta)}{\tan^2(\alpha + \beta)} \quad \text{und} \quad \frac{\sin\alpha}{\sin\beta} = \tan\alpha = \frac{n_2}{n_1} \quad \text{für} \quad \alpha + \beta = \pi/2. \qquad (3.3\text{-}10)$$

3.3.4.2 Spezielle Sender für elektromagnetische Strahlung

Konventionelle Lichterzeugung. Für die Lichterzeugung finden im allgemeinen
thermische Lichtquellen oder Gasentladungs- und Leuchtstoffröhren Anwendung
(s. Tab. 3.3-8 in [2]). Das Glühlicht thermischer Lichtquellen wird elektrisch in
festen Körpern durch Stromwärme erzeugt. Im Gegensatz zu Glühlampen sind
Entladungsröhren selektive Strahler. Bei Gasentladungsröhren wird dadurch Lichtstrahlung erzeugt, daß Gase oder Dämpfe elektrisch durch Elektronenstöße oder
thermisch durch Wärmeschwingungen angeregt werden. Lichtemission findet durch
Elektronenübergang zwischen diskreten Energieniveaus statt. Der UV-Anteil des
emittierten Lichtes kann durch Fluoreszenz- oder Phosphoreszenzstrahlung (s. Abschnitt 3.3-5) geeigneter Luminophore in das sichtbare Wellenlängengebiet transformiert werden. Die Strahlung der Halbleiter-Luminophore ergibt im Gegensatz
zu den angeregten Gasen und Dämpfen mit ihren diskreten Spektrallinien wegen
der Beeinflussung der Atome durch den Kristallverband eine Verbreiterung der
Frequenzbanden für Emission und Absorption.

Ein schwarzer Strahler (z.B. Loch in einem gleichtemperierten Hohlraum) ist
ein Körper mit wellenlängenunabhängiger Emission E und Absorption A, wobei
$A = 1$ gilt. Unter Absorption versteht man das Verhältnis von absorbierter zu ein-
fallender Strahlungsleistung. Für die Strahlung eines schwarzen Körpers gilt:

spektrales Emissionsvermögen $e_{\lambda,\text{schwarz}}$
(Halbraum)
$$= \frac{dP_\lambda}{dF_S} = \frac{d^2P}{dF_S\,d\lambda} = \frac{2\pi hc^2}{\lambda^5}\,\frac{1}{\exp\left(\dfrac{hc}{\lambda kT}\right) - 1}$$

(Plancksches Strahlungsgesetz; $2\pi hc^2 = 3{,}74 \cdot 10^{-12}\,\text{Wcm}^2$, $hc/k = 1{,}44\,\text{cm K}$)

Strahlungsmaximum
(Wien-Verschiebungsgesetz)
$$\lambda_{\max} T = 2880\,\mu\text{m K}$$

Emissionsvermögen
(Halbraum, Stefan-Boltzmann)
$$E_{\text{schwarz}} = \frac{dP}{dF_S} = \frac{2\pi^5 k^4}{15c^2 h^3}\,T^4 = 5{,}67 \cdot 10^{-12}\,T^4\,\frac{\text{W}}{\text{cm}^2\,\text{K}^4}$$

spektrales Emissionsvermögen
bei der Wellenlänge $\lambda_{\max}$
$$e_{\lambda,\max} = \frac{dP_\lambda}{dF_S} = 1{,}3 \cdot 10^{-15}\,T^5\,\frac{\text{W}}{\text{cm}^2\,\mu\text{m K}^5}$$

Strahler mit einem von der Wellenlänge unabhängigen Absorptionsvermögen
$A < 1$ bezeichnet man als graue Strahler. Nach dem Kirchhoffschen Gesetz ist ihre
Strahlungsdichte B_{grau} immer kleiner als die des gleichtemperierten schwarzen
Strahlers ($B_{\text{grau}} = B_{\text{schwarz}} \cdot A_{\text{grau}}$). Ist das Emissions- und Absorptionsvermögen
wellenlängenabhängig, so wird die Strahlung als farbig oder selektiv bezeichnet.
Für grau strahlende Körper wird die schwarze Temperatur als Kenngröße definiert,
die gleich der wahren Temperatur eines schwarzen Körpers ist, wenn dessen Strah-

lungsdichte für einen bestimmten Wellenlängenbereich (durch Erhöhung seiner Temperatur gegenüber dem Graustrahler) gleich der des grau strahlenden Körpers gemacht wird. Zur Kennzeichnung eines selektiven Strahlers wird die Temperatur eines schwarzen Körpers angegeben, der die gleiche Farbwirkung auf das Auge ausübt (Farbtemperatur).

Die üblichen Glühlampen sind Wolframdrahtlampen, die angenähert grau strahlen. Das Absorptionsvermögen A_{grau} beträgt etwa 0,2 für 1600 K, 0,3 für 2300 K und über 2800 K etwa 0,35. Der Leuchtdichtefaktor gegenüber einem schwarzen Körper ist für einen größeren Temperaturbereich etwa 0,4. Die Wolfram-Glühlampe dient zusammen mit entsprechenden Filtern als internationale Normlichtquelle (z. B. für durchschnittliches Tageslicht usw.).

Glühlampen für apparative Beleuchtungszwecke müssen eine hohe Lebensdauer besitzen. Durch geringe Unterschreitung der Brennspannung kann nach Abb. 3.3-11 eine beträchtliche Lebensdauererhöhung erzielt werden. Die Lichtausbeute (Einheit

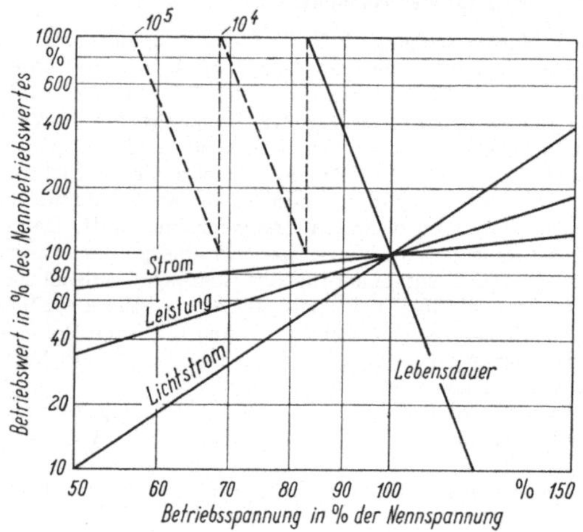

Abb. 3.3-11. Lebensdauer, Lichtstrom, Leistung und Strom als Funktion der Lampen-Über- bzw. Unterspannung.

lm/W, s. Tab. 3.3-1), das Verhältnis von abgegebenem Lichtstrom zu aufgenommener elektrischer Leistung steigt mit zunehmender Lampenleistung und fallender Lampenspannung. Beim Betrieb von Glühlampen mit Wechselstrom ist der Gleichkomponente des erzeugten Lichtstromes eine Wechselkomponente doppelter Frequenz überlagert, deren Verhältnis von der Wärmekapazität des Glühfadens abhängt. Als Beleuchtungsquellen sind besonders Niedervoltlampen geeignet. Bei ihnen ist der Wechsellichtanteil bei Wechselstromspeisung geringer als bei Hochvoltlampen, da die Wärmekapazität wegen der größeren Drahtdicke größer ist. Projektionslampen werden auch mit eingebautem Spiegelreflektor hergestellt, so daß unter Umständen ein äußerer Kondensor (Abb. 3.3-12) für die (gleichmäßige) Ausleuchtung der Bildebene entfällt. Niedervolt- und Mittelvoltlampen (6 bis 30 V) haben einige lichttechnische Vorteile wie z. B. eine bessere Lichtstromausnutzung wegen eines kleineren Glühkörpers, höheren abgebbaren Lichtstrom bei gleicher Leistung, gleichmäßigere Ausleuchtung der Bildebene und größere mechanische Festigkeit des Glühkörpers. Zur Stabilisierung des Lichtstromes gegen Netzspannungsschwankungen kann die Lichtquelle noch durch Verwendung eines Photowandlers als geschlossener optisch-elektrischer Regelkreis aufgebaut werden. Auch die Welligkeit läßt sich gegenregeln [3].

Selektive Strahlungsquellen wie Gasentladungs-, Blitzlampen und Leuchtstoff-röhren zeichnen sich durch eine höhere Lichtausbeute aus, die bei letzteren noch durch Luminophore verbessert wird [2].

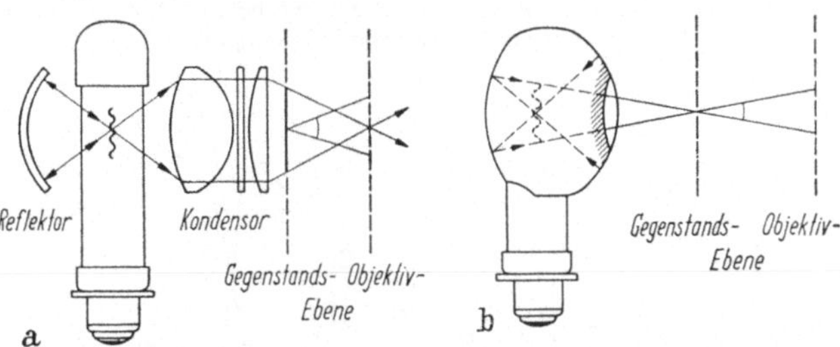

Abb. 3.3-12. Optische Systeme für Bildprojektion bzw. Beleuchtung. a) Projektionslampe mit äußerem sphärischen Hohlspiegel und Linsenkondensor; b) Projektionslampe mit eingebautem sphärischen Hohlspiegel und ellipsoiden Spiegel-Kondensor.

Speziallampen sind z. B. Glimmlampen (>10000 Brennstunden) für die Zwecke der Kontrolle, Anzeige (z. B. auch alphanumerische Zeichen), Durchschaltung (Re-laisröhren mit Anstiegszeiten von 0,15 bis 1 ms und Abfallzeiten von 2 bis 12 ms) und Spannungs-Stabilisierung (Stabilisatorröhren). Subminiaturlampen für Betriebs-spannungen von 1 bis 3 Volt (5 bis 25 mA, 30 bis 60 mlm) und Abmessungen von etwa 1 mm ⌀ und 3 mm Länge bei einer Lebensdauer von 5000 Stunden können direkt in Transistorschaltungen (z. B. Flipflop) eingebaut werden. Spezialanord-nungen aus Lichtquellen und Photoleitern wie z. B. Ne-Glimmlampen und CdSe-Photowiderständen (Ne—PC-Anordnungen [6], s. auch Abschnitt Elektrolumines-zenz PC—EL-Anordnungen) können als langsame logische Baugruppen und Speicher für Anzeigevorrichtungen dienen. Ihr Vorteil besteht in der idealen Entkopplung von Erreger -und Schaltkreis.

Elektrolumineszenz [3, 19 bis 22]. Unter Elektrolumineszenz versteht man all-gemein die Lichtemission von Kristallphosphoren (Lumineszenzstrahlung) bei Ein-wirkung eines elektrischen Feldes. Zu unterscheiden sind die Elektrophotolumi-neszenz (EPL), die Elektrolumineszenz (EL) im engeren Sinne, die Chemilumi-neszenz und die Injektionslumineszenz. Eine EPL wird an Phosphoren beobachtet, die durch nichtelektrische Erregung wie z. B. durch UV- oder Röntgenbestrahlung zum Leuchten gebracht worden sind. Bei Erregung oder während des Abklingens der Phosphoreszenz kann durch Einschalten eines elektrischen Feldes eine kurz-zeitige verstärkt auftretende Lichtabstrahlung (Gudden-Pohl-Effekt) bzw. eine Intensitätsverminderung der Lumineszenz (Déchêne-Effekt) erzielt werden.

Bei der Injektions-EL handelt es sich um ein Rekombinationsleuchten von Majo-ritäts-Ladungsträgern (Elektronen eines n- und Löcher eines p-leitenden Halbleiter-bereichs, s. Theorie der Phosphoreszenz Abschnitt 3.3.5 und Abb. 3.3-37), die bei Betrieb einer pn-Halbleiterdiode in Flußrichtung in die Sperrschicht injiziert werden (Abb. 3.3-13). Das elektrische Feld bildet die Grundlage für eine Rekombination der Ladungsträger, es nimmt aber im Gegensatz zur allgemeinen EL energiemäßig nicht an der Lumineszenzerregung teil. Hohe Nutzeffekte (theoretisch ist eine Qaunten-ausbeute von 100% möglich), von z. B. bis 50% werden bei Materialien wie GaAs (z. B. auch SiC, InAs, InP) erreicht. Wegen der gleich großen Impulsverteilung der Elektronen und Löcher bei GaAs ist die Wahrscheinlichkeit für den direkten Strahlungsübergang ohne Impulsübertragung an das Kristallgitter sehr groß.

Bei der allgemeinen EL dient dagegen das elektrische Feld neben der Ver-schiebung von Ladungsträgerpaaren in Rekombinationslagen primär dazu, Elek-tronen-Loch-Paare (Aktivator-Niveaus) durch Elektronenstoß und Lawineneffekt zu erzeugen und damit den erforderlichen Vorrat an angeregten Elektronen im

Leitungsband bereitzustellen. Unterstützt wird dieser Effekt vermutlich durch eine Oberflächenwirkung durch Ausbildung von Sperrschichten zwischen den in einem Dielektrikum eingebetteten EL-Kristallkörnern und den äußeren Metallelektroden, wodurch die großen für eine Feldemission erforderlichen Feldstärken entstehen können (Abb. 3.3-14). Der Unterschied zwischen allgemeiner EL und Injektions-EL

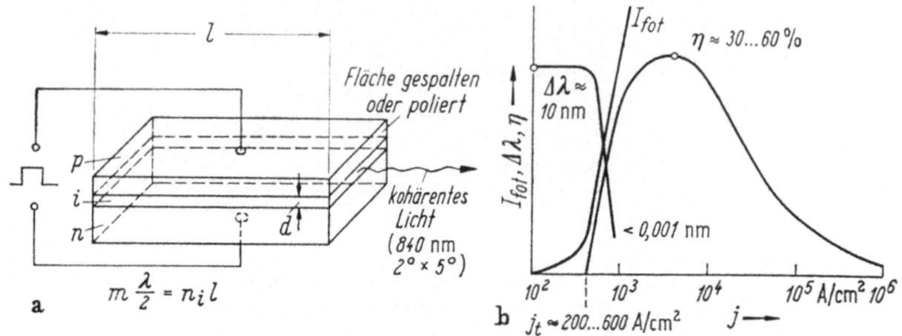

Abb. 3.3-13. GaAs-Laser-Diode zur Erzeugung kohärenten Lichts. a) Schematischer Aufbau; b) Kennlinien für die Strahlungsintensität I_{fot}, die Linienbreite $\Delta\lambda$ und den Nutzeffekt η in Abhängigkeit der Stromdichte j.

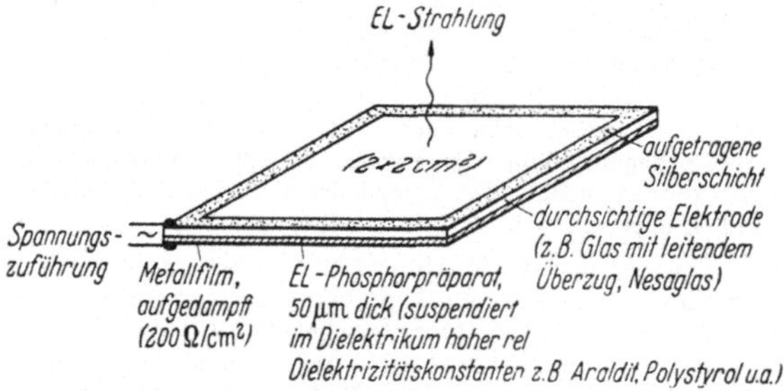

Abb. 3.3-14. Aufbau einer Elektrolumineszenz-Zelle-schematisch.

drückt sich dadurch aus, daß beim Destriau-Effekt das Emissionsspektrum etwa gleich der durch Strahlung angeregten Phosphoreszenz ist. Beim Injektions-Effekt wird dagegen Strahlung in der Nähe der langwelligen Absorptionskante λ_0 (d.h. im Infraroten) emittiert (s. Abschnitt Photowandler).

Wichtiger für die Anwendung ist die Erregung einer Dauer-Lumineszenzstrahlung (EL) bei Anlegen eines elektrischen Gleichfeldes (bei Feldstärken von einigen kV/cm) an einen Phosphorkristall, ohne daß vorher Erregung durch Strahlung stattgefunden hat (Destriau-Effekt). Besonders geeignet für die EL sind Halbleiterphosphore vom ZnS-, ZnO-, $ZnSiO_4$-Typ oder ähnliche Phosphore mit Cu-Zusätzen und geringer Leitfähigkeit. Eine EL wurde auch bei GaP, Titanaten und einigen organischen Molekülen (Akridin, Carbazol) festgestellt. Alle genannten Effekte können auch in Dauerstimulation durch Wechselfelder bei besserem Wirkungsgrad erregt werden. Zwischen emittierter Lichtwelle und Schwingung des elektrischen Feldes besteht keine einfache Beziehung. Die Licht-Modulationsfrequenz ist im allgemeinen etwa doppelt so groß wie die Feldfrequenz.

Lumineszenzen können noch durch chemische Reaktionen bewirkt werden, die durch elektrolytische Vorgänge eingeleitet werden (Chemilumineszenz). Voraussetzung bei der für die Anwendung wichtigen Injektionslumineszenz ist, daß Bauelemente mit definierter Sperrschicht (Gleichrichter-, Dioden-Funktion) vorliegen.

EL-Dioden und Festkörper-Laser [3, 11, 19 bis 22]. Injektionslumineszenz-Dioden können auch in Sperrichtung betrieben werden. Die Rekombinationsbedingung wird ähnlich wie bei der allgemeinen EL durch Stoß- und Lawinenprozesse erfüllt. Eine EL setzt erst in Nähe der Durchbruchsspannung ein. Der elektrische Durchbruch einer Diode ist mit Emission einer breiten Lichtbande verbunden. Die Wellenlänge des Lichtes liegt unterhalb der Absorptionskante λ_0, da hochangeregte Elektronen-Loch-Paare rekombinierten. Bei Betrieb einer Diode in Durchlaßrichtung ist die Linienbreite der emittierten Strahlung kleiner als in Sperrichtung.

EL-Dioden können auch im Laser-Betrieb arbeiten und dabei kohärentes Licht in einem schmalen Wellenlängenbereich bei stark gebündelter Strahlungs-Richtcharakteristik aussenden. Hierzu müssen einige Voraussetzungen erfüllt sein. Erstens muß die spontane Emission, die bei der injizierten EL vorherrscht, klein gehalten werden, welches z.B. durch Kühlen mit flüssigem Stickstoff (77 K) erreicht werden kann. Zweitens muß eine stimulierte Emission durch bereits vorhandene Lichtwellen entsprechender Wellenlänge möglich und größer sein als die Absorption des Kristalls, d.h. die Niveaus des angeregten Zustandes müssen stärker als im Gleichgewichtszustand zwischen Emission und Absorption besetzt sein. Das bedeutet, daß der Kristall hinsichtlich des Verhaltens von Elektronen und Löchern entartet sein muß (metallähnlicher Charakter), wozu eine verglichen mit der EL-Diode sehr viel größere Stromstärke erforderlich ist. Und drittens muß eine Lichtverstärkung der durch stimulierte Emission erzeugten Lichtwellen durch weitere phasenrichtige Stimulation möglich sein. Das wird durch eine geeignete Gestaltgebung des Bauelements z.B. in Form eines optischen Resonators nach dem Prinzip des Fabry-Perot-Interferometers erzielt. Wenn der optische Weg $n_i l$ ein ganzzahliges Vielfaches der halben Wellenlänge $\lambda/2$ ist, kann sich nach Abb. 3.3-13 a durch Reflexion an den zueinander parallelen polierten (oder halbversilberten) Kristall-Endflächen eine stehende Welle ausbilden, die durch stimulierte Emission verstärkt wird (Rückkopplungseffekt). Das durch die Endflächen durchgehende Licht tritt nach außen als Lichtstrahlung in Erscheinung. Die Richtcharakteristik des ausgestrahlten Lichts ist gegenüber den Festkörper-Lasern weniger stark gebündelt, da die Dicke (Spaltbreite d) der strahlenden Fläche (Injektionszone i als aktive Zone) nur gering ist (s. Laser Abschnitt 3.3.5.2). Wegen der Resonanzbedingung können nur bestimmte Moden m der Strahlung, die dann eine sehr kleine Linienbreite haben, angeregt werden. Da die Linienbreite der stimulierten Strahlung wie auch der injizierten EL verhältnismäßig groß ist, kann die Resonanzbedingung erfüllt werden.

Bei Erhöhung der Stromdichte geht eine Diode, wenn ein charakteristischer Schwellenstrom I_t überschritten wird, vom EL- in den Laserbetrieb über. Dieser Übergang ist verbunden mit einer starken Zunahme der Strahlungsintensität und einer Abnahme der Linienbreite des von der Diode ausgestrahlten Lichtes. Der Laserbetrieb kann unter Kühlung oder bei Raumtemperatur (Ausgangsleistung 10 bis 100 W bzw. 1 bis 10 W) im Impulsbetrieb oder bei geringerer Leistung im Gleichstrombetrieb erfolgen. Die Wellenlänge des ausgestrahlten Lichtes liegt je nach Material (GaP, GaAs, InP, InAs) zwischen 0,7 und 5 µm. EL-Dioden und Injektionslaser können außer als Infrarot-Lichtquellen kleiner Abmessung (z.B. 1,5 mm und 1 mm ⌀, s. auch Tab. 3.3-2) auch zur gerichteten optischen Nachrichtenübertragung eingesetzt werden. Durch Modulation des Injektionsstromes ist eine einfache Lichtmodulation realisierbar. Modulationsfrequenzen bis etwa 1 GHz können erreicht werden. Mit kleinen EL-Dioden kann Filmmaterial mit Stromimpulsen von 50 mA und 1 ms Dauer zu Markierungszwecken belichtet werden.

EL-Anordnungen [3, 11, 22]. Normale EL-Zellen finden als flächenhafte Lichtquellen Anwendung. Eine Zelle nach Abb. 3.3-14 erzeugte z.B. 5 lm/W und hat eine Leuchtdichte von etwa 0,003 sb bei 600 V/60 Hz. Der Stromverbrauch beträgt etwa 0,05 mA/cm². Die Leuchtdichte steigt mit zunehmender Spannung. Die Lichtaus-

Tabelle 3.3-2. Kenndaten von Injektions-EL-Dioden

Licht-diode	Material	Wellenlänge und Linienbreite	Licht-anstieg (Abfall)	Licht-ausbeute min.	Übergangs-kapazität ($f = 1$ MHz)	max. Verlust-leistung (25°C)	Tempe-ratur-bereich in °C
XP10 bis XP 16 (Ferranti)	GaP	700 nm 70 nm ($I_D =$ 20 mA)	15 ns (180 ns) 3 ns bei Sperrbetr.	1,5 bis $20 \cdot 10^{-5}$ cd 30 bis 140 cd/m²	18 pF	50 mW ($I_{max} =$ 20 mA, bei 1 µs 1 A)	−40 bis +70
SnX-100 (Texas Instr.)	GaAs	900 nm ($I_D =$ 100 mA)		$2 \cdot 10^{14}$ Photonen/s	1 nF	1,5 W	−195 bis +125
CQY 12 (Valvo)	GaAs	875 nm 40 nm ($I_D =$ 200 mA)	1 ns	8 mW/A		0,75 W	bis +150

beute wächst mit steigender Frequenz (z. B. 0,5 lm/W für 200 V/400 Hz bis zu mehr als 5 lm/W), s. auch Abb. 3.3-16.

Bei entsprechender Ausbildung kann eine EL-Anordnung als flächenhafte digitale Anzeigevorrichtung dienen [3]. Werden die Elektroden nach Abb. 3.3-15 als von-einander isolierte leitende Streifen auf einem Trägermaterial angebracht und zwei

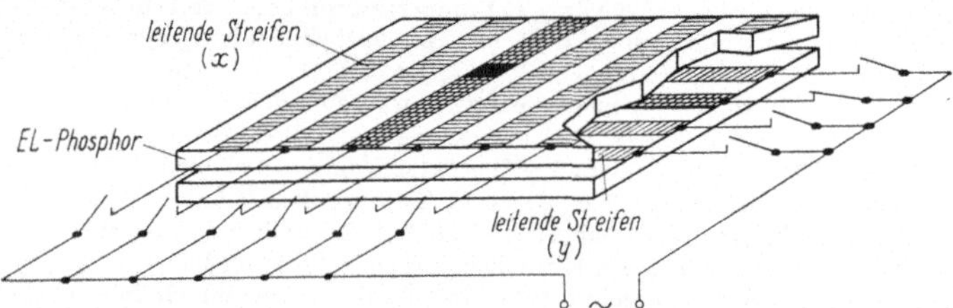

Abb. 3.3-15. Prinzip für eine digitale x, y-Koordinatenanzeige (display) mit einer EL-Schicht.

solcher Platten übereinandergelegt, so daß sich die Leiterstreifen kreuzen, so läßt sich ein matrixförmig ansteuerbares Licht-Anzeigetableau (display) realisieren. Die orthogonal zueinanderstehenden Streifenleiter müssen einzeln nach x- und y-Koordinaten ansteuerbar sein. Voraussetzung für eine serielle (zeitlich nacheinander erfolgende) Ansteuerung eines einzelnen Koordinatenpunktes ist, daß der durch die beiden x- und y-Streifen durch Koinzidenz ausgewählte quadratische EL-Flächen-abschnitt stärker leuchtet als die einzelnen korrespondierenden x- und y-Streifen. Das Mitleuchten der Streifen wird Kreuzeffekt genannt. Wird zwischen den aus-gewählten Streifen eine Wechselspannung U angelegt, erhalten die nicht koin-zidierenden Flächenabschnitte der beiden Streifen etwa die halbe Spannung $U/2$. Wegen der kapazitiven Verkopplung aller Streifen erhalten auch andere nicht teil-selektierte Flächenabschnitte eine geringfügige Spannung. Der Kreuzeffekt wird durch die gekrümmte $B_{fot}(U_{eff})$-Kennlinie (Abb. 3.3-16) auf 1:8, bei Serienschal-tung von nichtlinearen Widerständen (NLR) in jede Streifen-Ansteuerleitung auf z. B. $1:10^4$ Helligkeitsverhältnis reduziert.

Für die Ansteuerung sind konventionelle Halbleiterschalter wegen der erforderlichen verhältnismäßig hohen Wechselspannung ungeeignet. Die Ansteuerung [3] kann realisiert werden durch eine NLR-Logik, durch eine EL-PC (photo-con-

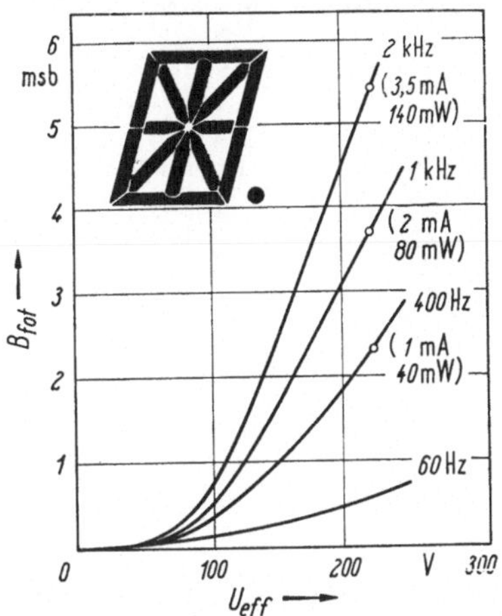

Abb. 3.3-16. Strahlungsdichte B_{fot} eines EL-Elementes, welches als α-numerische Zeichen-Anzeige ausgebildet ist (Sylvania, Typ AN 150, 14 Segmente, Zeichenhöhe 1¹/₂ Zoll).

ductivity)-Logik, durch Ansteuerung mit je einer für jeden Streifen angezapften Laufzeitkette, die beidseitig mit Impulsen beschickt und in zeitlicher und örtlicher Impuls-Koinzidenz arbeitet, oder durch FE (ferro-elektrische)-Schalter. Bei FE-EL-Ansteuerung wird der dynamische Effekt beim Umschalten eines ferroelektrischen Stoffes zwischen den beiden feldfreien Gleichgewichtszuständen ausgenutzt. Bei einem FE-Kondensator tritt beim Umschaltvorgang eine Erhöhung des Scheinleitwertes auf, die zur Ansteuerung ausgewertet wird (Kreuzeffekt 1:15). Der Kreuzeffekt stört nicht bei Tableaus, wo zeitlich nacheinander nur Koordinatenpaare (x, y) zur Darstellung gebracht werden sollen. Hier wird der Kreuzeffekt so verstärkt, daß zwei sich orthogonal schneidende Geraden sichtbar werden.

Sonderausführungen von Tableaus sind Anzeigegeräte für z.B. α-numerische Zeichen (Abb. 3.3-16). Die Auflösung von EL-Tableaus in gedruckter Technik liegt im allgemeinen zwischen 0,4 bis 2 Zeilen/mm bei Leuchtdichten von 1 bis 3 msb (bei Drahtnetzen z.B. bis 10 Zeilen/mm bei Leuchtdichten um 1000 msb).

Als nicht lichttechnische Anwendung [2, 3] finden EL-PC-Kombinationen für Schalter, logische Schaltelemente, Speicher und Schieberegister Verwendung (s. auch NE-PC-Logik bei Lichtquellen). Nach Abb. 3.3-17a kann eine EL-PC-Kombination als langsamer Schalter, z.B. auch als nichtmechanischer Kommutator dienen. Von Vorteil ist, daß Erreger- und Schaltkreis nahezu vollständig voneinander entkoppelt sind. Das Verhältnis von Signalleistung zu Schaltleistung ist z.B. 1:10⁴, das Verhältnis des Widerstandes im geöffneten zu geschlossenem Zustand 1:10³, welches noch durch eine Kaskadenschaltung nach Abb. 3.3-17a verbessert werden kann. Die Schaltzeiten liegen bei CdS als Photoleiter zwischen 50 und 200 ms.

Logische Schaltelemente werden ebenfalls in PC-EL-Technik aufgebaut. Als Decodier- und Ansteuerungslogik für EL-Tableaus und EL-Zeichenanzeigevorrichtungen können diese Elemente bei Integration in das EL-System (s. Abb. 3.3-18) Vorteile gegenüber der konventionellen logischen Technik haben. Zur licht-elektrischen Steuerung können noch EL-Dioden nach Abb. 3.3-17b und c dienen, z.B. in

Verbindung mit Lichtfasern zwischen EL-Diode und Basis eines Flipflop-Transistors als trägheitslose, RC-freie Verbindung in einer integrierten Mikroschaltkreistechnik, oder eine optisch gekoppelte EL-Diode und Photodiode als GaAs-Transistor kurzer Schaltzeit (Photorelais). Für die Computer-Technik interessanter als die licht-elektrische Logik ist die Licht-Licht-Logik mit Lasern (s. Abschnitt 3.3.5.2).

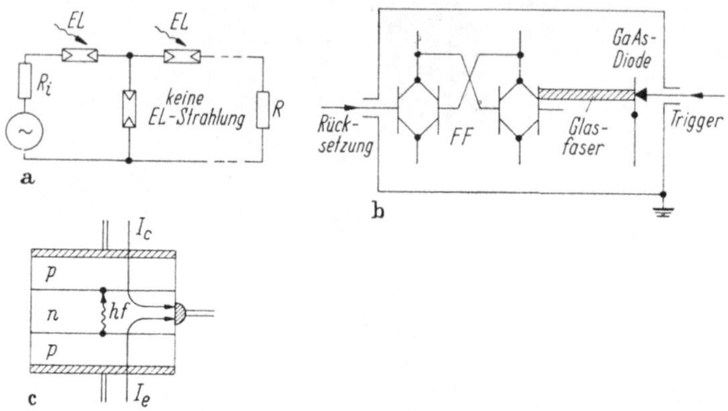

Abb. 3.3-17. Beispiele für opto-elektronische Kopplung. a) langsamer Schalter in EL-PC-Technik (eingeschaltet); b) Lichtleiter in Schaltungen der integrierten Mikrotechnik als trägheitslose (*RC*-freie) Verbindung; c) Optisch gekoppelter GaAs-Transistor.

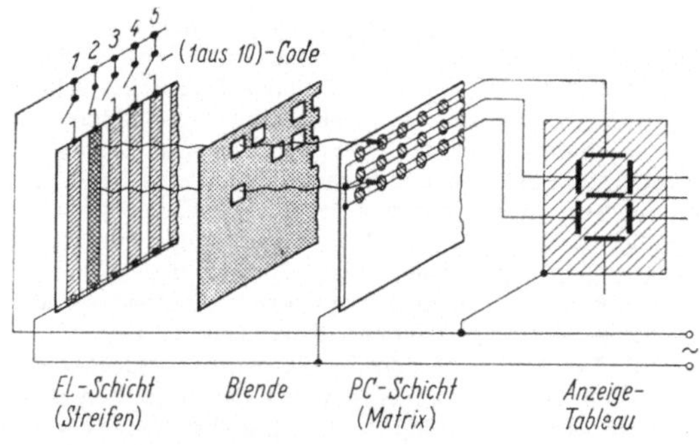

Abb. 3.3-18.
Codewandler für numerische Informationen in EL-PC-Technik für eine EL-Ziffernanzeige.

Die Reihenschaltung eines Photoleiters und einer EL-Zelle kann nicht nur als Lichtverstärker (s. Bildverstärkung auf EL-Basis Abschnitt 3.3.5.4 und Abb. 3.3-41) dienen, sondern bei ausreichender Lichtrückkopplung auch als Speicherelement. Diese Schaltung besitzt zwei stabile Zustände, den Hell- und den Dunkel-Zustand. Die Arbeitsweise eines optronischen Speicherelements geht aus Abb. 3.3-19 hervor. Mit einem Lichtblitz auf Photoleiter Ph_1 wird die Speicher-EL-Zelle zum Dauerleuchten angeregt (Rückkopplung von EL-Z_{sp} zum Photoleiter Ph_1 nicht eingezeichnet) und mit einem Lichtblitz auf den Photoleiter Ph_0 kann sie wieder dunkel getastet werden. Photoleiter und EL-Zellen können in Dünnschicht-Technik ausgeführt werden.

Katodolumineszenz [3, 21, 22]. Im Gegensatz zur Elektrolumineszenz (unmittelbare Energieumwandlung) wird bei der Katodolumineszenz ein Phosphor (s. auch Phosphoreszenz und Fluoreszenz Abschnitt 3.3.5.1) mittelbar zum Strahlen ange-

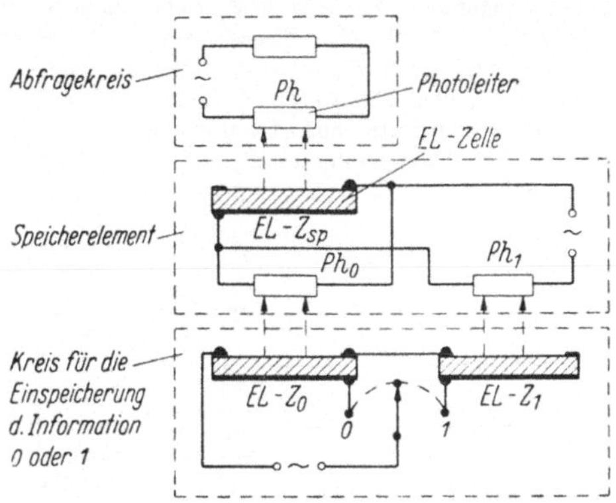

Abb. 3.3-19. Optronische Speicherzelle, schematisch.

regt. Die elektrische Energie wird in kinetische Energie beschleunigter Eelektronen (Katodenstrahl) umgesetzt, die thermisch durch eine Glühkatode im Vakuum erzeugt, durch eine Anodenspannung beschleunigt und durch eine Gitterspannung (elektrostatische Ablenkung) oder durch einen Spulenstrom (magnetische Ablenkung) gesteuert werden. Die beschleunigten Elektronen prallen auf den Schirmphosphor einer Röhre und regen den Phosphor zur Fluoreszenz- und Phosphoreszenzstrahlung an.

Tabelle 3.3-3. Kathodenstrahlröhren — Übersicht

Direktsicht-Röhren	
Oszillographenröhre	elektrostatische, elektromagnetische Fokussierung/Ablenkung, Ein-, Zwei- und Mehrstrahlsystem, Nachbeschleunigung, wahlweise verschiedene Phosphore
Fernsehröhre	Bildröhren für schwarz/weiß und Farbe (Lochmaske), Monitorröhre
Spezielle Röhre	Radarbildröhre, Projektionsröhre, Lichtpunktabtaströhre („microspot"-CRT), „dual-deflection"-CRT, Flachröhre, Displayröhre
Strahlformende (extruded-beam) Röhre	Charactron
Farbröhre (Display-Anwendung)	„beam-penetration"-CRT, Chromatron, „beam-index"-CRT, Flachröhre, „banana"-CRT
Speicherröhre	für schwarz/weiß; *Hughes* color CRT
Spezielle Anwendungen	
Datenaufzeichnung	„line-scan"-CRT, Filmrecorder
Datenspeicherung und Transformation	Scan converter
Zeichengenerierung	Monoscope (CRT-Kopplung)
Ladungsbilderzeugung	„electrostatic-discharge"-CRT

Bei der Konstruktion von Katodenstrahlröhren können verschiedene Gesichtspunkte wie hohe Auflösung, große Ablenkgeschwindigkeit bei kurzem Nachleuchten, große Lichtintensität, große Ablenkempfindlichkeit bei niedriger Betriebs- und Steuerspannung, kleine Abmessung, spezielle Anwendung usw. besondere Berücksichtigung finden. Tabelle 3.3-3 gibt eine Übersicht der Katodenstrahlröhren.

In der Entwicklung sind auch Katodenstrahlanordnungen für die Erzeugung dreidimensionaler Darstellungen. Hierzu kann Hg-Dampf durch Koinzidenz zweier sich schneidender Elektronenstrahlen zur Strahlung angeregt werden. Außer dieser volumetrischen echten 3-D-Darstellung sind auch holographische Anordnungen möglich.

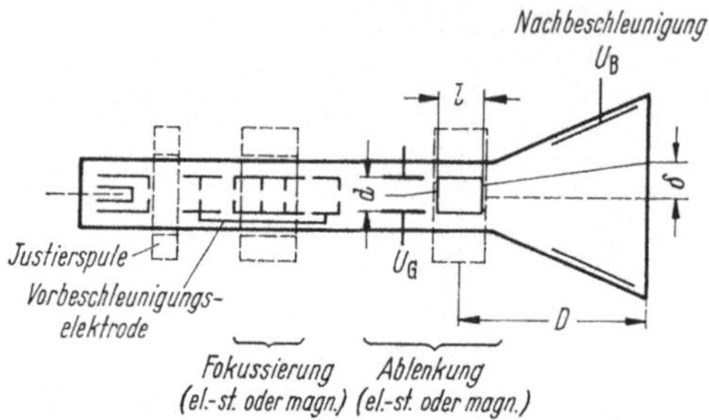

Abb. 3.3-20. Aufbau einer Katodenstrahlröhre mit elektrostatischer Fokussierung und Ablenkung (Einheiten für gleichwirkende elektromagnetische Fokussierung und Ablenkung gestrichelt angedeutet).

Den Aufbau üblicher Kathodenstrahlröhren zeigt Abb. 3.3-20. Eine leistungslose Steuerung bietet die elektrostatische Ablenkung (3.3-11) bei Empfindlichkeiten (bzw. Ablenkfaktoren) von 3 bis 0,07 mm/V (3 bis 150 V/cm). Um eine hohe Empfindlichkeit zu erreichen, ist eine kleine Beschleunigungsspannung erforderlich. Damit gleichzeitig eine große Strahlungsdichte auf dem Schirm entsteht, muß außer der verhältnismäßigen niedrigen Vorspannung (bis 1 kV) eine größere Nachbeschleunigungsspannung (bis 25 kV) für die Elektronen vorhanden sein (3.3-13). Höchste Strahlströme bei kleiner Linienbreite bzw. kleinem Punktdurchmesser und höherer Empfindlichkeit werden nach (3.3-12) bei magnetischer Fokussierung (Fokussierströme 50 bis 700 mA) und magnetischer Ablenkung (Ablenkempfindlichkeit um 0,2 cm²/A bzw. 5 bis 100 mA/mm) erzielt.

$$\frac{\delta_{es}}{U_G} \approx \frac{lD}{2dU_B} \quad \text{und} \quad \frac{\delta_{em}}{H/\text{Acm}^{-1}} \approx \frac{0,37lD/\text{cm}}{\sqrt{U_B/\text{V}}} \quad \text{bzw.} \quad \frac{\delta_{em}}{I_L} \approx c_1 D \sqrt{\frac{L}{2U_B}} \quad (3.3\text{-}11)$$

$$\Delta r_{es} \approx c_2 \frac{\delta_{es}^2}{dD} \quad \text{und} \quad \Delta r_{em} \approx c_2 \frac{\delta_{em}^2}{2D^2} \quad \text{mit} \quad \frac{\Delta r_{em}}{\Delta r_{es}} \approx \frac{d}{2D} \quad (3.3\text{-}12)$$

$$B_{\text{fot}} \approx c_3 I_{\text{Sch}}(U - U_0)^{1,5\text{bis}2} \quad \text{mit Einsatzspannung } U_0. \quad (3.3\text{-}13)$$

Die Auflösung einer Katodenstrahlröhre wird durch die minimale Linienbreite (bzw. Zeilen/mm) und durch den minimalen Lichtpunkt-Durchmesser im Schirmzentrum angegeben. Die Linienbreite wird aus einem Zeilenraster als Quotient aus äußerstem Zeilenabstand und Zeilenzahl (im allgemeinen zwischen 100 und 500) bestimmt, indem die Zeilen eines Rasters so zusammengeschoben werden, bis der Zwischenraum gerade verschwindet. Zusätzlich muß der Strahlstrom zum Schirm angegeben werden (im allgemeinen zwischen 0,05 bis 25 μA). Der Punktdurchmesser wird zwischen den Stellen mit einer Leuchtdichte von 50% des Leuchtdichte-Maximums in Schirmmitte gemessen (Halbwertsbreite). Neben der Auflösung wird die Bildgüte durch Fokussierung, Astigmatismus und Verzeichnung beeinflußt. Die Rasterverzeichnung (z.B. tonnen- oder kissenförmige Verzeichnung) wird durch den relativen Abstand zweier ineinandergeschobener Quadrate angegeben, die den äußeren bzw. inneren Rasterrand tangieren (bei normalen Oszillographenröhren im allgemeinen 1,5 bis 2%). Den Zusammenhang zwischen Linienbreite, Schirm-stromdichte, spektraler Strahlungsdichte und Katodenstrom bei einem P 24-Phosphor zeigt Abb. 3.3-21.

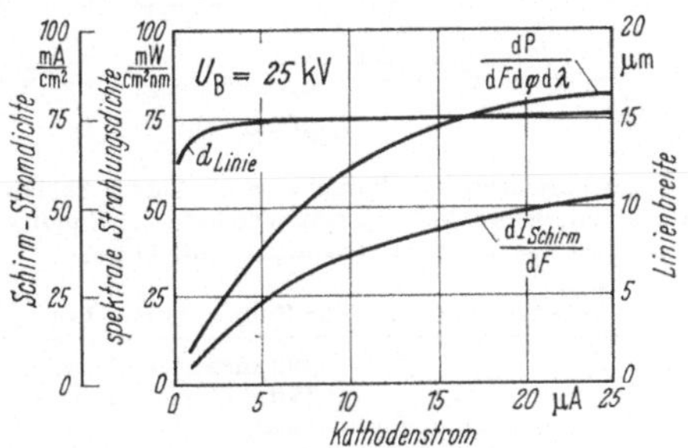

Abb. 3.3-21.

Linienbreite, Schirmstromdichte und spektrale Strahlungsdichte als Funktion des Katoden-stroms bei vorgegebener Beschleunigungsspannung (Phosphor A Ferranti microspot-CRT).

Zur Erzielung hoher Abtastgeschwindigkeiten sind Phosphorschirme mit kurzer Nachleuchtdauer erforderlich (z.B. für schnellschreibende Oszillographen und Lichtpunktabtastung P 11, P 15, P 16, P 24, P 36). Die Abklingzeit ist definiert als Abfall der Leuchtdichte auf 10% (unter Umständen auch auf $e^{-1} \triangleq 37\%$ oder 1%) des Anfangswertes. Als Nachleuchten wird die Abklingzeit auf kleiner 0,01% bezeichnet.

Zur Ausstrahlung der maximalen Strahlungsintensität ist weiter ein vom Phosphor abhängiger Zeitverzug bezüglich des Beginns der Anregung zu berücksichtigen. Anstiegs- und Abfallzeit für einige schnelle Phosphore sind in Abb. 3.3-22 dargestellt.

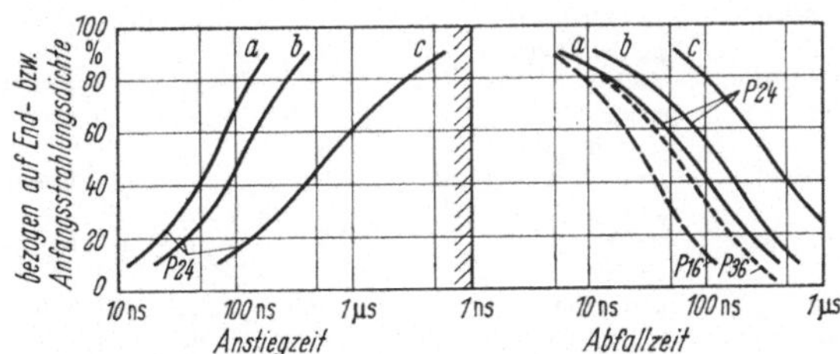

Abb. 3.3-22. Anstiegs- und Abfallzeit eines P 24-Phosphors (Ferranti A mit $a = 500$, $b = 100$ und $c = 10$ mA/cm²) und zum Vergleich die Abfallzeiten eines P 16 und P 36-Phosphors ($U_B = 15$ kV und $I_B = 10$ µA)

Bei langsamen Phosphoren interessiert außerdem die Aufbauzeit, welche als Verhältnis der Lichtintensitäten definiert ist, die am Ende und Anfang einer Anregungs-Impulskette vorliegen. Die Nachleuchtdauer hängt ab von den verwendeten Phosphoren. Eine Typenübersicht mit Farbangabe und Nachleuchtdauer, die in nach-stehend aufgeführten Zeiten gegliedert werden, gibt Tab. 3.3-4 (s. auch Abb. 3.3-23).

sehr kurz	(sk)	<1 µs	mittel	(m)	1 bis 100 ms
kurz	(k)	1 bis 10 µs	lang	(l)	0,1 bis 1 s
mittel kurz	(mk)	0,01 bis 1 ms	sehr lang	(sl)	>1 s

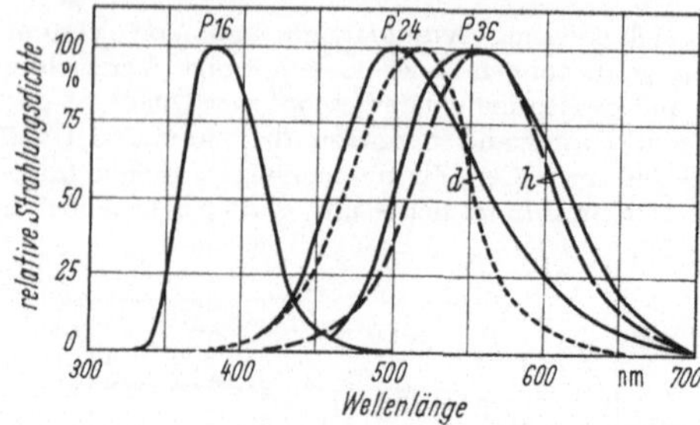

Abb. 3.3-23. Relative Strahlungsdichte von Phosphoren mir kurzer Abklingzeit (P 16 für Filmabtastung, P 24 und P 36 für Belegabtastung, zum Vergleich die Empfindlichkeitskurven von
hell- (h) und dunkeladaptiertem (d) Auge).

Tabelle 3.3-4. Standard-Phosphore für Kathodenstrahl-Leuchtschirme

Phosphor	Spektrales Strahlungs- maximum mm	Farbe Fluoresz./Phosphoresz.	Wirkungsgrad (Strahlungs-/ elektr. Leistg.) % lm/W		Nach- leucht- dauer	Anwendung
P 1	525	} gelbgrün	6	31	m	} Oszillograph
P 2	543		7	32	m	
P 3	602	gelb-orange			m	
P 4			15	39		
Sulfid	460/560	} weiß			mk	} Fernsehen
Silik-Sulfid	450/540				m—mk	
Silikat	410/540				m—mk	
P 5	418	blau			mk	Photographie
P 6	460/563	weiß			k	
P 7	440/558	weiß/gelb-grün	10	27	mk/l	Radar, Oszill.
P 10	400 bis 550	dkl. Spur, Beleucht.-abhg.			sl	Radar
P 11	460	blau	15	21	mk	Photographie
P 12	590	orange			l	Radar
P 13	640	rot-orange			m	
P 14	440/601	purpur-blau/ gelb-orange			mk/m	Radar
P 15	391/504	grün			sk/k	} Lichtpkt.-Abtst.
P 16	382	purpur-blau u. nahes UV	5	0,1	sk	} Photographie
P 17	450/554	gelb bis blau-weiß/ gelb			k/l	Radar
P 18	410/540	weiß			m—mk	Fernsehen
P 19	595	orange			l	
P 20	560	gelb-grün	16	62	m—mk	} Radar
P 21	606	rot-orange			m	
P 22	450/526/635	tri-color			mk	Farbfernsehen
P 23	460/575	weiß			m—mk	Fernsehen
P 24	510	grün	26	10	k	Lichtpkt.-Abtst.
P 25	610	orange			m	} Radar
P 26	595	orange			sl	
P 27	635	rot-orange			m	Farbf.-Monitor
P 28	550	gelb-grün	8	40	l	} Radar
P 29	zweifarbig P 2 u. P 25					
P 31	520	grün	22	50	mk	Oszillograph
P 32	470/550	purpur-blau/ gelb-grün			l	} Radar
P 33	588	orange			sl	
P 34	490	gelbgrün			sl	Radar, Oszill.
P 35	486	blauweiß			mk	Photographie
P 36	550	gelbgrün			sk	Lichtpkt.-Abtst.

Zur Aufzeichnung einmaliger oder langsamer periodischer Vorgänge sind Schirm-
phosphore mit langer Nachleuchtdauer erforderlich (z.B. für Radar P 2 mit 0,5 s,
P 7 mit 12 s auf 1% Abfall). Für visuelle Beobachtungen ist die Farbe von geringerer
Bedeutung. Sie hängt bei den Phosphoren mit langer Nachleuchtdauer besonders
stark von der Raumbeleuchtung ab. Für die Zwecke der Photographischen Registrierung und besonders der Zeichenerkennung (s. Abschnitt 13.1, Band III), der
Lichtpunktabtastung (s. Abb.13.1-21) und des Farbfernsehens ist die Farbe von
großer Bedeutung. Für orthochromatische Registrierung sind z.B. P 11, P 15, für
panchromatische Registrierung und visuelle Beobachtung P 1 Phosphore geeignet.
P 19 Phosphore haben z.B. den Vorteil, bei langer Nachleuchtdauer eine farblich
gleiche Fluoreszenz- und Phosphoreszenzstrahlung zu besitzen, während P 4 Phosphore mit ihrer weißen Farbe besonders für Bildwiedergabe geeignet sind.

Eine gute Auflösung und hohe Bild (Kontrast)-Schärfe wird durch Verwendung
einer Fiberoptik-Schirmplatte an Stelle von Glas mit direkt hinterlegtem Phosphor
erzielt. Hiermit kann auch eine plane Bildfläche an eine unplane Schirmfläche
(Schirmkalotte) angepaßt werden, so daß eine besondere Kompensation der Abbil-
dungsfehler wie bei Planschirmen unter Umständen nicht erforderlich ist. Faserplatten können z.B. für einen 7,6-cm-Bildschirm mit 625 Millionen Fasern ausgestattet sein. Gegenüber einem $f/2,8$-Objektiv läßt sich mit einer Faserplatte eine
Lichtintensitätssteigerung von 100:1 bei direktem Belichten eines Films ohne
Objektiv erreichen (Kontakt-Photographie). Faserplatten sind besonders geeignet,
wenn eine optische Kopplung eines Katodenstrahlsystems an eine andere Fiber-
optik-Vorrichtung (z.B. auch optische Umschalter, Decodierer, Umcodierer usw.)
vorgenommen werden muß.

Präzisionslichtpunktabtaster für Zeichen- und Filmabtastung erfordern gleichzeitig eine kurze Nachleuchtdauer, hohe Strahlintensität und Lichtausbeute, hohe
Auflösung und Verzeichnungsfreiheit. Die beiden letzten Eigenschaften werden für
eine Rastergröße bis zu 10^7 Punkten/Schirm z.B. mit dynamischer Fokussierung
und Rasterentzerrung durch eine koordinatenabhängige Steuerung und Leucht-
dichteregelung auf dem Schirm erreicht. Eine größere Lichtausbeute oberhalb 4 kV
Beschleunigungsspannung erhält man durch aluminisierte Phosphore, durch welche
die Reflexionsverluste reduziert werden.

Von den speziellen Katodenstrahlröhren sollen die Farbröhre und die Direktsichtspeicherröhre kurz beschrieben werden. Für Displayanwendungen sind Farb-
röhren, die auf der Grundlage der Lochmaske arbeiten, ungeeignet. Die Abb.3.3-24 a
zeigt das in der Fernsehtechnik benutzte Prinzip für die Erzeugung der 3 Primär-

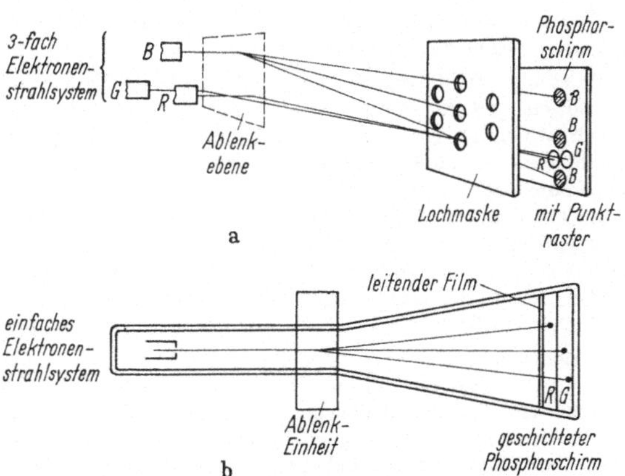

Abb.3.3-24. Katodenstrahlröhren für Farbbildwiedergabe. a) Lochmaskenprinzip; b) Prinzip
der Phosphor-Eindringtiefe.

farben rot (R), grün (G) und blau (B), mit denen durch ein geeignetes Intensitätsmischverhältnis jeder Farbeindruck simuliert werden kann. Der Blendenschatten der 3 Elektronenkanonen gewährleistet, daß jeweils nur die zugeordnete Phosphorfarbe durch den Elektronenstrahl angeregt wird. Für Displayanwendungen ist die Farbauflösung unzureichend. Von den in Tab. 3.3-3 aufgeführten Farbdisplayentwicklungen zeichnet sich besonders die „beam penetration"-Röhre durch ihren einfachen Aufbau aus (Abb. 3.3-24 b). Der Leuchtschirm der Röhre besteht aus Lagen verschiedener Phosphore. Die Eindringtiefe des Elektronenstrahls ist proportional der Beschleunigungsspannung. Wenn die Dicke der rot fluoreszierenden Schicht $x = d$ ist, ergibt sich die Lichtintensität von roter zu grüner Fluoreszenzstrahlung nach (3.3-14). Voraussetzung ist allerdings, daß die Phosphore für die entstehende Strahlung durchlässig sind. Nachteilig ist die schaltungstechnisch nicht einfach zu realisierende Hochspannungssteuerung

$$U_{\mathrm{B}}^2 - U_x^2 = cx \quad \text{und} \quad \frac{I_{\mathrm{R}}}{I_{\mathrm{G}}} \approx \frac{U_{\mathrm{B}} - U_{\mathrm{d}}}{U_{\mathrm{d}}}. \tag{3.3-14}$$

Die Arbeitsweise einer Direktsichtspeicherröhre demonstriert Abb. 3.3-25. Durch ein elektrostatisches Linsensystem wird erreicht, daß Elektronen geringer Geschwindigkeit senkrecht auf die Speicherschicht auftreffen, die dadurch Sekundärelektro-

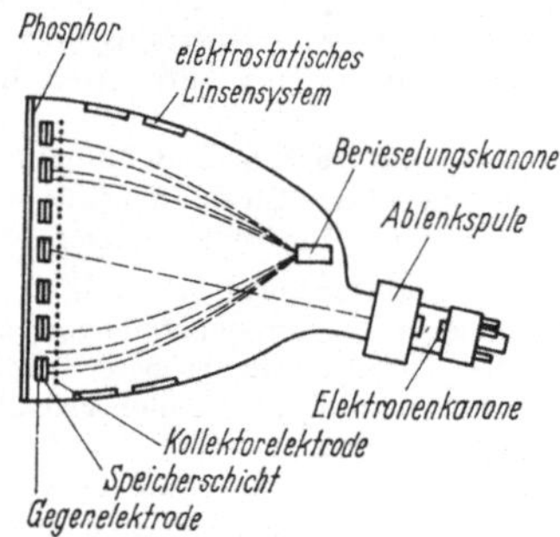

Abb. 3.3-25. Aufbau einer Direktsicht-Speicherröhre.

nen emittiert (s. Abschnitt 3.3.7). Durch die Elektronenberieselung wird das Speicherschichtpotential wegen des Sekundärelektronenfaktors $\delta_{\mathrm{SE}} < 1$ bis auf Kathodenpotential abgesenkt. In diesem Zustand gelangen keine Berieselungselektronen mehr auf die Speicherschicht, sondern treten durch die gitterförmig aufgebaute Schicht hindurch, wo sie im Hochspannungsfeld zum Schirm beschleunigt werden. Dadurch entsteht die maximale Schirmleuchtdichte. Wird ein positiver Spannungsimpuls solange an die Gegenelektrode gelegt, bis der beschriebene Sättigungszustand erreicht ist, bewirkt der Impulsabfall wegen der dadurch gegenüber der Berieselungskathode negativen Aufladung, daß keine Elektronen durch das Speichergitter gelangen. Dadurch ist die Phosphorspeicheranordnung lichtmäßig gelöscht. Mit Hilfe der zweiten Elektronenkanone, die schnelle Elektronen emittiert und wegen $\delta_{\mathrm{SE}} > 1$ die Speicherschicht positiv auflädt, kann der Schirm an den entsprechenden Stellen hellgeschrieben werden.

3.3.4.3 Modulatoren und Deflektoren für elektromagnetische Strahlung. Elektro-optische Effekte [21, 22]. Die Änderung der optischen Eigenschaft (Brechungsindex) eines Kristalls oder einer Flüssigkeit (longitudinaler oder transversaler Effekt je nach Richtung von einfallendem Lichtstrahl und äußerem Feldvektor) bezeichnet man als elektro-optischen Effekt. Der bei isotropen nichtleitenden Flüssigkeiten (z. B. Nitrobenzol) zu beobachtende Kerreffekt ist ein quadratischer Effekt (3.3-15).

Bei vorhandener Feldstärke wird die Flüssigkeit durch Polarisierung elektrisch stark deformierbarer Moleküle optisch anisotrop und verhält sich wie ein einachsiger Kristall mit der optischen Achse in Feldrichtung. Da der Schwingungsvektor vom ordentlichen Strahl senkrecht und vom außerordentlichen Strahl parallel zur optischen Achse orientiert und die zugehörigen Brechungsindizes n_o und n_e unterschiedlich sind, ist das durch die Zelle tretende Licht im allgemeinen elliptisch polarisiert. Das angelegte elektrische Feld induziert also eine Doppelbrechung und bewirkt einen Phasenunterschied $\Delta\varphi$ zwischen den Schwingungsvektoren in den senkrecht zueinander stehenden Polarisationsebenen.

$$\Delta\varphi = \frac{2\pi l}{\lambda}\Delta n \quad \text{mit} \quad \Delta n_{\text{Kerr}} = \frac{K\lambda U^2}{d^2} \quad \text{bzw.} \quad \Delta n_{\text{Pockel}} = \frac{r_{63}\,n_0^3\,U}{d} \qquad (3.3\text{-}15)$$

($K \approx 3\cdot 10^{-5}\,\text{cm/V}^2$, Feld in z-Richtung $r_{63} = 10$ bis $30\cdot 10^{-12}\,\text{m/V}$, $n_0 \approx 1{,}5$).

Der Pockeleffekt ist ein linearer (longitudinaler oder transversaler) elektro-optischer Effekt, der nur bei Kristallen auftreten kann, die nicht zentralsymmetrisch sind (20 von insgesamt 32 Kristallklassen). Besonders ausgeprägt ist der Effekt bei den anisotropen doppelbrechenden einachsigen KDP-, KD_2P und ADP-Kristallen (KH_2PO_4, KD_2PO_4 und $NH_4H_2PO_4$). Nach Abb. 3.3-26 bewirkt eine an den transparenten Elektroden angelegte Spannung, daß die zunächst in Lichtausbreitungsrichtung orientierte mit der Kristallachse identische optische Achse in zwei optische Achsen aufspaltet (induzierte zweiachsige Anisotropie). Ähnlich wie beim Kerreffekt entsteht ein induzierter Phasenunterschied nach (3.3-15).

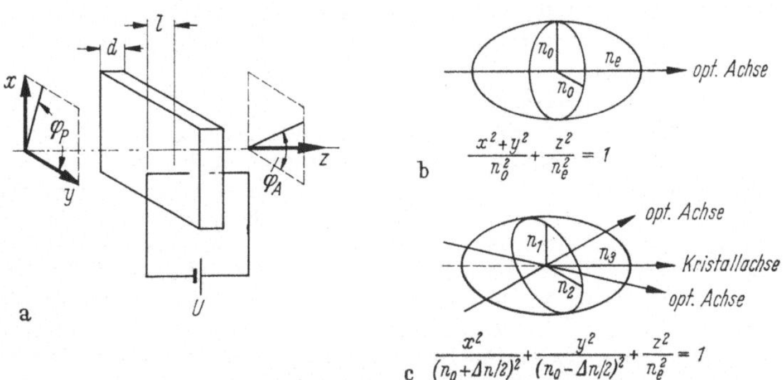

Abb. 3.3-26. Zur Erläuterung des longitudinalen Pockel-Effektes. a) KDP-Zelle mit durchsichtigen Elektroden; b) Brechungsellipsoid ohne; c) Mit anliegender Spannung.

Die Trägheit des elektro-optischen Effektes, bei Nitrobenzol durch die molekulare Relaxationszeit bedingt, ist außerordentlich klein und liegt in der Größenordnung 10^{-10} s. Um kurze Umschaltzeiten Δt und große Schaltfrequenzen f zu erreichen, ist nach (3.3-16) eine große elektrische Leistung bei großem Spitzenstrom (s. Abb. 3.3-28b) erforderlich (z.B. Kerrzelle mit Nitrobenzol mit $C = 30$ pF, $U = 5$ kV, $1/T = 1$ MHz und $\Delta t = 0{,}1$ µs ergibt $P = 375$ W und $I_s \approx 1{,}5$ A).

$$P = \frac{1}{2}\,CU^2\,\frac{1}{T} \quad \text{mit} \quad I_s \approx C\frac{\Delta U}{\Delta t}. \qquad (3.3\text{-}16)$$

Lichtmodulatoren [21, 22]. Die Kerrzelle (Abb. 3.3-27) oder die Pockelzelle zusammen mit Polarisator und Analysator bilden einen trägheitslosen Lichtverschluß, der in der Displaytechnik, Kurzzeitphotographie und für den Laserpulsbetrieb Anwendung finden kann. Neben der Arbeitsweise als Lichtverschluß ist auch eine Amplitudenmodulation einer Lichtstrahlung möglich. Die Transparenz T einer Anordnung nach Abb. 3.3-27 ist in (3.3-17) angegeben. Dabei wird nach Abb. 3.3-26

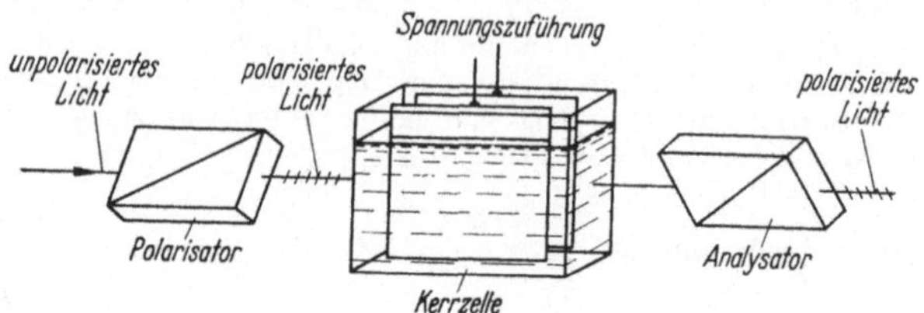

Abb. 3.3-27. Aufbau einer Kerr-Zelle mit Polarisator und Analysator als elektrisch gesteuerter trägheitsloser Lichtverschluß.

der Winkel φ_P durch die y-Achse und Polarisator- und φ_A durch y-Achse und Analysatorschwingebene gebildet.

$$T = T_0 \left[\cos^2 (\varphi_P - \varphi_A) - \sin 2\varphi_P \sin 2\varphi_A \sin^2 \frac{\Delta\varphi}{2} \right]$$

$$T = T_0 \sin^2 \frac{\Delta\varphi}{2} \quad \text{für} \quad \varphi_P = 135° \quad \text{und} \quad \varphi_A = 45°.$$

$$(3.3\text{-}17)$$

Die Spannungsabhängigkeit der Transparenz T einer Zelle läßt sich durch (3.3-18) beschreiben. Dabei ist U_0 die Öffnungs- oder Hellspannung und T_0 die Transparenz ohne elektrisches Feld.

Ein Schließ-Öffnungsverhältnis der Transparenz von 10^5 bis 10^6 bei Prismen- und 10^4 bis 10^5 bei dichroitischen Folien als Polarisator und Analysator ist erreichbar. Die geometrischen Öffnungen für parallelen Strahlengang durch übliche Zellen liegen bei 10×10 und 24×34 mm^2 (kritische Winkelabweichung von der optischen Achse zwischen 1 bis 6°, zulässiger Spektralbereich zwischen 380 und 750 nm bis 240 nm bis 2,4 µm. Die Hellspannung einer Kerr- (Nitrobenzol) oder Pockel-(longitudinal)-Zelle liegt zwischen 5 bis 10 kV. Bei der Pockel (transversal)-Zelle läßt sich ein $U_0 \approx 440$ V erreichen, da hier das Verhältnis $l/d \gg 1$ gemacht werden kann. Mit entsprechend elektrischer Vorspannung kann bei quadratischen Effekt die der Hellspannung entsprechende Durchsteuerspannung reduziert werden. Für eine KTN-Kerrzelle beträgt die Durchsteuerspannung etwa 20 V bei 300 V Vorspannung.

$$T_{\text{Kerr}} = T_0 \sin^2 \frac{\pi}{2} \left(\frac{U}{U_0} \right)^2 \quad \text{bzw.} \quad T_{\text{Pockel}} = T_0 \sin^2 \frac{\pi U}{2 U_0}. \qquad (3.3\text{-}18)$$

Außer dem elektro-optischen (Kerr-)Effekt ist noch der magneto-optische (Faraday-)Effekt zur Lichtmodulation geeignet. Während der Kerr-Effekt auf der Doppelbrechung isotroper Stoffe im elektrischen Feld beruht, wird beim Faraday-Effekt die Schwingungsebene polarisierten Lichtes an der Fläche eines Magneten durch das Magnetfeld bei Reflexion an der Fläche gedreht (weitere Effekte s. [1], Tab. 2.4-1). Der magneto-optische Effekt kann zum zerstörungsfreien Auslesen von digitalen Informationen auf dünnen magnetischen Schichten ausgenutzt werden. Auch läßt der Effekt zum Lesen von Band- oder Platteninformationen gegenüber den konventionellen Leseköpfen eine größere Spurdichte zu.

Die Absorptionsänderung ($K \approx \lambda^2 n$) eines Halbleiters an der langwelligen Absorptionskante λ_0 [s. (3.3-23)] in Abhängigkeit der Ladungsträgerdichte n kann zur Lichtmodulation ausgenutzt werden. Der Effekt ist besonders stark bei Löcherleitung (80fache der Elektronenleitung). Der betreffende n-Halbleiter wird dabei zweckmäßig als pn-Übergang ausgebildet, so daß die Minoritäts-Ladungsträgerdichte im n-Gebiet durch Injektion von Löchern aus dem p-Gebiet bei Polung in Durchlaßrichtung in entsprechender Stärke gesteuert werden kann.

Andere Modulationsverfahren machen von der direkten Modulation bei der Laser-Strahlungserzeugung Gebrauch. Eine Linienverschiebung bzw. Aufspaltung der Anregungszustände im Termschema kann durch Einwirkung von Ultraschall auf das Kristallgefüge des Lasermaterials oder durch den Zeemann- oder Stark-Effekt durch Einwirkung eines magnetischen bzw. elektrischen Feldes verursacht werden. Eine Pulsamplituden- (PAM)- oder Pulsphasen- (PPM)-Modulation ist noch durch Steuerung der die Laserstrahlung anregenden Lichtquelle möglich (s. Laser, Abschnitt 3.3.5.2).

Lichtdeflektoren [21, 22]. Neben der Lichtmodulation kann der elektro-optische Effekt auch zur Ablenkung eines Lichtstrahles dienen. In Verbindung mit der Laserstrahltechnik (s. Abschnitt 3.3.5.2) ergeben sich Anwendungen bei Fotoätzung, thermischer Materialbearbeitung, Bildvervielfachung und Informationsspeicherung. Man unterscheidet zwischen der digitalen und analogen Lichtablenkung. Eine Anordnung zur digitalen Ablenkung zeigt Abb. 3.3-28 a. Ein monochromatischer und

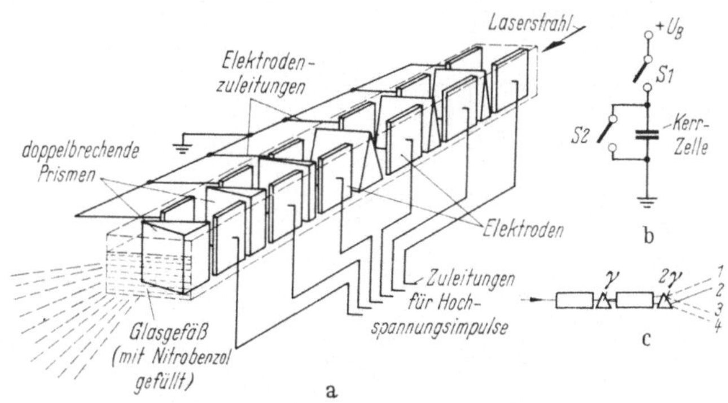

Abb. 3.3-28. a) Schematischer Aufbau eines digitalen zweidimensionalen Ablenkers (nach Philips [23, 24]); b) Prinzip der Zellenansteuerung; c) Prinzip einer 2stufigen Ablenkung.

linear polarisierter Lichtstrahl wird nach Abb. 3.3-28 c durch eine Kerrzelle entsprechend der anliegenden Spannung parallel oder senkrecht zur optischen Achse eines doppelbrechenden Kalkspatprismas polarisiert. Wenn der Lichtstrahl nicht senkrecht oder parallel zur optischen Achse des Prismas einfällt, wird der durchtretende Lichtstrahl je nach Polarisation in unterschiedliche Richtungen abgelenkt. Bei einer Hintereinanderschaltung mehrerer Kerrzellen-Prismen-Kombinationen mit binärer Winkelstufung $(\gamma, 2\gamma, 4\gamma, \ldots, 2^{n-1}\gamma)$ kann eine digitale Winkeleinstellung erreicht werden. Mit Hilfe eines Objektivs kann das Winkelraster in der Brennebene als Abstandsraster dargestellt werden. Die Spannungsansteuerung erfolgt durch einen in Abb. 3.3-28 b schematisch angedeuteten Impulsgenerator. Durch Schließen jeweils eines elektronischen Schalters S_1 oder S_2 kann an die Kerrzelle entweder die Spannung U oder die Spannung Null gelegt werden.

Als analoger Lichtablenker kann eine Anordnung aus KDP-Schirm und Elektronenstrahl als selektierbare Reflektorfläche und ein Laser mit Hohlraumresonator dienen, dessen Moden räumlich getrennt angeregt werden können (s. Abschnitt 3.3.5.2). Ein nach diesem Prinzip arbeitendes Gerät heißt „Electron beam scan laser" [22]. Eine ähnliche mit polarisiertem Licht betriebene Vorrichtung, die nach dem Prinzip

der indirekten Lichtwandlung arbeitet, ist der „Solid-state-light valve projector"
[21].

3.3.4.4 Spezielle Empfänger für elektromagnetische Strahlung

Kristalldetektor, Bolometer und Thermoelement als Strahlungsempfänger. Kristall-
detektoren aus Germanium oder Silizium können als Spitzengleichrichter für den
Empfang elektromagnetischer Wellen und Wellenlängen unter 1 mm dienen. Bolometer und Thermoelemente sind nichtselektive Strahlungsempfänger für das Ultra-
rotgebiet (s. [2]).

Photowandler ([2 bis 4, 13 bis 30]. Photoelektronische Bauelemente beruhen auf
dem äußeren oder inneren lichtelektrischen Effekt. Beim äußeren Photoeffekt
(Photoemission) werden Elektronen aus nichtmetallischen oder metallischen Stoffen
(Photokatoden) im Vakuum bei Absorption von Photonen emittiert. Die Elektronen
müssen die Austrittsarbeit $e\Phi_K$ der Katode überwinden, die im allgemeinen klein
sein soll, da diese die Grenzwellenlänge λ_0 (Absorptionskante) des nach längeren
Wellenlängen absorbierbaren Lichtes und damit den Bereich der spektralen Empfindlichkeit festlegt (s. Tab. 3.3-5 und Abb. 3.3-29). Die überschüssige Energie wird
in Bewegungsenergie der Elektronen umgesetzt.

$$hf - e\Phi_K = \frac{1}{2} \cdot mv^2 \text{ mit } \lambda_0 = \frac{hc}{e\Phi_K} = \frac{1{,}24}{\Phi_K} \text{ eV} \cdot \mu\text{m}. \qquad (3.3\text{-}19)$$

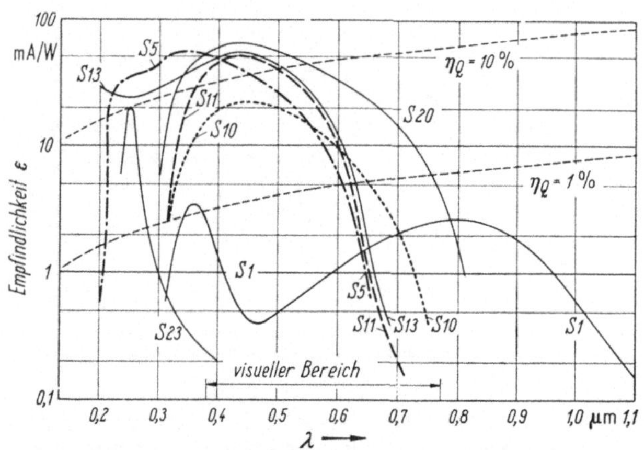

Abb. 3.3-29. Spektrale Emfpindlichkeit ε und Quantenausbeute η_Q einiger üblicher Photokatoden
(s. auch Tab. 3.3-6).

Dadurch können die Elektronen noch gegen eine Spannung anlaufen und erzeugen
an einer Auffangelektrode eine Photo-EMK. Diese Photo-EMK ist im Gegensatz zu
dem inneren Photoeffekt nicht abhängig von der Beleuchtungsstärke, sondern von
der Energie der Photonen.

Im normalen Betrieb von Emissionszellen werden die Elektronen durch eine
äußere angelegte Spannung abgesaugt. Der durch Photonen-Absorption hervorgerufene vollständig abgesaugte Elektronenstrom [Sättigungsstrom s. (3.3-20)]
eines Katodenmaterials wird durch die Empfindlichkeit ε gekennzeichnet. Dabei
wird der Strom je nach interessierendem Wellenlängenbereich auf den empfangenen
Lichtstrom (im sichtbaren Spektrum) oder auf die empfangene Leistung (im Infra-
rot-Gebiet, IR) bezogen (Einheit μA/lm bzw. μA/W). Die Empfindlichkeit kann
auch auf die Beleuchtungsstärke (μA/lx) bzw. auf die Strahlungsintensität (μA/

(W/cm^2)) bezogen werden. Beide Größen sind bei Kenntnis der lichtempfindlichen Emfpängerfläche und der spektralen Empfindlichkeit einfach umrechenbar (s. Abschnitt photometrische Einheiten). Die Empfindlichkeit hängt ab von der Quantenausbeute η_Q [1], deren maximaler Wert bei einem Elektron pro Photon nur von der Wellenlänge abhängt.

$$I_\mathrm{s} = \frac{\eta_Q e \Phi_\mathrm{fot}}{hf} = \varepsilon \Phi_\mathrm{fot} \text{ mit } \varepsilon_\mathrm{max} = \frac{e}{hf} = \frac{\lambda}{1{,}24} \frac{\mathrm{A}}{\mu\mathrm{m} \cdot \mathrm{W}}. \tag{3.3-20}$$

Bei Ausbildung von Raumladungen ist der Photostrom I_s entsprechend geringer. Dem Photostrom ist noch der thermisch bedingte Dunkelstrom überlagert. Der Dunkelstrom ist gleich dem Sättigungsstrom einer normalen Vakuum-Diode bei der Katodentemperatur T. Für Metalle und Eigenhalbleiter ist diese durch die Richardson-Gleichung gegeben. Bei Überschußhalbleitern beträgt die Temperaturabhängigkeit $T^{5/4}$ statt T^2 (für Metalle $\Phi_\mathrm{K} = W + \Delta E/2$.

$$I_\mathrm{dkl} = 120\,T^2 \frac{\mathrm{A}}{\mathrm{cm}^2\,\mathrm{K}} \exp\left(-\frac{W+U}{kT}\right) \text{ mit } U = \frac{\Delta E}{2}$$

bzw.

$$\frac{\Delta E_\mathrm{D}}{2} + \frac{kT}{2} \ln \frac{2(2\pi m k T)^{3/2}}{h^3 n_0}. \tag{3.3-21}$$

Die Austrittsarbeit kann durch die Breite der verbotenen Zone ΔE zwischen Valenz bzw. ΔE_D zwischen Donator-Niveau und Leitfähigkeitsband und durch die Energie W dargestellt werden, die erforderlich ist, um ein Elektron vom unteren Rand des Leitfähigkeitsbandes zu befreien. Mit n_0 ist die Donatordichte bezeichnet. Emissionszellen haben einen hohen Innenwiderstand, eine geringe Belastbarkeit, niedere zulässige Betriebstemperatur, geringe Empfindlichkeit und erfordern im allgemeinen Verstärker mit hohem Eingangswiderstand (Anlauferscheinungen s. u.).

Der innere lichtelektrische Effekt tritt nur bei Halbleitern und Isolatoren und bei Halbleiter-Metall- und Halbleiter-Halbleiter-Kontakten auf. Der Effekt wird im letzteren Fall auch mit Sperrschicht-Photoeffekt bezeichnet. Werden Halbleiter einer elektromagnetischen Strahlung ausgesetzt, so kann sich deren elektrische Leitfähigkeit ändern, da die absorbierte, der Strahlungsfrequenz f proportionale Photonenenergie hf zusätzlich Ladungsträger erzeugt. Zur Erläuterung des inneren lichtelektrischen Effektes dient Abb. 3.3-30, in der das Energie-Bändermodell eines reinen

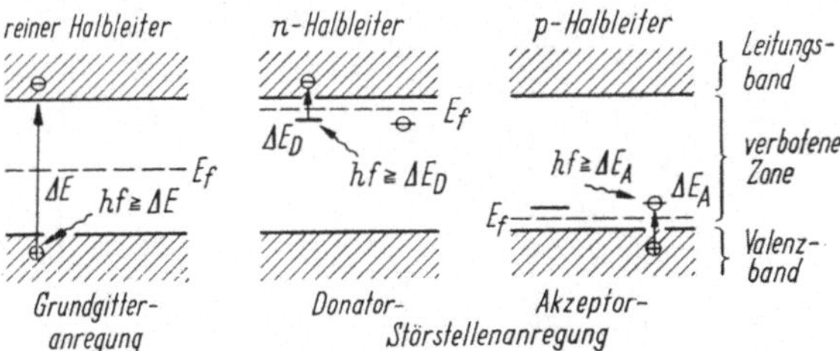

Abb. 3.3-30. Energie-Bändermodell eines reinen und eines mit Störstellen versehenen Halbleiters

---

[1] Quantenausbeute $\eta_\mathrm{Q} = \dfrac{\text{Anzahl der befreiten Elektronen } eU}{\text{Anzahl der absorbierten Photonen } hf}$

oder $\quad \eta_\mathrm{Q} = \dfrac{\text{Anzahl der emittierten Energiebeträge } hf_\mathrm{e}}{\text{Anzahl der absorbierten Photonen } hf_\mathrm{a}}.$

und eines mit Fremdatomen versetzten Halbleiters, dargestellt ist. Valenz- und Leitfähigkeitsband haben einen Energieabstand ΔE, der noch von der Temperatur abhängt. Bei einem reinen Halbleiter wird eine Photoleitfähigkeit dadurch hervorgerufen, daß durch Absorption eines Photons $hf \geq \Delta E$ ein Elektronen-Loch-Paar entsteht (Grundgitteranregung). Sind Störstellen vorhanden, dann kann die Photonenenergie entsprechend geringer sein, um zusätzlich zur thermischen Anregung Elektronen im Leitungband oder Defektelektronen im Valenzband zu erzeugen (Störstellenanregung). Der lichtelektrische Effekt ist in seiner Empfindlichkeit um so ausgeprägter, je größer die Energieabstände ΔE, ΔE_D oder ΔE_A gegenüber der thermischen Energie kT sind, die bei 20 °C etwa 0,025 eV beträgt. Bei angelegter äußerer Spannung oder beim Ansteigen der Ladungsträgerkonzentration im bestrahlten Halbleiterteil entsteht ein Leitungs- oder Diffusionsstrom der erzeugten Ladungsträger. Der so entstehende Photostrom hat einen Kurzschlußwert von

$$I_\mathrm{s} = eFQ_\mathrm{ph}(L_n + L_p). \tag{3.3-22}$$

Dabei bedeuten $L = \sqrt{D\tau}$ mittlere freie Weglänge (Diffusionslänge), Q_ph pro Volumen- und Zeiteinheit erzeugte Anzahl von Ladungsträgern, F Elektrodenquerschnitt, e Elementarladung, τ Lebensdauer, D Diffusionskonstante.

Die Absorptionskante bei Halbleitern für den inneren lichtelektrischen Effekt ergibt sich aus dem Bänder-Energieabstand ΔE bzw. ΔE_D oder ΔE_A, für ΔE z. B. zu

$$\lambda_0 = \frac{1{,}24}{\Delta E}\ \mathrm{eV} \cdot \mu\mathrm{m}. \tag{3.3-23}$$

Die spektralen Empfindlichkeiten verschiedener Halbleiter sind in Abb. 3.3-31 dargestellt.

Bei photoleitenden Bauelementen besteht ein etwa potentieller Zusammenhang zwischen zwei beleuchtungsabhängigen Widerstandswerten $R(E)$ und $R(E_0)$.

$$R/R_0 = (E_0/E)^{-\gamma} \quad \text{oder} \quad \frac{\mathrm{d}R}{R_0} = -\gamma\,\frac{\mathrm{d}E}{E_0}. \tag{3.3-24}$$

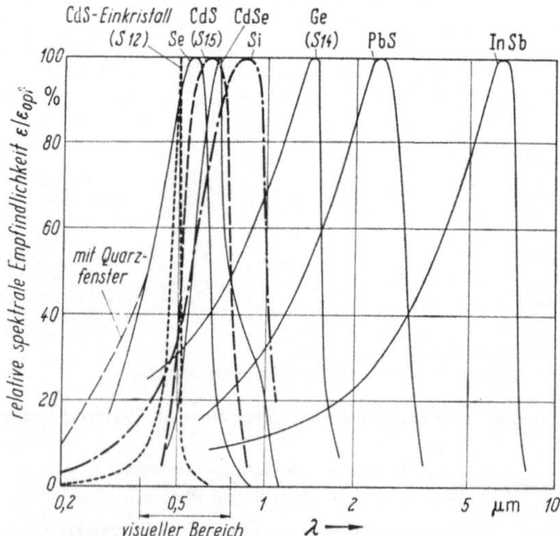

Abb. 3.3-31. **Relative spektrale Empfindlichkeit** $\varepsilon/\varepsilon_\mathrm{max}$ von üblichen Photo-Halbleitern.

In logarithmischer Darstellung bedeutet dies eine fallende geradlinige Kennlinie, wobei die Neigung der Geraden nahe bei $\gamma = 1$ liegt. Photo- und Dunkelstrom hängen von der Batteriespannung ab.

$$I_{\mathrm{ph}} + I_{\mathrm{dkl}} = \frac{U_{\mathrm{B}}}{R} = \frac{U_{\mathrm{B}} E^{\gamma}}{R_0 E_0^{\gamma}} \quad \text{mit } \varepsilon \approx \frac{U_{\mathrm{B}}}{R_0 E_0} \quad \text{und } I_{\mathrm{dkl}} = \frac{U_{\mathrm{B}}}{R_{\mathrm{dkl}}} . \qquad (3.3\text{-}25)$$

Die Empfindlichkeit bei Nennspannung kann bis zu 100 A/lm betragen und ist um Zehnerpotenzen größer als bei Photoemissionszellen. Weiter ist die spezifische Belastung bei Photoleitern sehr hoch. Nachteilig ist die verhältnismäßig große Trägheit und Alterung. Letztere ist bedingt durch Umlagerungen im Kristallgefüge, Materialwanderung durch Ionen, Oberflächeneinflüsse usw. Die Alterung als irreversible Erscheinung ist zu unterscheiden von reversiblen Ermüdungen des Materials. Bei Emissionszellen treten z. B. im allgemeinen nur Anlauf- und Ermüdungserscheinungen auf, die sich z. B. bei Photovervielfachern dadurch bemerkbar machen, daß die Verstärkung erst nach 15 bis 30 Minuten einen stabilen Endwert erreicht. Dabei kann die Verstärkung bei Inbetriebnahme zunächst sowohl zu- als auch abnehmen, während der Dunkelstrom immer abnimmt. Werden die Zellen dem Tageslicht ausgesetzt, verstärkt sich der Anlaufeffekt.

Die verhältnismäßig große Trägheit der Photoleiter hat ihre Ursache in der großen Lebensdauer der Ladungsträger, die wegen einer großen Empfindlichkeit hoch sein muß. Wird der eingestrahlte Lichtstrom unterbrochen, so wird der Photostrom aus dem genannten Grund noch eine gewisse Zeit (Abfallzeit) weiterlaufen, bis die freien photoelektrischen Ladungsträger rekombiniert sind. Die relativen Trägheitserscheinungen nehmen im allgemeinen ab mit wachsenden Beleuchtungsstärken. Auch die Temperaturabhängigkeit steht in enger Beziehung zur Empfindlichkeit. Die Empfindlichkeit wird durch eine große Beweglichkeit der Ladungsträger eines Stoffes und durch eine kleine Breite der verbotenen Zone ΔE günstig beeinflußt, wodurch allerdings die Temperaturabhängigkeit ansteigt. Als Gegenmaßnahme müssen bei höchsten Empfindlichkeiten und ungünstigen Spektralbereichen (z. B. im Infrarotgebiet) die Bauelemente unter Umständen stark gekühlt werden. Die Temperaturabhängigkeit ist besonders bei Cd-Chalkogeniden gegenüber Materialien wie Germanium, Bleisulfid und anderen infrarot-empfindlichen Halbleitern verhältnismäßig gering.

Nachteilig beim normalen inneren lichtelektrischen Effekt ist, daß zum Rauschstrom alle freien Ladungsträger, zum Photostrom nur die optisch angeregten Ladungsträger beitragen. Bei Stoffen, deren thermisch bedingter Dunkelstrom verglichen mit der Photoleitung einen großen Anteil einnimmt, kann durch Einbau von Sperrschichten das Signal- zu Rauschverhältniss wesentlich verbessert werden. Der Einbau erfolgt z. B. bei Photoleitern durch einen polykristallinen Kristallaufbau oder bei PN-Halbleiterübergängen durch eine örtlich definierte Sperrschicht im Innern eines Einkristalls. Bei Polung des Bauelements in Sperrichtung wird der Dunkelstrom gegenüber dem Photostrom, dessen Ladungsträger in der Sperrschichtzone erzeugt werden, stark reduziert, während der Photostrom selbst nicht beeinflußt wird.

In Abb. 3.3-32 sind zur Erläuterung des Sperrschicht-Photoeffektes eine Metall-P-Halbleiter-Grenzschicht und eine NP-Halbleiter-Grenzschicht dargestellt. Bei Kontakt zweier Stoffe fließen bekanntlich so lange Ausgleichsströme, bis die Fermi-Niveaus[1] beider Stoffe bei der in Abb. 3.3-32 gewählten Darstellungsweise die gleiche Höhe einnehmen und die für eine Grenzschicht charakteristische Verbiegung der Bänder und eine Verarmung der Grenzschicht an frei beweglichen Elektronen bzw. Löchern bewirken. Zurück bleiben die unbeweglichen Ladungsträger in Gestalt von Raumladungen, die wegen der geringen Dicke der Grenzschicht (10^{-3} bis 10^{-4} mm) eine große Feldstärke innerhalb derselben aufbauen. Wird in der Grenzschicht ein Photon $hf > \Delta E$ unter Erzeugung eines Elektronen-Loch-Paares absor-

---

[1] s. Fußnote S. 349.

biert, dann lädt sich das P-leitende Material positiv und das N-leitende Material negativ auf. Die in der Grenzschicht herrschende Feldstärke erzeugt nämlich eine Trennung der Elektronen und Defekt-Elektronen und damit eine Überschußladung in den angrenzenden Materialien. Da die Grenzschicht an frei beweglichen Ladungsträgern verarmt ist, kann keine Störstellenanregung stattfinden. Abb. 3.3-32b zeigt,

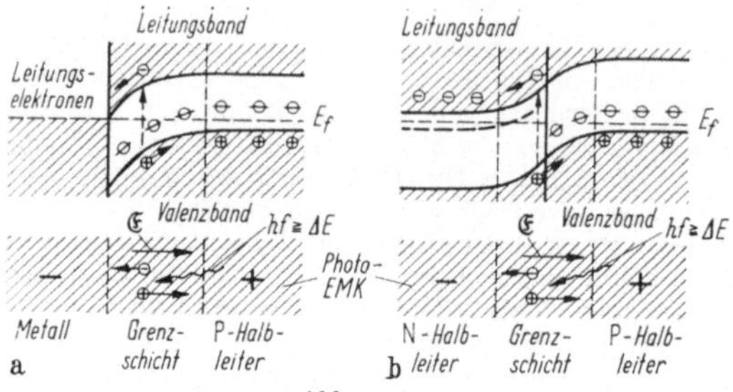

Abb. 3.3-32.
Energie-Bändermodelle von Sperrschichten. a) Metall-Halbleiter; b) N- und P-Halbleiter.

daß alle Donatorterme leer und alle Akzeptroterme gefüllt sind. Weiter ist die Wahrscheinlichkeit der Rekombination der photoelektrisch erzeugten Elektronen bzw. Löcher gering. Daher ergibt der Sperrschicht-Photoeffekt einen besonders großen Nutzeffekt und wegen der Grundgitteranregung gemäß ΔE eine große Leerlaufspannung, wenn die Sperrschichtzelle als Spannungsquelle verwendet werden soll.

Die Strom-Spannungs-Charakteristik eines Halbleiter-Sperrschicht-Photoleiters oder Elementes ist eine Dioden-Kennlinie, die je nach Größe des Lichtstromes oder der Beleuchtungsstärke um den Photostrom bzw. Kurzschlußstrom $I_k = I_s$ [s. (3.3-22)] in Richtung der negativen Stromachse verschoben ist. Der Dunkel strom entspricht dem normalen Diodenstrom.

$$I_{\text{ph}} + I_{\text{dkl}} = I_{\text{sp}} \exp\left(\frac{eU}{kT} - 1\right) - I_k \ \text{mit} \ I_{\text{sp}} = eF\left(\frac{D_n n_p}{L_n} + \frac{D_p p_n}{L_p}\right). \quad (3\ 3\text{-}26)$$

Der Kurzschlußstrom I_k steigt linear mit der Beleuchtungsstärke an. Der Betrieb einer Sperrschichtzelle bei Polung in Sperrichtung ist nach Abb. 3.3-33 durch die Kennlinienschar im 3., ohne äußere Betriebsspannung (im EMK-Betrieb) durch die Kennlinienschar im 4. Quadranten bestimmt. Die bei einer bestimmten Beleuchtungsstärke erzielbare Leerlaufspannung zeigt unterhalb des theoretischen Höchstwertes ein logarithmisches Verhalten.

$$U_{\text{L}} = \frac{kT}{e} \ln\left(1 + \frac{I_k}{I_{\text{sp}}}\right) \approx \frac{kT}{e} \ln \frac{I_k}{I_{\text{sp}}} \ \text{und} \ U_{\text{L,max}} \approx \frac{\Delta E}{2}. \quad (3.3\text{-}27)$$

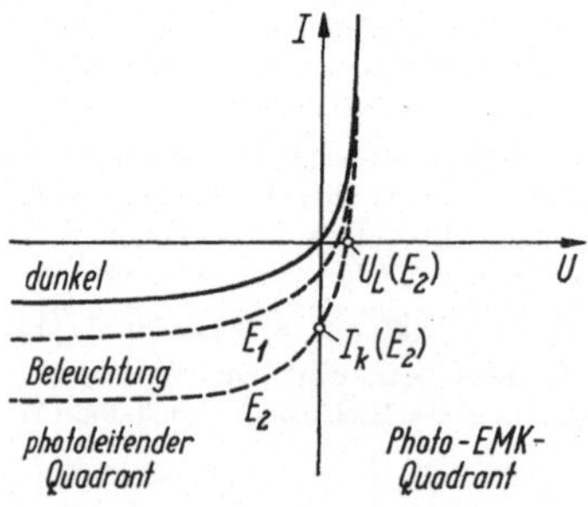

Abb. 3.3-33. Strom-Spannungs-(Dioden)-Kennlinien eines Photoelements bzw. einer Photodiode bei unterschiedlicher Beleuchtungsstärke und Betriebsart.

Bei Photoemissions-, Sperrschichtzellen und Photoleitern können zur Empfindlichkeitssteigerung sekundäre Verstärkungseffekte mit dem Photostrom als auslösende Wirkung ausgenutzt werden. Bei Emissionszellen wird die Sekundärelektronenvervielfachung (SEV) zur Verstärkung ausgenutzt [14, 16]. Treffen die aus der Photokatode lichtelektrisch losgelösten und beschleunigten Elektronen mit einer Geschwindigkeit bzw. Energie zwischen einigen eV und 10^4 bis 10^5 eV auf einen Schirm (Dyode) eines geeigneten Materials, so werden langsame Elektronen von dem Schirm emittiert. Die Zahl der abgelösten Elektronen ist größer als die Zahl der auftreffenden Elektronen, d.h., der SE-Faktor $\delta_{SE}V$ ist größer als 1 (im allgemeinen 2 bis 6). Das Maximum von δ_{SE} liegt dicht bei 10^3 V Beschleunigungsspannung. Bei Hintereinanderschalten einer größeren Zahl von Dynoden kann durch Wiederholung des SEV-Effektes eine beträchtliche Verstärkungssteigerung erzielt werden. Nachteilig ist allerdings der kompliziertere Aufbau der Emissionszelle mit einer Dynodenanordnung (Photovervielfachern), die erforderliche Hochspanung für die Betriebsspannung, der erhöhte Raumbedarf und die große Empfindlichkeit der Gesamtverstärkung v_{SEV} gegenüber Schwankungen der Betriebsspannung U_B, die durch die Anzahl der Dynoden n_D

$$\Delta v_{SE}/\Delta v_{SE} = n_D \, \Delta U_B/U_B \qquad (3.3\text{-}28)$$

gegeben ist. Das Hochspannungsnetzgerät muß besser als $1\,^0/_{00}$ gegen Netzschwankungen stabilisiert sein, damit z.B. bei einem 10-stufigen Photovervielfacher die Verstärkungsschwankung unter 1% bleibt.

Eine Photostromverstärkung kann bei gasgefüllten Emissoinszellen durch Stoßionisation der Elektronen erzielt werden. Nachteilig ist die größere Trägheit wegen der Lebensdauer der angeregten Ionen bei Ausschalten der Beleuchtung. Gasgefüllte Zellen zeigen gegenüber Vakuumzellen eine verkürzte Lebensdauer, stärkere Alterungserscheinung und größere Temperaturabhängigkeit, so daß der Verstärkungsgrad nur auf kleine Werte beschränkt bleiben darf. Bei Photoleitern wird eine Elektronenvervielfachung durch Einbau von Störstellen ins Kristallgitter und bei Sperrschichtdioden durch Einführung einer Hilfszone entsprechender Dotierung (Basis) durch lichtelektrisch gesteuerte Injektion (Phototransistor) erzielt.

Die photoelektronischen Bauelemente können nach Photoeffekt und Betriebsart unterschieden werden (Tab. 3.3-5). Kenndaten üblicher Photowandler wie Photozellen, Photovervielfacher, Photowiderstände, Photoelemente und Photodioden: s. Tab. 3.3-7, ihr Aufbauprinzip: s. Abb. 3.3-34 und 35).

Spezielle Ausführungen von Photowandlern sind z.B. der optisch gesteuerte Gleichrichter für optisch-logische Steuerungen, Zählen, Sortieren usw., der photoelektrische Diskriminator in Doppeldiodenausführung (Tab. 3.3-7), der in der Lage ist, ortsabhängige Bewegungen von Licht- und Schattensignalen mit einer Bewegungsempfindlichkeit von wenigen µm zu registrieren (z.B. Abtasten von Skalenteilungen, Lichtschranken für Projektil-Geschwindigkeitsmessungen usw.) und Mikrowellen-Photozellen [3] und Spitzendioden [3] für die Demodulation von Lichtsignalen, die z.B. mit Lasern erzeugt werden. Photovervielfacher als Demodulatoren haben den Nachteil der Grenzfrequenz- und Bandbreitebegrenzung auf etwa 1 GHz. Die Mikrowellen-Photozelle ist z.B. eine spezielle Wanderfeldröhre, bei der das Glühkatodensystem gegen eine Photokatode ausgetauscht ist. Sie hat den Vorteil, im GHz-Bereich zu arbeiten und auf frequenzmoduliertes Licht anzusprechen. Für den IR-Bereich ist die Spitzendiode geeigneter wegen ihrer großen Empfindlichkeit außerhalb des Spektralbereichs von Photokatoden. Nachteilig ist, daß die lichtempfindliche Fläche klein ist und keine sekundäre interne Verstärkung stattfindet.

Neben den genannten für die Anwendung besonders interessanten lichtelektrischen Effekten sind noch der lichtmagnetische und lichtdielektrische Effekt zu nennen. Photomagnetische PEM-Detektoren aus Indiumantimonid arbeiten im µm-Wellen-Gebiet (Maximum 6,5 µm). Die Empfindlichkeit liegt für Empfänger-

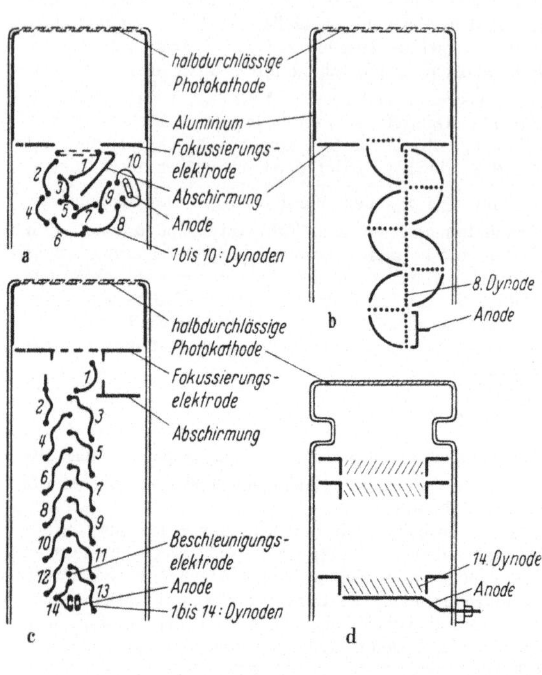

Abb. 3.3-34. Sekundär-Elektronenvervielfacher (SEV) bzw. Photovervielfacher mit a) kreisförmig oder b) linear angeordneten Dynoden haben sehr kurze Laufzeiten und kleine Halbwertszeiten der Ausgangsimpulse (10^{-8} bis 10^{-10} s), SEV mit c) Dynoden nach dem Schachtelsystem haben schlechteres Auflösungsvermögen, sind aber weniger empfindlich gegen Schwankungen der Betriebsspannung, und SEV mit d) Jalousie-Dynoden sind unempfindlich gegen äußere magnetische Streufelder.

Tabelle 3.3-6
Übliche Photokatoden und ihre Empfindlichkeiten (Wolframglühlicht) bzw. Quantenausbeuten

$Cs - Sb - O$ (S 11)
     75 $\mu A/lm$ (16%)
$Cs - Sb$ (S 4, 5, 9, 13, 17, 19)
     50 $\mu A/lm$ (12%)
$Sb - Na - K - Cs$ (S 20)
     150 $\mu A/lm$ (20%)
$Ag - O - Cs$ (S 1)
     15 $\mu A/lm$ $(0,3 \cdots 1\%)$
$Ag - Bi - O - Cs$ (S 10) (5%)
$Ag - O - Rb$ (S 3)
$Cs - Bi$ (S 8)

Tabelle 3.3-5. Übersicht der Photowandler-Bauelemente

Photoeffekt	Bauelement	Sekundär-verstärkung	Betrieb, Polung	Richtwirkung
Äußerer lichtelektrischer Effekt (Emissionszellen)	Vakuum-Photozelle	—	Durchlaß (EMK)	Vakuumdiode
	gasgefüllte Photozelle	Stoß-ionisation	Durchlaß	
	Photo-vervielfacher	Sekundär-elektronen	Durchlaß	
Innerer lichtelektrischer bzw. Sperrschicht-Photoeffekt	Photowiderstand	—	Betriebs-spannung	Widerstand
	Photowiderstand	Aktivatoren	Betriebs-spannung	polykrist. Sperrschicht
	Photoelement	—	EMK	polykrist. Sperrschicht
	Photoelement	—	EMK	PN-Sperrschicht
	Photoelement	—	Sperrung	Sperrschicht
	Photodiode	—	Sperrung	
	Phototransistor	Injektion	Sperrung	

flächen von $1\ mm^2$ bei $7 \cdot 10^{-10}$ W/Hz bei Zeitkonstanten von kleiner $0{,}4\ \mu s$. Dielektrische Photozellen aus kupferaktiviertem Kadmiumsulfid (20%) und Kadmiumselenid (80%) ohne Kühlung können als frequenzbestimmendes Bauelement eines Oszillators dienen. Die Dielektrizitätskonstante ändert sich z.B. von 100 lx bis 10000 lx um das 5fache.

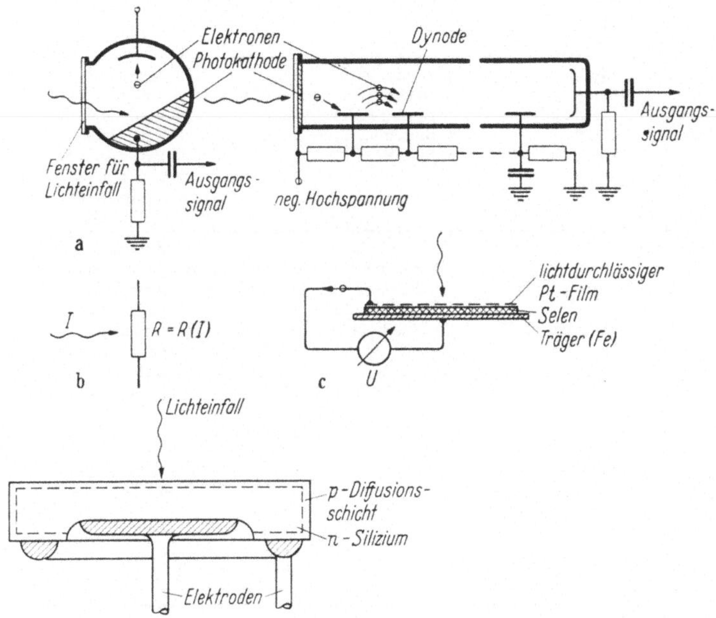

Abb. 3.3-35. Aufbauprinzip der verschiedenen Photowandler. a) Photozelle und Photovervielfacher; b) Photowiderstand; c) Photoelement; d) Querschnitt durch ein Siliziumphotoelement.

Bildabtastgeräte [21, 22]. Besonders für die Fernsehaufnahmetechnik werden spezielle photoelektrische Wandlerröhren, Bildabtastgeräte wie Superorthikon und Vidikon entwickelt (früher auch Ikonoskop, Dissektorröhre und Nipkow-Scheibe, s. [1]. Beide Röhren beruhen auf dem Ladungsspeicherprinzip, d.h. der Lichtstrom von jedem Bildpunkt wird je Speicherpunkt über eine Abtastperiode aufsummiert, so daß bei Abtastung der Speicherschicht ein verstärktes Bildsignal erzeugt wird.

Der Signalstrom eines Ikonoskops bzw. Orthikons ist nach (3.3-29) mit $c \approx 0{,}05$ proportional zur Mosaikfläche F.

$$\Delta q = c\varepsilon E_{\text{fot}} \Delta FT \quad \text{und} \quad i_{\text{Orth}} = v_{\text{SE}} i_{\text{Ikon}} \quad \text{mit} \quad i_{\text{Ikon}} = c\varepsilon E_{\text{fot}} F. \qquad (3.3\text{-}29)$$

Beim Orthikon wird die abzutastende Szene (Bild) optisch auf die Photokatode projiziert (Abb. 3.3-36a). Die elektronenoptisch fokussierten, von der Katode ausgehenden Photoelektronen werden bei Beschleunigungsspannungen von einigen 100 V auf eine Glashaut als Speicherschicht abgebildet. Wegen des Sekundärelektronen-Effektes (s. Abschnitt 3.3.7) mit $\delta_{\text{SE}} > 1$ werden die Speicherpunkte entsprechend der Szenen (Bild)-Helligkeit bzw. der Photostromdichte unterschiedlich positiv aufgeladen. Auf der Glashaut entsteht vor jeder Abtastungen durch einen Katoden-Elektronenstrahl ein entsprechendes Ladungsbild. Der Elektronenstrahl wird in konventioneller Technik zeilenweise durch einen Ablenk-Sägezahn-

Tabelle 3.3-7. Kenndaten von Photowandlern

Photowandler	Spektralbereich (Temperatur)	empfindl. Fläche (Sonstiges)	Empfindlichkeit (Dunkelstrom)	Grenzfrequenz
Photozelle		bis 7 cm²		
Vakuum	rot blau		bis 60 µA/lm	20 kHz
Gas-gefüllt	rot blau UV		bis 200 µA/lm	C-bedingt
Photoverviel-facher (S-Katoden) (Dynoden aus: Cs$-$Sb, Ag$-$Mg, Cu$-$Be, Ag$-$Mg$-$O$-$Cs)	rot blau γ-Strahlg. Teilchen	14 mm bis 50 cm $\varnothing$ (4 bis 14 SEV-Stufen $v_{SEV} =$ bis 10⁸)	20 mA/lm bis 700 A/lm	Anstieg: 1,7 bis 7 ns min. Impulsbreite 3 bis 18 ns ges. Laufzeit 11 bis 70 ns Laufzeit-Toleranz 0,2 bis 15 ns
Photowiderstand CdS	rot (S 15)	0,2 mm² bis 5 cm²	10 bis 600 µA/lx 1 bis 10 A/lm	Anstieg: 50 bis 500 ms Abfall: 50 bis 150 ms
CdSe	rot (blau 20%)	0,03 bis 1 cm²	200 µA/lx 10 A/lm	Anstieg: 0,5 bis 1,5 ms Abfall: 7 bis 50 ms
Infrarot-Detektoren		0,3 bis 40 mm²	0,3 µV/µW bis 10 mV/µW	
PbS	sichtbar bis 4 µm			75 bis 200 µs
InSb	sichtbar bis 8 µm (8 mm) (25°C, 77 K)			0,1 bis 10 µs
P$-$Ge (dotiert: Au, Cd, Hg, Cu)	2 bis 25 µm (5 bis 77 K)			1 µs
Photoelement Se	Augen-empfdl. ($<$60°C)	0,2 bis 150 cm² (140 mV bei 10 lx 90 mV/Dekade)	0,1 µA/lx cm²	Flächenkapazität 10 bis 50 nF/cm²
PN-Si	rot-empfdl. ($-$60 bis 175°C)	Solarzelle[1]: 0,2 bis 6 cm² ($\varnothing$ 1 bis 3 cm)	0,5 bis 1 µA/lx cm² 10 bis 30 mA/cm² 5 bis 10 mW/cm²	Flächenkapazität 10 bis 50 nF/cm²
		Steuerzelle: 3 bis 7 mm² ($\varnothing$ 2,2 mm)		30 bis 50 kHz Anstieg: 12 µs
	γ-Strahlung		150 mV/r/min (90 keV)	
Photodiode Ge	IR-empfdl. (S 14)	1 mm²	0,1 µA/lx	30 bis 50 kHz
Si	rot-empfdl. (bis blau)	10 mm²	0,25 µA/µW 40 µA/1 000 lx	10 bis 300 MHz Anstieg: bis 2 ns
Duodiode (NPN)			0,3 µA/lx	Anstieg: bis 10 µs
Darlington		0,2 mm²	3,5 µA/lx	Anstieg: bis 50 µs
Phototransistor Ge	IR-empfdl. (S 14)	7 mm²	1 µA/lx 130 mA/lm	3 kHz
Si	rot-empfdl. (bis blau)	0,2 mm²	5 µA/lx 650 µA/mW/cm²	50 kHz Anstieg: bis 7 ns

[1] Für 100 mW/cm² Sonnenbestrahlung.

strom in einer Ablenkspule über die Glashaut bewegt. Die Abtastung der Speicheroberfläche erfolgt mit *langsamen* Elektronen. Wegen $\delta_{SE} < 1$ werden die aufgeladenen Speicherpunkte auf Katodenpotential entladen. Abhängig von der Größe der Aufladung wird die Umladung in kürzerer oder längerer Zeit erreicht, so daß die

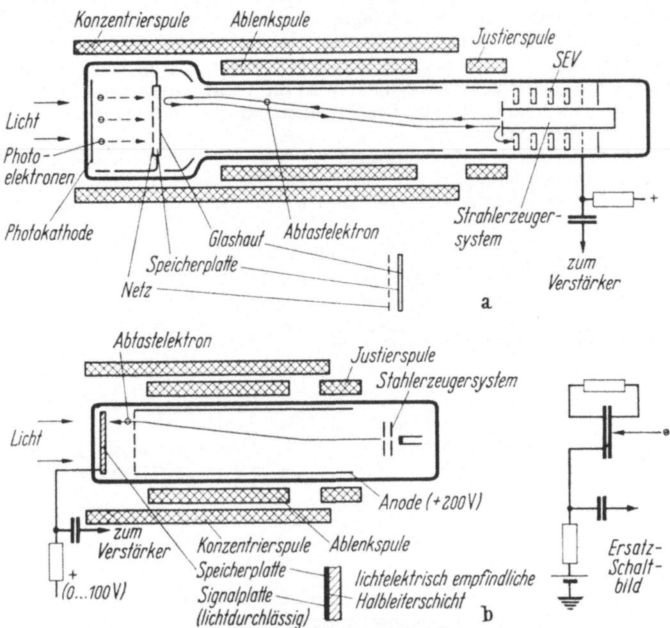

Abb. 3.3-36. Bildabtastgeräte, schematisch. a) Superorthikon; b) Vidikon.

Größe des umkehrenden Elektronenstromes der Aufladung und damit der Bildhelligkeit umgekehrt proportional ist. Zur Bündelung und Fokussierung der Elektronen wird eine lange Spule verwendet. Die umkehrenden Elektronen werden seitlich von der Katode durch ein SE-Dynoden-System aufgefangen und verstärkt.

Beim Vidikon (Abb. 3.3-36b) wird das abzutastende Bild auf eine photoleitende Schicht projiziert, die im unbeleuchteten Zustand auf eine bestimmte maximale, durch die Abtastperiode gegebene Spannung aufgeladen wird. Bei Beleuchtung wird der durch die dünne photoleitende Schicht gebildete Speicherkondensator über den lichtabhängigen parallel geschalteten Widerstand entladen. Der abtastende zeilenweise abgelenkte Elektronenstrahl lädt den Speicherkondensator wieder auf Katodenpotential um, wobei am Arbeitswiderstand durch den Umladestrom ein Bildsignal entsteht, welches direkt proportional der Bildhelligkeit ist. Bei einem Dunkelstrom von $0,02\,\mu A$ betragen die Signalströme z. B. $0,05\,\mu A$ bei 1 lx und $0,2\,\mu A$ bei 10 lx. Von den speziellen Vidikons (return beam, SEC, silicon) hat das Plumbicon mit PbO-Schicht und geringerem Dunkelstrom (5 nA) für die Farbabtastung besondere Bedeutung.

Für Filmabtastung und spezielle Anwendungen wie z. B. für die automatische Zeichenerkennung (s. Abschnitt 13.1, Band III) können Abtastgeräte wie Lichtpunktabtastung Dissector-Röhre, Photowandleranordnungen oder Loch- bzw. Schlitzdrehscheiben (mechanische Bildpunkt-Ausblendung) Vorteile gegenüber den Bildabtaströhren haben.

3.3.5 Elektromagnetisch-elektromagnetische Wandler

3.3.5.1 Fluoreszenz und Phosphoreszenz [2]. Frequenztransformation von elektromagnetischer Strahlung kann mittels Fluoreszenz oder Phosphoreszenz erfolgen. Fluoreszenz (Resonanz-, Mehrlinien- oder sensibilisierte) tritt auf während der Bestrahlung (Licht- oder Korpuskularstrahlung) und klingt nach Beendung der Strahlung exponentiell ab. Die Abklingzeit ist durch Temperaturerniedrigung nicht zu verändern. Die Abklingzeit der Phosphoreszenz dagegen wächst mit sinkender Temperatur. Unter Lumineszenz versteht man die Erscheinung der Fluoreszenz und Phosphoreszenz zusammen. Ausgenutzt wird die Lumineszenz bei Leuchtschirmen (Tab. 3.3-4) und Luminophoren, Leuchtstoffen, die bei Anregung mit UV-Licht im sichtbaren Bereich strahlen.

Die Phosphoreszenz ist hauptsächlich eine störstellenbedingte Festkörpereigenschaft. Ihr Mechanismus läßt sich vereinfacht an Hand des Energiebändermodells nach Abb. 3.3-37 beschreiben. Durch Absorption von Licht- oder Teilchen-

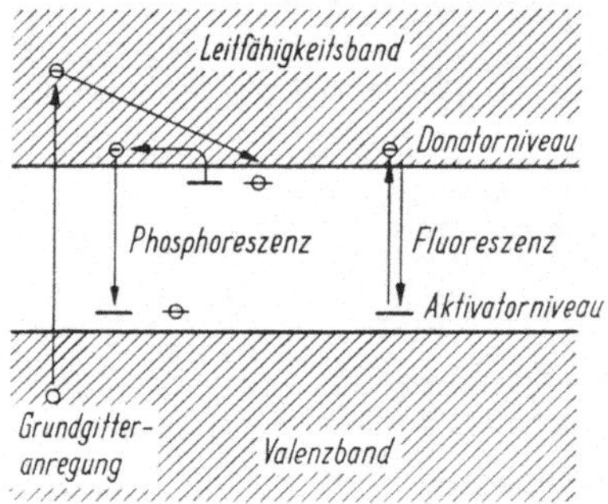

Abb. 3.3-37. Darstellung des Mechanismus der Fluoreszenz- und Phosphoreszenzstrahlung von Kristallen im Energiebändermodell.

strahlung gelangt ein Elektron aus dem Valenzband in das im allgemeinen unbesetzte Leitfähigkeitsband. Aus quantenmechanischen Gründen ist eine Rekombination wie bei der Fluoreszenz, die von einem Aktivatorniveau aus erfolgt, hier nicht möglich. Das Elektron verliert durch Stöße mit dem Kristallgitter Energie und wird durch ein Donatoratom (Elektronenfalle) eingefangen. Durch thermische Energie kann das Elektron wieder energetisch angehoben und dadurch frei beweglich werden. Gelangt es schließlich zu einem Aktivatoratom mit unbesetztem Niveau, findet ein Übergang zum Aktivatorniveau unter Phosphoreszenzstrahlung statt, wobei ein Teil der vorher absorbierten Energie wieder frei wird.

3.3.5.2 Laser [11, 19 bis 22]. Der Laser beruht auf dem Prinzip der Anregung (Lichtabsorption) und der stimulierten (induzierten) Lichtemission von Gasen und Festkörpern, wobei zur phasenrichtigen und permanenten Stimulation (kohärentes Licht) ein optischer Resonator zur Ausbildung einer stehenden Welle erforderlich ist (s. auch Elektrolumineszenz-Diode und -Laser, Abschnitt 3.3.4.2). Die Energien von Atomen und Molekülen sind unter dem Einfluß der Temperatur auf verschiedene Energieniveaus verteilt (Abb. 3.3-38). Die Besetzungsdichten der Energieniveaus können z. B. durch Anregung mit energiereicher Lichtstrahlung beim Festkörperlaser (z. B. mit Xe-Entladungslampen), oder durch eine HF- oder Gleichspannungs-Gasentladung beim Gaslaser zugunsten der energiereicheren höheren Niveaus verschoben werden. Die angeregten Atome, Moleküle oder Kristalle geben ihre Energie im allgemeinen durch spontane Emission (Fluoreszenz, inkohärentes Licht) oder strahlungslos durch Molekülstöße oder durch Stöße mit dem Kristallgitter ab. Voraussetzung für einen Laserbetrieb ist das Vorhandensein von metastabilen Energieniveaus, für die die Verweilzeit von Elektronen um Zehnerpotenzen größer ist als für Niveaus mit spontanem Elektronenübergang, so daß ohne äußere Einwirkung hauptsächlich strahlungslose Übergänge auftreten. Bei Anlegen eines Signalfeldes mit einer Lichtfrequenz nach (3.3-31), die der des Überganges zum Grundzustand entspricht, oder bei geringer spontaner Emission und vorhandenem Resonator wird das Signalfeld oder Resonatorfeld durch phasenrichtige stimulierte Emission ver-

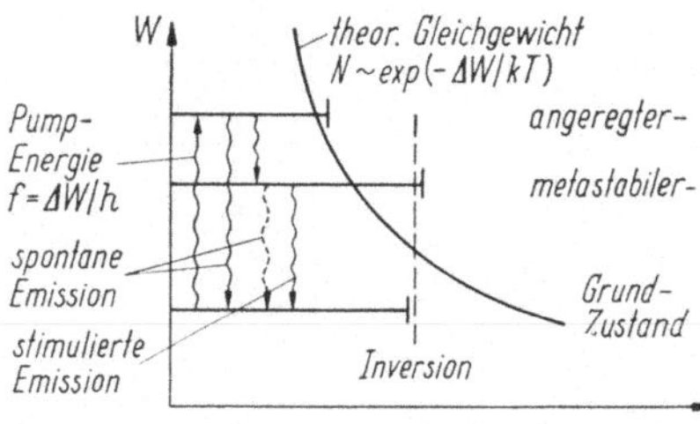

Abb. 3.3-38. Darstellung der Besetzungsverhältnisse (Inversion) beim Auftreten von spontaner Emission.

stärkt (negative Absorption). Voraussetzung ist, daß die Besetzungszahl des angeregten metastabilen Zustandes größer ist als die des Grundzustandes (Populationsinversion), in der der Kristall oder das Gas nach stimulierter Emission übergeht. Ist keine Inversion vorhanden, so ist die Wahrscheinlichkeit, daß das spontan emittierte Photon absorbiert wird (spontane Anregung) größer als daß das Photon abgestrahlt wird und zu einer stimulierten Emission weiterer Photonen führt.

Wegen des Resonators (Fabry-Perrot) und dem verhältnismäßig großen Strahlungsquerschnitt vom Durchmesser d_0 kann sich eine kohärente Lichtstrahlung großer Strahlungsintensität und engem Strahlungsbündel ausbilden, die aus dem Resonator durch die polierte oder halbversilberte planparallele Endfläche austreten kann. Die Laserstrahldurchmesser an der Austrittsfläche betragen im allgemeinen 1 bis 5 mm bei Öffnungswinkeln von 1 bis 20 Bogenminuten. Die Linienbreite des erzeugten kohärenten Lichtes beträgt um 10^{-6} µm. Die Strahlverbreiterung gibt (3.3-30) an. Mit einem Objektiv kann ein Laserstrahl etwa auf den durch die Beugung begrenzten minimalen Lichtpunktdurchmesser nach (3.3-30) fokussiert werden. Die Lichtpunktdurchmesser liegen um 10 bis 100 µm bei Leuchtdichten bis 10^{11} sb (Sonne 1 bis $2 \cdot 10^5$ sb). Da der Abstand der Reflektorfläche L ein Vielfaches von der halben Lichtwellenlänge beträgt, können sich wegen der endlichen spektralen Breite der angeregten Strahlung verschiedene Strahlungsmoden ausbilden, die einen Frequenz- bzw. Wellenlängenabstand nach (3.3-31) haben (s. Abb. 3.3-39a)

$$d = d_0 \sqrt{1 + \frac{4\lambda^2 D^2}{\pi d_0^2}} \quad \text{oder} \quad 2\psi_{\text{max}} \approx \frac{\lambda}{d_0} \quad \text{und} \quad d_{\text{fok}} \approx \frac{2{,}4\lambda f_{\text{opt}}}{d} \quad (3.3\text{-}30)$$

$$f_{\text{Laser}} = \frac{\Delta E_{\text{Niveau}}}{h} \quad \text{und} \quad \Delta f_{\text{mode}} = \frac{v_{\text{licht}}}{2L} \quad \text{bzw.} \quad \frac{\Delta \lambda_{\text{mode}}}{\lambda} = \frac{\lambda}{2L} \, . \quad (3.3\text{-}31)$$

An Stelle des optischen Resonators kann auch eine Glasfaser [3] treten, deren Durchmesser vergleichbar mit der Wellenlänge des Lichtes wird. Das Verhalten solcher Fasern ähnelt dem dielektrischer Wellenleiter und kann nicht mehr mit den Mitteln der geometrischen Optik beschrieben werden. Ähnlich wie bei Hohlleitern gibt es auch für die Faser eine kleinere Zahl von Übertragungsmoden mit geringster Dämpfung, so daß die Voraussetzungen für einen Laserbetrieb auch ohne Resonator gegeben sind. Die Fasern aus Neodymglas (Durchmesser 10 bis 200 µm, $\lambda = 1{,}06$ µm, Länge 75 cm) können um die Lichtquelle gewickelt werden und wirken im Gegensatz zum Resonanzbetrieb als Wanderwellen-Oszillator.

Da Anregung und stimulierte Emission im allgemeinen ständig stattfindet, kann bei einer Lichtquelle vorgegebener Strahlungsleistung nur ein bestimmter Grad der Anregung erzielt werden. Zur Steigerung der Besetzungsdichte der angeregten Zu-

stände kann z. B. die stimulierte Emission vorübergehend unterbrochen werden.
Dies erfolgt durch Verändern der Kreisgüte des optischen Resonators (Q-switch).
Mit Kerrzellen oder rotierenden Spiegeln in geeigneter Anordnung wird die für einen

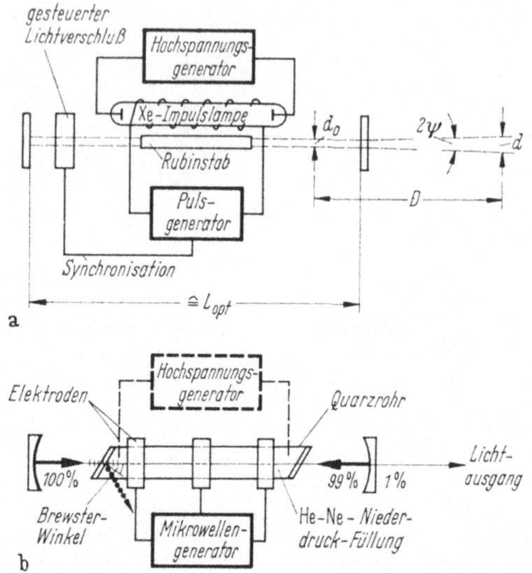

Abb. 3.3-39. Aufbau eines a) Festkörper (Rubin)-Lasers und b) Gas(He-Ne)-Lasers.

Hohlraum-Resonator zur Ausbildung stehender Wellen erforderliche Wellenreflexion
ausgeschaltet (s. Abb. 3.3-39a). Durch Wiedereinschalten der reflektierenden Fläche
tritt Resonanz und damit stimulierte Emission auf, die wegen der aufgespeicherten
Anregungsenergie einen Lichtimpuls sehr hoher Lichtintensität bewirkt.

Übliches Lasermaterial für Festkörper-Laser ist z. B. Rubin als Einkristall,
welches mit Chrom dotiert ist, und Helium und Neon für Gaslaser. Bei Festkörper-
lasern setzt die induzierte Emission bei einem bestimmten Schwellenwert der
Pumpenergie (Entladungslampe) ein. Nach einigen 100 μs ist sie im allgemeinen
abgeklungen, da die stark induzierte Emission die erforderliche Besetzungsdichte
unter den kritischen Wert abgesenkt hat. Die abgegebenen Pulsenergien betragen
etwa zwischen 0,5 bis 1500 Ws bei einer Energieaufnahme von 0,75 bis zu 120 kWs,
bei Q-switch zwischen 60 bis 1000 MW für z. B. 40 ns Dauer. Die Pulsfrequenz kann
einige Pulse je Minute betragen.

Die Kenndaten einiger kontinuierlich arbeitender Gaslaser sind in Tab. 3.3-8 und
Tab. 3.3-9 angegeben. Ein gebräuchlicher Gaslaser ist der He-Ne-Laser (Abb. 3.3-39b).
Bei diesem kollidieren durch Gasentladung freiwerdende und beschleunigte Elektronen mit He-Atomen, die hierdurch auf höhere Energieniveaus angehoben werden. Das
Niveau eines metastabilen He-Zustandes liegt in der Nähe des Ne-Grundzustandes,
so daß durch Resonanz-Stoß Ne-Atome angeregt werden. Der Wirkungsgrad ist dabei
höher, als wenn nur mit Neonfüllung gearbeitet würde. Die angeregten Ne-Atome
gehen unter stimulierter Emission in einen Zwischenzustand über. Die Lebensdauer
des ersteren Zustandes ist gegenüber diesem größer, so daß Inversion, die Voraussetzung für den Laserbetrieb ist, auftreten kann. Damit die am Quarzrohr auftretenden Reflexionsverluste (etwa 4% je Strahlendurchgang) vernachlässigbar klein
sind, werden die Austrittsflächen um den Brewsterwinkel geneigt (s. Abschnitt
Lichtpolarisation). Dadurch wird nur das in Abb. 3.3-39b gezeichnete, zur Papierebene senkrecht polarisierte Licht verstärkt (Reflexionsverluste je Durchgang: 0%

vertikal, 5% horizontal polarisiert). Um die Parallelitätsbedingung der Reflektoren unkritischer zu machen, können diese sphärisch angeschliffen sein. Der Mittelpunkt des Krümmungskreises liegt dabei in der anderen Reflektorebene.

Tabelle 3.3-8. Eigenschaften einiger Laser

Lasertyp	Material	Wellenlänge μm	Wirkungsgrad %	Strahlungsleistung W
Festkörper	$Cr^{3+}Al_2O_3$	0,69	0,1	1
	$Nd^{3+}Y_3Al_5O_{12}$	1,06	0,6	15
Gas	Ne II	0,3324	0,003	0,01
	Ar II	0,4880	0,02	1
	He-Ne	0,6328	0,1	0,1
	He-Ne	1,1523	0,04	0,04
	Xe	2,0261	0,01	0,01

Tab. 3.3-9. Ausgangsleistung (TEM_{00}) einiger Ionen-Lasersysteme

Wellenlänge	Argon Modell 165—00	Krypton Modell 165—01	Argon/Krypton Modell 165—02	Argon Modell 165—03
799,3 nm		30 mW		
793,1 nm		10 mW		
752,5 nm		100 mW		
676,4 nm		120 mW	20 mW	
647,1 nm		500 mW	200 mW	
568,2 nm		150 mW	80 mW	
530,9 nm		200 mW	80 mW	
520,8 nm		70 mW	20 mW	
514,5 nm	800 mW		200 mW	1400 mW
501,7 nm	140 mW		20 mW	250 mW
496,5 nm	300 mW		50 mW	400 mW
488,0 nm	700 mW		200 mW	1300 mW
482,5 nm		30 mW	10 mW	
476,5 nm	300 mW		60 mW	500 mW
476,2 nm		50 mW		
472,7 nm	60 mW			150 mW
465,8 nm	50 mW			100 mW
457,9 nm	150 mW		20 mW	250 mW
454,5 nm				100 mW
351,1 nm + 363,8 nm				20 mW
350,7 nm + 356,4 nm		40 mW		

Außer zur Erzeugung kohärenten eng gebündelten Lichtes für Nachrichtenübertragung und Farbdisplay-Anwendung können Laser unter Umständen auch als Computer-Bauelemente für Licht-Licht-Logik und Speicher dienen (s. auch licht-elektrische-Logik, Elektrolumineszenz, Abschnitt 3.3.4.2). Ausgenutzt wird dabei die Inversion als Schwelle für den Einsatz einer Laserstrahlung, wobei der Arbeitspunkt eines Lasers dicht unter dem Inversionspunkt liegt. Eine Lichtstrahlung eines anderen Lasers kann dann bei geeigneter Wellenlänge als Trigger-Lichtimpuls dienen. Vorteilhaft ist die enge Bündelung von Laserstrahlen und ihre geringe Beeinflussung aufeinander, z. B. bei einer Gatter-Funktion *eines* Lasers mit mehreren Eingängen. Mit Laser-Logik sollen Schaltzeiten von weniger als 10^{-9} s erzielbar sein.

3.3.5.3 Bildwandler [12]. Mit Bildwandlerröhren (z. B. von Fairchild, RCA, ITT, Valvo) läßt sich ein unsichtbares Lichtspektrum, z. B. aus dem ultravioletten oder ultraroten Bereich, in den sichtbaren Bereich transformieren. Die verwendete Photokatode muß maximale Empfindlichkeit für das zu transformierende Lichtspektrum haben (S 1 für nahes IR, S 13 oder S 23 für nahes UR, S 10, S 11 oder S 20 für höchste Empfindlichkeit, s. Tab. 3.3-6 und Abb. 3.3-29. Die aus der Photokatode austretenden Elektronen werden elektronenoptisch auf einen Leuchtschirm abgebildet. (P 20 für hohe Leuchtdichte, P 11 oder P 16 für Photographie, s. Tab. 3.3-4). Die Beschleunigungsspannungen U_B betragen zwischen 10 und 20 kV. Der Durchmesser der nutzbaren Flächen der Katoden und der Schirme liegt zwischen 25 und 90 mm bzw. 20 und 100 mm. Die Fokussierung erfolgt im allgemeinen elektrostatisch bei Auflösungen von 10 bis 50 Zeilen/mm oder magnetisch für eine größere Auflösung von etwa 25 bis 40 Zeilen/mm. Das Bildverhältnis für Katode zu Schirm (lineare Bildvergrößerung v_B) liegt im allgemeinen um 1 (0,5 bis 7). Die durch Bildwandlung erzielbare Lichtverstärkung ist durch die Katodenempfindlichkeit ε_K, durch die Beschleunigungsspannung und durch die Schirm-Effektivität ε_{Sch} gegeben (3.3-32). Eine zusätzliche Intensitätssteigerung wird durch geometrisch-optische Bildverkleinerung (linear $1/v_B$) erzielt (s. Gerichtete Lichtübertragung, Abschnitt 3.3.4.1).

$$v_{Licht} = \varepsilon_K \varepsilon_{Sch} U_B \quad \text{und} \quad v_{opt} \approx \frac{1}{v_B^2}. \qquad (3.3\text{-}32)$$

Übliche Werte sind z. B. $\varepsilon_K = 50\ \mu\text{A/lm}$ bzw. 50 mA/W, $\varepsilon_{Sch} = 50\ \text{lm/W}$ bzw. 10% und $U_B = 15$ kV, woraus eine Lumenverstärkung von 75 und eine Leistungsverstärkung von 37,5 resultiert. Die Verzeichnungen (kissen- oder tonnenförmig) sind z. B. definiert als $V = (v_{B,P} - v_{B,0})/v_{B,0}$, wobei v_B die lineare Bildvergrößerung in einem Punkt P bzw. im Zentrum 0 des Schirmes bedeutet. Übliche Werte sind $V = 2$ bis 10%.

Die Lichtverstärkung kann durch Hintereinanderschalten mehrerer Bildwandlerröhren, die z. B. optisch über eine Faseroptik gekoppelt sind, gesteigert werden. Diese Bildwandler können auch in direkter Kopplung in einer Einheit als mehrstufige Bildwandlerröhre hergestellt werden (2- oder 3-stufig). Bildwandler werden zur Lichtverstärkung in der Astronomie (z. B. zur Sternlokalisation bei Sternbild-Erkennungssystemen) und für Infrarotaufnahmen im Militärwesen angewandt. Weitere Anwendung finden Bildwandlerröhren für Zeitlupen- und Kurzzeit-Photographie. Durch Einbau eines Gitters (Abb. 3.3-40) kann die Röhre mit z. B. −60 V gesperrt werden, wobei das Elektronenbild zusätzlich durch Ablenkplatten (Ablenkfaktor 10 V/mm kV) oder Ablenkspulen über den Schirm bewegt werden kann. In der Größenordnung der Nachleuchtdauer können Bilder gespeichert werden. Diese

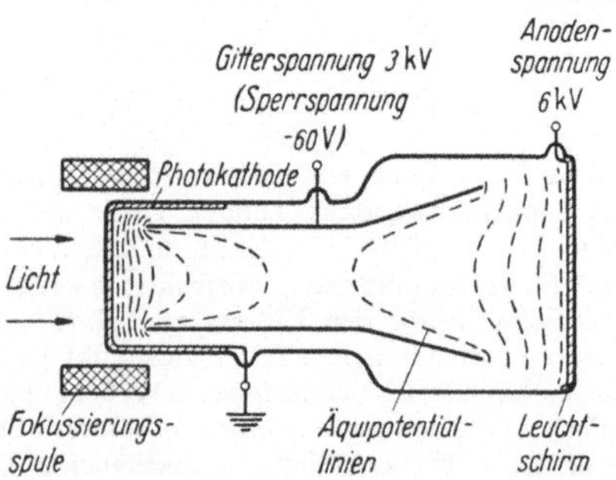

Abb. 3.3-40. Querschnitt durch eine Bildwandlerröhre mit Sperrgitter.

Technik kann zum Photographieren von nuklearen Spuren oder Ereignissen Anwendung finden. Wegen des Sperrgitters kann die Röhre als schnell arbeitender Lichtverschluß dienen. Belichtungszeiten bis herab zu 10^{-7} s lassen sich erzielen. Durch Anwendung zusätzlicher Ablenkmittel kann auch ein Zeitmaßstab auf den Leuchtschirm gebracht werden, so daß Zeiten bis 10^{-9} s aufgezeichnet werden können. Bildwandler werden auch zur Röntgenbildverstärkung angewandt [1].

3.3.5.4 Licht- und Bildverstärkung auf Elektrolumineszenzbasis [2]. Das Prinzip der Lichtverstärkung auf EL-Basis zeigt Abb. 3.3-41 a. Ein Photoleiter wird mit einer EL-Zelle in Reihe geschaltet. Die EL-Zelle strahlt Licht mit einer Intensität ab,

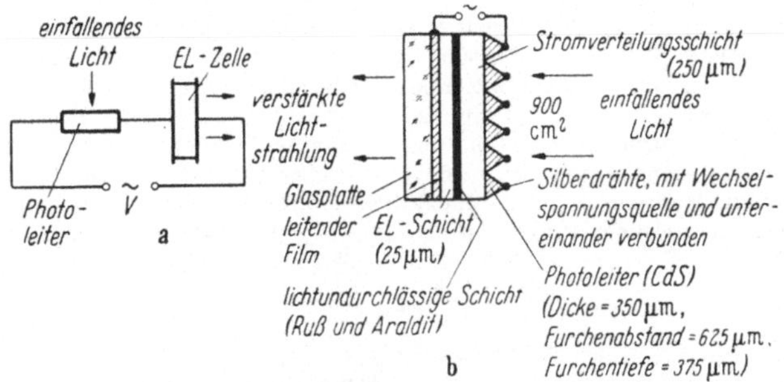

Abb. 3.3-41. Bildverstärkung mittels Elektrolumineszenz. a) Bildverstärkerelement aus einer EL-Zelle und einem Photowiderstand in Serie geschaltet; b) Aufbau zu einem Bildverstärker, schematisch.

die gegenüber der des auf den Photoleiter fallenden Lichtes verstärkt ist. Mit zunehmender Intensität des einfallenden Lichtes wird der Photoleiter niederohmiger, so daß der Spannungsabfall an der EL-Zelle und damit die EL-Strahlung steigt. Entsprechend der spektralen Effektivität der EL-Zelle und der spektralen Empfindlichkeit des Photoleiters läßt sich auch eine Frequenztransformation der Strahlung durchführen. Abb. 3.3-41 b zeigt das Prinzip der Lichtverstärkung auf eine Bildverstärkung angewandt. Statt der Reihenschaltung sind hier photoleitende Schicht und EL-Schicht in engem Kontakt gebracht. Zur Vermeidung von Lichtrückkopplung sind sie durch eine lichtundurchlässige leitende Schicht getrennt. Die Auflösung kann bis zu 10 Zeilen/mm betragen. Der max. Lichtverstärkungsfaktor beträgt z. B. 60 für 0,6 lx Eingangsbeleuchtungsstärke für eine bestimmte Zelle. Eine Lichtverstärkung kann auch mit Röntgenstrahlung (wirkungsvoll zwischen 150 bis 500 keV) mit CdS bzw. CdSe als Photoleiter erfolgen (Massenschwächungskoeffizient 13 bzw. 25, s. auch [1], (Tab. 2.4-44).

3.3.6 Chemisch-elektrische Wandler

Brennstoffelemente [2]. Brennstoffelemente sind spezielle chemische Primärelemente, die durch einen reversiblen thermodynamischen Prozeß elektrischen Strom aus Kohle, Kohlenstoffverbindungen oder ihren Nebenprodukten wie Wasserstoff, Gichtgas oder Synthesegas und Sauerstoff erzeugen können.

Radioaktive Isotope. Radioaktive Isotope finden Anwendung für Aufgaben wie zerstörungsfreie Materialprüfung, Dickenmessung, Füllstands- und Durchflußmessung, Aktivierungsanalyse, Korrosionsprüfung wie Abnutzung von Metallflächen usw. (Isotope und Toleranzdosen s. [1]).

Photographisches Material (Film). Die für eine Schwärzung ausreichende Lichtmenge (Lichtwert) und die Beziehungen zwischen Filmempfindlichkeit (DIN),

Beleuchtungsstärke, Blendenzahl und Belichtungszeit sind z. B. in [4] weitere Einzelheiten in [22] angegeben.

Für die Informationsspeicherung interessant ist der wiederverwendbare Photochromicfilm. Bei Strahlung geeigneter Frequenz findet eine Zustandsänderung des organischen oder anorganischen Molekularfilms statt. Diese Zustandsänderung kann durch Wärme oder durch Lichtstrahlung anderer Frequenz wieder rückgängig gemacht werden. Die Zustandsänderung besteht darin, daß die im UV-Bereich liegende Absorption ins sichtbare Gebiet verschoben wird.

3.3.7 Korpuskular-elektrische Wandler

Nuklearbatterien [2]. Nuklearbatterien nutzen die sehr energiereiche Strahlung radioaktiver Isotope für die elektrische Energieerzeugung aus. Die Leistungsabgabe ist verglichen mit chemischen Batterien naturgemäß gering. Sie haben gegenüber diesen aber gewisse Vorteile, z. B. eine lange Lebensdauer, eine große Konstanz ihrer Daten, Temperaturunabhängigkeit und Unempfindlichkeit gegen Kurzschluß. Sie bilden damit eine ausfallssichere Batterie großer Lebensdauer. Die Lebensdauer wird durch die Halbwertszeit der radioaktiven Isotope bestimmt, doch ist die Batterie darüber hinaus mit entsprechend geringerer Leistungsabgabe arbeitsfähig.

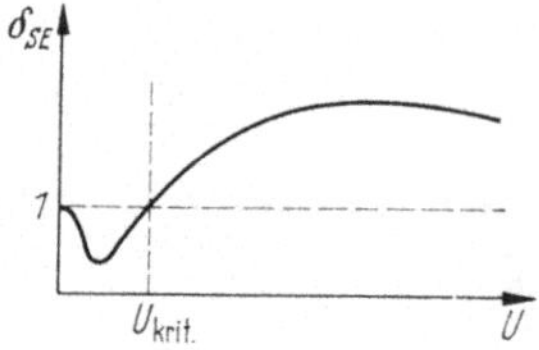

Abb. 3.3-42. Darstellung der Abhängigkeit des Sekundärelektronenfaktors von der Beschleunigungsspannung.

Sekundärelektronenemission. Ein Festkörper, auf den z. B. elektrisch beschleunigte Elektronen treffen, emittiert seinerseits Elektronen in den freien Raum. Der Sekundärelektronenfaktor δ_{SE} wird als Quotient aus emittiertem zu auftreffendem Elektronenstrom definiert. In Abb. 3.4-42 ist δ_{SE} als Funktion der Elektronenenergie bzw. der Beschleunigungsspannung dargestellt. Für langsame Elektronen unterhalb der kritischen Spannung U_{krit} ist $\delta_{SE} < 1$, oberhalb für schnelle Elektronen $\delta_{SE} > 1$. Ein isoliert aufgestellter Festkörper lädt sich entsprechend negativ oder positiv auf. Die maximalen SE-Faktoren liegen bei Metallen zwischen 0,5 bis 1,5 und bei Halbleitern und Nichtleitern zwischen 1 und 20.

Teilchenzähler [2]. Teilchenzähler dienen zum Nachweis, zur Intensitäts- und Energiemessung schneller Teilchen. In Ionisationskammern ionisieren die nachzuweisenden Teilchen ein Gas. Die gebildeten Ionen werden durch ein elektrisches Feld zu den Elektroden abgesaugt und erzeugen an einem Widerstand einen Spannungsimpuls als Teilchennachweis, der der Teilchenenergie proportional ist. Bei der Ionisation der Gase werden für ein Ionenpaar etwa 30 bis 40 eV (32 eV für Luft) verbraucht. Die Ionisation eines gasförmigen Stoffes durch β-Strahlen erreicht bei etwa 100 eV Bewegungsenergie ein Maximum. Für Luft beträgt die Ionisation etwa 200 Ionenpaare/cm mbar. Bei 10^6 eV Energie der ionisierenden Elektronen ist sie auf 0,06 Ionenpaare/cm mbar abgefallen.

Empfindlicher sind Zählrohre mit zusätzlicher Gasverstärkung. Die primär erzeugten Elektronen werden in einem kräftigen elektrischen Feld (an einer Spitze oder dünnem Draht) stark beschleunigt, so daß sie ihrerseits das Gas sekundär ionisieren und weitere Elektronen erzeugen. Bei Proportionalzählrohren ist die durch ein Teilchen ausgelöste Elektronenlawine örtlich im Zählrohrvolumen begernzt. Mit ihnen können Energiemessungen gemacht werden. Dagegen breitet sich bei Auslösezählrohren (Abb. 3.3-43 a) die Entladung über die ganze Zählrohrlänge aus. Die Impulse am Zählrohrwiderstand sind bei konstanter Zählrohrspannung unabhängig von der Größe der Primärionisation. Von einer bestimmten Einsatzspannung an bleibt die Zählrate bei zunehmender Spannung in einem gewissen Be-

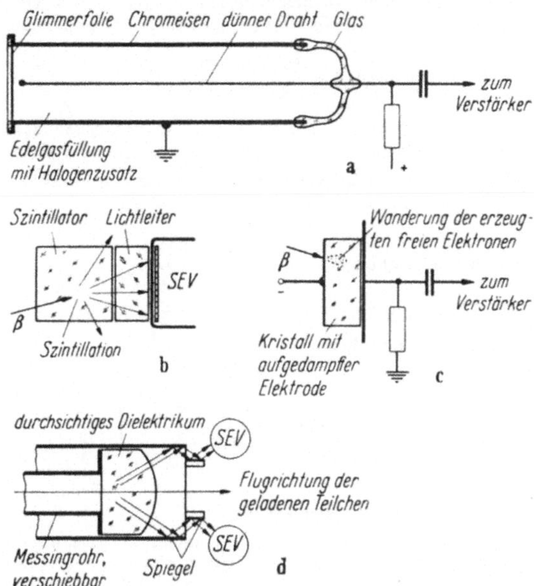

Abb. 3.3-43. Teilchenzähler, schematisch. a) Auslösezählrohr; b) Szintillationszähler; c) Kristallzähler und d) Cerenkov-Zähler.

reich etwa konstant (Ausbildung eines Plateaus, Meßbereich). Die Einsatzspannung ist abhängig von Konstruktion, Fülldruck und Dampfzusatz. Sie liegt normalerweise um 450 V.

Sehr geringe Ansprechzeiten (Verzögerungszeit zwischen Primärionisation und Impulsregistrierung) und großes Auflösungsvermögen haben Szintillations- (Abb. 3.3-43b), Kristall- (Abb. 3.3-43c) und Cerenkov-Zähler (Abb. 3.3-43d). In Szintillationszählern wird beim Durchgang eines Teilchens durch einen Szintillationskristall ein Lichtblitz erzeugt, der mit einem Sekundärelektronen-Vervielfacher nachgewiesen wird. In Cerenkov-Zählern wird beim Durchgang von geladenen Teilchen mit Geschwindigkeiten größer als der Phasengeschwindigkeit des Lichts in dem durchsichtigen Dielektrikum Strahlung erzeugt unter einem bestimmten für die Teilchenenergie charakteristischen Winkel. Die Strahlung wird mit einem Sekundärelektronen-Vervielfacher nachgewiesen. In Kristallzählern wird die Ionisationswirkung schneller Teilchen in Kristallen für ihren Nachweis benutzt. Die Ionisationsenergie zur Erzeugung eines freien Elektrons liegt bei etwa 8 eV. Durch die Ionisation wird der Kristall kurzzeitig leitend, so daß an einem Widerstand ein Spannungsimpuls auftritt. Die Schubwege der freien Elektronen betragen bei bestimmten Kristallen und bestimmter Konzentration der Elektronenfänger um 0,1 cm bei Feldstärken von 10^4 V/cm. Für die Impulshäufigkeit beim Zerfall radioaktiver Substanzen gilt unter Berücksichtigung des Zerfallsgesetzes

$$A = \frac{dN}{dt} = -\lambda N \quad \text{und} \quad N = N_0 \exp(-\lambda t) \qquad (3.3\text{-}33)$$

(Aktivität A [1], Teilchenzahl N, Anfangszahl N_0, Halbwertszeit $\tau = \ln 2/\lambda$ für $N = N_0/2$);

die Poissonsche Verteilung für die Wahrscheinlichkeit $w(m)$, daß in einem betrachteten Zeitintervall von N radioaktiven Atomen gerade m Atome zerfallen:

$$w(m) = \frac{(\overline{m})^m}{m!}\, e^{-\overline{m}}, \tag{3.3-34}$$

wobei $\overline{m}$ die mittlere Teilchenzahl im Zeitintervall Δt ist (vorausgesetzt: N groß und λ klein, sonst binomische Verteilung). Der mittlere statistische Fehler des Mittelwertes $\overline{m}$ ist $\sqrt{\overline{m}}$. Bei Berücksichtigung des Nulleffektes (Impulshäufigkeit ohne Präparat) ergibt sich der wirkliche Effekt folgendermaßen:

Nulleffekt bezogen auf Zeiteinheit
$$\frac{\overline{m}_0}{t_0} \pm \frac{\sqrt{\overline{m}_0}}{t_0}$$

Gesamteffekt bezogen auf Zeiteinheit
$$\frac{\overline{m}_1}{t_1} \pm \frac{\sqrt{\overline{m}_1}}{t_1}$$

Wirklicher Effekt bezogen auf Zeiteinheit
$$\frac{\overline{m}_1}{t_1} - \frac{\overline{m}_0}{t_0} \pm \sqrt{\frac{\overline{m}_1}{t_1^2} + \frac{\overline{m}_0}{t_0^2}}.$$

Literatur

[1] *Kazmierczak, H.*: Wandler. Abschnitt 2.4 im Taschenbuch der Nachrichtenverarbeitung. Hrsg. *K. Steinbuch*, 1. Aufl. Berlin, Göttingen, Heidelberg: Springer 1962. — [2] Abschnitt 2.6, 2. Aufl. Berlin, Heidelberg, New York: Springer 1967. — [3] *Weber, S.*: Optoelectronic devices and circuits. New York: McGraw-Hill 1964. — [4] *Goercke, P.*: Lichtempfindliche Bauelemente für die Automatisierung. Hamburg: Deckers' Verlag 1960. — [5] *Egli, P. H.*: Thermoelectricity. New York: Wiley 1960. — [6] *Schömezler, G.*: Beitrag zur Umwandlung nichtelektrischer Größen in elektrische Größen. Elektronik 6 (1957) 114—148. — [7] *Ganger, R.*: Mechanisch-elektrische und thermoelektrische Meßgrößenumformer. Arch. techn. Messen (1964) 163—166. — [8] *Braun, K.*: Vierpoltheorie der Wandler. NTZ 16 (1963) 191—196, 230—236. — [9] *Fischer, F. A.*: Allgemeine Gesetzmäßigkeiten der elektromechanischen Wandler. NTZ 17 (1964) 388—392. — [10] *Helwig, H.-J., Krochmann, J.*: Über die Lichtfeldgrößen und deren Messung. Arch. techn. Messen (1965) 175—180. — [11] *Freitag, H.*: Physikalische Grundlagen des Lasers. Elektron. Rdsch. 19 (1965) 11—14. — [12] *Müller, P.*: Elektronenoptische Bildwandlerröhre. Elektronik 14 (1965) 167—170. — [13] *Didomenico, M., Svelto, O.*: Solid-state photodetection: a comparison between photodiodes and photoconductors. Proc. IEEE 52 (1964) 136—144. — [14] *Büttner, L.*: Merkmale moderner Photovervielfacher. Elektron. Rdsch. 19 (1965) 502—506, 586—590. — [15] *Mans, H.*: Der Fotowiderstand. Elektronik 14 (1965) 217—220. — [16] *Haft, G.*: Fotovervielfacher-Neuere Typen, Ankopplungsschaltungen, Schaltungspatente. Elektronik 14 (1965) 177—180. — [17] *Kalisvaart, A. C.*: Leseverstärker zur Abtastung von Lochstreifen und -Karten mit Silizium-Photoelementen. Elektron. Rdsch. 19 (1965) 82—84. — [18] *Limann, O.*: Schaltungen mit lichtelektrischen Steuerelementen. Elektronik 14 (1965) 165—166. — [19] Optical and electro-optical information processing. Hrsg. J. T. Tippett et al., Cambridge, Mass., London: MIT Press 1965. — [20] Special issue on optical electronics, Proc. IEEE 54 (1966), H. 10. — [21] *Luxemberg, H. R., Kuehn, R. L.* (Hrsg.): Display systems engineering. New York: McGraw-Hill 1968. — [22] *Sherr, S.*: Display systems design. New York: Wiley 1970. — [23] *Schmidt, U. J.*: Anwendungen und Stand der digitalen Lichtstrahlablenkung. Internat. Elektron. Rdsch. 21 (1967) Heft 7. — [24] *Schmidt, U., Thust, W.*: A 10-stage digital light beam deflector. J. Optoelectronics 1 (1969) 21—23.

---

[1] 1 Ci (Curie) $= 3{,}7 \cdot 10^{10}$ Zerfallsakte einer radioaktiven Kernart/s.

3.4 Fluidiktechnik

M. Balda

Die Fluidik stellt heute neben der klassischen Pneumatik, Hydraulik und Elektronik das vierte Gebiet der Steuerungs- und Datenverarbeitungstechnik dar. Nach [1] versteht man unter „Fluidik" den Zweig der Wissenschaft und Technik, der sich mit der Signalübertragung und -verarbeitung mit Hilfe strömender Stoffe befaßt. In diesem Abschnitt werden nur sog. dynamische Fluidikelemente behandelt, d.h. Elemente, die ohne bewegliche mechanische Teile arbeiten. Als reine Strömungselemente stellen sie nicht nur vom physikalischen Prinzip her, sondern auch in ihren Betriebseigenschaften und Anwendungsmöglichkeiten einen völlig neuen Typ dar.

Die rasche Entwicklung der Fluidik in den letzten zehn Jahren ist vor allem durch die folgenden günstigen Betriebseigenschaften verursacht worden:

1. Fluidiksysteme sind außerodentlich betriebssicher, weil sie keine beweglichen mechanischen Teile enthalten. Die Kennlinien der Fluidikelemente ändern sich weder mit der Zeit noch mit der Zahl der Operationen. Die Elemente ertragen ohne Beschädigung vielfache Druck- und Leistungsüberlastung.

2. Fluidiksysteme können unter äußerst ungünstigen Umgebungsbedingungen arbeiten. Sie sind vollkommen explosionssicher, schwingungsfest und beständig gegen große und schnelle Temperaturschwankungen. Ihre Eigenschaften sind von elektromagnetischen Feldern oder radioaktiver Strahlung nicht beeinflußt.

3. Fluidiksysteme sind sehr adaptiv. Einzelelemente sowie ganze Schaltungen können in einem weiten Druckbereich gespeist werden (in der Regel 1:5 oder mehr). Die dimensionslosen Kennlinien bleiben dabei unverändert. Analoge Fluidikverstärker können Drucksignale von einigen Zehntel mbar bis zu einigen Hundert mbar verstärken.

4. Fluidikelemente sind klein, leicht und weisen hohe Schaltgeschwindigkeiten auf. Die Schaltzeiten liegen unter 1 ms.

5. Fluidikelemente arbeiten mit geringem Energieverbrauch. Der Dauerverbrauch hängt vom Speisedruck ab und beträgt in den meisten Fällen nicht mehr als einige Zehntel Watt pro Element.

Die Anwendungsbereiche von Fluidiksystemen liegen vor allem da, wo extrem ungünstige Umgebungsbedingungen die Anwendung elektronischer Systeme unmöglich machen. Das ist der Fall z.B. bei der Steuerung von Raketenantrieben, in der Reaktortechnik, auch in manchen Industrieanlagen wie z.B. in der Holzbearbeitungsindustrie, Sprengstoffindustrie, in Lackierungsanlagen, Waschanlagen, weiter bei der Steuerung von Montagemaschinen, Sortiermaschinen und in vielen Fällen, wo der Antrieb direkt pneumatisch oder hydraulisch gesteuert werden soll.

Die Geschwindigkeit der Signalübertragung in Fluidikschaltungen ist durch die Schallgeschwindigkeit begrenzt. Damit ist auch die höchste Schaltfrequenz einzelner Fluidikelemente auf einige kHz und der Fluidiknetze auf etwa 1 kHz begrenzt. Aus der Abb.3.4-1a ersieht man, daß die Fluidiksysteme die bisher angewandten pneumatischen und elektromechanischen Systeme nicht nur ersetzen können, sondern daß ihr Anwendungsgebiet sogar größer ist. Im Vergleich mit elektronischen Systemen ist zu beachten, daß die Reaktionsgeschwindigkeit fluidischer Systeme der des menschlichen Nervensystems nahe entspricht, so daß die Bedienung solcher Systeme als angenehm empfunden wird.

Die meisten Fluidiksysteme arbeiten mit einem Versorgungsdruck von etwa 20 bis 200 mbar, wobei der Querschnitt des Versorgungskanals etwa 0,2 bis 0,5 mm^2 beträgt. Damit ist der Dauerverbrauch der Versorgungsenergie etwa 0,1 bis 1 Watt (s. auch Abb.3.4-1b).

In diesem Kapitel werden die am häufigsten angewandten Typen von Fluidikelementen beschrieben. Außerdem gibt es eine ganze Reihe von weiteren theoretischen und konstruktiven Prinzipien für Fluidikelemente, strömungsmechanische

Fühler, Regelungsorgane, Leistungsverstärker usw., die hier nicht betrachtet werden können.

Alle hier benutzten Begriffe, Benennungen und Symbole entsprechen dem Vorschlag [1].

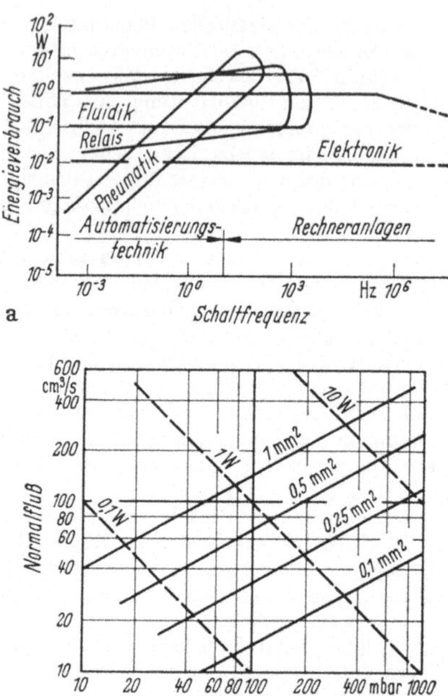

Abb. 3.4-1. a) Energieverbrauch und Schaltfrequenz verschiedener Schaltelemente; b) Luftverbrauch von Fluidikelementen.

3.4.1 Analoge Bauelemente

Das Prinzip der analog arbeitenden Fluidikelemente beruht auf der Interaktion zweier (oder mehrerer) Luftstrahlen. Der Winkel zwischen den Achsen zusammenstoßender Strahlen kann etwa 90° (wie es z. B. beim Proportionalverstärker der Fall ist) oder 180° (beim sog. Impactverstärker) betragen. Das Interaktionsprinzip kann man auch für die Konstruktion digitaler Fluidikelemente ausnutzen. Alle Typen analoger Bauelemente können mit Gleich- wie auch mit Wechselstrom arbeiten.

Der Proportionalverstärker. Abb. 3.4-2 zeigt das Arbeitsprinzip eines typischen Proportionalverstärkers. In der gut entlüfteten Interaktionszone des Verstärkers verursacht die Impulswirkung zweier Luftstrahlen (des Versorgungs- und des Eingangsstrahles) einen abgeleiteten Luftstrahl, dessen Größe und Richtung man nach dem Impulssatz genau vorher bestimmen kann. Es gilt:

$$\tan \gamma = H_\mathrm{E}/H_\mathrm{V} \tag{3.4-1}$$

und

$$H = \sqrt{H_\mathrm{E}^2 + H_\mathrm{V}^2} \, . \tag{3.4-2}$$

γ Ablenkungswinkel des Ausgangsstrahles, H, H_E, H_V Stromimpulse, wobei gilt:

$$H_\mathrm{E} = A_\mathrm{E} v_\mathrm{E}^2 \varrho_\mathrm{E} \quad \text{bzw.} \quad H_\mathrm{V} = A_\mathrm{V} v_\mathrm{V}^2 \varrho_\mathrm{V} \tag{3.4-3}$$

A_E, A_V Querschnitt des Kanals, v_E, v_V Geschwindigkeit des Strahles, ϱ_E, ϱ_V Dichte.

Die Verstärkung eines Proportionalverstärkers kann als Druck-, Strom- oder Leistungsgewinn ausgedrückt werden:

$$K_p = \frac{\Delta p_A}{\Delta p_E}, \quad K_Q = \frac{\Delta Q_A}{\Delta Q_E}, \quad K_P = \frac{\Delta P_A}{\Delta P_E}. \tag{3.4-4}$$

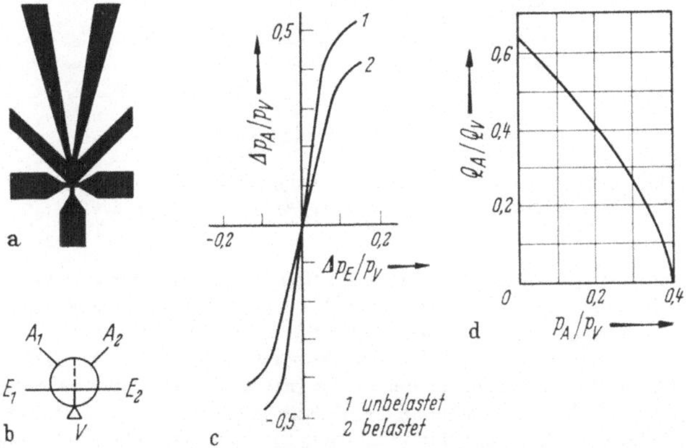

Abb. 3.4-2. Arbeitsprinzip eines Proportionalverstärkers.

Abb. 3.4-3. Proportionalverstärker. a) Silhouette; b) Schaltsymbol; c) Eingangs-Ausgangs-Charakteristik eines Gegentakt-Proportionalverstärkers; d) Dimensionslose Ausgangscharakteristik.

In den meisten Fällen arbeitet man mit dem Druckgewinn, weil Druckänderungen am einfachsten zu messen sind. Da die Verstärkung eines Fluidikelementes nicht zu hoch ist, konstruiert man die Elemente als Differentialverstärker (Gegentaktverstärker), wie in Abb. 3.4-2 gezeichnet. In Abb. 3.4-3 sieht man die Silhouette (a), das Schaltzeichen (b) und die Eingangs-Ausgangs-Druckcharakteristik eines konventionellen Gegentaktverstärkers. Der Druckgewinn eines unbelasteten Verstärkers beträgt etwa 8, der eines (mit demselben Typ) belasteten etwa 6. Die Ausgangskennlinie (d) zeigt, daß der höchste Wert des Ausgangsdruckes („pressure recovery") etwa 40% des Versorgungsdruckes (bei unendlicher Ausgangsimpedanz) und der höchste Wert des Ausgangsstromes („flow recovery") in einem Kanal (bei Ausgangsimpedanz gleich Null) etwa 60 bis 70% des Versorgungsstromes ist.

Proportionalverstärker kann man ohne weiteres in Kaskade verknüpfen, wobei die Gesamtverstärkung durch das Produkt der Verstärkungen der einzelnen Stufen gegeben ist. Abb. 3.4-4 zeigt die Silhouette (a) und die ausführliche Darstellung (b) eines dreistufigen Proportionalverstärkers. Die höchste Gesamtverstärkung beträgt etwa 200 und kann durch Veränderung der Rückkopplungswiderstände im weiten Bereich eingestellt werden.

Beim Kaskadenverstärker müssen die Versorgungsdrücke der einzelnen Verstärker zweckmäßig abgestuft sein, z. B. wie:

$$p_{V1} : p_{V2} : p_{V3} = 1 : 3 : 9. \tag{3.4-5}$$

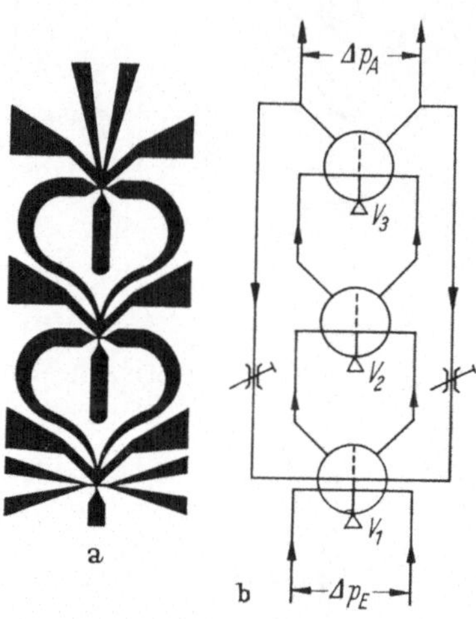

Abb. 3.4-4. Dreistufiger Proportionalverstärker. a) Silhouette; b) Schaltschema mit Rückkopplungswiderständen.

Da alle Verstärker der Kaskade einen konstanten Dauerverbrauch von Versorgungsenergie haben, kann der mehrstufige Verstärker aus einer Quelle gespeist werden; die Abstufung der Speisedrücke geschieht mit Hilfe eines Druckteilers.

Der Versorgungsdruck konventioneller Proportionalverstärker variiert zwischen 10 und etwa 500 mbar. Die Masse der in die Interaktion eintretenden Strahlen ist sehr gering, so daß die Eigenfrequenz des Verstärkers relativ hoch liegt. Der Amplitudenfrequenzgang konventioneller Verstärker (bei Abmessungen des Versorgungskanals von etwa Breite mal Höhe = 0,3 mm × 0,6 mm) bleibt bis etwa 1 kHz konstant. Für den Betrieb eines Fluidikverstärkers ist es wichtig, den Dauerenergieverbrauch zu kennen. Diese Angaben entnimmt man den Katalogen. Wird z. B. für den Versorgungsdruck $p_V = 50$ mbar ($= 5000$ Nm^{-2}) der entsprechende Versorgungsvolumenfluß etwa 1,2 l/min ($= 0,02 \cdot 10^{-3}$ m^{3}s^{-1}), so ist der Dauerenergieverbrauch

$$E_V = p_V Q_V = 5000 \, \text{Nm}^{-2} \cdot 0,02 \cdot 10^{-3} \, \text{m}^3\text{s}^{-1} = 0,1 \, \text{W}.$$

Mit Proportionalverstärkern kann man Drucksignale schon ab einigen Zehntel mbar linear verstärken.

Beim Entwurf von Analogschaltungen muß man beachten, daß einige Analogglieder wie z. B. das Integrierglied nicht analog zu den entsprechenden elektrischen Schaltungen entworfen werden können, weil die fluidische Kapazität nicht in Serie, sondern nur parallel geschaltet werden kann.

Für gewisse Zwecke benutzt man mit Vorteil einfach wirkende Proportionalverstärker, Abb. 3.4-5. Sie können nicht nur als invertierende Doppelweggleichrichter (c), sondern auch als NICHT- oder Äquivalenz-Glieder benutzt werden.

Der Impactverstärker. Die einfachste Ausführung eines Impactverstärkers zeigt Abb. 3.4-6. Zwischen zwei koaxialen Düsen, die einander gegenüber stehen, befindet sich eine scharfkantige Trennwand mit kreisförmiger Öffnung. Die Ströme, die aus den Düsen austreten, stoßen zusammen und es entsteht eine „Radialdüse". Ihre Position hängt vom Verhältnis beider Eingangsströme ab. Da die Radialdüse sehr flach ist, hat jede kleine Änderung der Eingangsdrücke eine große Änderung des Ausgangsdruckes zur Folge:

$$\Delta p_A = K \Delta p_E,$$

wobei $K = 100$ bis 200 ist. Der Impactverstärker wirkt also als ein Proportionalverstärker und wird auch in dieser Form vor allem für Fluidikregler benutzt. Obwohl das Prinzip des Impactverstärkers sehr einfach ist, bringt die praktische Ausführung verschiedene Schwierigkeiten mit sich.

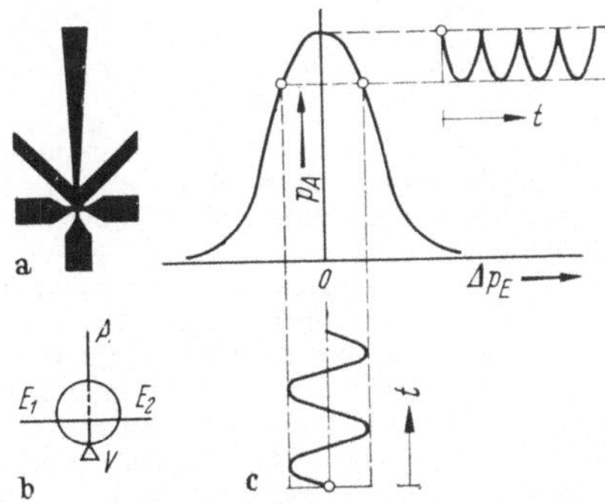

Abb. 3.4-5. Invertierender Proportionalverstärker. a) Silhouette; b) Schaltsymbol; c) Funktion des Doppelweggleichrichters.

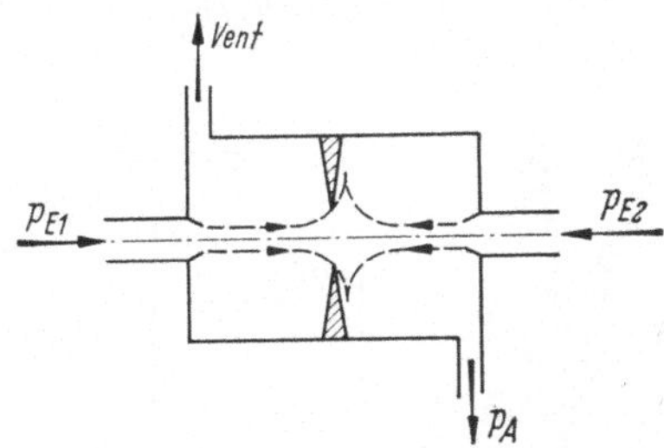

Abb. 3.4-6. Schema eines Impactverstärkers.

3.4.2 Digitale Bauelemente

Bei der Konstruktion digitaler Bauelemente verwendet man verschiedene physikalische Prinzipien, wie z. B. den Wandstrahleffekt, die Umwandlung eines laminaren Strahles in einen turbulenten sowie auch das Strahlinteraktionsprinzip.

Bistabiler Verstärker. Das am häufigsten angewandte digitale Fluidikelement ist das bistabile Speicherelement (Flipflop), Abb. 3.4-7. Die Wände sind im Bereich der Interaktionszone so gestaltet, daß immer der Wandstrahleffekt auftritt. Der freie turbulente Versorgungsstrahl nimmt aus seiner Nähe infolge der Einwirkung der turbulenten Grenzschicht des Strahles die Fluidteilchen mit, so daß eine dauernde

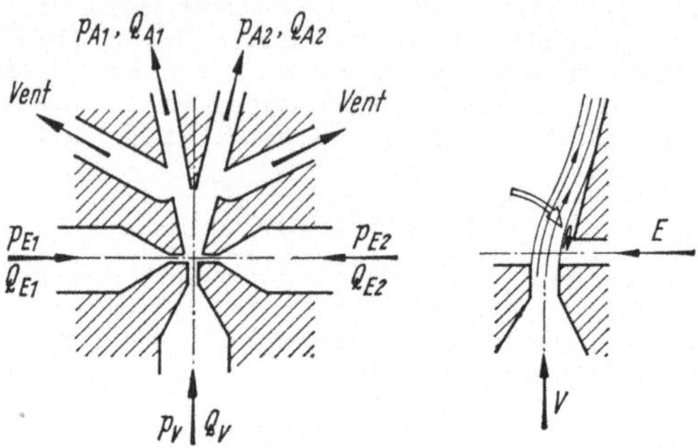

Abb. 3.4-7. Arbeitsprinzip eines Wandstrahlverstärkers.

Saugwirkung entsteht. Die Seitenwände, welche die Interaktionszone begrenzen, schwächen die Saugwirkung des Strahles nicht, so daß sich zwischen dem Strahl und der nahen Wand eine Unterdruckzone bildet. Die Saugwirkung hat stochastischen Charakter und zufälligerweise kann z. B. auf der rechten Seite des Strahles ein größerer Unterdruck entstehen (Abb. 3.4-7). Dadurch entsteht eine Druckdifferenz und damit eine Querkraft, die den Versorgungsstrahl an die rechte Wand anlegt. Jetzt bildet sich zwischen der Wand und dem Strahlrand eine Rezirkulationsströmung (eine Unterdruckblase), die den Strahl in dieser Position stabilisiert. Der volle Versorgungsstrahl tritt also in den rechten Ausgangskanal ein. Führt man durch den rechten Eingangskanal einen Stromimpuls (das Eingangssignal) zu, so füllt sich die Unterdruckblase, die Querkraft ändert ihre Richtung, der Versorgungsstrahl wird sprungweise zur linken Wand umgeschaltet und bleibt auch nach der Unterbrechung des Eingangssignales in dieser Position. Der ganze Versorgungsstrom wird jetzt dem linken Ausgangskanal zugeführt. Der Verstärker hat zwei stabile Positionen, und zur Umschaltung des Versorgungsstromes reicht ein kurzer Impuls. Es handelt sich also um ein Speicherelement (Flipflop).

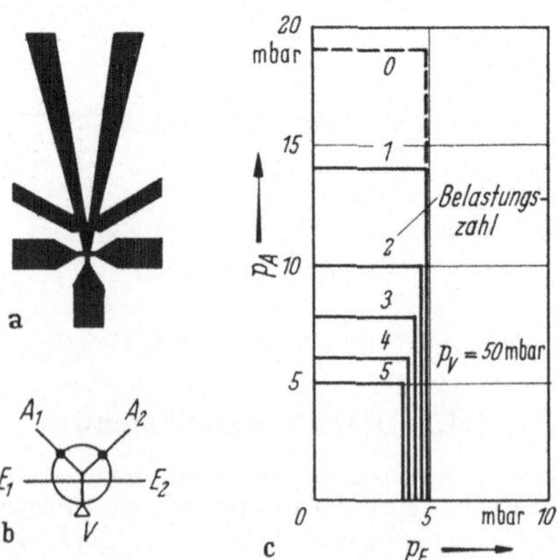

Abb. 3.4-8. Wandstrahlverstärker. a) Silhouette; b) Schaltsymbol; c) Schaltcharakteristik.

Abb. 3.4-8 zeigt die Silhouette (a) und das Schaltsymbol (b) eines bistabilen Elementes. Die Funktion des bistabilen Verstärkers kann man wie folgt beschreiben („X" = „1" oder „0"):

	E_1	E_2	A_1	A_2
Takt 1	0	0	×	×
Takt 2	1	0	0	1
Takt 3	0	0	0	1
Takt 4	0	1	1	0
Takt 5	0	0	1	0

Beispielsweise bei Zählern bringt die zufällige Anfangsposition des Versorgungsstrahles Komplikationen mit sich. Daher werden auch asymmetrische bistabile Verstärker hergestellt, bei denen nach Anschaltung des Verstärkers an das Netz und beim Fehlen beider Eingangssignale der Versorgungsstrahl immer in denselben Kanal eintritt.

Die Schaltzeiten der bistabilen Verstärker liegen unter 1 ms, so daß die Wandstrahlelemente mit Schaltfrequenzen bis etwa 1,5 oder 2 kHz arbeiten können. Für die praktische Anwendung muß man neben den statischen auch die Schaltcharakteristiken kennen. Die Ausgangscharakteristik eines bistabilen Verstärkers ist praktisch dieselbe wie beim Proportionalverstärker. Trotzdem ist die Verknüpfung der bistabilen Verstärker nicht so einfach, weil der Verstärker empfindlicher gegenüber Belastungsänderungen ist. Eine gewisse Belastungsunabhängigkeit wird durch die Entlüftungskanäle (vent) erzielt, was wieder eine Beschränkung der Verstärkung zur Folge hat. Die gängigen Typen von bistabilen Verstärkern weisen einen „logischen Gewinn" („fan-out") von 4 bis 5 auf, was auch aus der Schaltcharakteristik, Abb. 3.4-8c, zu ersehen ist. Den Versorgungsdruck bistabiler Verstärker kann man in einem sehr weitem Bereich wählen. Die untere Grenze ist nur durch die Bedingung eingeschränkt, daß der Versorgungsstrahl turbulent sein muß. Die minimale Reynoldszahl wird

$$Re_{B\,\text{min}} \geq 2000,$$

wo B die Breite des Versorgungskanals ist. Für $B = 0,4$ mm wird z. B. der minimale Versorgungsdruck etwa $p_V = 35$ mbar.

Passive Logikelemente. Durch Ausnutzung des Interaktionsprinzips lassen sich verschiedene Logikfunktionen verwirklichen. In Abb. 3.4-9 werden einige typische Konstruktionen passiver Logikelemente gezeigt.

Die erste Silhouette entspricht dem passiven ODER-Glied. Der Ausgangsstrahl ist vorhanden, wenn einer von beiden oder beide Eingangsstrahlen vorhanden sind.

E_1	E_2	A_1
0	0	0
0	1	1
1	0	1
1	1	1

Die zweite Silhouette zeigt das passive UND-Glied. Wenn nur eines der Eingangssignale anliegt, so gelangt dieses in einen Entlüftungskanal (Vent), und in dem Ausgangskanal entsteht kein Signal. Nur wenn beide Eingangssignale vorhanden sind, erhält man ein Ausgangssignal:

E_1	E_2	A_1
0	0	0
0	1	0
1	0	0
1	1	1

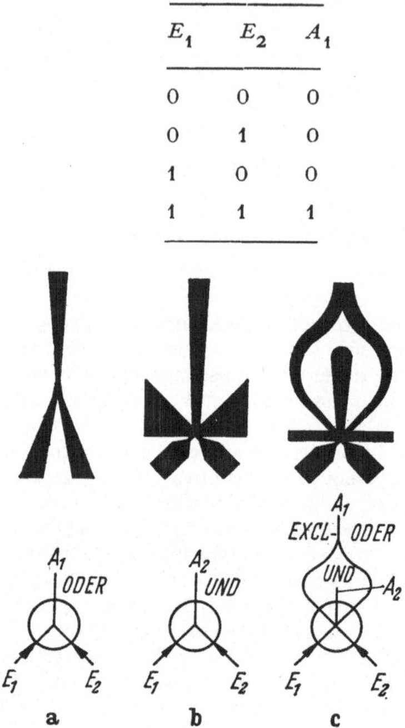

Abb. 3.4-9. Silhouetten und Schaltsymbole einiger passiver Logikelemente.

Die zulässige Toleranz beider Eingangssignale kann $\pm 20\%$ erreichen.

Die dritte Silhouette stellt den sog. Halbaddierer dar. Im Ausgangskanal A_1 erscheint ein Signal gleich der Summe der beiden (binären) Eingangssignale, was der logischen Funktion Antivalenz (Exklusives ODER) entspricht, und im Kanal A_2 erscheint ein Signal entsprechend dem Übertrag (UND):

E_1	E_2	A_1	A_2
0	0	0	0
0	1	1	0
1	0	1	0
1	1	0	1

Der Turbulenzverstärker. Die Verstärkungswirkung dieses Elementes beruht auf dem Umschlag von laminarer zu turbulenter Strömung. Ein freier laminarer Strahl werde im Ausgangskanal A des Verstärkers angenommen (das Ausgangssignal sei vorhanden), Abb. 3.4-10a. Der laminare Strahl ist nicht sehr stabil und eine kleine Störung (z.B. ein akustisches Signal, ein mechanisches Hindernis, ein elektrischer Funke oder ein schwacher Luftstrom) wandelt den laminaren Strahl in einen turbu-

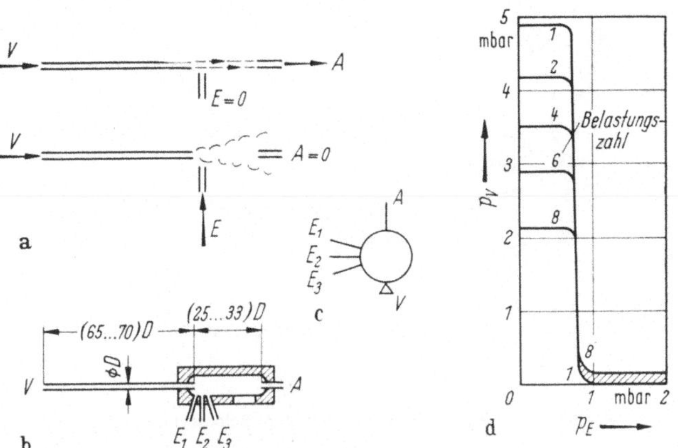

Abb. 3.4-10. Turbulenzverstärker (Freistrahlverstärker). a) Arbeitsprinzip; b) Anordnung; c) Schaltsymbol; d) Ausgangscharakteristik.

lenten um. Da der Energieverlust des freien turbulenten Stromes sehr stark ist, wird das Ausgangssignal Null. Nach dem Wegfall der Störung stellt sich die laminare Strömung wieder ein, und das Ausgangssignal ist vorhanden. Einen typischen Turbulenzverstärker mit drei Eingängen zeigt Abb. 3.4-10b und das entsprechende Schaltsymbol Abb. 3.4-10c. Da das Ausgangssignal nur dann vorhanden ist, wenn keines der Eingangssignale vorhanden ist, wird durch den Turbulenzverstärker die NOR-Verknüpfung realisiert:

$$A = \bar{E}_1 \cdot \bar{E}_2 \cdot \bar{E}_3 = \overline{E_1 + E_2 + E_3}.$$

Die Ausgangscharakteristik auf Abb. 3.4-10d zeigt, daß ein Turbulenzverstärker mit bis zu acht parallel geschalteten Eingängen anderer Verstärker belastet werden kann. Der größte Vorteil des Turbulenzverstärkers liegt in der völligen Entkopplung der Eingangssignale untereinander sowie auch des Ausgangskanals und der Eingangskanäle, was den Bau von Schaltkreisen vereinfacht. Gewisse Schwierigkeiten können durch die verschiedenen Einschalt- und Ausschaltzeiten des Verstärkers auftreten: der Zerfall des laminaren Strahles dauert etwa 1 ms, seine Wiederherstellung aber etwa 5 ms. Dadurch ist die Schaltfrequenz von Schaltungen mit Turbulenzverstärkern auf etwa 50 bis 100 Hz begrenzt. Die Ausgangsleistung von Turbulenzverstärkern ist kleiner als 0,01 W.

3.4.3 Verknüpfungsschaltungen

Aus der großen Anzahl bekannter Schaltungen werden nur zwei typische Beispiele gezeigt. Abb. 3.4-11 zeigt die Silhouette (a) und das Schaltsymbol (b) eines monostabilen Verstärkers. Dieser Verstärker unterscheidet sich von einem bistabilen Verstärker durch die asymmetrische Gestaltung der Wände der Interaktionszone. Dadurch ergibt sich folgender Effekt: Bei Anschaltung des Verstärkers an die Versorgungsquelle, tritt der Versorgungsstrahl in den „bevorzugten" Ausgangskanal A_1 ein und bleibt hier, solange keines der Eingangssignale E_1 und E_3 zugeführt wird.

Ist das Signal E_1 oder E_3 vorhanden, so wird der Versorgungsstrom in den Kanal A_2 umgeschaltet und bleibt hier nur während des Vorhandenseins des Signales E_1 oder E_3. Der Kanal E_2 kann z. B. zur Einführung einer Vorspannung dienen. Die logischen

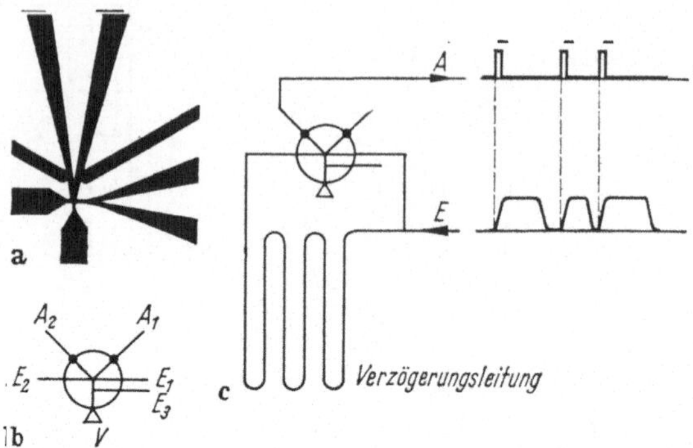

Abb. 3.4-11. Monostabiler Verstärker. a) Silhouette; b) Schaltsymbol; c) Formierungsglied.

Funktionen, die durch den monostabilen Verstärker realisiert werden, entsprechen also der (aktiven) logischen Konjunktion (UND-Verknüpfung) im Kanal A_2 und der NOR-Funktion im Kanal A_1:

E_1	E_2	A_1	A_2
0	0	1	0
0	1	0	1
1	0	0	1
1	1	0	1

Die Verwendungsmöglichkeiten des monostabilen Verstärkers sind vielfältig. Eine zeigt das Schaltschema Abb. 3.4-11 c. Es handelt sich um ein Formierungsglied (digitales „Derivationsglied"), das die Folge eintretender Impulse verschiedener Länge und Form in die entsprechende Folge kurzzeitiger uniformer Impulse umwandelt. Die Eingangsleitung ist verzweigt. Ein Zweig ist direkt an den Eingangskanal E_1 oder E_3 geschaltet, der zweite, der an den Eingangskanal E geschaltet ist, enthält eine Verzögerungsleitung (die Kanallänge von 10 cm verursacht eine Verzögerung von 0,3 ms). Bei der Einführung des Eingangssignales E wird der Versorgungsstrom auf den linken Ausgangskanal geschaltet und bleibt dort, solange das verzögerte Eingangssignal den gegenüberliegenden Eingang nicht erreicht hat. Dann kehrt der Versorgungsstrom zurück. Da die Verzögerung praktisch unabhängig von der Form, Amplitude und Breite des Eingangssignales ist, ergeben sich einheitliche Ausgangssignale.

Als weiteres Beispiel werden zwei Schaltkreise beschrieben, die die Funktion eines bistabilen Multivibrators (Binäruntersetzungsstufe) mit dynamischem Eingang haben, Abb. 3.4-12. Bei der integrierten Schaltung (a) wird die Tatsache ausgenutzt, daß in einem bistabilen Element eine Druckdifferenz zwischen beiden Strahlrändern des ausgelenkten Versorgungsstrahles herrscht. Vereinigt man jetzt beide Eingangskanäle durch eine Leitung von niedrigem Widerstand, so entsteht eine dauernde Zirkulationsströmung. Liegt z.B. der Versorgungsstrahl in dem rechten Ausgangskanal A_2, dann wird die Saugwirkung im Eingangskanal E_2 größer als im Kanal E_1 und damit entsteht in der Verbindungsleitung eine Zirkulationsströ-

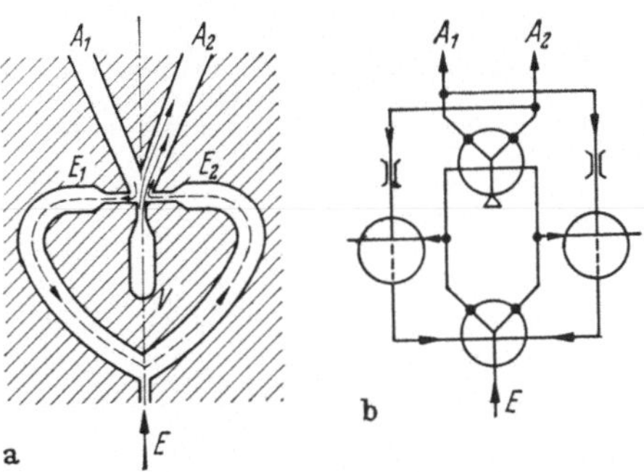

Abb. 3.4-12. Binäruntersetzungsstufe a) mit dynamischem Eingang; b) von der Eingangssignalform unabhängig.

mung im Gegenuhrzeigersinn. Schließt man an einer zweckmäßigen Stelle der Verbindungsleitung einen Eingangskanal E an, so wird der zugeleitete Stromimpuls durch die existierende Zirkulationsströmung nach rechts abgeleitet, d.h. dem Eingangskanal E_2 zugeführt. Dadurch wird der Versorgungsstrom in den linken Ausgangskanal umgeschaltet und ähnlich wie im vorigen Fall entsteht eine Zirkulationsströmung im Uhrzeigersinn. Das nächste Eingangssignal schaltet den Versorgungsstrom wieder um, usw. Die Schaltung stellt eine Binäruntersetzerstufe dar: jedem zweiten Impuls am Eingangskanal E entspricht ein Impuls an einem der beiden Ausgangskanäle A_1 oder A_2. Schaltet man mehrere solcher Schaltungen in Serie, bekommt man einen Binärzähler. Die erforderliche Eingangsimpulslänge ist dabei genau einzuhalten: die Impulsdauer muß genügend groß sein, um das bistabile Element umzuschalten und muß genügend kurz sein, damit nicht eine Zurückschaltung eintritt. Die notwendige Impulsdauer kann mit Hilfe des vorher beschriebenen Formierungsgliedes erreicht werden. Die maximale Zählfrequenz solcher Zähler liegt bei etwa 1 kHz. Obwohl die einzelne Zählerstufe sehr einfach ist, wird der Aufbau mehrstufiger Zähler wegen der notwendigen genauen Form der Zählimpulse ziemlich kompliziert.

Die Schaltung Abb. 3.4-12b scheint nicht so einfach zu sein, weist aber den großen Vorteil auf, daß der einwandfreie Betrieb des Zählers nicht von der Impulsform abhängig ist. Der Eingangsimpuls wird durch den Kanal E dem ersten bistabilen Element, der als Verteiler geschaltet ist, zugeführt. Der Stromimpuls strömt z.B. durch den rechten Ausgangskanal in das zweite bistabile Element, das als Verstärker geschaltet ist, so daß der Versorgungsstrom am Ausgang A_1 erscheint. Dieses Ausgangssignal wird gleichzeitig in den Versorgungskanal eines invertierenden Proportionalverstärkers, der in den Rückführungszweig geschaltet ist, geführt. Während der Dauer des Eingangssignales wird der Rückführstrom in dem invertierendem Proportionalverstärker in die Entlüftung abgeleitet. Sobald der Eingangsimpuls ausfällt, wird der Rückführstrom dem rechten Eingangskanal des Verteilungsgliedes angeschaltet. Der nächste Eingangsimpuls wird durch diesen Strom in den linken Ausgangskanal des Verteilers abgelenkt, was zur Folge hat, daß das Ausgangssignal im Kanal A_2 erscheint. Die Grenzfrequenz dieses Zählers liegt bei etwa 600 Hz. Einzelne Zählerstufen können ohne weiteres hintereinander geschaltet werden.

Literatur

[1] *Tafel, H. J., Kohl, A.:* Fluidik. Vorschläge für Begriffe, Benennungen, Physikalische Größen, Formelzeichen und Einheiten. Bericht des Institutes für Nachrichtengeräte und Datenverarbeitung an der TH Aachen. Aachen 1968. — [2] Neue pneumatische Logikelemente. Düsseldorf: VDI-Verlag, 1968. — [3] Strömungsmechanische Logikelemente und -schaltungen (Fluidik). Düsseldorf: VDI-Verlag, 1968.

Spezialzeitschriften:

Fluidics Feedback. A Current Information Guide. The British Hydromechanics Research Association, Cranfield (seit 1967). — Fluidika (in tschechisch) Ústředí pro rozvoj automatizace a výpočetni techniky, Praha (seit 1968). — Fluid Amplifier Associates. Fluidics Quarterly, Ann Arbor/Mich., USA (seit 1967).

4. Digitale Speicher

4.1 Übersicht und Begriffe

H. Billing

Die Entwicklung der Datenverarbeitung läßt immer klarer erkennen, daß von der technischen Seite her die Speicherung die entscheidende und vor allem die problematischste Rolle spielt. Gespeichert werden müssen neben den Eingabedaten, Zwischenergebnissen und Ausgabedaten auch das jeweilige Verarbeitungsprogramm und häufig erstaunlich viele Organisationsprogramme. Dies erfordert neben riesiger Speicherkapazität bei erträglichen Kosten eine mit der hohen Arbeitsgeschwindigkeit der Anlage kompatible kurze Zugriffszeit zur gerade gewünschten abgespeicherten Information. Die Technik ist bisher und wohl auch noch für längere Zeit nicht in der Lage, diese Forderung mit ein und demselben Speicherverfahren in befriedigender Weise zu erfüllen. Daher rührt die Mannigfaltigkeit der in großen Datenverarbeitungsanlagen verwendeten Speichertypen, was wiederum eine komplizierte Organisation des Datenverkehrs zwischen den Speichern erzwingt (hierzu siehe Kapitel 6.1) und die Speicher trotz hoher Kosten häufig zum eigentlichen Engpaß der Anlage werden läßt. Die Suche nach neuen Speicherprinzipien und die Entwicklung neuer Speichertypen ist daher noch in vollem Fluß, und die während der letzten 25 Jahre erzielten imponierenden Erfolge dürften sich fortsetzen und Aufbau wie Anwendung der Datenverarbeitungsanlagen noch erheblich verändern.

Es werden in den folgenden Abschnitten nur *digitale Speicher* besprochen. Das sind Speicher, in denen digital codierte Information aufbewahrt werden kann. Aus Sicherheitsgründen verwendet man fast ausschließlich Speichertechniken, bei denen das einzelne *Speicherelement* nur zwei diskrete Zustände annehmen kann. Diesen ordnet man die Binärwerte 0 oder 1 zu und nennt diese logische Grundeinheit ein Bit. Meist ist ein solches Speicherelement realisiert durch ein im Raum lokalisierbares diskretes Bauelement (Magnetkern, spezielle Stelle auf einem Magnetband usw.). Nötig ist jedoch lediglich die Funktion, also daß man auf Abruf des Speicherelements eindeutig die gespeicherte Information 0 bzw. 1 erhält. Bei Laufzeitspeichern ist ein Speicherelement statt durch eine Raumkoordinate durch eine Zeitkoordinate festgelegt, bei holographischen Speichern sogar über das gesamte Speichermedium verteilt.

Analogspeicher, bei denen die Information im Speicherelement auch kontinuierliche Zwischenwerte annehmen kann, haben für die Datenverarbeitung zwar ein- und ausgangsseitig in der Form analoger Magnetbänder größere Bedeutung, sollen jedoch hier nicht behandelt werden. Stattdessen sei auf [1] verwiesen.

Zum Wiederauffinden abgespeicherter Information legt man üblicherweise ein bestimmtes Ordnungsschema fest. Für den *Zentralspeicher*, auch *Arbeitsspeicher* genannt, also für den Speicher, zu dem Rechenwerk, Leitwerk und die Ein-/Ausgabewerke unmittelbar Zugang haben, verwendet man im allgemeinen *Speicher* mit *Wortstruktur*. Bei diesen ist der Speicher unterteilt in *Speicherzellen*, welche jeweils eine festgelegte Anzahl von Speicherelementen enthalten. Eine Speicherzelle kann definitionsgemäß[1] genau ein Maschinenwort aufnehmen. Die Aufnahmefähigkeit der Speicherzelle wird *Maschinenwortlänge* genannt und in bit angegeben. Die Speicherzellen denkt man sich in einer nach technischen Gesichtspunkten günstig gewählten Reihenfolge durchnumeriert. Zum Schreiben einer Information in eine Speicherzelle bzw. zum Lesen aus der Speicherzelle enthält der Aufrufbefehl die der gewünschten Speicherzelle eindeutig zugeordnete *Maschinenadresse* meist in dualer Form. Macht man eine Speicherzelle aus technischen Gründen unbequem lang im Vergleich zur kleinsten benötigten Informationseinheit, so kann man das Maschinenwort in Stücke von halber, viertel oder achtel Länge unterteilen und durch Verlängerung der Maschinenadresse um 1, 2 oder 3 bit dann nur den so adressierten Teil der Speicherzelle mit dem Verarbeitungswerk in Verbindung bringen. Recht üblich ist bei Maschinenworten von 64 bit Länge eine Unterteilung in 8 Bytes (1 *Byte* besteht aus 8 Bits). Solche Anlagen nennt man *byte-adressierbar*.

Für die übrigen Speicher der Anlage, welche *periphere* oder auch *Hintergrundspeicher* genannt werden, ist die beim Zentralspeicher gewählte Unterteilung meist zu fein und oft auch zu starr. Hier wählt man den *Block* als kleinste Einheit, welche direkt oder manchmal auch nur durch Abzählung der Blöcke relativ zum vorangegangenen Zugriff adressierbar ist. Er besteht meist aus einigen 100 oder 1000 byte und hat häufig variable Länge. Durch Überführung eines ganzen Blockes in den Zentralspeicher erhält man dann Zugang zu den einzelnen im Block gespeicherten Teilinformationen. Hat man sich auf eine feste Blocklänge geeinigt, so spricht man stattdessen auch häufig von *Seiten* (pages).

Die Aufnahmefähigkeit eines Speichers nennt man *Speicherkapazität*. Sie wird meist in Bytes oder Kilobytes = K-byte oder in Worten bzw. K-Worten mit Angabe der Wortlänge angegeben. K steht dabei für $2^{10} = 1024$. Kontrollbits oder -bytes, welche lediglich zur Überwachung des Speichers dienen, werden dabei nicht mitgezählt.

Die durch die Adressenzuweisung erzwungene eindeutige Ordnung der Information im Speicher ist für viele Zwecke der Informationsverarbeitung höchst unbequem, wenn dies auch infolge langer Gewöhnung kaum noch auffällt. Ein Telefonverzeichnis, welches nach den Anfangsbuchstaben der Teilnehmer geordnet ist, ist z. B. völlig ungeeignet, um herauszufinden, welche Ärzte in einem bestimmten Stadtbezirk wohnen, obwohl die Information im Buch enthalten ist. Um sie zu finden, müßte man das Buch von vorn bis hinten durchlesen und entsprechend umordnen. Sortierprozesse spielen daher bei der Datenverarbeitung eine ärgerliche und oft sehr zeitraubende Rolle. Eine prinzipielle Lösung dieses Problems bieten die sogenannten *Assoziativspeicher*. Bei ihnen ist eine Speicherzelle durch Angabe eines Teils ihres Inhalts, also z. B. durch Angabe eines Schlüsselwortes aufrufbar. Bei Angabe der Schlüsselwörter Arzt und 57 würde ein im Assoziativspeicher gespeichertes Münchner Telefonbuch unmittelbar alle im Bereich des Münchner Telefonbezirkes 57 ansässigen Ärzte nennen. Derartige Assoziativspeicher kann man zwar auf mechanische Weise in Gestalt der Randlochkarten in begrenztem Umfang realisieren. Elektronische Assoziativspeicher hinreichend kurzer Zugriffszeit sind jedoch z. Z. noch sehr teuer und haben daher nur sehr beschränkte Kapazität. Da sie bereits Verwendung finden und neue Techniken erhebliche Fortschritte erwarten lassen, ist dem Assoziativspeicher ein eigener Abschnitt 4.4 gewidmet.

Da kurze Zugriffszeiten am bedeutsamsten sind für den Zentralspeicher und da man hierfür fast ausschließlich wortorganisierte Matrizenspeicher verwendet, sei das Zeitverhalten zunächst an diesem Beispiel erläutert. Bei der hier vorhandenen Organisation setzt sich der Speichervorgang zusammen aus mehreren Grundfunktionen: Der Adressierung, dem Umschalten des Speichermediums, dem Herstellen der Schreibströme, dem Übertragen der Signale über Schreib- und Leseleitungen und dem Setzen des Ausgabepufferregisters. Man vergleiche z. B. Abb. 4.2-10.

---

[1] Bei den Begriffen und Definitionen wird nach Möglichkeit von den in DIN 44300 (Entwurf 1968) gemachten Festlegungen Gebrauch gemacht.

In der Adressierungseinheit, durch die jeweils eine bestimmte durch die Adresse gekennzeichnete Speicherzelle angesteuert wird, ist ein Komplex von Schaltgliedern (Gattern) zu durchlaufen. Die zum Durchlaufen erforderliche Zeit hängt von der Anzahl dieser Gatter ab wie von der Gatterlaufzeit selbst. Schreibverstärker, Leseverstärker und Ausgaberegister benötigen ebenfalls einige Gatterlaufzeiten. Die Durchlaufzeit durch ein Transistorgatter beträgt z.Z. (1970) etwa 1 ns.

Die eigentliche Speicherung erfolgt im Speichermedium. Bei Verwendung von Ferritkernen liefert deren Umschaltzeit von etwa 100 ns noch den Hauptbeitrag zur gesamten für den Speichervorgang benötigten Zeit, bei Speicherelementen aus dünnen magnetischen Schichten mit Umschaltzeiten von wenigen Nanosekunden ist dies nicht mehr der Fall.

Sehr ins Gewicht fallen dann die Laufzeiten über die Leitungen. Die Länge der Aufruf- und Leseleitungen beträgt bei Matrizenspeichern z.Z. oft mehrere Meter. Ist das vom Speicherelement abgegebene Lesesignal klein und muß ein größeres bei der Adressierung eingekoppeltes Störsignal erst durch mehrfache teilweise Reflektion an den Leitungsenden hinreichend abklingen, so kann die zeitliche Verzögerung ein vielfaches der durch Leitungslänge und Laufgeschwindigkeit bedingten einmaligen Laufzeit betragen. Die Laufgeschwindigkeit beträgt je nach Dielektrizitätskonstante und Permeabilität des die Leitungen umgebenden Raumes etwa 10 bis 30 cm/ns. Bei Speicherkapazitäten von mehr als 10^5 bit und Zugriffszeiten unter 100 ns muß man bereits auf hohe Packungsdichte der Speicherelemente achten.

Als *Lesezugriffszeit* — oft einfach *Zugriffszeit* genannt — bezeichnet man die Zeit zwischen Beginn der Adressierung durch die bereits im Adressenregister abgesetzte Adresse und Erhalt der Information im Ausgaberegister. Entsprechend beschreibt man als Schreibzugriffszeit die Zeit bis zum Abschluß des Einspeicherns. Wird, wie bei den üblichen Ferritkernspeichern, der Inhalt der angesprochenen Speicherzelle durch den Lesevorgang gelöscht — sogenanntes *zerstörendes Lesen* —, so muß jeweils nach dem Lesen der Inhalt des Ausgaberegisters in die bereits adressierte Speicherzelle wieder eingeschrieben werden. Die Gesamtzeit nennt man *Zykluszeit*. Bei Matrizenspeichern ist die Zykluszeit unabhängig von den Adressennummern. Solche Speicher nennt man Speicher mit *wahlfreiem Zugriff* (random access) oder auch kurz *Random*speicher. Die Zykluszeit besagt, in welchem kürzesten zeitlichen Abstand man die gleiche oder auch unterschiedliche Speicherzellen zum beliebig gemischten Schreiben oder Lesen verwenden kann und ist für den Benützer damit die wesentlichste Zeitangabe.

Die *Transferrate* andererseits gibt an, wieviel Maschinenworte (oder auch Bytes) man pro Sekunde maximal vom Speicher lesen oder in ihn einschreiben kann. Beim Matrizenspeicher ist die auf Maschinenworte bezogene Transferrate mindestens gleich dem Kehrwert aus der Zykluszeit.

Durch gewisse Kunstgriffe läßt sich die maximale Transferrate über den Kehrwert der Zykluszeit steigern. Beliebt ist die Benützung von *Speicherbänken*. Eine solche Speicherbank enthält z.B. 10 unabhängig adressierbare Einzelspeicher mit je 1 µs Zykluszeit. Die Adressen der Speicherzellen in der Speicherbank richtet man so ein, daß in der Reihenfolge der natürlichen Zahlen zu 10 aufeinanderfolgenden Adressennummern jeweils ein anderer der 10 Einzelspeicher gehört. Das nennt man *verschränkte Adressierungen*. Dann läßt sich im günstigsten Fall die 10fache Transferrate im Vergleich zum Einzelspeicher erreichen. Wenn nämlich die verlangten Adressennummern ebenfalls in der Reihenfolge der natürlichen Zahlen aufeinander folgen, wird jeder Einzelspeicher auch jetzt erst nach einer vollen Zykluszeit wieder benötigt. Eine solche Speicherbank ist in strengem Sinn nicht mehr als Randomspeicher zu bezeichnen. Die zeitliche Streuung der Zugriffszeiten ist jedoch relativ gering und die durch die unterschiedlichen Zugriffszeiten bedingten Komplikationen lassen sich mittels jeweils abgegebener Fertigmeldungen leicht beheben. Um Irrtümern vorzubeugen, sollte man bei verschränkten Speichern neben dem Grad der Verschränkung die Zykluszeit der Einzelspeicher angeben und jegliche Umrechnung dem Leser überlassen.

Bei peripheren Speichern ist eine Erweiterung der die Speichergeschwindigkeit charakterisierenden Begriffe notwendig. Als *periphere Speicher* werden überwiegend magnetomotorische Speicher, also Magnettrommeln, -scheiben oder -bänder, verwendet. Bei diesen benützt man zur Informationsübertragung bewegliche oder auch feste Schreib-Lese-Magnete, gegen welche das magnetisierbare Speichermedium bewegt werden kann bis Magnetkopf und Speicherelement sich räumlich gegenüberstehen. Das dauert relativ lang, nämlich selbst bei Trommelspeichern einige Millisekunden. Ist der Zugriff zum ersten adressierten Speicherelement erst einmal hergestellt, so kann jedoch die Information aus den dann räumlich folgenden Elementen mit hoher Transferrate entnommen werden.

Aus technischen und Kostengründen vermeidet man überdies den gleichzeitigen Zugang zu vielen Bits eines Wortes mittels vieler Magnete. Bei magnetomechanischen Speichern werden die einzelnen Bits bzw. Bytes daher meist auf einem bzw. 8 Leitungswegen nacheinander übertragen (*serielle* bzw. byteserielle *Speicherung*).

Als *Zugriffszeit* bezeichnet man definitionsgemäß die Zeitspanne zwischen der Anforderung durch das Leitwerk und dem Abschluß der Übertragung, also die Summe der meist langen *Wartezeit* bis zum Erscheinen des ersten Bit und der meist kurzen *Transferzeit* zum Überführen der restlichen Bits des Blockes. Bei Angabe charakteristischer Zugriffszeiten wird nicht ganz korrekt oft Zugriffszeit gleich Wartezeit gesetzt. Bei vorgegebenem Speicher hängt die Wartezeit ab von den benötigten mechanischen Bewegungen, ist also abhängig von Ausgangsposition und Adresse. Zur Charakterisierung des Speichers kann man daher nur kleinste, mittlere oder maximale Wartezeiten angeben. Bei Trommelspeichern bezeichnet man als mittlere Zugriffszeit die Zeit für eine halbe Trommelumdrehung. Bei anderen Speichertypen sollte man angeben, wie die Mittlung vorgenommen ist. Aus Wartezeit und Transferrate läßt sich dann in Abhängigkeit von der Blocklänge die Zeit bis zum Abschluß der Informationsübertragung errechnen.

Charakteristisch für magnetomotorische Speicher ist ihr starres Zeitverhalten. Die einzelnen Bytes des angewählten Blockes erscheinen am Ausgang des Speichers in einer starr festgelegten Zeitfolge, die sich aus der mechanischen Geschwindigkeit des Speichermediums und aus der dort vorliegenden Packungsdichte errechnet. Dies hat zur Folge, daß man Information zwischen magnetomechnanischen Speichern nicht exakt gleicher Transferrate nicht unmittelbar übertragen kann. Man hilft sich mit einem Zwischenspeicher, der die Daten in dem vom sendenden peripheren Speicher vorgegebenen Takt vorübergehend aufnimmt und sie später im Takt des empfangenden peripheren Speichers wieder abgibt. Derartige Zwischenspeicher, welche also ganz allgemein der Datenübertragung zwischen asynchronen Funktionseinheiten dienen, nennt man *Pufferspeicher*.

Wenn die zu übertragende Information nur aus einem oder wenigen Maschinenworten besteht, so benützt man als Pufferspeicher sogenannte *Pufferregister*. Unter Registern versteht man bei der Datenverarbeitung definitionsgemäß solche Speicher, die auch anders als durch Maschinenadressen aufrufbar sind. Beispiele sind Ein-Ausgaberegister, Akkumulator, Indexregister, Befehlsregister. Solche Register sind aus Flipflops aufgebaut und können gewöhnlich genau ein Maschinenwort speichern. Häufig haben sie neben der Speicherung noch zusätzliche logische Fähigkeiten. So sind im vorliegenden Fall zur Pufferung Schieberegister nützlich, in welchen die gespeicherte Information pro Takt um eine Stelle nach rechts verschoben wird. Nimmt man die Taktsteuerung vom zugehörigen peripheren Speicher, so kann man die ankommenden Bits oder Bytes synchron zur Taktfrequenz dieses Speichers übernehmen oder abgeben.

Wenn die zu übertragende Information jedoch aus einem langen Informationsblock mit vielen Worten besteht, so verwendet man zur Pufferung gern zusätzlich einen schnellen wortorganisierten Matrizenspeicher, oft auch gleich einen Teil des zentralen Arbeitsspeichers. Man sammelt jeweils die Bits oder Bytes eines Wortes seriell im Pufferregister und überträgt dann das ganze Wort zwischen zwei Takten parallel zum Matrizenspeicher. Ist die Zeit zwischen zwei Takten für diese Übertragung zu kurz, so kann man sie durch Verwendung von abwechselnd füllbaren Puffer-registern leicht auf eine volle Wortzeit verlängern.

Bei manchen Anwendungen brauchen während der Datenverarbeitung gewisse Datenbereiche nur immer wieder abgelesen, jedoch selten oder nie durch Umschreiben abgeändert zu werden. Beispiele sind Wörterbücher für maschinelle Sprachübersetzung, Preislisten, aber auch Bibliotheksprogramme für Routineaufgaben und Mikroprogramme zur Steuerung des Ablaufes von Maschinenbefehlen. Will man sich lediglich gegen unbeabsichtigtes oder mißbräuchliches Umschreiben oder Ablesen schützen, so verwendet man *geschützte Speicher*. Schreibschutz kann z.B. erreicht werden durch Entfernen oder Blockieren der Schreibverstärker für gewisse Spuren einer Magnettrommel oder für spezielle Magnetbandeinheiten, aber auch durch adressenabhängige Maschinenbefehle, die einen Teil des Zentralspeichers zum Schreiben wie zum Lesen nur dem Betriebssystem, nicht aber dem einzelnen Benützer zugänglich machen.

Unter *Festwertspeichern* versteht man andererseits Speicher, deren Inhalt von der Datenverarbeitungsanlage her überhaupt nicht geändert werden kann. Hier besteht eine feste Zuordnung zwischen Adresse und Ausgangsgröße, die höchstens durch manuelle Maßnahmen oder Auswechslung des Speichermediums änderbar ist. Beispiele sind die Lochkarte oder der photographische Speicher. Hier kann man ganz andersartige Speichertechniken benützen, die drastische Reduzierung der Speicherkosten und Erhöhung der Speicherkapazitäten ermöglichen. Manche Festwertspeicher erlauben zudem kürzere Zugriffszeiten als sie beim Arbeitsspeicher möglich sind. Dies und ihr geringer Preis machen sie für die Speicherung von Mikroprogrammen besonders geeignet. Festwertspeicher werden in Abschnitt 4.5 behandelt, doch sei auch auf die Abschnitte 4.6 und 4.7 hingewiesen.

Das andere Extrem hinsichtlich Zugänglichkeit und Umschreibbarkeit bilden die sog. *Notizblockspeicher*. Sie werden vor allem vom Betriebssystem der Anlage verwendet, um nach notwendigen Verschiebungen von Datenbereichen im Arbeitsspeicher die aktuellen Adressen oder nach Programmunterbrechungen die Rücksprungadresse zu errechnen. Sie sollen extrem kurze Zugriffszeiten für Lesen und Schreiben haben. Um dies zu erreichen, muß man ihre Kapazität klein halten. Man begnügt sich meist mit einigen 100 Maschinenworten. Recht geeignet für diesen Zweck sind aus Halbleitern aufgebaute Matrizenspeicher, eine noch idealere Form ist ein schneller assoziativer Speicher.

In der folgenden Übersicht seien an Hand von Tab.4.1-1 und Abb.4.1-1 [8] für die bedeutendsten z.Z. angewandten Speicherverfahren diejenigen Eigenschaften besprochen, die für die verschiedenartigen Anwendungen in Datenverarbeitungssystemen am wichtigsten sind. Zeitverhalten, Kapazität und Kosten haben dabei die höchste, jedoch für die verschiedenen Einsatzzwecke durchaus unterschiedliche Bedeutung. In Tab.4.1-1 sind die Transferraten bei Registern und Matrizenspeichern in Worten pro Sekunde angegeben, da hier für die Länge der Maschinenworte keine praktisch bedeutsame technische Grenze besteht. Bei Laufzeitspeichern, die bit-seriell speichern, und bei magnetomotorischen Speichern, die vornehmlich bit- oder byte-seriell arbeiten, sind die Transferraten in bit/s angegeben. Die Kosten wurden nach Möglichkeit nicht aus den Preisen errechnet, welche Hersteller von Rechenanlagen für die Erweiterung ihrer Speicherkapazitäten verlangen. Hier ist es nämlich übliche Praxis, die enormen Kosten für die Entwicklung der mitzuliefernden Programme und für die Kundenbetreuung zu gutem Teil auf die Speicherpreise abzuwälzen. Es gibt jedoch eine ganze Reihe von anderen Firmen, welche selbständige Speicher inklusive Adressier-, Schreib- und Leseelektronik anbieten. Aus den Preisen derartiger Speichereinheiten und der Kapazität wurden die Kosten in Pfennig pro Bit errechnet. Unter Kapazität ist dabei dasjenige Speichervolumen verstanden, welches ohne manuelle Eingriffe in den angegebenen Zugriffszeiten erreichbar ist. Bei Magnetplatten-, -karten und -bändern ist das Speichermedium von Hand auswechselbar. Dann ergeben sich die Kosten pro Bit bei sehr großen Speichern schließlich nur noch aus den Kosten für die Auswechseleinheiten und reduzieren sich schließ-

Tabelle 4.1-1. Für die Anwendung wichtige charakteristische Werte der üblichsten Speicherarten

Speichertyp	Zugriffszeit s	Transferrate bit/s Worte/s	Kapazität bit	Kosten Pfennig/bit
Register				
Einzelflipflops	10^{-8}	10^8 W/s	10^2	100
Matrizenspeicher				
Integrierte Schaltkreise				10
Magnetische Schichten	10^{-7}	10^7 W/s	10^5	
Magnetische Drähte				
Ferritkerne	10^{-6}	10^6 W/s	10^6	10
Schieberegister	10^{-4}	$5 \cdot 10^6$ bit/s	$5 \cdot 10^2$	10
Laufzeitspeicher	10^{-2}	$2 \cdot 10^6$ bit/s	$2 \cdot 10^4$	5
Magnetomechanische Speicher				
Magnettrommel				
feste Köpfe	0,01	10^7 bit/s	10^7	1
bewegliche Köpfe	0,1	10^6 bit/s	10^9	0,1
Magnetplatte	0,1	10^6 bit/s	10^9	0,2　(10^{-2})
Magnetkarte	0,2	10^6 bit/s	10^9	0,03 (10^{-3})
Magnetband	10	10^6 bit/s	10^8	0,02 (10^{-4})
Optischer Festwertspeicher	$5 \cdot 10^{-6}$	10^6 bit/s	10^7	

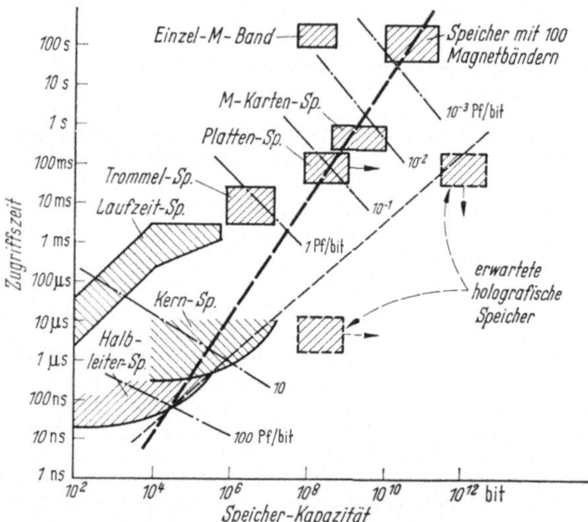

Abb. 4.1-1. Kapazität, Zugriffszeit und relative Kosten verschiedener Speicherarten [8].

lich auf die in Klammern angegebenen Preise. Die Zugriffszeiten können sich dann natürlich um die Montagezeiten von etwa einer Minute erhöhen.

Unter den angegebenen Matrizenspeichern, welche wegen ihrer Eigenschaft des wahlfreien Zugriffs vor allem für den Arbeitsspeicher verwendet werden, hat z. Z. noch der Ferritkernspeicher die größte Bedeutung. Die Zugriffszeiten reichen von 10 µs bis herab zu weniger als 0,5 µs. Eine weitere Verminderung der Zugriffszeiten stößt hier auf beträchtliche technische Schwierigkeiten, da hierzu die ohnehin schon sehr kleinen Ferritkerne auf noch unhandlichere Abmessungen verkleinert werden müßten. Das Durchfädeln der Aufrufdrähte wird zu schwierig. Die Größe der Ferritkerne begrenzt die Zugriffszeiten einmal wegen der korrespondierenden Länge der Aufrufleitungen und damit der Signallaufzeiten, andererseits aber auch wegen der unbequem hohen für die Ummagnetisierung benötigten Energie. Bei hohen Transferraten wird die Wärmeableitung zum Problem. Relative Kosten wie Zugriffszeit hängen von der Speicherkapazität ab. Dieser bei allen Speichern bestehende Zusammenhang ist in Abb.4.1-1 auch für den Kernspeicher angegeben.

Während beim Ferritkernspeicher für jedes Speicherelement ein einzelner Kern hergestellt und gehandhabt werden muß, aber auch vorgeprüft werden kann, produziert man bei den übrigen angeführten Matrizenspeichern viele Speicherelemente parallel in einem oder wenigen Arbeitsgängen. Ein fehlerhaftes Speicherelement macht hier jedoch die ganze Einheit zum Ausschuß. Die Größe der praktisch herstellbaren Einheiten und damit die Konkurrenzfähigkeit hinsichtlich der relativen Kosten hängen entscheidend vom jeweiligen Stand der Fertigungstechnik ab, und es lassen sich Prognosen nur schwer geben. Die Größe der Einheiten ist häufig auch entscheidend für die erreichbare Zugriffszeit. Bei einem größeren Speicherkomplex erfordern kleine Einheiten nämlich viele Verbindungsleitungen, welche die räumlichen Abmessungen und damit die Laufzeiten erheblich vergrößern. Raffinierte Packungstechniken zur Erzielung einer hohen Packungsdichte spielen eine große Rolle.

Die ersten erfolgreichen Versuche zur parallelen Herstellung von größeren Untereinheiten für Matrizenspeicher machte man mit Ferritplatten und Ferritblöcken, in welche Matrizenleitungen z.T. schon vor dem Sinterprozeß auf einfache Weise eingebracht werden können. Zur Zeit haben diese Verfahren wohl keine größere Bedeutung.

Ebene magnetische Schichten mit uniaxialer Anisotropie und einigen 100 Å Dicke haben lange Zeit sehr großes Interesse erregt, da die internen Umschaltzeiten des einzelnen Speicherelementes im Bereich von 10^{-9} s liegen und da die komplizierten beim Umschalten ablaufenden physikalischen Prozesse erhebliche Grundlagenforschung notwendig machten. Die Abmessungen des einzelnen speichernden Magnetfleckes von wenig unter 1 mm führt jedoch bei üblichen Speichergrößen zu solchen Laufzeiten, daß sich die Zugriffszeiten bisher nicht entscheidend unter 10^{-7} s senken ließen [3]. Die Ausgangssignale sind klein, die Unterdrückung von Störsignalen aufwendig. Die Anstrengungen zur Weiterentwicklung haben in den letzten Jahren stark nachgelassen, da Magnetdraht und integrierte Schaltkreise für den Bau von Matrizenspeichern z.Z. aussichtsreicher erscheinen.

Bei Magnetdrahtspeichern erfolgt die Speicherung auf etwa 1 mm langen Teilstücken eines langen dünnen mit einer Magnetschicht bedeckten Drahtes. Die Magnetschicht wird schon vor Einbau der Drähte in die Speichermatrix auf Fehlerfreiheit untersucht. Der Einbau ist einfach, da die Magnetdrähte für eine Koordinatenrichtung bereits als Aufruf- und Signaldrähte verwendet werden, und für die zweite Koordinatenrichtung lediglich noch ein weiteres System von parallelen Drähten orthogonal über die Magnetdrähte gelegt werden muß. Die Ummagnetisierungszeiten für das einzelne Speicherelement sind zwar länger als bei der ebenen magnetischen Schicht — sie liegen je nach Schichtdicke zwischen 10^{-7} und 10^{-8} s —, spielen aber für die Zugriffszeiten in der Regel noch keine Rolle. Bei kleineren Speicherkapazitäten kann man Zugriffszeiten unter 10^{-7} s erreichen. Für die Anwendung interessanter dürfte jedoch wegen der im Prinzip billigen Herstellungskosten der große Magnetdrahtspeicher mit Kapazitäten von über 10^7 bit und Zugriffszeiten von wenigen Mikrosekunden sein. Ob und zu welchem Preis sich derartige Pläne realisieren lassen, hängt weitgehend davon ab, daß man der Magnetschicht diejenigen Eigenschaften geben kann, die für nichtzerstörendes Auslesen und für eine Auswahl nach dem sogenannten $2^1/_2$-D-Verfahren notwendig sind. Andernfalls wird nämlich der Preis durch die Kosten für die Auswahlelektronik bestimmt. Die Entwicklung ist hier noch in vollem Fluß und erscheint sehr aussichtsreich. Speicherkosten von 4 Pfennig/bit wurden in naher Zukunft für möglich gehalten [4].

Die größten Möglichkeiten und Aussichten für die Entwicklung sehr schneller Arbeitsspeicher, welche den Geschwindigkeiten heute bereits bestehender Prozessoren angepaßt sind, bieten Matrizenspeicher aus integrierten Schaltkreisen. Speichereinheiten bis zu 1024 bit lassen sich z. Z. rationell auf einem Siliziumplättchen unterbringen. Die relativen Speicherkosten nähern sich bereits den Werten für schnelle Ferritkernspeicher und sinken ständig. Die Zugriffszeiten liegen selbst für Speicherkapazitäten von über 10^5 bit unter 100 ns. Auch hier wird durch die Zwischenverdrahtung zwischen den einzelnen Speichereinheiten die Zugriffszeit beeinträchtigt und man ist bemüht, noch größere Einheiten herzustellen. In Matrizenform organisierte Halbleiterspeicher werden gemeinsam mit den übrigen Formen der Halbleiterspeicher in Abschnitt 4.6 behandelt.

Laufzeitspeicher und lange Schieberegister lassen sich vorteilhaft einsetzen, wenn die benötigte Speicherkapazität relativ klein — unter 10^4 bit — und die Zugriffszeit nicht zu kurz ist. In diesem Fall sind Matrizenspeicher ungünstig, da die Anzahl der für die Ansteuerung benötigten Gatter wie der Leseverstärker dann im Vergleich zur Speicherkapazität zu groß ist. Einen Ausweg bietet die bit-serielle Speicherung der Information. Die gespeicherte Information wird beim Schieberegister im Takt einer Uhr nach rechts verschoben, beim Laufzeitspeicher läuft sie unbeeinflußbar mit Schallgeschwindigkeit. Bei beiden Verfahren werden zur Erhaltung der Information die rechts austretenden Bits dem linken Eingang wieder zugeführt und können in diesem Kreise unbegrenzt umlaufen. Die gespeicherten Bits sind nur einmal pro Umlauf am Speicherausgang zugreifbar. Bei rein bit-serieller Speicherung bestimmt sich damit die Zugriffszeit als Quotient aus Kapazität und Transferrate. Bei Schieberegistern, die man vorzugsweise in MOS-Technik herstellt, lassen sich bis zu 1000 Speicherelemente in einer Einheit herstellen. Taktfrequenz bzw. Transferraten liegen bei 5 MHz, auch 20 MHz sind möglich. Die Taktfrequenz ist von außen steuerbar. Die Taktfolge darf jedoch bei den sogenannten dynamischen Schieberegistern nicht für längere Zeit unterbrochen werden, da intern kapazitive Zwischenspeicherung verwendet wird. Die Ausgangspegel reichen zum Treiben der Eingänge, so daß sich auch kürzere Schieberegister rationell bauen lassen. Bei Laufzeitspeichern hingegen tritt bei der Umwandlung zwischen den elektrischen und den akustischen Signalen ein hoher Energieverlust auf. Zum Schließen des Kreises benötigt man zwischen Aus- und Eingang daher kräftige Verstärker. Als Speichermedium verwendet man entweder Nickeldraht und erreicht bei Speicherkapazitäten bis $2 \cdot 10^4$ bit Transferraten von $2 \cdot 10^6$ bit/s, oder man verwendet Quarz oder spezielles Glas und kommt zu Transferraten bis $20 \cdot 10^6$ bit/s bei allerdings kleinerer Kapazität [5]. Für größere Speicherkapazitäten ist der Nickeldrahtlaufzeitspeicher z. Z. noch preisgünstiger, für kleinere Kapazitäten dürfte in der Regel das MOS-Schieberegister zweckmäßiger sein. Die Verwendung mehrerer unabhängig adressierbarer Laufzeitspeicher erlaubt, die Kapazität bei Beibehaltung der Zugriffszeit linear zu erhöhen. Dadurch entsteht dem Magnettrommelspeicher kleiner Kapazität eine echte Konkurrenz.

Für den Bau von Großspeichern werden z. Z. fast ausschließlich magnetomotorische Speicherverfahren verwendet. Die Speicherkapazitäten liegen zwischen einigen Millionen und einigen Milliarden bit und lassen sich durch Parallelschaltungen von Einheiten im Prinzip noch wesentlich vergrößern. Speicherkapazitäten von 10^{12} bit werden angestrebt. Bei Datenverarbeitungssystemen dienen sie fast auschließlich als Hintergrundspeicher. Ihre Transferraten sind mit 10^6 bis 10^7 bit/s den Transferraten des Arbeitsspeichers gar nicht so schlecht angepaßt, da letzterem neben dem Blocktransfer mit den Hintergrundspeichern genügend Zeit zur simultanen Bedienung von Leit- und Rechenwerk verbleiben muß. Im übrigen lassen Magnettrommel wie Magnetplatte auch parallele Abspeicherung aller Bits eines längeren Wortes und damit eine weitere Erhöhung der in bit/s angegebenen Transferrate zu.

Da eine Verkleinerung des räumlichen Abstands, unter welchem sich aufeinanderfolgende Bits hintereinander im Speichermedium abspeichern lassen, linear die Speicherkapazität wie die Transferrate vergrößert, hat man laufend und erfolgreich sich um eine Erhöhung dieser sogenannten Packungsdichte bemüht. Bei Magnetbandgeräten hat man durch Verkleinerung der Kopfspalte auf $2\,\mu m$, Verbesserung der Bandqualität und spezielle Aufzeichnungsverfahren seit 1956 die Packungsdichte von 4 Zeichen/mm bis auf 256 Zeichen/mm erhöhen können. Bei Magnettrommeln und -platten wurden fast die gleichen Packungsdichten erreicht, obwohl die Magnetköpfe nicht auf der Magnetschicht schleifen dürfen. Hier ließ sich durch das Prinzip der fliegenden Magnetköpfe der Kopfsabstand auf wenige μm verringern.

Sehr unbefriedigend sind bisher jedoch die Zugriffszeiten der Großspeicher. Man muß sich mit Zugriffszeiten zwischen 10 und 100 ms zufrieden geben. Diese langen und dazu noch unterschiedlichen Zugriffszeiten führen zu den heute üblichen Speicherhierarchien und ihrer noch komplizierten und dennoch unbefriedigenden Organisation. Wenn man sich bisher auch noch hat behelfen können, so sind für die vorgesehenen großen universellen Informationssysteme Großspeicher mit Zugriffszeiten zwischen 1 und 10 μs eine notwendige Voraussetzung. Hier müssen technisch völlig neue Wege eingeschlagen werden.

Einen ersten Ansatzpunkt bieten die optischen Speicher. Benützt man eine photographische Schicht als Speichermedium, so sind zunächst einmal nur Festwertspeicher möglich, also Speicher, aus denen nur gelesen werden kann. Doch auch damit wäre in vielen Fällen schon geholfen. Im Prinzip reicht die Schwärzung eines runden Fleckes mit einem Durchmesser von 2 Lichtwellenlängen zur Speicherung eines Bit. Bei doppelt so großem Fleckabstand ergäbe dies eine Packungsdichte von 10^7 bit/ cm^2. Das entspricht einem 300-Seiten-Buch pro cm^2. Kurze Zugriffszeiten von wenigen μs lassen sich erreichen, indem man den steuerbaren Fleck einer Kathodenstrahlröhre auf der Schicht abbildet. In der Praxis mußte man sich zunächst (1959) mit 1 000mal kleineren Packungsdichten begnügen. Durch Verwendung mehrerer abbildender Linsen gelang der gleichzeitige Zugriff zu allen Bits eines Wortes in 5 μs. Nur $5 \cdot 10^6$ bit waren in einer solchen Speichereinheit unterzubringen [6].

Alle Versuche zur Erhöhung der Packungsdichte und damit der Kapazität scheiterten an der Störung durch Staub- und Schmutzteilchen. Diese Situation änderte sich durch die Erfindung des Lasers (1960) und die Entwicklung der Holographie. Beim holographischen Speicher wird nämlich ein Informationsbit nicht mehr als eng begrenzter Fleck auf der photographischen Platte dargestellt, sondern erscheint als über die ganze Platte ausgebreitetes Interferenzbild. Das Staubproblem ist damit gelöst. Für die Adressierung, die eine schnelle steuerbare Ablenkung des Laserlichtes benötigt, bestehen ebenfalls hoffnungsvolle Vorschläge. Die Entwicklung ist in vollem Fluß und wird in Abschnitt 4.7 beschrieben (siehe auch Abb. 4.1-1).

Man sucht auch bereits, sich von der Einengung auf den Festwertspeicher freizumachen. Zum Schreiben und Lesen verwendet man wiederum Licht, und zwar einen scharf gebündelten Laserstrahl, als Speichermedium eine Magnetschicht mit Vorzugsrichtung. Zum Schreiben eines Bit erhitzt der Laserstrahl die adressierte Stelle der Magnetschicht bis über den Curiepunkt hinaus. Unter dem Einfluß eines senkrecht zur Schicht weisenden äußeren Magnetfeldes stellt sich die Magnetisierung während der Abkühlung der erhitzten Stellen in die vorgegebene Richtung ein. Die Magnetisierung der nicht erhitzten Stellen bleibt unverändert [7]. Zum Lesen nützt man den Faradayeffekt aus: Die Polarisationsebene eines schwachen Laserstrahles, der die dünne Schicht durchdringt, wird durch die gespeicherte Magnetisierung in der einen oder anderen Richtung gedreht. Die erreichbaren Packungsdichten dürften geringer als beim holographischen Speicher sein, da wiederum eng begrenzte Stellen der Speicherung eines Bit dienen.

Literatur

[1] *Winckel, F.:* Technik der Magnetspeicher, Berlin, Göttingen, Heidelberg: Springer 1960. — [2] DIN-Normen: Beuth-Vertrieb 1 Berlin 30. — [3] *Stein, K. U.:* Grenzen der Geschwindigkeit und Kapazität bei Magnetfilmspeichern. Elektron. Rechenanl. 11 (1969) 65—73. — [4] *Smale, B. G.:* A 16 M bit Random access plated wire memory system. IEEE Trans. Magnetics 5 (1969) 428. — [5] *Eveleth, J. H.:* A survey of ultrasonic delay lines. Proc. IEEE 53 (1965) 1406—1428. — [6] *Lovell, A.:* High-speed high-capacity photographic memory. Proc. East. Joint Comp. Conf. (1959) 34—38. — [7] *Lewicki, G.:* Curie-point switching in Mn-Bi films. IEEE Trans. Magnetics 5 (1969) 298—299. — [8] *Kaufmann, H.:* Die Zukunft der Computer-Technologie. Elektron. Rechenanl. 12 (1970) 183—145.

4.2 Magnetische Matrizenspeicher

W. Anacker und H. Billing

Matrizenspeicher wurden in den vergangenen Jahren als schnelle und große Arbeitsspeicher für Rechenanlagen entwickelt. Die Matrizenanordnung der Speicherelemente eignet sich für diesen Zweck besonders gut, weil sie die willkürliche Auswahl eines jeden Elements in gleich kurzer Zeit gestattet und weil als Speicherelemente passive Bauteile verwendet werden können.

Die Kennzeichnung der Speicherelemente in Matrizenanordnung geschieht durch Angabe der zugehörigen Zeilen und Spalten. Die Zeilen und Spalten werden durch strom- oder spannungsführende X-Zeilen- und Y-Spaltenleitungen dargestellt (Abb. 4.2-1). Durch Anlegen zweier Spannungen oder durch Einspeisen zweier

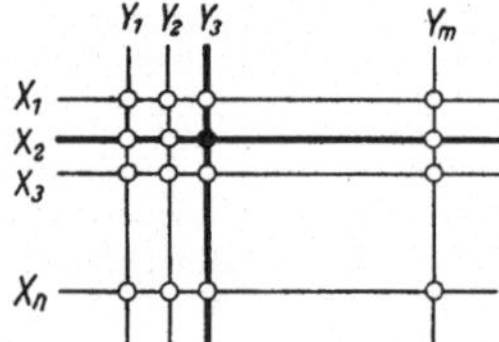

Abb. 4.2-1. Speicherelementanordnung in Matrizenform.

Ströme geeigneter Größe an oder in eine X_ν- und eine Y_μ-Leitung wird das im Kreuzungspunkt liegende Speicherelement ausgewählt. Damit nur das ausgewählte Element reagiert, müssen alle Elemente neben der Speicherfähigkeit bestimmte nichtlineare Eigenschaften haben.

Ein Element ist speicherfähig, wenn es nach der Erregung durch einen Strom-, Spannungs-, Lichtimpuls o. a. in dem durch den Impuls eingestellten Zustand zumindest eine Zeitlang verharrt. Der Zustand muß so beschaffen sein, daß eine nachträgliche Abfrage ein den Zustand eindeutig kennzeichnendes Signal liefert, und es muß mindestens zwei solcher Zustände geben.

Die nichtlineare Eigenschaft eines brauchbaren Elements besteht darin, daß ein Auswahlimpuls, der kleiner ist als ein dem Element eigener Schwellwert, auch bei mehrmaliger Einwirkung keine störende Wirkung auf den eingestellten Zustand ausübt. Durch Koinzidenz beider Auswahlimpulse muß der Schwellwert überschritten werden, so daß bereits bei einmaligem Zusammenwirken der zugeordnete Zustand sicher eingestellt wird. Diese Eigenschaften besitzen in hervorragendem Maß bestimmte magnetische Werkstoffe, deren Verhalten durch hinreichend rechteckige Hysteresekurven beschrieben werden kann, sowie monolithische Halbleiterflipflopschaltungen.

Besondere Bedeutung haben magnetische Bauelemente für die Verwendung in Matrizenspeichern wegen ihrer kurzen Umschaltzeiten von einem Zustand in den anderen und ihrer Eigenschaft, den eingestellten magnetischen Zustand unbegrenzt und ohne Energiezufuhr zu bewahren.

Magnetische Bauelemente können geschlossene Struktur besitzen, so daß sich der magnetische Fluß in einem oder mehreren geschlossenen Ringen ferromagnetischen Materials schließen kann, oder offene Struktur mit magnetischen Polen. Der Fluß kann sich dann nur durch den das Element umgebenden Raum schließen.

Die Versorgung je einer X- und einer Y-Leitung mit Strom oder Spannung zur Auswahl eines Speicherelementes übernehmen zwei von einem Adressenregister gesteuerte Zuordner. Zu einer Speichermatrizenebene mit $m \cdot n$ Elementen gehören demnach z.B. ein k-stelliges binäres Register für die Aufnahme von mindestens $m \cdot n$ verschiedenen rein binären Adressen, wobei $k \geq$ ld $(m \cdot n)$ und ganzzahlig sein muß, und zwei $(1\text{-aus-}m)$- bzw. $(1\text{-aus-}n)$-Zuordner, die entsprechend dem Adressenregisterstand eine bestimmte X- und eine bestimmte Y-Leitung mit Strom oder Spannung versorgen. Die Strom- und Spannungsamplitude wird so bemessen, daß nur die im Kreuzungspunkt der Leitungen wirksame Summe den Schwellwert des Elementes übersteigt und dieses Element reagieren läßt, während alle anderen Elemente der gleichen X- bzw. Y-Leitung unwirksamen sogenannten Halbimpulsen ausgesetzt sind und alle übrigen Elemente der Ebene in Ruhe bleiben. Dieses Auswahlverfahren wird als Zweifachkoinzidenz bezeichnet.

In Rechenmaschinen ist die Zusammenfassung mehrerer, z.B. N, binärer Stellen zu Worten üblich. Im Speicher entspricht dem meist die Bildung von Zellen aus N Speicherelementen, wobei nunmehr jede Zelle durch eine Adresse gekennzeichnet ist.

Alle Elemente einer Zelle werden gleichzeitig ausgewählt, d.h. der Speicher arbeitet parallel. N-stellige Speicherzellen kann man auf zweierlei Weise herstellen. Entweder designiert man die X- oder die Y-Leitungen einer Ebene als Zellenleitungen und reiht auf jede Zellenleitung N Speicherelemente auf oder man ordnet N Speicherebenen hintereinander an und definiert N hintereinander liegende Speicherelemente als zur selben Zelle gehörig. Die zweite Anordnung wird vorzugsweise für Speicher verwendet, die im 3-D-Betrieb arbeiten, während die Anordnung mit Zellen in einer Ebene üblicherweise für Speicher mit 2-D- oder $2^1/_2$-D-Betrieb angewendet wird.

4.2.1 Ferritspeicher

Im Jahre 1951 hat zuerst *J. W. Forrester* [1] vorgeschlagen, Matrizenspeicher im Zweifachkoinzidenzbetrieb zur Speicherung digitaler Daten zu verwenden. Die von ihm, *Papian* [2] und *Rajchman* [3] vorgeschlagenen Ferritringkerne für die Speicherung von Binärwerten sind bis jetzt vorherrschend geblieben und Ferritkernspeicher gehören zur Zeit zur Standardausrüstung fast aller elektronischer Datenverarbeitungsanlagen. Eine Übersicht über den Anwendungsbereich von Speichern vermittelt das Diagramm in Abb. 4.1-1, das in seiner Art zuerst von *Rajchman* [4] angegeben wurde. Es zeigt Zugriffszeiten und wirtschaftlich vertretbare Kapazitäten [58] für verschiedene Speichertypen. Die zentrale Bedeutung von Ferritspeichern als Hauptarbeitsspeicher für Rechenanlagen geht klar hervor. Die wirtschaftliche Bedeutung, die Ferritkernspeicher während der letzten zwei Jahrzehnte gewonnen haben, läßt sich daraus ermessen, daß die Ferritkernproduktion in 1969 auf 37,5 Milliarden Kerne geschätzt worden ist [5]. Die technischen Fortschritte während dieser Zeitspanne erstrecken sich vor allem auf Verkürzung der Speicherzykluszeit und Kostensenkung, ausgedrückt in DM pro Speicherbit. Abb. 4.2-2a, b stellt diese zwei Größen als Funktion der Zeit über den Zeitraum von 1951 bis 1970 dar.

Die technischen Verbesserungen wurden erzielt durch Verkleinerung der Speicherkerne, Verwendung von elektronischen monolithischen und diskreten Halbleiterschaltungen und automatisierte Fertigungs- und Testmethoden für Kerne und Matrizen. Je kleiner aber die Kerne werden, um so weniger Lesesignale liefern sie, um so dünnere Drähte muß man zum Fädeln verwenden und um so delikater werden

die Maschinen für Fertigung und Test. Je schneller die Kerne geschaltet werden, um
so größer wird die in Wärme umgesetzte Energiedichte in den Matrizen und um so
schwieriger wird es, unzulässige Erwärmung zu vermeiden.

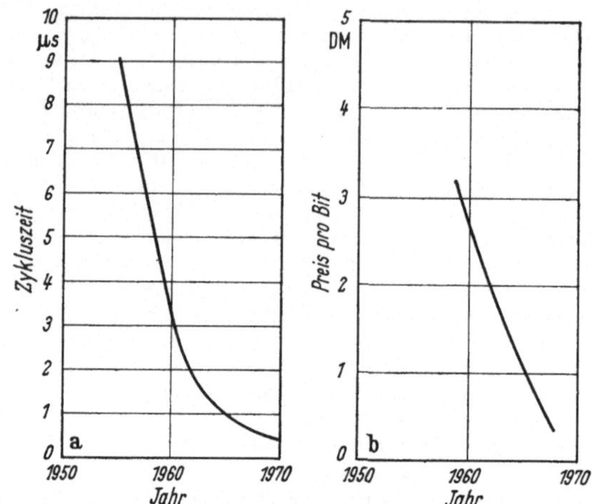

bb. 4.2-2. Trends in a) Speicherzykluszeit und b) Preis pro Bit.

Es scheint, als ob es heute wegen dieser grundsätzlichen Effekte mehr und mehr
fraglich wird, ob sich Verbesserungen an Kernspeichern, die technisch an sich durchaus möglich sind, wirtschaftlich noch lohnen, zumal wahrscheinlich kurze Zykluszeiten billiger mit Magnetdrahtspeichern und monolithischen Halbleiterspeichern
erreicht werden können.

4.2.2 Ferritspeicherringkerne

Ferritringkerne für Speicher bestehen aus gesinterten Keramiken mit Spinell-
struktur [6] von der Art MFe_2O_4, worin M ein zweiwertiges Metallion Mn, Cu oder
Mg darstellt. Sie zeigen ferromagnetisches Verhalten und haben eine Sättigungsinduktion B_S von etwa $2 \cdot 10^{-5}$ Vs/cm^2; ihre Koerzitivfeldstärke H_c hängt wesentlich von der Korngröße des Materials ab und ist in verhältnismäßig weiten Grenzen
durch Steuerung des Sinterprozesses beeinflußbar; das Material ist magnetisch
isotrop. Typische Werte für H_c (gemessen bei 50 Hz) sind 0,4 bis 3 A/cm. Der
spezifische ohmsche Widerstand ϱ ist größer als $10^5 \, \Omega$cm, so daß Wirbelstromverluste vernachlässigbar sind. Die relative Dielektrizitätskonstante ε_r beträgt etwa
10. Die Curietemperatur liegt bei 150 °C bis 300 °C. Daraus folgt die verhältnismäßig
große Temperaturabhängigkeit der magnetischen Eigenschaften [59], insbesondere
von H_c bei Raumtemperatur. Durch die Entwicklung von Lithiumferriten, deren
Curietemperatur bei etwa 600 °C liegt, ist es gelungen, die Temperaturabhängigkeit
wesentlich zu verbessern. Die Herstellung dieser Ferrite ist aber teurer und ihre
Schaltgeschwindigkeit vergleichsweise langsam.

Zur Verwendung in Matrizenspeichern eignen sich diejenigen Ferrite, deren
magnetisches Verhalten durch eine stark nichtlineare und weitgehend rechteckige
Hysteresekurve beschrieben werden kann. Das Rechteckigkeitsverhältnis R_s von
Ferriten ist stark feldstärkeabhängig, so daß man die gesamte Schaltung zweckmäßigerweise so dimensioniert, daß sich der Ringkern magnetisch der in Abb. 4.2-3

dargestellten Schleife mit maximalem Rechteckigkeitsverhältnis entsprechend verhält. Aus der Geometrie des Ringkerns folgt, daß die magnetische Feldstärke vom inneren zum äußeren Rand des Ringes hin abnimmt. Dadurch tritt eine Scherung der Hysteresekurve auf, d.h. ihre vertikalen Abschnitte neigen sich stärker nach rechts, und zwar um so mehr, je größer das Verhältnis des äußeren zum inneren Durchmesser des Ringkerns ist. Die Materialeigenschaften und die geometrische Struktur sind im Φ, Θ-Diagramm der Abb. 4.2-3 gemeinsam erfaßt.

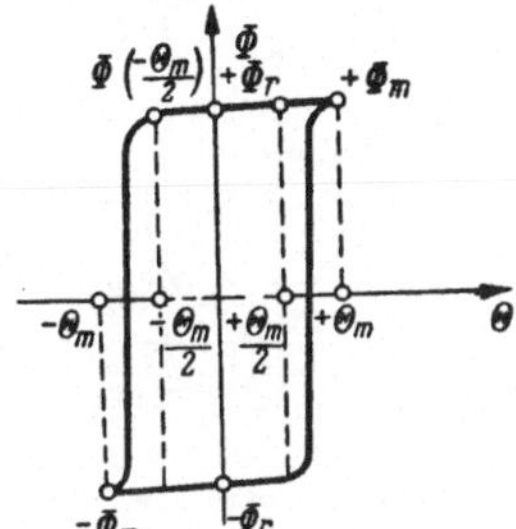

Abb. 4.2-3. Φ, Θ-Diagramm für optimale Hysteresekurve.

Die Abb. 4.2-3 zeigt die zwei Remanenzpunkte $+\Phi_r$ und $-\Phi_r$ eines Ferritkerns. Durch Zuordnung der binären „0" zum remanenten Fluß $-\Phi_r$ und der binären „1" zum Remanenzfluß $+\Phi_r$ sind die beiden möglichen Speicherzustände gekennzeichnet. Befindet sich der Ringkern im Zustand „0", dann kann er durch eine positive Durchflutung Θ_m (über den rechten Zweig der Kurve), in den Zustand „1" überführt werden. Eine positive $\Theta_m/2$-Durchflutung, die kleiner als der Schwellwert Θ_0 ist, läßt den Zustand „0" unverändert. Eine negative Durchflutung $-\Theta_m$ bewirkt eine große Flußänderung (von $+\Phi_r$ über $-\Phi_m$ nach $-\Phi_r$), wenn der Ringkern vorher im Zustand „1" war, hingegen eine sehr kleine Änderung, wenn sich der Ringkern im Zustand „0" befunden hat. In einer durch den Ringkern führenden Leseleitung wird demgemäß für „1" eine große Lesespannung induziert, für „0" jedoch nur eine kleine Störspannung. Eine negative Durchflutung $-\Theta_m/2$ kann offensichtlich weder den Zustand „1" noch den Zustand „0" ändern. Am Ende einer jeden negativen Durchflutung $-\Theta_m$ befindet sich der Ringkern immer im Zustand $-\Phi_r$, d.h. der Lesevorgang zerstört die gespeicherte Information (siehe hierzu auch den Abschnitt 2.3).

Da die Hysteresekurve keinen Aufschluß über den zeitlichen Ablauf der Ummagnetisierung zu geben vermag, die im allgemeinen durch die Verschiebung von Blochwänden erfolgt, wurde die Schaltzeitkonstante S_w eingeführt. Sie zeigt den Zusammenhang zwischen Umschaltzeit und überschüssigem magnetischem Treibfeld $(H - H_0)$. Typische Werte für S_w sind 0,7 bis 0,8 µs · Oe. Es sei bemerkt, daß die Werte für S_w (bis zu 0,1 µs · Oe) abnehmen, wenn sehr große $(H - H_0)$ Felder angelegt werden.

Die Hysteresekurve [7 bis 12] von Ferritringkernen ist nicht ideal rechteckig. Die flachen Abschnitte der Schleife haben eine, wenn auch geringe Steigung. Die Übergänge von den flachen in die steilen Abschnitte zeigen Abrundungen. Die Abweichungen veranlassen eine Reihe von Störungen, die die Betriebssicherheit der gesamten Anordnung beeinflussen können oder die Größe des Speichers begrenzen. Da außerdem die Hysteresekurve das Verhalten der Ferritkerne bei schneller Ummagnetisierung nur ungenügend beschreibt, ist es besser, Speicherkerne mit Impulsprogrammen zu testen, die den tatsächlichen Impulsfolgen im Speicherbetrieb nachgebildet sind.

Abb. 4.2-4b zeigt qualitativ den zeitlichen Verlauf der Sekundärspannungen uV_1, dV_1 und dV_z eines voll erregten Speicherringkerns während des Lesevorgangs, wenn in seiner Primärwicklung die Stromimpulse des Impulsprogramms der Abb. 4.2-4a

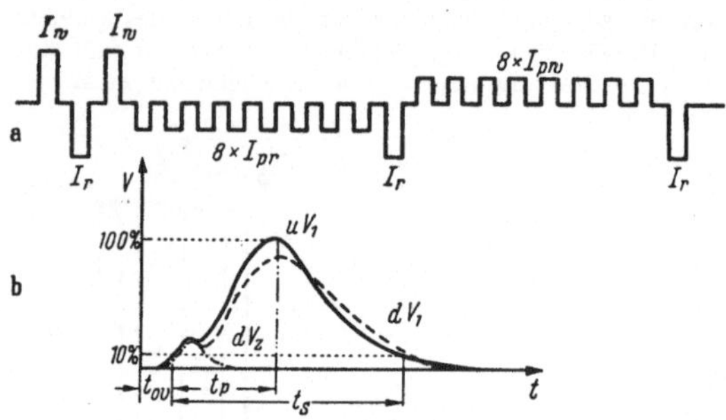

Abb. 4.2-4.

a) Impulsfolge zum Testen eines gewählten Speicherringkerns und b) Signalspannungsverlauf.

fließen. Die Spannung uV_1 (ungestörte „1") der Abb. 4.2-4b wurde vom ersten I_r-Impuls induziert. Der Zustand „1" war noch nicht durch Teilimpulse gestört. Der zweite I_r-Impuls induziert die Spannung dV_1 (gestörte „1"), nachdem die eingeschriebene „1" achtmal gestört worden war. Der dritte I_r-Impuls findet den Zustand einer durch acht halbe Schreibstromimpulse gestörten „0" vor; er induziert die Spannung dV_z (gestörte „0"). Der Spannungsverlauf nach Abb. 4.2-4b impliziert, daß optimale Stromamplituden für die Testimpulsfolge nach Abb. 4.2-4a verwendet sind. Die Änderungen der Lesespannungen sowie der Schaltzeiten t_p und t_s als Funktionen der Stromamplituden, Impulsanstiegszeiten und der Temperatur sind im Abschnitt 2.3.2 behandelt und prinzipiell aus den Abbildungen ersichtlich.

Die Abb. 4.2-5 zeigt die von halberregten Ringkernen während des Lesevorgangs induzierten Sekundärspannungen. Ihre Größe hängt ebenfalls davon ab, ob sich der Ringkern im ungestörten oder gestörten Zustand befindet. Die Ziffern an den Spannungskurven in Abb. 4.2-5b entsprechen den Ziffern an den Impulsen in Abb. 4.2-5a. Sie stellen den Fall eines halberregten Ringkerns im Zustand der ungestörten und gestörten „1" dar. Man sieht, daß der Sekundärimpuls 2 unmittelbar nach dem Einschreiben von „1" größer ist als der Störimpuls 3 nach mindestens einmaliger Störung.

Beim Einschreiben einer „0" erfährt ein ausgewählter Ringkern stets eine einmalige Störung wie in Abschnitt 4.2.3.1 beschrieben wird. Man kann daher das Einschreiben einer „0" durch Umkehrung der Polarität der Impulse 1 und 2 in Abb. 4.2-5a beschreiben. Dann entspricht die Spannungskurve 3 in Abb. 4.2-5b der Sekundärspannung eines halberregten Ringkerns im Zustand „0". Die Treibströme sind dem

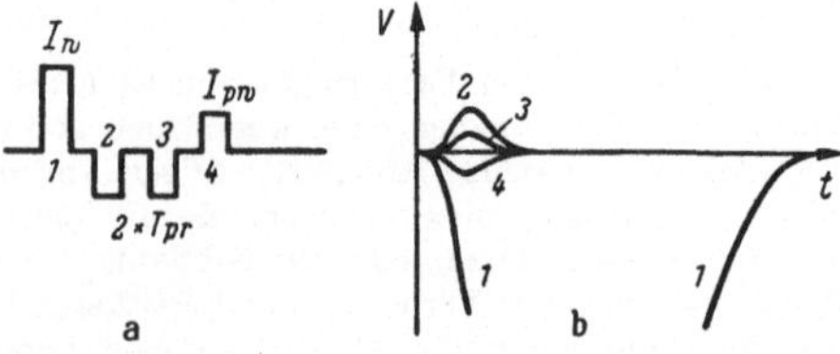

Abb. 4.2-5. a) Impulsfolge zum Testen eines halbgewählten Speicherringskerns und b) Störspannungsverlauf.

Treibfeld $(H - H_o)$ und dem Ringkerndurchmesser proportional, die Gegenspannungen der Induktion B_r und dem Ringkernquerschnitt. Schnelleres Schalten bei gleicher Treibenergie ist daher zu erwarten, wenn man die Ringkerne verkleinert und die Koerzitivfeldstärke H_c erhöht. Daß die Entwicklung diesem Trend in den vergangenen 20 Jahren gefolgt ist zeigt Abb. 4.2-6a, b und c, in der der Durchmesser d, die Koerzitivfeldstärke H_c und die Schaltzeit t_s von Ringkernen für typischen Koinzidenzbetrieb als Funktion der Zeit aufgetragen sind.

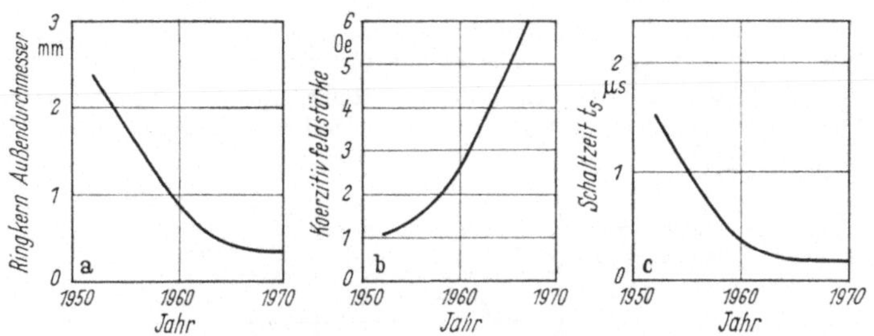

Abb. 4.2-6. Trends in Ringkerneigenschaften von 1950 bis 1969. a) Ringdurchmesser; b) Koerzitivfeldstärke; c) Schaltzeit.

4.2.3 Speichermatrizen

4.2.3.1 3-D- oder bitorganisierter Betrieb. Die Zusammenschaltung einer Anzahl von Ferritringkernen zu einer Matrix für 3-D-Betrieb zeigt Abb. 4.2-7. In diesem Beispiel sind 16 Ferritringkerne in quadratischer Matrizenform angeordnet. Vier X-(Zeilen-)Leitungen und vier Y-(Spalten-)Leitungen führen durch je vier Ringkerne. Eine Z-(Blockier-)Leitung (Inhibit) durchzieht alle Ringkerne der Ebene antiparallel zu den X-Leitungen. Die vierte Leitung dient als L-(Lese-)Leitung. Sie ist diagonal durch alle Ringkerne der Ebene geführt. Die X- und Y-Treibstufen können Bestandteile der Zuordner sein. Die L-Leitung endet an einem Leseverstärker. Die Z-Leitung wird von einer Z-Treibstufe gespeist. Die Pufferregisterstelle P enthält die einzuschreibende Binärinformation und wird beim Lesevorgang vom

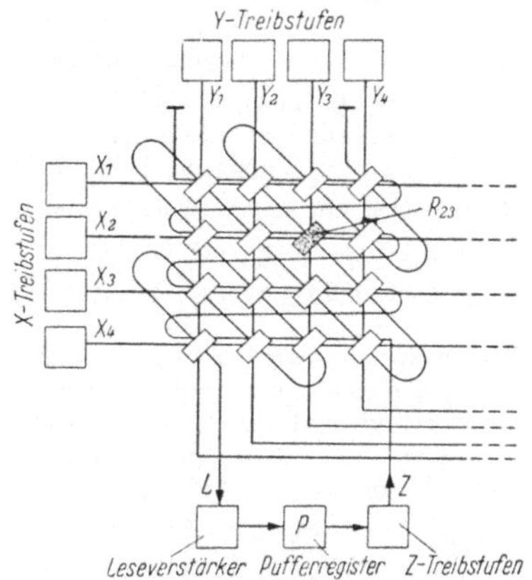

Abb. 4.2-7. 3-D-Speicherebene.

Leseverstärkerausgang auf „1" gesetzt, wenn in der Leseleitung eine große Spannung induziert wurde.

Die Ringkerndurchflutungen werden durch rechteckige Stromimpulse erzeugt. Die Ströme sind so bemessen, daß ein Strom $I_m/2$ durch eine Windung die Teildurchflutung $\Theta_m/2$ im Ringkern hervorruft. Die Größe des Stromes I_m beträgt je nach Ringkerngröße und Ferritmaterial bis 700 mA. Durch die Einstellung einer Adresse wird die Vorwahl einer X- und einer Y-Leitung bewirkt, so daß die Impulsfolgen der Abb.4.2-8 nur auf diesen Leitungen erscheinen. Die beiden Leitungen seien X_2 und Y_3 in Abb.4.2-7.

Die beiden negativen Halbimpulse summieren sich im Kreuzungspunkt und überführen den Ringkern R_{23} unbedingt in den Zustand „0". Befand er sich im Zustand „1", so wird durch den in der L-Leitung induzierten Leseimpuls die gelöschte Pufferregisterstelle auf „1" gesetzt. Befand er sich im Zustand „0", dann

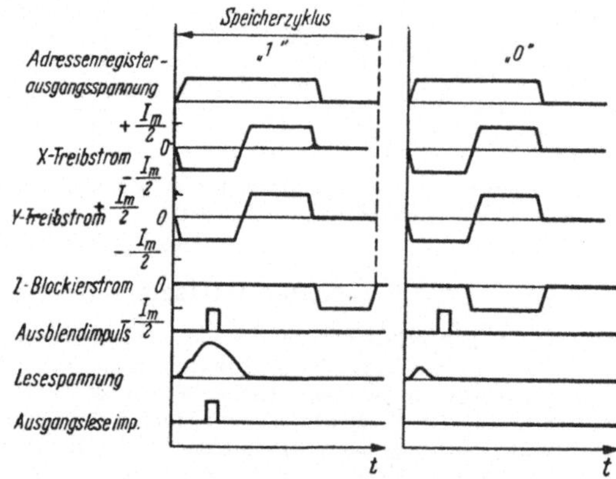

Abb.4.2-8. Lese- und Schreibimpulsprogramm für 3-D-Speicher.

bleibt die Pufferregisterstelle auf „0". Da die gespeicherte Information im Ringkern R_{23} zerstört ist, folgt ein Rückschreibvorgang durch die nachfolgenden positiven X- und Y-Teilimpulse. Von der Pufferregisterstelle wird die Z-Treibstufe so gesteuert, daß sie in Ruhe bleibt, wenn das Pufferregister auf „1" gesetzt worden ist. Die Summe der positiven X- und Y-Impulse überführt den Ringkern R_{23} wieder in den Zustand „1". Das Auslesen einer „0" bewirkt, daß das Pufferregister während des Rückschreibens auf „0" steht und dadurch die Z-Treibstufe veranlaßt, eine durch einen $I_m/2$-Stromimpuls hervorgerufene negative Teildurchflutung $-\Theta_m/2$ in allen Ringkernen der Ebene zu erzeugen. Im Ringkern R_{23} summieren sich nun die Durchflutungen $(+\Theta_m/2)_x + (+\Theta_m/2)_y + (-\Theta_m/2)_z = +\Theta_m/2$. Diese Teildurchflutung kann den Zustand „0" jedoch nicht ändern. Damit ist der Lese-Rückschreibzyklus beendet.

Zum Einschreiben in den Speicher wird der Leseverstärker gesperrt. Die beiden negativen X- und Y-Teilimpulse stellen den ausgewählten Ringkern sicher auf „0". Die einzuschreibende Information im Pufferregister steuert während der Schreibphase die Z-Treibstufe wie beim Lese-Rückschreibzyklus. Man kann sich an Hand der Abb.4.2-7 leicht davon überzeugen, daß kein Ringkern außer R_{23} mehr als eine Teildurchflutung von $+\Theta_m/2$ oder $-\Theta_m/2$ erhalten hat.

Bezüglich der Lesestörung ergibt sich, daß alle Ringkerne, durch die entweder die X_2- oder die Y_3-Leitung allein führt, beim Lesen Teildurchflutungen $-\Theta_m/2$

erhalten. Jeder dieser Ringkerne liefert infolgedessen einen Störspannungsbeitrag U_t gemäß Spannungskurve *2* oder *3* in Abb. 4.2-5 b in die Leseleitung. Die kumulative Störspannung würde in typischen Speichermatrizen mit z. B. 4096 Ringkernen das Nutzlesesignal um mehr als das 10fache übersteigen, wenn nicht durch die diagonale Führung der Leseleitung eine weitgehende Kompensation der Störspannungen erzielt würde. Wenn man den Wicklungssinn der Leseleitung und der X_2- und Y_3-Leitung in den teilgewählten Ringkernen in Abb. 4.2-7 verfolgt, findet man, daß alle teilgewählten Ringkerne bis auf zwei paarweise gegeneinander geschaltet sind. Die Kompensation der Störungen der Ringkernpaare ist nicht immer vollständig, da die Störspannungen gemäß Abb. 4.2-5 b davon abhängen, ob sich ein Ringkern im Zustand der ungestörten oder gestörten „1" oder „0" befindet. Die maximale Reststörung U_Δ auf der Leseleitung beträgt deshalb

$$U_\Delta = 2U_t \pm (n-2)\, U_\delta, \qquad (4.2\text{-}1)$$

wobei n die Anzahl der Ringkerne auf einer X- oder einer Y-Leitung ist, U_t die Störspannung eines teilgewählten Ringkerns und U_δ die Restspannung eines kompensierten Ringkernpaares.

Es sei bemerkt, daß die Größe einer Matrix in vielen Fällen durch die sog. Deltastörung U_Δ begrenzt ist. Man kann durch einen sog. „post write disturb" Impuls durch die Z-Leitung (Abb. 4.2-8) nach dem Schreiben einer „1" erreichen, daß sich kein Ringkern im Zustand der ungestörten „1" befindet, wodurch die Störkompensation verbessert werden kann. Ob sich diese Maßnahme lohnt, hängt nach [10] vom speziellen Fall ab. Unvermeidliche Toleranzen der Ferritringkerne verursachen zusätzliche nicht systematisch kompensierbare Störspannungen.

Außer den Störspannungen durch die Ringkerne selbst tragen auch induktive und kapazitive Kopplungen zwischen der Leseleitung und den X-, Y- und Z-Leitungen zu Störungen bei, die jedoch nur während der Anstiegs- und Abfallzeiten t_r bzw. t_f der Stromimpulse und somit etwa gleichzeitig mit den Störspannungen dV_z und denen halberregter Kerne am Anfang der Lesesignale uV_1 oder dV_1 bzw. nach Beendigung des Lesevorgangs auftreten können. Sehr wirksam ist demnach die Verwendung eines zeitlich verzögerten Ausblendimpulses (strobe) nach der Abb. 4.2-8 und zur Zeit $t_{ov} + t_p$ nach Abb. 4.2-4 b. Er wird dann an den Leseverstärker gegeben, wenn die von einer gestörten „1" stammende Lesespannung ihr Maximum erreicht. Zu diesem Zeitpunkt sind sowohl die Störungen durch die gestörte „0" als auch die durch Teildurchflutungen erzeugten Störspannungen weitgehend abgeklungen.

Andere Maßnahmen zur Verringerung der Störspannungen in 3-D-Speichern, unter ihnen spezielle Leseleitungsführung, Integration des Lesesignals [3] zur Auslöschung reversibler Ummagnetisierungsbeiträge, verzögertes Anlegen entweder des X- oder des Y-Impulses, rechteckige Matrixform usw., werden im Abschnitt 4.2.4.2 behandelt.

In die Leseleitung wird auch während der Schreibphase eine Störspannung induziert, die im allgemeinen ein Vielfaches der Lesestörung beträgt. Sie wird im wesentlichen durch den Z-Blockierimpuls hervorgerufen, der Teildurchflutungen $-\Theta_m/2$ in annähernd allen Ringkernen der Speicherebene hervorruft. Dadurch werden Störspannungen von fast allen Ringkernen der Ebene in die Leseleitung, mit der sie ja auch verkettet sind, induziert. Wenn sich die Störungen akkumulieren würden, wären sie in einer Matrix mit z. B. 4096 Ringkernen mehrere hundert Mal größer als ein Lesesignal. Man verringert auch die Schreibstörung dadurch, daß durch geeignete Führung der Lese- und Z-Blockierleitungen alle Ringkerne der Ebene, bis auf zwei, gegeneinander geschaltet sind, wie es z. B. in Abb. 4.2-7 der Fall ist.

Die Schreibstörung beeinflußt zwar die Diskriminierung von „1" und „0" Lesesignalen nicht, da sie erst nach der Lesephase in die Leseleitung induziert wird, sie ist trotzdem schädlich, weil sie zur Übersteuerung des Leseverstärkers, zur Anregung von langsam abklingenden Schwingungen im Leseleitungssystem und zu lang dauernden Potentialverschiebungen am Leseverstärkereingang führen kann. Diese Effekte führen oft zu überlangen Zykluszeiten, da das Lesesystem wieder zum Ruhezustand zurückgekehrt sein muß bevor die nächste Lesephase beginnen kann.

In bitorganisierten oder 3-D-Speichern mit N-stelligen Worten werden die X- und die Y-Leitungen aller N Speicherebenen hintereinander geschaltet wie in Abb. 4.2-9 gezeigt ist. Dadurch werden für den ganzen Speicherblock nur n X- und m Y-Treibstufen benötigt. Jede Speicherebene besitzt außerdem eine eigene Z-Leitung und eine Z-Treibstufe, eine eigene L-Leitung, einen Leseverstärker und eine Stelle eines N-stelligen Pufferregisters.

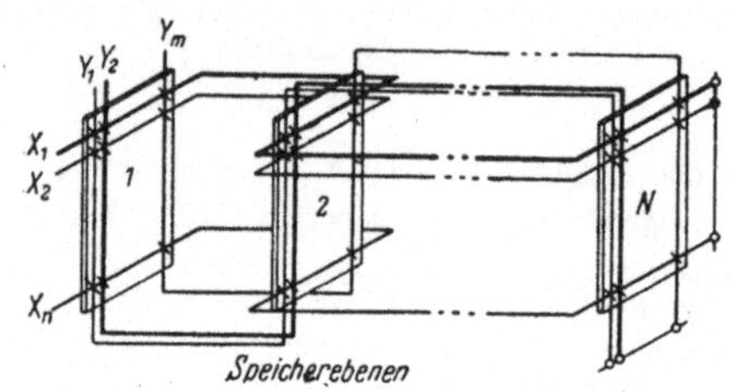

Abb. 4.2-9. X- und Y-Leitungsführung im 3-D-Speicherblock.

Die mit Ferritringkernen bestückten X-, Y- und Z-Leitungen stellen für die Treibstufen zeitabhängige Belastungen dar. Aufschluß über die Größe und den zeitlichen Verlauf der Belastung einer X- oder Y-Treibstufe gibt folgende Betrachtung: Eine X- oder Y-Leitung eines Speicherblocks umfaßt beispielsweise $n \cdot N$ Ferritringkerne. Davon werden durch Koinzidenz mit einer Y- oder X-Leitung N Ringkerne ummagnetisiert und liefern eine Gegenspannung von etwa $N \cdot dV_1$ (Abb. 4.2-4b), wenn z. B. beim Lesen alle N Ringkerne im Zustand „1" waren. Sie liefern etwa 10% dieser Spannung, wenn sie sich im Zustand „0" befunden haben. Die restlichen $(n - 1) \cdot N$ Ringkerne liefern die $(n - 1) \cdot N$-fache Störspannung eines einzelnen Ringkerns (Abb. 4.2-5b).

Eine Z-Blockierleitung umfaßt n^2 Ringkerne. Davon liefert 1 Ringkern eine Gegenspannung von dV_1 oder dV_z und $(n^2 - 1)$ Ringkerne annähernd die $(n^2 - 1)$-

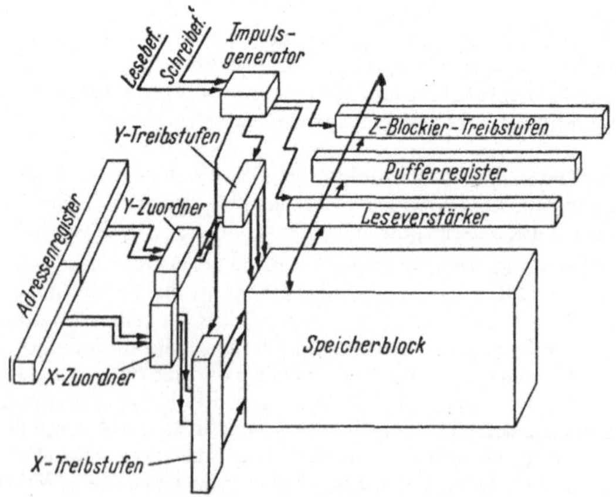

Abb. 4.2-10. 3-D-Speichermodule.

fache Störspannung eines einzelnen halberregten Ringkerns. Alle Gegenspannungen addieren sich, und aus der Summenspannung und dem Strom läßt sich die zeitlich veränderliche Belastung bestimmen.

Die Gesamtanordnung eines 3-D-Speichers zeigt das Blockschaltbild der Abb.4.2-10, worin die X- und Y-Treibleitungen aller Speicherebenen hintereinander geschaltet gezeigt sind. Das Adressenregister ist in zwei Abschnitte eingeteilt. Jeder Abschnitt wird für sich entschlüsselt und wählt vorbereitend eine·X- und eine Y-Leitung aus. Das Pufferregister wird gelöscht, und die Leseverstärker werden angeschaltet, wenn aus dem Speicher gelesen werden soll. Zum Einschreiben in den Speicher enthält das Pufferregister das einzuschreibende Binärwort, und die Leseverstärker werden gesperrt. Der Impulsgenerator liefert auf einen Anstoßimpuls hin das Impulsprogramm der Abb.4.2-8 an die ausgewählten X-, Y- und Z-Treibstufen und den Ausblendimpuls an den Leseverstärker. Beim Lesevorgang enthält das Pufferregister den gelesenen Zelleninhalt, wenn die negativen Treibstromimpulse vorbei sind, und es steuert die Z-Treibstufen während des Rückschreibens in der vorher beschriebenen Weise. Beim Schreiben setzen die negativen X- und Y-Treibstromimpulse alle Ringkerne der ausgewählten Zelle auf „0", ohne den Inhalt des Pufferregisters zu ändern. Die Schreibphase entspricht genau der des Rückschreibens.

3-D-Speicher sind besonders wirtschaftlich, wenn die Kosten für die Treibstufen hoch sind im Vergleich zu den Kosten der Ferritkernspeicherebenen; denn für n^2 Zellen sind nur n X-Treibstufen und n Y-Treibstufen erforderlich.

4.2.3.2 2-D- oder wortorganisierter Betrieb. Zur Vermeidung gewisser Nachteile in 3-D-Speichern, vor allem zur Überwindung des U_Δ-Störproblems, verwendet man häufig eine andere Speicheranordnung, die als wortorganisiert oder 2-D-Betrieb bekannt ist [12]. Abb.4.2-11 zeigt die prinzipielle Anordnung einer wortorganisierten Matrix. Die senkrechten Leitungen werden als Wortleitungen W bezeichnet,

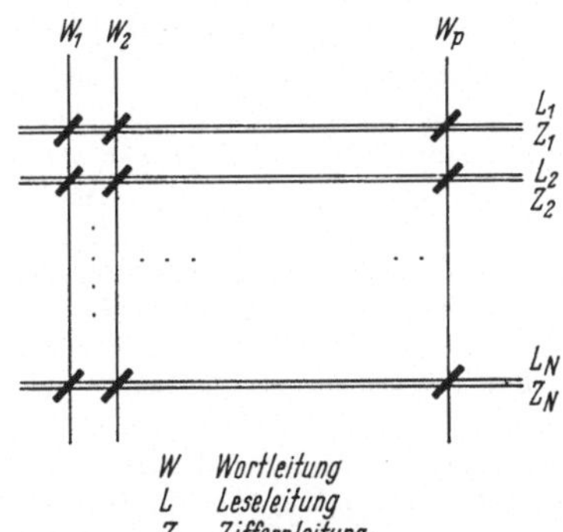

Abb.4.2-11.
2-D-Speicherebene.

die waagrechten als Leseleitungen L bzw. als Ziffernleitungen Z. Jede Wortleitung ist durch N Speicherelemente geführt, wodurch N-stellige Worte gebildet werden. Der Matrix ist ein Zuordner vorgeschaltet, an dessen Ausgänge die Wortleitungen angeschlossen sind. Zu jeder Lese- und Ziffernleitung gehören ein Leseverstärker, eine Pufferregisterstelle, und eine Z-Treibstufe.

Zum Lesen eines Wortes wird ein voller negativer Treibstromimpuls in die vom Zuordner ausgewählte Wortleitung eingespeist, der in allen Ringkernen dieser Wortleitung die Durchflutung $-\Theta_m$ hervorruft. Unter dem Einfluß dieser Durchflutung schalten die Ringkerne, die im positiven Remanenzpunkt gelegen sind, um und induzieren Lesesignale uV_1 oder dV_1 in ihre Leseleitungen L. Diejenigen Ringkerne, die sich bereits im negativen Remanenzpunkt befunden haben, induzieren kleine

Spannungen von der Größe dV_z. Am Schluß des Leseimpulses liegen alle Ringkerne der ausgewählten Wortleitung im negativen Remanenzpunkt, d.h. die gespeicherte Information ist durch das Lesen zerstört worden. Zum Rückschreiben wird ein halber positiver Treibstromimpuls in die ausgewählte Wortleitung eingepeist, der in den N Ringkernen dieser Wortleitung Teildurchflutungen $+\Theta_m/2$ hervorruft. Koinzidente positive Halbstromimpulse in den Ziffernleitungen bewirken, daß die mit diesen Ziffernleitungen und der ausgewählten Wortleitung gemeinsam verketteten Ringkerne volle positive Durchflutung $+\Theta_m$ erhalten und in den positiven Remanenzpunkt umgeschaltet werden (Schreiben von „1"). Alle anderen mit diesen Ziffernleitungen verketteten Ringkerne erhalten nur positive Teildurchflutungen $+\Theta_m/2$. Zum Schreiben von „0" bleiben die Ziffernleitungen stromlos; die entsprechenden Ringkerne der ausgewählten Wortleitung erhalten nur eine Teildurchflutung $\Theta_m/2$ vom Wortstrom und verbleiben daher im negativen Remanenzpunkt. Dem Neueinschreiben von Binärdaten muß ein Lesevorgang zur Löschung der alten Information vorausgehen.

Während des Lesens gibt es im 2-D-Betrieb keine U_Δ-Störung; denn alle mit einer Leseleitung verketteten Ringkerne, außer dem des ausgewählten Wortes, bleiben ohne Durchflutung. Man kann deshalb im Prinzip eine größere Anzahl Ringkerne auf eine Leseleitung auffädeln oder Ringkerne verwenden, die größere Störspannungen bei Halberregung induzieren. Während der Schreibphase werden aber von allen halberregten Ringkernen Störspannungen in die Leseleitungen induziert, die pro Ringkern ebenso groß sind wie im 3-D-Betrieb. Es ist deshalb auch hier vorteilhaft, die Störspannungsbeiträge während des Schreibens zu kompensieren, worauf in Abschnitt 4.2.4.2 eingegangen wird. Die Leitungsführung in Abb. 4.2-11 ist nicht kompensierend.

Da man im 2-D-Betrieb beim Lesen nicht an die Zweifachkoinzidenzbedingung gebunden ist, kann man das Auslesen dadurch wesentlich beschleunigen, daß man große Worttreibströme (z.B. 2 bis $3 \cdot I_m$) verwendet und entsprechend große $(H - H_0)$-Übersteuerung und kurze Schaltzeiten erzielt.

Es kann auch von Vorteil sein beim Schreiben mit ungleichen Wort- und Zifferntreibströmen z.B. mit $2/3 I_m$ bzw. $1/3 I_m$ zu arbeiten. Da ein Ringkern im 2-D-Betrieb nie mehr als eine einzige Wortstromdurchflutung (zwischen Schreiben und Lesen) erfährt, dagegen im allgemeinen vielfache Ziffernstromdurchflutungen, kann man dadurch die Anforderungen an seine Störempfindlichkeit (Rechteckigkeit der dynamischen Hysteresiskurve) erleichtern. Schließlich sei erwähnt, daß Ziffern- und Leseleitung kombiniert werden können, so daß insgesamt nur zwei Drähte durch die Ringkerne gefädelt werden müssen, was vor allem bei sehr kleinen Ringkernen erwünscht ist.

Jede Wortleitung hat beim 2-D-Betrieb eine eigene Treibstufe oder zumindest einen eigenen Zuordnerschalter, was die Gesamtspeicherkosten erhöht. Zum Beispiel braucht man für einen Speicher mit n^2 Worten n^2 Zuordnerschalter, im Gegensatz zu $2n$ Schaltern im 3-D-Betrieb. Die Belastung einer Worttreibstufe durch die Zellenleitung hängt stark von der gespeicherten Information ab. Die Gegenspannung beträgt beim Lesen $N \cdot dV_1$, wenn alle Ringkerne der ausgewählten Zelle auf „1" standen, gegenüber etwa $N \cdot dV_z$, wenn alle Ringkerne bereits im Zustand „0" waren. Um eine gleichmäßigere Belastung herbeizuführen, können zu den Zellenleitungen Widerstände in Serie gelegt werden oder es können Verfahren verwendet werden, welche mit Hilfe von zwei Speicherringkernen für eine Binärstelle gestatten, die Belastung unabhängig von der gespeicherten Information konstant zu halten. In beiden Fällen erhöht sich die Gegenspannung und damit die erforderliche Treibleistung.

Im allgemeinen ist durch die in der Wortleitung auftretende Gegenspannung die Anzahl der Ringkerne pro Wortleitung ziemlich begrenzt.

Die Gesamtanordnung eines wortorganisierten Speichers ist in Abb. 4.2-12 gezeigt.

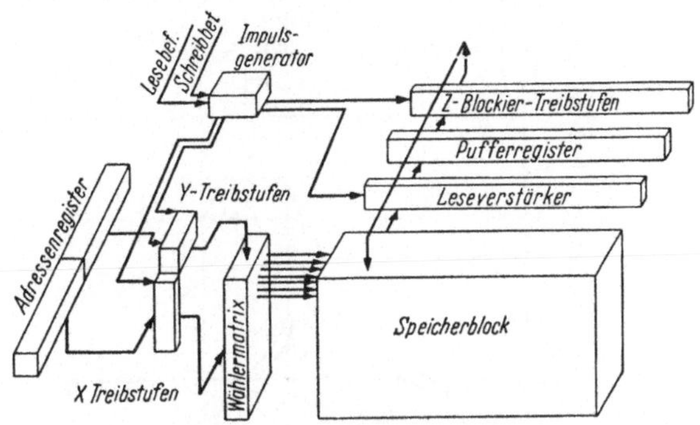

Abb. 4.2-12. 2-D-Speichermodule.

4.2.3.3 $2^1/_2$-D-Betrieb. In den letzten Jahren ist ein neuer sog. $2^1/_2$-D-Speichertyp zuerst für den Bau sehr großer Speicher entwickelt worden. Dieser Speichertyp scheint sich aber auch für schnelle Speicher gut zu eignen, wie sich in jüngster Zeit herausgestellt hat [12 bis 14]. Da er Vorzüge des 2-D- und des 3-D-Speichers in sich vereinigt, ist es durchaus möglich, daß der neue $2^1/_2$-D-Speicher in Zukunft 2-D- und 3-D-Speicher weitgehend ersetzen wird.

Das Prinzip einer $2^1/_2$-D-Matrix sei an Hand der Abb. 4.2-13 beschrieben. Die senkrechten Linien in Abb. 4.2-13 stellen Wortleitungen W_1 bis W_p dar, die waagerechten Linien kombinierte Lese-Ziffernleitungen $L - Z$. Jede Wortleitung wird durch $a \cdot N$ Kerne hindurchgeführt, wobei N die Anzahl der Bits pro Wort bezeichnet und a eine ganze Zahl ist. Es sind $a \cdot N$ Ziffernleitungen vorhanden aber nur N Lese- und Schreibschaltungen, die über N Schaltmatrizen (1 aus a) gleichzeitig an eine bestimmte Gruppe von N Ziffernleitungen angeschaltet sind. Zum Auslesen wird entsprechend dem Impulsprogramm der Abb. 4.2-14 zunächst ein negativer Halbstrom an die N ausgewählten Ziffernleitungen gegeben, dem ein weiterer negativer Halbstrom durch die ausgewählte Wortleitung folgt. Dadurch erhalten nur N Kerne der ausgewählten Wortleitung volle negative Durchflutung $-\Theta_\mathrm{m}$ und werden ausgelesen. Die gespeicherte Information wird beim Auslesen zerstört. Zum Einschrei-

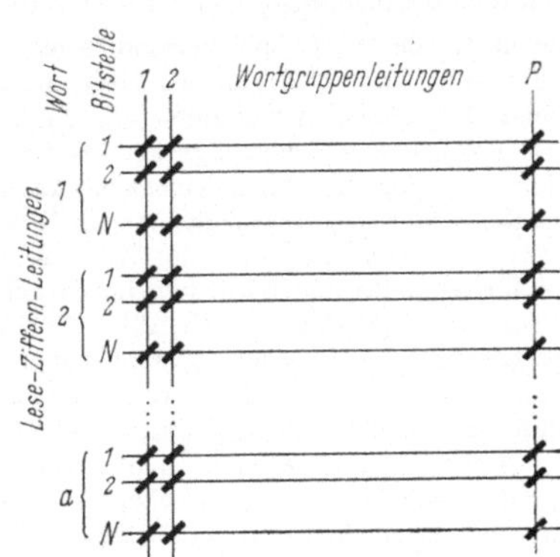

Abb. 4.2-13.
($2^1/_2$)-D-Speicherebene.

ben werden die ausgewählte Wortleitung und diejenigen der Ziffernleitungen, deren Speicherkerne auf „1" geschaltet werden sollen, mit je einem positiven Halbstrom versorgt, die anderen Ziffernleitungen bleiben stromlos. Dadurch erhalten nur die

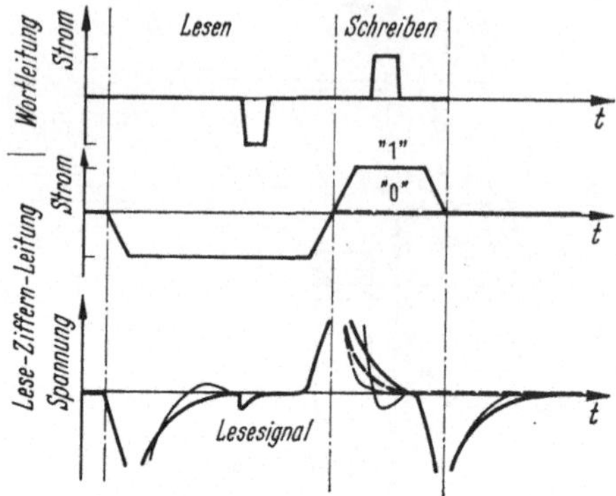

Abb. 4.2-14. Lese-Schreibimpulsprogramm für (2¹/₂)-D-Speicher.

Ringkerne, die zur ausgewählten Wortleitung und zur ausgewählten Ziffernleitungsgruppe gehören und in die „1" geschrieben werden soll, volle positive Durchflutung. Alle übrigen Kerne der ausgewählten Wortleitung erhalten während des Lesens und Schreibens nur halbe Durchflutungen und ändern ihren magnetischen Zustand nicht. Es ist üblich, für große Speicher nur zwei Leitungen, nämlich die Wort- und die Ziffernleitung durch die Kerne zu fädeln, so daß man sehr kleine Kerne verwenden kann. Ziffern- und Leseleitungen sind nun identisch, so daß der Ziffernimpuls am Leseverstärkereingang erscheint. Dadurch wird der Speicherzyklus verlangsamt, weil die Störung am Leseverstärker hinreichend abgeklungen sein muß, bevor die Lesephase beginnen kann, wie im Impulsdiagramm der Abb. 4.2-14 angedeutet ist.

Für $2^1/_2$-D-Speicher, in denen es auf kurzen Speicherzyklus und kurze Zugriffszeit ankommt, verwendet man getrennte Ziffern- und Leseleitungen [14]. Durch geeignete Leseleitungsführung, auf die in Abschnitt 4.2.4.2 eingegangen wird, kann man dann paarweise Störspannungskompensation halberregter Ringkerne erzielen, was zur Folge hat, daß die Störungen vor der Lesephase schneller abklingen. Die Erholzeit nach dem Schreiben ist dann auch kurz, denn die Ziffern- und Leseleitungen sind nach [14] nur durch verhältnismäßig wenige Ringkerne (z. B. 256) miteinander verkoppelt, wodurch die beim Schreiben von den Ziffernimpulsen induzierten Störungen gering bleiben. Große $2^1/_2$-D-Speichermodule mit 20 Mbit (M = 10^6) Kapazität und 8 µs Speicherzyklus und solche mit 4,7 Mbit und 2,8 µs sind kommerziell erhältlich und schnelle $2^1/_2$-D-Speichermodule mit 250 ns Speicherzyklus und 600 Kbit (K = 1024) Kapazität sind vorausgesagt worden [14].

Die Elektronik für die Wortleitungsauswahl [14] kann durch das sogenannte Phasenumkehrverfahren des Wortstroms auf etwa die Hälfte verringert werden. Nach diesem Verfahren führt man die Wortleitungen zuerst von oben nach unten durch eine Matrixspalte und dann von unten nach oben durch eine andere Spalte zurück. Wenn die Impulsfolgen nach Abb. 4.2-14 an eine Wortleitung und eine Ziffernleitungsgruppe gelegt werden, besteht für eine der beiden Spalten die Koinzidenzbedingung, während sich die Durchflutungen in den Ringkernen der anderen Spalte aufheben (Antikoinzidenz). Zur Auswahl der Ringkerne, die zur selben Ziffernleitungsgruppe in der zweiten Spalte gehören, wird die Reihenfolge der Wortleitungsimpulse nach Abb. 4.2-14 umgekehrt, so daß zuerst ein positiver Halbimpuls (für Lesen) und dann ein negativer Halbimpuls (für Schreiben) angelegt werden. Offensichtlich erhalten nun die Ringkerne der zweiten Spalte volle Durchflutung und für die der ersten Spalte gilt die Antikoinzidenzbedingung. Die Gesamtanordnung eines $2^1/_2$-D-Speichers ist in Abb. 4.2-15 gezeigt.

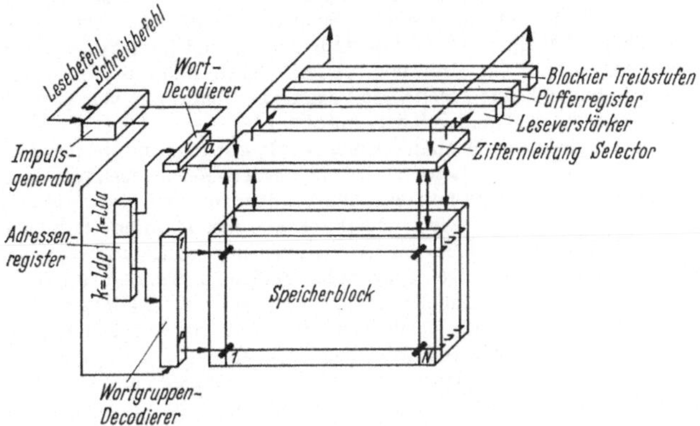

Abb. 4.2-15. $(2^1/_2)$-D-Speichermodule.

4.2.3.4 Herstellung von Speicherblöcken. Bei der Herstellung von Ferritspeicher blöcken kann man drei Phasen unterscheiden, nämlich 1. die Herstellung und elektrische Einzelprüfung der Ringkerne, 2. das Fädeln und Testen von Speichermatrizen, wozu das Auswechseln schadhafter Kerne gehört, und 3. das Verbinden von Speichermatrizen miteinander.

1. Für die Herstellung der Ringkerne [6, 15] werden zuerst ausreichende Mengen der erforderlichen Materialien, üblicherweise für etwa 10 Millionen Ringkerne, sorgfältig gemischt, gebrannt, gemahlen und gesiebt. Aus dem entstehenden Pulver werden dann die Ringkerne in Vielfachpressen, z. B. 32 Kerne gleichzeitig, etwa 20 pro Sekunde, geformt. Die Genauigkeit des Preßvorgangs muß ständig überwacht werden, damit sowohl die Kerndimensionen (z. B. 0,46 mm Außendurchmesser, 0,23 mm Innendurchmesser und 0,12 mm Höhe) wie auch die Pulverdichte in engen Toleranzen bleiben. Nach dem Pressen werden die Ringkerne einem nach Temperatur und Zeit streng kontrollierten Sinterprozeß unterworfen. Zu diesem Zweck werden „batches" von 20000 bis 30000 Ringkernen auf einem Fließband durch einen Tunnelofen geschickt, dessen Zonen auf verschiedenen Temperaturen (300° bis 1400 °C) gehalten werden. Zuerst werden bei etwa 300 °C organische Bindemittel, die dem Ferritpulver zugesetzt sind, verbrannt, dann folgt das eigentliche Sintern im Temperaturbereich zwischen 1100 °C und 1400 °C, und schließlich ein gut kontrollierter „Annealing" und Abkühlungsprozeß. Die abgekühlten Kerne werden danach einzeln einer automatischen elektrischen Prüfung unterworfen, in welcher die Amplituden uV_1, dV_1 und dV_z sowie die Schaltzeit des gestörten „1" Signals gemessen werden. Auf Grund des Testergebnisses werden die Ringkerne automatisch in einen von zwei Behältern für akzeptable und nicht akzeptable Kerne befördert. Der Test gibt direkten Aufschluß über das dynamische Verhalten der Ringkerne im Speicherbetrieb und läßt Rückschlüsse auf die Größen H_c, R_s usw. zu, die für den Fabrikationsprozeß Bedeutung haben. Die Einzelprüfung ist zwar zeitraubend, erlaubt aber schadhafte Kerne sehr früh im Prozeß auszuschalten.

2. Das Fädeln und Testen von Matrizen hat sich im Laufe der Zeit grundlegend geändert [16]. Zu Beginn der 50er Jahre wurden Matrizen vollständig von Hand gefädelt. Für eine Matrix mit 4096 Ringkernen wurden dabei zuerst 64 Kerne auf einen X-Draht gefädelt und dieser dann in einen vorbereiteten Rahmen eingelegt. Nach Einlegen von 64 solcher Drähte wurden dann der Reihe nach 64 Y-Drähte senkrecht zu den X-Drähten gefädelt, wobei jeder Ringkern von Hand in die

richtige Schrägstellung gebracht werden mußte. Anschließend wurden die diagonale Leseleitung (siehe Abb. 4.2-24) und die Z-Blockierleitung in ähnlicher Weise gefädelt.

Die sogenannte „core matrix" war der erste Schritt zur Mechanisierung. Sie besteht aus einer Platte mit eingravierten Schlitzen, in die die Kerne durch einen Vibrator so eingeschüttelt werden, daß sie hochkant und in richtiger Orientierung stehen. Sie werden dann mit Hilfe von breiten Klebstreifen aus der „core matrix" herausgehoben ohne daß ihre gegeneitige Lage und Orientierung verändert wird und können nun leichter von Hand gefädelt werden.

Der nächste Schritt zur Mechanisierung wurde mit der Einführung der „needle feeder"-Maschine getan. In dieser Maschine werden Kerne ebenfalls in eine mit Schlitzen versehene Platte geschüttelt. Alle Schlitze sind mit einer Vakuumpumpe verbunden, wodurch bewirkt wird, daß die Kerne fest in ihrer Stellung gehalten werden. Nach Entfernung überschüssiger Kerne und Auflegen einer geeigneten Deckplatte werden nun gleichzeitig 64 hohle Nadeln maschinell durch 64 Reihen von Ringkernen geführt, anschließend 64 Drähte durch die Nadeln geschoben, die Nadeln zurückgezogen und die Drähte um Kontakte an den Rahmenkanten gewickelt. Danach wird der Matrixrahmen um 90° gedreht und der gleiche Vorgang wiederholt. Die Matrizen können elektrisch erst geprüft werden, wenn das Fädeln beendet ist. Fehlende Ringkerne oder solche, die durch das Fädeln schadhaft geworden sind, müssen dann stets von Hand ersetzt werden Zu diesem Zweck werden zuerst Drähte parallel zu den X- und Y-Leitungen, die sich an der Stelle des nicht vorhandenen oder schadhaften Ringkerns kreuzen, eingezogen, wobei ein neuer Kern in der richtigen Position auf die neuen Drähte gefädelt wird. Dann werden die alten X- und Y-Leitungen herausgeschnitten.

Eine Maschine, die automatisch fädelt, die Ringkerne während des Fädelns prüft und sich vor allem für das Fädeln extrem kleiner Ringkerne eignet, ist in [16] beschrieben. Die Maschine besteht aus zwei Einheiten, einer für das Fädeln von parallelen $X - Z$-Leitungen und einer anderen für das Fädeln von Y-Leitungen, die senkrecht zu $X - Z$ verlaufen. Die $X - Z$-Leitungen werden auf konventionelle Art mit einer „core matrix" gefädelt; die Kerne brauchen jedoch nicht schräg stehen, da nur die parallelen $X - Z$-Drähte eingezogen werden. Auf jede $X - Z$-Leitung werden einige überschüssige Ringkerne aufgefädelt. Das Fädeln der Y-Drähte werde an Hand von Abb. 4.2-16, die [16] entnommen ist, beschrieben. Die Abb. 4.2-16a zeigt eine perspektivische Ansicht eines kleinen Abschnitts der Y-Maschine, die Abb. 4.2-16b, c und d zeigen verschiedene Operationsphasen. Die Ringkerne werden längs der $X - Z$-Leitungen durch Luftströme aus den Düsen A, B und C bewegt und durch die abgeschrägten Flächen des Blocks D geeignet für das Fädeln der Y-Leitung orientiert. Zuerst werden alle Ringkerne durch den Luftstrom aus Düse A gegen die Vorderseite des Blocks D geblasen. Dann werden alle Kerne, außer dem ersten, vom Luftstrom aus Düse B zurückgeblasen. Anschließend wird Block D gesenkt und der Luftstrom aus Düse B bläst den ausgesonderten Kern über den Block D. Nach erneutem Anheben des Blocks D befindet sich nun ein Kern jeder $X - Z$-Leitung an der Rückseite des Blocks D, wie aus Abb. 4.2-16a ersichtlich. Ein Luftstrom aus Düse C preßt diese Ringkerne gegen die schrägen Flächen des Blocks D, so daß sie unter einem Winkel von 45° zur Y-Leitung stehen. Die Y-Leitung wird nun durch die horizontale Nute in Block D zwischen den X- und den Z-Leitungen und durch die Kerne hindurch geschoben. Nachdem die Y-Leitung an beiden Seiten des Rahmens befestigt ist, werden Stromimpulse hindurch geschickt. Die von den soeben gefädelten Ringkernen stammenden Lesesignale werden durch an die Z-Leitungen angeschlossene Leseschaltungen ausgewertet. Für den Fall, daß alle Ringkerne in Ordnung sind, wird mit dem nächsten Fädelzyklus begonnen. Wenn ein oder mehrere Ringkerne fehlen oder schadhaft sind, wird der automatische Betrieb unterbrochen, die Y-Leitung zurückgezogen, der eventuell schadhafte Kern zerbrochen und ein neuer Zyklus begonnen. Am Ende der Operation werden die restlichen überschüssigen Kerne auf den $X - Z$-Leitungen ebenfalls zerbrochen.

3. Nach dem Fädeln müssen die Matrizenleitungen gut leitend mit Kontakten an den Matrixrändern und die Kontakte einer Anzahl von Matrixrahmen miteinan-

der verbunden werden [16]. Zu Anfang wurden die Leitungen einzeln manuell mit den Kontakten verlötet, eine entsprechende Anzahl von Rahmen aufeinander gestapelt, lange Drähte in entsprechende Kontaktreihen eingelegt und mit bestimmten

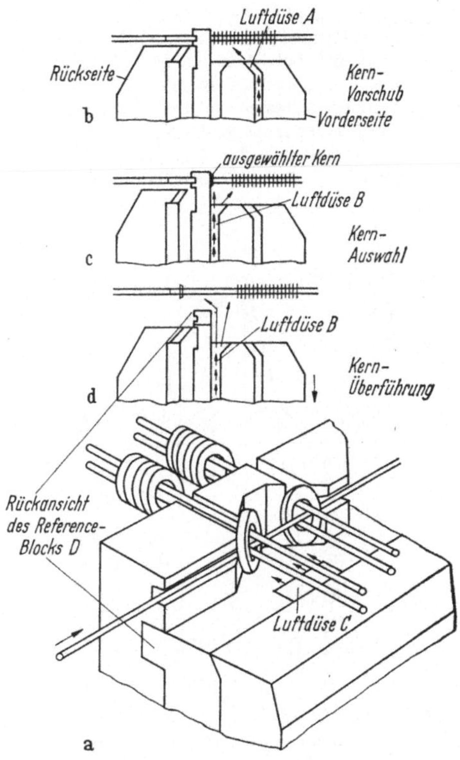

Abb. 4.2-16. Prinzip der Y-Draht-Fädelmaschine. a) perspektivische Teilansicht der Maschine; b), c) und d) Operationsphasen.

Kontakten verlötet. Die nicht gewünschten Verbindungen wurden schließlich herausgeschnitten. Nach [16] benötigte man mit dieser Methode für einen Megabitspeicher etwa 120 Stunden. Durch Verwendung vorfabrizierter Kontaktleisten, die über die Rahmenkontakte gesteckt und manuell verlötet werden, konnte man nach [16] die Zeit auf etwa 23 Stunden verkürzen. Inzwischen wird eine Vielzahl von Methoden angewandt. Besonders interessant sind heute Schweißverbindungen an Stelle von Lötverbindungen. Man stellt geschweißte Kontaktverbindungen her entweder nach dem bekannten Elektro-Punktschweißverfahren oder mittels Erhitzung durch einen fokussierten Elektronenstrahl oder schließlich durch ein Verfahren, bei dem mittels Wechselstrom ein Lichtbogen zwischen einer Wolfram-Drahtelektrode und den zu verschweißenden Kontakten in einem inaktiven Gas, z. B. Argon, erzeugt wird. Nach [16] hat man bei Benutzung dieses Verfahrens die Zeit für die Verbindung der Rahmenkontakte eines Megabitspeichers auf etwa 1 Stunde verringern können.

4.2.4 Periphere elektronische und magnetische Schaltkreise

Die Energieübertragung in Ferritspeichern, vor allem von den Treibleitungen über die Ringkerne in die Leseleitungen ist sehr ineffektiv. Der Leistungsabfall kann $10^6:1$ betragen, er rührt wesentlich von der starken Fehlanpassung zwischen Ringkern und Leseleitungsimpedanz her. Die schwache Kopplung ist einerseits von Vorteil, denn sie ermöglicht Parallelbetrieb, d.h. viele Ringkerne können gleichzeitig von der gleichen Treibstufe betrieben werden. Andererseits erfordert sie aber elektronische Schaltkreise mit aktiven Bauelementen, um den Leistungspegel der „logischen" Eingangssignale (Adressen und Einschreibdaten) und den der Ausgangssignale (Lesedaten) auf gleicher Höhe zu halten. Ein typisches Leistungsdiagramm [17] für einen Ferritspeicher ist in Abb. 4.2-17 gezeigt. Man sieht, daß bei typischen logischen Signalpegeln die größte Leistungsverstärkung in den Treibstufen erzielt werden muß.

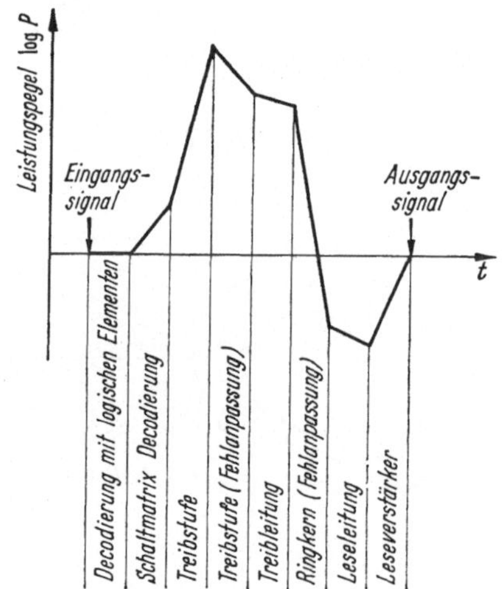

Abb. 4.2-17. Leistungsdiagramm eines Ferritkernspeichers.

Zu Anfang der Entwicklung sind im wesentlichen Schaltkreise mit Vakuumröhren im direkten Betrieb (mit Stromimpulsen von etwa 500 mA) verwendet worden. Sie wurden sehr bald durch magnetische Schaltkerne und Transformatoren ergänzt. Inzwischen sind Transistoren und Dioden an die Stelle der Vakuumröhren getreten.

Die Dimensionierung peripherer Schaltkreise ist ein integraler Bestandteil des gesamten Speicherentwurfs; sie wird im allgemeinen stark beeinflußt von der Güte der Speicherringkerne, der geplanten Zykluszeit, der Größe der Speichermatrizen, dem Speicherbetrieb (2-D, 3-D, $2^1/_2$-D) und dem Betriebstemperaturbereich. Bei geeigneten Treibstromwerten und engen Toleranzen lassen sich die Anforderungen an den Leseverstärker wegen des großen Nutz-Stör-Verhältnisses relativ leicht erfüllen. Andererseits erlaubt ein Leseverstärker, der auch Signale mit geringem Nutz-Stör-Verhältnis sicher verarbeiten kann, relativ weite Stromtoleranzen der Treibschaltungen.

4.2.4.1 Treibschaltungen und Zuordner. Die Treibleitungen in Speichermatrizen werden von Treibstufen, die direkt oder indirekt vom Adressen- oder Pufferregister gesteuert werden, mit trapezförmigen Stromimpulsen geeigneter Amplitude versorgt. Im Stromkoinzidenzbetrieb müssen die Stromamplituden auch bei veränderlichen Gegenspannungen an den Treibleitungen hinreichend konstant bleiben. Außer den durch die Ringkerne selbst induzierten Gegenspannungen sind die Einflüsse der Induktivität, der Kapazität und des ohmschen Widerstandes der Treibleitung sowie eventuell vorhandener Abschlußwiderstände zur Vermeidung von Reflektionen zu berücksichtigen. Alle Treibschaltungen, außer den Z-Blockiertreibstufen im 3-D-Betrieb, müssen Stromimpulse beider Polaritäten liefern können, um Lese- und Schreiboperationen zu gewährleisten. Die Adreßdekodierung kann auf bekannte Weise mit logischen UND-Gliedern auf dem Leistungspegel logischer Schaltungen vollzogen werden oder sie kann in die Verstärkung vom Leistungspegel logischer Signale auf den der Treibimpulse, z.B. durch Vormatrizen, einbezogen sein.

Besonders wirtschaftlich kann man mit magnetischen Schaltkernmatrizen dekodieren [4, 18, 19]; sie sind heute in den meisten Ferritspeichern in der einen oder anderen Form verwendet und haben erst in jüngster Zeit durch die Entwicklung billiger Hochstromhalbleiterdioden und Transistoren mit hoher Sperrspannung Konkurrenz bekommen. Bei Schaltkernen wird nur die nichtlineare Hysteresiskurve, nicht ihre Speicherfähigkeit, ausgenutzt. Die Arbeitsweise eines einzelnen Schaltkerns sei zunächst an Hand von Abb.4.2-18 beschrieben.

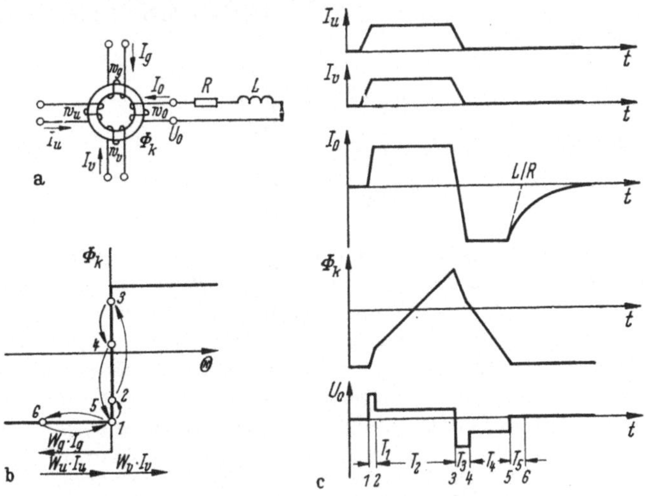

Abb.4.2-18. Arbeitsweise eines Schaltringkerns. a) Wicklungsschema; b) Φ, Θ-Diagramm; c) Strom, Spannung und magnetischer Fluß in Abhängigkeit von der Zeit.

1. Jeder Schaltkern trägt drei Eingangswicklungen, zwei, W_u und W_v, für Koinzidenzauswahl und eine, W_g, für Vormagnetisierung und Rückstellung, sowie eine Ausgangswicklung W_o, an die eine Treibleitung angeschlossen wird. Die Windungszahlen sind so bemessen, daß transformatorische Anpassung zwischen der angeschlossenen Treibleitung und den Dekodiervorstufen besteht. Durch einen Gleichstrom I_g durch die Wicklung W_g wird der Schaltkern im Bereich der negativen Sättigung gehalten, wie aus Abb.4.2-18b ersichtlich ist. Ein Halbstrom $I_{u,v}$ durch die Wicklung W_u oder W_v reduziert die negative Vormagnetisierung, verursacht aber noch kein Umschalten des Schaltkerns. Koinzidenz von zwei Halbströmen $2I_{u,v}$ durch beide Wicklungen W_u und W_v reicht nach Abb.4.2-18b jedoch aus, den Schaltkern in die positive Sättigung zu schalten. Nach Beendigung der beiden Halbstromimpulse sorgt die Gleichstromdurchflutung $I_g \cdot W_g$ dafür, daß der Schaltkern auto-

matisch wieder in die negative Sättigung zurückgeschaltet wird. Während der Flußumkehr wirkt der Schaltkern als Transformator und induziert in der Ausgangswicklung W_0 bei geeignetem Wicklungssinn zuerst einen negativen und dann einen positiven Stromimpuls. Der prinzipielle Strom- und Spannungsverlauf in der angeschlossenen Treibleitung läßt sich unter vereinfachenden Annahmen an Hand der Abb. 4.2-18c
bestimmen [20]. Die Belastung des Transformators durch die Treibleitung ist hier als
Serienschaltung einer linearen Induktivität L und eines Widerstands R nachgebildet. Die Magnetisierungskurve des Schaltkernes sei rechteckig und springe bei
$\Theta = 0$, die Verluste und Schaltzeit des Schaltkerns sind vernachlässigt, die Innenwiderstände der Treiber für die Wicklungen W_u, W_v und W_g seien unendlich groß.
Gemäß Abb. 4.2-18c steigen die Halbstromimpulse linear auf ihren vollen Wert an
und bleiben dann konstant. Zum Zeitpunkt 1 wird im Schaltkern die Durchflutung
$\Theta = 0$ erreicht. Die Gesamtdurchflutung aus Primär- und Sekundärströmen muß
in den nun folgenden Zeitabschnitten $\Theta = 0$ bleiben. Während der Zeit T_1 steigt
daher I_0 linear gemäß der Beziehung $I_0 W_0 = I_{u,v}(W_u + W_v) - I_g W_g$ an und es
herrscht die Spannung $U_0 = L \cdot I_0/T_1$ (unter Vernachlässigung von R) am Eingang
der Treibleitung. Die Flußänderung Φ_1 (1 nach 2 in Abb. 4.2-18b) während T_1
beträgt gemäß

$$W_0 \cdot \Phi = \int_0^t U_0(t)\, \mathrm{d}t$$

im Schaltkern:

$$\Phi_1 = L \cdot \frac{I_0}{W_0}. \tag{4.2-2}$$

Während der Zeit T_2 bleiben die Ströme $I_{u,v}$ und I_0 konstant. Am Eingang der
Treibleitung herrscht daher die Spannung $U_0 = I_0 \cdot R$, was eine zusätzliche Flußänderung $\Phi_2 = I_0 \cdot R \cdot T_2/W_0$ (2 nach 3 in Abb. 4.2-18b) erfordert. Offenbar muß
$\Phi_1 + \Phi_2 \leq 2\Phi_m$ sein, damit Stromimpulse von der Dauer $T_1 + T_2$ in die Treibleitungen induziert werden können. Beim Abschalten von I_u und I_v wirkt der vor-
magnetisierende Gleichstrom I_g wieder auf den Schaltkern ein. Der Fluß im Kern
wird reduziert (3 nach 4 in Abb. 4.2-18b), die Sekundärspannung U_0 kehrt ihre Polarität um und addiert sich zunächst zur Spannung an der Induktivität L; die ab-
fallende Flanke des Sekundärstroms wird dadurch steiler. Am Ende des Zeitraums
T_3 fließt der Treibstrom I_0 in umgekehrter Richtung. Die Spannung $U_0 = I_0 \cdot R$
wird während des Zeitraums T_4 durch fortgesetzte Flußumkehr (4 nach 5 in
Abb. 4.2-18b) aufrecht erhalten. Am Ende des Zeitraums T_4 hat der Schaltkern
wieder negative Sättigung erreicht. Die Sekundärwicklung stellt nun einen Kurz
schluß im Sekundärkreis dar. Die im Sekundärkreis gespeicherte Energie $1/2 L I_0^2$ ruft
einen mit der Zeitkonstanten $T_5 = L/R$ abklingenden Strom hervor, der erst hinreichend klein geworden sein muß bevor ein neuer Zyklus begonnen werden darf.
Die exakte Bestimmung der Ströme und Spannungen ist dadurch wesentlich erschwert, daß L und R in den Treibleitungen nichtlinear, informations-, tempe-
ratur- und zeitabhängig sind, daß Magnetisierungsströme [21], Schaltzeiten und
Verluste im Schaltkern nicht vernachlässigbar sind und daß Leitungskapazitäten
und Resonanzmoden in Ferritspeicherkernen berücksichtigt werden müssen.

2. Die Anordnung von Schaltkernen in einer Schaltkernmatrix mit Gleichstromvormagnetisierung ist in Abb. 4.2-19 gezeigt. Die sekundären Treibleitungen sind
durch kleine fast geschlossene Kreise angedeutet. Die primären u- und v-Auswahl-
leitungen und die Gleichstromleitungen werden mehrfach durch die Schaltkerne
geführt, um Stromtransformation zu erzielen. Die u- und v-Leitungen können mehr-

fach durch ganze Zeilen bzw. Spalten geführt werden, wie in Abb. 4.2-19 angedeutet ist, was die Fädelarbeit erleichtert und Laufzeitprobleme verringert, die Wicklungskapazität jedoch erhöht. Bei der Auswahl eines Schaltkerns durch Stromimpulse I_1

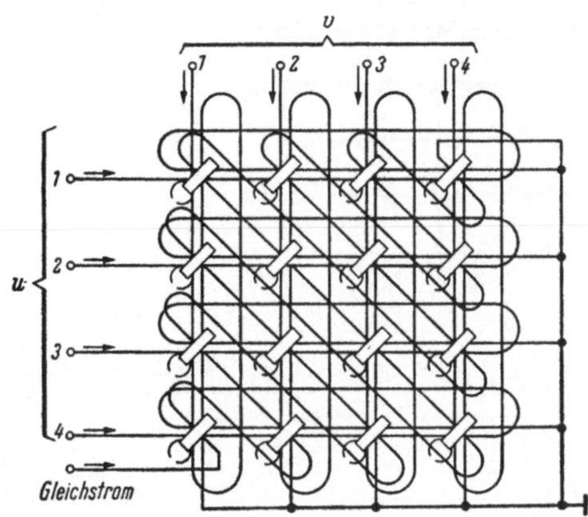

Abb. 4.2-19. Gleichstromvormagnetisierte Schaltkernmatrix.

auf je einer u- und einer v-Wicklung erhalten alle mit dieser u- und dieser v-Wicklung verketteten Schaltkerne, außer dem ausgewählten Kern, halbe Durchflutungen. Wegen der nicht ideal horizontal verlaufenden Φ, Θ-Kennlinie im Sättigungsbereich werden dadurch kleine Störimpulse in den nicht ausgewählten Treibleitungen erzeugt. Die Schaltgeschwindigkeit der Schaltkerne ist von dem überschüssigen Treibfeld $(H - H_0)$ abhängig; man kann daher Amplitude und Dauer der positiven und negativen Treibimpulse in gewissen Grenzen und getrennt voneinander durch Änderung der u-, v-, und Gleichstromamplituden beeinflussen.

In einer modifizierten Schaltkernmatrix, die nach dem Antikoinzidenzverfahren arbeitet, wird auf die Gleichstromvormagnetisierung verzichtet. Ein Schaltkern wird ausgewählt, indem an seine Zeilenwicklung ein positiver Impuls gegeben wird, während gleichzeitig an allen Spaltenleitungen, außer der seinen, größere negative Impulse anliegen. Infolgedessen kann nur der ausgewählte Ringkern umgeschaltet werden. Nach der Ummagnetisierung bringt ein negativer Spaltenimpuls den Schaltkern wieder in seine Ruhelage. In beiden Betriebsarten entsprechen die in der Ausgangswicklung entstehenden Stromimpulse der Impulsfolge der Abb. 4.2-8.

3. Eine Schaltkernmatrix, die die Impulsleistung für die Treibleitungen stets gleichmäßig mehreren Treibstufen entnimmt, hat besondere Bedeutung für transistorisierte Treibstufen. Das Prinzip dieser als „load sharing matrix switch" [22] bekannten Anordnung ist in Abb. 4.2-20 dargelegt. Die dicken horizontalen Linien deuten vier Schaltkerne an, die dünnen vertikalen Linien stellen acht Wicklungen dar. Die kleinen, fast geschlossenen Kreise an der linken Seite deuten sekundäre Treibleitungen an. Die kurzen schrägen Striche an den Kreuzungen der horizontalen und vertikalen Linien geben den Wickelsinn der Leitungen an, und zwar denkt man sie als Spiegel, die die Stromrichtung in der Leitung in die Durchflutungsrichtung im Schaltkern reflektieren. Für die Auswahl eines Schaltkerns werden Ströme in jeweils eine Leitung jedes Paares $a, \bar{a}, b, \bar{b}, c, \bar{c}$ und $d, \bar{d}$ gegeben. Von den 16 möglichen Kombinationen werden nur vier verwendet, und zwar diejenigen, die in Abb. 4.2-20b gezeigt sind, wobei 1 und 0 Strom bzw. keinen Strom bedeuten. Durch Zuordnung von $(+)$ zu einem Spiegel unter $45°$ und $(-)$ zu einem Spiegel unter $135°$ erhält man die Durchflutungstabelle in Abb. 4.2-20c für die Strom-

kombinationen in Tab. 4.2-20 b. Man überzeugt sich leicht an Hand von Abb. 4.2-20, daß bei der Auswahl eines Schaltkerns a) seine primäre Durchflutung stets durch vier Leitungen erzeugt wird und b) sich die Durchflutungen in allen anderen Kernen

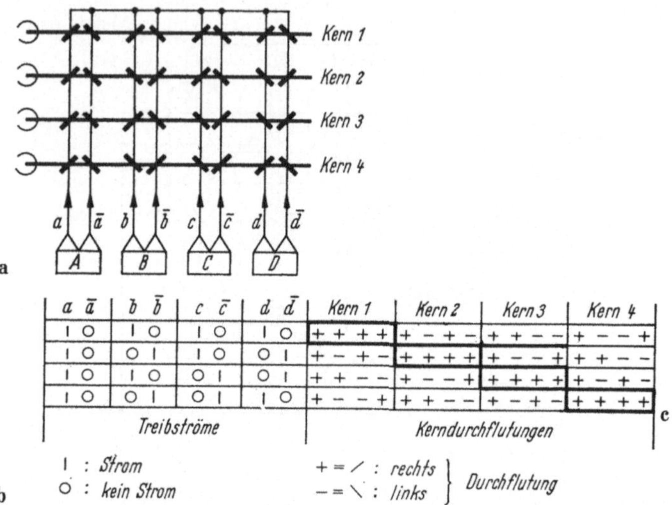

a $\bar{a}$	b $\bar{b}$	c $\bar{c}$	d $\bar{d}$	Kern 1	Kern 2	Kern 3	Kern 4
I O	I O	I O	I O	+ + + +	+ − + −	+ + − −	+ − − +
I O	O I	I O	O I	+ − + −	+ + + +	+ − − +	+ + − −
I O	I O	O I	O I	+ + − −	+ − − +	+ + + +	+ − + −
I O	O I	O I	I O	+ − − +	+ + − −	+ − + −	+ + + +

| Treibströme | Kerndurchflutungen |

I : Strom

O : kein Strom

$+ = \diagup$: rechts

$- = \diagdown$: links } Durchflutung

Abb. 4.2-20. Prinzip der „Load sharing matrix". a) Wicklungsschema; b) die vier Auswahlkombinationen für die primären Ströme; c) Magnetische Durchflutungen der Kerne 1 bis 4.

gerade aufheben. Demnach braucht jede von n Treibstufen nur einen Stromimpuls von der Amplitude $2 \cdot (I_1/n)$ zu liefern wobei $n = 16$ ein typischer Wert ist. Die Aufhebung der Durchflutungen in den anderen Schaltkernen verringert die Störimpulse in den nicht gewählten Treibleitungen. Ein umgeschalteter Kern wird dadurch zurückgeschaltet, daß Ströme in die komplementären Wicklungen eingespeist werden (Vertauschen von 0 und 1 in Abb. 4.2-20 b). Beim Zurückschalten erzeugt der Schaltkern dann einen Sekundärimpuls umgekehrter Polarität (zum Schreiben). Mehrere Modifikationen der hier beschriebenen Anordnung sind bekannt geworden.

Nachteilig bei dieser Anordnung sind die komplizierte Leitungsführung durch die Schaltkerne, die größere Anzahl von Treibstufen und die spezielle Decodierschaltung, die dafür sorgt, daß gemäß der Adresse jeweils n Treibstufen aus $2n$ (anstatt 2 aus n) ausgewählt werden müssen.

4. Dioden und Transistoren für hohe Ströme und Sperrspannungen und kleinere Speicherringkerne mit niedrigen Gegenspannungen haben zur Verwendung von elektronischen Treibschaltungen, zum Teil mit und zum Teil ohne Transformatoren geführt. Diese Art der Ansteuerung ist vor allem für schnelle Speicher von Vorteil, in denen Treibimpulse mit steilen Anstiegsflanken erforderlich sind. In einem Speicher mit 110 ns Zykluszeit werden z. B. Impulse mit 720 mA Amplitude und 10 ns Anstiegszeit benötigt.

In der Dioden-Transformatoren-Kombination [15] nach Abb. 4.2-21 übernehmen die Dioden die Koinzidenzauswahl; die Transformatoren sorgen für Stromtransformation und Potentialentkopplung. Man kann weniger gute Schaltkerne oder sogar lineare Transformatoren verwenden, denn Störimpulse werden durch die Dioden verhindert. In der Anordnung nach Abb. 4.2-21 werden die Ruhespannungen so ausgewählt, daß im Ruhezustand alle Dioden gesperrt sind. Durch einen positiven Zeilenimpuls und einen negativen Spaltenimpuls wird nur die im Kreuzungspunkt liegende Diode leitend, so daß nur durch den zugehörigen Transformator und die an seine Ausgangswicklung angeschlossene Auswahlleitung ein Stromimpuls fließt. Zur Erzeugung positiver und negativer Impulse benötigt man zwei Dioden in jedem Kreuzungspunkt.

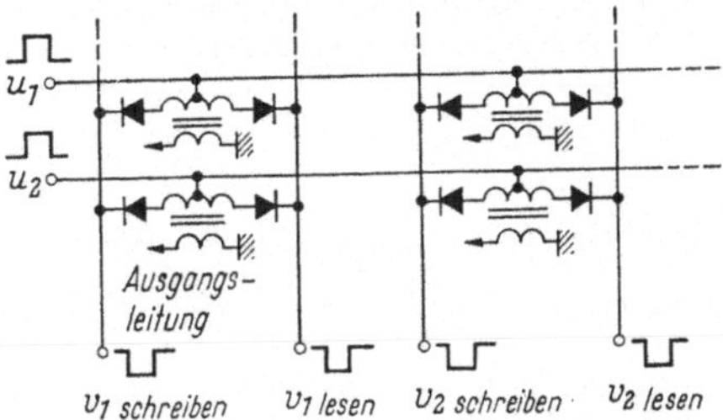

Abb. 4.2-21. Dioden-Transformator-Auswahlmatrix.

5. Eine Anordnung, die auf Transformatoren ganz verzichtet um integrierte Schaltungen mit Ferritspeichermatrizen zu vereinen, ist in Abb. 4.2-22 gezeigt [23, 60, 14]. Zuerst wird in dieser Anordnung nach Abb. 4.2-22b durch eine Spannungsquelle an eine U-Leitung zum Lesen negative, zum Schreiben positive, Spannung gelegt. Dann wird durch Stromquellen (beim Lesen), eine V_L-Leitung positiv angehoben und (zum Schreiben) eine V_S-Leitung negativ abgesenkt. Wie aus Abb. 4.2-22 ersichtlich, fließt beim Lesen ein Strom durch eine ausgewählte Wortleitung von unten nach oben und beim Schreiben ein Strom von oben nach unten.

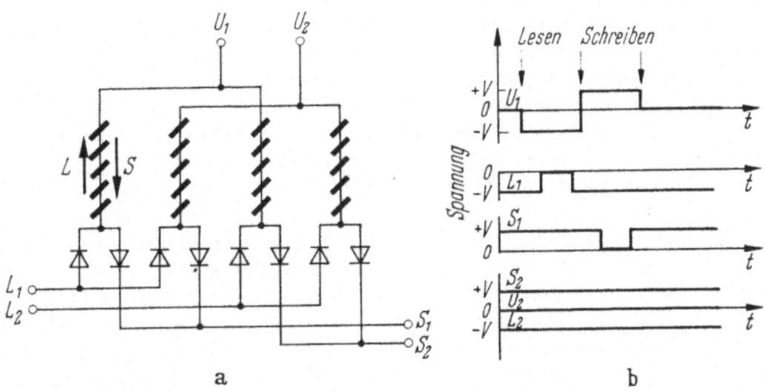

Abb. 4.2-22. Diodenauswahlmatrix mit zwei Dioden pro Wortleitung. a) Schaltanordnung; b) Impulsfolgen für die Auswahl der Wortleitung 1.

Eine interessante Modifikation [24] der Diodenmatrix, die nur eine Diode pro Wortleitung enthält und den im allgemeinen unerwünschten „minority carrier effect" von Dioden zur Erzeugung bipolarer Impulse ausnutzt, ist in Abb. 4.2-23 gezeigt. Bekanntlich fließt in Halbleiterdioden bei schneller Spannungsumkehr von der Durchlaß- in die Sperrichtung für kurze Zeit ein Strom in Sperrichtung. Durch geeignete Dimensionierung läßt sich der Sperrstrom annähernd halb so groß machen wie der vorangegangene Durchlaßstrom, so daß man den Durchlaßstrom als Lesestromimpuls und den Sperrstrom als Schreibhalbstromimpuls verwenden kann. Durch einen positiven Zeilenimpuls und einen negativen Spaltenimpuls wird eine Diode leitend und liefert einen Leseimpuls in die angeschlossene Wortleitung. Da beim Abschalten der beiden Impulse nur in dieser Diode Ladungsträger vorhanden sind, kann auch nur in der zugehörigen Wortleitung ein Schreibhalbstrom fließen, dessen Dauer und Amplitude durch die Ruhespannungen und die Widerstände der Matrix bestimmt ist.

6. Bei Verwendung von Transistorschaltmatrizen [17] werden im allgemeinen die Emitter aller in einer Zeile liegenden Transistoren miteinander verbunden, sowie die Basen aller zu einer Spalte gehörenden Transistoren. Die Kollektoren dieser

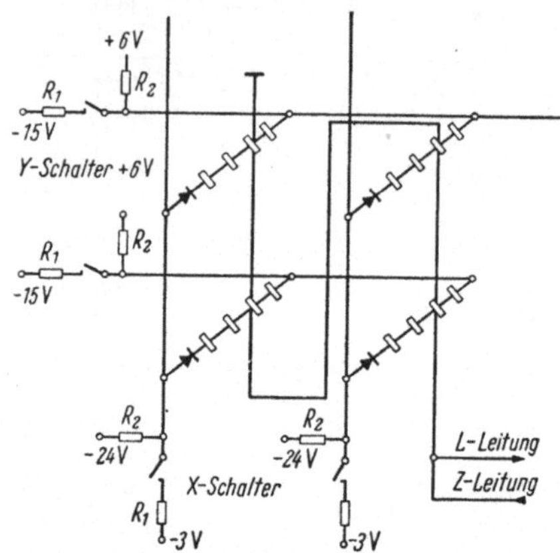

Abb.4.2-23. Diodenauswahlmatrix mit einer Diode pro Wortleitung.

Transistoren sind individuell mit den Treibleitungen verbunden. Die anderen Enden der Treibleitungen sind gemeinsam an eine Versorgungsspannung angeschlossen. Bei geeigneten Ruhespannungspegeln sind zunächst alle Transistoren gesperrt. Durch einen negativen Impuls an eine Zeilenleitung und einen positiven Impuls an eine Spaltenleitung wird (bei Verwendung von NPN-Transistoren) erreicht, daß der im Kreuzungspunkt liegende Transistor leitend wird, was einen Strom durch die angeschlossene Treibleitung hervorruft.

Es ist oft zweckmäßig, die Matrixtransistoren nur als Schalter ohne Impulsformeigenschaften zu verwenden. In diesem Fall werden die miteinander verbundenen Enden der Treibleitungen an eine gemeinsame Treibstufe angeschlossen. Zuerst wird nur ein Transistor vorgewählt, d.h. durch Spalten- und Zeilenimpulse in den leitenden Zustand überführt. Dann wird ein gut kontrollierter Treibstromimpuls von der gemeinsamen Treibstufe an alle Treibleitungen gelegt, der jedoch nur durch die ausgewählte Treibleitung und den bereits leitenden Transistor fließen kann. Bei der Dimensionierung müssen vor allem die Kapazitäten und Induktivitäten in den Treibleitungen berücksichtigt werden, deren Aufladung Störimpulse und deren Entladung für die Transistoren gefährlich hohe Spannungsstöße hervorrufen können, sowie auf die Kapazitäten der Matrixtransistoren, die ebenfalls Anlaß zu Störimpulsen in nicht ausgewählten Leitungen geben können.

4.2.4.2 Leseleitung und Leseelektronik. Der Entwurf der Leseelektronik wird sehr stark von den Eigenschaften der Leseleitungen in den Speicherebenen beeinflußt. Leseleitungen und -elektronik sind deshalb in diesem Abschnitt gemeinsam behandelt. Man strebt durch spezielle Führung der Leseleitungen in Ferritspeicherebenen folgende Ziele an: bestmögliche Störkompensation beim Lesen und Schreiben, kurze geometrische und elektrische Leitungslänge und möglichst einfaches Fädeln.

1. Mit den diagonal geführten Leseleitungen nach den Abb.4.2-7 und 4.2-24 (der ersten bekannt gewordenen Anordnung) [25] erzielt man gute Störkompensation beim Lesen und beim Schreiben. Die Leitungen müssen manuell gefädelt werden.

2. Für maschinelles Fädeln eignen sich besonders Anordnungen in denen die Leseleitungen parallel zu den Treibleitungen geführt sind. Um auch in diesen Anordnungen Störkompensationen zu erzielen, überkreuzt man die Leseleitungen, wie z. B. in Abb. 4.2-25 a für eine 3-D-Speicherebene [15, 17, 14, 12] gezeigt ist. An Hand

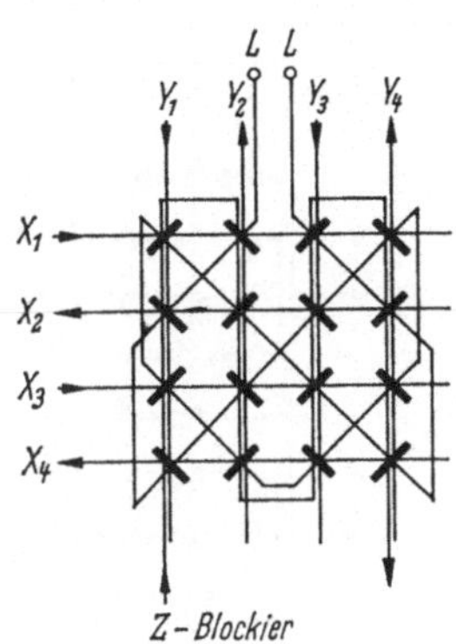

Abb. 4.2-24. 3-D-Speicherebene mit gekreuzter diagonaler Leseleistungsführung für Lese- und Schreibstörkompensation.

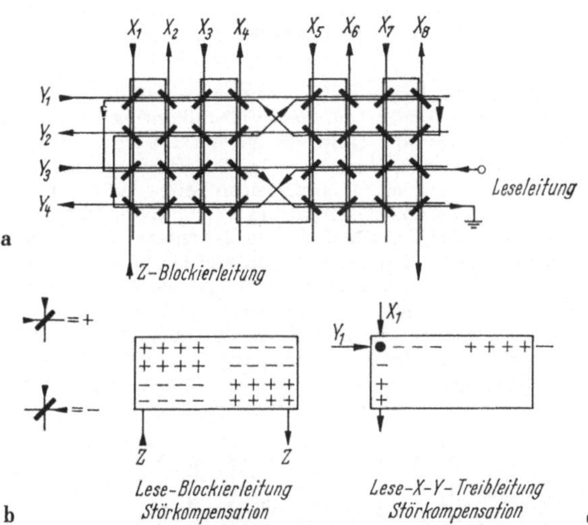

Abb. 4.2-25. 3-D-Speicherebene mit gekreuzter paralleler Leseleitungsführung für Lese- und Schreibstörkompensation. a) Leitungsführung; b) Kompensation der Blockierstromstörung; c) Kompensation der X- und Y-Stromstörung.

der Tabellen in Abb. 4.2-25 b und c und mit der Konvention, daß positive (negative) Spannungen induziert werden, wenn die Pfeile zweier Leitungen von der gleichen (entgegengesetzten) Seite in den Kern einmünden, überzeugt man sich leicht davon, daß X,- Y- und Z-Blockierleitungen über paarweise gegeneinander geschaltete Ringkerne (bis auf jeweils zwei) verkettet sind. Man kann die Überkreuzungen der Leseleitungen durch Faltung der Ebene entlang der senkrechten Mittellinie an die Matrixränder verlegen und dann außerhalb der Matrix vornehmen.

3. Eine Anordnung [15], in der auf die Z-Blockierleitung verzichtet worden ist, zeigt Abb. 4.2-26. Wenn diese Anordnung im 3-D-Speicher verwendet wird, über-

nimmt die Leseleitung die Funktion der Z-Blockierleitung beim Schreiben. Zu diesem Zweck werden beide Enden der Leseleitung an die Eingänge eines Differentialverstärkers angeschlossen. Die Leseschleife wird am anderen Ende (rechte obere Ecke in Abb.4.2-26) so an eine Z-Treibstufe angeschlossen, daß beim Schreiben

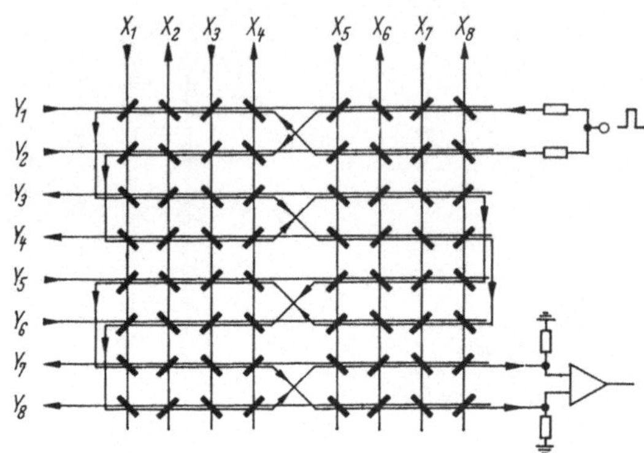

Abb.4.2-26. 3-D-Speicherebene mit gemeinsamer Lese- und Blockierleitung und paralleler Bitstromeinspeisung.

gleichzeitig Z-Treibimpulse gleicher Amplitude und Polarität in beide Leseleitungshälften eingespeist werden. Die Ströme fließen überall antiparallel zu den Y-Treibleitungen. An den Eingängen des Differentialverstärkers erscheint ein Gleichtakt-Signal, das nicht verstärkt wird. Beim Lesen breiten sich Lesesignale halber Amplitude und entgegengesetzter Polarität nach beiden Seiten auf der Leseleitung aus, die an den Differentialverstärkereingängen als verstärkbare Differenzsignale auftreten. Es sei bemerkt, daß Signallaufzeit und Z-Treibstufenanpassung den Lesevorgang stark beeinflussen. Man braucht nur drei Leitungen und kann deshalb kleinere Ringkerne verwenden. Man muß aber doppelten Z-Treibstrom liefern und den Mehraufwand für den Differentialverstärker in Kauf nehmen.

Im $2^1/_2$-D-Speicher werden die X-Leitungen (in Abb.4.2-27) als Wortleitungen und die Y-Leitungen als Ziffernleitungen deklariert, die Leseleitung wird nur zum Lesen benutzt. Die Ringkerne der ersten Zeile (in Abb.4.2-27) gehören zur ersten

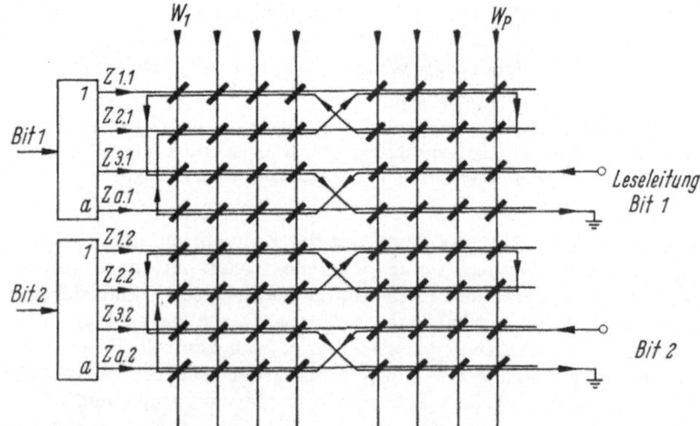

Abb.4.2-27. $(2^1/_2)$-D-Speicherebene mit störkompensierten getrennten Lese- und Ziffernleitungen.

Bitstelle (von N) der ersten Wortgruppe (von a) des Speichers, die der zweiten Zeile zur ersten Bitstelle der zweiten Wortgruppe usw. Für $a = 4$ gehören die Ringkerne der fünften Zeile, durch die die zweite Leseleitung führt, zur zweiten Bitstelle der ersten Wortgruppe usw. Wenn nun Vorimpulse halber Amplitude auf die erste, die fünfte usw. Y-Ziffernleitungen gegeben werden tritt nach Abb.4.2-27 Störkompensation ein, weil die Ringkerne, die mit Y- und Leseleitung verkettet sind, paarweise gegeneinander geschaltet sind. Nach Abklingen der Reststörungen in den Leseleitungen wird ein Halbimpuls auf eine ausgewählte X-Wortleitung gegeben. Es erhält nur jeweils ein Ringkern jeder Leseleitung volle Durchflutung und wird ausgelesen. Die anderen mit der Wort- und Leseleitung verketteten Ringkerne, die halbe Durchflutungen erhalten, sind wieder paarweise gegeneinander geschaltet. Beim Schreiben werden nur die Wort- und Ziffernleitungen verwendet. Auch dann wird Störkompensation in jeder Leseleitung erzielt, wie Abb.4.2-27 zeigt. Man sieht also, daß die Verwendung von getrennten Lese- und Ziffernleitungen in $2^1/_2$-D-Speichern durch Störkompensation zur Verkürzung der Zugriffs- und Zykluszeiten beiträgt.

4. Im Prinzip genügen zwei Leitungen, eine Ziffernleitung und eine Wort- oder Wortgruppenleitung zum Lesen und Schreiben in 2-D- bzw. $2^1/_2$-D-Speichern. Die Fädelarbeit wird dann minimal und es können sehr kleine Ringkerne verwendet werden. In 2-D-Speichern ist die Lesestörung an sich minimal, da außer dem ausgewählten alle Ringkerne einer Leseleitung in Ruhe bleiben. Störkompensation beim Schreiben erfordert jedoch die Zusammenschaltung entsprechender Ziffernleitungen in verschiedenen Speicherebenen. Man vergegenwärtigt sich eine solche Anordnung, wenn man sich eine Leseleitungshälfte der Abb.4.2-26 in eine zweite Speicherebene verlegt denkt. In $2^1/_2$-D-Speichern entsteht auch in der Lesephase eine große Störung, die durch den halben Vorimpuls auf der Ziffernleitung hervorgerufen ist. In langsamen Speichern (8 μs Zykluszeit) hat man auf Störkompensation verzichtet und die Vorimpulsstörung abklingen lassen, bevor man den Leseimpuls an die Wortgruppenleitung legt. Prinzipiell kann man aber auch hier Störkompensation mit Hilfe von Anordnungen nach Abb.4.2-26 erzielen.

5. Elektronische Leseschaltungen sind im Laufe der Jahre in großer Vielfalt entwickelt worden, teils wegen der notwendigen Anpassung an spezielle Leseleitungseigenschaften, teils bedingt durch die Entwicklung besserer und schnellerer Halbleiterbauelemente und den Wunsch nach kürzeren Speicherzugriffszeiten. Zur Leseschaltung gehört ein linearer Leseverstärker, ein nichtlinearer Signaldetektor und ein Pufferregister (Flipflop), das die ausgelesene Information für den Rechner bereit hält und die Ziffern- oder Blockiertreibstufen steuert. Beim Entwurf von Leseschaltungen muß man auf die Dimensionierung der linearen Verstärker, wegen gewisser außergewöhnlicher Anforderungen, die nachstehend behandelt sind, besondere Sorgfalt verwenden.

a) *Verstärkung.* Am Verstärkereingang treten (angenäherte) Dreieckimpulse positiver und negativer Polarität auf. Die Impulsfolge ist nicht periodisch. Typische Eingangssignale haben Amplituden von 10 bis 100 mV und eine Dauer von 50 bis 2000 ns; typische Ausgangssignale haben Amplituden von 0,5 bis 2 V. Da man nur die An- und Abwesenheit von Signalen auswertet, wird auf verzerrungsfreie Verstärkung kein besonderer Wert gelegt.

b) *Bandbreite.* Der Verstärker muß breitbandig sein, seine untere Grenzfrequenz f_u soll bei 0 Hz liegen, da in den nicht periodischen Signalfolgen Gleichstromanteile übertragen werden, die im Falle $f_u \neq 0$ Hz Pegelverschiebungen und dadurch informationsabhängige Verstärkung verursachen können. Man bevorzugt daher direkt gekoppelte Verstärkerstufen, die jedoch bekanntlich driftempfindlich sind und deshalb gegen Einflüsse von Temperaturschwankungen und Bauelementalterung kompensiert sein müssen. Die obere Grenzfrequenz f_0 ist angenähert gleich $0,35/t_r$, wobei t_r die Signalanstiegszeit ist; sie beeinflußt die Güte des Verstärkers nicht sehr, da Signalverzerrungen in gewissem Umfang zulässig sind.

c) *Lesestörung.* Die Lesestörungen sind im allgemeinen von der gleichen Art (Differenzsignale) wie die Lesesignale und ihre Amplituden sind von der gleichen

Größenordnung. Die Dynamik der Verstärker reicht meistens aus, sie während der Lesestörung im linearen Bereich zu halten. Für die Diskriminierung von Lesesignalen und Lesestörungen kann man den sogenannten „strobe"-Impuls entweder am Verstärkerausgang einblenden oder in eine der Verstärkerstufen. Da der „strobe"-Impuls im letzteren Fall auch verstärkt wird, muß darauf geachtet werden, daß das Lesesignal in der betreffenden Verstärkerstufe bereits hinreichend groß ist. Eine andere Art der Diskriminierung benutzt die Integration der verstärkten Signal-Störungswellenform. Da die Störungen reversibel sind, das Nutzsignal jedoch nicht, entsteht am Ende eines vollen Lesezyklus nur dann ein Signalüberschuß am Integratorausgang, wenn ein Nutzsignal vorhanden war, anderenfalls führt die Signalintegration zu einem „Null-Signal".

d) *Schreibstörung.* Das Hauptproblem beim Entwurf von Leseverstärkern besteht in der starken Übersteuerung der Verstärker durch große Schreibstöramplituden. Die Übersteuerung verschiebt die Arbeitspunkte der Verstärkerstufen oft soweit, daß Transistoren entweder ganz gesperrt oder stark gesättigt sind. Die verhältnismäßig langsame Rückkehr des Verstärkers aus diesem Zustand in den Bereich linearer Verstärkung ist als „recovery time" bekannt und kann dazu führen, daß der nächste Speicherzyklus erheblich verzögert werden muß. Zwei bereits besprochene Maßnahmen zur Lösung dieses Problems sind geeignete Leseleitungsführung und Verwendung von Differentialverstärkern. Eine dritte Lösung verwendet kurzgeschlossene Verzögerungsleitungen am Verstärkereingang [15]. Die elektrische Länge der Leitung ist gleich der halben Lesesignaldauer; das reflektierte Lesesignal (mit umgekehrter Polarität) erreicht den Verstärkereingang erst, wenn das ursprüngliche Lesesignal schon zu Ende ist. Eine Schreibstörung hingegen von längerer Dauer und u. U. längerer Anstiegszeit, erfährt eine teilweise Aufhebung, da die reflektierte Signalwelle wieder am Verstärkereingang erscheint während die Schreibstörung noch andauert. Die kurzgeschlossene Verzögerungsleitung bewirkt auch, daß Potentialverschiebungen im Leseleitungssystem schnell abklingen.

e) *Betriebssicherheit, Stabilität* und *Austauschbarkeit.* Ein einzelner Speichermodul enthält zwischen 30 und 300 Leseschaltungen; fehlerhaftes Arbeiten eines einzelnen Verstärkers führt in der Regel zum Ausfall des Moduls, u. U. zum Verlust der gespeicherten Information. Betriebssicherheit und Langzeitstabilität sind daher von großer Bedeutung. Rationelle Wartung und Ersatzteillagerhaltung erfordern, daß keine oder nur minimale Justierungen am Verstärker notwendig sind und daß jede intakte Leseschaltung mit jeder intakten Leseleitung eines Speichertyps zusammen arbeiten kann. Durch Verwendung von Gegenkopplungsschaltungen, Dimensionierung der Verstärker für höhere Verstärkung als an sich notwendig und nachträgliche Begrenzung der Ausgangssignale durch nichtlineare Bauelemente (Dioden oder Transistoren), versucht man diesen Anforderungen gerecht zu werden.

f) *Leistungsverbrauch.* Die Arbeitspunkteinstellung für lineare Verstärkung bedingt verhältnismäßig hohen Leistungsverbrauch und erfordert vor allem bei integrierten Schaltungen Vorsorge für hinreichende Kühlung der Schaltungen.

g) *Kosten.* Die Kosten für die elektronischen Schaltungen in Ferritspeichern überwiegen oft die Kosten für die magnetischen Matrizen. Von den elektronischen Schaltungen wiederum sind die Leseschaltungen meist am teuersten. Deshalb besteht nicht nur das Problem, den Leseschaltungen alle erwähnten technischen Eigenschaften zu geben, sondern auch die Aufgabe, dies mit minimalem Kostenaufwand zu tun.

Im allgemeinen werden den Signaldetektoren positive oder negative Signale, deren Amplitude größer als ein gegebener Schwellwert ist, für die binäre „1" angeboten, während die Signale für „0" unterhalb des Schwellwerts liegen. Diskriminierung zwischen den beiden Signalgrößen läßt sich (u. U. nach Doppelweggleichrichtung) auf vielerlei bekannte Arten, z. B. mit Hilfe vorgespannter Dioden oder hinreichend weit gesperrter Transistoren erzielen. Es sei bemerkt, daß gelegentlich die Binärwerte „1" und „0" durch gleichgroße Signale entgegengesetzter Polarität dargestellt sind, wobei die Information „1" und „0" in der Polarität der Signale enthalten ist. In besonders schnellen Signaldetektoren sind gelegentlich auch Tunneldioden verwendet worden.

4.2.5 Schneller Speicherzugriff

Die Speicherzykluszeit von Ferritspeichern ist im wesentlichen durch die Schaltzeit der Speicherringkerne bestimmt. Es ist daher naheliegend, zur Verkürzung der Zykluszeit die Schaltzeit zu verringern. Ein Mittel hierfür ist, den magnetischen Speicherelementen eine große überschüssige Durchflutung zu geben.

1. Ferrite mit größerer Startfeldstärke H_0 erlauben im Zweifachkoinzidenzbetrieb höhere überschüssige Durchflutung. Nachteilig ist hierbei der höhere Strombedarf und die größere Gegenspannung in den Treibleitungen sowie die größere Wärmeentwicklung in den Kernen. Man verwendet möglichst kleine Kerne, um dem entgegenzuwirken. Durch Verwendung von Ferriten, deren magnetisches Verhalten weitgehend temperaturunabhängig ist [59], kann man außerdem in gewissen Grenzen Störungen durch Erwärmung von Kernen infolge sehr häufigen Umschaltens vermeiden.

2. Die Schaltzeit läßt sich auch dadurch verkürzen, daß nur ein Teil des gesamten magnetischen Flusses der Speicherkerne geschaltet wird (partial switching) [26]. In Abb. 4.2-28 ist gezeigt, daß ein Kern auch mit sehr kurzen Feldimpulsen irreversibel ummagnetisiert werden kann, wenn der angelegte Feldimpuls hinreichend groß ist. (Die Zeitangaben an den Kurven geben die Dauer der Feldimpulse an.) Man erkennt aus Abb. 4.2-28 aber auch, daß mit der Summe zweier kurzer Halb-

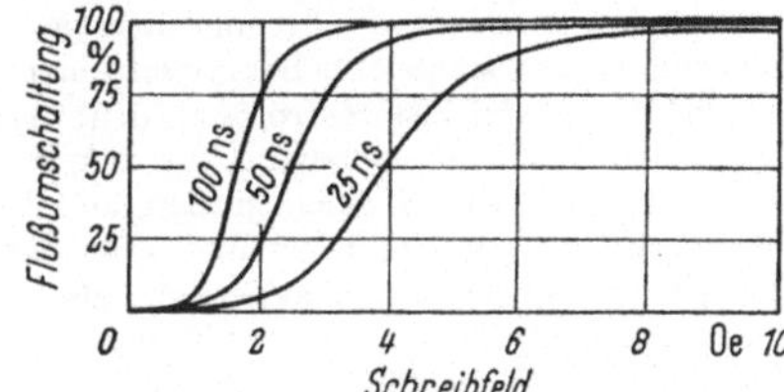

Abb. 4.2-28. Φ, Θ-Diagramm bei unvollständiger Ummagnetisierung.

impulse nur ein Teil des magnetischen Flusses umgeschaltet werden kann, wenn jeder Halbimpuls so bemessen wird, daß er allein keine merkliche Ummagnetisierung bewirkt, wie der Zweifachkoinzidenzbetrieb verlangt. Für den Betrieb eines 2-D-Speichers werden durch einen kurzen und hinreichend großen z.B. negativen Lesestromimpuls alle Kerne der Wortleitung in die z.B. negative Sättigung magnetisiert. Dabei induzieren nur die Kerne Lesesignale (für „1") in die Ziffern- oder Leseleitungen, die nicht bereits vorher vollständig in negativer Richtung magnetisiert waren. Zum Einschreiben von „1" in einen Kern erfährt dieser nun durch Koinzidenz eines kurzen positiven Teilimpulses in der Wortleitung und eines kurzen positiven Teilimpulses in seiner Ziffernleitung eine teilweise Ummagnetisierung in positiver Richtung. Zum Einschreiben von „0" unterbleibt der Ziffernimpuls, und der Teilimpuls in der Zellenleitung ist nicht imstande, eine merkliche Ummagnetisierung zu veranlassen. Man kann zeigen, daß eine leichte Vergrößerung des Teilimpulses in der Zellenleitung und eine leichte Verringerung des Teilimpulses in der Ziffernleitung in bezug auf Störungen vorteilhaft ist. Schaltzeiten von 27 ns für die Ummagnetisierung von 25% des Gesamtflusses eines Kernes wurden erreicht [27 bis 31]. Speicherzykluszeiten von weniger als 0,5 µs sind genannt worden.

Einige Nachteile des Verfahrens seien ebenfalls erwähnt. Es hat sich gezeigt, daß infolge von bisher ungeklärten Ummagnetisierungsvorgängen im Kern, die als Relaxation beschrieben sind, Teilimpulse den Magnetisierungszustand eines Kerns unzulässig verändern, wenn sie zu schnell (0,1 bis 1 µs) aufeinanderfolgen. Ferner stellen die teilmagnetisierten Kerne sehr hohe induktive Belastungen für die Ziffernleitungen dar. Die Belastungen sind außerdem stark informationsabhängig. Es ist vorgeschlagen worden, die Informationsabhängigkeit der Belastung dadurch zu verringern, daß man für die „1"-Magnetisierung den Punkt (etwa $0{,}8\ B_r$) der Hysteresekurve wählt, der für den Fall positiver Teildurchflutung des Kerns die gleiche Permeabilität aufweist wie der „0"-Magnetisierungspunkt.

Bei Verwendung von zwei Kernen A und B zur Speicherung eines Bit lassen sich einige dieser Nachteile vermeiden. Die Leitungsführung einer Wort- und einer Ziffernleitung eines 2-D-Speichers dieser Art [32] ist in Abb. 4.2-29 gezeigt. Die einge-

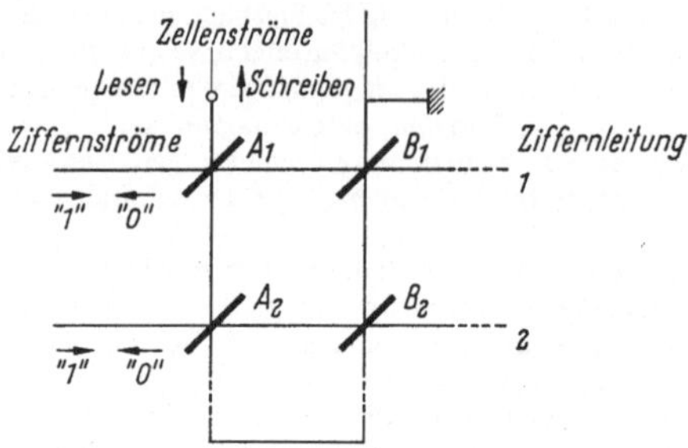

Abb. 4.2-29. Speicher mit 2 Kernen pro Bit für Betrieb mit unvollständiger Ummagnetisierung.

zeichneten Pfeile deuten die Stromrichtungen beim Lesen und beim Schreiben an. Man erkennt, daß sich beim Schreiben einer „0" (oder „1") die Durchflutungen durch die Wort- und Ziffernströme in den Kernen A (bzw. B) addieren und in den Kernen B (bzw. A) subtrahieren. Vor dem Schreiben werden alle Kerne A und B einer Wortleitung durch einen großen und kurzen Leseimpuls vollständig in die negative Sättigung magnetisiert und anschließend werden für „1" (oder „0") die Kerne A (bzw. B) weiter ummagnetisiert als die Kerne B (bzw. A). Beim Lesen werden wiederum alle Kerne einer Wortleitung in die negative Sättigung magnetisiert. Dadurch werden in die Ziffernleitungen Lesesignale induziert, die der Differenz der gespeicherten magnetischen Flüsse der Kerne A und B entsprechen und deren Polarität davon abhängt, welcher Kern A oder B beim Schreiben weiter ummagnetisiert worden ist, d. h. ob eine „1" oder eine „0" gespeichert war. Die Vorteile dieses Verfahrens sind größere Treibstromtoleranzen, geringere Temperaturabhängigkeit und informationsunabhängigere Belastung für die Treibstufen. In [60] ist ein experimenteller Speicher mit 110 ns beschrieben, der dieses Verfahren verwendet.

3. Nach einem älteren Vorschlag [33] werden zur Speicherung eines Bit ein Speicherkern und ein Schreibkern sowie pro Wortleitung ein Lesekern verwendet. Nachteilig ist bei diesem Verfahren die komplizierte Leitungsführung, denn die Schreib- und Speicherkerne jedes einzelnen Bits müssen durch eigene Leitungsschleifen miteinander verbunden werden.

4. Unter Verzicht auf das übliche Schreibverfahren, den Z-Strom zum Schreiben der „1" oder „0" zu verwenden, kann die Durchflutung $(\Theta - \Theta_0)$ dadurch erhöht werden, daß durch alle Z-Wicklungen beim Lesen ein positiver, beim Schreiben ein negativer Vorstrom $I_m/2$ fließt. Beide ausgewählten X- und Y-Leitungen führen zunächst den negativen Strom I_m. Dadurch erhält der ausgewählte Speicherringkern die Durchflutung $-{}^3/_2\Theta_m$, die Ringkerne der X- und die der Y-Leitung erhalten $-\Theta_m/2$ und alle anderen Kerne $+\Theta_m/2$. Zum Schreiben von „0" wird der Y-Auswahlstrom unterbunden, so daß alle Ringkerne der X-Leitung die Durchflutung $+\Theta_m/2$ erhalten und alle anderen Ringkerne der Ebene mit $-\Theta_m/2$ teildurchflutet werden. Fließt der Y-Strom $+I_m$, dann wird der ausgewählte Ringkern mit $+{}^3/_2 \cdot \Theta_m$ in den Zustand „1" überführt. Erforderlich ist für jede Speicherebene eine Y-Schaltmatrix, die während der Schreibphase vom Pufferregister gesteuert wird. Die beim „0"-Schreiben nicht zurückgeschalteten ausgewählten Y-Wählerringkerne müssen nach der Schreibphase und vor dem nächsten Zyklusbeginn zurückgesetzt werden.

Die damit verbundene Verlängerung der Zykluszeit kann mit sog. Doppelwähler-ringkernen überwunden werden [34].

5. Wenn durch einen Speicherringkern p Auswahlleitungen ($p > 2$) führen und durch geeignete Leitungsführung dafür gesorgt wird, daß durch keinen anderen Speicherkern der gleichen Ebene zwei oder mehr dieser p Leitungen hindurchgehen, dann kann die überschüssige Durchflutung vergrößert werden. Denn wenn in jeder der p Leitungen Stromimpulse von der Größe $I_m/2$ fließen, wird der ausgewählte Ringkern durch den Stromimpuls $p \cdot I_m/2$ ummagnetisiert, während alle anderen Kerne höchstens mit $1 \cdot I_m/2$ gestört werden. Durch Kombinationen mit dem oben beschriebenen Vorstromverfahren kann der Umschaltimpuls sogar auf $(2p - 1) \cdot I_m/2$ erhöht werden. Bei diesem Verfahren werden Zykluszeiten von 0,5 µs bei Verwendung üblicher Ferritringkerne für möglich gehalten. Die richtige Leitungsführung für einen derartigen Speicher ist in [35] angegeben. Nachteilig ist, daß die Fädelarbeit sehr kompliziert wird und daß mehr Leitungen als bei der Zweifachkoinzidenz ausgewählt werden müssen.

6. In der Regel wird die aus dem Speicher gelesene Information im Rechner verarbeitet, bevor ein neuer Speicheraufruf erfolgt. Deshalb kann es, besonders wenn häufiger gelesen als geschrieben wird, vorteilhaft sein, nur die Lesephase zu beschleunigen und die gelesene Information schon während des Rückschreibens weiter zu verarbeiten. Eine solche Anordnung kann in 2-D-Speichern dadurch realisiert werden, daß der nicht mit dem Zweifachkoinzidenzverfahren arbeitende Leseimpuls sehr groß und kurz gemacht wird, während der nachfolgende Schreibstromimpuls wegen der Zweifachkoinzidenzbedingung mit dem Z-Strom die Größe $I_m/2$ nicht übersteigt [36]. Dieser Stromimpuls wird natürlich länger.

7. Die nachstehend beschriebenen, als Transfluxor [37] bezeichneten Speicherelemente dienen ebenfalls der Beschleunigung des Speicheraufrufs; ihre Arbeitsweise ist aber grundsätzlich verschieden von der der bisher beschriebenen. Sie besitzen immer mehrere Löcher, die in der Regel vier ummagnetisierbare Stege bilden, wobei zwei Stege mindestens an einer Stelle gleichen Querschnitt haben müssen. Das als Flußkoinzidenz bezeichnete Verfahren beruht darauf, daß alle magnetischen Kraftlinien in sich geschlossen sind, daß die Ummagnetisierung immer längs des kürzesten ummagnetisierbaren Rings erfolgt und daß der einen bestimmten Querschnitt durchsetzende magnetische Fluß infolge der Sättigbarkeit des Materials bei beliebig großen Durchflutungen begrenzt ist.

Ein ummagnetisierbarer Ring ist dadurch gekennzeichnet, daß in ihm während der Ummagnetisierung zur gleichen Zeit der gleiche magnetische Fluß vorhanden ist. Dementsprechend erkennt man einen ummagnetisierbaren Ring daran, daß sich die z. B. in Abb. 4.2-30 b bis e eingezeichneten Flußrichtungspfeile im Uhrzeigersinn oder entgegengesetzt nachlaufen. Beispielsweise bilden in Abb. 4.2-30 d die Stege *1—2, 1—3, 2—4* oder *3—4* ummagnetisierbare Ringe.

Die Abb. 4.2-30 a zeigt die geometrische Form eines Elements dieser Art und die für den 3-D-Speicherbetrieb erforderliche Leitungsführung. Den Magnetisierungszustand nach Abb. 4.2-30 b stellen beliebig große, z. B. negative X- und Y-Stromimpulse gemeinsam ein. Die Flußrichtung im Steg *4* enthält die eingeschriebene Binärinformation, hier beispielsweise „1". Entsprechend rufen positive X- und Y-Stromimpulse

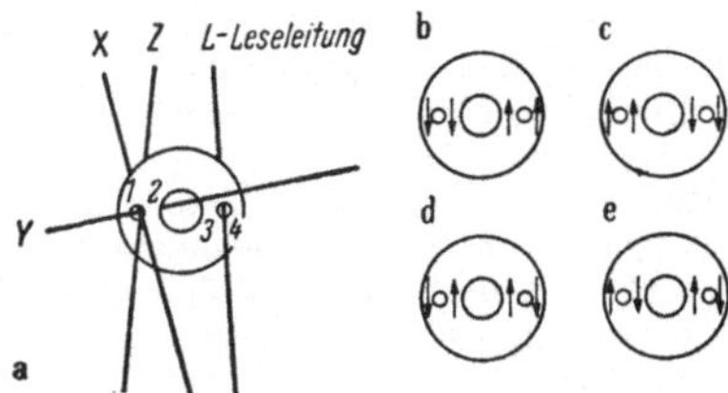

Abb. 4.2-30. Transfluxor-Speicherelement mit 3 Löchern für 3-D-Betrieb. a) Wicklungsanordnung; b), c), d) und e) Magnetisierungszustände in Lese- und Schreibphasen.

den Magnetisierungszustand nach Abb. 4.2-30c hervor. Im Steg 4 ist eine „0" gespeichert. Bei der Umkehr der Flußrichtung wird in der nur den Steg 4 umfassenden L-Leitung die Lesespannung induziert. Wenn ein anderes Speicherelement der gleichen X-Leitung ausgewählt wird, bewirkt der X-Stromimpuls im betrachteten Ferritkern nur eine X-Durchflutung. Die Durchflutungsrichtung stimmt entweder mit der Flußrichtung im Steg 1 überein, wobei sich keine Änderung des Magnetisierungszustandes ergibt, oder sie ist der Flußrichtung im Steg *1* entgegengerichtet. In diesem Falle verläuft der kürzeste ummagnetisierbare Ring über den Steg 3. Wird vorausgesetzt, daß der Minimalquerschnitt des Steges *3* nicht kleiner ist als der des Steges 1, können sich alle magnetischen Kraftlinien schließen ohne die Magnetisierungsrichtung des die Information speichernden Stegs zu beeinflussen. Die Y-Leitung umschlingt nur den Steg 2. Ein Stromimpuls auf dieser Leitung wirkt auf entsprechende Weise.

Die Abb. 4.2-30b und c zeigen den Magnetisierungszustand nach Mehrfachdurchflutungen, die Abb. 4.2-30d und e, ausgehend von Abb. 4.2-30c, den Zustand nach Einzeldurchflutungen. Die Z-Leitung führt beim Schreiben von „0" einen positiven Stromimpuls, der die Wirkung des X-Stromimpulses aufhebt [38]. Modifikationen dieses Prinzips sind in [39, 40] beschrieben.

Ferritkernspeicher sind vorteilhaft wegen der verhältnismäßig niedrigen Herstellungskosten der Speichermatrizen. Dieser Vorteil wird aufgegeben, wenn komplizierte Leitungsführung, spezielle Kernkonfiguration oder mehrere Ringkerne pro Bit benötigt werden. Kurze Zugriffszeiten lassen sich heute leicht in Halbleiterspeichern und mit dünnen magnetischen Filmen (plated wire) erreichen. Aus diesen Gründen hat kaum eines der hier beschriebenen Verfahren große Verbreitung gefunden.

4.2.6 Nichtzerstörendes Lesen

Nichtzerstörendes Auslesen, NDRO (non destructive read out) ist erwünscht, weil a) der Lesezyklus durch Verzicht auf das Rückschreiben verkürzt wird, b) die Gefahr für den Verlust der gespeicherten Information durch fehlerhaftes Rückschreiben infolge zeitweiligen Ausfalls der elektronischen Schaltungen vermindert wird und c) die Auslesesicherheit in Anwesenheit von statistischen Störungen (z. B. thermischem Rauschen) durch mehrfaches Auslesen erhöht werden kann. Es sind deshalb zahlreiche Verfahren zum Auslesen ohne Zerstörung der Information vorgeschlagen worden. Grundsätzlich kann man diese Verfahren in vier Klassen einteilen.

Es gibt Verfahren, bei denen zum Auslesen a) sogenannte elastische Flußänderungen, b) orthogonale magnetische Abfragefelder, c) Ferrite mit mehr als zwei magnetisierbaren Stegen und d) ungleiche Krümmung der Hysteresekurve in den beiden Remanenzpunkten oder in einem Remanenzpunkt und dem Nullpunkt verwendet werden.

1. Eines der Verfahren nach a) arbeitet mit 100-ns-Lese- und Schreibimpulsen [41]. Es wurde festgestellt, daß sich die Remanenzinduktion eines Ferritkerns unter dem Einfluß von aufeinanderfolgenden Durchflutungsimpulsen von etwa $20\Theta_0$ mit wechselnder Polarität noch nicht unzulässig ändert. Trotzdem werden bei diesen Durchflutungen infolge sogenannter elastischer Flußänderungen in der zugehörigen Leseleitung Spannungen induziert, deren Amplitude davon abhängt, ob der Ringkern weiter in die Sättigung getrieben wird oder in umgekehrter Richtung.

Zum Lesen aus einem 2-D-Speicher dient die Impulsfolge an der Wortleitung nach Abb. 4.2-31a. Sie liefert die eingezeichneten Lesespannungen für „1" oder „0". Zum Einschreiben stellt das Impulsprogramm nach Abb. 4.2-31b zunächst alle Speicherringkerne der Zelle durch den großen negativen Löschimpuls auf „0" und gibt dann an alle Kerne der Zelle zwei positive kurze Stromimpulse, die allein den Zustand „0" nicht unzulässig verändern. Um eine binäre „1" in ein Zellenelement zu schreiben, führt die das Element durchziehende Z-Leitung während der Löschphase einen kurzen negativen Impuls, der nur dazu dient, der nachfolgenden Störung aller zu dieser Stelle gehörenden Elemente der nicht ausgewählten Zellen entgegenzuwirken. Während der Schreibphase wird zwischen die beiden Zellenschreibimpulse ein positiver Z-Schreibimpuls eingeblendet, der nach Abb. 4.2-31 b die Durchflutungsdauer verlängert und dadurch dem Speicherringkern Zeit zur irreversiblen Ummagnetisierung gibt. Zum Schreiben der binären „0" unterbleibt die Z-Impulsfolge. Der Speicherringkern verbleibt im „0"-Zustand. Infolge der bereits beim „partial switching" erwähnten Relaxationserscheinungen in Ferriten ist die zulässige max. Auslesefrequenz begrenzt.

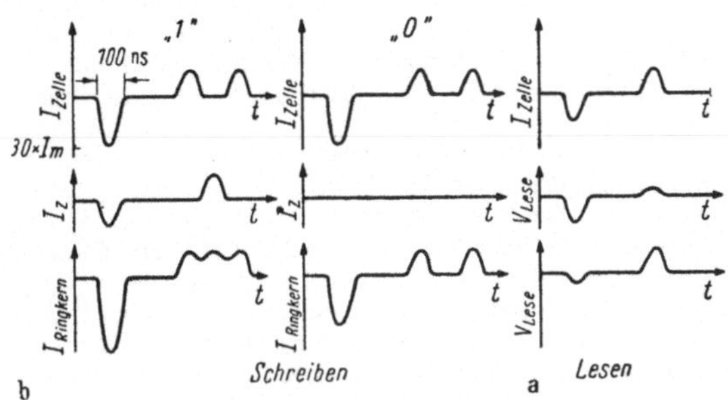

Abb. 4.2-31. Impulsprogramm für a) nichtzerstörendes Lesen und b) für Schreiben von „1" und „0" mit Ausnutzung des Relaxationseffekts.

Ein anderes zur Klasse a) gehörendes Verfahren, das mit Dauer- oder Impulsvormagnetisierung arbeitet, ist in [42] beschrieben. Die einfache Leitungsführung und die verhältnismäßig großen Lesesignale sind die Vorteile dieser Verfahren.

2. Besonders zahlreich sind die Ausleseverfahren der Klasse b). Die Arbeitsweise dieser Verfahren beruht darauf, daß der mit der Leseleitung verkettete magnetische Fluß im Speicherringkern durch senkrecht einwirkende Abfrage-H-Felder verringert werden kann und infolgedessen Lesespannungen induziert werden, deren Polarität von der Richtung des Remanenzflusses abhängt.

Bei geeigneter Dimensionierung ist die Auslenkung der Magnetisierung klein, so daß sie nach Beendigung des Abfrageimpulses unter dem Einfluß des Feldes des nicht ausgelenkten Magnetflusses wieder weitgehend in ihre Ausgangslage zurück-

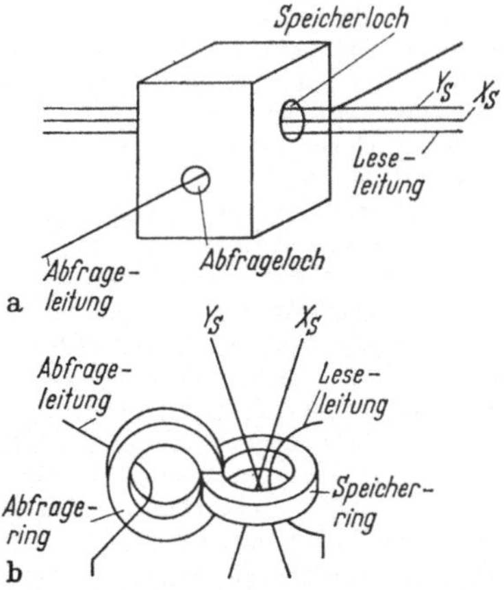

Abb. 4.2-32. Nichtzerstörendes Lesen mit orthogonalem Abfragefeld. a) BIAX-Element; b) Doppelringkern nach Thorensen.

kehrt. Die Auslenkung während der Abfrage erfolgt durch inkohärente Rotation und ist deshalb verhältnismäßig schnell. Bei diesem Verfahren erzielt man nur kleine Lesesignale. Bei den in der Abb. 4.2-32a und b gezeigten Anordnungen, dem BIAX-Element [43] und dem Doppelringkern nach *Thorensen* [44] wird das orthogonale Abfrage-H-Feld durch die Magnetisierung eines zweiten Kernabschnitts, der zum Speicherabschnitt senkrecht steht, erzeugt. Das Einschreiben geschieht mit einem der üblichen Zweifachkoinzidenzverfahren. Die komplizierte Form der Ferritkerne ist einer der Nachteile dieser Verfahren. Hinzu kommt beim Doppelringkern die Schwierigkeit, die Leitungen automatisch zu fädeln, während sich beim BIAX-Element, das sich Dank seiner Würfelform wesentlich besser automatisch fädeln läßt, die ungleichen Querschnitte der magnetischen Stege störend bemerkbar machen (partial switching).

Statt des würfelförmigen BIAX-Elementes kann man auch ausgedehnte dünne Ferritplatten verwenden, durch welche direkt nebeneinander unter einem Winkel von $+45°$ zwei sich nicht berührende Bohrungen senkrecht zueinander geführt sind [45]. Infolge der entmagnetisierenden Wirkung der Plattenoberfläche verlaufen die Magnetisierungslinien sowie die Feldlinien des Abfragefeldes hier nicht mehr zirkular um die Bohrungen, und Abfragefeld und gespeicherter Fluß stehen nicht mehr senkrecht zueinander. Es wird daher beim Abfragen zusätzlich ein informationsunabhängiges Signal in die Leseleitung eingekoppelt. Durch geeignete Wahl der Abstände zwischen beiden Bohrungen und der Plattendicke läßt sich erreichen, daß das Lesesignal nicht bipolar, wie beim BIAX-Element, sondern groß für die Eins und klein für die Null ist. In einer Ferritplatte lassen sich viele Speicherelemente integrieren und bequem fädeln. Die zugelassenen Toleranzen für die Lage der Bohrungen sind mit $\pm 0,04$ mm für einen integrierten Ferritspeicher jedoch unbequem eng.

Die Speicherringkerne können auch diametrale Bohrungen enthalten, durch welche die Abfrageleitung geführt ist. Der Abfragestrom bewirkt auch in diesem Fall eine Verringerung des mit der Leseleitung verketteten remanenten Flusses und induziert daher eine Lesespannung, deren Polarität wieder von der Richtung des magnetischen Remanenzflusses abhängt [46].

Bei einem anderen zur Klasse b) gehörenden Verfahren, dem sogenannten Fluxlock [47] werden einfache Ringkerne verwendet. Sie sind flachliegend in einer Ebene angeordnet. Die Ziffernleitungen sind durch die Kerne gefädelt, während die Zellenwicklungen, die zur Erzeugung hinreichend großer Abfragefelder aus mehreren Windungen bestehen können, um die Ebene gewickelt werden. Die Zellenwicklungen sind senkrecht zu den Ziffernleitungen angeordnet; sie erzeugen während der Abfragephase in allen Kernen der ihnen zugeordneten Zelle ein magnetisches Feld in Richtung der Ziffernleitungen. Die hierdurch bewirkte Auslenkung der Magnetisierung induziert Lesesignale, deren Polarität durch die in den Kernen gespeicherte Information bestimmt ist. Zwar läßt sich durch Koinzidenz von Ziffernströmen geeigneter Polarität und Abfragefeldern Information auch einschreiben, es wurde jedoch festgestellt, daß mehrere, etwa 25, Abfrageimpulse notwendig sind, um die Magnetisierung der Kerne vollständig umzuschalten, so daß das Einschreiben mit Zweifachkoinzidenzströmen vorzuziehen ist.

3. Zu den Verfahren der Klasse c) gehört der Transfluxor [37]. Bekanntlich kann ein Transfluxor durch Ströme geeigneter Polarität und Größe aus dem blockierten in den gesetzten Zustand und umgekehrt gebracht werden (Abb. 4.2-33b). Im gesetzten Zustand sind die Wicklungen w_2 und w_3 in Abb. 4.2-33a induktiv gekoppelt, im blockierten Zustand sind sie es nicht. Transfluxoren bestehen aus Ferrit mit rechteckiger Hysteresekurve. Es ist daher möglich, die Ströme zum Blockieren und zum Setzen so zu bemessen, daß nur die Summe zweier Halbströme den Transfluxor blockiert oder setzt, während ein Halbstrom allein den Zustand nicht verändert.

Die induktive Kopplung der Wicklungen w_2 und w_3 in Abb. 4.2-33a kommt nur zur Wirkung, wenn der Strom durch die Wicklung w_2 die Stege 2 und 3 ummagnetisiert. Wird auch hier der Strom so bemessen, daß ein Halbstrom allein keine Spannung in der Wicklung w_3 induzieren kann, wohl aber die Summe zweier Halbströme, so sind damit alle Bedingungen für die Verwendung als Speicherelement im Zweifach-koinzidenzbetrieb erfüllt. Die Abb. 4.2-33 c zeigt die Zusammenschaltung von 16 Transfluxoren in einer Matrixebene. Die Leitungen X_s und Y_s sind die Schreibleitungen,

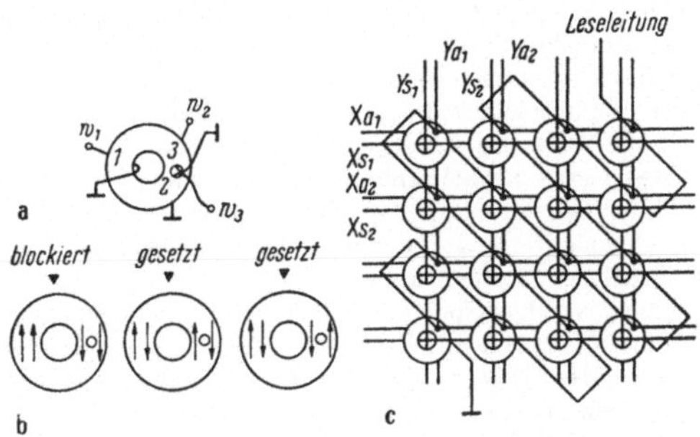

Abb. 4.2-33. Nichtzerstörendes Lesen in Transfluxormatrizen. a) Wicklungsanordnung, b) Magnetisierungszustände, c) Matrixverdrahtung.

die Leitungen X_a und Y_a sind die Abfrageleitungen und die Diagonalleitung ist die Leseleitung. Alle Transfluxoren sollen sich im blockierten Zustand befinden. Das entspricht der gespeicherten „0". Durch je einen Stromimpuls geeigneter Polarität und Größe in einer X_s- und einer Y_s-Leitung wird der Transfluxor im Kreuzungspunkt gesetzt (Zustand der gespeicherten „1"). Schreibströme umgekehrter Polarität belassen den ausgewählten Transfluxor im blockierten Zustand oder überführen ihn aus dem gesetzten in diesen Zustand. Zum Auslesen führen je eine X_a- und eine Y_a-Leitung zwei aufeinanderfolgende Abfragehalbströme wechselnder Polarität. Ist der dadurch ausgewählte Transfluxor blockiert („0"), so wird keine Spannung in die Leseleitung induziert. Ist er gesetzt („1"), dann entstehen zwei Spannungsimpulse. Die zweiten Abfragehalbstromimpulse stellen den Magnetisierungszustand der Stege 2 und 3 wieder zurück.

Das sogenannte Mars-Element [48] arbeitet grundsätzlich nach dem gleichen Verfahren, hat aber eine andere geometrische Form.

4. Bei einigen Verfahren der Klasse d) werden zum Lesen je eine Spalten- und eine Zeilenleitung mit hochfrequenten Sinusströmen unterschiedlicher Frequenz gespeist. Wegen der Krümmung der Hysteresekurve entsteht in der Leseleitung des im Kreuzungspunkt dieser Leitungen liegenden Kerns auch die Differenzfrequenz. Ihre Phasenlage hängt davon ab, ob die Krümmung der Hysteresekurve positiv (im positiven Remanenzpunkt) oder negativ (im negativen Remanenzpunkt) ist. Eine interessante Ausführungsform dieses Verfahrens ist die Kombination von Ferritkernen und Parametrons, die in [49] beschrieben worden ist.

Bei einem anderen Verfahren [50, 51] der Klasse d) werden zum Speichern der „0" ein Remanenzpunkt und zum Speichern der „1" der entmagnetisierte Zustand des Ringkerns verwendet. Die Permeabilität ist im entmagnetisierten Zustand etwa doppelt so groß wie im Remanenzpunkt. Ein kleiner Leseimpuls erzeugt demnach größere Lesesignale für „1" als für „0" in einer mit dem Ringkern verketteten Leseleitung. Zum Schreiben werden vorzugsweise alle Ringkerne eines Wortes durch einen großen Wortimpuls $I_\mathrm{w} > I_\mathrm{m}$ in den Remanenzpunkt „0" überführt und anschließend diejenigen Ringkerne, in die „1" geschrieben werden solll, durch eine Folge alternierender und in der Amplitude abnehmender Impulse entmagnetisiert. Wenn die alternierenden Impulsfolgen aus koinzidenten Halbimpulsen auf der Wortleitung und einer Ziffernleitung bestehen, können Störungen des eingestellten magnetischen Zustandes in anderen Ringkernen vermieden werden.

4.2.7 Integrierte Ferritspeicher

Für den Bau von Matrixspeichern mit sehr großer Speicherkapazität von 10^8 bis 10^9 bit (oder mehr) wird es vermutlich notwendig sein, an Stelle von Einzelelementen für die Speicherung von einzelnen Bits Speichereinheiten zu schaffen, die die Speicherung vieler Bits ermöglichen und bei denen unter Umständen die Matrixleitungen als integrierte Bestandteile eingearbeitet werden. Dadurch wird die individuelle Behandlung von Speicherelementen beim Fädeln und Testen unnötig. Es sei aber bemerkt, daß die Ausfallrate solcher Einheiten (batches) mit der Anzahl der in eine Einheit integrierten Einzelelemente sehr stark ansteigt. Deshalb müssen bei „batch" Fabrikationsprozessen zunächst extrem niedrige Ausfallraten, bezogen auf die Einzelelemente, erreicht werden bevor große Einheiten mit vielen integrierten Speicherelementen realisiert werden können.

Als erster Versuch wurden Speicherplatten mit vielen Speicherlöchern vorgeschlagen [52]. Sie sind aus Ferrit mit Rechteckhysteresekurve gepreßt und enthalten eine Anzahl kleiner runder Löcher. Jedes Loch ist von einer Ringzone aus magnetischem Material umgeben. Wegen der mit dem Abstand vom Stromleiter reziproken Abnahme der magnetischen Feldstärke gibt es zu jeder Stromamplitude einen Kreis bestimmter Größe, außerhalb dessen die Startfeldstärke H_0 nicht mehr erreicht wird und somit keine Ummagnetisierung von benachbarten Ringzonen erfolgt.

Der hohe reelle Widerstand von Ferrit erlaubt es, eine zum Lesen und Blockieren dienende Leitung galvanisch auf die Plattenoberfläche und in den Löchern aufzubringen. Nach [52] kann eine Leitung, die abwechselnd von der Plattenvorderseite durch ein Loch zur Rückseite und von dort durch ein bestimmtes Nachbarloch wieder nach vorn verläuft, usw., maschinell hergestellt werden.

Es war geplant, Speicherblöcke für 2-D- und 3-D-Betrieb durch Hintereinanderreihen von Speicherplatten aufzubauen und Drähte durch die hintereinander liegenden Löcher zu stecken, die dann die Wortleitungen (bzw. X- und Y-Treibleitungen)

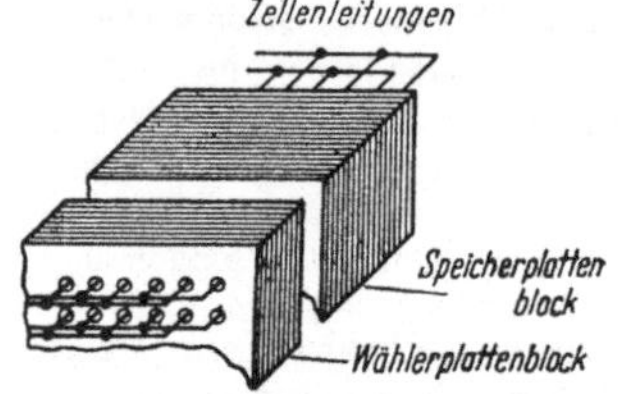

Abb. 4.2-34.
2-D-Lochplatten-Speicher.

darstellen. Die Lese- und Ziffern- bzw. Blockierleitungen werden durch die galvanisch aufgebrachten Plattenleitungen gebildet. Für 2-D-Betrieb war vorgeschlagen, eine Schaltmatrix aus ebenso vielen Speicherplatten aufzureihen wie Ringkerne im Speicherblock ummagnetisiert werden müssen und die Drähte auch durch die Löcher der Schaltmatrix zu stecken, wie in Abb. 4.2-34 gezeigt ist. Es scheint, daß zu weite Toleranzen der magnetischen Eigenschaften, die weder durch den 2-D-Betrieb noch durch die Verwendung von 2 Speicherplatten pro Bit beherrscht werden konnten, den Erfolg dieser Entwicklung verhindert haben.

In einer modifizierten Art von Plattenspeichern werden Ferritspeicherriegel mit 16×4 Löchern verwendet. Durch Änderung der Leitungsführung und bei geeigneter Zusammensetzung der einzelnen Riegel kann hier durch die Führung der Leseleitung wieder Störspannungskompensation erzielt werden, ohne daß für jedes Speicherelement zwei Löcher nötig sind [53].

Inzwischen sind zwei Methoden bekannt geworden, bei denen die Aufruf- und Leseleitungen bereits bei der Herstellung der Speicherebenen in das Ferritmaterial eingebettet werden. Es handelt sich hierbei um die sogenannten *Laminated Ferrites* [54, 55, 56, 23] und den *Flute*-Speicher [57]. Beide Speicher arbeiten im 2-D-Betrieb, und in beiden Speichern sind nur zwei zueinander orthogonale Gruppen von Leitungen vorgesehen.

Beim *Laminated Ferrite-Speicher* wird zur Herstellung aller Spaltenleitungen eine Paste aus Metallpulver und Bindemitteln durch eine photographisch hergestellte Metallmaske, ähnlich wie beim Siebdruckverfahren, auf eine ebene Glasplatte gedruckt. Dann wird eine etwa 50 μm dicke Schicht aus Ferritpaste mit einem scharfkantigen parallel zur Glasplatte geführten Messer über die Leitungen auf die Glasplatte gestrichen. Beim Ablösen der luftgetrockneten Ferritschicht von der Glasplatte haften die Leitungen am Ferrit, und zwar bilden sie mit der Oberfläche der Ferritplatte eine Ebene. Auf gleiche Weise wird eine Platte hergestellt, welche die Zeilenleitungen enthält und schließlich noch eine leiterfreie Ferritplatte von etwa 10 μm Dicke, welche als isolierende Zwischenschicht dient. Anschließend werden unter Zwischenlage der Zwischenschicht die Platte mit den Spaltenleitungen und die Platte mit den Zeilenleitungen — Leitersystem gegen Leitersystem und orthogonal zueinander — aufeinandergelegt und zwischen ebenen Metallplatten mittels einer hydraulischen Presse fest gegeneinandergepreßt. Die dadurch entstehende Matrixplatte, in welcher die Matrixleitungen eingebettet sind, wird nun gesintert. Dabei sintern die drei Teilplatten zu einer fugenlosen Platte zusammen, wobei das Ferritmaterial die von Ferritringkernen bekannten magnetischen Eigenschaften erhält ($H_s = 1$ Oe) Rechteckigkeitsverhältnis $R_c = 0{,}7$). Auch die Leitungen aus Metallpulver sintern zu metallischen Leitern zusammen, deren spezifischer Widerstand jedoch etwa 8mal höher als der von reinem Kupfer ist.

Ferrite schrumpfen bekanntlich beim Sintern. Um zu vermeiden, daß dabei Spannungen und Risse in der Ferritschicht entstehen, die die magnetischen Speichereigenschaften zerstören würden, müssen auch die Leitungen schrumpfen können. Deshalb wird die Mischung aus Metallpulver und Bindemittel verwendet.

Abb.4.2-35a zeigt einen Querschnitt durch die Matrixplatte an einer Stelle, an welcher sich eine Spaltenleitung und zwei Zeilenleitungen kreuzen. Es werden zwei Leitungskreuzungen A und B für die Speicherung eines Bits verwendet. Das Leitungssystem für den Betrieb eines Speicherelements (Kreuzungen A und B) ist in Abb.4.2-35b gezeigt. Die Richtungen der Lese- und Schreibströme sind durch Pfeile angedeutet. Die Arbeitsweise der Speicherzelle wird mit Hilfe der Vektordiagramme in Abb.4.2-35c wie folgt beschrieben: Es wird angenommen, daß sich die magneti-

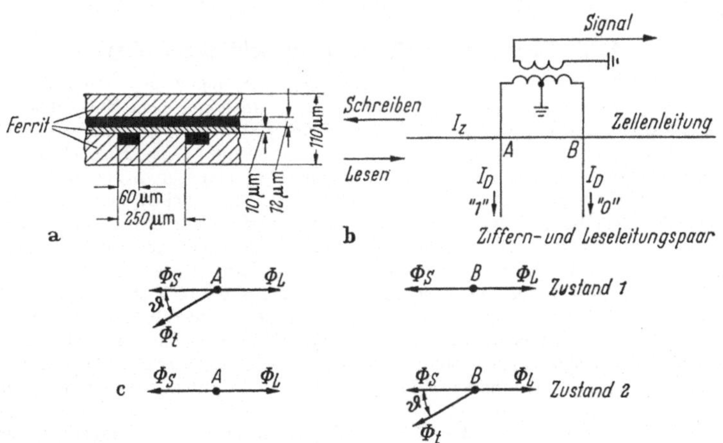

Abb.4.2-35. Laminated Ferrite Speicher. a) Querschnittsansicht durch ein Speicherelement mit einer Wortleitung und einem Ziffernleitungspaar; b) Leitungsschema; c) Flußvektoren für die Zustände „1" und „0".

schen Flüsse stets in Ebenen senkrecht zur Zeichenebene schließen. Die Vektoren Φ_S, Φ_L und Φ_T in Abb. 4.2-35c sind senkrecht zu diesen Ebenen eingezeichnet und sie weisen in die Richtung der die entsprechenden Flüsse erzeugenden Aufrufströme. Zum Schreiben einer „1" („0") wird gleichzeitig mit einem Schreibstromimpuls durch die Zellenleitung ein Stromimpuls durch die linke (rechte) Ziffernleitung gegeben. Die resultierenden magnetischen Felder schalten den magnetischen Fluß um den Kreuzungspunkt A (B) in die Richtung Φ_T und um den Kreuzungspunkt B (A) in die Richtung Φ_S. Zum Lesen gibt man einen Lesestromimpuls auf die Wortleitung. Dadurch werden die magnetischen Flüsse an beiden Kreuzungspunkten in die Richtung Φ_L geschaltet und die Flußverkettung mit beiden Ziffernleitungen wird Null. Im Falle der vorher gespeicherten „1" („0") entsteht nun in der linken (rechten) Ziffernleitung, die mit der horizontalen Komponente des Flusses Φ_T verkettet war, ein Lesesignal. Es sei bemerkt, daß infolge der Abweichung vom 180°-Schalten die rechteckige Hysteresekurve die Ummagnetisierung nicht mehr ausreichend beschreibt. Man kann diesen Speicher mit sehr kleinen Strömen betreiben oder bei Verwendung größerer Ströme kurze Schaltzeiten und kurze Zykluszeiten erreichen. Die Gegenspannungen auf den Treibleitungen sind jedoch hoch, was teilweise darauf beruht, daß auch das Ferritmaterial zwischen den Speicherelementen ummagnetisiert werden muß. Über experimentelle Speicher dieses Typs, die mit etwa 150 bis 250 ns Zykluszeit arbeiten, ist in [23] berichtet worden.

Beim *Flute*-Speicher [57] werden Ferritstäbe um ein Netz von orthogonal zueinanderstehenden Spalten- und Zeilenleitungen gepreßt, und zwar so, daß jeder Stab eine Längsleitung und mehrere Querleitungen enthält. Es werden dünne Silberpalladiumdrähte verwendet, die mit einem Thermoplast und einer dünnen Ferritpulverschicht umgeben werden bevor das Netz gebildet wird. Die Ferritpulverschicht isoliert die sich kreuzenden Leitungen, das Thermoplast schmilzt beim Sintern, so daß keine Spannungen und Risse durch Schrumpfen im Ferrit entstehen, und Silberpalladium wird verwendet, weil es der hohen Sintertemperatur widersteht. Die Größe der Lesesignale hängt kritisch von der Wandstärke eines bestimmten Teils der Ferritstäbe ab. Der Flute-Speicher kann mit bipolaren aber auch mit unipolaren Stromimpulsen betrieben werden. Es wurde berichtet, daß auch im NDRO-Betrieb gelesen werden kann. Die Ströme sind verhältnismäßig hoch. Flute-Speicher mit 250 ns Zykluszeit werden für möglich gehalten.

4.2.8 Ebene magnetische Dünnschichtspeicher

Als Speicherelement werden 20 bis 200 nm dicke Magnetschichten meist aus NiFe (81% Ni, 19% Fe) verwendet, welche in einem homogenen Magnetfeld auf eine ebene Unterlage aufgedampft oder elektrolytisch oder durch Katodenzerstäubung aufgebracht sind [61, 62]. Als Unterlage benützt man Glas oder auch bestens poliertes Metall, welches zur weiteren Glättung mit einer etwa 100 nm dicken Schicht aus SiO bedampft ist. Die dünnen Magnetschichten haben uniaxiale Anisotropie. Parallel oder antiparallel zu der dadurch gegebenen Vorzugsrichtung (leichte Richtung) stellt sich die Magnetisierung bei Abwesenheit äußerer Felder ein. Diese beiden Lagen werden im allgemeinen zur Informationsspeicherung ausgenützt. Die Richtung senkrecht zur leichten Richtung nennt man schwere Richtung.

Mit dünnen Magnetschichten lassen sich Matrizenspeicher bauen, die kürzere Zykluszeiten als Ferritkernspeicher gleicher Kapazität haben. Zur Zeit sind sie noch etwas teurer und werden vor allem dort eingesetzt, wo es auf hohe Speichergeschwindigkeiten ankommt. Hier haben jedoch, wie die Entwicklungen der letzten Jahre recht klar erkennen lassen, Halbleiterspeicher mit integrierten Schaltkreisen die besseren Zukunftsaussichten. Die zeitweise sehr erheblichen Anstrengungen zur Verbesserung der magnetischen Dünnschichtspeicher sind daher seit 1968 etwas ins Stocken geraten.

Im Gegensatz zum ringförmigen Ferritkern, in dessen Innern sich der magnetische Fluß schließen kann, tritt der Fluß an den Grenzen der ebenen Magnetschicht in den freien Raum aus. Die dadurch entstehenden Streufelder wirken einerseits auf die Schicht selbst als entmagnetisierende Felder zurück; andererseits wirken sie als äußere Streufelder in einer Matrix auf benachbarte Schichten störend ein. Sie müssen im allgemeinen bei der Berechnung des Schaltverhaltens und der höchstmöglichen Packungsdichte berücksichtigt werden. Sie werden um so kleiner, je dünner die Schicht im Verhältnis zu ihren Flächenabmessungen ist.

Entmagnetisierende Felder lassen sich nur für geometrisch einfache Körper exakt berechnen. Für beliebige dreiachsige Ellipsoide sind Formeln von *Osborn* angegeben [63]. Für dünne rechteckige Schichten der Dicke d und der Kantenlängen l und b ergibt sich das entmagnetisierende Feld H_E (in A/cm) parallel zur l-Kante in guter Näherung zu

$$H_E = \alpha \cdot \frac{M}{\mu_0} \cdot \frac{d}{l}. \qquad (4.2\text{-}3)$$

Dabei ist M die Sättigungsmagnetisierung (in Vs/cm^2), $\mu_0 = 4\pi \cdot 10^{-9}$ Vs/Acm die Vakuumpermeabilität. Der Proportionalitätsfaktor α hängt vom Seitenverhältnis l/b ab. Für $l/b = 0; 1; 5; \infty$ ist $\alpha = 1; \pi/4; 0,4; 0$. Beispielsweise folgt aus Gl. (4.2-3) für einen 100 nm dicken quadratischen Fleck mit einer Kantenlänge von 1 mm aus NiFe ($M = 10^{-4}$ Vs/cm^2) ein entmagnetisierendes Feld von $H_E = 0,625$ A/cm.

Die magnetischen Eigenschaften dünner magnetischer Schichten und ihre Ausnützung zur Entwicklung von Speicherelementen sind im Abschnitt über magnetische Bauelemente besprochen. Folgende Abweichungen von der idealen magnetischen Schicht haben die Entwicklung von magnetischen Dünnfilmspeichern stark behindert:

1. Millionenfach wiederholte Feldimpulse können infolge Wandkriechens [64] eine weitgehende Ummagnetisierung verursachen, selbst wenn ihre Auswirkung nach einigen 100 Feldimpulsen noch kaum wahrnehmbar ist. In Abb. 4.2-36a ist in die asteroidenförmige kritische Kurve, deren Grenzen zum Umschreiben vom Schaltfeld überschritten werden muß, der kriechfreie Bereich eingezeichnet. Die vom Koordinatennullpunkt abzutragenden Vektoren sämtlicher Teilfelder sollten stets innerhalb des kriechfreien Bereiches verbleiben. Man ersieht, daß sich selbst bei Abwesenheit von weiteren Störungen kaum noch eine Kombination von Schaltfeldern in schwerer Richtung mit Schaltfeldern in leichter Richtung finden läßt, so daß

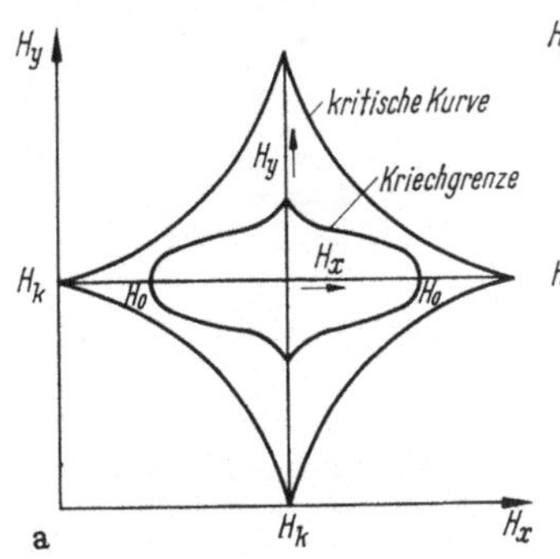

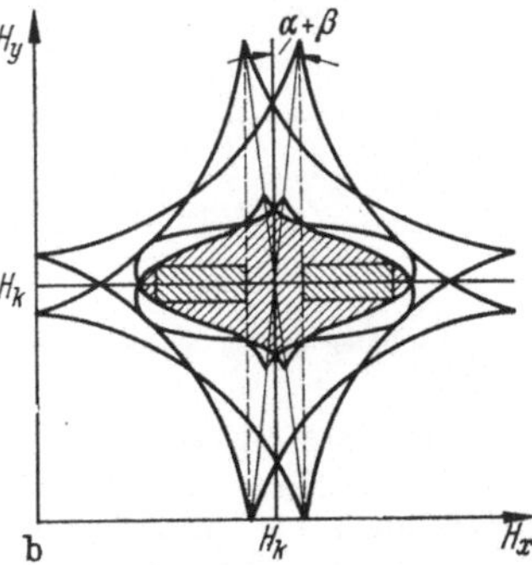

Abb. 4.2-36a. Idealisierte kritische Kurve $H_K^{2/3} = H_x^{2/3} + H_y^{2/3}$ mit eingezeichnetem kriechfreien Bereich. H_K Anisotropiefeldstärke.

Abb. 4.2-36b. Kritische Kurve und gemeinsamer kriechfreier Bereich für mehrere Speicherflecke. α Dispersion, β Winkelstreuung (skew) der mittleren leichten Richtungen.

die vektorielle Summe beider Felder zum vollständigen Umschalten ausreicht, jedes Teilfeld für sich allein aber auch bei häufiger Wiederholung noch keine gespeicherte Information zerstört. Aus diesem Grunde ist es bisher nicht möglich, einen Dünnfilmspeicher mit innerer Zellenauswahl zu betreiben.

2. Selbst in einem 1 mm² großen Fleck aus NiFe läßt sich eine Parallelausrichtung der harten Richtungen nur mit einem gewissen Streuwinkel α (dispersion) erreichen. Den Streuwinkel definiert und mißt man, indem man ein starkes Feld ($\gg H_K$) unter einem solchen Winkel α von der harten Richtung anlegt, daß bei Abschalten dieses Feldes 90% der Magnetisation in die gleiche Richtung eindreht. Daher nennt man diesen Dispersionswinkel meist α_{90}. Hinzu kommt bei einer größeren Speichermatrix selbst bei sorgfältigen Fertigungsbedingungen noch eine Winkelstreuung β der mittleren leichten Richtungen zwischen den einzelnen Speicherflecken (skew). Man erreicht $\alpha + \beta < 2°$. In Abb.4.2-36b sind zwei kritische Kurven mit einer gegenseitigen Verdrehung um den Winkel $\alpha + \beta$ mit ihren kriechfreien Bereichen eingezeichnet. Der gemeinsame kriechfreie Bereich ist schraffiert. Die gestrichelten Linien bezeichnen den Mindestwert des Feldes in leichter Richtung zum Umschreiben. Um eine Schicht von der einen leichten Richtung in die entgegengesetzte vollständig umzuschalten, benötigt man daher Schaltfelder in leichter Richtung von mindestens $H_K \cdot \sin 2° \approx 0{,}035 \cdot H_K$ selbst dann, wenn man gleichzeitig beliebig große Schaltfelder in schwerer Richtung anlegt. H_K ist die Anisotropiefeldstärke.

Bei den allein brauchbaren Matrixanordnungen mit äußerer Zellenauswahl wird zum Lesen durch eine Zellenleitung (Abb.4.2-37), welche jeweils dem Aufruf eines Wortes dient, ein Strom geschickt, dessen in schwere Richtung weisendes Feld H_y

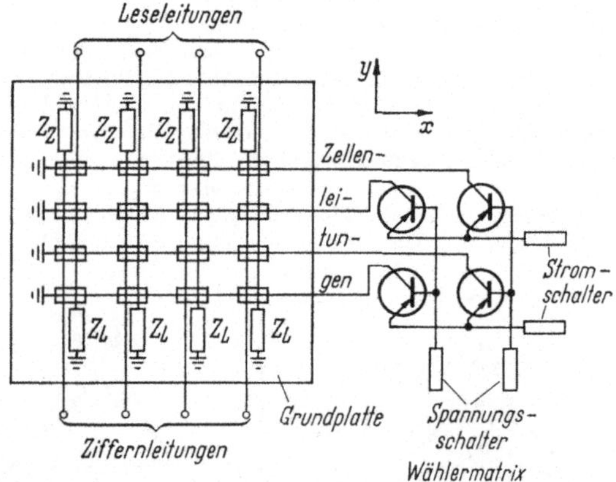

Abb.4.2-37.
Speicheranordnung dünner Magnetschichtelemente mit Wählermatrix zur Zellenauswahl.

wesentlich größer als H_K ist. Es magnetisiert alle Flecken der betroffenen Zelle aus der $+x$-Richtung (gespeicherte Eins) bzw. $-x$-Richtung (gespeicherte Null) in die schwere Richtung $+y$. Durch die Drehung des Magnetisierungsvektors werden in den senkrecht zu den Zellenleitungen geführten Leseleitungen je nach vorher gespeicherter Information positive bzw. negative Signalimpulse induziert und auf einem Speicherregister abgesetzt. In der Speicherzelle wird die Information dabei zerstört. Zum Einschreiben von Information schickt man bis kurz nach Beendigung des Zellenstromes, gesteuert vom Speicherregister, durch die Ziffernleitungen einen kleinen positiven (Eins) oder negativen (Null) Strom.

Das Magnetfeld $\pm H_x$ der Ziffernleitungen muß dabei veranlassen, daß die Magnetisierungen während der Beendigung des Zellenfeldes $+H_y$ durch die Anisotropiefeldstärke eindeutig in die positive bzw. negative x-Richtung eingedreht werden ($H_x > H_K \cdot \sin(\alpha_{90} + \beta)$). Das Magnetfeld $\pm H_x$ muß andererseits genügend klein bleiben, um in nicht aufgerufenen Zellen auch bei wiederholter Einwirkung keine Information durch Wandkriechen zu zerstören. Dabei ist zu beachten, daß die Kriechfeldstärke durch Streufelder in y-Richtung noch wesentlich vermindert wird. Der verbleibende erlaubte Bereich für die Summe aus Schreibfeld $\pm H_x$ und Streufeld H_y ist in Abb. 4.2-36b durch die beiden anders schraffierten Rechtecke bezeichnet.

Die Technologie der Herstellung von dünnen Magnetschichten ist so weit entwickelt, daß diese Forderung mit Sicherheit auch bei großen Speichermatrizen für alle Speicherflecke erfüllt werden kann, solange die von benachbarten Flecken ausgehenden Streufelder und das Streufeld der Zellenleitung zu benachbarten Zellen hin hinreichend klein bleiben.

Für die Streufelder der Aufrufleitungen ist folgendes zu beachten: Um am Ort des Speicherfleckes möglichst homogene magnetische Schaltfelder zu erzeugen, verwendet man für Zellen- und Ziffernleitung in Längsrichtung geschlitzte Bandleitungen, deren Breite etwa der Fleckbreite entspricht (Abb. 4.2-38). Die Schlitzung ist zweckmäßig, um an den Kreuzungsstellen der übereinander liegenden Leitungssysteme die Feldverzerrung durch in den Leitern induzierte Wirbelströme zu verringern. Das Streufeld einer symmetrischen Bandleitung [65] ist in der Symmetrieebene proportional zum Abstand zwischen Hin- und Rückleitung. Sind die Magnetflecken auf eine Glasunterlage aufgedampft, so ist dieser Abstand gleich der Glasdicke, also etwa 0,5 mm. Befinden sie sich auf einer gut leitenden Metallunterlage, welche in der in Abb. 4.2-37 angedeuteten Weise als gemeinsame Rückleitung dient, so läßt sich der Abstand wesentlich kleiner halten. Die gemeinsame Metallunterlage

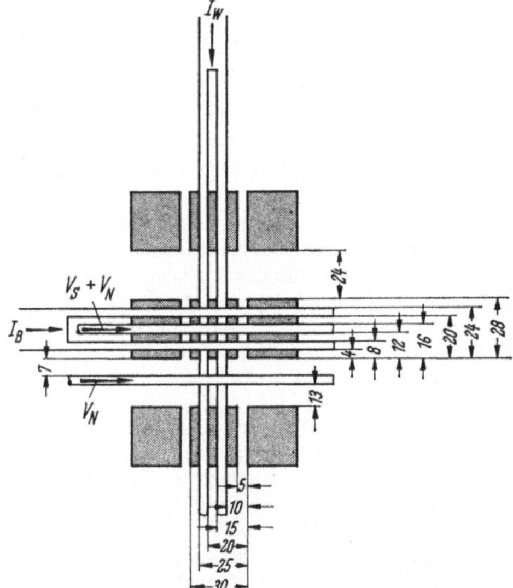

Abb. 4.2-38. Ausschnitt aus Speichermatrix mit Aufruf und Leseleitung. I_W Zellenleitung; I_B Ziffernleitung; $V_S + V_N$ Leseleitung; V_N Kompensationsleitung. Sämtliche Abmessungen in mil (1 mil = 25,4 μm).

bringt drei Vorteile [66]: 1. Reduzierung der Streufelder und damit eine höhere Packungsdichte der Speichermatrix, 2. Verringerung des Wellenwiderstandes der Aufrufleitungen und damit entsprechende Verminderung der Treibleistungen und 3. eine Halbierung der Zahl der Aufrufleitungen. Aus diesem Grunde bevorzugt man jetzt meistens die Metallunterlage, obwohl man sich damit zwei neue erhebliche Schwierigkeiten eingehandelt hat [67]:

Die erste Schwierigkeit rührt daher, daß bei einem abrupt einsetzenden Strom I durch den Bandleiter in der Metallunterlage nur im ersten Moment ein gleich großer entgegengesetzter Spiegelstrom induziert wird, der eng gebündelt unmittelbar unter dem Bandleiter zurückfließt. Das Magnetfeld beider Ströme hat zwischen Bandleiter und Grundplatte gleiche Richtung, es verdoppelt sich daher am Ort des Fleckes, im Außenraum kompensiert es sich dagegen weitgehend. Aus der Gleichung $\oint H\,ds = I$ ergibt sich wegen des Verschwindens des Feldes im Außenraum am Ort des Fleckes $H = I/B$ (B Breite des Bandleiters). Nach einiger Zeit hingegen breitet sich der Rückstrom über die gesamte Grundplatte aus (current spreading). Das Magnetfeld am Ort des Schichtfleckes sinkt daher schließlich auf den halben Anfangswert, da es jetzt ober- und unterhalb des Bandleiters symmetrisch verteilt ist. Die Zeitkonstante der Stromausbreitung ist zwar lang im Vergleich zum Speicherzyklus, so daß sich für einen einzelnen Aufrufimpuls die Stromausbreitung kaum auf die Magnetfelder auswirken kann. Bei einer längeren dichten Folge von unipolaren Stromimpulsen kann die Gleichstromkomponente jedoch erhebliche zusätzliche Störfelder erzeugen.

Die zweite Schwierigkeit rührt daher, daß die aus dem Speicherfleck austretenden Flußlinien im stationären Fall sich zur Hälfte durch die Metallplatte schließen. Wenn die Magnetisierung des Fleckes jetzt schnell aus der leichten Richtung um 90° gedreht wird, so bleiben die Flußlinien in der Grundplatte zunächst durch Wirbelströme gefangen (flux trapping). Die Abklingzeit beträgt etwa 700 ns. Das Streufeld des gefangenen Flußes ist im Außenraum etwa gleich dem ursprünglichen Streufeld H_E des Fleckes, jedoch mit entgegengesetzter Richtung und wirkt zunächst auf den Fleck mit voller Stärke in der alten leichten Richtung. Dieses erzwingt beim Einschreiben eine erhebliche Erhöhung des Ziffernfeldes. Für einen quadratischen NiFe Fleck ($H_K = 4$ A/cm) von 100 nm Dicke und 0,7 mm Kantenlänge und $\alpha_{90} + \beta = 2°$ ergibt sich aus Gl. (4.2-3) $H_E = 0,9$ A/cm. Das notwendige Ziffernfeld würde sich von $H_K = \sin(\alpha_{90} + \beta) = 0,14$ A/cm ohne Grundplatte auf 1,04 A/cm mit Grundplatte erhöhen. Beide genannten Schwierigkeiten scheinen jede für sich die Verwendung der leitenden Grundplatte bei magnetischen Dünnschichtspeichern fast unmöglich zu machen.

Beide Schwierigkeiten lassen sich jedoch glücklicherweise mit der gleichen technisch einfachen Maßnahme weitgehend beheben. Man legt dazu über die gesamte Speichermatrix möglichst dicht oberhalb des Systems aus Aufruf- und Leseleitungen eine dicke Schicht aus magnetisch weichem Material, einen sogenannten „Keeper" [68]. Vorzugsweise verwendet man nicht leitendes Ferritmaterial. Metallische Keeper erwiesen sich trotz höherer Permeabilität als weniger geeignet. Der Keeper gewährt den aus den Speicherflecken austretenden Streuflußlinien einen Schließweg kleinen magnetischen Widerstandes. Nur ein geringer Teil des Streuflußes schließt sich daher durch die metallische Grundplatte, wodurch sich die zweite Schwierigkeit hinreichend behebt. Die Verminderung der Auswirkung der Stromausbreitung macht man sich am besten auf folgende Weise klar. Im ersten Moment nach Einschalten des Stromes durch den Bandleiter ist der Keeper unwirksam, da an seinem Ort kein Magnetfeld herrscht. Am Ort des Fleckes ist wiederum $H = I/B$. Nach langer Zeit und völliger Ausbreitung des Rückstromes ist das Feld des Spiegelstromes zwar unwirksam geworden. Das Magnetfeld stammt jetzt ausschließlich vom Bandleiter. Es ist jetzt jedoch im Keeper kurzgeschlossen, also verschwindet im Keeper $\int H\,ds$. Da wiederum für das Linienintegral rund um den Bandleiter $\oint H\,ds = I$ gilt, ergibt sich auch für den Endzustand wiederum $H = I/B$. Eine exaktere Betrachtung hierzu findet sich in [69]. Die Wirksamkeit des Keepers hängt entscheidend von seinem Abstand zur Grundplatte ab. Man muß daher das System der Aufruf- und Leseleitungen und der notwendigen Zwischenisolation möglichst dünn halten. Bei Fleckabmessungen von 0,7 mm Kantenlänge ist ein Höchstabstand von 0,1 mm jedoch noch ausreichend.

Bei Magnetschichten von 100 nm Dicke auf metallischer Grundplatte und einem Keeper begrenzen die Streufelder z. Z. die erreichbare Packungsdiche auf 100 bit/cm^2. Die Anordnung der Magnetflecke in einem Ausschnitt der Speichermatrix sowie die Führung und Gestalt der Aufruf- und Leseleitungen eines modernen Dünnschichtspeichers [66] sind in Abb.4.2-38 wiedergegeben. Die Signalleitung $V_S + V_N$ liegt in der gleichen Ebene wie die geschlitzte Zifferleitung.

Die Auswahl der Zellenleitung ist bei nicht zu großen Speichern mittels einer mit Dioden besetzten quadratischen Wählermatrix relativ einfach möglich. Dabei verzichtet man auf die einseitige Erdung der Zellenleitungen. Dann erfährt jedoch ein Teil der nicht gewählten Leitungen einen Spannungssprung, der kapazitiv in die Leseleitung einkoppelt. Größere Störungsfreiheit erreicht man, wenn man die quadratische Wählermatrix mit Transistoren besetzt, wie es in Abb.4.2-37 angedeutet ist. Das Verhältnis der von den magnetischen Schichten entnehmbaren Nutzsignale zu den von den Aufrufleitungen durch die Luft in die Leseleitungen kapazitiv und induktiv eingekoppelten Störsignalen ist sehr viel ungünstiger als beim Ferritkernspeicher und erzwingt kompliziertere Leseverstärker sowie besondere Leitungsführungen. Da Zellenleitung und Leseleitung senkrecht zueinander verlaufen, wird zumindest bei exakter Leitungsführung von der Zellenleitung lediglich kapazitiv ein Störsignal in die Leseleitung eingekoppelt. Es erscheint jedoch gleichzeitig mit dem Lesesignal. Es ist etwa von der Größenordnung des Lesesignals. Man kann es kompensieren, indem man parallel zu jeder Leseleitung noch eine Kompensationsleitung legt [70], die nicht über Magnetschichten hinwegführt; V_N in Abb.4.2-38. In diese und in die Leseleitung werden gleiche Störsignale gleichphasig kapazitiv eingekoppelt. Durch Verwendung eines Differenzleseverstärkers [71] oder einer bifilar gewickelten Drossel [72], über deren beide Wicklungen beide Leitungen mit dem Eingang des Leseverstärkers verbunden werden, lassen sich die gleichphasigen Störsignale im Vergleich zum Nutzsignal hinreichend unterdrücken. Die Wirkung der bifilar gewickelten Drossel beruht darauf, daß sie eine große Impedanz für gleichphasige und eine kleine Impedanz für Differenzsignale hat.

Von den Zifferleitungen werden Störsignale nur während des Einschreibens eingekoppelt, und zwar sowohl auf kapazitivem wie auf induktivem Wege. Da Leseleitung und Zifferleitung meist über alle Wörter hin zueinander parallel laufen, wachsen diese Störungen proportional zur Koppelweglänge und damit proportional zur Speicherkapazität. Dies bleibt jedoch nur so lange gültig, als die während der Anstiegszeit von der Impulsflanke durchlaufene Wegstrecke groß gegenüber der Koppelweglänge L ist. In diesem Fall kann man quasistationär rechnen. Im quasistationären Fall kann man die kapazitive Einkopplung unterdrücken, indem man Ziffern- oder Leseleitung einseitig kurzschließt.

Bei der quasistationären Berechnung der induktiven Einkopplung muß man berücksichtigen, daß die wirksame Höhe h' der einkoppelnden Schleife, die durch Leseleitung und Grundplatte gegeben ist, größer als der Abstand h von der Unterseite der Leseleitung zur Oberseite der Grundplatte ist, da die Magnetfelder um die Skintiefe in beide Leiter eindringen. Die Skintiefe δ errechnet sich aus der Formel

$$\delta/\text{cm} = 10^4 \cdot \sqrt{\varrho \cdot t}. \qquad (4.2\text{-}4)$$

Für t ist hierbei die Dauer einer Impulsflanke in Sekunden einzusetzen. Für Kupfer ($\varrho = 1,7 \cdot 10^{-6}\,\Omega\text{cm}$) und eine Anstiegszeit der Impulsflanke von 10^{-8} s ergibt sich $\delta = 13\,\mu\text{m}$, so daß die wirksame Höhe $h = h' + 2\delta$ sich kaum unter $30\,\mu\text{m}$ herabsetzen läßt und damit etwa 10^3mal größer ist als die Dicke d der üblichen Magnetschichten. Damit beträgt der vom Umschaltfeld H_x herrührende Störfluß $\mu_0 \cdot H_x \cdot h'$

je Schichtlänge schon etwa 10% des beim Lesen geschalteten Flusses $M \cdot d$, da $M/\mu_0 H_x \approx 10^4$ ist. Bereits bei einer Koppelweglänge von 100 Flecken ist daher das von der Ziffernleitung induktiv eingekoppelte Störsignal rund 10mal größer als das Nutzsignal. Diese Störsignale können den Eingang des Leseverstärkers für eine Weile blockieren. Sie erzwingen dann eine störende Pause zwischen einem Schreibvorgang und dem nächstmöglichen Lesevorgang und verlängern damit die Zykluszeit. Um diese Störsignale möglichst klein zu halten, kann man wiederum geeignet geführte Kompensationsleitungen verwenden.

Ein interessanter Vorschlag, die von der Ziffernleitung induktiv und kapazitiv eingekoppelten Störsignale im Idealfall gegenseitig zu kompensieren, stammt von *Bland* [73]. Wenn man, wie in Abb. 4.2-37 angedeutet, die Stromgeneratoren für die Ziffernimpulse und die Leseverstärker für die Leseleitungen auf den entgegengesetzten Seiten der Matrix anschließt und die anderen Enden beider Leitungssysteme mit geeignet bemessenen Widerständen Z_Z und Z_L abschließt, so läßt sich erreichen, daß das von der Ziffernleitung in die Leseleitung eingekoppelte Störsignal gerichtet ist und nur auf der Seite des Abschlußwiderstandes der Leseleitung auftritt, auf der anderen Seite — also am Leseverstärker — jedoch nicht erscheint. Diese schon länger bekannte unidirektionale Kopplung zwischen zwei parallel geführten Leitersystemen ist in weitem Maße frequenzunabhängig, gilt also auch für Impulse. Sie gilt allerdings nur für verlustlose homogene Leitersysteme. Bei einer Speichermatrix ist die Homogenität durch die vielen Querleitungen zwar gestört, doch zeigte das Experiment, daß durch diese Maßnahme das eingekoppelte Störsignal am Leseverstärker um mehr als 20 dB geschwächt werden kann. Die Abschlußwiderstände Z_L und Z_Z müssen für die unidirektionale Kopplung die Bedingung

$$Z_L \cdot Z_Z = \frac{1}{v^2[C_{01} \cdot C_{02} + C_{12}(C_{01} + C_{02})]} \tag{4.2-5}$$

erfüllen. C_{01}, C_{02}, C_{12} sind die Kapazitäten pro Längeneinheit des Leitersystems 1 bzw. 2 gegen die Grundplatte bzw. gegeneinander und $v^2 = 1/\varepsilon\mu$ das Quadrat der Phasengeschwindigkeit.

Die Lese- und Schreibgeschwindigkeit bisheriger Dünnschichtspeicher ist noch ausschließlich durch die Schaltgeschwindigkeit der aufrufenden Elektronik, die Laufzeit der Signale in den Matrixleitungen und die Abklingzeit der beim Schreiben induktiv eingekoppelten Störsignale, nicht jedoch durch die Ummagnetisierungszeit der Magnetschicht begrenzt. Bei einem 1964 kommerziell angebotenen Speicher FFM'202 der Firma Fabritek [74] werden bei einer Speicherkapazität von 512 Wörtern zu 36 bit Zykluszeiten von 0,3 µs garantiert. Die Lesezeit vom Absetzen der Adresse an gerechnet beträgt dabei 0,15 µs. Bei Speichern größerer Kapazität (4096 Wörter bzw. 16000 Wörter) wurden Zykluszeiten von 1 µs [76] bzw. 0,5 µs [77] erreicht. Über einen im Labor erprobten Speicher von 256 Wörtern zu 72 Bits bei einer Zykluszeit von 100 ns (Lesezeit 60 ns) wurde schon 1962 berichtet [75]. Das modernste und bei weitem größte bisher industriell gefertigte Dünnfilmspeichersystem mit einer Kapazität von 10^7 bit und einer Zykluszeit von 120 ns wurde 1968 bei der NASA für Zwecke der Weltraumforschung eingesetzt (IBM 360/95). Aus dem ausführlichen Bericht über die Vorentwicklungen [66] wurden viele der im Vorangehenden gemachten Angaben sowie die Abb. 4.2-38 entnommen.

Es gibt eine große Anzahl recht interessanter Vorschläge zur weiteren Verbesserung des magnetischen Dünnschichtspeichers. Die Ziele sind: 1. Verkürzung der Zugriffs- und Zykluszeit bei großer Speicherkapazität, 2. Verkleinerung der Aufrufströme, um die Matrizen mit integrierten Schaltkreisen betreiben zu können und 3. zerstörungsfreies Lesen. Viele der im folgenden behandelten Vorschläge sind nur mit wenigen Speicherelementen erprobt, für einige wurde mit großen Versuchsmatrizen die Herstellbarkeit und Leistungsfähigkeit nachgewiesen, keines der in den letzten Jahren neu entwickelten Verfahren gelangte jedoch bis zur Fertigungsreife.

Die für diesen letzten Schritt benötigten Anstrengungen und Kosten sind so hoch, daß sie nur von der Industrie getragen werden können. Über Preis und Konkurrenzfähigkeit mit andersartigen Speicherverfahren lassen sich keine schlüssigen Aussagen machen, solange man über Reproduzierbarkeit und Ausschuß nicht hinreichend Bescheid weiß.

Zur Verkürzung der Zykluszeit muß man den Abstand der Zellenleitungen verkleinern, um die Laufzeit der Signale durch die Ziffernleitungen und unterschiedliche Signalsschwächung durch Leitungsdämpfung herabzusetzen. Wegen des kleinen Lesesignals und der engen Stromtoleranzen wird nämlich von der vollen Zykluszeit etwa das 13fache der Laufzeit durch die Ziffernleitungen benötigt [78], um die Störungen bis zum nächsten Lesen hinreichend abklingen zu lassen und um die Schaltfelder aufzubauen.

Es ist jedoch kaum noch möglich, die Abmessungen des Speicherfleckes in leichter Richtung wesentlich unter die bisher üblichen Werte zu senken, wenn man nicht gleichzeitig weitere neue Maßnahmen ergreift. Dem steht nämlich die Bedingung entgegen, daß das entmagnetisierende Feld H_E wesentlich kleiner als die Kriechgrenze (Abb. 4.2-36) bleiben muß. Eine Verringerung der Kantenlänge l erfordert für gleiches H_E jedoch gemäß Gl. (4.2-3) eine proportionale Verringerung der Schichtdicke d. Die Höhe des Lesesignals, welche dem Produkt $d \cdot b$ proportional ist, sinkt daher zumindest bei beibehaltenem Seitenverhältnis quadratisch mit der Kantenlänge. Von den Aufrufleitungen in die Signalleitung eingestreute Störsignale sind daher noch sorgfältiger zu kompensieren. Dieser Nachteil ist so einschneidend, daß man eine Schichtdicke der Magnetschicht von 50 nm kaum noch zu unterschreiten wagt.

Um trotzdem die Fleckbreite verringern zu können, versucht man, die Kriechfeldstärke zu erhöhen. Wenig erfolgreich erwiesen sich hierbei all diejenigen Maßnahmen, die dies lediglich durch eine Erhöhung der Koerzitivfeldstärke zu erreichen versuchten. Die Koerzitivfeldstärke H_c läßt sich bei sogenannten invertierten Schichten z. B. bis über die Anisotropiefeldstärke H_K erhöhen, indem man Unregelmäßigkeiten in die Schicht einbaut, an denen sich die Magnetwände verhaken. Dampft man die Schicht bei mehr als 400 °C auf die Unterlage auf, so bilden sich z. B. größere Kristallite, deren Grenzen H_c erhöhen. Aufdampfen auf eine rauhere Metallunterlage erreicht den gleichen Zweck. All diese Maßnahmen erhöhen jedoch gleichzeitig die Dispersion α_{90} erheblich, ohne die Kriechfeldstärke bis zur Koerzitivfeldstärke heraufzusetzen.

Günstiger ist schon eine Erhöhung der Kriechfeldstärke durch gleichzeitige Erhöhung der Anisotropiefeldstärke H_K bei ungeänderter Dispersion. Mit Schichten aus CoNiFe ($H_c = 10$ Oe, $H_K = 30$ Oe) lassen sich [79] Speichermatrizen bauen mit 100 Zellen zu 20 bit auf 1×1 cm^2. Wegen der großen Anisotropiefeldstärke, welche noch um die erheblichen entmagnetisierenden Felder erhöht wird, benötigt man Zellenströme von 500 mA. Das ist jedoch reichlich viel zum Betreiben durch integrierte Schaltkreise.

Die Kriechfeldstärke läßt sich jedoch auch ohne gleichzeitige Vergrößerung von α_{90} oder H_K erheblich vergrößern [80]. Hierzu verwendet man als Speicherschicht eine Doppelschicht aus zwei jeweils 25 nm dicken üblichen NiFe-Schichten, die durch eine metallische nur 2 bis 3 nm dicke Schicht aus Kupfer oder Gold voneinander getrennt sind. Diese Doppelschichten zeigen unterhalb ihrer Koerzitivfeldstärke von gut 2 A/cm kein Kriechen. Zur Erklärung sei auf [81] verwiesen. Diese Methode ist z. Z. der günstigste Weg zur Erhöhung der Kriechfeldstärke, reicht jedoch allein noch nicht aus, um wesentlich höhere Packungsdichten zu erreichen.

Eine zweite Maßnahme zur Erhöhung der Packungsdichte besteht darin, das entmagnetisierende Feld selber sowie auch andere störende Streufelder zu verringern. Ein sehr wirksamer Weg hierfür, nämlich die Verwendung eines Keepers, wurde schon beschrieben. Für die volle Wirksamkeit des Keepers ist es jedoch, wie bereits betont, nötig, daß sein Abstand vom Magnetfleck möglichst klein (etwa 1/10 der Fleckbreite) ist. Hierzu muß man die Aufrufleitungen sowie die nötigen Zwischenisolierungen möglichst dünn halten. Nach diesen Gesichtspunkten wurde von *Stein* [80] ein Versuchsspeicher für 1 024 Worte zu 144 bit mit Doppelschicht und eng aufliegendem Keeper gebaut. Die Abmessungen gehen aus Abb. 4.2-39 hervor. Wort- bzw.

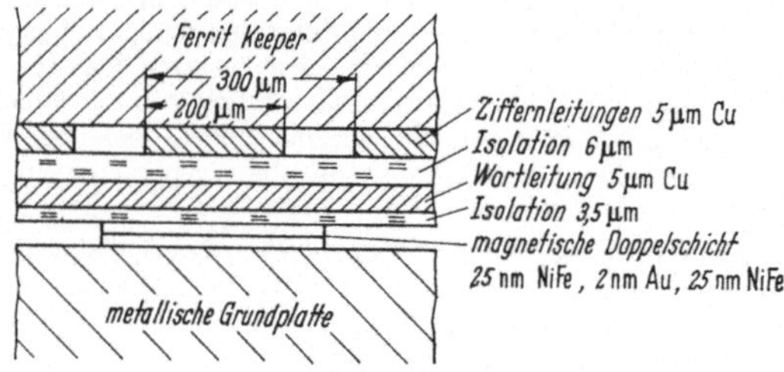

Abb. 4.2-39.
Speicherelement mit magnetischer Doppelschicht und möglichst eng aufliegendem Keeper.

Ziffernstrom liegen bei 120 bzw. 25 mA. Obwohl die Ziffernleitungen nur noch 32 cm lang sind und die Laufzeit durch sie weniger als 3 ns beträgt, gelang es doch nur, eine Zugriffszeit von 46 ns zu erreichen, während die Zykluszeit noch über 70 ns liegt. Wenn man diese mit modernsten Methoden und zusätzlichem Aufwand erreichten Zeiten vergleicht mit dem doch wesentlich konventionelleren 120-ns-Speicher der Abb. 4.2-38, so ersieht man, wie schwer bei magnetischen Dünnfilmspeichern sich z. Z. ein wesentlicher Fortschritt erreichen läßt.

Man hat auch schon mehrfach versucht, den Keeper zumindest neben den von den Aufrufleitungen nicht bedeckten Fleckteilen bis unmittelbar an den Magnetfleck heranzuführen. Bei einer älteren Anordnung, dem sogenannten Waffeleisenspeicher [82] hat man dazu in den Keeper in x- und y-Richtung Nuten eingeschnitten, welche die Aufrufleitungen aufnehmen. Dieser Keeper wird auf die durchgehende Speicherschicht aufgedrückt. Er schließt den Magnetfluß jedoch nur an den Ecken des jeweiligen Speicherfleckes ohne Luftspalt.

In einer neueren recht aussichtsreich erscheinenden Versuchsanordnung gelingt ein wesentlich besserer Schluß des Magnetflusses [83]. Man dampft dazu je eine 100 nm dicke Magnetschicht unter und auf die sehr flachen Wortleitungen, so daß sich unter- und Oberschicht an den Kanten der Wortleitungen berühren. Die ebenfalls aufgedampften Wortleitungen sind 50 μm breit und nur 0,5 μm dick. Damit können sich die Flußlinien in harter Richtung rund um die Wortleitung schließen. Dies ermöglicht Abstände zwischen den Wortleitungen von nur 0,1 mm. Über den Wortleitungen liegen orthogonal die Ziffernleitungen. Ihr Schreibfeld bringt am zugehörigen Kreuzungspunkt die Magnetisierungen auf der Ober- und Unterseite der Wortleitung in die gleiche leichte Richtung. Die dadurch in leichter Richtung entstehenden Streufelder werden aufgenommen durch einen Keeper, der rund um die Ziffernleitungen bis unmittelbar auf die obere Magnetschicht der Wortleitungen reicht. Der Abstand der Ziffernleitungen beträgt zwar etwa 0,4 mm, doch hat man bei wortorganisierten Speichern in dieser Richtung im allgemeinen Platz. Durch diese Maßnahmen läßt sich die Packungsdichte so weit steigern, daß man eine Speichermatrix für 1 024 Worte zu 128 bit auf einer Fläche von 5×5 cm^2 unterbringen könnte. Die Aufrufströme liegen wegen der kleinen Fleckabmessungen unter 100 mA. Über die erreichbare Zykluszeit liegen noch keine Angaben vor, da die Untersuchungen nur an einzelnen Speicherelementen gemacht wurden.

Zahlreiche Versuche wurden unternommen, um bei magnetischen Dünnschichtspeichern das bisher übliche zerstörende Lesen durch ein nicht zerstörendes Lesen zu ersetzen. Dies würde sich in gewissem Umfange lohnen, da bisher die Zeit zwischen dem Wiedereinschreiben und der nächsten Lesemöglichkeit aus den oben besprochenen Gründen den wesentlichen Teil der Zykluszeit ausmacht und da in datenverarbeitenden Anlagen Lesevorgänge meist häufiger als Schreibvorgänge vorkommen.

Bei den ersten Versuchen wurde zum nicht zerstörenden Auslesen einer Zelle durch die Zellenleitung ein so kleiner Aufrufstrom geschickt, daß sein Feld $H_y \ll H_K$ bleibt. Dieses Feld dreht die Magnetisierung des Fleckes aus der leichten $\pm x$-Richtung nur um weniger als 90° zur y-Richtung hin, induziert dabei je nach gespeicherter Information in der Leseleitung ein positives oder negatives Signal und läßt die Magnetisierung am Ende des H_y-Impulses infolge der Anisotropiekräfte wieder in die alte Richtung zurückfallen. Da das Lesesignal proportional zu $1 - \cos\alpha$ ist (α Drehwinkel der Magnetisierung), darf man zur Erzielung eines hinreichenden Lesesignals H_y nicht zu klein machen. Andererseits muß H_y wesentlich kleiner als H_K sein, da der Fleck bei häufigem Lesen sonst durch Wandkriechen zu erheblichen Teilen ummagnetisiert. Bei den bisherigen Speichermatrizen bekam man bei diesem Verfahren zu kleine Lesesignale und hat es nicht verwendet.

In einer Reihe von Untersuchungen wird versucht, ein nichtzerstörendes Lesen dadurch zu erreichen, daß man als Speicherelement zwei gleich dicke Magnetflecken verwendet, welche getrennt durch eine Zwischenschicht auf eine Grundplatte so dicht übereinander aufgedampft sind, daß sie eng magnetisch verkoppelt sind. Der untere Fleck dient als Speicherfilm, der obere als Abfragefilm. Die beiden leichten Richtungen liegen in beiden Schichten parallel zur Abfrageleitung (Abb. 4.2-40). Die enge magnetische Verkoppelung sorgt dafür, daß im Ruhezustand die Magnetisierungen in Speicherfilm und Abfragefilm antiparallel ausgerichtet sind. Für die gespeicherte „1" sind die Magnetisierungsrichtungen eingezeichnet.

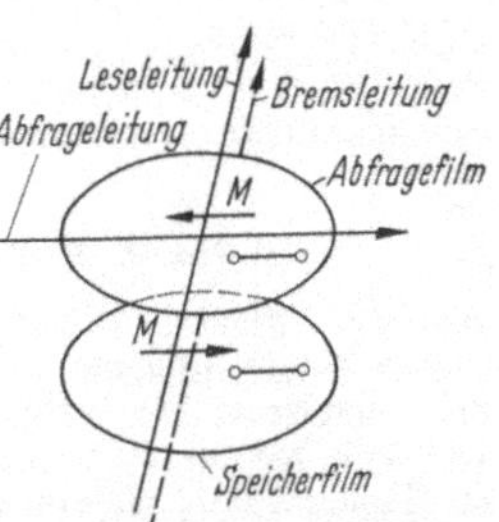

Abb. 4.2-40. Speicherelement aus zwei übereinanderliegenden magnetisch verkoppelten Magnetschichten.

In einer ersten unter dem Handelsnamen Bicore bekannt gewordenen Anordnung [84] verwendet man für den Speicherfilm eine Magnetschicht mit großer Anisotropiefeldstärke H_K, für den Abfragefilm jedoch Magnetmaterial mit kleinem H_K. Das Magnetfeld des Abfrageimpulses zeigt senkrecht zur leichten Richtung und dreht die Magnetisierungen beider Filme zur gemeinsamen positiven schweren Richtung hin. Wegen des unterschiedlichen H_K läßt sich die Stärke des Abfragfeldes so einrichten, daß die Magnetisierung des Abfragefilmes bereits um $\alpha_A = 90°$ dreht, während der Drehwinkel α_S im Speicherfilm wesentlich geringer bleibt. Das Lesesignal ist proportional zu $M(1 - \cos\alpha_A) - M(1 - \cos\alpha_S)$ und stammt daher für $\alpha_S < 45°$ im wesentlichen von der Magnetisierungsdrehung im Abfragefilm. Bei Beendigung des Abfrageimpulses sorgt die verbliebene Magnetisierungskomponente des Speicherfilmes in leichter Richtung dafür, daß in beiden Filmen der Ausgangszustand wiederhergestellt wird. Diese Anordnung benötigt wegen des großen H_K der Speicherschicht für das auf übliche Weise durchgeführte Einschreiben neuer Information erhebliche Ansteuerfelder.

Dieser Nachteil wird vermieden in einer anderen Anordnung, bei welcher H_K in beiden Schichten den gleichen niedrigen Wert haben darf [85]. Damit das Abfragefeld die Information der Speicherschicht nicht zerstört, ist hier dicht über den auf eine metallische Grundplatte aufgedampften Speicherfleck senkrecht zur leichten Richtung ein dünnes (1,7 μm) Leitungsband gedampft, welches etwas breiter als der Fleck ist. In Abb. 4.2-40 ist es schematisch wiedergegeben und als Bremsleitung bezeichnet. Die Drehung der Magnetisierung in der beiderseits von metallischen Leitern eng umgebenen Speicherschicht wird durch in den Leitern induzierte Wirbelströme so stark gebremst, daß am Ende des kurzen Abfragefeldimpulses die Magnetisierung des Abfragefilms zwar um 90°, die des Speicherfilmes jedoch um weit weniger aus der leichten Richtung herausgedreht ist. Wegen der magnetischen Verkopplung drehen beide daher in die Ausgangslage zurück. Nach diesem Verfahren wurde ein Versuchsspeicher für 140000 bit gebaut und erprobt [86]. Ein Keeper wurde zusätzlich verwendet. Die Magnetflecken sind 80 nm dick bei 0,65 mm Kantenlänge. Der Abfragestrom beträgt 250 mA bei 6 ns Dauer, der Schreibstrom 500 mA bei 25 ns Dauer. Die erreichten Zeiten sind 20 ns bei einer Folge von nicht zerstörendem Nur-Lesen, während 65 ns nach dem Beginn eines Schreibzyklus bereits wieder gelesen werden kann. Trotz dieser schönen Ergebnisse ist auch dieses Verfahren, soweit bekannt, nicht bis zur Fertigungsreife entwickelt.

Auf weitere Verfahren, welche nicht ebene geriffelte Schichten zur Ermöglichung des nicht zerstörenden Lesens benützen, sei hier nur hingewiesen. Hier besteht der einzelne Speicherfleck aus einer streifenförmig strukturierten Schicht. Die Streifen laufen parallel zur leichten Richtung und haben abwechselnd unterschiedliche Dicke. Die durch diese Dickenschwankungen vom Fluß in schwerer Richtung erzeugten Streufelder werden hier wesentlich benützt. Ein Keeper würde vom Prinzip her stören. Die Speicherung erfolgt in der leichten [87] oder auch in der schweren Richtung [88]. Letzteres ist möglich, da sich nach Magnetisierung in schwerer Richtung die abwechselnd in oder entgegen dem Uhrzeigersinn zurückdrehenden magnetischen Bereiche der unterschiedlichen Streifen gegenseitig blockieren. Diese Verfahren wurden nicht bis zur Herstellung eines größeren Versuchsspeichers entwickelt.

4.2.9 Magnetdrahtspeicher

Bei Magnetdrahtspeichern erfolgt die Speicherung einer Binärinformation auf Teilstücken eines langen dünnen magnetisierbaren Drahtes wiederum durch die Richtung des remanenten Magnetflusses. Der Magnetdraht dient gleichzeitig als Aufrufdraht für eine Koordinatenrichtung des Matrizenspeichers. Ursprünglich verwendete man Magnetdrähte, die vollständig aus magnetischem Material bestanden [89]. Dies hat jedoch den Nachteil, daß das Aufruffeld des Magnetdrahtes für die verschiedenen Radien unterschiedlich ist. Man ging daher bald dazu über, lediglich die Oberfläche des unmagnetischen Aufrufdrahtes mit einer magnetischen Deckschicht zu versehen [90]. Der Deckschicht gibt man uniaxiale Anisotropie. Bei der Informationsspeicherung zeigt auch hier der Magnetisierungsvektor in die leichte Richtung. Die leichte Richtung liegt beim jetzt üblichen Magnetdrahtspeicher in Umfangsrichtung. Auf ältere unter dem Namen Twistor bekannt gewordene Magnetdrahtspeicher, bei denen die leichte Richtung um etwa 45° gegen die Umfangsrichtung verdreht ist und mithin schraubenförmig um den Draht verläuft, sei nur noch hingewiesen [91]. Als Magnetdraht verwendet man z. Z. fast ausschließlich einen 0,13 mm dicken Draht aus BeCu, auf den eine etwa 1 μm dicke Schicht aus NiFe elektrolytisch aufgebracht ist. Während des Aufwachsens der Schicht leitet man einen Strom von bis zu 1 A durch den Draht. Dessen Magnetfeld erzeugt bleibend die gewünschte Anisotropie in Umfangsrichtung.

Die Wirkungsweise des Magnetdrahtspeichers sei für die Organisationsform des 2-D-Matrizenspeichers an Hand von Abb. 4.2-41 besprochen. Hier werden jeweils für eine Ziffernposition zwei parallel laufende Magnetdrähte von einem System orthogonal geführter Wortleiter umschlossen. Die Magnetdrähte dienen gleichzeitig als Ziffernleiter zum Einschreiben und als Leseleitung. Aus Kompensationsgründen werden in diesem Beispiel zwei Kreuzungsstellen zur Speicherung eines Bit verwendet.

Zum Einschreiben eines Wortes dreht das Feld des ausgewählten Wortleiters die Magnetisierungsvektoren M in die Richtung der Drahtachse. Positive oder negative durch die beiden Magnetdrähte geleitete Ziffernströme lenken durch ihr in Umfangs-

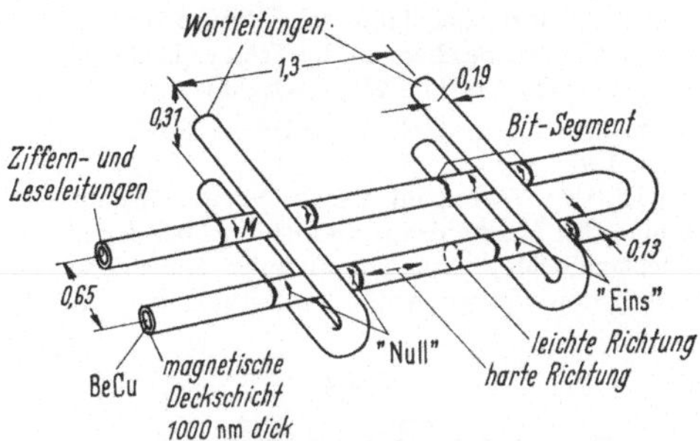

Abb. 4.2-41. Magnetdrahtspeicher mit 2 Kreuzungsstellen pro Bit. Die gezeichnete Anordnung speichert 2 Bit.

richtung weisendes Magnetfeld die Magnetisierungen zusätzlich hinreichend in oder entgegen dem Uhrzeigersinn ab, so daß die Magnetisierungen der beiden aufgerufenen Kreuzungsstellen am Ende des Wortimpulses in die gewünschte 0- bzw. 1-Lage eindrehen.

Zum Auslesen wird nur das Wortfeld angelegt. Die hervorgerufenen Magnetisierungsdrehungen vermindern den Absolutwert des magnetischen Flusses durch die Leseschleife, die vom haarnadelförmig verbundenen Magnetdrahtpaar gebildet wird. Die Polarität des zwischen den beiden Magnetdrahtenden induzierten Spannungsimpulses charakterisiert die gelesene Information. Ein nicht eingezeichneter Differenzverstärker läßt daher das Lesesignal erkennen.

Es gibt eine ganze Reihe von Abwandlungen der in Abb. 4.2-41 gezeigten Anordnung. Bei dieser erzeugt der Ziffernschreibstrom ein großes Störsignal am Leseverstärker. Vor einem Lesevorgang muß man dieses hinreichend abklingen lassen. Durch zusätzliche Kompensationsmaßnahmen kann man Abhilfe schaffen und die Zykluszeiten verkürzen. Weiterhin kann man eine leitende Grundplatte verwenden und damit die Rückleitung für die Wortleitungen einsparen. Schließlich kann man auch mit einer Kreuzungsstelle pro Bit auskommen und damit die Anzahl der Magnetdrähte halbieren. Eine kritische Zusammenstellung all dieser Maßnahmen findet man in [92].

Der Magnetdrahtspeicher hat gegenüber dem magnetischen Dünnschichtspeicher eine Reihe von gewichtigen Vorteilen: Zum Teil rühren sie daher, daß beim Magnetdraht der Magnetfluß in leichter Richtung geschlossen ist und daher keine Streufelder in dieser Richtung auftreten. Dieses macht es möglich, selbst bei kleinen Drahtdurchmessern mit verhältnismäßig dicken Magnetschichten zu arbeiten. Daraus ergeben sich nicht nur größere Lesesignale. Wichtiger ist, daß das Fehlen des Streufeldes in leichter Richtung es erlaubt, zum Lesen der Information die Magnetisierung ohne Informationszerstörung (Kriechen!) wesentlich weiter in die schwere Richtung zu drehen, als es bei ebenen Dünnschichtspeichern möglich ist. Dies ermöglicht ein Lesen ohne Zerstörung der Information (NDRO) mittels eines Impulses durch die Wortleitung. Noch wichtiger für die Anwendung ist es jedoch, daß man die Kriechfestigkeit der Schichten so weit verbessern konnte, daß man auch zum Einschreiben neuer Information mit Wortströmen auskommt, die für sich allein noch keine Information zerstören. Dies macht es möglich, nur einen Teil des aufgerufenen Wortes durch Koinzidenz mit Ziffernströmen umzuschreiben, während die Information an den übrigen Kreuzungspunkten mit der Wortleitung erhalten bleibt. Damit ist die Voraussetzung für einen Matrizenspeicher in $2^1/_2$-D-Organisation gegeben.

Diese Organisationsform brachte bereits beim Ferritkernspeicher eine ganz erhebliche Verbesserung — man vergleiche Abschnitt 4.2.3.3 —, da sie es erlaubt, eine stark rechteckige Speichermatrix mit wenigen Ziffernleitungen und vielen Wortleitungen in eine annähernd quadratische Matrix umzuwandeln. Die dadurch ermöglichte Reduzierung der Anzahl der Treibeschaltkreise ist beim Drahtspeicher noch wichtiger als beim Ferritkernspeicher, da die Treiber in die Gesamtkosten des Speichers noch stärker eingehen. Erst die $2^1/_2$-D-Organisation macht den Magnetdrahtspeicher noch interessant für die Schaffung großer Speicherkapazität (bis 10^8 bit) bei Zykluszeiten um 1 µs.

Ein weiterer wichtiger Vorteil im Vergleich zum ebenen Dünnschichtspeicher rührt daher, daß man den Magnetdraht unmittelbar bei der Herstellung überprüfen kann, ob die bedeckende Magnetschicht an allen Stellen des Magnetdrahtes den benötigten Sollvorschriten genügt. Abb.4.2-42 gibt einen Überblick über den kon-

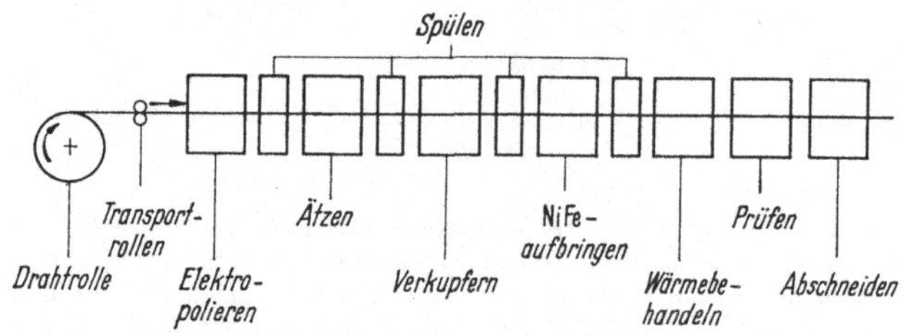

Abb.4.2-42. Arbeitsgänge zur Herstellung des Magnetdrahtes.

tinuierlichen Herstellungs- und Prüfgang. Auf Einzelheiten wird weiter unten eingegangen. Fehlstellen werden markiert und gute Stücke hinreichender Länge zum Einbau in die Speichermatrix herausgeschnitten. Man ist heute so weit, daß die Ausbeute an guten Drahtstücken von mindestens 30 cm Länge bei mehr als 50% liegt. Da der Test am Ausgang der Herstellungsanlage nicht völlig sicher ist, baut man die Speicherblöcke z.Z. auf solche Weise aus Magnetdrähten zusammen, daß sich einzelne Magnetdrähte leicht herausziehen und durch andere ersetzen lassen. Zur Aufnahme und Fixierung der Magnetdrähte im Speicherblock verwendet man dafür dünne ebene Platten aus Isoliermaterial, welche in der Plattenebene von Tunneln durchzogen sind. In diese werden die Magnetdrähte gesteckt.

Den genannten Vorteilen stehen einige weniger gewichtige Nachteile entgegen. Der gewichtigste rührt daher, daß während des Schaltens die in Drahtrichtung weisende Komponente des Flusses nicht im Magnetmaterial geschlossen ist und ihr Streufeld wegen der größeren Schichtdicke stärker ist als bei der ebenen Schicht. Die in die schwere Richtung weisende Komponente des Streufeldes kann ein Verschieben der Blochwände bewirken, welche auf dem gleichen Magnetdraht die magnetischen Bereiche zwischen den einzelnen Wortpositionen gegeneinander abgrenzen. Besonders kritisch ist es, wenn abwechselnd eine „0"-Information gelesen und in den angrenzenden Positionen eine 1-Information eingeschrieben wird. Dann kann die „0"-Information durch Kriechen zerstört werden, vor allem wenn die Zykluszeit zu kurz ist [93]. Eine rohe Abschätzung des Streufeldes gibt Gl.(4.2-3), wenn man für die Kantenlänge l den Abstand zwischen zwei Kreuzungspunkten mit der Ziffernleitung und für b den Umfang des Magnetdrahtes einsetzt. Das entmagnetisierende Feld erzwingt Abstände der Wortleitungen von 1 bis 2 mm. Dies verlängert leider gerade die Ziffernleitungen und damit wegen der Laufzeit die Zykluszeit im Vergleich zum ebenen Schichtspeicher. Bei der $2^1/_1$-D-Organisation ist dies wegen der zwangsläufigen Unterteilung der Ziffernleitungen weniger störend. Der Abstand der Magnetdrähte untereinander kann recht eng sein. Abstände von 1/3 bis 1/2 mm sind üblich. Die gesamte Packungsdichte in bit/cm^2 ist daher ähnlich wie beim ebenen Dünnschichtspeicher oder auch wie beim Ferritkernspeicher. Die Verwendung eines Keepers kann ähnlich wie beim ebenen Dünnfilmspeicher (siehe 4.2-8) auch hier die Stärke der Streufelder vermindern. Die z. Z. übliche Verpackung der Magnetdrähte in den Tunneln einer Isolierplatte läßt es jedoch nicht zu, den Abstand zwischen Keeper und Magnetdraht hinreichend klein zu machen.

Weiterhin neigt die auf elektrolytischem Weg hergestellte Magnetschicht mehr zum partiellen und damit langsameren Schalten als die ebene aufgedampfte Schicht und sie zeigt Alterungsvorgänge [92]. Die Verlangsamung des Schaltvorganges ist weniger bedeutsam, da sie sich erst bei Zykluszeiten unter 100 ns auszuwirken beginnt. Die Veränderung der magnetischen Eigenschaften im Lauf der Zeit ist dagegen problematischer. Man kann die Alterungserscheinungen zwar ganz erheblich verringern, indem man den Magnetdraht nach der Herstellung und vor dem Test (Abb. 4.2-42) für einige Sekunden auf fast 400 °C erhitzt [94]. Bei noch höherer Temperatur setzt unerwünschtes Umkristallisieren ein. Man weiß, daß derartig behandelte Drähte für einige Jahre brauchbar bleiben. Zur Zeit bleiben Aussagen hierzu über mehr als 5 bis 10 Jahre hinaus jedoch noch unsicher, da über den Mechanismus der zur Alterung führenden Vorgänge und ihr Zeitverhalten in Abhängigkeit von der Temperatur noch keine hinreichende Klarheit besteht [95].

Schließlich ist die Herstellung geeigneter Magnetdrähte noch eine höchst komplizierte und z. T. geheimgehaltene Prozedur. Viele durch Erfahrung gewonnene Herstellungsparameter müssen genau eingehalten werden und verbessernde Abänderungen für eine Eigenschaft führen meist zunächst zu Rückschlägen bei anderen Eigenschaften. Eine gute Zusammenstellung der bekannt gewordenen Herstellungsverfahren ist in [92] zu finden. Die notwendigen Arbeitsgänge zeigt Abb. 4.2-42.

Der die Magnetschicht tragende Draht aus BeCu muß eine sehr glatte Oberfläche haben. Dies erreicht man durch Elektropolitur und Ätzung. Andererseits benötigt man eine gewisse kontrollierte mikroskopische Rauheit der Oberfläche, um die Kriechfestigkeit der schließlichen Magnetschicht zu erhöhen [96]. Zu diesem Zweck wird der BeCu-Draht zunächst glatt und dann rauher verkupfert. Für das eigentliche Aufbringen der Magnetschicht sind eine ganze Reihe von Rezepten angegeben. Die eigentliche Schwierigkeit besteht darin, daß der Anteil an Ni und Fe in der fertigen Schicht sehr genau und überall so eingestellt sein muß, daß der Draht keine Magnetostriktion zeigt. Dies ist nötig, da der Draht nach der Herstellung noch gehandhabt werden muß und kleine Verbiegungen unvermeidlich sind. Der relative Prozentgehalt von Ni und Fe in der fertigen Schicht weicht erheblich und empfindlich vom Gehalt im Elektrolyten ab. Der Elektrolyt muß zur Erhaltung der Konzentration dauernd umgewälzt werden. Er muß den Draht radialsymmetrisch umspülen, damit die fertige Schicht entlang eines Drahtumfanges homogen bleibt. Schließlich muß der Draht durch Erwärmung gealtert werden. Die Endprüfung des fertigen Drahtes sollte nicht nur für jede „Bit-Länge" geschehen. Da man die endgültige Lage der Kreuzungspunkte in der Matrix nicht kennt, ist bei der Prüfung eine gewisse Überlappung notwendig. Die Prüfbedingungen sollen die schließlich benötigten Arbeitsbedingungen möglichst gut berücksichtigen. Eine Überprüfung der Kriecheigenschaften eines jeden Speicherelementes ist jedoch aus Zeitgründen nicht möglich, da bei der üblichen Produktionsgeschwindigkeit von 50 cm Magnetdraht pro Minute hierfür nur Bruchteile einer Sekunde zur Verfügung stehen.

Der Stand der Entwicklung ist 1970 etwa folgender: 2-D-Speicher mit zerstörendem Lesen, 0,6 µs Zykluszeit und Kapazitäten bis 150000 bit sind bereits weit verbreitet. In kleineren Versuchsspeichern (10^4 bit) erreichte man bei nicht zerstörendem Lesen — und übrigens auch bei Nur-Schreiben — einen Folgeabstand von 80 ns. Die volle Zykluszeit betrug 150 ns [97]. Ein Großspeicher für 16 Millionen bit, welcher nach dem $2^{1}/_{2}$-D-Prinzip arbeitet, wurde 1969 im Teilausbau fertiggestellt [98]. Die Speichermatrix besteht aus 2048 Wortleitungen und 8192 Zifferleitungen. Letztere sind in Gruppen von 32 bit zu Worten zusammengefaßt. Die Speichermatrix hat eine Größe von 6 × 6 m, wird aber natürlich zu handlicheren Abmessungen zusammengefaltet. Die Zykluszeit beträgt 1,5 µs, bei Nur-Lesen 0,65 µs. Der voraussichtliche Preis wird auf 4 Pfennig/bit geschätzt.

Zur weiteren Entwicklung des Magnetdrahtspeichers [100] muß man Herstellung und Prüfung des Magnetdrahtes so sicher beherrschen, daß man auf den späteren Ersatz einzelner Magnetdrähte und damit auf die übliche Verpackung in den Tunneln einer Isolierplatte verzichten kann. Dies erlaubt den unmittelbaren Kontakt zwischen Keeper und Magnetdraht. Bei den vor allem in Japan entwickelten gewebten Magnetdrahtspeichern wird übrigens der Keeper als weichmagnetischer Draht mit eingewebt [99]. Der anliegende Keeper erlaubt die Abstände der Kreuzungspunkte auf dem Magnetdraht fast zu halbieren. Dadurch könnte man die Wortströme auf 300 bis 400 mA herabsetzen und mit billigeren Worttreibern auskommen. Die Verwendung dünnerer Magnetdrähte (0,075 mm dick) scheint auch möglich.

Beide Maßnahmen zusammen sollten Packungsdichten bis zu 1 000 bit/cm^2 und damit bei Großspeichern eine weitere Verminderung der Zykluszeit ermöglichen. Bei nicht zu kleinen Speichermoduln könnte daher der Drahtspeicher konkurrenzfähig bleiben zu den anderen modernen Matrizenspeichern, so vor allem zum Halbleiterspeicher [100].

Literatur

[1] *Forrester, J. W.*: Digital information storage in three dimensions using magnetic cores. J. Appl. Phys. 22 (1951) 44. — [2] *Papian, W. N.*: A coincident-current magnetic memory cell for the storage of digital information. Proc. IRE 40 (1952) 475—478. — [3] *Rajchman, J. A.*: Static magnetic matrix memory and switching circuits. RCA Rev. 13 (June 1952) 183—201. — [4] *Rajchman, J. A.*: Magnetic memories. Capabilities and limitations. J. Appl. Phys. 34, No. 4, Part 2 (1963) 1013—1018. — [5] *Harding, P. A.*: Core Memories, Proc. 1970, IEEE Int. Comp. Group Conf. (June 16—18, 1970) 100—102. — [6] *Greifer, A. P.*: Ferrite memory materials. IEEE Trans. on Mag. Mag-5 (1969) 774—811. — [7] *Rajchman, J. A.*: Myriabit magnetic-core matrix memory. Proc. IRE 41 (1953) 1407—1421. — [8] *Metzdorf, W., Rahl, H.*: Die wesentlichen Eigenschaften von Ferritringkernen mit rechteckförmiger Hystereseschleife und ihre Wechselbeziehungen. Elektron. Rechenanl. 5 (1963) 168—173, 216—220. — [9] *Cooke, P., Dillistone, D. P.*: The measurement and reduction of noise in coincident current core memories. Proc. IEEE 109 (1962) Part B, 383—389. — [10] *Tsui, F.*: Die Abhängigkeit der Störabstände in Lesesignalen von dem Gesamt-Informationsinhalt in einem Stromkoinzidenz-Ferritkernspeicher und ihre Verbesserung durch asymmetrische Ansteuerung. Elektron. Rechenanl. 6 (1964) 74—82, 133—137. — [11] *Irmisch, A.*: Über die Abhängigkeit des Ferritkernspeichers mit Einzelkernaufruf von seinen Aufrufströmen. Elektron. Rechenanl. 5 (1963) 272—279. — [12] *Brown, jr., J. R.*: First- and second-order ferrite memory core characteristics and their relationship to system performance. IEEE Trans. on Electronic Comp. EC-15 (1966) 485—501. — [13] *Petschauer, R. J.*: Large capacity, low-cost core memory. IFIP Congress 65 (1965) Vol. 2, 598—599. — [14] *Gilligan, T. J.*: 2$^{1}/_{2}$-D high-speed memory systems-past, present, and future. IEEE Trans. Electronic Comp. EC-15 (1966) 475—484. — [15] *Russell, L. A.*, et al.: Ferrite cores for NDRO memories. IEEE Trans. Mag. Mag-4 (1968) 134—145. — [16] *Auletta, L. C.*, et al.: Ferrite core planes and arrays: IBM's manufacturing evolution. IEEE Trans. Mag. Mag-5 (1969) 764—774. — [17] *Leilich, H. O.*: Magnetic memory array design. IBM Techn. Rep. TR 00. 1693 (January 24, 1968). — [18] *Schlaeppi, H. P.*: Digital store using a magnetic core matrix. Proc. IEE Part B Suppl. (April 1965) 2. — [19] *Minnick, R. C.*: Magnetic core access switches. IRE Trans. EC-11 (1962) 352—368. — [20] *Louis, H. P.*: Grundlagen und Anwendungen der magnetischen Informationsspeicherung. Handbuch für Hochfrequenz- u. Elektro-Techniker, Band 7. Berlin: Verl. für Radio-Foto-Kino-Technik 1964. — [21] *Elsner, P.*: Die Berechnung von Schaltvorgängen in Ferrit-Ringkernen und damit aufgebauten Schaltungen. Elektron. Rechenanl. 5 (1963) 59—63. — [22] *Constantine, G.*: A load sharing matrix switch. IBM J. Res. and Dev. 2 (1958) 205—211. — [23] *Briggs, G. R.*, et al.: Laminated ferrite modular memory for 150—250 ns cycle operation. IEEE Trans. Magnetics Mag-5 (1969) 30—34. — [24] *Melmed, A., Shevlin, R.*: Diode-steered linear magnetic-core memory. AEC Res. and Dev. Rep. (May 1, 1959). — [25] *Schwarzer, H.*, et al.: Speicher in der Nachrichtentechnik. Jahrb. Elektr. Fernmeldewes. (1966) 113—186. — [26] *McMahon, E. R.*: Impuls switching of ferrites. Solid-State Circuit Conf. Digest 1959, 16—17. — [27] *Simkins, Q. W.*: The state of the art of magnetic memories. J. Appl. Phys. 33 (1962) 1020—1024. — [28] *Shahan, V. T., Gutwin, O. A.*: Threshold properties of partially switched ferrite cores. J. Appl. Phys. 33 (1962) 1048—1050. — [29] *Rhodes, W. H.*, et al.: A 0,7 microsecond ferrite core memory. IBM J. Res. and Dev. 5 (1961) 174—182. — [30] *Wells, G.*: The design of a large 1.5 microsecond memory system· Elektron. Rechenanl. 4 (1962) 154—157. — [31] *Shevel, W. L., Gutwin, O. A.*: Partial switching nondestructive read-out storage system. 1960 Int. Solid-State Circuits Conf. S. 62. — [32] *Quartly, C. J.*: A high-speed

ferrite storage system, Elektron. Engng. (Dec. 1959) 756. — [33] *Raffel, J., Bradspies, S.:* Experiments on a three-core cell for high-speed memories. IRE Conv. Rec. (1955) Part 4, S. 64 — 69. — [34] *Schlaeppi, H. P., Carter, I. P. V.:* Magnetkernspeicher mit Vielfachkoinzidenz. Elektron. Rechenanl. 1 (1959) 127 — 133. — [35] *Minnick, R. C., Ashenhusrt, R. L.:* Multiple coincidence magnetic storage systems. J. Appl. Phys. 26 (1955) 575. — [36] *Best, R. L.:* Memory units in the Lincoln TX-2. Proc. West Joint Comp. Conf. (Febr. 1957) 160 — 167. — [37] *Rajchman, J. A.:* The Transfluxor. Proc. West Joint Comp. Conf. (Febr. 1965) 109 — 118. — [38] *Hunter, I. P., Bauer, E.:* High speed coincident-flux magnetic storage principles. J. Appl. Phys. 27 (1965) 1257 — 1261. — [39] *Baldwin* jr., *J. A., Rogers, J. L.:* Inhibited flux. A new mode of operation of the three-hole memory core. J. Appl. Phys. 30 (April 1959) Suppl., S. 58 — 59. — [40] *Lawrence,* jr. *W. W.:* Recent development in very high speed magnetic storage techniques. Proc. East Joint Comp. Conf. (Dec. 1956) 101 — 103. — [41] *Newhouse, V. L.:* The utilization of domain-wall viscosity in data-handling devices. Proc. West Joint Comp. Conf. (Febr. 1957) 73 — 80. — [42] *Teig, M., J. R. Kiseda:* A toroidal nondestructive read-out memory element using bias restoration. Proc. of Intermag. (1961) 137. — [43] *Wanlass, C. L., Wanlass, S. D.:* Biax high speed magnetic computer element. IRE Wescon. Conv. Rec. (1959). — [44] *Thorensen, R., Arsenault, W. R.:* A new nondestructive read for magnetic cores. Proc. West. Joint Comp. Conf. (March 1955) S. 111 — 116. — [45] *Wittgruber, F.:* Zwei neue integrierte zerstörungsfrei abfragbare Ferritspeicher. Elektron. Rechenanl. 12 (1970) 193 — 200. — [46] *Buck, D. K., Frank, W. I.:* Non-destructive sensing of magnetic cores. Trans. AIEE (1954) 882. — [47] *Tillman, R. M.:* Fluxlok — A nondestructive, random-access electrically alterable, high-speed memory technique using standard ferrite memory Ccores. IRE Trans. E-9 (1960) 323. — [48] *Vinal, A. W.:* The development of a multiarperture reluctance switch. Proc. West Joint Comp. Conf. (1961) 443. — [49] *Billing, H., Rüdiger, A.:* Das Parametron verspricht neue Möglichkeiten im Rechenmaschinenbau. Elektron. Rechenanl. 1 (1959) 119 — 126. — [50] *Bonyhard, P. I.,* et al.: Improved NDRO operation of ferrite cores. IEEE Trans. Magn. Mag-5 (1969) 574 — 577. — [51] *Rabl, H.:* Special ferrite cores for NDRO memories. IEEE Trans. Mag. Mag-5 (1969) 582 — 583. — [52] *Rajchman, J. A.:* Ferrite apertured plate for random access memory. Proc. East Joint Comp. Conf. (Dec. 1956) 107 — 117 und Proc. IRE 45 (1957) 325 — 334. — [53] *Schweizerhof, S.:* Topologische und technologische Fragen bei Plattenspeichern. Nachrichtentechn. Fachber. 21 (1960). — [54] *Shahbender,* et al.: Laminated ferrite memory. RCA Rev. 24 (1963) 705 — 729. — [55] *Briggs, G. R.,* et al.: Laminated ferrite modular memory for 150 — 250-ns cycle operation. IEEE Trans. Mag. (Sept. 1968) 582 — 583. — [56] *Li, Kam.:* High-speed characteristics of laminated ferrite memory planes. IEEE Trans. Mag. Mag-5 (1969) 35 — 39. — [57] *Bartkus, E. A.,* et al.: An approach towards batch fabricated ferrite memory planes. IBM J. Res. Dev. 8 (1964) 170 — 176. — [58] *Hobbs, L. C.:* Present and future state-of-the-art in computer memories. IEEE Trans. Electr. Comp. EC-15 (1966) 534 — 550. — [59] *Rabl, H.:* Das Verhalten von Ferrit-Speicherringkernen bei Temperaturänderungen während des Arbeitszyklus. Elektron. Rechenanl. 6 (1964) 30 — 35. — [60] *Werner, G. E.,* et al.: A 110-nanosecond ferrite core memory. IBM J. Res. and Dev. (March 1967) 153 — 161. — [61] *Kayser, W.:* Übersicht über Speicherverfahren für Speicher mit dünnen magnetischen Schichten. Elektron. Rechenanl. 4 (1962) 60 — 70. — [62] *Wolf, I. W.:* Electrodeposition of magnetic materials. J. Appl. Phys. 33 (1962) 1152 — 1159. — [63] *Osborn, A.:* Demagnetizing factors of the general ellipsoid. Phys. Rev. 67 (1945) 351 — 357. — [64] *Kayser, W.:* Magnetization creep in magnetic films. IEEE Trans. Mag. (1967) 141 — 157. — [65] *Schwarzer, H.:* Die magnetische Feldstärke in symmetrischen Bandleitungen für Magnetdrahtspeicher. AEÜ (1969) 87 — 93. — [66] *Pugh, E. H.:* Device and array design for a 120 nanosecond magnetic film main memory. IBM J. Res. and Dev. (1967) 169 — 178. — [67] *Pohm, A. V.,* et al.: Large high-speed DRO film memories. Proc. 1963 Intermag Conf. (Washington, D.C.) S. 9.5-1 — 9.5-14. — [68] *Arnett, P. C., McNichol, I. I.:* Characterization of keepers for film memories. IEEE Trans. Mag. (1969) 304 — 306. — [69] *Ravi, C. G., Koerber, G. G.:* Effects of a keeper on thin film magnetic bits. IBM J. Res. and Dev. (1966) 130 — 134. — [70] *Raffel, J. I.,* et al.: Magnetic film memory design. Proc. IRE 49 (1961) 155 — 163. — [71] *Kaufman, B. A.:* A high speed direct coupled magnetic memory sense amplifier employing tunnel diode discriminators. IEEE Trans. EC-12 (1963) 282 — 295. — [72] *Chong, C. F.,* et al.: High speed read amplifiers for thin films. Electronic Design, 3 August 1964. — [73] *Bland, G. F.:* Directional coupling and its use for memory noise reduction. IBM J. Res. and Dev. 7 (1963) 252 — 256. — [74] *Kukuk, H. S., Petschauer, R. J.:* FFM-202 300 Nanosecond thin film memory. Solid State Design, Dez. 1963. — [75] *Proebster, W. E.:* The design of a high speed thin magnetic film memory. Intern. Solid-State Circuits Conf., Philadelphia. Digest of Technical Papers 1962, 38 — 39. — [76] *Bradley, E. M.:* Properties of magnetic films for memory systems. J. Appl. Phys. Suppl. March 1962, 1051 — 1057. — [77] *Bittmann, E. E.:* A 16 K-word, 2 Mc magnetic thin film memory. Fall Joint Comp. Conf. 1964. — [78] *Stein, K. U.:* A $1,5 \cdot 10^5$ bit low current high speed planar magnetic film memory with high storage density. IEEE Trans. Mag (1969) 426. — [79] *Crowther, T. S.:* High density magnetic film memory techniques. INTERMAG 1964. — [80] *Stein, K. U., Feldtkeller, E.:* Switching properties of multilayer nickel-iron films with a ferrite keeper. IEEE Trans. Mag. (1966) 184—188. — [81] *Bruyère, I. C., Masse-net, O.*: Application of coupled films to memory elements. IEEE Trans. Mag. (1969) 292—297. — [82] *Finch, T. R., Bobeck, A. H.*: The waffle iron store. INTERMAG Proc. 1963. — [83] *Pohm, A.*, et al.: High density very efficient magnetic film memory arrays. IEEE Trans. Mag. (1969) 408—412. — [84] *Rubens, S. M.*: Research and electronic data processing. Univac Scientific Lectures in Europe No. 1 (1963). — [85] *Jutzi, W.*: Zerstörungsfreies Lesen und Schreiben mit gekoppelten Magnetschichten im 20 ns-Bereich unter Ausnutzung von Wirbelstromeffekten. Elektron. Rechenanl. 6 (1964) 228—238. — [86] *Kohn. G.*, et al.: A very high speed, nondestruc-tive-read magnetic film memory. IBM J. Res. and Rev. (1967) 162—168. — [87] *Finzi, L. A., Fritsch, R. J.*: Nondestructive readout in nonplanar magnetic films. IEEE Trans. Mag. (1969) 300—303. — [88] *Billing, H., Rüdiger, A., Schilling, R.*: A word-organized NDRO memory using fluted magnetic films. IEEE Trans. Mag. (1966) 520—523. — [89] *Gianola, U.*: Non-destructive memory employing a domain oriented steel wire. J. Appl. Phys. 29 (1958) 849. — [90] *Long, T. R.*: Electrodeposited memory elements for a nondestructive memory. J. Appl. Phys. 31 (1960) 1235. — [91] *Aschmoneit, E. K.*: Twistor-Speicher großer Kapazität. Übersichts-aufsatz. Elektronik 12 (1963) 257—262. — [92] *Mathias, J. S., Fedde, G. A.*: Plated-wire tech-nology: A critical review. IEEE Trans. Mag. Mag-5 (1969) 728—751. — [93] *Yoshimi, K.*, et al.: On the creeping in NDRO plated-wire memory elements. IEEE Trans. Mag. Mag-6 (1970) 637. — [94] *Chang, J. T.*, et al.: Aging and stabilization of electrodeposited cylindrical magnetic thin films. J. Appl. Phys. 35 (1969) 830. — [95] *McCallister, J. P., Strobl, S. J.*: Quantitative prediction of aging effects in plated wires. IEEE Trans. Mag. Mag-5 (1969) 495—500. — [96] *Richards, E. D.*, et al.: Topography control of plated wire memory elments. IEEE Trans. Mag. Mag-4 (1968) 351—355. — [97] *Waaben, S.*: High speed interlaced write and read only operation of a plated wire memory. IEEE Trans. Comput. 17 (1968) 1062—1065. — [98] *Smale, B. G.*: A 16 M bit random access plated wire memory system. IEEE Trans. Mag. Mag-5 (1969) 428. — [99] *Oshima, S.*: Recent developments of magnetic film memories in Japan. IEEE Trans. Mag. Mag-5 (1969) 392—398. — [100] *MacCallister, J. P.*: Plated wire memories, how far can we go? IEEE Trans. Mag.Mag-6 (1970) 525.

4.3 Laufzeitspeicher

H. Billing und H. Oehlmann

Die Ausbreitung elektrischer oder mechanischer Vorgänge in geeigneten Medien stellt, sofern sie hinreichend verlustfrei erfolgt, eine Speicherung dar. Die Dauer der Speicherung, d.h. der Zeitunterschied zwischen Eintritt des Ereignisses in das Medium und Austritt aus demselben, ist durch die Konstruktion des *Laufzeitgliedes* bedingt.

Als Laufzeit werden beim augenblicklichen Stand der Schaltkreistechnik je nach Anwendungsbereich Zeiten zwischen 10^{-8} s und mehreren s verlangt. Zur Her-stellung von Laufzeiten bis zu $^1/_{10}\mu$s könnte man noch Koaxialkabel verwenden, über die ein Signal fast mit Lichtgeschwindigkeit läuft. 10^{-7} s entsprechen dann 30 m Kabellänge.

Die Speicherung einer Folge von Binärwerten geschieht meist in Form einer Folge von Impulsen. Abb.4.3-1 zeigt das Prinzip eines Laufzeitspeichers, wobei in dem Laufzeitglied die eventuell nötigen elektroakustischen Wandler mit ent-halten sind.

Die aus dem Laufzeitglied herauskommenden Impulse werden verstärkt, von störenden Trabanten durch ein Amplitudensieb befreit, durch eine Koinzidenz-schaltung (zusammen mit einem Synchronisierimpuls) wieder richtig zeitlich be-grenzt und nach Verstärkung wieder in das Laufzeitglied gegeben. Es ergibt sich also ein fortwährender Umlauf so lange, bis der *Löschkontakt* geöffnet wird.

Zum Aufsuchen einer bestimmten Information in einem solchen *dynamischen* Speicher gehört außer den Synchronisierimpulsen noch ein *Bezugsimpuls*, der den ersten Impuls der Folge kennzeichnet, sowie ein Zähler, der alle Synchronisierimpulse abzählt und durch den Bezugsimpuls wieder auf 0 gestellt wird. Dieser Zähler kann für viele Speicher gemeinsam benutzt werden.

Die Gesamtlaufzeit muß recht genau ein ganzes Vielfaches des Impulsabstandes sein. Dabei erfordert die Temperaturabhängigkeit der Ausbreitungsgeschwindigkeit besondere Maßnahmen.

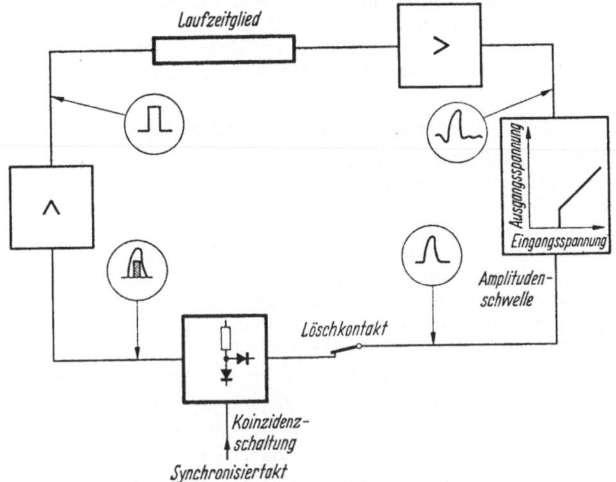

Abb. 4.3-1. Laufzeitspeicher.

Grenzen für die Kapazität des Laufzeitspeichers sind dadurch gegeben, daß eine Impulsverformung durch Dämpfung und Dispersion unvermeidbar ist. Daher ist eine Kapazitätserhöhung weder durch dichtere Packung noch durch Verlängerung des Laufzeitgliedes beliebig weit zu treiben. Der Grad der Impulsverformung ist bei den einzelnen technischen Ausführungen sehr verschieden.

Tabelle 4.3-1 gibt einige Daten von Laufzeitspeichern. Magnettrommel und MOS-Schieberegister sind zwar keine Laufzeitspeicher im eigentlichen Sinne, da die Lauf-

Tabelle 4.3-1. Übersicht über Laufzeitspeicher

Speichermedium	Laufzeit s	Max. Zahl der gespeicherten Bits	Max. Arbeitsfrequenz MHz	Preis pro Bit DM
Koaxialkabel	10^{-7}	?	?	1,00
Kabel mit gewendeltem Innenleiter	10^{-7} bis 10^{-5}	15	1	1,00
Laufzeitketten	10^{-7} bis 10^{-4}	20	100	1,00
Quecksilberröhre	10^{-4} bis 10^{-2}	10^{2}	2	?
Magnetostriktiver Draht	10^{-4} bis 10^{-2}	10^{4}	1	0,05 bis 0,2
Quarz	10^{-5} bis 10^{-4}	$5 \cdot 10^{3}$	20	0,05 bis 0,2
Magnettrommel oder -band	10^{-4} bis 10^{0}	10^{3}	1	0,02 bis 0,1 [1]
Integrierte MOS-Schieberegister	beliebig	beliebig	10	0,2 [2]

[1] Für eine Magnettrommel mit insgesamt etwa 10^{6} Bit.

[2] Preisstand vom Juni 1970.

zeit nicht durch Ausbreitungsvorgänge, sondern durch mechanische Bewegung (Trommel) oder Weiterschalten mittels einer Folge von Uhrimpulsen (Schieberegister) erzeugt wird. Damit entfallen jedoch die kapazitätsbegrenzenden Erscheinungen der Ausbreitungsvorgänge, daher sind diese Speicher in vielen Fällen den übrigen Laufzeitspeichern überlegen.

Laufzeitspeicher mit Magnettrommel oder -band sind in Abschnitt 4.8 behandelt, MOS-Schieberegister in Abschnitt 3.2.

Bei der sinkenden Preistendenz integrierter Schaltungen wird der Schieberegister-Laufzeitspeicher immer mehr Bedeutung bekommen.

4.3.1 Elektromagnetische Laufzeitspeicher

Mit elektromagnetischen Laufzeitgliedern erreicht man Verzögerungen bis zu einigen hundert μs. Die Eingangs- und Ausgangswiderstände liegen etwa zwischen 100 und 10000 Ω.

Es gibt zwei Typen von elektromagnetischen Laufzeitgliedern: solche mit verteilter Induktivität und Kapazität (Laufzeitkabel) und solche, bei denen Induktivität und Kapazität konzentriert in Gestalt von Spulen und Kondensatoren vorhanden sind (Laufzeitketten). Beide Arten müssen zur Vermeidung von Reflexionen mit ihrem Wellenwiderstand abgeschlossen werden.

Laufzeitkabel. Die Ausbreitungsgeschwindigkeit einer elektrischen Welle längs eines Kabels ist $v = 1/\sqrt{LC}$, wenn L und C die Induktivität und Kapazität pro Längeneinheit sind. Die Impedanz ist $Z = \sqrt{L/C}$.

Für ein Koaxialkabel ergibt sich unabhängig von den Abmessungen des Innen- und Außenleiters $v = c/\sqrt{\varepsilon}$ (c Lichtgeschwindigkeit, ε Dielektrizitätskonstante zwischen Innen- und Außenleiter). Hinreichend verlustfreie Dielektrika haben nur kleine Dielektrizitätskonstanten, z.B. Polystyren 2,3.

Ein Nachteil konzentrischer Kabel ist ihre relativ niedrige Impedanz. Leicht realisierbar sind Wellenwiderstände zwischen 50 und 250 Ω.

Eine Verringerung der Laufgeschwindigkeit bis zu etwa drei Größenordnungen ist möglich, indem man den Innenleiter schraubenförmig aufwickelt, eventuell sogar auf einen ferromagnetischen Kern, und dadurch die Selbstinduktion vergrößert. Durch die Wahl des Wickeldurchmessers kann man die Kapazität C und damit die Impedanz Z beeinflussen. Mit Hilfe dieser Variationsmöglichkeiten lassen sich Kabel mit recht unterschiedlichen Laufzeiten und Impedanzen herstellen. Kabel mit $T = 10\,\mu$s/m und $Z = 10$ kΩ werden industriell gefertigt. Allerdings sind T und Z nur bei niedrigen Frequenzen (etwa bis 1 MHz) konstant, bei höheren Frequenzen macht sich der Phasenunterschied der Ströme in benachbarten Windungen bemerkbar. Dadurch verringert sich die Induktivität, und T sowie Z nehmen mit wachsender Frequenz ab. Außerdem nimmt die Dämpfung, bedingt durch Verluste im Dielektrikum, mit der Frequenz zu. Sie liegt bei Kabeln mit gewendeltem Innenleiter bei einigen dB/μs.

Laufzeitketten. Diese bieten gegenüber Laufzeitkabeln einige Vorteile, z.B. läßt sich bei Auswahl geeigneter Kondensatoren die Dämpfung infolge dielektrischer Verluste sowie der Temperaturkoeffizient kleiner halten. Oft ist auch der Raumbedarf geringer als bei Laufzeitkabeln gleicher Verzögerungszeit. Ferner kann man die Ketten leicht an beliebigen Stellen anzapfen und so ein Signal mehrfach zeitlich nacheinander abnehmen.

Abb. 4.3-2 zeigt den Aufbau einer Laufzeitkette. Eine solche Kette stellt einen Tiefpaß dar und kann mit Hilfe der Filtertheorie behandelt werden [1, 2]. Diese ergibt für die wichtigsten Daten:

Phasenlaufzeit einer Schwingung der Frequenz f:

$$T = n \cdot \sqrt{LC} \cdot \frac{1}{\sqrt{1 - \left(\frac{f}{f_g}\right)^2}}, \tag{4.3-1}$$

wobei n die Zahl der Glieder und

$$f_g = \frac{1}{\pi \cdot \sqrt{LC}} \qquad (4.3\text{-}2)$$

die Grenzfrequenz ist.

Die Impedanz des Filters ist

$$Z_0 = \sqrt{\frac{L}{C}} \cdot \sqrt{1 - \left(\frac{f}{f_g}\right)^2} . \qquad (4.3\text{-}3)$$

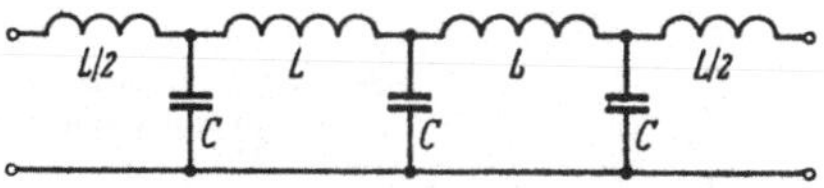

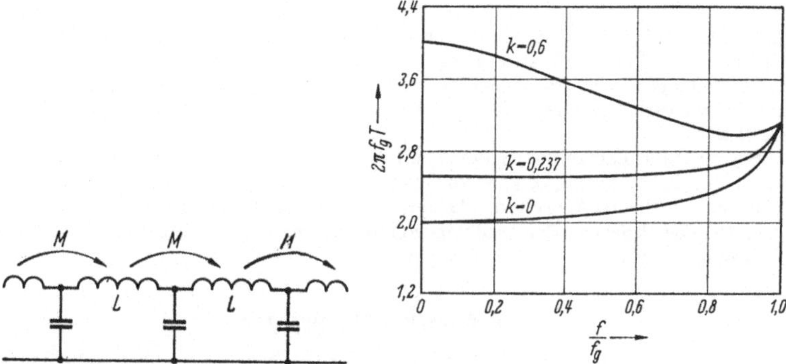

Abb. 4.3-2. Laufzeitketten.

Bei der Anwendung in Rechenmaschinen sind die zu verzögendern Signale meistens Impulse und enthalten in ihrer Fourier-Zerlegung Anteile bis zu sehr hohen Frequenzen. Für eine unverfälschte Übertragung müssen alle im Signal vorkommenden Frequenzanteile mit gleicher Geschwindigkeit und gleicher Dämpfung die Kette durchlaufen. Diese Forderungen werden nur näherungsweise erfüllt, z. B. ist, wie Gl. (4.3-1) zeigt, die Laufzeit frequenzabhängig und nimmt mit Annäherung an f_g zu. Hier läßt sich eine Verbesserung erreichen durch induktive Kopplung zwischen benachbarten Spulen (Abb. 4.3-3).

Abb. 4.3-3. Laufzeitkette mit induktiver Verkopplung benachbarter Glieder.

Abb. 4.3-4. Frequenzabhängigkeit der Laufzeit.

Abbildung 4.3-4 zeigt die Frequenzabhängigkeit der Laufzeit für verschieden feste Kopplung. Für $k = M/L = 0{,}237$ ergibt sich praktisch Frequenzunabhängigkeit bis $0{,}6 f_g$, während für $k = 0$ bereits ab $0{,}2 f_g$ eine merkliche Laufzeitänderung eintritt.

Ein anderes Verfahren zur Verbesserung des Frequenzganges besteht darin, in die Kette Glieder einzufügen, die den umgekehrten Frequenzgang wie die Kette selbst zeigen. Dies kann z. B. mit überbrückten T-Gliedern nach Abb. 4.3-5 geschehen. Eine frequenzabhängige Dämpfung tritt durch die dielektrischen Verluste in den Kondensatoren ein. Sie kann durch die Auswahl geeigneter Kondensatoren klein gehalten werden. Der Hauptanteil der Dämpfung ist frequenzunabhängig und rührt von dem ohmschen Widerstand der Kette her. Ist der Gleichstromwiderstand der gesamten Kette R_{Gl} klein gegen ihre Impedanz Z_0 (was praktisch immer erfüllt ist), so gilt für die Dämpfung

$$a = \frac{R_{Gl}}{2 \cdot Z_0} \text{ Neper}. \tag{4.3-4}$$

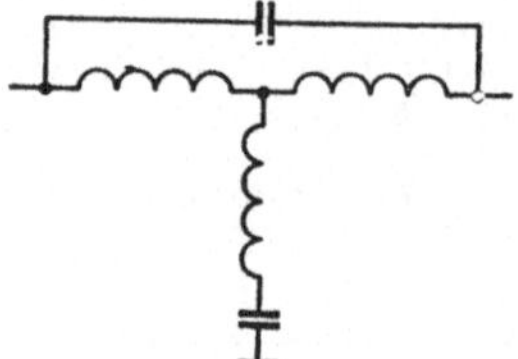

Abb. 4.3-5. Überbrücktes T-Glied zur Frequenzgangkorrektur.

Trotz der geschilderten Maßnahmen zur Verbesserung des Frequenzganges scheint eine verhältnismäßig niedrige technische Grenze zu existieren für die maximale Anzahl der in einer Verzögerungskette speicherbaren Bits. Eine saubere mathematische Analyse der Laufzeitketten, welche alle unvermeidlichen Verluste berücksichtigt, liegt bisher noch nicht vor, so daß die Behauptung des Vorliegens einer Grenze lediglich durch die bisherigen Versuchsergebnisse gestützt wird. Man hat gefunden [19], daß für einen rechteckförmigen Eingangsimpuls die Anstiegszeit T_A des am Kettenende abgenommenen Ausgangsimpulses linear mit der Anzahl n der Kettenglieder zunimmt[1]. Gilt dies, so erzwingt diese zur Gesamtlaufzeit proportionale Anstiegszeit einen proportional anwachsenden Mindestabstand der Signalimpulse, so daß die Speicherkapazität von einem etwa durch den Quotienten aus Laufzeit durch doppelte Anstiegszeit gegebenen Maximalwert an durch Verlängerung der Ketten nicht mehr erhöht werden kann. Praktisch hat man bisher bei Laufzeitketten Speicherkapazitäten bis zu 23 Bits und bei Laufzeitkabeln bis zu 15 Bits erreicht.

Beispiele für Laufzeitkabel (auch mit gewendeltem Innenleiter) und Laufzeitketten sind in [1, 3, 4, 5, 6, 7, 8] zu finden. Eine aus Gitternetzwerken in Brückenschaltung bestehende Anordnung, die eine Speicherung von mehr als 40 Bits erlaubt, ist in [10] beschrieben. Beschreibung von Rechenmaschinen, in denen weitgehend Laufzeitketten verwendet werden, in [11].

4.3.2 Quecksilberspeicher

Schallwellen bieten für den Bau von Laufzeitspeichern gegenüber elektrischen Wellen einige Vorteile. Erstens ergeben sich durch die niedrigere Ausbreitungsgeschwindigkeit auch für Laufzeiten in der Größenordnung von Millisekunden noch handliche Abmessungen. Zweitens ist bei Schallwellen die Ausbreitungsgeschwindigkeit kaum frequenzabhängig, so daß die Hauptursache für die Verfälschung elektrischer Signale in Laufzeitkabeln und -ketten hier weitgehend entfällt. Ein Nachteil liegt allerdings in der hohen Dämpfung, die in den elektroakustischen Wandlern stattfindet [12].

Der Quecksilberspeicher hat unter den Ultraschallspeichern die weiteste Verbreitung gefunden. Abb. 4.3-6 zeigt seinen Aufbau. Ein mit Quecksilber gefülltes Stahlrohr ist an beiden Enden durch piezoelektrische Quarze verschlossen. Einer von diesen wird durch Anlegen einer elektrischen Wechselspannung in Dickenschwingungen versetzt. Diese teilen sich dem Quecksilber mit und pflanzen sich durch das Rohr hindurch fort. Der Quarz am anderen Ende des Rohres wird durch die ankommenden

---

[1] Im Widerspruch hierzu steht allerdings eine Angabe [9], wonach $T_A \sim n^{1/3}$ sein soll.

Schallwellen in mechanische Schwingungen versetzt und liefert eine elektrische Wechselspannung.

Die Schallgeschwindigkeit in Quecksilber beträgt etwa $1,5 \cdot 10^5$ cm/s. Für eine Laufzeit von einer Millisekunde ist also eine Quecksilbersäule von 1,5 m Länge nötig. Der Temperaturkoeffizient der Geschwindigkeit ist negativ und beträgt

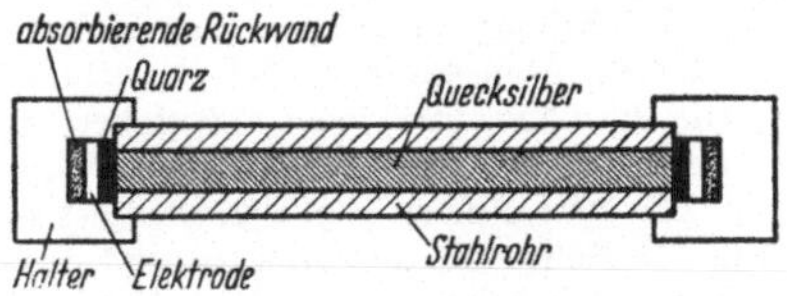

Abb.4.3-6. Aufbau des Quecksilberspeichers.

$-2 \cdot 10^{-4}\,\mathrm{K}^{-1}$ bei 20 °C. Es ist daher in den meisten Fällen erforderlich, die Speicherröhren entweder in einem Thermostaten unterzubringen oder eine zusätzliche Quecksilberröhre zur Herstellung der Synchronisationsimpulse zu verwenden. In diesem Fall braucht diese Röhre lediglich die gleiche Temperatur wie alle anderen zu haben. Für eine verzerrungsarme Übertragung ist eine hinreichende Bandbreite erforderlich. Diese ergibt sich beim Quecksilberspeicher dadurch, daß die Schwingungen des Quarzes durch das Quecksilber sehr stark gedämpft werden [13]. Die akustischen Impedanzen von Quarz und Quecksilber sind nur wenig voneinander verschieden (Quarz $14,4 \cdot 10^5\,\Omega$, Quecksilber $19,8 \cdot 10^5\,\Omega$), so daß die Übertragung der Schallenergie von einem zum anderen fast verlustfrei erfolgt. Die Bandbreite erreicht auf diese Weise etwa 30 bis 50% der Resonanzfrequenz.

An den Rückseiten der Quarze können störende Reflexionen auftreten. Man kann sie dadurch vermindern, daß der Raum hinter dem Kristall ebenfalls mit Quecksilber ausgefüllt ist und die Schallwellen durch entsprechende Geometrie dieser *Endzelle* zerstreut werden. Ein anderes Verfahren, das dem Kristall auch mechanischen Schutz gibt, besteht darin, die mit Chrom und Silber bedampfte Rückseite des Quarzes auf hartes Blei aufzulöten, das die Schallwellen absorbiert. Bei langen Röhren werden die reflektierten Wellen so stark gedämpft, daß man auf diese Maßnahmen verzichten kann.

Als Sender und Empfänger werden in x-Richtung geschnittene Quarze verwendet. Eine Elektrode wird auf die Rückseite aufgebracht, als zweite Elektrode wird die Quecksilberfüllung benutzt. Die Quarze werden in Resonanz betrieben. Die Resonanzfrequenz f eines Quarzes der Dicke d beträgt

$$f = \frac{2{,}86\ \mathrm{MHz}}{d/\mathrm{mm}}. \tag{4.3-5}$$

Quarze mit einer Resonanzfrequenz von über 10 MHz sind demnach unbequem dünn, daher werden oft dickere Quarze in einer ihrer Oberwellen betrieben. Zur Erregung der Quarze wird entweder ein impulsförmig modulierter Träger oder es werden direkt die zu übertragenden Impulse verwendet. Letzteres Verfahren hat, da eine größere relative Bandbreite benötigt wird, den Nachteil stärkerer Verzerrungen. Bei Anwendung des Trägerverfahrens wird die Resonanzfrequenz des Kristalls meist zwischen 10 und 30 MHz gewählt. Hier setzt die Festigkeit der Kristalle sowie die (mit der Frequenz wachsende) Dämpfung eine Grenze. 30 MHz erlauben eine Impulsfolgefrequenz von maximal 5 MHz. Normalerweise werden Impulsfolgefrequenzen von 1 bis 2 MHz verwendet.

Der Leistungsverlust beim Umlauf im Quecksilberröhrenspeicher besteht aus zwei Anteilen, nämlich dem Übertragungsverlust in den beiden piezoelektrischen Wandlern und der Dämpfung im Quecksilber. Der erstere beträgt etwa 50 dB und stellt den weitaus größten Teil der Gesamtverluste dar. Die empfangenen Signale haben eine Amplitude von einigen zehntel Volt.

Häufig verwendet man in der gleichen Anlage nebeneinander kurze Quecksilberröhren zur *Schnellspeicherung* eines einzelnen Wortes bei kurzer Zugriffszeit (z.B. $32\,\mu s$ in [14]) und lange Röhren für bis zu $N = 32$ Wörter bei dann N-fach vergrößerter Zugriffszeit. Die langen Röhren haben meist Umlaufzeiten von 0,5 bis 1 ms [15, 16, 17]. Beim Bau kurzer Speicher liegt die technische Problematik bei der Abschirmung zwischen Sender und Empfänger und der Vermeidung von Mehrfachreflexionen im Quecksilber, beim Bau langer Speicher, abgesehen von den unbequemen räumlichen Abmessungen, bei der Einhaltung hinreichender Temperaturkonstanz. Die Baulänge der langen Speicherröhren läßt sich durch Knickung verringern, wobei die Schallwellen an Stahlreflektoren 2mal um je $90°$ abgelenkt werden [14]. Zur Vermeidung von Verlusten ist es nötig, den Kristall sehr genau rechtwinklig zur Rohrachse auszurichten und das Quecksilber frei von Verunreinigungen, speziell von Luftblasen, zu halten. Die genaue Einstellung einer bestimmten Laufzeit wird dadurch ermöglicht, daß einer der Kristalle ein wenig in Längsrichtung des Rohres verschiebbar angeordnet wird.

Insgesamt sind die technischen Schwierigkeiten beim Bau und Betrieb von Quecksilberspeichern nicht sehr groß. Von den 64 Röhren des in [18] recht detailliert beschriebenen SEAC-Speichers wurde z.B. innerhalb von drei Jahren nur eine einzige Röhre ausgewechselt.

4.3.3 Magnetostriktive Speicher

Die magnetostriktiven Speicher sind Ultraschallspeicher, bei denen die Erregung der Schallwellen durch Magnetostriktion erfolgt. Abb.4.3-7 zeigt den Aufbau eines mit Längswellen arbeitenden Speichers.

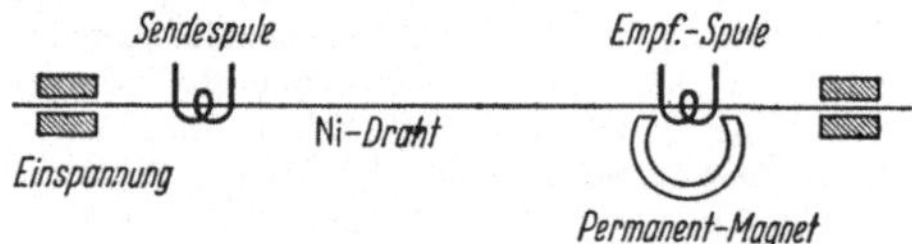

Abb.4.3-7. Aufbau des magnetostriktiven Speichers.

Ein Draht aus magnetostriktivem Material, z.B. Nickel, ist an seinen Enden eingespannt. In der Nähe jeder Einspannstelle ist eine Spule aufgebracht. Eine dieser Spulen dient als Sende-, die andere als Empfangsspule. Im Bereich der letzteren ist der Draht durch einen Permanentmagneten vormagnetisiert. Einschalten eines Stromes in der Sendespule bewirkt Magnetisierung des Drahtes innerhalb der Spule und damit eine Längenänderung (bei Nickel eine Kontraktion). Die hierdurch entstehenden Schallimpulse laufen von der Sendespule aus in beiden Richtungen über den Draht. Der nach links laufende wird durch die dämpfende Wirkung der Einspannung vernichtet, der nach rechts laufende erzeugt beim Durchlaufen der Empfangsspule einen elektrischen Impuls. Hierzu ist die Vormagnetisierung des Drahtes in der Nähe der Empfangsspule notwendig, denn ohne diese würden zwar die magnetischen Elementarbezirke beim Durchlauf der Schallwelle ausgerichtet, doch wären beide um $180°$ verschiedenen Richtungen gleichberechtigt, und es würde keine Flußänderung von der Empfangsspule wahrgenommen.

Der Magnetostriktionsspeicher mit Längswellen hat den Vorteil großer Einfachheit. Seine Laufzeit kann durch Verschieben einer der Spulen leicht verändert werden. Zusätzliche Empfangsspulen gestatten, die umlaufenden Signale zu unterschiedlichen Grundzeiten abzunehmen. Es treten keine Anpassungsprobleme auf, und das Speichermaterial, meist Nickeldraht (Band und dünnwandiges Rohr sind auch geeignet), ist leicht herzustellen und zu handhaben. Sofern Nickeldraht verwendet wird, kann man diesen aufrollen und den Platzbedarf sehr niedrig halten [20].

Die Schallgeschwindigkeit in Nickel beträgt $5 \cdot 10^3$ m/s. Laufzeiten bis zu etwa 1 ms, entsprechend 5 m Drahtlänge, lassen sich herstellen [21].

Trotz dieser langen Laufzeiten sind jedoch wegen der bei Längswellen starken Impulsverformung durch Dispersion keine hohen Kapazitäten zu erzielen. Mit der meistens benutzten Pulsfrequenz von etwa $5 \cdot 10^5 \, \mathrm{s}^{-1}$ erreicht man 500 bit [21, 22].

Wesentlich höhere Kapazitäten werden mit Torsionswellen oder mit in Bändern erregten Querwellen erreicht, da beide Schwingungsarten sehr geringe Dispersion zeigen.

Verfahren zur Erzeugung von Torsionswellen sind in [23 bis 26] beschrieben, eins dieser Verfahren in Abb. 4.3-8 dargestellt. Der Speicherdraht ist hierbei nicht magnetostriktiv. Man hat somit die Möglichkeit, ein Material mit besonders geringer Dämpfung und kleinem Temperaturkoeffizienten der Schallgeschwindigkeit zu verwenden. Auf diese Weise sind Speicher mit 10 ms Laufzeit für eine Betriebsfrequenz von 2 MHz, also eine Kapazität von $2 \cdot 10^4$ Bit gebaut worden [26].

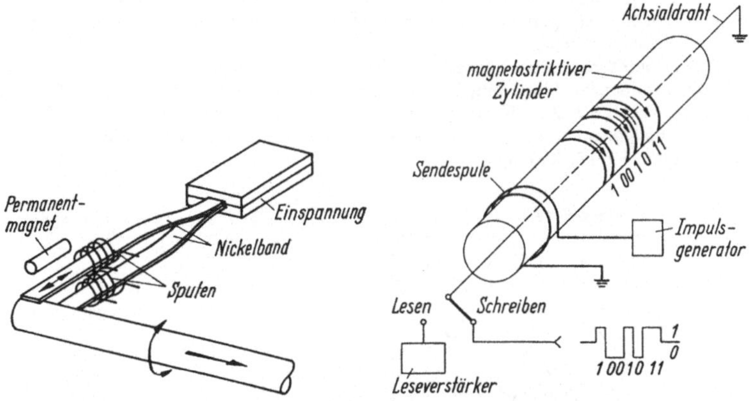

Abb. 4.3-8. Erzeugung von Torsionswellen.   Abb. 4.3-9.   Magnetostriktiver Speicher für zerstörungsfreies Lesen.

Ein magnetostriktiver Speicher für zerstörungsfreies Lesen ist in [27] beschrieben, Abb. 4.3-9 zeigt eine schematische Darstellung. Der Informationsträger ist ein langgestreckter Zylinder aus magnetostriktivem Material, der mit einer Sendespule versehen ist. Ein in der Achse des Zylinders verlaufender Draht dient zum Schreiben und Lesen.

Die Arbeitsweise des Speichers ist folgende: Ein Strom im Axialdraht erzeugt, wenn man ihn hinreichend klein wählt, im Zylinder nur eine reversible Magnetisierung. Durch gleichzeitiges Anbringen mechanischer Spannungen, die so gewählt sind, daß sie die Magnetisierung des Zylinders erleichtern, kann man jedoch mit dem gleichen Strom im Axialdraht eine bleibende Magnetisierung des Zylinders erzielen. Gibt man nun die zu speichernde Information in Serienform (z. B. 1 positiver Strom, 0 negativer Strom) in den Axialdraht ein und läßt gleichzeitig durch einen Stromstoß in der Sendespule einen Schallimpuls über den Zylinder laufen, so wird die Information in Gestalt von schmalen Magnetisierungsringen auf dem Zylinder räumlich nebeneinander gespeichert.

Zum Lesen wird der Axialdraht an den Leseverstärker angeschlossen und wiederum ein Schallimpuls erzeugt. Dieser verursacht beim Überlaufen jedes magnetisierten Ringes eine reversible Schwankung der Magnetisierung, wodurch im Axialdraht ein Spannungsimpuls induziert wird. Die Information fällt dann in Seriendarstellung am Leseverstärker an.

Bei diesem Speicher entfällt das bei allen anderen Laufzeitspeichern erforderliche ständige Regenerieren des Speicherinhalts. Die Verwendung einer großen Anzahl solcher Speicherröhren in einer Matrixanordnung ist möglich., z.B indem alle Sendespulen einer Zeile in Serie und alle Axialdrähte einer Spalte parallel geschaltet werden.

4.3.4 Quarzspeicher

Der Quarzspeicher besteht aus einem geeignet geformten Stück geschmolzenen Quarzes, auf das als Sender und Empfänger piezoelektrische Quarze aufgesetzt sind. Je nach Schnittrichtung dieser Quarze (x- oder y-Richtung) können Längs- oder Querwellen erzeugt werden. Die Schallgeschwindigkeit in Quarz beträgt für Längswellen $5{,}9 \cdot 10^3$ m/s, für Querwellen $3{,}8 \cdot 10^3$ m/s. Sie ist also selbst für die Querwellen unangenehm hoch. Zudem ist es schwierig, lange Quarzstäbe herzustellen, so daß mit dem beim Quecksilberspeicher gebräuchlichen Aufbau nur kleine Laufzeiten (bis etwa 25 µs) zu erzielen sind. Es liegt daher nahe, zur Erzielung größerer Laufzeiten einen flachen, polygonalen Quarzblock zu verwenden, in dem der Schallstrahl vielfach reflektiert wird.

Quarz bietet gegenüber Quecksilber den Vorteil geringer Dämpfung, speziell bei höheren Frequenzen (die Dämpfung nimmt bei Flüssigkeiten mit dem Quadrat der Frequenz zu, bei festen Körpern linear). Andererseits ist mit der hohen Schallgeschwindigkeit im Quarz eine stärkere Strahlverbreiterung verbunden. Diese ist proportional der Wellenlänge.

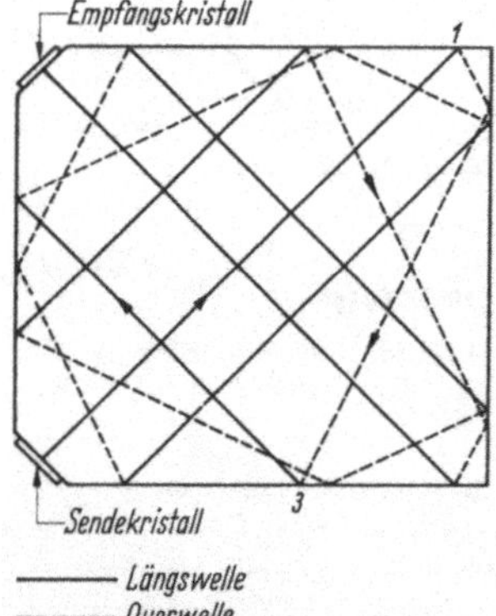

Abb. 4.3-10. Quarzspeicher mit Vielfachreflexionen.

Der Quarzspeicher wird somit typischerweise für hohe Arbeitsfrequenzen bei kleiner Gesamtlaufzeit verwendet.

Abb. 4.3-10 zeigt einen Quarzspeicherblock mit Vielfachreflexionen, bei dem der Sendekristall Längsschwingungen erregt [28]. Hierbei besteht die Schwierigkeit, daß bei der Reflexion abhängig vom Einfallswinkel eine Längswelle teilweise in eine Querwelle übergehen kann und umgekehrt. Es gibt jedoch zwei Einfallswinkel, die dadurch ausgezeichnet sind, daß eine einfallende Querwelle vollständig als Längswelle reflektiert wird und umgekehrt. Abb. 4.3-10 zeigt schematisch eine Anordnung, die hiervon Gebrauch macht. Der Sendekristall erregt im Quarz Längswellen, die im Punkt 1 reflektiert werden. Dabei ist der Einfallswinkel so gewählt (bei Quarz 45°), daß die reflektierte Welle eine reine Querwelle wird. In Punkt 2 erfolgt eine Reflexion ohne Umwandlung, während in Punkt 3 bei einem Einfallswinkel von etwa 27° aus der Querwelle wieder eine Längswelle entsteht. Insgesamt wiederholt sich diese Folge von 3 Reflexionen 5mal. Die Laufzeit beträgt dann über 400 µs bei einer Kantenlänge des Quarzblockes von etwa 19 cm, die Speicherkapazität bei 15 MHz Arbeitsfrequenz ist 6000 bit. Wird der Sendekristall zur Erregung von

Querwellen parallel zur Oberfläche der Quarzblocks geschnitten, so entfällt der Wechsel zwischen Längs- und Querwellen bei den Reflexionen [26]. Nach diesem Verfahren werden Quarzspeicher für Betriebsfrequenzen bis zu 100 MHz, Laufzeiten bis 10 ms und Kapazitäten bis etwa 10^4 bit industriell gefertigt.

Literatur

[1] *Feldtkeller, R.:* Einführung in die Vierpoltheorie der elektrischen Nachrichtentechnik, Leipzig: Hirzel-Verlag 1948. — [2] *Feldtkeller, R.:* Einführung in die Siebschaltungstheorie der elektrischen Nachrichtentechnik, Leipzig: Hirzel-Verlag 1950. — [3] *Chance, B., Hughes, V., MacNichol, E. F., Sayre, D., Williams, F. C.:* MIT Radiation. Lab. Series 19, Waveforms. McGraw-Hill New York: 1949. — [4] *Blackburn, I. F.:* MIT Radiation. Lab. Series 17, Components Handbook, New York: McGraw-Hill 1949. — [5] *Zemanek, H.:* Laufzeitketten. Österr. Z. Telegraphen-, Telephon-, Funk- und Fernseh-Technik 9 (1955) H. 3/4, S. 29—43; H. 5/6, S. 59—73 und H. 7/8, S. 91—101. — [6] *Linke, J.:* Laufzeitketten aus Tiefpaßgliedern. Elektrotechnik 1 (1947) Nr. 2, S. 43—51. — [7] *Härtl, H., Rumpel, F.:* Elektrische Laufzeitketten zur Zeitselektion in Vielkanalsystemen. Fernmeldetechn. Z. 7 (1954) 118—122. — [8] *Herb, M. H., Horton, C. W., Jones, F. B.:* On the design of networks for constant time delay. J. Appl. Phys. 20 (1949) 616—620. — [9] *Elmore, W. C., Sands, M.:* Electronics Experimental Techniques, New York: McGraw-Hill 1949, S. 39. — [10] *Scarrott, G. G., Harwood, W. J., Johnson, K. C.:* Electromagnetic delay networks for digital storage. Proc. IEE 103 B Suppl. (1956) 476—482. — [11] *Thomas, G. E.:* The use of electromagnetic delay lines in the Manchester University. Mark II digital computing machine. Proc. IEE 103 B Suppl. (1956) 483—490. — [12] *Arenberg, D. L.:* Ultrasonic delay lines. Conv. Rec. IRE (1954), Nat. Conv., Part 6 S. 63—72. — [13] *Beveridge, H. N., Keith, W. W.:* Piezoelectric transducers for ultrasonic delay lines. Proc. IRE 40 (1952) 828—835. — [14] *Wright, M.:* Mercury delay line storage. Automatic digital computation. Proc. symp. held at the NPL on March 25—28, 1953 195—199. — [15] Mercury memory tanks in new EDVAC. Electronics 20 (Mai 1947) 168—176. — [16] *Wilkes, M. V., Renwick, W.:* An ultrasonic memory unit for the EDSAC. J. Acoust. Soc. Amer. 20 (Juli 1948) 418—424. — [17] *Newman, E. A., Clayden, D. O., Wright, M. A.:* The memory delay line storage system of the ACE pilot model electronic computer. Proc. IEE II, 100 (1953) 445—452. — [18] *Mebs, R. W., Darr, J. H., Grimsley, J. D.:* Metal ultrasonic delay lines (SEAC). J. Res. Nat. Bur. Stand. 51 (Nov. 1953) 209—220. — [19] *Richards, R.:* Digital Computer Components and Circuits, New York: Van Nostrand 1957, S. 296. — [20] *Fairclough, J. W.:* A sonic delay-line storage unit for a digital computer. Proc. IEE 103 B Suppl. (April 1956) 491—496. — [21] *Robius, R. C., Millership, R.:* Applications of magnetostriction delay lines. Automatic digital computation. Proc. symp. held at the NPL on March 25—28, 1953 (1954) 199—212. — [22] *Epstein, H., Stram, O.:* Magnetostrictive sonic delay-line. Rev. Sci. Instrum. 24 (1953) 231—232. — [23] *Scarrott, G. G., Naylor, R.:* Wire-type acoustic delay-line for digital storage. Proc. IEE 103 B Suppl. (April 1956) 497—508. — [24] *Thurston, R. N., Turnillo, L. M.:* Coiled wire torsional wave delay line. IRE Nat. Conv. Rec. 1958, Part II, S. 109. — [25] *Rothbart, A.:* A torsional magnetostrictive delay-line. Proc. IRE 47 (1959) 1153—1154. — [26] *Eveleth, I. H.:* A survey of ultrasonic delay lines operating below 100 Mc/s. Proc. IEEE 53 (1965) 1406—1428. — [27] *Gratian, I. W., Freytag, R. W.:* Ultrasonic approach to data storage. Electronics (Mai 1964) 67—72. — [28] *Arenberg, D. L.:* Ultrasonic solid delay lines. J. Acoust. Soc. Amer. 20 (1948) 1—26.

4.4 Assoziative Speicher

H. O. Leilich

4.4.1 Prinzip und Klassifizierung

Prinzip. Assoziative Speicher (AS) sind digitale wortorganisierte Informationsspeicher, bei denen die Worte — im Gegensatz zu den in den vorigen Abschnitten behandelten „adressierbaren" Speichern — mit Hilfe des gespeicherten Inhalts ausgewählt werden. Jedes gespeicherte Wort enthält ein *Merkmal* (Deskriptor), das mit einem von außen angebotenen *Vergleichswort* (Suchwort, Abfragewort, Referenzwort) gleichzeitig verglichen wird. Jedes Wort besitzt hierzu eine Koinzidenzschaltung, die bei Übereinstimmung des Merkmals mit dem Vergleichswort ein Markenregisterelement setzt. Nach diesem Auswahlprozeß werden die so markierten Worte gelesen oder beschrieben.

Da auch bei adressierbaren Speichern der Ort eines Speicherwortes — und damit sein Inhalt — einer bestimmten Adresse entspricht (assoziiert ist), verwendet man zur Unterscheidung für AS oft die Bezeichnung „Inhaltsadressierte Speicher" (content-adressable memories) [1, 2, 3].

Das Wortauswahlverfahren bei AS ergibt folgende wichtige Systemeigenschaften:

a) *Die gespeicherten Worte sind nicht an feste Plätze gebunden.* Sie stehen ungeordnet im Speicher.

b) *Die Anzahl der benutzten Merkmale muß nicht der Gesamtzahl der möglichen Vergleichsworte* (mit einer bestimmten Länge) *entsprechen.* Für gewisse Vergleichsworte gibt es keine Koinzidenz; für diese braucht auch kein Speicherplatz reserviert zu werden.

c) *Das gleiche Merkmal kann in mehreren Worten vorkommen.* Es gibt deshalb *Vielfachkoinzidenzen.* Vor dem wortweisen Auslesen muß daher durch eine Vorrangschaltung eine Reihenfolge festgelegt werden.

d) *Beliebige Teile der gespeicherten Worte können als Auswahlmerkmal herangezogen werden.* Die restlichen Bits (Bit-Felder) werden bei der Auswahl „maskiert".

Abbildung 4.4-1 zeigt ein Blockschaltbild eines AS.

Anwendungsbeispiel. Die Nützlichkeit dieser Speicherorganisation soll an Hand des folgenden Beispiels aus dem Dokumentationswesen erläutert werden (s. Abb.4.4-2).

Aus einem Bibliothekskatalog sollen Arbeiten eines Verfassers (Maier) über ein bestimmtes Thema (Brücken) ausgegeben werden. Jede Eintragung ist ein „Wort", das nach Kriterien geordnet ist. Die Worte selbst können ungeordnet im Speicher stehen. Die beiden Stichworte werden in das Vergleichsregister eingegeben, die anderen Kriterien werden maskiert. Auf einen Assoziationsbefehl werden vom Speicher

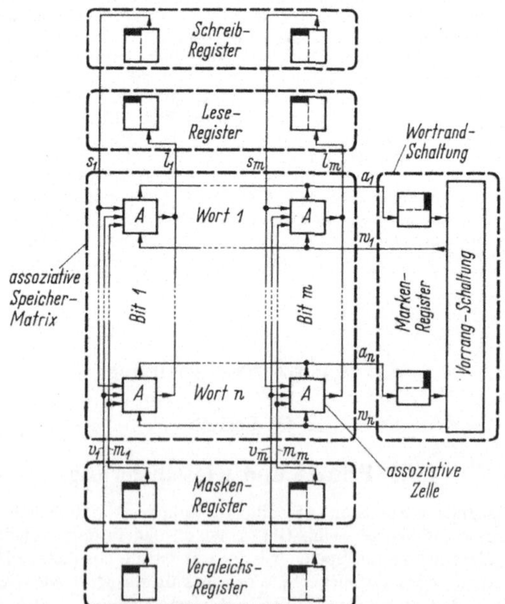

Abb.4.4-1. Blockschaltbild eines voll-parallelen assoziativen Speichers.

gleichzeitig bei allen zutreffenden Eintragungen Marken gesetzt, ohne daß — wie beim konventionellen Adress-Speicher — alle Eintragungen seriell durchgemustert werden müssen. Anschließend werden die interessierenden Informationen (z. B. die Signaturen) der Reihe nach ausgegeben. Anfragen an den Katalog können auch nach anderen Auswahlgesichtspunkten (z. B. Signatur) geschehen, ohne daß die Worte im Speicher umgeordnet werden müssen.

Ordnungsgesichtspunkte	Verfasser	Verlag	Thema	Signatur	Marke
Katalog (Speicher)	Maier	Hirzel	Filter	ABC 729	
	Müller	Vieweg	Dioden	XBQ 971	
	Maier	Oldenb.	Brücken	LVX 124	x
	Steinbuch	Springer	Nachr.	SNY 798	
	Schiller	Geest	Wirtsch.	BAB 312	
	Maier	McGraw	Brücken	MMB 197	x
	Müller	Springer	Schiller	SMX 518	
	…	…	…	… … …	
Auswahlkriterien (Maske)		▭▭▭		▭▭▭	
Deskriptoren (Vergleichswort)	Maier	(beliebig)	Brücken	(beliebig)	

Abb. 4.4-2. Anwendungsbeispiel für assoziative Speicher: Suchprozeß aus Bibliothekskatalog.

Klassifizierung. AS gehören in die Klasse der Matrix-Schaltwerke (array logic), bei denen jedes der Elemente kollektiv zeilen- und kolonnenweise angesteuert wird, gewisse Zustände (1 und 0) annehmen kann und zeilen- und/oder kolonnenweise kollektive Ausgangssignale abgeben kann.[1] Die Matrix-Elemente sind gleiche Schaltwerke (Automaten), die gemeinsam vom Rand gesteuert und abgefragt werden. Bekannte Beispiele reichen vom adressierbaren Matrixspeicher bis zum Matrixrechner [5]. Gegenüber adressierbaren Matrix-Speicherzellen ist die hier beschriebene Funktion des assoziativen Elementes nur relativ wenig komplexer, so daß es wie dort naheliegt, AS in integrierten Technologien (Abschnitt 4.4.3) herzustellen und die Systemstruktur und (Mikro-) Programmierung weitgehend zu standardisieren.

Bei gegebenem Speicherinhalt ist ein AS ein zweistufiges logisches Netzwerk, mit dem eine bestimmte Menge *ausgewählter* Eingangscodes (Merkmale) bestimmten Ausgangscodes zugeordnet werden (adaptiver Zuordner).

Der AS kann auch als Sonderfall einer Lernmatrix [6] angesehen werden, in der alle Elemente nur diskrete, binäre Werte haben können und auch die Bewertungsfunktion (Korrelationswert) auf die binäre Entscheidung (Koinzidenz oder nicht) reduziert ist. Die Feststellung des Hamming-Abstandes zwischen Merkmal und Vergleichswort würde eine wesentlich komplexere Zellenlogik erfordern. Dieser Problemkreis wird hier nicht behandelt [7].

In der Sprache des Dokumentationswesens [8] ist ein AS unmittelbar die Realisierung eines Katalogsystems mit Deskriptoren in festen, exklusiven Kombinations-Codes. Durch Maskierung und sequentielle Prozeduren kann man prinzipiell alle Dokumentationssysteme realisieren.

4.4.2 Strukturen assoziativer Speicher

Zellenstruktur. Um die Matrixeigenschaften des voll-parallelen AS (Abb. 4.4-1) zu realisieren, muß jede Zelle außer den bei adressierbaren Matrixspeichern üblichen Funktionen (Speichern, Lesen und Schreiben) auch noch die Funktion *Vergleichen*

---

[1] Anders ist es bei den sogenannten „Zellenrechnern" (cellular computers), deren gleiche Zellen ihren neuen Zustand aus dem eigenen und dem ihrer Nachbarn berechnen [4].

ausführen. Abb.4.4-3a zeigt das logische Schaltbild für eine ausführliche Version der Zelle (v-tes Wort, μ-tes Bit) zur Erläuterung seiner Funktionen.

Die Lese- und Schreibschaltung entspricht den Forderungen einer Adreß-Speicherzelle. Da beim AS allerdings mehrere Worte gleichzeitig ausgewählt werden können, ist es möglich, gleichzeitig mehrere Worte zu schreiben und (überlagernd) zu lesen. Die geeignete Codierung der Bit-Schreibleitungen ($s0_\mu = 0$, $s1_\mu = 0$) erlaubt ein maskiertes Schreiben. Durch externe *Vergatterung* der Bit-Leseleitungen (l_μ) kann auch maskiert gelesen werden.

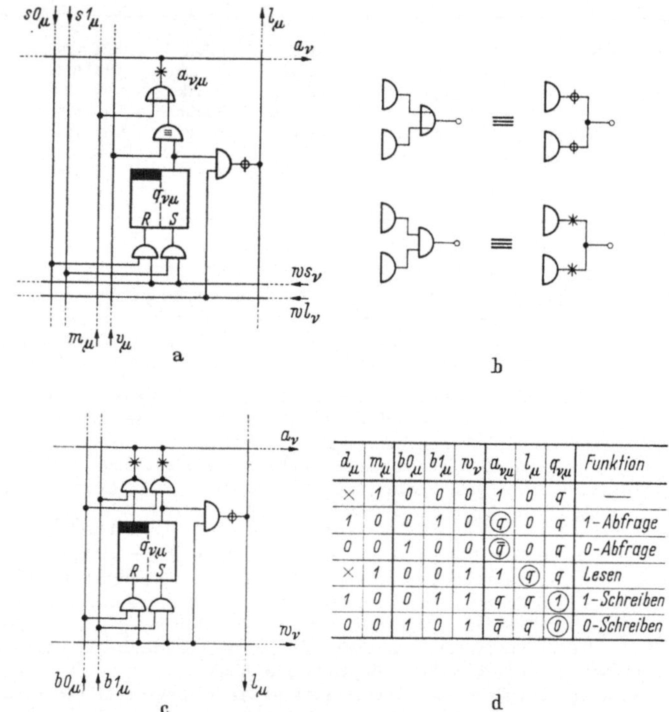

d_μ	m_μ	$b0_\mu$	$b1_\mu$	w_ν	$a_{\nu\mu}$	l_μ	$q_{\nu\mu}$	Funktion
×	1	0	0	0	1	0	q	—
1	0	0	1	0	(q)	0	q	1-Abfrage
0	0	1	0	0	(q̄)	0	q	0-Abfrage
×	1	0	0	1	1	(q)	q	Lesen
1	0	0	1	1	q	q	(1)	1-Schreiben
0	0	1	0	1	$\bar{q}$	q	(0)	0-Schreiben

Abb.4.4-3. Assoziative Zelle. a) Zelle mit unabhängigen Funktionen·; b) Darstellung von verdrahteten ODER- und UND-Funktionen; c) Zelle mit kombinierten Bit-Leitungen; d) Funktionstabelle für c).

Zusätzlich muß die AS-Zelle eine Vergleichsschaltung enthalten, die (s. Abb.4.4-3a) die Funktion

$$a_{\nu\mu} = m_\mu \,\mathsf{V}\, (q_{\nu\mu} \equiv v_\mu) \tag{4.4-1}$$

realisiert. (m_μ μ-tes Maskenregisterbit, $q_{\nu\mu}$ Speicherzustand der Zelle, v_μ μ-tes Vergleichsregisterbit).

Die Koinzidenz des ganzen Wortes wird durch die Konjunktion aller m Teilvergleiche ($a_{\nu\mu}$) realisiert:

$$a_\nu = a_{\nu1} \cdot a_{\nu2} \cdot \ldots \cdot a_{\nu\mu} \cdot \ldots \cdot a_{\nu m}. \tag{4.4-2a}$$

Oft ist die nach *De Morgan* umgeformte Form günstiger:

$$\bar{a}_\nu = \bar{a}_{\nu1} \,\mathsf{V}\, \bar{a}_{\nu2} \,\mathsf{V} \ldots \mathsf{V}\, \bar{a}_{\nu\mu} \,\mathsf{V} \ldots \mathsf{V}\, \bar{a}_{\nu m}. \tag{4.4-2b}$$

Die in Abb.4.4-3a gezeigte Zelle[1] kann alle drei Funktionen unabhängig (z.B. auch gleichzeitig) ausführen und verlangt daher getrennte Wortauswahlleitungen sowie getrennte Ausgabe-, Eingabe-, Vergleichswort- und Maskenregister (vgl. Abb.4.4-1). Im Hinblick auf ausgeführte und denkbare Anwendungen ist es keine wesentliche Beschränkung, wenn man jeweils nur eine Funktion (Assoziieren, Lesen oder Schreiben) erlaubt. Damit kann man die Zahl der Eingangsleitungen durch geschickte Codierung reduzieren. Abb.4.4-3c und d zeigen eine derartige Schaltung mit der zugehörigen Wertetabelle. Die *Bitleitungen* $b0_\mu$ und $b1_\mu$ werden logisch aus den Zuständen der Elemente des Vergleichs- und Maskenregisters bzw. des Einschreibregisters erzeugt. Oft sind Vergleichs-, Einschreib- und Leseregister identisch (*Datenregister D* mit den Ausgängen d_μ). Die Codierung der Leitungen, eventuell die technische Mehrfachausnutzung von Drähten (s. Abschnitt 4.4.3), sowie die innere Detailstruktur des Elementes, hängen von der verwendeten Technologie ab. In der Struktur von Abb.4.4-3c werden nur 6 von 8 möglichen Kombinationen der drei Eingangsleitungen benutzt; es besteht also ein weiterer Freiheitsgrad für die Optimierung der Schaltung. *Lee* [9] hat außerdem gezeigt, wie man durch zweimaliges Invertieren aller Speicherzellen die Äquivalenzschaltung vereinfachen kann.

Wortrandschaltungen. Nach dem Markieren der Worte folgt je nach der Systemanwendung beispielsweise eine der folgenden Aufgaben [3]:

a) Feststellung, ob eine (oder mehrere) Koinzidenz(en) auftraten,
b) Angabe der Zahl der Koinzidenzen,
c) Auslesen eines (beliebigen) markierten Wortes,
d) Auslesen aller markierten Worte,
e) Einschreiben in ein markiertes Wort,
f) Einschreiben in alle markierten Worte,
g) Auslesen des einem markierten Wort benachbarten Wortes.

Entsprechend muß eine „*Wortrand-Schaltung*" realisiert werden, z.B. für a) eine disjunktive Verknüpfung aller Wortmarkenelemente (aw_ν). Für das serielle Auslesen aller markierten Worte (d) muß eine innere Vorrangschaltung eine Sequenz angeben [10]. Abbildung 4.4-4 zeigt eine solche Schaltung. Ein Signal an A wird an allen nicht gesetzten Elementen (aw_ν) vorbeigeleitet und aktiviert beim ersten gesetzten Element die entsprechende Wortleitung (w_ν). Mit dem Taktimpuls wird dieses Element zurückgesetzt und das nächste markierte Wort ausgewählt. Wenn keine Worte

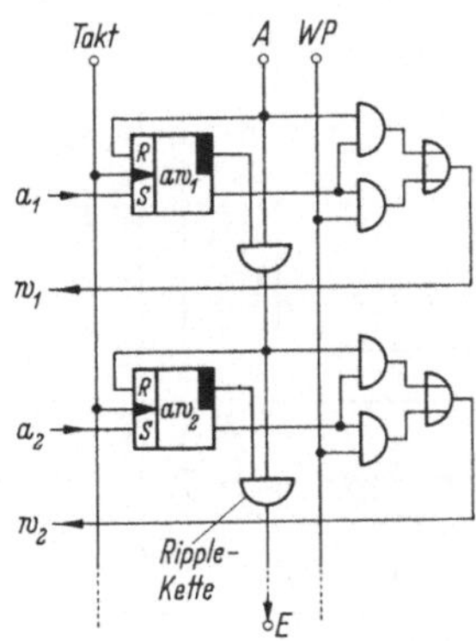

Abb.4.4-4. Beispiel einer Wortrandschaltung.

---

[1] Die hier verwendeten Symbole für das „verdrahtete" UND und „ODER" sind in Abb. 4.4-3b erläutert.

mehr markiert sind, erscheint ein Signal am Ende (E) der „Ripplekette". Für Aufgabe f) benötigt man eine Steuerleitung (WP) und weitere *Gatter* (s. Abb. 4.4-4).

Um die Verkettung räumlich benachbarter Worte zu realisieren (Aufgabe g)), kann man die Assoziationsleitungen (a_y) auf benachbarte Markenelemente (aw_{v+1} oder aw_{v-1}) schalten, die Wortaktivierungsleitungen (w_v) von aw_{v+1} bzw. aw_{v-1} steuern lassen oder das AW-Register (vertikal) verschiebbar machen, was auch zum Ausshiften und Abzählen (Aufgabe b)) verwendbar ist.

Man darf jedoch nicht verkennen, daß mit jeglicher Verkopplung von Wortzellen die Unabhängigkeit der Worte verlorengeht, insbesondere die Möglichkeit, *defekten* Zellen (durch Markierung oder physische Eingriffe) die Koinzidenzfähigkeit zu nehmen und sie damit totzulegen.

Mit weiteren parallelen Mikrooperationen kann man das Gesamtsystem leistungsfähiger gestalten. Dabei ist die Zahl der Steuerleitungen für die parallele Wortelektronik unabhängig von der Zahl der Worte.

Teil- und Vollassoziationsspeicher. Falls Teile der Worte nicht als Merkmal herangezogen werden müssen, kann man sie in einem zugeordneten Bitfeld speichern, dessen Elemente keine Assoziationslogik benötigen („Teil-AS").

Adressierung und Identifizierung. Für einen Teil-AS ist es u. U. zweckmäßig, den Merkmals- und Inhaltsteil getrennt als Voll-AS und Adreß-Speicher auszuführen. Die wortweise Referenz kann durch Speicherung der Adressen im assoziativen Teil geschehen, was allerdings wertvollen Speicherraum kostet. Diese Referenz kann auch mit Hilfe einer fest verdrahteten Adressier- und/oder Identifizierungseinrichtung für jedes Wort des assoziativen Teils erfolgen [2].

Assoziative Festspeicher. Wenn der Speicherinhalt oder Teile davon (z. B. der Assoziations- oder Inhaltsteil) bei der Herstellung festgelegt werden, spricht man von assoziativen Festspeichern oder Teilfestspeichern (read only associative memories, ROAM [11] — Anwendungen als Funktionsspeicher s. Abschnitt 4.4.4).

Bit-sequentielle AS. Werden alle Bits aller Worte nicht gleichzeitig mit dem Vergleichswort verglichen, sondern sequentiell (Bit für Bit parallel in allen Worten), so muß man die Vergleichsschaltung nur einmal für jedes Wort als Teil der „Wortrandschaltung" realisieren. Die einzelnen Stellen der gespeicherten Worte und der entsprechenden Such- und Maskenregisterstellen passieren nacheinander diese

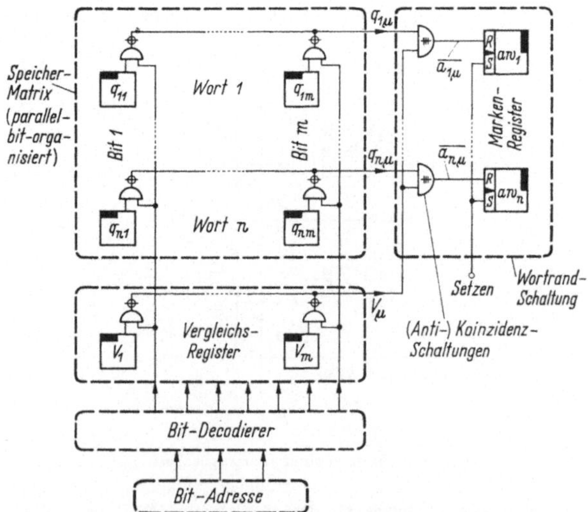

Abb. 4.4-5. Blockschaltbild eines bit-seriellen assoziativen Speichers.

Schaltung. Entsprechend Gl.(4.4-2b) wird die Disjunktion seriell durchgeführt, indem man zunächst das Markenregister setzt und bei der ersten Antikoinzidenz das entsprechende Element (aw_v) zurückstellt. Nach Ablauf der seriellen Abfrage bleiben aufgabengemäß nur die vollkoinzidierenden Worte markiert. Der Speicher hat dabei nur die Auslesefunktion zu erfüllen, und zwar als Block von horizontal shiftbaren Ringschiebeketten. Eine andere Version ist die Adressierung der behandelten Bitleitung mit einer wortparallelen Auslesung. Technisch bedeutet dies die Benutzung eines wortorganisierten Speichers (Abb.4.4-5 [12]). Dabei können unbenutzte (maskierte) Bits übersprungen werden. Falls jedoch wortparallele Ein- und Ausgabe gefordert wird, braucht der Speicher zusätzlich noch Schreib- und Leseeinrichtungen für die Bitseite [13].

Die bit-sequentielle Arbeitsweise verlangt weniger logische Funktion in den Speicherzellen, beansprucht aber mehr Zeit für die Assoziation als die vollparallele Arbeitsweise, nämlich so viele Takte wie unmaskierte Merkmalbits abgesucht werden müssen. Das ist jedoch bei entsprechender Auslegung schneller als das wortserielle Durchmustern bei konventionellen Anlagen.

Die ökonomischen Vorteile des bit-seriellen gegenüber dem parallelen AS ermutigen den Systementwickler, weitere Verknüpfungs- und Speicherschaltungen in die Wortrandschaltung zu investieren, um die Systemleistungsfähigkeit zu steigern. Insbesondere besteht bei bit-seriellen AS die Möglichkeit, die logische Verarbeitung eines Bits vom Ergebnis der zeitlich vorher behandelten Bits zu steuern („Assoziative Rechner" — s. Abschnitt 4.4.4).

4.4.3 Technologien für assoziative Speicher

Grundsätzlich kann man AS mit jedem vollständigen Schaltkreissystem aufbauen. Da jedoch bei allen Digitalspeichern eine sehr große Anzahl von Zellen verlangt wird, ist ein Aufbau mit einem universell verwendbaren Schaltkreissystem wirtschaftlich nicht tragbar. Die regelmäßige logische Struktur von Speichern führte daher von Beginn der Rechnerentwicklungen an zu Spezialtechnologien, deren Elemente technisch an die geforderte spezielle logische Funktion angepaßt sind.

Von den mechanischen Realisierungen sei die *Nadelkartei* erwähnt. Hier werden Suchnadeln durch einen Stapel von *Randlochkarten* gesteckt, deren Merkmal durch Schlitze oder Löcher am oberen Rand gekennzeichnet sind. Nur diejenigen Karten fallen heraus, die an allen gesteckten Nadelpositionen einen Schlitz haben. Auch die Auswahl von Magnetkarten in Massenspeichern erfolgt nach diesem Prinzip [14]. Optisch-elektrische AS (Festspeicher) wurden vorgeschlagen [15]. Magnetische, kryomagnetische und integrierte Halbleiterschaltungen sollen hier näher behandelt werden.

Magnetische Bauelemente. Beim adressierbaren schnellen Speicher nimmt der Magnetkernspeicher seine heute noch beherrschende Stellung ein, weil die physikalischen Eigenschaften des Rechteckferritkerns weitgehend den logischen Forderungen für die Matrixspeicherung entgegenkommen (statische Speicherung, Koinzidenzanwahl zum Schreiben und Lesen, großes Fan-out für die Auswahldrähte und großes Fan-in für die Leseverstärker). Die zusätzliche Funktion der assoziativen Zelle (Koinzidenzschaltung, s. Abb.4.4-3) kann nicht mehr einfach und funktionssicher von Ferritkernen geleistet werden (Signal-Stör-Verhältnis ist zu klein) Hinzu kommt die Notwendigkeit eines zerstörungsfreien Lesens — andernfalls müßte der ganze Speicher nach jeder Abfrage vollständig wieder eingeschrieben werden. Dies führte dazu, die Assoziation bit-sequentiell auszuführen und den Kernspeicher mit einer zusätzlichen wortparallelen Ausleseeinrichtung auszustatten. Auch Magnettrommeln sind ihrer Natur nach bit-seriell.

Andere Magnetspeichertechniken (z.B. Magnetdrahtspeicher [12] und „Bicore" [16]) hatten ähnliche technische Probleme.

Kryotrons. Schaltkreissysteme in Supraleitungs-Technologien haben grundsätzlich nicht die Probleme der Anpassung an die logische Aufgabe, insbesondere ist das Signal-Stör-Verhältnis für das parallele Assoziieren praktisch unbegrenzt groß. Die integrierten Dünnfilmversionen versprachen außerdem eine ökonomische großintegrierte Herstellung für die regelmäßigen Speicherstrukturen. Kurz nach der Erfindung des Kryotrons haben daher *Slade* und *McMahon* [17] auf das Potential dieser Technologie für assoziative Speicher aufmerksam gemacht und viele Autoren (z.B. *Seeber* und *Lindquist* [18]) haben bei der Entwicklung assoziativer Systeme darauf aufgebaut. Die herstellungstechnischen Schwierigkeiten dieser Tiefsttemperaturtechnik und die Probleme der Kühlung haben sich jedoch bei den intensiven Entwicklungsarbeiten als derart schwerwiegend erwiesen, daß diese Technologie z.Z. nicht für den wirtschaftlichen Einsatz in naher Zukunft diskutiert wird.

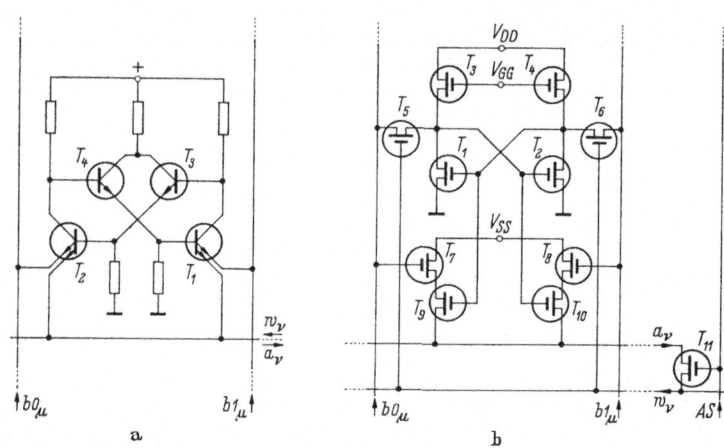

Abb. 4.4-6. Schaltungsbeispiele für assoziative Zellen in Halbleitertechnik. a) Bipolare Technik (Ferranti ZN 1001 E); b) MOS-Technik (Texas Instruments TMS 4000 JC).

Integrierte Halbleiterschaltungen. Wie bei den Kryotrons gibt es bei Halbleiterschaltungen keine grundsätzlichen Anpassungsprobleme an die Zellenstruktur. Da heute adressierbare Halbleiterspeicher zu konkurrenzfähigen Preisen für den Großeinsatz in Datenverarbeitungsanlagen angeboten werden, ist auch die Herstellung von parallel arbeitenden AS kein technologisch-ökonomisches Problem mehr. Seit einiger Zeit werden daher AS in integrierter Halbleitertechnik angeboten [19, 20, 21].

Die bipolare Schaltung von Abb. 4.4-6a (Ferranti ZN 1001 E mit 4×2 Zellen) unterscheidet sich kaum von einer Zelle eines adressierbaren Matrixspeichers (s. Abb. 4.6-5). Der Mehraufwand besteht in dieser Zelle aus den beiden Emitterfolgen in den Kopplungszweigen. Die zusätzliche Koinzidenzlogik wird durch Ausnutzung der Eigenschaften der Doppelemittertransistoren realisiert: im Antikoinzidenzfalle (z.B. $U_{\mathrm{w}} = +1\,\mathrm{V}$, $U_{\mathrm{b1}} = +3\,\mathrm{V}$, $U_{\mathrm{b0}} = 0\,\mathrm{V}$ und T_1 leitend) fließt der Kollektorstrom von T_1 in die Wortleitung, was von einer Leseschaltung als „Nichtkoinzidenz" registriert wird. Im Koinzidenzfall (T_2 leitend) fließt der Kollektorstrom von T_2 in die Bitleitung $b0$ und die an die Wortleitung angeschlossenen Emitter bleiben stromlos. Die Arbeitsgeschwindigkeit entspricht etwa heutiger TTL-Technik (Assoziationszeit etwa 30 ns).

Die MOS-Schaltung von Abb. 4.4-6b (Texas Instrument TMS 4000 JC, 16×8 Zellen in einem Gehäuse) enthält außer dem bekannten Speicherteil mit Schreib- und Leseeinrichtung (s. Abb. 4.6-7) explizit die Koinzidenzschaltung aus T_7 bis T_{10}. Die Assoziationsleitung a_ν ist getrennt von der Wortleitung, wird aber auf dem

Chip durch das Assoziationssignal (AS) über T_{11} mit dieser verbunden. Die Assoziationszeit für ein solches Muster liegt bei 100 ns.

Die Schaltungsbeispiele assoziativer Zellen zeigen, daß der zusätzliche Material-(Flächen-)Aufwand gegenüber adressierbaren Speicherzellen nicht von ausschlaggebender Bedeutung ist. Bei vergleichbarem Produktionsvolumen dürften die Kosten für eine assoziative Speicherzelle nicht mehr als doppelt so hoch liegen wie die einer adressierbaren Speicherzelle gleicher Technologie. Hinzu kommen noch Zusatzkosten für die logischen Schaltungen und Verstärker am Wortrand, die aufwendiger sind als Adressiereinrichtungen. — Beim Vergleich der Systemgeschwindigkeiten muß berücksichtigt werden, daß zum Aufsuchen und Auslesen eines Wortes des AS zwei logische Funktionen (mit je einem technisch aufwendigen Verstärkungsprozeß) nacheinander ablaufen müssen, so daß prinzipiell die doppelte Zugriffszeit eines adressierbaren Matrixspeichers gleicher Technologie erwartet werden muß.

Ob das technische Potential — doppelte Kosten pro Bit und doppelte Zugriffszeit im Vergleich zu Adreß-Speichern — maßgebend für die Marktpreisentwicklung wird, hängt weitgehend von dem künftigen Produktsumfang ab, und dieser wiederum von den Anwendungen. Systemarchitekten sollten daher das neue Potential der Halbleitertechnologie für die Realisierung von AS ernsthaft in Betracht ziehen.

4.4.4 Anwendungen assoziativer Speicher

Der breiten Verwendung von AS als Systembaustein in der Architektur von DV-Anlagen aller Art stehen heute hauptsächlich zwei Gründe entgegen:

1. Die mangelnde Verfügbarkeit preisgünstiger, großer AS und

2. der Mangel an erprobten Standardkonzepten mit der zugehörigen Programmierung als Basis für eine breite Evolution.

Beide Gründe stehen in starker Wechselwirkung. Da neuerdings die technologische Basis vorhanden ist (Abschnitt 4.4.3), ist die Anwendung von AS jetzt im wesentlichen eine Frage der Erforschung seiner Einsatzmöglichkeiten und seiner Auswirkungen auf die Struktur künftiger DV-Anlagen. Die folgenden Anwendungsgebiete und Beispiele sind nach dem Gesichtspunkt gegliedert, inwieweit der eigentliche AS als Zusatz zu einem konventionellen System angesehen werden kann oder aber durch seine Fähigkeiten und Steuerungsbedürfnisse ein eigenständiges System begründet. Bei den Zusatzanwendungen wird primär die Speicherfunktion mit dem inhaltsadressierten Aufruf benutzt, während alle weiteren Operationen außerhalb des AS ausgeführt werden. Bei eigenständigen „assoziativen *Rechnern*" geschieht die Verarbeitung weitgehend innerhalb des Speichers bzw. in der speziell angegliederten Randelektronik.

Funktionsspeicher (functional memories). Speicher sind Umschlüßler oder kombinatorische Netzwerke, deren Zuordnungsfunktionen fest oder variabel programmierbar sind. Die Verwendung von adressierbaren und assoziativen Festspeichern als Implementierung beliebiger logischer Netzwerke wird als mögliche Lösung des Problems großer Typenzahlen im Hinblick auf die Halbleiter-Großintegrationstechnik (LSI) angesehen [22, 11].

Assoziative Festspeicher erlauben nicht nur in der ausgelesenen Information eine beliebige Codierung, sondern entschlüsseln (decodieren) nur solche Eingabeworte (Adressen), die in einem bestimmten Codealphabet vorkommen. Man speichert also für eine logische Funktion in disjunktiver Normalform sowohl den konjunktiven als auch den disjunktiven Teil (jedem Minterm entspricht ein Wort). Dementsprechend entsteht die Möglichkeit, wirtschaftliche Lösungen für Schaltnetze mit vielen Eingangsvariablen herzustellen. Die Maskierung bestimmter Eingabekombinationen schafft weitere logische Möglichkeiten, die zur Minimisierung der Schaltung führt. Weitere Einsparungen erhält man, wenn jede Zelle die Zustände „1", „0" oder „X" (X = unbedeutend, „don't care") enthalten kann. Damit kann man direkt die minimierten Funktionsformen realisieren [11]. *Flinders* et al. [23] schlagen vor, derartige Funktionsspeicher mit aktiven Zellen auszustatten, um eine weitere Standardisierung der Herstellung von LSI-Teilen herbeizuführen und die Möglichkeit der Funktionsänderung im Betrieb zu gestatten. Teilfestspeicher erlauben eine veränderbare Eingabecodierung (variabler Assoziationsteil) bzw. der Ausgangscodierung (variabler „Informationsteil") [2].

Innere Verwaltungsaufgaben. Für innere Betriebsaufgaben in großen Systemen eignen sich kleinere AS dank ihrer großen parallelen Funktionsgeschwindigkeit. Ein bekanntes Beispiel ist die Zuweisung der Adresse eines Datenblockes („Seite", page) im Schnellspeicher zur Adresse desselben Blockes im Massenspeicher. Im Multiprogrammbetrieb fragt die Zentraleinheit den assoziativen Hilfsspeicher, ob und gegebenenfalls wo eine bestimmte Seite im Schnellspeicher steht. Ist sie nicht vorhanden, so wird sie aus dem Massenspeicher auf einen freien Platz im Schnellspeicher übertragen. Seitennummer und ihr gegenwärtiger Platz im Schnellspeicher werden im AS für weitere Aufrufe notiert. Die Platznummer kann dabei fest verdrahtet werden (Teilfestspeicher). Durch Anbringung von Besetzt-, Prioritäts- und Aktivitätsmarken läßt sich die Verwaltung der Speicherhierarchie schnell und übersichtlich durchführen („cache-Speicher") [24, 25, 26]). Weitere dem AS angemessene Aufgaben sind die Arbeitszuweisung (task assignment) in Multiprozessoren, Mittelzuweisung usw. [27, 28].

Kataloge. Zur Steigerung der Leistungsfähigkeit konventioneller DV-Anlagen in bezug auf Nachschlagaufgaben kann ein AS als zusätzliche Funktionseinheit benutzt werden. Hierzu gehören alle typischen Katalogaufgaben: Lohnbuchhaltung, Lagerhaltung, Platzbuchung, Wörterbücher für Sprachübersetzung, logistische Planungsaufgaben, Flugüberwachung, auch mathematische Tabellen (table look-up), Umweglenkung in Telefonfernvermittlungen, sowie die eingangs zitierte Bibliotheksverwaltung.

Seit vielen Jahren benutzt man AS für diese Aufgabenklasse in Form von Randlochkarten (Nadelkarteien). Die meisten Katalogaufgaben erfordern jedoch eine sehr große Speicherkapazität (Plattenspeicher), die auch in absehbarer Zukunft nicht in voll-assoziativer Organisation wirtschaftlich realisiert werden kann. Ein blockweises Umladen der Information in einen kleineren AS dürfte unzweckmäßig sein, da die Suchzeiten dann durch die Transportzeiten bestimmt werden. Man könnte dann besser das Durchmustern synchron mit dem wortseriellen Transport vornehmen, was heute — mit Hilfe ausgefeilter „Informations-Retrieval"-Systeme — auf konventionellen Rechenanlagen durchgeführt wird. Die Verwendung von AS lohnt sich nur, wenn der Aufsuchvorgang schneller verläuft als der Transport aller abgesuchten Daten.

Hauptspeicher. Realisiert man den Arbeitsspeicher als AS, während die Verknüpfungen der Daten weiterhin im Rechenwerk vorgenommen werden, so wird primär die Speicherplatzzuordnung erheblich erleichtert. Wenn ein neuer Programmoder Datenblock eingelesen werden soll, muß nicht mehr festgestellt werden, *wo* ein Platz vorhanden ist, sondern *ob* noch Platz ist. Es muß kein Block verschoben werden, sondern der neue Block wird an irgendeiner (entsprechend gekennzeichneten) leeren Stelle (eventuell räumlich verstreut) eingelesen, wobei jedem Wort die gewünschte Adresse mitgegeben wird. Der Adreß-Code kann ohne erheblichen Mehraufwand redundant sein, so daß symbolische Adressen und mnemotechnische Befehlscodes benutzt werden können [29]. Mit der in Abschnitt 4.4.2 erwähnten Ripple- oder Verkettungsschaltung lassen sich auch sequentiell auszulesende Daten oder Befehlsblöcke unter *einer* „Adresse" speichern. Es wäre im einzelnen zu untersuchen, ob derartige Systemvorteile und die bessere Speicherausnutzung den technischen Mehraufwand für AS rechtfertigen.

Sicher ist bei der Verwendung eines AS als Primärspeicher einer DV-Anlage ein grundsätzlich anderes Programmier- und Betriebssystem zu erarbeiten und die resultierende Struktur wird weitgehend unorthodox.

Assoziative Rechner. Die vollkommene Ausnutzung der logischen Fähigkeiten eines AS führt zu grundsätzlich neuen Rechnerstrukturen, die von verschiedenen Autoren [5, 12, 27 bis 32] vorgeschlagen und experimentell untersucht wurden. Als Hauptmerkmal dieser assoziativen Rechner werden die Verknüpfungen *im* Speicher bzw. der unmittelbar zugehörigen Randelektronik ausgeführt.

Da die Bits eines Wortes bei einer arithmetischen Operation miteinander in einer Weise logisch verknüpft werden müssen, die die Fähigkeiten des AS übersteigen, müssen die Verknüpfungen in mehreren Schritten, d.h. im wesentlichen bit-sequentiell, ausgeführt werden. Aus diesem Grunde — und den in Abschnitt 4.4.3 erwähnten technisch-ökonomischen Vorteilen — arbeiten die bisher gebauten Assoziativrechner [30] mit bit-sequentiellen, wort-parallelen AS, in denen die Assoziation und alle anderen Verknüpfungen am Wortrand ausgeführt werden. Man nennt diese Anordnung daher auch „Horizontalrechner". *Ewing* und *Davies* [31] geben eine Rechnerstruktur an, die aus einem Satz von Mikrooperationen des AS eine Liste von „assoziativen Makrobefehlen" aufbaut, die durch eine konventionelle Befehlsliste ergänzt wird. Der Programmablauf und die externe Organisation entsprechen konventionellen Rechnern. Man kann damit Zahlen ausgeben, die gleich, größer oder kleiner als externe Referenzzahlen sind. Man kann Daten ordnen, viele Worte gleichzeitig mit einer Zahl arithmetisch verknüpfen und parallel in Wortfeldern addieren und multiplizieren. An folgenden Beispielen sei die prinzipielle Arbeitsweise erklärt.

Geordnetes Auslesen (ordered retrieval) [31]. In einem bit-seriellen AS werden zunächst alle Worte, deren Inhalt der Größe nach ausgelesen werden sollen, markiert. Dann werden, beginnend mit dem höchsten Stellenwert, die Bits nacheinander abgefragt, ob in irgendeinem markierten Wort eine „1" auftritt (Koinzidenz zwischen Marke und μ-tem Bit aller Worte). Wenn das zutrifft, werden alle Marken der nicht-koinzidierenden Worte gelöscht (da diese kleinere Zahlen enthalten) und eine „1" in das betreffende Bit des Ergebnisregisters geschrieben. Wenn kein Bit koinzidiert, wird als Ergebnis „0" registriert. Auf diese Weise entsteht die größte Zahl des Blockes. Nimmt man diese Zahl aus dem Speicher heraus und wiederholt den Prozeß für den Restblock, so werden alle Zahlen des Blockes geordnet ausgelesen, wobei für jedes Ergebnisbit nur ein Speicherzyklus benötigt wird.

Wortparalleles Rechnen. Gschwind [32] gibt ein Verfahren an, in dem die Zellenlogik eines parallelen AS an mehreren Bitstellen ausgenutzt wird. In jedem Wort seien zwei Zahlen, A_ν und B_ν in bestimmten Feldern gespeichert. In einer Operation sollen alle B_ν auf die entsprechenden A_ν aufaddiert werden. Die einzelnen Bits ($a_{\nu\mu}$, $b_{\nu\mu}$) werden nun seriell, aber für alle Worte gleichzeitig untersucht und gegebenenfalls die Stellen der „Akkumulatoren" ($a_{\nu\mu}$) geändert. Für den Übertrag braucht man je Wort ein weiteres Bit (c_ν). Da sich nur in 4 der 8 Kombinationen von $a_{\nu\mu}$, $b_{\nu\mu}$ und c_ν eine Änderung von $a_{\nu\mu}$ bzw. c_ν ergibt, werden nun Stelle für Stelle diese 4 Kombinationen nacheinander assoziativ abgefragt, welche Worte die jeweilige Kombination aufweisen. In diese wird der entsprechende neue Wert für $a_{\nu\mu}$ und c_ν eingeschrieben.

Man braucht also bei m Bits $4m$ Assoziationen, unabhängig von der Zahl n der Worte. Wenn $n > 4m$ ist, benötigt diese wortparallele Addition („Feldrechnung") weniger Zeit als die wortserielle, bitparallele (einschrittige) Addition in konventionellen Rechnern.

Literatur

[1] *Hanlon, A. G.:* Content-addressable and associative memory systems. A survey. IEEE Trans. on Electronic Computers EC-15 (1966) 509—521. — [2] *Tsui, F. F.:* Der assoziative Speicher — Anwendung und Realisierungsmöglichkeiten. Frequenz 20 (1966) 69—82. — [3] *Jessen, E.:* Assoziative Speicherung, Elektron. Datenverarbeitung, Beiheft 5 (1965) 1—43. — [4] *Kautz, W. H.:* Cellular logic-in-memory arrays. IEEE Trans. on Computers C-18 (1969) 719—727. — [5] *Hollaender, G. L.:* Architecture for large scale computer systems. Mit Beiträgen von R. H. Fuller: Associative parallel processing und D. L. Slotnik: Unconventional systems. Comp. Design, December 1967, S. 36—52. — [6] *Steinbuch, K.:* Die Lernmatrix. Kybernetik 1 (1961) 36—45. — [7] *Händler, W.:* Lernprozesse als Leitbild bei der Programmierung. Annales Universitatis Saraviensis, Ser. Naturwissenschaften 10 (1962) Heft 4. — [8] *Körner, H. G.:* Maschinelle Dokumentation, Taschenbuch der Nachrichtenverarbeitung, 2. Aufl. Berlin, Heidelberg, New York: Springer 1967, S. 1229—1268. — [9] *Lee, E. S.:* Associative techniques with complementing flipflops. Proc. Spring Joint Comp. Conf. 1963, S. 381—394. — [10] *Weinstein, H.:* Proposals for ordered sequential detection of simultaneous multiple responses. IEEE Trans. on

Electron. Comp., October 1963, S. 564—567. — [11] *Henle, R. A., Ho, I. T., Maley, G. A., Waxman, R.:* Structured logic. AFIPS Conf. Proc., Vol. 35, Fall Joint Comp. Conf. 1969, S. 61—67. — [12] *Fulmer, L. C., Meilander, W. C.:* A modular plated-wire associative processor. IEEE Proc. Comp. Group Conf. Washington, D.C. 1970, S. 325—335. — [13] *Kiseda, J. R., Petersen, H. E., Seelbach, W. C., Teig, M.:* A magnetic associative memory. IBM J. Res. and Dev. (April 1961) 106—121. — [14] *Schwarzer, H., Woehl, B., Märtin, L.:* Speicher in der Nachrichtenverarbeitungstechnik. Jahrb. elektr. Fernmeldewes. (1966) 170. — [15] *French, W. K.:* Associative memory. US-Patent 3131291, April 1964. — [16] *Corneretto, A.:* Associative memories. A many-pronged design effort. Electronic Design, February 1 (1963) 40—55. — [17] *Slade, A. E., McMahon, H. O.:* A cryotron catalog memory system. Proc. of the Eastern Joint Comp. Conf., Dec. 1956, S. 115—120. — [18] *Seeber, R. R., Lindquist, A. B.:* Associative memory with ordered retrieval. IBM J. Res. and Dev. (Jan. 1962) 126—136. — [19] *Aspinall, D., Kinniment, D. J., Edwards, D. B. G.:* An integrated associative memory matrix. IFIP Congress 1968, Edinburgh S. D 86—D 90. — [20] *Igarashi, R., Yaita, T.:* An integrated MOS transistor associative memory system with 100 ns cycle time. Proc. Spring Joint Comp. Conf. 1967, 499—506. — [21] *Leonhard, D.:* MOS memories, EEE November (1969) 54—61. — [22] *Leininger, J. C.:* The use of read-only storage modules to perform complex logic functions. Proc. of the 1970 IEEE Internat. Comp. Group Conf., Washington, D.C., S. 307—313. — [23] *Flinders, M., Gardner, P. L., Llewelyn, R. J., Minshull, J. F.:* Functional memory as a general purpose systems technology. Proc. IEEE Internat. Comp. Group Conf., Washington, D.C., (1970) 314—324. — [24] *Conti, C. J., Gibson, D. H., Pitkowsky, S. H.:* Structural aspects of the system/360 Model 85. I General Organization. IBM Systems J. 7, No. 1 (1968) 2—14. — [25] *Gunderson, D. C.:* Advances in memory system technology on Computer organization. computer 3, (1970) Nr. 6, S. 7—11. — [26] *Petschauer, R. J.:* Trend in memory element and subsystem design. Computer 3 (1970) Nr. 6, S. 13—17. — [27] *Berg, R. O., Johnson, M. D.:* An associative memory for executive control functions in an advanced avionics computer system. IEEE Proc. Internat. Comp. Group Conf., Washington, D.C. (1970) 336—342. — [28] *Aspinall, D., Kinniment, D. J., Edwards, D. B. G.:* Associative memories in large computer systems. IFIP-Congress 1968, Edinburgh, S. D 81—D 85. — [29] *Myamlyn, A. N., Smirnov, V. K.:* Computer with stack memory. IFIP-Congress 1968, Edinburgh, S. D 91—D 96. — [30] *Estrin, G.. Fuller, R. H.:* Some applications for content-addressable memories. Proc. Fall Joint Comp. Conf. 1963, S. 495—508. — [31] *Ewing, P. G., Davies, P. M.:* An associative processor. Proc. Fall Joint Comp. Conf. (1964) 147—158. — [32] *Gschwind, H. W.:* Design of digital computers. Wien: Springer 1967, S. 411—416.

4.5 Festspeicher

H. Oehlmann

Festspeicher sind Speicher, bei denen eine feste Zuordnung der Eingangsgröße (Adresse) zur Ausgangsgröße besteht. Feste Zuordnung bedeutet dabei lediglich, daß dieselbe während des Betriebs der Anlage nicht geändert wird. Eine gelegentliche Änderung, z. B. durch Austauschen des Informationsträgers, kann trotzdem vorgesehen sein (semipermanenter Speicher).

Die Anforderungen an Festspeicher sind im wesentlichen dieselben wie an Schreib-Lese-Speicher. Der Verzicht auf elektronisches Einschreiben gibt jedoch häufig die Möglichkeit einer erheblichen Kostenminderung, selbst bei Verwendung der gleichen Speichermedien wie in Schreib-Lese-Speichern. In den letzten Jahren ist eine Reihe von Entwicklungen mit diesem Ziel entstanden. Zusammenfassende Darstellungen hierfür finden sich in [1 bis 6].

Anwendungsgebiete für Festspeicher sind einerseits solche, bei denen die Information hinreichend selten zu ändern ist, z. B. Bibliotheksprogramme für Rechenmaschinen, Wörterbücher für maschinelle Sprachübersetzung, Kataloge für Bibliotheken, Preislisten usw.; andererseits solche, bei denen es überwiegend auf unbedingte Sicherheit gegen Informationsverlust ankommt, z. B. Mikroprogrammsteuerung von Rechenmaschinen, Codeübersetzer usw. Im ersteren Fall werden wegen der niedrigen Kosten meist induktive, kapazitive oder optische Festspeicher verwendet, während im zweiten Fall oft der nichtlöschbare Halbleiterfestspeicher wegen seiner kurzen Zugriffszeit bevorzugt wird.

Abb. 4.5-1 zeigt das Schema eines Festspeichers. Die ν-stellige Adresse wird entschlüsselt und jeweils eine von $k = 2^\nu$ Aufrufleitungen (Wortleitungen) erregt. Die k Wortleitungen bilden mit den N Leseleitungen eine Art Kreuzschienenfeld

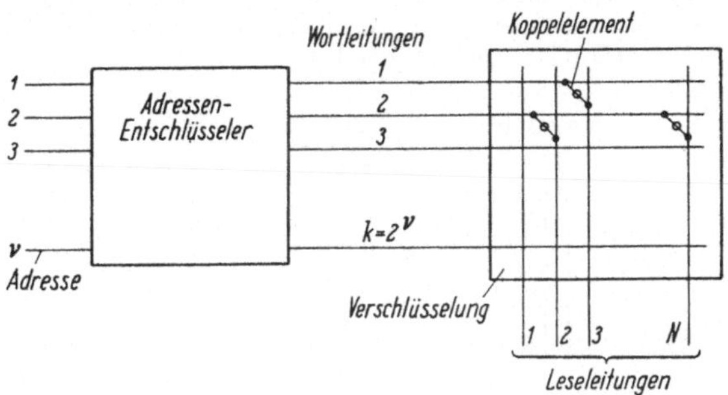

Abb. 4.5-1. Schema eines Festspeichers.

das nur an denjenigen Kreuzungsstellen ein Koppelelement enthält, an denen eine binäre „1" dargestellt werden soll. Das Lesesignal ist dann der Anteil der in die aufgerufenen Wortleitungen eingespeisten elektrischen Energie, der durch das Koppelelement in die Leseleitung übertragen wird. Die Koppelelemente können Induktivitäten, Kapazitäten oder Widerstände sein. Koppelelemente mit linearer Kennlinie haben den Nachteil, daß ein Ausgangsimpuls von einer Leseleitung auf die nichtaufgerufenen Wortleitungen und damit auf alle anderen Leseleitungen zurückkoppelt. Die hierdurch entstehenden Störspannungen wachsen mit der Anzahl der Rückkopplungswege und setzen so der Kapazität des Speichers eine obere Grenze. Durch schaltungstechnische Maßnahmen lassen sich die Störungen verringern. Beim induktiven Speicher z. B. dadurch, daß die nicht aufgerufenen Wortleitungen hochohmig abgeschlossen werden. Infolge Fehlanpassung wird dann nur wenig Störleistung in die nicht aufgerufenen Wortleitungen zurückgekoppelt.

Den induktiven, kapazitiven und optischen Festspeichern kommt für die Praxis die größte Bedeutung zu, jedoch wird in Zukunft der Halbleiterspeicher an Bedeutung gewinnen. Dieser wird in Abschnitt 4.6 behandelt. Für resistive Festspeicher (zu denen auch der Kryotronfestspeicher zu rechnen ist) kann hier nur auf die Literatur verwiesen werden [7, 8, 9].

4.5.1 Induktive und kapazitive Festspeicher

Abb. 4.5-2 zeigt einen induktiven Festspeicher mit N magnetischen Koppelelementen, etwa Ringkernen mit linearer Kennlinie, für die Aufnahme einer Reihe N-stelliger Wörter. Ein Abfragestromimpuls auf einer der k waagerechten B-Leitungen (Wortleitungen) in einem Speicher mit einer Kapazität von k N-stelligen Wörtern bewirkt nur in denjenigen senkrechten Leitungen Spannungsimpulse (für „1"), durch deren Ringkerne die ausgewählte B-Leitung hindurchgeführt ist.

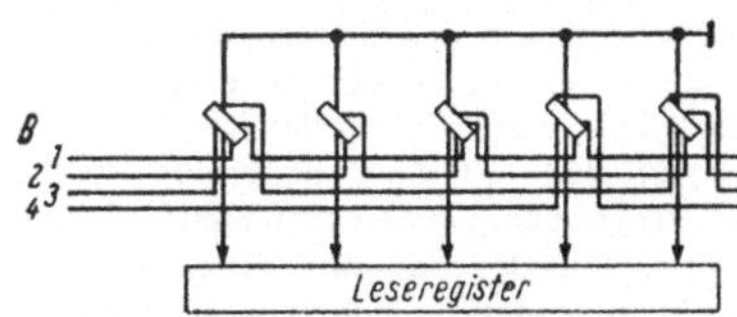

Abb. 4.5-2.
Ringkern-Festspeicher.

Bei der *Edsac II control matrix* [10] werden Ringkerne mit Rechteckschleife gleichzeitig als Koppel- und Auswahlelemente ausgenutzt (Abb. 4.5-3). Zur Speicherung von k N-stelligen Wörtern sind k Ringkerne in einer Matrix angeordnet. Jeder Kern repräsentiert ein Wort. Durch den Kern werden alle diejenigen Lesedrähte hindurchgezogen, die in dem zugehörigen Wort eine 1 enthalten, die übrigen nicht. (Hier wird also die Information durch An- oder Abwesenheit der Leseleitung bestimmt, im Gegensatz zu der Anordnung in Abb. 4.5-2 bei der sie durch An- oder Abwesenheit der Aufrufleitungen bestimmt wurde.)

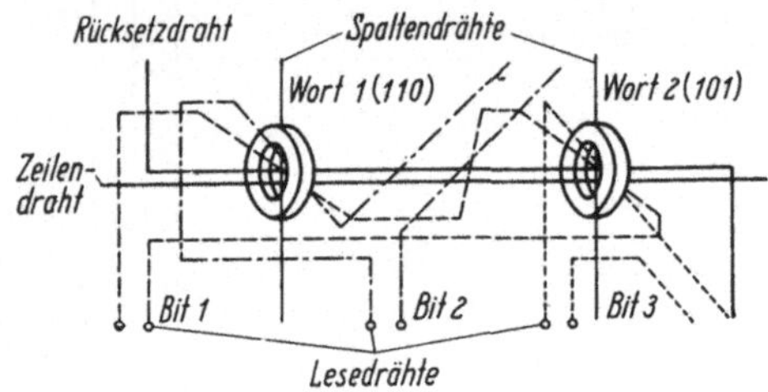

Abb. 4.5-3. Edsac II control matrix.

Ringkernspeicher, bei denen die Information durch die Art der Fädelung festgelegt ist, lassen Auswechseln des Speicherinhaltes kaum zu. Dieser Nachteil läßt sich durch die Verwendung von Stabkernen umgehen.

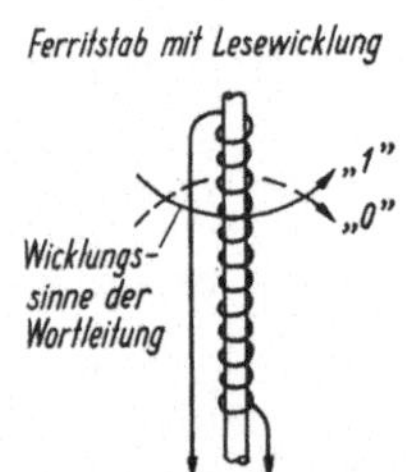

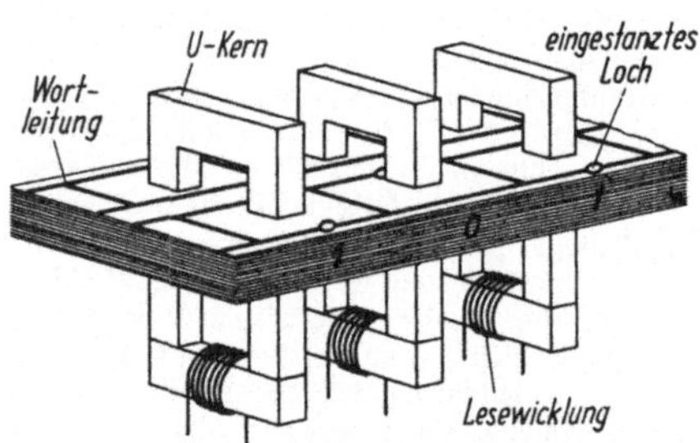

Abb. 4.5-4. Semipermanenter Stab-kernspeicher nach *Butcher*.

Abb. 4.5-5. U-Kern-Festspeicher.

Bei der *prewired storage unit* [11] sind 4 Gruppen zu je 40 der in Abb. 4.5-4 skizzierten Ferritstäbe mit je einer Lesewicklung auf einer Grundplatte senkrechtstehend montiert. Durch den Wicklungssinn der Wortleitung wird die „1" bzw. „0" dargestellt. 8 vorverdrahtete Platten werden auf die Grundplatte aufgelegt, so daß die Ferritstäbe durch die hierfür vorgesehenen Löcher hindurchragen. Jede der 8 Platten trägt 128 Aufrufdrähte, so daß insgesamt 4096 Wörter zu je 40 Bits gespeichert werden. Diodenmatrizen zur Adressenentschlüsselung sind mit auf die Platten montiert. Jede Platte kann einzeln — durch Lösen einer 25poligen Steckverbindung — ausgetauscht werden.

Stabkerne verursachen durch ihren Streufluß Störungen in den benachbarten Speicherstellen. Deshalb werden bei dem semipermanenten Speicher des IBM-Systems 360 [12] U-Kerne verwendet, die nach dem Aufstecken der die Aufrufleitungen tragenden Karten mit einem Joch verschlossen werden (Abb. 4.5-5). Es werden Mylar-Blätter mit aufgedruckten leiterförmigen Wortleitungen verwendet. Unterbricht man den außerhalb des U-Kerns verlaufenden Leiterzweig durch Einstanzen eines Loches, so verursacht ein Strom in der Wortleitung eine Flußänderung im Kern und damit ein Lesesignal, bei Unterbrechung des inneren Leiterzweiges nicht.

128 Mylarblätter, von denen jedes 2 Wörter enthält, bilden mit den zugehörigen U-Kernen einen *Modul*. Der aus 16 Modulen bestehende Speicher umfaßt somit 4096 Wörter, seine Zykluszeit beträgt 0,6 µs.

Eine ähnliche Anordnung, die zur Mikroprogrammsteuerung der Siemens 4004 verwendet wird, ist in [13] beschrieben.

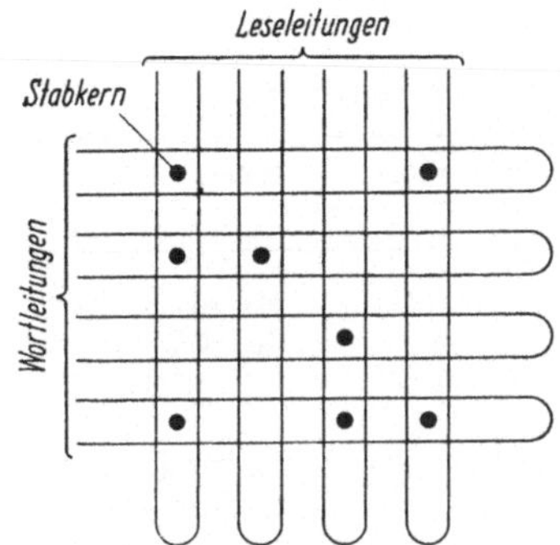

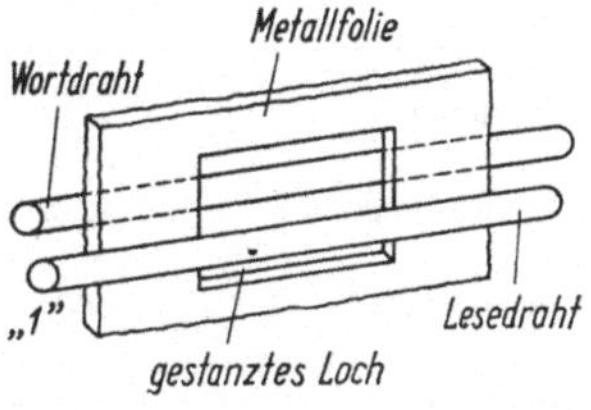

Abb. 4.5-6. Semipermanenter Stabkernspeicher nach *Kilburn*.

Abb. 4.5-7.
Metallkartenspeicher.

Bei den bisher beschriebenen Verfahren ist die Information durch die Führung der Wort- bzw. Leseleitungen dargestellt. Ein Auswechseln der Information ist daher umständlich, denn es erfordert neben dem Umlegen von Leitungen auch noch deren elektrischen Anschluß an den Aufrufmechanismus. Wesentlich leichtere Auswechselbarkeit erreicht man, indem man ein festes System von Wort- und Leseleitungen orthogonal so übereinanderlegt, daß sie zunächst nicht verkoppelt sind (Abb. 4.5-6) und durch nachträgliches Einfügen von Koppelgliedern in die betreffenden Kreuzungsstellen zur Darstellung der Einsen eine Kopplung zwischen Wort- und Leseleitungen herbeiführt.

In einer ersten Anordnung [14] sind als Koppelglieder Stabkerne verwendet. Auswechseln der Information geschieht in einem Versuchsmodell von 10^5 bit durch eine Preßluftvorrichtung, die die Stabkerne in einem Plastikröhrchen verschiebt. Auswechseln des gesamten Speicherinhalts dauert 1 min.

Eine wesentliche technische Vereinfachung der Koppelelemente ergibt sich bei den Metallkartenspeichern [15, 16]. Hier dient als Informationsträger eine Metallfolie. Diese wird zwischen zwei Karten aus Isoliermaterial gelegt, von denen die eine die Wort-, die andere die Leseleitungen trägt. Die Leitungen werden so geführt, daß an jeder Speicherstelle Wort- und Leseleitung ein kurzes Stück parallel verlaufen (Abb. 4.5-7). Die Metallfolie schirmt Wort- und Leseleitung zunächst völlig gegeneinander ab. Zur Speicherung einer „1" wird in die Metallkarte ein Loch gestanzt, so daß ein Leseimpuls induziert werden kann. Dieser ist natürlich kleiner als bei Verkopplung mittels Stabkernen, wodurch höherer Aufwand in den Leseverstärkern notwendig wird. Wählt man für die Metallkarten ein normales Lochkartenformat, so kann die Herstellung auf den üblichen Lochkartenstanzgeräten erfolgen. Weitere induktive Speicher ohne Magnetmaterialien sind in [17 bis 20] beschrieben.

Bei den kapazitiven Festspeichern sind die technischen Probleme weitgehend dieselben wie bei induktiven Festspeichern ohne magnetische Materialien. (Kapazitive Festspeicher mit nichtlinearen Materialien sind bisher nicht gebaut worden.) Die praktisch realisierbaren Kapazitäten und Zugriffszeiten sind etwa gleich.

Ein in [21] beschriebener Karten-Kapazitätsspeicher zeigt im Aufbau weitgehende Ähnlichkeit mit dem induktiven Metallkartenspeicher. Wort- und Leseleitungen sind auf 2 Karten rechtwinklig zueinander aufgebracht. Informationsträger ist wieder eine zwischengelegte Metallfolie im IBM-Lochkartenformat, die an den eine „1" darstellenden Kreuzungspunkten eingestanzte Löcher enthält und so kapazitive Kopplung zwischen Wort- und Leseleitung herstellt. Die niedrigen Aufrufströme beim Kapazitätsspeicher ermöglichen eine kapazitive Zuführung des Aufrufsignals [22]. Weitere Kapazitätsspeicher sind in [23, 24] beschrieben.

Tabelle 4.5-1 gibt eine Übersicht über die Kenndaten induktiver und kapazitiver Speicher.

Tabelle 4.5-1. Kenndaten induktiver und kapazitiver Festspeicher

	Induktive Speicher mit Magnetmaterialien	Induktive Speicher ohne Magnetmaterialien	Kapazitive Speicher
Koppelelement		Gegeninduktivität M_K: einige nH	Koppelkapazität C_K: einige pF
Eingangssignal	I_E: 100 mA bis 1 A	I_E: einige 100 mA	U_E: einige 10 V
Ausgangssignal	U_A: 5 mV bis 1 V	$U_A \sim M_K \cdot \dfrac{dI_E}{dt}$ einige mV	$I_A \sim C_K \cdot \dfrac{dU_E}{dt}$ einige 10 µA
Nutz-:Störverhältnis	5:1	5:1	5:1
Zugriffszeit	1 bis 5 µs	100 ns bis 5 µs	100 ns bis 5 µs
Erreichte Kapazität	$5 \cdot 10^5$ bit	$5 \cdot 10^5$ bit	$5 \cdot 10^5$ bit

4.5.2 Optische Festspeicher

Unter den optischen Speichern kommt dem photographischen Speicher wegen der hohen Informationsdichte die Hauptbedeutung zu. Bei diesem erfolgt die Speicherung in Gestalt von hellen und dunklen Punkten auf photographischen Filmen oder Platten. Eine Dichte von 10^5 bit/cm^2 ist praktisch erreichbar. Damit steht ein sehr kompaktes und billiges Speichermedium zur Verfügung, jedoch hängen Kapazität und Preis des gesamten Speichers noch von der optischen Auslesevorrichtung ab. Diese sollte eine möglichst große Informationsmenge in möglichst kurzer Zeit erreichen, die Zugriffszeit sollte adressenunabhängig sein.

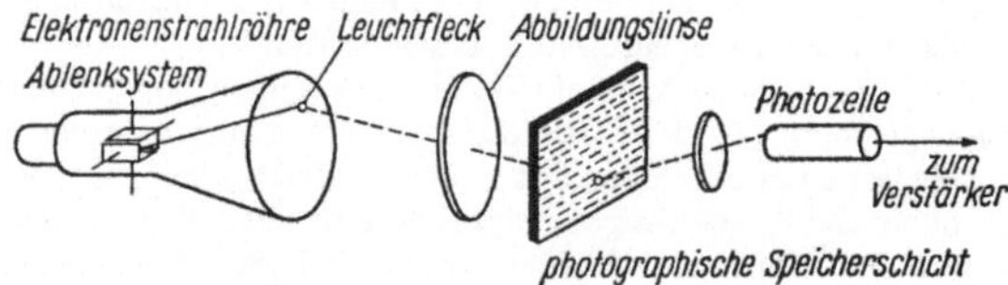

Abb. 4.5-8. Speicher mit Lichtstrahlabtastung (Flying spot store).

Abb. 4.5-8 zeigt das Prinzip des *flying spot store* [25, 26, 27]. Die Speicherschicht wird mit einem dünnen Lichtbündel abgetastet, das durch Abbildung des Leuchtflecks einer Katodenstrahlröhre auf die Schicht erzeugt wird. Der durchfallende Lichtanteil gelangt auf eine hinter der Schicht angebrachte Photozelle. Kapazität und Zugriffszeit einer solchen Anordnung hängen davon ab, wie genau und wie schnell der Lichtfleck an die aufgerufene Speicherstelle geführt wird. Hierzu können in die Schicht zusätzliche Orientierungsmerkmale aufgenommen werden, die mit Hilfe von Regelkreisen die Ablenkspannungen einstellen [25].

Ein in den Bell-Laboratorien entwickelter *Flying-spot-Speicher* hat eine Kapazität von $5 \cdot 10^6$ bit bei einer Zugriffszeit von 5 µs [29] (Abb.4.5-9). Vier Platten enthalten je 19 Speichermatrizen mit je 256×256 bit. Jeder Matrix ist eine Linse sowie

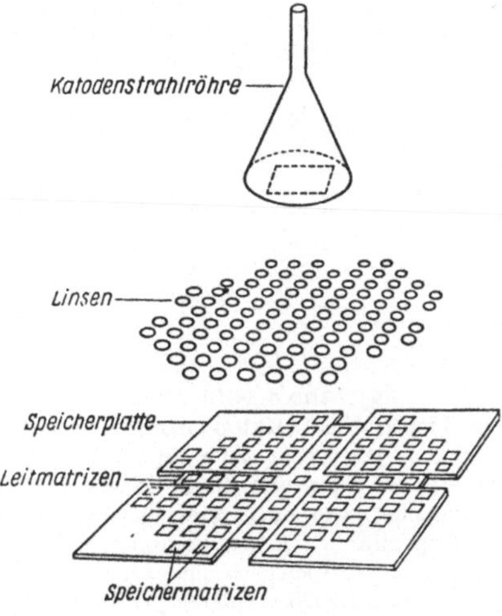

Abb.4.5-9. Photographischer Speicher für $5 \cdot 10^6$ bit.

eine Photozelle zugeordnet. Das Auslesen erfolgt parallel, jede Matrix liefert eines der zu einem Wort gehörigen Bits. Als Wortadresse werden die dual verschlüsselten rechtwinkligen Koordinaten des Leuchtflecks auf dem Schirm der Katodenstrahlröhre benutzt. 16 zusätzliche *Leitmatrizen*, die in Gestalt eines Kreuzes zwischen den Speicherplatten angeordnet sind, liefern ständig für die augenblickliche Strahlposition seine rechtwinkligen Koordinaten, die mit den im Adressenregister stehenden Koordinaten des aufzurufenden Wortes verglichen werden. Die Ablenkspannungen des Katodenstrahlrohres werden durch einen digitalen Vergleicher so verändert, daß Übereinstimmung eintritt.

Ein Prototyp für eine Anlage mit einer Kapazität von 10^9 Zeichen zu je 7 bit ist in [30] beschrieben. Auf einem Filmstreifen von etwa 2×20 cm^2 Größe werden 1000 Gruppen von je 100 Zeichen, also $7 \cdot 10^5$ bit, gespeichert. Je 50 Filmstreifen bilden eine Zelle, 10 Zellen ein Fach, insgesamt 10 Fächer sind vorhanden. Zum Aufruf wird durch einen elektrohydraulischen Mechanismus zunächst das Fach, dann die Zelle herausgesucht, sodann der Filmstreifen entnommen und in die optische Auslesevorrichtung gebracht, wo er nach dem *Flying-spot*-Prinzip gelesen wird. Dieser Vorgang dauert 1,6 bis 2,7 s. Zum Schreiben der Information wird der unbelichtete Streifen an die gleiche Stelle gebracht wie zum Lesen. Es wird ein Filmmaterial verwendet, das keine Entwicklung erfordert, sondern durch Belichtung mit ultraviolettem Licht Purpurfärbung annimmt. Belichtet wird mit einer Quecksilberhochdrucklampe von 2000 Watt über eine Matrix von 700 elektrostriktiv arbeitenden Verschlüssen, so daß mit einer 0,5 s dauernden Belichtung 100 Zeichen eingeschrieben werden.

Bei einem ähnlichen Verfahren [31] werden in undurchsichtige Karten mit Laserstrahlen Löcher gebrannt. Damit können 10^5 bit/s eingeschrieben werden.

Beim *Fotoscope-Speicher* [32] befindet sich die Information auf einer rotierenden Glasscheibe, so daß der Lichtstrahl zum Aufruf nur radial ausgelenkt werden muß. 700 Spuren sind in einem 9 mm breiten Streifen am Rande der Scheibe untergebracht. Jedem Bit entspricht ein Quadrat von 8 µm Seitenlänge. Insgesamt sind —

bei einem Durchmesser der Scheibe von 20 cm — $3 \cdot 10^7$ bit gespeichert. Die mittlere Zugriffszeit ist durch die Scheibendrehzahl (1400 U/min) bestimmt und beträgt 35 ms.

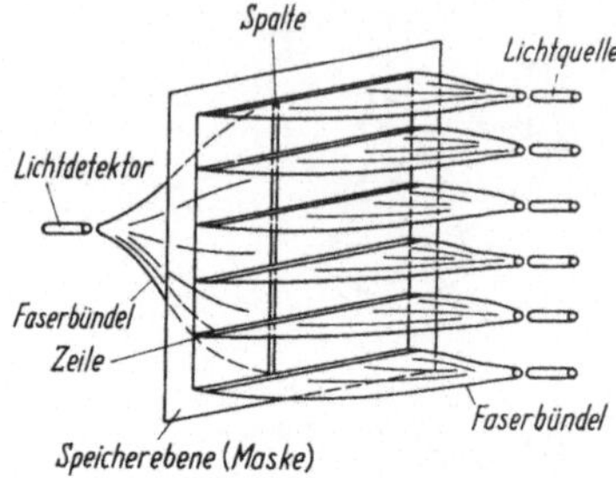

Abb. 4.5-10.
Faseroptikspeicher.

Der *Faseroptikspeicher* [29] (Abb. 4.5-10) gestattet außerordentlich kurze Zugriffszeiten. Von den Lichtquellen (Katodenstrahl-Blitzröhren) gehen Glasfaserbündel aus, die das Licht auf jeweils eine Zeile der Speichermatrix verteilen. Auf der Rückseite der Matrix erfassen Glasfaserbündel jeweils eine Spalte und führen das Licht zum Photovervielfacher. Die Zugriffszeit beträgt bei dieser Anordnung nur 20 ns, doch bleibt die Kapazität wegen des komplizierten Aufbaus beschränkt.

Außer den photographischen Speichern sind als weitere optische Speicher der *Elektrolumineszenzspeicher* und der *Glimmröhrenspeicher* zu erwähnen.

Beim Elektrolumineszenzspeicher [34] befindet sich eine Phosphorschicht zwischen zwei sich kreuzenden Leitungssystemen. Bei Aufruf eines Kreuzungspunktes leuchtet die Schicht in der Umgebung auf. Eine aufgelegte Maske enthält für „1" ein Loch, so daß das Licht auf einen Photovervielfacher fallen kann. Beim Glimmröhren-Festspeicher [35] bestimmt die An- oder Abwesenheit einer Glimmlampe am Kreuzungspunkt der Aufrufleitungen die Information. Das Aufleuchten der Glimmlampe wird durch einen Photovervielfacher verstärkt. Glimmröhrenspeicher erlauben aus Kostengründen keine großen Speicherkapazitäten. Tab. 4.5-2 gibt einige Kenndaten von optischen Speichern.

Tabelle 4.5-2. Kenndaten von optischen Speichern

	Lit.	Zugriffs-zeit	Zyklus-zeit	Kapazität Worte	bit/Wort	Kapazität bit
Flying-spot-Speicher	[29]	5 µs	—	$6,5 \cdot 10^4$	76	$5 \cdot 10^6$
Flying-spot-Speicher mit mechan. Filmtransport	[30]	1 s	2 s	10^9	7	$7 \cdot 10^9$
Fotoscope	[32]	35 ms	—	$5 \cdot 10^5$	60	$3 \cdot 10^7$
Faseroptikspeicher	[33]	20 ns	—	—	—	—
Elektrolumineszenz-speicher	[34]	0,2 bis 1 µs	20 bis 50 µs	—	—	$4 \cdot 10^3$
Glimmröhrenspeicher	[35]	100 µs	200 µs	256	4	10^3

Literatur

[1] *Rajchman, J. A.*: Computer memories. A survey of the state of the art. Proc. IRE 49 Jan. (1961) 104—127. — [2] *Schaefer, E.*: Elektronische Auslesespeicher. Elektron. Rechenanl. 3 (1961) 197—205. — [3] *Taub, D. M.*: A short review of read-only memories. Proc. IEE 110 (Jan. 1963) 157—166. — [4] *Feustel, O.*: Elektronische Zuordner. Elektron. Rechenanl. 7 (1965) 9—24. — [5] *Feustel, O.*: Ringkern-Zuordner. Elektron. Rechenanl. 8 (1966) 10—22. — [6]

Painke, H.: Der Festwertspeicher in digitalen Rechenanlagen. Elektron. Rechenanl. 8 (1966) 23—27. — [7] *Slade, A. E., McMahon, N. O.*: Superconductive Devices. Proc. West. Joint Comp. Conf. Los Angeles (May 1958), S. 103—106. — [8] *Webb, E. J.*: Diodecard read-only memory. IBM Techn. Disclosure Bull. 4 (Jan. 1962) H. 8, S. 16. — [9] *Hagiwara, H., Amo, K., Matsushita, S., Yamauchi, H.*: The KT pilot computer, a microprogrammed computer with a phototransistor fixed memory. Proc. of the IFIP-Congress 62, München, Amsterdam: North Holland 1963, S. 318—321. — [10] *Wilkes, M. V., Renwick, W., Wheeler, D. J.*: The design of the control unit of an electronic digital computer. Proc. IEE 105 Part B (1958) 121—128. — [11] *Butcher, I. R.*: A prewired storage unit. Trans. IEEE EC-13 (April 1964) H. 2, S. 106—111. — [12] *Taub, D. M., Kington, B. W.*: The design of transformer (Dimond ring) read-only stores. IBM J. Res. and Dev. 8 (Sept. 1964) 443—459. — [13] *Scharbert, I.*: Änderbare Mikroprogramm-speicher hoher Geschwindigkeit. Elektron. Rechenanl. 11 (1969) 16—20. — [14] *Kilburn, T., Grimsdale, R. W.*: A digital computer store with very short read time. Proc. IEE 107 Part B (1960) H. 36, S. 567—572. — [15] *Yamato, J., Suzuki, Y.*: Forming semi-permanent memories with metal card storage. Electronics 34 (17.Nov. 1961) 136—141. — [16] *Wamsley, J. G.*: Inductive coupled read-only memory. Wescon Convention Record, Part 4, August 1962, Nr. 2.3, S. 1—5. — [17] *Renard, A. M., Neumann, W. J.*: Unifluxor: a permanent memory element. Proc. of the West. Joint Comp. Conf., San Francisco, May 1960, S. 91—96. — [18] *Ishidate, T., Yoshizowa, S., Nagamori, K.*: Eddycard memory—a semipermanent storage. Proc. East. Joint Comp. Conf., Washington, Dez. 1961, S. 194—209. — [19] *Stapper, C. H.*: Read-only memory. IBM Techn. Disclosure Bull. 5 (Jan. 1963) H. 8, S. 46. — [20] Fa. Fabri-Tek, Permacord memory system, Bulletin No. 6329. — [21] *Foglia, H. R., McDermic, W. L., Peterson, H. E.*: Card Capacitor—a semipermanent read-only memory. IBM J. Res. and Dev. 5 (Jan. 1961) H. 1, S. 67—68. — [22] *Haskel, J. W.*: Capacitor read-only memory. IBM Techn. Disclosure Bull. 5 (March 1963) H. 10, S. 96—97. — [23] *van Goethem, J.*: The capacitive semipermanent information store and its uses in telephone exchanges. Proc. IEE 107 Part B (November 1960) Suppl. 10, S. 346—352. — [24] *MacPerson, D. H., Yok, R. K.*: Semipermanent storage by capacitive coupling. IRE Trans. EC-10 (1961) 446—451. — [25] *Hoover, C. W.*: System design of the flying spot store. Bell Syst. Techn. J. 38 (März 1959) 365—401. — [26] *King, G. W., Brown, G. W., Ridenour, L. N.*: Photographic techniques for information storage. Proc. IRE 41 (1953) 1421—1428. — [27] *Hoover, C. W.*: Fundamental concepts in the design of the flying spot store. Bell Syst. Techn. J. 37 (Sept. 1958) 1161—1194. — [28] *Gallaher, L. E.*: Beam positioning servo system for the flying spot store. Bell Syst. Techn. J. 38 (März 1959) 425—444. — [29] *Lovell, A.*: High-speed high-capacity photographic memory. Proc. East. Joint Comp. Conf. (Juli 1959) 34—38. — [30] *Litz, F. A., Chritschlow, A. J.*: Direct access photomemory. Proc. West Joint Comp. Conf. (1959) 50—58. — [31] A Trillion bit computer mass memory. Scientific Research, July 21 (1969) 27. — [32] *Shiner, G.*: The USAF automatic translator Mark I. IRE Nat. Conv. Rec. Part 4 (1958) 296—304. — [33] *Hoffmann, G. R., Jeffreys, D. C.*: A computer fixed store using light pulses for readout. Radio and Electronic Eng. (J. British IRE) 25 (Febr. 1963) 99—106. — [34] *Hoffmann, G. R., Smith, D. H., Jeffreys, D. C.*: High-speed light output signals from electroluminescent storage systems. Proc. IEE, 107, Part B (Nov. 1960) 36, S. 599—605. — [35] *Raphael, M. S., Robinson, A. S.*: Permanent digital function storage using neontubes. IRE Trans. on Instrumentation, PGI-5 (1956) 53—59.

4.6 Halbleiterspeicher

H. P. Louis

Anwendung. Halbleiterspeicher werden in wachsendem Umfang als schnelle und große Arbeits- und Kontrollspeicher in Rechenanlagen verwendet. Als Speicherzelle dienen symmetrische oder asymmetrische bistabile Halbleiterschaltungen (Flipflops). Die Speicherzellen können entweder seriell, in Art einer Laufzeitkette, oder parallel, in Art einer Matrix, miteinander verbunden werden. Die Matrizenanordnung eignet sich besonders gut für schnelle Speicher, weil sie die willkürliche Auswahl einer jeden Zelle in gleich kurzer Zeit gestattet [1, 2].

Im *Vergleich* zu magnetischen Matrizenspeichern bieten Halbleiterspeicher den Vorteil, daß sie mit den stets erforderlichen logischen Halbleiterschaltungen kompatibel sind bezüglich Signalpegel, mechanischem Aufbau und Spannungsver-

sorgung. Halbleiterspeicher sind sehr schnell, typische Zykluszeiten reichen von 20 ns
(1 ns $= 10^{-9}$ s) bis zu 1 μs. Vor allem bei kleinen Speichergrößen bis zu etwa 10^5 Zellen bieten sie Kostenvorteile (Abb. 4.6-1). Der Verlust der gespeicherten Information
bei Ausfall der Stromversorgung kann durch Notstrombatterien oder Sonderformen
von Speicherzellen (s. Abschnitt 4.6.3) vermieden werden.

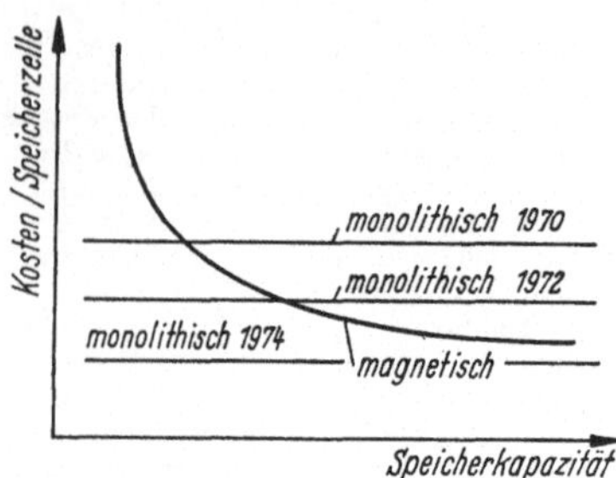

Abb. 4.6-1. Kostenvergleich zwischen monolithischen und magnetischen Matrizenspeichern in Abhängigkeit von der Speichergröße.

Die *Technologie* der Halbleiterspeicher ist mit der Technologie von Halbleiter-
schaltkreisen für Logik identisch bis auf graduelle Unterschiede. Auf eine Silizium-
Einkristallscheibe (Wafer) von etwa 0,2 mm Dicke und 5 bis 10 cm Durchmesser
werden bei der Herstellung mehrere hundert komplette Schaltkreisanordnungen
von je 1 × 1 mm bis 4 × 4 mm Kantenlänge gleichzeitig in einer Rasteranordnung aufgebracht. Mit feinen Wolframspitzen als Elektroden wird jede Schaltkreisanordnung
elektrisch ausgemessen. Die Ausbeute an guten Schaltkreisanordnungen beträgt
10 bis 90% je nach Komplexität. Nach dem Zerschneiden der Scheibe in einzelne
Schaltkreisanordnungen werden die Plättchen (Chips) mit den guten Schaltkreisen
auf meist keramische Trägerplättchen von 5 × 5 mm bis 50 × 50 mm Größe einzeln
oder zu mehreren aufgelötet. Die ganze Anordnung (Modul) wird dann vergossen
oder luftdicht eingekapselt und mit Stiften oder Metallstreifen zum Einlöten in eine
Karte mit gedruckter Schaltung versehen. Nach einem anderen, selten benutzten
Verfahren wird die Siliziumscheibe nicht zersägt. Stattdessen werden in einem weiteren Prozeßschritt die guten Schaltkreisanordnungen mit aufgedampften Leitungen
entsprechend dem Testergebnis miteinander verschaltet (s. auch [40]).

Die *Kosten* pro Speicherzelle (Bit) sind in den letzten Jahren durchschnittlich
alle zwei Jahre um einen Faktor 2 gefallen. Durch ausgeklügelte Flächenanordnung
lassen sich 256 bis 1024 Bits oder mehr auf einem Chip unterbringen. Die Herstel-
lungsprozesse sind weniger auf Schnelligkeit der Transistoren als auf hohe Ausbeute
gezüchtet. Besondere Bedeutung wird hierin der Feldeffekttransistor-Technologie
beigemessen. Wesentlichen Einfluß auf die Kosten hat der Umfang der Automatisierung von Chipherstellung, Testmethoden, Montage auf dem Modul, und Verdrahtung der Module auf der Karte. Das Bestreben geht deshalb dahin, einen Speicher
aus wenigen Typen von Chips und Modulen aufzubauen, die dann in um so größerer
Stückzahl je Typ hergestellt werden können. Mitunter ist es typensparender und
darum billiger, einen Baustein durch einige zusätzliche Schaltkreise universeller zu
gestalten, selbst wenn diese Schaltkreise nicht bei allen Anwendungen benötigt werden. Die Speicherkosten einer Rechenanlage sind häufig höher als die Kosten für alle
logischen Schaltkreise zusammen, und ihr Anteil nimmt weiter zu.

Die Beschränkung auf wenige, universell verwendbare und parallel zusammen-
schaltbare Bausteine führt zu einer *Modularität* der Halbleiterspeicher in der Anzahl
und Länge der Speicherplätze. In einer Rechenanlage findet man eine Vielzahl
unterschiedlicher, den jeweiligen Anforderungen optimal angepaßter Speichergrößen, die aus den gleichen Bausteinen bestehen. Durch geeignete Wahl der logischen
Schaltkreise für die Adressierung und Kontrolle der Speichermodule kann die
Speichergeschwindigkeit ebenfalls in Grenzen verändert werden.

Die *Integration von Logik* auf einem Speicherchip oder Modul, soweit sie über die unbedingt erforderlichen logischen Schaltkreise zur Speicheradressierung und Datenkontrolle hinausgeht, zielt auf universelle funktionelle Blöcke ab wie Addierwerke, rechnende Register, Kontrolleinheiten, oder assoziative Speicher (s. Abschnitt 4.4). Die Trennung in logische und speichernde Bausteine verwischt sich, bleibt jedoch schaltkreismäßig erhalten.

4.6.1 Speicherzellen mit bipolaren Transistoren

Grundlage einer symmetrischen Speicherzelle ist das direkt gekoppelte Flipflop, Abb.4.6-2. Es besteht aus zwei identischen invertierenden Verstärkerstufen. Der Kollektorausgang der einen Stufe ist direkt mit dem Basiseingang der nachfol-

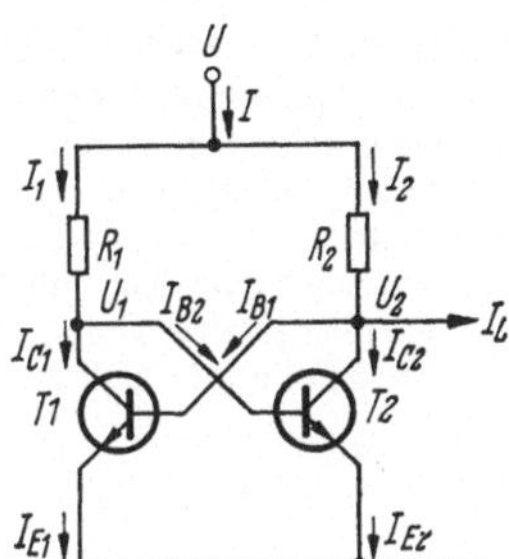

Abb. 4.6-2.
Symmetrisches Flipflop.

genden Stufe verbunden. Sind beide Stufen vollkommen identisch, dann teilt sich der Zellstrom I zunächst je zur Hälfte auf beide Zellhälften. Wenn die Kreisverstärkung, d.h. das Produkt der beiden Stufenverstärkungen, größer als Eins ist, ist dieser Zustand instabil und die Zelle „klappt um" in einen von zwei stabilen Zuständen, bei denen der eine Transistor leitet und der andere sperrt.

Stabilität. Eine Speicherzelle muß nicht nur für sich selbst stabil, sondern auch gegen ungewollte Störungen unempfindlich sein. Ein Maß für die Stabilität ist der Unterschied ΔU der Basis-Emitter-Spannungen der beiden Transistoren, wobei gilt

$$\Delta U = U_2 - U_1 \tag{4.6-1}$$

Strom und Spannung an der Basis-Emitter-Diode hängen exponentiell miteinander zusammen wie

$$I_{E1} = I_0 \cdot e^{\frac{U_s - U_0}{kT}} . \tag{4.6-2}$$

Hierin ist $kT = 27$ mV für Siliziumtransistoren bei Raumtemperatur, $U_0 \approx 600$ mV die von der Dotierung abhängige Schwellwertspannung der Diodenkennlinie, und $I_0 \approx 0{,}1$ mA der bei einer Spannung von U_0 auftretende und von der Größe der Diodenfläche abhängige typische Strom. Aus Gl.(4.6-1) und Gl.(4.6-2) ergibt sich, daß der minimale Spannungsunterschied $\Delta U = 65$ mV, bzw. 130 mV, betragen muß, wenn sich die Emitterströme I_{E1} und I_{E2} um mindestens den Faktor 10 bzw. 100 unterscheiden sollen.

In Abb.4.6-2 sei $T1$ leitend und $T2$ sperrend. Ferner sei der Flipflop ideal symmetrisch, d.h. Kollektorwiderstand $R_1 = R_2$, Stromverstärkung $\beta_1 = \beta_2$, $(\beta = I_C/I_B)$, Leckstrom $I_L = 0$. Wegen $I_{C2} \ll I_{C1}$ gilt annähernd

$$\Delta U = U_2 - U_1 = R_1 I \frac{\beta - 1}{\beta + 1} \tag{4.6-3}$$

oder, bei $\beta \gg 1$, augenähert $\Delta U = RI$. Typische Werte sind $200\,\Omega$ und 1 mA für schnelle Zellen, und $150\,\text{k}\Omega$ und $2\,\mu\text{A}$ für verlustarme Zellen.

Störeffekte können auftreten in Form von Leckströmen I_L (s. Abb.4.6-2) und von Asymmetrien der Zelle. Wenn β_1 und β_2 die Stromverstärkung der Transistoren $T1$ und $T2$ bedeuten, und wenn das Verhältnis $R_2/R_1 = 1 + x$ gesetzt wird, dann läßt sich ΔU implizit ausdrücken als

$$\Delta U = \frac{R_1(2+x)}{\beta_2 + 1}\left[\frac{I - I_L}{1 + e^{-\Delta U/kT}} \cdot \frac{\beta_1\beta_2 - 1}{\beta_1 + 1} - I\frac{\beta_2(1 + x) - 1}{2 + x} - I_L\right].$$

$$(4.6\text{-}4)$$

Für ein Beispiel einer nicht ideal symmetrischen Zelle mit $R_1 = 10\,\text{k}\Omega$; $R_2 = 12\,\text{k}\Omega$; $\beta_1 = 20$; $\beta_2 = 30$; $I_L = 10\,\mu\text{A}$ ist nach (4.6-4) ein minimaler Zellstrom $I = 36\,\mu\text{A}$ erforderlich, damit die Spannungsdifferenz den Wert $\Delta U = 65$ mV nicht unterschreitet. Dabei ist noch keine Sicherheit gegen kapazitiv eingestreute Störspannungen an den inneren Zellknoten (Kollektoranschlüsse) oder an den Emitteranschlüssen vorgesehen. Unsymmetrische Störspannungen an diesen Stellen überlagern sich linear mit der Differenzspannung ΔU und können die Zelle umklappen, sofern die Frequenz der Störspannung niedrig genug ist, daß die Zelle ihr folgen kann.

Sättigung. Für Abb.4.6-2 ergibt sich angenähert

$$U = U_2 + IR\frac{1}{1 + \beta},\qquad (4.6\text{-}5)$$

$$U_1 = U_2 - IR\frac{\beta - 1}{\beta + 1} = \beta U_2 - (\beta - 1)\,U,\qquad (4.6\text{-}6)$$

wenn $R_1 = R_2$, $I_L = I_{C2} = 0$. Die Kollektorspannung U_1 hängt sehr stark von der Stromverstärkung β und von der Speisespannung U ab. Für $U_1 < 50$ mV ist der Transistor $T1$ gesättigt, d.h. die Zelle kann nur mehr langsam in die andere Ruhelage ($T2$ leitend) umgeschaltet werden. Durch die Serienschaltung eines Widerstandes R_3 (Abb.4.6-5) kann die Sättigung verhindert werden. In einem anderen Vorschlag [1] wird der bei Sättigung einsetzende Basisstrom über eine Rückkopplung zur Begrenzung der Sättigung ausgenutzt (s. auch [18]).

Verlustleistung. Aus (4.6-3) und (4.6-5) berechnet man die minimale Zellverlustleistung angenähert zu

$$P \triangleq U_2 I + RI^2 \triangleq \frac{U_2 + \Delta U}{R(\beta - 1)}.\qquad (4.6\text{-}7)$$

Die Schwellwertspannung U_2 ist durch die Dotierung des Siliziums zu etwa 600 mV gegeben und ist temperaturabhängig [4].

Die Steuerspannung ΔU kann bei sehr symmetrischen Zellen und im störungsfreien Betrieb auf unter 100 mV gesenkt werden. Eine Vergrößerung von R und damit eine Verkleinerung des Zellstroms I, ist durch den wachsenden Flächenbedarf für den Widerstand und durch das Vorhandensein von Leckströmen I_L in der Größenordnung von 1 nA bis $1\,\mu\text{A}$ begrenzt. Bei sehr kleinem Strom sinkt zudem die Stromverstärkung β.

Beim Lesen des Zustandes einer Speicherzelle wird ein Teil des Zellstromes in den Leseverstärker abgeleitet. Je größer der Zellstrom, um so schneller ist die Zelle und der Lesevorgang. Um bei kleiner Verlustleistung dennoch hohe Speichergeschwindigkeit zu erreichen, werden gewöhnlich die jeweils adressierten Speicherzellen auf einen höheren Zellstrom gepulst. Alle anderen Zellen verbleiben bei niedriger Ruheleistung. Je größer das Pulsverhältnis zwischen Arbeitsstrom und Ruhestrom ist, um so schneller ist ein Speicher bei gleicher mittlerer Verlustleistung.

Mit linearen Widerständen werden Pulsverhältnisse von 3 bis 10 erreicht. Diffundierte Widerstände besitzen Flächenwiderstände von etwa $100\,\Omega$ pro Quadrat. Doppeltdiffundierte (pinch) Widerstände besitzen 100mal höhere Flächenwiderstände, sie sind aber mit größeren Toleranzen behaftet.

Mit nichtlinearen und geschalteten Widerständen werden Pulsverhältnisse von 20 bis 200 erreicht. Als nichtlineare Widerstände eignen sich Dioden in Vorwärtsrichtung [2, 6] oder in Sperrichtung; der Leckstrom ist dann der Zell-Nutzstrom. Geschaltete Widerstände werden in Form von lateralen PNP-Transistoren [5] angewendet ($T3$, $T4$ in Abb. 4.6-4) oder als Widerstandskombination, bei der ein Nebenschlußwiderstand durch einen NPN-Emitterfolger eingeschaltet wird [6].

Adressierung. Bei der Matrixanordnung nach Abb. 4.6-3 muß dafür gesorgt werden, daß der auf einem Datenleitungspaar $D0$, $D1$ fließende Strom eindeutig einer einzigen Zelle zugeordnet ist, die von der entsprechenden Adreßleitung, z.B. A_1, angesteuert wird. Dies kann entweder dadurch geschehen, daß die nichtadressierten Adreßleitungen A_2, A_3 ihren Ruhestrom vollkommen solange abschalten, wie die Leitung A_1 adressiert ist; auf den Datenleitungen $D0$, $D1$ fließt dann nur der Strom der adressierten Zelle (Z_{11}, Z_{12}); die Lastwiderstände der nichtadressierten Zellen müssen aber nichtlinear sein, wie z.B. $T3$ und $T4$ in Abb. 4.6-4, und müssen während dieser Zeit vollständig sperren, damit ein eindeutiger Spannungsunterschied ΔU bis zum Wiedereinschalten (s. Gl. (4.6-1)) erhalten bleibt.

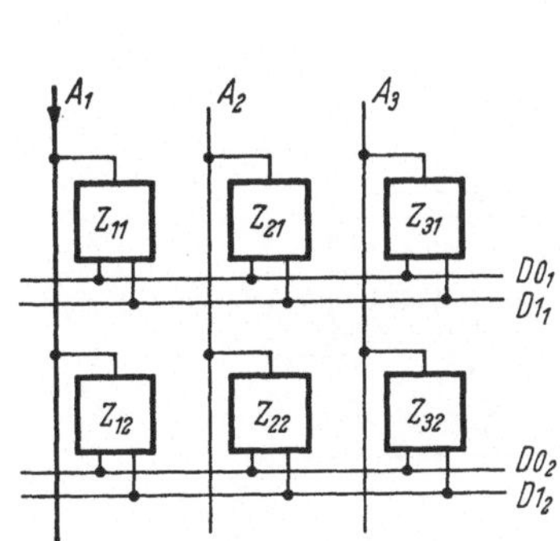

Abb. 4.6-3.
Matrixanordnung von Speicherzellen.

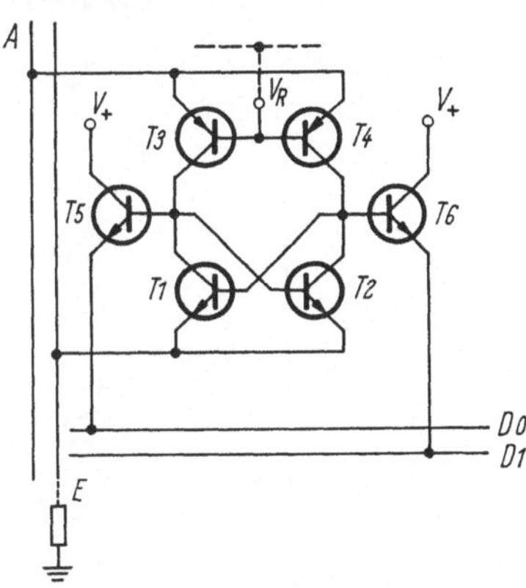

Abb. 4.6-4. Speicherzelle mit schaltbaren Lastwiderstanden $T\,3$, $T\,4$ und mit Auskoppeltransistoren $T\,5$, $T\,6$.

Das Abschalten der nichtadressierten Zellen läßt sich vermeiden, wenn der Ruhestrom der Zelle und der Lesestrom im adressierten Zustand auf getrennte Leitungen gebracht werden. In Abb. 4.6-4 wird das Potential der Zellknoten von den Koppeltransistoren $T5$, $T6$ abgefühlt. Im Ruhezustand sind $T5$ und $T6$ nichtleitend. Wenn sich das Potential der Zelle bei der Adressierung anhebt, wird $T5$ oder $T6$ leitend. Der Lesestrom wird der Spannungsquelle V_+ entnommen. Beim Doppel-Emitter-Transistor in Abb. 4.6-5 übernehmen die äußeren Emitter die Entkopplungsfunktion; im Ruhezustand sind sie stromlos; bei adressierter Zelle hebt sich das Potential der inneren Emitter, und ein Teil des Zellstromes fließt als Lesestrom in die Datenleitungen. Der Lesevorgang ist jeweils mit einem Störeffekt für die Zelle verbunden. Der Steuerstrom für die Koppeltransistoren $T5$, $T6$ in Abb. 4.6-4 wirkt wie ein Leckstrom I_L. Der Lesestrom in die Datenleitung $D0$ oder $D1$ in Abb. 4.6-5 hebt die Spannung auf dieser Leitung und bewirkt eine Unsymmetriespannung an den Schalt-Transistoren $T1$, $T2$.

Zum Schreiben einer Zelle werden diese Störungen gezielt ausgenutzt. Um z. B. $T2$ leitend zu machen, wird in Abb. 4.6-4 durch Absenken der Spannung von $D1$, gegebenenfalls bei gleichzeitigem Absenken von V_+, soviel Strom aus der Zelle ab-

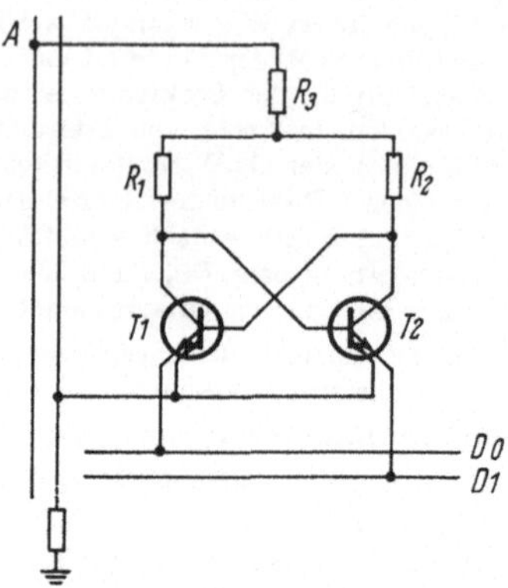

Abb. 4.6-5. Speicherzelle mit Doppel-Emitter-Transistoren.

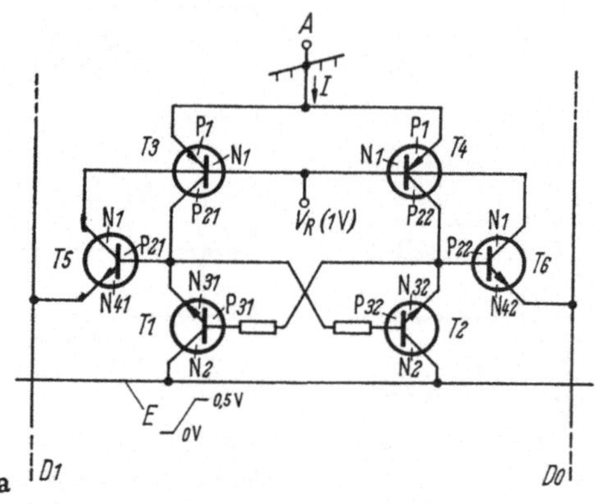

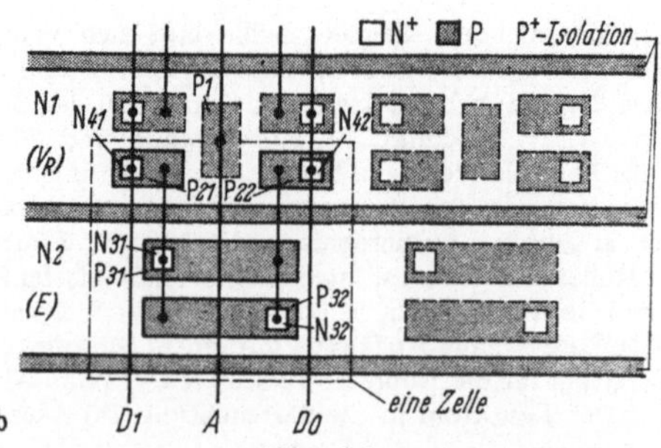

Abb. 4.6-6.
Speicherzelle ähnlich Abb. 4.6-4. a) Schaltdiagramm. b) Anordnung auf dem Chip (Auslegung).

gezogen, daß die Basis von $T1$ gesperrt wird; in Abb. 4.6-5 genügt es, die Spannung von $D1$ zu senken, oder aber die Leitung $D0$ abzuschalten und dadurch im Potential zu heben.

Bei der bisher beschriebenen Adressierung werden alle Zellen einer Adreßleitung gleichzeitig angesteuert. Jedes Datenleitungspaar braucht seinen eigenen Leseverstärker. Die in Abb. 4.6-4 gezeigte Zelle kann in echter Koinzidenz zwischen Pulsen an den Leitungen A und V_R so adressiert werden, daß nur diese eine Zelle auf volle Leistung gebracht wird und mit den Datenleitungen über $T5$, $T6$ verkoppelt wird. Bei dieser X, Y-Adressierung dürfen alle Datenleitungspaare miteinander verbunden und an einen einzigen Leseverstärker geführt werden.

Zellauslegung. Mehr als bei logischen Schaltungen muß bei Speichern auf eine Ineinanderschachtelung der Komponenten zur Platzersparnis geachtet werden. Abb. 4.6-6b zeigt eine von *Wiedmann* und *Berger* [5] vorgeschlagene Auslegung der in Abb. 4.6-6a dargestellten Zelle. Sie hat eine Größe von 28 μm mal 31 μm und braucht zur Verdrahtung nur eine Metallisierungslage mit Leiterbreiten von 10 μm. Die Ruheleistung der Zelle ist 0,1 μW, die Arbeitsleistung 0,6 mW im Pulsbetieb, die Schaltzeit 30 ns. Die Transistoren $T1$, $T2$ sind invers betriebene NPN-Transistoren mit gemeinsamem Emitter $N2$. Da alle Zellen einer Spalte der Matrix die Rückleitung E gemeinsam haben, wird E als diffundierte Leitung ausgeführt. Die Lastwiderstände $T3$, $T4$ sind laterale PNP-Transistoren, deren $N1$-Basisgebiet mit dem Kollektor der Koppeltransistoren $T5$, $T6$ zusammengefaßt ist, d.h. V_+ und V_R sind identisch.

4.6.2 Speicherzellen mit Feldeffekttransistoren

Feldeffekttransistoren (FET) unterscheiden sich von Bipolartransistoren unter anderem durch ihren einfacheren technologischen Werdegang und Aufbau, geringeren Flächenbedarf, kleinere Stromergiebigkeit, höhere erforderliche Steuerspannung und Versorgungsspannung, Symmetrie in der Stromrichtung, und stromlose, d.h. leistungslose Ansteuerung. Das symmetrische FET-Flipflop ist prinzipiell gleich aufgebaut wie das bipolare Flipflop und unterliegt den gleichen Gesetzmäßigkeiten bezüglich Stabilität, Störeffekten und Verlustleistung (s. Abschnitt 4.6.1).

Ein P-Kanal-FET besteht aus einem N-leitenden Substrat mit zwei P-leitenden eindiffundierten benachbarten Inseln (Quelle, Senke), zwischen denen das Substrat an seiner Oberfläche durch Invertierung seiner Leitfähigkeit einen P-leitenden Kanal herstellt. Die Invertierung wird durch das elektrostatische Feld der Steuerelektrode gesteuert. Durch Eindiffundieren von N-leitenden Inseln in ein P-Substrat wird ein N-Kanal-FET hergestellt. N-FETs haben etwa 3mal schnellere Schaltzeiten wegen der höheren Beweglichkeit der N-Ladungen. Mit zusätzlichen Prozeßschritten können P-Kanal- und N-Kanal-FET auf dem gleichen Halbleiterplättchen integriert werden. Der Vorteil dieser komplementären FET ist ähnlich wie der bei der gemeinsamen Anwendung von NPN- und PNP-Bipolartransistoren, d.h. kleinere Ruheleistung bei einfacheren (dualen) Schaltungen. Der FET vom Anreicherungstyp (enhancement mode) ist von Natur aus nichtleitend. Er wird durch Anlegen einer Steuerspannung leitend. Der Verarmungstyp (depletion mode) ist zunächst leitend; er wird durch die Steuerspannung gesperrt.

Lastwiderstände. Diffundierte Widerstände sind mit der FET-Technologie nicht gut verträglich. Stattdessen bildet man Widerstände mit FETs nach, deren Strom (d.h. Widerstand) durch geeignete Wahl der Steuerspannung eingestellt wird. So kann die Steuerelektrode mit der Senke verbunden werden. Siehe $T3$, $T4$ in Abb. 4.6-7. Änderungen der Steuerspannung V_+ sowie Toleranzen der Schwellwertspannung (Kennlinie) des FET bei konstanter Steuerspannung V_+ bewirken beide eine Abweichung des Transistorstromes und damit eine effektive Toleranz des nachgebildeten Widerstandes. Diese Einflüsse sind besonders groß bei kleinen Strömen, d.h. bei Steuerspannungen kurz oberhalb der Schwellwertspannung.

Die Schalttransistoren $T1$, $T2$ sind vom Anreicherungstyp, andernfalls würden beide dauernd leiten. Somit sind $T3$, $T4$ ebenfalls vom Anreicherungstyp, und die Steuerelektrode muß auf die genügend hohe Spannung V_+ gelegt werden, damit ein

Strom fließt. Bestimmend für den Strom ist aber in erster Linie die Spannung zwischen Steuerelektrode und Quelle (Zellknoten), die aber vom Informationszustand der Zelle abhängt. Die Stromveränderung geht in die falsche Richtung: wenn $T1$ leitet, steigt der Strom durch $T3$ an.

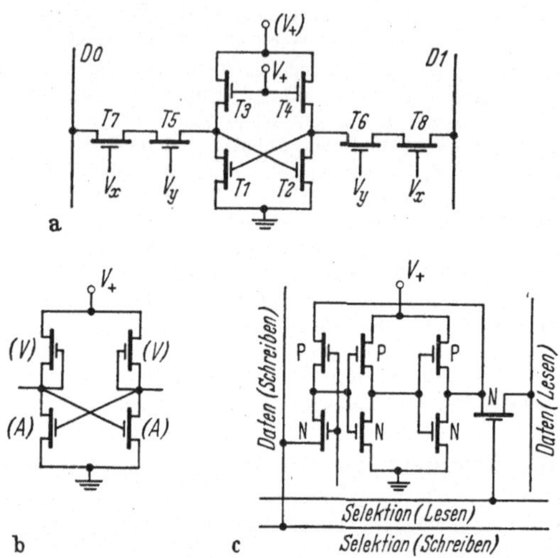

Abb. 4.6-7. FET-Speicherzelle mit Lastwiderständen vom a) N-Kanal Anreicherungstyp (A); b) N-Kanal Verarmungstyp (V); c) P-Kanal Komplementär-Typ (P).

In Abb. 4.6-7b sind die Lastwiderstände durch FET vom Verarmungstyp ersetzt. Zu ihrer Herstellung sind zusätzliche Prozeßschritte notwendig [7]. Die Steuerelektrode kann mit der Quelle des FET verbunden werden, so daß die Steuerspannung vom Informationszustand unabhängig ist. Der Zellstrom kann bei gleicher Schaltgeschwindigkeit reduziert werden.

Werden die Lastwiderstände durch Komplementär-FETs ersetzt wie in Abb. 4.6-7c, dann ist der Zellruhestrom gleich Null. Die Zelle ist so stabil, daß die kreuzweise Rückkoppelung beim Umschreiben unterbrochen werden muß [41].

Adressierung. Die Zelle in Abb. 4.6-7a wird ähnlich angesteuert wie die bipolare Zelle in Abb. 4.6-4. Die Schaltkennlinien des FET gestatten aber die Serienschaltung von 2 Schaltern ($T5$, $T7$ bzw. $T6$, $T8$), so daß eine echte x, y-Ansteuerung mit nur einem Datenleitungspaar möglich ist. Die Zelle muß dazu nicht im Potential gehoben werden [8].

Wenn die Steuerspannung V_+ während der Adressierung positiv gepulst wird, erhöht sich der Zellstrom und damit der verfügbare Lesestrom. Da die Koppeltransistoren $T5$ bis $T8$ Stromschalter, aber keine Verstärker sind, wird der Pulsbetrieb häufig angewendet. Typische Leseströme liegen zwischen 10 µA und 200 µA. Im Ruhezustand kann die Steuerspannung V_+ sogar zeitweise ganz abgeschaltet werden. Durch die vorhandenen Ladungen wird das Flipflop leistungslos gesteuert. Die vorhandenen Leckströme bauen die Ladungen im Verlauf von Millisekunden oder Sekunden ab. Zur Regenerierung der gespeicherten Ladungen muß die Zelle etwa nach 1 ms automatisch kurzzeitig angesteuert werden, z. B. durch einen Adressenzähler.

Die Geschwindigkeit einer FET-Zelle ist nicht so sehr durch die Schaltgeschwindigkeit des FET wie durch die Aufladungszeitkonstante der Leitungskapazitäten durch die nur kleinen verfügbaren Ströme gegeben.

Zellauslegung. Die in Abb.4.6-7a gezeigte Schaltung einer Zelle ist in Abb.4.6-8 schematisch ausgelegt. Die gleiche Diffusionsinsel kann Bestandteil mehrerer Transistoren sein, z.B. $T3$, $T5$ und $T1$. Überkreuzungen, z.B. zwischen V_+ und (V_+), können ebenfalls mit Hilfe einer Diffusionsformel gelöst werden. Aus der relativen Größe der Kanalgebiete ist ersichtlich, daß die Transistoren $T5$, $T6$ hochohmig, und die Transistoren $T1$, $T2$ niederohmig sind.

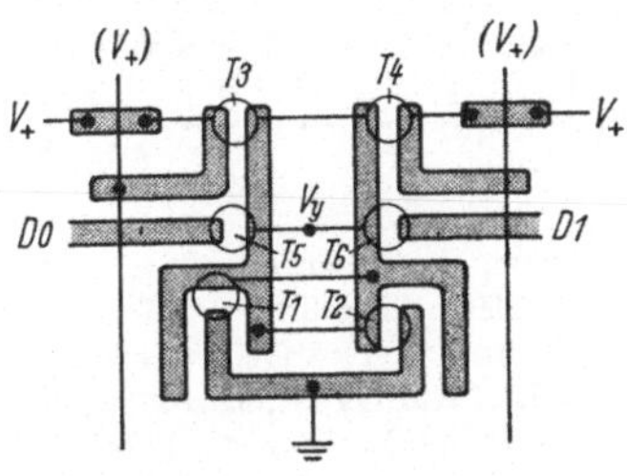

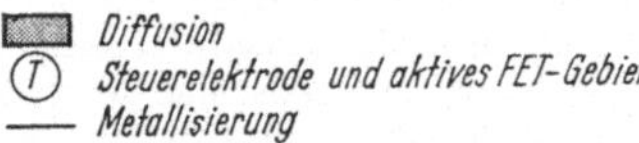

Abb.4.6-8. Schema einer FET-Zelle nach Abb.4.6-7a.

4.6.3 Sonderformen von Speicherzellen

Neben dem symmetrischen bistabilen Flipflop kennt man eine Reihe von Speicherzellen mit speziell gezüchteten Eigenschaften: asymmetrische Zellen mit besonders kleinem Flächenbedarf für Schieberegisterbetrieb; elektronisch steuerbare Asymmetrien von Speicherzellen, die ihre Information auch bei Ausfall der Speisespannung beibehalten und somit eine Zwitterstellung zwischen Festspeicher (s. Abschnitt 4.5) und Lebendspeicher einnehmen; Weiterentwicklungen unter Ausnutzung besonderer elektronischer Effekte oder technologischer Prozesse.

Schieberegister. In diesem Speichertyp wird die Information durch einen Taktimpuls von einer Speicherzelle in die benachbarte Speicherzelle verschoben. Die Information ist nicht mehr wahlfrei, sondern nur noch sequentiell verfügbar wie in einem Laufzeitspeicher (s. Abschnitt 4.3). Dafür entfällt ein großer Teil der aufwendigen Adressier- und Datenschaltkreise, wie sie bei Matrizenspeichern (s. Abschnitt 4.6.4 und 4.2) erforderlich sind. Statische Schieberegister können in jeder Position angehalten werden, sie lassen sich auch rückwärts schieben. Dynamische Schieberegister müssen ohne Unterbrechung weiterlaufen, da die Information nicht in einem Flipflop, sondern als Ladung auf einem Kondensator gespeichert ist, der sich im Laufe der Zeit durch Leckströme selbsttätig entlädt. MOS-Feldeffekttransistoren eignen sich besonders gut für dynamische Speicherung, da ihre Steuerelektrode gleichstrommäßig keine Steuerleistung braucht (vgl. Abschnitt 4.6.2). Statische Schieberegister besitzen eine Verlustleistung von etwa 1 mW/bit und mehr, unabhängig von der Taktfrequenz; Einphasen-Taktgeber sind gebräuchlich. Dynamische Schieberegister haben eine Verlustleistung von 0,5 µW/bit bei 500 Hz bis zu 1 mW/bit bei 1 MHz Taktfrequenz; Zweiphasentaktgeber sind üblich. Ungewöhnlich ist der Vorschlag für ein dynamisches bipolares Schieberegister mit Einphasentaktgeber nach Abb.4.6-9. Pro Bit sind 2 Registerelemente erforderlich.

Lebendspeicher mit permanentem Gedächtnis. Lebendspeicher verlieren ihre Information beim Abschalten der Speisespannung. Infolge unvermeidlicher Asymmetrien nehmen aber mehr als 95% aller Zellen beim Wiedereinschalten stets ihren bevorzugten Zustand ein. Durch gezielte geringe Zellasymmetrie bei der Fabrikation kann einem Speicher ein latentes Bitmuster eingeprägt werden, welches als Quasifestspeicher die erste Mikroprogrammsteuerung eines Rechenautomaten übernehmen kann. Dieses latente Bitmuster kann im Betrieb beliebig überschrieben werden [9].

Die meisten Speicher dieser Klasse, auch als elektronisch veränderliche Festspeicher oder als Semifestspeicher bezeichnet, benutzen den Einfluß der im Dielektrikum unter der Steuerelektrode eines Feldeffekttransistors gefangenen Ladung auf

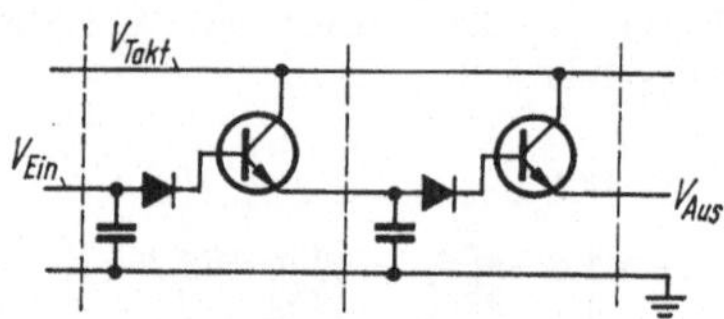

Abb. 4.6-9. Dynamisches bipolares Schieberegister mit Einphasen-Taktgeber.

die Verschiebung der Steuerkennlinie. Durch Anlegen einer Spannung an die Steuerelektrode bei gleichzeitig erhöhter Temperatur können die Ladungen zur einen oder anderen Richtung verschoben werden. Experimentelle Nachweise wurden von MNOS-(Metall-Nitrid-Oxyd-Silizium)-Speichern [10, 11], von MAS-(Metall-Aluminiumoxyd-Silizium)-Speichern [12], von einem Doppel-Gatter-MNOS-Speicher [13] und von MOS-Speichern mit Lawinendurchbruch-Injektion von einer Steuerelektrode auf fliegendem Potential berichtet [14]. Wegen Schwierigkeiten bei der Kontrolle des Dielektrikums und der Integration der dafür erforderlichen Hilfsschaltungen waren die Methoden [10 bis 13] auf nicht-dekodierte 256-Bit-Chips begrenzt. Der in [14] beschriebene Weg hat zu einem voll-dekodierten 2048-Bit-Chip geführt.

Ebenfalls zu einem nicht-dekodierten 256-Bit-Chip hat die Verwendung von reversibel kristallisierbaren bzw. amorphen Gläsern geführt [15, 16], die unter dem Namen „Ovonic-Schalter" bekannt wurden.

Technologieabhängige Speicherzellen. Durch die Ineinanderschachtelung von einem lateralen PNP-Transistor und einem vertikalen NPN-Transistor kann man mit dem konventionellen Doppeldiffusionsverfahren einen bipolaren 4-Schicht-Transistor herstellen (Abb. 4.6-10). Er besitzt eine teilweise negative Kennlinie mit zwei stabilen Betriebspunkten. Bistabile Zweipole dieser Art können nur mit Schwierigkeiten zu einer Matrix zusammengeschaltet werden. Die symmetrische Thyristorzelle in Abb. 4.6-11 vermeidet diese Schwierigkeiten [17]. Elektrisch ähnlich ist die in [18] beschriebenen Zelle, deren Thyristoren aus einem lateralen NPN-Transistor und einem lateralen Unijunction-Transistor (PNP-Typ) bestehen. Für die Herstellung sind nur 3 Maskenschritte erforderlich (TRIM-Prozeß). Die Zellgröße liegt bei 125 μm × 150 μm, der Kollektorwiderstand hat 20 kΩ, die Verlustleistung beträgt

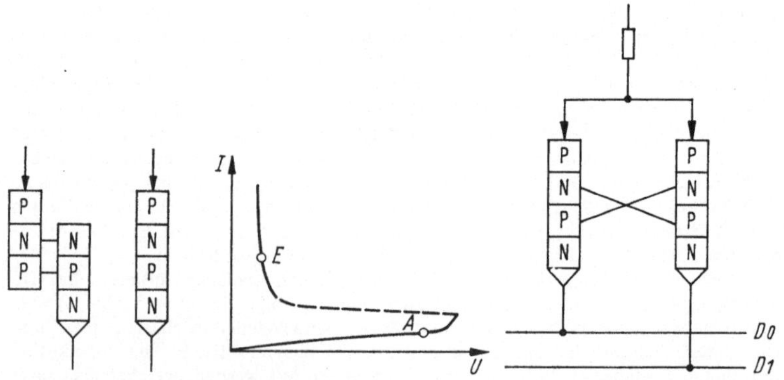

Abb. 4.6-10. Vierschicht-Halbleiter (Thyristor) mit zwei stabilen Betriebspunkten.

Abb. 4.6-11. Symmetrische Thyristor-Speicherzelle.

40 μW/bit. Beide Zellen können auf die in [19] beschriebene diodengekoppelte Zelle zurückgeführt werden, die aus der in Abb. 4.6-2 gezeigten Zelle entsteht, wenn man die Kollektorwiderstände durch Dioden ersetzt.

Die Isolationsdiffusion braucht erheblichen Platz und bedeutet einen zusätzlichen Prozeßschritt. Der isoplanare Oxyd-Isolations-Prozeß [20] ersetzt die P-Isolationsdiffusion durch eine Oxidation. Zellgrößen von 75 μm × 100 μm werden erreicht. Beim CDI-Prozeß (collector diffusion isolation) erfolgt die Isolation durch die N-Kollektordiffusion, zusammen mit dem N-Subkollektor, in einer N-Epitaxie [21].

Transistoren mit offener Basis haben eine Charakteristik ähnlich wie der Thyristor in Abb. 4.6-10. Wenn der Spannungsdurchbruch nicht an der Siliziumoberfläche erfolgt, können die Alterungserscheinungen vermieden werden. In [22] wird ein Vorschlag zur Herstellung und zum Betrieb von Einzeltransistorzellen von 25 μm × 25 μm Größe gemacht. Vergleichbare Zellgrößen gestattet ein Vorschlag, eine dynamische Speicherzelle aus der Gegeneinanderschaltung einer PN-Diode mit einer Schottky-Kontaktdiode herzustellen. Die Information besteht in der gespeicherten Ladung [26], die umgeladen wird (charge-transfer diode memory).

Die Vereinigung von komplementären FET mit komplementären Bipolar-Transistoren auf einem Chip gestattet 10- bis 25mal höhere Geschwindigkeiten als mit komplementären FET alleine bei etwa gleicher Komplexität der Technologie [23]. Das Gegenteil von diesem recht komplexen, C-squared genannten Prozeß, wird von den CCD-Komponenten (charge coupled device) angestrebt: Extreme Einfachheit des Prozesses [24, 25]. Der CCD-Transistor ist ein Oberflächenladungstransistor, er besteht aus zwei Speicherelektroden, die durch eine dritte miteinander gekoppelt sind. Mit ihrer Hilfe wird die Oberflächenladung von einer Platte zur anderen verschoben. Zweiphasen-Schieberegister mit etwa 40 μm × 40 μm Bitgröße erscheinen möglich.

Ionenimplantation an Stelle von Diffusion bei FET und Bipolartransistoren ermöglicht engere Toleranzen in der Geometrie und im Dotierungsprofil. Sie findet Anwendung zur Herstellung von Verarmungstyp-FET Lastwiderständen [27]. Für FET ist die Toleranz der Kanallänge von besonderer Bedeutung. Außer mit Ionenimplantation werden verbesserte Toleranzen mit doppeltdiffundierten MOS-Transistoren [28] und mit der Silicon-Gate-Technologie [29] erreicht.

4.6.4 Speicherkomponenten

Hilfsschaltkreise. Für die Steuerung der Speicherzellen ist eine Vielzahl von peripheren Schaltkreisen notwendig. Einige von ihnen werden zweckmäßig mit den Speicherzellen zusammen auf einem Halbleiterchip integriert; je nach Speichertyp und Technologie werden sie 20 bis 60% der verfügbaren Chipoberfläche beanspruchen. Abb. 4.6-12 zeigt das Schema eines bipolaren Speicherchips mit 64 Speicherzellen. Siehe auch [30, 31].

Die 64 Speicherzellen in Abb. 4.6-12 werden in einer (8 mal 8)-Matrix angeordnet. Die 8 + 8 = 16 Leitungen können nicht von außen her direkt angesteuert werden, da nicht genügend Anschlußkontakte zur Verfügung stehen. Die binär kodierte Adresse wird darum in 2 Gruppen zu je 3 Leitungen (A bis C, D bis F) auf dem Chip gepuffert, verstärkt und decodiert. Für eine Verdoppelung der Anzahl Speicherzellen ist jeweils nur eine weitere binär-kodierte Adreßleitung notwendig. Für die Adressierung eines von mehreren Speicher-Chips in einer größeren Speicheranordnung wird die 1-aus-n-Adreßdekodierung in peripheren logischen Bausteinen wiederholt; der dort erzeugte Adreßimpuls wird an den Selektionseingang des zu adressierenden Speicherchips geführt. Bei kleinen Speichern können diese peripheren logischen Bausteine eingespart werden, wenn an dem Speicherchip ein Mehrfach-UND-Eingang vorgesehen ist ($X - Y$-Adresse in Abb. 4.6-12), mit dessen Hilfe der Chip seine eigene Adresse erkennen kann.

Bei der in Abb. 4.6-12 gewählten Chiporganisation sind 64 Adreßkombinationen möglich; über den Daten-Eingang/Ausgang ist jeweils nur eine einzige Speicherzelle

(Bit) zugänglich; der Chip ist also (64×1 bit)-organisiert, oder auch bitorganisiert. Andere Organisationen sind möglich, z.B. können in Abb.4.6-12 die Adreßdekodierer D bis F fortgelassen und alle 8 Daten-(Bit)-Leitungspaare mit je einem eigenen

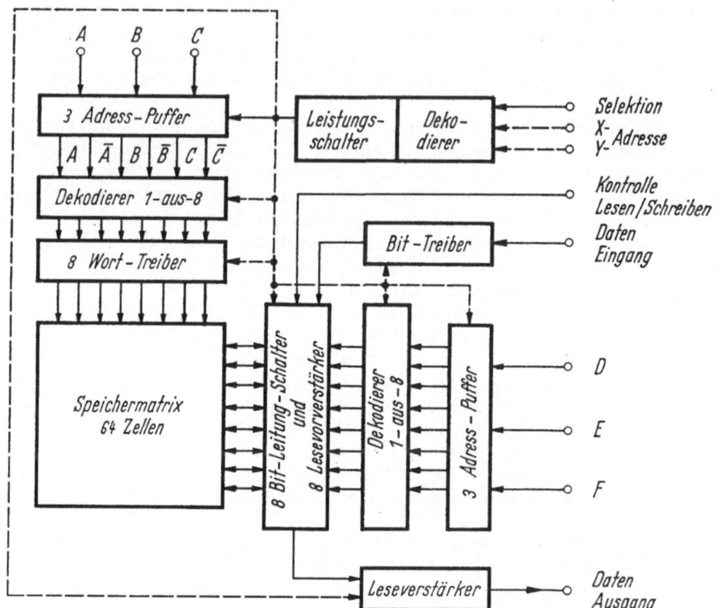

Abb.4.6-12. Bipolarer 64-Bit-Speicher-Chip mit peripheren Hilfsschaltkreisen.

Leseverstärker und Bittreiber versehen werden. Bei der Selektion von 1 aus 8 möglichen Matrixspalten (Speicheradressen) sind 8 Datenkanäle gleichzeitig zugänglich; die Gruppe von 8 gleichzeitig verfügbaren Bits wird auch als Wort bezeichnet. Der Chip ist also (8 Wort×8 Bit)-organisiert, oder auch wort-organisiert. Er verlangt mehr Anschlüsse, aufwendigere und mehr Schreib-Lese-Schaltkreise, und höhere Verlustleistung. Bei größeren Speichern werden darum die Speicherworte durch Parallelschaltung von bitorganisierten Chips erzeugt.

Andere Hilfsschaltkreise dienen der Chipselektion, dem Pulsen der Leistung der adressierten Speicherzellen und der zugehörigen Steuerkreise, der Verarbeitung von Taktimpulsen, und etwaigen weiteren logischen Funktionen. Bipolartransistoren können als Leseverstärker für kleine Spannungen und als Stromverstärker für Treiberschaltungen, logische Verzweigungen, und große kapazitive Lasten (Sammelleitungen, Verdrahtungen) verwendet werden. Sie sind schnell. Feldeffekttransistoren eignen sich vor allem für hohe Schaltkreisdichten, kleine Ströme und in Schalteranwendungen für Signalleistungen. Auf FET-Speicher-Chips sind gewöhnlich die Adreßdekoder mitintegriert. Die Treiberansteuerung und Signalverstärkung wird häufig von peripheren bipolaren Chips durchgeführt, die auf dem Speichermodul oder auf separaten Bausteinen untergebracht sind.

Entwurf und Prüfung. Die Komponenten einer monolithischen Schaltung können weder einzeln gemessen noch nach Toleranzen sortiert werden. Über jeden Komponenttyp (Transistor, Diode, Widerstand dieser oder jener speziellen Geometrie) können statistische Aussagen gemacht werden, die auf Messungen an Tausenden von identischen Komponenten auf sog. Testchips beruhen. Auch beim Ausprüfen einer monolithischen Schaltung ist das Schaltungsinnere im allgemeinen der Messung nicht zugänglich. Durch eine Vielzahl von Einzelmessungen an den Kontaktstellen des Chips, und durch eine gezielte Variation der Testbedingungen (Signalamplitude, Anstiegszeiten, Taktfrequenz, Versorgungsspannung, Temperatur usw.) lassen sich Aussagen über die Funktionssicherheit einer Schaltung machen. Schließlich können Änderungen beim Schaltungsentwurf nicht sinnvoll an einzelnen Mustern experimentell verfolgt werden. Man muß sich also auf statistische Aussagen beschränken, die maschinelle Schaltkreisberechnungen und automatisierte Test- und Auswerteverfahren voraussetzen.

Netzwerkanalysenprogramme sind in ihrer Leistungsfähigkeit durch die Rechenzeit und Speichergröße selbst leistungsfähiger Rechenautomaten begrenzt, wobei die jeweilige numerische Integrationsmethode eine wesentliche Rolle spielt. Einige Hersteller monolithischer Bauelemente haben eigene Netzwerkanalysenprogramme entwickelt, wie CIRPAC [32], TIME [33], CANCER [34] und ASTAP [35]. Sie bestehen aus 10000 bis 100000 Instruktionen und berechnen Schaltungen mit mehreren hundert Knoten und mit aktiven, passiven, linearen und nichtlinearen Komponenten und mit zeitabhängigen Parametern. Die Berechnungen umfassen das Gleichstrom- und Schaltverfahren im Zeit- und Frequenzbereich, statistische Aussagen in Abhängigkeit vorgegebener Komponententoleranzen, Stabilitätskriterien, Kleinsignal- und Rauscheigenschaften, Produktionsausschuß als Folge statistischer Streuungen, kritische Schaltungstoleranzen, Zuverlässigkeitserwartung, und parasitäre Effekte zwischen den Komponenten. Voraussetzung für die Berechnung ist die Erstellung aller erforderlichen statistischen Daten. Die Endprüfung verursacht einen erheblichen Anteil der Kosten monolithischer Bausteine. Durch Kontaktierung mit Nadeln auf der unzerschnittenen Siliziumscheibe wird jeder Chip mehreren hundert Messungen unterzogen. Die Nadeln erlauben aber keinen echten Funktionstest mit sehr kurzen Anstiegszeiten, sie dienen der vorläufigen Trennung von guten und schlechten Chips. Der funktionelle Endtest wird am Modul durchgeführt, wobei jeder Chip mehreren zehntausend Gleichstrom- und Pulsmessungen unterworfen werden kann [31]. Die Meßautomaten sind mit modernsten Rechenautomaten zu vergleichen. Wenngleich über eine individuelle Komponente keine absolute Aussage bezüglich Betriebssicherheit und Lebensdauer gemacht werden kann, kann doch statistisch ein zuverlässiges Produkt garantiert werden [42].

Störeffekte. Die Komponenten einer monolithischen Schaltung sind gegeneinander und gegenüber dem Substrat durch in Sperrichtung gepolte PN-Übergänge getrennt. Die Sperrschichtkapazitäten hängen von der Halbleiterdotierung und Auslegungsgeometrie ab; ein weitgehendes Vermeiden von Isolationsdiffusionen (Abb. 4.6-6) ist eine wirksame Maßnahme gegen schädliche Kapazitäten. Durch die räumliche Gedrängtheit können die von einem Emitter in die Basis injizierten Ladungsträger von eng benachbarten Komponenten aufgefangen werden, z. B. von dem zweiten Emitteranschluß des Doppelemittertransistors in Abb. 4.6-5. Dadurch fließt ein parasitärer Transistorstrom aus der Datenleitung in die Zelle. Abwehrmaßnahmen sind genügender Abstand und Verkürzung der Lebensdauer der Ladungsträger im schädlichen Gebiet durch hohe Dotierung. Beim lateralen PNP-Transistor wird der Nachbarschaftseffekt bewußt ausgenutzt. Bei Sättigung eines Transistors erfolgt Rückinjektion vom Kollektor in die Basis; durch Absaugung dieser Ladungen durch einen gesperrten Emitter kann ein parasitärer inverser Transistor auftreten. Basis-Kollektor-Sättigung wird möglichst vermieden außer in bewußt invers betriebenen Transistoren [36]. An FET-Schaltungen können parasitäre Transistoren und Leckströme durch ungewollte Oberflächeninversion auftreten, wenn die elektrische Feldstärke an der Oberfläche den durch die Dotierung gegebenen Schwellwert übersteigt.

Kapazitives Übersprechen zwischen benachbarten Leitungen stellt erfahrungsgemäß kein Problem dar im Gegensatz zu den erheblichen ohmschen Spannungsabfällen auf dem Chip als Folge der Leitungswiderstände. Sie müssen bei der Entwurfsberechnung berücksichtigt werden. Zur Vermeidung von induktivem Übersprechen und Spannungsabfällen an den Zuleitungen hält man den Gesamtstrom eines Bausteins möglichst konstant, auch während der Adressierung.

Der Entwurf monolithischer Schaltungen nutzt die gemeinsame Temperatur und den Gleichlauf der temperaturabhängigen Eigenschaften der Schaltkreiskomponenten auf einem Chip aus. Dies gilt, solange lokale Überhitzungen vermieden werden durch geschickte Chipauslegung. Über die elektrischen Kontakte wird die Wärme an die Umgebung abgegeben. Bei Luftkühlung rechnet man mit 200 bis 500 mW pro Modul, oder 0,5 W/cm^3. Durch Eintauchen in Flüssigkeiten, z. B. Freon, die bei Erwärmung sieden, können Verlustleistungsdichten bis zu 5 W/cm^3 beherrscht werden.

Die Zuverlässigkeit monolithischer Bausteine ist wesentlich von mechanischen Eigenschaften wie Verkapselung und Chipbefestigung auf dem Modul mitbestimmt. Angeschweißte Goldkontaktdrähte sind dabei anfälliger als die sog. Flip-Chip-Methode, bei der der Chip mit der Schaltkreisseite nach unten über Lötpilze mit dem Modul verbunden wird. Hohe Betriebstemperatur in Verbindung mit Stromdichten bis zu 100 A/mm^2 auf den aufgedampften Leitungen ist die Hauptursache für Chip-Fehler. Die Fehleranfälligkeit eines Chips steigt nur langsam mit der Anzahl der integrierten Schaltkreise, da die auftretenden Fehler stark miteinander korreliert sind; die Schaltkreiskomponenten sind meist alle gut, oder alle schlecht. Daraus ergibt sich eine von der Integrationsdichte nicht sehr stark abhängige Fehlerrate von typisch 0,01% pro 1000 Betriebsstunden und Modul. Verschleißfehler treten bei richtigem Entwurf nicht auf. Die meisten Fehler sind Frühausfälle. Durch sogenanntes Einbrennen der Komponenten über 200 oder 500 Betriebsstunden können erfahrungsgemäß 90% bzw. 99% aller Frühausfälle erkannt, und die Zuverlässigkeit der Restmenge entsprechend um eine bis zwei Größenordnungen verbessert werden [37, 38, 39].

4.6.5 Anwendungen [43 bis 58]

Die in Abschnitt 4.6.4 beschriebene innere Organisation der Speicherkomponenten gestattet die Zusammenschaltung zu einer Vielzahl von modularen, unterschiedlichen Speichern unter Beibehaltung der Pro-Bit-Kosten. Diese Modularität zusammen mit der hohen Geschwindigkeit hat vor allem den bipolaren Speichern weite Verbreitung bei den kleineren Lokal-, Puffer- und Kontrollspeichern gebracht. Sie finden Verwendung als unmittelbar zugängige Hilfsspeicher für logische, arithmetische und Kontrollfunktionen, in Datenstationen (Terminals), als Kontrollspeicher in Ein/Ausgabegeräten, und als Puffer zu größeren, langsameren Speichern.

Das Konzept der verteilten Speicher (distributed memory) hat sich auf die größeren Hauptspeicher und Arbeitsspeicher ausgedehnt und zu neuen Organisationskonzepten für Rechenanlagen geführt. Größere Anlagen bestehen aus mehreren Satellitenrechnern, jeder mit seinem eigenen Speicher, die modular zusammengeschaltet werden können [53]. Die Satellitenrechner besitzen in sich alle Merkmale eines vollständigen Elektronenrechners. Die kleinsten von ihnen bilden unter dem Namen „Mini-Computer" einen eigenen Typ mit neuartigen Anwendungsmöglichkeiten, u. a. in der programmierten Maschinen- oder Prozeßkontrolle [55]. Je nach der erforderlichen Geschwindigkeit werden schnellere Bipolar-Speicher oder billigere FET-Speicher angewendet.

Bei sehr großen Hauptspeichern bilden sich Speicherhierarchien aus. Sie bestehen aus einem billigen und langsamen großen Speicher, aus einem schnellen aber kleinen Pufferspeicher, und aus der Kontrollogik zum blockweisen Verschieben der Information zwischen diesen beiden Speichern. So entsteht für das Benutzersystem der Eindruck, als stünde die große Speicherkapazität mit der Zugriffszeit des Puffers zur Verfügung. Systeme dieser Art können bipolare und FET-Speicher miteinander mischen.

In die Lücke zwischen Hauptspeichern mit Nanosekundenzugriff und externen Plattenspeichern mit Millisekundenzugriff zielen die sehr großen Schieberegisterspeicher in überwiegend FET-Technologie. Niedrige Kosten sind das wichtigste Ziel.

Typische Produkte. 16-Bit-Bipolar-Speicher werden in großer Vielfalt angeboten. Sie erstrecken sich von 6,5 ns Zugriffszeit (A) und 8 ns Zykluszeit (C) bei etwa DM 3,50 pro Bit, bis zu $A = 35$ ns, $C = 100$ ns bei etwa DM 1,00 pro Bit. 128-Bit-Chips [30, 31] mit $A = 40$ ns und $C = 105$ ns werden in kommerziellen Speichersystemen von über 10 Millionen Bit Kapazität serienmäßig eingesetzt. Voll dekodierte 256-Bit-Chips von 2,8 mm $\times$ 3,5 mm Größe mit $A = 100$ ns, werden für den Illiac IV Versuchsrechner für DM 0,40 pro Bit angeboten. Für 1972 werden Millionen-Bit-Speicher von 100 bis 200 ns für weniger als DM 0,20 pro Bit erwartet.

FET-Speicher besitzen höhere Zelldichten auf dem Speicherchip, erfordern aber aufwendigere Hilfsschaltkreise. Bei größeren Speichersystemen fällt der Aufwand der Hilfsschaltkreise weniger ins Gewicht und der Preisvorteil der billigeren Speicherchips kommt stärker zum Ausdruck. 256-Bit-Chips für $A = 300$ ns, $C = 500$ ns sind für DM 0,18 pro Bit auf dem Markt. 1024-Bit-Chips mit $A = 400$ ns, $C = 800$ ns werden für DM 0,07 pro Bit angeboten.

Höchste Bitdichte wird mit dynamischen MOS-Zellen erreicht. 1024-Bit-Chips, basierend auf einer 3-Transistorzelle, werden zu DM 0,02 pro Bit angeboten. In Systemen von 50000 bis 10^7 Bits wurden $A = 300$ ns und $C = 600$ ns erreicht; doppelte Geschwindigkeit wird in naher Zukunft möglich sein. Die ersten 2048-Bit-MOS-Chips von 3,5 mm $\times$ 3,5 mm Kantenlänge sind kürzlich auf dem Markt erschienen [57]. Die Geschwindigkeit beträgt $A = 260$ ns, $C = 500$ ns. Um die Zelldichte zu erreichen, wurden 1-Transistorzellen benutzt. Die komplizierten Ansteuerschaltkreise (z.B. 3-Phasentaktgeber) fallen um so weniger ins Gewicht, je mehr Zellen daran teilnehmen. Im Laboratoriumsstadium befinden sich 4096-Bit-MOS-Chips.

Elektronisch veränderte MOS-Semi-Festspeicher haben ebenfalls Speicherdichten von 2048 Bits pro Chip erreicht [58].

Schieberegister verwenden gewöhnlich dynamische MOS-Zellen. Sie werden in Systemen bis zu 128 Millionen Bytes (1 Byte = 8 Bits), bei einer Datenrate von $16 \cdot 10^6$ Bytes pro Sekunde, für weniger als DM 0,04 pro Bit offeriert [50]. Aber auch bipolare Schieberegister finden Interesse wegen ihrer höheren Geschwindigkeit. Integrationsdichten von 1000 Bits/Chip werden erreicht [49].

Durch die Vermischung von bipolaren und FET-Chips auf dem gleichen Modul wird die Vielfalt der Möglichkeiten erhöht [48]. In einem Baustein können 16 MOS-Chips und 6 Bipolar-Chips zu einem kompletten 4096 Bit-Speicher mit 300 ns Zugriffszeit vereinigt werden. Im Laboratorium wurden $A = 125$ ns und $C = 150$ ns mit einem Speichersystem von 2048 $\times$ 256 Bits erreicht (s. auch [46, 47]).

Fehlerkorrektur. Die Zuverlässigkeit eines Speichersystems, treffender mit Verfügbarkeit bezeichnet, kann über die vorgegebene Zuverlässigkeit der Komponenten hinaus durch Redundanz, geeignete Umkodierung der Information, und durch Wahl der Speicherorganisation verbessert werden [43, 44, 45]. Mit Hilfe des Hamming-Code oder seiner Abarten lassen sich 2 Fehler je Speicherwort erkennen, und 1 Fehler automatisch korrigieren. Für Speicherworte von 1, 2, 4 oder 8 Bytes sind dazu 5, 6, 7 oder 8 zusätzliche Code-Bits notwendig. Bei langen Worten steigt jedoch der Codieraufwand. Wenn einer oder beide auftretenden Fehler auf einem permanenten Defekt beruhen, läßt sich die Position des fehlerhaften Bits ebenfalls automatisch ermitteln, und beide Fehler können korrigiert werden. Die somit erreichte Verfügbarkeit großer Halbleiterspeicher übertrifft diejenige von konventionellen Kernspeichern.

Literatur

[1] *Hodges, D. A.:* Large-capacity semiconductor memory. Proc. IEEE 56 (1968) 1147–1162. — [2] *Sagallis, B.:* Memories. Electronic Products Jan. 1968, S. 18–32. — [3] *Rüegg, H.,* et al.: A saturation-controlled flipflop for low voltage micropower systems. 1971 IEEE Internat. Solid-State Circ. Conf., Philadelphia, S. 60–61. — [4] *Schlig, E. S.:* Low temperature operation of Ge picosecond logic circuits. IBM Res. Rep. RC 1957 (1967). — [5] *Wiedmann, S. K., Berger, H.:* Small-size, low-power bipolar memory cell. 1971 IEEE Internat. Solid-State Circ. Conf., Philadelphia, S. 18–19; s.a. Electronics (1.März 1971) 109–110. — [6] *Tanniguchi, K.,* et al.: A switched collector impedance memory. 1971 IEEE Internat. Solid-State Circ. Conf., Phila-

delphia, S. 14—15. — [7] *Masuhara, T.*, et al.: A high-performance N-channel MOS-LSI using depletion-type load elements. 1971 IEEE Internat. Solid-State Circ. Conf., Philadelphia, S. 12—13. — [8] *Friedrich, J. H.:* A coincident-select MOS storage array. IEEE J. Solid-State Circuits SC-3 (1968) 280—285. — [9] *Ho, I. T., Maley, G. A.:* Latent image memory. 1971 Internat. Solid-State Circ. Conf., Philadelphia, S. 82—83. — [10] *Wegener, H. A.:* MNOS memories. Digest of the INTERMAG Conf., April 1970. — [11] *Frohmann-Bentschkowsky, D.:* An integrated metal-nitride-oxide-silicon (MNOS) memory. Proc. IEEE (Letters), (Juni 1969) S. 1190—1192. — [12] *Nakanuma, S.*, et al.: A read-only memory using MAS transistors. 1970 IEEE Internat. Solid-State Circ. Conf., Philadelphia, S. 68—69; s.a. Electronics, (16.Febr. 1970) 71—72. — [13] *Dill, H. G., Toombs, T. N.:* A new MNOS charge storage effect. Solid-State Electronics 12 (1969) 981—987. — [14] *Frohmann-Bentschkowsky, D.:* A fully-decoded 2048-bit electrically-programmable MOS-ROM. 1971 IEEE Internat. Solid-State Circ. Conf., Philadelphia, S. 80—81. — [15] *Neale, R. G.*, et al.: Amorphous semiconductors. Part I, Electronics, (28.Sept. 1970) 56—60. — [16] *Neale, R. G., Ovshinsky, S. R.:* Development and application of amorphous semiconductors. 4. Internat. Kongreß Mikroelektronik, München (1970) 39. — [17] *Schünemann, C., Jutzi, W.:* Ein symmetrisches bistabiles Thyristor-Flipflop. 3. Internat. Tagung Mikroelektronik, München, Nov. 1968. — [18] *Panonsis, P. T.:* A TRIM memory employing both NPN and high-gain unijunction. transistors 1971 Internat. Solid-State Circ. Conf., Philadelphia, S. 16—17. — [19] *Lynes, D. J., Hodges, D. A.:* A diode-coupled bipolar transistor memory cell. 1970 IEEE Internat. Solid-State Circ. Conf., Philadelphia, S. 44. — [20] *Peltzer, D., Herndon, B.:* Isolation method shrinks BIPOLAR cells for fast, dense memories. Electronics (1.März 1971) 52—55. — [21] *Murphy, B. T.*, et al.: Collector diffusion isolated integrated circuits. Proc. IEEE 57 (1969) 1523—1527. — [22] *Mar, J.:* Two-terminal transistor memory cell using breakdown. 1971 IEEE Internat. Solid-State Circ. Conf., Philadelphia, S. 10—11. — [23] *Link, F. J.*, et al.: Complementary MOS and bipolar make it together on a single chip. Electronics (1970) 72—76. — [24] *Altman, L.:* New MOS technique points way to junctionless devices. Electronics (11.Mai 1970) 112—118. — [25] *Engeler, W. E.*, et al.: A memory system based on surface-charge transport. 1971 IEEE Internat. Solid-State Circ. Conf., Philadelphia, S. 164—165. — [26] *Waabe, S., Waggener, H. A.:* Electronically variable semiconductor memory using two diodes per memory cell. IEEE J. Solid-State Circuits SC-5 (1970) 192—196. — [27] Depletion-load MOS-RAM economizes on real estate. Electronics (23.Nov. 1970) 25. — [28] D/MOS promises speed, easy fabrication. Electronics (4.Jan. 1971) 24 u. 26. Auch: Signetics offers speedy D/MOS, Electronics (7.Dez. 1970) 25. — [29] *Vadasz, L. L.*, et al.: Silicon-gate technology. IEEE Spectrum, Okt. 1969, S. 28—35. — [30] *Ayling, J. K., Moore, R. D.:* Monolithic main memory. 1971 IEEE Internat. Solid-State Circ. Conf. Philadelphia, S. 76—77. — [31] *Gates, H. R.*, te al.: Bipolar LSI for a main memory. 1971 IEEE Internat. Solid-State Circ. Conf., Philadelphia, S. 78—79. — [32] *Shichman, H., Pfister, R. G.:* CIRPAC—An efficient analysis program for nonlinear transistor circuits. 1971 IEEE Internat. Solid-State Circ. Conf. Philadelphia, S. 120—121. — [33] *Jenkins, F. S.:* TIME—A d.c. and time-domain circuit analysis program. 1971 IEEE Internat. Solid-State Circ. Conf., Philadelphia, S. 122—123. — [34] *Rohrer, R. A.*, et al.: CANCER-A computer simulator of nonlinear circuits, including noise performance. 1971 IEEE Internat. Solid-State Circ. Conf., Philadelphia, S. 124—125. — [35] *Remshardt, R.:* Rechnergestützte Analyse integrierter Speicherschaltkreise. 4. Internat. Kongreß Mikroelektronik, München, Nov. 1970. — [36] *Capocaccia, F.:* An integrated circuit technique of saturation control for switching transistors. IEEE Trans. Solid-State Circuits, Sept. 1963, S. 267—270. — [37] *Schambeck, W.:* Zuverlässigkeit und Schaltungstechnik integrierter Schaltkreise mit komplementären MOSFET-Transistoren. 4. Internat. Kongreß Mikroelektronik, München, Nov. 1970, S. 33. — [38] *Platz, E. F.:* Solid logic technology computer circuits-billion hour reliability data. Microelectronics and Reliability, Vol. 8. Oxford: Pergamon Press 1969, S. 55—59. — [39] *Fischer, F.:* Moderne Methoden zur Absicherung der Zuverlässigkeit von Halbleiterbauelementen. 4. Internat. Kongreß Mikroelektronik, München, Nov. 1970, S. 51. — [40] Special Issue on ,,Materials and processes integrated electronics". Proc. IEEE 57 (1969) 1469—1646. — [41] *Einhorn, R. N.:* LSI improves computer memory. Electronic Design 7 (1968) 25—32. — [42] *Dietrich, W., Krösa, A.:* Ein Computergesteuerter Automat für die ·Endprüfung von Bauelementen. Vortrag INEA, München 1968. — [43] *Hsiao, M. Y., Tou, J. T.:* Application of error correcting codes in computer reliability studies. IEEE Trans. Reliability, Aug. 1969, S. 108—118. — [44] *Hsiao, M. Y.:* A class of optimal minimum odd weight column SEC-DED codes. IBM Techn. Rep. TR 00. 1879, März 1970. — [45] *Kautz, W. H.:* A readily Implemented single-error correcting unit-distance counting code. IEEE Trans. EC, Okt. 1970, S. 972—975. — [46] ,,Systems desing and hardware technology". IEEE Comp. Group News, März/April 1970, S. 24—28. — [47] *Terman, L. M.:* FET memory systems. IEEE Trans. MAG-6 (1970) 584—589. — [48] ,,Computer memories in the seventies". IEEE Comp., Jan./Feb. 1971, S. 58—59. — [49] *Dunn, R., Harbell, G.:* At last, a bipolar shift register. Electronics (8.Dez. 1969) 84—87. — [50] ,,MOS-LSI memory". IEEE Comp., Sept./Okt. 1970, S. 55. — [51] *Finch, T. R.:* Why semiconductor memories? IEEE Trans. Mag-6 (1970) 589—590. — [52] *Moore, G. E.:* Competitive potential of semiconductor memories. IEEE Trans. Mag-6 (1970) 590. — [53] *Rice, R.:* Modular bipolar LSI memory systems. IEEE Trans. Mag-6 (1970) 591. — [54] *Wegener, H. A. R.:* MNOS memories. IEEE Trans. Mag-6 (1970) 591—592. — [55] *Riley, W. B.:* Minicomputer networks. Electronics (29. März 1971) 56—62. — [56] „Semiconductor memories". Electronic Design (19. Juli 1970) 113—117. — [57] „GI, TI building 2048-bit MOS-RAMs". Electronics (29. März 1971) 17. — [58] „Memories", Electronics (15. Febr. 1971) 38—39.

4.7 Holographie

H. Kiemle

4.7.1 Grundlagen der Holographie

Holographie ist ein optisches Abbildungsverfahren, das aus zwei Schritten besteht. Im ersten wird ein Wellenfeld auf einem strahlungsempfindlichen Medium aufgezeichnet, im zweiten wird daraus das Wellenfeld amplituden- und phasengetreu rekonstruiert.

Die Aufzeichnung der Phasen setzt voraus, daß das Strahlungsfeld überhaupt durch Flächen gleicher Phase charakterisiert werden kann, d.h. es muß *kohärent* sein. Kohärente Strahlung ist im Gebiet der Radiowellen seit der Erfindung der Elektronenröhre selbstverständlich; im Gebiet optischer Frequenzen kann sie erst seit der Verfügbarkeit des Lasers mit technisch brauchbaren Leistungen erzeugt werden. Deshalb hat die eigentliche Entwicklung der Holographie erst etwa 1962 eingesetzt, obwohl die Grundgedanken bereits vor 1950 durch D. Gabor publiziert wurden [1 bis 3].

Zur Erläuterung des Prinzips der Holographie werde als einfachstes Beispiel eines kohärenten Wellenfeldes eine Kugelwelle betrachtet, deren Flächen gleicher Phase nach Abb. 4.7-1a im Aufriß durch Kreise im Abstand der Wellenlänge λ dargestellt sind. Trifft diese Welle auf eine ebene Beobachtungsfläche F, so entstehen als Schnittkurven der Phasenflächen mit F konzentrische Kreise (Abb. 4.7-1b), aus deren gegenseitigen Abständen eindeutig der Abstand des Wellenzentrums G von F hervorgeht. Außerdem trifft das Lot von G die Beobachtungsfläche im Mittelpunkt der Kreise. Aus den Schnittkurven und der Kenntnis der Wellenlänge λ lassen sich daher die dreidimensionale Lage des Erregungszentrums im Raum und damit die Welle selbst bestimmen, auch wenn nur ein kleiner Ausschnitt aus dem Kreisringsystem vorliegt. Allerdings verbleibt eine Zweideutigkeit: die Information darüber, auf welcher Seite von F das Erregungszentrum ursprünglich lag, ist verlorengegangen.

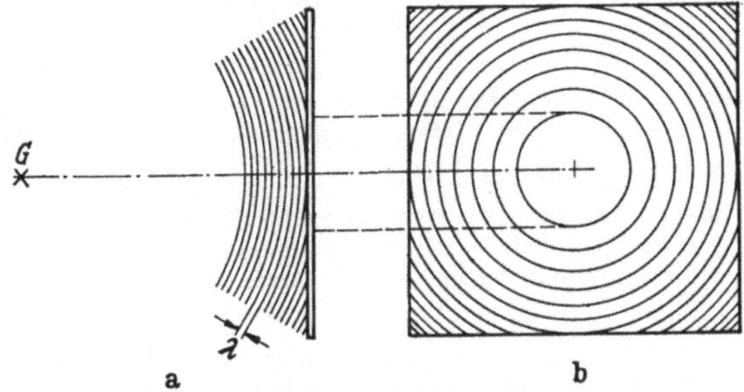

Abb. 4.7-1. Entstehung der Kurven gleicher Phase, hier eines Systems konzentrischer Kreise, beim Auftreffen einer monochromatischen, kohärenten Welle der Wellenlänge λ auf eine ebene Beobachtungsfläche F.

Technisch lassen sich die Aufzeichnung der Schnittkurven und die Rekonstruktion des Wellenfeldes daraus durch Ausnutzung von Interferenz und Beugung erreichen. Überlagert man der Kugelwelle von Abb. 4.7-1 (der „Objektwelle") eine ebene „Bezugs"- („Referenz"-, „Vergleichs"-) welle gleicher Wellenlänge (Abb. 4.7-2a), so erhält man auf F gerade die gewünschten Kurven als Interferenzmaxima beider Wellen. Die Intensitätsverteilung im Interferenzfeld ist gegeben durch

$$I(x, y, z) \sim |E_R + E_G|^2 = |E_R|^2 + |E_G|^2 + 2 |E_G E_R| \cos [\Phi_G(x, y, z) - \Phi_R],$$

$$(4.7\text{-}1)$$

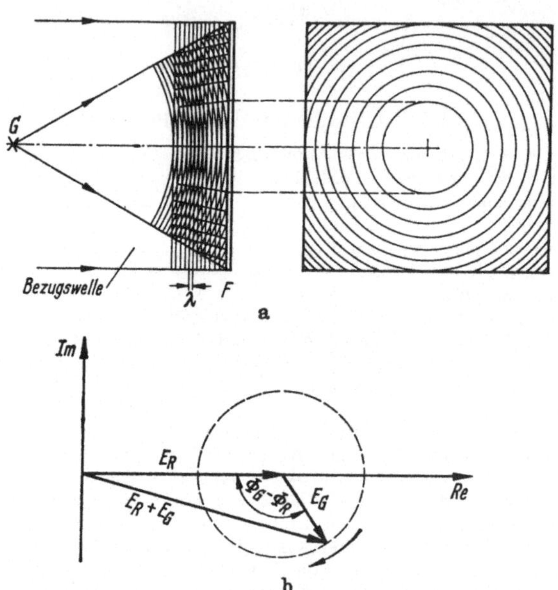

Abb. 4.7-2. a) Bei der Überlagerung der Objektwelle mit einer ebenen, senkrecht einfallenden Bezugswelle gleicher Wellenlänge λ entstehen durch Interferenz Kurven maximaler Intensität, die mit den Kurven gleicher Phase in Abb. 4.7-1 übereinstimmen. b) Zeigerdiagramm zur Addition der komplexen Amplituden E_R und E_G von Bezugs- und Objektwelle. Beim Fortschreiten auf F ändert sich $\Phi_G - \Phi_R$, und die Spitze des Zeigers E_G läuft auf dem gestrichelten Kreis um. (Abb. 4.7-1 und 4.7.-2a) nach W. Martienssen: VDI-Nachr. Nr. 38, 20. 9. 1967, S. 4—5. Abb. 4.7-2b aus [6]).

wenn die komplexen Feldstärkeamplituden von Objekt- und Bezugswelle mit $E_G = |E_G| e^{j\Phi_G}$ bzw. $E_R = |E_R| e^{j\Phi_R}$ bezeichnet werden. Beim Fortschreiten auf F ändert sich $\Phi_G - \Phi_R$, wobei die Gesamtamplitude gemäß dem Zeigerdiagramm Abb. 4.7-2b variiert. Das Interferenzstreifensystem — Abb. 4.7-3 zeigt einen stark vergrößerten Ausschnitt daraus — läßt sich beschreiben durch räumliche Perioden Δ_x und Δ_y längs zweier Achsen x und y oder durch „Raumfrequenzen" $f_x = 1/\Delta_x$, $f_y = 1/\Delta_y$.

Zur Aufnahme des Interferenzfeldes belichtet man eine photographische Platte in der Ebene F. Die entstehende Schwärzungsverteilung kann durch die Lichtamplitudentransmission T ausgedrückt werden, die bei typischen lichtempfindlichen Medien gemäß einer in Abb. 4.7-4 dargestellten Kennlinie von der Lichtintensität I abhängt. Die Kennlinie wird durch die Intensitätsvariationen ausgesteuert, wodurch entsprechende Variationen der Schwärzung entstehen. Bei nicht zu großer Aussteuerung gilt

$$T(I) \approx \overline{T} + 2k\,|E_G E_R|\cos(\Phi_G - \Phi_R)$$

$$= \overline{T} + k\,|E_G E_R|\,e^{+j(\Phi_G - \Phi_R)} + k\,|E_G E_R|\,e^{-j(\Phi_G - \Phi_R)}. \tag{4.7-2}$$

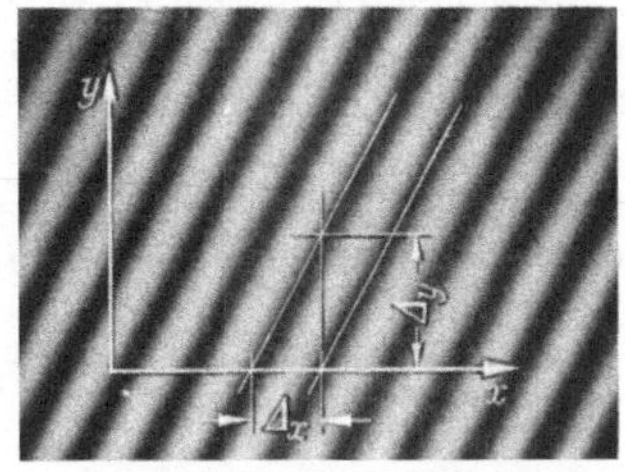

Abb. 4.7-3. Stark vergrößerter Ausschnitt aus einem Interferenzfeld wie in Abb. 4.7-2a). Die Intensität variiert sinusförmig mit x und y mit den Raumperioden Δ_x bzw. Δ_y.

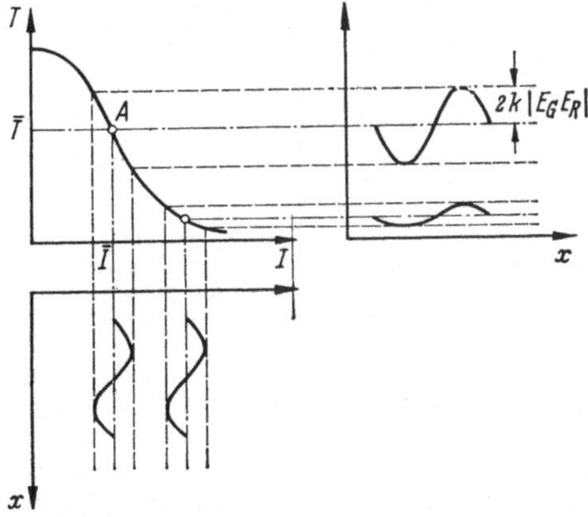

Abb. 4.7-4. Grundsätzliche Abhängigkeit der Lichtamplitudentransmission T einer entwickelten photographischen Emulsion von der Intensität I bei konstanter Belichtungszeit. Die Darstellung zeigt außerdem die Entstehung der Schwärzungsschwankungen durch Aussteuerung der Kennlinie durch die Intensitätsvariationen des Interferenzfeldes beiderseits des Arbeitspunktes A.

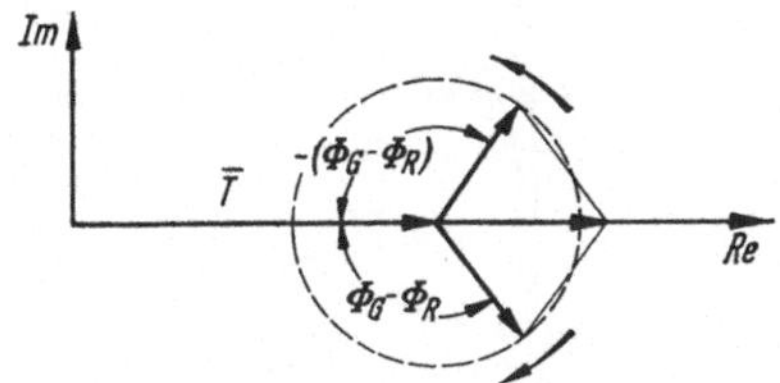

Abb. 4.7-5. Darstellung der Lichtamplitudentransmission T eines Hologramms als Zeigerdiagramm. Beim Fortschreiten auf der Hologrammfläche ändert sich T so, als würden die Spitzen zweier konjugiert-komplexer Zeiger auf dem gestrichelten Kreis umlaufen. Die Zeiger beschreiben die beiden rekonstruierten Wellen des Hologramms.

Dies kann durch das Zeigerdiagramm Abb. 4.7-5 veranschaulicht werden. Um die Spitze eines reellen, konstanten Zeigers $\overline{T}$ rotieren beim Fortschreiten in F zwei konjugiert-komplexe, die beide die Information über die Objektwelle enthalten. Die Amplitude $2k\,|E_G E_R|$ der Schwärzungsschwankung ist im steilsten Kennlinienpunkt A (Abb. 4.7-4) am größten; dies ist auch der für verzerrungsfreie Aufzeichnung zu bevorzugende Arbeitspunkt.

Die Aufnahme ist ein Hologramm des Wellenzentrums G. Die Objektwelle läßt sich daraus rekonstruieren, indem man es mit einer kohärenten „Wiedergabewelle" $E_W = |E_W|\,e^{j\Phi_W}$ beleuchtet (Abb. 4.7-6). Die Hologrammstruktur beugt diese Welle und erzeugt dadurch ein Wellenfeld, das die Objektwelle als Komponente enthält. Dieser Vorgang läßt sich als eine räumliche Amplitudenmodulation der Wiedergabewelle durch das Hologramm auffassen [6]. Die Feldstärke auf der Rückseite des Hologramms ist

$$T \cdot E_W = \overline{T} \cdot E_W + k\,|E_G E_R E_W|\,e^{j(\Phi_G - \Phi_R + \Phi_W)} +$$

$$+ k\,|E_G E_R E_W|\,e^{-j(\Phi_G - \Phi_R - \Phi_W)}. \qquad (4.7\text{-}3)$$

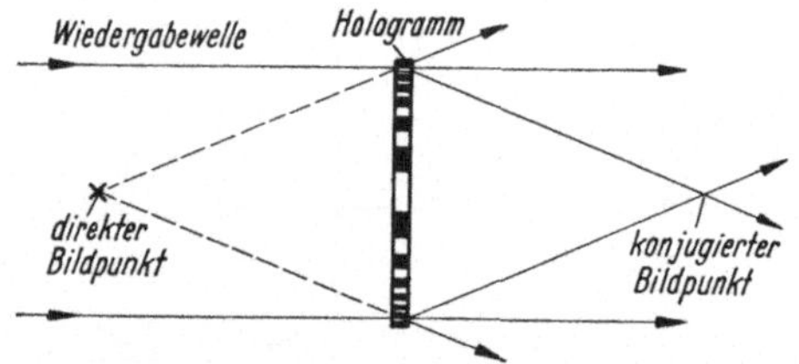

Abb. 4.7-6. Rekonstruktion eines nach Abb. 4.7-2a) aufgenommenen Hologramms. Durch Beugung am Hologramm entstehen die beiden rekonstruierten Wellen, denen je ein Bildpunkt des Objektpunktes G entspricht. Abb. 4.7-4 bis 4.7-6 aus [6].

Das Wellenfeld hinter dem Hologramm besteht also aus drei Wellen: der durch $\overline{T}$ gleichmäßig gedämpften Wiedergabewelle, der „direkten rekonstruierten Welle" — die bis auf einen konstanten Faktor $k\,|E_R E_W|$ mit der Objektwelle übereinstimmt, wenn die Wellenfronten von Bezugs- und Wiedergabewelle identisch sind ($\Phi_R = \Phi_W$) — und der „konjugierten rekonstruierten Welle", die Φ_G mit negativem Vorzeichen enthält. Die rekonstruierten Wellen entsprechen den beiden rotierenden Zeigern von Abb. 4.7-5 und spiegeln die eingangs genannte Zweideutigkeit wider. Alle Wellen können voneinander räumlich getrennt werden, indem man wie allgemein üblich die Bezugswelle nach Abb. 4.7-7 schräg einstrahlt.

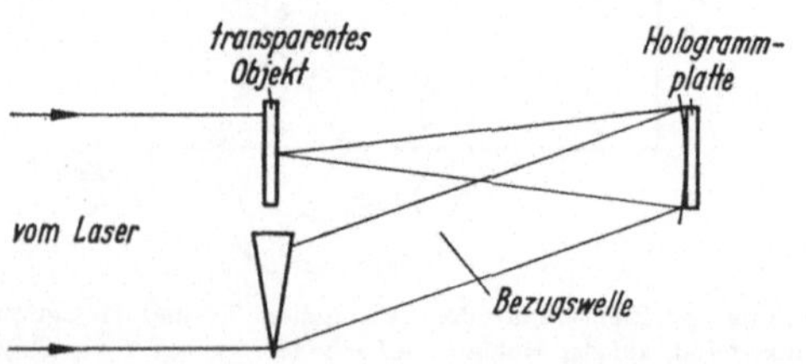

Abb. 4.7-7. Um die rekonstruierten Wellen voneinander und von der ungebeugten Wiedergabewelle zu trennen, strahlt man die Bezugswelle schräg zur Achse der Objektwelle ein.

Solange man im quasilinearen Teil der Transmissionskennlinie bleibt, ist der gesamte Abbildungsvorgang linear. Die Überlegungen gelten also in gleicher Weise für ausgedehnte Objekte, die sich aus sehr vielen Wellenzentren G zusammengesetzt denken lassen. Ausführliche Darstellungen der Holographie finden sich in [4 bis 7].

4.7.2 Kohärent-optische Analogrechner

Wie bei der Wiedergabe eines Hologramms lassen sich kohärente Lichtwellen durch beliebige Transmissionsverteilungen, die nicht Hologramme sein müssen, räumlich modulieren. Man kann dadurch Funktionen zweier Variabler, in geeigneter Weise in die Transmission $S(x, y)$ eines Films umgesetzt, auf Lichtwellen fortleiten.

Im Vergleich zur elektrischen Nachrichtentechnik, in der nur die Zeit als Variable zur Verfügung steht, existieren hier zwei zusätzliche Dimensionen, in denen Information mit hoher Dichte untergebracht werden kann. Denkt man sich $S(x, y)$ in sein zweidimensionales Raumfrequenzspektrum zerlegt, und läßt man Raumfrequenzen bis 1000 mm^{-1} zu, dann sind je mm^2 Strahlquerschnitt 10^6 verschiedene Raumfrequenzen, also 10^6 verschiedene Interferenzstreifensysteme unterscheidbar. Jedem Streifensystem kann 1 Bit zugeordnet werden.

Leitet man die räumlich modulierte Lichtwelle durch optische Bauelemente wie Linsen oder Blenden, so führt jedes solche Bauelement eine bestimmte Transformation der Amplitudenverteilung im Querschnitt der Welle aus. Durch Hintereinanderreihen mehrerer Bauelemente lassen sich Analogrechner aufbauen, die mehrfache Transformationen zweidimensional in wenigen ns, allerdings mit begrenzter Genauigkeit (Größenordnung 1%), ausführen. Beim heutigen Stand sind erst lineare Operationen in Echtzeit möglich. Nichtlinear wirkende optische Bauelemente sind zwar ebenfalls bekannt, hier aber noch nicht einsetzbar.

Darstellung des räumlichen Frequenzspektrums. Bereits ohne Zuhilfenahme optischer Bauelemente wird die Amplitudenverteilung der Welle beim Fortschreiten nach den Gesetzen der Beugung transformiert. Die in unendlicher Entfernung entstehende Verteilung (Fernfeld) ist die zweidimensionale räumliche Fourier-Transformierte der Verteilung in der Eingangsebene (Nahfeld), wie aus Antennen- und Beugungstheorie bekannt ist.

Die Fourier-Transformation spielt eine bedeutende Rolle in der Technik optischer Analogrechner. Es ist deshalb wünschenswert, sie in endlicher Entfernung von der Eingangsebene zu erhalten. Dies ist möglich durch Anordnung einer Sammellinse L im Abstand ihrer Brennweite f hinter der Eingangsebene (Abb.4.7-8a), denn eine solche Linse liefert bekanntlich in ihrer rückwärtigen Brennebene F das Fernfeld der Lichtverteilung der Eingangsebene [8, 9]. Beleuchtet man den das Signal $S(x_\mathrm{s}, y_\mathrm{s})$ enthaltenden Film mit einer zur optischen Achse parallelen ebenen kohärenten Welle der Amplitude E_B und Wellenlänge λ, so ist bei nicht zu großen Beugungswinkeln die Lichtamplitude E_F in F gegeben durch

$$E_\mathrm{F}(x_\mathrm{F}, y_\mathrm{F}) = -\frac{\mathrm{j}}{2\pi} E_\mathrm{B} \mathrm{e}^{-2\mathrm{j}\beta f} \iint S(x_\mathrm{s}, y_\mathrm{s})\, \mathrm{e}^{-\mathrm{j}\beta(x_\mathrm{s} x_\mathrm{F}/f + y_\mathrm{s} y_\mathrm{F}/f)}\, \mathrm{d}x_\mathrm{s}\, \mathrm{d}y_\mathrm{s}, \qquad (4.7\text{-}4)$$

wobei $\beta = 2\pi/\lambda$ die Phasenkonstante bedeutet und die Integration über die Fläche des Eingangsfensters durchzuführen ist. Die Anordnung von Abb.4.7-8a ist also ein räumlicher Spektrum-Analysator. Abb.4.7-8b zeigt als Beispiel einer Raumfrequenz-Spektralanalyse den Buchstaben S als Signal und daneben sein zweidimensionales Raumfrequenzspektrum. Das Zentrum der Lichtfigur ist der Gleichanteil, während nach außen die Raumfrequenz proportional zum Radius zunimmt.

Raumfrequenz-Filterung. Eine zweimalige Fourier-Transformation liefert wieder die ursprüngliche Funktion. Fügt man zur Anordnung von Abb.4.7-8a eine zweite Linse L_2 hinzu, so entsteht der in Abb.4.7-9 dargestellte Aufbau, in dessen Ausgangsebene A ein Bild von S entsteht. Er gestattet, durch Einbringen von Schichten mit ortsabhängiger Dämpfung oder Phasenverschiebung in die Ebene F Eingriffe in das Raumfrequenzspektrum vorzunehmen und in A das gefilterte Signal zu registrieren.

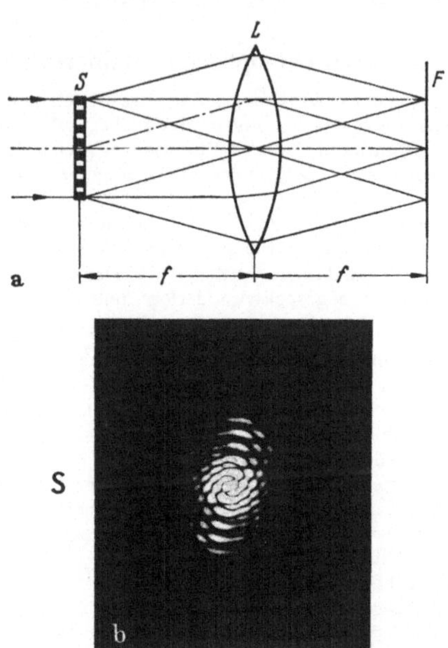

Abb. 4.7-8. a) Zweidimensionale kohärent-optische Fourier-Transformation eines Signals S durch eine Linse L. Das Ergebnis entsteht in der Ebene F. b) Beispiel für ein zweidimensionales Signal (Buchstabe S) und seine mit der oben dargestellten Anordnung erzeugte zweidimensionale Fourier-Transformierte.

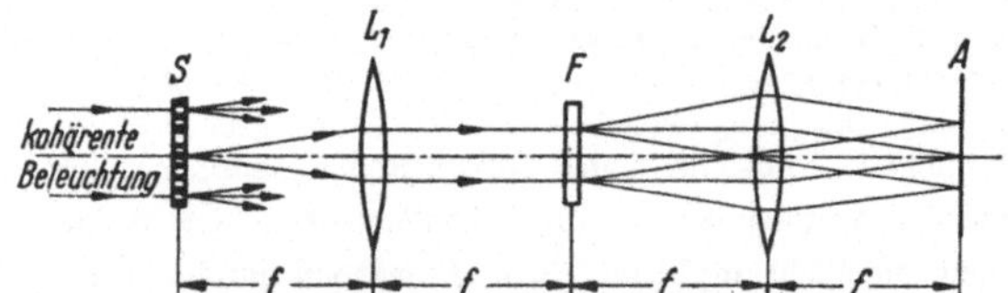

Abb. 4.7-9. Grundsätzlicher Aufbau zur Filterung im Raumfrequenzbereich. Die von L_1 in die Ebene F projizierte Fourier-transformierte Lichtverteilung des Signals S wird mit der Transmissionsverteilung des Filters in F multipliziert und durch L_2 zurücktransformiert, so daß in A das gefilterte Bild von S entsteht.

Reine Amplitudenfilterung (ohne Beeinflussung der Phasen) geschieht im einfachsten Fall durch Blenden. Eine durch die optische Achse verlaufende Schlitzblende z.B. läßt nur Frequenzanteile passieren, die geraden, zur Blende senkrecht orientierten Linien im Eingangssignal entsprechen; der übrige Bildinhalt wird unterdrückt. Dies kann zur Auswertung von Blasenkammeraufnahmen oder seismischen Schnitten angewandt werden. Filter mit kontinuierlicher Transmissionsverteilung lassen sich durch zweckmäßige Belichtung von Filmen realisieren. Mit ihnen kann man beispielsweise differenzieren und integrieren durch proportional zur Raumfrequenz zunehmende bzw. umgekehrt proportional zu ihr abnehmende Transmission. Auch die Bildung höherer Ableitungen und mehrfache Integration sind möglich. Eine typische Anwendung ist die Wiedergewinnung der Schärfe in unscharfen Photographien, die allerdings voraussetzt, daß der bei der Aufnahme wirksam gewesene Raumfrequenzgang bekannt ist.

Eine gleichzeitige Beeinflussung von Amplitude und Phase des Raumfrequenzspektrums ist mit Hologrammen als Filtern möglich, denn nach Gl.(4.7-2) gestattet ein Hologramm — im Gegensatz zu einer gewöhnlichen photographischen Aufnahme — komplexe Anteile der Transmission zu realisieren. Beim Filtervorgang wird das Hologramm mit der Fourier-Transformierten $E_F = |E_F|\, e^{j\Phi_F}$ der Lichtverteilung in der Eingangsebene beleuchtet und liefert gemäß Gl.(4.7-3) die drei Wellen $\overline{T}E_F$, $k\,|E_G E_R E_F|\, e^{j(\Phi_G - \Phi_R + \Phi_F)}$, $k\,|E_G E_R E_F|\, e^{-j(\Phi_G - \Phi_R - \Phi_F)}$. Die zweite Fourier-Transformation durch L_2 (Abb.4.7-9) erzeugt in der Ebene A aus der ersten Welle ein unmodifiziertes Bild des Signals, aus der zweiten das zweidimensionale Faltungsintegral des Signals mit dem auf dem Hologramm aufgenommenen Objekt, und aus der dritten die zweidimensionale Kreuzkorrelationsfunktion von Signal und Objekt [10]. Stimmen Signal und Objekt des Hologramms überein, so wird statt der letzteren die Autokorrelationsfunktion gebildet. Das Entstehen des scharfen Maximums der Autokorrelationsfunktion läßt sich anschaulich deuten: Das Hologramm wird mit seiner eigenen Objektwelle beleuchtet ($E_F = E_G$) und rekonstruiert seine Bezugswelle, die durch L_2 in der Ebene A fokussiert wird.

Die holographische Filterung findet Anwendung in der automatischen Erkennung zweidimensionaler Muster. In der Ausgangsebene befindet sich ein Detektor (Photodiodenraster, Vidikon) zur Anzeige des Maximums der Autokorrelationsfunktion; das Hologramm enthält die Fourier-Transformierte des gesuchten Musters, während die abzusuchenden Bilder auf transparentem Film durch die Eingangsebene S geführt werden. Dabei ist vorteilhaft, daß die Amplitudenverteilung in F unabhängig von Translationen des Signals sich stets exakt mit dem Filter deckt, eine Justierung oder Zentrierung also überflüssig ist. Nicht unempfindlich ist die Anordnung allerdings gegen Rotationen um die optische Achse; bei unbekannter Rotationslage muß pro Suchvorgang das Filter mechanisch um 360° gedreht werden. Unterschiedlicher Maßstab oder verschiedene Form (z.B. gleiche Buchstaben in verschiedenen Schriftarten) des zu erkennenden Musters stellen noch Probleme dar, an deren Bewältigung gearbeitet wird.

Einwandfreie Ergebnisse werden bereits jetzt erzielt, wenn die abzusuchenden Aufnahmen auf transparentem Film verfügbar und gesuchte Muster und Vorlage kongruent sind. Dies ist bei der Auswertung von Luftbildern [11] und dem Lesen von Texten [12] der Fall. Einem Einsatz zum Lesen alphanumerischer Zeichen auf Papier steht noch entgegen, daß die Rauhigkeiten der Papieroberfläche bei Beleuchtung mit kohärentem Licht ein außerordentlich starkes optisches Rauschsignal hervorrufen, das das Nutzsignal völlig überdeckt. Es bestehen Ansätze, ein Bauelement zu entwickeln, das inkohärente Bilder in kohärent verarbeitbare Form bringt [13, 14], um diese Schwierigkeit zu umgehen.

Optische Behandlung elektronischer Signale. Es gibt Möglichkeiten, elektrische Impulse in kohärent-optisch verarbeitbare Form zu bringen. Dazu gehören das Schreiben einer Schwärzungsspur durch Abbilden einer helligkeitsmodulierten Lichtquelle auf bewegten Film ähnlich der Sprossenschrift beim früheren Lichttonfilm — ein für Niederfrequenz geeignetes Verfahren — und die Umwandlung des Impulses in eine Ultraschallwelle in einem transparenten Medium, deren Dichteschwankungen eine quer durchtretende Lichtwelle räumlich phasenmodulieren (Debye-Sears-Effekt). Das letzte Verfahren ist bis in den MHz-Bereich brauchbar, die Impulslänge aber durch die Länge der akustischen Leitung praktisch auf höchstens 100 μs begrenzt.

Eine solche Umsetzung erlaubt, die besprochenen Filteroperationen auch auf elektrische Signale anzuwenden. Dies kann zweckmäßig und vorteilhaft sein, wenn der erforderliche Amplituden- und Phasenverlauf des Filters nur mit großem Aufwand elektrisch zu realisieren wäre, viele Parallelkanäle zu verarbeiten sind, die Anlage zur Auswertung einfach, robust und zuverlässig sein soll und die Rechenzeit bei digitaler Verarbeitung zu lang ist.

Solche Fälle liegen beispielsweise in der Radartechnik vor. Zur Steigerung der Entfernungsauflösung führt man eine Verkürzung der Echoimpulse mittels angepaßter Filter („matched filtering") durch [15]. Der Übertragungsfaktor eines angepaßten Filters muß zum komplexen Amplitudenspektrum des Impulses konjugiert-komplex sein, wenn weißes Rauschen die überwiegende Störung der Echos ist. Diese Eigenschaft hat gerade der dritte Term der Transmissionsverteilung eines Hologramms nach Gl. (4.7-2), auf dem das Raumfrequenzspektrum des Echos als Objekt aufgenommen ist. Beim Einlaufen eines Echos am Eingang erscheint in der Ausgangsebene A (Abb. 4.7-9) der Brennfleck der rekonstruierten Bezugswelle (das Maximum der Autokorrelationsfunktion). Er bewegt sich in A mit gleicher Geschwindigkeit in entgegengesetzter Richtung wie die Ultraschallwelle [7], überstreicht einen Photodetektor und erregt in ihm als Ausgangssignal den verkürzten Impuls.

Da bei der Verarbeitung elektrischer Signale nur eine Dimension benötigt wird, können längs der anderen Dimension Parallelkanäle untergebracht werden. Anwendungsbeispiele dafür sind die Impulsverkürzung beim Doppler-Radar [16] — jedem Parallelkanal wird dabei ein bestimmter Bereich der Dopplerverschiebung des Echos zugeordnet —, und die Verarbeitung der Signale von stationären Antennenwänden [17]. Am weitesten entwickelt wurde die kohärent-optische Impulsverarbeitung beim „Synthetischen Seitensicht-Radar" [18]: Ein Aufklärungsflugzeug strahlt seitlich mit geringer Bündelung Radarimpulse aus. Die Echos werden empfangen, auf Film gespeichert und dadurch ein spezielles Hologramm aufgebaut, bei dessen Rekonstruktion unter Zuhilfenahme entzerrender Linsen ein Radarbild entsteht, dessen Auflösung die der Flugzeugantenne weit übersteigt.

4.7.3 Holographische Speicher

Auf der Grundlage der Holographie lassen sich Speicher für digitale oder analoge Information bauen, die die Kapazität von Großspeichern mit den für nichtmechanischen Lesevorgang charakteristischen kurzen Zugriffszeiten vereinen [6, 19]. Zur holographischen Speicherung digitaler und speziell binärer Information benutzt man ein Objekt, das nach Abb. 4.7-10 aus diskreten kohärent strahlenden Punkten besteht, die in einer Fläche als regelmäßiges zweidimensionales Raster angeordnet sind. Jedem Rasterelement entspricht ein Bit. Nach Konvention kann man Vorhandensein oder Fehlen der Lichterregung in den Punkten die Binärwerte „1" bzw. „0" zuordnen. Das Raster kann entweder in Form einer von hinten beleuchteten Schablone („paralleles Schreiben") oder durch Vielfachbelichtung mit einer einzigen, schrittweise verschobenen Punktquelle („serielles Schreiben") gebildet werden. Im

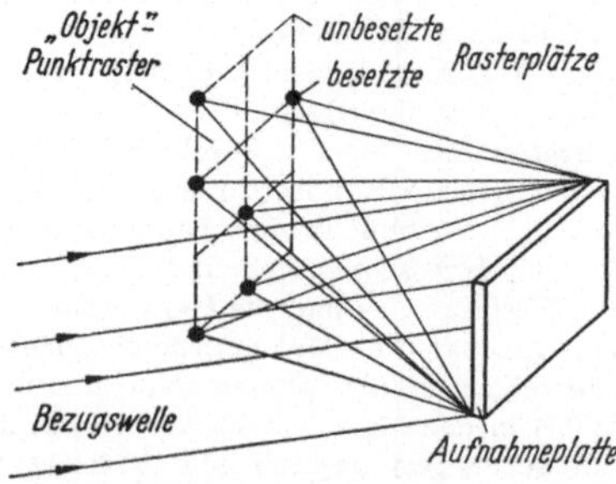

Abb. 4.7-10. Holographische Speicherung binärer Information. Das Objekt besteht aus einem regelmäßig angeordneten Punktraster; mit Objektpunkten besetzte Rasterplätze können als binäre „1", leer bleibende als binäre „0" vereinbart werden. Aus [6].

letzteren Fall können die verschiedenen Objektkugelwellen nicht miteinander interferieren und daher keine unerwünschte Aussteuerung der Transmissionskennlinie verursachen. Doch die Realisierung bringt technische Nachteile, weshalb eine Tendenz zum parallelen Schreiben besteht, zumal Ansätze zur Verwirklichung einer direkt elektrisch steuerbaren Objektpunktmatrix vorliegen [14]. Beim Speichern analoger Information (Photographien, Zeichnungen) tritt an die Stelle des Objektpunktrasters ein Diapositiv.

Zum Lesen wird das Hologramm mit einer gegenüber der Bezugswelle in der Richtung umgekehrten Wiedergabewelle beleuchtet. Dadurch kehrt sich auch die Richtung der rekonstruierten Objektwelle um, und es entsteht ein reelles Bild der Objektpunktmatrix, das photoelektrisch ausgewertet wird. Da es sich dabei um eine parallele Ausgabe handelt, wird für jedes Bit ein eigener Photodetektor benötigt. Der Aufwand an Detektoren, die Aufnahmefähigkeit des Rechners und die mit steigender Bildpunktzahl abnehmende Helligkeit des einzelnen Bildpunktes setzen für den Speicherinhalt je Hologramm eine Grenze, die man heute bei etwa 10^4 bit sieht [20]. Dafür genügt in der Praxis rund 1 mm^2 Speicherfläche.

Die hohe Speicherdichte (nach Abschnitt 4.7.2 bei sichtbarem Licht theoretisch bis zu 10^6 bit/mm^2) ist kein alleiniges Charakteristikum der Holographie, sondern auch mit anderen optischen Speicherprinzipien erreichbar. Die eigentlichen Vorteile, die die Holographie als besonders günstiges Speicherverfahren erscheinen lassen, beruhen darauf, daß ein Objektpunkt nicht lokalisiert, sondern als ausgedehntes Interferenzfeld gespeichert wird. Deshalb wirken sich lokale Störungen des Speichermediums nicht als Zerstörung von Teilen der Information aus, sondern erzeugen einen breit verteilten und entsprechend geschwächten Lichthof über dem Bild. Solange das optische Signal-Stör-Verhältnis noch nicht die zum sicheren Lesen erforderliche untere Grenze erreicht hat, die mögliche Speicherdichte also nicht voll ausgenutzt ist, geht keine Information verloren. Wird diese Grenze jedoch durch Ausfall eines zu großen Teiles der Speicherfläche unterschritten, ist die Information als Ganzes verloren [21]. Als wichtigster Vorteil gilt, daß das Hologramm ein Bild erzeugt, ohne daß dazu Optiken erforderlich wären. Dies ermöglicht mit der im folgenden beschriebenen Speicherkonzeption, große Kapazität bei wahlfreiem Zugriff ohne mechanisch bewegte Teile zu erreichen.

Grundsätzlicher Aufbau. Um zu großen Kapazitäten zu kommen, unterteilt man nach Abb.4.7-11 die gesamte Speicherfläche in rasterartig angeordnete *Unterhologramme* zu je etwa 10^4 bit, deren Bildpunktraster alle auf die gleiche Detektormatrix

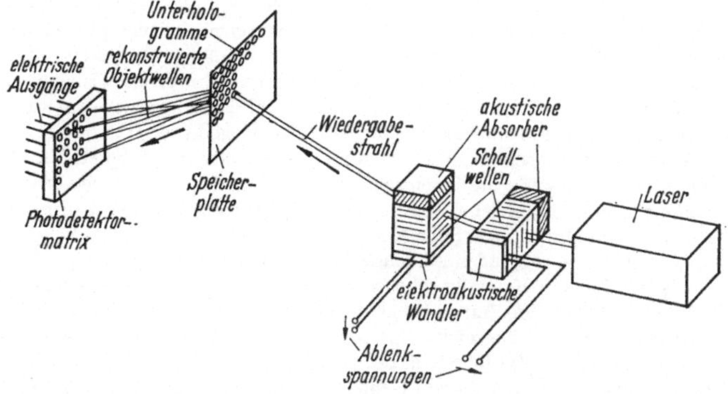

Abb.4.7-11. Lesevorgang eines holographischen Speichers. Der Wiedergabestrahl wird durch eine Lichtablenkeinheit (hier nach dem akusto-optischen Prinzip) auf ein gewünschtes Unterhologramm gerichtet. Dadurch wird ein reelles Bild des gespeicherten Objektpunktrasters auf eine Matrix aus Photodetektoren projiziert, die die Information in elektrischer Form ausgibt.

passen. Der Querschnitt des Wiedergabestrahls hat die Fläche eines Unterhologramms. Er wird mit Hilfe einer elektrisch adressierbaren Lichtablenkeinheit auf ein bestimmtes Unterhologramm gerichtet.

Zur schnellen Lichtablenkung kommen im wesentlichen ein elektro-optisches und ein akusto-optisches Prinzip in Betracht. Beim ersten dreht ein Kristall, dessen Doppelbrechung durch ein elektrisches Feld verändert werden kann (z. B. $LiNbO_3$), die Polarisationsrichtung des Strahls um $90°$ gegenüber dem feldfreien Fall, wenn ein Feld bestimmter Stärke (Größenordnung einige kV/cm) angelegt wird. Eine anschließende Polarisationsweiche — meist ein Wollaston-Prisma — leitet den Strahl je nach seiner Polarisation in eine von zwei vorgegebenen Richtungen. Durch Aneinanderfügen von n solchen Ablenkstufen entstehen 2^n Strahlrichtungen. Beim zweiten Prinzip wird in einem transparenten Medium quer zum Strahl eine sinusförmige Schallwelle angeregt, deren Dichtemaxima wie teildurchlässige Spiegel wirken und einen Teil des Lichtes nach dem Braggschen Gesetz unter dem Winkel $\arcsin(\lambda/\Delta)$ zur Einfallsrichtung reflektieren (Abb.4.7-11), wobei λ und Λ Licht- bzw. Schallwellenlänge sind. Durch Umschalten der Schallfrequenz in Stufen wird die Ablenkung dem Unterhologramm-Raster angepaßt. Zur Ablenkung in zwei Dimensionen sind nur zwei senkrecht zueinander orientierte Stufen erforderlich. Die hohen Anforderungen an die optische Qualität sind dadurch leichter zu erfüllen. Dies ist einer der Gründe, weshalb sich das letztere Prinzip durchzusetzen scheint.

Stand der Technik und Zukunftsaussichten. Die Kapazität des Speichers ist das Produkt aus der je Unterhologramm gespeicherten Information und der Zahl der Unterhologramme. Beide Zahlen unterliegen sowohl technischen als auch grundsätzlichen geometrisch-optischen und beugungs-optischen Grenzen. Bei einer Größe der Detektormatrix, wie sie in integrierter Halbleitertechnik erreichbar ist, liegt die Kapazitätsgrenze im Bereich 10^8 bit [22]. Hierzu sind 10^4 Unterhologramme, d.h. ebensoviele durch den Lichtablenker erzeugte Strahlrichtungen erforderlich, was technologisch ohne weiteres möglich ist. Durch Mehrfachausnützung des Speichermaterials, Übergang zu großflächigen Detektormatrizen oder Zusammenfassen vieler Speicherplatten nebst Detektormatrizen in einem Speicher läßt sich die Speicherkapazität noch um mehrere Zehnerpotenzen erhöhen. Die Zugriffszeit wird im wesentlichen durch die Empfindlichkeit der Detektorelemente und die verfügbare Lichtleistung bestimmt. Sie liegt abhängig von der Auslegung der Unterhologramme im Bereich 1 bis 100 µs.

Holographische Speicher befinden sich im Stadium der Vorentwicklung. Die Probleme der Detektormatrix und der Lichtablenker gelten als grundsätzlich gelöst; Ziele der weiteren Entwicklung sind technische Verbesserungen und Vereinfachungen. Noch keine fertige technische Lösung, aber immerhin vielversprechende Lösungsansätze existieren für die elektrisch steuerbare Objektpunktmatrix, die zum Einschreiben der Information dient. Den wesentlichsten Einfluß auf Eigenschaften und Anwendungen holographischer Speicher wird wohl die zukünftige Entwicklung optischer Speichermaterialien haben. Die bis jetzt überwiegend benutzte photographische Emulsion ist nicht löschbar, also nur für Festwertspeicher geeignet. Ihr Dynamikbereich ist kleiner als ihn die Intensitätsunterschiede der Objektwelle erfordern, was die Gefahr störender „Geisterpunkte" im Bildpunktraster mit sich bringt [23]. Sie hat aber anderen Materialien hohe Empfindlichkeit und weitgehend beherrschte Technologie voraus. Die zögernd einsetzende Entwicklung reversibler Speichermedien [6] (z. B. Alkalihalogenid-Kristalle, photochrome Gläser und Filme, Thermoplaste, magneto-optische Schichten) hat noch kein Material erbracht, das hohe Empfindlichkeit und Auflösung, unbegrenzte Speicherzeit, Ermüdungsfreiheit, hohe Lichtausbeute beim Lesen und Zykluszeit in der Größenordnung der Zugriffszeit auf sich vereinigt. Die Fortschritte auf diesem Gebiet werden aber sehr wahrscheinlich bald zu brauchbaren Materialien führen.

Holographische Speicher werden wegen ihrer zu erwartenden sehr großen Kapazitäten bei schnellem wahlfreiem Zugriff und vernünftigem Aufwand ihre Hauptanwendungsgebiete vermutlich als Archivspeicher in Datenverarbeitungsanlagen und

Dokumentationszentren finden. Es wird aber auch an einen Einsatz als große Mikroprogrammspeicher gedacht. Hier dürfte vorteilhaft sein, daß Hologramme durch einfache Kopierverfahren vervielfältigt werden können [6].

4.7.4 Synthetische Hologramme

In Abschnitt 4.7.1 wurde gezeigt, daß zwischen den drei Lagekoordinaten eines Objektpunktes und der Intensitätsverteilung, die bei seiner holographischen Aufnahme entsteht, ein einfacher mathematischer Zusammenhang besteht, der programmiert werden kann. Die Schwärzungsverteilung eines Hologramms läßt sich also mit einem Rechner bestimmen, über eine Zeichenmaschine stark vergrößert ausgeben und photomechanisch verkleinern. Damit ist die Möglichkeit gegeben, Gegenstände, die nicht wirklich existieren, als Bilder sichtbar zu machen. Anwendungen sieht man u.a. im rechnergestützten Entwurf (computer aided design), im Bauwesen zur Beurteilung der Wirkung geplanter Bauwerke, in der optischen Industrie zur Herstellung asphärischer Wellenflächen zum Zweck der Fertigungskontrolle asphärischer Linsen, als holographische Filter nach Abschnitt 4.7.2 und Speicherhologramme nach Abschnitt 4.7.3.

Um den Herstellungsvorgang zu vereinfachen, paßt man die Hologrammstruktur den Möglichkeiten der Rechenanlage an. Man teilt die Hologrammfläche im Einklang mit dem Abtasttheorem in Flächenelemente auf und errechnet für jedes Element Betrag und Phase der Transmission. Da Zeichenmaschinen in der Regel nur die Binärwerte weiß und schwarz beherrschen, wird das Flächenelement schwarzgrundig angesetzt und mit einer weißen (im Endprodukt transparenten) Öffnung versehen, deren Fläche den Betrag und deren Lage innerhalb des Elementes die Phase der Transmission realisiert [24].

Vor Beginn der Berechnung wird das Objekt in analytisch oder durch Angabe von Koordinaten beschreibbare Teile zerlegt. Da bei der Errechnung des Interferenzfeldes über zwei Dimensionen integriert bzw. summiert werden muß, sind ein Rechner mit großem Speicherraum und ein beträchtlicher Aufwand an Rechenzeit erforderlich. Bei günstiger Programmierung wurden beispielsweise auf einer IBM 7094 rund 10 min benötigt, um ein Hologramm mit 64×64 Flächenelementen zu errechnen [24].

Die erwähnten Anwendungen setzen durchwegs eine um mehrere Größenordnungen höhere Zahl von Elementen voraus. Dem stehen die begrenzte Auflösung von Zeichenmaschinen und Verkleinerungsgeräten sowie die hohen Rechnerkosten entgegen. Die Entwicklung ist noch im Fluß.

Literatur

[1] *Gabor, D.:* A new microscopic principle. Nature (London) 161 (1948) 777—778. — [2] *Gabor, D.:* Diffraction microscopy. J. of Applied Physics 19 (1948) 1191. — [3] *Gabor, D.:* Microscopy by reconstructed wave-fronts. Proc. Roy. Soc. London 197A (1949) 454—478 und Proc. Phys. Soc. 64 (1951) 449—469. — [4] *Stroke, G. W.:* An introduction to coherent optics and holography, New York, London: Academic Press 1966. — [5] *De Velis, J. B., Reynolds, G. O.:* Theory and applications of holography, Reading, Mass.: Addison-Wesley 1967. — [6] *Kiemle, H., Röß, D.:* Einführung in die Technik der Holographie, Frankfurt: Akademische Verlagsges. 1969. — [7] *Smith, H. M.:* Principles of holography, New York, London: Wiley-Interscience 1969. — [8] *Born, M., Wolf, E.:* Principles of optics, 3.Aufl., London, New York: Pergamon Press 1964/65. — [9] *Shulman, A. R.:* Optical data processing, New York, London: Wiley-Interscience 1970. — [10] *Goodman, J. W.:* Introduction to Fourier optics, New York, Toronto, London: McGraw-Hill 1968. — [11] *Werts, A.:* Reconnaissance des formes par filtrage des fréquences spatiales en lumière cohérente. 17th Technical Symposium, AGARD Avionics Panel, Tönsberg 1969. — [12] *Vander Lugt, A., Rotz, F. B., Klooster, jr., A.:* Character-reading by optical spatial filtering. Kap. 7 von „Optical and Electro-Optical Information Processing". Hrsg. J. T. Tippett et al., Cambridge, Mass.: MIT Press 1965. — [13] *Reizman, F.:* An optical spatial phase modulator array, activated by optical signals. 17th Technical Symposium, AGARD Avionics Panel, Tönsberg 1969. — [14] *Kiemle, H., Wolff, U.:* Application de cristaux liquides en holographie optique. Kongreßband Holographie-Symposium Besançon 1970. — [15] *Turin, G. L.:* An introduction to matched filters. IRE Trans. Inform. Theory, Juni 1960, S. 311—329. —

[16] *Cook, C. G., Bernfield, M.:* Radar signals, New York, London: Academic Press 1967. — [17] *Arm, M., Lambert, L. B., Aimette, A.:* Electro-optical processor for phased array antennas. 9th Techn. Meeting, AGARD Avionics Panel, Paris 1965. — [18] *Leith, E. N., Ingalls, A. L.:* Synthetic antenna data processing by wavefront reconstruction. Applied Optics 7 (1968) 539—544. — [19] *Kiemle, H.:* Holographische Speicherung digitaler Daten. Entwicklungsber. Siemens-Halske-Werke 32 (1969), Sonderh. S. 35—40. — [20] *Smits, F. M., Gallagher, L. E.:* Design considerations for a semipermanent optical memory. Bell System Techn. J. 46 (1967) 1267—1278. — [21] *Kiemle, H.:* Phase holograms in photographic emulsions for digital data storage. Optics Technology 1 (1969) 146—149. — [22] *Graf, P.:* Holographic memories. Proceedings of the 1970 IEEE Internat. Comp. Group Conf., Washington, USA. — [23] *Goldmann, G., Lang, M.:* Untersuchungen zur Informationsverteilung auf Speicherhologrammen. Kongreßband Holographie-Symposium Besançon 1970. — [24] *Lohmann, A. W., Paris, D. P.:* Binary Fraunhofer holograms, generated by computer. Applied Optics 6 (1967) 1739—1748.

4.8 Magnetomotorische Speicher

F. Rausch

Die magnetomotorische Informationsspeicherung [1, 5, 6, 17, 35] wurde zuerst für die Schallaufzeichnung verwendet. Die als Zeitfunktion einer physikalischen Größe vorliegende oder gegebenenfalls in eine solche Zeitfunktion umzuwandelnde Information wird bei dieser Art der Speicherung auf einer Wegstrecke (Spur) des Speichermediums (Magnetband usw.) in Form von Magnetisierungsänderungen festgehalten. Bei der Speicherung binärer Information, auf die sich die folgenden Ausführungen beschränken, genügt naturgemäß die Verwendung von nur zwei sicher unterscheidbaren Magnetisierungen (s. Abschnitt 4.8.3 — Schreibverfahren). Die zur Aufzeichnung (Schreiben) und zur Wiedergabe der Information (Lesen) verwendeten elektromagnetischen Wandler (Schreib- und Leseköpfe) unterscheiden sich im Prinzip nicht von den für Schallaufzeichnung verwendeten Magnetköpfen. Ungeachtet der Ähnlichkeiten im Aufbau und in den Grundfunktionen bestehen jedoch auf Grund der besonderen Betriebsbedingungen eine Reihe von Unterschieden und Eigenheiten in der Konstruktion, Anordnung und Verwendung (s. Abschnitt 4.8.2 — Magnetköpfe).

Die magnetische Aufzeichnung der Information auf einem Streckenabschnitt des Speichermediums erfordert ebenso wie das spätere Lesen der gespeicherten Information eine Relativbewegung zwischen den Magnetköpfen und den der Speicherung dienenden Flächen des Mediums. Diese Bewegung dient zugleich auch dem Zugriff zur Information (s. Abschnitt 4.8.4 — Adressierung und Zugriff). Bei allen hier beschriebenen Geräten (s. Abschnitte 4.8.5 bis 4.8.9) ist das Speichermedium beim Lesen und Schreiben in Bewegung und die Köpfe stehen still. Zur Speicherung werden mit hartmagnetischem Material beschichtete Scheiben und Trommeln aus nicht magnetischem Metall (Aluminium- oder Magnesiumlegierungen, seltener Messing) und Kunststoffolien in Form von Bändern, Karten oder Scheiben verwendet (s. Abschnitt 4.8.1 — Magnetschichten). Auf den verwendeten Magnetschichten können mit den z. Z. verfügbaren Geräten bis zu 3000 Flußwechsel pro mm^2 gespeichert werden. Diese hohe spezifische Speicherkapazität wird vor allem durch die große Dichte in Richtung der Bewegung der Magnetschicht (Spurrichtung) von gegenwärtig bis zu 500 Flußwechseln pro mm (Fw/mm) erreicht. Die praktische Grenze für die mit Magnetköpfen noch sicher lesbare Flußwechseldichte dürfte bei 800 bis 1000 Fw/mm liegen, doch auch diese Zahl ist noch weit entfernt von der durch die Materialeigenschaften gesetzten Grenze, die mit 10000 Fw/mm [10, 11], an anderer Stelle [9] mit über 4000 Fw/mm angegeben wird.

Bei der Verwendung von bewegten magnetischen Speichermedien kann die Anzahl der Speicherelemente, die mit einem Schreib- und Lesekopf und den zugehörigen elektronischen Schaltkreisen geschrieben und gelesen werden können, im Prinzip beliebig groß gemacht werden. Die Kosten pro Speicherelement (Bit) hängen sowohl vom Speicherprinzip als auch von der Speicherkapazität ab. Sie liegen für magnetomotorische Speicher zwischen 10^{-6} DM/bit (für Magnetbandspeicher) und 10^{-2} DM/bit (für Magnettrommelspeicher). Die Wartezeiten, das sind die Zeiten vom Schreib- oder Lesebefehl bis zum Beginn der entsprechenden Operation, liegen bei diesen Speichern etwa im Bereich von 1 bis 500 ms. Magnetomotorische Speicher sind daher besonders geeignet für Speicherkapazitäten in der Größenordnung von 10^6 bis 10^9 bit, wenn der Kostengesichtspunkt gegenüber der Forderung nach raschem Zugriff im Vordergrund steht. Auf Grund der andersartigen Gliederung der gespeicherten Information werden mit einem Schreib- oder Lesebefehl in der Regel Informationssätze oder -blöcke von einigen 100 bis einigen 10000 Zeichen übertragen. Das Schreiben und Lesen erfolgt nach vollzogenem Zugriff zu dem gewünschten Speicherbereich mit Bitraten von 10^5 bi s10^7 bit/s. Die Übertragungsgeschwindigkeiten sind damit den Verarbeitungsgeschwindigkeiten der Zentraleinheiten gut angepaßt, so daß sich trotz der langen Wartezeiten bei entsprechender Organisation des Arbeitsablaufes ein guter Durchsatz erzielen läßt. Ein Vorteil aller magnetischen Speicher, daß für die Speicherung der Information keine dauernde oder periodische Energiezufuhr erforderlich ist (nonvolatility), sei der Vollständigkeit halber erwähnt. Diese Eigenschaft ist besonders dann von Bedeutung, wenn das Speichermedium ausgewechselt, transportiert oder außerhalb der Maschine aufbewahrt werden soll. Darüber hinaus haben magnetomotorische Speicher gegenüber anderen magnetischen Speichern (z.B. Kernspeichern) den Vorteil, daß das Lesen zerstörungsfrei erfolgt und somit keine Regenerierung erforderlich ist.

Magnetomotorische Speicher werden z.T. noch als Arbeitsspeicher (Haupt-, Primär- oder interne Speicher) in weit stärkerem Maße jedoch als Massenspeicher (Großraum-, Sekundär- oder externe Speicher) eingesetzt. Die Ausführungen in den folgenden Abschnitten beziehen sich im allgemeinen auf Großraumspeicher. Auf Einzelheiten, die nur für Arbeitsspeicher zutreffen, wird besonders hingewiesen.

4.8.1 Magnetschichten

An ein Speichermedium stellt man in erster Linie die Forderung nach zeitlicher Beständigkeit der gespeicherten Information und nach Widerstandsfähigkeit gegen Einwirkungen, denen das Medium selbst und mit ihm die Information beim Betrieb, bei der Aufbewahrung und beim Transport unterworfen sein kann. Eine gewisse Bedeutung kommt auch dem Kostenfaktor (DM/bit) zu, insbesondere, wenn große Datenmengen über lange Zeiträume aufbewahrt werden müssen. Dieser Kostenfaktor wird entscheidend beeinflußt durch die erzielbare Bitdichte (bit/mm). Erhöhung der Bitdichte bewirkt Vergrößerung der Kapazität bei gleichbleibender Zugriffszeit und Erhöhung der Bitrate (bit/s) bei gleicher Bahngeschwindigkeit. Magnetschichten erfüllen die Forderungen nach großer Informationsdichte, niedrigen Kosten und guter Beständigkeit in hohem Maße.

Auf Grund der Entwicklungsergebnisse der letzten Jahre ist man heute in der Lage, die Eigenschaften magnetischer Schichten in weiten Grenzen zu variieren und damit gewann die Frage nach den für eine bestimmte Anwendung günstigsten Werten an praktischer Bedeutung. Insbesondere war der Einfluß der Remanenz J_r, Koerzitivkraft H_c und der Schichtdicke d auf die Speicherfähigkeit Gegenstand umfangreicher theoretischer und experimenteller Untersuchungen neuerer Zeit [12, 13, 14, 48]. Der Schreibvorgang zielt darauf ab, den Wechsel der Magnetisierungsrichtung (oder die Magnetisierungsänderung) auf möglichst kurzer Spurlänge zu vollziehen. Der remanente Magnetisierungsverlauf der beschriebenen Spur ist jedoch weit entfernt davon, ein Abbild des Schreibstromverlaufes zu sein. Die unmittelbar nach vollzogenem Schreiben eines Flußwechsels einsetzende teilweise Entmagnetisierung bewirkt eine Änderung des ursprünglichen Magnetisierungsverlaufes und verursacht vor allem eine Verbreiterung der Flußübergangszone. Diese

Verbreiterung hängt von der Schichtdicke, Remanenz und Koerzitivkraft ab und ist nach [9] ungefähr proportional $(d \cdot J_r \cdot H_c)^n$ mit $n = 0{,}5$ für dünne Schichten mit kleinem J_r/H_c-Verhältnis und $n = 1$ für dicke Schichten mit großem J_r/H_c-Verhältnis.

Über den Verlauf des resultierenden Flußüberganges gibt es eine Reihe theoretischer Untersuchungen, die jedoch noch einer experimentellen Bestätigung bedürfen [15, 16, 54]. Bisher ist es noch nicht gelungen, eine geschlossene Theorie des Schreib- und Leseprozesses zu entwickeln. Die Schwierigkeiten liegen einmal darin, daß sich beim Durchlaufen des Kopfspaltfeldes sowohl seine Richtung als auch seine Stärke laufend ändert, und zum anderen darin, daß zu wenig über den auf das Schreiben folgenden Entmagnetisierungsvorgang bekannt ist. Beim Betrieb im Kontakt mit der Schicht ist die mit Magnetköpfen schreibbare Flußwechseldichte erheblich größer als die mit Magnetköpfen lesbare Dichte. Man strebt daher an, die maßgebenden Schichteigenschaften (Koerzitivkraft, Remanenz und Dicke) vor allem so zu wählen, daß hohe Flußwechseldichten sicher gelesen werden können.

Empirisch wurde ermittelt, daß für einen isolierten Flußwechsel die Signalamplitude proportional $(d \cdot J_r \cdot H_c)^{1/2}$ ist und die Halbwertimpulsbreite proportional $(d/H_c)^{1/2}$. Diese Beziehung gilt für $H_c > 120$ A/cm und $d < 1$ µm. Der Einfluß der Remanenz auf die Halbwertbreite gewinnt erst für $H_c < 120$ A/cm und $d > 1$ µm Bedeutung. Eine für das ganze Spektrum der möglichen magnetischen Eigenschaften und Schichtdicken gültige Regel konnte bisher noch nicht erarbeitet werden. Aus den beiden Beziehungen sieht man, daß hohe H_c-Werte günstig sind, da sie sowohl höhere Signalspannungen als auch kleinere Signalbreiten ergeben. Eine Verringerung der Schichtdicke ergibt geringere Signalbreiten (und damit eine höhere Bitdichte), aber auch kleinere Signalamplituden. Der Verkleinerung der Signalamplitude kann durch Verwendung von Material mit hohen Remanenzwerten entgegengewirkt werden. Im allgemeinen wird man eine Verkleinerung der Signalamplitude in Kauf nehmen, wenn es vor allem auf hohe Bitdichte ankommt. Einen Überblick über verschiedene zur Speicherung geeignete Magnetschichten gibt Tab. 4.8-1.

Tabelle 4.8-1. Magnetschichten

Schichtmaterial		H_c [A/cm]	J_r [T]	J_r/J_s	Schicht-dicken	Fw/mm
Pulverförmige	γ-Fe_2O_3	200 bis 240	bis 0,085	0,7 bis 0,8	>1 µm	bis 500
hartmagnetische	γ-$Co_x Fe_{2-x} O_3$	bis 1200	bis 0,10	0,7	,,	,,
Stoffe in organi-	Fe_3O_4	240 bis 280	bis 0,10	0,5 bis 0,6	,,	,,
schen Binde-	CrO_2	240 bis 480	bis 0,15	0,9	,,	bis 600
mitteln:	Fe, Ni, Co u.					
	d. Legierungen	80 bis 1600	bis 0,50	0,5 bis 1,0	,,	bis 800
Unter Verwendung von Fe, Ni und Co elektrolytisch, chemisch durch Aufdampfen oder Katho-denzerstäubung erzeugte kontinuierliche dünne Schichten		bis 2000	bis 2,40	0,5 bis 1,0	$\geq 0{,}1$ µm	über 800

Nadelförmige γ-Fe_2O_3-Kristalle mit einem Längen-Dicken-Verhältnis von 5:1 bis 10:1 und einer Länge von 0,5 bis 1,0 µm sind zur Zeit noch das am häufigsten verwendete Schichtmaterial. Das schwarze Eisenoxyd Fe_3O_4 (Magnetit) hat eine um etwa 20% höhere Sättigungsmagnetisierung und einen um etwa 15% höheren H_c-Wert als γ-Fe_2O_3 und erscheint damit als Schichtmaterial zunächst besser geeignet. Nachteilig bei Magnetit ist die geringe Temperaturstabilität der Aufzeichnung, die schlechte Löschbarkeit längerer Zeit gespeicherter Information, der ausgeprägte Kopiereffekt und seine Neigung, schon bei Raumtemperatur zu oxydieren.

Durch Einbau von Fremdmetallionen in das Kristallgitter kann eine drastische Steigerung des H_c-Wertes erreicht werden. Die Koerzitivkraft wird bereits durch geringfügigen Kobaltzusatz von 2 bis 10 Atomprozent stark erhöht. Die erzeugten Kristalle sind würfelförmig und haben Kantenlängen von 0,05 bis 0,1 μm. Auf Grund ihrer regelmäßigen Form und geringen Größenstreuung lassen sie sich zu sehr homogenen Schichten verarbeiten. Nachteilig bei diesem Material ist die starke Abnahme der Koerzitivkraft und Rechteckigkeit der Hysterese bei steigender Temperatur. Ein starker Signalrückgang durch die beim Lesen im Kontakt mit dem Kopf auftretende Reibungswärme wurde beobachtet [1, 19].

Eine deutliche Erhöhung der Signalamplitude und der Flußwechseldichte ermöglicht die Verwendung von CrO_2 als Schichtmaterial. Es wurden Teilchen mit Längen von 0,2 bis 1,5 μm und Längen-Dicken-Verhältnissen bis 20:1 hergestellt. Trotz seiner niedrigen Curietemperatur von 125 °C ist Chromdioxyd ein aussichtsreiches neues Schichtmaterial [20]. Erwähnt werden muß schließlich noch die Verwendung von Kobalt, Nickel, Eisen und deren Legierungen in der Form von submikroskopisch feinem Pulver. Die erzielten H_c-Werte hängen stark von der Teilchengröße ab und haben z. B. für Fe ihre Maximum zwischen 10 und 20 nm [50]. Die verschiedenen Herstellungsverfahren zielen vor allem auf die Gewinnung sehr kleiner länglicher Teilchen ab [21, 22]. Längenwerte liegen zwischen 50 und 100 nm und die Dicken zwischen 10 und 50 nm. Bei Metallteilchen dieser Größe besteht in hohem Maße Entzündungsgefahr bei Berührung mit Luft, wodurch die Herstellung und Weiterverarbeitung erschwert wird. Die magnetischen Eigenschaften der Metallpartikel und der aus ihnen hergestellten Schichten lassen sich in sehr weiten Grenzen variieren und den Erfordernissen anpassen.

Eine drastische Steigerung der erzielbaren Flußwechseldichte ermöglicht allerdings erst die Verwendung dünner kontinuierlicher Metallschichten. Aus Ni, Fe und Co chemisch und elektrolytisch erzeugte Magnetschichten nehmen heute nach Umfang der Verwendung bereits den zweiten Platz nach γ-Fe_2O_3-Schichten ein. Ein Patent über die Verwendung elektrochemisch erzeugter Magnetschichten zur Schallaufzeichnung wurde erstmals im Jahre 1906 erteilt [27]. Die Patentschrift enthält jedoch keine Angaben über Herstellung und magnetische Eigenschaften. Die praktische Verwendung kontinuierlicher Magnetschichten zur Speicherung digitaler Information begann etwa 1952 mit der Herstellung von Magnettrommeln mit galvanisch erzeugten hartmagnetischen Ni-Co-Schichten [32].

Die H_c-Werte dieser Schichten lassen sich unter anderem durch Zusätze von Phosphor in weiten Grenzen ändern [44], und die Werte für die relative Remanenz (J_r/J_s) reichen von 0,75 bis 1. Vor allem aber können kontinuierliche Metallschichten viel dünner hergestellt werden als Teilchenschichten. Während mit pulverförmigem Material nur Schichtdicken >1 μm realisiert werden konnten (entsprechende Oberflächengüte des Trägers und Feinkörnigkeit des Pulvers vorausgesetzt), können kontinuierliche Schichten mit Dicken $<0,1$ μm hergestellt werden. Chemisch (autokatalytisch) hergestellte Magnetschichten [49, 52] haben ähnliche Eigenschaften wie die galvanisch erzeugten. J_r/J_s-Verhältnisse von 0,75 bis 0,85 werden erzielt und die H_c-Werte lassen sich von wenigen A/cm bis über 1 600 A/cm steigern. Dabei ist zu berücksichtigen, daß Schichten mit H_c-Werten über 800 A/cm keine praktische Bedeutung haben, da sie mit den gebräuchlichen Schreibköpfen nicht in die Sättigung magnetisiert werden können.

Zur Herstellung kontinuierlicher Schichten kommt auf Grund der Fortschritte in der Verfahrenstechnik auch das Aufdampfen im Vakuum in Frage, wie es bereits in großem Umfang für die Metallisierung bandförmiger Folien verwendet wird. Durch Aufdampfen erzeugte Ni-, Co-, Fe-Schichten haben primär niedrige H_c-Werte

(<80 A/cm), die jedoch durch Einbau von Phosphor in das Kristallgitter oder durch Aufdampfen unter einem großen Winkel zur Flächennormalen auf ein Vielfaches des Ausgangswertes gesteigert werden können [45].

Eine Alternative zum Aufdampfen in Vakuum ist die Erzeugung magnetischer Schichten durch Kathodenzerstäubung. Mit diesem Verfahren lassen sich Magnetschichten auch auf größeren Flächen und aus unterschiedlichen Komponenten (mit verschiedenem Dampfdruck) sehr gleichförmig herstellen. Die Schichten erhalten bei diesem Verfahren genau die gleiche Zusammensetzung wie das verwendete Kathodenmaterial, so daß lediglich Kathodenwerkstoffe mit der gewünschten Zusammensetzung hergestellt werden müssen. Durch Variieren der Schichtdicke und der Zusammensetzung wurden H_c-Werte zwischen 3 und 400 A/cm und J_r/J_s-Verhältnisse bis 1 erzielt. Auf kontinuierlichen Schichten wurden experimentell über 800 Flußwechsel pro mm geschrieben und mit Bitterstreifen sichtbar gemacht.

Pulverförmiges Schichtmaterial wird im allgemeinen in Kugelmühlen, mit denen sehr hohe Scherkräfte erzielt werden, in einem organischen Bindemittel möglichst gleichmäßig verteilt. Der Grad der Verteilung und eine möglichst gute Trennung und Benetzung der Teilchen durch das Bindemittel sind von großer Bedeutung für die spätere Qualität der Schichten. Der Volumenanteil des Schichtmaterials am Gesamtvolumen beträgt bis zu 40%. Bei höheren Volumenanteilen wird die Teilchentrennung schlechter und die Oberflächenrauhigkeit nimmt zu. Das Auftragen der Dispersion auf dem Träger (Trommel, Scheibe, Folie) muß in staubfreien Räumen erfolgen. Das Auftragen geschieht im allgemeinen durch Gießen oder Tauchen eventuell auch durch Drucken oder Spritzen. Wichtig ist, daß die zu beschichtende Fläche spiegelglatt und porenfrei ist. Bei Kunststoffolien sind darüber hinaus noch mechanische Eigenschaften wie Kantenreißfestigkeit, Schmiegsamkeit, Dehnung usw. von Bedeutung sowie das Verhalten bei Temperatur- und Feuchtigkeitsänderungen. Kunststoffolien wurden früher aus Acetylzellulose hergestellt. Heute verwendet man fast ausschließlich Polyester-Folien (in USA als Mylar, in Deutschland als Hostaphan bekannt). Ausgangsmaterial für die Herstellung ist ein Rohstoff auf Polyterphtalensäureester-Basis. Das Material wird durch breite oder ringförmige Düsen gezogen und gleichzeitig einem Reckprozeß unterworfen. Das Ergebnis ist eine porenfreie Folie mit guten Oberflächeneigenschaften und hoher Festigkeit. Dimensionsänderungen durch Feuchtigkeitsaufnahmen sind bei Polyester-Folien mit $1{,}1 \cdot 10^{-5}/1\%$ RF um eine Größenordnung kleiner als bei Acetylzellulose, eine Eigenschaft, die vor allem bei breiten Bändern, kleinen Spurbreiten und starken Feuchtigkeitsänderungen für die Materialwahl von Bedeutung ist. Seine relativ hohe Temperaturbeständigkeit, Oberflächengüte und mechanische Festigkeit machen es zu einer für das Aufdampfen magnetischer Schichten sehr geeigneten Unterlage. Auch Verfahren zur elektrochemischen Beschichtung von Polyester-Folien sind bekannt geworden [49].

Beim Beschichten von Folien mit teilchenförmigem Material durch Gießen tritt die gefilterte und von Zusammenballungen befreite Dispersion aus einer Düse aus und legt sich als dünner Film auf die mit konstanter Geschwindigkeit transportierte Folie. Eventuell sorgt eine Abstreifkante für eine gleichmäßige Verteilung und Dicke. Beim Tauchverfahren wird die Folie um eine Walze geführt, die die Dispersion gerade berührt. Hierbei bestimmt die Viskosität der Dispersion und die Durchzugsgeschwindigkeit die Schichtdicke. Längliche Teilchen kann man während des Beschichtungsvorganges durch starke Magnetfelder in Richtung des späteren Spurverlaufes orientieren und dadurch die Remanenz und das J_r/J_s-Verhältnis in dieser Richtung verbessern. Für manche Anwendungen wird die Magnetschicht noch mit einer sehr dünnen Schutzfolie überzogen. Zum Beschichten von Scheiben wird die Dispersion auf die horizontal rotierenden Scheiben gegossen und durch die Fliehkraft verteilt, wobei die Viskosität und die Drehzahl die Schichtdicke bestimmen. Nach Auftragen der Schichten erfolgt Trocknen oder Aushärten in staubfreier Atmosphäre sowie Feinpolieren oder Kalandern zur Beseitigung von Oberflächenerhebungen. Ungeachtet der sorgfältigen fertigungstechnischen Maßnahmen ist eine abschließende 100%ige Prüfung unerläßlich.

4.8.2 Magnetköpfe

Beim magnetomotorischen Speichern kennt man im Prinzip die gleichen Funktionen wie bei der Schallaufzeichnung, nämlich Schreiben (Aufsprechen), Lesen (Wiedergabe) und Löschen. In diesem Abschnitt werden vor allem Besonderheiten der Konstruktion, Anordnung und Verwendung behandelt, die für die Magnetköpfe der hier beschriebenen Geräte charakteristisch sind.

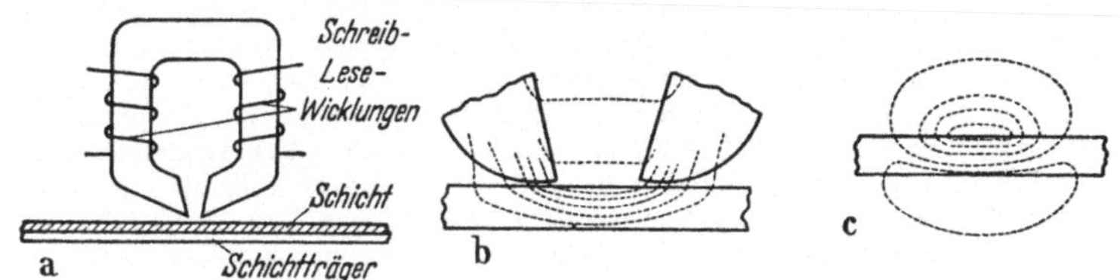

Abb. 4.8-1 a—c. Schreib-Lese-Kopf und Feldverlauf im Kopf-Schicht-System.

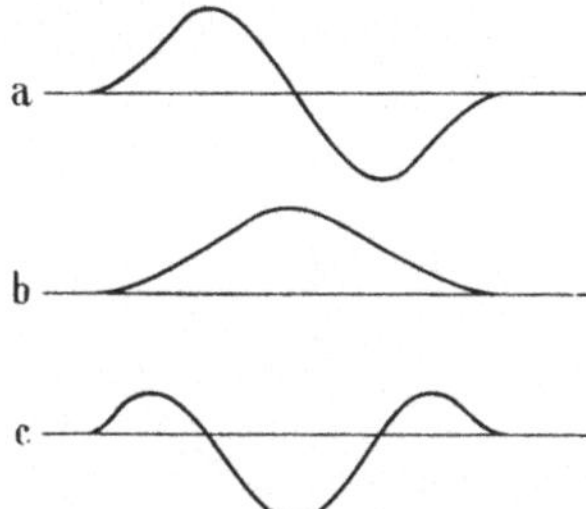

Abb. 4.8-2. Lesesignal. a) an den Enden der Wicklung; b) integriert; c) differenziert.

Beim Schreiben bzw. Lesen will man entweder einen möglichst engen Kontakt zwischen Kopf und Magnetschicht herstellen oder einen (möglichst kleinen) definierten Abstand zwischen Kopf und Schicht einhalten. Der Betrieb im Kontakt mit der Schicht erlaubt höhere Bitdichten, kommt aber praktisch nur für flexible Speichermedien (Band, Karten, Streifen) in Frage, wenn durch die Art des Betriebes sichergestellt ist, daß die Abnützung der Köpfe und der Schicht in vertretbaren Grenzen bleibt. Bei Spulenbandgeräten z. B. berührt die Magnetschicht die Köpfe ständig, aber das Band wird nur zum Lesen oder Schreiben bewegt. Magnetkarten oder -streifen werden erst in der Schreibe-Lese-Station in eine Umlaufbewegung gebracht, und durch geeignete Maßnahmen wird dafür gesorgt, daß sie nur für eine begrenzte Anzahl von Umläufen in der Kopfstation verbleiben. Ist das Speichermedium während des Betriebes dauernd in (umlaufender) Bewegung, dann dürfen die Köpfe entweder nur zum Schreiben und Lesen mit der Schicht in Berührung gebracht werden, oder es muß ständig ein Abstand zwischen Kopf und Schicht eingehalten werden. Bei Magnettrommeln lassen sich Abstände $\geq 10\,\mu\mathrm{m}$, wie sie bei der Verwendung als Arbeitsspeicher üblich waren, noch mit mechanischen Mitteln realisieren. Für kleinere Abstände und in allen Fällen, in denen ein genügend exakter Lauf der Speicherfläche nicht gewährleistet werden kann, ist Erzeugung und Einhaltung des gewünschten Abstandes durch ein Luftkissen angezeigt. Dieses kann entweder durch Düsen die Luft zwischen Kopf und Schicht pressen [33] oder durch die Bewegung des Mediums selbst erzeugt werden [46, 51]. Auch die Verwendung eines Ölfilms, auf dem die Köpfe gleiten, ist bei niedrigen Geschwindigkeiten möglich [2].

Der eigentliche Magnetkopf hat den in Abb. 4.8-1a gezeigten grundsätzlichen Aufbau, Abb. 4.8-1b zeigt den Feldverlauf im Augenblick des Einschreibens, Abb. 4.8-1c den Feldverlauf des eingeschriebenen Speicherelements nach der Entfernung vom Kopf. Die vom Schreibstrom bewirkte magnetomotorische Kraft muß ausreichen, um das Zentrum des momentan dem Kopfspalt gegenüberliegenden Schichtelements zu sättigen, nicht jedoch dessen Randgebiete. Da der Aufbau des magnetischen Feldes wegen der Induktivität der Spule und der Eigenschaften des magnetischen Kreises Zeit erfordert, während der das Speichermedium sich weiterbewegt, nehmen die nichtgesättigten Randzonen einen nennenswerten Teil der Magnetschicht ein.

Bei der Kopf-Schicht-Lage entsprechend Abb. 4.8-1a kann die beim Schreiben und Lesen erforderliche Bewegung entweder senkrecht zur Papierebene oder von links nach rechts bzw. rechts nach links erfolgen. Die zweite Bewegungsart wird allgemein angewandt, da dabei eine höhere Bitdichte erzielt werden kann. Das Lesesignal für einen Magnetisierungsimpuls ist in Abb. 4.8-2 gezeigt, wobei Abb. 4.8-2a den Spannungsverlauf an den Enden der Lesewicklung wiedergibt, der vom zeitlichen Verlauf des Flusses im Kopf abhängt. Abb. 4.8-2b stellt das integrierte Signal zu Abb. 4.8-2a dar, dessen Polarität der Magnetisierungsrichtung des gelesenen Elements zugeordnet ist, Abb. 4.8-2c das differenzierte Signal zu Abb. 4.8-2a. Die Spaltlänge des Kopfes bestimmt weitgehend das Auflösungsvermögen, wobei zu berücksichtigen ist, daß die effektive Spaltlänge bei kurzen Spalten um 50 bis 100% und bei langen Spalten um 10 bis 50% größer ist als die geometrische Spaltlänge [6]. Ferner hat nicht nur die effektive Spaltlänge, sondern im gleichen Maße auch der Abstand Kopf-Schicht und die Schichtdicke wesentlichen Einfluß auf das Auflösungsvermögen [7, 8, 15].

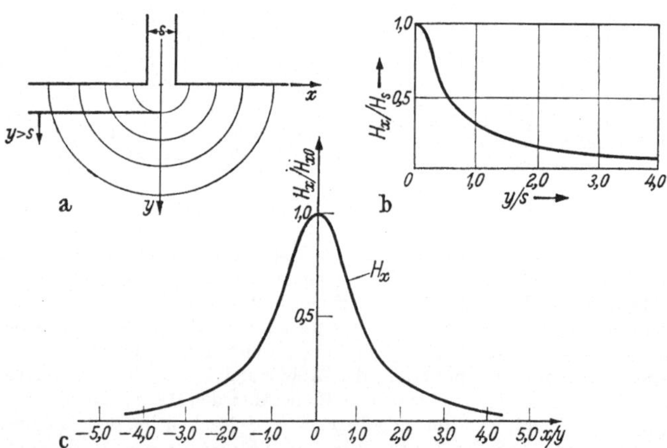

Abb. 4.8-3. a) Feldlinienverlauf bei kleiner Spaltlänge s; b) Abnahme der Feldstärke entlang der Kopfspaltmittellinie; c) Feldstärkeverlauf für $y \geq s$.

Die Magnetisierung der Schicht erfolgt durch das Streufeld des Kopfspaltes. Um einen möglichst sprunghaften Übergang von der einen in die andere Magnetisierungsrichtung zu erzielen, muß das Streufeld örtlich konzentriert sein, und die Feldstärke muß groß genug sein, um die Schicht in die Sättigung zu magnetisieren. An den Spaltkanten wird die Feldstärke theoretisch unendlich groß, kann aber tatsächlich nur die Sättigungsfeldstärke des Kopfmaterials erreichen. Entlang der Kopfspaltmittellinie (Abb. 4.8-3a) nimmt die Feldstärke ungefähr proportional $\arctan(s/2y)$ ab. Wie man aus Abb. 4.8-3b entnehmen kann, beträgt die maximale Feldstärke im Abstand $y = s/2$ vom Kopfspiegel nur noch 50% der Spaltfeldstärke H_s. Für den bei magnetomotorischen Speichern häufig vorkommenden Fall, daß der mittlere Schichtabstand y größer oder gleich der Spaltlänge s ist, kann man sich den Verlauf des Streufeldes durch das Feld eines Einzelleiters ersetzt denken und dadurch leicht der Berechnung zugänglich machen. Auf Grund der meist sehr kleinen Permeabilitätswerte der verwendeten Magnetschichten kann man die durch sie verursachte Rückwirkung auf den Feldlinienverlauf vernachlässigen. Die Abb.4.8-3c zeigt für Werte $y \geq s$ den auf einen bestimmten Abstand y vom Kopfspiegel bezogenen Verlauf der x-Komponente der Feldstärke als Funktion des relativen Abstandes von der Kopfspaltmittellinie. Für die meisten praktischen Fälle ist die Wirkung der y-Komponente des magnetisierenden Feldes vernachlässigbar. Mit dem in Abb.4.8-3c gezeigten Feldstärkeverlauf identisch ist der Verlauf der Lesespannung bei einem sprunghaften Wechsel der Magnetisierungsrichtung in der am Kopf vorbeibewegten Schicht [17].

Für das Schreiben und Lesen im Kontakt mit der Schicht gelten etwas andere Gesichtspunkte. Wichtig ist hier für die Magnetisierung der Schicht die Beschaffenheit derjenigen Spaltkante, von der die Schicht abläuft. Diese Kante soll möglichst scharf sein, damit die Schicht das Gebiet der hohen magnetisierenden Feldstärke möglichst ohne Übergangsstrecke verläßt [28]. Der Kopf soll geometrisch so aufgebaut sein, daß ein möglichst großer Streufluß in die Schicht eintritt, jedoch nur in engster Nachbarschaft des Spaltes. Damit letztere Forderung erfüllt werden kann, dürfen die Polschuhe des Kopfes beim Schreiben nicht gesättigt werden. Allgemein gilt, die Wirbelströme durch Lamellierung (bei Mumetall oder Permalloy) oder durch die Wahl von Kopfmaterial hohen spezifischen Widerstandes möglichst klein zu halten, um die Leistungsverluste zu verringern und den magnetischen Fluß schnell zu schalten. Auf diese Forderung geht die Wahl von Ferriten als Kopfmaterial zurück.

Die Forderungen an die Konstruktion der Köpfe sind recht komplex und nur teilweise einer rechnerischen Behandlung zugänglich. Kleiner magnetischer Widerstand, d.h. großer Eisenquerschnitt, kleine Eisenweglänge, und hohe Permeabilität sind sowohl im Hinblick auf die erforderliche Schreibleistung als auch für die Lesespannung günstig. Kleine Induktivität der Wicklung ergibt steile Flanken beim Schalten des Schreibstromes. Kleine Spaltlängen erlauben hohe Bitdichten, begrenzen jedoch die Größe des magnetischen Flusses, der aus der Schicht in den magnetischen Kreis des Kopfes übertreten kann. Große Spaltbreiten ergeben großen magnetischen Fluß auf Kosten der erzielbaren Spurdichte.

Abbildung 4.8-4 zeigt charakteristische Kopfanordnungen für die verschiedenen, hier beschriebenen Geräte (Abschnitt 4.8.5. bis 4.8.9.). Ein eigener Löschkopf ist nicht immer vorhanden, da die Löschung alter Aufzeichnungen in der Regel durch Einschreiben neuer Information erfolgen kann. Werden getrennte Schreib- und Leseköpfe verwendet, dann wird der Schreibkopfspalt stets breiter als der Lesekopfspalt gemacht. Durch die unterschiedlichen Kopfspaltbreiten sollen Störungen durch ältere nicht vollständig überschriebene oder gelöschte Information vermieden wer-

a	b	c	d	e	
		Löschen		Lesen	
Schreiben	Schreiben und Lesen	Schreiben und Lesen	Schreiben und Lesen	Schreiben	Laufrichtung der Spur
Lesen			Löschen		
Magnetband	Magnettrommel	Magnetscheiben		Magnetstreifen	

Abb.4.8-4. Magnetkopfanordnungen.

den. Wird mit dem gleichen Kopf gelesen und geschrieben, dann ist meist ein Löschkopf vorgesehen, der vor oder nach dem Schreib-Lese-Kopf angeordnet sein kann
und entweder die alte Spur unmittelbar vor dem Schreibvorgang in einer etwas
größeren Breite löscht (Abb.4.8-4c) oder unmittelbar nach dem Schreibvorgang die
Breite der neuen Spur durch Löschung der Ränder reduziert (Abb.4.8-4d). Die sorg-
fältige Bemessung der Spaltbreiten ist vor allem im Hinblick auf die Erzielung kleiner Spurabstände von Bedeutung.

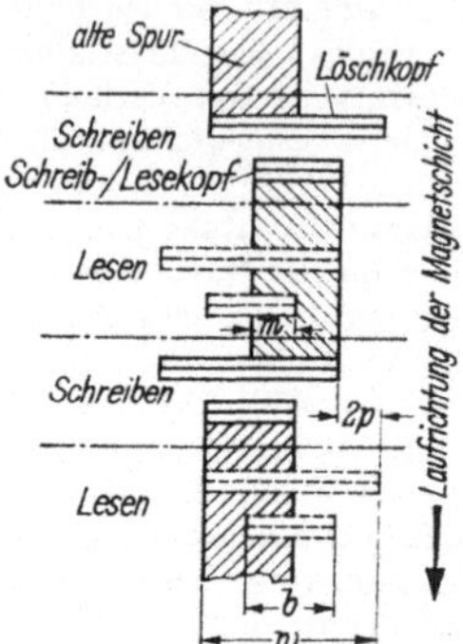

Abb.4.8-5. Verhältnisse beim Schreiben und Lesen mit Spurversatz $2p$.

Der erzielbare minimale Spurabstand wird einerseits bestimmt durch die Spur,
breiten m, die dem Lesekopf mindestens zur Verfügung stehen muß, um ein ausreichendes Signal bei genügend großem Nutz-Stör-Spannungsverhältnis zu erzeugen-
und andererseits von der maximalen Spurabweichung $\pm p$ von der Sollage. Wird
wie bei Scheibenspeichern üblich zum Schreiben und Lesen derselbe Kopf verwendet,
dann ist zur Erfüllung der ersten Forderung eine effektive Spaltbreite von $b =
2p + m$ erforderlich [17]. Um ferner sicherzustellen, daß in dem Kopf beim Lesen
nur Signalspannungen von der zuletzt geschriebenen Spur induziert werden, muß
die Spur vor jedem Neueinschreiben in der Breite $w = b + 4p$ gelöscht werden. Bei
diesem Löschvorgang dürfen nicht Teile der benachbarten Spuren mitgelöscht werden. Daraus ergibt sich die Forderung, daß der Spurabstand s mindestens gleich der
effektiven Löschkopfspaltbreite sein muß. Die Verhältnisse beim aufeinanderfolgenden Lesen und Schreiben bei maximalem Spurversatz $2p$ sind aus Abb.4.8-5 zu
ersehen.

Bei Verwendung des gleichen Kopfes zum Schreiben und Lesen wird man nur
dann auf einen Löschkopf verzichten können, wenn das Speichermedium nicht auswechselbar ist, die Spurauswahl nicht durch Einstellen der Köpfe erfolgt und auch
von seiten des Speichermediums eine genaue Einhaltung der Spurlage gewährleistet
ist. Die genannten Voraussetzungen sind praktisch nur bei Trommelspeichern gegeben. Ganz allgemein besteht ein Interesse daran, sich nach einer Schreiboperation
davon zu überzeugen, daß die Information auch tatsächlich richtig gespeichert
wurde. Bei Speichern mit umlaufendem Speichermedium (Scheibe, Trommel usw.)
kann dieses Prüflesen in dem auf die Schreiboperation folgenden Umlauf erfolgen,
und man kann daher zum Schreiben und Lesen den gleichen Kopf verwenden. Wird
ein Fehler festgestellt, so kann die Schreiboperation entweder auf dem gleichen oder
einem anderen Spurabschnitt wiederholt werden, wenn durch entsprechende Organisation des Arbeitsablaufes sichergestellt ist, daß die zu speichernde Information
noch zur Verfügung steht. Bei Magnetbandgeräten wäre für ein unmittelbar auf das
Schreiben folgendes Prüflesen ein Rücksetzen des Bandes um einen Block erforderlich. Ein bewährtes Verfahren ist hier das Prüflesen während der Schreiboperation
durch einen in Laufrichtung der Spur in möglichst kurzem Abstand hinter dem

Schreibkopf angeordneten Lesekopf (Abb. 4.8-4a und 4.8-9). Auch die Anordnung des Lesekopfes in kurzem Abstand vor dem Schreibkopf (Abb. 4.8-4e) kann u. U. von Interesse sein, um z. B. unmittelbar vor einer Schreiboperation (ohne Zeitverlust) noch die Spuradresse lesen zu können und so sicherzustellen, daß die richtige Spur selektiert wurde.

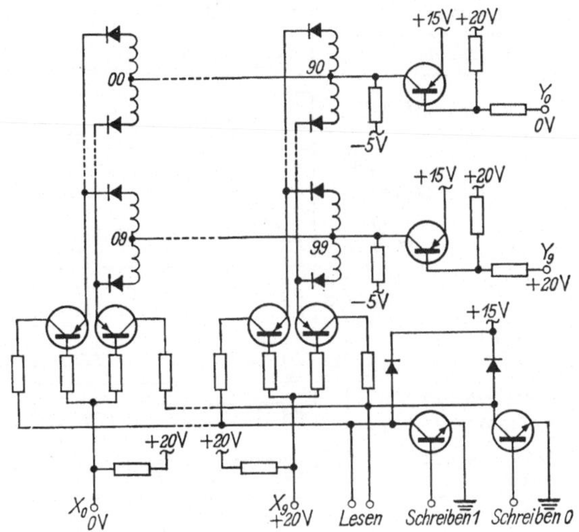

Abb. 4.8-6. Kopfauswahlmatrix.

Ein Kriterium, das die Eigenschaften und Leistungsfähigkeit eines magnetomotorischen Speichers in besonderem Maße bestimmt, ist die Zahl der verwendeten Köpfe im Verhältnis zur Anzahl der vorhandenen Spuren. Im Extremfall kann für alle Spuren des Speichermediums nur ein einziger Kopf vorhanden sein. Durch Verwendung mehrerer Köpfe kann man sowohl die Bitrate erhöhen, indem mit mehreren Köpfen parallel gelesen oder geschrieben wird (Serien-Parallel-Speicherung) als auch die Zugriffszeit verkürzen, indem man die sonst erforderliche Zeit für die Einstellung der Köpfe auf die richtige Spur teilweise durch praktisch zeitlose Schaltvorgänge ersetzt. Ordnet man schließlich jeder Spur einen Kopf zu, so entfällt die Zeit für die Kopfeinstellung ganz. Ist die Zahl der Köpfe groß, so werden sie zweckmäßigerweise schaltungsmäßig in einer Matrix angeordnet und die Lese- oder Schreibstromkreise durch Koinzidenz eines Spalten- und eines Zeilensignales mit den Köpfen der gewünschten Spur oder Spurgruppe verbunden. In Abb. 4.8-6 ist eine solche Anordnung gezeigt, die sowohl die Kopfauswahl als auch die Selektion der gewünschten Funktion (Lesen oder Schreiben) gestattet. Angeschaltet ist der Kopf „00" für den sowohl der X- als auch der Y-Signalpegel 0 Volt ist.

4.8.3 Schreibverfahren

Die Speicherung der binären Information erfolgt durch Magnetisierungsänderungen auf einem Streckenabschnitt der Magnetschicht (Spur oder Spurelement). Die Darstellung der beiden Binärwerte wird entweder durch Sättigungsmagnetisierung in einer oder beiden Richtungen mit Rückkehr zum unmagnetisierten Zustand vollzogen (return to zero, RZ-Verfahren) oder durch Sättigungsmagnetisierung in beiden Richtungen ohne Rückkehr zum unmagnetisierten Zustand (nonreturn to zero, NRZ-Verfahren). Schließlich besteht auch noch die Möglichkeit des Schreibens

mit nicht sättigenden Wechselströmen wechselnder Phasenlage oder Frequenz [11].
Im Hinblick auf die auslösende Rolle des Schreibstromes werden die verschiedenen
Darstellungsmöglichkeiten als Schreibverfahren bezeichnet.

Tabelle 4.8-2

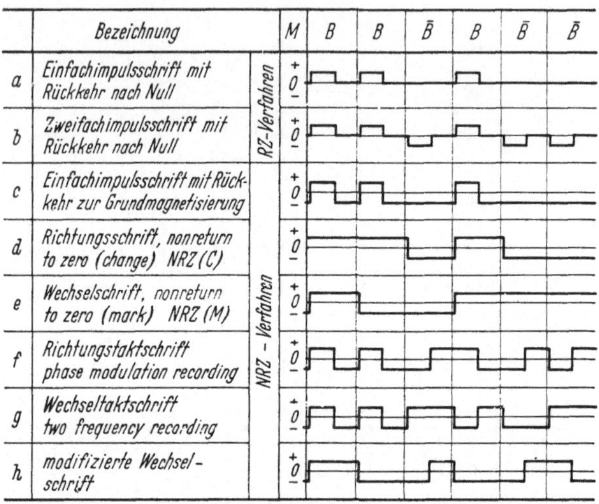

Tabelle 4.8-2 gibt einen Überblick über die mit Sättigungsmagnetisierung arbeitenden Schreibverfahren. In dieser Tabelle sind nur Verfahren mit höchstens 2
(d.h. 0,1 oder 2) Magnetisierungsänderungen pro Bit aufgeführt. Wählt man für die
Darstellung des einen Binärwertes (B) z.B. zwei Flußwechsel, dann kann der andere
Binärwert ($\bar{B}$) entweder durch einen Flußwechsel (Verfahren g in Tab.4.8-2) oder
durch Beibehalten der Magnetisierungsrichtung (Verfahren c) dargestellt werden.
Auch die Lage der Flußwechsel in bezug auf die Spurteilung kann zur Informationsdarstellung herangezogen werden. Die in der Tabelle aufgeführten Schreibverfahren
beschränken sich hinsichtlich des (idealisierten) Flußverlaufes auf die Möglichkeit
des Flußwechsels am Anfang und in der Mitte der Spurelemente. Die Übersicht enthält zudem nur Schreibverfahren, die sich bezüglich des Magnetisierungsverlaufes
grundsätzlich voneinander unterscheiden und nicht durch einfache Modifikationen
wie Invertieren des Binärwertes, Vertauschen der Magnetisierungsrichtung und/oder
Verschieben der Flußübergänge um ein halbes Spurelement aus anderen hier gezeigten Schreibverfahren herleiten lassen. Als magnetischer Ausgangszustand wurde
für alle Beispiele $-M$ bzw. 0 angenommen. Die Zuordnung der beiden Binärwerte
zu den Magnetisierungen bzw. Magnetisierungswechseln ist willkürlich, d.h. B kann
0 oder 1 sein und $\bar{B}$ ist dann entsprechend 1 oder 0.

Die Impulsschriften (Verfahren a, b, und c der Tab.4.8-2) sind vor allem durch
die Verwendung von Magnettrommeln als Arbeitsspeicher bekannt geworden. Bei
Verwendung nur einer Magnetisierungsrichtung (Einfach-Impulsschrift mit Rückkehr nach Null) ist vor jedem Schreibvorgang die Wiederherstellung des unmagnetisierten Zustandes (z.B. durch Wechselstromlöschung) erforderlich. Bei Verwendung
beider Magnetisierungsrichtungen (Verfahren b bis h) kann dagegen die Löschung
entweder durch Sättigungsmagnetisierung vor dem Schreiben oder unmittelbar
durch den Schreibvorgang erfolgen. Das unmittelbare Umschreiben eines beliebigen
Spurelements, d.h. einer einzelnen Bitposition in einer Bitsequenz, ist grundsätzlich nur dann möglich, wenn die Darstellung eines Binärwertes nicht von der Magnetisierung des jeweils vorhergehenden Spurelementes abhängt, d.h. wenn das Um-

schreiben einer Bitposition den Binärwert der folgenden Bitpositionen nicht verändert. Praktisch kommt ein solches Umschreiben einzelner Bitpositionen jedoch nur bei der Zweifach-Impulsschrift mit Rückkehr nach Null (Verfahren b) in Frage.

Nach Umfang der Verwendung sind heute nur die NRZ-Verfahren d bis h von Bedeutung [4]. Bei der Richtungsschrift (d) ist der Binärwert durch die Magnetisierungsrichtung ($B \triangleq +M$, $\bar{B} \triangleq -M$) gekennzeichnet, bei der Richtungstaktschrift (f) durch die Änderungsrichtung. Bei der Wechselschrift wird der eine Binärwert durch Wechseln, der andere durch Beibehalten der jeweiligen Magnetisierung dargestellt. Bei der Wechseltaktschrift (g) erfolgt die Darstellung des einen Binärwertes durch zwei Richtungswechsel, die des anderen durch nur einen Richtungswechsel. Bei dem Schreibverfahren h werden die beiden Binärwerte durch die Lage der Flußwechsel, die entweder am Anfang oder in der Mitte eines Spurelements erfolgen können, unterschieden. Dieses Verfahren kann auch als eine Modifikation der Wechselschrift angesehen werden. In der ersten Hälfte des Spurelements wird der wahre Binärwert in der zweiten Hälfte der invertierte Binärwert unter Verwendung der Wechselschrift geschrieben.

Die Wahl des Schreibverfahrens ist nicht zuletzt im Hinblick auf das spätere Lesen und Diskriminieren der gespeicherten Information von Bedeutung. Die Verfahren f und g sind auch als selbsttaktierende Schreibverfahren bekannt, denn in jedem Spurelement findet wenigstens ein Flußwechsel an einer definierten Stelle statt. Bei f immer in der Mitte, bei g immer am Anfang eines Spurelementes. Die Darstellung des einen Binärwertes erfolgt durch einen zusätzlichen Flußwechsel, die des anderen durch Beibehalten der jeweiligen Flußrichtung. Der Vorteil der Verfahren f und g liegt neben der Tatsache, daß jedes Spurelement ein Taktbit enthält, auch darin, daß das Verhältnis der maximalen zur minimalen Flußwechseldichte nur 2:1 beträgt, so daß sich geringere Schwankungen der Signalamplituden und Phasenlage ergeben und die Diskriminierbarkeit in mehrfacher Weise erleichtert wird [3, 23].

Bei den Schreibverfahren a, c, d und e wird nur einer der beiden Binärwerte, z.B. die binäre 1 explizit durch Flußänderung dargestellt und daher beim späteren Lesen der so gespeicherten Information von den 0-Bits kein Signal erzeugt. Für die Rückgewinnung der binären Information aus dem Lesesignal ist die Kenntnis der Bitintervalle erforderlich. Der Bittakt kann unter bestimmten Voraussetzungen aus der gespeicherten Information selbst gewonnen werden. Bei Serien-Parallel-Speicherung, wie sie z.B. bei Spulenbandgeräten üblich ist (Abschnitt 4.8.5), muß lediglich gewährleistet sein, daß jede einzelne der parallel gespeicherten Bitgruppen mindestens ein 1 bit enthält. Die disjunktive Verknüpfung der von den einzelnen Spuren gelesenen Signale liefert dann das Taktsignal. Bei Serienspeicherung wird das Taktsignal durch einen Generator erzeugt, der mit dem Sollwert der Bitfrequenz schwingt und mit jedem 1-Signal synchronisiert wird. Auch hier muß durch die Codierung der Information gewährleistet sein, daß der Abstand zwischen zwei aufeinander folgenden Flußwechseln eine bestimmte Anzahl von Spurelementen (Bitpositionen) nicht überschreitet. Gegebenenfalls muß durch Umformen oder durch Erweitern der gegebenen Codierung die notwendige Voraussetzung geschaffen werden [24].

Die Taktinformation kann auch bei jedem neuen Schreibvorgang gleichzeitig mit der zu speichernden Information in einer getrennten Spur mit aufgezeichnet werden bzw. bereits auf dem Speichermedium oder einem synchron mitlaufenden Teil vorhanden sein. Ist die Taktinformation bereits vorhanden, so steuert sie beim Schreiben die Bitfrequenz in Abhängigkeit von der Geschwindigkeit des Mediums und bestimmt damit die Lage der einzelnen Spurelemente eindeutig. Diese Form der Taktgebung ist vor allem bei der Verwendung magnetomotorischer Speicher als Arbeitsspeicher üblich und hat hier noch die zusätzliche Funktion, den Arbeitszyklus der Verarbeitungseinheit mit der Bitfrequenz zu synchronisieren. Sie gestattet es, bei Verwendung geeigneter Schreibverfahren (a, c) und niedrigen Bitdichten auch einzelne Bitpositionen zu lesen oder zu schreiben.

4.8.4 Adressierung und Zugriff

Das Vorhandensein einer Adressierungsmöglichkeit ist Voraussetzung für den gezielten Zugriff zu einem bestimmten Speicherplatz. Das Adressierschema magnetomotorischer Speicher basiert im wesentlichen auf der konstruktiv und betriebsmäßig gegebenen Gliederung der Speicherflächen in Spuren und eventuell auch in diskrete Teilflächen (Streifen oder Karten). Im allgemeinen wird der Adressierungsvorgang mit dem Auffinden des Anfanges der gewünschten Spur vollzogen sein. Bei Vorliegen einer festen Spurteilung kann sich die Adressierung aber auch auf Spurabschnitte (Sektoren), im Grenzfall auf einzelne Bitpositionen erstrecken.

Bei Magnetbandspulen (s. Abschnitt 4.8.5) werden stets alle vorhandenen Spuren gleichzeitig gelesen oder geschrieben, und die Spuren besitzen auch keine feste Teilung. Das bedeutet, daß die Information stets nur in unmittelbar aufeinanderfolgende Abschnitte des Magnetbandes geschrieben werden kann und beim Lesen praktisch auch nur in dieser Reihenfolge verfügbar ist. Das Aufsuchen einer bestimmten Information erfordert demzufolge ein Durchsuchen des Speicherinhaltes. Magnetbandspeicher sind nicht adressierbar. Bei allen anderen hier beschriebenen Geräten (Abschnitte 4.8.6 bis 4.8.9) ist eine echte Adressierung möglich und sie werden auch als Speicher mit wahlfreiem Zugriff bezeichnet. Die gelegentlich verwendete einschränkende Bezeichnung „quasiwahlfreier Zugriff" erscheint insofern berechtigt, als der Zugriff in der Regel zu einem größerem Speicherbereich, z. B. einer Spur erfolgt und das Auffinden des gewünschten Abschnitts oder der gewünschten Information eine zweite Adressierung oder einen Suchvorgang erfordert.

Magnetmotorische Speicher sind unter anderem durch die beim Lesen und Schreiben stattfindende Relativbewegung zwischen den Magnetköpfen und den Speicherflächen charakterisiert. Bei den bekannten Geräten stehen die Köpfe beim Schreiben und Lesen still und das Speichermedium ist in Bewegung. Auch das Aufsuchen des Anfanges einer bestimmten Spur oder Spurabschnittes erfolgt im Zuge der beim Schreiben und Lesen erforderlichen Bewegung des Mediums. Bei Speichern mit kontinuierlich umlaufendem Medium ist die Lage der Spuranfänge bzw. Sektoren in bezug auf die Magnetköpfe zum Zeitpunkt eines Schreib- oder Lesebefehles meist nicht bekannt, und der Zeitbedarf für diesen Teil des Zugriffsvorganges kann daher in der Regel auch nicht genau angegeben werden (latency time). Er wird im allgemeinen mit dem halben Maximalwert in Rechnung gestellt. Weitere Wartezeiten, die beim Zugriffsvorgang anfallen können, sind gegebenenfalls die Zeit für die Selektion und das Zuführen einer Karte oder eines Streifens (s. Abschnitt 4.8.8) und das Einstellen der Köpfe auf die gewünschte Spur oder Spurgruppe.

Bedingt durch die für den Zugriff auf jeden Fall erforderlichen Bewegungsvorgänge benötigt das Aufsuchen des gewünschten Speicherplatzes bei magnetomotorischen Speichern einige ms bis einige 100 ms. Diese Zeiten sind häufig der limitierende Faktor für die Verarbeitungsgeschwindigkeit (den Durchsatz). Sie können sowohl durch technische als auch durch organisatorische Maßnahmen reduziert werden. Eine gängige technische Maßnahme ist z. B. die Verwendung von mehreren Köpfen, die es ermöglicht, den Zeitbedarf für die Spurauswahl durch praktisch zeitlose Schaltvorgänge zu ersetzen. Eine andere Möglichkeit ist die Verwendung von unabhängig voneinander einstellbaren Köpfen, die ein Überlappen der Einstellzeiten mit Schreib und Leseoperationen gestatten.

Da die Zugriffsleistung bei magnetomotorischen Speichern wesentlich von der Adressenfolge abhängt, können die Zugriffszeiten auch durch die Anordnung der Information oft entscheidend beeinflußt werden. Man unterscheidet generell drei Speicherungsformen: die sequentielle, die indexsequentielle und die gestreute Speicherung. Bei der sequentiellen Speicherung wird die Information in der Reihenfolge gespeichert, in der sie am häufigsten verarbeitet wird. Im allgemeinen wird eine Sortierung nach einem Ordnungsbegriff vorliegen. Dies ist jedoch nicht zwingend. Bestimmte Information schnell zu finden, ist bei dieser Speicherungsform nicht möglich. Man verwendet sie meistens, wenn bei der Verarbeitung ein Großteil oder die ganze Information regelmäßig benötigt wird. Zu- und Abgänge erfordern in der Regel eine Neusortierung.

Die index-sequentielle Speicherung erlaubt einerseits eine schnelle sequentielle Verarbeitung und andererseits (durch Verwendung einer Indextabelle) die wahlfreie Verarbeitung. Darüber hinaus erlaubt sie Neuzugänge ohne die Notwendigkeit der Neusortierung. Bei der gestreuten Speicherungsform besteht eine eindeutige Beziehung zwischen dem Ordnungsbegriff eines Informationssatzes und seiner Adresse. Diese Beziehung erlaubt schnellen Zugriff zu jedem beliebigen Satz. Die Sätze werden normalerweise nicht in der Reihenfolge ihres Sortierbegriffes gespeichert, sondern nach verarbeitungstechnischen Gesichtspunkten. Die sequentielle Verarbeitung erfolgt entweder über ein besonderes Verzeichnis oder erfordert einen vorhergehenden Sortiergang. Zur Adressierung kann der Ordnungsbegriff selbst verwendet werden oder der Zusammenhang zwischen Adresse und Ordnungsbegriff wird über eine Bezugsliste oder durch Rechenoperationen hergestellt.

4.8.5 Magnetbandspeicher (Spulenbandgeräte)

Spulenbandgeräte sind besonderes geeignet zur sequentiellen Speicherung und Verarbeitung sehr großer Datenmengen. Die Speicherkapazität ist praktisch unbegrenzt, da das Speichermedium, die Bandspule, auswechselbar ist. Die Kapazität

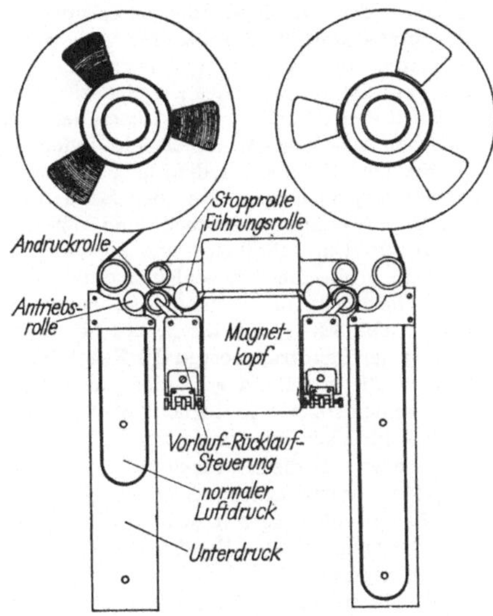

Abb. 4.8-7. Spulenbandgerät.

einer Bandspule liegt bei den bevorzugten Bandlängen von 730 und 1 100 m zwischen 10^8 und 10^9 bit. Die Art des Einsatzes von Magnetbändern in Datenverarbeitungsanlagen ist vergleichbar mit der Verwendung von Lochkarten oder Lochstreifen zur Dateneingabe und -ausgabe und als externer Speicher. Bandgeräte haben jedoch den Vorteil der etwa 10- bis 50mal höheren Geschwindigkeit im Vergleich zu Lochkartenmaschinen und der höheren Betriebssicherheit. Der Raumbedarf für Bandspulen ist um 2 bis 3 Größenordnungen kleiner als für Lochkarten, und die Magnetbandkosten betragen, auch ohne Berücksichtigung der wiederholten Verwendbarkeit, höchstens ein Viertel der Kosten für Lochkarten. Bandspulen eignen sich daher auch ganz besonders zum Abstellen sehr großer Datenmengen, von denen nur bestimmte Untermengen in größeren Zeitabständen, z. B. täglich oder monatlich, verarbeitet werden müssen.

Typisch für Spulenbandgeräte ist der Start-Stop-Betrieb und die daraus resultierende Gruppierung der Informationen in sog. Blöcke. Das Band wird immer nur zum Lesen oder Schreiben eines Blockes gestartet und in der Regel am Ende des Blockes wieder gestoppt. Das gleiche gilt sinngemäß für Schreiboperationen. Spulenbandspeicher sind nicht für den wahlfreien Zugriff konstruiert, und es ist daher nicht zweckmäßig, als mittlere Wartezeit für den wahlfreien Zugriff die Zeit für das Lesen der Hälfte der insgesamt gespeicherten Information anzusetzen. Im allgemeinen wird als Wartezeit nur die Startzeit voll anfallen, während die Stopzeit ganz oder teilweise mit Verarbeitungszeiten überlappt werden kann. Schließt man die für das Lesen oder Schreiben der Informationen benötigte Zeit mit ein, so kommt man je nach Startzeit und Blocklänge zu Zugriffszeiten zwischen 5 und 100 ms. Von der naturgemäß gegebenen Möglichkeit mit variablen, der jeweiligen Aufgabe und der Gruppierung der zu verarbeitenden Informationen angepaßten Blocklänge arbeiten zu können, wird bei den meisten Spulenbandgeräten Gebrauch gemacht. Nachteilig sind die durch den intermittierenden Betrieb notwendigen Abstände (von 5 bis 20 mm) zwischen aufeinanderfolgenden Blöcken. Man macht daher die Blocklänge zur Erhöhung der Bandkapazität und der Geschwindigkeit möglichst groß. Dieser Maßnahme sind jedoch Grenzen gesetzt, da man im Arbeitsspeicher entsprechend große Bereiche zur Aufnahme der Banddaten reservieren muß.

Die Realisierung der kurzen Start- und Stopzeiten von etwa 1 bis 5 ms bei den hohen Bandgeschwindigkeiten von 2 bis 5 m/s ist nur durch die Verwendung von Bandpufferstationen möglich, die ein typisches Konstruktionsmerkmal der Spulenbandgeräte sind. Man schafft einen Bandvorrat zwischen den Antriebsrollen an der Schreib-Lese-Station und der Auf- bzw. Abwickelspule, indem man das Band entweder frei in hierfür vorgesehene Kammern laufen läßt und das Auf- und Abspulen z. B. vom Bandgewicht steuert, oder man führt das Band in mehreren Schleifen über Rollen die auf Hebeln schwenkbar angebracht sind, deren Winkelstellung den Antrieb der Bandspulen regelt. Das gebräuchlichste Verfahren ist jedoch die Verwendung von Vakuumsäulen, in die die Bandschleifen durch Erzeugung von Unterdruck eingezogen werden und die dann durch ihre Länge das Zuführen und Aufspulen des Bandes steuern (Abb. 4.8-7). Um die zu beschleunigenden Massen möglichst klein zu halten, erfolgt der Bandtransport in der Regel durch dauernd laufende Antriebsrollen (capstans), an die das Band entweder pneumatisch angesaugt [38] oder durch Andruckrollen (pinch rollers) angedrückt wird. Ebenso muß beim Stoppen das Band z. B. durch Andrücken an eine feststehende Rolle möglichst schnell zum Stillstand gebracht werden um die Blockzwischenräume klein zu halten. Die Startzeit ist bei den meisten Geräten etwas länger als die Stopzeit, da neben der Anlaufzeit noch eine gewisse Beruhigungszeit benötigt wird, um elastische Längsschwingungen und Flatterbewegungen des Bandes abklingen zu lassen, bevor die Schreib- oder Leseoperation beginnt.

Um Lese- und auch Schreiboperationen bei auftretenden Fehlern wiederholen zu können, ist es notwendig, die Möglichkeit des Bandtransports in beiden Richtungen vorzusehen. Bei Feststellung eines Fehlers wird das Band durch einen Programmbefehl bis zum letzten Blockzwischenraum zurücktransportiert und ein neuer Schreib- oder Lesebefehl gegeben. Tritt bei einer Schreiboperation auch beim zweiten Schreibversuch ein Fehler auf, so ist mit hoher Wahrscheinlichkeit eine fehlerhafte Bandstelle die Ursache, die man durch einen besonderen Steuerbefehl überspringt. Die bei manchen Bandgeräten vorgesehene Funktion Blocksuchen ist vor allem dann von Vorteil, wenn einzelne Blöcke oder Blockgruppen bei der Verarbeitung übersprungen werden können. Beim Blocksuchen wird das Band nicht in den Blockzwischenräumen gestoppt, sondern kontinuierlich transportiert. Erst wenn ein in bestimmter Weise (z. B. durch eine Blockadresse) bezeichnetes Datenfeld erreicht worden ist, beginnt unmittelbar die Übertragung der Daten in den Arbeitsspeicher. Neben den genannten Funktionen sieht man im allgemeinen auch noch die Möglichkeit des Lesens in beiden Laufrichtungen vor, um das in der Regel 1 bis 5 min dauernde Rückspulen des Bandes zu vermeiden. Ein weiterer Schritt zur Beschleunigung und noch stärkeren Automatisierung der Arbeitsabläufe wurde durch die Verwendung von Bandkassetten gemacht, die unter Steuerung durch das gespeicherte Programm aus einem Magazin zugeführt und automatisch gewechselt werden [39].

Die früher bei Magnetband angewendete Richtungsschrift und Wechselschrift wird in zunehmendem Maße von der Richtungs- und Wechsel-Taktschrift verdrängt. Um bei gut zu berherrschenden Bandgeschwindigkeiten den Nachrichtenverarbeitungseinheiten angepaßte Schreib- und Lesegeschwindigkeiten (bit/s) zu erzielen, wird fast ausnahmslos in mehreren parallelen Spuren gleichzeitig gelesen und geschrieben (Serien-Parallel-Speicherung). Die Anzahl der verwendeten Spuren richtet sich dabei in erster Linie nach dem in der Verarbeitungseinheit verwendeten Informationsformat. Durch das gleichzeitige Lesen mehrerer Spuren besteht die Möglichkeit, auf eine besondere Taktspur oder selbsttaktierende Aufzeichnungsverfahren zu verzichten, wenn durch die Art der Informationsdarstellung sichergestellt ist, daß in jeder zu einer Taktzeit geschriebenen Bitgruppe mindestens eine binäre 1 vorkommt. Das Taktsignal kann dann durch einfache Oder-Verknüpfung der Signalausgänge aller Spuren gewonnen werden.

Bei der Serien-Parallel-Speicherung ist die erzielbare Bitdichte in der Regel nicht durch das Auflösungsvermögen des Schreib-Lese-Systems der einzelnen Spur, sondern in viel stärkerem Maße durch andere Faktoren bestimmt [32]. Zu einer Taktzeit geschriebene Bits müssen beim Lesen auch als zur gleichen Taktzeit gehörend erkannt werden. Schräglauf des Bandes, d.h. Voreilen bzw. Zurückbleiben einer Bandseite gegenüber ihrer Lage beim Schreiben (in der englischsprachigen Literatur mit tape skew bezeichnet), hat jedoch zur Folge, daß gleichzeitig geschriebene Bits nicht mehr gleichzeitig gelesen werden. Als Richtwert für die zulässige Abweichungen kann man etwa 1/10 des regulären Bitintervalls annehmen. Das entspricht bei einer Aufzeichnungsdichte von 10 bit/mm einer Verschiebung von 0,01 mm oder bei einer Magnetbandbreite von 25 mm einem zulässigen Schräglauf des Bandes von 1 Winkelminute. Da das Lesen und Schreiben von Magnetbändern meist mit getrennten Lese -und Schreibköpfen und in der Regel auch auf verschiedenen Geräten erfolgt, müssen neben den zu erwartenden Ungenauigkeiten im Bandlauf auch noch Kopfjustagefehler (Azimutfehler), Spaltlagenstreuung (gap scatter), unterschiedliche Verzögerung in den Lese- und Schreibstromkreisen und Schwankungen der Bandgeschwindigkeit berücksichtigt werden. Ein Teil dieser Streuungen, vor allem alle nicht mit dem Bandlauf zusammenhängende Abweichungen, können jedoch durch Einschaltung individuell bemessener Verzögerungsglieder an der Lese- und Schreibkopfseite weitgehend kompensiert werden. Für höhere Aufzeichnungsdichten als etwa 30 bis 40 bit/mm verwendet man auch bei Magnetbändern die selbsttaktierenden Aufzeichnungsverfahren (Richtungs-Taktschrift und Wechsel-Taktschrift) [38, 39] und gleicht die beim Lesen auftretenden Zeitunterschiede in den einzelnen Spuren durch Zwischenspeicherung in Pufferregistern wieder aus [23].

Als Speichermedium werden Bänder, mit 1/2 Zoll (12,7 mm), seltener 3/4 und 1 Zoll Breite verwendet. Für die am häufigsten vorkommende Zahl von 7 und 9 Spuren wird generell 1/2-Zoll-Band benutzt [53]. Für die Schichten der Magnetbänder gelten wegen der engen Berührung mit dem Kopf besondere Forderungen, die vor allem Abriebfestigkeit, Oberflächengüte, Reibungseigenschaften, Elastizität und Haftung auf dem Trägermaterial betreffen. Die verwendeten Schichtdicken liegen zwischen 9 und 15 μm. Zusammen mit dem 25 bis 40 μm dicken Trägermaterial liegen damit die Gesamtdicken der Bänder zwischen 35 und 55 μm. In einem Falle werden Bänder mit einer nur 2,5 μm dicken Ferroxydschicht benutzt [39]. Einige Hersteller bringen auf der der Magnetschicht gegenüberliegenden Bandseite einen gegen statische Aufladungen schützenden Belag aus Kohle und Aluminium von etwa 5 μm Dicke auf. Auch die Erhöhung der Leitfähigkeit des Schichtmaterials durch Beimengung von Kohle wird als Schutz gegen statische Aufladungen verwendet. Sandwichbänder sind Bänder, die über der Schicht noch einen hochbeständigen unmagnetischen Film von etwa 3 µm Dicke tragen, um die Abnützung der Schicht zu vermeiden und so eine hohe Lebensdauer des Informationsträgers zu erzielen. Leider wird durch den Schutzfilm der Abstand zwischen Schicht und Kopf erhöht und die Informationsdichte herabgesetzt.

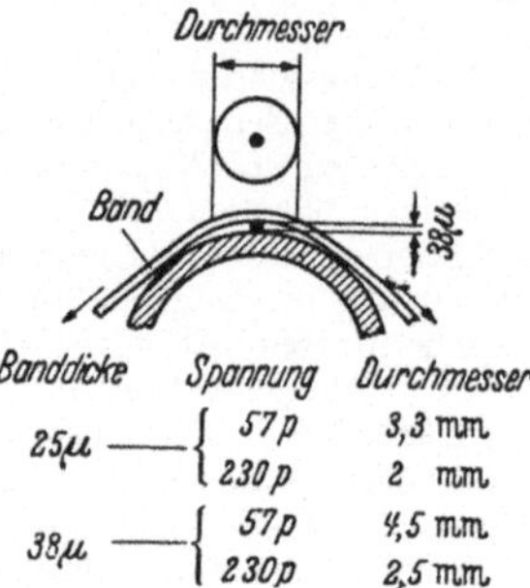

Abb. 4.8-8. Abhängigkeit des Stördurchmessers von Banddicke und -spannung nach [30].

Von seiten der Bandhersteller wurde die Freiheit von Fehlstellen mit 1 Fehlstelle (drop out oder drop in) pro 1000 m 1-Zoll-Band angegeben. Eine absolute Messung und Definition der Fehlstellenfreiheit ist jedoch schwer möglich, denn es hängt unter anderem von den verwendeten Schreib- und Leseverfahren, der Spurbreite, Spurdichte und Bitdichte und nicht zuletzt von gewissen Zufälligkeiten ab, welche Fehlstellen Störungen verursachen. Magnetbänder werden unter verschärften betriebsmäßigen Bedingungen geprüft, und es werden nur Bänder ausgeliefert, die sich bei dieser Prüfung als fehlerfrei erweisen, wobei ein drop-out-Fehler z. B. als Rückgang der Singalamplitude auf 50% der Normamplitude definiert wird und ein drop-in-Fehler als ein Störsignal, dessen Amplitude 10% der mittleren Lesespannungsamplitude erreicht. Im allgemeinen erfolgt heute die Prüfung der Bänder in der ganzen Breite, um eine wahlweise Beschriftung mit 7 oder 9 Spuren vornehmen zu können. Trotz der sorgfältigen Prüfung treten bei Bändern im späteren Betrieb Fehler auf, die mit der Zahl der Durchläufe zunehmen und die verursacht werden durch Ansammlung von Schichtabrieb auf dem Band (kann durch Reinigen des Bandes behoben werden), durch Ablösen winziger Teile der Schicht und nicht zuletzt durch Welligwerden der Bandkanten. Am häufigsten werden Bandfehler durch Staubkörnchen verursacht, die sich im Augenblick des Lesens oder Schreibens im Bereich der Kopfspalten befinden. Ein Staubteil auf der Bandoberfläche bewirkt, daß das Band auf einer Kreisfläche vom Kopf abgehoben wird, deren Durchmesser wesentlich größer ist als der des Staubkorns (Abb. 4.8-8). Als Richtwert kann man annehmen, daß ein Staubkorn von 5 µm Durchmesser bei den heute üblichen Bitdichten bereits einen Fehler verursachen kann.

Eine gewisse Sorgfalt beim Umgang mit Magnetbändern ist daher unerläßlich. Die Bandspulen werden in dicht schließenden Behältern aufbewahrt, die nur zur Entnahme des Bandes geöffnet und sofort wieder geschlossen werden sollten. Die Bänder sollten in ihren Behältern möglichst hoch über dem Fußboden aufbewahrt werden, und es sind schlechthin alle Maßnahmen angebracht, die dazu beitragen können, den Staubgehalt in Räumen, in denen mit Bändern gearbeitet wird, in Grenzen zu halten. Bei den Bandgeräten selbst empfiehlt sich eine regelmäßige Reinigung aller Teile, mit denen das Band beim Lauf in Berührung kommt. Etwas Vorsicht ist auch beim Handhaben der Bandspulen und freien Bandenden geboten, um Beschädigungen der empfindlichen Bandkanten zu vermeiden. Schließlich sollten die Bandspulen auch bei der Lagerung nicht stärkeren Temperatur- und Luftfeuchtigkeitsänderungen ausgesetzt sein, durch die beträchtliche Spannungen und Drücke im Bandwickel entstehen können.

Auf der Geräteseite getroffene konstruktive Maßnahmen zur Verringerung der Fehlerquote bestehen z. B. in der Erzeugung von Überdruck in dem Teil des Band-

gerätes, das den Bandtransport enthält. Durch Zuführung gefilterter Luft wird eine
stets von innen nach außen gerichtete Luftbewegung erzeugt, die das Eindringen
von Staub erschwert. Besondere Beachtung muß der seitlichen Führung des Bandes
geschenkt werden, einerseits, um das Schräglaufen des Bandes (skew) in erlaubten
Grenzen zu halten, andererseits, um Beschädigungen der Bandränder zu vermeiden.
Weitere konstruktive Maßnahmen sind z.B. die Verwendung von *Vakuumcapstans*
und Vakuumbremsen [38], die es ermöglichen, das Band so zu führen, daß an keiner
Stelle, mit Ausnahme an den Köpfen, eine Berührung mit mechanischen Teilen
erfolgt. Die Einhaltung eines gewissen Abstandes zwischen Schicht und Magnetkopf
wäre auch bei Bandgeräten sehr erwünscht, einerseits wegen der dadurch zu er-
reichenden höheren Lebensdauern der Bänder und Köpfe, vor allem aber wegen der
dabei zu erwartenden höheren Betriebssicherheit durch den geringen Einfluß von
Staub und durch Unterbindung der sehr störenden Ablagerungen von Schichtmaterial am Kopfspalt. Da auf Grund des intermittierenden Betriebes und des
ständigen wechselnden Bandzuges jedoch die Einhaltung eines definierten Abstandes sehr schwierig ist, arbeitet man fast immer im direkten Kontakt mit den
Köpfen.

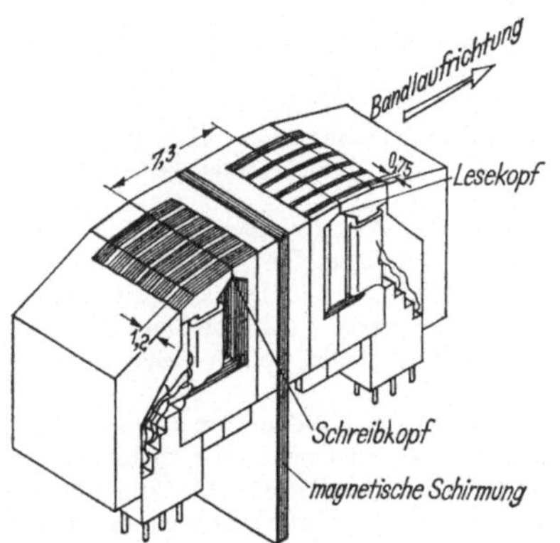

Abb. 4.8-9.
Doppelkopf für Magnetbandgerät

Ungeachtet der vorbeugenden und konstruktiven Maßnahmen zur Erhöhung
der Betriebssicherheit und Verringerung der Fehlerrate sind Vorkehrungen zur
Prüfung der Richtigkeit der Aufzeichnung bei Magnetbändern fast unerläßlich. Ein
bewährtes Verfahren ist das Prüflesen während der Schreiboperation durch einen
in Laufrichtung des Bandes in kurzem Abstand vom Schreibkopf angeordneten
Lesekopf (Abb. 4.8-9). Bei Verwendung getrennter Lese- und Schreibköpfe macht
man die Spaltbreite des Lesekopfes kleiner als die des Schreibkopfes. Dadurch vermeidet man, daß an den Spurrändern stehengebliebene ältere Aufzeichnungen mit-
gelesen werden und so den Störabstand verschlechtern. Außerdem erlaubt die Verwendung getrennter Köpfe die Optimierung der magnetischen und elektrischen Eigenschaften für die unterschiedlichen Aufgaben. Ein möglichst kleiner Abstand zwischen
Schreib- und Lesekopfspalt wird dabei angestrebt, denn beim Schreiben mit Prüflesen wird der Blockzwischenraum um den Spaltabstand größer, und auch der Zeitbedarf für die Operation erhöht sich um den Betrag, den das Band zum Durchlaufen
dieser Strecke benötigt.

Beim Prüflesen kann man die Daten entweder nur auf Code-Richtigkeit prüfen
oder direkt mit den Daten im Arbeits- oder Pufferspeicher vergleichen. Die Prüfung
ist noch wirksamer, wenn man beim Prüflesen durch Einstellen eines anderen Clip-
pegels am Verstärker höhere Signalamplitude verlangt als beim normalen Lesen.
Ein praktisch verwendetes Prüfverfahren ist in Abb. 4.8-10a für eine Spur (Bit 1)
schematisch dargestellt. Es werden vier Clippegel verwendet, deren relative Lage

Abb. 4.8-10b zeigt. Beim Prüflesen werden die Clipstufen A 1 und B 1 eingeschaltet, und die Daten gelangen gleichzeitig in die Register A und B. Der Inhalt des A-Registers wird auf die Coderichtigkeit geprüft und mit dem Inhalt des B-Registers

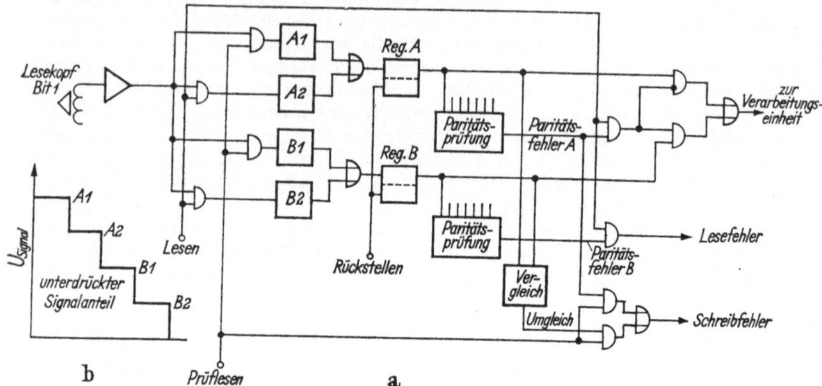

Abb. 4.8-10. Prüfung auf Lese- und Schreibfehler. a) Lesestromkreis mit mehreren Ansprech-pegeln; b) unterdrückter Signalanteil.

verglichen. Ein Paritätsfehler oder Ungleichheit zwischen A- und B-Register werden als Schreibfehler gemeldet. Bei den späteren eigentlichen Leseoperationen werden die verstärkten Lesesignale über die Clipstufen A 2 und B 2 den Registern A und B zugeführt. Bei einem Paritätsfehler im Register A wird automatisch der Inhalt des Registers B verwendet, sofern dieser fehlerfrei war, andernfalls wird ein Lesefehler angezeigt.

Der bei Spulenbandgeräten vorwiegend angewendete *Übertragungsbetrieb* setzt die Verwendung von zwei oder mehr Bandgeräten voraus. Die zu verarbeitenden Daten werden in der Reihenfolge ihrer Speicherung gelesen, mit eventuell von einem anderen Bandgerät kommenden Daten verarbeitet und die gewonnene Information auf ein drittes Bandgerät geschrieben. Demgegenüber wird beim *Substitutionsbetrieb* ein Block gelesen und nach dem Verarbeiten der Daten in denselben Bandabschnitt zurückgeschrieben. Dieser Betrieb stellt technisch wesentlich höhere Anforderungen, denn der ersetzende Block muß die gleiche Länge einnehmen wie der ersetzte und muß auch die gleiche Lage haben in bezug auf die Nachbarblöcke, da andernfalls der Blockzwischenraum verkürzt wird oder Reste der alten Information stehenbleiben.

Gleiche Länge auf dem Band setzen jedoch nicht nur gleiche Zeichenzahl, sondern auch konstante Längsdichte voraus, die entweder durch feste Taktierung des Bandes oder im Falle des jeweiligen Neueinschreibens des Taktes zusammen mit der Information durch Einhalten fester Proportionalität zwischen Taktfrequenz und Bandgeschwindigkeit erzwungen werden muß.

Mit der Entwicklung des Facit-Magnetbandspeichers ECM 64 wurde der Versuch gemacht, Bandspulen auch als Speicher mit wahlfreiem Zugriff zu verwenden [31]. Bei diesem Gerät sind 64 Magnetbandspulen mit je 9 m Band auf einem gemeinsamen, auswechselbaren Karussel angeordnet. Das Karussell wird automatisch so gedreht, daß die gewählte Spule nach unten zu liegen kommt und das Band anschließend am Schreib-Lese-Kopf vorüberläuft. Dabei wird das Band jeweils nur so weit abgespult, wie es zum Aufsuchen und Schreiben oder Lesen des betreffenden Blocks erforderlich ist. Anschließend läuft das Band sofort automatisch auf die Spule zurück. Die Speicherkapazität beträgt $2{,}7 \cdot 10^7$ bit, die Bahngeschwindigkeit 5 m/s, die mittlere Aufsuchzeit für einen Block 1,9 s und die Rückspulzeit des Bandes max. 2 s.

4.8.6 Magnettrommelspeicher

Die Trommelspeicher wurden als erste der magnetomotorischen Speicher in Nachrichtenverarbeitungs-Systemen eingeführt. Auf dem Gebiet ihrer ursprünglichen Hauptanwendung als Arbeitsspeicher (Haupt-, Primär- oder interne Speicher) wurden sie zwar immer mehr von Speichern mit kürzerer Zugriffszeit abgelöst, haben dafür aber als Massenspeicher (Großraum-, Sekundär- oder externe Speicher) Bedeutung behalten. Für kleine, mit Buchungsmaschinen gekoppelte elektronische Rechner, Platzreservierungs- und Bestandsführungssysteme, Zuordner für automatische Fernwahl in der Telephonie [25, 26] und Vermittlungsspeicher in Fernschreib-Vermittlungssystemen haben Trommelspeicher oft Verwendung gefunden. Der Grund dafür liegt darin, daß der Bereich von 2 bis 20 ms für die mittlere Zugriffszeit recht gut den Zeitbedingungen der genannten Anwendungsgebiete angepaßt ist und daß der Aufwand pro Bit noch immer niedriger liegt als bei nichtmagnetomotorischen Speichern.

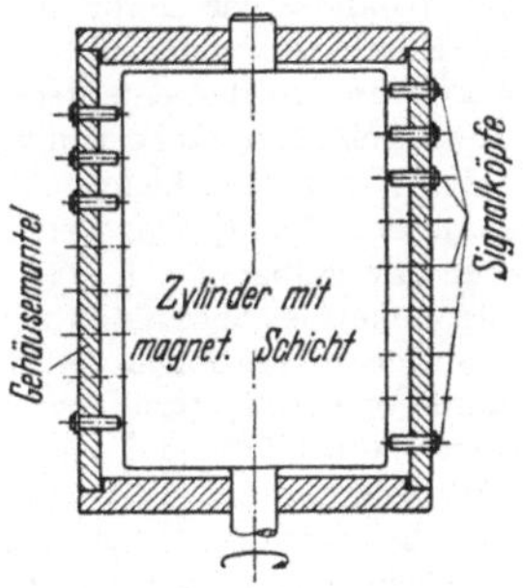

Abb. 4.8-11. Magnettrommelspeicher.

Der als Speichermedium dienende, die magnetisierbare Schicht tragende Zylinder (Abb. 4.8-11) rotiert während des Betriebs in ständiger gleichförmiger Bewegung um eine vertikale oder horizontale Achse. Die Lagerung der Achse ist zweiseitig oder einseitig (fliegend) ausgeführt. Die Schreib- und Leseköpfe sind über die Länge des Trommelzylinders meist äquidistant verteilt und werden von den sie tragenden Konstruktionselementen in fest definierter Lage gehalten. Da ihre Lage entlang dem Umfang ohne Einfluß ist solange sie sich zwischen Schreib- und Lesevorgängen nicht ändern, erstrecken sich die Kopfhalter meist gleichmäßig über den Zylinderumfang oder über bestimmte Sektoren. Der Antrieb der Trommeln erfolgt meist über Asynchronmotoren, da ein Synchronismus mit der Netzfrequenz ohne praktische Bedeutung ist. Die Drehzahlen der meisten Magnettrommeln liegen zwischen 25 und 300 U/min. Auch die Bitdichten bewegen sich entsprechend der unterschiedlichen Verwendung der Magnettrommeln als Arbeits- oder Massenspeicher in weiten Grenzen. Typische Werte sind 5 bis 10 bit/mm für Arbeitsspeicher bzw. 20 bis 60 bit/mm für Massenspeicher. Auch die Anzahl der Spuren schwankt bei den bekannten Fabrikaten in weiten Grenzen. Sie betragen zwischen 100 und 1 500 Spuren für Speicherkapazitäten von 10^6 bis 10^8 bit und 40 bis 60 Spuren für den Kapazitätsbereich von etwa 10^5 bit. Üblich ist es, jeder Spur einen Kopf zuzuordnen, jedoch wurden auch Trommelspeicher gebaut mit verschiebbaren, einer Gruppe von Spuren zugeordneten Köpfen [36, 37]. Bei Massenspeichern wird in der Regel Serienspeicherung verwendet, so daß immer nur mit einem Kopf gelesen oder geschrieben wird, während bei der Verwendung von Trommeln als Arbeitsspeicher Serien-Parallel-Speicherung üblich ist. Die Zahl der gleichzeitig gelesenen und geschriebenen Spuren und damit die Zahl der benötigten Lese- und Schreibstromkreise richtet sich dabei nach der Organisation der Verarbeitungseinheit. Meist werden die Köpfe schaltungsmäßig in einer Matrix angeordnet und die Lese- oder Schreibstromkreise durch Koinzidenz eines Spalten- und eines Zeilensignals mit den Köpfen der gewünschten Spurgruppe oder Spur verbunden. In Abb. 4.8-6 ist eine solche Anordnung gezeigt. Angeschaltet ist der Kopf „00", für den der X- und Y-Signalpegel 0 Volt ist. Auch Relais wurden für die Kopfauswahl verwendet [2].

Magnettrommelspeicher haben eine relativ gute Betriebssicherheit bewiesen. Ihre Lebensdauer hängt im wesentlichen von der Lebensdauer der Lager ab, die für Kugellager bei richtiger Wartung etwa 10000 bis 60000 Stunden beträgt. Der Abstand der Polspitzen von der Trommeloberfläche liegt bei starr befestigten Köpfen zwischen 10 und 40 µm, und Abweichungen vom exakten Rundlauf durch Lagerfehler, Exzentrizität des Rotors oder Abstandsänderungen infolge von Temperaturdifferenzen und Zentrifugalkräften sind daher äußerst kritisch. Gute Kugellager haben weniger als 3 µm Spiel, und durch Überdrehen der Trommel in ihren Lagern läßt sich ein Rundlauf mit nicht mehr als 3 bis 5 µm Schlag erreichen. Zur Einhaltung eines sehr kleinen definierten Abstandes wie er für die Erzielung hoher Bitdichten erforderlich ist, werden auch Köpfe verwendet, die durch Erzeugung eines Luftkissens zwischen Trommeloberfläche und den entsprechend geformten und federnd befestigten Kopfhaltern im gewünschten Abstand von wenigen µm gehalten werden. Eine andere Möglichkeit zur Einhaltung eines kleinen Abstandes ist die Verwendung eines Ölfilms zwischen Kopf und Schicht [2]. Das Verfahren ist jedoch nur bei kleinen Umfangsgeschwindigkeiten anwendbar.

Bei der Verwendung von Trommelspeichern als Arbeitsspeicher werden besondere Taktspuren benutzt, die bei Speicheroperationen den Schreibrhythmus bestimmen bzw. beim Lesen die Diskriminierung erleichtern, ferner die Adressierung bestimmter Spurabschnitte ermöglichen und schließlich die Verarbeitungseinheit mit Taktsignalen versorgen. Für die Adressierung der einzelnen Spurabschnitte ist in jedem Falle noch eine Markierung der Spuranfänge (Spurnaht) erforderlich. Die Spuranfänge können z.B. durch einen einzelnen Impuls auf einer besonderen Spur, der Nahtspur, gekennzeichnet sein. Eine weitere Unterteilung des Trommelumfanges in adressierbare Spurabschnitte durch Sektorimpulse ist üblich. Zur Adressierung können z.B. Zähler verwendet werden, die beginnend mit dem Nahtimpuls von jedem Sektorimpuls fortgeschaltet und mit den entsprechenden Stellen des Adreßregisters verglichen werden. Bei Gleichheit wird unmittelbar die Schreib- oder Leseoperation eingeleitet, die sich dann unter Kontrolle eines weiteren Taktsignales vollzieht. Die Taktsignale werden in der Regel bei der Herstellung in besondere Spuren der Speicherfläche geschrieben. Durch sie ist die Winkelstellung der Trommel in jedem Augenblick bekannt, wodurch sich für die Speicherorganisation Vorteile ergeben, indem die Information häufig so verteilt werden kann, daß die Zugriffszeiten ein Minimum werden.

4.8.7 Magnetbandschleifenspeicher

Geräte, die Magnetbandschleifen als Speichermedium verwenden, insbesondere solche mit langen Bandschleifen von 5 bis 100 m Länge, haben keine besondere Marktbedeutung erlangt und die Entwicklungsaktivität auf diesem Gebiet ist relativ gering geblieben. Konstruktiv intressant und ausgereift ist ein Magnetbandschleifenspeicher von *Potter*, der mit Scheibenspeichern vergleichbare Parameter besitzt. Bei diesem Gerät sind 16 Magnetbandschleifen von etwa 750 mm Länge und 50 mm Breite in zwei Reihen nebeneinander in einer auswechselbaren Kassette angeordnet. Jede Bandschleife ist in 112 Spuren mit einer Kapazität von je 28000 bit unterteilt, so daß die Gesamtkapazität einer Bandkassette etwa 50 Millionen bit beträgt. Die Speicherung der Daten erfolgt seriell, d.h. es wird immer nur in einer Spur gelesen oder geschrieben. Jeder Bandschleife sind 7 Lese- und Schreibköpfe zugeordnet, die in einem Abstand von 16 Spuren angeordnet sind. Die Lese- und Schreibköpfe sind zu einem quer zur Spurrichtung einstellbaren Stab zusammengefaßt. Die maximale und minimale Einstellzeit der Köpfe beträgt 80 bzw. 45 ms. Die

in Bandlaufrichtung unmittelbar hinter den Schreibköpfen angeordneten Leseköpfe
gestatten das Prüflesen während des Schreibens. Die geschriebenen Daten passieren
die Lesestation mit einem zeitlichen Abstand von nur 1,7 ms. Die Bandgeschwindigkeit beträgt etwa 15 m/s und die Zeit für einen Bandumlauf ist demnach 50 ms.
Die Bänder werden kontinuierlich angetrieben und gleiten sowohl an den Umlenk-
rollen als auch an den Köpfen auf Luftkissen, so daß die Schichtseite an keiner Stelle
mit mechanischen Teilen in Berührung kommt. Der Antrieb erfolgt an der Träger-
seite des Bandes durch Rollen, an die die Bänder durch eine Unterdruckkammer
angelegt werden (Abb. 4.8-12).

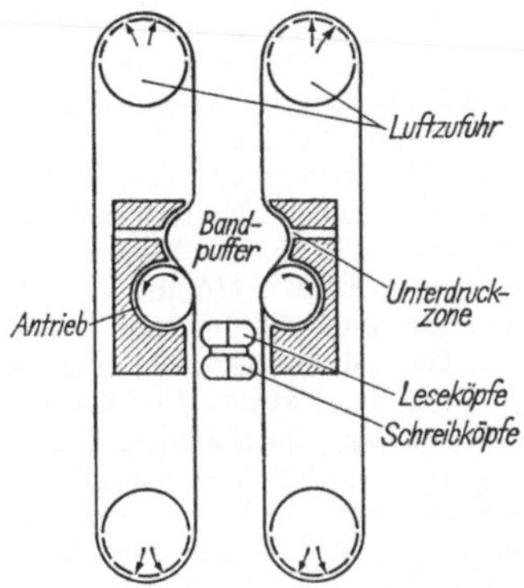

Abb. 4.8-12. Bandschleifenspeicher.

4.8.8 Magnetkartenspeicher (Streifenspeicher)

Zwei Wege wurden hier beschritten: In einem Fall können die Magnetkarten
nur sequentiell zugeführt und verarbeitet werden wie beim Lochkartenverfahren,
wobei die einzelne Karte allerdings bei dem hier als Beispiel dienenden Magnacard-
System [34, 41] etwa die zehnfache Kapazität einer Lochkarte besitzt. Die Karten
haben die Größe 25×75 mm und bestehen aus einem 0,13 mm dicken Mylar-Träger,
einer Ferroxydschicht von 18 µm Dicke und einer 13 µm dicken Schutzschicht dar-

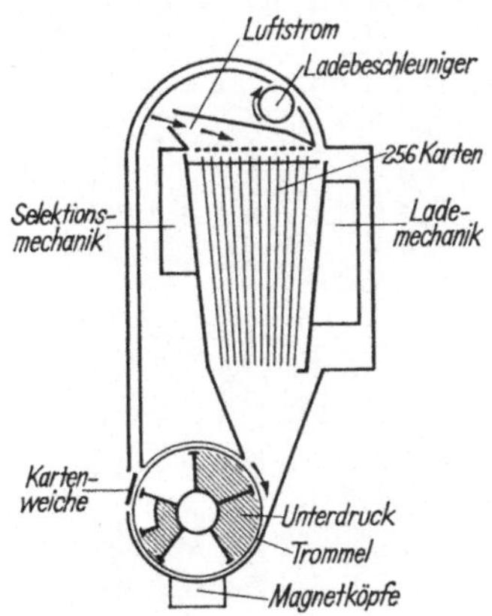

Abb. 4.8-13. Prinzip des Magnetkartenspeichers NCR 353.

über. Sie werden in 3000 Karten fassenden Kassetten gehalten. Die Zuführleistung ist mit 100 Karten/s etwa zehnmal so hoch als bei Lochkarten und mit der beim Magnetband vergleichbar. Es stehen Geräte zur Verfügung zum Mischen, Sortieren und Suchen von Karten, die mit rotierenden Trommeln von 15 cm Durchmesser die Karten pneumatisch erfassen, transportieren und verteilen. Die Hauptanwendung des Verfahrens liegt auf dem Information-Retrieval-Sektor.

Bei einer zweiten Art der Verwendung von Magnetkarten als Speichermittel besteht wahlfreier Zugriff zu den einzelnen Karten, wobei im wesentlichen zwei verschiedene konstruktive Lösungen möglich sind. Das eine Verfahren wird hier am Beispiel des Magnetkartenspeichers NCR 353 (Abb. 4.8-13) beschrieben [40]. Es werden 0,125 mm starke und 82×355 mm große Mylarkarten verwendet, deren Magnetschicht durch einen sehr dünnen Mylarfilm gegen mechanische Beanspruchungen geschützt ist. Die Karten haben an der einen Schmalseite 8 besonders geformte Einschnitte (Abb. 4.8-14), die entweder die Form a) oder b) haben können. Die binäre 1 wird durch Fehlen der Nase dargestellt. Durch die Einschnitte sind 8 Stäbe mit angenähert viertelkreisförmigem Querschnitt geführt, die um ihre Längsachse um 72° gedreht werden können und in eine der beiden Extremlagen eingestellt werden. Die Karte Abb. 4.8-14 hat die Adresse 116 und die Stäbe sind in ihrer Nullstellung gezeigt. Die 8 Stäbe erlauben die individuelle binäre Adressierung von 256 Karten, die in einer Kassette freihängend untergebracht sind. Jede der 256 individuellen Einstellungen der Selektionsstäbe bewirkt den Zugriff zu einer und nur einer Karte ohne Rücksicht auf ihre relative Lage innerhalb des Kartensatzes. Die Karten werden durch einen Luftstrom, der von oben über 256 Lamellen eingeblasen wird, getrennt, damit diese frei fallen können und die Fallgeschwindigkeit nicht etwa durch Reibung an den benachbarten Karten verringert wird. Begünstigt durch die Mitwirkung des Luftstroms fallen die Karten tatsächlich sogar etwas schneller, als es nur unter dem Einfluß der Schwerkraft der Fall wäre. Durch Drehen der Selektionsstäbe wird eine der 256 Karten ausgewählt und fällt, sobald sie von den Haltestäben freigegeben wird, in einen Schacht und gelangt so in die Nähe einer mit 1300 U/min laufenden Trommel. Durch Erzeugung von Unterdruck im Innern der Trommel, deren Mantelfläche mit Bohrungen versehen ist, wird die Karte erfaßt und auf die Umfangsgeschwindigkeit von 10 m/s beschleunigt. Im Bereich der Schreib- und Leseköpfe ist im Innern der Trommel eine Zone atmosphärischen Drucks, während auf der Kopfseite Unterdruck herrscht. Dadurch wird die Karte in diesem Bereich

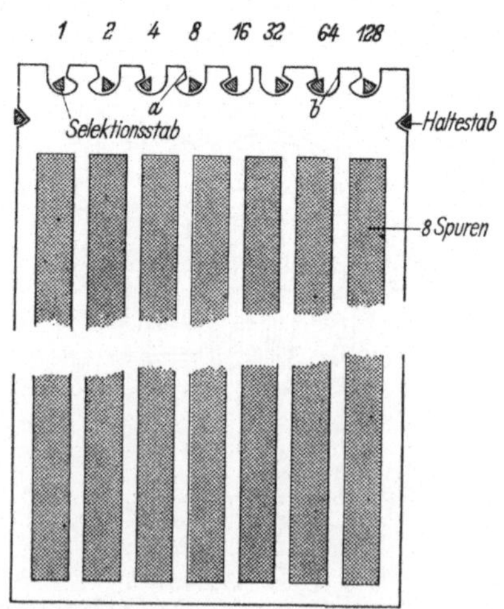

Abb. 4.8-14. Magnetkarte des Magnetkartenspeichers NCR 353. a) binäre 0; b) binäre 1.

an den Kopf angelegt und erst nach Verlassen des Magnetkopfes wieder von der Trommel erfaßt. Eine Kartenweiche bestimmt, ob die Karte wieder in das Kartenmagazin zurückkehrt oder für eine weitere Umdrehung auf der Trommel verbleibt. In Höhe der Kartenweiche befindet sich eine Zone normalen Luftdruckes und nur die Stellung der Kartenweiche entscheidet darüber, ob die Karte von der Trommel in das Kartenmagazin zurückgeschossen wird oder weiter auf der Trommel verbleibt. Auch wenn kein Rückführbefehl erfolgt, wird die Karte nach 0,75 Sekunden automatisch zurückbefördert, um Beschädigungen zu vermeiden. Die Karten sind der Länge nach in 7 Streifen mit je 8 Spuren unterteilt. Für jede der 56 Spuren ist ein Lese- und ein Schreibkopf vorgesehen. Bei einem Umlauf der Trommel kann jedoch immer einer der 7 Streifen entweder gelesen oder geschrieben werden. Das Prüflesen dagegen erfolgt im gleichen Umlauf mit dem Schreiben. Von den 8 Spuren dient eine als Taktspur, eine zur Paritätsprüfung.

Als Aufzeichnungsverfahren wird die Wechselschrift mit einer Aufzeichnungsdichte von 10 bit/mm verwendet. Die Gesamtkapazität einer Karte beträgt 21 700 alphanumerische Zeichen oder 32 500 Dezimalziffern. Die Zugriffszeit ist 235 ms und für alle Karten gleich lang. Bei den meisten Anwendungen verbleibt die Karte für zwei Umdrehungen auf der Trommel. Da die Karte die Trommel nur zu etwa 2/3 umfaßt, stehen pro Umdrehung mindestens 13 ms zur Verfügung, in denen die bei der ersten Umdrehung gelesenen Daten verarbeitet und bei der nächsten Umdrehung unmittelbar zurückgeschrieben werden können.

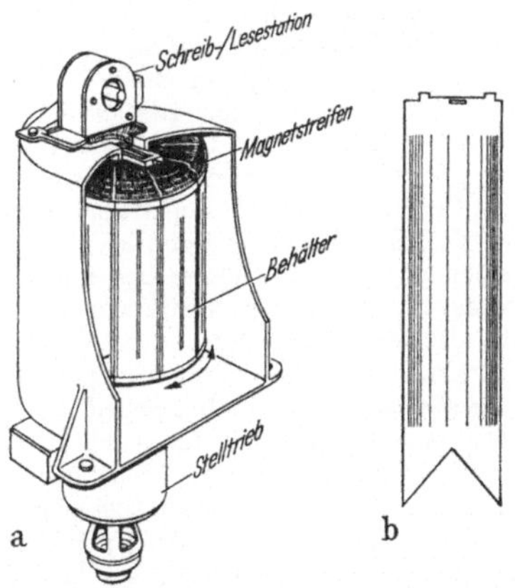

Abb. 4.8-15. Magnetstreifenspeicher IBM 2321. a) Speicheraggregat; b) Magnetstreifen.

Auf grundsätzlich andere Weise wird die Aufgabe des wahlfreien Zugriffs beim Magnetstreifenspeicher IBM 2321 gelöst [47]. Als Speichermedium werden hier 330 mm lange und 57 mm breite, mit Ferroxyd beschichtete Mylarstreifen von 0,125 mm Dicke verwendet (Abb. 4.8-15 b). Die Speicherfläche ist in 100 Spuren mit einer Kapazität von je 17 500 bit unterteilt. Die Speicherung erfolgt seriell unter Verwendung der Wechsel-Taktschrift. Die Streifen sind in einem trommelförmigen, drehbaren Behälter untergebracht, der in 10 Zellen unterteilt ist (Abb. 4.8-15 a). Die Zellen fassen je 200 Streifen und sind einzeln auswechselbar. Die Gesamtspeicherkapazität beträgt $3{,}5 \cdot 10^9$ bit und die mittlere Zugriffszeit 510 ms. Über dem Behälter mit den Magnetstreifen befindet sich die Zugriffsmechanik mit der Schreib- und Lese-Station, bestehend aus einer Trommel mit einem Greifer und je 20 Schreib-Lese-Köpfen, die im Abstand von 5 Spuren in einer Reihe angeordnet sind und durch Verschieben quer zur Spurrichtung auf die richtige Spurgruppe eingestellt werden können. Die Leseköpfe sind im Abstand von etwa 3,8 mm vor den Schreibköpfen angeordnet, da auch bei einer Schreiboperation in jedem Falle erst die Adresse gelesen wird um sicherzustellen, daß der richtige Streifen selektiert wurde und daß die Köpfe auf die richtige Spurgruppe eingestellt sind.

Der Zugriff zu einem der 2000 Streifen erfolgt in der Weise, daß durch Drehen des Behälters, der 200 diskrete Winkelstellungen einnehmen kann, eine Gruppe von 10 Streifen unter den Greifmechanismus gebracht wird. Die Streifen haben am oberen Rand ein Loch und zwei Fahnen, die sich bei jedem Streifen einer 10er-Gruppe an einer anderen Stelle befinden. Der adressierte Streifen wird ausgewählt, indem Trennfinger die Fahnen der nicht adressierten Streifen zur Seite drücken. Durch eine Drehung der Trommel wird der adressierte Streifen von einem Haken erfaßt und durch eine weitere Drehung aus dem Behälter gezogen, um die Trommel gewickelt und dabei an den Magnetköpfen vorbeigeführt. Der ausgewählte Streifen bleibt auf der mit etwa 1200 U/min rotierenden Trommel bis ein neuer Streifen adressiert wird oder ein Rückspeicherbefehl gegeben wird. Er verbleibt jedoch auf keinen Fall länger als 800 ms auf der Trommel. Nach dieser Frist wird der Streifen durch Umkehren der Drehbewegung wieder automatisch an seinen Platz in dem Streifenbehälter zurückbefördert. Während der Rotation der Trommel berühren die Köpfe die Schicht nicht. Durch die laminare Luftströmung wird ein Kopf-Schicht-Abstand von etwa 2 μm erzeugt.

4.8.9 Magnetscheibenspeicher (Plattenspeicher)

Zwei verschiedene Wege wurden bei der Konstruktion von Magnetscheibenspeichern beschritten, die vor allem für die Systemorganisation und in anwendungstechnischer Hinsicht von Bedeutung sind. In einem Falle bilden die als Speichermedium verwendeten Scheiben einen festen Bestandteil der Speichereinheit. Die Zahl der Scheiben bewegt sich in weiten Grenzen und liegt bei bekannten Ausführungen zwischen 3 und 50, während die Scheibendurchmesser in der Regel zwischen 60 und 100 cm liegen. Bei der zweiten Gruppe können die Magnetscheiben vom Bediener ähnlich wie eine Magnetbandrolle leicht ausgewechselt werden. Bei dieser Ausführung werden entweder Einzelscheiben mit 30 bis 40 cm Durchmesser oder Stapel mit nur wenigen (6) Scheiben verwendet [42, 55]. Die Speicherkapazität liegt hier dementsprechend niedriger als bei Scheibenspeichern mit nicht auswechselbarem Speichermedium. Alle zu einer Speichereinheit gehörenden Scheiben rotieren um eine gemeinsame Achse. Bei Scheiben mit großem Durchmesser liegt die Rotationsachse meist horizontal, für Scheiben mit kleinem Durchmesser vorzugsweise vertikal (Abb.4.8-16). Die Drehzahlen bewegen sich bei den verschiedenen Geräten in relativ engen Grenzen zwischen 1500 und 3600 U/min. Allgemein wird bei neueren Konstruktionen den Spuren einer Scheibenseite mindestens ein Schreib- und Lesekopf zugeordnet, so daß die bei älteren Ausführungen mit nur einem Einstellarm und Kopfpaar der Spurauswahl vorangehende Einstellbewegung auf die richtige Scheibe entfällt [33]. Da dann nur noch eine einzige Einstellbewegung zum Auffinden der gewünschten Spur erforderlich ist, konnten die mittleren Zugriffszeiten wesentlich verkürzt werden, sie liegen z.Z. meist unter 100 ms. In einem Fall [43] wird für jede der auf 4 Scheiben verteilten 1200 Spuren ein Magnetkopf vorgesehen, so daß Zugriffszeiten erzielt werden, wie sie sonst bei Magnettrommeln üblich sind.

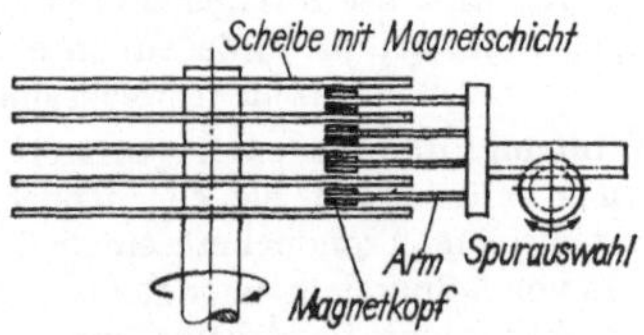

Abb. 4.8-16. Scheibenspeicher.

Als Schichtträger werden etwa 1,5 bis 3 mm dicke Metallscheiben (meist Aluminium oder Magnesiumlegierungen, seltener Messing) verwendet. Wie bei Magnettrommeln kommen als Schichtmaterial CoNi-Legierungen oder Eisenoxyde in

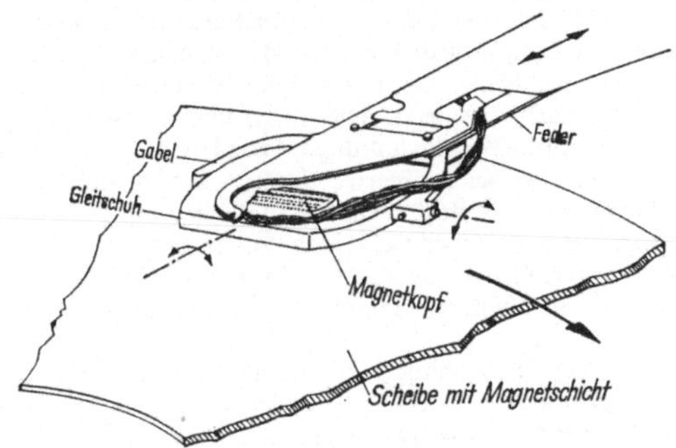

Abb. 4.8-17. Magnetkopf für Scheibenspeicher.

organischen Bindemitteln in Frage. Bei Ferroxydschichten sind Dicken von etwa 1 bis 5 μm gebräuchlich, während CoNi-Schichten Dicken um 0,1 μm haben können. Die Fertigung der Scheiben erfordert größte Sorgfalt. Überdrehen mit Diamant auf Spezialdrehbänken mit Vakuumspannfutter, sorgfältiges Reinigen, Entfetten und Trocknen in staubfreier Atmosphäre werden vor dem Beschichten angewendet. Die Eisenoxydsuspension wird dann durch Gießen auf die rotierende Scheibe aufgebracht, wobei die Viskosität des Bindemittels und die Drehzahl der Scheibe die Schichtstärke bestimmen. Auch dieser Arbeitsgang sowie das nachfolgende Aushärten muß in besonders staubfreien Räumen durchgeführt werden. Nach dem Aushärten der Schicht werden eventuelle Unebenheiten durch Feinpolieren entfernt. Wegen des bei Scheiben unvermeidlichen Taumelschlages werden grundsätzlich Kopfkonstruktionen verwendet, bei denen der gewünschte Abstand zwischen Schicht und Polspitzen von etwa 0,3 bis 3 μm durch ein (meist aerodynamisch erzeugtes) Luftkissen eingehalten wird. Der eigentliche Magnetkopf ist bei dieser Konstruktion in einem Gleitschuh von etwa 1 cm^2 Fläche befestigt, der von einem Arm drehbar gehalten und federnd gegen die Scheibe gedrückt wird (Abb. 4.8-17). Damit der Gleitschuh der Taumelbewegung der Scheibe ohne merkliche Verzögerung folgt, muß die Masse des Gleitschuhs möglichst klein und die Federkraft genügend groß sein. Üblich sind Kräfte bis etwa 300 p. Die Speicherung der Information erfolgt seriell in konzentrischen Spuren unter Verwendung selbsttaktierender Schreibverfahren (Richtungs- oder Wechsel-Taktschrift) mit Bitdichten bis über 200 bit/mm. Spurabstände von 0,15 mm und darunter werden beherrscht, so daß über 100000 bit auf einer Fläche von 1 cm^2 gespeichert werden können. Die Zahl der Spuren pro Scheibenseite bewegt sich in weiten Grenzen. Bevorzugt werden etwa 200 bis 400 Spuren verwendet. Speicherkapazität und Zugriffszeit sind bei Scheibenspeichern stark abhängig vom Spurabstand, so daß gerade diese Größe bei der Konstruktion besondere Beachtung erfordert.

Lesefehler treten bei Scheibenspeichern häufig als gebündelte Störung auf. Verfahren zur Fehlererkennung und Fehlerkorrektur, die für die Datenfernübertragung eingesetzt werden, kommen daher auch hier in Frage. Außerdem wird das Prüfen der Schreiboperation durch Rücklesen in der unmittelbar auf das Einschreiben folgenden Scheibenumdrehung angewendet.

Ein besonderes Problem sind bei Scheibenspeichern die relativ großen Amplitudenschwankungen der Lesespannung im Verhältnis von etwa 1:2 bis 1:5, denen bei der Verstärkung und Signalauswertung entsprechend Rechnung getragen werden muß. Für diese Amplitudenschwankungen sind eine Reihe von Faktoren verantwortlich: Einmal werden durch die auf den äußeren Spuren schneller verlaufenden Flußänderungen höhere Spannungen in der Kopfwicklung induziert. Diese Zunahme der Signalamplitude wird nur zu einem kleinen Teil kompensiert durch das Größerwerden des Kopf-Schicht-Abstandes mit zunehmendem Spurradius, verursacht durch die höhere Strömungsgeschwindigkeit der von der Scheibenoberfläche mitgerissenen Luft. Die Amplitude des Lesesignals ist ferner eine Funktion der vom Kopfspalt gelesenen Spurbreite (m in Abb.4.8-5) und damit abhängig von mechanischen Toleranzen. Amplitudenschwankungen werden auch durch die Information selbst verursacht, sind aber bei den verwendeten Schreibverfahren (Richtungs- oder Wechsel-Taktschrift) relativ gering, denn im ungünstigsten Fall, d.h. bei einer Serie von 0-Bits im Verhältnis zu einer Serie von 1-Bits beträgt bei diesen Schreibverfahren das Frequenzverhältnis nur 1:2. Schließlich werden die Signalamplituden auch noch durch unterschiedliche Schichtdicken und Drehzahländerungen beeinflußt.

Die Verwendung scheibenförmiger Folien als Speichermedium ist eine andere aussichtsreiche Möglichkeit zur Speicherung größerer Informationsmengen mit kurzen Zugriffszeiten und bei relativ niedrigen Kosten.

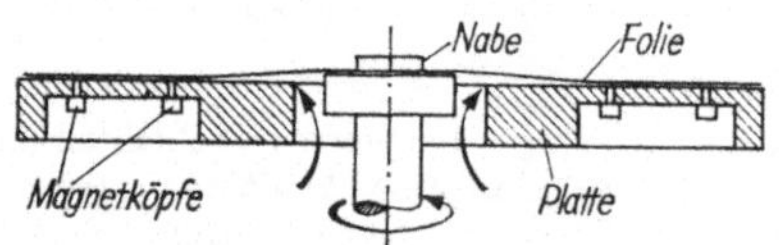

Abb.4.8-18. Folienspeicher.

Die in [18] beschriebene Anordnung, deren Prinzip erstmals 1954 angegeben wurde [29], besteht aus einer feststehenden Platte, in der die Magnetköpfe eingebettet sind (Abb.4.8-18) und einer kreisförmigen Folie aus 50 µm starkem und mit magnetisierbarem Material beschichteten Polyester von z.B. 200 bis 300 mm Durchmesser, die über der feststehenden Platte im Abstand von einigen Hunderstel mm rotiert. Durch die Rotationsbewegung wird die zwischen Folie und Platte befindliche Luftschicht spiralförmig nach außen geführt, während gleichzeitig an der Nabe Luft nachströmen kann. Durch Drosselung der Luftzufuhr kann man die Höhe des sich bildenden Luftkissens und damit den Abstand der Folie von der Platte einstellen. Der Abstand der Folie von der Platte nimmt nach außen zu ab, so daß es vorteilhaft ist, die Köpfe in der Höhe verstellbar zu machen, um sie so einstellen zukönnen, daß die Lesespannung auf allen Spuren gleich groß ist. Die Höhenverstellung der Köpfe ermöglicht es, auch den Abstand der Folie von der Platte zur Verringerung der Reibung etwas größer zu machen als den Abstand zu den Polspitzen der Köpfe. Praktische Werte für den Abstand Folie—Platte liegen zwischen 50 und 80 µm, während gleichzeitig der Abstand der Polspitzen von der Folie auf 1 bis 2 µm eingestellt werden kann.

Literatur

[1] *Winkel, F.*: Technik der Magnetspeicher. Berlin, Göttingen, Heidelberg: Springer 1960. — [2] *Fuller, H. W., Woodsum, S. P., Evans, R. R.*: The design and system aspects of the H.D. file drum. Business Mach. Techn. Rep. No. 56 (May 5, 1958) Laboratory for Electronics, Inc. — [3] *Hunter, D. G. N., Ridler, D. S.*: The recording of digital information on magnetic drums. Electron. Engng. 29 (1957) 490—496. — [4] DIN 66010: Magnetbandtechnik für Informationsverarbeitung, Febr. 1965. — [5] *Mee, C. D.*: The physics of magnetic recording. Amsterdam: North-Holland 1964. — [6] *Begun, S. J.*: Magnetic Recordig. New York: Murray Hill 1949. — [7] *Fuller, H. W., Husman, P. A., Kelner, R. C.*: Techniques for increasing storage density of magnetic drum systems. Proc. Eastern Joint Comp. Conf. AIEE Special Publ. T 70, Dec. 1954, S. 16—21. — [8] *Hoagland, A. S.*: Magnetic drum recording of digital data. AIEE Trans. 73, Part I (Sept. 1954) S. 16—21. — [9] *Speliotis, D. E.*: Magnetic recording materials. J. of

Appl. Physics 38 (1967) 1207—1214. — [10] *Hopner, E.:* An investigation of binary recording density limitations in computer applications. Dissertation, ETH Zürich (1962). — [11] *Hopner, E.:* High-density binary recording using nonsaturation techniques. IEEE Trans. EC-13 (1964) 255—261. — [12] *Speliotis, D. E.:* The effect of remanence in digital recording. IEEE Trans. Mag. Mag-5 (1969) 253—258. — [13] *Morrison, J. R.:* A study of the effect of remanence and thickness on the recording properties of thick particulate media. IEEE Trans. Mag. Mag-4 (1968) 281—286. — [14] *Masaaki Nishikawa:* Digital recording properties of relatively thick magnetic medium. IEEE Trans. Mag. Mag-4 (1968) 286—290. — [15] *Speliotis, D. E., Morrison, J. R.:* A theoretical analysis of saturation magnetic recording. IBM J. Res. and Dev. 10 (1966) 233—243. — [16] *Speliotis, D. E.:* Magnetic recording theories: Accomplishments and unresolved problems. IEEE Trans. Mag. Mag-3 (1967) 195—200. — [17] *Hoagland, A. S.:* Digital magnetic recording. New York: Wiley 1963. — [18] *Bodenstein, C., Otto, R.:* Magnetische Aufzeichnung auf luftstabilisierter rotierender Folie. Feinwerktechnik 6 (1962) 201—208. — [19] *Morrison, J. R., Speliotis, D. E.:* Cobalt-substituted γ-Fe$_2$O$_3$ as a high-density recording tape. IEEE Trans. Electron. Comp. EC-15 (1966) 782—793. — [20] *Speliotis, D. E.:* A digital recording study of CrO$_2$ particulate media. IEEE Trans. Mag. Mag-4 (1968) 553—557. — [21] *Luborsky, F. E., Morelock, C. R.:* Magnetization reversal of almost perfect whiskers. J. Appl. Phys. 35 (1964) 2055—2066. — [22] *Luborsky, F. E.,:* High coercive materials. J. of Applied Physics, Suppl. to Vol. 32 (März 1961) 171—173. — [23] *Gabor, A.:* Digital magnetic recording with high density double transition method. Techn. Paper Potter Instrum. Comp., Inc. 9, July 1959, Electronics 32 (1959) H. 42, S. 72—75. — [24] *Seader, L. D.:* A self-clocking system for information transfer. IBM-J. 1 (1957) 181—184. — [25] *Malthaner, W. A., Vaughan, H. E.:* An automatic telephone system employing magnetic drum memory. Proc. IRE 41 (1953) 1341—1347. — [26] *Buhrendorf, F. G., Henning, H. A., Murphy, O. J.:* A laboratory model magnetic drum translator for toll switching offices. Bell Syste. Techn. J. 35 (1956) 707—745. — [27] *Pederson, P. O.:* U.S. Patent 836339 (Nov. 1906). — [28] *Biederstedt, U.:* Der Magnettrommelspeicher. Regelungstechnik 7 (1959) 81—85. — [29] Französ. Pat. Nr. 1119186, 10.11.1954. — [30] *v. Behren, R. A.:* Dropout errors in magnetic recording systems. Automatic Control 10 (1959) H. 4, S. 16—21 DC. — [31] Facit Magnetbandspeicher ECM 64. Bürotechnik und Automation (1960) H. 1, S. 16. — [32] *Zapponi, P. P.:* U.S. Patent 2619454 (Nov. 1952). — [33] *Schröter, O.:* Der Magnetplattenspeicher. Ein neues Verfahren zur Speicherung großer Daten mit kurzer Zugriffszeit. Elektron. Rdsch. 11 (1957) 109—118. — [34] *Schuff, H. K.:* Magnetkarten als Informationsträger in Datenverarbeitungssystemen. Elektron. Datenverarbeitung 1959, H. 4, S. 26—31. — [35] *Stewart, W. E.:* Magnetic recording techniques. New York: McGraw-Hill 1958. — [36] *Axel, G. J.:* Univac-Randex II Random access data storage. Proc. East. Joint Comp. Conf. (1960) 189—203. — [37] *Welsh, H. F., Porter, V. J.:* A large-capacity drum-file memory system. Proc. East. Joint Comp. Conf. (1956) 136—138. — [38] *Lawrance, R. B.:* An advanced magnetic tape system for data processing. Proc. East. Joint Comp. Conf. (1959) 181—189. — [39] *Barbeau, R. A., Aweida, J. I.:* IBM 7340 Hypertape drive. Proc. Fall Joint Comp. Conf. (1963) 591—602. — [40] *Riedle, H.:* Der Magnetkartenspeicher CRAM. Elektron. Rechenanl. H. 6 (1962) 270—273. — [41] *Westgard, R. E.:* The magnacard System. Datamation, Juli 1961, S. 42, 43. — [42] *Carotkers, J. D.:* A New high density recording system: The IBM 1311 disk storage drive with interchangeable disk packs. Proc. Fall Joint Comp. Conf. (1963) 327—340. — [43] *Jack, R. W., Groom, R. G., Gleim, R. A.:* Engineering description of the Burroughs disk file. Proc. East. Joint Comp. Conf. (1963) 341—350. — [44] *Judge, J. S., Morrison, J. R., Speliotis, D. E.:* The effect of the concentration of hypophosphite ion on the magnetic properties of chemically deposited Co-P films. J. Electrochem. Soc. 113 (1966) 547—551. — [45] *Schuele, W. J.:* Coercive force of angle of incidence films. J. Appl. Phys. 35 (1964) 2558—2559. — [46] *Licht, L.:* An experimental study of air-lubricated foils with reference to tape transport in magnetic recording. Rep. No. 7, Columbia University New York (Aug. 1966). — [47] *Shugart, A. F., Yang-Hu Tong:* IBM 2321 Data Cell Drive. Proc. Spring Joint Comp. Conf. 1966, S. 335—345. — [48] *Speliotis, D. E., Judge, J. R.:* Correlation between magnetic and recording properties in thin surfaces. IEEE Trans. Mag. Mag-2 (1966) 208—212. — [49] *Fisher, R. D., Chilton, W. H.:* Preparation and magnetic characteristics of chemically deposited cobalt for high density storage. J. Electrochem. Soc. 109 (1962) 485—490. — [50] *Meiklejohn, W. H.:* Experimental study of the coercive force of fine particles. Rev. Modern Phys. 25 (1953) 302—306. — [51] *Gross, W. A.,* et al.: A gas film lubrication study, Part I—III. IBM J. Res. and Dev. 3 (1959) 237—274. — [52] *Bate, G.:* Thin metallic films for high-density digital recording. IEEE Trans. Mag. Mag-1 (1965) 193—205. — [53] DIN 66011, 66013, 66014. — [54] *Speliotis, D. E.:* Theory and experiment in magnetic recording. J. Appl. Phys. 39 (1968) 1310—1317. — [55] DIN 66205 und 66206 (in Vorbereitung).

Sachverzeichnis